民商事审判笔记

骆电◎著

MINSHANGSHI SHENPAN BIJI

上册

法律出版社
LAW PRESS · CHINA
北京

图书在版编目(CIP)数据

民商事审判笔记 : 上下册 / 骆电著. -- 北京 : 法律出版社, 2023

ISBN 978-7-5197-7403-5

Ⅰ. ①民… Ⅱ. ①骆… Ⅲ. ①民事诉讼-法律适用-中国 Ⅳ. ①D925.105

中国版本图书馆 CIP 数据核字(2022)第 238071 号

民商事审判笔记(上下册)
MINSHANGSHI SHENPAN BIJI
(SHANGXIACE)

骆 电 著

策划编辑 肖 越
责任编辑 肖 越
装帧设计 汪奇峰

出版发行 法律出版社
编辑统筹 法商出版分社
责任校对 王 丰 郭艳萍
责任印制 胡晓雅
经 销 新华书店

开本 710 毫米×1000 毫米 1/16
印张 54.25 **字数** 864 千
版本 2023 年 3 月第 1 版
印次 2023 年 3 月第 1 次印刷
印刷 三河市龙大印装有限公司

地址:北京市丰台区莲花池西里 7 号(100073)
网址:www.lawpress.com.cn
投稿邮箱:info@lawpress.com.cn
举报盗版邮箱:jbwq@lawpress.com.cn
销售电话:010-83938349
客服电话:010-83938350
咨询电话:010-63939796

书号:ISBN 978-7-5197-7403-5
定价(上下册):258.00 元

凡购买本社图书,如有印装错误,我社负责退换。电话:010-83938349

骆电之书《民商事审判笔记》序

在一个法治国家中,法官的存在及其使命的践行,是该国家依法有序发展的擎天柱之一。正如古希腊著名学者柏拉图在其所著《法律编》中所强调的那样:“每个人都很清楚,立法工作是很重要的事情,可是,如果在一个秩序良好的国家安排一个不称职的司法官去执行那些制定得很好的法律,那么这些法律的价值便被掠夺了,并使荒谬的事情大大增多,而且最严重的政治破坏和恶行也会从中滋长。”显然,法官的执法活动已然不是其个人行为,而是一种关乎国家政治昌明和社会扬善抑恶的壮举。

法官之称职,并非“机械化地执法”,而是作为治社会之病的“医生”,需要有自己的思想、精神和追求。在司法审判中,法官应当有对“法是善良与公正之艺术”的不断领悟与深究之思考;应当有坚持维护平等、保护自由、尊重人格之精神;应当有以己之力推进社会法治发展与不断完善之追求。尽管说之易,行之难,但是,无论脚下之路充满怎样的荆棘,法律人,只能前行……

作为我国最高审判机关的法官，骆电先生于最高人民法院从事司法实务工作的近些年来，其对我国司法实践的观察与感悟，其对法律人的思想、精神和追求之深思与阐释，通过“三勤”之路径，融于其再次撰写的近百万字著作之中。

骆电先生的“三勤”系指其勤读、勤思和勤写之举。

作为工作在司法第一线的法官，他不仅高效率、高质量地完成了数量可观的案件审判工作，而且大量阅读了其他法官同人的裁判文书，并加以梳理和汇集，此乃勤读；他将数量可观的案件资料进行分析、归纳、概括、提炼，并形成自己的分析和研究之思考结果，此乃勤思；他将自己几乎全部的业余时间都用来将自己的所读、所思不断记录下来形成百余万字之作，形成诸多涓涓细流相聚集而成江河之态，此乃勤写。

读其新作《民商事审判笔记》，时而与其就严肃的法理问题共同深思，时而为其裁判之缜密论证而拍案叫绝，时而就其观点之分歧期希辩论……一部融实践、理论及其思考为一体的作品，其问世难不是在于类似的目的追求与实现？

多思，实际上是令思者感到快乐并痛苦的事情。但是，多思，亦可以令法律人尤其是法官变得更具学问、睿智、审慎，从而更具法律人的尊严。

在此，我们不妨重温一下培根在其《培根论说文集》中对法律人尤其是法官的提醒：“为法官者，应当学问多于机智，尊严多于一般的欢心，谨慎多于自信。”

是为序。

费安玲

2021 年 10 月 6 日于京城静思斋

前言　民商事审判的思辨

本书是笔者完成出版《审判的逻辑》一书之后，在工作闲暇时，就着手酝酿和准备的。这之后的两年多时间里，自己虽然写了不少东西，但几乎没有公开发表过什么文章，一则总是觉得文章难以一吐为快，有时总想将自己的想法尽量完整呈现记录下来；二则总想留出更多的时间精力倾注在本书的完整性、全面性、系统性、逻辑性、专业性上。

2019年、2020年这两年自己延续着审判工作，只是更加注重在平时积累素材，例如案例、争议法律适用问题、裁判难点热点问题、社会广泛关注的案件等，又如国家政策、司法政策、产业政策、商业惯例、民族习惯等；更加注重在平时的审判中提炼出一些带有规则性的东西，不仅包括法律适用规则、审判规则，也包括审判规律、审判理念、审判思路等；更加注重跨界法律的理解适用统一，在对单个法律规则不断深入理解的基础上，重点放在各种法律制度的交叉适用上，法律规则与法律规则之间的协同上，一般法律规则与特殊法律规则之间的起承转合上，部门法与部门法之间的衔接上，实体法律与诉讼法律之间的一体化适用上，法律规范、国家政策与国情的融合一致上；更加注重哲学旨趣的培养，不断研究习近平新时代中国特色社会主义思想特别是习近平法治思想，尤其是其蕴含着的完整哲学体系和深厚底蕴，时常阅读马克思、恩格斯、毛泽东、黑格尔等人的哲学著作，尤其是蕴含其中的唯物辩证法。这些努力是为了认识审判真理，摸索科学的审判方法，统一审判的形式与内容，形成审判逻辑体系，训练审判逻辑习惯，养成理性的审判意识。在探索认识客观规律之时是要倾注心血、专注的。“我的哲学的劳作一般地所趋赴和所欲趋赴的目的就是关于真理的科学知识。这是一条极艰难的道路，但是唯有这条道路才能够对精神有价值、有兴趣。当精神一走上思想的道路，不陷入虚浮，而能保持着追求真理的意志和勇气时，它可以立刻发现，只有正确的方法才能够规范思想，指导思想去把握实质，并保持于实质中。”①

“必须牢牢把握社会公平正义这个法治价值追求，努力让人民群众在每一项法律制度、每一个执法决定、每一宗司法案件中都感受到公平正义”。② 本书并非只是审判现象、经验和案例的罗列，而是意在围绕实现这一伟大目标，从逻辑和哲学的理性出发，揭示出一种新的审判方法，这种方法与审判内容保持一致性，是一种发自内心的自觉和意识，是将一切审判要素都统一于逻辑之下进行思维的，是符合社会公平正义这个法治价值追求的。“科学知识的基础是内在的内容、内蕴（于万物）的理念，和它们激动精神的生命力。”③本书试图沿着这样一条思维路径来整体全面摸清民商事审判活动的逻辑轨迹，也即从案件的起源开始，经过审判逻辑思路的确定，法律的正确理解适用（当然这里面也包括适用法律查清事实），到对常见案件这一较为普遍的现象进行逻辑概括结束。这一思维路径，源于审判的实践和理性的意识。探索民商事案件科学解决的方法，起点在于探究民商事纠纷产生的根源，找出根源就好找出解决问题的答案，产生民商事纠纷的根源，从经济利益、名誉身份等角度看，一项民商事活动的完成既有当时当下就能完成的，但更多的是需要一个延续性的过程才能完成的，只是在这个过程中，当事人的经济利益、名誉身

---

① 参见［德］黑格尔：《小逻辑》（第2版），贺麟译，商务印书馆1980年版，第5页。

② 习近平总书记2018年8月24日在中央全面依法治国委员会第一次会议上的讲话。

③ ［德］黑格尔：《小逻辑》（第2版），贺麟译，商务印书馆1980年版，第12页。

份等都可能会发生一些变化，而这些变化一旦其中一方或各方难以接受时，就可能产生矛盾纠纷，而这种变化性就是产生矛盾纠纷的根源，而变化性本身是多元性的，故产生矛盾纠纷的原因也应是多元性的，而要准确理解这种变化性则应该对世情、国情、社情、民意等有一定程度的认识、了解、理解。找出纠纷产生的根源后，自然就是确定审理的思路，思路正确才能得出正确的结论，正确的审理思路是应该符合逻辑的，这是一个落实辩证法则的过程，是一个从肯定到否定再到否定之否定的哲学思辨过程，是一个综合各种因素排列组合的过程。具体而言，应该根据案情的变化而变化，对各种逻辑要素从不同的角度、不同的层面进行全方位的运用，构建审判的逻辑体系。思路解决之后，则面临如何进行法律适用，法律适用首先应该解决程序法律适用，程序不解决，无法进入实体审理的轨迹、渠道，而适用程序法律和实体法律首先就是法律适用规则的适用，法律适用规则是正确适用法律的前提和条件。从诉讼制度的设计而言，是否享有管辖权是案件审理的起始点，法院享有管辖权才能对案件进行审查，是否符合立案的标准，是否属于重复诉讼，是否应该合并审理，权利是否过了诉讼时效与除斥期间，这些问题都关系到证据采信与法官自由裁量权行使，庭审是法官行使审判权和当事人行使诉讼权利的最重要程序之一，裁判文书是审判过程和结论的表达、承载。从审判出发，上述这些程序都是在案件审理中重要的环节和步骤。程序解决之后才是实体法律适用，注意义务问题是显性和隐形存在于每一个案件中的较为普遍性的问题，该问题影响着民事主体民事责任的义务和承担，而这一问题在现行法律中并未特别细化，在审判中多是进行综合判断，而综合判断就需要考虑多方面的因素，多角度、多层次、多方位考虑，因此这一问题并非十分简单。优先保护权问题在多种权利交叉中如何进行排序保护是正确保护当事人民事权利的重要法律适用问题。合同是最为典型的民事法律行为，民事法律的整体构建也是以合同法律为最重要内容之一进行规定的。但是合同法律适用是一个极其复杂的主客观过程，合同法律制度庞杂，唯有成体系地掌握才能正确理解和适用，离开合同法律体系单独理解和适用某项具体合同法律制度，常会导致犯常识性的错误。担保、“对赌协议”、“让与担保”、隐名权利人、“人格混同”、股权转让等是审判中常见的问题，也是法律适用的难点。案外人执行异议之诉、第三人撤销之诉、建设工程施工合同案件、涉公司类案件等的法律适用是现阶段较为常见的案件类型，既反映了社会发展阶段呈现出来的特征，也反映了法律适用的融合性，这些案件涉及的法律关系普遍较为复杂，在法律适用时并不能像在理论学习时那样孤立地、片面地、单一地理解法律，而应该结合案情进行逻辑上、理念上的理解与适用。

“但以谨严认真的态度从事于一个本身伟大的而且自身满足的事业，只有经过长时间完成其发展的艰苦工作，并长期埋头沉浸于其中的任务，方可有所成就。”①在科学认识审判价值、正确适用法律的过程中，我们总会遇上一些认识和理念上的误区，误入于无声处，陷入且难以自拔，误人久矣，而这些误区常常会引导我们犯一些常识性的错误，在审判意识、理念和法律适用等各个方面。较为常见的，一是陷入机械的“法条主义”，也就是唯法条论，是哲学上“唯理论”在审判过程中的具体反映，表现为适用法律过程中，生搬硬套法律条文，简单地坚持法律原则，单纯地运用法理，而不顾现实的、案情的复杂性、多样性、发展性、变化性，不顾法律自身具有的滞后性和局限性，不具体问题具体分析，脱离审判实际，生搬硬套法条、法理、法律原则等。二是狭隘的“经验主义”，是哲学上“经验论”在审判中的具体表现形式，也就是单凭朴素的正义观、直觉，根据过往经验，罔顾法律，把过往经验误认为是普遍真理，也就是正确的法律适用，根据审理过一些类似案件的一般规律，而不顾具体案情变化，粗枝大叶、草率地得出结论。记得一次到甘肃省兰州市中级人民法院调研，一位法官谈到“为什么在审理案件中，会犯一些常识性错误”时，大家对这一问题进行了深入的交流。从马克思主义哲学的角度看，这两种情形都不是辩证唯物论的认识论，都把主观认识与客观案情分裂开，把认识和审判活动脱离开。

“千淘万漉虽辛苦，吹尽狂沙始到金。”审判活动是一项非常复杂的社会实践活动，社会公平正义价值要通过其完成实现，是需要经过一整套成体系的逻辑思维和方法的，而形成这样一种逻辑思维和方法的过程虽是苦事一桩却也是自己一直以来的兴趣所在。这种兴趣就犹如人们每每遇上美好的事物，总会引起发至内心的共鸣、愉悦，被它感染着、冲动着，虽然时常是以事实查明和法律适用等直接的审判活动表现出来，但蕴含其中的却有寻求理性的见识的内在的激情荡漾，这兴许就是追求认识真理的味道在其中吧，而此书正是试图将之呈现出来。

2021 年 8 月 31 日

---

① ［德］黑格尔：《小逻辑》（第 2 版），贺麟译，商务印书馆 1980 年版，第 29 页。

CONTENTS 目　录

—— 上　　册 ——

专题一

民商事纠纷案件法律性质分析

专题二

民商事审判逻辑思路确定

—— 下 册 ——

专题一 one

民商事纠纷案件法律性质分析

对法官而言，一旦从事审判工作时间长了，总会喜欢从多角度特别是社会现实的角度来思考审判方面的问题，例如为什么会产生民商事纠纷、产生民商事纠纷的根源是什么、民商事纠纷对社会发展会产生什么影响等，对这些问题的思考和理解也会成为法官们特别是熟悉的同行之间常讨论和研究的话题。这可以帮助法官们更好地化解社会矛盾、平息纠纷争议，让非正常的社会秩序尽快恢复正常。同时，可能也与每一位法官内心都期盼天下再无纷争的美好心愿有关。

一、民商事纠纷产生的社会现实性

从社会学的角度来看,民商事纠纷案件是一种社会关系,是案件当事人因为某种民商事事务,不能形成共识,产生了矛盾,而这种矛盾在现实中又难以通过私力救济予以解决,需要通过一种公力救济方式解决,公力救济最为常见的途径就是通过诉讼途径也就是诉诸法院。从法律的角度来看,产生民商事纠纷的原因很多,有主观方面的原因,如当事人不具备从事民商事活动的资格,当事人认识不一致,当事人诚信不足,主体多元化等;有客观方面的原因,外界条件发生了根本性的变化,导致民商事活动根本无法继续进行下去,如地震、海啸等自然灾害导致交易对象灭失,时间跨度大、事实变化多导致的事实难以查清;还有一些原因难以笼统地归结为主观和客观这两大方面,如国家政策、大规模战争等方面的原因,但是民商事活动却难以避免受这些原因的影响而产生矛盾纠纷。从经济利益、名誉身份等角度看,一项民商事活动虽有当时当下就能完成的,但更多的需要一个延续性的过程才能完成,在这个过程中,当事人的经济利益、名誉身份等都可能会发生一些变化,而这些变化也可能会导致当事人产生纠纷矛盾。从逻辑学的角度来看，导致矛盾纠纷产生的原因，既存在一因一果，也存在多因一果，还存在多因等情况。

通过以上简单的分析，可以看出，民商事纠纷案件并不是某种孤立的、静止的、单一的、纯粹的、简单的社会现象，而是由诸多社会关系交织而成的、存在普遍联系的、发展变化的、纷繁复杂的社会现象。相对于正常的社会活动特别是社会生产活动，民商事纠纷案件是在正常的社会活动无法进行下去之后，当事人希望通过法院主持的诉讼活动加以解决的非正常社会活动，相对于正常的社会活动，它本身并不直接产生经济效益或难以达到正常的预期的目标，它从本质上讲是对正常社会活动的一种补救活动，具有矫正性，具有非正常性，并不是所有的社会活动都必经的程序，一般情况下，是一种典型的止损行为，而不是获利活动。

二、民商事审判活动的艰巨性、复杂性、创造性

从民商事纠纷产生的社会现实性考虑，矛盾存在是一种客观实际，要想通过审判活动化解矛盾，平息争议，让当事人之间的社会关系恢复到一种正常状态，而这种正常状态又是在各方当事人利益均可能存在一定损失的情况下，无论是现实的物质利益，还是无形的精神利益，其本身就是难事一件。

法官开展审判活动是一个确定法律关系，查清案件事实，寻找法律规定，进行逻辑推理，得出裁判结论的过程。其中的每一项活动都有其各自的特点、规律和复杂性，况且每一项活动之间都具有关联性，彼此联系有相对区分，整个审判活动就是一个完整的、系统的过程，法官不付出创造性劳动，不进行创造性思维，难以实现化解矛盾，平息争议，减少当事人损失的诉讼目的。

三、民商事案件立案的界定

在民商事审判过程中，法官经常会遇上一些案件涉及诉的合并和诉的分解问题，也就是当事人的诉讼请求是应该在一个案件中解决还是应该在不同的案件中解决的问题，还会遇上是否属于民商事案件受理范围的问题，也就是当事人的诉讼请求是应该通过民商事诉讼途径解决，还是通过刑事诉讼途径或行政诉讼途径解决或其他的诸如仲裁等途径解决的问题。这些问题看似简单，实际上这些问题不仅牵涉立案标准与尺度，更牵涉诉讼资源有效利用、当事人诉讼成本以及社会资源的配置等方面。

(一)关于立案标准与尺度问题

《民事诉讼法》第122条对民商事案件起诉条件进行了明确规定,也就是人民法院立案收案的依据。最高人民法院《关于适用〈中华人民共和国民事诉讼法〉的解释》第247条关于重复诉讼的规定,实际上从反向规定了一个案件的标准问题。但是民事诉讼法以及相关司法解释并未从正面规定一个案件的立案标准,这就容易导致在司法实践中产生法律适用理解不一致的情况,容易引发争议纠纷和一定的社会争论。

案例1

再审申请人新京报社与浙江在线网络传媒有限责任公司著作权侵犯纠纷案

案号:(2010)最高法民申字第1472号

主要争议焦点

案涉作品7000余篇,作者500余人,新京报社基于不同的争议事实向浙江在线提出诉讼请求,形成多个诉讼标的,构成多个独立的诉,是否应予合并审理,即应按照什么标准立案的问题。

简要案情

新京报社诉称,发现浙江在线旗下的浙江在线网站,在未获得新京报社授权的情况下擅自转载使用新京报社作品,经公证,浙江在线旗下浙江在线网站共使用原告作品7706篇,总字数为9 050 473,图片总量2477幅。一审法院要求新京报社分案诉讼,但新京报社拒绝。

案情详解

新京报社起诉请求,判令浙江在线立即停止通过各种途径擅自转载原告文章的行为;浙江在线通过浙江在线网站、新浪网、光明日报、新京报公开书面向原告赔礼道歉，应连续刊登 3 期；支付其擅自转载使用新京报作品的稿酬人民币 1 924 815 元（当庭变更为 2 000 000 元），支付公证费人民币 17 000（当庭变更为 19 200 元），律师费 50 000 元，打印各种证据材料所产生的硒鼓费用 5200 元、复印纸费用 800 元，当庭增加差旅费 11 425 元，共计人民币 1 997 815 元（当庭变更为 2 086 625 元）；浙江在线承担该案诉讼费用。事实和理由：其发现浙江在线旗下的浙江在线网站长期以来，在未获得新京报社授权的情况下擅自转载使用新京报社作品，发现此情况后，新京报社立即发送书面公函通知浙江在线，要求其立即停止侵权行为，并支付转载使用新京报社作品的稿酬，但多次协商未果。经公证，浙江在线旗下浙江在线网站共使用原告作品 7706 篇，总字数为 9 050 473，图片总量 2477 幅，根据国家有关转载稿酬支付标准，浙江在线应支付文字作品稿酬 542 525 元，图片作品稿酬 99 080 元，合计 641 605 元。新京报社按照法律规定要求浙江在线按照上述稿酬的 3 倍赔偿原告，即人民币 1 924 815（2 086 625）元。新京报社对其出版发行之《新京报》上刊载的所有作品（包括但不限于文字、图片、图表等作品），均享有著作权，作品均受著作权法的保护。浙江在线侵犯了新京报社享有之信息网络传播权、保护作品完整权、修改权和获取报酬权等著作权合法权益。

浙江在线辩称，(1)浙江在线行为符合《著作权法》第 24 条规定的特殊情形，属于合理使用的范畴。新京报社所谓的利益损失，没有依据，与本案无关。(2)新京报社起诉的公证书存在违法之处。根据国家版权局的解释，只能在一台计算机上复制，两台则构成侵权。本案公证书中，非公证人员运用网际快车软件，下载本案有关内容，该软件是属于重复复制，是安装行为，是违法的，该公证书不真实、不合法。(3)新京报社主张权利是在 2007 年 8 月，有相当一部分内容超过时效。(4)新京报社认为自己是涉案文章的著作权人，提供的编辑、记者名单人数庞大，有 520 人，到今天为止，浙江在线的官方网站上只有 330 人，两者有明显出入，对该证据材料，新京报社无法进行核对。因此，新京报社要证明这些人发表的作品是职务作品，证据不充分。(5)著作权法规定对时事文章、新闻可以合法、合理使用。新京报社将凡是与“浙江在线”“新京报”几个字有关的全部向法庭主张，而新京报社提交的光盘中有很多图片是打不开的。所谓侵权文章，均采自平面媒体，浙江在线从未使用过新京报社的平面媒体，因此其指控侵权的基础与该案的浙江在线的行为有差别。新京报社主张的 7706 篇文章中，有很多与浙江在线没有关系。因此，新京报社举证证明所谓侵权事实,证据不充分。(6)新京报社变更的诉讼请求是按3倍赔偿计算还是按可得利益进行计算,两个计算方法截然不同,两者不可能同时成立。

在一审审理过程中,杭州中院注意到该案涉及作品7000余篇,作者500余人,新京报社基于不同的争议事实向浙江在线提出诉讼请求,形成多个诉讼标的,构成多个独立的诉,根据案件性质不宜合并审理。杭州中院书面通知新京报社按每篇文章一个案件分案起诉或以同一作者所著的文章为一个案件分案起诉,但新京报社表示拒绝。

裁判结果

因新京报社未接受分案起诉的意见,被杭州中院裁定驳回起诉。后经浙江省高级人民法院二审,维持了一审裁定。新京报社不服二审裁定,向最高人民法院申请再审。最高人民法院在对该案进行审查过程中,了解到新京报社已分案陆续向杭州中院提起诉讼,且相关案件已进入实体审理阶段。合议庭在全面了解案情的基础上,依法做了调解工作。之后,新京报社以其与浙江在线已经达成和解协议为由,向最高人民法院提交了撤诉申请书,同时,新京报社还撤回了在杭州中院提起的所有侵权之诉。最高人民法院作出裁定,准许新京报社撤回再审申请。

案例2

再审申请人李某因与被申请人合水县西华池镇三里店行政村(以下简称三里店村)、合水县西华池镇人民政府(以下简称西华池镇政府)及一审第三人庆阳市昶荣工贸有限责任公司(以下简称昶荣公司)建设工程施工合同案

案号:(2020)最高法民申4363号

主要争议焦点

对李某主张由西华池镇政府支付剩下工程款的认定;李某主张由西华池镇政府支付检查费8.6万元及由西华池镇政府和三里店村支付小区管理费7.6万元的

请求能否成立。

简要案情

三里店村与陇辉公司签订小康农宅小区建设合作协议，约定三里店村以批准小康农宅小区建设用地作为合作内容，陇辉公司用该项目所需要的全部建设资金作为合作内容，建设小康农宅小区一处，三里店村负责主干道硬化、主干道排水及绿化、亮化和文体广场建设。陇辉公司按合同约定完成了主体工程的建设。西华池镇政府作为甲方与作为乙方的昶荣公司签订了农民文体广场及居民小区配套工程施工合同，李某在委托代理人处签字，合同约定将农民文体广场及居民小区配套工程交由昶荣公司承担全部施工任务。同日，昶荣公司与李某签订了工程承包内部协议，约定李某挂靠昶荣公司承建农民文体广场及居民小区配套工程施工项目。西华池镇政府作为甲方与作为乙方的鼎嘉公司签订了三里店种子洼居民小区供暖地沟工程施工合同，李某亦在委托代理人处签字，合同约定将三里店村种子洼居民小区供暖地沟工程承包给鼎嘉公司施工。

案情详解

李某起诉请求，(1)判令西华池镇政府和三里店村支付下剩工程款5 261 213.85元（李某当庭变更为：判令西华池镇政府支付下剩工程款7 601 442.06元）；(2)判令西华池镇政府和三里店村支付2014～2015年小区管理费76 000元，2012～2013年省、市、县检查支出86 000元；(3)判令西华池镇政府和三里店村承担本案诉讼费用。

西华池镇政府答辩称，李某的诉讼请求没有法律依据，请依法驳回李某的诉讼请求。

三里店村答辩称，2013年李某与其签订的协议，约定内容清楚，李某与西华池镇政府签订施工合同，与其没有关系，李某请求支付小区管理费的诉求不成立，应该向小区住户收取管理费，不应该向村上收取。李某主张的检查费86 000元的请求不能成立，该检查费是为了保证施工现场整洁，应由李某承担。

一审法院查明：2012年5月23日，三里店村与陇辉公司签订了合水县西华池镇三里店市级新农村小康农宅小区建设合作协议，约定三里店村以批准小康农宅小区建设用地作为合作内容，陇辉公司用该项目所需要的全部建设资金作为合作内容，在西华池镇三里店村种子洼自然村合作建设市级小康农宅小区一处。同时约定由三里店村负责主干道硬化、主干道排水及绿化、亮化和文体广场建设。协议签订后，陇辉公司按合同约定完成了主体工程的建设。2012 年 6 月 1 日，三里店村村委会出具委托书，委托李某按财政预算价格出售小区房屋，收取房款。2012 年 10 月 9 日，西华池镇政府作为甲方与作为乙方的昶荣公司签订了西华池镇三里店村种子洼农民文体广场及居民小区配套工程施工合同，合同双方签字盖章，李某在委托代理人处签字。合同约定将三里店村种子洼农民文体广场及居民小区配套工程交由昶荣公司承担全部施工任务。具体项目为新建农民文体广场一处。约定工程竣工验收后，乙方必须提供财政部门工程预(决)算书和正式票据进行工程款结算。同日，昶荣公司与李某签订了工程承包内部协议，约定李某挂靠昶荣公司承建西华池镇三里店村种子洼农民文体广场及居民小区配套工程施工项目。工程完工后，经昶荣公司与西华池镇政府验收确认，形成合水县西华池镇三里店村种子洼农民文体广场及配套设施工程量做法说明。2013 年 1 月 15 日，合水县财政投资评审中心出具合基预字 2013 第 04 号建筑安装工程预(决)算通知，审查核实该工程造价为 3 364 940.16 元。李某与西华池镇政府确认，该工程已给付工程款 3 263 992 元。2013 年 6 月 20 日，西华池镇政府作为甲方与作为乙方的鼎嘉公司签订了三里店村种子洼居民小区供暖地沟工程施工合同，合同双方签字盖章，李某亦在委托代理人处签字。合同约定将三里店村种子洼居民小区供暖地沟工程承包给鼎嘉公司施工，双方依照决算确定工程总造价。2015 年 3 月 10 日，双方对供暖地沟工程和鼎嘉公司施工的三里店村锅炉房及围墙建设工程进行了验收。2015 年 5 月 23 日，合水县财政投资评审中心核实工程造价分别为 365 732.99 元和 253 671.65 元，共计 619 404.64 元，西华池镇政府全部给付。

2012 年 6 月 8 日，三里店村村委会召开会议，成立种子洼新农村建设甲方施工质量监督领导小组，组长侯某(三里店村时任副主任)，组员刘某(种子洼自然村村民小组组长)、杨某。案涉工程结束后，侯某、刘某对李某提供的 7 张工程签证单进行了补签，7 张工程签证单上均盖有三里店村村委会公章。2015 年 8 月，刘某和三里店村党支部书记刘某瑞在李某提供的三里店村小康农宅小区工程量清单上签字，刘某瑞签字为："工程项目属实，具体工程量我不清楚。"双方未签订施工合同，由李某所承建的管网工程项目经北京智达公司鉴定，价款共计 1 889 612. 12 元。

裁判结果

一审法院判决，由西华池镇政府于判决生效之日起 30 日内支付李某工程款 1 900 665. 10 元；驳回李某的其他诉讼请求。一审案件受理费 53 670 元，鉴定费 35 000 元，共计 88 670 元，由李某负担 53 670 元，西华池镇政府负担 35 000 元。一审判决后，李某、三里店村均不服，向二审法院提起上诉。二审法院认为，三里店村和李某的上诉请求部分成立，依照《民事诉讼法》第 177 条第 1 款第 2 项规定，判决撤销一审判决；三里店村和西华池镇政府于本判决生效之日起 30 日内共同支付李某工程款 873 783. 23 元；驳回李某的其他诉讼请求。李某不服二审判决，向最高人民法院申请再审。最高人民法院裁定驳回李某的再审申请。

思考与衡量

上述两个案件都涉及一个立案标准和合并审理的问题。案例 1 的主要争议焦点直接涉及立案标准的确定问题，也是该案应该予以解决的问题。案例 2 的主要争议焦点虽不直接涉及立案标准的确定问题，但是在审理该案过程中引发了自己对如何规范立案标准问题的深度思考，不仅在于被告在一审过程中提出了该问题，更在于该案的确涉及若干个不同的法律关系、若干个不同的法律主体，因为这直接涉及如何更好解决矛盾纠纷的问题。

案例 1 案涉作品 7000 余篇，作者 500 余人。新京报社认为应该作为一个案件进行审理，而一审、二审都认为应该按照一定的标准进行分别立案。当时该案引起了社会关注，一方面当事人都是新闻宣传单位，另一方面该案涉及的法律适用问题的确存在认识上的分歧。案例 2 虽然是建设工程施工合同纠纷，主要是解决工程款的欠付问题。但在审理该案的过程中，笔者和合议庭注意到该案比较复杂，涉及法律关系众多，能否在一案中能得到妥善解决，是一个值得深度思考的问题，同时该案已经经过了三轮的诉讼，该案第一次起诉时被一审法院驳回起诉，原告不服提起上诉，二审法院指令一审法院受理，一审法院作出判决后，原告不服提起上诉，二审法院裁定撤销一审判决，发回重审。

从案例 1 看，该案既存在可以区分的诸多法律关系、诸多法律主体、诸多法律事实,而又的确可以看作只存在一个侵权行为。从案例 2 看,该案存在若干个不同的法律关系、若干个不同的法律关系主体,应立为一个案件,还是按照一定的标准立为若干个案件。三里店村与陇辉公司、西华池镇政府与昶荣公司、西华池镇政府与鼎嘉公司存在合同关系,李某分别与陇辉公司、昶荣公司、鼎嘉公司存在挂靠关系,法律关系众多,法律主体众多。两案都涉及立案标准与尺度问题。立案标准与尺度问题,不仅法学理论上存在争议,在司法实务操作中虽然有基本法律规范予以规定,但根据案情不同确有不同操作把握的空间与余地。从民事诉讼法律理论上讲,有"一诉一案""一个法律关系一个案件"等观点,在行政诉讼法律理论上有"一行为一诉"的观点,无论是民事诉讼法律理论还是行政诉讼法律理论,对于何为诉、何为诉讼标的等都存在不同的认识,很难拿出一个普遍都能接受的绝对的标准与尺度,也只是概括地列出一些原则性的观点。从司法实践的角度出发,关于立案标准和尺度问题,笔者认为应坚持一些基本的诉讼法律原则,首先应该认识到法律关系、案由、诉讼标的等概念虽然从理论上可以做出一些区分,但是究其实质而言,基本内涵重复较大,将这些概念简单化,可以认为基本属于一类或相近概念似对在实务中解决问题更有帮助。其次应该符合《民事诉讼法》第 122 条的规定,不违反最高人民法院《关于适用〈中华人民共和国民事诉讼法〉的解释》第 247 条的规定。也就是要符合立案的基本条件,也不得重复诉讼。最后应该有利于提高纠纷解决的效率,减少诉讼成本,有利于审判资源的合理配置。

在之前确定的基本原则之上,具体区分分别立案、合并立案应该本着有利于矛盾纠纷解决的精神,如果分案有利于矛盾纠纷解决就分案处理,如果合并审理更有利于矛盾纠纷解决就合并立案。一旦确定了分别立案,在审理时应该考虑关联案件之间的彼此衔接性,注意关联案件之间的相互依存、相互利用、相互支持,尽量避免重复劳动,分开审理就是为了更好地解决矛盾,或者是先处理了一个案件更有利于另一个案件的处理,前案与后案各有各的侧重点,各有各的分工。处理时前案应兼顾后案的处理,应为后案奠定一个好的基础,而不是给后案审理设阻,前案难以认定的事实和法律适用问题准备让后案解决的,应该给后案留出空间,不能让后案的处理处于两难境地。后案在审理过程中,应尽量了解是否存在前案,如果存在前案,应注意前案的审理思路,防止出现审理思路、方向不一致的情况,应充分利用前案已经认定的事实的、证据的、推理的、裁判的结果,尽量避免前后案的相互矛盾、相互冲突、相互对抗。一旦合并立案，应该尽量一次性解决相关的矛盾纠纷，尽量避免因为裁判出现新的矛盾纠纷或还遗留一些未决事项，应理顺案涉法律关系之间的关系、案涉主体之间的关系、案涉事实之间的关系、案涉法律规定之间的关系。应该防止人为地将应该合并审理的案件分开审理，因为这样可能会人为地造成裁判标准不一致、不统一，也可能会导致案件数增多，不能客观地反映社会的矛盾状况。值得注意的是，在现阶段法官普遍面临案件多、压力大的情形下，让法官再分出精力去关注其他法官承办的关联案件，相当于又去分析一个案件，这又涉及司法资源的有效利用的问题。同时，还应该根据法律的规定，注意杜绝将毫不相干的案件合并审理，避免案件久拖不决，人为地增加案件审理的难度，将不应合并审理的案件合并审理实际上不利于矛盾纠纷的有效解决。在案例 1 中，原告将大量立案材料未加分类交给一审法院，一审法院就要根据原告的诉讼请求对大量材料进行分类，以确定相应的案件，这项工作应该由谁来完成，这是一个工作量付出和成本计算问题，也是该案应该考虑的一个非诉讼方面的问题。虽然该案最终依法裁定准许再审申请人撤回再审申请，但是留下的法律适用问题还是很值得深入思考和研究的。在案例 2 中，原告挂靠了三家公司，而与被告分别签订合同的是三家公司，原告是否能直接起诉两被告，如果原告诉讼地位并无不当，案涉未参加诉讼的两家公司处于什么诉讼地位，是否应该参加诉讼，案涉三份合同的主体、内容均不相同，放在一个案件中审理是否有利于查清事实、有利于快速化解矛盾纠纷，这些问题都是值得考量的。该案在最高人民法院审理阶段是再审审查，这一阶段审理的任务是根据《民事诉讼法》第 207 条的规定进行审查，如果没有出现第 207 条的情形，就应该维持生效裁判的效力，但维持生效裁判的效力是一种总体的诉讼法上的价值取向，有时并不是说生效的裁判就没有值得进一步思考和挖掘的法律适用方面的问题。

（二）关于民刑交叉案件的程序处理问题

这一问题由来已久，多年来一直都是理论界和实务界研究的热点敏感问题，特别是近些年来，随着商品经济社会的深入发展，互联网经济的不断普及，这一问题出现了一些新情况、新变化、新特征，民刑交叉案件的程序处理问题时有出现，最高人民法院一直高度重视正确处理刑民交叉案件程序问题相关司法解释和规范性司法文件的调研和制定工作。笔者认为，这一问题长期以来难以达成共识，主要原因在于这一问题的复杂性、变化性、交织性，究其根本在于当事人行为的多重法律属性，案件事实的多重法律属性，当事人利益的难以平衡性，特别是民事诉讼制度与刑事诉讼制度保护利益的交叉性。民刑交叉问题之所以引起社会特别是当事人的关注，主要原因在于该问题直接涉及当事人的权利能否得到及时合法有效的保护。民刑交叉程序问题在民商事审判中主要涉及两个问题：一是民事案件涉及刑事问题时，什么条件下应该立案，什么条件下不应该立案。二是正在审理的民事案件涉及刑事问题时，在什么情形下应该中止审理，在什么情形下应该移交公安机关或检察机关。而涉及这两个问题的具体法律规定，又难以解决法官在实际面临复杂多变案情时的需要。涉及这两个问题法律适用的主要法律依据是最高人民法院《关于在审理经济纠纷案件中涉及经济犯罪嫌疑若干问题的规定》（1998 年 4 月实施，2020 年 12 月修正），最高人民法院、最高人民检察院、公安部《关于办理非法集资刑事案件若干问题的意见》（2019 年 1 月实施），还有《民事诉讼法》第 153 条第 1 款第 5 项关于裁定中止诉讼的规定以及最高人民法院《关于审理民间借贷案件适用法律若干问题的规定》第 5 条关于民间借贷行为本身涉嫌非法集资犯罪的规定等。

案例 3

再审申请人兰州银行股份有限公司城关支行（以下简称兰州银行城关支行）与被申请人兰州宏宇防水工程有限公司（以下简称宏宇公司）、甘肃金帝装饰工程有限公司（以下简称金帝公司）、颜某英、郭某、朱某、李某宏金融借款合同纠纷案

案号：(2020)最高法民申 2268 号

主要争议焦点

二审法院以担保人金帝公司原股东魏某武涉嫌刑事犯罪为由驳回兰州银行城关支行的起诉是否正确。

简要案情

兰州银行城关支行与宏宇公司签订借款合同，同时，朱某、李某宏均与兰州银行城关支行签订保证合同。金帝公司、郭某、颜某英分别以其名下的房产为抵押，与兰州银行城关支行签订了最高额抵押合同后，兰州银行城关支行与被告宏宇公司签订了借款展期合同，对该笔借款进行展期，朱某、李某宏作为保证人，金帝公司、郭某、颜某英为宏宇公司的展期借款提供抵押担保。目前，该笔贷款偿还已逾期，被告宏宇公司未按合同约定偿还借款及利息。兰州市公安局发布关于公开征集魏某武犯罪集团违法犯罪线索的通告。魏某武参与了金帝公司的经营。

案情详解

兰州银行城关支行起诉请求，(1)判令宏宇公司偿还原告借款本金 21 470 000 元、利息 1 444 331.58 元(暂计算至 2019 年 6 月 2 日)，2019 年 6 月 3 日起的利息按照月息 10.5‰计算至实际偿还之日。(2)判令被告承担原告实现债权的律师费 572 858 元。(3)判令被告朱某、李某宏对上述第 1、2 项款项承担连带清偿责任。(4)判令原告对被告抵押的下列财产进行拍卖、变卖或者以该财产折价所得价款享有优先受偿权：①金帝公司抵押的位于兰州市城关区张掖路街道通渭路 1 号 04 层 009 号、05 层 007 号的房产。②郭某抵押的位于兰州市安宁区十里店街道北滨河西路 62 号第 1 单元第 31、32 层 3101 室的房产。③颜某英抵押的位于兰州市城关区张掖路街道通渭路 45 号第 6 单元 4 层 402 室的房产。(5)依法判令上述各被告承担本案的诉讼费用。事实与理由：原告兰州银行城关支行与被告宏宇公司于 2016 年 11 月 30 日签订借款合同，约定原告兰州银行城关支行向被告宏宇公司发放借款贰仟贰佰万元整，借款到期日为 2017 年 11 月 30 日，借款利率按月利率 7‰计算。同时，被告朱某、李某宏均与原告兰州银行城关支行签订了保证合同，约定对宏宇公司的上述借款均承担连带责任保证。金帝公司以其名下的两套房产为抵押，与兰州银行城关支行签订了最高额抵押合同，为宏宇公司的上述借款提供最高额抵押担保；郭某以其名下的房产为抵押，与兰州银行城关支行签订了最高额抵押合同，为宏宇公司的上述借款提供最高额抵押担保；颜某英以其名下的房产为抵押，与兰州银行城关支行签订了最高额抵押合同，为宏宇公司提供最高额抵押担保。合同签订后，兰州银行城关支行于 2016 年 11 月 30 日向宏宇公司发放了贷款

2200万元。2017年11月30日,原告兰州银行城关支行与被告宏宇公司签订了借款展期合同,对该笔借款进行展期。展期金额为2200万元,展期到期日为2018年11月24日,展期利率为月利率7‰。同时,朱某、李某宏作为保证人,在该借款展期合同上签字。金帝公司以其名下的房产为抵押,与兰州银行城关支行签订了抵押合同;郭某以其名下的房产为抵押,与兰州银行城关支行签订了抵押合同,为宏宇公司的上述展期借款提供抵押担保;颜某英以其名下的房产为抵押,与兰州银行城关支行签订了抵押合同。合同签订后,原告兰州银行城关支行依约对该笔借款进行了展期。目前,该笔贷款偿还已逾期,被告宏宇公司未按合同约定偿还借款及利息。截至2019年6月2日,宏宇公司尚欠原告借款本金2147万元,利息1 444 331.58元。逾期款项经原告多次催要未果,担保人也未承担责任。

裁判结果

一审法院裁定驳回原告兰州银行城关支行的起诉。兰州银行城关支行不服一审裁定,向二审法院提起上诉,二审法院维持了一审裁定,兰州银行城关支行不服,向最高人民法院申请再审。在再审审查期间,兰州银行城关支行向最高人民法院递交了撤诉申请,称一审法院已经另案受理了其起诉,请求撤回本案再审申请。最高人民法院裁定,准许兰州银行城关支行撤回再审申请。

案例4

再审申请人甘肃黑马石化工程有限公司(以下简称黑马公司)与青岛科技大学科技开发公司(以下简称青岛科大科技公司)、青岛翰中通商国际贸易有限公司(以下简称翰中商通公司)、苏某一、苏某二、青岛科技大学等买卖合同纠纷案

案号:(2020)最高法民申2805号

主要争议焦点

是否应该驳回甘肃黑马石化工程有限公司的起诉。

简要案情

黑马公司与青岛科大科技公司签订供货协议，黑马公司按照约定向青岛科大科技公司交付产品，青岛科大科技公司收到货物后未向黑马公司支付货款。经黑马公司催收，青岛科大科技公司向黑马公司出具对账单，确认欠付黑马公司的货款总额，翰中商通公司以保证人名义在对账单上签字盖章，承诺对青岛科大科技公司欠付黑马公司的货款提供担保责任。苏某一在对账单上签字，承诺对青岛科大科技公司欠付黑马公司的货款承担还款责任。后经黑马公司催收，青岛科大科技公司再次向黑马公司出具欠款单，确认欠付货款总额，承诺于2017年7月19日前付清欠付的货款。承诺的还款期限届满后，各被告仍未向黑马公司支付货款。一审审理期间，青岛科大科技公司向公安局报案，称案涉供货协议、欠款单等系犯罪嫌疑人苏某三假冒青岛科大科技公司名义且私刻该公司公章、合同专用章和法定代表人印章与黑马公司所签，其行为已涉嫌刑事犯罪。公安局出具立案决定书，对苏某三合同诈骗立案侦查。

案情详解

黑马公司起诉请求，(1)判令青岛科大科技公司向黑马公司支付货款及违约金8 271 203.18元；(2)判令翰中商通公司、苏某一、苏某二、青岛科技大学承担连带偿还责任；(3)判令被告按照银行同期贷款逾期罚息利率标准向黑马公司支付自2017年9月1日至货款实际付清之日止的违约金；(4)该案诉讼费用由被告承担。事实与理由：2014年12月23日，黑马公司与青岛科大科技公司签订供货协议，约定青岛科大科技公司从黑马公司处购买中性清洗剂35吨，货款金额为798 000元。2014年12月31日，黑马公司与青岛科大科技公司通过签订供货协议补充的方式，对2013年3月8日至2014年1月3日发生的买卖关系进行对账，双方确认青岛科大科技公司于该期间欠付的货款金额为966 112.5元。2015年1月8日，黑马公司与青岛科大科技公司签订供货协议，约定由青岛科大科技公司从黑马公司处购买中性清洗剂200吨，货款金额为4 560 000元。2015年1月27日，黑马公司与青岛科大科技公司签订供货协议，约定由青岛科大科技公司从黑马公司处购买中性清洗剂28吨，货款金额为638 400元。合同签订后，黑马公司按照约定向青岛科大科技公司交付产品，青岛科大科技公司收到货物后未向黑马公司支付货款。经黑马公司多次催收，青岛科大科技公司于2016年11月15日向黑马公司出具对账单，确认截止发函时止欠付黑马公司的货款总额为6 847 022.5元。同日，翰中商通公司以保证人名义在对账单上签字盖章，承诺对青岛科大科技公司欠付黑马公司的货款提供担保责任。2017年3月15日，苏某一在对账单上签字，承诺对青岛科大科技公司欠付黑马公司的货款承担还款责任。后经黑马公司再次催收，青岛科大科技公司于2017年4月19日再次向黑马公司出具欠款单，确认欠付黑马公司的货款总额为6 847 022.5元，并承诺于2017年7月19日前付清欠付的货款。承诺的还款期限届满后，各被告仍未向黑马公司支付货款。黑马公司与青岛科大科技公司签订的供货协议合法有效，青岛科大科技公司未按照约定向黑马公司支付货款，应当向黑马公司承担支付货款和违约金的违约责任。翰中商通公司、苏某一在对账单上以保证人名义签字，应当承担连带偿还责任。苏某一、苏某二均是翰中商通公司的股东，因公司认缴的注册资金为8000万元，实缴为0元，苏某一、苏某二应当在出资额内承担连带偿还责任。青岛科技大学是青岛科大科技公司的股东，因公司认缴的注册资金为3000万元，由青岛科技大学全额认缴，青岛科技大学应当在出资额内承担连带偿还责任。

该案审理期间，青岛科大科技公司向青岛市公安局市北分局报案，称本案所涉供货协议、欠款单等系犯罪嫌疑人苏某三假冒青岛科大科技公司名义且私刻该公司公章、合同专用章和法定代表人印章与黑马公司所签，其行为已涉嫌刑事犯罪。2018年12月28日，青岛市公安局市北分局出具立案决定书，决定对苏某三合同诈骗立案侦查。

裁判结果

一审法院裁定驳回了黑马公司的起诉。黑马公司不服一审裁定，向二审法院上诉，二审法院维持了一审裁定。黑马公司不服二审裁定，向最高人民法院申请再审。最高人民法院维持了二审裁定。

案例5

再审申请人伊某军因与被申请人中国工商银行股份有限公司盘锦分行（以下简称工行盘锦分行）银行卡纠纷案

案号：（2020）最高法民再174号

主要争议焦点

（1）工行盘锦分行与伊某军是否存在储蓄存款合同关系；（2）案涉存款被转走的责任应如何划分；（3）伊某军所获310万元高息应否予以扣除以及案涉存款利息的计算方法。

简要案情

伊某军经人介绍认识工行盘锦分行工作人员李某武，李某武伙同他人以给付高额利息为诱饵，编造虚假事实，骗取伊某军的信任，授意伊某军在工行盘锦分行开立账户，伊某军在工行盘锦分行开户并被开通网银（该网银储户签名并非伊某军本人所签，而且被告称没有领取U盾手续），伊某军向该账户内共计存入600万元人民币。之后，伊某军又在辽河路储蓄所开户并被开通网银，但伊某军仅在开通网银的中国工商银行个人客户业务申请书上签了字，并未签字领取U盾（伊某军开户之前，原网银被注销，注销手续上的签名也不是伊某军所签，该手续上“卡丢失注销网银”几个字系办理开户业务的柜员赵某红所写）。伊某军向该账户内存入共计850万元人民币。李某武以网上银行转账或支付的方式将伊某军的存款取走共计1449.847万元。李某武共计向伊某军支付“利息”310万元。一审、二审法院认定李某武犯诈骗罪，判处有期徒刑14年，李某武的诈骗犯罪其中包括伊某军存款被骗部分。

案情详解

伊某军起诉请求，判令被告向原告支付存款本金1450万元及利息（自存款之日起至判决给付之日止，按中国人民银行同期定期银行存款利率计算）。

工行盘锦分行辩称，其没有给付伊某军1450万元存款本金及利息的义务，人民法院应当动员原告撤诉。否则，应做出驳回原告诉讼请求的判决。

一审法院查明：2011年4月，伊某军经人介绍认识李某武，李某武伙同刑事案件被告人周某等人以给付高额利息为诱饵，编造工商银行回报高额利息吸纳储户存款的虚假事实，骗取伊某军的信任，授意伊某军在辽河路储蓄所开立账户。伊某军于2011年4月26日15时44分在辽河路储蓄所开户，该账户于当日被开通网银（该网银储户签名并非伊某军本人所签，而且工行盘锦分行称没有领取U盾手续）。当日伊某军向该账户内存入400万元人民币，2011年5月13日，伊某军向该账户内存入200万元人民币，共计存入600万元人民币，该账户内的600万元存款自2011年4月26日至2011年5月14日通过网银转出599.901万元，余额601.07元。伊某军又于2011年6月28日在辽河路储蓄所开户。该账户于当日被开通网银，但伊某军仅在开通网银的中国工商银行个人客户业务申请书上签了字，并未签字领取U盾（伊某军开户之前，原网银被注销，注销手续上的签名也不是伊某军本人所签，该手续上"卡丢失注销网银"几个字系工行盘锦分行负责为伊某军办理开户业务的柜员赵某红所写）。伊某军于2011年6月28日至2011年11月11日先后9次向该账户内存入共计850万元人民币，通过网银共计转出849.946万元，余额256.12元。伊某军在同一储蓄所开立两个账户共计存入人民币1450万元。伊某军于2011年4月26日和2011年6月28日开立的均是活期储蓄存款账户。李某武以网上银行转账或支付的方式将伊某军的存款取走共计1449.847万元。李某武共计向伊某军支付"利息"310万元。伊某军在工行盘锦分行处开立账户时李某武是工行盘锦分行的工作人员，后被工行盘锦分行解除劳动关系。伊某军、工行盘锦分行对开通网银时是谁将U盾交给李某武说法不一。一审法院对伊某军和赵某红分别作了询问笔录，赵某红称："有客户把U盾落在柜台的情况，我给过李某武三四次。李某武说客户和他说好了，把U盾落这了，让李某武来取，我就给他了。"一审法院询问李某武，李某武称："伊某军的网上银行是我让赵某红开通的，开通网上银行后U盾是赵某红给我的。"一审、二审法院认定李某武犯诈骗罪，判处有期徒刑14年。李某武的诈骗犯罪其中包括伊某军存款被骗部分。但刑事判决中关于U盾是怎么到赵某红手中没有认定。庭审时经伊某军对工行盘锦分行提供的伊某军办理网银手续上的签名进行辨认，伊某军称均不是其本人所签，因此，伊某军申请要求笔迹鉴定。经一审法院委托辽宁九州司法鉴定所对伊某军在网银手续上的签名进行鉴定，鉴定意见确认：2011 年 4 月 26 日的中国工商银行个人客户业务申请书（开通网银）中，“申请人签名”处的“伊某军”签名笔迹和 2011 年 6 月 28 日的中国工商银行电子银行个人客户变更（注销）事项申请表中，“签名”处的“伊某军”签名笔迹及 2011 年 6 月 28 日的中国工商银行交接确认书（U 盾交接）中，“接收人 1 签章”处的“伊某军”签名笔迹不是伊某军签名笔迹；2011 年 6 月 26 日的中国工商银行个人客户业务申请书（开通网银）中，“申请人签名”处的“伊某军”签名笔迹是伊某军签名笔迹。

裁判结果

一审法院判决：(1)工行盘锦分行于判决生效之日起 10 日内给付伊某军存款人民币 1139.847 万元(1449.847 万元 - 310 万元)的 60% 即 683.9082 万元，并按中国工商银行同期同类活期存款利率支付上述存款利息（其中 400 万元从 2011 年 4 月 26 日起计息，199.901 万元从 2011 年 5 月 13 日起计息，84.0072 万元从 2011 年 11 月 11 日起计息，至判决确定的给付之日止）。如工行盘锦分行未按判决指定的期限履行给付金钱义务，应当依照《民事诉讼法》第 260 条之规定，加倍支付迟延履行期间的债务利息。(2)驳回伊某军的其他诉讼请求。工行盘锦分行不服一审判决，向二审法院提起上诉。二审法院判决：(1)撤销一审民事判决主文第 2 项；(2)变更一审民事判决主文第 1 项为：工行盘锦分行于二审判决生效之日起 10 日内给付伊某军存款人民币 923.8686 万元，并按中国工商银行同期同类活期存款利率计付上述存款至二审判决确定的给付之日止的利息｛其中 400 万元自 2011 年 4 月 26 日、199.901 万元自 2011 年 5 月 13 日、323.9676 万元[(849.946 - 310) × 60%]自 2011 年 11 月 11 日起计息｝；(3)驳回伊某军的其他诉讼请求。伊某军不服二审判决，向最高人民法院申请再审。最高人民法院判决：(1)撤销辽宁省盘锦市中级人民法院(2014)盘中民一初字第 00035 号民事判决；(2)撤销辽宁省高级人民法院(2016)辽民终 502 号民事判决；(3)工行盘锦分行于本判决生效之日起 10 日内给付伊某军人民币 1134.4475 万元，并按中国工商银行同期同类活期存款利率计付上述存款至本判决确定的给付之日止的利息｛其中 400 万元自 2011 年 4 月 26 日、199.901 万元自 2011 年 5 月 13 日、534.5465 万元[(849.946 - 310) × 99%]

自 2011 年 11 月 11 日起计息};(4)驳回伊某军的其他诉讼请求。

思考与衡量

前述 3 个案件均涉及刑事案件,但是根据具体案情不同,法院作出了不同的处理。在处理民刑交叉问题上,笔者认为应该把握以下几个方面的问题:一是应该避免简单地套用所谓的“先刑后民”或“先民后刑”原则。如果能简单套用这两个原则,就不会出现这么多年都存在争议的情况。在民刑交叉案件中没有单纯的刑事案件,也没有单纯的民事案件,两者通常都是交织在一起的,人的交叉、事的交叉、人的重叠、事的重叠等各种情形都存在。二是应该使用排除法。先排除哪类案件不属于民事案件受理的范围,即便受理了,也应该移送公安机关、检察机关或者正在审理该刑事案件的人民法院。这类案件主要包括涉嫌集资诈骗、非法吸收公众存款等涉众型经济犯罪,所涉人数众多、当事人分布地域广、标的额特别巨大、影响范围广,严重影响社会稳定。这类案件受害人的民事权利保护一般是通过刑事追赃、退赔的方式加以解决的。这样处理的主要法律依据是最高人民法院《关于在审理经济纠纷案件中涉及经济犯罪嫌疑若干问题的规定》第 11 条、第 12 条的规定。前述案例 4 就属于此类情形。在此案中,公安机关已经以诈骗立案,说明公安认为可能存在非法占有,在不能明确被告是否收到货物的情况下提审案件,也会引发其他案件是否进入再审的问题。黑马公司的起诉既包括买卖合同、保证合同以及股东责任。所有法律关系都要求青岛科大科技公司在买卖合同中承担责任。民事要查买卖合同,就会和公安机关的诈骗犯罪有关系,就只能等公安机关的处理结果,如果要求一审受理,一审法院也没有审理的基础。另外黑马公司也是有救济渠道的,如果不涉及犯罪,就可以再受理。这样处理也符合《民事诉讼法》第 153 条第 1 款第 5 项的规定,即便此案受理了,也应该中止,因为此案的处理要以刑事案件审理结果为依据。三是分别审理原则。此类情况是刑民交叉案件中,最难处理的,也是通常大家认为最为典型的刑民交叉的情形。这类情况并非简单运用刑事保护理论或民事保护理论就能处理好,而应根据刑事和民事立法精神和立法本意,结合具体案情予以研判,才能正确处理好这类情形。分别审理原则的现行主要法律依据是最高人民法院《关于在审理经济纠纷案件中涉及经济犯罪嫌疑若干问题的规定》第 1 条的规定,同一自然人、法人或非法人组织因不同的法律事实,分别涉及经济纠纷和经济犯罪嫌疑的,经济纠纷案件和经济犯罪嫌疑案件应当分开审理。法律事实是解决这类情形的关键所在,有些情况是事实完全重合,有些情形是相关联的。如果属于完全重合的情形,一般情况下应该认定为“同一事实”,原则上应该通过刑事诉讼方式解决。如果属于相关联,原则上应该分别通过刑事诉讼方式和民事诉讼方式解决。把握好何为“同一事实”是处理好这类情形的关键。“同一事实”应该是同一主体事实的行为,区分是否为“同一事实”主要是通过行为实施主体进行区分,不同主体实施的行为不构成“同一事实”。如案例3、案例5就不是同一主体实施的行为,案例3中涉嫌刑事犯罪的是案件当事人担保人金帝公司原股东魏某武,而不是案件当事人担保人金帝公司,案例5中构成刑事犯罪的是工行盘锦分行的原员工李某武而不是工行盘锦分行,因此这两个案件都属于事实相关联,人民法院进行了分别审理。还有一种情形应予以注意,就是在以另案审判结果作为依据时,应该注意把握民事证据规则与刑事证据规则的不一致,例如刑事案件的鉴定,是公安机关的职权行为,如果直接拿来适用在民事诉讼中,就存在剥夺当事人诉讼权利的可能。在民事诉讼活动中,应尽量避免为了所谓“查清事实真相问题”而拖延办案。民事审判部门不是刑侦机关,民事审判没有刑侦手段,而只能是运用民事证据规则来认定案件事实,民事证据规则是优势证据规则,有别于刑事证据采信规则的确凿充分。四是从案件程序上进行基本判断。也就是从基本外在表现来进行判断。在民商事审判实践中,有一种情形,当事人为了拖延案件审理,常常主张案件涉及刑事犯罪,已经向公安机关或检察机关报案了,请求案件中止审理或移送相关机关。这时一个基本的判断标准是,公安机关、检察机关是否立案,如果没有立案,一般并不影响案件的正常审理,不应该中止。如在案例4中,当事人就已经向公安机关报案,并已经立案了。为了稳妥起见,人民法院可以不予立案。在审判中应该防止通过刑事手段干预民商事审判,搞地方保护,影响营商环境。五是从责任承担方式上进行评判。2021年1月生效的《民法典》第187条规定,民事主体因同一行为应当承担民事责任、行政责任和刑事责任的,承担行政责任或者刑事责任不影响承担民事责任;民事主体的财产不足以支付的,优先用于承担民事责任。这一条规定就是民事责任承担优先原则,《刑法》《公司法》《证券法》等法律也都有类似的规定。也就是一个人行为造成的后果同时应该承担民事责任、行政责任和刑事责任这三种责任时,民事主体的财产不足以支付的,优先用于承担民事责任。在处理民刑交叉案件时，把握好这一原则，才能有效平衡国家利益与个人利益，取得良好的社会效果。

案例3中，一审法院认为，依照最高人民法院《关于在审理经济纠纷案件中涉及经济犯罪嫌疑若干问题的规定》第11条的规定，“人民法院作为经济纠纷受理的案件，经审理认为不属经济纠纷案件而有经济犯罪嫌疑的，应当裁定驳回起诉”，2019年5月5日，兰州市公安局发布了关于公开征集魏某武犯罪集团违法犯罪线索的通告。被告金帝公司的内资企业基本信息显示，魏某武参与了金帝公司的经营。因此，应依法驳回原告的起诉，原告可待相关刑事案件依法解决之后，根据刑事案件的处理结果再行主张自己的权利。

二审法院认为，2019年5月5日，兰州市公安局发布了关于公开征集魏某武犯罪集团违法犯罪线索的通告。该案中，金帝公司于2015年11月30日与兰州银行甘南路支行签订最高额抵押合同，约定为宏宇公司自2015年11月30日至2018年11月30日间与兰州银行甘南路支行形成的债务在最高本金余额2010万元范围内提供抵押担保，并于2015年12月2日办理了抵押登记。金帝公司的内资企业基本信息显示，魏某武于2007年12月10日前担任金帝公司法定代表人，于2018年1月2日退出金帝公司股东身份。案涉借款及担保行为发生于魏某武担任金帝公司股东期间，且依据兰州银行城关支行提交的贷款账户明细对账单显示，案涉贷款确由魏某武、许某晖、魏某万等犯罪集团成员各人账户偿还过利息，该案有涉嫌经济犯罪的嫌疑。最高人民法院《关于在审理经济纠纷案件中涉及经济犯罪嫌疑若干问题的规定》第11条规定：“人民法院作为经济纠纷受理的案件，经审理认为不属经济纠纷案件而有经济犯罪嫌疑的，应当裁定驳回起诉，将有关材料移送公安机关或检察机关。”因此，一审法院驳回兰州银行城关支行的起诉并无不当，该案应移交公安机关侦查，如公安机关经审查认为本案不涉及经济犯罪，影响本案作为民事纠纷案件处理的因素消除后，当事人仍可依法提起民事诉讼。

再审审查过程中，兰州银行城关支行向最高人民法院递交撤诉申请，称甘肃省兰州市中级人民法院已经另案受理其起诉，请求撤回该案再审申请。笔者认为，兰州银行城关支行撤回再审申请的请求，不违反法律规定，应予以准许。

案例4中，一审法院认为，该案所涉黑马公司与青岛科大科技公司签订的三份供货协议以及一份供货补充协议均由苏某三作为委托代理人与黑马公司签订，苏某三已被青岛市公安局市北分局因涉嫌合同诈骗立案侦查，且涉及本案签订的相关合同。最高人民法院《关于审理经济纠纷案件中涉及经济犯罪嫌疑若干问题的规定》第 11 条规定："人民法院作为经济纠纷受理的案件，经审理认为不属经济纠纷案件而有经济犯罪嫌疑的，应当裁定驳回起诉，将有关材料移送公安机关或检察机关。"故该案涉嫌刑事犯罪，应当驳回黑马公司的起诉。如果公安机关最终认定本案不构成犯罪，黑马公司可另行提起民事诉讼。

二审法院认为，经函询山东省青岛市公安局市北分局，该局函复苏某三合同诈骗一案，该局于 2018 年 12 月 28 日立案侦查，根据犯罪嫌疑人苏某三供述，青岛科大科技公司与甘肃黑马石化工程有限公司之间合同一事，属于该案侦查范围。经审查，黑马公司在本案所诉请的事实理由和前述公安机关正在侦办的苏某三合同诈骗一案均是因黑马公司与青岛科大科技公司之间签订的供货协议等相关协议，即二审法院审理民事案件与公安机关的刑事案件系基于同一行为事实。因该案涉嫌刑事犯罪，一审法院依据最高人民法院《关于在审理经济纠纷案件中涉及经济犯罪嫌疑若干问题的规定》第 11 条的规定裁定驳回黑马公司的起诉并无不当。黑马公司可待上述刑事案件查明的事实及处理结果，依据最高人民法院《关于在审理经济纠纷案件中涉及经济犯罪嫌疑若干问题的规定》第 12 条规定再行主张自己的权利。

笔者认为，该案一审审理期间，青岛科大科技公司向青岛市公安局市北分局报案，称案涉供货协议、欠款单等系犯罪嫌疑人苏某三假冒青岛科大科技公司名义，私刻该公司公章、合同专用章和法定代表人印章与黑马公司所签，其行为已涉嫌刑事犯罪。2018 年 12 月 28 日，青岛市公安局市北分局出具青北公（即）立字〔2018〕2395 号立案决定书，决定对苏某三合同诈骗立案侦查。该案二审期间，青岛市公安局市北分局应询函复二审法院："苏某三合同诈骗一案，我局于 2018 年 12 月 28 日立案侦查，根据犯罪嫌疑人苏某三供述，青岛科技大学科技开发公司与甘肃黑马石化工程有限公司之间合同一事，属于该案侦查范围。"据此，一审、二审法院认定黑马公司提起的该案之诉与公安机关立案侦查的苏某三涉嫌合同诈骗案系基于同一行为事实，因该案涉嫌刑事犯罪，根据最高人民法院《关于在审理经济纠纷案件中涉及经济犯罪嫌疑若干问题的规定》第 11 条的规定裁定驳回黑马公司的起诉，并释明黑马公司可待上述刑事案件查明的事实及处理结果，依据该规定第 12 条的规定再行主张自己的权利,该认定并无不当,应予维持。

(三)关于民行交叉案件程序处理问题

民事法律关系与行政法律关系天然就存在许多交叉性、相似性、竞合性之处,民行交叉案件在审判中是经常会遇上的情形,而有些情形,法律并未给出具体的、直接的、便于操作的规定,只是作出了一些原则性、概括性、一般性的规定。这就给法官裁判留出了自由裁量的空间,同时也较易成为裁判中的难点、热点和争议问题,同时,也给当事人是选择民事诉讼途径还是行政诉讼途径保护自己的合法权益增添了一些犹豫。

案例 6

上诉人西乡县交通运输局(以下简称西乡县交通局)因与被上诉人西乡县泾洋矿业有限责任公司(以下简称泾洋公司)、西乡县人民政府(以下简称西乡县政府)合同纠纷案

案号:(2020)最高法民终 578 号

主要争议焦点

(1)案涉协议的性质及效力;(2)赔偿对象和金额的确定;(3)一审审理程序是否违法。

简要案情

泾洋公司在西乡县魏家沟从事磁铁粉加工、销售业务。"316 国道"西乡过境公路途经泾洋公司魏家沟尾矿库下方,施工单位西乡县交通局在勘查时,泾洋公司认为工程兴建会对其尾矿库造成损害。西乡县交通局与泾洋公司签订了《"316 国道"西乡县过境段工程与西乡县泾洋矿业有限责任公司争议解决协议》,依照协议约定,西乡县交通局、泾洋公司共同委托评估公司作出了结论报告书。西乡县交通局请求撤销评估范围(项目)确认书,西乡县人民法院以案件不属于民事诉讼范围

为由裁定驳回起诉。

案情详解

泾洋公司起诉请求，(1)判令被告履行2017年3月18日签订的《“316国道”西乡县过境段工程与泾洋矿业有限责任公司争议解决协议》，依据评估报告向原告支付人民币239 869 900元整；(2)判令被告承担该款从2018年4月18日起到给付之日止的利息，利息按照中国人民银行同期贷款利率计算共计柒拾肆万玖仟壹佰捌拾贰元柒角整；(3)判令被告承担本案诉讼费。

一审法院查明：泾洋公司设立于2010年1月12日，在西乡县魏家沟从事磁铁粉加工、销售业务。2012年12月31日，陕西省发展和改革委员会同意实施“316国道”西乡过境公路工程，西乡县交通局作为该工程建设方动工兴建。

“316国道”西乡过境公路途经泾洋公司魏家沟尾矿库下方70米处，施工单位在勘查时，泾洋公司认为工程兴建，会对其尾矿库造成损害，由此双方产生纠纷。后经泾洋公司多次反映，西乡县安全生产监督管理局向泾洋公司复函称：反映的情况基本属实，现回复如下：(1)鉴于“316国道”改线工程施工已与魏家沟尾矿库的现状安全存在相应的因果关系，建议你公司尽快积极主动与“316国道”改线工程项目主体责任单位取得联系，就两者之间的安全因果关系进行科学论证。(2)建议你公司在没有得到改线项目责任主体单位的安全论证结论前，停止生产排放尾矿，加强库区安全防汛值班、安全检查。

2016年3月9日，泾洋公司委托世纪万安科技(北京)有限公司对魏家沟尾矿库安全现状进行评价。世纪万安科技(北京)有限公司出具安全现状评价报告，评价结论为：泾洋公司魏家沟尾矿库为四等库，在原来周边环境条件下，其自身条件能够满足安全运行的要求。“316国道”西乡县过境公路工程施工和施工后形成的道路使泾洋公司魏家沟尾矿库的安全度为“病库”。2016年12月21日，西乡县政府为此成立了“316国道”县城过境段改建工程与泾洋公司尾矿库矛盾协调处置领导小组。2017年1月18日，西乡县政府邀请国家安监局、陕西省安监局专家库专家及汉中市专家库专家组长就魏家沟尾矿库与“316国道”改线工程安全关系进行专家咨询会。专家组成员形成以下意见：(1)根据魏家沟尾矿库安全现状评价报告，目前该库为正常库，按照“316国道”改线工程现有设计方案，工程建成以后造成该库为“头顶库”。(2)按现有设计建成后该库为“头顶库”,应按“头顶库”的相关规定进行治理。(3)建议采取闭库、销号方式进行处理。2017年2月7日,西乡县安全生产监督管理局向西乡县交通局出具《关于“316国道”改线工程与魏家沟尾矿库安全问题的建议》,建议:(1)对魏家沟尾矿库采取闭库、销号方式处理。(2)建议企业在现状的基础上进行闭库工程的实施,由第三方中介机构对剩余库容进行评估由政府给予适当的补偿。(3)闭库工程由企业负责实施,闭库工程完工经验收合格后,进行销号,所产生费用由政府承担。(4)销号后由县交通局负责对闭库后的尾矿库安全度进行鉴定,视鉴定情况采取加固等措施消除安全隐患。(5)尾矿库销号后安全管理由政府指定部门按无主尾矿库的有关要求对该尾矿库进行监管。

2017年3月18日,西乡县交通局为甲方,泾洋公司为乙方签订了《“316国道”西乡县过境段工程与西乡县泾洋矿业有限责任公司争议解决协议》,(1)由于316国道西乡县过境段工程的建设,使得泾洋公司作为一个正常运营的合法企业无法继续存在,为了解决争议,保证“316国道”西乡县过境段工程的顺利进行,甲方自愿以向乙方支付现金的方式,来换取乙方终止运营,企业注销关停。(2)由西乡县政府委托西乡县交通局作为支付主体向乙方支付现金。(3)双方达成共识,通过资产评估的方式确定支付的金额。甲乙双方协商确认项目评估范围,由甲乙双方协商后确定,由甲方委托一家具有相关资质的法定评估机构,对双方确认的项目评估清单进行评估。(4)评估过程中产生的各项费用,甲乙双方各承担50%,并由甲方垫付。《“316国道”西乡县过境段工程与西乡县泾洋矿业有限责任公司争议解决协议》签订后,西乡县交通局、泾洋公司共同委托正意评估公司对泾洋公司资产及损失进行评估,双方又达成了评估范围(项目)确认书。2017年7月,正意评估公司作出结论报告书,评估总价格为人民币239 869 900元。2017年7月20日,正意评估公司向委托方发出应缴评估费的函,称在收到评估费余款后,随即将评估报告寄给委托方。因西乡县交通局未支付评估费余款,正意评估公司未向原、被告交付评估报告。该案审理中,泾洋公司提交了评估报告原件。

二审法院另查明,2017年11月23日,正意评估公司向西乡县人民法院提起诉讼,要求西乡县交通局、泾洋公司、青霞公司支付评估费用。正意评估公司未提交评估报告,经法院释明后,该公司仍拒绝提交评估报告。2018年7月11日,西乡县人民法院作出(2017)陕0724民初1619号民事判决,驳回了正意评估公司的诉讼请求。正意评估公司提起上诉,在二审中提交了评估报告。西乡县交通局于2018年10月19日该案二审中经法院收到了评估报告。2018年11月23日,陕西省汉中市中级人民法院作出(2018)陕07民终1069号民事裁定,撤销原判,发回重审。西乡县法院重审后,判决驳回正意评估公司诉讼请求。正意评估公司提起上诉,陕西省汉中市中级人民法院驳回上诉,维持原判。正意评估公司提起该案诉讼后,泾洋公司于2018年5月11日提起本案诉讼。本案一审中,泾洋公司将评估报告原件作为证据提交,西乡县交通局抗辩称正意评估公司未向其送达评估报告,对该报告真实性不予认可。2019年12月16日,正意评估公司向西乡县交通局邮寄送达评估报告。西乡县交通局收到后,根据评估报告的指引,向陕西省价格委员会申请复议。2019年12月30日,陕西省价格委员会受理了西乡县交通局的复议。2020年4月23日,陕西省价格委员会中止了复议。2020年6月19日,陕西省发展和改革委员会向陕西省价格委员会发出通知,指出陕西省价格委员会有关价格评估工作存在问题,并要求整改,其中一项整改内容是"停止受理西乡县交通局对正意评估公司作出的评估结论的复核复议申请"。西乡县交通局于2017年11月17日向西乡县人民法院提起诉讼,请求撤销评估范围(项目)确认书。西乡县人民法院于2020年6月17日作出裁定,以案件不属于民事诉讼范围为由裁定驳回起诉。该裁定已生效。

裁判结果

一审法院判决,西乡县交通局于本判决生效15日内向泾洋公司支付补偿款239 869 900元;西乡县交通局于本判决生效15日内向泾洋公司支付利息,以239 869 900元为基数,从2018年5月11日起至实际付清之日止,按照同期全国银行间同业拆借中心公布的贷款市场报价利率计算;驳回泾洋公司的其余诉讼请求。本案案件受理费1 244 895元(泾洋公司预交),由西乡县交通局负担。西乡县交通局不服一审判决,向最高人民法院提起上诉,最高人民法院作出裁定,撤销陕西省高级人民法院(2018)陕民初51号民事判决;本案发回陕西省高级人民法院重审。

案例 7

再审申请人宁夏兴宁驾驶员培训学校(有限公司)(以下简称兴宁驾校)诉宁夏回族自治区中宁县人民政府(以下简称中宁县政府)、宁夏回族自治区中宁县自然资源局(中宁县林业和草原局,系由原中宁县国土资源局等机构组建,以下简称中宁县自然资源局)、宁夏回族自治区中宁县新堡镇人民政府(以下简称新堡镇政府)行政协议案

案号:(2020)最高法行申 5529 号

主要争议焦点

案涉协议的性质及中宁县政府是否属本案适格被告的问题;案涉《经营性损失补偿协议》的效力及是否应当继续履行的问题。

简要案情

新堡镇政府与兴宁驾校签订《吴忠至中卫城际铁路(中宁段)兴宁驾校房产搬迁补偿协议》,约定:此次补偿协议只针对资产评估咨询公司对兴宁驾校房产的评估进行补偿;新堡镇政府共计向兴宁驾校支付补偿费,原中宁县国土资源局将约定的补偿款履行完毕。原中宁县国土资源局与北方亚事评估事务所签订资产评估业务约定书,约定:评估咨询对象是"兴宁驾校涉及搬迁造成经营性损失补偿价值",事务所作出兴宁驾校涉及搬迁造成经营损失补偿价值项目资产评估咨询报告。新堡镇政府与兴宁驾校签订《经营性损失补偿协议》。经新堡镇政府向原中宁县国土资源局申请共向兴宁驾校拨付 1000 万元补偿款,新堡镇政府对下剩补偿款 2789 万元未予拨付,兴宁驾校遂提出前述诉讼请求。

案情详解

兴宁驾校起诉请求,(1)依法判令中宁县政府全面履行《吴忠至中卫城际铁路(中宁段)兴宁驾驶员培训学校经营性损失货币补偿协议》(以下简称《经营性损失补偿协议》);(2)判令中宁县政府支付经营性损失人民币 2789 万元;(3)该案诉讼

费由中宁县政府承担。

一审法院查明,2009 年 7 月 1 日,兴宁驾校与新堡镇政府签订《租赁土地合同书》一份,约定租用新堡镇政府 96.1 亩土地,租赁期限 20 年,兴宁驾校利用租赁土地开办了兴宁驾校。2015 年 12 月 25 日,宁夏回族自治区人民政府办公厅作出《关于加强银川至西安高速铁路和吴忠至中卫城际铁路征地拆迁工作的通知》,该文件规定“铁路建设项目沿线各市县(区)人民政府是项目征地拆迁的工作主体,责任主体和实施主体,对本地区征地拆迁工作负总责”。2016 年 4 月 28 日,中宁县政府决定成立吴忠至中卫城际铁路建设项目(中宁段)土地和房屋征收补偿安置工作领导小组和工作办公室,办公室设在原中宁县国土资源局,主要负责吴忠至中卫城际铁路建设项目的土地及房屋征收协调、组织等工作。2016 年 7 月 4 日,中宁县政府对宁夏吴忠至中卫城际铁路(中宁段)工程建设用地作出征收公告,公告征收的土地范围包括超盛隆建材厂占用的土地。2016 年 8 月 22 日,中宁县政府作出《吴忠至中卫城际铁路(中宁段)建设项目红线范围内房屋征收与补偿安置方案》,确定原中宁县国土资源局、新堡镇政府等部门为房屋征收实施单位。在涉案土地征收拆迁过程中,新堡镇政府与兴宁驾校于 2017 年 4 月 6 日签订了《吴忠至中卫城际铁路(中宁段)兴宁驾校房产搬迁补偿协议》,约定:此次补偿协议只针对资产评估咨询公司对兴宁驾校房产的评估进行补偿;新堡镇政府共计向兴宁驾校支付补偿费 18 787 968 元;对其他补偿问题,经评估公司进行评估,双方达成一致后再另行签订协议。协议签订后,由新堡镇政府申请原中宁县国土资源局于 2017 年 4 月 25 日将约定的补偿款 18 787 968 元向兴宁驾校履行完毕。

2017 年 5 月 22 日,原中宁县国土资源局作出会议纪要,决定,“原则同意兴宁驾校经营损失评估聘请有资产资质的第三方中介机构进行评估,评估费用由原中宁县国土局从城际铁路补偿费用中支付”。2017 年 7 月 2 日,原中宁县国土资源局作为委托方(甲方)与受托方(乙方)北方亚事评估事务所签订资产评估业务约定书,约定:评估咨询对象是“为兴宁驾校涉及搬迁造成经营性损失补偿价值”;评估咨询范围是“兴宁驾校搬迁涉及的过渡期损失和因搬迁造成经营期损失等”;评估咨询目的是“为宁夏吴忠至中卫城际铁路(中宁段)建设项目红线范围内房屋征收与补偿的需要,对所涉及兴宁驾校涉及搬迁造成经营损失进行评估咨询,为搬迁补偿经济行为提供价值参考”;评估基准日为 2016 年 12 月 31 日。拆迁工作领导小组经议标后确定由北方亚事评估事务所进行评估。北方亚事评估事务所于2017年7月5日作出兴宁驾校涉及搬迁造成经营损失补偿价值项目资产评估咨询报告,载明评估咨询基准日为2016年12月31日,评估咨询结论为:兴宁驾校涉及搬迁造成经营损失补偿价值为3789万元,其中利润损失为2343万元,额外支出损失为1446万元。2017年7月10日,新堡镇政府(甲方)与兴宁驾校(乙方)签订《经营性损失补偿协议》,约定"甲方对乙方经营性损失进行货币化补偿,补偿金额以评估报告评估价款为准,鉴于甲方新校区建设资金缺口,甲方先期支付乙方经营性损失(大写)陆百万元整。甲方支付乙方经营性损失款项600万元在总评估价款内,下剩评估价款待资金到位后予以拨付"。2017年10月13日,新堡镇政府(甲方)又与兴宁驾校(乙方)签订一份《经营性损失补偿协议》,约定"甲方对乙方经营性损失进行货币化补偿,补偿金额以评估报告评估价款为准,鉴于乙方新校区建设资金缺口,甲方先期支付兴宁驾校经营性损失(大写)肆百万元整。甲方先期支付乙方经营性损失款项400万元在总评估价款内,下剩评估价款待资金到位后予以拨付"。后经新堡镇政府向原中宁县国土资源局申请共向兴宁驾校拨付1000万元补偿款,新堡镇政府对下剩补偿款2789万元未予拨付,兴宁驾校遂提出前述诉讼请求。目前,吴忠至中卫域师铁路所经兴宁驾校校区内的主体基础建设工程已完工。

该案在原审诉讼过程中,中宁县政府认为新堡镇政府对兴宁驾校经营性损失进行补偿没有法律依据,于2018年3月7日作出《关于解除〈吴忠至中卫城际铁路(中宁段)兴宁驾驶员培训学校经营性损失货币补偿协议〉的决定》。新堡镇政府于2018年3月7日作出《关于解除〈吴忠至中卫城际铁路(中宁段)兴宁驾驶员培训学校经营性损失货币补偿协议〉的通知》,向兴宁驾校留置送达。在审理中,中宁县政府申请追加宁夏城际铁路有限责任公司为本案第三人。经一审法院审查认为,宁夏城际铁路有限责任公司并非涉案补偿协议的签订方,对中宁县政府的追加申请不予准许。兴宁驾校增加要求撤销新堡镇政府作出的解除通知的诉讼请求,后又撤回该项诉讼请求。2019年年初,原中宁县国土资源局与其他机构并入中宁县自然资源局。

裁判结果

一审法院判决，中宁县政府继续履行新堡镇政府与兴宁驾校分别于2017年7月10日、10月13日签订的《经营性损失补偿协议》；中宁县政府于本判决生效后30日内向兴宁驾校支付经营性损失人民币2789万元；驳回兴宁驾校其他诉讼请求。案件受理费181 250元，由中宁县政府负担。中宁县政府不服一审判决，向二审法院提起上诉。二审法院裁定，撤销宁夏回族自治区中卫市中级人民法院(2019)宁05行初3号行政判决；驳回兴宁驾校的起诉。兴宁驾校不服，向最高人民法院申请再审，最高人民法院裁定，驳回兴宁驾校的再审申请。

案例8

再审申请人陕西御朗置业有限公司(以下简称御朗公司)因与被申请人延川县国土资源局招投标合同纠纷案

案号：(2019)最高法民申3732号

主要争议焦点

延川县国土资源局交付的土地是否符合合同约定；御朗公司主张的因开挖山体、征用山体住户等支出的费用是否应当得到支持；御朗公司是否应当承担延期付款违约责任。

简要案情

高某童经过拍卖竞得案涉地块国有建设用地使用权，与延川县国土资源局签订《延川县国有建设用地使用权拍卖出让成交确认书》，高某童申请将竞得的2012-03号地块国有建设用地开发使用权转到御朗公司。延川县国土资源局与御朗公司签订《国有建设用地使用权出让合同》后，延川县住建局发文，对刘家湾区域用地规划进行了调整。御朗公司共计缴纳土地出让金3269万元，尚余2131万元未付。

案情详解

原告（反诉被告）延川县国土资源局起诉请求，（1）依法判令被告支付原告土地出让金余款2135万元人民币；（2）判令被告支付违约金（从2014年2月20日至缴付之日，每日按2135万元人民币的1‰计算）；（3）依法判令被告承担本案诉讼及相关费用。

被告（反诉原告）御朗公司辩称，（1）目前答辩人共支付土地出让金总额为3269万元，按照约定未付款2131万元。（2）答辩人不存在拒缴行为，本案中违约在先的是被答辩人，被答辩人出让的土地，测绘时可能因为地标漂移，导致出让土地的四至界限不符合出让要求，导致答辩人不能完成规划内的在建项目，通过延川县人民政府的审批，扩征山体住户并开挖山体，由此给答辩人增加的费用，被答辩人应当承担。（3）答辩人与被答辩人签订的《国有建设用地使用权出让合同》系被答辩人提供的格式合同，其中约定的违约金数额过高，应依法予以调整。

被告（反诉原告）御朗公司提出反诉请求，（1）依法判令被反诉人承担因被反诉人的违约导致反诉人因土石方开挖及后期喷浆支护产生的费用共23 793 883.8元，以及因扩征山体住户而产权调换的安置房屋面积为1900.51平方米，按照政府指导的安置房价格，每平方米2960元，共产生费用5 625 499元，合计损失约为29 419 383元；（2）按照反诉人现有的实际使用土地面积重新确定土地使用权；（3）本案的反诉费用由被反诉人承担。

原告（反诉被告）延川县国土资源局辩称，（1）被告提出原告出让的土地面积与合同约定面积不符合，交付的土地未达到三通一平，存在出让土地未交回的说法与客观事实不符；（2）被告提出的就山体土方爆破采挖，运输及山体喷浆支护工程共产生所谓的费用23 793 883.8元，由原告承担的说法是无事实和法律依据的。被告未经审批，未与原告签订《国有建设用地使用权出让合同》擅自超出出让土地进行施工建房的行为属于非法建设用地，不受法律保护。

一审法院查明：2012年6月，陕西省延川县经陕西省人民政府国土资源厅批准，将延川县土地利用总体规划确定的城市建设用地规模范围内延川镇刘家湾集体建设用地依法征收为国有。2012年7月，经原告（反诉被告）延川县国土资源局请示，延川县人民政府批准延川县国土资源局以拍卖方式出让编号为2012－03号的刘家湾区域土地。后原告（反诉被告）延川县国土资源局对刘家湾区域出让土地进行了勘测并进行了估价。2012年7月11日，原告（反诉被告）延川县国土资源局对外发布《国有建设用地使用权拍卖出让公告》和《国有建设用地使用权拍卖出让须知》，内容包括拍卖出让土地基本情况、规划指标要求、竞买人条件、程序等。2012年8月2日，高某童经过拍卖以5400万元人民币竞得编号为2012－03号地块国有建设用地使用权，面积为55 817.26平方米（83.73亩）。同日，高某童与延川县国土资源局签订《延川县国有建设用地使用权拍卖出让成交确认书》。2013年2月22日，高某童申请将竞得的2012－03号地块国有建设用地开发使用权转到御朗公司（法定代表人高某童）。同日，原告（反诉被告）延川县国土资源局与被告（反诉原告）御朗公司签订编号为2013－01的《国有建设用地使用权出让合同》，约定：被告（反诉原告）御朗公司受让宗地编号为2012－03，面积为55 817.26平方米（83.73亩），位于延川县刘家湾的国有建设用地使用权。出让人同意在2013年2月25日前将出让宗地交付给受让人。土地使用权出让价款为人民币5400万元，每平方米人民币967.44元；定金为1580万元，定金抵作土地出让价款。出让价款分二期支付，第一期2013年2月22日前支付人民币3240万元，第二期2014年2月20日前支付2160万元。分期支付国有建设用地使用权出让价款的，受让人在支付第二期及以后各期国有建设用地使用权出让价款时，同意按照支付第一期土地出让价款之日中国人民银行公布的贷款利率向出让人支付利息。受让人不能按时支付国土建设用地使用权出让价款的，自滞纳之日起，每日按迟延支付价款的1‰向出让人缴纳违约金，延期付款超过60日，经出让人催交后仍不能支付国有建设用地使用权出让价款的，出让人有权解除合同，受让人无权要求返还定金，出让人并可请求受让人赔偿损失。同时，合同约定，土地利用要求应按照延川县住建局〔2012〕延建规条第3号执行。

2013年1月20日，延川县城乡规划委员会下发（2013）第1号会议纪要，同意开发建设单位对原规划中总建筑面积、容积率、建筑密度、绿化率进行调整的方案。开发建设单位应补缴方案调整后的土地出让金。土地出让金的补缴要和后期开发建设单位多征房屋产生的由县政府承担的费用以及开发建设单位通过土石方开挖增加的用地费结合起来进行核算。2013年1月29日，延川县住建局即下发文《延川县住房和城乡建设规划局关于调整刘家湾区域旧城改造规划设计条件和工程项目建设要求》,对刘家湾区域用地规划进行了调整。截至2017年4月21日,被告共计缴纳土地出让金3269万元,尚余2131万元土地出让金未付。

裁判结果

一审法院判决,御朗公司于本判决生效之日起15日内一次性向延川县国土资源局支付拖欠的土地出让金213 180 000元;御朗公司向延川县国土资源局支付按照中国人民银行同期同类贷款基准利率的1.3倍计算的违约金(其中以21 350 000元为基准,从2014年2月20日起计算至2017年2月19日止;以21 340 000元为基准,从2017年2月20日起计算至2017年3月15日止;以21 330 000元为基准,从2017年3月16日起计算至2017年3月28日止,以21 320 000元为基准,从2017年3月29日起计算至2017年4月20日止;以21 310 000元为基准,从2017年4月21日起计算至实际付清土地出让金之日止);驳回延川县国土资源局的其他诉讼请求;驳回御朗公司的反诉请求。御朗公司不服一审判决,向二审法院上诉,二审法院判决,驳回上诉,维持原判。御朗公司不服二审判决,向最高人民法院申请再审,最高人民法院裁定,驳回御朗公司的再审申请。

案例9

上诉人陕西得天实业有限公司(以下简称得天公司)、延安市新区管理委员会(以下简称延安新区管委会)因与被上诉人延安市房产管理办公室(以下简称延安市房管办)委托代建合同纠纷案

案号:(2019)最高法民终1373号

主要争议焦点

本案纠纷的性质;合同解除后延安市房管办、延安新区管委会应向得天公司支付款项的数额。

简要案情

得天公司与原延安市房管局就延安市杨家岭经济适用住房小区二期的开发建设签订《委托开发协议书》。后，延安市下发《关于清理整治违法用地违法建设的意见》，载明“原批准的保障房项目，未动工建设的，一律撤销项目，收回用地，发生的费用经审核后支付，投入的资金利息按同期信用社贷款利率计算支付”，延安市房管办通知得天公司解除《委托开发协议书》。后，各方当事人发生纠纷。

案情详解

得天公司起诉请求，判令两被告赔偿原告经济损失 285 735 145 元；诉讼费由被告承担。第一次开庭时，原告变更诉讼请求为：(1)两被告共同支付已经确认的前期投资费用 108 253 155.34 元；(2)两被告共同支付履行合同后的合理预期利润损失 7360 万元；(3)两被告共同支付第 1 项和第 2 项自合同解除之日至实际支付之日的资金占用费损失共计 112 780 932 元(暂由 2012 年 10 月 24 日起计算至 2016 年 11 月 14 日)；(4)两被告共同支付因解除合同造成原告应赔付第三方的违约金损失 2530 万元及保证金损失 300 万元；(5)两被告共同支付原告的融资成本损失 5 661 400 元。以上五项请求合计 328 595 487.34 元。

被告延安市房管办、延安新区管委会共同辩称，(1)本案属于行政协议纠纷，属于行政诉讼的受案范围；(2)答辩人因公共利益需要解除合同，不属于违约行为；(3)原告在实际损失之外提出的各项费用及利润、违约金主张无事实及法律依据，被告系因公共利益及其他法定理由解除合同，不应对原告的损失予以补偿。

对于原告变更后的诉讼请求，延安市房管办补充答辩称，(1)就原告提出的第一项诉请，审核报告双方还未确认，报告上的费用并非双方认可的费用。(2)原告主张项目利润 7360 万元无事实和法律依据。(3)就原告提出的第 3 项诉请，依据审核报告，原告实际支出的费用只有 2000 万元左右，原告该项诉请没有依据。(4)就原告提出的第四项诉请，该两项费用均是土方工程的费用，保证金损失 300 万元与审核报告内容重合，1556 万元缺乏证据支持。关于 2530 万元的违约金，土方合同是据实结算的合同，原告主张高额的违约金和保证金损失，缺乏证据支持。(5)原告的第五项诉请，支付其中约定的融资费用与本案无关。

对于原告变更后的诉讼请求，延安新区管委会补充答辩称，同延安市房管办的答辩意见。

该案第二次开庭时，原告又将诉讼请求变更为：(1)两被告共同支付已经确认的前期投资费用108 253 155.34元(含原告应支付给延安金健建筑工程有限公司的工程款1556万元)；(2)两被告共同支付履行合同后的合理预期利润损失4416万元；(3)两被告共同支付原告前期投资费用的资金利息16 308 337.85元(暂由2008年1月1日起计算至2019年1月1日，按同期信用社贷款利率计算，主张至实际支付之日)；(4)两被告共同支付原告合理预期利润的资金占用费损失41 745 717.6元(自合同解除之日至实际支付之日，暂由2012年10月24日起计算至2019年1月1日，按同期信用社贷款利率计算)；(5)两被告共同支付因解除合同造成原告应赔付第三方的违约金损失2530万元；(6)两被告共同支付原告的融资成本损失5 661 400元(以上6项请求合计241 428 610.79元)。

延安市房管办、延安新区管委会答辩意见同前。

2019年3月5日，原告向一审法院递交撤回部分诉讼请求申请书：(1)撤回原诉讼请求第一项之前期投资费用中的土方承包费1556万元的诉讼请求，将第一项诉讼请求变更为依法判令两被告共同支付已经确认的前期投资费用92 693 155.34元；(2)撤回原诉讼请求第三项之前期投资费用的资金利息中的土地承包费的资金利息2 344 162.4元的诉讼请求，将第三项诉讼请求变更为依法判令两被告共同支付原告前期投资费用的资金利息13 964 175.45元(暂由2008年1月1日计算至2019年1月1日，主张至实际支付之日)；(3)撤回原诉讼请求第五项之赔付第三方的违约金损失2530万元的诉讼请求。

一审法院查明，2008年11月8日，原告得天公司(乙方)与延安市房管局(甲方)就延安市杨家岭经济适用住房小区二期的开发建设签订《委托开发协议书》，其中甲方责任约定：(1)办理项目前期审批等有关手续；(2)凡涉及有关审批手续影响工程正常实施时，负责出面协调解决；(3)为乙方提供开发建设必需的有关技术资料；(4)协调有关单位支持乙方搞好项目报建、测绘；(5)组织项目实施单位搞好征地、拆迁、基础设施建设，协调解决相关问题。第六条乙方责任约定：(1)负责该项目的开发建设管理工作；(2)必须严格按照国家有关法律、法规和市政府有关政策规定及甲方要求进行规划建设；(3)按甲方要求，负责项目的单体的设计工作；

(4)按协议规定，按期如数拨付施工企业工程款，并监督施工企业及时支付工人工资。开发费用约定：(1)由甲方负责办理的前期手续产生的费用由乙方按一定比例分摊；(2)开发管理费经双方协商甲方按照工程总投资的1%提取。违约责任约定：(1)本合同签订后，甲乙双方应共同遵守，如任何一方违约则应承当相应的责任；(2)甲方如发现乙方在开发过程中不执行国家现行有关法律、法规、政策和市政府规定，或因非客观原因并不能按计划要求完成开发任务，有权终止乙方开发权，并追究相应责任。其他事项约定：(1)项目实施过程中所发生的一切合理费用计入工程成本；(2)又鉴于该项目分为四个阶段，为了便于工作和管理，项目基础设施和公用设施建设统一由甲方负责协调，费用由项目实施单位合理分摊。协议签署后，原告按照协议约定进行了项目的前期准备工作。

2012年8月30日，延安市清理整治违法建设违法用地领导小组办公室《关于清理整治违法用地违法建设的意见》，载明："原批准的保障房项目，未动工建设的，一律撤销项目，收回用地，发生的费用经审核后支付，投入的资金利息按同期信用社贷款利率计算支付。"

2012年10月24日，被告延安市房管办向原告发出书面通知，载明："2008年11月8日，原延安市房管局与你公司签订了《委托开发协议书》，委托你公司开发建设延安市杨家岭经济适用住房小区二期。但协议签订后，项目一直未动工建设。现就有关问题通知你公司：一、因相关审批文件已过期失效，解除原延安市房管局与你公司签订的《委托开发协议书》，终止该项目。二、请你公司将办理项目审批相关资料上报，已经缴纳的规费、设计费用等实际发生的费用以及由此产生的利息，经审核后支付，利息按同期信用社贷款利率计算。三、限你公司在十个工作日内将项目所有的相关手续及材料送交我办。"

2014年4月16日，延安市人民政府作出第54号《延安市人民政府专项问题会议纪要》，载明："现将会议议定事项纪要如下：一、鉴于杨家岭经适房二期项目区域土地已纳入新区开发建设，且市房产办已终止得天公司该项目的委托开发合同，故由新区管委会牵头负责，市城改办、房产办等相关部门和宝塔区政府配合，严格按照'双违'项目处理有关规定做好有关事宜。二、鉴于得天公司已办理该项目部分前期手续，并产生一定前期费用，为保证新区建设顺利进行，应尽快对该项目前期产生费用与得天公司进行清算，妥善处理该项目遗留问题。由新区管委会委托中介机构对得天公司的前期费用进行审核,审核结果按有关程序认定后,由新区管委会负责支付得天公司,该费用纳入土地成本。收回土地依据相关政策和新区建设规划,由延安新区管委会对该土地收储、出让和规划建设。”

2014 年 5 月 26 日,被告延安新区管委会向原告发出书面通知,载明:“由我委对你公司实施的延安市杨家岭经济适用房小区二期工程项目前期费用进行核算。请你公司于 5 月 31 日前提供以下资料,逾期不予提供,责任由你公司负责。一、项目开工至 2012 年 10 月之间的会计账簿;二、项目开工至 2012 年 10 月之间的银行对账单;……四、延安市杨家岭经济适用房小区二期工程项目前期费用结算书。”

2015 年 7 月 22 日,顺达会计师事务所受延安新区管委会委托对原告建设的延安市杨家岭经济适用住房小区二期工程项目前期阶段费用进行了审核,后作出审核报告,结论为:“本次审计是在得天公司提交并保证其所提供资料真实性、合法性的前提下进行,同时也是在前期审计的基础进行的,除第四项需专题议定事项(项目利润、融资合同、违约金)外,得天公司送审开发总成本为 330 718 863. 55 元,累计应予以确认 108 253 155. 34 元(其中前期确认 21 877 991. 07 元,本期确认 86 375 164. 27 元)。”该报告项目利润载明:“依据中国建筑西北设计研究院有限公司 2008 年 4 月出具的《延安市杨家岭经济适用住房小区二期建设工程可行性研究报告》显示,项目总用地面积 1554 亩,项目销售总建筑面积 80 万平方米,项目总投资估算 14. 72 亿元;规划设计方案显示,规划建设用地 1212. 3 亩,建筑总面积 80 万平方米,其中:住宅 71 万平方米,公建 8. 81 万平方米。得天公司提供资料显示,依据《可行性研究报告》及规划设计方案项目销售总建筑面积 80 万平方米,预计销售单价 3000 元/平方米(需政府物价部门核定价格),可取的销售收入 24 亿元,按照建设部、发展改革委、监察部、财政部、国土资源部、人民银行、税务总局关于印发《经济适用住房管理办法的通知》的规定,得天公司计算项目利润 7200 万元。本次审计未对项目利润进行认定,待商定后进行调整。”

2015 年 1 月 12 日,得天公司向延安新区管委会出具的收款收据载明:“今收到延安市新区管委会对收回陕西得天实业有限公司开发的杨家岭经济适用住房小区二期工程项目结算预借款。人民币:贰仟万元整。”2015 年 8 月 17 日,得天公司向延安新区管委会出具的收款收据载明:“今收到延安市新区管委会对处理陕西得天实业有限公司开发的杨家岭经济适用住房小区二期工程双违项目结算预借款。人民币:壹仟万元整。”

2015 年 12 月 15 日,原告向一审法院提交司法鉴定申请书,申请对案涉项目实施过程中发生的一切合理费用进行核算。经双方协商一致确定鉴定事项后,遂依照法定程序委托希格玛会计师事务所进行鉴定。2017 年 12 月 12 日,延安新区管委会向一审法院申请就案涉项目的相关费用及损失进行鉴定,经双方当事人协商确定由希格玛会计师事务所进行鉴定,一审法院遂依照法定程序委托希格玛会计师事务所进行鉴定。委托的鉴定事项为:(1)得天公司自 2007 年 2 月至 2015 年 12 月期间实际发生的成本所对应的金额,包括开发成本、开发间接费用,工程施工、施工间接费、工程结算、机械作业等;(2)得天公司自 2007 年 2 月至 2015 年 12 月期间的负债对应的金额,包括长期借款、短期借款、应付账款、其他应付款、应付职工薪酬、应付利息、长期应付款、预计负债等;(3)得天公司自 2007 年 2 月至 2015 年 12 月期间发生的费用所对应的金额,包括管理费用、财务费用、销售费用、营业外支出、主营业务成本、其他业务成本等;(4)得天公司可获得的项目利润。

2018 年 12 月 26 日,希格玛会计师事务所作出司法会计鉴定报告书,结论为:“1. 得天公司自 2007 年 2 月至 2015 年 12 月期间实际发生的开发成本金额为 27 988 092. 16 元,其中已付款金额 26 303 870. 16 元,应付账款金额 1 684 222 元。2. 得天公司自 2007 年 2 月至 2015 年 12 月期间实际发生的费用金额上限为 25 733 616. 11 元,其中资金成本 18 482 394. 5 元。实际发生的费用金额下限为 13 443 353. 29 元,其中资金成本 6 192 131. 68 元。3. 得天公司可获得的项目利润为 4416 万元。按信合贷款利率上限计算资金成本,上述费用合计为 97 881 708. 27 元。按信合贷款利率下限计算资金成本,上述费用合计为 85 591 445. 45 元。”该报告项目利润载明:“中国建设西北设计研究院有限公司 2008 年 4 月出具的《延安市房地产管理局杨家岭经济适用住房小区二期建设工程可行性研究报告》和《延安市发改委关于市区杨家岭经济适用住房小区二期工程可行性研究报告的批复》,杨家岭经济适用住房小区建筑总面积 80 万平方米,项目总投资 14. 72 亿元。依据建设部、发展改革委、监察部、财政部、国土资源部、人民银行、税务总局《关于印发〈经济适用住房管理办法〉的通知》的规定,计算得天实业可获得的项目利润为 4416 万元。”

得天公司对鉴定报告书质证称,认可真实性、合法性,但不完全认可鉴定意见。

延安新区管委会、延安市房管办对鉴定报告书质证称，总体来说认可鉴定意见。2019年1月24日，希格玛会计师事务所对双方发表的质证意见出具了书面回复意见。原告不认可希格玛会计师事务所的回复意见，但不申请重新鉴定。希格玛会计师事务所出具补充说明。得天公司对补充说明质证称，不认可补充说明。延安新区管委会、延安市房产办对补充说明质证称，利息计算到2019年1月1日的问题，原则上不认可，但是法院既然委托，具体由法庭审查认定。

裁判结果

一审判决，被告延安市房管办、延安新区管委会于本判决生效之日起15日内返还原告得天公司前期投资费用22 226 515元及资金占用利息5 183 660.85元，并以13 184 891.12元为计息基数，按中国人民银行同期贷款基准利率的2.3倍计算自2019年1月2日起至实际给付之日止的资金占用利息，如中国人民银行对金融机构人民币存贷款基准利率和贷款利率浮动区间有调整的，以调整后的上限标准为准；被告延安市房管办、延安新区管委会于本判决生效之日起15日内，向原告得天公司支付预期可得利润损失4416万元；驳回原告得天公司的其他诉讼请求。得天公司与延安新区管委会均不服，向最高人民法院提起上诉。最高人民法院以一审法院认定基本事实不清，适用法律错误裁定，撤销陕西省高级人民法院(2015)陕民一初字第00036号民事判决；本案发回陕西省高级人民法院重审。

思考与衡量

以上4个案例较为典型的涉及民行交叉问题。案例6，当事人在二审中对该案是应该通过民事诉讼途径还是行政诉讼途径解决存在争议。案例7，当事人各方对于该案通过行政诉讼途径解决并无异议，但是在适用法律中，涉及民事法律规定。案例8，原告一方是行政机关，该案通过民事诉讼途径解决纠纷双方并无争议。案例9，原被告双方对该案是应该通过民事诉讼途径还是行政诉讼途径解决存在争议。笔者认为，正确处理民行交叉问题，可以从以下几个方面理解和把握：一是正确把握现行法律规定和法理基础。《行政诉讼法》第61条规定，在涉及行政许可、登记、征收、征用和行政机关对民事争议所作的裁决的行政诉讼中，当事人申请一并解决相关民事争议的，人民法院可以一并审理。在行政诉讼中，人民法院认为行政案件的审理需以民事诉讼的裁判为依据的，可以裁定中止行政诉讼。《行政诉讼法》第 101 条规定，人民法院审理行政案件，关于期间、送达、财产保全、开庭审理、调解、中止诉讼、终结诉讼、简易程序、执行等，以及人民检察院对行政案件受理、审理、裁判、执行的监督，本法没有规定的，适用《民事诉讼法》的相关规定。最高人民法院《关于审理行政协议案件若干问题的规定》第 27 条规定，人民法院审理行政协议案件，应当适用行政诉讼法的规定；行政诉讼法没有规定的，参照适用《民事诉讼法》的规定。人民法院审理行政协议案件，可以参照适用民事法律规范关于民事合同的相关规定。《行政许可法》第 12 条第 2 项规定，有限自然资源开发利用、公共资源配置以及直接关系公共利益的特定行业的市场准入等，需要赋予特定权利的事项，可以设定行政许可。《行政诉讼法》第 12 条第 1 款第 11 项规定，人民法院受理公民、法人或者其他组织提起的，认为行政机关不依法履行、未按照约定履行或者违法变更、解除政府特许经营协议、土地房屋征收补偿协议等协议的诉讼。最高人民法院《关于审理涉及国有土地使用权合同纠纷案件适用法律问题的解释》规定："为正确审理国有土地使用权合同纠纷案件，依法保护当事人的合法权益，根据《中华人民共和国民法典》《中华人民共和国土地管理法》《中华人民共和国城市房地产管理法》等法律规定，结合民事审判实践，制定本解释。"该解释第 1 条规定："本解释所称的土地使用权出让合同，是指市、县人民政府自然资源主管部门作为出让方将国有土地使用权在一定年限内让与受让方，受让方支付土地使用权出让金的合同。"从这些法律规定来看，无论是实体还是程序法律方面，民行都存在交叉的问题。通俗地理解，就是有些方面行政法律没有规定的，可以参照民事法律的规定，也就是说民事法律对行政法律有一个补充的作用。从法理上理解，以民事合同与行政协议为例，两者都是法律关系当事人达成合意的结果，都是双向法律关系，都有两方或多方当事人，当事人之间都是相对关系，当事人与对方当事人的权利义务责任都是互为前提，两者貌似是同一种法律关系。但实际上，两者有本质的区分，民事合同当事人之间是平等的，而行政协议当事人之间则是不平等的，一方为行政机关，一方为行政相对人。而且两者的规则有许多不一样的地方，如在实践中，争论比较多的就是对民事合同与行政协议的解除权的制度设计问题，民事合同的解除权有协商解除制度和法定解除制度，而行政协议从本质上讲是一种行政行为，它是行政主体为实现公共利益或者行政管理目标而与行政相对人平等协商订立的,协商订立并不代表行政相对人与行政机关就是一种完全平等的地位,法律虽然允许行政主体与行政相对人签订协议,但仍然要求行政主体依法行政,不能借"协议"一名任意扩大协议法定的范围。同时,法律允许行政机关享有一定的行政优益权,也就是当继续履行协议会影响公共利益或者行政管理目标实现时,行政机关可以单方变更、解除行政协议,而不必协议双方达成合意,也就是说在行政协议的解除上,行政机关享有优益权,这是单方的权利,这一制度设计并不在合同法范畴之内,行政相对人并不享有此类权利。例如,就国有土地出让合同而言,从行政诉讼的角度理解,国有土地属于行政许可法规定的有限资源,国有土地出让合同一旦出现纠纷就应适用《行政诉讼法》第 12 条第 1 款第 11 项的规定,这一类纠纷就应该属于行政诉讼管辖的范畴。而从民事诉讼的角度考量,土地使用权出让合同纠纷属于最高人民法院《关于审理涉及国有土地使用权合同纠纷案件适用法律问题的解释》调整的范围。二是从当事人追求利益最大化的角度理解。《土地管理法》第 58 条规定:"有下列情形之一的,由有关人民政府自然资源主管部门报经原批准用地的人民政府或者有批准权的人民政府批准,可以收回国有土地使用权:(一)为实施城市规划进行旧城区改建以及其他公共利益需要,确需使用土地的;(二)土地出让等有偿使用合同约定的使用期限届满,土地使用者未申请续期或者申请续期未获批准的;(三)因单位撤销、迁移等原因,停止使用原划拨的国有土地的;(四)公路、铁路、机场、矿场等经核准报废的。依照前款第(一)项的规定收回国有土地使用权的,对土地使用权人应当给予适当补偿。"《城市房地产管理法》第 20 条规定:"国家对土地使用者依法取得的土地使用权,在出让合同约定的使用年限届满前不收回;在特殊情况下,根据社会公共利益的需要,可以依照法律程序提前收回,并根据土地使用者使用土地的实际年限和开发土地的实际情况给予相应的补偿。"根据以上法律规定,行政机关收回国有土地使用权的,对土地使用权人是应当给予适当补偿。而按照合同法的基本原理,如果合同一方违约,其应该赔偿守约方的损失。行政法规定的是适当补偿,而民法规定的是赔偿损失,相对方所得到的实际利益是不一样的,一般情况下民法上相对方所获得的利益会较大。在这种情形下,行政相对人一般都倾向于选择通过民事诉讼的途径来选择追求利益最大化,而行政机关则更愿意选择行政诉讼途径解决矛盾纠纷。三是从民事诉讼法和行政诉讼法的基本功能目标把握案件。民事诉讼的根本目的在于保护民事主体的合法权益，行政诉讼的根本目的在于保护公民、法人和其他组织的合法权益，监督行政机关依法行使职权。两者的基本功能目标有所区别，而且从两种诉讼参加主体看，民事诉讼是平等主体之间的纠纷，而行政诉讼有一方必然是行政主体，两者产生交叉，主要原因在于行政主体有时又是以民事主体的身份参加民商事活动。在案例6、案例8、案例9中，都是这种情形，三个案例中有一方当事人是行政机关。这样容易产生纠纷性质之争。这三个案例都存在案件类型性质争议。案例6中，案涉西乡县交通局与泾洋公司签订《“316国道”西乡县过境段工程与泾洋矿业有限责任公司争议解决协议》，一方当事人是行政机关西乡县交通局。关于案涉协议的性质，西乡县交通局上诉提出，案涉协议是行政协议，不应按照民事案件处理，应当驳回起诉。笔者认为，该协议是西乡县交通局为实现建设县道这一公共服务目标与泾洋公司订立的协议，符合行政协议的特征，可以认定为行政协议。但一审认定为民事协议，且西乡县交通局和西乡县政府未提出异议，可视为各方当事人选择了通过民事诉讼解决案涉纠纷。行政协议司法解释虽然明确行政协议属于行政诉讼受案范围，但该解释公布日（2019. 11. 27）及施行日（2020. 1. 1）与一审判决作出的时间（2019. 12. 26）恰好交叉，一审对程序的选择并未违反法律规定。程序不具有可逆性，如果后续程序以新出现的司法解释否定一审程序的适当性，不利于维持法律适用统一，亦不利于节省当事人的诉讼成本和司法资源。且在司法实践中，行政协议案件作为行政案件受理或者作为民事案件受理的情况均存在。案例8中，原告一方是行政机关，案由是招投标合同纠纷，原告起诉的主要原因在于被告未缴足土地出让款，请求缴足剩余的款项。该案中，行政机关作为一方民事主体，并未涉及具体的行政管理事务，而是为了实现自己的民事权益，故本案应作为民事案件处理。案例9中，被告一方延安市房管办、延安新区管委会是行政机关，案由为委托代建合同，原告一方提起民事诉讼，主张被告一方抗辩主张的案涉《委托开发协议书》系行政协议。该案系因延安市房管办解除其前身原延安市房管局与得天公司签订的《委托开发协议书》，得天公司起诉主张延安市房管办、延安新区管委会向其支付前期投资等相关费用而引起的纠纷。双方之间系《民法总则》第2条①及

① 为保持案例的客观性，本书在评述案例时，均援引诉讼时适用的法律规范，如该规范与现行规范有对应的，则在注释中说明对应的现行法律规范。此处现为《民法典》第2条。

《合同法》第2条[①]规定的平等民事主体之间设立、变更、终止民事权利义务的纠纷，不属于《行政诉讼法》第12条所调整的权利义务范围，并非由行政主体的具体行政行为引起，故该案纠纷应属于民事纠纷。案例7中，兴宁驾校认为中宁县政府以及中宁县自然资源局、新堡镇政府未按照约定履行其与新堡镇政府签订的两份《经营性损失补偿协议》而提起，其诉讼请求为判令中宁县政府、中宁县自然资源局、新堡镇政府全面履行协议、支付经营性损失。案涉《经营性损失补偿协议》系因兴宁驾校租赁的集体土地被征收，中宁县政府为完成征地补偿法定职责而由新堡镇政府签订，该案诉讼属于行政机关未按照约定履行行政协议之情形，依法属于人民法院行政诉讼受案范围。该案虽然属于行政诉讼的受案范围，但是在理解和适用相关法律问题时，却涉及民事诉讼法的适用。该案中，由于兴宁驾校系诉请履行两份《经营性损失补偿协议》，新堡镇政府其后作出了解除通知，故该案不可避免地要触及是否应在该案中对该通知进行合法性审查的问题。也就是对该通知，是应当由兴宁驾校另行提出起诉，还是无论兴宁驾校是否对之提出起诉，都应当在该案中一并进行合法性审查。对此问题可以作出两种理解：一种理解是，新堡镇政府作出的解除通知属于行政机关行使行政权力作出的单方解除行政协议行为。同其他行政行为一样，该通知除非存在重大且明显违法的情形，一经作出，即产生法律效力。尽管新堡镇政府作出该通知的时间有异常规，但不影响其行政行为属性。本案现有证据难以证明新堡镇政府作出该通知存在重大且明显违法的情形。该通知经依法送达之后，具有解除两份《经营性损失补偿协议》的法律效力。若兴宁驾校不认可该解除行为的合法性，认为应予撤销，则可针对该解除行为另行提起行政诉讼。若如此提起诉讼，则依照行政诉讼法律的相关规定，请求判令行政机关履行行政协议的诉讼中止审理。兴宁驾校亦可基于请求判令行政机关履行行政协议的诉讼请求与请求撤销该解除行为的诉讼请求之间存在紧密逻辑关联，在该案中增加撤销该解除行为的诉讼请求，由人民法院依照最高人民法院《关于适用〈中华人民共和国民事诉讼法〉的解释》第232条“在案件受理后，法庭辩论结束前，原告增加诉讼请求，被告提出反诉，第三人提出与本案有关的诉讼请求，可以合并审理的，人民法院应当合并审理”之规定，在本案诉讼中合并审理。无论是采取哪种诉讼方

① 现为《民法典》第464条。

式，均需对该解除行为提出诉讼请求，形成一个诉。否则，人民法院就该单方行政行为进行审理便缺乏诉讼请求基础。若经审理认定该解除行为违法，则也难以下判。故在兴宁驾校未对新堡镇政府所作解除通知提出诉讼请求的情况下，不宜在本案中对该行为进行合法性审查。另一种理解是，对于行政机关未依法履行、未按照约定履行或者违法变更、解除行政协议的情况，行政机关违法变更、解除行政协议的，可判决行政机关承担继续履行、采取补救措施或者赔偿损失等责任。在公民、法人或者其他组织诉请判令行政机关履行行政协议的案件中，人民法院可在合约性审查的基础上，对行政机关变更、解除行政协议的行政行为进行合法性审查，并根据合法性审查的结论作出判决。若人民法院不对行政机关在诉讼过程中作出的单方变更、解除行为进行合法性审查，完全接受变更、解除行为的效力，则正在进行的履约争议审理将受阻碍，致使履约争议搁置延宕，得不到及时解决。在人民法院可在行政协议履行争议案件的审理中对行政机关变更、解除行政协议的行政行为进行合法性审查的情况下，就应当对行政机关在诉讼过程中作出的变更、解除行为进行合法性审查，一次性解决争议，而非一概接受变更、解除行为的效力，促使公民、法人或者其他组织对变更、解除行为另行提出起诉，叠加诉讼。该案中，新堡镇政府作出解除通知系针对两份《经营性损失补偿协议》而为，协议是否已因之被解除将影响本案的审理与裁判，故应当在本案中对新堡镇政府作出的解除通知进行合法性审查，并以合法性审查结论为据，对兴宁驾校提出的履行协议诉讼请求作出裁判。行政协议案件系一种新类型的行政案件。对于新堡镇政府在一审诉讼过程中作出解除通知这种情况如何处理，《行政诉讼法》以及相关司法解释的规定并不十分明确，目前的司法实践积累亦不丰厚，尚难以对上述两种理解作出评判。二审法院未对新堡镇政府所作解除通知进行合法性审查，认定案涉两份《经营性损失补偿协议》在诉讼过程中已被解除，合同关系已经终止，得出兴宁驾校要求继续履行协议约定义务的前提已不存在的结论，裁定驳回兴宁驾校的起诉。此种概括驳回起诉的裁判方式并未对兴宁驾校的诉讼请求作出实体处理。基于目前的司法实践，难以认定二审法院裁定撤销一审判决、驳回兴宁驾校的起诉确有错误。若日后另经法定途径，新堡镇政府所作解除通知的法律效力得到否定，构成新的事实，兴宁驾校仍选择诉讼途径请求判令履行《经营性损失补偿协议》、支付经营性损失的，可依照最高人民法院《关于适用〈中华人民共和国民事诉讼法〉的解释》第 248

条“裁判发生法律效力后，发生新的事实，当事人再次提起诉讼的，人民法院应当依法受理”之规定，再次提起行政诉讼。四是应该把握较为常见民行交叉问题的处理路径。无论是在审理民商事案件中，遇上行政法律适用问题，还是在审理行政案件中适用民商事法律问题，都应该注意两种诉讼途径的区别，两种法律规范的区别，而不应该简单地单独适用民事法律或行政法律。在行政协议、土地使用权转让登记、房屋登记、征收补偿费用分配等问题上常会出现民行交叉的情形，在法律没有明确规定之前，应该本着减轻当事人诉累、节约司法资源、既不推诿扯皮又不争抢的原理，尽量一次性化解矛盾纠纷。应该依法尊重当事人对诉讼途径的选择权利，尊重审判惯例。

案例6中，一审法院认为，依法成立的合同应受到保护，原告泾洋公司与被告西乡县交通局签订的《“316国道”西乡县过境段工程与西乡县泾洋矿业有限责任公司争议解决协议》系当事人双方真实意思表示，不违反法律、行政法规的强制性规定，合法有效。该案争议的焦点问题：(1)评估报告是否可作为本案依据；(2)被告是否应当向原告支付补偿款239 869 900元；(3)西乡县政府是否是适格的被告。

关于焦点一，西乡县交通局、泾洋公司依照约定共同委托正意评估公司对泾洋公司资产及损失进行评估，并对评估范围达成书面确认书，正意评估公司在完成评估后，于同年7月20日函告双方，要求在支付剩余评估费后，交付评估报告。但西乡县交通局拒不向正意评估公司支付剩余评估费，致使评估机构未向双方交付评估正式文本，上述情况的发生系被告西乡县交通局的违约行为导致，鉴于被告西乡县交通局于2017年11月7日、泾洋公司于2018年5月11日就本案提起诉讼，且该案审理中，泾洋公司已提交了正意评估公司的正式评估报告文本，故该评估报告可作为该案判决的依据。被告称评估报告已过有效期的抗辩理由不予采纳。

关于焦点二，因被告西乡县交通局负责修建的“316国道”西乡县过境段工程需经过泾洋公司魏家沟尾矿库下方经过并建设桥梁一座，该桥梁距魏家沟尾矿库仅62米，为此，泾洋公司认为“316国道”的施工会对其尾矿库造成损害，双方产生争议。2016年3月9日，泾洋公司就此问题委托世纪万安科技（北京）有限公司对魏家沟尾矿库安全现状进行评价。评价结论为：“316国道”西乡县过境公路工程施工和施工后形成的道路使魏家沟尾矿库的安全度为“病库”。此后，西乡县政府邀请了国家、省市专家对“316国道”西乡县过境公路安全问题进行了评审，专家组建议："316 国道"改线工程现有设计方案，工程建成以后造成该库为"头顶库"，建议采取闭库、销号方式进行处理。依据上述事实看出，当事人双方为"316 国道"和魏家沟尾矿库运行安全，依照平等自愿的原则签订了《"316 国道"西乡县过境段工程与西乡县泾洋矿业有限责任公司争议解决协议》，依法成立的合同对订立合同双方均有约束力。合同鉴定后，双方依照约定，共同委托了评估机构并对评估范围达成书面确认书，在评估结果形成后，被告即表示不愿再履行协议义务，构成违约。故原告泾洋公司继续履行合同支付补偿款的请求有事实和法律依据，一审法院予以支持。被告称其签订协议存在重大误解的抗辩理由无事实依据，不能成立。

关于焦点三，当事人双方虽在《"316 国道"西乡县过境段工程与西乡县泾洋矿业有限责任公司争议解决协议》表述：西乡县政府委托西乡县交通局作为支付主体向乙方支付现金，但西乡县政府并非合同签订的相对人，泾洋公司突破合同相对性原则，要求西乡县政府承担合同义务不符合法律规定，泾洋公司的该项请求不予支持。

对于泾洋公司主张被告支付延期支付补偿款利息的请求，因双方签订《"316 国道"西乡县过境段工程与西乡县泾洋矿业有限责任公司争议解决协议》中约定：如一方违约，应承担由此所承担的一切后果，故被告西乡县交通局应对延期支付补偿款承担利息，因双方未约定付款时间，被告西乡县交通局承担利息的时间应从原告泾洋公司起诉之日即 2018 年 5 月 11 日起，按照同期全国银行间同业拆借中心公布的贷款市场报价利率计息计算至实际付清之日止。

个人认为，西乡县交通局与泾洋公司签订《"316 国道"西乡县过境段工程与泾洋矿业有限责任公司争议解决协议》，明确约定委托有资质的机构进行资产评估，以此确定西乡县交通局应向泾洋公司支付的现金金额。正意评估公司接受委托，对案涉资产的价值进行了评估，出具了结论报告书。一审法院依据正意评估公司的评估意见，判令西乡县交通局向泾洋公司支付 239 869 900 元。二审中，西乡县交通局向最高人民法院提交了两份新的证据：陕西省汉中市中级人民法院于 2020 年 7 月 22 日作出的(2020)陕 07 民终 458 号民事判决书及同年 7 月 24 日作出的(2020)陕 07 司惩 2 号决定书。就该案所涉结论报告书，该判决认定正意评估公司及其评估人员不具有相应评估资质。泾洋公司未能提交证据推翻该生效判决认定的事实。据此，该案二审出现的新证据可以证明一审判决对案涉资产价值这一基本事实的认定缺乏依据。

案例7中,一审法院认为,关于该案协议的性质及中宁县政府是否属该案适格被告的问题。根据《土地管理法》第47条第1款"国家征收土地的,依照法定程序批准后,由县级以上地方人民政府予以公告并组织实施"的规定,及宁夏回族自治区人民政府办公厅《自治区人民政府办公厅关于加强银川至西安高速铁路和吴忠至中卫城际铁路征地拆迁工作的通知》要求,中宁县政府是本案征地拆迁项目的工作主体、责任主体和组织实施主体,是征地拆迁工作的总负责方。中宁县政府为了保障吴忠至中卫城际铁路工程项目的顺利实施,组织实施本次征地拆迁工作,对吴忠至中卫城际铁路工程占地征收工作向社会发布公告,制定补偿安置方案,并成立领导工作小组办公室,发布文件确定原中宁县国土资源局负责征地拆迁项目用地报批、土地及地上附着物征收等相关工作,沿线各乡镇负责辖区内征地拆迁及补偿费用兑付等工作,故原中宁县国土资源局和新堡镇政府实施本次征地拆迁工作,其行为的法律后果应由中宁县政府承担,中宁县政府应履行新堡镇政府与兴宁驾校签订的行政补偿协议,故中宁县政府属于本案适格被告。在本次征地拆迁工作中,新堡镇政府与兴宁驾校签订的两份《经营性损失补偿协议》,属于行政协议,依法具有可诉性。

关于涉案《经营性损失补偿协议》的效力及是否应当继续履行的问题。依据《土地管理法》第66条第1款和第2款"有下列情形之一的,农村集体经济组织报经原批准用地的人民政府批准,可以收回土地使用权:(一)为乡(镇)村公共设施和公益事业建设,需要使用土地的;(二)不按照批准的用途使用土地的;(三)因撤销、迁移等原因而停止使用土地的。依照前款第(一)项规定收回农民集体所有的土地的,对土地使用权人应当给予适当补偿"的规定,涉案征地修建的吴忠至中卫城际铁路工程项目系公共利益建设,无论征收或收回的土地性质是国有土地还是农村集体土地,均应对土地使用权人给予适当补偿。本案中,兴宁驾校与新堡镇政府签订土地租赁合同,约定以租赁的农村集体土地开办驾驶员考场,说明新堡镇政府同意兴宁驾校改变土地性质。兴宁驾校在租赁的土地期限尚未届满被征用时其处于正在经营期间,其积极配合社会公共利益建设而停业搬迁,减少了经营收益,确实存在停业损失,兴宁驾校主张的经营性损失实际就是停业损失,因涉案社会公共利益事业建设需要对兴宁驾校使用的土地被征收时,给兴宁驾校造成的经营损失应予以补偿。对于兴宁驾校经营性损失问题，经中宁县政府同意及原中宁县国土资源局与兴宁驾校协商一致，并经相关部门议标确定后，由原中宁县国土资源局与北方亚事评估事务所签订委托评估业务约定书对兴宁驾校经营性损失进行评估。北方亚事评估事务所经评估作出评估报告，确定兴宁驾校经营性损失为3789万元。故该委托评估程序合法，且北方亚事评估事务所具有相关业务资质，其作出的评估报告合法有效。新堡镇政府与兴宁驾校经协商一致，依据评估报告签订的两份《经营性损失补偿协议》，依据合法，内容不违反法律规定，具有公信力和既定力。新堡镇政府和中宁县政府未提供证据证实双方签订的协议存在《合同法》第54条①规定的重大误解或者违背一方真实意思表示等可撤销的情形、第52条②规定的损害国家、社会公共利益等可构成合同无效的情形和第94条③规定的可解除的情形，故该两份协议系双方真实意思表示，属有效协议，受法律保护，双方均应按约定全面履行各自义务。综上，新堡镇政府提出协议内容违反法律规定的意见不能成立。原中宁县国土资源局在2017年5月22日的会议纪要中已对兴宁驾校经营性损失进行了明确，决定聘请有相应资质的评估机构进行评估，原中宁县国土资源局与评估机构签订资产评估业务约定书，约定的评估对象是兴宁驾校涉及搬迁造成的经营损失补偿价值，评估范围是兴宁驾校搬迁涉及的过渡期损失和因搬迁造成经营期损失等，目的是宁夏吴忠至中卫城际铁路（中宁段）建设项目红线范围内房屋征收与补偿的需要，对涉及兴宁驾校搬迁造成经营损失进行评估咨询，为搬迁补偿经营行为提供价值参考，故对兴宁驾校因征地搬迁造成的经营损失进行补偿是本次征收拆迁者的真实意思，且委托评估程序合法，新堡镇政府依据评估报告与兴宁驾校签订的行政补偿协议的内容并不存在重大误解的情形，故新堡镇政府认为对协议内容存在重大误解的辩解理由不能成立，不予采纳。原中宁县国土资源局认为签订协议依据的评估报告的程序不合法的理由亦不能成立。

人民法院对行政机关的行政行为的合法性进行审查的同时，应该对其行为的合约性进行审查，以及对其单方变更解除协议是否合法等进行审查；在适用行政法

① 现为《民法典》第147～151条。
② 现为《民法典》第153～154条。
③ 现为《民法典》第563条第1款。

律规范的同时,可以适用不违反行政法和行政诉讼法强制性规定的民事法律规范。新堡镇政府与兴宁驾校签订的两份《经营性损失补偿协议》是一种双向行为,包括协议的签订、履行、变更以及解除等一系列行政行为,中宁县政府应当信守诺言,按照允诺履行,而不能在国家本次征地拆迁的政策没有发生变化以及未与协议相对方协商一致的情形下,在诉讼期间无正当合理理由单方解除。由于本案协议没有约定解除的条件,亦不存在《合同法》第94条①规定"有下列情形之一的,当事人可以解除合同:(一)因不可抗力致使不能实现合同目的;(二)在履行期限届满之前,当事人一方明确表示或者以自己的行为表明不履行主要债务;(三)当事人一方迟延履行主要债务,经催告后在合理期限内仍未履行;(四)当事人一方迟延履行债务或者有其他违约行为致使不能实现合同目的;(五)法律规定的其他情形"的解除情形,双方签订的《经营性损失补偿协议》应继续履行。两份协议均约定补偿金额以评估报告的评估价款为准,已先期共计支付1000万元,下剩部分只约定待资金到位后拨付,未约定具体支付期限,依据《合同法》第62条②"当事人就有关合同内容约定不明确,依照本法第六十一条的规定仍不能确定的,适用下列规定:……(四)履行期限不明确的,债务人可以随时履行,债权人也可以随时要求履行,但应当给对方必要的准备时间……"的规定,结合该案的实际情况,中宁县政府对剩余款项2789万元应于判决生效后30日内履行完毕。故对兴宁驾校要求履行《经营性损失补偿协议》支付经营性损失人民币2789万元的诉讼请求予以支持,中宁县政府应当履行向兴宁驾校支付补偿款2789万元的合同义务。

综上,中宁县政府提出其不是适格被告、兴宁驾校要求履行的行政协议已被解除及主张的经营性损失补偿项目于法无据的意见不能成立。新堡镇政府抗辩其与兴宁驾校签订协议的主体不合法:中宁县政府以中宁政办发[2016]49号文件成立涉案征收拆迁项目工作领导小组,以文件授权新堡镇政府负责辖区内征地拆迁及补偿费用的兑付工作,其系在中宁县政府的授权下进行征地拆迁工作与兴宁驾校签订补偿协议。在本次征地拆迁工作中,新堡镇政府与兴宁驾校签订的《吴忠至中卫城际铁路(中宁段)兴宁驾校房产搬迁补偿协议》已履行完毕,其就该协议的签

---

① 现为《民法典》第563条第1款。

② 现为《民法典》第511条。

订主体并未提出异议，而对同一征收行为的不同工作环节签订的涉案两份《经营性损失补偿协议》的签订主体提出异议，缺乏诚信。故新堡镇政府该抗辩意见均不能成立。

关于中宁县自然资源局提出其不是该案适格被告的问题。原中宁县国土资源局作为中宁县政府职能部门，在本次征地拆迁工作中履行土地管理职责，协调处理在土地征收中涉及的相关问题，其不是涉案协议相对方，也不是涉案征收的主体。根据合同相对性原理，其不应承担涉案协议的合同责任。故原中宁县国土资源局与其他部门合并后的中宁县自然资源局不是该案适格被告，兴宁驾校将中宁县自然资源局列为被告起诉错误，其要求中宁县自然资源局履行涉案补偿协议的诉讼请求于法无据，不予支持。法院已将该问题向兴宁驾校释明，兴宁驾校明确表示不撤回对中宁县自然资源局的起诉。

二审法院认为，该案争议的焦点问题是涉诉的两份《经营性损失补偿协议》是否应继续履行。行政协议作为行政机关为了实现公共利益或者行政管理目标，在法定职责范围内，与公民、法人或者其他组织协商订立的具有行政法上权利义务内容的协议，行政主体因公共利益需要，依法享有行政优益权，可以根据国家行政管理的需要，单方面变更或解除合同。但行政相对人在行政机关解除合同时有权得到补偿。在该案中，2009 年 7 月 1 日，兴宁驾校（乙方）与新堡镇政府（甲方）签订《租赁土地合同书》，约定租赁期限 20 年，用途为种植、驾驶员考场用地。2016 年 7 月 4 日，中宁县政府根据《土地管理法》《宁夏回族自治区土地管理条例》等法律法规及中华人民共和国国土资源部文件（国土资函〔2016〕348 号），对宁夏吴忠至中卫城际铁路（中宁段）工程建设用地作出征收公告，公告征收的土地范围包括兴宁驾校租赁的案涉集体土地。2016 年 8 月 22 日，中宁县政府作出《吴忠至中卫城际铁路（中宁段）建设项目红线范围内房屋征收与补偿安置方案》，该方案载明："自治区人民政府已下达《关于新建吴忠至中卫铁路工程建设用地的批复》（宁政土批字［2016］124 号），根据国务院《国有土地上房屋征收与补偿条例》的有关规定，现对吴忠至中卫城际铁路（中宁段）建设项目范围内的土地、房屋、构筑物实施征收。"在征收过程中，新堡镇政府与兴宁驾校分别于 2017 年 7 月 10 日和 10 月 13 日签订两份《经营性损失补偿协议》，协议签订后，新堡镇政府向原中宁县国土资源局申请给兴宁驾校拨付 1000 万元补偿款已领取。后因新堡镇政府对下剩补偿款未予拨付,2017 年 12 月 6 日兴宁驾校向法院提起行政诉讼,请求继续履行上述协议,中宁县政府在一审法院第一次庭审结束后,以新堡镇政府与兴宁驾校签订的上述协议中约定的“经营性损失没有法律依据”为由,于 2018 年 3 月 6 日作出《关于撤销吴忠至中卫城际铁路(中宁段)兴宁驾驶员培训学校经营性损失货币补偿协议的决定》,并要求新堡镇政府依法做好相关工作。新堡镇政府于 2018 年 3 月 7 日作出解除通知,该通知在向兴宁驾校送达时,兴宁驾校未签收,新堡镇政府在中宁县公证处的见证下留置送达。因上述涉案协议在诉讼过程中已被中宁县政府和新堡镇政府作出的另一行政行为予以解除,履行上述协议的基础已不存在,双方当事人之间的合同关系已经终止,彼此不再享有上述协议规定的权利和义务,根据《合同法》第 97 条“合同解除后,尚未履行的,终止履行”[①]的规定,兴宁驾校要求中宁县政府继续履行协议约定义务的前提已不存在。

笔者认为,该案诉讼系再审申请人兴宁驾校认为再审被申请人中宁县政府以及中宁县自然资源局、新堡镇政府未按照约定履行其与新堡镇政府于 2017 年 7 月 10 日、10 月 13 日签订的两份《经营性损失补偿协议》而提起,其诉讼请求为判令中宁县政府、中宁县自然资源局、新堡镇政府全面履行协议、支付经营性损失。两份《经营性损失补偿协议》系因兴宁驾校租赁的集体土地被征收,中宁县政府为完成征地补偿法定职责而由新堡镇政府签订。兴宁驾校提起的该案诉讼属于《行政诉讼法》第 12 条第 1 款第 11 项规定的认为行政机关未按照约定履行行政协议之情形,依法属于人民法院行政诉讼受案范围。

依照《行政诉讼法》第 12 条第 1 款第 11 项、第 78 条第 1 款以及最高人民法院《关于审理行政协议案件若干问题的规定》第 9 条第 1 项、第 2 项等条款的规定,行政协议争议大体分为两类:一是因行政机关的履约行为产生的行政协议争议,即公民、法人或者其他组织认为行政机关不依法履行、未按照约定履行行政协议;二是因行政机关单方作出行政行为产生的行政协议争议,即公民、法人或者其他组织认为行政机关违法变更、解除行政协议。这两类行政协议争议从两个侧面典型地反映了行政协议的“行政性”与“协议性”。行政机关变更、解除行政协议往往系行政机关基于高权行政、单方行使权力而为,变更、解除行为构成独立、可诉的行政行

① 现为《民法典》第 566 条第 1 款。

为。行政机关未依法履行、未按照约定履行行政协议不涉及行政机关单方行使权力，属于履约争议。这两类行政协议争议尽管存在一定的共同之处，但法律属性不同，审理与裁判方式亦有别。这种区别体现在了最高人民法院《关于审理行政协议案件若干问题的规定》的相关规定中。例如，对于行政机关作出的变更、解除行政协议行为，依照该司法解释第 16 条第 1 款、第 2 款的规定，原告请求撤销该行为，人民法院经审理认为该行为合法的，应判决驳回原告诉讼请求；该行为存在《行政诉讼法》第 70 条规定情形的，人民法院判决撤销或者部分撤销，并可责令被告重新作出行政行为。对于行政机关未依法履行、未按照约定履行行政协议的，依照该司法解释第 19 条第 1 款的规定，人民法院可依照《行政诉讼法》第 78 条的规定，结合原告诉讼请求，可判决被告继续履行、采取相应的补救措施、赔偿损失。

该案涉及这两类行政协议争议能否在同一个案件中交织融合，行政协议的“行政性”与“协议性”能否合二为一。兴宁驾校于 2017 年 12 月 6 日向一审法院提起该案诉讼后，新堡镇政府于 2018 年 3 月 7 日作出《关于解除〈吴忠至中卫城际铁路（中宁段）兴宁驾驶员培训学校经营性损失货币补偿协议〉的通知》并告知一审法院。兴宁驾校曾向一审法院请求增加撤销该通知的诉讼请求，后又撤回。通常情况下，被诉行政行为在诉讼过程中被改变并不影响人民法院对该被诉行政行为的审理和裁判。依照《行政诉讼法》第 74 条第 2 款第 2 项以及最高人民法院《关于适用〈中华人民共和国行政诉讼法〉的解释》第 81 条第 3 款的规定，被告改变原违法行政行为，原告仍要求确认原行政行为违法的，人民法院应当依法作出确认判决。如此规定的主要理由是，原告仍有诉的利益，即被诉行政行为尽管被改变，但此前可能已产生侵犯原告合法权益的法律效力，确认该被诉行政行为违法可使其遭受的损害获得救济。依照《行政诉讼法》第 76 条的规定，人民法院判决确认行政行为违法的，可同时判决责令被告采取补救措施；给原告造成损失的，依法判决被告承担赔偿责任。行政协议被行政机关行使行政权力单方解除的情形与此不同。行政协议系具有行政法上权利义务内容的协议。公民、法人或者其他组织合法权益的实现系通过行政机关履行行政协议约定的义务而实现。行政机关是否履行行政协议约定的义务并不会对公民、法人或者其他组织的合法权益产生行政协议之外的不利影响。若原行政协议已因行政机关行使行政权力作出的单方行为而变更、解除，该单方行为的法律效力未得到否定，则原行政协议约定的权利义务关系已变更、终止，请求判令行政机关履行原行政协议便失去基础。由于兴宁驾校系诉请履行两份《经营性损失补偿协议》，新堡镇政府其后作出了解除通知，故本案不可避免地要触及是否应在本案中对该通知进行合法性审查的问题。换言之，对于该通知，是应当由兴宁驾校另行提出起诉，还是无论兴宁驾校是否对之提出起诉，都应当在本案中一并进行合法性审查。

依照《行政诉讼法》第 12 条第 1 款第 11 项、第 49 条第 3 项、第 78 条第 1 款；最高人民法院《关于适用〈中华人民共和国行政诉讼法〉的解释》第 68 条第 1 款第 6 项；最高人民法院《关于审理行政协议案件若干问题的规定》第 9 条第 1 项、第 2 项，第 11 条，第 16 条，第 19 条第 1 款等条款的规定，可对上述问题作出两种理解：一种理解是，新堡镇政府作出的解除通知属于行政机关行使行政权力作出的单方解除行政协议行为。同其他行政行为一样，该通知除非存在重大且明显违法的情形，一经作出，即产生法律效力。尽管新堡镇政府作出该通知的时间有异常规，但不影响其行政行为属性。本案现有证据难以证明新堡镇政府作出该通知存在重大且明显违法的情形。该通知经依法送达之后，具有解除两份《经营性损失补偿协议》的法律效力。若兴宁驾校不认可该解除行为的合法性，认为应予撤销，则可针对该解除行为另行提起行政诉讼。若如此提起诉讼，则依照最高人民法院《关于适用〈中华人民共和国行政诉讼法〉的解释》第 87 条第 1 款第 6 项、最高人民法院《关于执行〈中华人民共和国行政诉讼法〉若干问题的解释》第 51 条第 1 款第 6 项的规定，请求判令行政机关履行行政协议的诉讼中止审理。兴宁驾校亦可基于请求判令行政机关履行行政协议的诉讼请求与请求撤销该解除行为的诉讼请求之间存在紧密逻辑关联，在本案中增加撤销该解除行为的诉讼请求，由人民法院依照最高人民法院《关于适用〈中华人民共和国民事诉讼法〉的解释》第 232 条"在案件受理后，法庭辩论结束前，原告增加诉讼请求，被告提出反诉，第三人提出与本案有关的诉讼请求，可以合并审理的，人民法院应当合并审理"之规定，在本案诉讼中合并审理。无论是采取哪种诉讼方式，均需对该解除行为提出诉讼请求，形成一个诉。否则，人民法院就该单方行政行为进行审理便缺乏诉讼请求基础。若经审理认定该解除行为违法，则也难以下判。故在兴宁驾校未对新堡镇政府所作解除通知提出诉讼请求的情况下，不宜在该案中对该行为进行合法性审查。

另一种理解是，对于行政机关未依法履行、未按照约定履行或者违法变更、解除行政协议的情况，《行政诉讼法》第 78 条第 1 款系对人民法院如何判决作出的一般性规定。依照该规定，行政机关违法变更、解除行政协议的，人民法院可判决行政机关承担继续履行、采取补救措施或者赔偿损失等责任。依照最高人民法院《关于审理行政协议案件若干问题的规定》第 11 条第 1 款、第 16 条第 3 款的规定，在公民、法人或者其他组织诉请判令行政机关履行行政协议的案件中，人民法院可在合约性审查的基础上，对行政机关变更、解除行政协议的行政行为进行合法性审查，并根据合法性审查的结论，依照《行政诉讼法》第 78 条第 1 款、第 2 款以及最高人民法院《关于审理行政协议案件若干问题的规定》第 16 条第 3 款、第 19 条第 1 款等条款的规定作出判决。若人民法院不对行政机关在诉讼过程中作出的单方变更、解除行为进行合法性审查，完全接受变更、解除行为的效力，则正在进行的履约争议审理将受阻碍，致使履约争议搁置延宕，得不到及时实质解决。在人民法院可在行政协议履行争议案件的审理中对行政机关变更、解除行政协议的行政行为进行合法性审查的情况下，就应当对行政机关在诉讼过程中作出的变更、解除行为进行合法性审查，一次性解决争议，而非一概接受变更、解除行为的效力，促使公民、法人或者其他组织对变更、解除行为另行提出起诉，叠加诉讼。本案中，新堡镇政府作出解除通知系针对两份《经营性损失补偿协议》而为，协议是否已因之被解除将影响本案的审理与裁判，故应当在该案中对新堡镇政府作出的解除通知进行合法性审查，并以合法性审查结论为据，对兴宁驾校提出的履行协议诉讼请求作出裁判。

行政协议案件系一种新类型的行政案件。对于新堡镇政府在一审诉讼过程中作出解除通知这种情况如何处理，《行政诉讼法》以及相关司法解释的规定并不十分明确，目前的司法实践积累亦不丰厚，尚难以对上述两种理解作出评判。二审法院未对新堡镇政府所作解除通知进行合法性审查，认定案涉两份《经营性损失补偿协议》在诉讼过程中已被解除，合同关系已经终止，得出兴宁驾校要求继续履行协议约定义务的前提已不存在的结论，适用最高人民法院《关于适用〈中华人民共和国行政诉讼法〉的解释》第 123 条等条款的规定，裁定驳回兴宁驾校的起诉。此种概括驳回起诉的裁判方式并未对兴宁驾校的诉讼请求作出实体处理。基于目前的司法实践，难以认定二审法院裁定撤销一审判决、驳回兴宁驾校的起诉确有错误，从而构成《行政诉讼法》第 91 条第 1 项规定的“不予立案或者驳回起诉确有错误的”之情形或者第4项规定的“原判决、裁定适用法律、法规确有错误的”之情形。对于兴宁驾校所提再审申请，法院不予支持。若日后另经法定途径，新堡镇政府所作解除通知的法律效力得到否定，构成新的事实，兴宁驾校仍选择诉讼途径请求判令履行《经营性损失补偿协议》、支付经营性损失的，可依照最高人民法院《关于适用〈中华人民共和国民事诉讼法〉的解释》第248条“裁判发生法律效力后，发生新的事实，当事人再次提起诉讼的，人民法院应当依法受理”之规定，再次提起行政诉讼。

案例8中，一审法院认为，合法有效的合同应当履行。该案中，延川县国土资源局以拍卖方式出让国有建设用地使用权符合法律规定，其与御朗公司签订的《国有建设用地使用权出让合同》系双方真实意思表示，亦合法有效，双方应当依照合同约定享受权利承担义务。现延川县国土资源局依约定向御朗公司交付了出让土地，御朗公司应当按照合同约定支付出让金，但御朗公司仅支付出让金3269万元，尚余2131万元未付，已经构成违约，其应当支付余下2131万元出让金，并按照合同约定承担违约责任。御朗公司反诉称延川县国土资源局交付土地不符合合同约定，未达到“三通一平”，面积不足，致其不能完成规划内在建项目，扩征山体住户并开挖山体，反诉请求延川县国土资源局承担因其违约导致御朗公司因土石方开挖及后期喷浆支护产生的费用共23 793 883.8元，以及因扩征山体住户而产权调换的安置房屋面积为1900.51平方米，按照政府指导的安置房价格，每平方米2960元，共产生费用5 625 499元，合计损失约为29 419 383元；并根据延川县城乡规划委员会文件，要求重新核定土地出让金数额。故延川县国土资源局是否交付土地，是否与合同不符，是否构成违约系本案需审查的焦点问题。经审查，本案案涉国有土地系通过公开招投标的方式出让，出让前延川县国土资源局已经制作土地估计报告，出让合同附有出让宗地的勘测定界图，御朗公司法定代表人高某童竞拍该土地及御朗公司受让该土地使用权时，代表人在竞拍及御朗公司合同签订时均未对出让土地现状提出异议，且依据御朗公司提供的会议纪要和政府文件，双方签订合同前，出让土地已经达到了“三通一平”，另明确规划变更后开发建设单位应补缴方案调整后的土地出让金。土地出让金的补缴要和后期开发建设单位多征房屋产生的由县政府承担的费用以及开发建设单位通过土石开挖增加的用地费结合起来核算，由县国土部门具体负责。故御朗公司无充分证据证明延川县国土资源局交付的土地面积不足导致规划改变。且纪要要求反诉延川县国土资源局需补缴规划调整后的土地出让金，由延川县国土资源局负责核算规划调整后相关费用数额，并未涉及本案已签订的土地使用权出让合同。御朗公司提供的相关费用支出的证据均是其与第三方签订的，延川县国土资源局未参与其中，无法认定费用支出的真实性和是否与本案土地有关，因此，以御朗公司现有证据无法证明延川县国土资源局构成违约，御朗公司的抗辩理由不能成立，御朗公司要求延川县国土资源局承担其诉请的损失 29 419 383 元，并重新核定土地面积的反诉请求，该院依法不予支持。现御朗公司已经实际使用该土地并完成了建设，就应当按照合同约定交纳土地出让金。当事人可以约定一方违约时应当根据违约情况向对方支付一定数额的违约金，也可以约定因违约产生的损失赔偿额的计算方法。约定的违约金过分高于造成的损失的，当事人可以请求人民法院予以适当减少。当事人主张约定的违约金过高请求予以适当减少的，应当以实际损失为基础，兼顾合同的履行情况、当事人的过错程度以及预期利益等综合因素，根据公平原则和诚实信用原则予以衡量。当事人约定的违约金超过造成损失的 30% 的，一般可以认定为“过分高于造成的损失”。该案中，延川县国土资源局、御朗公司在出让合同中明确约定：“受让人不能按时支付国有建设用地使用权出让价款的，自滞纳之日起，每日按迟延支付款项的 1‰向出让人缴纳违约金。”御朗公司称违约金约定明显过高，应当进行调整。违约金具有惩罚性质，延川县国土资源局未提供证据证明御朗公司迟延支付剩余土地出让金产生的损失，其损失已经达到双方的约定年利率 36%，故该院结合双方合同履行情况、当事人过错程度、预期利益等综合因素，认定双方关于违约金的约定明显过高，故该院依法酌情按照中国人民银行同期同类贷款基准利率的 1.3 倍计算违约金至实际付清出让金之日止。

二审法院认为，延川县国土资源局与御朗公司签订的《国有建设用地使用权出让合同》系双方真实意思表示，不违反法律、法规的强制性规定，合法有效，双方均应依照合同约定享受权利承担义务。该案争议的焦点问题是：(1) 延川县国土资源局向御朗公司交付的土地面积是否符合合同约定；(2) 延川县国土资源局向御朗公司交付的土地是否达到合同约定的“三通一平”；(3) 御朗公司主张的因开挖山体、征用山体住户等支出是否应当得到支持；(4) 御朗公司是否应当承担延期付款违约责任。

(1)关于延川县国土资源局向御朗公司交付的土地面积是否符合合同约定问题,《物权法》第9条第1款①规定:“不动产物权的设立、变更、转让和消灭,经依法登记,发生效力;未经登记,不发生效力,但法律另有规定的除外。”双方签订的《国有建设用地使用权出让合同》对案涉出让土地的四至有明确记载。合同签订后,双方当事人亦依照《国有建设用地使用权出让合同》约定的出让土地的四至办理了国有建设用地使用权过户登记。因此,御朗公司所取得的国有建设用地使用权的面积与合同约定一致,从而御朗公司合法取得了合同约定面积的土地使用权,且没有证据证明御朗公司从取得该土地使用权后开发经营至延川县国土资源局起诉,其对土地面积提出过异议。双方虽在诉讼中各自委托鉴定机构对案涉土地面积进行了鉴定,双方当事人均对对方所作鉴定不予认可,故该院均不予采纳。御朗公司在取得土地使用权后,2013年,延川县城乡规划委员会对延川县城的规划进行了调整,对此,该委(2103)第1号会议纪要规定,“开发建设单位应补缴方案调整后的土地出让金。土地出让金的补缴要和后期开发建设单位多征房屋产生的由县政府承担的费用以及开发建设单位通过土石方开挖增加的用地费用结合起来进行核算,由县国土部门具体负责。同时,相关部门依据规委会会议确定的方案加快办理相关手续”。对此,御朗公司对城市的规划调整后的土地面积应当依照上述规定办理。综上,御朗公司提出的延川县国土资源局交付的土地面积是否符合合同约定的理由证据不足,该院不予支持。(2)关于延川县国土资源局向御朗公司交付的土地是否达到合同约定的“三通一平”问题,《国有建设用地使用权出让合同》签订后,延川县国土资源局向御朗公司交付了土地,变更了登记,御朗公司亦在案涉土地上进行了开发经营,现无证据证明延川县国土资源局向御朗公司交付的土地存在未达到“三通一平”的问题,御朗公司据此抗辩无事实依据。(3)关于御朗公司主张的因开挖山体、征用山体住户等支出是否应当得到支持问题,合同履行中,延川县国土资源局依约将案涉土地登记在御朗公司名下,履行了合同约定的交付义务。御朗公司主张的因开挖山体、征用山体住户等支出费用系《国有建设用地使用权出让合同》履行后,政府对城市规划进行调整所造成,与本案《国有建设用地使用权出让合同》无关,如因城市规划进行调整确实造成御朗公司额外费用支出,其

① 现为《民法典》第209条第1款。

可依据延川县城乡规划委员会(2103)第1号会议纪要规定处理，故御朗公司主张的因开挖山体、征用山体住户等支出费用扣减土地转让款的理由不能成立。(4)关于御朗公司是否应当承担延期付款违约责任问题，依照合同约定，延川县国土资源局依约向御朗公司移交了土地，而御朗公司未按合同约定支付转让款，构成违约，理应承担违约责任，一审判决有事实和法律依据，判决适当。对于御朗公司上诉提出的一审法院认定案涉土地总价款为5400万元即每平方米967.44元与事实不符。事实上，还应将御朗公司已返还的安置房屋的对价137 318 958.4元计算在内，折合每亩的土地出让金应为2 284 951.13元的理由。经查，向延川县国土资源局已返还安置房屋系参与案涉土地使用权竞标的前提条件，御朗公司申请参加竞标，即是对返还安置房屋认可，返还安置房屋与土地使用权转让价款无关。

笔者认为，关于延川县国土资源局交付的土地是否符合合同约定的问题。延川县国土资源局与御朗公司签订的《国有建设用地使用权出让合同》是双方真实意思表示，内容不违反法律法规规定，系合法有效，双方当事人应当依照合同约定享受权利承担义务。该案中，涉案《国有建设用地使用权出让合同》签订前，延川县国土资源局已经制作土地估价报告，出让合同附有出让宗地的勘测定界图，对出让土地的四至有明确记载。合同签订后，双方当事人按照涉案《国有建设用地使用权出让合同》约定的出让土地的四至办理了国有建设用地使用权过户登记，御朗公司取得了合同约定面积的土地使用权。御朗公司从取得该土地使用权后开发经营至延川县国土资源局起诉，未对土地面积提出过异议。根据御朗公司提供的会议纪要和政府文件，双方签订涉案合同前，出让土地已经达到了“三通一平”。该案二审法院根据前述事实认定延川县国土资源局交付的土地面积符合合同约定，土地状况已达到“三通一平”，该认定并无不当。

关于御朗公司主张的因开挖山体、征用山体住户等支出的费用是否应当得到支持的问题。该案中，御朗公司取得涉案土地使用权后，延川县城乡规划委员会对延川县城的规划进行了调整。2013年1月20日，延川县城乡规划委员会下发(2013)第1号会议纪要，该纪要规定：“开发建设单位应补缴方案调整后的土地出让金。土地出让金的补缴要和后期开发建设单位多征房屋产生的由县政府承担的费用以及开发建设单位通过土石方开挖增加的用地费用结合起来进行核算，由县国土部门具体负责。同时，相关部门依据规委会会议确定的方案加快办理相关手续。”御朗公司主张的因开挖山体、征用山体住户等支出费用系涉案《国有建设用地使用权出让合同》履行后，政府对城市规划进行调整所造成，与本案《国有建设用地使用权出让合同》无关。二审判决据此认定，如因城市规划进行调整确造成御朗公司额外费用支出，御朗公司可依据延川县城乡规划委员会（2013）第1号会议纪要的规定处理，对御朗公司主张的因开挖山体、征用山体住户等支出费用扣减土地转让款的主张未予支持，并无不当，应予维持。

关于御朗公司是否应当承担延期付款违约责任的问题。延川县国土资源局依约向御朗公司交付了出让土地，但御朗公司未按合同约定支付转让款，构成违约，应承担违约责任。御朗公司主张将其返还的安置房屋的对价计算在土地出让金中，涉案宗地的单价应为2 234 364.93元每亩。本案中，御朗公司返还安置房屋系参与涉案土地使用权竞标的前提条件，御朗公司申请参加竞标，即是对返还安置房屋认可，返还安置房屋与土地使用权转让价款无关。综上，该案二审法院关于御朗公司应承担延期付款违约责任的认定正确，应予维持。

案例9中，一审法院认为，延安市房管办的前身原延安市房管局与得天公司签订的《委托开发协议书》系双方真实意思表示，其内容不违反法律、法规的强制性规定，应认定为有效。2012年10月24日，延安市房管办向得天公司发出书面通知解除上述协议，得天公司对解除合同并无异议，故应认定《委托开发协议书》已于2012年10月24日解除。关于该案纠纷性质问题。该案系因延安市房管办解除其前身原延安市房管局与得天公司签订的《委托开发协议书》，得天公司起诉主张延安市房管办、延安新区管委会向其支付前期投资等相关费用而引起的纠纷。双方之间系《民法总则》第2条①及《合同法》第2条②规定的平等民事主体之间设立、变更、终止民事权利义务的纠纷，不属于《行政诉讼法》第12条所调整的权利义务范围，并非因行政主体的具体行政行为引起，故该案纠纷为民事纠纷。延安新区管委会和延安市房管办称该案属于行政协议纠纷的抗辩理由不能成立，该院不予支持。

关于合同解除后延安新区管委会、延安市房管办应向得天公司支付款项的数额。（1）关于前期投资费及其资金占用利息的数额。①关于延安新区管委会和延

① 现为《民法典》第2条。
② 现为《民法典》第464条。

安市房管办应支付得天公司前期投资费及其资金占用利息的标准问题。根据《合同法》第97条①“合同解除后，尚未履行的，终止履行；已经履行的，根据履行情况和合同性质，当事人可以要求恢复原状、采取其他补救措施，并有权要求赔偿损失”之规定，合同解除后，延安新区管委会和延安市房管办应向得天公司返还前期投资费用并支付自上述费用实际发生之日至实际返还之日的资金占用利息。延安市房管办于2012年10月24日向得天公司发出的解除通知中承诺按同期信用社贷款利率向得天公司支付前期实际发生费用的利息，但因中国人民银行对农村信用社贷款利率设置了上限与下限，农村信用社贷款利率可在上下限范围内依中国人民银行基准利率进行浮动，故上述解除通知对同期信用社贷款利率的表述并不明确。又因无论采用上限还是下限，均不违背延安市房管办的承诺，故应做出有利于得天公司的解释，得天公司前期投资费用的资金占用利息应按同期农村信用社贷款利率的上限计算。因根据中国人民银行银发［2013］180号通知，自2013年7月20日取消了金融机构贷款利率上下限的规定，故自2013年7月21日起，同期信用社贷款利率应参照中国人民银行《关于下调金融机构人民币存贷款基准利率和调整贷款利率浮动区间的通知》（银发［2012］169号）规定的农村信用社贷款利率下限为基准利率的0.7倍、上限为2.3倍的区间范围进行计算。②关于司法会计鉴定意见能否作为该案定案依据的问题。该院根据延安新区管委会的申请，双方协商委托希格玛会计师事务所进行司法会计鉴定，希格玛会计师事务所针对双方对鉴定意见提出的异议出庭接受了质询，并对异议作出了书面答复。经审查，鉴定机构、鉴定人员资质合格，鉴定程序合法，鉴定意见经过双方质证，希格玛会计师事务所出具的鉴定意见应作为认定本案事实的依据。③关于延安新区管委会于2015年向得天公司支付的3000万元应否扣减的问题。首先，得天公司出具的两份收款收据均载明款项性质为案涉项目结算预借款，且延安新区管委会和延安市房管办与得天公司除该案委托代建关系外再无其他经济往来，故在延安新区管委会和延安市房管办尚欠原告款项的情况下，延安新区管委会向得天公司支付的项目结算预借款应从延安新区管委会和延安市房管办应向得天公司支付的款项中予以扣减。得天公司称该两笔借款与该案属于不同法律关系，延安新区管委会和延安市房管

① 现为《民法典》第566条第1款。

办应另行主张的理由,不能成立。其次,因延安新区管委会和延安市房管办应向得天公司返还前期投资费及其资金占用利息,根据最高人民法院《关于适用〈中华人民共和国合同法〉若干问题的解释(二)》第21条规定:"债务人除主债务之外还应当支付利息和费用,当其给付不足以清偿全部债务时,并且当事人没有约定的,人民法院应当按照下列顺序抵充:(一)实现债权的有关费用;(二)利息;(三)主债务。"因双方对3000万元预借款未约定如何抵充,故应按先息后本的顺序进行抵充,当期预借款数额不足以清偿利息的,不足部分计入下期利息,当期预借款数额超出利息部分的款项抵充本金。④关于延安新区管委会和延安市房管办截至2019年1月1日应支付得天公司前期投资费及其资金占用利息的具体数额。第一,根据鉴定意见:得天公司前期投资费用为35 239 313.77元[已付款33 555 091.77元(开发成本27 988 092.16元+销售费用184 793.64元+管理费用3 528 255.79元+职工薪酬3 539 421.25元-财务费用1249.07元)+应付账款1 684 222元(前期工程费)]。应付前期工程费1 684 222元(不计资金占用利息),已付款33 555 091.77元(扣除20%项目自有资金后),按同期信用社贷款利率上限计算自款项实际发生之日至2015年12月31日的资金占用利息为18 482 394.5元;根据补充意见:截至2015年12月31日,资金利息上限金额为17 566 305.88元,已偿还利息为16 987 201.23元,应付资金利息余额为579 104.65元。2016年1月1日至2019年1月1日资金利息上限金额为4 604 556.2元。第二,根据前述分析及补充意见,截至2015年12月31日,扣除延安新区管委会已支付得天公司3000万元预借款后,延安新区管委会和延安市房管办欠付得天公司前期投资费数额应为22 226 515元(33 555 091.77元-4 706 103.26元-8 306 695.51元+1 684 222元),累计产生利息上限金额为579 104.65元。2016年1月1日至2019年1月1日,以13 831 274.65元为基数,累计产生利息上限金额为4 604 556.2元。因2016年1月1日之后得天公司未再产生相关费用,故截至2019年1月1日,延安新区管委会和延安市房管办欠付原告的前期投资费数额为22 226 515元,前期投资费用产生资金占用利息数额为5 183 660.85元(579 104.65元+4 604 556.2元)。自2019年1月2日起应以13 184 891.12元为计息基数,按中国人民银行同期贷款基准利率的2.3倍计算至实际给付之日,如中国人民银行对金融机构人民币存贷款基准利率和贷款利率浮动区间有调整的，以调整后的上限标准为准。(2)关于融资成本。得天公司主张因案涉项目融资，向长安国际投资有限公司支付 5 661 400 元前期融资费用。但得天公司提供的借条上注明的借款人及转款票据上载明的收款人均为蒋某个人，转款人亦为郝某个人，得天公司虽提供了长安国际投资有限公司出具的委托收款证明，但该委托收款证明出具时间与《融资合同》签订时间、转款票据载明时间相距较远，且延安新区管委会和延安市房管办对此并不认可，得天公司提供的现有证据不能证明其向长安国际投资有限公司支付的款项系前期融资费用，故对得天公司要求延安新区管委会和延安市房管办共同支付融资成本损失 5 661 400 元的诉讼请求，该院不予支持。(3)关于预期可获得利益及资金占用利息。首先，《合同法》第 113 条第 1 款①规定："当事人一方不履行合同义务或者履行合同义务不符合约定，给对方造成损失的，损失赔偿额应当相当于因违约所造成的损失，包括合同履行后可以获得的利益，但不得超过违反合同一方订立合同时预见到或者应当预见到的因违反合同可能造成的损失。"本案中，延安市房管办因延安市清理整治违法建设用地领导小组办公室下发的延市清办发[2012]04 号《关于清理整治违法建设违法用地的意见》，向得天公司发出书面通知解除《委托开发协议书》，得天公司未违反合同约定，对合同解除不存在过错，故延安新区管委会和延安市房管办应对合同解除承担相应责任，除应向得天公司返还前期投资费及资金占用利息外，还应向得天公司赔偿预期可获得利益的损失。其次，关于预期可获得利益应否计算资金占用利息的问题，依照《合同法》第 113 条第 1 款②规定，预期可获得利益属于得天公司的间接损失，该损失计算利息于法无据，且双方亦无延迟支付预期可获得利益需支付利息的明确约定，故得天公司请求按同期信用社贷款利率计算预期可获得利益利息无法律及事实依据，该院不予支持。

笔者认为，《合同法》第 97 条③规定："合同解除后，尚未履行的，终止履行；已经履行的，根据履行情况和合同性质，当事人可以要求恢复原状、采取其他补救措施，并有权要求赔偿损失。"2008 年 11 月 8 日，得天公司与延安市房地产管理局就

① 现为《民法典》第 584 条。

② 现为《民法典》第 584 条。

③ 现为《民法典》第 566 条第 1 款。

延安市杨家岭经济适用住房小区二期的开发建设签订《委托开发协议书》。2012年10月24日，延安市房管办向得天公司发出书面通知，载明："2008年11月8日，原延安市房管局与你公司签订了《委托开发协议书》，委托你公司开发建设延安市杨家岭经济适用住房小区二期。但协议签订后，项目一直未动工建设。按照市清理整治违法建设用地领导小组办公室延市清办发[2012]04号《关于清理整治违法建设违法用地的意见》的相关规定，规范全市保证房建设工作，现就有关问题通知你公司：一、因相关审批文件已过期失效，解除原延安市房管局与你公司签订的《委托开发协议书》，终止该项目。二、请你公司将办理项目审批相关资料上报，已经缴纳的规费、设计费用等实际发生的费用以及由此产生的利息，经审核后支付，利息按同期信用社贷款利率计算。三、限你公司在十个工作日内将项目所有的相关手续及材料送交我办。"案涉《委托开发协议书》系双方当事人真实意思表示，内容不违反法律法规的强制性规定，系合法有效。2012年10月24日，延安市房管办向得天公司发出书面通知解除涉案《委托开发协议书》，得天公司对解除合同并无异议，涉案《委托开发协议书》已于2012年10月24日解除。得天公司主张延安新区管委会、延安市房管办应向其支付预期可得利润损失4416万元。根据前述法律规定和本案事实，一审法院应当根据合同履行情况和合同性质，对合同解除的原因以及责任、当事人因履行合同造成的损失等事实进行查明和认定，并根据查明的事实对各方当事人因履行合同造成的法律后果如何承担作出判决。一审法院未查明涉案《委托开发协议书》解除的原因，未对得天公司或延安新区管委会、延安市房管办是否对合同解除存在过错、过错大小或者违约责任作出认定，即根据《合同法》第113条第1款①关于"当事人一方不履行合同义务或者履行合同义务不符合约定，给对方造成损失的，损失赔偿额应当相当于因违约所造成的损失，包括合同履行后可以获得的利益，但不得超过违反合同一方订立合同时预见到或者应当预见到的因违反合同可能造成的损失"的规定，以得天公司未违反合同约定，对合同解除不存在过错为由，判决延安新区管委会、延安市房管办向得天公司承担赔偿预期可得利润损失的违约责任，该认定属基本事实不清，适用法律错误。

① 现为《民法典》第584条。

专题二 two

民商事审判逻辑思路确定

在审判中，笔者格外重视审判逻辑的研究、梳理、总结、提炼和运用，特别是运用。感觉到唯有重视逻辑才能搞好审判，唯有把握逻辑才能事半功倍。多年来，个人始终在逻辑上下功夫，试图探索、研究出一套行之有效的审判逻辑体系。

讲究逻辑是掌握事物规律的手段和工具。要将审判工作搞好，从审判中抽象出一般规则来，讲究逻辑是基本功。审判本来就是一个摆事实、讲道理的思维过程，逻辑学是研究思维、思维的规定和规律的科学。[①]讲究逻辑，遵循逻辑规律，才能将审判搞好。缺乏逻辑的审判，一定不是明白的、清楚的、公正的、让人服气的审判。在审判中，掌握了审判的逻辑规律，不仅能得出正确的审判结果，还能掌握审判的方法，起到事半功倍的效果。掌握了审判的逻辑，也就是掌握了审判的思维规律，才能全面、系统、科学地掌握审判，将

① 参见［德］黑格尔：《小逻辑》，贺麟译，上海人民出版社2009年版，第181页。

审判作为一门科学，将审判纳入科学的范畴，才能按照审判的内在规定性，将审判搞好，而不会陷入经验主义和形而上学“法条主义”的误区，才能实现审判由“必然王国”向“自然王国”的蜕变。本人在长期的审判实践中，从逻辑的不同角度、思维的不同方向、审判的不同阶段紧紧围绕审判要素对审判逻辑进行了立体的、全面的、不同角度的分析和概括，将审判逻辑总结归纳出要件、公式、密码、脉动等内容，其中内容当然会存在交叉、重复，但就每一部分内容而言又是有机组合的，它们之间既相互区分，又彼此交织，是一个彼此关联的有机整体，这样总结意在使自己在面临审理案件的不同情形、不同阶段时对案件有一个精准的评判和把握，构造出属于自己的审判逻辑结构。概言之，审判逻辑结构就是案件的审理伴随着逻辑的脉动，运用一个审判公式，立足于事实和法律两个基础，遵循法律逻辑、政策逻辑和实效逻辑三个逻辑依据，把握着利益平衡，个案体系，民商事法律关系实质，民法平等、公平、自愿、诚信四大原则与具体法律规范有机结合四个要件所构成的一个完整的审判逻辑结构体系。

一、什么是审判逻辑

（一）审判逻辑的对象

逻辑就是指研究思维的逻辑形式及其规律的科学①，也可以说逻辑是关于逻辑形式的科学。审判是审判组织和法官依法行使国家赋予的审判权对案件进行裁判的活动。审判的过程是一个不断厘清事实真相并且依据既有法律规范对于相关事实所形成的社会关系进行评判的过程。在这个过程中，法官需要思考怎样根据相关证据厘清事实，怎样根据事实找出对应的法律关系，怎样根据现有的法律关系状态适用恰当的法律规范，最终得出科学合理的裁判结果。在这一系列思维活动中，法官并不是凭借自己的意愿随意裁断，整个思维的过程是规范的，有规律可循的，换句话说，是一个遵循审判逻辑的科学推演过程。审判逻辑是一门关于审判思维的科学，它研究的是审判组织和法官在审判过程中的思维形式和思维规律，但它并不研究审判思维的一切方面，不研究审判思维的具体内容，而是研究审判活动中思维的演进形式及其规律，属于方法论的范畴。当然，从著作权法的角度分

---

① 参见中国人民大学哲学系逻辑教研室编：《形式逻辑》，中国人民大学出版社 1984 年版，第 2 页。

析，作品分为思想和表达两方面，这两方面就如同哲学的内容和形式这一对范畴，虽然是泾渭分明的，但也还是存在交叉的情形，难以彻底“一刀切”。

（二）审判逻辑的性质

逻辑虽然一直被当做哲学科学并包括在哲学之中。但是，逻辑也还是作为一门工具性的科学被广泛运用着。逻辑所研究的对象对全人类来说是共同的。任何人要进行正常的思维活动都必须运用这些共同的思维形式和遵守思维的规律。任何科学都要应用逻辑，以便做到概念明确、判断恰当、推理合乎一般思维规律、论证有说服力，从而构成一个思想有确定性、无矛盾性、前后一贯、有论证性，即合乎逻辑的科学体系。①

审判逻辑所研究的对象对世界各国的审判组织和法官来说都是共同的。任何审判组织和法官要进行审判思维都必须运用这些共同的审判思维形式和遵守审判思维的逻辑规律。审判逻辑是一门工具性的科学，是任何审判组织和法官都应该掌握的技能。

审判逻辑无论是就逻辑的来源，还是就案件的属性而言，都具有从属性、次生性、依附性，必须依赖于逻辑学以及审判活动。就逻辑的来源而言，审判逻辑是建立在逻辑学基础之上的，是将逻辑运用于审判活动之中的，所以应该将逻辑学掌握好；就案件属性而言，案件这一社会现象是人们在正常的社会生产活动中因为发生纠纷而产生的，相对于正常的社会生产活动是第二位的，所以要审理好涉及某一个行业的案件，就应该深入了解和掌握所涉及行业的整体情况、基本规则、通常惯例等，才能作出符合所涉行业基本公平正义的裁判，让公众切身感受到公平正义。审判逻辑虽然具有从属性、次生性、依附性，但作为一门独立的科学，依然有其存在的独立价值、独立内涵、独立外延、独立意义、独立作用等，具有独特性，正是因为其具有独特性，才使其具有独立研究的价值，研究审判逻辑对于丰富逻辑学本身乃至于审判活动本身都具有重要意义。

审判逻辑最为显著的特征就是全面性、系统性和复杂性。每一个案件审判活动中，整个审判逻辑都呈现出系统性、全面性、关联性、复杂性的特征，每一个案件的审判逻辑都是一个完整的体系，是不可分割的。讲逻辑离不开系统性，审判逻辑是一个讲究逻辑并以此为基础构建的一个思维体系。

一般来说，每个案件都面临两个系统的考量，一个是案件自身的内部系统，另

---

① 参见中国人民大学哲学系逻辑教研室编：《形式逻辑》，中国人民大学出版社1984年版，第9页。

一个是案件所处的外部系统。从内部系统而言,各个事实认定、法律适用、论理、判项之间等应该是协调统一的,成为一个完整的体系;从外部系统而言,既要考虑案件是整个事实发展的一部分,是在民商事活动产生纠纷后产生的,还要考虑上下级法院、同级法院裁判结果的统一性和一致性,以及相关联案件之间的协调性和统一性等。例如,在类案搜索中,要注意个案之间的区别问题,有些案件虽然相似,但是案情是有差异的,可能导致法律适用不一致,不能因此就认为是法律适用标准不统一。在审判过程中,无论是当事人作为证据提交的类案案例,还是法官检索的类案案例,都要注意区分案情的不同,准确适用法律。还应注意民商事案件从一定的角度上讲,就是一个利益平衡的过程,不能孤立地理解某一个法律适用,而是应该根据全案来理解整体案件的法律适用。例如,在这个案件中,预付款要计算利息,在另案中可能又不计算利息,不能简单地认为这是法律适用不统一,也可能法官从个案的利益平衡出发,基于案情不同,这个案件利息不算,另案中又算,这些考量都是属于系统性、全面性思维的范畴,并不能理解为是法律适用不统一或错误。

案例 10

再审申请人万泽集团有限公司(以下简称万泽集团)与被申请人人和投资控股股份有限公司(以下简称人和公司),一审被告、二审上诉人天实和华置业(北京)有限公司(以下简称天实公司),一审被告、二审上诉人深圳市万泽房地产开发集团有限公司(以下简称万泽地产),一审被告、二审上诉人常某,一审被告大连实德集团有限公司(以下简称实德集团),一审被告大连鑫星投资有限公司(以下简称鑫星公司),一审第三人珠海华润银行股份有限公司东莞分行(以下简称华润银行东莞分行)合同纠纷案

案号:(2018)最高法民申 401 号

主要争议焦点

案涉《债权转让协议书》应否撤销;万泽集团与万泽地产、常某分别签订的《出资转让协议书》是否无效。

简要案情

新蓝公司与鑫星公司签订的《股权转让协议》约定，新蓝公司同意将持有天实公司100%的股权以16 000万元转让给鑫星公司。天实公司股东由新蓝公司变更为鑫星公司。珠海华润银行股份有限公司与奥地利奥合国际银行股份有限公司北京分行、华澳国际信托有限公司、万泽集团签订《债权重组协议书》，就珠海华润银行股份有限公司、奥地利奥合国际银行股份有限公司北京分行、华澳国际信托有限公司对实德集团及大连实德工程塑料有限公司、大连赛德隆电子电气有限公司、北京实德商务物流有限公司、河南大河新型建材有限公司、大连诚德化工产品销售有限公司等债务人及相关担保方的债权转让事宜达成协议，约定珠海华润银行股份有限公司将其与实德集团签订的《综合授信协议》项下对债务人实德集团、大连实德工程塑料有限公司、大连赛德隆电子电气有限公司、大连东鹏房地产开发有限公司、大连三德投资有限公司等相关担保方的全部债权本息合计人民币4亿元转让予万泽集团，债权转让对价为人民币4亿元。万泽集团与鑫星公司签订的《债权转让协议书》约定，万泽集团将标的债权整体转让予鑫星公司，转让对价为鑫星公司所持天实公司99%的股权。鑫星公司与万泽集团签订的《股权转让协议》约定，鑫星公司同意向万泽集团转让其合法持有的天实公司99%的股权。鑫星公司与万泽集团签订的《出资转让协议书》约定，鑫星公司愿意将天实公司的15 840万元货币出资转让给万泽集团。万泽集团与常某签订的《出资转让协议书》约定，万泽集团愿意将天实公司的6400万元货币出资转让给常某。万泽集团与万泽地产签订的《出资转让协议书》约定，万泽集团愿意将天实公司出资的4800万元转让给万泽地产。万泽集团与万泽地产签订的《出资转让协议书》约定，万泽集团愿意将天实公司出资的4640万元转让给万泽地产。后人和公司针对《债权转让协议书》提起撤销之诉。

案情详解

原告人和公司起诉请求，(1)撤销被告鑫星公司与被告万泽集团签订的《债权转让协议书》并将股权恢复至股权转让前的状态；(2)确认被告万泽集团分别与被告万泽地产、被告常某签订的《出资转让协议书》无效；(3)诉讼费由被告承担。

被告实德集团辩称,同意原告的诉讼请求。

被告鑫星公司辩称,同意原告的诉讼请求。

被告万泽集团辩称,不同意原告的诉讼请求。(1)原告不具有起诉请求确认万泽集团分别与万泽地产、常某所签案涉股权转让协议无效的原告主体资格。其增加的该项诉讼请求,不应与本案合并审理;(2)原告诉称三方之间的案涉股权转让存在恶意串通,没有事实及法律依据,不能成立;(3)案涉的债权转让协议书不存在以显失公平的超低价格转让的情形;(4)人和公司与万泽集团分别与万泽地产、常某形成的转让天实公司股权的行为无关系,不是直接利害关系人,不具有申请确认该项股权转让项下有关协议无效的原告主体资格;(5)万泽集团与万泽地产、常某间的案涉股权转让出于正当的商业目的;(6)实德集团和鑫星公司陈述双方存在股权代持,该陈述不真实。

被告天实公司辩称,除同意被告万泽集团的答辩意见外,补充答辩意见为:被告天实公司作为本案被告主体资格不适格,应当裁定驳回原告对天实公司的起诉。

被告万泽地产辩称,同意被告万泽集团和被告天实公司的答辩意见,补充答辩意见:被告万泽地产与被告万泽集团分别受让被告天实公司30%的股权和29%的股权,该股权转让是被告万泽地产基于自身发展的合理商业目的并且支付了近6亿元的真实对价。同意被告天实公司的意见。请求依法解除对被告万泽地产持有的被告天实公司的59%股权的查封。

被告常某辩称,同意被告万泽集团、被告天实公司、被告万泽地产的答辩意见。

第三人华润银行东莞分行述称,不同意原告的诉讼请求。(1)华润银行东莞分行是被告万泽地产和常某持有的天实公司股权的质押权人,质权依法受法律保护;(2)华润银行东莞分行的贷款合同以及从合同包括股权质押合同不应在本案的审理范围内;(3)华润银行东莞分行依法享有的权利在本案中不应受到损害,不应因有关当事人的不适当的诉讼行为,使国有银行的贷款受到侵害或损失;(4)原告提起债权人撤销之诉没有事实及法律依据。

一审法院查明:2016年7月22日,哈尔滨盛和置业有限公司出具情况说明一份,载明,2009年11月至2010年12月,哈尔滨盛和置业有限公司按实德集团要求,向实德集团实际控制的大连富德投资有限公司出借共计38 000万元借款,向大连韵锐装饰材料有限公司出借31 356万元借款,因以上借款未予偿还,哈尔滨盛和置业有限公司于2011年与实德集团、大连富德投资有限公司、大连韵锐装饰材料有限公司、人和公司达成协议，将哈尔滨盛和置业有限公司持有的前述69 356万元债权转让给人和公司，实德集团自大连富德投资有限公司、大连韵锐装饰材料有限公司处受让该两笔债务，向人和公司偿还欠款。同日，哈尔滨和高置业有限公司出具情况说明一份，其上载明，2010年9月至10月，哈尔滨和高置业有限公司按实德集团的要求，向实德集团实际控制的大连高登投资有限公司出借共计43 560万元借款，向北京实德商务物流有限公司出借8000万元借款，因以上借款未予偿还，哈尔滨和高置业有限公司于2011年与实德集团、大连高登投资有限公司、北京实德商务物流有限公司、人和公司达成协议，将哈尔滨和高置业有限公司享有的前述51 560万元债权转让给人和公司，实德集团自大连高登投资有限公司、北京实德商务物流有限公司处受让该两笔债务，向人和公司偿还欠款。2009年11月20日至2010年12月30日，哈尔滨盛和置业有限公司、哈尔滨和高置业有限公司分别向大连富德投资有限公司、大连韵锐装饰材料有限公司、大连高登投资有限公司、北京实德商务物流有限公司汇款合计120 916万元。2016年7月19日，被告实德集团出具情况说明，载明，大连富德投资有限公司、大连高登投资有限公司、北京实德商务物流有限公司、大连韵锐装饰材料有限公司均为实德集团控制的公司，实德集团为发展壮大，导致在投资的项目上出现资金缺口，遂指示大连富德投资有限公司、大连高登投资有限公司、北京实德商务物流有限公司、大连韵锐装饰材料有限公司向哈尔滨盛和置业有限公司、哈尔滨和高置业有限公司借款，2009年11月至2010年12月累计借款数额达120 916万元，钱款到账后均由实德集团统一调配使用。2011年，因上述借款未能及时归还，哈尔滨盛和置业有限公司、哈尔滨和高置业有限公司均多次向大连富德投资有限公司、大连高登投资有限公司、北京实德商务物流有限公司、大连韵锐装饰材料有限公司要求还款但始终未还，经实德集团多次努力，于2011年12月27日与人和公司、哈尔滨盛和置业有限公司、哈尔滨和高置业有限公司、实德集团及大连富德投资有限公司、大连高登投资有限公司、北京实德商务物流有限公司、大连韵锐装饰材料有限公司达成债权债务转让协议，并签订了协议书，协议约定由人和公司受让哈尔滨盛和置业有限公司、哈尔滨和高置业有限公司对大连富德投资有限公司、大连高登投资有限公司、北京实德商务物流有限公司、大连韵锐装饰材料有限公司的债权，实德集团承接大连富德投资有限公司、大连高登投资有限公司、北京实德商务物流有限公司、大连韵锐装饰材料有限公司的上述债务,向人和公司履行120 916万元的还款义务,但实德集团至今仍未归还该欠款。

2012年4月26日,新蓝公司与被告鑫星公司签订《股权转让协议》,协议第1条约定,(1)新蓝公司同意将持有天实公司100%的股权共16 000万元,以16 000万元转让给鑫星公司,鑫星公司同意按金额购买上述股权。(2)鑫星公司同意在本协议签订后3个月内支付新蓝公司所转让的股权价款。协议第3条约定,天实公司经工商行政管理机关同意并办理股东变更登记后,鑫星公司即成为天实公司的全资股东。2012年5月7日,天实公司工商登记股东由新蓝公司变更为鑫星公司(出资额16 000万元)。2012年7月2日,珠海华润银行股份有限公司(债权人/转让方)与奥地利奥合国际银行股份有限公司北京分行(债权人/转让方)、华澳国际信托有限公司(债权人/转让方)、万泽集团(受让方)签订《债权重组协议书》,就珠海华润银行股份有限公司、奥地利奥合国际银行股份有限公司北京分行、华澳国际信托有限公司对实德集团及大连实德工程塑料有限公司、大连赛德隆电子电气有限公司、北京实德商务物流有限公司、河南大河新型建材有限公司、大连诚德化工产品销售有限公司等债务人及相关担保方的债权转让事宜,达成协议。协议第1.1条约定,珠海华润银行股份有限公司将其与实德集团签订的《综合授信协议》项下对债务人实德集团、大连实德工程塑料有限公司、大连赛德隆电子电气有限公司、大连东鹏房地产开发有限公司、大连三德投资有限公司等相关担保方的全部债权本息合计人民币4亿元转让予万泽集团,债权转让对价为人民币4亿元,由万泽集团直接支付至珠海华润银行股份有限公司指定的银行账户,万泽集团应在万泽集团与珠海华润银行股份有限公司、奥地利奥合国际银行股份有限公司北京分行签署《银团贷款合同》并全部放款后2个工作日内向珠海华润银行股份有限公司支付上述债权转让对价人民币4亿元;协议第1.2条约定,债权人奥地利奥合国际银行股份有限公司北京分行将其与北京实德商务物流有限公司于2005年10月24日签订的《人民币壹亿叁仟万元商业承兑汇票贴现授信合同》所涉商业银行承兑汇票项下垫款共计人民币1.9亿元转让予万泽集团,万泽集团应在万泽集团与珠海华润银行股份有限公司、奥地利奥合国际银行股份有限公司北京分行签署《银团贷款合同》并全部放款后2个工作日内向奥地利奥合国际银行股份有限公司北京分行支付上述债权转让对价人民币1.9亿元；协议第1.3条约定，华澳国际信托有限公司及万泽集团共同确认：债权人华澳国际信托有限公司将其与河南大河新型建材有限公司及大连诚德化工产品销售有限公司签订的回购合同及其与河南大河新型建材有限公司前述的还款协议项下对债务人河南大河新型建材有限公司的全部债权（应支付的回购本金1亿元及相应的溢价款、违约金等）转让给万泽集团，债权转让对价为2亿元×[1+13%+365×自2012年3月20日（含）起至万泽集团支付全部转让对价之日（不含）的实际天数]。2012年7月2日，万泽集团与鑫星公司签订《债权转让协议书》约定，鉴于：（1）根据2012年7月2日万泽集团与珠海华润银行股份有限公司、奥地利奥合国际银行股份有限公司北京分行、华澳国际信托有限公司签订的《债权重组协议书》，万泽集团已受让获得①珠海华润银行股份有限公司对大连实德集团有限公司、大连实德工程塑料有限公司、大连赛德隆电子电气有限公司、大连东鹏房地产开发有限公司、大连三德投资有限公司的本息4亿元的债权；②奥地利奥合国际银行股份有限公司北京分行对北京实德商务物流有限公司、大连实德集团有限公司、徐某一、徐某二、陈某国的部分债权1.9亿元；③华澳国际信托有限公司对河南大河新型建材有限公司、大连诚德化工产品销售有限公司、天实和华置业（北京）有限公司、实德集团、徐某一的全部债权（债权回购本金2亿元及相应的溢价款、违约金等）。以上合计，万泽集团受让的债权总额为人民币8亿元。（2）转让方万泽集团拟将标的债权转让予受让方鑫星公司，鑫星公司同意受让该债权。（3）鑫星公司系天实公司的股东，持有天实公司100%股权。为此，各方就标的债权转让事宜，达成协议如下：协议第1.1条约定，债权人万泽集团同意根据本协议的条款和条件将标的债权整体转让予鑫星公司，并于本协议生效后及时通知相关债务人，鑫星公司同意按本协议的条款和条件受让该债权。协议第3.1条约定，转让对价为鑫星公司所持天实公司99%的股权。协议第3.2条约定，转让对价支付：鑫星公司应在《股权转让协议》签订之日起3日内将其所持天实公司的99%股权转让至万泽集团名下并办理变更登记手续。

2012年7月2日，鑫星公司（转让方）与万泽集团（受让方）签订《股权转让协议》，约定，鉴于：（1）天实公司系依据中国法律在北京设立并有效存续的有限责任公司，注册资本为16 000万元，实缴资本为16 000万元，截至2012年5月31日，目标公司资本公积金24 000万元；（2）鑫星公司、万泽集团、天实公司三方于2012年

7月2日签订《债权转让协议书》并已生效;(3)鑫星公司拟向万泽集团转让、万泽集团拟自鑫星公司受让天实公司99%的股权。基于上述,鑫星公司、万泽集团达成本协议。协议第1.1条约定,鑫星公司同意根据本协议的条款和条件向万泽集团转让其合法持有的天实公司99%的股权及其附随的全部权利和义务,万泽集团同意根据本协议的条款和条件自鑫星公司受让标的股权。协议第2条“股权转让对价”约定,鑫星公司所持天实公司99%股权的转让价值为40 000万元,鑫星公司与万泽集团同意以鑫星公司、万泽集团、天实公司三方于2012年7月2日签订的《债权转让协议书》(合同编号:2012063001)项下的债权予以支付。2012年7月2日,鑫星公司与万泽集团签订《出资转让协议书》,约定,(1)鑫星公司(转让方)愿意将天实公司的15 840万元货币出资转让给万泽集团(受让方)。(2)万泽集团愿意接收鑫星公司在天实公司的15 840万元货币出资。(3)该笔货币出资于2012年7月2日正式转让。2012年7月3日,天实公司工商登记的股东由鑫星公司变更为万泽集团(出资额15 840万元)、鑫星公司(出资额160万元)。2012年11月1日,万泽集团与常某签订《出资转让协议书》,约定,(1)万泽集团(转让方)愿意将天实公司的6400万元货币出资转让给常某(受让方)。(2)常某愿意接收万泽集团在天实公司的6400万元货币出资。(3)该笔货币出资于2012年11月1日正式转让。2012年12月5日,天实公司工商登记的股东由万泽集团、鑫星公司变更为万泽集团(出资额9440万元)、常某(出资额6400万元)、鑫星公司(出资额160万元)。2013年1月9日,万泽集团与常某、案外人签订《股权合作框架协议》,对常某自万泽集团处受让天实公司40%股权的转让价款约定为3.28亿元。2012年12月5日,天实公司工商登记的股东由万泽集团、鑫星公司变更为万泽集团(出资额9440万元)、常某(出资额6400万元)、鑫星公司(出资额160万元)。

2012年12月19日,万泽集团与万泽地产签订《出资转让协议书》,约定,(1)万泽集团愿意将天实公司的出资4800万元转让给万泽地产。(2)万泽地产愿意接收万泽集团在天实公司的出资4800万元。(3)该笔出资于2012年12月19日正式转让。协议签订后,万泽地产向万译集团支付股权转让款2.46亿元。2012年12月20日,天实公司工商登记的股东由万泽集团、常某、鑫星公司变更为常某(出资额6400万元)、万泽地产(出资额4800万元)、万泽集团(出资额4640万元)、鑫星公司(出资额160万元)。2014年1月18日,万泽集团与万泽地产签订《出资转让协议书》,约定,(1)万泽集团愿意将天实公司的出资4640万元(人民币)转让给万泽地产。(2)万泽地产愿意接收万泽集团在天实公司的出资4640万元(人民币)。(3)该笔出资于2014年1月18日正式转让。协议签订后,万泽地产向万泽集团支付股权转让款2.46亿元。2014年3月27日,天实公司工商登记的股东由万泽集团、常某、万泽地产、鑫星公司变更为常某、万泽地产、鑫星公司。新蓝公司成立于2003年4月21日,2010年2月4日其工商登记的投资人由上海翼然投资有限公司、郭某、李某、郝某、赵某伟变更为大连汉森物资储运有限公司、郭某、赵某伟、郝某。2012年9月20日,其工商登记的投资人由大连汉森物资储运有限公司、郭某、赵某伟、郝某变更为大连汉森物资储运有限公司。2012年9月24日,新蓝公司股东由大连汉森物资储运有限公司变更为洛阳市金天下商贸有限公司。

辽宁省高级人民法院(2014)辽民二终字第00254号民事判决查明,2012年9月14日被告实德集团与北京元金盛世资本运营中心(有限合伙)签订《合作框架协议》,其中约定北京元金盛世资本运营中心(有限合伙)以52亿元总价款取得被告实德集团相关主体所持全部金融股权;双方又于2012年9月14日签订《债务重组框架协议》,约定北京元金盛世资本运营中心(有限合伙)通过支付52亿元总对价,经过债务重组取得包括新蓝公司在内的五家目标公司100%股权等;此后,被告实德集团与北京元金盛世资本运营中心(有限合伙)完成了新蓝公司相关文件的交接。该判决书现已生效。2016年8月22日,大连汉森物资储运有限公司出具情况说明一份,其上载明:实德集团系大连汉森物资储运有限公司实际股东,2010年2月1日至2012年9月24日依照实德集团的指令,代实德集团持有新蓝公司股权,登记在大连汉森物资储运有限公司名下的新蓝公司的股权系代实德集团持有,实德集团是该股权的实际股东,享有与该股权对应的股东权利、权益、义务;代持期间大连汉森物资储运有限公司并未实际出资或实际支付股权受让款,亦不实际享有相关股东的权利、权益、义务,作出的相关意思表示均系依照实德集团的指令作出;2012年4月,大连汉森物资储运有限公司依据实德集团的指示将新蓝公司持有的天实公司全部股权转让给鑫星公司。

大连汉森物资储运有限公司成立于2001年4月9日,注册资本1000万元,其原名称为大连实德物资储运有限公司,于2008年1月9日变更名称为大连汉森物资储运有限公司。2010年7月8日,大连汉森物资储运有限公司增加注册资本后,其注册资本为1亿元,其中大连凯母化工产品销售有限公司出资9000万元,占注册资本90%;张某举出资700万元,占注册资本7%;杨某亮出资300万元,占注册资本3%。2012年3月30日,大连凯母化工产品销售有限公司将其持有的大连汉森物资储运有限公司9000万元股权转让给张某举。2013年12月1日,张某举将其持有的大连汉森物资储运有限公司9700万元股权转让给徐某会,杨某亮将其持有的大连汉森物资储运有限公司300万元股权转让给单某凤。大连市公证处于2016年12月16日作出(2016)大证民字第59776号公证书,对徐某会进行证人证言保全,证明徐某会提交的情况说明系徐某会确认内容后打印完成。该情况说明记载,徐某会在1994年7月至2016年2月期间系实德集团员工,2013年徐某会根据实德集团指示,自2013年12月13日起代实德集团持有大连汉森物资储运有限公司97%股权,登记在徐某会名下的大连汉森物资储运有限公司97%股权系代实德集团持有,实德集团是该股权的实际股东,享有与该股权对应的股东权利、义务,代持期间,徐某会本人并未实际出资或实际缴纳股权受让款,亦不实际享有相关股东权利、义务,作出的意思表示均系依照实德集团的指令作出。单某凤根据实德集团指示,自2013年12月13日起代实德集团持有大连汉森物资储运有限公司3%股权,登记在其名下的该股权实际股东为实德集团,实德集团享有该股权对应的股东权利、义务,代持期间,单某凤本人并未实际出资或实际缴纳股权受让款,亦不实际享有相关股东权利、义务,作出的意思表示均系依照实德集团的指令作出。

2012年8月20日,万泽集团与华润银行签订《质押合同》,以万泽集团持有的天实公司15 840万股股份、暂作价116 000万元做质押,作为万泽集团与华润银行签订《银团贷款合同》本金不超过58 000万元的债务担保。该股权质押已办理质押登记,现已注销。2012年11月16日,万泽集团与华润银行签订《质押合同》,以万泽集团持有的天实公司9440万股股份、暂作价169 920万元做质押,作为万泽集团与华润银行签订《银团贷款合同》本金不超过58 000万元的债务担保。该股权质押已办理质押登记,现已注销。2012年12月7日,常某与华润银行签订《质押合同》,以常某持有的天实公司3144.88万股股份、暂作价58 000万元做质押,为万泽集团与华润银行签订的前述《银团贷款合同》本金不超过58 000万元的债务担保。该股权质押已办理质押登记,现已注销。2012年12月10日,常某、奥地利银行、天实公司签订《股权质押协议》,以常某持有的天实公司20.35%的股权(对应出资额为人民币 3255.12 万元）质押给华润银行，作为常某应向奥地利银行偿还包括但不限于贷款本金 15 000 万元及其利息等费用的债务担保。该股权质押已办理质押登记，现已注销。2012 年 12 月 20 日，万泽地产与华润银行签订《质押合同》，以万泽地产持有的天实公司 4800 万股股份、暂作价 58 000 万元做质押，为万泽集团与华润银行签订的前述《银团贷款合同》本金不超过 58 000 万元的债务担保。2015 年 7 月 27 日，万泽集团与华润银行东莞分行签订《综合授信协议》，约定华润银行东莞分行为万泽集团提供 4.1 亿元贷款，授信期限为 2015 年 7 月 27 日至 2016 年 7 月 27 日，额度项下具体业务最迟到期日为 2017 年 1 月 27 日；万泽集团在《银团贷款合同》项下未结清债务余额在该协议授信额度总额内予以扣除，结清后予以恢复使用。2015 年 7 月 29 日，华润银行东莞分行与万泽集团签订《流动资金借款合同》，作为上述《综合授信协议》项下的具体义务合同，贷款金额为 18 200 万元，贷款期限为 2015 年 7 月 29 日至 2016 年 7 月 29 日。2015 年 7 月 30 日，华润银行东莞分行与万泽集团签订《流动资金借款合同》，作为上述《综合授信协议》项下的具体义务合同，贷款金额为 1 亿元，贷款期限为 2015 年 7 月 30 日至 2016 年 7 月 30 日。2015 年 8 月 18 日，万泽集团与华润银行东莞分行签订《流动资金借款合同》，作为上述《综合授信协议》项下的具体义务合同，贷款金额为 12 800 万元，贷款期限为 2015 年 8 月 19 日至 2016 年 8 月 19 日。2015 年 7 月 27 日，常某与华润银行东莞分行签订《最高额质押合同》，以其持有的天实公司 19.65% 股份、暂作价 3144 万元做质押，为万泽集团与华润银行东莞分行在 2015 年 7 月 27 日至 2016 年 7 月 27 日期间发生的债权提供最高额 41 000 万元的最高额质押担保。2015 年 7 月 29 日，该股权质押在工商部门办理了股权质押登记。同日，万泽地产与华润银行东莞分行签订《最高额质押合同》，以万泽地产持有的天实公司 59% 股份、暂作价 9400 万元做质押，为万泽集团与华润银行东莞分行在 2015 年 7 月 27 日至 2016 年 7 月 27 日期间发生的债权提供最高额 41 000 万元的最高额质押担保。2015 年 7 月 29 日，该股权质押在工商部门办理了股权质押登记。万泽集团、万泽地产、深圳市万泽实业有限公司的法定代表人均为林某光。万泽集团工商登记的股东为深圳市万泽实业有限公司（出资额为 54 000 万元），林某光（出资额为 14 100 万元），法定代表人为林某光。深圳市万泽实业有限公司工商登记的股东为朱某、林某光，法定代表人为林某光。万泽地产工商登记的股东为深圳市万宏投资有限公司，出资额为

8022 万元;2016 年 6 月 29 日,万泽地产由原股东万泽实业股份有限公司(8022 万元出资额)变更为深圳市万宏投资有限公司。万泽实业股份有限公司原法定代表人及股东之一均为林某光,于 2016 年 10 月 25 日变更为黄某光。深圳市万宏投资有限公司的股东为深圳市中兴德宏房地产开发有限公司、万泽集团。常某系北京市万泽宏润房地产开发有限公司的法定代表人,该公司工商登记的投资人为万泽集团、常某,经营范围是房地产开发、投资咨询、房地产信息咨询、企业管理咨询、技术推广服务。

二审法院另查明,2012 年 11 月 20 日,广东万泽实业股份有限公司委托银信资产评估有限公司出具的天实和华置业(北京)有限公司股权转让涉及的股东全部权益价值评估报告载明,评估基准日 2012 年 10 月 31 日天实公司的净资产账面价值总计 265 949 657.90 元,评估价值总计 825 137 375.75 元人民币,评估增值为 559 187 717.85 元,增值率为 210.26%。2015 年 12 月 3 日,人和公司委托北京鼎春德房地产土地评估有限公司出具的土地评估报告载明,于估价时点 2012 年 6 月 30 日的估值结果为,北京市经济技术开发区路东区 D3 街区居住、商业、办公用途国有建设用地使用权市场价值评估:熟地总价为 140 857.36 万元。2016 年 7 月 22 日,实德集团出具的情况说明载明,2012 年 3 月实德集团发生突发事件以来,实德集团及其相关企业陷入重大债务危机。经实德集团多次与人和公司沟通、协商,并经省市政府同意,在 2013 年 4 月实德集团与人和公司签订《合作协议》,约定人和公司作为实德集团战略合作伙伴于 2013 年 5 月 6 日开始正式介入债务重组,并自正式介入债务重组后的一个月内,实德集团向人和公司如实披露企业的现实情况。但受多种原因影响,直至 2013 年 10 月 8 日,人和公司才正式介入实德集团重组工作。在介入债务重组后,人和公司发现实德集团在 2012 年先期重组项目迫于当时特殊环境低价处置了部分资产,其中就包括实德集团指派关联公司以股权转让的方式将北京亦庄地区三块待开发建设用地转让给万泽集团。人和公司与万泽集团协商未果,遂将实德集团、万泽集团等公司告上法庭。

裁判结果

一审判决:确认万泽集团与万泽地产于 2012 年 12 月 19 日、2014 年 1 月 18 日签订的两份《出资转让协议书》无效,万泽地产于判决生效之日起 30 日内将其持有的天实公司59%股权返还至万泽集团有限公司名下，万泽集团于前述股权过户登记日后的10日内向万泽地产返还股权转让款2.46亿元；天实公司配合万泽集团与万泽地产办理股权过户登记；确认万泽集团与常某于2012年11月1日签订的《出资转让协议书》无效，常某于判决生效之日起30日内将其持有的天实公司40%股权返还至万泽集团名下；天实公司配合万泽集团与常某办理股权过户登记；撤销鑫星公司与万泽集团于2012年7月2日签订的《债权转让协议书》（编号为2012063001），万泽集团在前述第1项、第2项判决内容履行完毕后30日内将天实公司99%股权返还至实德集团名下；天实公司配合万泽集团与实德集团办理股权过户登记。自前述股权返还至实德集团名下之日起，万泽集团即享有珠海华润银行股份有限公司对实德集团、大连实德工程塑料有限公司、大连赛德隆电子电气有限公司、大连东鹏房地产开发有限公司、大连三德投资有限公司的本息4亿元的债权；奥地利奥合国际银行股份有限公司北京分行对北京实德商务物流有限公司、实德集团、徐某一、徐某二、陈某国的部分债权1.9亿元；华澳国际信托有限公司对河南大河新型建材有限公司、大连诚德化工产品销售有限公司、天实公司、实德集团、徐某一的全部债权（债权回购本金2亿元及相应的溢价款、违约金等）；以上债权总额为人民币8亿元。

万泽集团、天实公司、万泽地产、常某等不服一审判决，向二审法院提起上诉，二审法院判决，驳回上诉，维持原判。万泽集团不服二审判决，向最高人民法院申请再审，再审审查法院认为再审申请不符合法律规定，裁定驳回万泽集团的再审申请。

思考与衡量

案例10中，涉及的当事人众多、法律关系众多、法律事实复杂，要解决诉争《债权转让协议书》应否撤销以及万泽集团与万泽地产、常某分别签订的《出资转让协议书》是否无效的问题，应该将案涉当事人之间的内部法律关系梳理清楚，还应该将案涉当事人与案外人之间的外部关联性梳理出来。这样才能最终确定原告的撤销权是否能够成立。将外部的关联性梳理清楚，也就是将案件的背景情况查清楚，是为了更好地了解案件的来龙去脉，了解案件发生的原因和历史，是为了更好地公正处理案件，背景本身并不直接是法律评判的范围，但是对于案件正确处理同样具有重要作用，因为会影响审判逻辑的建立，影响裁判者的内心确信，给裁判者形成内心确信提供参考和依据。每一个案件都有其发生的背景，这些背景包括社会背景、政治背景、法律背景、经济背景等，这些都会影响案件事实、当事人的主张、裁判者的判断等。该案中，就原告而言，其主张享有对案涉《债权转让协议书》《出资转让协议书》的撤销权。要审查其是否享有撤销权，从逻辑上考量，就要审查其与案涉《债权转让协议书》《出资转让协议书》的关联性，从该案自身的逻辑体系而言，要依法按照撤销权制度进行审查，从该案背景的逻辑体系而言，则应该全面了解该案发生的大背景，才能更好地理解和适用撤销权制度，并适用在该案中。该案疑难复杂，关联交易众多，法律关系错综复杂，梳理出内部逻辑体系以及外部逻辑体系对于依法公正审理该案都是十分重要的。

二、审判逻辑的意义

审判逻辑研究如何将逻辑运用于审判之中，运用概念，做出判断，进行推理，帮助法官正确地进行审判和准确地表达审判思想，掌握这些技能和技巧对于提高法官的逻辑思维能力，形成正确的审判思路，提高裁判文书的质量，实现公正审判，树立司法权威，获得司法公信，具有重要意义。审判逻辑的重要意义和作用主要表现在三个方面。

1. 审判逻辑是公正司法、树立司法权威和提高司法公信力的内在属性。公正司法、司法权威、司法公信力要求司法裁判具有稳定性、统一性、高效性。审判逻辑对于司法的稳定性、统一性和高效性具有重要意义。审判逻辑从本质上讲就是总结审判活动的全过程，抽象出科学的思维规律，形成科学的思维规则，让审判思维遵循科学规律，以到达符合司法规律、实现司法价值的目的。掌握了审判思维规律，并按照审判思维规律进行思考，就意味着在裁判过程中，裁判者的思维活动在处于大致相同事实状态下会沿着相同的思路推演出大致相同的结果，这就保证了裁判具有稳定性、统一性、高效性，达到了公正司法、树立司法权威和提高司法公信力的目的。

2. 审判逻辑是法官职业的基础技能。归纳总结当事人各方的诉求需要逻辑，认定事实、寻找法律需要逻辑，论理、得出结论需要逻辑。逻辑是法官必须掌握的基本技能。法官的日常工作内容就是依据证据廓清事实，辨法析理作出裁断。当事人因为各自的诉求不同，所站立场不同，对于公平正义的价值理解各不相同。在这种情形下，如果没有统一的、大家认可的审判思维和思路，司法公信力就难以真正树立。审判逻辑是基于科学的思维规律形成的正确审判思维和审理思路，没有审判逻辑就无法在审判实践中就事实认定、法律适用的推演过程达成一致意见，也就难以实现公正裁判的目的。当审判组织和法官掌握了审判逻辑，形成了正确的审判思维和审判思路，并且应用于案件审判活动中，他们就可以明察案件事实，正确适用法律，最后得出正确的审判结论，实现公正裁判。即便可能出现法律规范本身不完善的情况，法官也可以基于在审判活动中思维过程的逻辑严谨而不被诟病。

3. 审判逻辑是提高裁判文书质量的必然要求。撰写裁判文书，要将整个审判活动都体现在裁判文书中，需要逻辑。如何在有限的篇幅之内将各方当事人的诉求、事实和理由归纳总结提炼出来，离不开逻辑。裁判文书是审判活动的载体，是司法公正最重要的反映之一，不仅反映审判的过程，也反映审判的结果；不仅反映审判程序，也反映实体裁判结果。裁判文书的质量直接反映案件审判的质量，影响着审判的教育、评价、指引和示范等功能作用的发挥。在撰写裁判文书的过程中，如果能够将案件的审判逻辑很精准地呈现出来，不仅仅提升了裁判文书本身的逻辑结构，而且将案件裁判的思维推演过程通过文字直观呈献给了文书阅读者，那么，裁判文书公开所要达到的司法公开、教育评价、指引规范等目标都将更好地实现。

三、审判逻辑的起点和基础

审判是以事实为根据，以法律为准绳的，司法权是对案件事实和法律的判断权和裁断权。整个审判活动的逻辑起点、出发点和基础就是事实和法律。民商事审判逻辑是紧紧围绕事实和法律展开的逻辑思维过程，在审判推理的三段论中，法律是大前提，事实是小前提，裁判结果是结论。从整个案件来说，全部案件的法律是大前提，全部案件的事实是小前提，裁判主文是结论，而整个案件又是由一个个小的逻辑推理组成的。是每一个具体的法律适用得出的结论组成的。每一个案件的事实认定都是法律适用的特殊条件，是每一个案件区分于其他案件的小前提，正是因为事实认定这个小前提不同，导致了在法律适用这个大前提相同的情况下，裁判结果的不相同。诸多事实与诸多法律规定的排列组合导致了裁判结果更加诸多。

查清事实是准确适用法律的基础条件，而事实的认定又依赖于正确适用法律规则，特别是证据规则，客观事实不等于案件事实，客观事实只有经过法律认定规则这个桥梁才能成为案件事实。事实与法律在案件审理中，是一个相互依存的关系，没有脱离法律的纯粹意义上的事实，也没有脱离事实，而浮在空中的法律。法律本就是脱胎于、抽象于社会事实与社会存在之中，其属性本就有客观性、现实性。在案件审理中，裁判者总是努力使案件事实与法律规定所抽象的、拟制的事实相匹配，大前提与小前提的内涵相一致，得出的结论合乎逻辑，符合逻辑规律。

四、审判逻辑的适用

（一）审判逻辑的表现形式

在具体的审判实践中，审判逻辑的适用在不同的情形下有不同的呈现，大体上可以进行以下划分。

1. 根据案情可以分为事实认定逻辑和法律适用逻辑，也就是在事实认定上要符合事实认定规则，要运用证据规则依法认定事实，在法律适用上要符合法律适用规则，要寻找与案件事实最匹配的法律进行适用。

2. 根据法律对于审判活动的规定内容不同可以分为实体逻辑和程序逻辑，也就是在实体裁判时要符合实体裁判规则，要遵守实体法律的规定，在程序适用上要符合程序适用规则，要遵守程序法律的规定。

3. 根据审判流程可以分为庭前准备逻辑、庭审逻辑和庭后审理逻辑，也就是在庭前准备活动中要符合庭前准备规则如送达、组成合议庭等，在庭审过程中要符合庭审规则，要由法官来驾驭、主持庭审等，在庭后审理时要符合庭后审理规则如合议、签发裁判文书等。

4. 根据审判的思维形式可以分为审判概念、审判判断和审判推理。在审判中，所用概念要明确、使用概念要准确，前后概念要一以贯之，判断要理由充分、言之有据，推理要符合逻辑性。

5. 根据审判考量的依据可以分为法律逻辑、政策逻辑和实效逻辑，也就是审判要符合法律逻辑、政策逻辑和实效逻辑。审判是以个案裁判的依据为主要思维的过程，因此本人在后面以此分类对审判逻辑进行阐述。

审判逻辑区别于其他实用性逻辑学科的本质特征之一在于其是一个始终遵循

法律、政策和实效的思维过程。民商事审判逻辑就是一个依据和遵循法律逻辑、政策逻辑和实效逻辑的逻辑思维过程。正是在审判的过程中法官始终注重这三种逻辑因素的有机协同，才保证了司法活动的有序进行，使得民商事审判名副其实地成为司法文明的指针，实现着公正、高效、权威。

（二）审判的法律逻辑

案件是由纠纷引起的，而引起纠纷的原因很多，是各种因素合力导致的结果。法官要解决矛盾纠纷，就应该像医生给病人看病一样，要找出原因，之后才能对症下药，虽然导致生病的原因很多，但是最后只能用医学的方法加以解决。案件的审理理出同门，导致案件的发生是多因素的，通过法官对案件的审理，才能找出纠纷发生的原因，才能对症下药，而这个“药”就是法律，最后才能立足法律、找出法律、依据法律，作出裁判。法律逻辑是指审理民商事案件时应严格遵守法律规范，保证裁判依法为之。法律是司法的基础，司法是法律的延伸，法律逻辑是民商事审判首先应该遵循的逻辑形式。《民法典》第12条规定民事活动适用法律，法律即为当事人的行为标准和法院的裁判依据；《民事诉讼法》第7条规定人民法院审理民事案件，必须以事实为根据，以法律为准绳。审判活动以法律为准绳，就应该遵循法律逻辑，只有符合了法律逻辑，审判活动才能依法进行。在司法实践中，绝大部分案件特别是常规性案件主要依据法律即可作出裁判，这是由司法的本质规定性决定的。

1. 法律是民事裁判应考量的首要的、基础性因素。

第一，法律自身特点是法律因素的内在动因。一方面，法律的规范性与确定性能够明确当事人的行为预期，为裁判提供精密的程式与确定的后果，法官能够运用三段论推理将立法转化到实践中。“普通人、法学教科书以及法官自己通常对审判的看法或声称，大致是法条主义的。依据明确的法律（大前提）、事实（小前提），法官得出一个确定不移的法律决定（结论、判决）。”[①]另一方面，法律的普遍性有利于实现法治的统一性与平等性，有利于构建权利平等、救济公平的法律秩序，成为司法公正的重要保障。“法治作为一种理想，要求用限制在公民中给以差别待遇范围

① 苏力：《经验地理解法官的思维和行为——波斯纳〈法官如何思考〉译后》，载《北方法学》2009年第1期。

的普遍规则来实现国家管理,或者要求用普遍规则限制特殊秩序并且证实其正当性。”①

第二,完备的法律体系为法律因素提供了客观条件。立法与司法存在互动之势,立法是司法的逻辑前提,司法裁判以遵循立法规范为原则,以在特殊情形下通过个案弥补立法不足为例外。历经革新,法律在当代更显成熟,其对社会的回应与预判更显敏锐。在立法技术日益先进、立法规范日益完备的今天,法律更可如大陆法系设计者当初所设想的那样,作为首要的法律渊源,成为裁判的首要标准。

第三,依法裁判是考量司法权正当性的标准。近代大陆法系形成了“以政府权力严格分立、立法中心主义为政治思想基础,遵循依‘(成文)法’裁判原则,构筑了一种以成文法规范为运转枢纽的司法裁判制度体系”②。而在制定法日臻普遍和重要的英美法系,对制定法的强调也上升到前所未有的高度,法官强调“审判应当向后看,法官不应努力让法律与时俱进,在制度法问题上应当留待立法机关,在宪法性法律、任何需要的制定法或宪法更新问题上则留待修正案的过程”③。据此,强化法典的主导地位、严格依法裁判、限制法官自由裁量权成为各国相当长时期着力维持的理念,法律逻辑也就成为司法裁判应首先遵循的逻辑形式。

2. 法律逻辑强调法律规范之间的融会贯通。

法律并非单一的,而是多元的、全面的。这就要求法官在适用法律过程中,按照法律适用规则,结合具体案情,注重法律规范之间的融会贯通。在刑民交叉、民行交叉等问题的处理上,更体现了不同类型法律规范之间的融会贯通。如前述案例5中,李某武作为银行工作人员,已经被生效判决认定构成犯罪,而原告又是通过李某武介绍将钱存到工行盘锦分行,如果不厘清法律关系,如何审理该案,就会成为一个难题。在该案中,首先应明确原告诉请被告工行盘锦分行承担支付存款的责任是否有民事法律关系基础。而明确这一法律基础,并无直接的法律可以引用,则应该通过逻辑方法,确定应该适用法律的具体路径,之后方可确定适用的法

① 徐国栋:《民法基本原则解释——以诚实信用原则的法理分析为中心》(增删本),中国政法大学出版社2004年版,第178页。

② 刘克毅、翁杰:《法官裁判权的控制与司法公正的实现——以民事审判制度为中心的讨论》,载《法律科学(西北政法大学学报)》2006年第4期。

③ [美]理查德·波斯纳:《法官如何思考》,苏力译,北京大学出版社2009年版,第219页。

律规范。这里强调的是一个法律上的融会贯通，厘清法律基础关系，否则该案就会陷入左右为难的境地。

3. 法律逻辑以对法律规则的直接适用与对法律原则的具体化适用为内核。

法律规则与法律原则均属于法的要素。法律规则多是明确具体的，着眼于行为与条件的共性，往往只适用于某一类型的行为；法律原则较为抽象，着眼于行为、条件的共性与个性，其适用范围较之法律规则为广。在功能上，法律原则是连接立法与司法的桥梁，其所具有的衡平价值、抽象性软化了立法的不完备性与滞后性，通过其在个案中的适用赋予了法院创立补充规则的权力，进而助推了立法的革新。在范围上，如果说法官对于法律规则的适用主要体现在法有明确规定，通过三段论推理即可得出确定答案的大多数情形，那么法官对法律原则的适用突出体现在新类型与疑难案件中。由于法律原则在个案中的适用多引起广泛关注，在此，笔者特加以详尽分析。

平等原则、自愿原则、公平原则、诚信原则等民法基本原则的运用始终贯彻在整个案件的审理过程中，只是体现的方式有所不一。有的体现在法官内心的一种价值，有的体现在具体法律规范的结合运用，有的体现在直接适用。

第一，适用法律原则进行裁判的现象大量存在于民商事领域。民商法基本原则具有衡平的属性，当适用法律规则会与立法的目的不一致时，法官常常有必要回到立法的出发点，直接根据法律原则进行裁判。在裁判中，将法律原则与具体法律规则、规范进行综合运用是一种较为常见的情形。据统计，在 1990 ~ 2006 年《最高人民法院公报》刊登的 520 个案例中，适用法律原则进行裁判的有 47 个，接近公报案例总数的 10% ，其中民商事案件有 41 个，占到原则案例的 87% 。①

第二，适用法律原则直接单独进行裁判有其条件与限制。一方面，在逻辑上，适用法律原则裁判的一般前提是法律规则的缺位或不能。法律规则是法律原则的具体化，两者价值理念在大多数情形下相吻合，法律规则应居于优先适用的地位。换言之，在有法律规则可资适用或法律规则与法律原则可得出相同结论时应优先适用法律规则，以避免向一般条款逃逸。另一方面，在实践中，法官对于法律原则

① 参见李克诚、刘思萱：《论法律原则在我国司法裁判中的适用——以〈最高人民法院公报〉案例为范本的研究》，载《法律适用》2008 年第 3 期。

的适用主要限于法律未设明确规定、法律规则较为原则模糊、规则之间存在冲突、规则缺乏可操作性等情形。

4. 法律逻辑的司法哲学基础是法条主义与形式正义。

第一,法条主义是民事裁判中法律因素的价值基础。法条主义或规则主义认为法律之中已然包含法律的社会价值,推崇法律的确定性价值,法官依法裁判成为司法公正的重要评判。法条主义的抬头不仅推动了大陆法系的法典化运动,而且促进了英美法系制定法的发展,使"最近的50到80年间,美国法发生了一个根本性的变化。这段时期内,我们已经从一个由法院所宣示的普通法主导的法律制度,进入一个由立法者所制定的制定法成为首要法律渊源的法律制度中"。[①] 法条主义的价值,阿尔奥尼从与之相对的法律虚无主义的角度进行了解读:法律虚无主义所倡导的"法律外在视角"司法观忽视了一个法律社会中公民最基本的法条意识和守法意识,也无法解释法律作为制度的整体有效性。[②] 总之,法条主义敦促法官依法裁判,强调法官的主要职责在于发现法律而非制定法律。

第二,形式正义是民事裁判中法律因素的正义观取向。法的形式正义脱胎于对法律的严格适用,其彰显的是法律的平等性、一般性,要求类似的案件得到类似的处理,使多数人或一切人达到各得其所的分配结果;其要求法官遵循严格规则主义,着力限制自由裁量权的运用,凸显裁判的一般正义。

两者比较,法条主义重在法律规范本身,强调裁判的规则基础,从法律固有特点的层面解读了民事裁判考量法律因素的原因;形式正义重在规范背后的价值哲学,由表及里地强调了裁判的思想基础,从正义观的层面解释了民事裁判考量法律因素的根源。两者相辅相成,为民事裁判的法律逻辑奠定了基础。

综上所述,民事裁判应考量法律逻辑为两大法系普遍认同。在大陆法系,由于理性主义的影响,法律的优越地位一直为各国所信奉,法官也就成为严格依法裁判的"司法机器"。换言之,法官是自动售货机,投进去的是诉状和诉讼费,吐出来的是判决和从法典上抄下来的理由。法院及法官所具有的柔性裁量机制隐而不显,

---

① [美]盖多·卡拉布雷西:《制定法时代的普通法》,周林刚、翟志勇、张世泰译,北京大学出版社2006年版,第1页。

② See Aulis Aarnio, Robert Alexy & Aleksander Peczenik, *The Foundation of Legal Reasoning*, in Aulis Aarnio and D. N. MacCormick eds. ,Legal Reasoning Dartmouth Publishing Company, 1992, p. 430.

法律所具备的刚性因素则得到了充分展现。时至今日，尽管判例、法官自由裁量权、政策等因素在司法过程中的作用逐渐提升，法官要遵守司法的游戏规则——尽管这个游戏规则会随着社会情势的变化而改变，但重要的是它仍然还需要从法律出发。①

（三）审判的政策逻辑

习近平总书记指出，每一种法治形态背后都有一套政治理论，每一种法治模式当中都有一种政治逻辑，每一条法治道路底下都有一种政治立场。中外法治实践也充分表明，法治当中有政治，没有脱离政治的法治，更没有超越政治的法治。政策是政治在社会生活中的直接反应、重要载体，对于法律实施具有重要的指导引领作用。政策逻辑是指在民商事审判过程中要充分考量基于考量道德、文化、民意、历史、产业发展等因素而形成的政策，以彰显司法的实质正义与个案正义。与法律逻辑在所有案件中都应予以考量不同，民商事裁判对政策逻辑的考量主要突出体现在一些复杂疑难、新类型以及涉及国计民生的案件中，其更多的是对法律逻辑的有力补充。当然从法律制定的根源上分析，法律本身就是政策通过一定的法定程序转化而来的，法律逻辑本身也蕴含政策逻辑，反映政治，体现政策。

1. 政策逻辑释义

第一，政策是我国民商事审判的重要依据。一方面，政策作为民商事审判的一般性依据，为我国民事基本法所规定。例如，《民法通则》（已废止）第6条规定，民事活动必须遵守法律，法律没有规定的，应当遵守国家政策。我国2020年出台的《民法典》虽然不再将国家政策作为民商事活动的法源，但是并不是说民商事活动不再需要遵守国家政策了，只是在《民法典》中不再累诉。另一方面，民商事活动理应遵守国家政策，民商事审判活动应该反映国家政策，应该以国家政策指导法律适用。司法政策是司法机关贯彻落实国家政策的重要载体，司法政策直接体现了国家政策。司法政策是司法机关根据一定阶段社会形势的发展变化，依据国家政策制定的司法文件，其指导、规范审判活动，是统一法律适用的重要途径。

① 参见［美］亨利·J. 亚伯拉罕：《司法的过程》（第7版），泮伟江、宦盛奎、韩阳译，北京大学出版社2009年版，第375页。

第二，政策并非对法律的背离，而是对法律的补充，两者相辅相成。司法政策源于法律标准，依托于法律标准，通过法律标准而获得具体化（物化）和有效的实施；司法政策又高于法律标准，是法律标准的提升和升华，指导法律标准的实施，确保法律适用的正确方向。如果说民事裁判中的法律逻辑更强调法律文本，那么政策逻辑就更强调法律精神，前者更重形式，后者更重内容。由于政策是法律的灵魂，而法律是政策的具体运用，因而在法律有明确规定时理应优先适用法律，在法律未设规定、规范模糊或不够精细、规范存在冲突等情况下，法官才应充分考虑政策，政策逻辑的运用应体现在法律精神、法律原则中，依托他们而运用。

2. 政策逻辑考量的必然性

第一，根据政策逻辑进行裁判有利于填补法律的不足。法律具有抽象、僵化、滞后的特点，统一的法律规范难以充分回应复杂的地方性问题，特别是当前中国正处于转型时期，法律的优越地位时常是以个案正义、地方差异的牺牲为代价的。正如波斯纳所言，由于法条的抽象性与滞后性以及事实的具体性、多样性与复杂性，案件事实与法律规范之间并不天然地匹配，很多时候，两者之间是脱节的。① 作为对法律不足的补正，政策具有针对性、灵活性、地方性的特点，为法官及时解决新问题提供了能动的空间。

第二，依据政策逻辑进行裁判有利于实现裁判法律效果与社会效果的统一。法律往往是最低限度的道德，在大多数情况下，民事裁判能够在实现法律正义的同时符合社会一般民众的正义理念，此时，裁判的法律效果与社会效果是统一的。但由于法律的上述不足，依法裁判虽然能实现法律文本上的正义，但却可能产生一定的社会消极影响。这在处于社会转型期、社会矛盾复杂交织、法律革新相对于社会经济与思想的迅速发展相对滞后的当下中国显得尤为明显。在一定条件下，法官与时俱进地根据政策进行裁判，就短期而言能够实现个案公平，实现裁判法律效果与社会效果的动态平衡，就中长期而言能够推动立法的立改废。

第三，运用政策逻辑进行裁判有利于彰显司法的人民性。司法的终极正当性在于民意，在于裁判符合社会主流价值观与民众的认知。一方面，通过民主程序制

① 参见［美］理查德·A. 波斯纳：《法理学问题》，苏力译，中国政法大学出版社 2002 年版，第 156 页。

定的法律势必体现了立法当时的民意，依法裁判本身就是彰显司法人民性的基本路径；另一方面，由于法律的不完备性、滞后性以及社会生活的复杂多变性，因时、因地而生的政策能够有效地体现民意、保护民生，彰显司法的人民性。

第四，运用政策逻辑进行裁判是对两大法系法官的基本要求。大多数美国法官，在一些案件中是法条主义者，在另一些案件中是实用主义者；法条主义是一种实用主义的战术，尽管需要的并不只是法条主义①，法官在司法中更多地在考量道德的、经济的、政治的、制度的或者其他的社会因素和依据。②

3. 民事裁判中政策逻辑因素在各国的普遍存在性

第一，以政策逻辑为裁判依据存在于域外法之中。就传统司法体系而言，各国普遍存在正式与非正式两种规范体系与法律秩序，两者协同共存于司法实践中：前者是由统治者通过一定的法律程序颁布的，体现为成文法，具有国家背景和普遍价值；后者是以市民社会中民众生活和经验为基础所形成的，体现为习惯、道德、文化与情理等，具有民间背景和地方性知识。这些非正式规范经过一定的提炼、经由统治者的认可而转化为各种政策，可得以适用于司法实践中，成为法官处理新类型、疑难复杂以及涉及国计民生案件的重要依据。“由于法律是由一些能干而有经验的人掌管，这些人清楚地知道，不应为了三段论而牺牲解决实际问题的智慧。”③换言之，“以原则为基础、以政策为导向的法律学说也就是对法律推理之专断性不可或缺的解毒剂”。④

例如，美国电影《甘地》有这么一个情节，甘地认为英国在印度的统治是错误的，印度应该由印度人自己来治理，所以法官要判处他监禁，但法官说了这么一段话：根据法律应该判处甘地6年监禁，但是如果有一天，英女王陛下统治下的政府认为今天的判决是错误的，没有人会比我更高兴。这说明英国重视政策在法律适用中的地位和作用。

---

① 参见[美]理查德·波斯纳：《法官如何思考》，苏力译，北京大学出版社2009年版，第211页。

② 参见[美]P. S. 阿蒂亚、R. S. 萨默斯：《英美法中的形式与实质——法律推理、法律理论和法律制度的比较研究》，金敏、陈林林、王笑红译，中国政法大学出版社2005年版，第5页。

③ [美]小奥利弗·温德尔·霍姆斯：《普通法》，冉昊、姚中秋译，中国政法大学出版社2006年版，第32页。

④ [美]罗伯托·曼戈贝拉·昂格尔：《法律分析应当为何?》，李诚予译，中国政法大学出版社2007年版，第95页。

第二，以政策逻辑为裁判依据一直为人民法院所采信。“在中国传统社会的特定条件下……除了国家正式立法外，大量的民间习惯、家法族规、风俗、情理等也具有相当程度的规则指向性，因而也是司法官判案（尤其是民事案件）的依据。”①明智的司法官根据心中的道德律和谙熟于胸的存在于周围社会的情理、习惯、风俗等一套自发、朴素而又实用的规范性知识，当然也尽量依循国家现行法律，对当事人的请求进行审视，直至到达衡平的效应。② 可见，基于对道德、习惯、民意、文化等因素之考量而形成的政策历来是裁判的依据。及至当代，政策仍是司法裁判的重要依据，尤其是在处于社会转型期的当下。以最高人民法院为代表的人民法院将法律与基于对道德、文化、民意、历史、产业发展等因素进行考量而形成的司法政策予以协同适用，力求实现裁判法律效果与社会效果的有机统一。一方面，最高人民法院颁行的政策性文件成为各级法院民事裁判的指针，而其制定的司法解释则是将抽象政策转化为可执行的规范、将政策与个案有机衔接的重要工具，在增强政策的确定性与可操作性的同时，限制了法官的自由裁量权滥用乃至司法腐败。另一方面，地方各级人民法院裁判的依据包括司法解释，在理解适用法律中也会借助各种司法政策。在适用政策时应特别注意的是，包括最高人民法院的司法政策性文件等在内的各类政策的适用，都应该转化为对法律的理解，对事实的理解，依托法律进行适用，一般不应简单地直接作为依据进行单独引用。

4. 民事裁判中应慎重运用总政策和基本政策

不同层级的政策在司法实践中可适用的程度与范围并不相同，法院在裁判中应慎用总政策与基本政策。一般而言，总政策意指一国或地区带有全局性、根本性的政策，如四项基本原则；基本政策是次于总政策而在社会生活的各个领域、部门或方面起主导作用的实质性政策。③

（四）审判的实效逻辑

习近平总书记指出，司法权是对案件事实和法律的裁断权和裁决权，要求司法

---

① 顾元：《中国传统司法的性质及其功能》，载林乾主编：《法律史学研究》第 1 辑，中国法制出版社 2004 年版，第 73 页。

② 参见顾元：《中国传统司法的性质及其功能》，载林乾主编：《法律史学研究》第 1 辑，中国法制出版社 2004 年版，第 77 页。

③ 参见陈振明：《公共政策分析》，中国人民大学出版社 2003 年版，第 47 页。

人员具有相应的实践经历和社会阅历，具有良好的专业素养和司法职业操守。法律与司法的生命皆在于落实，在民事裁判过程中无论是在考量法律逻辑还是在考量政策逻辑，都应考虑案件审理的实际效果，也就是在审判中应注重实效性逻辑思维。实效逻辑是指在审判中应遵循矛盾纠纷的实质性化解这一逻辑终点，以求恢复社会秩序的有序和稳定的思维方式。究其实质，实效逻辑是前两种逻辑的终极体现，是前两种逻辑的综合运用，但其又有自己独立的、独特的思维模式。相对于前两种考量因素而言，民事裁判的实效性逻辑体现在每一个个案之中，其弹性更大，把握尺度更难，对法官的要求更高，缺乏相应的实践经历和社会阅历便难以把握实效逻辑，这就要求法官多了解社会、多接触百姓、多理解风土人情，也就是要"接地气"。对实效逻辑的把握很大程度上依赖于对社会生活和社会实践的了解，这是一种在实践和活动中提炼出的哲学逻辑思维。民事裁判的实效性逻辑隐含在法律条文之中，贯穿民事裁判的过程与最终结果，具体应从利益平衡性、便捷性、效率性、可执行性、不可拒绝裁判、避免多次裁判等六个方面加以把握。

1. 利益平衡性

可以这么说，民商事案件审判就是一个利益平衡的过程。《民法典》第 6 条规定的公平原则就是民商事案件审判利益平衡的法律依据。一般而言，利益平衡属于立法者的考量范围，但由于立法的不完善性与滞后性，势必会为司法裁判预留一定的空间，由法官在个案中通过价值判断平衡当事人的利益。只有有效解决了纠纷，有效实现了利益平衡，才能使民事裁判彰显公平正义，才能使法律展现蓬勃生机。利益平衡是民商事案件审判过程中必须要始终重点考量的，利益平衡被广泛运用于裁判过程中。例如，在合同纠纷案件中，一般原则是有合同约定从合同约定，无合同约定从法律规定，无法律规定就落入了法官的自由裁判权，而自由裁判权的行使并不是没有制约的，其是以利益平衡为出发点的。民商事审判的利益平衡性突出体现在人民法院的调解工作上。调解是化解矛盾纠纷的有效方式，依法是调解的前提。调解尊重当事人意思自治，让当事人从心底认可处理结果，较之裁判方式更利于平息争议。

2. 便捷性

便捷性要求体现在我国立法之中，贯穿于民事裁判的始终。例如，允许当事人延长举证期限的规定体现了裁判的便捷性。最高人民法院《关于民事诉讼证据的若干规定》(已失效)第52条规定,“当事人在举证期限内提供证据存在客观障碍,属于民事诉讼法第六十五条第二款规定的‘当事人在该期限内提供证据确有困难’的情形。前款情形,人民法院应当根据当事人的举证能力、不能在举证期限内提供证据的原因等因素综合判断。必要时,可以听取对方当事人的意见”。又如,允许当事人约定举证期限体现了诉讼的便捷性。上述最高人民法院《关于民事诉讼证据的若干规定》(已失效)第51条第1款即规定举证期限可以由当事人协商一致,并经人民法院认可。再如,《民事诉讼法》第160条、第161条规定,法院对于事实清楚、争议不大的简单民事案件适用简易程序时,原告可以口头起诉,基层法院或其派出法庭可以当即审理案件,即体现了简易程序的便捷性。

3. 效率性

效率性是指法官在审判过程中应提高效率,着力于又快又好地定分止争。迟来的正义即非正义。要强化裁判的实效性,就必须提高司法裁判的效率,提供及时的司法救济。

第一,效率性与法律的普遍性一脉相承。法律的普遍性昭示了法律对同类社会关系进行一般性调整,舍弃了该类社会关系的个性而保留其共性。一般而言,法律规范的普遍性越强,其对同类社会关系的统摄力越强,法官无须因人、因事司法,无须对个案进行过多的个别化处理而可直接适用普遍性的法律。与之相反,法律规定越个别化,司法适用也就会越烦琐而导致效率缺失。因此,普遍性的法律为法官提供了一般性的裁判依据,节约了裁判时间,提升了裁判效率。

第二,民事裁判的效率性突出体现在诉讼期间的规定上。一方面,民事诉讼法中对各种诉讼期间均有明确规定,即使允许延长,也多设定了一定的实体与程序条件,以保证裁判效率。如《民事诉讼法》第152条规定,人民法院适用普通程序审理的案件,应当在立案之日起6个月内审结。有特殊情况需要延长的,由本院院长批准,可以延长6个月;还需要延长的,报请上级人民法院批准。另一方面,我国法律考虑到了不同裁判文书涵盖范围的差异并设定了不同的诉讼期间,如我国《民事诉讼法》第171条规定判决与裁定的上诉期间分别为15日与10日。此外,我国法院对于特定程序适用特殊规定以提高效率。如《民事诉讼法》第185条规定,特别程序案件实行一审终审,选民资格案件或重大、疑难案件,由审判员组成合议庭审理,其他案件由审判员一人独任审理。

第三，民事裁判应兼顾效率性与公正性，对裁判效率的追求不应与其公正性背道而驰。民事裁判的效率性是坚持裁判公正性前提下的效率，两者应统一于裁判之中，这就要求法官充分考虑到不同诉讼与争议的不同性质和特点，因地制宜地裁判。例如，最高人民法院《关于适用〈中华人民共和国民事诉讼法〉的解释》第258条规定，适用简易程序审理的案件，审理期限到期后，有特殊情况需要延长的，由本院院长批准，可以延长审理期限。延长后的审理期限累计不得超过4个月。人民法院发现案情复杂，需要转为普通程序审理的，应当在审理期限届满前做出裁定并将合议庭组成成员及相关事宜书面通知双方当事人。由此可知，尽管简易程序意在提升裁判的效率，但在案情复杂而继续适用简易程序反可能使审判失之过急、使裁判失之不公时，应优先维护裁判公正。

4. 可执行性

可执行性是指在裁判中，要考量后续的执行问题，不能顾头不顾尾，也就是说在裁判中应将可执行、便于执行作为考量因素。从狭义上理解，民事裁判的可强制执行性是指执行机关可根据民事裁判行使国家强制力，强制债务人履行其义务，从而在保障民事裁判得到落实的同时实现债权人的请求权。从广义上理解，可执行性是指在裁判过程中，既要考虑到便于权利人实现自己的权利，也要考量到便于义务人履行自己的义务，其中最重要的当然是在义务人不主动履行义务时，便于执行机关将裁判内容执行到位，保障权利人的合法权益。

裁判的可执行性应充分考虑标的属性。最高人民法院《关于适用〈中华人民共和国民事诉讼法〉若干问题的意见》（已废止）第254条规定，强制执行的标的应当是财务或者行为。这就要求法官充分考虑财产关系与人身关系的不同属性，分别做出合理的裁判。以生育权纠纷为例，夫妻一方是否有权要求另一方生育或者不生育、双方签订生育或者不生育并约定损害赔偿金的合同效力如何，均为实践中的热点。由于生育等人身关系无法强制执行，允许人身损害赔偿的做法又可能违背公序良俗，因此，法官不应支持此类主张。正因如此，最高人民法院《关于适用〈中华人民共和国民法典〉婚姻家庭编的解释（一）》第23条规定，夫以妻擅自中止妊娠侵犯其生育权为由请求损害赔偿的，人民法院不予支持；夫妻双方因是否生育发生纠纷，致使感情确已破裂，一方请求离婚的，人民法院经调解无效，应依照《民法典》第1079条第3款第5项的规定准予离婚。

5. 不可拒绝裁判

不拒绝裁判是司法审判的内在规定性，是审判机关的法定职责。但是，在实践过程中，往往的确存在名为已经裁判，实为未裁判的情形，要么是根本不解决矛盾，要么是遇难就避，更甚者从根本驳回起诉。拒绝裁判的原因非常复杂，有些是外部因素，如考虑公权力的影响、上访的压力、利益难以有效平衡等，有些是案件本身的因素，即法律适用问题疑难复杂，法律的规定总是有限的，但是现实情况的变化却是无限的，如在水厂修建高速公路，导致水厂因为环保问题无法得到环保部门的审批，这到底是相邻权纠纷还是侵权纠纷，的确难以判断。但无论是什么原因，都不应该成为法院拒绝裁判的理由。当事人诉讼是为了解决矛盾，只要是法院审判职权范围内的问题，法院就应该解决。遇上这类情况，一是要善于利用体制机制解决问题，有合议庭、法官会议、审委会等制度。二是要用法理、法律原则等解决问题。当然，在裁判中穷尽了一切办法依然难以判断的则应留有余地，给潜在的权利人留有救济渠道。

6. 避免多次裁判

在实践中，经常会遇上同一件事情被多次裁判的情况，要尽量避免这类情况的发生。关于重复诉讼的问题，历来就是民商事诉讼过程中的疑难问题。作为法官要尽量一次解决矛盾纠纷，避免因为一个裁判，再引申出另外的裁判，也就是要避免解决了一个矛盾，而又引发了一个新的矛盾的情况。例如，在建筑施工合同纠纷案件中，要尽量一次解决矛盾纠纷，防止出现同一起施工合同纠纷产生多个案件的情形。这既是民事诉讼高效的要求，也是节省司法资源和社会资源的要求。

（五）三大逻辑的关系

法律逻辑、政策逻辑与实效性逻辑是民事裁判过程中应予以充分考量的三种因素，三者相互联系，使民事裁判从不同角度彰显司法的公平正义。

1. 三种逻辑具有不同的内容。

第一，三种逻辑的关注点同中有异。三种逻辑共同关注民事裁判的过程，有机统一于民事裁判过程中。法律逻辑与政策逻辑是指做出民事裁判的依据包括法律与政策，强调依据的合法性与合理性，其重心落在裁判的过程上。实效性逻辑中的便捷性与效率性因素强调裁判的司法为民与司法经济，其重心同样落在裁判的过程上。但实效性逻辑在关注裁判过程的同时，也关注裁判的结果，利益平衡性与可执行性即强调裁判的结果应该均衡利益，通过强制执行落实裁判，即法院在裁判的过程中应努力实现裁判法律效果与社会效果的有机统一。

第二，三种逻辑的特点有所不同。遵循法条主义而产生的法律逻辑强调裁判的一般性、确定性、普遍性、稳定性，强调裁判过程中实体法与程序法的协调、国内法与国际法的接轨、法律事实与自然事实的尽可能吻合以及定性与定量的有机兼容；遵循实用主义而产生的政策逻辑强调裁判的特殊性、个案性、地域性、时间性，强调法官在裁判过程中应依据各种政策规范，法官行使自由裁量权时应考虑到主流价值观、法官职业规范意识、自我认知理性、风险意识等因素；民事裁判的实效性逻辑主要强调裁判的利益平衡性、便捷性、效率性、可执行性、不可拒绝裁判、避免多次裁判等方面，强调裁判过程与结果的合理性、裁判法律效果与社会效果的有机统一。

2. 三种逻辑体现了不同的正义观。

法律逻辑凸显的是法律的形式正义，政策逻辑彰显的是法律的实质正义，实效性逻辑体现的是法律的终极正义。法律的形式正义强调一般性、平等性，其认为严格遵循法律的形式逻辑即可达到司法公正。实质正义以形式正义为基础，但当法条主义无法实现个案公平或与社会主流价值观有差距时，实有必要通过政策性逻辑对形式正义予以矫正和补足，从而实现更高程度的司法公正。如果说形式正义与实质正义在民事裁判中主要表现在裁判依据上的话，终极正义还体现在裁判结果上，其要求所有的案件均应尽量符合效率与便捷，能够强制执行，并最终因实现利益平衡而得以定分止争。在实践中，法律的形式正义体现在一般案件的依法裁判之中，实质正义往往出现在法律规范缺失、存在漏洞、出现新类型及疑难复杂案件或处于特定历史时期等情况下，其在实现个案公平的同时，有利于实现法律效果与社会效果的高度统一。诚如美国法官所言，今天法条主义还在，因此还不是什么事都能干。但法条主义的王国已经衰落、苍老了，今天，它主要限于常规案件，如今允许法官做的事很多。①

3. 三种逻辑有着不尽相同的价值基础。

第一，民事裁判中法律逻辑的价值基础在于法条主义，其强调法律文本除具有定分止争的形式价值外，还包含社会价值与意识形态，因而可以作为裁判的直接依

① 参见［美］理查德·波斯纳：《法官如何思考》，苏力译，北京大学出版社2009年版，第1页。

据。对法条主义的弘扬,催生了两大法系法典化运动的勃兴,也与大陆法系法典至上的观念交相辉映。“应该说,人们对作为一般法治意识形态的法条主义是可以‘默认地’接受的。同样,人们对基于法律职业共同体‘以规则为导向、正确地适用规则’的法条主义思维模式也是可以‘明确地’接受的。而且,这种‘接受’已经完全超越了两大法系在法律渊源上所存在的差异。从这个意义上,我们实际上都是法条主义者!”①

第二,民事裁判中政策逻辑的价值基础在于法律实用主义。法律实用主义对各国司法实践产生了积极影响,其不拘泥于单纯的法律文本,而是强调裁判与法官价值观、社会道德观的吻合,强调法律效果与社会效果的深度统一。“实用主义法官总是为了目前和未来尽可能做最好的事……实用主义法官与强烈意义上的实证主义法官之间的差别就在于,后一种法官的中心关注是要与以往的立法保持一致,而前一种法官只有在依据先例判决也许是产生最有利于未来之结果的最好方法的范围内才关心与以往保持一致。”②

第三,民事裁判中实效性逻辑的价值基础在于法律的经济分析。在波斯纳看来,经济效率或许是数百年来推动法律发展的隐性力量。强大的市场会在不知不觉中塑造法官的观念,法官在制定公正判决的过程中,势必会考虑损失是否是因为使用资源的不经济而造成的。据此,法官会将自己置于当事人的地位,去考量当事人的情境和争议,利益最大化与经济效率也就成为裁判的重要考量。“我能想象法律职业界和司法界接受了这种观点,即所有案件都应当由经济学来指导法律决定,只要美国宪法或成文法不是明确无误地反对这个决定就行。”③为此,民事裁判中的便捷性、效率性与可执行性的要求自然体现了法官对于司法经济与效率的追求。可见,民事裁判在追求公平正义的同时强调效率与经济,这也契合了法律本身对于公正、效率的追求。

尽管三种逻辑存在诸多不同,但三者并不冲突,而是相辅相成、有机融合在一国司法体系中。一方面,三者存有统一性。三者都根源于法律自身的确定性及其

---

① 王国龙:《捍卫法条主义》,载《法律科学(西北政法大学学报)》2011 年第 4 期。

② [美]理查德·A. 波斯纳:《道德和法律理论的疑问》,苏力译,中国政法大学出版社 2001 年版,第 277 页。

③ [美]理查德·A. 波斯纳:《超越法律》,苏力译,中国政法大学出版社 2001 年版,第 22 页。

日臻完善的特质，尤其是法律本身即脱胎于一国立法时的道德观、文化观、习惯等因素，旨在实现公正与效率的有机统一，因而法条主义适用于大多数案例中，是合法、合理与经济的。另一方面，三者又存有互补性。法条主义在适用于新类型案件、疑难案件时不可避免地存在局限性，难以达致个案公平。这就要求法官基于实用主义、根据各项政策性因素进行裁判，实现个案公平。同时，无论是法条主义还是实用主义，法官都应在保证个案公正的基础上尽力实现裁判的效率。诚如有学者所言，司法裁判行为尽管在不同的社会发展阶段、不同的司法制度模式下，针对不同的案件，运行状态不尽相同，但很难说存在某种纯粹的概念裁判模式，如果说有某种纯粹的成分，也只能是所有的裁判行为都是功利性的。①

此外，三种逻辑在不同层级法院的适用各有其特点。一般而言，低级别的法院更倾向于严守法律，严守法律逻辑，考量政策、运用政策逻辑裁判的空间较小；级别越高的法院会面对越多的疑难复杂与新型案件，更有机会运用政策工具，适用政策逻辑，以彰显司法的创造性与能动性；而实效性逻辑则是任何裁判都必须充分考量的。

总而言之，民事裁判从不同维度各有其考量的逻辑因素，各个逻辑因素从不同层面而言各有其特点。尽管如此，三种逻辑因素的有机协同，使民事裁判具有共同的价值目标，使民事裁判实现了合法性与合理性的有机结合，使民事裁判兼顾了裁判过程的效率便捷与裁判结果的公平正义，使民事裁判达到了法律效果与社会效果的有机统一，使民事裁判兼顾了实质正义、形式正义与终极正义，以及程序正义与实体正义。正是因为三种逻辑的有机协同，民事裁判才能名副其实地成为司法文明的指针、司法程序的终极归宿，民事裁判的“缔造者”——法院和法官才能如罗纳德·德沃金所言：“法院是法律帝国的首都，法官是法律帝国的王侯。”

五、审判逻辑的要件

通过上述对民商事审判逻辑的论述，我们能归纳出民商事审判的逻辑思维的四个要件：围绕利益平衡，构建个案体系，把握民商事法律关系实质，综合运用民法平等、公平、自愿、诚信四大原则与具体法律规范。民商事审判的逻辑思维始终是围绕这四个要件展开的。

---

① 参见王立君：《能动与克制之间的功利追求——读波斯纳〈法官如何思考〉》，载《政法论坛》2011 年第 3 期。

利益平衡。民商事纠纷争议的实质就是民商事利益,没有利益就没有纠纷。法律是平衡的艺术,而民商事审判活动更是平衡艺术中的极品。法官在审判中的酌定情节是利益平衡的典型表现。在审判中,既要注重当事人利益之间的平衡,也要注重当事人利益与社会公共利益之间的平衡,还要注重当事人利益与国家利益之间的平衡。这三大平衡关系是法律效果、社会效果、政治效果在审判考虑过程中的具体反映。利益平衡最终体现在判决主文上,也就是要注重各个判项之间的平衡。

系统性思维。每一个案件的思维都应该是一个完整的逻辑结构。在审判中,应该树立系统性、全面性、全局性思维,应该对案件的整个事实进行全面的把握;对法律的适用应该注重协调一致,既注重法律原则、理念的相互交叉运用,又注重各个具体规范法条之间的无缝衔接;各个判项之间应该协调一致,构成一个完整的结论。

民商事法律关系的实质。民商事案件实质上是关于民商事法律关系的民商事权益纠纷。准确把握民商事法律关系的实质是民商事审判的基础。民商事法律关系究其根本就是权利、义务和责任,也就是一个人享有什么权利就应该承担什么样的义务,违反了什么样的义务就应该承担什么样的责任。一个案件不管如何纷繁复杂,只要善于准确把握这三者之间的关系,问题就迎刃而解。要用具象思维把握案件的本质。民商事审判之所以难,其中一个重要原因是一个案件可能涉及众多的法律关系,而如何协调好这些法律关系之间的关系,又是法官需要重点考量的。但无论这些法律关系如何难以平衡、协调,将案件的法律关系构建成一个符合法律规定的体系,最重要的就是要抓住法律关系的本质,也就是抓住权利、义务、责任的平衡和协调。

平等、公平、自愿、诚信四大基本原则与具体法律规范的综合运用。平等、公平、自愿、诚信是民商事法律的四大基本原则,这四大基本原则无时无刻不贯穿于民商事审判过程中,但是一般情形下,四个基本原则并不能直接援用,而是要通过援用具体的法律规范也就是法律条文体现出来。同时,还应该注意到四个基本原则的运用是一个你中有我、我中有你的彼此交叉关系,并不是单一的、彼此排斥的关系。正是基本原则与具体规范之间的配合运用才构成了民商事案件审判逻辑的法律基础和法律体系。

六、审判逻辑的公式

公式是指普遍应用于同类事物的方式方法。公式实际上就是一个标准化的过程，标准化有利于统一标准、提高效率，从而促进审判。审判的逻辑公式就是在案件审理过程中应该遵循的逻辑思维主线和阶段，主要分为逻辑主线和逻辑阶段两个部分。逻辑主线贯穿于整个审判的主线，整个审判活动都应围绕主线展开。民商事案件的逻辑主线就是当事人的诉讼请求，整个诉讼活动就是围绕当事人的诉讼请求展开的。就审判主线而言，要求做到审判路线明确、正反观点有据（十二字审判逻辑主线法），审判路线明确就是法官在审判中，审判的路线要明白确定，一以贯之，一张蓝图画到底，沿着一个思路将案件审理完毕，不能左摇右摆、漂浮不定；正反观点有据是指法官在审判中，无论是法官支持的观点还是法官反对的观点，都必须有理有据，言辞凿凿，不能只谈支持的理由，不谈反对的理由，甚至对不支持的观点置之不理，要防止自说自话，旁若无人，你说你的，我判我的。“审判路线明确、正反观点有据”也是对民事诉讼结构逻辑的诠释，审判路线明确要求法官要依法独立行使审判权，依职权确定审判方向，正反观点有据要求法官居中裁判，不偏不倚，平等对待各方当事人，对于当事人各方的主张都应予以回应，法官与各方当事人是一个等边距离的关系。每一个案件都是以当事人的诉请为逻辑主线，当事人诉什么，就审什么。审判的过程，是一个不断支持什么、反对什么的逻辑思辨过程，不存在一味地支持和一味地反对。从案件审理的逻辑过程来讲，可以将审理分为五个阶段：一是讲故事；二是理脉络；三是定焦点；四是找法律；五是出结论。

1. 讲故事就是将案情概括出来，主要是将案件的由来和后果总结出来。如果将案件审理形象地比喻成画大象，讲故事就是将大象的轮廓画出来，让大家第一时间知道你想画什么。例如，在借款合同纠纷案件中，应该概括出谁是出借人，谁是借款人，借款数额是多少，出借人请求借款人还多少钱等。作为案件的承办人，首先必须了解案情，将案情概括出来，在讨论研究和合议案件的时候，首先应该汇报的就是案件概况，用最简练和最清晰的语言将案情描述出来，这样有助于参加讨论研究的人员和其他合议庭成员很快进入角色，知道案件到底是怎么回事，知道你是在画一只大象。形象的描述和概括性思维有助于他人快速把握案情，更有助于承办人自己在脱离书面材料时可以不断反复琢磨案情。讲故事是对案件评判的感性基础，如果将案件审判看成一个系统，故事就是原材料和素材，是案件审理的重要基础，如果连基本的故事梗概都搞不清楚，整个系统就难以建立。总之，讲故事是案件审理的逻辑起点，是案件审理的最初级阶段。

2. 理脉络就是将案件的由来和后果之间的因果关系找出来，将案件事实发展的主线找起来，梳理出整个案件发展的过程。例如，在借款合同纠纷案件中，应找出从借款到还款、少还款、不还款的事实发展经过、基本原因、时间节点等。这是案件审理极其重要的阶段，是确定审判思路和方向的重要基础，直接决定了案件审理的走向，是审理好案件的关键所在。在这一阶段要在杂乱无章的事实中理出头绪，将整个案情的发展用逻辑的方式整理出来，这是一个抽丝剥茧的过程，这是全面深入把握案情的阶段。在讲故事阶段仅仅只是整理出原材料和素材，只是掌握案件的概况，而要准确把握案件事实，还要梳理出整个案件事实发展的脉络，将案件的基本事实固定下来。在理脉络阶段最好的方法就是画出案情图，一目了然，所谓的图说案件、图解案件，已达到取象比类的效果。在这一阶段，作为案件的承办人，对案件事实负有第一位的责任，在向合议庭、主审法官会议和审判委员会汇报案件时，应该让与会者全面了解、把握案件事实，对整个案件事实有一个清晰的流程图，对案件的来龙去脉非常清楚，对整个案件事实形成内心确信，为之后的审判奠定坚实的事实基础。在这一阶段，民商事审判的基本特征都显现出来了，“打官司就是打证据”“谁主张，谁举证”“民事证据采信标准的高度盖然性”“优势证据规则”“不告不理”等都应该得到充分体现，在这一阶段要充分运用民事证据规则来判断各方当事人提交的证据，运用证据“三性”来评判证据，运用民事证据高度盖然性规则和优势证据规则来取舍证据。必须坚持客观事实与法律事实的统一，坚持以客观事实为基础，充分运用证据规则，努力还原事实真相，查清事实，客观事实要经过法定程序并经证据规则认定后方能成为裁判根据，实现两个事实的统一。用证据来确定有争议的和模糊的事实，去伪存真，将客观事实确定为法律事实，这是一个攻坚克难的阶段。在这一阶段，还有一个重要任务，就是查清案件发生的背景。如果说，将案情查清楚是知其然，那么将案件发生的背景了解清楚就是知其所以然。这样做能让我们对案件的公正审判更加胸有成竹。总之，理脉络是案件审理的逻辑纽带，是案件审理的重要阶段。

3. 定焦点就是当事人之间的争议到底是什么，案件到底要解决什么问题，也就是要找到事情怎么会走到打官司这一步的根本原因。例如，在借款合同纠纷案件中，应明确当事人之间到底是对借款事实、借款数额、欠款数额有争议还是对借款或欠款利息数额有争议等。明确案件争议焦点是解决案件矛盾纠纷的前提条件，只有归纳总结出了争议焦点，审判才能有的放矢，找出产生矛盾纠纷的症结所在。整个案件审判都是围绕争议焦点展开的，找准了争议焦点就相当于为案件审判立好了标杆，为查事实、找法律明确了方向。焦点问题归纳得好不好、准不准确是案件审理得好不好的关键所在，焦点问题为审判指明了方向。这一阶段的任务是在前一阶段查清案件事实的基础上，明确各方当事人的主张以及依据的事实和理由，对方当事人抗辩和反驳依据的事实和理由，归纳出案件的主要争议焦点和案件需要解决的问题。这一阶段要充分听取和尊重当事人各方的意见，因为案件当事人最清楚各自打官司的目的是什么，到底需要法院解决什么问题。总之，定焦点是案件审理的逻辑重心，是案件审理的中枢阶段。

4. 找法律就是在全面、准确查清案件事实并归纳出主要争议焦点的基础上寻找解决矛盾纠纷的法律。前面三个阶段归结起来都是弄清楚事实的阶段，作为审判，在查清和确定事实之后，就是要根据法律适用的规则，来确定案件适用的法律。为什么要用找法律这个概念呢，因为在案件中明确适用哪部法律、哪些法律条文都不是一件容易的事情，选择适用法律是一门高度技巧性的专业技术活，法律规定纷繁复杂、纵横交错、彼此关联，有时甚至相互冲突。民商事案件一般都涉及多个法律关系，就必然涉及多个法律规定的适用，如何让法律适用在案件中符合逻辑，成为一个系统，不冲突、不重复、不叠加、不啰嗦，这就需要找准与法律关系相适应的法律规定。例如，在借款合同纠纷案件中，根据借贷各方的主体不同，会适用不同的法律；根据诉讼请求的不同，会适用不同的法律；根据当事人各方的意思表示不同，会适用不同的法律；根据借款的方式不同，会适用不同的法律等。总之，找法律是案件审理的逻辑依据，是案件审理的关键阶段。

5. 出结论就是在明确法律这个大前提，查清事实这个小前提之后，运用三段论等逻辑推理方法得出整个案件的结论，也就是法院对案件的最后裁判意见。在这一阶段，案件事实已经确定，适用的法律也已经找出，这就到了需要运用各种逻辑推理方法得出结论的时候。这一阶段是案件审理的攻坚阶段，是司法价值和目的真正落地的阶段，是当事人真正最为关注的阶段，这一阶段应该对各方的主张一一回应，为什么支持，为什么驳回，支持和驳回有什么事实和法律依据，以增强裁判的说理性和说服力。例如，在借款合同纠纷案件中，就应该明确回答合同是否有效以及为什么有效、是否存在借款事实及理由是什么、借款的具体数额及是如何确定的、欠款的具体数额及确定的方法、利息的计算方式及为什么这么算等。面前摆着的众多事实和法律，存在多个排列组合和多种方案，可以得出多种结论。如果将一个案件的审理比喻成宇宙，那么事实、法律、推理等就可以比喻为物质和能量等，司法理念、生活经历、文化传统、价值观等就可以比喻为暗物质和暗能量，司法理念、生活经历、文化传统、价值观等因素虽然看不见、摸不着，但又实实在在深度影响着审判。总之，这一阶段是审判最容易出彩的地方，直接体现了审判水平。出结论是案件审理的逻辑终点，是案件审理的收官阶段。民商事案件审理的逻辑公式概括起来就是：一条主线，五个逻辑阶段。

七、审判逻辑的密码

在民商事案件审判过程中，法官总是要面对错综复杂的案情、暗流涌动的事实、眼花缭乱的法律、欲罢还休的对抗、各执一词的理由、真伪难辨的证据，更甚者还要面对法律的纯粹性与社会的复杂性的互动、理论与现实的契合、朴素认识与理性价值的协调。这些无疑都让裁判者时刻陷入反复思考、重复推演、不断进行否定之否定思辨之中，正所谓“树欲静而风不止”。如何能全面把握案情，明确审判方向，理出审判思路，查清事实，明辨是非，搭建裁判结构，找准法律规范，得出结果，以期实现依法公正高效裁判，实现习近平总书记提出的努力让人民群众在每一个司法案件中感受到公平正义的目标，需要不断研究探索审判的奥妙，做到有章可循、有律可依，把握了这些章法、遵循了这些规律，也就把握住了民商事案件审判的逻辑密码。笔者在长期的审判实践中，立足审判逻辑理论，归纳提炼出了“四论一体”，即“方法论、内容论、意识论、支撑论”一体的民商事审理逻辑密码。

方法论。一是迅速概括了解案情。无论是哪一级审判程序、哪一级法院审理案件，首先都应对案件进行全面把握，之后才根据不同的审级定位和法院级别定位，进行重点审查。迅速概括把握案情，应迅速概括把握各个审判要素，即了解案由、原告的诉讼请求及理由、被告的抗辩及反诉请求、涉案的主要诉讼标的、案件的主要争议焦点等。案由是案件的主要法律关系，把握了案由就为适用法律划定了范围和方向，对于一名熟练的裁判者，一旦确定案由其内心就基本清楚这类纠纷的基本情况以及如何审理这类纠纷，如清楚案件发生的原因、案件应解决的主要问题、案件应适用的主要法律、基本的审理思路、审判的逻辑结构等。原告的诉讼请求及理由是案件审理的起点，为案件审理指明了方向，案件审理就是围绕原告的诉讼请求展开的，准确把握了原告的诉讼请求及理由，才能有的放矢，解决好矛盾纠纷，要了解原告提交的主要证据，这是原告主张是否成立的主要依据。民商事案件就是原被告之间的对抗，原告的诉请是否站得住脚，有一个重要的审查内容就是被告的抗辩是否成立，被告的反诉请求则是针对原告诉请的另一种形式的抗辩，但又区别于抗辩，原告在反诉中居于被告的地位，所以其应对反诉提起抗辩，否则应承担不利后果，要了解被告提交的主要证据，这是被告主张是否成立的主要依据。涉案的主要诉讼标的是当事人诉讼所指向的权利义务的承载体，明确了诉讼标的，就明确了各方的剑锋所指，如果说当事人的诉讼请求是抽象的，那么诉讼标的则是物化的，当然也有无形财产、行为等。案件的主要争议焦点则是案件主要应该解决的问题，是原被告各持己见、争执不下的问题，是需要裁判者表明态度的主要问题。在把握案件的案由、原告的诉讼请求及理由、被告的抗辩及反诉请求、涉案的主要诉讼标的、案件的主要争议焦点之后，也就基本把握了案件的总体情况。

二是全面准确把握案情。在概括把握案情的基础上，根据逻辑学原理，根据各个审判要素的审查标准，进一步准确固定各个审判要素，为裁判者的自由心证奠定确信之基础，为论证、论理提供坚实的论据，为最终得出结论铺平道路。

三是精准把握重点审查内容。每一个审级有每一个审级的重点审查内容，每一级法院有每一级法院的职责定位。在全面准确把握案情的基础之上，裁判者应根据案件的审级和所处法院的层级依法重点审查相关内容。一审程序重在全面审查案件，既要审查事实，又要寻找法律，既要审查程序问题，又要审查实体问题，一审程序是一个基础程序，所有的涉及案件的民事诉讼规则都应该审查。二审程序是在一审程序的基础之上，针对当事人的上诉请求和理由进行重点审查，当然也是在全面准确把握案情的基础上重点审查，其偏重法律审查。作为再审审查程序，则是在二审程序的基础上，根据《民事诉讼法》第 207 条的规定，针对当事人的再审申请进行特定性审查，在审查的角度上，主要是对二审法院的认定进行评判。在经过了再审审查阶段之后，一旦进入再审阶段，则案件审理适用的生效判决适用的程序，或一审、或二审。

内容论。审判就其主要内容而言，就是要完成客观上的事实查明，主观上的法律适用，逻辑上的以事实为根据、以法律为准绳的逻辑推理。就裁判者自由心证形成内心确定的过程而言，就是在事实查明的基础上，寻找确定相适用、相匹配的法律规范，按照逻辑学原理，大体依据三段论的逻辑思维进行推理。

一是准确查清事实。在民商事审判中，案件事实不是客观事实，只有经过法律程序认定的事实才是案件事实。

二是正确适用法律。正确适用法律的基础是找准案件所适用的法律，找法律就是在全面准确查清案件事实并归纳出主要争议焦点的基础上寻找解决矛盾纠纷的法律。作为审判，在查清和确定事实之后，就是要根据法律适用的规则，来确定案件适用的法律。要用司法的方法解决法律理解分歧的问题，不可因法律理解存在分歧就不进行裁判，而是要结合案情，对法律做出符合本案正确的理解和解释。每一项法律制度设计背后都隐藏着价值判断，要努力实现两者的统一。

三是严密逻辑推理。在逻辑推理中，要围绕争议焦点以及当事人各方的主张展开推理，在推理过程中，要做到概念明确、判断恰当、论证有说服力，从而构成一个思想有确定性、无矛盾性、前后一贯、有论证性，即符合逻辑的科学体系。逻辑推理作为依据事实和法律得出裁判结论的思维过程，应立足于本案查清的事实和查找到的法律，以确保逻辑上的一贯性、严密性。

意识论。如果说审判的方法论与内容论是审判之形，那么审判的意识论则是审判之核。审判的意识反映的是审判的本质规律，揭示着审判的根本目的，统领着审判的方向，犹如经脉贯彻于整个审判过程之中，始终超然于审判的具体事务而存在，无论是在事实认定过程中，还是在法律适用过程中，抑或在逻辑推演过程中，审判意识总是贯彻其中。审判意识不仅如同指路明灯，始终为审判定好位，而且在审判中起到压舱石的作用。

一是构建系统意识。如前所述，在案件审理的过程中，处处体现出的是系统性、全面性的思维模式。每一个案件都应该是一个完整的思维体系，逻辑结构严密。在审判中，应该树立系统性、全面性、全局性思维，应该对案件的整个事实进行全面的把握，案件事实应该是一个有机的整体，整个案件事实符合逻辑；对法律的适用应该注重协调一致，既注重法律原则、理念的相互交叉运用，又注重各个具体规范法条之间的无缝衔接，案件的法律适用应该是一个有机整体，符合逻辑；各个判项之间应该协调一致，彼此衔接，构成一个完整的结论。

二是利益平衡意识。如前所述，法律是平衡的艺术，而民商事审判活动更是平衡艺术中的极品。裁判者在审判中的酌定情节是利益平衡的典型表现。

三是权利责任义务相统一意识。如前所述，民商事案件究其实质就是关于民商事法律关系的民商事权益纠纷。民商事法律关系的实质是权利、义务和责任关系，在审理案件中应树立权利、义务和责任相统一意识。

四是规范裁判意识。指引功能是司法的重要功能，这就要求在裁判中应规范裁判。规范裁判，首先要求正确认识自由裁量权，自由裁量权是审判权的本质属性，是司法公正的必然要求，是与正确适用法律相匹配的属性。其次要求规范行使自由裁量权，自由裁量权不是没有边界和限制的权力，而是以正确适用法律、查清事实以及严密逻辑推理为前提的权力。最后要尊重自由裁量权。规范裁判标准不仅要求上级法院对于下级法院出现法律规定错误的裁判予以纠正，也要求上级法院尊重下级法院的自由裁量权，不能以一个自由裁量权否定另一个自由裁量权。

五是实质化解矛盾意识。司法的根本目的在于实质化解矛盾，这就要求法官在裁判过程中不拒绝裁判，努力保证裁判的可执行，避免一个矛盾多次裁判。实质化解矛盾要求在一个诉讼中解决矛盾，绝不在另一个诉讼中解决矛盾，除非确有必要的。

支撑论。一是站稳政治立场。政治引领审判，审判反映政治。审判始终追求法律效果、社会效果和政治效果的统一，努力实现实质上的公平正义，以期反映全社会的公平正义价值观。立场决定方向，方向反映价值观。在一些疑难复杂、新类型、涉及国计民生以及一些需要进行价值评判和衡量的案件中，更加凸显政治立场的重要作用。

二是严守职业道德。习近平总书记指出，法律是成文的道德，道德是内心的法律。要强化道德对法治的支撑作用，发挥道德对法治的滋养作用。法官职业道德是法官依法、公正、高效、廉洁行使审判权的内在动力，是坚定法治信仰的前提，对于法官正确行使审判权具有基础性、约束性、导向性作用。法官严守法官职业道德是确保审判公正、提高审判水平、树立司法公信力和良好的司法形象的根本保证。良好的法官职业道德必将不断提升法官的审判水平。

三是遵循审判规则。审判规则是审判活动基本规律的反映，是保证审判活动正常进行的基本规范，是确保公正司法的外在规范。法官只有严格遵循审判规则才能尽量排除合理怀疑，摒弃非法干扰，维护法官人身安全和权利，实现审判活动的正常运转，确保审判任务顺利完成，最终实现公正裁判的目标。法官应严格遵守独任规则、合议规则、审委会规则、回避规则等规则，确保司法以看得见、摸得着、感觉得到的方式实现公正。

八、审判逻辑的脉动

法官审理案件，就如同医生出诊、工人生产、农民种地，其外在表现形式总是有章可循的，这是审判活动自身所带之规律性、科学性、逻辑性决定的，这些有规律可循的节奏就是审理案件中的逻辑脉动。在审判活动中，准确把握审理的逻辑脉动，由表及里，才能更好地实现审判活动的自觉性，变被动审判为主动审判。

准确把握提起诉讼方的主张。提起诉讼是案件审理的起点，没有人提起诉讼，就没有案件的审理活动。案件审理是循着提起诉讼方的主张而展开的，所以准确把握提起诉讼方的主张对于案件的审理至关重要。把握提起诉讼方的主张应分三步走：第一步是审查案件是否符合受理条件。如果不符合受理条件，则不再引起之后的审判活动，裁定案件不予受理或依法移送其他相关单位。第二步是如果符合受理条件，就要审查提起诉讼方的主张，固定当事人的诉请和理由，为之后的审理活动明确方向和范围。第三步是基本确定案由，通过审查原告的诉讼主张，基本确定案由，以基本明确案件的类型，基本确定适用法律的大体内容和方向。

准确把握抗辩方的主张。一般情况下，民商事案件有提起诉讼一方，就有相对方，还可能会有第三人。正常情况下，针对提起诉讼方的诉请，抗辩方会行使抗辩权，以求免除或减轻己方的责任。抗辩方还可能提起反诉、上诉、申请再审等予以对抗，证明不利后果是对方造成的，对方应承担造成不利后果的责任。把握抗辩方的主张应关注三个方面的问题：一是应明确和固定抗辩方的事实和依据，这对固定争议焦点、查明事实以及适用法律都具有指引作用。二是应一一梳理抗辩主张与对方主张的对应性。对两者进行比较、权衡，找出两者之间的对应性，以求案件审理能朝着同一方向发展，避免审理主线不清晰，不能解决当事人想要解决的问题，案结事不了。三是要重点审查抗辩方主张是否能对抗提起诉讼方的请求，为之后的审理活动奠定基础，这是解决矛盾纠纷的核心所在。

准确认定案件事实。世界上之所以没有两个一模一样的案件，根源在于案件事实不一样。当事人提起诉讼是因为发生了引起纠纷的事实,查清案件事实是解决矛盾纠纷的基础和关键。要解决好案涉矛盾纠纷,只有查清了事实,才能把握矛盾纠纷产生的原因,才能为之后的解决方案提供事实支撑,才能对于当事人之间争议的各自主张有事实依据,支持什么、不支持什么都有事实根据。把握案件事实要重点关注三个问题:一是事实要正确。案件事实是案件审判三段论的小前提。事实正确,案件结论才能正确;事实不清,必然结论错误。二是事实要认定。案件事实只有经过法定程序才能成为裁判的依据和基础,才能在得出裁判结论过程中作为依据。这一阶段要将当事人提交的所有证据严格按照民事证据规则进行质证认证,以求固定案件事实,为确定争议焦点以及得出结论奠定基础。三是事实要有关联性。所要查明的事实应该与案件具有关联性,但不是所有的事实都要在查明部分予以列明。即便是与案件有关的事实,也要进行取舍。只有能成为裁判的基础和依据的事实才应予以列明,只有与案件裁判结果有直接关联的事情才能成为本案的事实,所有查明的事实都应在裁判结果的论理部分中加以运用。

准确归纳争议焦点。在对比各方当事人的主张之后,应该将案件的争议焦点确定下来。争议焦点是案件要解决的实质问题,是各方无法采取其他手段调和的关键所在。归纳争议焦点应注意把握三个问题:一是要以当事人之间的诉辩主张为基础,不可偏离。争议焦点与诉辩主张之间存在延续关系。二是要充分听取和尊重当事人的意见。因为案件当事人最清楚自己打官司的目的是什么,到底需要法院解决什么问题。三是对归纳的争议焦点应作出必要说明。对当事人的不同意见要作出合理解释,当事人坚持不同意见的,则可以视情形增加或减少争议焦点的内容,不可对当事人提出的意见不予理睬。

准确适用法律规范。最高人民法院院长周强指出,司法解决纠纷的过程,本质上是寻找事实、寻找法律的过程。从审判逻辑三段论的角度出发,法律适用是大前提,案件事实是小前提,明确案件法律适用规范是案件审理的重要基础性内容。世界上没有两片完全一样的树叶,世界上也没有两个完全一样的案件,准确适用法律是一个高难度的技术活。在司法实践中,个案差别无处不在,法律适用变化无穷,而这种差别和变化必然导致裁判结果的差异。适用法律应重点关注五个问题:一是应围绕案由确定法律适用的范围。案由是案件主要矛盾纠纷的高度概括,是确定法律适用范围的重要标杆,是案件法律适用的总范围界定。二是紧扣争议焦点确定法律规范。在法律适用的总范围界定之后,要进一步根据案件争议焦点确定具体的适用法律规范。三是构建个案法律适用体系。如前所述,民商事案件特别是疑难、复杂、新类型案件一般都涉及多个法律关系,涉及多个法律规范的综合适用,这就要求在审理中构建个案的法律适用体系,使法律适用相互协调、彼此关照、无缝衔接,不冲突、不重复、不叠加、不啰唆。四是要严格遵守法律适用规则。如前所述,法律的复杂性、系统性必然导致法律适用的复杂性、系统性,也就必然决定了法律适用的过程是一个遵循规则的过程。一方面,应考虑到同一案件中不同事实或情节可能导致的不同法律责任,依次找到相应的法律条款。另一方面,法官应充分考虑到新法与旧法、一般法与特别法、上位法与下位法、实体法与程序法、国际法与国内法之间的关系,以及同一法律内部、不同法律之间条款的选择适用。五是要充分平衡好法律适用与政策运用之间的关系。在案件审理中,特别是疑难、复杂、新类型或涉及国计民生类案件常常会涉及法律适用与政策运用的关系问题,这时,要准确把握政策和法律之间的协调、配合、运用,深刻领会政策在实现实质正义中的功能作用,把握政策的精神实质,努力实现法律效果与政治效果的统一。

准确得出裁判结果。得出裁判结果是案件审判逻辑三段论的组成部分,更是案件当事人诉讼的目的所在。得出结论是在大、小前提都确定的基础上,运用逻辑推理进行说理的过程。在得出裁判结果的过程中,应重点关注五个方面:一是要确定论据的范围。得出结论的说理,不是一个任意的说理过程,而是有确定的范围,就是以之前确定的所有的事实和法律为基础和前提,不可任意超越这一范围,除运用公理、自然规律、常识等之外。审判说理是一个相对封闭的说理过程,不任意、不随意、不扩张,只限于以本案确定的事实和法律为依据。二是要紧扣争议焦点。审理案件是一个一脉相承、彼此关联、前后呼应、主线贯穿始终的逻辑思维过程,要紧紧围绕总结出的争议焦点展开论理。三是要围绕当事人的主张。对于当事人的主张要一一回应,为什么支持、为什么驳回,支持和驳回有什么事实和法律依据,也就是增强裁判的说理性和说服力,切不可没有说理,直接得出结论。四是要找出最佳组合方案。多个案件事实和多个法律规范,必然存在多重选择、多个方案、多个组合,如何在其中找出最佳组合方案,得出最符合案情的结论,需要不断平衡、比较,在各种事实、各种法律规定、各种理念、各种生活经历、各种文化、各种价值中进行碰撞、融合。要在看似错综复杂的案情中,找出最能体现当事人诉讼本意、纠纷发生的真实背景、法律规范的立法原意等的事实和法律的最佳组合方案。五是不断追求说理的鲜活性。裁判文书应在保证说理充分的基础上，将法理情融为一体，真实体现国情社情民意，使公众感受到公平正义，体会到审判的艺术，实现法律效果、政治效果与社会效果的统一，真正实现司法的指引、规范、教育、预测、评价功能，这是裁判的至高境界。

准确提炼裁判主文。提炼裁判主文是一项技术活，提炼出的裁判主文更是当事人最为关心和第一眼就要看的内容。裁判主文虽然呈现的文字较少，却是整个案件的核心，是整个案件最后的落脚点，更是整个审判活动的根本目的。裁判主文是整个审理活动的高度凝练，是法院的最后认定，是具有法律效力的判定。提炼裁判主文应重点关注以下四个问题：一是要保持与裁判结果的一致性。实际上，裁判主文在得出裁判结果的同时就已经出来了，只是没有规范化表达出来。裁判主文只是将裁判结论进一步具体化、确定化、明确化，其与裁判结论之间是一以贯之的关系，具有同一性。从逻辑表述上讲，裁判主文一定是判断，一般是直言判断、肯定判断。二是要简洁明了、主次清晰、彼此关照、逻辑清晰。裁判主文必须逻辑层次清晰，语言表达是认定性的、直白性的、高度凝练的，直接给出判断，没有歧义。三是要便于履行、利于执行。也就是既要便于当事人主动履行义务，也要利于当事人申请强制执行，切不可使当事人主动履行不便、不能或执行部门执行不便、不能。四是要审级呼应。二审裁判主文一定要以一审裁判主文为基础，针对一审裁判主文进行裁判，两者之间是相呼应的，逻辑上是一以贯之的。再审类案件要以一审、二审裁判主文为基础。

准确把握案件审理的逻辑脉动为案件审理明确了审判方向和步骤，有利于裁判者得出相对较为统一的结论，有利于裁判标准的统一，有利于社会公众对案件审理有一个相对较为一致的理解和预期，有利于审判公开、阳光司法，有利于社会公众对审判活动进行监督，有利于不断提高司法公信力。案件审理的逻辑脉动作为案件审判逻辑体系的组成部分，更多的是关注裁判过程呈现的表象。准确把握案件的逻辑脉动只是案件审理的起始阶段，犹如祖国医学中的问诊切脉只是治病的起步阶段一般。要实现依法、公正、高效裁判，更需要在把握每一次脉动中切实追寻影响逻辑脉动的实质缘由，精准把握公平正义的实质。

九、防止陷入机械的"法条主义"与狭隘的"经验主义"逻辑思维

在审判过程中,笔者特别注意防止两种错误的倾向性逻辑思维:一种是机械的"法条主义"逻辑思维,也就是唯法条论,即在适用法律的过程中,生搬硬套法律条文,简单地坚持法律原则,单纯地运用法理,而不顾案情的复杂性、多样性、发展性、变化性,不顾法律本身具有的滞后性和局限性,不具体问题具体分析,脱离审判实际。这种逻辑思维特别容易使审判者掉进法律适用陷阱,作出明显不符合法律精神的判断,导致法律适用的不当或错误。机械的"法条主义"逻辑思维始终坚持自己固有的法律观点,不根据法律和审判实践的发展不断完善自己的法律认知,不注意构建某个法律制度完善的、开放的体系。例如,对抵押权的认识问题。抵押权是在所有权上设定的优先权利,这是抵押权的基本法律属性,但是并不是说抵押权就一定优先于其他任何权利,如在建设工程施工合同纠纷案件的法律适用过程中,出于对生存权和农民工合法权益的保障,有关司法解释就规定了建设工程款优先受偿权,即在同等条件下,施工人的建设工程款优先受偿权是优先于抵押权的。另一种是狭隘的"经验主义"逻辑思维,也就是单凭朴素的正义观、直觉,把过往经验误认为是普遍真理,根据类似案件的一般规律,而不顾具体案情变化,草率地得出结论,或者没有法律依据或错用法律依据作出裁判。

案例 11

上诉人中国华融资产管理股份有限公司甘肃省分公司(以下简称华融资产甘肃分公司)与被上诉人魏某庆及一审被告永登锦龙房地产开发有限公司(以下简称锦龙公司)第三人撤销之诉案

案号:(2020)最高法民终 1117 号

主要争议焦点

魏某庆关于撤销对其拆迁安置部分的优先受偿权的诉讼请求能否成立。

简要案情

锦龙公司与魏某庆签订《房屋拆迁安置补偿协议》，约定将魏某庆所有的商铺进行拆迁，并确定锦龙公司用于产权调换的房屋为原址期房。一审法院就浦发银行兰州分行诉锦龙公司、张某兰、徐某龙、娄某法金融借款合同纠纷一案作出民事判决，该判决第4项为："原告上海浦东发展银行股份有限公司兰州分行对永登锦龙房地产开发有限公司提供的抵押物兰州市永登县城关镇和平街无号的华悦综合商贸大厦地下1层和地上1~4层除甘肃省永登县人民法院（2014）永民初字第567号判决确定的该商厦一层商铺299.31平方米，二层商铺220平方米以外的在建工程和土地使用权拍卖、变卖的价款，在8000万元范围内享有优先受偿权"。该判决所确认的抵押物包含了魏某庆与锦龙公司签订的《房屋拆迁安置补偿协议》中所约定的安置部分。在此之后，魏某庆就生效判决中确定的优先受偿权提起诉讼。

案情详解

魏某庆起诉请求：（1）撤销（2014）甘民二初字第50号民事判决书第4项对魏某庆拆迁安置协议约定的拆迁安置部分的优先受偿权；（2）请求锦龙公司在房屋竣工验收后15日内交付魏某庆位于华悦综合商贸大厦一楼和平街115.34平方米的临街独立商铺一间，并办理产权证；（3）诉讼费用全部由浦发银行兰州分行、锦龙公司承担。

华融资产甘肃分公司辩称：魏某庆提起本案诉讼，已超过法律规定的期间，依法已丧失胜诉权，应驳回其诉讼请求。

锦龙公司辩称：（1）管理人根据《企业破产法》的相关规定对魏某庆、华融资产甘肃分公司的债权分别进行了确认并向其送达；（2）魏某庆对锦龙公司的诉讼请求超出本案第三人撤销之诉的审理范围，应当驳回其对锦龙公司的诉讼请求；（3）锦龙公司已破产，对锦龙公司的诉讼仅能是债权确认之诉，不能再提起给付之诉。

一审法院查明：2012年4月24日，锦龙公司与魏某庆签订《房屋拆迁安置补偿协议》，约定将魏某庆所有的坐落于永登县城关镇和平街17号，原广电局家属楼前临街三间商铺进行拆迁，并确定锦龙公司用于产权调换的房屋为原址期房。2015年3月24日，一审法院就浦发银行兰州分行诉锦龙公司、张某兰、徐某龙、娄某法金融借款合同纠纷一案作出民事判决，该判决已生效。其第4项为："原告上海浦东发展银行股份有限公司兰州分行对永登锦龙房地产开发有限公司提供的抵押物兰州市永登县城关镇和平街无号的华悦综合商贸大厦地下1层和地上1~4层除甘肃省永登县人民法院(2014)永民初字第567号判决确定的该商厦一层商铺299.31平方米，二层商铺220平方米以外的在建工程和土地使用权拍卖、变卖的价款，在8000万元范围内享有优先受偿权。"该判决所确认的抵押物中，包含了魏某庆与锦龙公司签订的《房屋拆迁安置补偿协议》中所约定的安置部分。截至一审判决作出，该抵押物尚未拍卖。2019年7月26日，锦龙公司破产管理人向魏某庆发出债权审核(确认)通知书，确认债权人名称：魏某庆；管理人审查确认债权：安置商铺面积115.34平方米；管理人审查意见：(1)申报人符合破产债权人资格认定条件……(3)根据《房屋拆迁安置补偿协议》第2条、第4条的约定，被拆迁商铺建筑面积57.67平方米，按照1:2原地期房置换面积115.34平方米。(4)拆迁安置房屋现处于未完工状态，尚不具备交付条件，需续建。(5)安置商铺已设立抵押权(权利人华融资产甘肃分公司)并经生效判决确认，与安置商铺存在权利冲突。魏某庆遂向一审法院提起诉讼。

与该案情形相似的贾某堂诉锦龙公司、华融资产甘肃分公司第三人撤销之诉一案，案号为(2019)甘民撤2号，贾某堂诉讼请求指向的同为一审法院(2014)甘民二初字第50号民事判决第4项，该案已作出一审判决，支持了贾某堂关于撤销损害其拆迁安置权内容的诉讼请求。(在关联案件的处理中，应注意相互之间的协调)

裁判结果

一审法院判决，变更一审法院(2014)甘民二初字第50号民事判决第4项为：浦发银行兰州分行对锦龙公司提供的抵押物兰州市永登县城关镇和平街无号的华悦综合商贸大厦地下1层和地上1~4层除甘肃省永登县人民法院(2014)永民初字第567号判决确定的该商厦一层商铺299.31平方米、二层商铺220平方米，贾某堂依据拆迁安置补偿协议所享有的拆迁安置房22平方米，以及魏某庆依据拆迁安置补偿协议所享有的拆迁安置房115.34平方米以外的在建工程和土地使用权拍卖、变卖的价款，在8000万元范围内享有优先受偿权。华融资产甘肃分公司不服一审判决,向最高人民法院提起上诉,最高人民法院判决,驳回上诉,维持原判。

案例12

上诉人中国旅行社总社西北有限公司(以下简称中旅西北公司)、殷某文因与被上诉人中建三局集团有限公司(以下简称中建三局)及一审被告大荔县皇家沙苑旅游开发有限公司(以下简称皇家沙苑公司)、陕西佳美房地产开发有限公司(以下简称佳美公司)建设工程施工合同纠纷案

案号:(2019)最高法民终1362号

主要争议焦点

案涉《大荔皇家沙苑旅游项目解除合同协议》(以下简称《解除合同协议》)的效力问题;中建三局要求皇家沙苑公司向其支付工程款4900万元、违约金490万元及利息的诉讼请求是否成立;中建三局对案涉工程是否享有优先受偿权;殷某文对皇家沙苑公司欠付款项应否承担担保责任;中旅西北公司、佳美公司对皇家沙苑公司欠付款项应否承担连带清偿责任。

简要案情

皇家沙苑公司与中建三局签订《陕西省建设工程施工合同》、《大荔县皇家沙苑旅游项目合作协议书》(以下简称《合作协议》)。皇家沙苑公司章程记载:"公司注册资本认缴2000万元人民币,实收资本于2014年11月5日缴足。"皇家沙苑公司将公司原认缴注册资本2000万元变更为认缴注册资本30 000万元。皇家沙苑公司实收资本20万元。中旅西北公司(甲方)与佳美公司(乙方)签订《大荔县皇家沙苑旅游开发有限公司股权转让协议》,约定甲方将其持有的皇家沙苑公司41%的股权820万元人民币转让给乙方。皇家沙苑公司与亿城建设项目管理有限公司签订《建设工程造价咨询合同》。后,各方当事人发生纠纷。

案情详解

中建三局起诉请求:(1)判令被告皇家沙苑公司向原告支付工程款4900万元及违约金490万元,两项共计5390万元;(2)确认原告在被告皇家沙苑公司欠款范围内对涉案工程享有优先受偿权;(3)判令殷某文以其名下位于西安市高新区高新二路2号1幢1×××1号的房屋对诉讼请求第一项承担担保责任;(4)判令被告中旅西北公司、佳美公司对前述第1项请求承担连带责任;(5)本案保全费、诉讼费及原告律师代理费由被告承担。

皇家沙苑公司辩称:(1)被答辩人的行为已经严重违反合同的约定,应当向答辩人承担违约责任;(2)《解除合同协议》是在受胁迫的情况下签订的,答辩人已经提起撤销之诉,现该案在再审阶段;(3)被答辩人实际已完成的工程量价值仅为2800万元,被答辩人所主张的没有证据予以支持。

佳美公司答辩称:(1)答辩人不应列为本案的被告;(2)答辩人已经履行完毕出资义务,中建三局要求答辩人承担连带付款责任没有依据。

中旅西北公司辩称:(1)原告所述不符合事实,应驳回原告主张其"对工程款及违约金"承担连带责任的诉求;(2)其已依法履行了向皇家沙苑公司出资的股东义务,应驳回原告对其的诉求。

殷某文辩称:(1)《解除合同协议》是在受胁迫的情况下签订的,该《解除合同协议》不能作为核定中建三局完成工程造价的依据;(2)即使《解除合同协议》有效,协议第3条内容也是因违反了法律的强制性规定而无效的,该案的抵押权未发生法律效力。

一审法院查明:2016年4月1日,皇家沙苑公司作为发包方与承包方中建三局签订《陕西省建设工程施工合同》。合同签订后,中建三局进场施工建设了城墙及城楼、马术俱乐部、汽摩俱乐部等部分工程,而后停工。2017年9月13日,中建三局的施工人员因讨要工资而阻止发包方施工人员进场遂发生群斗,大荔县公安局下寨派出所出警,及时制止了双方的斗殴。2017年9月19日,甲方皇家沙苑公司、乙方中建三局、丙方中旅西北公司、丁方殷某文签订《解除合同协议》。协议约定:鉴于甲乙双方已于2016年4月1日签订了《大荔县皇家沙苑旅游项目施工合同》(以下简称《施工合同》),合同签订后乙方进场施工了城墙及城楼、马术俱乐部、汽摩俱乐部等部分工程。项目已经停工，现甲、乙、丙、丁四方达成如下协议：(1)解除甲乙双方签订的《施工合同》。(2)经甲乙双方确认乙方完成的工程量价款为4900万元，双方确认该工程量价款为乙方的最终结算价款。(3)本协议签订后，丁方同意以其高新区高新二路2号1幢1×××1号房屋为甲方向乙方的支付义务提供担保，并在2017年9月30日之前双方确认房屋价值，将位于高新区二路2号1幢1×××1号房屋抵押给乙方或者乙方指定的第三方金融机构；丁方同意代甲方以抵债的方式将上述房屋抵付给乙方或者乙方指定的第三人，具体抵债金额由甲乙双方协商确定，并另行签订协议；乙方有权决定接受丁方上述的抵押担保或者以房抵债方式，丁方需配合办理相关抵押担保或者以房抵债的手续，若丁方在2017年9月30日前不予配合办理房产抵押手续，则乙方有权向甲方主张上述所未支付工程款。(4)上述工程款甲方分3笔支付乙方，第一笔在2017年10月25日之前支付1500万元，第二笔在2017年12月25日之前支付2400万元，第三笔在2018年1月25日之前支付；若甲方未按上述任何约定时间或金额支付工程款，甲方同意向乙方承担未支付总金额的10%违约责任。另外，中建三局提交的工程结算审核定案表显示，“中建三局集团有限公司：大荔县皇家沙苑旅游项目由贵司施工部分工程结算造价为4900万元”。认证意见处施工单位下部盖有中建三局印章、建设单位下部盖有皇家沙苑公司印章，手写有工程结算以4900万元为准，并有殷某文签名，落款时间均为2017年9月28日。

皇家沙苑公司章程记载：“公司注册资本认缴2000万元人民币，实收资本于2014年11月5日缴足。股东中旅西北公司出资额为1020万元，股东佳美公司出资额980万元，出资时间均为2014年11月6日。”之后，2017年5月8日，皇家沙苑公司将公司原认缴注册资本2000万元变更为认缴注册资本30 000万元，增加注册资本28 000万元。变更注册资本后，佳美公司认缴注册资本27 000万元，所占注册资本比例为90%；中旅西北公司认缴注册资本3000万元，所占注册比例为10%。2018年7月12日，在大荔县市场监督管理局查询的公司登记基本情况显示，皇家沙苑公司注册资本30 000万元，股东大荔县清池生态绿化有限公司认缴27 000万元，大荔县龙俊建筑有限公司认缴3000万元，实缴均为0；2017年11月7日，投资人由中旅西北公司出资3000万元、佳美公司出资27 000万元，变更为佳美公司出资30 000万元；2018年2月9日，股东又变更为大荔县清池生态绿化有限公司认缴 27 000 万元,大荔县龙俊建筑有限公司认缴 3000 万元。皇家沙苑公司截至 2017 年 12 月 31 日实收资本 20 万元。

2016 年 11 月 10 日,转让方中旅西北公司(甲方)与受让方佳美公司(乙方)签订《大荔县皇家沙苑旅游开发有限公司股权转让协议》,约定甲方同意将其持有的皇家沙苑公司 41% 的股权 820 万元人民币转让给乙方。

皇家沙苑公司作为委托人与亿城建设项目管理有限公司作为咨询人签订《建设工程造价咨询合同》,约定委托人委托咨询人为"大荔县皇家沙苑旅游项目"提供建设工程造价咨询服务,本合同的建设工程造价咨询业务自 2015 年 8 月 1 日开始实施,至本项目完工;项目投资额 10.6 亿元,服务费金额为 4 289 250 元。2018 年 11 月 18 日,亿城建设项目管理有限公司出具证明显示:"我公司从 2017 年 9 月 19 日以后,再未收到中建三局集团有限公司关于大荔县皇家沙苑项目部建设工程结算审核的相关纸质资料。"另,皇家沙苑公司提交大荔县皇家沙苑旅游项目工程进度款审核报告 3 份,编号分别为(2016)001、002、003。审核金额相应为 15 169 598.64 元、4 801 715.14 元、8 923 012.72 元,但该三份报告均无审核人及审核单位签名。

裁判结果

一审法院判决被告皇家沙苑公司自本判决生效后 15 日内向原告中建三局支付工程款 4900 万元、违约金 490 万元;原告中建三局对其承建的案涉工程折价或拍卖的价款在 4900 万元范围内享有优先受偿权;被告殷某文以其名下位于西安市高新区高新二路 2 号 1 幢 1 × × ×1 号房屋的价值为限对被告皇家沙苑公司的第一项付款义务承担连带清偿责任,承担连带责任后可以向皇家沙苑公司追偿;佳美公司、中旅西北公司在各自认缴出资的范围内对皇家沙苑公司第一项付款义务承担补偿清偿责任;驳回原告中建三局的其他诉讼请求。中旅西北公司、殷某文不服一审判决,向最高人民法院提起上诉,最高人民法院认为,中旅西北公司、佳美公司认缴以及欠缴出资的金额,应承担补充清偿责任的范围,一审法院未予查明认定,属于认定基本事实不清,裁定撤销陕西省高级人民法院(2018)陕民初 21 号民事判决;本案发回陕西省高级人民法院重审。

思考与衡量

案例11中，本质上应解决的问题在于原告魏某庆与被告华融资产甘肃分公司之间就案涉房产谁的权利更为优先的问题。魏某庆作为被拆迁人，依法享有拆迁安置补偿权。从权利的性质上分析，基于房屋被拆迁所享有的安置补偿权，是建立在原房产丧失的基础上的，是对原房产产权人的保护。在该案的审理中，如果固守抵押权优于其他一切权利的认识，就容易陷入机械的“法条主义”，即唯法条论的陷阱。案例12中，中旅西北公司依法对皇家沙苑公司债务不能清偿的部分在认缴出资而未实际出资的范围内承担补充清偿责任的前提是出资存在加速到期的情形，但是一审法院为了确认中旅西北公司应该承担责任，而找出了破产法的规定认定该案属于出资加速到期的情形，这显然属于适用法律不当，因为该案并不存在适用破产法的前提条件。这样适用法律可能就存在“经验主义”的情形，即为达到某个裁判目标，而刻意找可能搭得上边的法律规定。况且该案中，即便存在出资加速到期的情形，中旅西北公司所持股权经过增资，其认缴出资从1020万元提高到3000万元。究竟是在1020万元内还是3000万元内承担责任，也应该予以查清。

案例11中，一审法院认为，《民事诉讼法》第59条第3款规定第三人提起撤销之诉的时效为“自知道或应当知道其民事权益受到损害之日起六个月内”，该案中，虽然确定浦发银行兰州分行对锦龙公司抵押物享有优先受偿权的生效判决于2015年3月24日作出，但魏某庆作为普通公民，既不存在因自身原因未参加诉讼的事实，也无证据证明其在锦龙公司破产管理人送达债权审核（确认）通知书之前就知道或应当知道该案诉讼，以及该案的判决内容损害了其民事权益，更不会明知拆迁安置利益受损而怠于行使权利。故其在2019年7月26日收到债权审核（确认）通知书后，根据通知内容得知自身民事权益受到损害，需要通过诉讼解决，遂于2019年10月18日向一审法院提起第三人撤销之诉，未超过法律规定的6个月期限。关于魏某庆主张的拆迁安置补偿权应否保护的问题。从权利的性质上分析，基于房屋被拆迁所享有的安置补偿权，是建立在原房产丧失的基础上的，是对原房产产权人的保护。在现实生活中，拆迁人往往就是商品房的开发商，该案中，魏某庆与锦龙公司订立的拆迁安置补偿协议，明确约定了拆迁人锦龙公司以原址期房按1∶2比例对被拆迁人魏某庆予以补偿安置。双方签订的拆迁安置补偿协议，是一种具有特定指向的特种合同,魏某庆依据拆迁安置补偿协议所取得的是一种“特种物权”或“准物权”。从时间顺序上分析,由于拆迁在先,这时虽房尚未建,但根据魏某庆与锦龙公司签订的安置补偿协议,对应位置的房屋已经明确将来属于魏某庆,此时已经具备了物权的属性。此后,开发商又将此房抵押给银行,但由于未扣除用于拆迁安置补偿的部分或未经被拆迁人的同意,该抵押权实际已存在侵犯被拆迁人合法权利的情形。同时,参照2003年最高人民法院《关于审理商品房买卖合同纠纷案件适用若干法律问题的解释》(已被修改)第7条规定精神,魏某庆所享有的拆迁安置补偿权应当优先于抵押权受到法律保护。关于魏某庆主张的拆迁安置补偿权如何保护的问题。由于魏某庆因不能归责于本人的事由未参加(2014)甘民二初字第50号案的诉讼,如该判决得以执行,其依据拆迁安置补偿协议所享有的权利将受到损害,在法律规定的期限内提起本案第三人撤销诉讼,其诉讼请求成立,虽然魏某庆第一项诉讼请求表述为撤销对魏某庆拆迁安置部分的优先受偿权,但根据最高人民法院《关于适用〈中华人民共和国民事诉讼法〉的解释》第298条第1款第1项“请求成立且确认其民事权利的主张全部或部分成立的,改变原判决、裁定、调解书内容的错误部分”的规定,应当对原判决中涉及魏某庆权利的内容依法予以变更。关于魏某庆的第二项诉讼请求所涉及的交付并办理产权证的内容,根据第三人撤销之诉的性质、功能,该案中,不能对第三人受损权利之外提出的新的权利义务予以增补判决,其该项诉讼请求不属于该案审理范围,应当裁定予以驳回。由于锦龙公司破产管理人陈述在破产债权申报期间,针对抵押商铺申报拆迁安置补偿权的仅有兰州永登医药有限责任公司、贾某堂、魏某庆,因兰州永登医药有限责任公司的权利在一审法院(2014)甘民二初字第50号生效判决中已予以保护,贾某堂的权利已经一审法院另案一审判决予以支持,为避免分别处理导致判决内容交叉和执行过程中发生冲突,该案中将另案判决内容一并吸收、一并处理更有利于执行。

笔者认为,《民事诉讼法》第59条第3款规定,第三人可以自知道或应当知道其民事权益受到损害之日起6个月内提起第三人撤销之诉。该案中,2015年3月24日,一审法院作出(2014)甘民二初字第50号民事判决,确认浦发银行兰州分行对锦龙公司的抵押物享有优先受偿权,该判决所确认的抵押物中,包含了魏某庆与锦龙公司签订的《房屋拆迁安置补偿协议》中所约定的安置部分。2019年7月26

日，锦龙公司破产管理人向魏某庆发出债权审核（确认）通知书，告知魏某庆安置商铺已设立抵押权并经生效判决确认，安置商铺存在权利冲突。2019 年 10 月 18 日，魏某庆向一审法院提起第三人撤销之诉。该案不存在魏某庆因自身原因未参加（2014）甘民二初字第 50 号案件的诉讼，或者魏某庆在锦龙公司破产管理人送达债权审核（确认）通知书之前知道或应当知道该案诉讼，以及该案判决损害其民事权益，但魏某庆怠于行使权利的事实。一审根据前述法律规定和事实认定，魏某庆提起该案第三人撤销之诉未超过法律规定的 6 个月期限。华融资产甘肃分公司上诉称魏某庆最迟应在锦龙公司破产债权申报公告期满之日时知道其权利受到损害。该案中，魏某庆按法定程序申报债权，没有证据证明魏某庆申报债权时明知其权利受损并怠于行使权利。华融资产甘肃分公司的主张缺乏法律和事实依据，法院不予支持。2003 年最高人民法院《关于审理商品房买卖合同纠纷案件适用法律若干问题的解释》第 7 条第 1 款（已被修改）规定："拆迁人与被拆迁人按照所有权调换形式订立拆迁补偿安置协议，明确约定拆迁人以位置、用途特定的房屋对被拆迁人予以补偿安置，如果拆迁人将该补偿安置房屋另行出卖给第三人，被拆迁人请求优先取得补偿安置房屋的，应予支持。"根据该规定，在拆迁安置补偿协议与其他商品房买卖合同发生冲突时，应对拆迁安置补偿协议的被拆迁人予以特殊保护，即对被拆迁人享有的补偿安置房屋的权益赋予了对抗第三人物权的优先权。该案中，2012 年 4 月 24 日，锦龙公司与魏某庆签订《房屋拆迁安置补偿协议》，明确约定了拆迁人锦龙公司以原址期房按 1∶2 比例对被拆迁人魏某庆予以补偿安置，该协议约定的补偿安置房屋位置特定、用途特定。案涉《房屋拆迁安置补偿协议》签订后，锦龙公司未经魏某庆同意，将应补偿安置给魏某庆的房屋抵押给浦发银行兰州分行，侵犯了魏某庆对拆迁安置补偿的权益。一审参照 2003 年最高人民法院《关于审理商品房买卖合同纠纷案件适用法律若干问题的解释》第 7 条第 1 款的规定，认定魏某庆所享有的拆迁安置补偿权应优先于抵押权，魏某庆关于撤销对其拆迁安置部分的优先受偿权的诉讼请求成立，该认定并无不当，应予维持。

关于一审判决对与该案情形相似的（2019）甘民撤 2 号贾某堂诉锦龙公司、华融资产甘肃分公司第三人撤销之诉一案的相关事实予以载明的问题。笔者认为，一审法院对其同时审理的该案与贾某堂诉锦龙公司、华融资产甘肃分公司第三人撤销之诉一案进行综合考量，载明相关事实，并在判项中一并处理，并无不妥。

案例12中，一审法院认为，虽然中建三局与皇家沙苑公司在施工前期，签订有《施工合同》和《合作协议》两份合同，但因《合作协议》并无具体的签订时间，且从两份合同的内容看，《施工合同》约定的内容比《合作协议》的内容更为全面详尽，且更重要的是双方签订的《解除合同协议》中所解除的合同是《施工合同》并非《合作协议》，因此，双方实际履行的应是《施工合同》。又因《施工合同》内容并不违法法律、行政法规的强制性规定，且为双方当事人的真实意思表示，故该《施工合同》应为合法有效。该案的焦点问题：(1)案涉《解除合同协议》效力的认定；(2)中建三局要求皇家沙苑公司向其支付工程款4900万元、违约金490万元及利息的诉讼请求是否成立；(3)中建三局对案涉工程是否享有优先受偿权；(4)殷某文对皇家沙苑公司欠付款项应否承担担保责任；(5)中旅西北公司、佳美公司对皇家沙苑公司欠付款项应否承担连带清偿责任。

焦点问题(1)：首先，《解除合同协议》对中旅西北公司是否具有约束力的问题。虽然该协议为四方协议，但该协议仅有甲方皇家沙苑公司、乙方中建三局、丁方殷某文的盖章、签名，丙方中旅西北公司并未在该协议盖章，且在庭审时丙方明确表示其未参与该协议签订，对该协议并不认可，加之，《解除合同协议》第9条亦明确约定，“本协议一式捌份，四方各执贰份，具有同等法律效力，本协议自四方签章之日起生效，如本协议甲乙丁三方盖章而丙方未盖章的，除本协议第六条外其他条款仍对甲乙丁三方具有约束力”。据上，该协议对中旅西北公司并不具有约束力。

其次，《解除合同协议》是否是皇家沙苑公司的真实意思表示。就此，皇家沙苑公司认为其是受中建三局采取停工、工地闹事的胁迫而签订，并非其真实意思。一审法院认为，依据已查明的事实可知，案涉工程停工的主要原因是皇家沙苑公司未按《施工合同》约定支付工程进度款而导致，况且，案涉工程停工后，双方理应及时、妥善协商解决，但皇家沙苑公司在双方就停工问题未作出妥善处理的情况下，便安排其他施工人员进驻中建三局施工现场，从而引发双方施工人员群斗，皇家沙苑公司的行为明显失当。因此，案涉工程停工、双方施工人员发生群体争斗的事实不足以证明其是受中建三局胁迫而签订的《解除合同协议》。退一步讲，即使皇家沙苑公司认为其是受中建三局胁迫而签订案涉《解除合同协议》理由成立，皇家沙苑公司亦应依法及时行使撤销权，向有管辖权的人民法院提起撤销《解除合同协议》的诉讼，但皇家沙苑公司却是在中建三局向一审法院提起诉讼之后，才向大荔县人民法院提起了撤销《解除合同协议》之诉，况且，在大荔县人民法院对其提起的撤销《解除合同协议》之诉，裁定移送一审法院后，皇家沙苑公司并未按一审法院通知提起撤销之诉请求，而是对大荔县人民法院作出的裁定申请再审，其行为明显有拖延诉讼之嫌。

再次，对于皇家沙苑公司认为中建三局完成的工程价款是2800万元，并非《解除合同协议》所确认的4900万元问题的认定。一审法院认为，因《解除合同协议》所确认的工程价款4900万元，是承包双方就案涉工程的最终结算价款，且经双方签字确认，而皇家沙苑公司提交的证据不仅不能否定《解除合同协议》的真实性，亦不能证明中建三局完成的工程价款就是2800万元，对皇家沙苑公司的该项主张一审法院不予采信。不予采信的理由如下：一是《建设工程造价咨询合同》的双方当事人是皇家沙苑公司与亿城建设项目管理有限公司，中建三局并非该合同的当事人，因此，亿城建设项目管理有限公司对案涉工程所作的审计仅是皇家沙苑公司的单方委托，对中建三局并不产生约束力；二是皇家沙苑公司所提交的3份大荔县皇家沙苑旅游项目工程进度款审核报告并无审核单位及审核人的盖章、签名，审核报告本身缺乏必要的形式要件；三是对三份大荔县皇家沙苑旅游项目工程进度款审核报告真实性暂且不论，单从内容上看，3份审核报告是阶段性审核报告，其并不能印证是对原告所有工程量的审核；四是从《解除合同协议》第2条看，《解除合同协议》所确认的工程价款4900万元，是承发包双方最终结算价款，该价款不仅包含承包方完成的工程量、变更、签证等费用，还包含索赔等费用，而前述3份审核报告附表中并无索赔等费用。

最后，关于《解除合同协议》第3条的效力认定。从案涉《解除合同协议》第3条“本协议签订后，丁方同意以其高新区高新二路2号1幢1×××1号房屋为甲方向乙方的支付义务提供担保，并在2017年9月30日之前双方确认房屋价值，将位于高新区二路2号1幢1×××1号房屋抵押给乙方或者乙方指定的第三方金融机构；丁方同意代甲方以抵债的方式将上述房屋抵付给乙方或者乙方指定的第三人，具体抵债金额由甲乙双方协商确定，并另行签订协议；乙方有权决定接受丁方上述的抵押担保或者以房抵债方式，丁方需配合办理相关抵押担保或者以房抵债的手续，若丁方在2017年9月30日前不予配合办理房产抵押手续，则乙方有权向甲方主张上述所未支付工程款”约定内容看，该约定既有“抵押担保”内容，又有

“以房抵债”内容，该“以房抵债”并非“流质抵押”，况且，依据《物权法》第15条[①]“当事人之间订立有关设立、变更、转让和消灭不动产物权的合同，除法律另有规定或者合同另有约定外，自合同成立时生效；未办理物权登记的，不影响合同效力”的规定，案涉抵押担保的房产未登记并不影响抵押合同的效力，因此，殷某文认为该条款无效的主张依法不能成立，该条款依法应为合法有效。综上，因《解除合同协议》内容并不违反法律、行政法规的强制性规定，且该协议首部亦明确表示，该协议是经友好协商，在平等自愿的基础上达成的，而皇家沙苑公司提交的现有证据又不能证明《解除合同协议》并非其真实意思表示，故《解除合同协议》中除涉及中旅西北公司内容部分未生效外，其他部分均为合法有效。

焦点问题(2)：中建三局要求皇家沙苑公司向其支付工程款4900万元、违约金490万元及利息的诉讼请求是否成立。《合同法》第60条第1款[②]规定：“当事人应当按照约定全面履行自己的义务。”第107条[③]规定：“当事人一方不履行合同义务或履行合同义务不符合约定的，应当承担继续履行、采取补救措施或者赔偿损失等违约责任。”该案中，因《解除合同协议》对皇家沙苑公司、殷某文、中建三局具有法律约束力，皇家沙苑公司应按该协议向原告支付工程款义务，但皇家沙苑公司并未按该协议的约定履行付款义务，其行为构成违约。因此，中建三局依据该协议约定，要求皇家沙苑公司向其支付4900万元工程款及违约金490万元的诉讼请求于法有据，一审法院依法予以支持。至于中建三局要求皇家沙苑公司以前述两项合计5390万元为基数，按照人民银行同期贷款利率标准，自2017年10月25日计算至实际给付之日的利息的请求应否予以支持的问题。一审法院认为，根据《合同法》第114条第1款、第2款[④]“当事人可以约定一方违约时应当根据违约情况向对方支付一定数额的违约金，也可以约定因违约产生的损失赔偿额的计算方法。约定的违约金低于造成的损失的，当事人可以请求人民法院或仲裁机构予以增加；约定的违约金过分高于造成的损失的，当事人可以请求人民法院或仲裁机构予以适当减少”之规定，违约金的性质是以补偿性为主，以惩罚性为辅。既然违约金是以

---

① 现为《民法典》第215条。

② 现为《民法典》第509条第1款。

③ 现为《民法典》第577条。

④ 现为《民法典》第585条第1款、第2款。

补偿性为主，其补偿的基础应基于守约方遭受的实际损失。该案中，因案涉解除协议仅约定逾期付款违约金，对逾期付款利息并未约定，而逾期付款利息应属实际损失，加之，中建三局并未举证证明约定的违约金低于逾期付款给其造成的实际损失，因此，对中建三局违约金请求予以支持的情况下，还要求皇家沙苑公司向其支付逾期付款利息诉讼请求，一审法院不予支持。

焦点问题（3）：中建三局对案涉工程是否享有优先受偿权。根据最高人民法院《关于审理建设施工合同纠纷案件适用法律问题的解释（二）》（已失效）第17条、第19条、第20条、第21条、第22条的规定，因中建三局是案涉《施工合同》的承包方，而《解除合同协议》第7条亦明确约定，本协议签订后，视为乙方中建三局完成的施工工程质量合格，况且，中建三局对案涉工程主张优先受偿权在法定期限内，因此，中建三局对其承建的工程部分折价或拍卖的价款享有优先受偿权，优先受偿的范围以欠付工程款4900万元为限，490万元的违约金依法不应在优先受偿的范围内。

焦点问题（4）：殷某文应否承担担保责任。《物权法》第9条①规定："不动产物权的设立、变更、转让和消灭，经依法登记，发生效力；未经登记，不发生效力，但法律另有规定的除外。"第15条②规定："当事人之间订立有关设立、变更、转让和消灭不动产物权的合同，除法律另有规定或者合同另有约定外，自合同成立时生效；未办理物权登记的，不影响合同效力。"该案中，虽然《解除合同协议》第3条有关在殷某文名下房产上设立抵押权，因未依法进行登记该条款约定的抵押权并未成立，皇家沙苑公司对案涉抵押物并不享有优先受偿权，但因抵押条款为合法有效，故抵押人殷某文仍应依照抵押条款的约定承担违约责任。至于该违约责任如何承担的问题，因殷某文是以其名下的房产为债务人皇家沙苑公司的债务向债权人中建三局公司提供物的担保责任，故殷某文应以抵押物价值为限对皇家沙苑公司的债务承担连带清偿责任。

焦点问题（5）：中旅西北公司、佳美公司对皇家沙苑公司债务应否承担清偿责任。《企业破产法》第35条规定："人民法院受理破产申请后，债务人的出资人尚未

① 现为《民法典》第209条第1款。

② 现为《民法典》第215条。

完全履行出资义务的,管理人应当要求该出资人缴纳所认缴的出资,而不受出资期限的限制。”最高人民法院《关于适用〈中华人民共和国公司法〉若干问题的规定(三)》第13条第2款规定:“公司债权人请求未履行或者未全面履行出资义务的股东在未出资本息范围内对公司债务不能清偿的部分承担补充赔偿责任的,人民法院应予支持……”在公司没有能力支付到期债务时,公司章程约定的股东出资期限尚未到期的应加速到期,提前履行出资义务,并对公司债务不能清偿的部分在认缴而未认缴的出资范围内向公司债权人承担补充赔偿责任。该案中,虽然中旅西北公司、佳美公司作为皇家沙苑公司的股东在认缴出资期限尚未到期前就将各自的股权转让给案外人,但因《解除合同协议》所确认的皇家沙苑公司欠付中建三局工程款债务发生在股权转让之前,而皇家沙苑公司工商登记档案显示,中旅西北公司、佳美公司并未自按各自认缴的出资额实际出资,中旅西北公司、佳美公司提交的证据亦不能证明其已实际履行了认缴资本,因此,中旅西北公司、佳美公司依法对皇家沙苑公司债务不能清偿的部分在各自认缴而未实际出资的范围内承担补充清偿责任。综上,因连带责任要承担的责任远重于补充责任,因此,中建三局要求中旅西北公司、佳美公司承担连带清偿责任的请求虽不能成立,但中旅西北公司、佳美公司依法应承担补充清偿责任。

另外,关于中建三局要求被告承担该案保全费、诉讼费及原告律师代理费的问题,因中建三局提交有本案保全费、诉讼费已实际发生的相应票据,但未提交律师代理费实际发生的相应证据,故一审法院对中建三局要求被告承担本案保全费、诉讼费请求予以支持,对律师代理费的请求不予支持。

笔者认为,最高人民法院《关于适用〈中华人民共和国公司法〉若干问题的规定(三)》第13条第2款规定:“公司债权人请求未履行或者未全面履行出资义务的股东在未出资本息范围内对公司债务不能清偿的部分承担补充赔偿责任的,人民法院应予支持……”该案中,皇家沙苑公司章程记载:“公司注册资本认缴2000万元人民币,实收资本于2014年11月5日缴足……股东中旅西北公司出资额为1020万元,股东佳美公司出资额为980万元,出资时间为2014年11月6日,出资方式为货币。”2017年5月8日,皇家沙苑公司股东会议决议,变更公司注册资本。将公司原认缴注册资本2000万元变更为认缴注册资本30 000万元,增加注册资本28 000万元。变更注册资本后,佳美公司认缴注册资本27 000万元,所占注册资本比例90%；中旅西北公司认缴注册资本3000万元，所占注册比例为10%。2017年11月7日，投资人由中旅西北公司出资3000万元、佳美公司出资27 000万元，变更为佳美公司出资30 000万元；2018年2月9日，股东变更为大荔县清池生态绿化有限公司认缴27 000万元，大荔县龙俊建筑有限公司认缴3000万元。2018年7月12日，在大荔县市场监督管理局查询的公司登记基本情况显示，皇家沙苑公司注册资本30 000万元，股东大荔县清池生态绿化有限公司认缴27 000万元，大荔县龙俊建筑有限公司认缴3000万元，实缴均为0。另外，渭南市广信会计师事务所有限责任公司出具的审计报告显示，皇家沙苑公司截至2017年12月31日实收资本20万元。一审法院认定中旅西北公司、佳美公司未按各自认缴的出资额实际出资，且在认缴出资期限尚未到期前就将各自的股权转让给案外人，而该案所确认的皇家沙苑公司欠付工程款债务发生在股权转让之前，故中旅西北公司、佳美公司应对皇家沙苑公司不能清偿的债务承担补充清偿责任。但中旅西北公司、佳美公司认缴以及欠缴出资的金额，应承担补充清偿责任的范围，一审法院未予查明认定，属于基本事实认定不清。

专题三 three

民商事诉讼法律基本原理与制度适用

审判的过程，既是一个适用实体法的过程，也是一个将诉讼法律基本原理、基本规则、基本理念等贯彻始终的过程，只是这些法律上公理性、常识性的东西有时并非以显性的方式显现出来，而是蕴藏在实际活动、行为以及理念之中。只有当事人就其中某些问题明确提出主张时，才会成为在审判中明示的、直白的、予以回应的问题。同时，由于审判权本来就是一个判断权，判断权的属性决定了裁判者在审判中运用这些基本原理、基本规则、基本理念等时，还是会存在理解上和行动上的差异。而这些差异又是属于统一法律适用的范畴，所以笔者在裁判中始终注意保持理解和适用的一致性，并不断随着实践深化之、丰富之。

审判的过程，还是一个保护当事人行使诉讼权利的过程。保护当事人行使诉讼权利既是一个非常庞杂的、系统性的问题，又是一个特别具体的问题，实实在在存在于每一个案件审理过程之中。充分保护当事人行使诉讼权利是现代民事诉讼制度的基本原则，是设计民事诉讼制度的初衷，是现代法治文明的标志，是审判的重要内容，该问题直接涉及平等保护当事人、公正审判。保障当事人诉权是由一整套的民事诉讼制度构建而成，涵盖了民事审判的全过程、全领域、全流程，唯有充分保障了当事人的诉讼权利，公正的审判才能正常进行下去，否则可能因为一个很小的疏忽就会导致整个审判活动都要推翻重来，既浪费了司法资源，又不利于当事人合法权益的保护，还会损害司法公信力。在审判实践中，当事人诉权保障问题既是民事诉讼的一个大问题，也是当事人争议非常多的问题，几乎涵盖了整个诉讼制度，如起诉制度、立案制度、管辖制度、回避制度、期间制度、代理人制度、送达制度、调解制度、保全制度、强制措施制度、诉讼费缴纳制度、特别程序制度、举证质证制度、辩论制度、合议制度、释明权制度、上诉制度、再审制度、申诉制度等，这些制度都直接影响当事人合法诉讼权利的保护，几乎在每一个案件都会涉及，保障着诉讼程序依法进行。

一、关于法律适用规则问题

审判有一个核心内容就是适用法律，适用法律就必然面临一个选择法律、寻找法律的问题，而选择法律、寻找法律就必然面临一个适用法律规则的问题。法律的错综复杂性、案件事实的纷繁复杂性、当事人诉请的变化性等又给法律适用增加了难度。因此法律适用规则在审判中是一个必须掌握的基本问题。

案例13

再审申请人策勒县顺达公交出租有限责任公司（以下简称顺达公司）与被申请人策勒县安达客运出租有限责任公司（以下简称安达公司）垄断协议纠纷案

案号：(2016)最高法民申2951号

主要争议焦点

案涉合作意向书、《合作经营出租客运市场协议》是否违反反垄断法，是否无效。

简要案情

安达公司与顺达公司就顺达公司所购买50辆出租车的处置和双方车辆后续经营收益问题签订合作意向书、《合作经营出租客运市场协议》。策勒县人民政府交通运输局下发《关于策勒县顺达公交出租有限责任公司城市出租汽车经营许可的批复》，批复原告顺达公司可在策勒县城区内进行城市出租汽车运输，车辆数量为23辆。顺达公司以其与安达公司签订的合作意向书、《合作经营出租客运市场协议》违反反垄断法为由，要求确认合作意向书及协议无效。

案情详解

顺达公司起诉请求：依法确认原告、被告签订的合作意向书、《合作经营出租客运市场协议》无效。

安达公司答辩称：请求驳回顺达公司的诉讼请求。

一审法院查明：双方当事人就原告顺达公司所购买50辆出租车的处置和双方车辆后续经营收益问题签订合作意向书、《合作经营出租客运市场协议》，内容为乙方顺达公司拟在策勒县投入客运小型出租车23辆，该23辆出租车已办理完出租客运挂牌手续，甲乙双方经协议达成，乙方要把以上23辆出租车继续留在乙方经营，运营手续由乙方自行办理。乙方出租车辆数只限于23辆，不能再增加出租车。基于甲方首先开拓县内出租客运市场的现状，应甲方要求，乙方要把以上23辆车的收益115万元补偿给甲方。经双方协商，乙方把27辆新购车作价113万元交给甲方，另外再补偿给甲方现金2万元。这27辆车的营运手续由甲方自行办理。甲方要新增出租车营运手续27辆，等甲方上述27辆出租车营运批复及乙方上述23辆出租车的批复和道路运输经营许可证全部办理完毕后30日内，乙方向甲方交付上述27辆新购车。乙方现有11辆公交车，若再增加公交车或班车，现有11辆公交车以上车辆收益的23%分给甲方。甲方现有出租车105辆，若再增加出租车，现有105辆出租车以上收益的23%分给乙方。2014年2月21日顺达公司与安达公司共同向策勒县人民政府提交的申请书为双方达成的协议的附件。2014年5月14日，原告顺达公司根据协议约定向被告安达公司交纳了20 000元补偿。

2014年5月15日，原告顺达公司向策勒县交通运输局出具保证书，保证公司出租车数量仅限于23辆，不再增加等事项，2014年10月14日，策勒县人民政府交通运输局下发《关于策勒县顺达公交出租有限责任公司城市出租汽车经营许可的批复》，批复原告顺达公司可在策勒县城区内进行城市出租汽车运输，车辆为23辆欧Ⅲ标准排量出租车，经营权期限自批复下发起一年内有效。现原告顺达公司以其与被告安达公司签订的合作意向书、《合作经营出租客运市场协议》违反反垄断法的相关规定，系被告利用其垄断地位订立为由，要求确认合作意向书及协议无效。

2004年7月1日施行的中华人民共和国国务院令第412号系国务院对所属各部门的行政审批项目进行全面清理后，确定："由法律，行政法规设定的行政许可项目，依法继续实施；对法律，行政法规以外的规范性文件设定，但确需保留且符合《中华人民共和国行政许可法》第十二条规定事项的行政审批项目，根据《中华人民共和国行政许可法》第十四条第二款的规定现决定予以保留并设定行政许可"，《国务院决定对确需保留的行政审批项目设定行政许可的目录》第112项规定，"出租汽车经营资格证，车辆运营证和驾驶员客运资格证由县级以上地方人民政府出租汽车行政主管部门核发"。

裁判结果

一审法院判决，驳回原告顺达公司的诉讼请求。顺达公司不服，向二审法院提起上诉，二审法院判决，驳回上诉，维持原判。顺达公司不服，向最高人民法院申请再审，最高人民法院裁定驳回顺达公司的再审申请。

思考与衡量

案例13就涉及典型的法律适用规则问题。在法律适用中，首先应该考虑的是，案涉法律应该适用的法律范围，也就是应该适用哪一部法律。该案中，首先应该考虑案涉合作意向书、《合作经营出租客运市场协议》是应该选择适用合同法的相关规定，还是适用反垄断法的相关规定。反垄断法对于何为垄断行为以及禁止经营者达成垄断协议的范围均有明确规定。因此，案涉合作意向书、《合作经营出租客运市场协议》是否属于无效的垄断协议，应当依据上述法律规定并结合案涉合同约定的具体内容判断。案涉合作意向书第1条约定"乙方出租车辆数只限于23

辆，不能再增加出租车”，第 2 条、第 3 条约定乙方单方面补偿对方收益 115 万元及具体履行方式，第 4 条、第 5 条分别约定如增加原有营运车辆，各方应向对方出让收益的比例，上述约定与《合作经营出租客运市场协议》第 2 条、第 3 条、第 4 条、第 5 条、第 6 条的主要内容分别对应一致。《合作经营出租客运市场协议》第 1 条另约定“仅由甲乙双方共同来开发策勒县境内出租客运市场，服务策勒经济”。合作意向书、《合作经营出租客运市场协议》的内容整体上反映了合同双方互补经营资源和优势、提高市场竞争能力的合作意愿。由于出租汽车营运管理是地方人民政府管制的许可经营行业，取得出租客运经营许可需经行政主管部门审批并许可。能否进入出租车经营行业进行运营，不由市场经营者决定，顺达公司与安达公司签订的上述协议本身不能达到垄断该县出租车市场的目的，不产生限制和排除他人加入出租车经营行业的后果。案涉合作意向书、《合作经营出租客运市场协议》本身没有《反垄断法》第 13 条、第 14 条禁止的内容。双方签订合作意向书、《合作经营出租客运市场协议》的行为也并非《反垄断法》第 3 条规定的垄断行为。反垄断法所关注的重心并非个别经营者的利益，而是健康的市场竞争机制是否受到破坏。因此，顺达公司未能正确理解反垄断法的立法目的和立法精神，双方所签订的合作意向书和《合作经营出租客运市场协议》不属于垄断协议，不适用有关反垄断的法律规范。从该案的具体情形分析，一是这是双方之间的自由商业行为，原告之所以想主张合同无效，是因为其对自己签订合同的行为反悔了，又没有其他路径解决，所以只好用这一条款。但实际上，双方的这个约定对出租车市场不会产生影响。二是反垄断法的立法本意是从整个相关市场出发的，是为了防止和制止垄断，维护公平竞争的市场秩序。一个行为涉嫌构成垄断必须满足三个条件，(1)被控经营者要在本领域内构成市场支配地位。(2)相关市场是一个相对封闭或稳定的市场，产品缺乏竞争性，也就是说经营的商品少有替代品。(3)被控行为有排斥竞争的后果。顺达公司以及安达公司是否构成垄断支配地位，不是自己就能决定的，政府是要管控的，而且大家为了出行也还有其他方式可以替代，在县里，这一行为也没有产生排斥他人竞争的后果。

关于民事法律适用阶位的基本思路问题。适用法律的基本规则是由具体法律规范到一般规定，由一般规定到基本原则，也就是有具体法律规范适用具体法律规范，没有具体法律规范适用一般性规定，没有一般性规定则适用民法基本原则。与此同时,民事法律的基本理念则是始终贯彻于审判始末,与审判如影随形,沁入其中,基本理念有时是显性存在于审判中,可以通过文字表达出来,但更多的时候是一种共识,是隐性体现出来的。如诉讼参加人的诉讼地位平等、保障诉讼参加人的诉讼权利等理念,未必写在裁判文书之中,但实际上就是这样做的。多年前,曾经有个地方法院在裁判中直接引用宪法条文作为裁判依据,在社会上引起了关注。从我国现有的法律制度设计考虑,宪法条文是不能直接援用在民商事审判中的,因为宪法的所有精神在民法中都已经具体化了,且我国的宪法审查权属于全国人大常委会,不属于人民法院司法权审查的范围。为了正确适用法律,应该多了解立法的本意、原意、精神,多了解立法背后故事,这样才能更好地理解法律、适用法律。在案件中明确适用哪部法律、哪些法律条文都是一项艰巨的工作,选择适用法律是一门高度技巧性的专业技术活,法律规定纷繁复杂、纵横交错、彼此关联,有时甚至相互冲突。在民商事案件中一般都涉及多个法律关系,就必然涉及多个法律规定的适用,如何让法律适用在案件中符合逻辑,成为一个系统,这就需要找准与法律关系相适应的法律规定。例如,在借款合同纠纷案件中,根据借贷各方的主体不同,会适用不同的法律;根据诉讼请求不同,会适用不同的法律;根据当事人各方的意思表示不同,会适用不同的法律;根据借款的方式不同,会适用不同的法律等。

关于法源问题。法源也就是哪些法律能成为人民法院审判的依据,这也属于法律适用规则应该考虑的范围。我国《民法通则》(已失效)第 6 条规定,民事活动必须遵守法律,法律没有规定的,应当遵守国家政策。《民法典》第 10 条规定,处理民事纠纷,应当依照法律;法律没有规定的,可以适用习惯,但是不得违背公序良俗。关于政策的适用问题。《民法典》并未将国家政策规定其中,这体现了法治精神和法治进步,但这并不是说在裁判过程中就不要考虑国家政策。政策是政治在社会生活中的直接体现、重要载体。如前所述,考虑政策是指在民事裁判过程中要充分考量包括基于道德、文化、民意、历史、产业发展等因素而形成的政策,是讲究政治效果的直接反应。习惯也是重要的法源,习惯的适用有两个前提条件,一个是法律没有规定,另一个是不可以违反公序良俗。关于公序良俗问题。我国是多民族国家,民族众多,民族习惯各不相同,如何在法律没有规定的情况下,正确适用法律是应该被高度重视的问题。

二、关于管辖权问题

对管辖权提出异议是当事人的重要诉权，管辖权异议案件是较为常见的民商事案件，当事人都希望能有一个自认为比较熟悉、比较了解、比较方便、比较公正的法院审理案件，一旦遇上管辖权争议，一般都会行使自己的提出管辖权异议权利。当然，不排除当事人明知管辖权异议难以成立也提出诉讼，无非是自认为多一道程序，可以拖延诉讼，可能会对自己有利，这属于诉讼技巧的范畴了。这类案件看似仅仅只是管辖权制度的理解适用，但一旦涉及一些实体性问题、相关联案件，也会出现综合法律判断构建法律适用逻辑的问题。

案例 14

上诉人中铁北京工程局集团第一工程有限公司（以下简称中铁公司）与被上诉人河南省江涛实业有限公司（以下简称江涛公司）建设工程施工合同纠纷案

案号：(2019)最高法民辖终 218 号

主要争议焦点

中铁公司对该案管辖权提出的异议是否成立。

简要案情

中铁公司与江涛公司约定，由江涛公司承担中铁公司承包施工的位于青海省天峻县木里聚乎更八号井西采区土石方剥离部分工程，由江涛公司自行组织现场施工管理人员和机械设备进驻矿区。之后，又补签了《土石方剥离工程合同》。江涛公司进场施工后，双方由于纠纷停工。

案情详解

江涛公司起诉请求，判令被告赔偿原告因停工造成的全部设备损失共计

129 962 289. 96 元、因停工造成的人工工资损失 12 622 593 元，两项共计 142 584 882. 96 元；判令被告对原告实际土石方剥离总数量 3 198 338. 8 方、已计价土石方剥离数量 2 693 569. 8 方、未计价土石方剥离数量 504 769 方、计价款为 10 751 579. 7 元等其他未验工计价工程数量进行司法审计并重新审定计价结算；判令被告承担本案的诉讼费、律师费等相关费用。

中铁公司对管辖权提出异议，一是根据《民事诉讼法》第 35 条规定，合同或者其他财产权益纠纷的当事人可以书面协议选择被告住所地、合同履行地、合同签订地、原告住所地、标的物所在地等与争议有实际联系的地点的人民法院管辖。该案中，双方签订的《土石方剥离工程合同》约定了合同争议的管辖法院是中铁公司法人注册地有管辖权的法院，而中铁公司的法人注册地在陕西，因此本案应由陕西省有管辖权的法院审理。又根据最高人民法院《关于调整部分高级人民法院和中级人民法院管辖第一审民商事案件标准的通知》（法发〔2018〕13 号）第 2 条规定，当事人一方住所地不在受理法院所处省级行政辖区的第一审民商事案件，陕西省高级人民法院管辖诉讼标的额为 1 亿元以上的案件。该案原告住所地不在陕西省，且诉讼标的额在 1 亿元以上，因此该案应由陕西省高级人民法院审理。二是根据双方签订的《土石方剥离工程合同》，中铁资源集团海西煤业有限公司是本合同的业主，即工程的发包人，中铁公司是工程的承包人，江涛公司是工程分包人，双方系建设工程分包合同关系，并非建设工程施工合同关系（建设工程施工合同关系专指发包人与承包人之间）。根据《民事案件案由规定》第 115 条，建设工程分包合同纠纷与建设工程施工合同纠纷是两个独立的案由，最高人民法院《关于适用〈中华人民共和国民事诉讼法〉的解释》第 28 条第 2 款规定的不动产纠纷专属管辖专指建设工程施工合同纠纷，并不包含建设工程分包合同纠纷。请求将该案移送中铁公司住所地陕西省高级人民法院管辖。

裁判结果

一审法院裁定驳回了中铁公司对本案管辖权提出的异议。中铁公司不服，向最高人民法院提起上诉，最高人民法院裁定，驳回上诉，维持原裁定。

案例15

上诉人陕西通家汽车股份有限公司（以下简称通家汽车公司）与被上诉人远东福斯特新能源有限公司（以下简称福斯特新能源公司）买卖合同纠纷案

案号：（2020）最高法民辖终7号

主要争议焦点

福斯特新能源公司对管辖权提出的异议是否成立。

简要案情

通家汽车公司与福斯特新能源公司签订《零部件产品买卖合同书》《产品质量保证协议》《补充协议》。通家汽车公司提起合同违约之诉，福斯特新能源公司对管辖权提出异议。

案情详解

通家汽车公司起诉请求：（1）判令福斯特新能源公司向其支付未更换电池组的报关费838 600元；（2）判令准许其向福斯特新能源公司退还因存在质量问题未更换的电池组599组并判令福斯特新能源公司赔偿因出售存在质量问题的电池组给其造成的损失，暂计算1 72 304 946元；（3）判令福斯特新能源公司支付其律师费、差旅费25 971.9元；（4）本案诉讼费、保全费等费用均由福斯特新能源公司承担。

福斯特新能源公司对管辖权提出异议，2015年11月20日，通家汽车公司与福斯特新能源公司签订《零部件产品买卖合同书》，购买了福斯特新能源公司生产的新能源汽车专用动力电池包，购货金额为人民币2.38亿余元。但通家汽车公司仅支付了1.2亿余元货款，现尚欠福斯特新能源公司货款本金约1.14亿元。福斯特新能源公司以买卖合同纠纷为由于2018年12月26日在江西省高级人民法院对通家汽车公司及其履约担保人苏某提起诉讼，诉请通家汽车公司及苏某承担连带还款责任，江西省高级人民法院于2019年1月2日受理了该案，目前，该案正在审理中。据此,该案应移送至江西省高级人民法院审理。

通家汽车公司答辩称,福斯特新能源公司提出的管辖权异议不成立,陕西省高级人民法院具有管辖权。该案是通家汽车公司向福斯特新能源公司主张货物质量问题的违约责任,而不是向福斯特新能源公司主张因货款发生的迟延供货责任。

裁判结果

一审法院裁定,福斯特新能源公司对管辖权提出的异议成立,本案移送江西省高级人民法院处理。通家汽车公司不服一审裁定,向最高人民法院提起上诉,最高人民法院裁定,驳回上诉,维持原裁定。

案例 16

上诉人李某华、杨某山与被上诉人刘某、原审被告陕西鸿石集团股份有限公司股权转让纠纷案

案号:(2019)最高法民辖终 54 号

主要争议焦点

李某华、杨某山的管辖权异议是否成立。

简要案情

刘某持股的富蕴华泰汇能矿业有限责任公司与陕西鸿石集团股份有限公司签订了《股权转让合同》。因纠纷刘某提起诉讼,李某华、杨某山对管辖权提出异议。

案情详解

刘某起诉请求:(1)判令被告支付原告股权转让款欠款 911.8 万元;(2)判令被告支付原告股权转让款欠款利息 4456.6 万元;(3)判令被告双倍赔偿原告股权转让款欠款 1823.6 万元;(4)判令被告支付违约金 91.18 万元;(5)判令将富蕴华泰汇能矿业有限责任公司法定代表人变更至被告李某华名下;(6)判令被告承担本

案全部诉讼费用。

李某华、杨某山对管辖权提出异议，请求将本案移送鄂尔多斯市中级人民法院审理。(1)按照《民事诉讼法》地域管辖的规定，新疆维吾尔自治区高级人民法院对本案没有管辖权，本案应由被告住所地鄂尔多斯市中级人民法院管辖。根据《民事诉讼法》第22条第1款的规定，对公民提起的民事诉讼，由被告住所地人民法院管辖；被告住所地与经常居住地不一致的，由经常居住地人民法院管辖。本案被告的住所地位于内蒙古鄂尔多斯市，本案应当由鄂尔多斯市中级人民法院管辖。根据《民事诉讼法》第24条的规定，因合同纠纷提起的诉讼，由被告住所地或者合同履行地人民法院管辖。本案是股权转让纠纷，原被告在合同中并未明确约定合同履行地，而原告诉求是要求被告履行股权转让对应的对价、利息及违约金，该诉求实际上仅是违约责任的承担形式而已。最高人民法院《关于适用〈中华人民共和国民事诉讼法〉的解释》第18条第2款规定："合同对履行地点没有约定或约定不明确，争议标的为给付货币的，接收货币一方所在地为合同履行地；交付不动产的，不动产所在地为合同履行地；其他标的，履行义务一方所在地为合同履行地……"本案履行义务一方即被告，被告所在地为内蒙古鄂尔多斯市，因此按照合同履行地本案也应当由内蒙古鄂尔多斯市的法院管辖。(2)即使按照《民事诉讼法》级别管辖的规定，新疆维吾尔自治区高级人民法院对本案也没有管辖权，本案应当由阿勒泰地区中级人民法院管辖。本案标的额为7283.18万元，本案原被告均不在新疆辖区范围，根据最高人民法院《关于调整部分高级人民法院和中级人民法院管辖第一审民商事案件标准的通知》第2条规定，即使本案不归鄂尔多斯市中级人民法院管辖，也应当由阿勒泰地区中级人民法院管辖。

裁判结果

一审法院裁定，驳回李某华、杨某山的管辖权异议。李某华、杨某山不服向最高人民法院提起上诉，最高人民法院裁定，撤销新疆维吾尔自治区高级人民法院(2018)新民初67号民事裁定，本案由新疆维吾尔自治区伊犁哈萨克自治州阿勒泰地区中级人民法院管辖。

案例 17

上诉人贵州鑫盛源能源投资(集团)有限公司(以下简称鑫盛源公司)、贵州鑫盛源能源投资(集团)有限公司普定县补郎乡顺时煤矿(以下简称鑫盛源顺时煤矿)与被上诉人中融国际信托有限公司(以下简称中融公司)金融借款合同纠纷案

案号:(2018)最高法民辖终 319 号

主要争议焦点

鑫盛源公司、鑫盛源顺时煤矿对管辖权提出的异议是否成立。

简要案情

中融公司与普定县顺时煤矿签订《信托贷款合同》《抵押合同》,普定县顺时煤矿以采矿权提供抵押担保。鑫盛源公司将普定县顺时煤矿变更为鑫盛源顺时煤矿,作为鑫盛源公司下属分公司。鑫盛源公司向中融公司承诺对普定县顺时煤矿的全部债务承担连带还款义务。因纠纷中融公司提起诉讼,鑫盛源公司、鑫盛源顺时煤矿对管辖权提出异议。

案情详解

中融公司起诉请求,(1)判令鑫盛源公司、鑫盛源顺时煤矿连带偿还中融公司信托贷款本金 6200 万元、利息 837 万元,罚息(自 2012 年 9 月 5 日至实际清偿之日止每日按本息 1‰计算);(2)判令鑫盛源公司、鑫盛源顺时煤矿连带支付实现债权的费用 28 万元;(3)判令中融公司对鑫盛源公司名下的采矿权拍卖、变卖所得有优先受偿权;(4)本案诉讼费用由鑫盛源公司、鑫盛源顺时煤矿承担。理由如下:2011 年 8 月 17 日,中融公司与普定县顺时煤矿签订《信托贷款合同》《抵押合同》,向普定县顺时煤矿发放信托贷款 6200 万元,普定县顺时煤矿以采矿权提供抵押担保,抵押担保的范围包括借款本金、利息以及债务人因违反主合同而产生的复利罚息、违约金、赔偿金及贷款人为实现债权发生的所有费用。北京市方圆公证处对《信托

贷款合同》《抵押合同》作了强制执行公证。2013年4月2日，普定县顺时煤矿与鑫盛源公司签订《普定县顺时煤矿整合协议书》，鑫盛源公司收购普定县顺时煤矿。2014年3月3日，鑫盛源公司将普定县顺时煤矿变更为鑫盛源顺时煤矿，作为鑫盛源公司下属分公司。鑫盛源公司向中融公司出具承诺书，承诺对普定县顺时煤矿的全部债务承担连带还款义务。

鑫盛源公司、鑫盛源顺时煤矿对管辖权提出异议，鑫盛源公司、鑫盛源顺时煤矿不是《信托贷款合同》《抵押合同》的合同主体，《信托贷款合同》《抵押合同》的合同签订地在北京市，鑫盛源公司、鑫盛源顺时煤矿注册登记地、经营场所均在贵州省，黑龙江省高级人民法院对本案无管辖权，应当移送贵州省安顺市中级人民法院审理。

裁判结果

一审法院裁定鑫盛源公司、鑫盛源顺时煤矿对管辖权提出的异议不成立，予以驳回。鑫盛源公司、鑫盛源顺时煤矿不服，向最高人民法院提起上诉，最高人民法院裁定，驳回上诉，维持原裁定。

案例18

上诉人中铁物流大连分公司中铁现代物流科技股份有限公司大连分公司（以下简称中铁物流大连分公司）与被上诉人大连银行股份有限公司（以下简称大连银行）、一审被告库伦旗佐源糖业有限公司（以下简称库伦旗佐源公司）、锦州佐源糖业食品有限公司（以下简称锦州佐源公司）、汪某钧、赵某金融借款合同纠纷案

案号：（2017）最高法民辖终356号

主要争议焦点

中铁物流大连分公司对管辖权提出的异议是否成立。

简要案情

大连银行与库伦旗佐源公司签订《综合授信协议》。大连银行与锦州佐源公司签订《最高额质押合同》。大连银行与汪某钧、赵某分别签订《最高额保证合同》。大连银行与锦州佐源公司及中铁物流大连分公司签订《动产监管协议》。大连银行与库伦旗佐源公司分别签订了2份《商业汇票承兑协议》。因纠纷大连银行提起诉讼,中铁物流大连分公司对管辖权提出异议。

案情详解

大连银行起诉请求,(1)判令库伦旗佐源公司立即偿还大连银行银行承兑汇票垫款人民币98 709 476.46元及至实际还款之日起的利息(截至2017年1月20日欠息共计26 332 957元);(2)判令库伦旗佐源公司偿还大连银行因本案而支付的律师费30万元;(3)判令大连银行对锦州佐源公司提供的质物享有优先受偿权,对处置该质物的价款在约定担保范围内优先受偿;(4)判令汪某钧、赵某对库伦旗佐源公司的上述债务承担连带保证责任;(5)判令中铁物流大连分公司在质物丧失的范围内对大连银行债权承担补充赔偿责任;(6)本案诉讼费用由各被告承担。理由如下:2014年7月10日,大连银行与库伦旗佐源公司签订了1份《综合授信协议》,约定大连银行给与库伦旗佐源公司综合授信1亿元,授信期限自2014年8月14日至2015年8月11日,授信品种为承兑。2014年7月10日,大连银行与锦州佐源公司签订了《最高额质押合同》,约定锦州佐源公司以其所有的白砂糖10 000吨及原糖28 100吨为大连银行对库伦旗佐源公司的债权提供最高额质押担保。担保的主债权发生期间为2014年8月14日至2015年8月11日。担保的债权本金最高额为1亿元。2014年7月10日、2015年4月2日,大连银行与汪某钧、赵某分别签订了《最高额保证合同》,约定汪某钧、赵某为大连银行对库伦旗佐源公司的债权提供最高额连带责任保证担保。担保的主债权发生期间为2014年8月14日至2015年8月11日。担保债权本金最高额为1亿元。担保期限为主债权届满之日起2年。2014年8月11日,大连银行与锦州佐源公司及中铁物流大连分公司签订《动产监管协议》,约定大连银行委托案外人对锦州佐源公司提供的质物提供质押监管;协议签订后,案外人对质押实际占有监管。2015年2月3日、10日,大连银行与库伦旗佐源公司分别签订了2份《商业汇票承兑协议》，约定大连银行对出票人为库伦旗佐源公司的商业汇票进行承兑。票面金额共计1亿元，库伦旗佐源公司提供50%的保证金。合同签订后大连银行依约对出票人为库伦旗佐源公司的商业汇票进行承兑，共承兑汇票20张，金额共计2亿元。票据到期日分别为2015年8月3日及10日。但库伦旗佐源公司违反约定未于票据到期日前偿还大连银行票款，导致大连银行垫款。中铁物流大连分公司作为大连银行质物的监管方，没有履行《动产监管协议》约定的义务，导致质物损失，根据《动产监管协议》的约定，其应当对大连银行的债权损失承担补充赔偿责任。

被告中铁物流大连分公司在提交答辩状期间，对管辖权提出异议，认为本案是借款合同纠纷，中铁物流大连分公司与大连银行之间是委托监管关系，其诉讼请求的基础是委托法律关系和质押物的返还请求权，与借款合同纠纷相比较，是两种性质完全不同的纠纷，不应该放在一个案件中受理。大连银行与中铁物流大连分公司签订了《动产监管协议》，但是中铁物流大连分公司作为中铁现代物流科技股份有限公司的分公司，不具有独立的法人资格，中铁物流大连分公司不应当成为本案的被告，适格被告是中铁现代物流科技股份有限公司。中铁现代物流科技股份有限公司的住所地在北京市西城区，本案应当由北京市西城区人民法院管辖。请求将本案移送至有管辖权的北京市西城区人民法院审理。

裁判结果

一审法院裁定中铁物流大连分公司对管辖权提出的异议不成立，予以驳回。中铁物流大连分公司不服一审裁定，向最高人民法院提起上诉，最高人民法院裁定，驳回上诉，维持原裁定。

思考与衡量

虽然从个案来说，管辖权异议案件可能考虑的法律适用点并不是太多，但是如果不能全面系统把握此类案件所涉及的所有法律规定，不能构建起该问题的法律适用体系，就容易出现法律适用不当。从上述列举的5个相关案例来看，每个案件的情况并不相同，每个当事人的心态都不一样，处理结果也不尽相同。管辖权异议之诉是在一个诉讼过程中提起的，也就是原告提起一个诉讼之后，被告对受理法院不具有管辖权提出异议,认为应该将案件移交其他法院审理。此类诉讼既涉及专属管辖、级别管辖、地域管辖以及协议管辖的关系问题,还涉及相关联案件的审理、主从合同之间的关系、多个法律关系之间的关系、多个案件之间的关系等法律适用问题。此类案件的审理,应该考虑几个方面的法律问题。一是当事人享有一定范围的协议管辖权,限于合同或者其他财产权益纠纷的当事人,但是有前提条件,不得违反法律规定的专属管辖和级别管辖。二是协议管辖应该与实际法律关系有一定的关联性,不能任意选择毫不相干的法院作为协议管辖法院,应该由被告住所地、合同履行地、合同签订地、原告住所地、标的物所在地等与争议有实际联系的地点的人民法院管辖。三是应该处理好与移送管辖之间的关系,协议管辖还涉及移送管辖的问题。当两个法院都有管辖权时,在后受理案件的法院应该将案件移送在先受理案件的法院。四是应该在尊重当事人意思自治的前提条件下,充分考虑司法的统一性、司法资源的有限性、当事人诉讼成本的承担、诉讼的便捷性等综合方面的情况。这是法律具体规定的盲点,也是此类案件审理的难点,是法官自由裁量权的范畴。五是应该注意辨别法律关系彼此之间的关联性,以判断是否是属于协议管辖的法律关系,这是适用管辖权制度的重要内容,也是各方当事人存在争议最多的情形。这时法官就应该对协议内容进行全面审查,最终确定是否属于协议管辖的内容。

案例 14 中,一审法院认为,根据《民事诉讼法》第 34 条第 1 项“因不动产纠纷提起的诉讼,由不动产所在地人民法院管辖”、最高人民法院《关于适用〈中华人民共和国民事诉讼法〉的解释》第 28 条第 2 款“农村土地承包经营合同纠纷、房屋租赁合同纠纷、建设工程施工合同纠纷、政策性房屋买卖合同纠纷,按照不动产纠纷确定管辖”的规定,该案系建设工程施工合同纠纷,案涉工程位于青海省天峻县,应由建设工程所在地法院管辖。因原告江涛公司、被告中铁公司住所地均不在青海省行政辖区,案涉诉讼标的额为 142 584 882.96 元。根据最高人民法院《关于调整部分高级人民法院和中级人民法院管辖第一审民商事案件标准的通知》第 2 条第 2 款“甘肃省、青海省、宁夏回族自治区高级人民法院管辖诉讼标的额 5000 万元以上一审民商事案件,所辖中级人民法院管辖诉讼标的额 1000 万元以上一审民商事案件”的规定,该院对该案具有管辖权,被告中铁公司的管辖权异议不能成立。至于被告中铁公司认为其与江涛公司系建设工程分包合同法律关系、不符合前述法律规定的理由，根据江涛公司与中铁公司签订的《土石方剥离工程合同》，其内容主要是施工工程，且江涛公司的诉讼请求之一也是请求中铁公司支付工程款，如系分包也仅是基于主体的相对性界定工程施工的一种形式，其实质仍然是建设工程施工合同，因此，中铁公司的该理由也不成立。

中铁公司主张其与江涛公司之间为建设工程分包合同关系，应根据《土石方剥离工程合同》约定由中铁公司法人注册地陕西法院管辖。笔者认为，分包是基于主体的相对性界定工程施工的一种形式，其实质仍然是建设工程施工合同法律关系，应当按照不动产纠纷确定由不动产所在地法院管辖。该案中，中铁公司与江涛公司协议约定的管辖地点违反了专属管辖的规定，该约定无效，该案应由青海省高级人民法院管辖。

案例15中，一审法院认为，该案系通家汽车公司基于2015年11月20日其与福斯特新能源公司签订的《零部件产品买卖合同书》，向陕西省高级人民法院起诉要求福斯特新能源公司支付因所供货物存在质量问题而产生未更换电池组的报关费，退还存在问题的电池组并赔偿损失共计1.7亿余元，陕西省高级人民法院于2019年5月6日立案受理。福斯特新能源公司基于上述同一买卖合同，向江西省高级人民法院起诉通家汽车公司及保证人苏某，要求通家汽车公司支付剩余货款及违约金1.1亿余元，苏某承担连带清偿责任，该院于2019年1月2日立案。双方当事人均承认，起诉依据均是上述买卖合同中约定：“合同如果发生争议，双方应当友好协商解决。协商不成的，由原告所在地人民法院管辖。”最高人民法院《关于合同双方当事人协议约定发生纠纷各自可向所在地人民法院起诉如何确定管辖的复函》（已失效）明确规定：“合同双方当事人约定：发生纠纷各自可向所在地人民法院起诉，该约定可认为是选择由原告住所地人民法院管辖，如不违反级别管辖和专属管辖的规定，则该约定应为有效。若当事人已分别向所在地人民法院提起诉讼，则应由先立案的人民法院管辖；若立案时间难于分清先后，则应由两地人民法院协商解决；协商解决不了的，由它们的共同上级人民法院指定管辖。”该案双方当事人基于同一份买卖合同，分别依据合同约定管辖，向各自所在地法院提起诉讼，均未违反级别管辖和专属管辖规定。由于陕西省高级人民法院立案日在江西省高级人民法院立案日期之后，参照上述复函意见，理应将该案移送江西省高级人民法院审理。福斯特新能源公司的管辖权异议成立，依法予以支持。

笔者认为,该案涉及移送管辖的理解问题,福斯特新能源公司与通家汽车公司以不同诉讼请求分别向各自住所地人民法院提起诉讼。其中,福斯特新能源公司向江西省高级人民法院起诉通家汽车公司及保证人苏某,要求通家汽车公司支付《零部件产品买卖合同书》项下剩余货款及违约金,苏某承担连带清偿责任,江西省高级人民法院于2019年1月2日立案受理。通家汽车公司向陕西省高级人民法院起诉要求福斯特新能源公司支付因所供货物存在质量问题而产生未更换电池组的报关费,退还存在问题的电池组并赔偿损失等共计1.7亿余元,陕西省高级人民法院于2019年5月6日立案受理。陕西省高级人民法院在作出一审裁定移送时,江西省高级人民法院已经审结该案,该案已经在二审期间。笔者认为,该案应以移送立案在先的江西省高级人民法院审理为宜,主要理由如下:(1)该案与江西省高级人民法院受理的另案均为因履行案涉《零部件产品买卖合同书》所产生的纠纷,两案分别涉及支付货款与产品质量问题,所依据的事实或法律关系具有一定的一致性或者重叠性,当事人的诉讼请求指向同一法律关系,基于同一事实产生,两案的诉讼请求之间亦存在高度关联性,且在江西省高级人民法院审理前案中,本案已在陕西省高级人民法院受理,故本案移送江西省高级人民法院处理具有事实基础。(2)根据法律规定,原告向两个以上有管辖权的法院起诉的,由先立案的法院管辖,后立案的法院在得知有关法院先立案的情况后,应当裁定将案件移送先立案的法院处理。双方当事人基于同一法律关系、同一法律事实发生纠纷,以不同诉讼请求分别向有管辖权的不同法院起诉的,应当移送先立案法院合并审理。本案符合应当移送先立案法院处理的情形,故本案移送先立案法院处理具有法律依据。(3)通家汽车公司上诉主张,该案一审裁定移送前,江西省高级人民法院已于2019年7月26日作出另案判决,本案移送江西省高级人民法院后与另案无法合并审理。笔者认为,合并审理作为解决矛盾纠纷的一种方式,既可以减轻当事人和法院不必要的诉累,节约司法资源,又能防止不同法院在处理有关联的矛盾纠纷中作出不一致的裁判,从而确保裁判的一致性和统一性。该案与江西省高级人民法院审理的另案属于存在牵连关系可以合并审理,而非必须合并审理的案件。但在另案已经审结,不能合并审理的情况下,将该案移送江西省高级人民法院审理,在江西省高级人民法院已经查明另案的基础事实,而陕西省高级人民法院还未对本案进行案件审理的情形下,更有利于查清案件事实,节约司法资源,减少当事人诉累,避免裁判不一致,且不违反有关级别管辖和专属管辖的规定。在该案与另案可由同一法院处理的情况下,将该案移送至江西省高级人民法院审理,既可以缩短诉讼周期,节约诉讼成本,也能使因纠纷而影响流转使用的资金、物资尽快正常被周转利用,受牵扯的人力尽快得以解脱,达到较好的社会效果,在我国当前民商事案件数量持续高速增长的形势下,亦更利于案件的公正高效审理。况且,在福斯特新能源公司向江西省高级人民法院起诉要求通家汽车公司支付货款一案中,通家汽车公司应诉并提出管辖权异议,其管辖权异议被江西省高级人民法院驳回后未提起反诉,而是另行向陕西省高级人民法院起诉。该做法虽未违反法律法规的禁止性或强制性规定,但难免有利用管辖约定浪费司法资源、增加对方负担之嫌。故该案移送江西省高级人民法院处理具有现实意义。

案例16中,一审法院认为,该案属于股权转让纠纷,2011年9月9日,原告持股的新疆富蕴县锦荣发矿业有限责任公司(现变更为富蕴华泰汇能矿业有限责任公司)与被告陕西华泰汇能集团股份有限公司(现变更为陕西鸿石集团股份有限公司)签订了《股权转让合同》,合同约定将原告持有的新疆富蕴县锦荣发矿业有限责任公司100%的股权以1.2亿元有偿转让给被告陕西华泰汇能集团股份有限公司,被告陕西华泰汇能集团股份有限公司配合新疆富蕴县锦荣发矿业有限责任公司办理股权转让工作。该案原被告的住所地均不在新疆,涉及股权出让的新疆富蕴县锦荣发矿业有限责任公司(现变更为富蕴华泰汇能矿业有限责任公司)住所地在新疆富蕴县。本案原被告在合同中未约定管辖法院,根据《民事诉讼法》第24条规定,该案应由被告住所地或合同履行地人民法院管辖。该案出让股权及进行股权变更登记的新疆富蕴县锦荣发矿业有限责任公司住所地在新疆富蕴县,故新疆富蕴县是本案合同履行地。根据法律规定,确定案件管辖权以原告起诉时为标准,该案原告起诉时间和该院批准立案时间均在2018年8月1日之前,最高人民法院《关于调整高级人民法院和中级人民法院管辖第一审民商事案件标准的通知》(法发〔2015〕7号)规定,“二、当事人一方住所地不在受理法院所处省级行政辖区的第一审民商事案件……吉林、黑龙江、江西、云南、陕西、新疆高级人民法院和新疆生产建设兵团分院,管辖诉讼标的额5000万元以上一审民商事案件,所辖中级人民法院管辖诉讼标的额1000万元以上一审民商事案件”,该案诉讼标的为7283.18万元,属于新疆高级人民法院管辖范围,故新疆高级人民法院对本案具有管辖权，原告刘某向该院起诉符合法律规定，被告李某华、被告杨某山提出管辖权异议的理由不能成立，该院不予支持。

笔者认为，该案涉及地域管辖地域的确定问题和级别管辖的问题。该案地域管辖的实质争议点是合同履行地如何确定的问题。该案是股权转让合同纠纷。股权转让合同是一方转让股权、另一方给付价款的双务合同，双方均有合同履行义务。在存在双方或多方合同履行义务的情况下，如果所有的合同义务履行地都是作为合同履行地来确定案件管辖，势必会引起管辖争议的混乱，不利于纠纷的快速解决。为此，人民法院通过多年的实务经验累积，在实践中摸索出特征义务履行地原则。即以最能反映合同本质特征的合同履行义务为特征义务，以特征义务履行地为确定合同履行地的依据。该案中，双方当事人签订的合同为股权转让合同，按照约定，新疆富蕴县锦荣发矿业有限责任公司需出让全部股权，并将公司变更登记为富蕴华泰汇能矿业有限责任公司，李某华、杨某山一方需支付金钱对价。因此，该案的特征义务是转让股权，进而应由转让股权的行为地，也就是新疆富蕴县，作为合同履行地。李某华、杨某山要求将其所在地内蒙古自治区鄂尔多斯市作为合同履行地的上诉理由不成立，其要求移送鄂尔多斯市中级人民法院管辖的上诉请求不予支持。因双方签订的《股权转让合同》未对管辖法院作出约定，故应当由被告住所地或者合同履行地人民法院管辖。因原审原告选择了新疆即合同履行地的人民法院起诉，故该案应由新疆的相应法院管辖。根据管辖标准的规定，该案应由富蕴县所在地的中级人民法院即新疆维吾尔自治区伊犁哈萨克自治州阿勒泰地区中级人民法院管辖。

案例 17 中，一审法院认为，中融公司与普定县顺时煤矿签订的《信托贷款合同》《抵押合同》在争议解决条款中均约定了在合同履行过程中发生争议，由中融公司和普定县顺时煤矿协商解决，协商不成，由中融公司住所地有管辖权的人民法院管辖。根据《民事诉讼法》第 35 条关于“合同或者其他财产权益纠纷的当事人可以书面协议选择被告住所地、合同履行地、合同签订地、原告住所地、标的物所在地等与争议有实际联系的地点的人民法院管辖，但不得违反本法对级别管辖和专属管辖的规定”的规定，中融公司与普定县顺时煤矿已就该案管辖法院进行约定，该约定符合法律规定，虽然普定县顺时煤矿于 2014 年 3 月 3 日在贵州省工商行政管理局变更名称为鑫盛源顺时煤矿，但是合同主体并没有变更，合同中关于协议管辖法院的约定有效，故鑫盛源顺时煤矿、鑫盛源公司关于管辖权的异议请求不成立。

笔者认为，《合同法》第90条[①]规定："当事人订立合同后合并的，由合并后的法人或者其他组织行使合同权利，履行合同义务。当事人订立合同后分立的，除债权人和债务人另有约定的以外，由分立的法人或者其他组织对合同的权利和义务享有连带债权，承担连带债务。"《民事诉讼法》第35条规定："合同或者其他财产权益纠纷的当事人可以书面协议选择被告住所地、合同履行地、合同签订地、原告住所地、标的物所在地等与争议有实际联系的地点的人民法院管辖，但不得违反本法对级别管辖和专属管辖的规定。"最高人民法院《关于适用〈中华人民共和国民事诉讼法〉的解释》第29条规定："民事诉讼法第三十五条规定的书面协议，包括书面合同中的协议管辖条款或者诉讼前以书面形式达成的选择管辖的协议。"该案中，中融公司与普定县顺时煤矿签订的《信托贷款合同》及《抵押合同》在争议解决条款中均约定，在合同履行过程中发生争议，由中融公司和普定县顺时煤矿协商解决，协商不成的，由中融公司住所地有管辖权的人民法院管辖。该案为合同纠纷，该协议管辖条款明确、合法。虽然普定县顺时煤矿于2014年3月企业组织形式发生变更，从普定县顺时煤矿变更为鑫盛源顺时煤矿，但鑫盛源顺时煤矿继受了普定县顺时煤矿的权利和义务，故《信托贷款合同》及《抵押合同》中关于协议管辖的约定依然有效。关于该案是否违反一事不再理原则的问题。2014年12月，中融公司向贵州省安顺市中级人民法院申请强制执行北京市方圆公证处作出的（2011）北方圆内经字第18237号公证书，该公证书所公证的内容即为该案中融公司主张的6200万元借款。2015年11月，贵州省安顺市中级人民法院作出（2014）安市执字第105－2号裁定，认定中融公司申请强制执行所依据的公证债权文书不符合强制执行的条件，不予执行。故鑫盛源公司和鑫盛源顺时煤矿关于该案违反一事不再理的主张不能成立。综上，鑫盛源公司与鑫盛源顺时煤矿的上诉请求缺乏事实和法律依据，不应支持。

案例18中，一审法院认为，（1）关于中铁物流大连分公司认为该案为借款合同法律关系，其与大连银行之间的委托法律关系不应在一案中受理的问题。该院认为，该案是借款担保合同纠纷，案涉《动产监管协议》是"为保障大连银行与库伦旗

① 现为《民法典》第67条。

佐源公司签署的《综合授信协议》及相关担保合同的履行”,由大连银行、库伦旗佐源公司、中铁物流大连分公司三方签订,在该《动产监管协议》中约定了质押权人、质押人、监管人三方在提供动产质押、保管、监督等方面的权利和义务,“中铁物流大连分公司签发的《监管物清单》构成大连银行与库伦旗佐源公司签订的质押担保合同项下的质物清单”,可见该《动产监管协议》的履行直接关系到债权人享有质押权的实现,故《动产监管协议》与《综合授信协议》及相关担保合同之间存在密切联系。本案中,《动产监管协议》并不独立于《综合授信协议》及相关担保合同而存在,《动产监管协议》的签订基础是《综合授信协议》及相关担保合同,《动产监管协议》的签订目的是保证《最高额质押合同》的履行,以实现债权人大连银行的质权。因此,当事人因《综合授信协议》及相关担保合同、《动产监管协议》发生的争议均属于借款担保合同纠纷。故中铁物流大连分公司认为该案为借款合同法律关系,其与大连银行之间的委托法律关系不应在一案中受理的理由不能成立。(2)关于中铁物流大连分公司认为其作为中铁现代物流科技股份有限公司的分公司,不具有独立的法人资格,不是该案适格被告的问题。该院认为,根据《民事诉讼法》第51条及最高人民法院《关于适用〈中华人民共和国民事诉讼法〉的解释》第52条第5项的规定,中铁物流大连分公司属依法设立并领取营业执照的法人的分支机构,可以作为民事诉讼的当事人,具有诉讼主体资格。故中铁物流大连分公司关于其不是本案适格被告的理由亦不能成立。《民事诉讼法》第35条规定:“合同或者其他财产权益纠纷的当事人可以书面协议选择被告住所地、合同履行地、合同签订地、原告住所地、标的物所在地等与争议有实际联系的地点的人民法院管辖,但不得违反本法对级别管辖和专属管辖的规定”;最高人民法院《关于调整高级人民法院和中级人民法院管辖第一审民商事案件标准的通知》(法发〔2008〕10号)第1条第1款、第2款规定,当事人一方住所地不在受理法院所处省级行政辖区的第一审民商事案件,辽宁高级人民法院,管辖诉讼标的额1亿元以上一审民商事案件;最高人民法院《关于适用〈中华人民共和国担保法〉若干问题的解释》第129条第1款规定:“主合同和担保合同发生纠纷提起诉讼的,应当根据主合同确定案件管辖……”该案中,大连银行与库伦旗佐源公司签订的《综合授信协议》第13条约定,“凡因履行本协议或与本协议有关的一切争议、纠纷,双方可协商解决,协商不成的,在大连银行所在地法院通过诉讼方式解决”,该约定符合《民事诉讼法》第35条关于协议管辖的规定,且不存在违反专属管辖规定的情形,依法有效。依照最高人民法院《关于适用〈中华人民共和国担保法〉若干问题的解释》(已失效)第129条的规定,原告大连银行一并提起借款担保合同纠纷诉讼,于法有据。原告大连银行起诉诉讼标的额为1.2亿余元,被告库伦旗佐源公司的住所地不在辽宁省行政辖区,依照最高人民法院《关于调整高级人民法院和中级人民法院管辖第一审民商事案件标准的通知》第1条第1款、第2款的规定,该案已达到一审法院受理一审民商事案件的级别管辖标准。故一审法院受理大连银行向一审法院提起的诉讼,符合法律规定。综上,裁定驳回中铁物流大连分公司对该案管辖权提出的异议。

笔者认为,该案涉及不同法律关系之间的关系问题以及适格主体的判断问题。中铁物流大连分公司认为本案为借款合同法律关系,其与大连银行之间的委托法律关系不应在一案中受理。笔者认为,案涉《动产监管协议》是由大连银行、库伦旗佐源公司、中铁物流大连分公司三方签订,该协议明确载明了合同目的是"保障大连银行与库伦旗佐源公司签署的《综合授信协议》及相关担保合同的履行",并约定了质押权人、质押人、监管人三方在提供动产质押、保管、监督等方面的权利和义务。而且,案涉《动产监管协议》还约定"中铁物流大连分公司签发的《监管物清单》构成大连银行与库伦旗佐源公司签订的质押担保合同项下的质物清单",故该《动产监管协议》的履行直接关系到债权人享有质押权的实现。《动产监管协议》的签订目的是保证案涉《最高额质押合同》的履行,以实现债权人大连银行的质权。虽然中铁物流大连分公司的诉请所依据的《动产监管协议》与《综合授信协议》分属于不同的法律关系,但是《综合授信协议》与《最高额质押合同》在法律关系上存在主从关系,而《动产监管协议》与《最高额质押合同》亦在法律关系上存在紧密的牵连性。一审法院将案涉三个合同引起的纠纷合并审理并无不当,应予维持。关于中铁物流大连分公司认为其作为中铁物流公司的分公司,不具有独立的法人资格,不是该案适格被告的问题。中铁物流大连分公司属依法设立并领取营业执照的法人的分支机构,可以作为民事诉讼的当事人,具有诉讼主体资格。

三、关于判决驳回诉讼请求与裁定驳回起诉问题

判决驳回诉讼请求和裁定驳回起诉是两种常见的裁判方式,这两种裁判方式都没有支持当事人的主张,虽然表面上结果一样,但实际上这两种裁判方式所适用

的法律和引起的法律后果并不相同。两者之间的不同既涉及当事人诉讼权利的保障问题，也涉及法律适用是否正确的问题，还涉及累诉、缠诉以及诉讼效率等问题。

案例 19

再审申请人陕西长岭电子科技有限责任公司（以下简称长岭公司）与被申请人陕西亚克力洁具有限责任公司（以下简称亚克力公司）、苏某民及一审第三人陕西长岭节能电器有限公司（以下简称节能公司）合同纠纷案

案号：（2019）最高法民申 1937 号

主要争议焦点

长岭公司起诉亚克力公司和苏某民是否具有诉权。

简要案情

长岭公司与亚克力公司签订《股东合作协议书》，约定由双方共同出资设立节能公司。合同履行过程中，双方发生纠纷。

案情详解

长岭公司起诉请求，（1）判令苏某民和亚克力公司向长岭公司支付违约金 50 万元；（2）判令苏某民和亚克力公司赔偿长岭公司各项经济损失 260 万元；（3）由苏某民和亚克力公司承担本案全部诉讼费用。事实与理由如下：2006 年原告与被告签订《股东合作协议书》，约定由双方共同出资设立节能公司。其中，原告全部以现金出资 900 万元，占资本额 60%。被告以技术和设备作价出资 600 万元，占资本额 40%。节能公司主要从事节能热水器的研发、生产和销售。节能公司成立之初，由被告苏某民本人担任节能公司总经理。但其在受聘担任总经理的两年多时间里，严重违反作为一名公司高管的忠诚、勤勉义务，非法侵占节能公司财产。被告

亚克力公司及苏某民的行为致使生产的节能热水器产品丧失核心技术，在市场上失去了技术领先和竞争优势地位，给公司造成持续巨额亏损。经查明，被告公司作价投入节能公司的技术和设备存在严重瑕疵，实属对原告的恶意欺诈行为。

亚克力公司辩称，(1)长岭公司提起的是违约之诉，不应列苏某民为被告。苏某民与亚克力公司是彼此独立的民事主体，苏某民不是《股东合作协议书》的当事人，不应承担违约责任。长岭公司的诉讼请求不明确，本案的原被告不适格，应当依法驳回其诉讼请求。(2)亚克力公司以长岭公司违反了《股东合作协议书》为由，于2011年向陕西省西安市雁塔区人民法院提起诉讼。长岭公司就已作出生效判决的同一事实，再次向人民法院起诉，违反了民事诉讼一事不再理的基本原则。(3)长岭公司诉称苏某民违反高管忠诚义务、滥用职权给节能公司造成损失，与事实严重不符。(4)亚克力公司的出资符合法律规定，也经过了长岭公司的认可，不存在虚假出资，更不存在欺诈。(5)节能公司成立之初的损失与苏某民、亚克力公司无关。综上，长岭公司起诉的请求事项没有事实和法律依据，应当依法驳回。

苏某民辩称，(1)其与长岭公司无任何约定，无从说及违约和承担违约责任。(2)亚克力公司依据《股东合作协议书》约定按期把专利技术过户到节能公司，即完成了对新公司的出资义务，同时还需履行不再自行实施，也不允许任何第三方实施该专利技术的约定。(3)长岭公司认为苏某民违反资产评估值保证义务及对公司的勤勉、忠实义务，造成公司经营严重亏损的观点毫无依据。(4)公司的经营计划及决策都是由董事会、股东会做出的，是由双方股东共同经营的，如果有损失，也应当由双方股东共同承担。综上所述，请求驳回长岭公司的诉讼请求。

一审第三人节能公司辩称，亚克力公司、苏某民出资有假，生产期间的损失应该由亚克力公司、苏某民承担。

一审法院认为，该案系典型的公司纠纷，不是合同纠纷，长岭公司以合同纠纷起诉不当。苏某民作为节能公司高级管理人员，长岭公司认为其行为侵害了节能公司的合法权益，可以依据《公司法》第152条“董事、高级管理人员违反法律、行政法规或者公司章程的规定，损害股东利益的，股东可以向人民法院提起诉讼”的规定，起诉苏某民承担相应的责任。亚克力公司作为节能公司的股东，长岭公司认为其存在滥用股东权利给其他股东造成损害的情形，可依据《公司法》第20条第2款

"公司股东滥用股东权利给公司或者其他股东造成损害的,应当依法承担赔偿责任"的规定,诉请其向长岭公司承担民事赔偿责任。对此该院向长岭公司进行多次释明,但其拒绝变更。由于长岭公司主张的法律关系性质与法院根据案件事实认定的不一致,法院不宜作出实体判决,应对本案做出程序性处理,故该案应驳回长岭公司的起诉,长岭公司可以按公司法律关系另行起诉。

裁判结果

一审法院裁定,驳回长岭公司的起诉。长岭公司不服一审裁定,向二审法院提起上诉,二审法院裁定,驳回上诉,维持原裁定。长岭公司不服二审裁定,向最高人民法院申请再审,最高人民法院裁定提审本案。最高人民法院提审后裁定撤销陕西省宝鸡市中级人民法院(2017)陕03民初50号民事裁定及陕西省高级人民法院(2018)陕民终400号民事裁定,指令陕西省宝鸡市中级人民法院对本案进行审理。

案例20

再审申请人甘肃省国营八一农场(以下简称八一农场)与被申请人金昌水泥(集团)有限责任公司(以下简称金泥公司)及一审第三人金昌市人民政府国有资产监督管理委员会(以下简称金昌市国资委)股东会决议效力确认纠纷案

案号:(2019)最高法民再152号

主要争议焦点

八一农场就起诉金泥公司及金昌市国资委一案是否具有诉权。

简要案情

金泥公司登记设立,注册资本为7218.8万元。之后,永昌县计划经济局用于出资的土地使用权被永昌县人民政府收回,金泥公司的注册资本减少为6943.4万元。而后，金泥公司召开股东会通过增资决议，金泥公司对该公司使用的8宗土地依照基准地价重新评估，以重新评估价值和增值部分作为金昌市国资委单方增资。各方当事人就股东会决议产生纠纷。

案情详解

八一农场起诉请求，（1）确认被告金泥公司股东会于2014年10月22日作出的决议无效；（2）确认原告八一农场享有金泥公司增资的2404.2922万元资产对应的股权；（3）判令被告金泥公司限期向登记机关申请撤销该增资变更登记；（4）判令被告金泥公司承担本案全部诉讼费用。事实和理由如下：1999年11月5日，永昌县计划经济局、金川区乡镇企业管理局和八一农场达成协议，对下属的原永昌县建材工业公司、甘肃省骊轩水泥厂、金昌水泥厂、甘肃农垦八一水泥厂进行资产重组，以评估确定的各方净资产出资组建金泥公司，并于2000年4月26日登记设立。金泥公司的注册资本为7218.8万元，其中，八一农场实物出资3888.84万元（含土地使用权1189.77万元），出资比例53.87%；永昌县计划经济局出资2479.88万元（含土地使用权781.85万元），出资比例34.36%；金川区乡镇企业管理局出资850.08万元（含土地使用权721.07万元），出资比例11.77%。2002年4月，永昌县计划经济局用于出资的85.54万元土地使用权被永昌县人民政府收回，金泥公司的注册资本减少为6943.4万元，八一农场、永昌县计划经济局、金川区乡镇企业管理局的出资比例分别变更为59.43%、35.54%和5.03%。2011年4月12日，金昌市人民政府决定将永昌县人民政府和金川区人民政府持有的金泥公司的股权划转由金昌市国资委管理。金泥公司的股东变更为八一农场和金昌市国资委，出资额分别为4126.54万元、2816.86万元，出资比例分别为59.43%、40.57%。2014年10月22日，金泥公司召开股东会通过如下增资决议，依照国家国有企业改革的有关规定，金泥公司使用的国有划拨土地依照基准价重新评估，依照重新评估的土地价值进行增资，金泥公司的注册资本由6943.4万元变更为10 997.4万元，其中八一农场的出资额未增加，仍为4126.54万元，出资比例由59.43%变更为37.52%；金昌市国资委的出资额由2816.86万元增加为6870.86万元，出资比例变更为62.48%。2014年11月，金泥公司根据股东会决议向永昌县工商行政管理局办理了变更登记。金泥公司对该公司使用的8宗土地依照基准地价重新评估，以重新评估价值和增值部分作为金昌市国资委单方增资。这8宗土地中包括了2000年金泥公司组建时已经作为原股东出资的2宗土地。金泥公司在2000年重组时未对原八一农场的土地资产进行评估,2014年增加注册资金时也未对现有资产全面评估。金泥公司在实施增资过程中,将原股东已作为投资的土地使用权重新评估,将增值部分作为金昌市国资委的投资,其行为违反了公司法关于法人财产权的相关规定,侵害了八一农场作为公司股东的合法权益。同时,金泥公司将其余6宗土地使用权评估值作为金昌市国资委对该公司的增资,未依照法定程序对公司现有资产进行评估。在金泥公司全部资产未评估之前,应由金泥公司各股东按原有股权比例分享重新评估增值的4054万元。金泥公司的行为侵犯了八一农场作为公司股东的资产收益权和增值资产的分享权。

裁判结果

一审法院裁定,驳回八一农场的起诉。八一农场不服一审裁定,向二审法院提起上诉,二审法院裁定,驳回上诉,维持原裁定。八一农场不服二审裁定,向最高人民法院申请再审,最高人民法院裁定提审本案。最高人民法院提审后裁定,撤销甘肃省高级人民法院(2018)甘民终647号、甘肃省金昌市中级人民法院(2016)甘03民初85号民事裁定,指令甘肃省金昌市中级人民法院审理本案。

案例21

上诉人敦煌西航飞天文化旅游投资股份有限公司(以下简称西航公司)与被上诉人敦煌文化产业示范园区管理委员会(以下简称管委会)、敦煌市人民政府(以下简称市政府)合同纠纷案

案号:(2020)最高法民终324号

主要争议焦点

西航公司提起本案诉讼是否构成重复起诉。

简要案情

市政府与西航公司签订《敦煌国际会展中心(含敦煌大剧院)项目后期建设框架协议》(以下简称《框架协议》)。管委会与西航公司签订《敦煌丝绸之路国际会展中心(含敦煌大剧院)项目西航公司投资部分接盘协议》(以下简称《接盘协议》)。双方因合同履行发生纠纷。2017 年 11 月 30 日,管委会作为原告起诉西航公司至甘肃省敦煌市人民法院。后西航公司提起本案诉讼。

案情详解

西航公司起诉请求,(1)判令管委会、市政府向西航公司给付敦煌国际会展中心、敦煌大剧院及文化中心广场三个项目中途收购退场损失补偿费(项目施工总承包合同约定违约损失补偿费)7200 万元,审计截至日之后的未计利息 3261.60 万元,合计总金额为 10 461.60 万元;(2)依法对敦煌国际会展中心、敦煌大剧院及文化中心广场项目西航公司完成的全部工程项目的投资、财务成本、管理费用、收益等有异议部分重新进行工程造价审核和审计鉴定;(3)依法对收购敦煌国际会展中心、敦煌大剧院及文化中心广场项目项下相关土地委托第三方进行土地交易价格评估;(4)依法审计计提双方收购交易环节的各种税款和费用;(5)依法判定由甘肃省国资委专项指定成立的敦煌文博投资股份有限公司作为主体与西航公司正式签订敦煌国际会展中心、敦煌大剧院及文化中心广场项目收购正式合同;(6)依法判定管委会、市政府停止非法侵占属于西航公司享有合法权属的敦煌国际会展中心、敦煌大剧院及文化中心广场项目产权的行为;(7)由管委会、市政府承担本案诉讼费、评估费、审计费、鉴定费等全部费用。增加诉讼请求为:确认双方于 2017 年 1 月 26 日签订的《接盘协议》属于无效合同。

管委会、市政府辩称,(1)敦煌丝绸之路国际会展中心(含大剧院)项目在建工程专项审计报告、敦煌丝绸之路国际中心工程结算审核报告、关于敦煌丝绸之路国际会展中心(含大剧院)项目在建工程专项审计报告的补充说明等工程审计、审核文件合法有效,应当作为本案审理的依据;(2)答辩人管委会与被答辩人签订的《接盘协议》具备法律效力,应当作为处理本案的合法根据;(3)被答辩人的各项诉讼请求皆缺乏事实、法律根据,依法应当予以驳回。

一审法院查明:2015 年 11 月 4 日,市政府与西航公司签订《框架协议》,约定如下内容:(1)西航公司同意将敦煌国际会展中心、敦煌大剧院及文化中心广场三个与文博会直接相关的工程项目交由市政府组织建设;(2)同意在协议签订后 3 日内将敦煌大剧院项目移交市政府,于 2015 年 11 月 30 日前将敦煌国际会展中心、文化中心广场后续未完成工程全部移交市政府;(3)对工程项目已完成的工作量和投资,由双方现场核定后,共同委托具备甲级资质的第三方进行评估、审计,结果报省建设厅审核确认。随后,管委会委托中审华寅五洲会计师事务所(特殊普通合伙)甘肃分所对敦煌丝绸之路国际会展中心(含大剧院)项目在建工程进行专项审计,以 2016 年 4 月 30 日为投资审计基准日,待摊费用核定为 391 776 142.07 元。敦煌市住房和城乡建设局委托中国建设银行甘肃省分行对敦煌市住房和城乡建设局、西航公司、甘肃煤矿勘察设计研究院、中国第四冶金建设有限责任公司四方共同确认的涉案项目进行工程结算审核,按照 2015 年 11 月 3 日当时的已完工程量,建筑安装工程审核投资为 754 749 368.10 元。2017 年 1 月 26 日,管委会与西航公司签订《接盘协议》,协议约定:(1)项目接盘内容:①西航公司已投入资金建设的所有工程、广场硬化绿化及室外管网工程、原敦煌大剧院的桩基工程及双方认可的剩余建筑材料等。②项目开发所取得的国有土地 850 亩。(2)接盘价格:①依据审计报告及审核结果,经协商,乙方投资项目整体接盘最终价格为 1 220 807 333.82 元。②上述费用所包含的资本化利息截至 2016 年 12 月 31 日,之后产生的甘肃银行贷款利息由管委会积极协调。其他利息由西航公司承担。(3)付款方式:①采取分两笔支付,在 2017 年 3 月底前支付完毕。②第一笔支付 6 亿元,其中 3.5 亿元由西航公司优先支付所拖欠农民工工资及相关材料款等,2.5 亿元用于偿还西航公司甘肃银行贷款。③第二笔支付剩余资金,其中 4.5 亿元优先偿还西航公司甘肃银行贷款,待银行贷款偿还完成后,且西航公司办理完银行抵押担保物解除抵押担保手续,并由管委会、西航公司将所有项目产权移交手续办理在管委会指定的第三人名下后,再由管委会将剩余其他部分资金支付西航公司。

2017 年 11 月 30 日,管委会作为原告起诉西航公司至甘肃省敦煌市人民法院,要求西航公司按照双方《接盘协议》交付西航公司持有的各项法律手续和许可证件,并协助办理转移变更登记。西航公司抗辩管委会没有签订《接盘协议》的主体资格;单方委托评估协议应属无效;《接盘协议》中西航公司的印章及签字不具有真实性，在签订《接盘协议》时西航公司受到胁迫、欺骗，协议内容不是西航公司真实意思表示且西航公司没有拿到协议原件，协议应属无效；案件涉及市政府，属辖区内影响重大案件，且标的涉及1.2亿元，应移交甘肃省高级人民法院合并审理。敦煌市人民法院经审理，作出（2017）甘0982民初2235号民事判决，认定《接盘协议》签订后，管委会已经支付11亿元，管委会作为独立法人机构，具备完全民事行为能力，且已取得市政府的相关授权，签订协议承担义务，主张权利并无不当，西航公司辩解签订协议时受到胁迫和欺骗，未提交有效证据证明《接盘协议》应属无效，《接盘协议》系双方真实意思表示，并未违反法律规定，应认定为有效协议，判决西航公司按照《接盘协议》约定将其持有的法律手续和许可证交付管委会并协助管委会将国有使用权证办理转移登记，土地使用权人转移登记为敦煌国际文化发展有限责任公司。西航公司不服该判决，向酒泉市中级人民法院提起上诉，酒泉市中级人民法院作出民事判决，认为市政府虽然向管委会出具了授权委托书，但管委会作为市政府主管文化园区工作的职能部门，以自己的名义签订合同，且以自己的名义接收工程项目、履行付款义务，市政府对此并未提出否认意见，管委会作为合同当事人，具备诉讼主体资格，驳回上诉，维持原判。

裁判结果

一审法院裁定驳回原告西航公司的起诉。西航公司不服一审裁定，向最高人民法院提起上诉，最高人民法院裁定，维持甘肃省高级人民法院（2018）甘民初68号民事裁定中对西航公司"确认双方于2017年1月26日签订的《接盘协议》属于无效合同"的诉讼请求驳回起诉的部分，撤销甘肃省高级人民法院（2018）甘民初68号民事裁定中对西航公司第1项、第2项、第3项、第4项、第5项、第6项、第7项诉讼请求驳回起诉的部分，西航公司提出的第1项、第2项、第3项、第4项、第5项、第6项、第7项诉讼请求，指令甘肃省高级人民法院审理。

案例 22

上诉人西安市房地产经营二公司（以下简称房地产二公司）与被上诉人陕西绮得置业有限公司（以下简称绮得公司）合作开发房地产合同纠纷案

案号：(2019)最高法民终 616 号

主要争议焦点

房地产二公司反诉绮得公司是否具有诉权。

简要案情

房地产二公司与绮得公司签订《西稍门 2 号楼地区危旧房改造项目投资建设开发合同书》，之后，绮得公司向房地产二公司发出关于解除合同的通知函。双方先后分三次签订借款协议，约定绮得公司向房地产二公司借款 1300 万元，双方另约定以房地产二公司名义向案外人张某、郝某个人借款 1500 万元。因纠纷，绮得公司提起诉讼，房地产二公司提起反诉。

案情详解

绮得公司起诉请求，(1)确认与房地产二公司的合同已解除；(2)判令房地产二公司返还投资款项；(3)判令房地产二公司赔偿逾期利润损失及利息损失。

房地产二公司反诉称，(1)依法判令反诉原告与反诉被告签订的所有合同解除；(2)依法判令反诉被告返还反诉原告售房款 8000 万元（具体数额以审计结果为准）；(3)依法判令反诉被告赔偿反诉原告超期过渡费损失共计 10 114 051 元；(4)依法判令反诉被告偿还反诉原告借款 2800 万元及利息 4000 万元；(5)反诉费用由反诉被告承担。

诉讼中，房地产二公司将反诉请求变更为：(1)依法判令反诉原告与反诉被告签订的合作协议解除；(2)依法判令反诉被告返还反诉原告已收房款 106 422 670.68 元；(3)依法判令反诉被告赔偿反诉原告超期过渡费损失共计

12 631 322.75 元；（4）依法判令反诉被告偿还反诉原告借款 2800 万元及借款付清之日止期间的利息（截至 2016 年 4 月 26 日利息 17 239 444.45 元）。

绮得公司口头答辩称，被答辩人的反诉请求于法无据，反诉费用应由其自行承担。

原告绮得公司于 2018 年 12 月 28 日向一审法院提出撤诉申请，一审法院于 2018 年 12 月 28 日作出（2016）陕民初 14 号民事裁定予以准许。

一审法院查明：2006 年 5 月 16 日，房地产二公司与绮得公司签订《西稍门 2 号楼地区危旧房改造项目投资建设开发合同书》约定，双方合作对西稍门 2 号楼地区危旧房进行改造建设，该项目的所有权归绮得公司所有，建成后产权归绮得公司所有。2015 年 4 月 16 日，房地产二公司与绮得公司签订《西稍门棚户区改造项目南北院合作开发补充协议（草案）》，约定“具备审计条件时，双方共同委托具有资质条件的会计师事务所对项目进行财务审计。双方按税后利润 3∶7 比例进行利润分配。双方之前签订的协议与本协议书有不一致的，以本协议书规定为准”。

2016 年 4 月 26 日，绮得公司向房地产二公司发出关于解除合同的通知函称，自 2006 年起，贵公司仍未完成土地使用权手续的办理工作，我公司决定解除与贵公司签署的与西稍门危旧房改造项目有关的全部合同。

房地产二公司与绮得公司先后分三次签订借款协议，约定绮得公司向房地产二公司共计借款 1300 万元。2012 年 8 月 24 日双方另约定以房地产二公司名义向案外人张某、郝某个人借款 1500 万元用于西稍门项目。

一审审理过程中，经绮得公司、房地产二公司申请，一审法院委托审计机构对案涉项目七项财务事项进行了司法会计审计。2018 年 7 月 31 日，审计机构作出相应的专项审计报告。

裁判结果

一审法院裁定，驳回房地产二公司的起诉。房地产二公司不服向最高人民法院提起上诉，最高人民法院裁定，撤销陕西省高级人民法院（2016）陕民初 14 号之一民事裁定，本案指令陕西省高级人民法院审理。

思考与衡量

裁驳和判驳是两种截然不同的裁判方式，前者是裁定，后者是判决。从根本上讲，裁定驳回起诉就是还没有进入诉讼之门，根本就没有进行实质性的权利义务责任审查。判决驳回起诉就是当事人有诉讼权利，只是其诉讼主张得不到法院的支持，法院经过实体审理，认为诉讼主张缺乏事实和法律依据，虽然进入了诉讼，但诉讼主张法院没有支持。这两种裁判方式的主要法律依据是《民事诉讼法》第 122 条、第 127 条以及最高人民法院《关于适用〈中华人民共和国民事诉讼法〉的解释》第 208 条的规定。一般来说，符合《民事诉讼法》第 122 条规定也就是人民法院对符合起诉条件的诉讼请求都应该受理，如果当事人的诉讼请求缺乏事实和法律依据就应该判决驳回其诉讼请求，而不应裁定驳回起诉。之后在立案后发现不符合起诉条件或者属于《民事诉讼法》第 127 条规定情形的，才可以裁定驳回起诉。前述四个案例，虽然一审或二审法院都是裁定驳回了当事人的起诉，都存在适用法律错误的问题，但是每个案例所涉及的具体情形却并不相同。

案例 19 中，涉及当事人主张的合同法律关系与法院根据案件事实认定的公司纠纷性质不一致时，裁判方式的选择问题。笔者认为，人民法院受理后应进行实体审理并判决的案件，应当具备以下条件，第一，当事人的起诉符合诉的实质要件，即起诉要有合格的原告，明确的被告，具体的诉讼请求和事实、理由，并属于人民法院受理民事诉讼的范围和受诉人民法院管辖的范围；第二，案件属于人民法院主管，无仲裁管辖的约定；第三，不违反一事不再理原则；第四，相关法律及司法解释无应予裁定驳回起诉的明确规定。当事人提起的诉讼具备上述条件的，法院应予受理并进行实体审理。诉讼过程中，当事人主张的法律关系的性质与人民法院根据案件事实作出的认定不一致的，人民法院应当将法律关系性质作为焦点问题进行审理，当事人可以根据审理情况变更诉讼请求。当事人坚持不变更诉讼请求的，人民法院应根据当事人主张的法律关系进行审理并作出实体判决，而非裁定驳回起诉。该案中，长岭公司认为亚克力公司和苏某民违反了《股东合作协议书》，依据《股东合作协议书》提起本案诉讼，要求苏某民和亚克力公司向其支付违约金，并赔偿损失。一审认为该案属于公司纠纷，不是合同纠纷，长岭公司应当依据《公司法》第 152 条关于公司董事、高级管理人员损害股东利益的规定，起诉苏某民承担相应的责任;依据《公司法》第20条第2款关于公司股东滥用权利给公司或者其他股东造成损害应承担赔偿责任的规定,起诉亚克力公司承担民事赔偿责任。二审认为长岭公司所诉的两个被告属于两个法律关系。且长岭公司作为节能公司股东,认为节能公司的利益受到损害时应当按照公司法规定先进行代位诉讼。笔者认为,虽然长岭公司主张的合同法律关系与法院根据案件事实认定的公司纠纷性质不一致,经释明其坚持不变更诉讼请求,但长岭公司的起诉符合起诉的实质要件且不存在应被驳回起诉的法定情形,人民法院应就长岭公司主张的法律关系进行实体审理并作出判决,而非裁定驳回起诉。

案例20中,涉及当事人提出的不同诉讼请求存在矛盾时裁判方式的选择问题。一审法院认为,原告八一农场既主张金泥公司2014年10月22日股东会决议无效,又请求确认其享有金泥公司增资的2404.2922万元的对应股权,其诉讼请求相互矛盾,经庭审释明后八一农场明确表示不变更诉讼请求,根据最高人民法院《关于民事诉讼证据的若干规定》第53条的规定,对八一农场的起诉应予驳回。

二审法院认为,《民事诉讼法》第122条规定:“起诉必须符合下列条件:(一)原告是与本案有直接利害关系的公民、法人和其他组织;(二)有明确的被告;(三)有具体的诉讼请求和事实、理由;(四)属于人民法院受理民事诉讼的范围和受诉人民法院管辖。”该案中,八一农场向一审法院提出的第1项、第3项诉讼请求与第2项诉讼请求截然相反,导致人民法院无法确定八一农场的具体诉讼请求,八一农场的起诉不符合法定的受理条件。根据最高人民法院《关于适用〈中华人民共和国民事诉讼法〉的解释》第208条第3款“立案后发现不符合起诉条件或者属于民事诉讼法第一百二十七条规定情形的,裁定驳回起诉”之规定,一审法院裁定驳回八一农场的起诉并无不当。最高人民法院《关于适用〈中华人民共和国民事诉讼法〉的解释》第332条规定:“原判决、裁定认定事实或者适用法律虽有瑕疵.但裁判结果正确的,第二审人民法院可以在判决、裁定中纠正瑕疵后,依照民事诉讼法第一百七十七条第一款第一项规定予以维持。”据此,一审裁定适用最高人民法院《关于民事诉讼证据的若干规定》第53条的规定,虽在适用法律上存在瑕疵,但裁判结果正确,该院对一审裁定适用法律瑕疵予以纠正,裁判结果予以维持。

笔者认为,根据《公司法》第22条之规定,股东会决议存在无效因素时,股东可以请求认定股东会决议无效。该案中，八一农场作为金泥公司的股东，享有请求认定公司股东会决议无效的诉权，其起诉请求确认金泥公司股东决议无效及办理相应的变更登记，符合《民事诉讼法》第 122 条规定的受理条件，应依法受理。同时，根据《公司法》第 34 条关于有限责任公司股东享有优先认缴新增资本权利的规定，八一农场认为金泥公司增资时侵犯其股东权益，依法亦享有诉讼权利。八一农场在提起股东会决议无效之诉的同时，又请求确认该股东会决议增资对应的股东权益归其所有，两个诉讼请求虽然矛盾，但八一农场提起的两个诉，诉讼要素齐全，均符合《民事诉讼法》规定的立案标准，当事人可以在前一个诉的请求不被支持时，退一步选择主张后一个诉的诉讼请求，对当事人的两个诉，人民法院均应立案受理。

案例 21 中，涉及当事人的部分诉讼请求与前案构成重复诉讼的问题，未构成重复诉讼的请求裁判方式的选择问题。重复起诉应同时满足三项条件，第一，后诉与前诉的当事人相同；第二，后诉与前诉的诉讼标的相同；第三，后诉与前诉的诉讼请求相同或者后诉的诉讼请求实质上否定前诉裁判结果。该案诉辩争议的核心问题是本案诉讼请求是否实质否定了前诉的裁判结果。一审法院认定西航公司的诉讼请求均围绕《接盘协议》无效展开，认为本案构成重复起诉。管委会、市政府在一审中提出《接盘协议》无效这一诉讼请求构成重复起诉，认为案件总体不构成重复起诉。对其他诉讼请求逐项进行了回应，认为不成立，应予驳回。在接受最高人民法院询问时，西航公司表示即使《接盘协议》有效，其中涉及的有关税收、利率等问题也未明确规定，不能正常履行，该公司的其他 7 项诉讼请求与《接盘协议》是否有效无关。

一审法院认为，双方签订的《框架协议》《接盘协议》均为各方真实意思表示，不违反法律及行政法规的强制性规定，合法有效，且经生效判决已确定其效力。各方当事人均应当按照上述合同的约定全面履行自己的义务。该案争议焦点为，(1)西航公司主张的退场损失补偿费 7200 万元及未付款利息 3261.6 万元理由能否成立；(2)西航公司主张的重新进行工程造价鉴定、土地价格鉴定并支付差额部分的诉讼请求理由能否成立；(3)本案案涉项目收购接盘交易环节的各种税款和费用应由哪一方承担；(4)西航公司主张由第三方作为主体与其签订正式收购合同的诉讼请求能否成立；(5)市政府、管委会对案涉项目是否属于非法侵占。

1. 关于西航公司主张的退场损失补偿费7200万元及未付款利息3261.6万元理由能否成立的问题。

（1）关于退场损失补偿费7200万元的问题。一审法院认为，《接盘协议》中的价格计算依据源于审计报告、审计报告补充说明及结算报告。其中，审计报告第19页第6项“相关合同损失”中列明“经西航公司与原合同单位反复谈判协商，并经敦煌丝绸之路国际会展中心（含敦煌大剧院）建设项目现场指挥部会议研究，建议将以下合同损失费用纳入审计报告，总计15 753 600元”。该内容说明对于中途退场产生的损失，西航公司与市政府经协商，将需要赔偿损失的内容提交审计机构，并形成了最终的关于退场损失的意见。西航公司此次主张的3项退场损失虽不在审计报告的明细表中，但审计报告系2016年6月6日作出，其提交的五建公司、四冶公司《中途退场赔偿协议》签订于2015年11月10日，均形成于审计报告之前，说明在做出审计报告时，双方未就采纳该两个费用项目形成一致意见，应视为双方对该部分退场损失已做处理，故对西航公司针对四冶公司的退场补偿费2800万元、五建公司退场补偿损失费用2000万元一审法院不予支持。对西航公司与四冶公司就陕西隆天建筑有限公司的《中途退场补偿补充协议》中约定的损失2400万元的问题，最终的《接盘协议》中“接盘价格”第1条约定：“依据审计报告及审核结果，经协商，乙方投资项目整体接盘最终价格为1 220 807 333.82元，包含但不限于西航公司建筑安装工程投资、已缴纳的土地出让金及其他费用、资本化利息等所有内容。”该约定说明接盘价格包含了与案涉项目有关的所有金额，包括中途退场损失，西航公司在该协议上签字并接受了协议价款，说明其认可该协议就合同损失问题的处理。另《接盘协议》第5条约定，“项目接盘过程中，乙方在开发项目中乙方与其他第三人所形成的一切债务全部由乙方承担；甲方不承担乙方在开发项目中乙方与其他第三人所形成的任何债务”。西航公司与四冶公司签订的《中途退场补偿补充协议》日期为2016年11月18日，是接盘过程中签订的协议，根据《合同法》第8条第1款①“依法成立的合同，对当事人具有法律约束力。当事人应当按照约定履行自己的义务，不得擅自变更或者解除合同”的规定，在《接盘协议》合法有效的情形下，西航公司应全面遵守合同约定及接盘价格，其虽否认协议确认的价

① 现为《民法典》第119条。

格,但其提交的证据不能推翻生效的《接盘协议》;同时,西航公司不能另行举证证明市政府、管委会同意另行计算退场损失、就《接盘协议》进行变更,根据《民事诉讼法》第 67 条第 1 款“当事人对自己提出的主张,有责任提供证据”、最高人民法院《关于适用〈中华人民共和国民事诉讼法〉的解释》第 90 条“当事人对自己提出的诉讼请求所依据的事实或者反驳对方诉讼请求所依据的事实,应当提供证据加以证明,但法律另有规定的除外……在作出判决前,当事人未能提供证据或者证据不足以证明其事实主张的,由负有举证证明责任的当事人承担不利的后果”的规定,西航公司该项诉讼请求缺乏事实和法律依据,一审法院不予支持。

(2)关于未付款利息 3261.6 万元的问题。经审查,《接盘协议》第 3 条付款方式约定“第二笔支付剩余资金,其中:4.5 亿元优先偿还乙方甘肃银行贷款,待银行贷款偿还完成后,且乙方办理完银行抵押担保物解除抵押担保手续,并由甲、乙双方将所有项目产权移交手续办理在甲方指定的第三人名下后,再由甲方将剩余其他部分资金支付乙方”。现双方均认可案涉项目产权移交手续尚未办理,《接盘协议》约定的最终付款条件并未成就,则管委会未违反合同约定,西航公司要求其支付剩余 1.208 亿元价款的利息没有事实及法律依据,一审法院不予支持。西航公司提交的《集团总部资金池借款协议》等专项证据,目的是证明应支付利息的数额,管委会、市政府不承担支付利息责任,该部分证据及主张一审法院不予采纳。

2. 关于西航公司主张的重新进行工程造价鉴定、土地价格鉴定并支付差额部分的诉讼请求理由能否成立的问题。西航公司在本案审理中,变更该项诉讼请求为“依法对敦煌国际会展中心、敦煌大剧院及文化中心广场项目西航公司完成的全部工程项目的投资、财务成本、管理费用、收益等有异议部分重新进行工程造价审核和审计鉴定,判令管委会、市政府向西航公司支付高于 7.5 亿元以上部分的金额(新的工程造价审核和审计鉴定的数额减去 7.5 亿元的差额部分);依法对收购敦煌国际会展中心、敦煌大剧院及文化中心广场项目项下相关土地委托第三方进行土地交易价格评估,以 2017 年 1 月 26 日为时间节点确定价格,判令管委会、市政府向西航公司支付土地数额与收购时的土地(西航公司的出让价格 95 177 元/亩)之间的差额”,就变更诉讼请求部分,一审法院在庭审中通知其在 7 日内补交该部分诉讼请求的案件受理费,但西航公司未在一审法院指定的期限内履行交纳案件受理费用的义务,根据最高人民法院《关于适用〈诉讼费用交纳办法〉的通知》第 2 条

“当事人逾期不按照《办法》第二十条规定交纳案件受理费或者申请费并且没有提出司法救助申请，或者申请司法救助未获批准，在人民法院指定期限内仍未交纳案件受理费或者申请费的，由人民法院依法按照当事人自动撤诉或者撤回申请处理”的规定，应视为西航公司对该变更诉讼请求自动撤回，一审法院不再予以审理。西航公司申请一审法院对案涉工程价款及土地价值重新鉴定，其实质是不认可结算报告、审计报告中确认的价格。经审查，结算报告针对案涉工程价款已做出鉴定意见，审计报告中包含案涉土地的价值，该两项报告均被最终的《接盘协议》采纳，西航公司在《接盘协议》上签字认可，且该协议经生效判决认定其效力，故西航公司申请重新鉴定案涉工程造价及土地价值不符合法律规定，一审法院不予支持。

3. 关于案涉项目收购接盘交易环节的各种税款和费用应由哪一方承担的问题。西航公司在该案审理中，就该项诉讼请求由“依法审计计提双方收购交易环节的各种税款和费用”变更为“依法审计计提双方收购交易环节的各种税款和费用（或者由税务机关依法核定），判令由管委会、市政府承担该部分税款和费用”，一审法院在庭审中通知其在 7 日内补交该部分诉讼请求的案件受理费，但西航公司未在一审法院指定的期限内履行交纳案件受理费用的义务，根据最高人民法院《关于适用〈诉讼费用交纳办法〉的通知》第 2 条规定，应视为西航公司对该增加的诉讼请求部分自动撤回，一审法院不再予以审理。审理中，西航公司申请一审法院进行税收审计鉴定，一审法院认为，双方接盘交易过程中，产生的税款和相关费用应当由税务机关和相关主管部门履行行政职责予以审核确定，该内容不应由人民法院委托第三方机构进行鉴定，对西航公司的该项申请，一审法院不予支持。

4. 关于西航公司主张由第三方作为主体与其签订正式收购合同的诉讼请求能否成立的问题。根据查明的事实，双方在《接盘协议》中已就案涉项目的价格、付款方式、项目接盘手续的变更及转移、各方责任等相关事宜予以约定，该协议第 4 条“项目接盘手续的变更及转移”第 2 项仅约定“乙方将上述项目所有产权移交手续于甘肃银行贷款清偿完毕后 10 个工作日内办理在甲方指定的第三人名下”，没有约定与第三方签订收购合同的条款，且《接盘协议》签订后，市政府、管委会未就此问题重新与西航公司达成新的协议，故西航公司该项诉讼请求缺乏事实依据，一审法院不予支持。

5. 关于市政府、管委会对案涉项目是否属于非法侵占的问题。根据《接盘协议》约定，案涉项目达成协议后，由市政府、管委会委托的有资格的第三方全盘接收案涉项目。现西航公司已根据《接盘协议》的约定，将案涉项目全部移交至市政府、管委会指定的单位，且按照协议约定收取了大部分接盘资金，故市政府、管委会对案涉项目不属于非法侵占，西航公司该项诉讼请求不成立，一审法院不予支持。

笔者认为，关于一审有关费用认定是否正确的问题。该问题包括西航公司主张的退场损失补偿费及未付款利息能否成立，西航公司主张重新进行工程造价、土地价格鉴定并支付差额的诉讼请求理由能否成立以及案涉项目有关税费如何认定等。关于退场补偿费的问题。西航公司对案涉《接盘协议》确定的金额不予认可，主张其还存在7200万元的退场损失费。《合同法》第8条第1款规定[①]："依法成立的合同，对当事人具有法律约束力。当事人应当按照约定履行自己的义务，不得擅自变更或者解除合同。"该案中，案涉《框架协议》《接盘协议》均为各方真实意思表示，不违反法律及行政法规的强制性规定，系合法有效，且经生效判决确定其效力，各方当事人均应按照合同约定履行。案涉《框架协议》第4条约定："四、对工程项目已完成的工作量和投资，由双方现场核定后，共同委托具备甲级资质的第三方进行评估、审计，结果报省建设厅审核确认。"随后，管委会委托五洲会计师事务所甘肃分所对敦煌丝绸之路国际会展中心(含大剧院)项目在建工程进行专项审计，作出审计报告及审计报告补充说明。敦煌市住房和城乡建设局委托中国建设银行甘肃省分行工程造价咨询中心对敦煌市住房和城乡建设局、西航公司、甘肃煤矿勘察设计研究院、四冶公司四方共同确认的案涉项目进行工程结算审核，作出结算报告，该报告确定按照2015年11月3日的已完工程量，建筑安装工程审核投资为754 749 368.10元。以上三项共计1 220 807 333.82元。之后，管委会与西航公司签订《接盘协议》，其第2条约定："二、接盘价格：1. 依据审计报告及审核结果，经协商，乙方投资项目整体接盘最终价格为1 220 807 333.82元，包含但不限于西航公司建筑安装工程投资、已缴纳的土地出让金及其他费用、资本化利息等所有内容。"第5条约定："项目接盘过程中，乙方在开发项目中乙方与其他第三人所形成的一切债务全部由乙方承担；甲方不承担乙方在开发项目中乙方与其他第三人所形成

① 现为《民法典》第119条。

的任何债务。”根据前述约定，接盘价格包含了与案涉项目有关的所有金额，包括中途退场损失。西航公司主张其对案涉《接盘协议》确认的价格存在异议，但提交的证明其损失的证据均形成于案涉《接盘协议》签订之前，不能推翻案涉《接盘协议》的明确约定，亦没有证据证明市政府、管委会同意另行计算退场损失或双方协议就《接盘协议》确定的价格作出新的约定。故一审按照案涉《接盘协议》约定，对西航公司主张退场损失补偿费7200万元的诉讼请求未予支持并无不当，应予维持。关于未付款利息的问题。西航公司主张管委会、市政府尚余1.208亿元款项没有支付，应按照年利率21.6%的标准计付2017年5月1日至2018年8月31日的利息。该案中，案涉《接盘协议》第3条付款方式约定：“第二笔支付剩余资金，其中：4.5亿元优先偿还乙方甘肃银行贷款，待银行贷款偿还完成后，且乙方办理完银行抵押担保物解除抵押担保手续，并由甲、乙双方将所有项目产权移交手续办理在甲方指定的第三人名下后，再由甲方将剩余其他部分资金支付乙方。”截至本案一审起诉前，市政府、管委会已支付西航公司11亿元。案涉项目产权移交手续尚未办理，案涉《接盘协议》约定的最终付款条件并未成就。一审对西航公司要求市政府、管委会支付剩余价款利息的诉讼请求未予支持并无不当，应予维持。关于西航公司主张重新进行工程造价、土地价格鉴定并支付差额的诉讼请求理由能否成立的问题。案涉结算报告针对工程价款已做出鉴定意见，审计报告中已包含案涉土地的价值，该两项报告均被案涉《接盘协议》所采纳，西航公司签字予以认可。敦煌市法院作出的已生效的(2017)甘0982民初2235号民事判决，认定案涉《接盘协议》系真实意思表示，合法有效。一审法院认定西航公司主张重新进行工程造价、土地价格鉴定并支付差额的诉讼请求理由不能成立，该认定并无不当，该院予以维持。关于案涉项目有关税费如何认定的问题。西航公司一审请求“依法审计计提双方收购交易环节的各种税款和费用(或者由税务机关依法核定)，判令由市政府、管委会承担该部分税款和费用”。但西航公司未在一审法院指定的期限内交纳案件受理费用，视为西航公司撤回该项诉讼请求，一审对此未予审理并无不当，应予维持。且案涉交易过程中产生的相应税费应由税务机关和相关主管部门履行行政职责予以审核确定，一审对西航公司请求对有关税费进行审计的申请不予支持正确，应予维持。

关于西航公司主张由第三方与其签订正式收购合同的诉讼请求能否成立的问

题。该案中,案涉《接盘协议》就案涉项目的价格、付款方式、项目接盘手续的变更及转移、各方责任等相关事宜均作出了明确约定。其中,案涉《接盘协议》第4条"项目接盘手续的变更及转移"第2项约定:"乙方将上述项目所有产权移交手续于甘肃银行贷款清偿完毕后10个工作日内办理在甲方指定的第三人名下。"该协议约定为西航公司设定了办理案涉项目产权移交手续至管委会指定的第三人名下的义务,并非为西航公司设定权利。案涉《接盘协议》没有西航公司与第三方签订收购合同的约定,市政府、管委会也未就此问题与西航公司达成新的协议。敦煌市法院作出的已生效的(2017)甘0982民初2235号民事判决,认定管委会作为独立法人机构,具备完全民事行为能力,且取得市政府的相关授权,签订协议承担义务,主张权利并无不当,判决西航公司按照案涉《接盘协议》约定将其持有的法律手续和许可证交付管委会并协助管委会将国有使用权证办理转移登记,土地使用权人转移登记为敦煌国际文化发展有限责任公司。根据前述事实,一审对西航公司主张由第三方作为主体与其签订正式收购合同的诉讼请求未予支持并无不当,应予维持。

关于市政府、管委会是否非法侵占案涉项目的问题。该案中,西航公司根据案涉《接盘协议》的约定,将案涉项目全部移交至市政府、管委会指定的单位,且已按照协议约定收取了大部分接盘资金,不存在市政府、管委会非法侵占案涉项目的情形。敦煌市法院(2017)甘0982民初2235号民事判决已判令西航公司按照案涉《接盘协议》约定将其持有的法律手续和许可证交付管委会并协助管委会将国有使用权证办理转移登记。故一审认定市政府、管委会不存在非法侵占案涉项目的情形,该认定并无不当,应予维持。

关于一审程序是否违法的问题。该问题包括一审合议庭是否应当回避以及一审以西航公司未交纳诉讼费为由驳回有关诉讼请求是否正确等。《民事诉讼法》第41条第3款规定:"发回重审的案件,原审人民法院应当按照第一审程序另行组成合议庭。"第47条规定:"审判人员有下列情形之一的,应当自行回避,当事人有权用口头或者书面方式申请他们回避:(一)是本案当事人或者当事人、诉讼代理人近亲属的;(二)与本案有利害关系的;(三)与本案当事人、诉讼代理人有其他关系,可能影响对案件公正审理的。审判人员接受当事人、诉讼代理人请客送礼,或者违反规定会见当事人、诉讼代理人的,当事人有权要求他们回避。审判人员有前款规定的行为的，应当依法追究法律责任。前三款规定，适用于书记员、翻译人员、鉴定人、勘验人。”该案经最高人民法院发回重审后，一审法院按照法律规定另行组成了合议庭对本案进行了审理，该案不存在审判人员应当回避的法定情形。西航公司主张一审合议庭成员未依法回避，理由不成立，不应支持。《民事诉讼法》第121条规定：“当事人进行民事诉讼，应当按照规定交纳案件受理费。财产案件除交纳案件受理费外，并按照规定交纳其他诉讼费用。”《诉讼费用交纳办法》第21条规定：“当事人在诉讼中变更诉讼请求数额，案件受理费依照下列规定处理：（一）当事人增加诉讼请求数额的，按照增加后的诉讼请求数额计算补交；（二）当事人在法庭调查终结前提出减少诉讼请求数额的，按照减少后的诉讼请求数额计算退还。”最高人民法院《关于适用〈诉讼费用交纳办法〉的通知》第2条规定：“当事人逾期不按照《办法》第二十条规定交纳案件受理费或者申请费并且没有提出司法救助申请，或者申请司法救助未获批准，在人民法院指定期限内仍未交纳案件受理费或者申请费的，由人民法院依法按照当事人自动撤诉或者撤回申请处理。”该案中，西航公司一审中变更诉讼请求，要求对案涉项目重新进行工程造价鉴定、土地价格鉴定，对交易相关税费进行审计，西航公司应当按照增加的诉讼请求补交案件受理费。西航公司未在一审法院通知的指定期限内预交纳相应费用，应视为其对增加诉讼请求部分的自动撤诉。一审对西航公司自动撤诉的诉讼请求部分未予审理，并无不当，应予维持。

前诉一审、二审法院均认定《接盘协议》有效，判令西航公司履行协议项下义务，且西航公司向甘肃省高级人民法院的再审申请已被驳回。此种情形下，西航公司通过该案提出确认协议无效的诉讼请求，实质上否定了前诉的裁判结果，该项诉讼请求构成重复起诉，应予驳回。西航公司上诉称前诉判决书未在判项中确定协议效力，故该案可认定协议无效，该主张不具有法律依据，不予支持。但是，个别诉讼请求实质上否定前诉裁判结果，不当然意味全案构成重复起诉。该案西航公司除提出确认《接盘协议》无效的诉讼请求之外，还提出了其他7项诉讼请求，一审法院直接认定西航公司“其他诉讼请求均是在以《接盘协议》无效的基础上对双方权利义务的重新划分”，缺乏依据。根据已经查明的事实，《接盘协议》双方互负义务，均未履行完毕。前诉是管委会主张交付证照、办理转移登记的行为给付之诉，西航公司只进行了抗辩，未提出反诉。在《接盘协议》有效的前提下，人民法院应对西航公司的诉讼请求是否具有合同依据和法律依据进行审理。一审法院认为该案全案构成重复起诉,适用法律错误,应予纠正。

案例22中,一审法院认为,关于案涉合同及补充协议应否解除的问题。绮得公司已于2016年4月26日以房地产二公司违约致使合同目的不能实现为由,向房地产二公司发出并送达关于解除合同的通知函,房地产二公司反诉亦要求解除双方签署的全部合同,故应认定双方所有合同已于2016年4月26日解除。关于房地产二公司主张绮得公司返还已收购房款、偿还借款本息、赔偿逾期过渡费的反诉请求能否成立的问题。案涉合同性质为合作开发房地产合同,双方依据合同约定各自投入的财产经过合同履行行为已结合并物化为附着于土地之上的房屋,现已不可分割,故本案合同解除后已无法适用《合同法》第97条①所规定的恢复原状、采取其他补救措施,只能以清算的方式对双方投资利润进行分配。且房地产二公司在本诉答辩中对绮得公司主张返还投资款及支付预期利润的诉请明确抗辩应以合作项目清算为前提。故在合同解除后应对双方在项目中投资及产生的其他费用进行清算后再进行利润分配,房地产二公司主张绮得公司返还已收购房款、偿还借款本息、赔偿逾期过渡费的反诉请求条件未成就。

笔者认为,该案涉及人民法院允许原审原告(反诉被告)撤诉之后,反诉原告(原审被告)诉讼请求的裁判方式选择问题。房地产二公司的诉讼请求,有明确的被告,有具体的诉讼请求和事实理由,属于平等民事主体间的民事纠纷,符合《民事诉讼法》第122条规定的起诉条件,亦不属于第127条规定的“不予受理”的范围。一审法院对案涉合同解除问题已作出相应认定,对其他实体问题亦已进行相应的审理及认定,并准许进行财务审计,但最终却裁定驳回了当事人的起诉,属于适用法律错误,应予以纠正。

四、关于重复诉讼与合并审理的问题

重复诉讼问题直接涉及当事人诉讼权利保护、滥用诉权和司法资源有效利用等问题。重复诉讼的判断,既涉及前诉和后诉的比较,也可能涉及关联案件合并审理和分别审理的问题。

---

① 现为《民法典》第566条第1款。

案例23

再审申请人浙江花园建设集团有限公司(以下简称花园公司)与被申请人胡某安及一审被告大通孝军避暑山庄有限公司(以下简称孝军公司)建设工程施工合同纠纷案

案号:(2019)最高法民申4432号

主要争议焦点

(1)胡某安是否系案涉工程实际施工人;(2)本案二审认定花园公司欠付胡某安工程款的数额是否正确;(3)本案一审、二审法院是否程序违法。

衍生的主要问题:一审、二审诉讼程序中对胡某安的起诉构成重复诉讼认定是否正确。

简要案情

花园公司与孝军公司签订《朔山大酒店建设工程施工协议》,约定由花园公司施工朔山大酒店工程。花园分公司作为甲方与乙方胡某安签订《项目部经济责任制承包合同》,约定胡某安按《朔山大酒店建设工程施工协议》对工程履行经营职责。2016年5月,胡某安以花园公司的名义起诉孝军公司主张涉案工程款及违约金,青海省高级人民法院作出民事判决,判令孝军公司支付花园公司工程款45 452 762.53元。本案在执行过程中,花园公司与孝军公司达成和解协议。和解协议签订后,孝军公司向花园公司支付工程款2331万元,花园公司收到工程款后,与胡某安对于剩余款项的支付未协商一致,致纠纷产生。

案情详解

胡某安起诉请求,判令花园公司、花园分公司给付工程款13 546 854.66元及至起诉日的利息3 100 239元,此后利息计算至欠款全部履行完毕止。后在审理过程中,胡某安变更诉讼请求为:(1)判令花园公司和花园分公司给付施工承包款42 803 290.66元;(2)判令花园公司和花园分公司承担给付至起诉日的利息

9 902 360 元,此后利息按欠款额计算至欠款全部履行完毕止;(3)判令孝军公司在欠付工程价款的范围内承担连带责任。

花园公司及其分公司答辩称,原告诉讼主体不适格,胡某安系花园公司内部承包人,非实际施工人,胡某安作为花园公司委托代理人,参与了花园公司诉孝军公司朔山大酒店工程款案件的诉讼,胡某安就朔山大酒店工程款再次起诉,违反一事不再理原则。孝军公司已支付的2248万元工程款用途明确,花园公司及其分公司并未占用任何资金,胡某安要求支付工程款及利息没有事实依据,请求予以驳回。

孝军公司辩称,花园公司与孝军公司是合同相对方,孝军公司已经支付了部分工程款,胡某安起诉孝军公司不合适。

一审法院查明:2012年9月18日,花园公司与孝军公司签订《朔山大酒店建设工程施工协议》,约定由花园公司施工朔山大酒店工程。2012年11月24日,花园分公司作为甲方与乙方胡某安签订《项目部经济责任制承包合同》约定,胡某安按《朔山大酒店建设工程施工协议》内容对工程履行经营职责,承包方式为自主经营、独立核算、盈余按比例分配,工程竣工审计结算后,工程总造价扣除下列费用后,盈余按比例分配,亏损由胡某安承担赔偿责任:(1)工程建造实际成本,包括材料款、租赁费、人工工资等实际用于工程建设的支出;(2)上交的税金及相关规费等;(3)乙方应缴管理费按工程总造价的3%计取费;(4)质量安全综合奖励基金按实际施工面积3元/平方米计取;(5)支付甲方委托施工管理人员、安全员、财务人员费用,每月按5000元计费;同时说明,本工程上交费用为胡某安不向花园分公司借款为前提,如需借款,经总公司审核同意后,原则上不超过当期实际已经开工的工程造价的5%;借资的工程项目按总公司的规定,视借款额度多少,再增收工程造价的0.5%~1%的管理费,具体按总公司相关规定办理。该承包合同还约定由本项目引发的企业所得税、营业税、其他各项税金及地方各项规费等由乙方负责及时按规定交纳,甲方有权给予代扣代缴等。该合同签订后,涉案全部工程由胡某安组织施工完成,该工程现已竣工验收并交付使用。2016年5月,胡某安以花园公司的名义起诉孝军公司主张涉案工程款及违约金,青海省高级人民法院作出(2016)青民初38号民事判决,判令孝军公司于判决生效之日起30日内支付花园公司工程款45 452 762.53元,并自2015年3月28日起按中国人民银行同期同类贷款利率,向胡某安支付利息至工程款付清为止;孝军公司于判决生效之日起30日内返还胡某安垫付的招投标代理费51 000元。该案在执行过程中,花园公司与孝军公司达成和解协议,约定孝军公司欠花园公司工程款

45 452 762. 53 元、招标代理费 51 000 元、案件受理费 256 374. 09 元、鉴定费 4100 元，合计 45 764 236. 62 元及利息 5 492 200 元，孝军公司在支付 2200 万元后，剩余款项 29 256 436. 62 元及利息，花园公司每月归还 100 万元等。和解协议签订后，孝军公司共计向花园公司支付工程款 2331 万元，花园公司收到工程款后，与胡某安对于剩余款项的支付未协商一致，致纠纷产生。

裁判结果

一审法院判决：(1) 花园公司于判决生效后 10 日内支付胡某安工程款 40 540 947. 93 元及截至 2018 年 8 月 27 日的利息 2 490 213. 84 元，此后利息按中国人民银行同期同类贷款利率计算至实际付清时止；(2) 孝军公司在欠付花园公司工程款 27 946 436. 62 元及相应利息的范围内承担连带清偿责任；(3) 驳回胡某安要求花园分公司承担民事责任的诉讼请求。胡某安、花园公司均不服一审判决，向二审法院提起上诉，二审法院判决：(1) 撤销青海省西宁市中级人民法院(2018)青 01 民初 425 号民事判决；(2) 花园公司于判决生效之日起 10 日内向胡某安支付工程款 41 908 084. 59 元及利息（利息以 41 908 084. 59 元为基数，按中国人民银行同期同类贷款利率自 2017 年 5 月 12 日起计算至实际付清之日止）；(3) 孝军公司在欠付花园公司工程款 28 276 436 元的范围内承担连带清偿责任；(4) 驳回胡某安的其他诉讼请求。花园公司不服二审判决，向最高人民法院申请再审，最高人民法院裁定，驳回花园公司的再审申请。

案例 24

再审申请人刘某平因与被申请人陕西辰宫房地产开发有限责任公司（以下简称辰宫公司）民间借贷纠纷案

案号：(2019) 最高法民再 289 号

主要争议焦点

刘某平起诉是否构成重复诉讼。

简要案情

马某彪出具借条内容为“今借到刘某平人民币壹亿元整。借款人:马某彪,借款时间:2011 年 11 月 5 日”。该借条下方内容为承诺担保说明。借条及承诺担保说明出具后,刘某平实际出借本金为 9006 万元。刘某平作为原告将被告马某彪、被告领汇公司以民间借贷纠纷起诉到陕西省高级人民法院,刘某平与马某彪达成调解协议,陕西省高院出具了民事调解书。并作出(2014)陕执指字第 10 号执行裁定书。

案情详解

刘某平起诉请求,(1)马某彪、辰宫公司共同向其清偿借款本息合计 1.38 亿元;(2)清偿 9006 万元借款本金自 2014 年 4 月 24 日起至支付之日止以月利率 2% 计算的利息;(3)被告马某彪、辰宫公司互负连带责任并承担全部诉讼费及其他费用。一审中刘某平增加诉讼请求,请求法院判令马某彪、辰宫公司互负连带责任,原诉讼请求第 2 条调整为第 3 条。经一审法院释明,刘某平撤回该诉讼请求。后刘某平又增加诉讼请求,请求法院判令辰宫公司在其抵押物领汇双河湾项目、领汇乐城项目及秦唐国际项目资产价值范围内向刘某平承担清偿责任;领汇公司承担连带清偿责任。

一审中刘某平撤回对马某彪的起诉。一审法院认为,刘某平的申请符合法律规定,应予准许。

二审法院另查明,2011 年 11 月 5 日马某彪出具借条内容为“今借到刘某平人民币壹亿元整,至 2012 年 11 月 5 日还清款项,每 3 个月付一次利息。借款人:马某彪,借款时间:2011 年 11 月 5 日”。该借条下方内容为“承诺担保说明:拿借款人在领汇公司的股份作为担保,刘某平作为第一受益人,同时以领汇公司在西安的项目的股份和资产作为担保,刘某平享有优先受偿权。担保人:领汇公司加盖印章。承诺人:马某彪签名并加盖领汇公司印章”。上述借条及承诺担保说明出具后,刘某平主张其实际出借本金为 9006 万元,马某彪认可 9006 万元款项打在其个人账户。2013 年 10 月 23 日,刘某平作为原告将被告马某彪、被告领汇公司以民间借贷纠纷起诉到陕西省高级人民法院，刘某平的诉讼请求是判令被告马某彪偿还原告借款本息 11 680 万元及该款自 2013 年 2 月 5 日起至实际付款之日止以 2 分 8 厘计算的利息；判令被告领汇公司对被告马某彪的借款承担连带清偿责任。2014 年 4 月 22 日刘某平与马某彪达成调解协议，内容为“双方经友好协商，就马某彪向刘某平借款 9006 万元事宜，达成以下调解协议：马某彪向刘某平还款本息总计为 13 800 万元，具体还款：2014 年 5 月 31 日前偿还 300 万元，剩余 13 500 万元分 18 期按月归还，自 2014 年 9 月 15 日开始每月偿还 750 万元”。陕西省高院出具了（2013）陕民一初字第 00016 号民事调解书。2014 年 7 月 2 日，陕西省高院作出（2014）陕执指字第 10 号执行裁定书，裁定本院（2013）陕民一初字第 00016 号民事调解书，即刘某平与马某彪、领汇公司民间借贷纠纷一案的民事调解书指定由西安市中级人民法院执行。在前案诉讼中，刘某平以借条和承诺担保说明主张领汇公司为担保人，以领汇公司应收款及马某彪所持领汇公司股权作为还款保证。2013 年 7 月 10 日，马某彪承诺以领汇公司位于西安市西城门外的领汇商城全部资产为还款保证。2014 年 3 月 27 日，陕西省高院对 9006 万元借款用途调查，马某彪的代理人叙述马某彪于 2009 年开始借钱，2010 年开始资金链就不行了。

裁判结果

一审法院裁定，驳回刘某平的起诉。刘某平不服，向二审法院提起上诉，二审法院裁定，驳回上诉，维持原裁定。刘某平不服向最高人民法院申请再审，最高人民法院裁定，撤销陕西省高级人民法院（2018）陕民终 986 号民事裁定及陕西省榆林市中级人民法院（2017）陕 08 民初 151 号民事裁定，指令陕西省榆林市中级人民法院对本案进行审理。

案例 25

上诉人甘肃华远实业有限公司(以下简称华远公司)、庆阳市特亨营运有限责任公司(以下简称特亨营运公司)、庆阳市特亨房地产开发有限责任公司(以下简称特亨房地产公司)、秦某渝、边某梅、丁某文与被上诉人兰州银行股份有限公司庆阳分行(以下简称兰州银行)、刘某卫、庆阳市春园果蔬仓储有限责任公司(以下简称春园公司)、庆阳豪威房地产开发有限公司(以下简称豪威公司)、甘肃省瑞鑫源进出口贸易股份有限公司(以下简称瑞鑫源公司)、甘肃宏达路桥建设集团有限公司(以下简称宏达公司)及原审第三人甘肃陇东汽车运输有限公司(以下简称陇东公司)、魏某刚、李某、刘某年金融借款合同纠纷案

案号:(2019)最高法民终 77 号

主要争议焦点

华远公司等 6 人的起诉是否符合合并审理的条件,一审法院驳回华远公司等 6 人的起诉是否正确。

简要案情

华远公司等诉讼请求庞杂,是否应予合并审理。

案情详解

华远公司、特亨营运公司、特亨房地产公司、秦某渝、边某梅、丁某文起诉请求,(1)撤销特亨营运公司代陇东公司归还其在兰州银行欠款 36 488 949. 99 元的还款行为,判令兰州银行退还特亨营运公司的上述还款 36 488 949. 99 元;(2)撤销特亨营运公司向兰州银行借款 2300 万元的借款合同,同时撤销特亨房地产公司、秦某渝、丁某文、边某梅为此借款与兰州银行订立的保证合同,确认上述合同撤销后特

亨营运公司返还兰州银行的借款2300万元；（3）撤销秦某渝将特亨房地产公司100%股权3360万元分别以1120万元质押给豪威公司、瑞鑫源公司、宏达公司的质押合同及质押登记；（4）撤销秦某渝出具的“不得对肖某进行举报、控告及其他方式进行追讨”的承诺书；（5）撤销华远公司为陇东公司向兰州银行借款3000万元担保而与兰州银行订立的抵押合同及抵押登记；（6）判令兰州银行、春园公司和刘某卫共同赔偿华远公司因自筹资金13 488 949.99元代陇东公司偿还其拖欠兰州银行的借款而产生的利息损失（自2017年9月28日还款时起至上述还款行为被撤销、兰州银行全额退还该款项时止，以年息6%计算），暂计算至2018年6月28日为607 002.75元，并承担连带赔偿责任；（7）判令兰州银行、春园公司和刘某卫共同赔偿华远公司抵押物“华远假日旅游酒店”抵押收益损失（自2015年12月30日起至2017年9月30日按1.5亿元的年担保收费3%计算）7 875 000.00元，并承担连带赔偿责任；（8）判令兰州银行、春园公司和刘某卫共同赔偿特亨房地产公司“鑫河湾”商住小区项目自2016年3月1日至2017年9月30日因资金断裂停建造成的各项损失暂计8000万元；（9）判令刘某卫以其承包经营“华远假日旅游酒店”中的全部财产权益包括解除承包合同并以其已交纳500万元承包费、100万元装修保证金、前期装修投资等全部个人名下财产权益为本案债务承担保证责任；（10）判令兰州银行、春园公司和刘某卫承担本案全部的诉讼费用。

2018年8月27日，原告提交增加诉讼请求申请书，要求撤销华远公司、特亨营运公司、特亨房地产公司、秦某渝、边某梅、丁某文与兰州银行、豪威公司、瑞鑫源公司、宏达公司及其法定代表人李某、刘某年、魏某刚等口头达成的“一揽子”和解协议。

因原告诉讼请求庞杂，一审法院依照最高人民法院《关于适用〈中华人民共和国民事诉讼法〉的解释》第225条规定，于2018年9月4日召开部分当事人参加的庭前会议，要求原告明确诉讼请求。原告表明其诉讼请求分两部分，一部分是撤销类的诉讼请求，另一部分是请求赔偿。撤销类的诉讼请求原来有5项，后来发现原来诉状中的前4项诉讼请求都是属于口头“一揽子”和解协议的内容，所以随后又增加了诉讼请求。同时认为起诉的其实是几方达成的两个口头协议，从表面看是两个事实，但是前一事实和后一事实存在延续关系，属同一事实。

2018年9月5日，原告又提出对诉讼请求的说明，对其前9项诉讼请求提出的主体进行了说明，即第1项为特亨营运公司的请求；第2项为特亨营运公司请求撤销2300万元借款合同，特亨房地产公司、秦某渝、丁某文、边某梅请求撤销为此借款与兰州银行订立的保证合同，同时确认上述合同撤销后特亨营运公司返还兰州银行的借款2300万元；第3项为秦某渝的请求；第4项为秦某渝的请求；第5项为华远公司的请求；第6项为特亨营运公司的请求；第7项为华远公司的请求；第8项为特亨房地产公司的请求；第9项为华远公司的请求。

裁判结果

一审法院裁定，驳回华远公司、特亨营运公司、特亨房地产公司、秦某渝、边某梅、丁某文的起诉。华远公司、特亨营运公司、特亨房地产公司、秦某渝、边某梅、丁某文等6人不服一审裁定，向最高人民法院提起上诉，最高人民法院裁定，驳回上诉，维持原裁定。

案例26

再审申请人新疆佳禾草业投资有限公司（以下简称佳禾公司）、廖某华与被申请人新疆新地园房地产开发有限公司（以下简称新地园公司）、郭某、胡某合同纠纷案

案号：(2019)最高法民申1931号

主要争议焦点

佳禾公司是否应当向廖某华返还2043.2118万元，支付利息4 903 708元，赔偿保全费5000元；廖某华关于新地园公司、郭某、胡某与佳禾公司连带偿还的主张是否成立。

简要案情

新地园公司原股东张某新、张某华向郭某转让持有的新地园公司股权。新地

园公司与新疆农垦宏业棉花有限公司解除了《房地产联合开发合同》。各方当事人因合同履行发生纠纷。

案情详解

廖某华起诉请求，(1)四被告共同向原告返还垫付款20 432 118元及资金占用利息4 903 708元；(2)四被告共同承担保全费5000元；(3)四被告共同承担诉讼财产保险责任险。

新地园公司、佳禾公司、郭某、胡某辩称，(1)原告没有证据证明其与郭某有共同收购的约定，廖某华其实是在收购过程中的隐名股东。(2)针对7260万元的债务问题，郭某没有和原告有过协议。这笔债务是佳禾公司付给第三人的。(3)原告的诉请法律关系混乱，没有明确的请求权基础，所以要求四被告共同承担责任没有事实和法律依据。(4)原告的诉请不应得到支持，诉讼费、保全费等不应得到支持。

一审法院查明：2013年1月31日，新地园公司原股东张某新、张某华向郭某转让持有的新地园公司共计71.9039%股权，股权转让价款为2556.79万元，该转让价格包含71.9039%股权，以及股权出让方张某新、张某华对新地园公司拥有的债权。同时，郭某需在成为新地园公司控股股东后主导新地园公司与新疆农垦宏业棉花有限公司解除《房地产联合开发合同》，并向新疆农垦宏业棉花有限公司支付7260万元。经新疆农垦宏业棉花有限公司与新地园公司、佳禾公司协商，由佳禾公司代新地园公司向新疆农垦宏业棉花有限公司承担共计7260万元债务的清偿责任，佳禾公司同时取得对新地园公司的7260万元债权。当时，新地园公司账户中的自有资金为1800万元。

2012年12月4日至2013年5月16日，廖某华向郭某及其配偶胡某账户中共计汇款3000万元。2013年2月7日，股权转让完后，工商部门登记新地园公司股东王某然股权所占百分比为28.0899%；股东郭某股权所占百分比为71.9101%，法定代表人变更为郭某。2013年8月10日，廖某华与郭某、王某然签署会议纪要一份，该纪要载明参会人员郭某、廖某华、王某然(新地园公司全体股东)，共同约定收购7260万元+2157万元+400万元，分配标准为郭某7260万元+2157万元+400万元=9817万元、王某然250万元+1358万元=1608万元，比例为7∶3。另约定，郭某、廖某华按出资比例承担责任和分红。

2014 年,廖某华起诉主张确认自 2013 年 8 月 10 日起即具有新地园公司的股东身份,并确认廖某华自 2013 年 8 月 10 日起享有新地园公司 32.57% 的股权,即郭某的 27.57% 股权属廖某华所有,王某然的 5% 股权属廖某华所有;判令新地园公司协助廖某华办理相关的股权变更手续。

经三级法院多次审理,2017 年 11 月 13 日,生效的二审判决维持了一审判决。一审判决主文为:(1)确认廖某华为新地园公司的股东身份,并确认郭某名下的新地园公司 71.9039% 股权中 26.9074% 为廖某华所有;(2)新地园公司协助廖某华办理上述股权变更登记手续;(3)驳回廖某华要求确认王某然持有新地园公司股权中 5% 归其所有的诉讼请求。

2015 年 4 月 15 日,佳禾公司因与新地园公司追偿权纠纷,在新疆维吾尔自治区高级人民法院(2015)新民二初字第 20 号案件中自愿达成调解协议,约定新地园公司于 2015 年 5 月 15 日前向佳禾公司支付垫付款 7260 万元、利息 25 591 332 元、律师费 643 275 元。

裁判结果

一审法院判决,(1)被告佳禾公司返还原告廖某华 20 432 118 元;(2)被告佳禾公司支付原告廖某华资金占用利息 4 903 708 元;(3)被告佳禾公司赔偿原告廖某华保全费 5000 元;(4)驳回原告廖某华的其他诉讼请求。廖某华、佳禾公司、新地园公司不服一审判决,向二审法院提起上诉,二审法院判决,驳回上诉,维持原判。佳禾公司、廖某华不服二审判决,向最高人民法院申请再审,最高人民法院裁定,驳回佳禾公司、廖某华的再审申请。

思考与衡量

上述 4 个案件涉及重复诉讼与合并审理等法律适用问题,涉及关联案件的相互配合问题,涉及不同的具体案情,涉及的法律关系较多,事实较复杂。这些案件首先都涉及重复诉讼和合并审理的判断问题。如果构成重复诉讼或不符合合并审理的条件,则应该裁定驳回起诉,就不再审理其他问题,在程序上就结束案件的审理。判断是否构成重复诉讼的主要法律条文是最高人民法院《关于适用〈中华人民共和国民事诉讼法〉的解释》第 247 条的规定。判断能否合并审理依据的主要法律条文是《民事诉讼法》第55条、第122条以及最高人民法院《关于适用〈中华人民共和国民事诉讼法〉的解释》第221条的规定。

案例23中，该案不仅涉及重复诉讼问题，还涉及与多个紧密关联诉讼的协调处理问题，关联诉讼的配合使用直接影响该案的公正审理，还涉及超越诉讼请求的问题。该案首先应该解决是否构成重复诉讼的问题。关于重复诉讼问题，在关联诉讼（2016）青民初38号案件中，原告为花园公司，被告为孝军公司，诉讼标的为发包方与承包方之间的建设工程施工合同关系，诉讼请求为承包方花园公司向发包方孝军公司主张工程款；在该案中，原告为胡某安，被告为花园公司、孝军公司，诉讼标的为实际施工人与承包人、发包人之间的建设工程施工合同关系，诉讼请求为胡某安作为实际施工人向发包方孝军公司和承包方花园公司主张工程款。对比（2016）青民初38号案件与该案，两案的当事人、诉讼标的、诉讼请求不尽相同，且两案原告的请求权基础也不相同，（2016）青民初38号案件中花园公司的请求权基础是其作为承包人向发包人主张工程款，而本案中胡某安的请求权基础是其作为实际施工人向发包人和承包人主张工程款。据此，胡某安的起诉既不构成重复诉讼，也不会以本案的处理结果否定（2016）青民初38号案件的处理结果，一审法院受理本案并不违反民事诉讼“一事不再理”的原则。该案解决了重复诉讼问题之后，就应该解决与关联案件的配合使用问题。该案虽然与（2016）青民初38号案件和浙江省东阳市人民法院（2016）浙0783民初13979号案件不构成重复诉讼，但是这三个案件是彼此紧密关联的，直接关联到工程款等款项的扣减问题。因为前两案的判决已经生效，所以该案应该直接认定前两案的结论并在该案中加以利用。该案中，在计算涉及工程款等各项款项时，在根据该案的事实和证据的基础上，还有扣减前两案中已经支付或执行的款项，才能审理好该案。而不应该仅仅只顾该案的事实和证据，与前两案孤立开来，对各项款项进行计算。二审改判一审的理由在于，一审没有联系在先两个案件的裁判结论，而仅依据该案的举证情况，孤立作出认定。二审法院在结合在先两案的基础上认定，花园公司欠付胡某安工程款为41 908 084.59元。因（2016）浙0783民初13979号案件受理费9969元已包含在胡某安认可应予扣减的款项中，故不再重复扣减。孝军公司应当在欠付花园公司工程款28 276 436元的范围内承担连带清偿责任。关于超越诉讼请求裁判的问题。二审法院认为，一审期间胡某安的诉讼请求第2项为孝军公司在欠付工程款的范围内承担连带责任。一审法院判决孝军公司对欠付工程款的利息向胡某安承担连带清偿责任属超诉讼请求判决,同时也与最高人民法院《关于审理建设工程施工合同纠纷案件适用法律问题的解释》第 26 条第 2 款①、最高人民法院《关于审理建设工程施工合同纠纷案件适用法律问题的解释(二)》(已失效)第 24 条关于发包人只在欠付工程价款范围内对实际施工人承担责任的规定不符,二审法院予以纠正。

笔者认为,(2016)青民初 38 号案件中花园公司作为承包人向发包人主张工程款,该案系胡某安作为实际施工人向发包人和承包人主张工程款,胡某安的起诉不存在重复诉讼的情形,二审以在先两案认定的结果对一审认定的工程款数额进行扣减是正确的。

案例 24 中,该案实质是刘某平在申请执行前案,即(2013)陕民一初字第 00016 号案件未到位时为保护自己利益实现而提起的。构成重复起诉应同时满足 3 项条件:第一,后诉与前诉的当事人相同;第二,后诉与前诉的诉讼标的相同;第三,后诉与前诉的诉讼请求相同或者后诉的诉讼请求实质上否定前诉裁判结果。该案中,刘某平提起该案和(2013)陕民一初字第 00016 号案件诉讼,虽然都基于马某彪向其借款这一事实,但该案刘某平请求辰宫公司承担还款责任的法律依据是最高人民法院《关于审理民间借贷案件适用法律若干问题的规定》第 23 条第 2 款,即“企业法定代表人或负责人以个人名义与出借人签订民间借贷合同,所借款项用于企业生产经营,出借人请求企业与个人共同承担责任的,人民法院应予支持”。主张的事实是马某彪借款用于辰宫公司的项目开发,辰宫公司是案涉借款的实际使用人。故该案和(2013)陕民一初字第 00016 号案件的当事人、诉讼请求和请求权基础均不相同。该案刘某平的诉讼请求对该案的裁判结果亦不具有否定效果,而是在该案确定的债权金额基础上,要求辰宫公司承担清偿责任。至于借款发生时马某彪是否担任辰宫公司法定代表人、马某彪是否以法定代表人身份代表辰宫公司借款、所借款项是否用于辰宫公司生产经营等问题,都应通过实体审理进行认定,进而判决支持或驳回刘某平的诉讼请求。一审法院直接以重复诉讼为由驳回刘某平起诉,适用法律错误。

---

① 现为最高人民法院《关于审理建设工程合同纠纷案件适用法律问题的解释(一)》第 43 条。

案例25中，一审法院认为，各原告虽称其诉讼请求所依据的事实因有延续性和关联性而成为同一事实，但其诉讼请求既有对事实行为的撤销、对合同的撤销、对登记行为的撤销，又有基于合同行为及事实行为要求赔偿损失，还有基于合同行为和事实行为要求承担保证责任；各原告诉讼主张不是同一的，据以发生的法律事实也不尽相同，所诉被告承担义务的事实依据各不相同，所承担的责任也不是同一种类，诉讼标的既不是共同的，也不是同一种类，依据的法律关系性质也不同，不能将它们视为一个法律关系整体和同一事实。依据《民事诉讼法》第55条以及最高人民法院《关于适用〈中华人民共和国民事诉讼法〉的解释》第221条之规定，不属于必要共同诉讼，不应当合并审理。各原告的合并起诉，不符合法律规定的起诉条件。

笔者与一审法院观点一致，判断是否应该合并审理的法律条文是《民事诉讼法》第55条、第122条以及最高人民法院《关于适用〈中华人民共和国民事诉讼法〉的解释》第221条的规定。

该案系基于三个有关联的法律关系产生的一系列纠纷。一是基于陇东汽车公司向兰州银行借款并由华远公司提供房产抵押产生的纠纷，基于这一法律关系产生的诉请为第5项（华远公司请求撤销抵押合同及抵押登记）以及第9项（要求刘某卫承担保证责任）。二是基于特亨营运公司为代陇东汽车公司还款而与兰州银行签订的借款合同以及相关担保、反担保合同产生的纠纷，基于这一法律关系产生的诉请为第1项、第2项、第3项、第4项，即特亨营运公司请求撤销还款行为和借款合同，特亨房地产公司、秦某渝、丁某文、边某梅请求撤销保证合同，秦某渝请求撤销相关质押合同及质押登记，秦某渝请求撤销其出具的承诺书。三是基于兰州银行、春园公司、刘某卫不履行承诺行为主张其对华远公司损失承担赔偿责任，包括第6项、第7项、第8项的相关利息损失、收益损失、项目停工损失。根据最高人民法院《关于适用〈中华人民共和国民事诉讼法〉的解释》第221条的规定："基于同一事实发生的纠纷，当事人分别向同一人民法院起诉的，人民法院可以合并审理。"该条系对诉的客观合并的规定。诉的合并是指法院将两个或者两个以上彼此之间有牵连的诉合并到同一法院管辖，并适用同一诉讼程序审判。诉的合并分为诉的主观合并、客观合并以及主客观合并。该案涉及的主要是诉的客观合并，即华远公司等六位上诉人将若干个诉讼标的合并起诉是否妥当。根据上述规定，可以合并的诉讼应“基于同一事实”发生,各个单纯之诉所依据的事实关系或者法律关系应有牵连,具有一致性或者重叠性。不具有一致性或者重叠性较小不足以产生相互矛盾的裁判,则不符合应当合并的要件。在该案中,根据华远公司等六人的起诉状所述,其起诉所依据的是春园公司、陇东汽车公司、特亨营运公司与兰州银行相继建立的三个金融借款法律关系,以及基于该三个借款法律关系所衍生的抵押担保法律关系、保证担保法律关系及反担保法律关系,六位上诉人在一审中的诉讼请求各不相同,诉讼请求所依据的法律关系即诉讼标的亦不相同,因此该案诉讼并非基于同一事实发生;另外,在该案诉讼中,在陇东汽车公司与兰州银行之间的借贷关系(以下简称借贷关系2)中,华远公司以“华远假日旅游酒店”作为抵押,为陇东汽车公司提供担保,则该抵押担保法律关系与借贷关系2之间存在牵连,应合并诉讼;在特亨营运公司与兰州银行之间的借贷关系(以下简称借贷关系3)中,秦某渝、边某梅、丁某文、特亨房地产公司、豪威公司、瑞鑫源公司、宏达公司、李某、刘某年、魏某刚为特亨营运公司提供保证担保,则保证担保关系与借贷关系3之间存在牵连,应合并诉讼;秦某渝将自己在特亨房地产公司100%的股权质押给豪威公司、瑞鑫源公司、宏达公司又属保证担保法律关系之外的反担保法律关系,应由权利人在保证担保法律关系处理之后,另行解决。因该案之诉中所涉的三个金融借款法律关系之间不具有一致性,法院就该三个诉讼分别处理,不会产生矛盾的判决,故该诉讼不符合上述司法解释规定关于诉的客观合并的要件。

从共同诉讼的角度来看,共同诉讼分为必要共同诉讼和普通共同诉讼,必要共同诉讼是指诉讼标的是共同的诉讼,是不可分之诉,共同诉讼人必须一并参加诉讼,否则为当事人不适格。本案三个金融借贷关系互相独立,构成独立诉讼标的,完全可以单独起诉,不属必要共同诉讼。普通的共同诉讼是诉讼标的是同一种类的诉讼,人民法院认为可以合并审理并经当事人同意的,才能合并审理,并非必须共同审理的诉讼。本案所涉法律关系涉及借贷、担保、抵押,诉讼标的并非同一种类,亦不属于普通共同诉讼。

综上,因该案各上诉人诉讼请求指向的诉讼标的不同,要求承担责任的类型不同,起诉的请求亦不同,并非基于同一事实,不符合《民事诉讼法》及其司法解释关于诉的合并的相关规定,不符合合并审理的条件。同时,华远公司等六上诉人认可,一审中法庭曾向其释明其所提诉讼请求不宜合并起诉,建议分开诉讼,华远公司等六上诉人亦表示其有四项诉讼请求确实不宜在本案中一并起诉，曾表示要撤回，但嗣后并未向法庭提交相应的撤回诉讼请求的申请，据此，一审法院在释明告知六上诉人其起诉不符合合并审理条件，而六上诉人未予撤回相应诉讼请求的情况下，以华远公司等六人的起诉不符合法律规定的起诉条件为由，裁定驳回起诉，结果正确。华远公司等六上诉人可就该案诉讼中基于同一法律关系的诉讼请求另行分别提起诉讼，符合起诉条件的，人民法院应予受理。

在案例26中，涉及关联诉讼（2014）水民二初字第491号、（2015）乌中民二终字第171号、（2016）新0105民初2977号、（2017）新01民终3474号、（2015）新民二初字第20号、（2015）新执字第38号等。审理好该案必须要了解该案与这些关联诉讼之间的关系，掌握这些关联案件的案情。该案中，廖某华、郭某约定出资购买新地园公司71.9039%股权的转让价款为2556.79万元，二人还需承担公司对外的债务7260万元。由此可以确认，郭某、廖某华的出资为两部分用途，一部分出资向出让股东购买股份，属于股权投资；另一部分承担公司的债务从而形成对公司享有的债权，属于债权投资。对于债权性投资，投资人有权进行主张。廖某华的股权出资部分经生效判决已确认其占有郭某股份的份额，廖某华的该部分债权性投资数额应为扣除廖某华应付股权转让款的余额23 120 343元（3000万元－2556.79万元×26.9074%）。廖某华与郭某的共同出资，以佳禾公司名义清偿新地园公司的对外债务7260万元。佳禾公司承担新地园公司的债务并非佳禾公司真实出资，实为受郭某、廖某华委托以佳禾公司的名义代新地园公司履行偿债的义务。之后，佳禾公司通过民事诉讼并以民事调解书的方式将该偿债款项索要回来，实为超越了委托人的委托事项。廖某华依据（2015）新民二初字第20号民事调解书的内容，要求佳禾公司返还该款项，系对佳禾公司的该行为的追认，廖某华要求佳禾公司返还该款项，并无不妥。廖某华主张返还20 432 118元及利息4 903 708元，应予支持。廖某华为主张其民事权利产生的保全费5000元，应由佳禾公司承担，应予支持。关于廖某华为实现诉讼财产保全的目的，基于诉讼保全风险的不确定性而为自己提供诉讼保全担保所购买的财产保全责任险并支付保险费用，要求新地园公司、佳禾公司、郭某、胡某承担的诉讼主张。笔者认为，法律规定申请人申请诉讼保全可以以自己的财产或第三方财产提供担保，该财产保全责任险的费用支出不属于必然产生的费用，故廖某华要求新地园公司、佳禾公司、郭某、胡某承担保证责任险保费的诉讼请求,不应支持。在新疆维吾尔自治区高级人民法院(2015)新民二初字第20号民事调解书中,佳禾公司主张取得该笔款项,而非胡某、郭某,新地园公司又为付款义务人。廖某华要求新地园公司、郭某、胡某承担共同责任,缺乏相应的事实依据,对廖某华要求新地园公司、郭某、胡某共同承担责任的诉讼请求,不应支持。该案在审理中,对于在先诉讼,三级法院都进行了运用,并且进行了逻辑推理,保证了案件的公正审理。

五、关于诉讼时效与除斥期间计算问题

"法律不保护睡眠的权利"。诉讼时效制度与除斥期间制度都是为了促进当事人尽快行使自己享有的权利、保护自身合法权益的重要诉讼制度,诉讼时效与除斥期间直接关系诉讼中实体权利的行使和保护。这是效率原则在诉讼法上的直接体现。通过设立诉讼时效制度与除斥期间制度能保证社会秩序尽快稳定下来,为社会整体秩序稳定提供诉讼保障。一个民事权利一旦过了诉讼时效就得不到公权力的救济,变成一种自然权利;一个民事权利一旦过了除斥期间,这种特定权利也就是给予特殊保护的权利就完全丧失、不复存在了。

案例 27

上诉人玉林市有线电视工程开发公司(以下简称玉林公司)因与被上诉人西安市文化广电新闻出版局、西安广播电视台及陕西省广播电视信息网络股份有限公司(以下简称陕西省广电股份公司)合同纠纷案

案号:(2019)最高法民终1380号

主要争议焦点

玉林公司主张利润分成款的诉讼请求是否超过诉讼时效以及陕西省广电股份公司是否应承担本案连带责任。

简要案情

1992年、1994年、1995年西安市广播电视局与玉林公司分别签订了《关于合作共建西安有线电视工程和西安广播电视技术中心大楼前期工程合同书》《补充协议》《西安有线电视合作工程补充协议书(其二)》。1993年1月18日，原告向西安有线电视台筹建处支付投资款2500万元。1994年7月30日，原告向西安有线电视台支付300万元。后各方当事人因合同履行发生纠纷。

案情详解

玉林公司起诉请求：(1)三被告连带向原告支付自1993年1月起至2002年12月底止的利润分成款58 478 822.74元；(2)诉讼费用由三被告连带承担。

西安市文化广电新闻出版局辩称，答辩人与原告之间不存在合同关系，不是本案适格被告，不应承担支付责任。

西安广播电视台辩称，原告工商注册时间是1993年10月1日，合同系1992年12月25日签订，第二被告对原告主体资格有异议。从20世纪到现在西安广播电视台没有收到原告的任何催款，已过诉讼时效。

陕西省广电股份公司辩称，本案性质为合同纠纷，答辩人并非案涉合同的主体，该合同订立时答辩人尚未成立，答辩人的被告主体不适格。答辩人作为善意第三人依法对股东的出资享有绝对的、排他的权利，出资完成后股东及其利害关系人对出资财产不再享有任何权利。答辩人不应承担责任。

一审法院查明：1992年12月25日，西安市广播电视局(甲方)与玉林公司签订《关于合作共建西安有线电视工程和西安广播电视技术中心大楼前期工程合同书》，该合同书约定，西安有线电视工程需投资2000万元人民币；西安广播电视技术中心大楼前期工程需投资1500万元人民币，以上两项总投资3500万元人民币，全部由乙方无息投资。本合同签订后一个月内由乙方将第一期投资款2500万元转入甲方在西安市指定的银行后合同开始生效。如果第一期资金未按规定时间到位，违约金按照投资款的×%赔偿给甲方。第二期投资款1000万元，乙方应在1994年3月底前投入到位。合作期限从1993年元月26日起到2003年元月26日止，合作期共计十年。合作期满后，双方共建的西安有线电视工程和西安广播电视技术中心大楼前期工程的全部设施所有产权和权益归甲方所有。从合同生效之日起计算,合作期前三年甲方确保有线电视用户开发16万户。合作期前三年西安有线电视系统收入的利润归乙方,每年12月10日前结算支付利润一次,回收有线电视的成本资金由甲方继续投入。双方从合作期第四年开始时对西安有线电视系统收入的利润进行对半分成,每半年结算一次,并一次性付给双方。合作期间,双方共同承担风险,如合作工程亏损,双方按对半利润分成比例承担亏损额。合作期间,本系统工程实行独立核算,专款专用。乙方派财务人员参与西安有线电视台筹建处财务管理部门的财务管理工作,保证乙方资金按时投入,并对甲方使用乙方所投资金情况及有线电视工程的收入情况进行监督。甲方负责办理与本工程有关的一切行政手续,疏通、协调与西安市各有关部门的关系;积极搞好全市入户并网的宣传和发动工作;负责做出项目的预算、规划设计论证、工程的施工安装、测试和维修,确保工程质量和进度,及时向乙方通报财务和工程进度方面的情况;负责设备的选型、购置和电视节目的编采制播;无偿为乙方工作人员提供办公和住宿条件;甲方与乙方合作期间不得在西安市范围内与任何投资方合作另建有线电视网络。乙方负责按合同规定时间准时投入规定金额;合同签订后一个月内,赠送三辆高级小轿车和两辆工具车给西安有线电视工程使用;积极主动配合甲方,加快用户入网进度。1994年5月30日,西安市广播电视局(甲方)与玉林公司(乙方)又签订《补充协议》,该协议约定,西安有线电视工程投资人民币1800万元,其中第二期投资款为300万元,第二期投资于1994年6月底到位;西安市广播电视技术中心大楼前期工程投资人民币1000万元。以上两项总投资额为2800万元,合作期限仍为10年不变,即1993年元月至2002年12月。1993年元月至1996年6月,甲方确保由西安有线电视台偿还给乙方投资本金2800万元。投资本金分三年半还清,1994年年底前还600万元,1995年年底前还1800万元,1996年6月底前还400万元。1994年9月底结付200万元、12月底结付400万元。1995年第一季度结付200万元、第二季度还600万元,第三、四季度各结付500万元。1996年3月底、6月底前各结付200万元。若西安有线电视台不能如期结付乙方的投资本金,所欠部分由西安市广播电视局代西安有线电视台垫付偿还。甲方代垫付款项由西安有线电视台负责归还。前三年半还本后如果还剩有利润,所剩利润按4:6分成,甲方40%,乙方60%。还本期内的经营风险由甲方负担。但应计入还本期的成本额不得摊入分利期内。1996 年 7 月至 1999 年 12 月，按实现的利润，甲乙双方按 4∶6 分成；2000 年至 2002 年，双方按实现的利润 4.5∶5.5 分成。利润按每季度结算一次，并由西安有线电视台一次付清给乙方。前三年还本期间，如资金不足，乙方不再投资。分利期的补充投入双方另行再议。本补充协议书中涉及的有关问题如有与原合同书相违背的，以本补充协议书为准。没涉及的其他条款，仍以原合同书的规定为准则。1995 年 8 月 1 日，双方又签订《西安有线电视合作工程补充协议书（其二）》，该协议书约定，由于两年半以来西安有线电视的投资环境发生了很大变化，出现了省有线台的竞争，不能实现"一网一台"，严重影响了双方合作的收益，特别是大大减少了乙方的预期投资效益，增大了投资风险，同时，甲方按《补充协议》约定的还本期还款有困难。现经甲方及其下属单位西安有线电视台与乙方协商达成一致意见如下：延长双方合作分利期三年，把原合作时间改为从 1993 年元月至 2005 年 12 月底，共计 13 年，延长的最后三年合作分利比例为 45∶55，即甲方占 45%，乙方占 55%。延长确保还本期半年，即 1993 年元月至 1996 年 12 月底，共计 4 年。甲方确保 1995 年还款 1300 万元，其中第一季度还 200 万元，第二季度还 300 万元，第三、四季度各还 400 万元；1996 年还款 900 万元，其中第一季度还 100 万元，第二季度还 200 万元，第三季度还 300 万元，第四季度还 300 万元。在四年确保还本期内甲方每年已按当年还款计划结清给乙方后，当年 12 月底由双方共同结算当年利润，如有利润则按 1994 年 5 月 30 日的《补充协议》所定双方的分成比例进行分配。西安有线电视用户初装费、并网费、收视维护费、广告费以及利用本系统工程网络双方共同开发的所有项目的收入均属于西安有线电视系统工程的收入，双方按合同所定比例分利。凡是利用西安有线电视网络系统工程进行的多功能多项开发经营，必须按 1994 年 5 月 30 日的《补充协议》商定的比例，由甲乙双方按比例共同投资开发经营，共享分利。该协议如与原合同或《补充协议》有相互矛盾的条款均以该协议为准。

1993 年 1 月 18 日，原告向西安有线电视台筹建处支付投资款 2500 万元。1994 年 7 月 30 日，原告向西安有线电视台支付 300 万元。

2000 年 11 月，陕西省组建陕西省广电股份公司，对全省广电网络全程实行统一规划、统一建设、统一管理、统一运营，实现省、市、县（区）三级贯通。按照行政手段整合与市场机制运作相结合的方式，对省、市、县（区）广播电视网络资产进行重组。凡由各级政府及广电部门投资形成的网络资产，按照 1999 年年底各地市、县所建网络的投资(扣除折旧和不良资产)和用户数量确定相应股权;对非广播电视部门投资形成的网络资产,由省公司予以收购,或由网络投资主体以其净资产入股。随后西安市广播电视局和西安有线电视台的资产经过评估后于2002年移交入股陕西省广电股份公司。

原告提交的2014年7月27日制作的西安有线电视工程、西安广播电视技术中心大楼前期工程投资和收益情况表载明:玉林公司投资金额为2800万元,西安有线电视台和西安市广播电视局向玉林公司支付收益款如下:1993年支付45万元;1994年支付572万元;1995年支付608万元;1996年支付618万元;1997年支付947万元;1998年支付200.188万元;1999年支付50万元;2000年支付53万元;2001年支付220万元;2002年支付210万元;2003年支付60万元;2004年支付60万元;2005年支付260万元,合计支付3903.188万元。该投资和收益情况表载明复核人为文某昆。

2013年6月17日,原告向西安市文化广电新闻出版局发出的关于建议成立清算小组的函称,“我公司与原西安市广播电视局于1993年开始合作共建的西安有线电视系统工程项目于2005年底结束,本应按合同约定从1997年至2005年底每季度对合作项目双方进行结算,双方于2011年6月24日签署了启动商谈合作项目遗留问题的文件,但至今未进行实际结算工作,现就合作项目遗留问题提出以下建议:为方便解决原西安广播电视局与我公司合作遗留问题,建议双方委派人员共同成立清算小组解决合作遗留问题”。2014年7月21日,原告再次向西安市文化广电新闻出版局发出关于建议成立清算小组的函。2014年7月21日,西安市文化广电新闻出版局复函原告称,由于我局法人已于2014年6月30日被免,目前暂无法人,此事事关我局重大事项,暂时无法确定,建议待我局法人确定后再议。2016年2月19日、5月6日、11月1日,原告再次向西安市文化广电新闻出版局发出关于要求进行财务结算和支付合作利润的函。2016年2月23日,西安市文化广电新闻出版局再次复函称此事项属于重大事项,建议待我局法人代表确定之后再议。

裁判结果

一审法院判决,驳回原告玉林公司的诉讼请求。玉林公司不服一审判决,向最高人民法院提起上诉,最高人民法院判决,驳回上诉,维持原判。

案例28

上诉人内蒙古路桥集团有限责任公司（以下简称内蒙古路桥公司）与上诉人甘肃省交通物资供应有限公司（以下简称交通物资公司）及一审第三人甘肃翼龙沥青有限公司（以下简称甘肃翼龙公司）买卖合同纠纷案

案号：(2019)最高法民终969号

主要争议焦点

案涉沥青质量是否存在问题，内蒙古路桥公司要求交通物资公司返还货款、赔偿损失的诉讼请求能否成立；交通物资公司主张解除合同、返还货物的反诉请求是否成立。

简要案情

甘肃高等级公路建设开发有限公司（后更名为内蒙古路桥公司，二审期间更名）与内蒙古自治区公路工程局签订合同协议书。天水过境段建设项目部与交通物资公司签订合同协议书。天水过境段建设项目部与交通物资公司签订沥青补充供货合同。交通物资公司与甘肃翼龙公司签订《沥青采购合同》《沥青采购供应补充合同》，随后，甘肃翼龙公司分批将沥青发运至甘肃天水市。西安恒东经贸发展有限公司与新疆大陆桥集团有限责任公司（奎屯分公司）签订《货物运输代理协议》，向甘肃宝天高速天水过境段合同段TSGJLM项目经理部发运纸箱沥青及桶装沥青。后各方当事人因合同履行发生纠纷。

案情详解

内蒙古路桥公司起诉请求：(1)判令交通物资公司返还内蒙古路桥公司已经支付的不合格沥青货款共计8 366 456.00元；(2)判令交通物资公司赔偿内蒙古路桥公司因问题路面铣刨、重新铺筑所造成的损失共计19 610 450.72元；(3)诉讼费由交通物资公司承担。

交通物资公司辩称：(1)内蒙古路桥公司起诉欠款金额与实际情况不符；

(2)交通物资公司所供沥青完全符合投标文件中承诺的规格和参数。

交通物资公司提出反诉请求:(1)判令解除交通物资公司与内蒙古路桥公司2010年9月15日签订的合同协议书、2010年10月25日签订的沥青供货合同,以及2011年3月12日、4月10日签订的沥青供货补充合同;(2)判令内蒙古路桥公司返还未结算的桶装克拉玛依AH-90#沥青187.51吨、散装克拉玛依SBS改性沥青400.62吨、桶装克拉玛依SBS改性沥青1941.26吨,合计2529.39吨,价值18 627 709元,若内蒙古路桥公司不能返还原货物,则赔偿同等货物价值的钱款;(3)本案本诉与反诉的诉讼费用均由内蒙古路桥公司承担。

内蒙古路桥公司辩称:(1)解除合同及返还货物(不能返还时赔偿)的反诉请求,已过法定诉讼时效。(2)该案所涉《沥青供货合同》,于2011年6月因天水过境段项目部通知停止发货、交通物资公司停止发货的事实行为承诺,协议解除。交通物资公司反诉状中直接认同天水过境段建设项目部于2011年6月28日,单方以传真方式行使了沥青供货合同解除权,其反诉标的不存在,应依法驳回。

交通物资公司于2018年6月11日提交申请,请求追加甘肃翼龙公司为本案第三人参加诉讼,并承担相应的责任。

针对本诉,甘肃翼龙公司述称:(1)甘肃翼龙公司从未收到交通物资公司提出沥青质量存在问题的口头或书面材料。(2)甘肃翼龙公司所供沥青为合格产品。(3)交通物资公司与内蒙古路桥公司在供货期内均擅自向其他供应商购买沥青产品,均没有证据证明是甘肃翼龙公司供应的沥青导致其损失。其擅自从非沥青中标供应商处购买非中标牌号的沥青产品违反招投标法规定,导致铺筑的路面多次返工。

对于反诉,甘肃翼龙公司没有其他意见,但关于沥青质量问题的意见与本诉中的陈述意见一致。

一审法院查明:2010年6月23日,甘肃高等级公路建设开发有限公司与内蒙古自治区公路工程局签订的合同协议书约定,甘肃高等级公路建设开发有限公司(发包人)接受内蒙古自治区公路工程局(承包人)对连霍国道主干线(GZ45)宝(鸡)天(水)高速公路天水过境段路面工程TSGJLM标段施工的投标,同时对工程造价、工期等内容进行了约定。后内蒙古自治区公路工程局成立了天水过境段建设项目部。经甘肃省交通厅宝天高速天水过境段建设项目办公室组织沥青采购招标,交通物资公司中标,成为宝天高速天水过境段建设项目的沥青供应商。2010年

9月15日，天水过境段建设项目部与交通物资公司签订的合同协议书约定，根据工程量清单所列的预计数量和单价或总额计算的供应沥青总价为105 760 509元。2010年10月25日，天水过境段建设项目部与交通物资公司签订沥青供货合同，合同签订后，交通物资公司按天水过境段建设项目部实际支付货款及时供应相应数量的沥青。2011年3月12日，天水过境段建设项目部与交通物资公司签订沥青补充供货合同，合同签订后，交通物资公司按天水过境段建设项目部实际支付的货款及时供应相应数量的沥青。2011年4月10日，天水过境段建设项目部与交通物资公司签订沥青补充供货合同，合同签订后，交通物资公司按天水过境段建设项目部实际支付的货款及时供应相应数量的沥青。上述合同签订后，交通物资公司于2010年10月13日至2011年7月14日，先后向天水过境段建设项目部供应散装90号沥青、桶装90号沥青、散装SBS（I－C）改性沥青、桶装SBS（I－C）改性沥青，天水过境段建设项目部先后共向交通物资公司支付货款31 677 656元。天水过境段建设项目部在收货后，认为散装及桶装改性沥青存在质量问题，导致无法正常施工。对其中部分桶装沥青收料单标注了“实验不合格”或“不合格退”字样，并于2011年6月28日以传真方式向交通物资公司发送函告，称其所供应的桶装SBS改性沥青存在质量隐患，请解决问题、停止发货。交通物资公司收到函告后于2011年6月底派出技术人员到现场查看问题。在施工完成后，天水过境段建设项目部认为新铺筑的路面存在质量问题，更换了供应商及沥青品牌，对该路段面层进行了重新铺筑，中止了与交通物资公司的货款结算。天水过境段建设项目部于2012年12月至2013年1月陆续对认为质量不合格的桶装SBS（I－C）改性沥青4800多桶自行封存。

交通物资公司与甘肃翼龙公司于2010年至2011年签订《沥青采购合同》和《沥青采购供应补充合同》（合同编号为2011LQHT－天水过境段），约定甘肃翼龙公司向交通物资公司供应克拉玛依桶装SBS（I－C）改性沥青、桶装A级90号道路石油沥青。随后，甘肃翼龙公司分批将沥青发运至甘肃天水市。

2011年3月22日，西安恒东经贸发展有限公司与新疆大陆桥集团有限责任公司（奎屯分公司）签订的《货物运输代理协议》约定，2011年1月1日至2011年12月31日，西安恒东经贸发展有限公司委托新疆大陆桥集团有限责任公司（奎屯分公司）为货物发运代理人，进行货物发运代理。2011年6月9日，代理人向甘肃宝天高速天水过境段合同段TSGJLM项目经理部发运40千克纸箱沥青及桶装沥青。

二审法院另查明，兰州市中级人民法院(2015)兰民二初字第431号甘肃翼龙公司与交通物资公司买卖合同纠纷一案中，甘肃翼龙公司诉请交通物资公司支付欠付货款，交通物资公司反诉沥青质量不合格，要求甘肃翼龙公司赔偿损失。兰州市中级人民法院于2016年7月26日作出一审判决，判决交通物资公司支付货款12 492 725元，驳回了交通物资公司赔偿损失的反诉请求。交通物资公司不服，向甘肃省高级人民法院提起上诉，该院以诉争沥青的实际使用人内蒙古路桥公司就质量问题提起本案诉讼，并追加甘肃翼龙公司为第三人，本案的审理结果可能影响该案的审理结果为由，中止该案诉讼。

最高人民法院(2017)最高法民终129号交通物资公司与内蒙古路桥公司买卖合同纠纷一案中，交通物资公司请求内蒙古路桥公司支付欠付货款及利息，最高人民法院于2017年3月31日作出二审判决，认定交通物资公司的主张超过了诉讼时效，驳回交通物资公司的诉讼请求。

裁判结果

一审法院判决，驳回内蒙古路桥公司的诉讼请求；驳回交通物资公司的反诉请求。内蒙古路桥公司与交通物资公司均不服一审判决，向最高人民法院提起上诉，最高人民法院判决，驳回上诉，维持原判。

该案关联案件情况如下：

1. 兰州市中级人民法院(2015)兰民二初字第431号，甘肃翼龙公司诉交通物资公司支付欠付货款，交通物资公司反诉沥青质量不合格，要求赔偿损失。一审支持了甘肃翼龙公司支付货款的诉讼请求，认定没有证据证明甘肃翼龙公司供应的沥青质量有问题，驳回了交通物资公司的反诉请求。

交通物资公司上诉，甘肃高院中止诉讼。(甘肃翼龙公司在最高人民法院庭审中表示，该案判决后交通物资公司上诉，同时起诉内蒙古路桥公司支付货款，故中止诉讼。)

2. 最高人民法院(2017)最高法民终129号：2016年8月，交通物资公司诉内蒙古路桥公司支付拖欠的货款，因超过诉讼时效，一审、二审均判决驳回交通物资公司的诉讼请求。

3. 最高人民法院(2017)最高法民终132号：2016年9月，内蒙古路桥公司诉交通物资公司，请求返还内蒙古路桥公司已经支付的不合格沥青货款，交通物资公司赔偿因问题路面铣刨、重新铺筑所造成的损失。交通物资公司申请甘肃翼龙公司作为第三人参加诉讼。一审判决内蒙古路桥公司的诉讼请求超诉讼时效。二审发回重审，理由是：在甘肃翼龙公司诉交通物资公司货款纠纷一案中，交通物资公司提起反诉，甘肃翼龙公司提供的沥青存在质量问题，其抗辩主张和证据均源于内蒙古路桥公司。内蒙古路桥公司与交通物资公司之前一直在协商货款和质量问题，表明内蒙古路桥公司并未怠于行使主张权利，属于最高人民法院《关于审理民事案件适用诉讼时效制度若干问题的规定》第13条第9项①规定的其他与提起诉讼具有同等诉讼时效中断效力的事项，应当认定与提起诉讼具有同等诉讼时效中断的效力。

重审中，交通物资公司反诉主张解除合同、退还货物，一审先行裁定驳回反诉，理由是：（2017）最高法民终129号案中，交通物资公司诉内蒙古路桥公司支付货款，因超过时效被驳回起诉，本案是重复诉讼。交通物资公司就驳回反诉的裁定不服上诉，（2018）最高法民终1123号，认为不是重复诉讼，指令一审受理反诉。

4. 最高人民法院（2018）最高法民终1123号指令一审法院审理反诉后，一审对本诉反诉进行了审理，驳回了双方的诉讼请求。双方不服，向最高人民法院上诉，即本案。

案例29

上诉人陕西航天建设集团有限公司（以下简称陕西航建公司）与上诉人甘肃昊鑫市场开发有限公司（以下简称甘肃昊鑫公司）建设工程施工合同纠纷案

案号：（2020）最高法民终496号

主要争议焦点

（1）本案一审认定工程款是否正确。（2）本案一审判决陕西航建公司在一审

① 现为2020年修正版第11条第8项。

判决生效后 15 日内移交案涉工程完整的工程竣工资料并协助竣工验收是否正确。(3)陕西航建公司是否享有案涉工程价款优先受偿权。

简要案情

陕西航建公司与甘肃昊鑫公司签订《建设工程施工合同》《补充协议》《建设工程施工协议》。合同履行中,甘肃昊鑫公司对部分工程作了甩项,双方对于甩项工程项目均无异议,经过对账,陕西航建公司对甘肃昊鑫公司支付的 158 335 485.00 元工程款予以认可。因陕西航建公司未按照约定时间竣工,双方协商移交了 1/3 建设标的。陕西航建公司向甘肃昊鑫公司提交庆阳 CBD 商务中心结算书,甘肃昊鑫公司对陕西航建公司提交的结算书提出异议,陕西航建公司至今未向甘肃昊鑫公司移交工程竣工资料,也未配合甘肃昊鑫公司组织竣工验收,后双方对结算、付款等问题发生争议诉至法院。

案情详解

陕西航建公司起诉请求,(1)判令甘肃昊鑫公司支付工程款及利息损失 9000 万元;(2)依法判决陕西航建公司享有该工程工程款优先受偿权;(3)本案诉讼费用由甘肃昊鑫公司承担。

甘肃昊鑫公司辩称,(1)陕西航建公司诉请支付工程竣工价款不符合约定;(2)建设标的未经验收合格,陕西航建公司诉请支付工程竣工价款不符合法律规定;(3)陕西航建公司的工程结算书不能作为支付进度款的依据;(4)陕西航建公司主张的默示条款无合同依据,其变更诉由应予以驳回。

甘肃昊鑫公司提出反诉请求,(1)判令陕西航建公司向甘肃昊鑫公司提供完整的竣工验收资料及竣工验收报告,协助甘肃昊鑫公司办理竣工验收,移交尚未交付的 2/3 建设标的;(2)依法判令陕西航建公司赔偿逾期交工给甘肃昊鑫公司造成的经济损失 1006.4 万元;(3)反诉费由陕西航建公司承担。

陕西航建公司辩称,首先,涉案工程是因为甘肃昊鑫公司违约,导致工程没有按期完工,甘肃昊鑫公司对涉案工程进行了大量变更,工程变更后工期应当顺延。其次,甘肃昊鑫公司一直没有按期付款,每次付款都进行了延期,工程的延误都是由甘肃昊鑫公司造成的。

一审法院查明:2011年4月3日,陕西航建公司与甘肃昊鑫公司签订《建设工程施工合同》,约定由陕西航建公司承建甘肃昊鑫公司开发的庆阳CBD商务中心二期工程,工程内容为二期工程(C区),总建筑面积为118 581平方米(以施工图为准),开工日期暂定为2011年6月1日(具体时间以发包人书面通知为准),竣工日期暂定为2013年6月30日,合同价款金额按照合同约定双方共同确定合同价款。补充条款中甩项工程除外。

2011年9月16日,陕西航建公司又与甘肃昊鑫公司签订《补充协议》,约定由陕西航建公司承建甘肃昊鑫公司开发的庆阳CBD商务中心二期工程,工程内容为二期工程(C区),总建筑面积为118 581平方米(以施工图为准),开工日期为2011年10月10日,竣工日期为2013年10月10日,双方约定合同价款的其他调整因素为发生的设计变更承包人应在7日内(逾期视为放弃)上报工程量、清单、金额,监理单位7日内进行初审,建设单位7日内审定所增减的工程量,按二类工程取费标准(施工期间执行同期造价政策)增减工程造价,计入工程竣工决算。

2011年10月13日,经履行招标程序,双方签订《建设工程施工协议》,并向庆阳市住房和城乡建设局备案,约定由陕西航建公司承建甘肃昊鑫公司开发的庆阳CBD商务中心二期工程,工程内容为“新建庆阳CBD商务中心二期连体框架一幢,地上商业楼,框架结构6层,建筑面积为78 241平方米;A:框架结构25层,建筑面积为13 053平方米;B:框架结构24层,建筑面积为13 740平方米;C:框架结构29层,建筑面积为13 547平方米;总建筑面积为118 581平方米”,承包范围为“全部土建、装饰、给排水、采暖、建筑电气安装,实行单位工程总承包”。开工日期为2011年10月31日,竣工日期为2013年10月31日,合同工期总日历天数730日,合同价款金额为564 570 000.00元。合同价款采用可调价合同方式确定。2011年11月24日,庆阳市住房和城乡建设局在工程建设项目开工审批表上审核同意开工建设,陕西航建公司进场施工。合同履行过程中,甘肃昊鑫公司对部分工程作了甩项,双方对于甩项工程项目均无异议,经过对账,陕西航建公司对甘肃昊鑫公司支付的158 335 485.00元工程款予以认可。因陕西航建公司未按照约定时间竣工,经双方协商于2015年7月31日移交了1/3建设标的,2015年8月4日,陕西航建公司向甘肃昊鑫公司提交庆阳CBD商务中心结算书,甘肃昊鑫公司对陕西航建公司提交的结算书提出异议,陕西航建公司至今未向甘肃昊鑫公司移交工程竣工资料,也未配合甘肃昊鑫公司组织竣工验收,后双方因结算、付款等问题发生争议诉至法院。

审理中,陕西航建公司申请对其施工的庆阳 CBD 商务中心二期工程的工程造价进行鉴定,一审法院委托甘肃立信工程造价咨询服务有限公司(以下简称甘肃立信造价公司)进行评估鉴定,经鉴定,庆阳 CBD 商务中心二期工程总造价为 170 142 178. 92 元。鉴定报告送达双方后,双方均对鉴定报告提出异议,甘肃立信造价公司对双方提出的异议进行书面答复。2017 年 11 月 13 日,该院组织庭审质证,通知鉴定人接受双方当事人的质询,针对双方质询提出的问题,甘肃立信造价公司于 2017 年 12 月 4 日进行了书面答复。2018 年 6 月 19 日,甘肃立信造价公司向一审法院提交了关于"庆阳 CBD 商务中心二期工程造价鉴定报告补充提交资料答复",结论为在原有甘立工鉴(2017)005 号(修正)报告鉴定工程造价 170 142 178. 92 元基础上追加费用 231 459. 26 元,合计工程造价 170 373 638. 18 元。

甘肃昊鑫公司在反诉状中所提陕西航建公司未向其移交剩余 2/3 建设标的的问题,在审理中,甘肃昊鑫公司出具交付说明,证实剩余 2/3 建设标的,陕西航建公司于 2016 年 7 月 31 日完工,甘肃昊鑫公司已于 2016 年 8 月 1 日占有使用至今。

二审法院查明:甘肃昊鑫公司代陕西航建公司交纳了案涉工程款 5020 万元的税款 1 716 840 元。陕西航建公司已于 2019 年 9 月 2 日更名为陕西航天建筑集团有限公司。

裁判结果

一审法院判决,(1)甘肃昊鑫公司在本判决生效后 15 日内向陕西航天建筑公司支付工程款 12 038 153. 18 元,并支付相应的利息(自 2015 年 11 月 12 日起算至工程款付清之日,按照中国人民银行同期同类贷款利率计算);(2)陕西航建公司向甘肃昊鑫公司在本判决生效后 15 日内移交涉案工程完整的工程竣工资料,并协助甘肃昊鑫公司竣工验收;(3)驳回陕西航建公司的其他诉讼请求;(4)驳回甘肃昊鑫公司的其他反诉请求。陕西航建公司、甘肃昊鑫公司均不服一审判决,向最高人民法院提起二审,最高人民法院判决:(1)维持一审判决第二项;(2)撤销一审判决第一项、第三项、第四项;(3)甘肃昊鑫公司在本判决生效后 15 日内向陕西航天建设集团有限公司支付工程款10 321 313.18元，并支付相应的利息；(4)陕西航建公司在甘肃昊鑫公司欠付其工程款10 321 313.18元范围内对本案工程折价或拍卖的价款享有优先受偿权；(5)驳回陕西航建公司的其他诉讼请求；(6)驳回甘肃昊鑫公司的其他反诉请求。

案例30

上诉人辽宁中天建设(集团)有限公司(以下简称中天公司)因与上诉人阜新中地信房地产开发有限公司(以下简称中地信公司)建设工程施工合同纠纷案

案号：(2020)最高民终392号

主要争议焦点

(1)中地信公司应当给付中天公司的工程款数额及利息计算问题。(2)中地信公司的反诉请求应否得到支持。

简要案情

中地信公司与中天公司签订《阜新现代城项目工程承包协议》。该协议主要约定由中天公司包工包料承建阜新现代城项目，承包范围为全部施工图设计内容的全部工程。中地信公司、中天公司及阜新市宏信建设监理有限公司三方对案涉工程和前期施工单位河南省建筑安装工程有限公司所承建部分工程的工程量进行确认。中地信公司与中天公司签订《阜新现代城项目工程承包补充协议》，该补充协议主要约定双方原签订的承包协议约定的所有违约责任互不追究。随后双方因合同履行发生纠纷。

案情详解

中天公司起诉请求，(1)被告向原告支付工程款暂计7500万元(准确数额以最终审定金额为准),迟延付款的利息暂计 21 450 000 元(以月利率 2.6% 的标准计算,暂计至 2014 年 7 月 31 日);(2)被告向原告支付因被告原因造成的停工窝工等损失 4 600 866.8 元;(3)原告对涉案工程的拍卖或者折价款享有优先受偿权;(4)被告承担全部诉讼费用。

中地信公司辩称,原告违约,合同已经依约、依法解除。原告现在无权索要工程款。补充协议因未加盖公章,属于合同未成立,不受法律保护。因此,原告的第二、三项诉讼请求没有事实根据和法律依据。本案处理的条件尚未成就,原告应履行的义务尚未履行。本案应中止诉讼,条件成就之时再恢复诉讼。

中地信公司提出反诉请求,(1)判令中天公司给付工程项目资金沉淀的利息损失(暂计),即以 41 515 273.00 元为计算基数,以中国人民银行月利率 0.5% 标准的 4 倍计算,计算期间为 2013 年 7 月 1 日至 2014 年 10 月 31 日。(2)判令中天公司给付合同期满后工程项目资金投入的利息(暂计),以 6 969 177.00 元为计算基数,以中国人民银行月利率 0.5% 标准的 4 倍计算,按资金投入的时间分段计算至 2014 年 10 月 31 日。(3)判令中天公司承担预售房屋购房者未能如期入住的经济损失(暂计) 4 153 066.00 元。(4)判令被反诉人承担退场罚款 30 万元。以上四项损失合计 52 937 516.00 元。(5)由中天公司承担反诉费用。

中天公司对反诉辩称,(1)中地信公司称在 2013 年 6 月 30 日前投入资金 129 735 229.38 元,2013 年 7 月 1 日至 2014 年 10 月 31 日(暂计)投入 74 545 541.95 元,不真实,与事实不符;(2)涉案工程没有如期竣工是中地信公司造成的。

一审法院查明:2012 年 4 月 28 日,中地信公司与中天公司签订《阜新现代城项目工程承包协议》。该协议主要约定,由中天公司包工包料承建阜新现代城项目,承包范围为全部施工图设计内容(甲方外委项目除外)的全部工程。2012 年 5 月 1 日,腾波为中天公司出具的承诺书承诺:工程造价在 08 定额三类取费的基础上每平方米增加 25 元。2012 年 5 月 5 日,中地信公司、中天公司及阜新市宏信建设监理有限公司三方对案涉工程和前期施工单位河南省建筑安装工程有限公司所承建部分工程的工程量进行确认。

2013 年 9 月 9 日,中地信公司与中天公司签订《阜新现代城项目工程承包补充协议》,该补充协议主要约定,双方原签订的承包协议所有约定的违约责任互不追究；本补充协议签订后40日内，双方对已完工程委托审核结算，已完工程款在2013年10月10日前支付500万元，后续工程按工程量50%付款，主体已完部分工程款2013年12月21日前付至90%；甲方在原施工协议基础上每平方米为乙方另增加25元，后期抹灰每平方米增加7元；从2013年9月1日起，欠付工程款的利息按照月息2.6%标准予以支付。

因诉讼双方对工程量及工程款数额存在争议，经中天公司申请，一审法院委托沈阳中建东北工程咨询有限公司对案涉工程的工程造价及停窝工损失进行鉴定。鉴定单位出具工程造价司法鉴定报告，结论为有明确鉴定依据的工程造价鉴定金额为90 266 123.76元；无明确鉴定依据的工程造价（原告方主张增加的工程造价）鉴定金额为8 151 742.78元。对该鉴定结论，诉讼双方均提出书面异议，鉴定单位作出关于《阜新现代城项目工程造价鉴定异议内容》补充复议的答复（东咨司鉴2015－9－2号），结论为，鉴定金额第一部分是88 887 961.12元，第二部分是8 063 718.25元。

一审法院审理中，鉴定人员依法出庭接受诉讼双方对鉴定结论的质询并答复，鉴定机构根据庭审情况出具关于《阜新现代城项目工程造价鉴定报告》原、被告双方争议部分的情况说明，鉴定机构答复如下：应在第一部分“土建、电器、水暖工程签证”中加入工程签证单05－01及工程签证单05－05，这两张工程签证单均有被告方相关人员签证确认，应计入工程签证项中，金额为216 706.08元；措施项目费的高压线防护棚和悬挑脚手架金额分别为93 036.91元和161 194.64元；北侧居民因遮光补偿事宜导致停工损失，其中误工人员的生活费为15 520元，升降机租赁费为68 600元，塔式起重机租赁费为53 600元；根据补充协议第8条的约定，被告在原施工协议基础上每平方米为原告增加25元，后期抹灰工程被告按内墙面积每平方米为原告增加7元，上述两项合计金额为3 381 987.5元，此项金额是否成立，需法院予以确认；外委配合费根据承包协议第7条的约定，商业网点、地下室、外墙保温、外墙涂料、门窗工程、电梯工程及地热工程的外委配合费合计金额为601 161.06元。

裁判结果

一审法院判决，（1）本判决生效后15日内，中地信公司给付中天公司工程欠款

47 352 751.51 元及其利息，利息给付标准为年利率 24%，利息给付时间起点为起诉之日，截至付清之日；(2) 中天公司在本判决第一项工程欠款额度内，对案涉工程折价或拍卖价款享有优先受偿权；(3) 驳回中天公司的其他诉讼请求；(4) 驳回中地信公司的反诉请求。中天公司、中地信公司均不服一审判决，向最高人民法院提起上诉，最高人民法院判决，(1) 维持辽宁省高级人民法院(2014)辽民一初字第 17 号民事判决第三项；(2) 变更辽宁省高级人民法院(2014)辽民一初字第 17 号民事判决第一项为本判决生效后 15 日内，中地信公司给付中天公司工程欠款 46 183 926.51 元及其利息，利息给付标准为年利率 24%，利息给付时间起点为一审起诉之日，截至付清之日；(3) 变更辽宁省高级人民法院(2014)辽民一初字第 17 号民事判决第二项为中天公司在本判决第二项工程欠款额度内，对其施工的案涉工程部分折价或拍卖价款享有优先受偿权；(4) 变更辽宁省高级人民法院(2014)辽民一初字第 17 号民事判决第四项为驳回中地信公司的其他上诉请求。

思考与衡量

上述 4 个案例中，案例 27、案例 28 涉及诉讼时效的认定问题，案例 29、案例 30 涉及除斥期间的认定问题。在判断是否超过诉讼时效时，有一个必须查明的问题就是是否存在中断、中止等情形。而除斥期间却不需要查明是否存在中断、中止等情形，因为除斥期间没有中断、中止等情形。涉及诉讼时效的法律规定有很多。《民法通则》第 135 条规定①："向人民法院请求保护民事权利的诉讼时效期间为二年，法律另有规定的除外。"《民法通则》第 137 条规定②："诉讼时效期间从知道或者应当知道权利被侵害时起计算。但是，从权利被侵害之日起超过二十年的，人民法院不予保护。有特殊情况的，人民法院可以延长诉讼时效期间。"《民法通则》第 139 条③规定："在诉讼时效期间的最后六个月内，因不可抗力或者其他障碍不能行使请求权的，诉讼时效中止。从中止时效的原因消除之日起，诉讼时效期间继续计算。"《民法通则》第 140 条④规定："诉讼时效因提起诉讼、当事人一方提出要求或

---

① 现为《民法典》第 188 条第 1 款。
② 现为《民法典》第 188 条第 2 款。
③ 现为《民法典》第 194 条。
④ 现为《民法典》第 195 条。

者同意履行义务而中断。从中断时起，诉讼时效期间重新计算。”最高人民法院《关于审理民事案件适用诉讼时效制度若干问题的规定》第22条[①]规定：“诉讼时效期间届满，当事人一方向对方当事人作出同意履行义务的意思表示或者自愿履行义务后，又以诉讼时效期间届满为由进行抗辩的，人民法院不予支持。”《民法典》实施之后，诉讼时效期间变更为3年，其他相关规定未变化。在认定建设工程价款优先受偿权时，对于6个月除斥期间的时间起算点以及优先受偿权的范围是审查的重点。

案例27中，一审法院认为，该案的主要争议焦点为，玉林公司向西安市文化广电新闻出版局、西安广播电视台及陕西省广电股份公司主张利润分成款的诉讼请求的事实依据和法律依据是什么，以及该诉讼请求是否超过诉讼时效。该案涉及的《关于合作共建西安有线电视工程和西安广播电视技术中心大楼前期工程合同书》《补充协议》《西安有线电视合作工程补充协议书（其二）》是当事人真实意思表示，内容不违反法律、行政法规的强制性规定，合法有效。从上述合同约定内容看，合作期满后，双方共建的西安有线电视工程和西安广播电视技术中心大楼前期工程全部设施，所有产权和权益归西安市文化广电新闻出版局所有。2005年双方的合作期满，按照上述合同约定，投资形成的全部设施的产权归西安市文化广电新闻出版局所有，对于该产权出资入股陕西省广电股份公司形成的权益，与本案投资关系没有关联性，玉林公司请求陕西省广电股份公司承担连带支付义务没有事实和法律依据。根据上述合同约定，乙方玉林公司派财务人员参与西安有线电视台筹建处财务管理部门的财务管理工作，并对甲方使用乙方所投资金情况及有线电视工程的收入情况进行监督。双方长期合作期间，没有证据显示甲方拒绝乙方财务人员参与财务管理工作并对收入情况进行监督。玉林公司提交的西安有线电视工程、西安广电中心大楼前期工程投资和收益情况表载明，1993年至2005年双方合作期间，西安有线电视台和西安市广播电视局向玉林公司每年都支付收益款，共计支付3903.188万元。玉林公司时隔多年之后起诉主张分配利润款缺乏事实依据和法律依据。《民法通则》第135条[②]规定，向人民法院请求保护民事权利的诉讼

① 现为2020年修正版第19条第1款。

② 现为《民法典》第188条第1款。

时效期间为2年。《民法通则》第137条①规定,诉讼时效期间从知道或者应当知道权利被侵害时起算。从本案查明事实看,按照合同约定,2005年合作期限届满后玉林公司就知道或应当知道其合同权利是否受到侵害,因此该案诉讼时效应当从双方合作期限届满时起算。玉林公司在时过境迁十余年之后起诉主张支付合作期间的利润分配款,显然超过法定诉讼时效,其虽于2013年向西安市文化广电新闻出版局发函,但此时已经超过法定的诉讼时效期间。西安市文化广电新闻出版局的回函中也并未认可存在未付利润分配款并承诺予以支付。因此,玉林公司所举证据不能证明存在诉讼时效中断或中止的事由,西安市文化广电新闻出版局、西安广播电视台所持玉林公司的诉讼请求已经超过法定诉讼时效的抗辩主张依法成立。综上所述,玉林公司的诉讼请求依法不能成立。

笔者认为,关于玉林公司主张利润分成款的诉讼请求是否超过诉讼时效的问题,首先应该查明是否存在时效中止或中断情形。如没有,时效已经2年,则其主张不应得到支持;如存在,则其主张应得到支持。该案的主要争议焦点为:玉林公司主张利润分成款的诉讼请求是否超过诉讼时效以及陕西省广电股份公司是否应承担本案连带责任。

关于玉林公司主张利润分成款的诉讼请求是否超过诉讼时效的问题。《民法通则》第135条②规定:"向人民法院请求保护民事权利的诉讼时效期间为二年,法律另有规定的除外。"《民法通则》第137条③规定:"诉讼时效期间从知道或者应当知道权利被侵害时起计算。但是,从权利被侵害之日起超过二十年的,人民法院不予保护。有特殊情况的,人民法院可以延长诉讼时效期间。"《民法通则》第139条④规定:"在诉讼时效期间的最后六个月内,因不可抗力或者其他障碍不能行使请求权的,诉讼时效中止。从中止时效的原因消除之日起,诉讼时效期间继续计算。"《民法通则》第140条⑤规定:"诉讼时效因提起诉讼、当事人一方提出要求或者同意履行义务而中断。从中断时起,诉讼时效期间重新计算。"最高人民法院《关

---

① 现为《民法典》第188条第2款。
② 现为《民法典》第188条第1款。
③ 现为《民法典》第188条第2款。
④ 现为《民法典》第194条。
⑤ 现为《民法典》第195条。

于审理民事案件适用诉讼时效制度若干问题的规定》第22条[①]规定：“诉讼时效期间届满，当事人一方向对方当事人作出同意履行义务的意思表示或者自愿履行义务后，又以诉讼时效期间届满为由进行抗辩的，人民法院不予支持。”该案中，1992年12月25日，西安市广播电视局与玉林公司签订《关于合作共建西安有线电视工程和西安广播电视技术中心大楼前期工程合同书》，约定合作期限从1993年1月26日起到2003年1月26日止，共计10年，该合同约定，玉林公司派财务人员参与西安有线电视台筹建处财务管理部门的财务管理工作，保证玉林公司投资按时投入，并对西安市广播电视局使用玉林公司所投资金情况及有线电视工程的收入情况进行监督。1994年5月30日，西安市广播电视局与玉林公司签订《补充协议》，约定利润按每季度结算一次，由西安有线电视台一次付清给玉林公司。1995年8月1日，玉林公司与西安市文化广电新闻出版局、西安有线电视台（后变更为西安广播电视台）共同签订《西安有线电视合作工程补充协议书（其二）》，约定延长合作分利期，合作期从1993年元月起至2005年12月底止。案涉《关于合作共建西安有线电视工程和西安广播电视技术中心大楼前期工程合同书》《补充协议》《西安有线电视合作工程补充协议书（其二）》系各方当事人真实意思表示，内容不违反法律、行政法规的强制性规定，均为合法有效。2013年6月17日，玉林公司向西安市文化广电新闻出版局发出关于建议成立清算小组的函称，“我公司与原西安市广播电视局于1993年开始合作共建的西安有线电视系统工程项目于2005年底结束，本应按合同约定从1997年至2005年底每季度对合作项目双方进行结算，双方于2011年6月24日签署了启动商谈合作项目遗留问题的文件，但至今未进行实际结算工作，现就合作项目遗留问题提出以下建议：为方便解决原西安广播电视局与我公司合作遗留问题，建议双方委派人员共同成立清算小组解决合作遗留问题”。2014年7月21日，玉林公司再次向西安市文化广电新闻出版局发出关于建议成立清算小组的函。2014年7月21日，西安市文化广电新闻出版局复函玉林公司称，由于我局法人已于2014年6月30日被免，目前暂无法人，此事事关我局重大事项，暂时无法确定，建议待我局法人确定后再议。2016年2月19日、5月6日、11月1日，玉林公司再次向西安市文化广电新闻出版局发出关于要求进行财务结算

---

① 现为2020年修正版第19条第1款。

和支付合作利润的函。2016年2月23日，西安市文化广电新闻出版局再次复函称此事项属于重大事项，建议待我局法人代表确定之后再议。个人认为，案涉《关于合作共建西安有线电视工程和西安广播电视技术中心大楼前期工程合同书》约定玉林公司派财务人员参与西安有线电视台筹建处财务管理部门的财务管理工作，并对项目资金情况及有线电视工程的收入情况进行监督，没有证据显示西安市文化广电新闻出版局拒绝玉林公司的财务人员参与财务管理工作并对收入情况进行监督。因此，2005年12月底各方合作期限届满时，玉林公司就知道或者应当知道其合同权利是否受到侵害，一审法院认定诉讼时效自本案合作期限届满时起算并无不当，应予维持。玉林公司一审中提交的西安有线电视工程、西安广电中心大楼前期工程投资和收益情况表载明，1993年至2005年双方合作期间，西安有线电视台和西安广播电视局每年都向玉林公司支付收益款，共计支付3903.188万元，玉林公司持续收取收益款的行为可以证明，其在案涉项目中的股东权益并未因另案执行裁定而受到影响，玉林公司二审提交的第二组证据不能证明执行裁定的冻结行为构成其主张民事权利的客观障碍或不可抗力，执行裁定的冻结行为不属于诉讼时效中止的法定事由。玉林公司于2013年6月17日向西安市文化广电新闻出版局发出关于建议成立清算小组的函，其后又多次致函，但西安市文化广电新闻出版局从未作出同意履行义务的意思表示，该案不存在诉讼时效中断的法定事由。综上，一审判决认定玉林公司的诉讼请求已经超过法定诉讼时效并无不当，应予维持。

关于陕西省广电股份公司应否承担本案连带责任的问题。根据案涉《西安有线电视台合作工程补充协议书(其二)》的约定，2005年双方的合作期届后，各方共建的西安有线电视工程和西安广播电视技术中心大楼前期工程全部设施，所有产权和权益归西安市文化广电新闻出版局所有。西安市文化广电新闻出版局以该产权出资入股陕西省广电股份公司形成的权益，与该案投资关系没有关联性。况且，该案玉林公司主张利润分成款的诉讼请求已经超过诉讼时效。一审法院认定陕西省广电股份公司不应承担该案连带付款责任并无不当。

案例28中，一审法院认为，2010年9月15日、2010年10月25日、2011年3月12日及2011年4月10日，天水过境段建设项目部与交通物资公司签订的合同协议书、沥青供货合同及两份沥青补充供货合同均系当事人之间真实的意思表示，并未违反法律、行政法规的强制性规定，为合法有效合同，各方当事人应当依约履行各自权利义务。合同签订后，截至2011年7月14日，交通物资公司履行了供货义务，内蒙古路桥公司履行了支付货款的义务。后内蒙古路桥公司提出交通物资公司所供改性沥青质量不合格，并以函告形式通知交通物资公司停止供货。双方在供货合同及补充供货协议中对沥青验收标准及方式未进行约定，内蒙古路桥公司作为收货方，应对自己主张的交通物资公司所供沥青质量不合格承担举证责任。内蒙古路桥公司没有提供证据证明自己在接受验货时提出过质量异议，反将沥青混合搅拌后铺筑使用。其提供的甘肃省交通工程质量安全监督管理局甘交质监(2011)78号文件显示，抽检改性沥青延度不合格，但并未指出混合搅拌及配料对沥青质量是否有影响，也未反映出检测报告中作为检材的沥青是否为交通物资公司所供。甘肃路桥建设集团养护科技有限责任公司的检测报告中备注载明：另半桶散装沥青下部均为泥沙和石子，杂质含量过多，无法检测。这也说明检测样本被使用过，含有杂质，是否保持原有性能不能确定，交通物资公司亦对该检测报告不予认可，上述检测报告均不能证明交通物资公司所供沥青质量不合格。内蒙古路桥公司认为沥青质量不合格后，未通知交通物资公司共同封存沥青样品，而是单方封存，现内蒙古路桥公司不能证明所封存沥青系交通物资公司所供，且封存沥青部分已进行混拌，其申请对封存沥青质量进行鉴定已没有意义。根据最高人民法院《关于适用〈中华人民共和国民事诉讼法〉的解释》第90条的规定："当事人对自己提出的诉讼请求所依据的事实或者反驳对方诉讼请求所依据的事实，应当提供证据加以证明，但法律另有规定的除外。在作出判决前，当事人未能提供证据或者证据不足以证明其事实主张的，由负有举证证明责任的当事人承担不利的后果。"内蒙古路桥公司没有证据证明所主张沥青质量不合格，请求交通物资公司返还其已支付的不合格沥青货款没有法律依据，该诉讼请求不能成立。其因沥青质量存在问题导致路面铣刨、重新铺筑主张赔偿造成损失的诉讼请求亦不能成立，一审法院不予支持。

《合同法》第95条①规定："法律规定或者当事人约定解除权行使期限，期限届满当事人不行使的，该权利消灭。法律没有规定或者当事人没有约定解除权行使

① 现为《民法典》第564条。

期限,经对方催告后在合理期限内不行使的,该权利消灭。”内蒙古路桥公司已于2011年6月28日函告交通物资公司停止供货,交通物资公司应行使解除权,但交通物资公司在本案中提出反诉之前,没有证据证明其行使解除权,时间长达7年之久,早已过合理期限,交通物资公司已无权再行使解除权。其反诉请求解除双方之间的合同协议书、沥青供货合同及沥青补充供货合同的法律依据不足,不能成立,一审法院不予支持。对于交通物资公司主张返还未结算的改性沥青,如不能返还原货物,赔偿同等货物价值的款项的诉讼请求。一审法院认为,交通物资公司主张的返还货物并非物权法意义上的返还原物,而是基于双方的买卖合同产生的债权纠纷引起的返还原物,应适用诉讼时效有关法律规定。内蒙古路桥公司抗辩交通物资公司收到函告后,自2011年7月14日最后一车沥青运到项目工地,停止供货,双方就不合格沥青造成的损失赔偿事宜进行磋商,其要求返还沥青的诉讼已过诉讼时效。经查,至交通物资公司提出反诉时,交通物资公司没有提交充分证据证明自己主张过返还沥青,也不能提供诉讼时效中止、中断或内蒙古路桥公司同意履行债务的其他证据,故内蒙古路桥公司的抗辩理由成立,依据最高人民法院《关于适用〈中华人民共和国民事诉讼法〉的解释》第219条关于“当事人超过诉讼时效期间起诉的,人民法院应予受理。受理后对方当事人提出诉讼时效抗辩,人民法院经审理认为抗辩事由成立的,判决驳回原告的诉讼请求”的规定,对交通物资公司的反诉请求依法应予驳回。

综上,内蒙古路桥公司的诉讼请求不能成立,交通物资公司的反诉请求亦不能成立,一审法院均不予支持。

笔者认为,要审理好该案,首先应该理顺其他几个高度关联诉讼之间的关系。从时间脉络上看,因交通物资公司欠付甘肃翼龙公司沥青货款,甘肃翼龙公司提起了第一个诉讼,请求交通物资公司支付欠付沥青货款,交通物资公司反诉沥青质量不合格,要求赔偿损失,形成了第一个诉讼[(2015)兰民二初字第431号],一审支持了甘肃翼龙公司支付货款的诉讼请求,认定没有证据证明甘肃翼龙公司供应的沥青质量有问题,驳回了交通物资公司的反诉请求。交通物资公司上诉,甘肃高院中止诉讼。(甘肃翼龙公司在本院庭审中表示,该案判决后交通物资公司上诉,同时起诉内蒙古路桥公司支付货款,故中止诉讼。)第一个诉讼之后,交通物资公司起诉内蒙古路桥公司支付拖欠的货款,形成第二个诉讼[(2017)最高法民终129

号］，因超过诉讼时效，一审、二审均判决驳回交通物资公司的诉讼请求。第二个诉讼之后，内蒙古路桥公司诉交通物资公司，请求返还内蒙古路桥公司已经支付的不合格沥青货款，要求甘肃交通物资公司赔偿因问题路面铣刨、重新铺筑所造成的损失，形成第三个诉讼［（2017）最高法民终 132 号］。交通物资公司申请甘肃翼龙公司作为第三人参加诉讼。一审判决内蒙古路桥公司的诉讼请求超诉讼时效。二审发回重审，理由是：在甘肃翼龙公司诉交通物资公司货款纠纷一案中，交通物资公司提起反诉，甘肃翼龙公司提供的沥青存在质量问题，其抗辩主张和证据均源于内蒙古路桥公司。内蒙古路桥公司与交通物资公司之前一直在协商货款和质量问题，表明内蒙古路桥公司并未怠于行使主张权利，属于最高人民法院《关于审理民事案件适用诉讼时效制度若干问题的规定》第 13 条第 9 项①规定的其他与提起诉讼具有同等诉讼时效中断效力的事项，应当认定与提起诉讼具有同等诉讼时效中断的效力。重审中，交通物资公司反诉主张解除合同、退还货物，一审先行裁定驳回反诉，理由是：（2017）最高法民终 129 号案中，交通物资公司诉内蒙古路桥公司支付货款，因超过时效被驳回起诉，该案是重复诉讼。交通物资公司就驳回反诉的裁定不服上诉，产生（2018）最高法民终 1123 号，认为不是重复诉讼，指令一审受理反诉。最高人民法院（2018）最高法民终 1123 号指令一审法院审理反诉后，一审法院对本诉反诉进行了审理，驳回了双方的诉讼请求。双方不服，向最高人民法院上诉，形成第四个案件，也就是本案。从四个诉讼来看，这四个诉讼是高度关联的，都是围绕案涉合同协议书、沥青供货合同及两份沥青补充供货合同而展开的。从朴素的日常逻辑看，第一个案件甘肃翼龙公司向交通物资公司主张支付欠付沥青货款，该主张得到了一审法院的支持后，交通物资公司向甘肃翼龙公司表示，沥青是供上家内蒙古路桥公司使用的，内蒙古路桥公司还欠其货款，其要先向内蒙古路桥公司主张支付欠付货款，这样就形成了第二个案件。交通物资公司向内蒙古路桥公司主张欠付的货款，一审、二审法院都认为交通物资公司的诉讼时效已过，没有支持诉讼请求。鉴于前两个诉讼的情形，内蒙古路桥公司是案涉货物沥青的实际使用人，甘肃翼龙公司和交通物资公司提供的货物沥青质量不合格，造成了其损失，于是形成第三个诉讼，内蒙古路桥公司诉交通物资公司，请求返还内蒙古路桥

① 现为 2020 年版第 11 条第 8 项。

公司已经支付的不合格沥青货款，要求交通物资公司赔偿因问题路面铣刨、重新铺筑所造成的损失。一审判决后，内蒙古路桥公司不服提起上诉，二审法院裁定发回重审。重审中，交通物资公司提起反诉，一审作出裁定，交通物资公司不服该裁定，向最高人民法院提起上诉。最高人民法院裁定，指令审理，遂形成该案诉讼。该案实际上已经到最高人民法院三回了。第四个诉讼是第三个诉讼的直接延续，第三个诉讼的实体问题要在该案中审理解决，必须立足第三个案件，注意与第三个案件的法律统一适用。内蒙古路桥公司与交通物资公司两个公司都是隶属于甘肃省交通厅的兄弟公司。还要注意与前两个诉讼的衔接。了解清楚背景情况，才能更好地适用法律，掌握当事人的诉讼心理。

该案中，关于案涉沥青质量是否存在问题，内蒙古路桥公司要求交通物资公司返还货款、赔偿损失的诉讼请求能否成立的问题。合同协议书、沥青供货合同及两份沥青补充供货合同均系各方当事人真实意思表示，不违反法律、行政法规的强制性规定，均系合法有效，各方当事人均应依约履行。最高人民法院《关于适用〈中华人民共和国民事诉讼法〉的解释》第 90 条规定："当事人对自己提出的诉讼请求所依据的事实或者反驳对方诉讼请求所依据的事实，应当提供证据加以证明，但法律另有规定的除外。在作出判决前，当事人未能提供证据或者证据不足以证明其事实主张的，由负有举证证明责任的当事人承担不利后果。"根据该规定，内蒙古路桥公司应就其关于交通物资公司所供沥青质量不合格的主张提供证据予以证明。该案中，双方签订的数份合同中对沥青验收标准及方式没有约定。内蒙古路桥公司提出交通物资公司所供改性沥青质量不合格，以函告形式通知交通物资公司停止供货，但没有提供证据证明自己在接受验货时提出过质量异议。内蒙古路桥公司认为沥青质量不合格后，于 2012 年 12 月至 2013 年 1 月，陆续对其认为质量不合格的桶装 SBS(I－C)改性沥青 4800 多桶自行封存。内蒙古路桥公司提供的甘肃省交通工程质量安全监督管理局甘交质监(2011)78 号文件中显示，抽检改性沥青延度不合格，但未指出混合搅拌及配料对沥青质量是否有影响，也未反映出检测报告中作为检材的沥青系交通物资公司所供。甘肃路桥建设集团养护科技有限责任公司的检测报告的检测样本被使用过，含有杂质，是否保持原有性能不能确定，交通物资公司对该检测报告亦不予认可。笔者认为，内蒙古路桥公司认为沥青质量不合格后，未通知交通物资公司共同封存其认为有问题的沥青，而是单方封存，现内蒙古路桥公司不能证明所封存沥青系交通物资公司所供，且其封存的沥青部分已进行混拌，亦难以通过鉴定证明系沥青质量问题。甘肃省交通工程质量安全监督管理局甘交质监（2011）78 号文件以及甘肃路桥建设集团养护科技有限责任公司的检测报告均不能证明交通物资公司向内蒙古路桥公司供应的沥青质量不合格。综上，一审认定内蒙古路桥公司没有充分证据证明交通物资公司向其供应的沥青质量不合格，对其请求交通物资公司返还已支付的不合格沥青货款并赔偿其损失的诉讼请求未予支持，该认定并无不当，应予维持。

该案中，关于交通物资公司主张解除合同、返还货物的反诉请求是否成立的问题。要认定该问题是否成立，首先应对是否享有此权利、是否过了诉讼时效进行判定。《合同法》第 95 条①规定："法律规定或者当事人约定解除权行使期限，期限届满当事人不行使的，该权利消灭。法律没有规定或者当事人没有约定解除权行使期限，经对方催告后在合理期限内不行使的，该权利消灭。"该案中，双方没有约定解除权行使期限。2011 年 6 月 28 日，天水过境段建设项目部以传真方式向交通物资公司发送函告，称其所供应的桶装 SBS 改性沥青存在质量隐患，要求停止供货。2011 年 7 月 14 日，交通物资公司交付案涉最后一车沥青。自交通物资公司停止供货后至提起本案反诉止长达 7 年的时间内，交通物资公司未主张行使合同解除权。据此，一审认定交通物资公司未在合理的期限内行使其主张解除合同的权利，该权利消灭，该认定正确，应予维持。《物权法》第 34 条②规定："无权占有不动产或者动产的，权利人可以请求返还原物。"《物权法》第 241 条③规定："基于合同关系等产生的占有，有关不动产或者动产的使用、收益、违约责任等，按照合同约定；合同没有约定或者约定不明确的，依照有关法律规定。"《民法总则》第 196 条规定："下列请求权不适用诉讼时效的规定：（一）请求停止侵害、排除妨碍、消除危险；（二）不动产物权和登记的动产物权的权利人请求返还财产；（三）请求支付抚养费、赡养费或者扶养费；（四）依法不适用诉讼时效的其他请求权。"《民法通则》第 135 条④规定："向人民法院请求保护民事权利的诉讼时效期间为二年，法律另有

① 现为《民法典》第 564 条。
② 现为《民法典》第 235 条。
③ 现为《民法典》第 458 条。
④ 现为《民法典》第 188 条第 1 款。

规定的除外。”根据前述法律规定，本案交通物资公司诉请内蒙古路桥公司返还的货物系基于买卖合同关系所交付，不属于无权占有应返还原物的情形，应当按照合同约定处理并适用诉讼时效的相关规定。该案中，自 2011 年 7 月 14 日最后一车沥青运到项目工地起至 2018 年交通物资公司反诉要求内蒙古路桥公司返还沥青止，已长达 7 年。交通物资公司没有提交充分证据证明自己在两年诉讼时效期间内主张过返还沥青，也未提供诉讼时效中止、中断或内蒙古路桥公司同意返还的其他证据。据此，一审对交通物资公司要求返还沥青的主张已经超过诉讼时效的认定正确，应予维持。综上，一审认定交通物资公司主张解除合同、返还货物的反诉请求不能成立，该认定正确，应予维持。

从该案与其他三个紧密关联的案件来看，实际上，这四个诉讼都是围绕案涉合同协议书、沥青供货合同及两份《沥青补充供货合同》展开的，就欠付沥青货款问题进行诉讼，关联度极高。虽然彼此从法律规定上难以构成重复诉讼，但是这四个诉讼实质问题就是一个，是否应该支付欠付沥青货款。内蒙古路桥公司与交通物资公司都是隶属于甘肃省交通厅的兄弟公司，虽然在法律上都是独立的法人，但彼此三次兵戎相见，是否符合常理，是否存在诚信诉讼、滥用诉权、浪费司法资源等问题还是值得关注的。

案例 29 中，关于陕西航建公司是否就涉案工程享有优先受偿权的问题。为了保护建设工程施工人的利益，法律明确规定了建设工程价款优先受偿权，该权利行使的期限是 6 个月，这 6 个月是除斥期间，不能中止、中断、延长等。虽然是除斥期间，但是存在如何计算起算时间点以及如何准确适用法律的问题，只有准确理解了相关法律对于起算时间点的规定，才能更好地利用这一制度保护建设工程施工人的利益。该案中，一审法院认为，根据最高人民法院《关于建设工程价款优先受偿权问题的批复》(已失效)第 4 条的规定：“建设工程承包人行使优先权的期限为六个月，自建设工程竣工之日或者建设工程合同约定的竣工之日起计算。”从案涉工程双方约定竣工之日 2013 年 10 月 31 日起算，承包人行使优先权已超过上述法律规定的 6 个月法定期限，故陕西航建公司该项诉讼请求不予支持。笔者认为，最高人民法院《关于审理建设工程施工合同纠纷案件适用法律问题的解释》第 18 条[①]规

① 现为最高人民法院《关于审理建设工程施工合同纠纷案件适用法律问题的解释(一)》第27 条。

定："利息从应付工程价款之日计付。当事人对付款时间没有约定或者约定不明的，下列时间视为应付款时间：(一)建设工程已实际交付的，为交付之日；(二)建设工程没有交付的，为提交竣工结算文件之日；(三)建设工程未交付，工程价款也未结算的，为当事人起诉之日。"最高人民法院《关于审理建设工程施工合同纠纷案件适用法律问题的解释(二)》第22条①规定："承包人行使建设工程价款优先受偿权的期限为六个月，自发包人应当给付建设工程价款之日起算。"最高人民法院《关于审理建设工程施工合同纠纷案件适用法律问题的解释(二)》第26条第2款(本款已失效)规定："本解释施行后尚未审结的一审、二审案件，适用本解释。"根据前述法律规定，建设工程未交付、工程价款未结算的，应付工程款的时间为当事人起诉之日，承包人行使建设工程价款优先受偿权的6个月期限自当事人起诉之日开始计算。该案中，案涉工程未实际交付，工程价款未结算，应付款时间应为陕西航建公司起诉之日。陕西航建公司2015年11月12日提起本案诉讼，主张对案涉工程价款享有优先受偿权，并未超过法定期间。一审以双方合同约定的竣工之日2013年10月31日为优先受偿权的起算时间，认定陕西航建公司已超过法律规定的承包人行使优先受偿权的6个月法定期限，认定事实错误，适用法律错误，应予以纠正。

关于一审认定工程款是否正确的问题。关于鉴定报告是否应作为本案认定工程款依据的问题。《招标投标法》第43条规定："在确定中标人前，招标人不得与投标人就投标价格、投标方案等实质性内容进行谈判。"《招标投标法》第55条规定："依法必须进行招标的项目，招标人违反本法规定，与投标人就投标价格、投标方案等实质性内容进行谈判的，给予警告，对单位直接负责的主管人员和其他直接责任人员依法给予处分。前款所列行为影响中标结果的，中标无效。"最高人民法院《关于审理建设工程施工合同纠纷案件适用法律问题的解释》第2条(本条已失效)规定："建设工程施工合同无效，但建设工程经竣工验收合格，承包人请求参照合同约定支付工程价款的，应予支持。"该案中，案涉工程属于依法必须进行招标的项目，陕西航建公司中标之前，双方就案涉工程实质性内容进行谈判并签订的案涉《建设工程施工合同》及《补充协议》违反了法律法规的强制性规定，应为无效。双方当

① 现为最高人民法院《关于审理建设工程施工合同纠纷案件适用法律问题的解释(一)》第41条。

事人实际履行的是《补充协议》,故该案应当参照《补充协议》的约定认定工程价款。一审中,陕西航建公司申请对其施工的庆阳CBD商务中心二期工程的工程造价进行鉴定,甘肃立信造价公司接受一审法院委托鉴定案涉工程造价,依据各方当事人提交并经质证的案涉工程全部证据材料,对陕西航建公司施工的工程造价进行评估鉴定,并出具鉴定报告。该鉴定报告送达双方后,双方均对鉴定报告提出异议,甘肃立信造价公司对双方当事人提出的异议进行了书面答复。之后,一审法院组织庭审质证,通知鉴定人接受双方当事人的质询,甘肃立信造价公司于2017年12月4日针对双方质询提出的问题进行了书面答复。2018年6月19日,甘肃立信造价公司将鉴定意见进一步核实并做出调整,在原有甘立工鉴(2017)005号(修正)报告鉴定工程造价170 142 178.92元基础上追加费用231 459.26元,合计工程造价170 373 638.18元。一审认定该鉴定报告程序合法、内容客观、合法有效,应作为认定涉案工程造价的依据,该认定正确,应予维持。关于甘肃昊鑫公司上诉主张其代陕西航建公司向第三方支付的工程款4 049 622元是否应从本案应付工程款中扣除的问题,经鉴定,陕西航建公司施工部分工程造价170 373 638.18元,双方认可已支付158 335 485元,甘肃昊鑫公司提交的证据不足以证明其主张的4 049 622元付款系代陕西航建公司支付。故对甘肃昊鑫公司该项主张不予支持。关于甘肃昊鑫公司上诉主张其代陕西航建公司交纳的税款1 716 840元是否应予扣除的问题。二审查明,甘肃昊鑫公司与陕西航建公司之间存在代扣代缴税费的约定,甘肃昊鑫公司已实际代陕西航建公司交纳了案涉工程款5020万元的税款1 716 840元,该款项应当从甘肃昊鑫公司应支付的工程款中予以扣除。故对甘肃昊鑫公司有关其代缴工程税款1 716 840元应当扣除的主张予以支持。综上,甘肃昊鑫公司应向陕西航建公司支付工程款数额为10 321 313.18元。关于一审判决陕西航建公司在一审判决生效后15日内移交案涉工程完整的工程竣工资料并协助竣工验收是否正确的问题。该案中,双方对施工方交付完整的竣工验收资料及配合发包方办理竣工验收有明确的约定,移交案涉工程完整的工程竣工资料并协助竣工验收是施工方陕西航建公司必须履行的合同义务。一审认定陕西航建公司在判决生效后15日内移交案涉工程完整的工程竣工资料并协助竣工验收,该认定并无不当,应予维持。关于该案一审案件受理费、鉴定费的负担问题,甘肃昊鑫公司上诉主张一审案件受理费、鉴定费未按胜诉败诉比例合理分配。国务院《诉讼费用交纳办法》第29条第2款规定："部分胜诉、部分败诉的，人民法院根据案件的具体情况决定当事人各自负担的诉讼费用数额。"该案中，陕西航建公司提起该案诉讼，甘肃昊鑫公司提出反诉，双方均部分胜诉、部分败诉。一审法院有权根据该案的实际情况对双方当事人各自负担的诉讼费用数额酌情进行分配，故对甘肃昊鑫公司该项上诉请求不应该予以支持。

案例30中，关于中天公司对优先受偿权的主张是否成立的问题。一审法院认为，依照《合同法》第286条①的规定，建设工程的发包人未按照约定支付价款的，承包人可以催告发包人在合理期限内支付价款，发包人可就该建设工程的折价或拍卖价款优先受偿。诉讼双方有过签订补充协议约定，涉及原协议的违约责任互不追究，补充协议与原协议相悖之处按补充协议执行，主体已完工部分结算并给付前期工程款等。鉴于此，案涉工程原来约定竣工日期已经为补充协议所变更，该案诉讼前，既未竣工，也未结算。中天公司对优先受偿权的主张符合法律规定且不违背优先权除斥期间的规定，故应对中天公司关于优先受偿权的主张予以支持。个人认为，最高人民法院《关于建设工程价款优先受偿权问题的批复》（已失效）规定，建设工程承包人行使优先权的期限为6个月，自建设工程竣工之日或者建设工程合同约定的竣工之日起计算。该案中，中天公司在案涉工程一审起诉时并未竣工，双方亦未结算。一审法院认定中天公司对优先受偿权的主张符合法律规定且不违背优先权除斥期间的规定，对中天公司优先权的主张予以支持，该认定并无不当，应予维持。关于中地信公司主张中天公司优先受偿权应仅限于中天公司建设施工部分，而不是案涉全部工程的问题。该案中，中天公司自认其施工的案涉工程是部分工程，在其进场前是由河南省建筑安装工程有限公司施工，即整个工程并非由中天公司一家施工完成。据此，中天公司应在中地信公司工程欠款范围内对其施工的案涉工程部分享有优先受偿权。

关于中地信公司应当给付中天公司的工程款数额及利息计算问题。此焦点包括《阜新现代城项目工程承包协议》效力、《阜新现代城项目工程承包补充协议》效力、一审法院依据鉴定报告认定的案涉工程造价是否正确、中地信公司给付工程款的利息起算点及利率标准、中天公司主张的优先受偿权等问题。第一，关于《阜新

① 现为《民法典》第807条。

现代城项目工程承包协议》效力问题。2012 年 4 月 28 日,中地信公司与中天公司签订《阜新现代城项目工程承包协议》。在该案一审过程中双方均认可《阜新现代城项目工程承包协议》的效力。但是,中地信公司在二审中提交新证据中标通知书、查档说明、建设工程施工合同,主张在案涉工程招投标过程中,中地信公司与中天公司存在串标行为,合同应属无效。笔者认为,《阜新现代城项目工程承包协议》是双方真实意思表示,该协议并未违反《招标投标法》的有关强制性规定,该协议应认定为合法有效。在另案辽宁省阜新市中级人民法院(2015)阜民一终字第00745 号民事判决中,中地信公司与中天公司认可《阜新现代城项目工程承包协议》的效力,中地信公司请求确认双方建设工程施工合同关系已经解除,该判决判令《阜新现代城项目工程承包协议》已解除,对有关违约的事实不予认定,由本案处理。中地信公司关于《阜新现代城项目工程承包协议》无效的主张不能成立,不应支持。

关于《阜新现代城项目工程承包补充协议》效力问题。2012 年4 月 27 日,中地信公司出具的授权书载明,中地信公司法定代表人滕某荣授权总经理滕某办理与中天公司签订《阜新现代城项目工程承包协议》的事宜。该授权表明滕某作为中地信公司的总经理,已获得对阜新现代城工程项目签订协议的权利。《阜新现代城项目工程承包补充协议》签订于 2013 年 9 月 9 日,滕某以甲方中地信公司法定代表人和授权委托人的名义签字。乙方中天公司法定代表人及授权委托人签字,并加盖公司公章。从协议内容上看,《阜新现代城项目工程承包补充协议》是对《阜新现代城项目工程承包协议》的补充,对工程款支付及结算、违约责任等进行了重新约定,是双方真实意思表示,符合当时工程施工的实际情况。从滕某的身份来看,滕某为时任中地信公司总经理,案涉工程的项目负责人。一审法院认定,尽管《阜新现代城项目工程承包补充协议》上没有中地信公司的公章,但并不影响《阜新现代城项目工程承包补充协议》的效力,该认定并无不当,应予维持。关于一审法院依据鉴定报告认定的案涉工程造价是否正确的问题。该案中,一审法院委托有资质的鉴定机构对案涉工程的工程造价进行鉴定,经双方共同提交材料,鉴定机构出具了鉴定报告。在一审案件审理过程中,双方对提交给鉴定机构的证据及鉴定报告进行了充分质证,鉴定机构人员依法出庭接受双方对鉴定结论的质询并答复,并对双方争议内容出具说明。根据以上事实,一审法院委托鉴定的程序合法,对中地信公司重新鉴定的申请不予支持。关于双方对鉴定结论中有争议的事项。中地信公司主张给付杨某友的款项应为对杨某友个人施工付款，不属于对中天公司付款。但是，杨某友在一审中自认其是中天公司派驻施工现场的工作人员，是替中天公司借工程款给员工开工资的，杨某友代收款项时，给中地信公司出具的均是借条。且双方对该款项的发生数额并无根本性争议，并不存在重复付款问题。根据以上事实，一审法院认定在依法排除瑕疵付款后，中地信公司给付杨某友的款项为中地信公司给付中天公司的工程款，该认定正确，应予维持。关于中天公司上诉主张中地信公司应支付12天机械租赁费用的问题。中天公司主张会议纪要载明，停工12天，误工期间的机械租赁费应当按12天赔偿停工损失。中地信公司一审抗辩称，《阜新现代城项目工程承包协议》明确约定，因甲方（中地信公司）原因造成停工10天以内，工期顺延，故停工损失只应当计算为2天。鉴定机构采纳了中地信公司的抗辩意见。据此，一审法院依据会议纪要确定的事实，结合《阜新现代城项目工程承包协议》的约定，对鉴定机构的鉴定意见，对机械租赁费按2天标准调整后予以认定，该认定并无不当，应予维持。关于中地信公司主张另案生效判决判令中地信公司应承担的工程款与本案中天公司诉请的工程款存在重复计算的问题。另案（2016）辽民终24号民事判决审理的是中地信公司与河南省建筑安装工程有限公司之间的建设工程施工合同纠纷，在中天公司进场时，中天公司与中地信公司、阜新市宏信建设监理有限公司对河南省建筑安装工程有限公司前期已完成的工程量进行核对，与中天公司的施工无关，鉴定报告并未将河南省建筑安装工程有限公司的工程量纳入鉴定范围之中。因此，中地信公司的该项主张不能成立。关于中地信公司主张其已承担的172万元配电柜等电力设备价款与中天公司诉请的工程价款存在重复计算的问题。经审查，已生效的（2017）辽1103民初830号民事判决认定由中地信公司偿还兴隆成电公司尚欠的配电柜设备价款172万元，该电力设备用于阜新现代城项目，即案涉工程。鉴定报告已对工程全部配电柜进行造价审计，且该部分款项已计算在甲供材范围之内，一审法院在认定工程总价款时已将该款项核减扣除，故对中地信公司提交的证据六（2017）辽1103民初830号民事判决所欲证明的内容不应采信。因此，中地信公司的该项主张无事实依据，不应支持。关于中地信公司主张其承担偿还津阜公司1 168 225元混凝土款项与中天公司诉请的工程款存在重复计算的问题。已生效的（2016）辽0902民初266号民事判决认定由中地信公司偿还津阜公司混凝土款项 1 168 225 元,该部分混凝土用于阜新现代城项目,即案涉工程。二审中,中天公司自认该部分混凝土款项确存在于其诉请的工程价款之中,故对中地信公司提交的证据七(2016)辽 0902 民初 266 号民事判决书予以采信。因此,中地信公司的该项主张成立,应予支持。关于中地信公司提出的对鉴定报告存在异议的第五组证据,两份关于阜新现代城工程结算值说明以及第八组证据,辽宁省高级人民法院民事询问笔录,均缺乏证明力,不应采信。综上,一审法院依据鉴定报告认定案涉工程造价为 89 135 461. 31 元正确,应予维持;中地信公司因案涉工程承担的 1 168 225 元混凝土款应列入其已付工程款之中,应从一审认定的应付工程款中扣除。关于中地信公司给付工程款的利息起算点及利率标准的问题。最高人民法院《关于审理建设工程施工合同纠纷案件适用法律问题的解释》第 17 条①规定:"当事人对欠付工程价款利息计付标准有约定的,按照约定处理;没有约定的,按照中国人民银行发布的同期同类贷款利率计息。"最高人民法院《关于审理建设工程施工合同纠纷案件适用法律问题的解释》第 18 条②规定:"利息从应付工程价款之日计付。当事人对付款时间没有约定或者约定不明的,下列时间视为应付款时间:(一)建设工程已实际交付的,为交付之日;(二)建设工程没有交付的,为提交竣工结算文件之日;(三)建设工程未交付,工程价款也未结算的,为当事人起诉之日。"该案中,《阜新现代城项目工程承包补充协议》约定,主体已完成部分工程款在本协议签订后 40 日内委托审计单位进行审核,2013 年 12 月 21 日前付至 90%;前期主体部分工程款甲方在 2013 年 10 月 10 日前支付乙方 500 万元,后续工程按工程量 50% 付款,从 2013 年 9 月 1 日起甲方按月利息 2. 6% 给付乙方前期应付工程款利息至主体部分全部工程款结清止。在实际履行过程中,中地信公司没有按照《阜新现代城项目工程承包补充协议》约定给付工程欠款,一直处于迟延给付状态。根据以上事实和法律规定,一审法院认定中地信公司应给付迟延给付工程款的利息损失,将利息计算标准调整为年利率 24%,利息给付时间调整为起诉之日,该认定并无不当,应予维持。

关于中地信公司的反诉请求应否支持的问题。该案中,中地信公司在一审起

---

① 现为最高人民法院《关于审理建设工程施工合同纠纷案件适用法律问题的解释(一)》第 26 条。

② 现为最高人民法院《关于审理建设工程施工合同纠纷案件适用法律问题的解释(一)》第 27 条。

诉状中提出5项反诉请求，后申请增加6项反诉请求：(1)交付中天公司施工期间的施工资料。(2)由中天公司出具工程款发票。(3)赔偿中地信公司造成的经济损失180万元。(4)中天公司承担工程质量检测费80万元。(5)80万元借款从工程款中扣除。(6)关于中地信公司资金投入问题，申请依法鉴定。二审查明，一审法院于2016年12月29日、2017年2月17日对中地信公司全部反诉请求进行了审理，双方对中地信公司反诉请求均进行了质证和辩论，均有庭审笔录在卷为凭，且在一审判决书中，一审法院对新增加的反诉请求中的第3项、第4项、第5项均有直接论述，一审判决主文第4项明确驳回中地信公司的反诉请求，故对中地信公司提交的第三组证据庭审笔录、第四组证据(2016)辽民终24号民事判决书所欲证明的内容不予采信。因此，中地信公司关于一审法院遗漏其反诉请求，应将本案发回重审的上诉理由不能成立，不应支持。关于中地信公司反诉请求判令中天公司给付工程项目资金沉淀的利息损失，合同期满后工程项目资金投入的利息，承担中地信公司已付业主违约金、赔偿金的问题。该案中，《阜新现代城项目工程承包补充协议》第7条约定："非乙方(中天公司)原因造成的停工、怠工、农民工上访等事件，责任由甲方(中地信公司)承担，与乙方(中天公司)无关。非乙方(中天公司)原因造成影响工程问题，工期相应顺延。因此乙方(中天公司)造成的一切损失由甲方(中地信公司)承担。"在实际履行中，中地信公司未能按《阜新现代城项目工程承包补充协议》约定如期给付工程款，是导致中天公司无法按约定日期竣工，工期迟延未能如期交房的重要原因。中地信公司作为案涉工程的建设单位，是建设资金的提供方，对工程项目资金沉淀的利息损失、合同期满后工程项目资金投入的利息、预售房屋购房者未能如期入住的风险应当有所预见，属该项目开发建设成本及风险，与中天公司无关。根据以上事实，一审法院对中地信公司上述反诉请求不予支持并无不当，应予维持。关于中地信公司反诉请求中天公司承担退场罚款30万元的问题。该案中，在双方签订《阜新现代城项目工程承包补充协议》后，中天公司继续施工，但中地信公司未能履行《阜新现代城项目工程承包补充协议》约定给付工程款。中天公司曾两次致函中地信公司，催促其尽快结算付款，但中地信公司仍未能履行。据此，一审法院认定中地信公司要求按照工程《阜新现代城项目工程承包协议》关于违约责任的约定，由中天公司承担退场罚款30万元的主张理由不充分，不予支持，该认定并无不当，应予维持。关于中地信公司反诉请求中天公司承担工程质量检测费80万元的问题。《阜新现代城项目工程承包补充协议》约定："主体工程检测费由甲方承担,乙方要全力配合质检、检测等部门做好主体检测工作,但主体检测必须合格(前期施工队伍工程质量缺陷除外),否则费用由乙方承担。"工程质量检测内容包含主体、外墙保温、外挂石材、门窗等工程,除主体工程外,其他均为前手施工单位所施工,且主体工程均有施工当时的检验合格证明。检测费本身不属工程付款性质,双方对该检测及费用承担没有约定。根据以上事实,一审法院对中地信公司关于将80万元检测费归为工程付款的主张不予支持并无不当,应予维持。关于中地信公司反诉请求中天公司交付施工期间的施工资料的问题。中天公司在二审中表明同意将工程档案立即交付给中地信公司,但是中地信公司当庭表示由于中天公司迟延交付施工资料对其造成了严重的损失,不同意现在接收施工资料。关于开具工程款发票数额的问题,应由税务部门主管,不应由法院主管。故对中地信公司上述两项反诉请求不应支持。

综上所述,中天公司的上诉请求不能成立,应予驳回。中地信公司的上诉请求部分成立。中地信公司欠付中天公司工程款金额为46 183 926.51元(工程总造价89 135 461.31元+误工损失35 887元-已付工程款41 818 596.8元-混凝土款1 168 825元=46 183 926.51元)。

六、关于证据采信与法官自由裁量权行使问题

证据采信与法官自由裁量权行使是民商事审判活动中非常重要的内容,是每一个案件在审理中都会面对的问题,也是容易引起当事人较多争议的问题。可以这么说,民商事审判就是一个证据采信的过程,同时也是法官自由裁判权不断行使的过程,这两个过程是同一个事物的不同方面,是彼此重叠交融、相互关联但又彼此区分的关系。证据采信本就是一个法官自由心证的过程,就是法官行使自由裁量权的过程。当然自由裁量权的范畴不仅仅局限于证据采信一个方面,法律适用、程序选择、事实认定、逻辑推理等各个方面都涉及自由裁量权的行使。同时,证据采信不仅涉及一个自由裁量权行使的问题,也包括法律适用、程序选择、证据规则等各个方面的问题。

案例31

再审申请人关某东因与被申请人闫某林、酒泉市肃州区泰华小额贷款股份有限公司（以下简称泰华公司）返还原物纠纷案

案号：（2019）最高法民申6786号

主要争议焦点

关某东要求闫某林、泰华公司返还1120万元的砂石料及赔偿经济损失4 073 066.83元的诉讼请求有无事实和法律依据。

简要案情

因关某东向泰华公司借款未能偿还，泰华公司向法院起诉，法院审理后，判决关某东偿还借款本息。经泰华公司申请，嘉峪关市城区人民法院作出执行裁定，查封、扣押该砂场中房屋和机器设备。

案情详解

关某东起诉请求，(1)闫某林、泰华公司返还关某东嘉峪关讨赖河砂场16万平方米半成品砂石料和20万平方米成品砂石料（16万方半成品×20元+20万方成品×40元=1120万元）；(2)闫某林、泰华公司赔偿关某东经济损失4 073 066.83元（11 200 000×5.25%/12×25= 1 225 000元、砂场占用费2 833 333.33元、诉讼费14 733.5元）；(3)诉讼费由闫某林、泰华公司承担。

闫某林、泰华公司共同辩称，关某东请求返还价值巨大的砂石料，前提是该砂石料确实存在，且就是关某东主张之物。本案的起因是2013年关某东拖欠泰华公司300余万元的借款，泰华公司将关某东诉至法院，经法院审理，确认关某东支付泰华公司借款310.9838万元。该判决生效后，泰华公司申请强制执行，法院查封了涉案砂场中的机械设备、房屋等财产。在法院查封的物品中并没有砂石料。对于振宇公司与关某东达成的调解协议，法院作出民事调解，该调解书经泰华公司提出撤销之诉后，法院已在一审判决中撤销该调解书，关某东依据调解书主张的400

万元损失赔偿,已失去事实基础。综上,请求驳回关某东诉请。

一审认定事实:2013 年关某东与案外人振宇公司签订砂场承包合同,约定振宇公司将涉案砂场及砂场内的设备提供给关某东使用。因关某东向泰华公司借款未能偿还,泰华公司向法院起诉,法院审理后,判决关某东偿还借款本息。经泰华公司申请,嘉峪关市城区人民法院作出执行裁定,查封、扣押该砂场中房屋和机器设备。2016 年 3 月 17 日,振宇公司起诉关某东,要求其支付涉案砂场承包费,经调解,嘉峪关市城区人民法院制作了民事调解书,确认关某东向振宇公司支付 2 833 333. 33 元砂场占用费并返还砂场及设备。后泰华公司以振宇公司、关某东为被告针对民事调解书提起第三人撤销之诉,经嘉峪关市城区人民法院审理判决撤销上述调解书。关某东不服针对判决提出上诉,该案审理期间,嘉峪关中院判决驳回上诉,维持原判。

裁判结果

一审法院判决,驳回原告关某东的诉讼请求。关某东不服,向二审法院提起上诉,二审法院判决,驳回上诉,维持原判。关某东不服向最高人民法院申请再审,最高人民法院裁定,驳回关某东的再审申请。

案例 32

再审申请人新疆陆通建筑安装工程有限公司(以下简称陆通公司)因与被申请人塔什库尔干县丽达房地产开发有限公司(以下简称丽达公司)建设工程施工合同纠纷案

案号:(2020)最高法民申 1960 号

主要争议焦点

(1)二审对丽达公司以现金方式向陆通公司支付了 178. 3 万元工程款的认定是否正确;(2)钢材差价款 497 982. 3 元是否应由陆通公司承担;(3)二审对陆通公

司主张的增加施工部分的工程量及工程款未予认定是否正确。

简要案情

2011 年 6 月 17 日，陆通公司、丽达公司签订建设工程施工合同，工程竣工并经双方验收合格交付使用。2012 年 8 月 28 日，陆通公司、丽达公司签订建设工程施工合同，合同履行过程中，丽达公司按照陆通公司施工进度支付工程款，工程竣工验收交付使用。旅游一条街、农贸市场因房顶漏水、供热管道不通、电表无法插卡等质量问题，丽达公司给陆通公司送达告知书。双方因合同履行发生纠纷。

案情详解

陆通公司起诉请求，(1)判令丽达公司向陆通公司支付尚欠工程款 8 228 202. 71 元；(2)判决丽达公司支付陆通公司尚欠工程款利息 1 933 627. 63 元（自 2013 年 10 月 29 日～2017 年 9 月 28 日，年利率 6%）；(3)判令陆通公司支付 2017 年 9 月 28 日至实际付款之日的欠款利息。

丽达公司答辩兼反诉称，陆通公司起诉所欠工程款数额与客观实际不符。(1)陆通公司承建的塔什库尔干县旅游商品一条街工程合同价款 18 468 728. 80 元，旅游商品一条街附属工程款 1 000 000 元，塔什库尔干县农贸批发市场工程合同价款 8 050 000 元，两个工程合计价款 27 518 728. 8 元；(2)丽达公司已经向陆通公司支付旅游商品一条街工程价款 18 859 128. 30 元，向陆通公司支付农贸批发市场工程价款 7 602 062 元(5 200 000 元 + 2 402 060 元)，两个工程共计向陆通公司支付工程款 26 461 190. 3 元，均有打款凭证和收据为证，而非陆通公司起诉的 8 228 202. 71 元，实际尚欠陆通公司工程款 1 057 529. 46 元。丽达公司按照约定支付了工程款，但是陆通公司没有按期交工，工程出现问题不予维修，反诉请求：(1)请求陆通公司提供 3 758 728. 8 元的工程款发票；(2)判令陆通公司向丽达公司支付迟延交工损失 1 066 500 元；(3)判令陆通公司向丽达公司支付工程质量问题的维修费用 120 000 元；(4)判令陆通公司修复塔什库尔干县农贸批发市场工程的二楼供水系统并承担诉讼费及其他费用。

陆通公司针对反诉辩称，合同未约定开具发票的相关事宜，与履行合同没有关系,陆通公司的迟延交工是丽达公司自身原因造成的,合同约定的维修期2年,超过维修期出现的非主体原因与陆通公司无关。

一审法院查明:2011年6月17日,陆通公司、丽达公司签订建设工程施工合同,工程内容为旅游商品一条街工程量清单范围内的全部内容及整体防雷装置和全部采暖系统,包工包料,开工日期为2011年6月19日,竣工日期为2011年10月17日,合同价款18 468 728.80元。工程款的支付按照陆通公司的工程进度支付。水泥钢材由丽达公司提供,陆通公司按照约定价款,水泥300元/吨、钢材4200/吨支付丽达公司。同时,双方对一条街附属工程口头约定工程款为100 000元,即商品一条街的工程价款总计19 468 728.80元。合同履行中丽达公司按照工程进度付工程款,从2011年7月25日到2013年11月14日,丽达公司陆续向陆通公司基本户支付工程款13笔,金额18 716 078.30元。在商品一条街的款项中,丽达公司法定代表人郑某伶向实际施工人李某俊个人账户汇款5 426 050元,李某俊向郑某伶账户汇款528 300元,工程于2012年10月20日竣工经双方验收合格交付使用。

2012年8月28日,陆通公司、丽达公司签订建设工程施工合同,工程内容为农贸市场土建、水、电、暖,承包方式为包工包料,开工日期为2012年9月1日,竣工日期为2013年7月31日,合同价款8 050 000元。施工至正负零是甲方支付30%工程款,主体完工付40%,验收合格后付25%,余款5%为保修金。合同履行过程中,丽达公司按照陆通公司施工进度支付工程款,工程于2013年10月28日竣工验收交付使用。陆通公司项目经理李某俊与丽达公司法定代表人郑某伶在2015年8月20日签字确认陆通公司农贸市场对账单,2012年11月7日至2013年11月20日,丽达公司向陆通公司基本户陆续支付7笔工程款5 200 000元。丽达公司向陆通公司项目经理李某俊支付14笔工程款,金额为2 402 060元。丽达公司向陆通公司支付农贸市场工程款共计14笔,金额为7 602 060元(5 200 000元+2 402 060元)。2016年11月21日,陆通公司、丽达公司双方在塔什库尔干县法院的主持下对双方的证据及账目作出确认,丽达公司给陆通公司基本账户拨款合计2 206 587.30元(商业一条街、农贸市场两项工程),双方确认的金额为21 708 605元,有异议的金额为49 798 230元,丽达公司法定代表人郑某伶支付丽达公司项目经理李某俊8 754 602.96元(有60万元在李某俊的账户未体现,双方确认815 460 296元,李某俊给郑某伶账户还款6 943 000元,有25万元在郑某伶的账户未体现),确认金额 6 693 000 元。

两份工程量增加签证单及 2017 年 1 月 18 日陆通公司、丽达公司双方签字的工程量增加、减少确认单 3 份,经双方协商,由陆通公司方按照预算表计算,丽达公司方审核,达不成一致则以平均价计算为原则,商业一条街及农贸市场两个工程的增加减少工程量单 3 份,评估价值共计 123 568.81 元。

旅游商品一条街在 2012 年 10 月 20 日交工,陆通公司交工日期比合同约定的日期逾期了 393 天。农贸市场的实际交工日期是 2013 年 10 月 30 日,比合同约定的交工日期 2013 年 7 月 31 日逾期了 90 天。旅游一条街、农贸市场因房顶漏水、供热管道不通、电表无法插卡等质量问题,2014 年 5 月 8 日,丽达公司给陆通公司送达告知书,陆通公司实际施工人李某俊在告知书上签字认可,告知书注明如果李某俊不维修,费用从工程款中扣除。丽达公司支付维修费 120 400 元。陆通公司未向丽达公司提供工程款发票 3 758 728.8 元。

二审中,经双方共同核对,上诉人陆通公司对一审判决认定的商品一条街工程项目的工程总造价为合同总造价 18 468 728.80 元及附属工程造价 1 000 000 元,合计为 19 468 728.80 元没有异议,对丽达公司在此工程中已支付工程款 3 857 982.34 元存在异议,有异议的部分即陆通公司上诉所主张的钢材差价款 497 982.30 元。对于郑某伶向李某俊账户打款支付工程款 5 191 000 元,陆通公司存在异议,有异议的部分表现在陆通公司认为 1 783 000 元现金没有收到,2013 年 11 月 12 日的 200 000 元现金没有收到,对其他部分均予认可。对于李某俊向郑某伶账户打款 5 283 000 元陆通公司存在异议,认为在此之外李某俊于 2012 年 4 月 23 日向郑某伶账户转款 170 000 元,于 2014 年 8 月 15 日转款 50 000 元,故李某俊向郑某伶的实际转款数额应增加认定 220 000 元。丽达公司及郑某伶对此事实及主张予以认可。对于农贸市场工程项目工程款,合同总价为 8 050 000 元,丽达公司已向陆通公司支付工程款 5 200 000 元,郑某伶向李某俊个人卡打款合计 2 402 062 元的事实,陆通公司不持异议,但认为 2013 年 7 月 3 日的水泥款应为 39 150 元,一审判决认定为 50 000 元,差额款 10 850 元陆通公司主张予以扣除。

裁判结果

一审法院判决,(1)丽达公司在本判决生效后15日内向陆通公司一次性支付工程款1 232 157.30元;(2)丽达公司在本判决生效后15日内向陆通公司一次性支付工程款利息160 717.91元;(3)丽达公司向陆通公司支付2017年9月28日至实际付款之日的欠款利息(按照年利率4.3%计算);(4)陆通公司在本判决生效后15日内向丽达公司提供金额为3 758 728.8元的工程款发票;(5)陆通公司在本判决生效后15日内向丽达公司一次性支付延期交工损失548 250元;(6)陆通公司在本判决生效后15日内向丽达公司一次性支付维修费120 000元;(7)驳回陆通公司的其他诉讼请求;(8)驳回丽达公司的其他反诉请求。陆通公司不服一审判决,向二审法院提起上诉,二审法院判决,(1)维持一审判决第四项、第五项,即陆通公司在判决生效后15日内向丽达公司提供金额为3 758 728.80元的工程款发票;陆通公司在判决生效后15日内向丽达公司一次性支付延期交工损失548 250元。(2)撤销一审判决第六项、第七项、第八项,即陆通公司在判决生效后15日内向丽达公司一次性支付维修费120 000元;驳回陆通公司的其他诉讼请求;驳回丽达公司的其他反诉请求。(3)变更一审判决第一项,即丽达公司在判决生效后15日内向陆通公司一次性支付工程款1 232 157.30元为丽达公司在判决生效后15日内向陆通公司一次性支付工程款1 836 157.31元。(4)变更一审判决第二项,即丽达公司在判决生效后15日内向陆通公司一次性支付工程款利息160 717.91元为丽达公司在判决生效后15日内向陆通公司一次性支付2013年10月29日至2017年9月28日的工程款利息431 496.97元。(5)变更一审判决第五项,即丽达公司向陆通公司支付2017年9月28日至实际付款之日的欠款利息(按照年利率4.3%计算)为丽达公司向陆通公司支付2017年9月28日至实际付款之日的欠款利息(按照本金1 836 157.31元,年利率4.3%计算)。(6)驳回陆通公司的其他诉讼请求。(7)驳回丽达公司的其他反诉请求。陆通公司不服二审判决,向最高人民法院申请再审,最高人民法院裁定,驳回陆通公司的再审申请。

案例33

上诉人强某平、强某霞因与被上诉人宁夏昊业房地产开发有限公司（以下简称昊业房地产公司）、原审第三人银川承天物业服务有限公司（以下简称承天物业公司）及陈某东合资、合作开发房地产合同纠纷案

案号：(2019)最高法民终1377号

主要争议焦点

强某平、强某霞是否有权向昊业房地产公司主张房地产合作项目投资利益；如有权主张，项目投资利益应如何确定。

简要案情

昊王公司与承天物业公司、陈某东签订《联合开发协议》，承天物业公司、陈某东按照协议约定向昊王公司支付了1500万元搬迁费用，作为联合开发的投资股份。之后，承天物业公司和陈某东成立了宁夏昊业投资有限公司（2010年2月20日更名为宁夏昊业房地产开发有限公司）进行联合开发项目，即“昊天大院”商品房项目的开发建设。一审法院生效民事判决书确认强某平、强某霞在《联合开发协议》项目中的投资数额为1467.5405万元，投资比例为49.45%；承天物业公司、陈某东的投资数额为1500万元，投资比例为50.55%。各方因合同履行发生纠纷。

案情详解

强某平、强某霞起诉请求，(1)判令被告昊业房地产公司向原告强某平、强某霞支付“昊天大院”房地产合作项目应分配利润10 742万元；(2)诉讼费由被告昊业房地产公司承担。后原告将诉讼请求第1项变更为依法判令被告昊业房地产公司向原告强某平、强某霞分配“昊天大院”房地产合作项目投资利益11 290.9万元。

被告昊业房地产公司答辩称,(1)原告强某平、强某霞与被告昊业房地产公司之间不存在合作开发房地产的法律关系。(2)昊业房地产公司与强某平、强某霞之间不存在法律上的权利义务关系。(3)原告要求分配利润的诉求无依据,也不具备分配的条件和基础。

一审法院查明:2008 年 4 月 5 日,昊王公司作为甲方,承天物业公司、陈某东作为乙方,签订一份《联合开发协议》,约定主要内容,因甲方生产酿酒设备需整体搬迁至贺兰工业园区。甲方搬迁所需资金缺口较大,故以搬迁后的 11 号生产用地联合乙方进行商住房地产项目开发。乙方首期投资的 1500 万元专项用于解决甲方先期整体搬迁的费用(从总地价款中抵扣),但其后期搬迁所需费用由甲方自筹解决。《联合开发协议》签订后,承天物业公司、陈某东按照协议约定向昊王公司支付了 1500 万元搬迁费用,并作为联合开发的投资股份。2008 年 7 月 25 日,承天物业公司和陈某东成立了宁夏昊业投资有限公司进行联合开发项目,即"昊天大院"商品房项目的开发建设。昊王公司负责办理了涉案土地的变性手续,即由原工业用地变为商住用地。涉案土地由原工业用地变性为商住用地办理土地使用权证时收取的入库契税为 856 500 元、印花税 14 275 元、土地登记费 3800 元、登记工本费 20 元(四项合计 874 595 元)。2009 年 1 月 24 日,昊业房地产公司竞得涉案土地,土地出让价款为 3055 万元。昊王公司在取得政府就涉案土地返还其征地和拆迁补偿费 3055 万元后,将该 3055 万元转给昊业房地产公司及承天物业公司,并由昊业房地产公司作为土地出让金缴纳给银川市财政局,涉案土地出让金实际由昊王公司承担,作为昊王公司在联合开发项目中的出资。

昊王公司于 2011 年 12 月 9 日注销,其股东为强某平、强某霞。在合作开发房地产过程中,昊王公司、强某平、强某霞均未实际参与昊业房地产公司的经营管理。一审法院生效的民事判决书确认强某平、强某霞在《联合开发协议》项目中的投资数额为 1467.5405 万元,投资比例为 49.45%;承天物业公司、陈某东的投资数额为 1500 万元,投资比例为 50.55%。

在该案审理过程中,强某平、强某霞申请对以昊业房地产公司名义开发建设的"昊天大院"房地产合作项目的成本支出及利润进行审计,一审法院委托宁夏宏源会计师事务所(有限公司)进行鉴定。在鉴定过程中,因昊业房地产公司保管鉴定所依据的会计凭证等资料，其仅向鉴定机构提供但拒绝向一审法院提交，经协商，各方当事人均同意待鉴定意见作出后，再对鉴定所依据的资料进行质证。2018年5月29日，宁夏宏源会计师事务所（有限公司）出具鉴定意见书，意见为，“昊天大院”一、二、三期共实现销售收入344 975 060.31元，销售成本288 267 031.78元，营业税金及附加费用18 767 530.54元，营业费用3 763 546.03元，管理费用20 998 856.55元，财务费用－254 777.60元，营业外支出621 119.43元，所得税2 418 901.17元，房地产开发利润10 392 852.41元。鉴定意见作出后，一审法院要求昊业房地产公司提交鉴定所依据的资料由法庭组织质证，昊业房地产公司亦出示了部分资料，但拒绝向法庭提交复印件，后经一审法院多次释明，昊业房地产公司明确表示不提交鉴定所依据的资料。强某平、强某霞认为鉴定所依据的资料未经质证，对鉴定意见不认可。昊业房地产公司、承天物业公司、陈某东对鉴定意见不持异议。

强某平、强某霞提交了其自行委托的北京中建华投资顾问有限公司于2018年5月31日出具的昊天大院基本建设项目（预）决算编制书，编制结果为，编制造价17 020.42万元。同时提交了其自行委托的宁夏金汇智通管理咨询有限公司于2018年5月31日作出的昊天大院成本及预分配利益测算报告，测算结果为，利润总额26 370.51万元，所得税6592.63万元，净利润19 777.88万元，投资款3055万元，预分配利益22 832.88万元。强某平、强某霞据此主张昊业房地产公司应向其分配房地产合作项目投资利益11 290.9万元。昊业房地产公司、承天物业公司、陈某东对两份证据不予认可。

裁判结果

一审法院判决，驳回原告强某平、强某霞的全部诉讼请求。强某平、强某霞不服一审判决，向最高人民法院提起上诉，最高人民法院裁定，撤销宁夏回族自治区高级人民法院（2016）宁民初40号民事判决；本案发回宁夏回族自治区高级人民法院重审。

案例34

再审申请人酒泉市肃州区中阳小额贷款股份有限公司(以下简称中阳公司)因与被申请人酒泉市宝利物资有限责任公司(以下简称宝利公司)、嘉峪关兴盛啤酒花种植有限公司(以下简称兴盛公司)民间借贷纠纷案

案号:(2020)最高法民申1327号

主要争议焦点

二审裁定驳回中阳公司针对兴盛公司和宝利公司的起诉是否正确。

简要案情

中阳公司与兴盛公司多次签订借款合同,多次倒账。贷款人张某(中阳公司法定代表人)与借款人刘某(兴盛公司原法定代表人)及保证人宝利公司签订担保借款合同。各方因履行合同发生纠纷。

案情详解

中阳公司起诉请求,(1)被告兴盛公司偿还借款本金600万元及利息314.4万元(2015年5月21日至2017年7月28日),并按照月利率2%支付2017年7月29日至借款本金还清之日的利息;(2)被告宝利公司对上述借款本金及利息承担连带清偿责任。在诉讼过程中,中阳公司增加诉讼请求,(1)被告兴盛公司偿还借款利息129.6万元(2017年5月22日至2018年6月21日);(2)被告宝利公司对上述借款利息承担连带清偿责任。

兴盛公司企业破产清算管理人辩称,没有证据能够证实双方之间具有"借新还旧"的约定,中阳公司本身没有实际履行并且认可其没有履行2014年8月7日的借款合同。对于中阳公司的债权,按照2013年3月11日的借款合同产生的债权已经被中阳公司认可并经破产法院的生效文书予以确认。中阳公司以2014年8月7日的借款合同向兴盛公司主张事实上就不存在的债务,依法不应予以支持。

宝利公司辩称，请求依法驳回原告的诉讼请求。

一审法院查明：2013年3月11日，原告中阳公司与被告兴盛公司签订借款合同，约定借款人兴盛公司向贷款人中阳公司借款600万元，借款期限为2013年3月11日至8月10日，借款月利率为20‰，借款方式为保证；贷款人向借款人提供“不可以”循环使用的借款额度为600万元。同日，原告中阳公司与宝利公司签订担保合同，约定保证人宝利公司为债权人中阳公司与债务人兴盛公司签订的借款合同项下的债权600万元提供保证担保。合同签订后，中阳公司于2013年3月向兴盛公司转款共计600万元。

2013年3月21日，原告中阳公司与被告兴盛公司签订借款合同，约定借款人兴盛公司向贷款人中阳公司借款600万元，借款期限为2013年3月21日至4月20日，借款用途为资金周转，借款月利率为20‰。同日，原告中阳公司与保证人田某签订担保合同，约定保证人田某为债权人中阳公司与债务人兴盛公司签订的借款合同项下的债权600万元提供保证担保。合同签订后，中阳公司于2013年3月向兴盛公司转款共计600万元。另外，中阳公司的该农业银行账户于2013年3月20日计10次现金入账收入共计900万元，转账支出300万元。据此，中阳公司的该农业银行账户于2013年3月20日现金入账收入900万元，随后于2013年3月20日、3月21日转账支出900万元。

2014年8月7日，原告中阳公司与被告兴盛公司签订借款合同，约定借款人兴盛公司向贷款人中阳公司借款600万元，借款期限为2014年8月7日至2015年8月6日，借款月利率为20‰。2014年8月7日，原告中阳公司与被告宝利公司签订担保合同，约定保证人宝利公司为债权人中阳公司与债务人兴盛公司签订的借款合同项下的债权600万元提供保证担保。2014年8月7日，原告中阳公司法定代表人张某与被告兴盛公司法定代表人刘某的双方个人账户发生200万元反复倒账3次，农行银行卡交易明细清单显示上述交易地点均系农行同一营业网点，即被告兴盛公司法定代表人刘某最终将转入的200万元予以转出。该案原审庭审中，被告兴盛公司针对涉诉借款答辩称“兴盛公司实际未收原告支付的钱，实际上兴盛公司和原告（中阳公司）哄骗了宝利公司”。另外，庭审中，原告中阳公司认可兴盛公司于2013年至2015年向原告分批偿还借款本金共计550万元，于2013年至2015年5月20日分批偿还借款利息共计6 509 562元。被告宝利公司也认可兴盛公司共向原告分批偿还借款本金共计550万元及已支付借款利息至2015年5月30日。

2015年10月22日，贷款人张某与借款人刘某及保证人宝利公司签订担保借款合同，借款金额为600万元，借款期限为2015年10月22日至2016年10月21日，借款月利率为20‰。保证人宝利公司为贷款600万元提供保证连带责任保证。合同签订后，张某和刘某反复倒账120万元5次，形成账面借款数额600万元。2016年6月15日，因该合同履行问题双方发生争执，中阳公司法定代表人张某作为原告，将兴盛公司法定代表人刘某及宝利公司作为被告诉至一审法院，请求解除双方签订的担保借款合同，并由刘某偿还600万元借款本息及宝利公司承担连带清偿责任。在该诉讼中，中阳公司法定代表人张某提供了2015年10月22日的中阳公司"贷款收回凭证"，载明："还款人兴盛公司，合同编号为2014080601，期限12个月，原贷金额600万元，归还本金600万元；该凭证说明栏目写明：本金已还清，该笔借款自2015年5月21日至2015年10月21日期间的利息未结。"一审法院审理后作出(2016)甘09民初35号判决，认为借贷双方反复倒账的交易方式不能证实张某已经实际履行了交付600万元借款的合同义务，因借款未实际交付，张某的该项诉请缺乏事实依据，不予支持；且由于前后两份借款合同的主体均不一致，不符合法律关于"借新还旧"的规定，其所提"借新还旧"的主张不能成立；据此判决驳回原告张某的诉讼请求。该一审判决宣判后，原告张某不服，提出上诉。甘肃省高级人民法院于2017年3月30日作出(2017)甘民终65号民事裁定，以原判事实不清、证据不足为由，将本案发回重审。一审法院重审后，中阳公司法定代表人张某作为原告申请撤诉，一审法院作出民事裁定，准予原告张某撤诉。

该案在审理过程中，因被告兴盛公司向嘉峪关市中级人民法院提出破产申请，嘉峪关市中级人民法院作出受理破产清算申请的民事裁定，该院指定了兴盛公司的破产清算管理人。2018年7月13日，该兴盛公司破产清算管理人作出债权审查通知书，内容载明，中阳公司向管理人申报债权本金为600万元，利息444万元，合计1044万元；管理人收到债权申报材料后，通过询问企业负责人并配合账务审计进行审查，经审查，本次债务人(中阳公司)所申报债权为2013年3月11日出借的600万元，管理人认为应予确认，但利息计算期间应为2015年5月21日至2018年5月21日，利息为432万元；审查结论为，中阳公司所申报的债权为1032万元，为有效债权。2018年7月16日，嘉峪关市中级人民法院作出民事裁定，确认酒泉市肃州区常青小额贷款股份有限公司、马某萍等79位债权人的债权，该裁定所附《嘉峪关市兴盛啤酒花种植有限公司无争议债权表》载明“债权人酒泉市肃州区中阳小额贷款股份有限公司申报金额为1044万元，确认金额为1032万元”。另外，兴盛公司的破产清算管理人所作询问笔录中，被询问人张某承认双方对涉诉借款用200万元来回倒账形成了600万元转款记录，以及2013年3月11日的600万元借款利息付至2015年5月20日。

裁判结果

一审法院判决，驳回原告中阳公司的诉讼请求。中阳公司不服一审判决，向二审法院提起上诉，二审法院裁定，撤销酒泉市中级人民法院(2018)甘09民初78号民事判决；驳回中阳公司的起诉。中阳公司不服二审裁定，向最高人民法院申请再审，最高人民法院裁定，驳回中阳公司的再审申请。

思考与衡量

有这么一句话，“打官司就是打证据”，说明证据问题在民事诉讼活动中的重要地位。证据采信必然涉及法官自由裁量权的行使。法官自由裁量权是审判权的内在属性，也是采信证据的必然要求。自由裁量权是在法律规定范围之内行使的，而不是任意行使的，依法是前提条件和限度，法官采信证据应该是在证据规则制度之下正确行使自由裁量权的活动，而不是随心所欲的。自由裁量权是与正确适用法律相匹配的，裁判者的自由裁量权不是没有边界和限制的权力，而是以正确适用法律、查清事实以及严密逻辑推理为前提的权力。应该尊重裁判者的自由裁量权，法律适用统一是一个双向性的要求，不仅要求上级法院对于下级法院错误的裁判予以纠正，还要求上级法院尊重下级法院的自由裁量权，不能以一个自由裁量权否定另一个自由裁量权。对于证据的采信，一般应该注意几个方面的问题。就证据来源而言，应该坚持“谁主张，谁举证”的民事证据规则，但是对于当事人因客观原因不能自行收集的证据，或者人民法院认为审理案件需要的证据，人民法院应当调查收集。就证据效力而言，应该对当事人各方的证据效力大小进行审查，也就是优势证据原则，针对同一个证明对象，一般情况下，应采信比较有证明力的优势证据。就证据采信程序而言，应该经过各方当事人的质证，听取各方的意见方可采信。就证据审查而言,应从民事证据的三个性质出发进行审查,也就是从合法性、真实性和关联性三个方面进行审查。就证据的审查范围而言,只有属于《民事诉讼法》规定的证据类型才属于证据,也就是应该坚持证据法定性的规则。例如,鉴定意见是法定证据形式,应该纳入证据的范畴。因为某些专业问题需要借助专业机构和专业人员才能查清事实,所以需要通过专业机构和人员对专业问题进行鉴定。如在建设工程施工合同纠纷中常见的对工程的鉴定报告。对于这类专业机构和专业人员出具的鉴定报告的采信,一定要进行质证和认证,并不是对所有鉴定结论都应予采信,一方面,需要组织各方当事人对鉴定报告进行质证,需要向出具鉴定报告的机构和人员进行询问;另一方面,审判人员要对鉴定报告进行审查,之后才能将鉴定报告作为证据使用,否则就只需要专业机构和专业人员,不需要法官了。对于自由裁量权的行使,一般应该注意以下几个方面:一是应该以正确适用法律为基本准则。特别是遇上有争议的法律适用问题,更是应该以权威机构现有的最新的普遍性共识为基本准则。如关于《公司法》第 16 条的理解问题。既然最高人民法院已经形成了会议纪要,对这一条的理解有了一个相对比较统一的认识。这时就应该尽量对标这一理解,正确适用理解《公司法》第 16 条。二是下级法院应该尽量对标对齐上级法院的裁判标准和尺度。在出现对法律的多种理解时,不能因地区差异、个案情形等不一样而拒绝对标看齐上级法院已经形成的相对较为统一的认识。三是上级法院应该充分尊重下级法院的自由裁量权。因为审判权是一种判断权,而判断权本身就带有主观意识,所以对同一个法律规范会出现一些不同尺度范围的理解属于正常现象。这时上级法院就应该通过一些具体的裁判理念和规则来限定任意改变下级法院的裁判的情况。如在法律允许的范围之内,尽量维持下级法院的裁判。根据不同审级的设置,作出制度设计,每一个审级都有每一个审级不同的审查重点。这样更有利于裁判标准统一,有利于依法规范行使审判权。如在再审审查阶段,有一句俗话叫"纠错不纠偏",大体理解就是只要没有《民事诉讼法》第 207 条规定的情形,就应该维持生效裁判的既判力。案例 34 中,虽然二审在程序上存在不当之处,但是从维护生效裁判文书的既判力、节约司法资源等角度出发,再审审查法院并未对该案作出改判或发回重审的裁判。案例 31 中,三级法院裁判结果一致,案例 32 中,因为对证据采信不一致,二审对一审进行了改判,再审审查维持了二审判决,案例 33 中,一审因为错误地分配了举证责任,二审对一审的错误予以了纠正，案例34中，一审、二审、再审审查的结果都是没有支持原告的诉讼请求，但是在方法上并不一致。这4个案例都涉及证据采信问题和法官自由裁量权行使的问题。

案例31中，确认关某东请求闫某林、泰华公司返还1120万元的砂石料及赔偿经济损失4 073 066.83元的主张成立的前提是证明在法院查封涉案场前，其已生产16万平方米半成品砂石料和20万平方米成品砂石料堆放于涉案砂场当中。之后才可确认二被告是否存在非法占有的问题。一审法院认为，经原一审、上诉及本次审理，关某东提交的证据依然不足以证实在法院查封前在涉案砂场确实堆放有关某东主张的砂石产品，故对于关某东的第1项诉讼请求该院不予支持。在此情况下，其依据自己陈述的堆放数量及占用时间计算的经济损失该院不能支持。加之其据以计算损失的调解书已经被法院判决撤销，故关某东的第2项诉讼请求该院亦不予支持。对于闫某林在法院查封涉案砂场后，擅自进行生产开采的行为，关某东可另行依法主张。综上所述，关某东的诉讼请求无事实和法律依据，依法不予支持。

二审法院认为，结合一审中关某东提交的嘉国土资函［2018］24号、视频资料、（2015）嘉城执字第460号民事裁定书、合作经营书等可以证实法院查封前，涉案砂场确实堆放有关某东主张的砂石产品，根据闫某林提交的管理费汇款凭证、增值税发票、过磅单、成品油配送单、机打发票、修理费付款凭证、工资证明、关于限期恢复地貌的通知等证据材料证实2015年7月之后闫某林也进行了生产，其生产的砂石产品与关某东之前生产的砂石产品进行了混同，二者无法区分，目前现场砂石产品已经完全灭失，已失去了鉴定基础，且关某东主张的返还原物的价值系关某东估算，无法提出确凿的证据证明。根据最高人民法院《关于民事诉讼证据的若干规定》第2条①的规定："当事人对自己提出的诉讼请求所依据的事实或者反驳对方诉讼请求所依据的事实有责任提供证据加以证明。没有证据或者证据不足以证明当事人的事实主张的，由负有举证责任的当事人承担不利后果。"故关某东应当承担举证不能的法律责任，对其上诉请求，该院不予支持。

笔者认为，最高人民法院《关于民事诉讼证据的若干规定》第2条（此条已废

---

① 现行2019年修正版中已无此规定。

止)规定:“当事人对自己提出的诉讼请求所依据的事实或者反驳对方诉讼请求所依据的事实有责任提供证据加以证明。没有证据或者证据不足以证明当事人的事实主张的,由负有举证责任的当事人承担不利后果。”该案中,关某东主张在法院查封涉案场前,自己已生产16万平方米半成品砂石料和20万平方米成品砂石料,堆放于涉案砂场中,后上述砂石产品被闫某林、泰华公司非法占有,侵犯其合法权益,要求返还上述砂石产品,但关某东提交的证据不足以证明在法院查封前在涉案砂场堆放有其主张的砂石产品。二审法院认定关某东承担举证不能的法律责任,关某东关于闫某林、泰华公司返还1120万元的砂石料及赔偿经济损失4 073 066.83元的主张缺乏事实和法律依据,该认定并无不当,应予维持。

案例32的根本问题是丽达公司欠付陆通公司多少建设工程款,这个问题的核心涉及对工程结算证据的采信问题。一审法院认为,关于商品一条街工程款欠付的问题。无争议的证据为商品一条街合同总造价为18 468 728.80元,后双方对一条街附属工程门头约定工程造价为1 000 000元,合计19 468 728.80元,在陆通公司施工过程中,丽达公司按照进度向陆通公司基本户支付工程款13笔,金额合计为18 716 078.30元,均有银行支付凭据,一审法院予以认定。虽然陆通公司对其中丽达公司支付财政局钢筋款3 857 982.34元不认可,认为数量与使用不符,按照合同约定,该笔钢筋款结算可以以实际采购价为准,陆通公司施工的工程是塔什库尔干县唯一工程,丽达公司购买钢筋而支付塔什库尔干县财政局的钢筋款与陆通公司出具的收条金额相一致,说明陆通公司对购买的事实清楚,丽达公司支付3 857 982.34元的钢筋款与事实一致,按照合同约定应视为支付的工程款。根据丽达公司提供的商业街对账单,丽达公司法定代表人郑某伶向实际施工人李某俊的账户打款5 426 050元,陆通公司实际施工人李某俊向郑某伶还款5 283 000元的记录,对于其中50万元转账和100万元转账,陆通公司虽不认可,但是有银行转账凭据,一审法院予以认定。对于陆通公司不认可收到丽达公司郑某伶向其支付现金1 783 000元的辩解理由,一审法院认为,根据丽达公司提供的买房收取现金的数额,以及从银行提取的现金记录日期,结合陆通公司出具的收条554万元(257.7万元+100万元+178.3万元),包含了1 783 000元,且陆通公司支付工人工资均为现金的事实,应认定丽达公司实际已经支付陆通公司现金1 783 000元,况且郑某伶的账户上有还款1 783 000元的记录,更加说明丽达公司已支付陆通公司该笔款项的事实。对于丽达公司法定代表人郑某伶支付给实际施工人李某俊的35 050元,因打款凭证注明是货款,结合李某俊陈述是更换电表款,故该笔款项不认定为工程款。对于2013年8月27日郑某伶向李某俊支付的20万元,有银行的打款凭证,陆通公司认为是丽达公司返还的履约保证金,丽达公司也未在打款凭证上注明是工程款,一审法院采纳李某俊的意见,不予认定为工程款,20万元系丽达公司归还陆通公司的保证金,不属于工程款。结合双方在塔什库尔干县法院的对账确认单,郑某伶向李某俊账户打款5 426 050元,其中支付工程款5 191 000元,李某俊向郑某伶账户打款5 283 000元,双方折抵款92 000元,应认定郑某伶实际尚欠李某俊个人卡92 000元,郑某伶应当将其作为工程款向陆通公司支付。因此,丽达公司尚欠陆通公司商品一条街工程款660 650.50元(19 468 728.80元-18 716 078.30元-92 000元)。

关于农贸市场工程款欠付的问题。双方签订的农贸市场合同总价为8 050 000元,丽达公司分7次向陆通公司基本户支付工程款5 200 000元,有7份银行打款凭证,一审法院予以认定。对于丽达公司法定代表人郑某伶向实际施工人李某俊个人卡分别打款14笔,合计金额2 402 062元,该农贸市场对账单是陆通公司实际施工人李某俊与丽达公司法定代表人郑某伶于2015年8月20日签字确认的,系双方真实意思表示,予以采纳,虽然陆通公司对其中的20 600元的消防检测费不予认可,但一审法院认为,消防检测部分本身是陆通公司在负责施工,双方对此也签字确认,对已经签字确认的事实又提出异议,一审法院不予采纳,陆通公司对其他付款未提出异议,一审法院对确认单予以认定,故对于农贸市场工程款欠付的问题的认定为,丽达公司尚欠陆通公司工程款447 938元。

关于陆通公司、丽达公司增减工程量的问题。对于陆通公司提供的丽达公司增加、减少量签证单和农贸市场增加工程量签证单,两份签证单上有丽达公司工程师胡某豫的签字,丽达公司予以认可,经双方协商,由陆通公司核算价款,丽达公司复核,经核算价款为123 568.81元,丽达公司经复核未提出异议,一审法院予以认定,丽达公司应支付陆通公司变更的工程量价款合计为123 568.81元。对于陆通公司提出未签字的商品旅游一条街变更项目表、未签字的农贸市场室外附属变更部分项目表的评估请求,因陆通公司主张的2份变更表单均没有丽达公司的任何签字,丽达公司亦不予认可,陆通公司自己单方作出的评估价款1 212 577.95元没有其他事实佐证,其主张变更的管道安装和土建部分包括在双方签订的合同项目之中,部分附属工程也包括在已结算的100万元附属项目中,故对陆通公司主张的未签字的2份评估工程价款的请求,一审法院不予支持。

以上三部分合计,丽达公司共欠陆通公司工程款12 321 573元(商品一条街660 650.50元+农贸市场447 938元+变更部分123 568.81元)。

关于丽达公司请求陆通公司提供工程款发票3 758 728.8元的问题。该案中,关于商品一条街,陆通公司提供发票7张,金额为16 360 000元;关于农贸市场,陆通公司提供发票3张,金额计7 400 000元,陆通公司共提供发票23 760 000元。两项工程总价款27 518 728.8元,尚有3 758 728.8元的发票未提供。一审法院认为,开具发票是陆通公司在收到工程款后应当履行的出具单证和资料的义务,陆通公司认可存在付款未开具发票3 758 728.8元的事实,也同意在丽达公司把剩余欠款付清后全部提供,故一审法院对丽达公司请求陆通公司开具工程款发票3 758 728.8元的诉求予以支持。

关于丽达公司主张陆通公司延期交工赔偿损失的问题。合同约定商品一条街工程于2011年10月17日交工,而陆通公司于2012年10月交工,逾期交工393天,双方在合同中约定逾期一日支付滞纳金500元,合同条款约定发包方按照承包方的施工进度支付工程款,陆通公司称丽达公司未支付工程款的情况与事实不符。对于陆通公司辩称塔什库尔干县地理位置特殊,是天气原因导致逾期,对此理由,一审法院认为天气确实是造成迟延交工的原因之一,但是天气影响不至于逾期393天,陆通公司自身存在责任,理应承担50%的逾期责任,即陆通公司应承担商业一条街逾期交工损失98 250元[(393天÷50%)×500元],剩余50%的责任由丽达公司自行承担。对于农贸市场,合同约定交工日期为2013年7月31日,陆通公司实际交工日期为2013年10月30日,逾期交工90天,按照合同约定迟延交工一天,每天罚款40 250元,诉讼中丽达公司主张每天按10 000元计算,其主张低于合同约定,对此一审法院予以采纳。陆通公司辩称是天气原因造成,一审法院认为双方约定高额误工损失,其目的就是克服困难按期交工。结合农贸市场的付款情况,丽达公司基本按约定支付,虽然天气是导致延期交工的因素之一,但不是全部因素,陆通公司未按约定履行义务,自身存在责任,迟延交工90天,按照50%的比例计算,陆通公司应当支付丽达公司误工损失450 000元[(90天×50%)×10 000元]。其余

50%的责任由丽达公司自行承担。上述两项工程逾期损失共计548 250元(98 250元+450 000元),陆通公司应予支付丽达公司。

关于丽达公司主张陆通公司支付维修费120 400元的问题。2013年10月30日,陆通公司与丽达公司在房屋竣工证明书上盖章,双方写明房屋经验收合格已入住,如出现一切质量问题由陆通公司承担一切责任。2014年5月8日,丽达公司针对商品一条街青年旅社屋面漏水、室外供热管道不通、门窗质量等问题以告知书送达实际施工人李某俊,李某俊在告知书上签字,说明李某俊对出现的质量问题是知道并认可的,由于陆通公司实际施工人李某俊未维修,丽达公司另行找他人维修,丽达公司支付第三方的维修费120 400元,有当事人的签字、收据维修的照片日期等证据相互印证,本院对此维修事实产生的维修费用予以支持,按照有李某俊签字的告知书载明,如果李某俊一周内不维修,丽达公司找他人维修,费用从工程款中扣除,丽达公司只主张120 000元,一审法院予以支持,陆通公司应当支付丽达公司维修费120 000元。

以上三项内容,陆通公司应当向丽达公司提供工程款发票3 758 728.8元,支付丽达公司延期交工损失、维修费共计668 250元。

关于陆通公司主张丽达公司尚欠工程款利息(自2013年10月29日至2017年9月28日止)1 933 627.63元的问题。本院认为,工程交工日期为2013年10月30日,对于利息计算,应当以丽达公司欠付的工程款除去延期交工应承担的部分损失作为本金计算利息较为公正,即利息本金为683 907.30元(1 232 157.3元-548 250元),截至2017年9月28日,共计47个月,按照中国人民银行发布的同期同类贷款利率6%计算,丽达公司应支付陆通公司利息160 717.91元(683 907.30元×6%÷12×47)。

关于陆通公司主张丽达公司支付2017年9月28日至实际付款之日的欠款利息的问题。一审法院认为,在此之后的利息本金应按照丽达公司欠付的工程款与陆通公司迟延交工承担的损失、支付的维修费部分损失折抵后计算,本金应当为563 907.30元(683 907.30元-120 000元),由于中国人民银行同期贷款利率的调整,一审法院按照现在同期同类贷款利率4.3%计算2017年9月28日至实际付款之日的欠款利息,对超出部分不予支持。

关于丽达公司主张陆通公司修复塔什库尔干县农贸市场工程的二楼供水系统

的诉求问题。一审法院认为,农贸市场经过双方之间的验收,丽达公司现在发现供水系统出现问题,无法证明是质量问题导致的没有水,还是在使用过程中损坏造成的没有水,仅有的证据不足以证明是陆通公司的工程质量原因造成,故对丽达公司的该项请求,一审法院不予支持。

二审法院认为,该案二审中的主要争议焦点为,(1)陆通公司所主张的增加工程量 1 212 577.95 元有无事实及法律依据;(2)丽达公司应付陆通公司案涉工程款数额及利息应如何认定。包含①丽达公司实际已支付工程款的具体数额;②利息计算的本金及利率应如何认定;③丽达公司在一审中提出的各项反诉主张(开具发票、延期交工损失及维修费用损失)能否成立;④一审程序是否存在违法情形。

争议焦点一中,关于陆通公司主张的变更工程量的问题。因陆通公司与丽达公司就案涉工程价款均以合同约定工程造价予以结算,对于商品一条街附属工程,双方对口头约定的工程造价 1 000 000 元亦均予以认可,故陆通公司主张其在此之外另行施工了相关工程并据此主张相应工程价款,应由陆通公司承担举证责任。陆通公司就该主张提交的工程量增加签证单以及其自行制作的旅游广场未签证部分、农贸市场未签证部分,均没有丽达公司的签字或盖章。而双方在施工过程中确实存在有增减工程量的事实,双方对此形成的工程量增加签证单以及减少确认单上均有丽达公司工程代表的签字,丽达公司对此亦予以认可。故以上证据及事实可以证明,在施工过程中存在增减工程量的情况,双方均予以确认,双方实际已形成了对相应证明材料均签字确认的证明形式,而陆通公司所提交的其单方制作的,以及没有丽达公司签字的相关证据,显然不具有可以证明陆通公司主张的证明效力。陆通公司在二审中提交了照片以及卫星图照示意图打印件,用以证明其所主张的增加工程量的事实,对于上述证据的真实性,丽达公司予以认可,二审法院亦予以确认,但该组证据在没有其他事实和证据佐证的情况下,并不能证明上述工程量不包含在双方合同约定的工程量中或口头约定的增加工程量中,故对陆通公司据此用以证明的主张二审法院不予支持。一审判决对该问题的认定正确,二审法院依法予以维持。

争议焦点二中,(1)关于丽达公司实际已支付工程款的具体数额。二审中,经双方共同核对,对陆通公司存在异议并提出上诉主张的款项逐项予以分析认定。关于商品一条街工程,存在如下争议:①钢材差价款 497 982.3 元。陆通公司上诉主张，双方所签订合同约定承包方所做工程报价钢材采购价应按每吨4200元计算，丽达公司按钢材上涨价格与陆通公司进行结算，产生差价款497 982.3元，不应认定为丽达公司向陆通公司支付的工程款。对此，二审法院认为，根据2011年6月17日双方所签建设工程施工合同附件2发包人供应材料设备一览表的约定，钢材采购价为每吨4200元，水泥、钢材的采购款由发包方先行支付，并从承包方的工程进度款中，按承包方的实际提货款予以扣除。如发包方提供的水泥、钢材价格发生变化，发包方与承包方应按实际采购价进行相应调整。根据上述约定，钢材采购价并非固定价，丽达公司以钢材上涨价格与陆通公司结算有合同依据，陆通公司的此项上诉主张与双方所签合同约定不符，二审法院不予支持。②关于1 783 000元现金的问题。丽达公司在一审中提交了李某俊于2011年7月31日出具的收条，用以证明丽达公司向陆通公司支付了收条上所载金额为5 540 000元的工程款，其中包括1 783 000元现金，陆通公司则认为1 783 000元现金丽达公司并未实际支付，不应计入已付工程款中。对此，二审法院认为，第一，李某俊对其于2011年7月31日出具的收条的真实性并不持异议，该收条所载内容为，今收到丽达公司“旅游商品一条街工程”首期预付款5 540 000元。其中甲方提供水泥1000吨、钢材585吨，已在首付款中扣除2 757 000元。李某俊在该收条记载金额处及本人签字处均按捺了指印。从该收条的外在形式及所载内容来看，该收条不仅包含收款的内容，还具有一部分结算的性质，且金额具体明确，由此可以认定李某俊对收条所载内容及金额并不存在不明知的情形。第二，收条，顾名思义是指收到交来的钱或物，写给送交者的作为凭据的条据，李某俊作为陆通公司在案涉工程中的代表，对出具收条的含义是不可能不明知的。陆通公司认为该笔大额现金支付，既不符合丽达公司的财务制度，也不符合双方转账支付的交易习惯。对此，二审法院认为，双方所签合同中对工程款的支付方式并未进行明确的约定，在合同的实际履行过程中，对于工程款的支付存在转账、现金、借款、走账等多种方式，并非陆通公司所主张的双方的交易习惯仅为转账支付。且对于李某俊来说，在没有收到款项的情况下，即出具收条的行为亦不符合财务制度要求，且不符合常理。第三，为证实该问题，丽达公司提交了李某俊出具的收条、收取商铺定金的收据以及提取950 000元现金的相关银行凭证，陆通公司虽否认丽达公司所主张的已向其支付了1 783 000元工程款现金的事实，但就其反驳意见，其未能提交有效证据予以支撑，故从优势证据的角度来说,丽达公司所举证据已基本达到了证明其主张的证明效力,故对丽达公司的该项主张一审法院予以支持是正确的。陆通公司关于未收到该笔款项的上诉主张因没有证据支持而不能成立。③关于2013年11月12日200 000元现金的问题。丽达公司就此主张提交了李某俊于2013年11月12日出具的借条一张,该借条载明,今借到郑总现金200 000元。李某俊对该借条的真实性予以认可,但认为其出具借条时并没有收到借条所载款项,2013年11月13日,该笔款项才被通过银行转账的方式汇入李某俊账户,故借条所载款项与次日转账的款项实际是同一笔款项,但丽达公司在计算已付工程款时将该笔款项重复计算。对此二审法院认为,通过李某俊出具的借条以及李某俊的自认,可以确认李某俊向郑某伶借款200 000元的事实属实,虽然借条上载明该笔借款的支付方式是现金,但丽达公司并未能提交该笔现金来源的相关证据,且在李某俊出具借条的次日,郑某伶通过银行转账的方式向李某俊转款200 000元。该笔款项的支付方式虽与借条所载支付方式不一致,但由于转款时间与出具借条的时间间隔仅为一天,且金额相同,在丽达公司未能举证证实在李某俊出具借条的当日即将借条所载款项交付李某俊的情况下,认定上述两笔款项实际为同一笔款项更符合客观实际。故李某俊关于该笔款项的上诉理由成立,二审法院予以支持。④关于陆通公司所主张的李某俊于2012年4月23日向郑某伶转款170 000元以及2014年8月15日转款50 000元的问题。对该项上诉主张,陆通公司提交了相关的银行转账凭证,丽达公司对此事实予以认可,故二审法院对陆通公司的该项主张予以确认,该两笔款项合计220 000元,应从已付工程款中予以扣减。关于农贸市场工程款问题。陆通公司认为2013年7月3日的水泥款应为39 150元(145吨,单价300元),一审判决认定为50 000元,差额款10 850元陆通公司主张予以扣减。对于一审判决认定的其他事实及款项数额,陆通公司均无异议。陆通公司的该项上诉主张,实质与其主张的钢材差价款一致,对此主张的分析认定理由与前述钢材差价款的分析认定理由一致,在此不再赘述。陆通公司的该项上诉主张因与合同约定不符,二审法院依法不予支持。综上,丽达公司应向陆通公司支付的工程款数额为,商品一条街工程总造价为18 468 728.80元,后双方对商品一条街附属工程口头约定工程造价为1 000 000元,合计19 468 728.80元。丽达公司已向陆通公司支付的工程款为18 716 078.30元,郑某伶账户向李某俊账户打款5 426 050元,其中支付工程款5 191 000元,李某俊账户向郑某伶账户打款数额一审法院认定为 5 283 000 元，根据二审查明事实，郑某伶账户向李某俊账户打款中支付工程款的数额应减少 200 000 元，总计为 4 991 000 元，李某俊账户向郑某伶账户打款数额实际应增加 220 000 元，总计为 5 503 000 元（5 283 000 元 + 220 000 元），双方款项折抵后差额为 512 000 元，应认定为郑某伶欠付李某俊的款项数额。故在商品一条街工程中丽达公司尚欠付陆通公司工程款数额为 1 264 650. 50 元（19 468 728. 80 元 - 18 716 078. 30 元 + 512 000 元）。关于农贸市场工程欠付工程款数额，一审法院认定为 447 938 元，陆通公司针对其中的一笔水泥款提出的上诉主张二审法院未予支持，故二审法院对该工程欠付工程款数额 447 938 元予以确认。对于增减工程量的问题，因陆通公司关于增加工程量的上诉主张未得到支持，故对一审法院认定的工程量变更部分的工程款数额 12 356 881 元，二审法院予以确认。以上三部分合计，丽达公司总计欠付陆通公司工程款数额为 1 836 157. 31 元（商品一条街工程 1 264 650. 50 元 + 农贸市场工程 447 938 元 + 变更增加部分工程 123 568. 81 元）。关于工程质量保修金的问题。双方所签订的案涉两个工程的建设工程施工合同，均约定了丽达公司在工程验收合格后向陆通公司支付工程款至工程款总额的 95%，剩余 5% 作为工程质量保修金。因案涉工程于 2013 年 10 月 28 日竣工验收，至陆通公司于 2017 年 9 月 15 日向一审法院提起本案诉讼时，双方在合同中约定的最长的保修期基本已过，陆通公司主张欠付工程款时并未扣除 5% 的工程保修金，一审法院进行判决时也未对此予以扣除，丽达公司对 5% 工程保修金的问题也未提出主张和上诉，故在该案确定丽达公司应付工程款数额时，对工程保修金不予考虑。(2) 关于利息计算的本金及利率应如何认定的问题。一审法院对欠付工程款利息予以分段计算，在 2013 年 10 月 29 日至 2017 年 9 月 28 日，以丽达公司欠付的工程款扣减延期交工应承担部分损失为本金予以计算，自 2017 年 9 月 28 日起至实际付款之日止这一期间内，以丽达公司欠付的工程款扣减延期交工损失以及支付的维修费部分损失为本金予以计算。对此计算方法，陆通公司存在异议并提出上诉。对此，二审法院认为，对于丽达公司在一审中关于迟延交工损失及工程质量问题导致的维修费用损失能否成立以及具体数额问题，在下一争议焦点问题中予以论述，在本争议焦点问题中仅确认利息计算的本金及利率应如何认定。丽达公司反诉所主张的延期交工损失赔偿问题，属于债权性请求权，在丽达公司没有提出主张，未经法定程序予以确认的情况下，该项损失并不必然存在,在该主张被确认之后,其确定的是丽达公司对陆通公司享有了该部分债权,该债权的实现可以由陆通公司另行给付,也可以从丽达公司应付陆通公司的款项中予以抵扣。而工程款利息在性质上属于法定孳息,与本金之间具有附随性,一审法院在计算丽达公司尚欠陆通公司工程款利息时将延期交工损失从工程款本金中予以扣除后再行计算利息没有法律依据,二审法院依法予以纠正。关于因工程质量问题导致的维修费用损失应否在计算工程款利息时从本金中予以扣减的问题。因工程质量导致的维修费用损失本应从工程保修金中予以扣除,但由于如前所述之原因,本案中实际并没有在发包人处留有工程保修金,故上述维修费用损失应从总欠付工程款中予以扣除。因维修费用损失的产生是工程质量问题所导致的,如认定该维修费用损失的赔偿应由陆通公司承担的话,那么必然可以确认案涉工程存在质量问题,而这个或这些质量问题在案涉工程竣工验收时就实际存在,因质量问题产生的损失赔偿责任理应由工程承包人即陆通公司予以承担,故在计算欠付工程款利息时将因工程质量存在问题而产生的维修费用损失从工程款本金中予以扣除有法律依据。陆通公司关于计算工程款利息时不应将维修费用从工程款本金中予以扣除的上诉主张不能成立,二审法院不予支持。陆通公司对于工程款利息分段进行了主张,第一时间段是 2013 年 10 月 29 日至 2017 年 9 月 28 日,在此时间段内的工程款利息,一审法院认为应以丽达公司欠付的工程款减去延期交工应承担的部分损失为本金计算利息,并未在本金中将维修费用予以扣减,因丽达公司对此并未提出上诉,故对此时间段内的工程款利息以丽达公司欠付的工程款数额为本金予以计算。陆通公司主张的第二时间段即 2017 年 9 月 28 日至实际付款之日的欠款利息,其本金中应将维修费用予以扣减。关于利率的问题。由于中国人民银行同期贷款利率的调整,在上述两个计息时间段内,一审法院按照中国人民银行发布的同期同类贷款利率分别计息并无不当,陆通公司关于利率的上诉主张不能成立,二审法院不予支持。

争议焦点三中,(1)关于开具工程款发票的问题。开具发票是陆通公司在收到工程款后应当履行的义务,根据已查明案件事实,陆通公司对丽达公司已付款但其未开具发票的事实予以认可,并同意在丽达公司付清欠付款项后全部开具发票,故一审法院对丽达公司要求陆通公司开具工程款发票 3 758 728. 8 元的反诉主张予以支持是正确的。(2)关于延期交工损失的问题。双方签订的商品一条街工程的建设工程施工合同中约定，开工日期为2000年6月19日，竣工日期为2011年10月17日，总工期为120天，事实上陆通公司的交工时间为2012年10月28日，逾期交工的情况属实。陆通公司上诉认为其逾期交工的原因在于丽达公司未按约定支付工程进度款，且一审认定的逾期393天中，未将冬季停工期内的天数予以扣除。对此，二审法院认为，根据双方所签合同专用条款部分第26条工程款（进度款）支付的约定，工程预付款由发包方按承包方施工进度支付工程进度款，故丽达公司的支付行为产生的前提是陆通公司已施工到合同约定的程度，陆通公司关于其逾期交工的原因在于丽达公司未按约定支付工程进度款缺乏事实及合同依据，其该项主张不能成立。合同约定的交工时间在冬季来临之前，在此之后无正当理由未交工，陆通公司即已构成逾期交工，在其逾期交工的时间段里，即使存在冬季施工的时间，因其此时已构成违约，其主张在逾期交工天数中扣除冬季施工时间没有法律依据，二审法院不予支持。双方所签关于农贸市场工程的建设工程施工合同中约定，开工日期为2012年9月1日，竣工日期为2013年7月31日，总工期为170天，而陆通公司的交工时间为2013年10月28日，该合同对于工期的约定已充分考虑了冬季施工时间的问题并予以扣除，陆通公司逾期交工的情况属实，其关于在该工程中未逾期交工的上诉主张明显与事实不符，二审法院不予支持。综上，案涉工程逾期交工的情况属实，一审法院根据双方所签合同中关于逾期交工违约责任的约定，综合考量后确定由陆通公司承担50%的逾期交工责任，符合公平原则，二审法院予以维持。(3)关于维修费用损失。陆通公司与丽达公司所签的关于商品一条街的建设工程施工合同中关于质量保修期的约定为，质量保修期从工程实际竣工之日算起，土建工程为5年，屋面防水工程为2年，电气管线、上下水管线安装工程为2年，供热及供冷为2个采暖期及供期。双方签订的关于农贸市场的建设工程施工合同约定，质量保修期从工程实际竣工之日算起，为设计文件确定的合理使用年限。2013年10月30日，案涉工程竣工验收，双方出具房屋竣工证明书，约定如出现一切房屋质量问题，由陆通公司承担一切责任。2014年5月8日，丽达公司向陆通公司施工责任人李某俊出具告知书，写明了案涉工程存在的质量问题，要求李某俊在一周内解决，否则丽达公司将自行派施工队处理，费用从工程款中扣除。李某俊在该告知书接收人处签字。以上事实说明，案涉工程存在一定质量问题的情况属实，丽达公司在发现上述问题后，已积极履行了告知义务，李某俊在知晓上述质量问题后，并未按合同的约定履行维修义务，故丽达公司另行找他人予以处理。关于维修费用，丽达公司出具了江某礼等人出具的收条，因收条所载内容及款项无其他证据予以佐证，故对上述证据与本案的关联性无法确认，故对丽达公司所主张的维修费用 120 000 元二审法院不予支持。

争议焦点四中，如争议焦点一所述，陆通公司关于增加工程量的主张不能成立，故一审法院未予准许其评估申请并无不当，陆通公司关于一审程序违法的上诉理由不能成立，二审法院不予支持。

关于欠付利息的具体数额。丽达公司总计欠付陆通公司工程款数额为 1 836 157. 31 元，二审法院认为，在计算欠付利息时不应扣减延期交工损失，对于维修费用应予扣减，但由于丽达公司关于维修费用的主张未得到支持，故应以丽达公司欠付陆通公司工程款实际数额 1 836 157. 31 元为本金计算利息。对于陆通公司主张的 2013 年 10 月 29 日至 2017 年 9 月 28 日的工程款利息计算为 431 496. 97 元（1 836 157. 31 元 ×6% ÷12 个月 ×47 个月）。对于陆通公司所主张的 2017 年 9 月 28 日至实际付款之日的工程款利息，应以 1 836 157. 31 元为本金，按照中国人民银行同期同类贷款利率 4. 3% 予以计算。

二审认为一审判决认定事实部分有误，对相关部分进行了改判。

笔者认为，关于二审认定丽达公司以现金方式向陆通公司支付了 178. 3 万元工程款是否正确的问题。该案中，陆通公司实际施工人李某俊于 2011 年 7 月 31 日出具收条，该收条载明，今收到丽达公司“旅游商品一条街工程”首期预付款 554 万元。其中，甲方提供水泥 1000 吨、钢材 585 吨，已在首付款中扣除 275. 7 万元。李某俊在该收条记载金额处及本人签字处均按捺了指印。该收条不仅包含收款的内容，还具有结算性质，载明的金额具体明确，李某俊对该收条的真实性不持异议，该收条应当作为本案证据使用。丽达公司还提供了收取商铺定金的收据以及提取 95 万元现金的相关银行凭证佐证其现金交付 178. 3 万元的事实。根据上述事实，二审认定丽达公司以现金方式向陆通公司支付了 178. 3 万元工程款，该认定并无不当，应予维持。

关于钢材差价款 497 982. 3 元是否应由陆通公司承担的问题。该案中，2011 年 6 月 17 日双方所签建设工程施工合同附件 2 发包人供应材料设备一览表约定，钢材采购价为每吨 4200 元，水泥、钢材的采购款由发包方先行支付，并从承包方的工程进度款中，按承包方的实际提货款予以扣除。如发包方提供的水泥、钢材价格发生变化，发包方与承包方应按实际采购价进行相应调整。二审据此认定钢材采购价并非固定价，丽达公司以钢材上涨价格与陆通公司结算有合同依据，钢材差价款 497 982.3 元由陆通公司承担，该认定并无不当，应予维持。

关于二审对陆通公司主张的增加施工部分的工程量及工程款未予认定是否正确的问题。该案中，陆通公司与丽达公司就案涉工程价款均以合同约定工程造价予以结算，对于商品一条街附属工程双方口头约定工程造价 100 万元。陆通公司主张其在此之外另行施工了相关工程并据此主张相应工程价款，但其所提交工程量增加签证单以及其自行制作的旅游广场未签证部分、农贸市场未签证部分，均没有丽达公司的签字或盖章。而双方在施工过程中存在增减工程量，对此形成的工程量增加签证单以及减少确认单上均有丽达公司工程代表的签字，说明双方在施工过程中存在增减工程量的情况时，是采取的双方签字确认的形式。根据以上事实，二审认定陆通公司不能证明上述工程量不包含在双方合同约定的工程量中或口头约定的增加工程量中，对陆通公司主张的增加施工部分的工程量及工程款未予认定，并无不当，应予维持。

案例 33 中，强某平、强某霞主张案涉房地产项目的利润分配款，要解决该问题，首先就应该确定案涉项目的利润情况。该案确定案涉项目利润走的是对案涉项目进行鉴定这一途径。关键问题就是对鉴定报告这一证据如何采信的问题。一审法院认为，该案的争议焦点为：(1)被告昊业房地产公司是否是本案的适格主体，强某平、强某霞是否有权向昊业房地产公司主张项目合作利益；(2)合作项目投资利益应如何确定。

1. 关于昊业房地产公司是否是本案的适格主体，强某平、强某霞是否有权向昊业房地产公司主张项目合作利益的问题。昊业房地产公司虽不是《联合开发协议》中的合同相对方，但是，昊王公司与承天物业公司、陈某东作为合同的相对方，约定了“项目后期开发所需的资金均由乙方（承天物业公司、陈某东）筹措。待所有开发条件成熟时，双方协商注册成立新的法人机构，承担项目经营管理”等内容，昊王公司将土地出让金 3055 万元亦转至昊业房地产公司的账户。昊业房地产公司作为开发“昊天大院”的项目公司，是各方当事人均认可的客观事实。昊业房地产公司虽是由承天物业公司、陈某东共同设立，但案涉《联合开发协议》的约定内容和实际履行过程表明，昊业房地产公司是为运作昊王公司、承天物业公司、陈某东的合作项目而设立的，是双方按照《联合开发协议》约定进行项目合作开发，履行各自权利义务的载体，因此，昊业房地产公司在该项目合作中具有双重地位，一方面作为昊王公司与承天物业公司、陈某东合作开发该项目的合作载体，另一方面随着协议的履行，替代承天物业公司、陈某东成为合作主体，与昊王公司继续进行项目的合作。因此，昊业房地产公司关于其并非《联合开发协议》的合同主体因而不是该案适格被告的抗辩理由不能成立。

昊业房地产公司主张强某平、强某霞不是其公司股东，不享有利润分配权的理由不能成立。第一，昊王公司通过银行转账将土地出让金 3055 万元支付给昊业房地产公司，这是昊王公司履行《联合开发协议》约定的义务，并非向昊业房地产公司的出资。昊业房地产公司作为项目公司，是昊王公司与承天物业公司、陈某东为共同履行各自在《联合开发协议》权利义务的载体。第二，昊王公司是否为昊业房地产公司的股东，不影响其在《联合开发协议》中所应享有的权利，其所享有的 49.45% 的权益是依据《联合开发协议》对合作项目的利益分配比例，而非昊业房地产公司的股东权。据此，在昊王公司注销后，其股东强某平、强某霞根据《联合开发协议》的约定请求分配案涉房地产开发利益，具有事实根据。

2. 关于案涉项目投资利益如何确定的问题。最高人民法院《关于民事诉讼证据的若干规定》第 2 条（本条已废止）规定，当事人对自己提出的诉讼请求所依据的事实或者反驳对方诉讼请求所依据的事实有责任提供证据加以证明。没有证据或者证据不足以证明当事人的事实主张的，由负有举证责任的当事人承担不利后果。最高人民法院《关于民事诉讼证据的若干规定》第 25 条第 2 款①规定，对需要鉴定的事项负有举证责任的当事人，在人民法院指定的期限内无正当理由不提出鉴定申请或者不预交鉴定费用或者拒不提供相关材料，致使对案件争议的事实无法通过鉴定结论予以认定的，应当对该事实承担举证不能的法律后果。该案中，强某平、强某霞向一审法院递交鉴定申请，请求对合作项目的利润进行鉴定。昊业房地产公司是具有房地产开发资质的企业，现有证据证明进行鉴定相关的工程资料及财务凭证等资料由昊业房地产公司掌握。但在一审法院启动鉴定程序后，昊业

① 现为 2019 年修正版中第 31 条。

房地产公司一直拒绝向法庭提交鉴定资料，导致鉴定意见不能作为认定该案事实的依据。强某平、强某霞自行委托作出的昊天大院基本建设项目（预）决算编制书、昊天大院成本及预分配利益测算报告，系其单方委托咨询公司、投资顾问公司制作，昊业房地产公司与承天物业公司、陈某东对其真实性持有异议，且据以作出结论的部分资料来源不合法，评估人也未出庭接受质证，一审法院对其未予采信。

在宁夏宏源会计师事务所（有限公司）司法鉴定意见书作出后，强某平、强某霞对该鉴定意见书不认可，向一审法院递交了委托鉴定申请书，申请对“昊天大院”合作项目的工程造价进行鉴定。后强某平、强某霞向一审法院提交了其自行委托作出的昊天大院基本建设项目（预）决算编制书、昊天大院成本及预分配利益测算报告，认为其已经完成了举证义务，明确表示不再申请重新鉴定，并撤回了其委托鉴定申请书。至此，在宁夏宏源会计师事务所（有限公司）作出的鉴定意见书因昊业房地产公司不提交鉴定资料而不能被采信的情况下，强某平、强某霞本应通过提交其他基础证据或申请法院重新另行委托鉴定的方式来确定其应分得的合作利益，但其在法院的释明下坚持撤回了鉴定申请。该案中，强某平、强某霞虽享有分配合作利益的权利，但因未能提供证据证明其所应分得的合作项目利益，故其所主张的 11 290.9 万元证据不足，依法不能支持。

笔者认为，鉴定是指在诉讼过程中，为查明案件事实，法院借助专业人员对诉讼涉及的专门性问题进行检验、鉴别和评定的活动。鉴定所依据的材料需经当事人进行质证，对其真实性、合法性、与委托事项的关联性发表意见。依据未经当事人质证的鉴定材料所作出的鉴定意见不能直接作为认定事实的依据。

该案中，强某平、强某霞为证明合作项目投资利益数额，经强某平、强某霞申请，一审法院委托鉴定机构作出鉴定意见。鉴定材料由昊业房地产公司持有，昊业房地产公司虽向鉴定机构提供鉴定材料，但拒绝向法院提供，导致鉴定材料未能质证。一审对于未经质证的鉴定材料可依据最高人民法院《关于民事诉讼证据的若干规定》第 27 条第 2 款①“对有缺陷的鉴定结论，可以通过补充鉴定、重新质证或者补充质证等方法解决的，不予重新鉴定”的规定进行补强之后采纳。如昊业房地产公司在鉴定的过程中不配合法院对鉴定材料进行质证，导致鉴定意见因鉴定材

① 现为 2019 年修正版中第 40 条第 3 款。

料未经质证无法使用时，依据最高人民法院《关于民事诉讼证据的若干规定》第25条第2款①“对需要鉴定的事项负有举证责任的当事人，在人民法院指定的期限内无正当理由不提出鉴定申请或者不预交鉴定费用或者拒不提供相关材料，致使对案件争议的事实无法通过鉴定结论予以认定的，应当对该事实承担举证不能的法律后果”的规定，可由昊业房地产公司承担不利后果。在法院委托作出的鉴定意见所依据的鉴定材料未经质证的情况下，强某平、强某霞通过单方委托作出的鉴定意见证明应分得的合作利益数额，其在积极举证证明其主张，已初步完成举证责任。昊业房地产公司对单方委托鉴定有异议，应承担举证责任。

一审法院在强某平、强某霞已经申请法院鉴定，之后又自行委托鉴定的情况下，仍认为强某平、强某霞应进一步提交基础证据或申请重新鉴定，举证责任分配有误，导致该案基本事实不清。

案例34涉及法律统一适用的问题，也就是一审判决驳回原告的诉讼请求，二审裁定驳回原告的起诉，二审法院在程序上确实存在不当之处，作为再审审查法院应该如何处理的问题。

一审法院认为，(1)关于中阳公司所提涉诉借款合同系“借新还旧”的主张能否成立的问题。经审查，所谓“借新还旧”，也称“以贷还贷”或“以新贷偿还旧贷”，是指借款人在未还清前已到期贷款的情况下，因明显无偿还能力，又与贷款人签订借款合同，将该贷款用于归还前已到期贷款的行为。首先，该案中阳公司与兴盛公司签订的2013年3月11日的借款合同，约定借款期限为5个月，借款用途为资金周转。而涉诉的2014年8月7日签订的借款合同，约定借款期限为1年，借款用途为资金周转，并特别注明系收购啤酒花。因此，两份合同的借款期限不同，且2014年8月7日签订的借款合同的合同借款用途并没有“借新还旧”或“转贷”的意思表示。其次，该案涉诉借款是由中阳公司法定代表人张某与兴盛公司法定代表人刘某双方反复倒账200万元3次，使用较小额度款项来回倒账凑成大额款项的方法，制造的形式上所谓借款交付的银行流水痕迹，而兴盛公司实际上并未取得借贷协议、银行流水上显示的钱款；且涉诉借款实际上没有累计达到约定的借款数额600万元，显然不符合“借新还旧”所要求的贷款首先应全款进入借款人存款账号

① 现为2019年修正版中第31条。

的要求。再次，在前诉中即因2015年10月22日签订的担保借款合同的履行问题双方发生争执，中阳公司的法定代表人张某对兴盛公司法定代表人刘某和宝利公司于2016年6月提起了诉讼，其在该诉讼庭审中提供了中阳公司“贷款收回凭证”，该证据证明合同编号为2014080601的借款合同原贷金额600万元，已归还了本金600万元。而该案涉诉的2014年8月7日签订的借款合同的合同编号为2014080601，借款金额为600万元。由此可知，中阳公司对本案的涉诉借款600万元在前诉中是主张已经清偿并提供了证据予以证实。因此，中阳公司在该案中主张涉诉借款600万元没有清偿，这与其在前诉的主张相互矛盾，其推翻了前诉的主张和证据，其意思表示不真实。最后，在该案审理过程中，中阳公司所申报的破产债权为2013年3月11日的借款600万元及利息432万元，该破产债权被嘉峪关市中级人民法院作出的生效民事裁定予以确认。并且，中阳公司承认2013年3月11日的600万元借款利息付至2015年5月20日。因此，尽管中阳公司主张涉诉借款合同系“以新贷偿还旧贷”，但其仍然将所谓已偿还的旧贷作为破产债权予以申报，而没有将涉诉的所谓新贷作为破产债权予以申报，其主张前后矛盾，其意思表示不真实。根据最高人民法院《关于民事诉讼证据的若干规定》第2条（本条已废止）规定：“当事人对自己提出的诉讼请求所依据的事实或者反驳对方诉讼请求所依据的事实有责任提供证据加以证明。没有证据或者证据不足以证明当事人的事实主张的，由负有举证责任的当事人承担不利后果。”因中阳公司所提供的证据不足以证明其“借新还旧”的主张，应由其承担举证不能的不利后果。故中阳公司所提涉诉借款合同系“借新还旧”的主张不能成立，不予采纳。（2）关于宝利公司对涉诉债务是否承担连带责任保证的问题。经审查，该案涉诉的2014年8月7日签订的借款合同中的款项数额，系双方使用较小额度款项来回倒账凑成大额款项形成的，制造形式上所谓借款交付的银行流水痕迹，而兴盛公司实际上并未取得借贷协议约定的钱款；且兴盛公司在原审庭审中答辩称兴盛公司实际未收到中阳公司支付的钱，其和中阳公司哄骗了宝利公司。因此，中阳公司未按涉诉合同的约定发放贷款，兴盛公司亦未实际取得和支配合同项下的款项，故中阳公司关于兴盛公司偿还借款的主张缺乏事实和法律依据，不予支持。并且，中阳公司与兴盛公司隐瞒事实真相，以反复倒账的方式让宝利公司提供担保，而兴盛公司实际上并未取得借贷协议约定的钱款，违背了担保人的真实意思表示，且中阳公司未能举证证明宝利公司在担保时知道真相,故担保人宝利公司的保证责任可依法免除。综上所述,中阳公司的诉讼请求因缺乏事实和法律依据而不能成立,应予驳回。

笔者认为,关于中阳公司针对兴盛公司的起诉。《企业破产法》第58条第3款规定:“债务人、债权人对债权表记载的债权有异议的,可以向受理破产申请的人民法院提起诉讼。”兴盛公司申请破产后,中阳公司向兴盛公司破产管理人申报债权,主张2014年8月7日600万元的借款和利息及2013年3月21日借款余款本金50万元及利息。兴盛公司破产管理人经审查认定,中阳公司申报债权为2013年3月11日形成的600万元,对中阳公司关于2013年3月11日借款已被2014年8月7日偿还的主张不予认可。中阳公司未向兴盛公司破产管理人提出异议,该审查结论经过债权人会议表决通过并被破产法院生效裁定所确认,即该案诉争债权已被破产法院生效文书所确认。根据前述法律规定和事实,二审认定中阳公司对兴盛公司的诉争债权已纳入破产债权,中阳公司针对兴盛公司的起诉不符合《民事诉讼法》第122条的规定,应驳回起诉,该认定并无不当,应予维持。

关于中阳公司针对宝利公司的起诉。该案中,2014年8月7日签订的借款合同中的款项数额,系中阳公司与兴盛公司使用较小额度款项来回倒账凑成大额款项形成的,制造形式上所谓借款交付的银行流水痕迹,兴盛公司实际上并未取得案涉借款协议约定的钱款。兴盛公司称其实际未收到中阳公司支付的钱,是和中阳公司哄骗了宝利公司。据此,二审认定案涉2014年8月7日600万元借款合同未实际履行并无不当。因案涉2014年8月7日600万元借款合同未实际履行,中阳公司起诉主张宝利公司承担保证责任的诉讼请求缺乏事实与法律依据,应当判决驳回其诉讼请求。但二审裁定驳回中阳公司的起诉,处理方式确有不当。鉴于中阳公司的诉讼请求不能成立,且该案已经发回过重审,为节约司法资源,减少当事人诉累,不应再以再审的方式对本案二审的处理方式予以纠正。

七、关于庭审与裁判文书写作

开庭和撰写裁判文书是审判活动的重要内容,是法官的日常性审判工作,直接决定案件审理质量的好坏。开好庭、写好裁判文书是法官的两项基本功。通过开庭,法官能依法与当事人进行正当直接接触,询问当事人、证人等,了解案件的情况以及与案件相关联的背景情况等,能对案件形成感性认识,为形成法官内心确信提供亲身感受、直接印象，能获取比书面审理更多的案件信息、情况和背景，从法学理论上讲，开庭也是诉讼法上亲历性原则、直接接触原则最直接的体现。如何开好一个庭，做好充分的庭前准备工作是必要的。开庭前，应该依法通知所有诉讼参加人和参与人到庭。告知未到庭参加庭审可能出现的法律责任和后果，应该尽量确保每一位诉讼参加人和参与人到场，保证每一位诉讼参加人和参与人的诉讼权利，虽然参加庭审是当事人的权利和义务，但是对于法官而言，要更加全面了解案情，只有全面听取各方当事人的陈述，才能更好地把握案件事实和法律适用，更好地还原案件发生的全过程以及背景情况，尽量保证一次开完庭，了解完所有通过开庭能了解的案情。开庭前，合议庭应该全面了解案情，明确开庭应该达到的目的和想要解决的问题。开庭的根本目的在于进一步查清事实，核查证据。全面了解案情后，在开庭时才知道自己应该向当事人了解哪些问题，特别是对于自己在书面审查过程中存在疑惑的地方通过开庭可以向当事人面对面直接了解；同时应该基本归纳出案件的主要争议焦点，为围绕争议焦点问题展开庭审活动做好准备。开庭前，应该提前做好庭审预案。为了达到良好的开庭效果，实现顺利开庭，应该提前做好庭审预案，对于庭审中可能出现的问题做好充分评估，以便做好应对，以防在开庭时出现意外或庭审进行不下去的情况，如当事人、其他诉讼参与人、证人和旁听人员等扰乱庭审，应该掌握当事人与其他诉讼参与人的基本情况，了解相关案件的处理情况，以便对当事人的心理活动作出一个基本判断，防止在庭审过程中因为参加庭审人员个人情绪原因导致庭审进行不下去。开庭时，应该首先告知参加庭审人员参加庭审的权利义务、法庭纪律，以及违反法律规定和庭审纪律可能承担的责任和后果。庭审中，应该向庭审参加人员传递一个基本信息，合议庭对案情是全面掌握的，这样可以增强法官在参加庭审人员心中的公信力。开庭时，应该注重法官的形象。法官应该给人以威严、公正、居中的良好形象，整个庭审现场应该是神圣、庄严、规范的。应该很好地驾驭庭审，庭审并不是审判活动的全部，而是审判活动的重要组成部分，在法庭上不可能解决所有的问题，当事人也不可能在法庭上没完没了、漫无目的地发表自己的意见，当事人应该始终围绕法官总结的争议焦点发表自己的意见。法官应该告知当事人发表意见、陈述观点要开宗明义、开门见山，紧紧围绕争议焦点，从事实、证据和法律等方面发表意见。应该尊重各方当事人，平等对待当事人，法官在审判中、庭审中，始终居于双方当事人的中间人地位，无论是在心理上还是在行为上，都应该体现平等对待当事人，在当事人的发言顺序、发言时间、发言次数等各个方面都应该体现平等原则，在对待当事人的神情态度上也应该一致，不应表现出喜好厌恶情绪，应该充分保障当事人各方的诉讼权利，给当事人充分的时间、机会表达自己的观点意见，对于当事人自己认为在法庭上还没有表达完的意见，应该允许当事人在庭后提交书面材料进一步补充发表意见。法官应该把控庭审的节奏，既要保证庭审的质量，还应提高庭审的效率，对于可能影响庭审的当事人的行为应该及时予以制止，对于违反法律构成扰乱法庭秩序的行为，依法予以处理。

裁判文书是审判活动最直接的体现，是审判成果的直接载体，是具有法律效力的文书。裁定书是解决审判过程中程序性问题的法律文书，应当写明裁定结果和作出该裁定的理由，对于涉及的程序问题作出直接明了的处理意见，便于操作执行。判决书是就案件的实体权利义务问题作出判断的法律文书，判决书应当写明判决结果和作出该判决的理由。根据《民事诉讼法》的规定，判决书的内容包括案由、诉讼请求、争议的事实和理由；判决认定的事实和理由、适用的法律和理由；判决结果和诉讼费用的负担；上诉期间和上诉的法院等。判决书是最为常见、最典型、最普遍的法律文书。判决书写作应该具有规范性、法律性、说理性、逻辑性等。规范性主要体现在应该包括法律规定要求的内容。法律性主要体现在依法制作上，制作文书主体的合法性、程序的合法性、适用法律的准确性等方面。说理性主要体现在文书的观点应该明确，说理应该充分、透彻，论据应该正确等。逻辑性主要体现在整篇判决书应该是符合逻辑的，是一个完整的整体和体系，各个部分的内在是符合逻辑的，是一个逻辑的配套组合。就规范性而言，除了应该包含法律规定的必要内容，还应该符合判决书的一般规范，符合在长期的审判过程中形成的、较为成熟的一些格式习惯，如撰写结构、陈述顺序、引用习惯、文字风格等又应该遵守一定的规范。就法律性而言，作为法律文书，法律性是判决书的根本属性，判决书是依法作出的，是具有法律效力、法律约束力的，是由法定机构作出的，是根据事实和依据法律作出的判断，是具有法律强制执行力的。就说理性而言，判决书是经过说理而作出的，不是直接就拿出结果的，而是经过说理、论证才得出结论，只有经过充分说理、论证才是一个好的判决书，判决书就是一个说理书，只有把理说透了、把法说透了、把情说透了，才是一个好的判决书。就逻辑性而言，判决书就是具有逻辑性的法律文书，缺乏逻辑性就不是一篇好的判决书，符合逻辑是判决书的基本属性，整篇判决书就是一个逻辑体，是符合逻辑思维规定性的。从整篇判决书到每一个组成部分再到每一个具体问题都是一个逻辑证明的过程，每一个问题的提出都不是突兀的，都是有目的的，应该有有证据证明或者是法律规定无须证据证明的事实。从案件来源的表述，到原告的起诉、被告的答辩、各方证据的提交、证据的质证论证、在证据认定的基础上对事实的认定，再到法院的认为，法院的认为就是一个利用前述已经论证的事实进行新的一个论证的过程，每一个事实的认定都是为了后面的论证，后面的论证是前面证据的运用和延续。对于适用法律的三段论，这是大小前提的配合运用，法律是大前提，事实是小前提，于是得出符合逻辑规律的结论。从法律适用来看，民商事案件的法律关系错综复杂，法律适用只有是符合逻辑规定的组合，才能与案件事实相匹配，得出公正的结果。围绕争议焦点进行论证的过程，是判决书说理最集中的部分，对于各方当事人的主张都应该给予回应，都应立足于案件事实和法律，在此基础上，得出法院自己的结论，并最后形成判决主文，从逻辑证明的角度，判决主文就是最后的论点、结论，是法院的判断，是具有法律效力的判断。

专题四 four

民商事法律基本原理与规范适用

一、关于注意义务问题

之所以将注意义务作为民事法律适用的第一个问题进行讨论，是因为这一问题在民商事审判中居于比较重要的、普遍的地位，在民事责任的承担中居于重要位置。民商事审判是关于民事权利、义务和责任分析评判的工作，当然这里的义务与注意义务并非等同，但是的确注意义务是义务不可分割的组成部分，是义务的内容之一，只是此处的义务范围大于注意义务的范围，注意义务包含于义务之中，义务在于强调民事主体所应承担的责任，注意义务重在强调民事主体在主观上的注意程度，两者相互关联，但侧重点又不同。注意义务问题广泛存在于各类民商事案件中，特别是在判断民事责任的承担的过程中，民事主体的注意义务是一个非常重要的判断标准和根据，其不仅在民事侵权案件中处于重要位置，在合同纠纷案件中对于责任的承担也是重要的衡量因素。注意义务不仅有客观因素在其中，还有主观因素在其中，是主客观一体化的存在。正因如此，个人在审理民商事案件中总是对注意义务予以高度关注。

尽管学理和司法上都将注意义务作为民事责任承担

的重要标准和参考依据，但包括《民法典》在内的我国现行民商事立法中并没有关于注意义务的一般规定，只是散见于一些特别法中，如《保险法》中保险人的注意义务、《公司法》中董事的注意义务等。但这些规定大多只是提及了注意义务这个概念，并没有就注意义务的内容及认定作出明确细化的规定。

在侵权责任法上，注意义务的重要性最初体现在对侵权行为违法性的认定上。侵权行为的违法性是侵权责任构成“四要件说”的必备要件之一，学理和司法中一般认为，“违法性”中的“法”应作最广义的理解，不仅应包括各个层级的制定法，还应包括各种行业规范、习惯和惯例。但即使作最广义的理解，仍然无法涵盖侵权行为的全部，需要引入注意义务作为侵权行为违法性认定的尺度；只要没有尽到一般人或善良管理人应尽到的注意义务，即可认定侵权行为具有违法性。

随着过错认定的标准日趋客观化，注意义务在过错认定中占据日益重要的地位。在一般侵权责任构成“三要件说”中，过错的认定对于是否构成侵权至关重要。但过错是一个主观范畴，要探寻每一个具体侵权行为人行为时的主观心理状态并非易事。因此，随着侵权案件数量的增加和侵权种类的增多，出于对确定性和可操作性的追求，对于过错的界定和解释越来越趋于客观化和确定化，在判定当事人是否尽到注意义务时，理论界与实务界普遍将违反注意义务作为过错的认定标准。可见，从实际效果来看，“四要件说”和“三要件说”并没有本质区别；只要违反了注意义务，既可认定侵权行为具有违法性，同时也确定了侵权行为具有过错。

在合同法上，注意义务对违约责任的认定同样重要。《民法典》规定合同的违约责任一般适用无过错责任，但同时又在有些有名合同中规定适用过错责任；也就是说，我国合同法在违约责任的认定上，以无过错责任为原则、过错责任为例外。在适用过错责任的合同中，注意义务对于过错认定的重要性与侵权责任法上完全相同。在适用无过错责任的合同中，虽然不需要考虑过错，但在判断合同当事人是否应当承担违约责任时，仍然需要从一般人应尽到的注意义务视角或善良管理人应尽到的注意义务视角，来判断合同当事人是否履行了法定或约定的注意义务。况且，合同的理想状态是各方当事人根据合同约定完全履行，但是，在实践中，一个完整意义上的、理想状态下的合同行为难以实现，只是许多合同行为并未诉之法律，由当事人通过各种途径加以解决了。另外，合同无效、被撤销、解除或者确定不发生效力后，仍然存在损失承担的问题，注意义务也是划分责任的重要考量因素。

《民法典》第 157 条规定，民事法律行为无效、被撤销或者确定不发生效力后，行为人因该行为取得的财产，应当予以返还；不能返还或者没有必要返还的，应当折价补偿。有过错的一方应当赔偿对方由此所受到的损失；各方都有过错的，应当各自承担相应的责任。法律另有规定的，依照其规定。第 566 条规定，合同解除后，尚未履行的，终止履行；已经履行的，根据履行情况和合同性质，当事人可以请求恢复原状或者采取其他补救措施，并有权请求赔偿损失。合同因违约解除的，解除权人可以请求违约方承担违约责任，但是当事人另有约定的除外。主合同解除后，担保人对债务人应当承担的民事责任仍应当承担担保责任，但是担保合同另有约定的除外。

从法理上讲，过错包括故意和过失，而过失一般分为重大过失和一般过失。从归责意义分析上，过错的核心在于行为人违反了对他人的注意义务，并造成对他人的损害。注意义务的违反程度和过失程度整体上形成一个反向对立的关系：法律要求尽到善良管理人的注意义务，而义务主体没有尽到善良管理人的注意义务，只尽到一般注意义务，则应认定为一般过失，如果连一般注意义务都没有尽到，则应认定为重大过失；法律要求尽到一般注意义务，而义务主体没有尽到一般注意义务，则认为是一般过失。“善良管理人的注意义务”和“一般注意义务”是对注意义务进行的程度上的细化。早期罗马法具有严格的形式主义特征，要求行为人要尽到“善良家父”的勤谨注意义务，“善良家父”标准是一个具有知识和经验的人诚实地处理事务所应具备的最基本的注意义务，只有尽到“善良家父”的勤谨义务，才不需要为相应行为带来的损害后果承担过失责任。英美侵权法在这一基础上拟制出“合理人标准”，“合理人”是符合公众期待的客观化理性人标准，他不是脑力超群的智者，也不是社会经验丰富的家长，其行为方式和注意程度是社会大众所能接受的。笔者认为，“合理人标准”符合目前理论界普遍认可的“一般注意义务”的基本条件，在这一雏形上面附加其他特定条件，就成了“善良管理人的注意义务”。

在民商事审判中，注意义务是判定行为人是否承担责任及责任承担多少的重要划分依据。如前文所述，注意义务是过失的客观外化，在进行责任划分时，避免不了对注意义务的综合考量。判断是否违反了注意义务应该遵循这么一个逻辑思路，有注意义务的主体应当预见而没有预见损害后果，或者预见了行为可能造成的损害后果而没有采取有效的避免措施，即违反了注意义务，需承担过失责任。如何划分注意义务，需要从以下几方面进行综合性判定：第一，民事主体的法定职责。判断民事主体是否负担注意义务，首先需要明确其法定职责，法定职责直接决定了民事主体负担义务的属性和内容，是注意义务的正当来源。如《民法典》第1198条规定，宾馆、商场、银行、车站、娱乐场所等公共场所的管理人和群众性活动的组织者负有安全保障义务。第1221条规定，医务人员负有与当时的医疗水平相应的诊疗义务。上述规定根据该民事主体特定的工作内容和法定职责，强制其负有与之相关的特定义务。无论是安全保障义务还是诊疗义务，都应理解为广义上的注意义务。民事主体的法定职责，是判定注意义务承担的首要考量因素。第二，民事主体的社会责任。在确定注意义务时，很多情况下还需要考察民事主体的社会责任。从社会管理学的角度看，社会责任是社会主体（包括个人、组织等）对社会应当负担的责任，社会组织是介于个人与国家之间的中坚力量，个人权利进行自由选择之后赋予组织一种源自契约的权力，这种权力区别于国家权力，同时也接受国家公权力的授权去管理和维护私权的行使。因此社会组织应以一种有利于社会的方式进行经营，这就使组织负有一种出于自愿的社会责任，也就是本文提及的注意义务。社会责任不同于法律责任，是内化于道德的强制标准，如企业的社会责任就包括持续发展责任，符合行业准则、规范和正确的价值观等。社会责任越重的组织，其注意义务也就越大。从法律的角度看，一般情形下，社会组织的注意义务应大于自然人的注意义务。第三，利益取得。这一因素相比于前两种因素更加直观，在确定民事责任时，可以通过行为的违法性来划分责任，也可以通过结果的违法性来判定。利益取得就是通过损害结果来考量的，当损失难以认定时，获利的一方应该承担更多的注意义务，或者是在利益取得方面，更容易获利的一方应负有更加勤勉、谨慎的义务。第四，交易环境。交易环境实际上是一个不可或缺的背景因素，例如，金融机构与自然人之间的储蓄合同关系实际上就存在一个狭义的交易环境问题。第五，主体优势地位。民事主体在法律关系中的地位是综合考量划分注意义务的重要因素，在通常情况下，具有交易优势地位的一方应负担更多的注意义务。占据优势地位就意味着占据更多的社会资源，获取信息的途径就更加通畅，这就可能造成双方信息不对称的局面，为了平衡双方的利益，就需要由居于优势的一方承担更多的注意义务。交易规则的制定者、提供者、执行者作为优势一方，相比于被动接受规则的主体需要更加勤勉、谨慎，需要承担更多的注意义务。如《劳动合同法》规定用人单位有与劳动者签订劳动合同的提醒义务；《民法典》规定格式合同提供方对非格式合同提供方的提示和说明义务。

案例 35

再审申请人大连盐化集团有限公司（以下简称盐化公司）与被申请人崔某利财产损害赔偿纠纷案

案号：(2017)最高法民申 540 号

主要争议焦点

案涉海参损失应由谁承担。

简要案情

大连复州湾盐场水产养殖公司（后变更为盐化公司）与案外人王某签订养殖圈承包合同，合同期内，王某将 1250 亩中的 100 亩交由崔某利使用，由崔某利实际经营。盐化公司发出通告，通知王某养殖圈承包合同将于 2012 年 12 月 31 日届满，合同期满将收回养殖圈。之后，盐化公司再次书面通告将对该区域进行规划和施工改造。崔某利与盐化公司就撤圈腾退事宜进行协商，双方未达成一致意见。之后，盐化公司使用挖掘机挖掘崔某利养殖圈大坝，造成海水流出，圈内海参流失和死亡。双方因此发生纠纷。

案情详解

崔某利起诉请求，盐化公司赔偿崔某利经济损失 900 万元，诉讼费用由盐化公司承担。

盐化公司辩称，盐化公司不存在过错，盐化公司清除堤坝具有正当性及合理性。崔某利应对损害事实及因果关系负举证责任。假如存在损失，过错在崔某利，崔某利霸占盐化公司的海参圈，已经两级法院生效判决确认。

一审法院查明：2002 年 12 月 28 日，大连复州湾盐场水产养殖公司与案外人王某签订养殖圈承包合同，约定将位于平岛的1250亩养殖圈及附属设备发包给王某经营，承包期限10年，即2002年12月31日至2012年12月31日。合同期内，王某将1250亩中的100亩交由崔某利使用，由崔某利实际经营。2012年11月9日盐化公司发出通告，通知王某承包的养殖圈合同将于2012年12月31日届满，合同期满将收回养殖圈。2013年1月16日，盐化公司再次书面通告将对该区域进行规划和施工改造。崔某利与盐化公司就撤圈腾退事宜进行协商，双方未达成一致意见。2013年5月16日，盐化公司使用挖掘机挖掘崔某利养殖圈大坝，造成海水流出，圈内海参流失和死亡。2013年6月17日，盐化公司书面通知崔某利，要求其在2013年6月25日前必须全部撤离。随后，盐化公司起诉崔某利和王某至瓦房店市人民法院，要求崔某利和王某交还并腾退案涉100亩养殖圈及附属设备。经两级法院审理，瓦房店市人民法院作出一审民事判决，辽宁省大连市中级人民法院作出二审民事判决，以承包合同届满后，崔某利无权继续占有案涉养殖圈为由，判令崔某利将案涉养殖圈及附属设备返还给盐化公司。该案审理过程中，崔某利提供证人证言和部分付款凭证证明其自2009年春陆续投苗，直至2013年存池量为每亩6877头，100亩损失为9 397 200元，盐化公司对此不予认可。经崔某利申请，一审法院委托大连浩华资产评估事务所对崔某利经营的案涉海参圈从2009年3月15日到2013年5月16日的平均养殖总收入进行评估，大连浩华资产评估事务所作出资产评估报告书，评估结果为2 915 900元。崔某利认可该评估结果。盐化公司对评估报告提出异议，认为鉴定报告中对具体计算数额未予披露，并主张鉴定的平均收入与实际损失是两个概念，即使证明了平均收入也不能证明实际产生了损失。经一审法院通知，鉴定人员出庭接受质询，解释说明了鉴定过程中因海参养殖周期一般为两年和崔某利陈述2011年进行过采捕，故未按两期计算存量，而是按照采捕之后的合理存量和第二期的投苗量，考虑近年来减产情况和市场调查情况等确定各项数据，计算出的数据与长兴岛曾经的征地征海补偿标准亦基本一致。盐化公司对鉴定人员的说明无异议，但认为鉴定师资质需要继续核实。

裁判结果

一审法院判决，(1)盐化公司于本判决生效之日起10日内赔偿崔某利2 332 720元；(2)驳回崔某利其他诉讼请求。盐化公司不服一审判决，向二审法院提起上诉。二审法院判决,(1)撤销大连市中级人民法院(2015)大民一初字第000036号民事判决;(2)盐化公司于本判决生效后10日内赔偿崔某利损失874 770元;(3)驳回崔某利其他诉讼请求。盐化公司不服二审判决,向最高人民法院申请再审,最高人民法院裁定,驳回盐化公司的再审申请。

案例36

上诉人中国长城资产管理股份有限公司大连市分公司(以下简称长城公司)与被上诉人招商银行股份有限公司大连甘井子支行(以下简称招商银行)、一审第三人大连天兴房地产开发有限公司(以下简称天兴公司)合同纠纷案

案号:(2018)最高法民终1212号

主要争议焦点

一是招商银行诉请长城公司继续履行《业务合作协议》是否成立;二是《业务合作协议》是否应予解除;三是如《业务合作协议》解除,招商银行与长城公司之间的责任如何划分。

简要案情

招商银行与天兴公司签订《固定资产借款合同》、两份抵押合同。北府集团、刘某善、刘某分别向招商银行出具《不可撤销担保书》。招商银行依天兴公司申请向其发放贷款共计2.5亿元人民币。招商银行分别与北府集团、华盛物流签订《质押合同》。招商银行、长城公司与借款人天兴公司,连带责任保证人北府集团、刘某善及刘某签订《业务合作协议》,同日,招商银行、长城公司及天兴公司签订《监管协议》。后,招商银行、长城公司、天兴公司、北府集团、刘某善及刘某又签订《补充协议》,将《监管协议》中“监管及销售回款的约定”合并修改为:招商银行、长城公司同意天兴公司用“北府茗苑”项目的部分销售回款专项用于供电、供水配套设施等

资金使用。《业务合作协议》签订后，招商银行向天兴公司发放贷款1.6亿元。招商银行分别与天兴公司签订《质押合同》。各方当事人因合同履行发生纠纷。

案情详解

招商银行提出诉讼请求，(1)判令长城公司继续履行《业务合作协议》，立即支付招商银行债权转让价款393 783 373.15元并支付迟延付款期间的利息（按中国人民银行逾期贷款利率计算，自2014年5月17日计算至实际支付之日）；(2)判令长城公司赔偿招商银行因与天兴公司借款合同纠纷案而支出的受理费1 026 439元、保全费5000元、评估费400 000元及执行费（据实计算）；(3)受理费、保全费、鉴定费、评估费、拍卖费、公告费等全部诉讼费用以及招商银行支出的律师代理费均由长城公司承担。

长城公司辩称，《业务合作协议》约定的业务不是资产管理公司传统的打包收购不良资产通过处分资产残值获得回收的业务，其核心是在天兴公司抵押措施真实有效的情况下，长城公司提供给天兴公司的融资，进行延期两年的债务重组。招商银行要求长城公司立即支付转让价款的诉讼请求缺乏事实依据和法律依据。招商银行将"担保措施持续有效"解释为"以担保合同、抵押登记等形式表现的担保权利已经合法设立并生效"是错误的，因为抵押登记在《业务合作协议》签订前就已经办理完成。

长城公司反诉提出诉讼请求，(1)请求确认长城公司与招商银行签订的中长资(大)合字(2012)29号《业务合作协议》于2017年8月15日解除，双方不再继续履行该合同；(2)一审、二审、本诉、反诉的全部诉讼费用由招商银行承担。

招商银行针对反诉辩称，《业务合作协议》签订后，招商银行依法依约履行全部合同义务，长城公司主张招商银行违约与事实不符。

一审法院查明：2011年4月20日，招商银行与天兴公司签订一份编号为2011年连贷字第GJZ007号的《固定资产借款合同》，约定：招商银行向天兴公司发放4.5亿元人民币的房地产开发贷款，专项用于大连"北府茗苑"项目房地产开发。2011年4月20日、11月1日，天兴公司与招商银行分别签署了两份《抵押合同》，天兴公司以其所有的国有土地使用权以及北府茗苑在建工程，为该借款合同项下债务提供抵押担保，并办理了抵押登记。2011年4月26日，北府集团、刘某善、刘某分别向招商银行出具《不可撤销担保书》,为天兴公司在上述借款合同项下一切债务提供连带责任保证。2011 年 4 月 29 日、2012 年 1 月 11 日招商银行依天兴公司申请向其发放贷款共计 2.5 亿元人民币。2012 年 7 月 18 日,招商银行分别与北府集团、华盛物流签订《质押合同》,约定北府集团以其持有的天兴公司 8300 万元股权、华盛物流以其持有的天兴公司 1700 万元股权对天兴公司债务承担质押担保责任,亦办理了质押登记。

2012 年 7 月 19 日,招商银行、长城公司与借款人天兴公司,连带责任保证人北府集团、刘某善及刘某签订中长资(大)合字[2012]29 号的《业务合作协议》,其第 2 条"贷款方案"载明:2.2"有关担保措施"约定:招商银行与天兴公司签订编号 2011 年连抵字第 GJZ006、2011 年连抵字第 GJZ022 号《抵押合同》,天兴公司以其位于甘井子区中华路的出让土地使用权 23 068.3 万平方米及该土地上的大连"北府茗苑"项目在建工程为天兴公司在主合同项下全部债务提供抵押担保;招商银行与北府集团、刘某善、刘某分别签订编号 2011 年连保字第 GJZ006 号、2011 年连保字第 GJZ007、2012 年连保字第 GJZ009 号《不可撤销担保书》,北府集团、刘某善、刘某为天兴公司在主合同项下全部债务提供无限连带责任保证担保。2.4 约定:招商银行在长城公司对相关合同内容书面认可、抵押登记办理完成,天兴公司已按本协议及《财务顾问服务协议》的约定向长城公司支付第一年的财务顾问费,招商银行、长城公司及天兴公司签署大连"北府茗苑"项目《监管协议》后方可向天兴公司发放剩余 2 亿元贷款。第 3 条"财务顾问服务条款"约定:3.1.1 长城公司了解天兴公司生产经营和管理状况,为天兴公司提供本协议约定的本金不超过 4.5 亿元贷款中小企业财务顾问及不良资产收购服务。第 4 条"债权转让及权利义务"约定:4.1 2014 年 4 月 29 日全部贷款到期日后,若天兴公司未能足额偿还贷款本息且不存在 4.2 情形,长城公司有义务受让主合同项下的全部债权。招商银行、长城公司不再另行签订《债权转让协议》,各方权利义务依据本协议以下约定履行。但为办理抵质押变更登记之日需要签署该协议的,由相关方按照本协议约定内容另行签署。4.2 未达到以下标准,长城公司有权暂缓收购招商银行不良贷款。4.2.1 招商银行在贷款期间全面履行了招商银行、长城公司、天兴公司三方签署的大连"北府茗苑"项目《监管协议》,按协议约定对"北府茗苑"项目进行监管。4.2.2 贷款到期后,贷款项下的抵押担保、保证担保措施持续有效。4.3 招商银行应在基准日后

10个工作日内，按附件二中的格式向长城公司发送债权转让提示通知书。如招商银行未在该期限内向长城公司发送债权转让提示通知书，视为招商银行放弃要求长城公司受让转让标的权利，招商银行不得再要求长城公司受让转让标的。4.4转让价格为天兴公司尚未清偿的截止基准日主合同项下贷款本金余额。4.5长城公司应在收到债权转让提示通知书之日起10个工作日内向招商银行支付转让价款。4.6招商银行、长城公司及天兴公司约定，贷款到期日前一个月，如天兴公司在《监管协议》项下的销售回款专用账户余额不足以偿还开发贷款剩余本息，招商银行及天兴公司负责配合长城公司签署相关抵押合同，在贷款到期日前办理完成"北府茗苑"项目以长城公司为抵押权人的第二顺位抵押登记，贷款到期并触发收购条件后，长城公司将转让款一次性划至招商银行账户，招商银行承诺于款到后15个工作日内，办理完主合同项下招商银行为抵押权人的抵押权解押手续。4.7招商银行未按4.6条约定办理解押手续的，经长城公司催告后10个工作日内仍未履行该义务的，应当按照债权转让价款的日1‰向长城公司支付违约金，直至完全履行上述抵押权解押义务，因此给长城公司造成损失的还应当赔偿损失。非招商银行原因未能履行4.6条规定义务的，招商银行不承担赔偿责任。第7条"贷款受让后的债务重组"约定：天兴公司无条件同意将招商银行主合同债权项下的相关抵押物抵押给长城公司，作为天兴公司偿还长城公司债务的担保，并在相关部门办理抵押登记，费用由天兴公司承担。天兴公司不能按期偿还重组本息时，长城公司有权决定抵押物房产销售价格。长城公司向天兴公司提出调整抵押物房产销售价格后10天内，天兴公司应无条件地通过其内部合法有效程序调整该项目房产销售价格，确保长城公司房屋销售定价权利的实现。为保障长城公司销售定价权的实施，长城公司有权指定房屋代销中介机构，天兴公司应无条件地通过其内部合法有效程序予以确认。该协议附件为：(1)移交凭证清单格式文本，(2)债权转让提示通知书格式文本。同日，招商银行、长城公司及天兴公司签订《监管协议》，该协议约定：招商银行、长城公司、天兴公司三方与相关方签订了《业务合作协议》，长城公司应天兴公司的请求，为天兴公司提供中小企业财务顾问及不良资产收购综合服务。为了保障上述主合同项下招商银行和长城公司双方权益的实现，天兴公司已同意按照本协议的约定由招商银行和长城公司双方对其经营情况、资金使用情况以及所开发的大连"北府茗苑"项目进行有效监管。①招商银行、长城公司共同对天兴公司开发的“北府茗苑”项目进行监管,为维护招商银行的信贷资金的安全,保证信贷资金的专款专用,三方同意对该项目贷款进行封闭运作。②1. 天兴公司同意在招商银行开立贷款专用账户和销售回款专用账户,并授权该专用账户由招商银行、长城公司共同监控使用。2. 天兴公司承诺将贷款专用账户内的资金全部用于大连“北府茗苑”项目开发建设所需的材料款、工程款、建设工程费用的支出以及项目其他费用的支付等,不得用于支付超过本协议约定范围的用途。天兴公司对该账户对外支付时,必须提供用款申请书,如支付项目工程款,还需提供相关施工合同交招商银行、长城公司共同审核,对于不符合信贷资金用途的,双方均有权拒绝支付。3. 3 在项目取得销售许可证之后,天兴公司应向招商银行和长城公司双方提供全部可售房源情况,报审总体销售计划。3. 4 项目开始销售后,天兴公司应每月向招商银行和长城公司双方提供项目销售情况。③3. 招商银行和长城公司将根据项目销售情况及天兴公司申请,共同审批、分批次对在建工程予以解封。六、天兴公司须按月向招商银行和长城公司双方送达工程进度表、楼盘销售明细表、销售进度月报表、月度资金使用及双方要求的其他资料。⑧“监管流程”约定:8. 1 为便于招商银行、长城公司监管操作,长城公司同意预留印鉴,招商银行在进行以下操作时须向长城公司发出书面通知(通知书格式见协议附件),经长城公司加盖此授权签章或长城公司公章的,视为长城公司认可招商银行已经履行了监管责任:A. 招商银行向天兴公司发放贷款;B. 招商银行同意天兴公司由贷款专户向外支付;C. 招商银行同意为天兴公司解封“北府茗苑”项目项下的抵押在建工程或土地;D. 招商银行同意天兴公司提前归还贷款。但在招商银行及天兴公司双方均按本协议履行义务的情况下,长城公司不得因自身原因拒绝或拖延招商银行提前收回贷款。招商银行按《借款合同》约定按期从销售回款专户中收取贷款利息无须事先取得长城公司同意,亦不构成不履行监管责任。8. 2 招商银行按上述 8. 1 款履行监管责任要求向长城公司发出书面确认的,长城公司应在收到后 5 个工作日内做出回复,否则视同默许同意招商银行意见。协议第 3 条对“抵押物的登记与解封”,第 4 至 7 条对被监管方天兴公司及监管方招商银行和长城公司的权利和义务,第 9 至 11 条对“监管期限”“特殊约定”“违约责任”等均作了约定。同时,该协议后附:(1)长城公司监管授权签章;(2)贷款投放通知书;(3)贷款支付通知书;(4)贷款收取通知书;(5)楼盘解押通知书作为本协议的附件。

2013年6月6日，因天兴公司“北府茗苑”项目的供电、供水配套设施急需5000万元资金事宜，申请从房屋销售回款中予以解决，提出对监管方式进行调整，故招商银行、长城公司、天兴公司、北府集团、刘某善及刘某又签订编号为中长资(大)合字[2013]73号的《补充协议》，将《监管协议》中“监管及销售回款的约定”合并修改为：招商银行、长城公司同意天兴公司用“北府茗苑”项目的部分销售回款专项用于供电、供水配套设施等资金使用。自本补充协议签署之日起，项目销售收入全部划入销售回款账户，项目销售款的60%用于偿还贷款本息，40%经招商银行、长城公司双方审批后用于本项目中，直至销售2万平方米为止；超出2万平方米，项目销售款的70%用于偿还贷款本息，30%经招商银行、长城公司审批后用于本项目中等。第4条约定：本补充协议生效后，招商银行、长城公司及天兴公司于2012年7月19日签订的《监管协议》中涉及的监管及销售回款内容以上述修改后的内容为准。除本协议中明确所作的补充条款之外，原协议的其余条款继续有效。本协议生效后，即成为《业务合作协议》《监管协议》不可分割的组成部分，具有同等的法律效力。《业务合作协议》签订后，招商银行依借款合同及《业务合作协议》的约定，在天兴公司提出申请、长城公司书面同意的情况下，向天兴公司发放贷款1.6亿元。为进一步保障债权实现，招商银行分别于2012年10月26日、2013年7月12日与天兴公司签订《质押合同》，约定天兴公司以其在招商银行开立的账号为411903893710303、41190389371100019的保证金账户及账户内资金对天兴公司的借款承担质押担保责任。2013年5月3日、2014年1月9日，招商银行在长城公司书面同意下分两次收回贷款本金共计1500万元，其余贷款本金39 500万元天兴公司未予归还。

2013年10月30日，招商银行向长城公司发出天兴房地产重要事项告知函，载明：10月18日，我行收到大连市公安局甘井子分局甘公(经)冻财字(2013)25号《协助冻结财产通知书》，冻结了天兴公司在我行开立的账号为41190389371100019的保证金账户余额29 746 618.88元，当日我行即将此情况告知贵司并与贵司一起约见了天兴公司财务部长，了解案涉事由。现借款人因账户被冻结已自本月21日起开始欠息，10月30日并逾期本金1000万元，我行于本月29日与借款人财务部长一起前往甘区经侦说明其查封账户为质押保证金性质，因其冻结行为已导致我行贷款欠息，要求经侦尽快解除冻结，其负责人仅回复“研究一下”便再无下文。鉴于上述事项有较大可能对贷款本息偿还和企业运营造成较大风险,现正式告知贵司。如需我行协助,亦请予及时告知。2013 年 11 月 13 日,长城公司向招商银行发出关于天兴公司监管账户被冻结告知函的复函。2014 年 3 月 21 日,招商银行向长城公司发出的提示函载明:2012 年 7 月 19 日,我行与贵司、天兴公司、北府集团、刘某善及刘某签订了《业务合作协议》,约定贵司为天兴公司在我行的 4.5 亿元贷款提供中小企业财务顾问及不良资产收购服务。协议 4.6 款三方约定"贷款到期日前一个月,如天兴公司在《监管协议》项下的销售回款专用账户余额不足以偿还长城公司的开发贷款剩余本息,丙乙双方负责配合长城公司签署相关抵押合同,在贷款到期日前办理完成'北府茗苑'项目以长城公司为抵押权人的第二顺位抵押登记,贷款到期并触发收购条件后,长城公司将转让款一次性划至招商银行账户,招商银行承诺于款到后 15 个工作日内,办理完主合同项下招商银行为抵押权人的抵押权解押手续"。现天兴公司在我行开发贷款余额仅为 991.8 万元,不足以偿还我行的贷款本息。上述贷款将于 4 月 29 日到期,但因借款人实际控制人涉嫌经济案件账户及部分资产被经侦冻结,我行判断借款人将于到期日违约从而触发收购条件。据此,我行提示贵司尽快完成相关内部审批流程,备齐办理第二顺位抵押登记所需法律文书,我行将依约全力配合贵司,争取在贷款到期前完成对可抵抵押物的第二顺位抵押登记。另我行近日获悉 2 月 26 日省高院开庭审理了自然人屈某军诉刘某、刘某一、刘某善、北府集团、天兴公司民间借贷纠纷一案,涉案金额 1.7 亿元。经查,招商银行已申请法院查封了"北府茗苑"7400 平方米公建。2014 年 4 月 8 日,招商银行向长城公司发出提示函,载明:贵办复函我行已于 2014 年 3 月 25 日收悉。贵办于复函中表示"目前该项目抵押资产不具备办理第二顺位抵押的条件,我办暂时无法启动相关程序"。为此,我行专程前往大连市房产登记中心对天兴公司抵押给我行的"北府茗苑"(城市综合体)项目进行了查封及抵押房产状况调查。经查,截至 2014 年 4 月 8 日,网上已解押并备案房产 113 套,面积 12 500 平方米;抵押给我行的房产被查封部分为 39 套,面积 7676.88 平方米,未查封可马上办理第二顺位抵押的房产 970 套,面积 105 000 平方米左右,按目前售价估算约价值 10 亿元。鉴于绝大部分抵押房产并未被查封,且价值足以覆盖目前贷款余额,为避免后续再有第三人查封,建议贵办尽快办理上述抵押物的第二顺位抵押登记,我行将给予全力配合。

2014年4月17日，招商银行股份有限公司大连分行向中国长城资产管理公司发出公函：2012年7月19日，我行与贵司大连办、天兴公司、北府集团、刘某善及刘某签订了编号为中长资大合字（2012）29号的《业务合作协议》约定：贵司为天兴公司在我行的4.5亿元贷款提供中小企业财务顾问及不良资产收购服务。基于贵司大连办的增信承诺，我行依约向天兴公司增发贷款，天兴公司依约向贵司大连办支付2400万元财务顾问费。协议约定，“2014年4月29日全部贷款到期日后，若天兴公司未能足额偿还贷款本息，贵司大连办有义务受让主合同项下的全部债权”。现天兴公司在我行开发贷款本金余额为3.95亿元，但其销售回款专用账户余额仅为991.8万元，不足以偿还我行的贷款本息。我行建议贵司督促大连办尽快完成相关内部审批流程，备齐办理第二顺位抵押登记所需法律文书，并筹备上述款项于基准日后依约履行收购我行债权的义务。2014年4月25日，长城公司向招商银行股份有限公司大连分行复函：贵行于2014年4月15日送达的提示函收悉，贵行提示目前部分抵押物被查封，建议我办办理剩余抵押物第二顺位抵押权。2014年4月30日，招商银行通过国内标准快递向长城公司邮寄送达了债权转让提示通知书。2014年5月8日，长城公司向招商银行股份有限公司大连分行发出关于天兴公司债权转让事宜的函，载明：贵行2014年5月4日送达的债权转让提示通知书收悉。鉴于目前该项目存在监管账户资金被冻结、抵押资产被查封等问题，我公司无法办理二顺位抵押这一资产转让的必要手续，因此我办暂时无法收购天兴公司债权。另外，请贵行按照信贷管理办法要求及《监管协议》约定，切实履行债权人的债权管理及相关监管职责，尽快摸清抵押物底数，查清监管账户资金被冻结的原因及10 639.49平方米房产被查封抵押资产涉及的查封人、查封缘由等，并告知我办。2014年7月1日，招商银行股份有限公司大连分行再次向长城公司发出关于催示履行收购义务的函。2014年7月5日，长城公司针对招商银行股份有限公司大连分行上述函件复函称：贵行2014年7月1日关于提示履行收购义务的函收悉。关于天兴公司项目，依据《业务合作协议》，目前我办确实无法收购。2014年9月，招商银行因天兴公司在2011年连贷字第GJZ007号《固定资产借款合同》到期后，未依约按时偿还贷款本息并出现欠息，北府集团、刘某善、刘某亦未依约履行代偿义务，故诉至一审法院。诉讼中，一审法院依法查封了天兴公司抵押土地使用权及地上1025套房屋，其中招商银行首封440套。2014年10月30日，一审法院作出

(2014)辽民二初字第00051号民事调解书,对各方达成的调解协议予以确认。调解书生效后,天兴公司未履行该协议项下的给付义务,招商银行遂提出强制执行申请。一审法院指定朝阳中院执行。朝阳区中院对抵押物中招商银行首封的440套房屋进行拍卖,在拍卖公示期间收到大量案外人执行异议书,截至2015年10月30日,共收到509份针对609户、2个车位及一处公建提出的案外人异议,440户内提出异议的为195份、225户。招商银行因提起诉讼、提出保全及执行中的评估等事宜,分别向一审法院交纳案件受理费1 026 439元、保全费5000元及评估费40万元。

2015年3月30日,中国长城资产管理公司向招商银行股份有限公司发出中长资函[2015]59号关于妥善处理天兴公司债权收购事宜的函,主要针对双方于2012年7月19日与相关企业签订《业务合作协议》,但因贷款到期前天兴公司有关人员涉及刑事案件,企业银行账户及主要财产被公安机关查封、冻结,财务账册、印鉴等被收缴,项目实际控制人及其企业涉及巨额民间借贷纠纷,上述贷款的部分抵押资产被其他债权人查封及项目房产被私下销售和以房抵债情况的存在,导致长城公司无法履行收购义务,双方出现分歧的问题,提出三个解决问题的思路和方案:中国长城资产管理公司同意,在招商银行股份有限公司为其融资100亿元,或向其购买100亿元资产管理计划等条件下,由其收购案涉天兴公司债权。2015年4月1日,长城公司向招商银行股份有限公司大连分行发出中长资大函[2015]2号关于进一步加大"天兴公司"借款合同纠纷案执行力度建议的函。2015年5月22日,长城公司再次向招商银行股份有限公司大连分行发出中长资大函[2015]3号关于严防天兴公司借款项目抵押物被非法侵占建议的函。2015年7月10日,招商银行向长城公司发了关于天兴公司强制执行案司法评估进展的通知。2015年10月29日,天兴公司向朝阳中院递交了北府茗苑商品房住宅说明,载明:北府茗苑合计有商品房住宅1086户,其中已经销售发钥匙的770户、销售待发钥匙243户(其中销售全款76户、按揭38户、抵顶工程款44户、借款的85户)、剩余户(剩余的是1号楼)、超建15户。上述所列事项,均附有详细记载业主姓名、房号、面积、单价、金额的已发钥匙明细清单、未领钥匙明细清单及剩余房源明细表。2016年8月15日,招商银行向长城公司发出关于天兴公司强制执行案司法拍卖事宜的告知函。2017年9月13日,长城公司通过国内标准快递向招商银行发出解除合同通知书,内容是:在2014年4月29日,招商银行未满足债权收购条件,导致债权收购未能完成,时至今日，招商银行仍不能满足债权收购条件，也早已超过合同约定的长城公司债权重组期限，《业务合作协议》约定的收购债权后重组的合同目的已经无法实现。故特依据《合同法》第94条第4款、第96条之规定①，通知招商银行解除《业务合作协议》。

2012年6月20日、10月12日、10月26日，天兴公司依据《固定资产借款合同》及《业务合作协议》的约定，分别向招商银行提交提款申请书申请发放贷款10 000万元、3000万元、3000万元，并在提款申请书中承诺按照提款明细表提用贷款，保证收款方确为其就《借款合同》项下固定资产项目的购置、建设提供了有针对性的商品或和服务或拟提供相关商品或和服务，保证贷款项目所要求的资金同比例到位，并与贷款配套使用等。2012年7月25日、10月24日、10月26日，招商银行依据《监管协议》约定，分别向长城公司发出贷款投放通知书及贷款支付通知书，告知长城公司其同意分别于2012年7月26日、10月24日及10月29日前天兴公司发放贷款10 000万元和两笔3000万元。长城公司在贷款投放通知书及贷款支付通知书长城公司审核意见一栏盖张某荣印章表示同意。2013年5月3日、2014年1月9日，招商银行对其拟收回天兴公司贷款本金500万元、1000万元亦书面向长城公司进行告知，长城公司亦在贷款收取通知书下方授权签章处加盖公章、张某荣名章表示同意。2012年7月13日至2014年3月30日，招商银行根据《监管协议》约定先后11次向长城公司发出楼盘解押通知书，申请解押房屋合计114套。长城公司在楼盘解押通知书下方“中国长城资产管理公司大连办事处审核意见：同意解押”处加盖公章及张某荣名章。2016年6月1日，朝阳中院执行局给一审法院发来关于天兴公司借款案件执行情况的说明，内容是：案外人张某等509人同时向朝阳中院提交了执行异议申请书，要求撤销对“北府茗苑”房屋的拍卖；解除对拍卖房屋的查封；立即停止对查封房屋的执行。目前，该系列案件仍在审理过程中。

裁判结果

一审法院判决，(1)长城公司于判决生效之日起10日内向招商银行支付债权

① 现为《民法典》第563条第4款和第565条。

转让价款 393 783 373.15 元及利息(利息按中国人民银行逾期贷款利率计算,自2014 年 5 月 17 日起至实际支付之日止);(2)长城公司赔偿招商银行因与天兴公司借款合同纠纷一案而支出的受理费 1 026 439 元、保全费 5000 元、评估费 400 000 元,合计 1 431 439 元;(3)驳回长城公司的反诉请求。长城公司不服一审判决,向二审法院提起上诉。二审法院判决,(1)撤销辽宁省高级人民法院(2017)辽民初 68 号民事判决;(2)解除长城公司与招商银行签订的中长资(大)合字(2012)29 号《业务合作协议》;(3)长城公司于本判决生效后 10 日内赔偿招商银行损失共计 5000 万元;(4)驳回招商银行其他诉讼请求;(5)驳回长城公司其他上诉请求。

思考与衡量

民法上的注意义务是指民事主体为自己的行为对他人所负担的谨慎法律义务,其核心内容包括行为致害后果预见义务和致害后果避免义务。民事主体在法律上应尽到的注意义务程度越高,其违反时所应承担的民事责任就越重。尽管关于注意义务的理论体系烦冗复杂、分类众多,但现行法律并未对其作出一个量化可操作的规定。案例 35、案例 36 以及在前案例 5 都涉及当事人的注意义务问题,这三个案件都是通过对当事人的注意义务进行分析评判来确定其应该承担的责任及其份额,将注意义务分析透彻对于责任承担起到基础性的说理作用。

案例 35 中,对于案涉海参的损失如何确定,关键在于分清责任主体是谁,而要确定责任主体就要分清责任主体在损失事件中应该尽到什么注意义务以及尽到什么程度。正因为一审对这一问题没有分析到位、透彻,导致二审进行了改判。一审认为,崔某利承包经营的案涉海参圈承包期限至 2012 年 12 月 31 日,到期后就海参圈的腾退事宜,双方进行了协商。在有确定的协商结果之前,盐化公司所有的腾退要求和步骤均应依照法律规定进行,尤其是在双方存在争议的情况下,盐化公司更应保持谨慎、理智的态度和原则,选择适当、合法的方法进行。至少盐化公司计划使用挖掘机挖开案涉海参圈之前,应向崔某利履行告知义务,通知崔某利限期捕捞圈内海参,返还参圈,否则其会在未来采取措施清退。而盐化公司提供的 2012 年 11 月 9 日和 2013 年 1 月 16 日的两份通告,无具体被通知人名称、无向崔某利送达的记录,在 2013 年 5 月 16 日强行挖掘前更无通知崔某利的证据,故盐化公司没有有效证据证明直接向崔某利本人履行了告知义务，无证据证明在强行挖掘前给予了崔某利必要的准备时间，挖掘过程中亦未与崔某利确认圈内是否还有养殖物，导致崔某利海参圈圈坝损坏，海参流失死亡。盐化公司在采取强行挖开海参圈未能达到腾退效果之后，才采取了通知崔某利本人、向人民法院起诉要求腾退的方式，确定其对海参圈的合法权利。因此，盐化公司对崔某利参圈内海参流失及死亡的损害后果存在主要过错，应承担私力救济不当的相应赔偿责任。同时，崔某利明知承包合同期限到2012年12月31日，应针对承包经营时间做好投苗养殖计划，在合同到期前未经确认可续包的情况下，更应做好到期腾退的准备，何况其海参圈内的海参生长周期基本快满两年，已具备捕捞条件，而崔某利在合同期满后5个多月的时间里迟迟不予腾退，其对海参遭到毁损的损害结果亦有过错，应自行承担部分责任。综合考虑双方的过错程度，一审法院酌定盐化公司承担80%的赔偿责任，其余20%的损失由崔某利自担。具体的损失数额，崔某利主张海参损失900余万元，崔某利提供的证人证言和部分转账凭证不足以证明圈内损失，且盐化公司不予认可，故本案不能以此为鉴定和判决依据。因盐化公司的侵权行为导致养殖圈现场已无法还原，圈内海参数量不能准确确认，而崔某利的损失客观存在，故综合考虑本案的实际情况，一审法院只能将鉴定报告作出的平均收入结论作为崔某利合理损失认定的依据。大连浩华资产评估鉴定所出具的鉴定报告，鉴定程序合法、鉴定机构和人员有鉴定资质，且已考虑到2009年至2013年两年左右为一次生长周期的海参应进行捕捞，扣除了应捕捞的数量，故鉴定结论客观、合理，依据充分，应予采信。鉴定的损失数额为2 915 900元，盐化公司按照80%的比例赔偿给崔某利的数额应为2 332 720元。盐化公司关于鉴定平均损失与实际损失不是同一概念的抗辩理由，一审法院不予支持。

二审法院认为，崔某利在案涉海参圈于2012年12月31日已经到期，盐化公司不同意续租的情况下拒不腾退海参圈存在违约行为。而盐化公司在与崔某利就续租问题协商未果的情况下于2013年5月16日使用挖掘机挖掘崔某利海参圈大坝造成海水流出，现崔某利主张因盐化公司挖坝行为造成海参流失和死亡，所造成的损失盐化公司也应当承担过错责任。一审法院根据现场情况委托评估单位对损失依据平均养殖总收入进行评估，确定平均一期养殖采捕后的数额后进而确定损失并无不当。但是一审法院在认定双方过错程度方面分配比例不当，崔某利在承包合同已到期，与盐化公司就续租合同未达成一致的情况下仍然投苗养殖，未合理安排撤场应承担主要责任。盐化公司虽然权利受到侵害，但救济手段不当，不应当采用擅自挖坝的行为也应承担一定责任。故崔某利对损失承担70%责任，盐化公司承担30%责任。

笔者认为，崔某利在案涉海参圈于2012年12月31日已经到期，盐化公司不同意续租的情况下拒不腾退海参圈存在违约行为。盐化公司在与崔某利就续租问题协商未果的情况下于2013年5月16日使用挖掘机挖掘崔某利海参圈大坝造成海水流出、圈内海参流失和死亡，虽然盐化公司对这一基本事实不予认可，但其所举证据不足以推翻这一事实，对这一基本事实应予认可。盐化公司对崔某利海参圈内海参流失及死亡的损害后果存在过错，应承担私力救济不当的相应赔偿责任。二审法院在综合评判盐化公司和崔某利各自过错的情形下，认定崔某利对涉案损失承担70%责任，盐化公司承担30%责任，该认定正确。

案例36中，分清注意义务是该案审理好的关键点之一。该案涉及金融创新业务，法律关系错综复杂，彼此交织，如何捋清法律关系，确定各方当事人的权利责任义务关系并将这些关系进行法律上的排序是该案面临的难题。两次一审皆未能正确分析判断招商银行与长城公司对于双方皆认为造成损失的应尽注意义务，导致审判思路和方向错误，必然导致判决错误。二审在正确梳理案件多种法律关系的基础上，对招商银行与长城公司在双方皆认为造成损失的注意义务上进行了多层次、多角度深入的分析，合理地判断双方根据各自的过错承担相应的责任，作出了正确判决。

该案曾被二审法院裁定发回再审，该案原一审法院认为，该案的争议焦点是《业务合作协议》项下的招商银行、长城公司间债权转让协议应否予以履行，即长城公司收购债权的条件是否成就。

首先，各方当事人签订的《业务合作协议》《补充协议》及招商银行、长城公司与天兴公司签订的《监管协议》，均系各方当事人的真实意思表示，内容不违反我国法律、法规的效力性禁止性规定，合法有效。其次，各方当事人在《业务合作协议》第2.3条约定：未经长城公司书面同意，贷款方案不得做任何变更，否则长城公司有权不予收购；第4条“债权转让及权利义务约定”项下4.2条约定：未达到以下标准，长城公司有权暂缓收购招商银行不良贷款。4.2.1 招商银行在贷款期间全面履行了招商银行、长城公司、天兴公司三方签署的《监管协议》，按协议约定对“北府茗苑”项目进行监管。4.2.2 贷款到期后，贷款项下的抵押担保、保证担保措施持续有效。据此可知，《业务合作协议》中约定了不予收购债权的条件及暂缓收购债权的条件。其一，关于是否符合不予收购债权的条件，即贷款方案是否做了变更的问题。庭审中，招商银行及长城公司对该“贷款方案”所指内容意见不一：招商银行认为该贷款方案仅指《业务合作协议》第2条中约定的内容；而长城公司意见为该贷款方案应囊括招商银行与天兴公司签订的《固定资产贷款合同》中的所有内容。由于双方当事人在《业务合作协议》第2条对“贷款方案”作了明确约定，因此，应依《业务合作协议》中的约定确定。故该“贷款方案”所指向的就是第2条项下的贷款金额、期限、有关担保措施的内容。对此，长城公司未能提供招商银行的就“贷款方案”项下各条款作了变更的证据，故应认定贷款方案未作变更，该条件已经具备。其二，关于是否符合暂缓收购条件的问题。（1）招商银行在贷款期间是否全面履行了《监管协议》，按协议约定对“北府茗苑”项目进行监管的问题。《监管协议》约定：招商银行、长城公司共同对天兴公司开发的“北府茗苑”项目进行监管。而招商银行提供的所有“贷款投放通知书”“贷款收取通知书”上均有长城公司的盖章确认，证明招商银行已履行监管义务且经长城公司盖章认可。长城公司虽主张招商银行未依约履行对“北府茗苑”项目进行监管义务，但其未能举证证明。根据“谁主张，谁举证”的原则，长城公司应承担举证不能的不利后果，其主张招商银行未尽到监管义务，缺乏证据支持，不能成立。（2）关于贷款到期后，贷款项下的抵押担保、保证担保措施持续有效的问题。对此约定，双方亦理解不一：招商银行认为，案涉抵押担保、保证担保均签订了抵押合同、保证合同，抵押物办理了抵押登记，且抵押登记至今未撤销，没有超过保证期间，不存在中止、中断的情形，故案涉抵押担保、保证担保措施符合持续有效的条件。而长城公司认为，对该条款的理解应从《业务合作协议》的全文理解，不能只从条款本身进行审查。条款中抵押措施有效是指抵押权的优先受偿性，优先受偿权受到案外人异议的挑战时抵押措施的持续有效性是存疑、不确定的，其有权根据该约定暂缓收购。根据各方当事人在《业务合作协议》第2.2条“有关担保措施”的约定，“贷款项下的抵押担保、保证担保措施”应系指招商银行与天兴公司签订的编号为2011年连抵字第GJZ006号、2011年连抵字第GJZ022号的《抵押合同》及招商银行与北府集团、刘某善、刘某分别签订的编号2011年连保字第GJZ006号、2011年连保字第GJZ007、2012年连保字第GJZ009号《不可撤销担保书》项下的抵押担保和保证担保措施。该案中，为保证招商银行案涉主债权的实现，北府集团、刘某善、刘某分别为天兴公司在主合同项下全部债务提供了上述无限连带责任保证担保；同时，天兴公司与招商银行签订了编号2011年连抵字第GJZ006号、2011年连抵字第GJZ022号《抵押合同》，以其位于甘井子区中华路的出让土地使用权23 068.3万平方米及该土地上的大连“北府茗苑”项目在建工程为天兴公司在主合同项下全部债务提供抵押担保。上述保证合同、抵押合同均依法成立，保证合同不存在无效情形，抵押担保已办理了抵押登记手续，且本院在招商银行就案涉主合同项下债权诉天兴公司、北府集团、刘某善、刘某等金融借款合同纠纷案作出的（2014）辽民二初字第00051号《民事调解书》中确认：北府集团、刘某善、刘某对天兴公司应偿还招商银行的案涉《固定资产借款合同》项下的借款本金、利息、罚息、复息等承担连带保证责任，招商银行对天兴公司提供的上述抵押物折价或者拍卖、变卖后的价款享有优先受偿权。故可以认定案涉抵押担保、保证担保措施均处于持续有效状态，故符合持续有效的条件。因此，由于长城公司现有证据不能证明招商银行与天兴公司间的贷款方案存在变更、招商银行对天兴公司“北府茗苑”项目未履行《监管义务》、案涉《固定资产借款合同》到期后，贷款项下的抵押担保、保证担保措施均无效，“不予收购”及“暂缓收购”债权的条件均不具备，故长城公司关于招商银行及《业务合作协议》的其他各方履行业务合作协议，未达到合同约定的其收购债权的条件，其有权暂缓收购的抗辩不能成立。2016年11月2日，长城公司向该院递交了一份《调查取证申请书》，申请该院调取有关招商银行向天兴公司发放贷款用途、天兴公司抵押房产目前情况及天兴公司是否已按《固定资产借款合同》的约定与提款金额相匹配的同比例资本金已足额到位等相关证据。但因该申请是举证期限届满后提出，故对其该调取证据申请本院不予准许。《合同法》第44条第1款①规定：依法成立的合同，自成立时生效。第60条第1款②规定：当事人应当按照约定全面履行自己的义

① 现为《民法典》第502条第1款。

② 现为《民法典》第509条第1款。

务。第107条[①]规定：当事人一方不履行合同义务或者履行合同义务不符合约定的，应当承担继续履行、采取补救措施或者赔偿损失等违约责任。本案中，原告招商银行如约履行了合同义务，依约向天兴公司发放了贷款，与天兴公司、北府集团、刘某善、刘某等签订了《抵押合同》及不可撤销担保函，并对抵押物办理了抵押登记手续；在《固定资产借款合同》到期日前一个月，天兴公司在《监管协议》项下的销售回款专用账户余额不足以偿还招商银行的开发贷款剩余本息，触发了收购条件。故该案不存在不予收购及暂缓收购债权的情形，长城公司应当依约履行收购债权、支付转让价款的义务。长城公司在招商银行多次催促下仍拒绝履约，构成违约，因此应承担给付招商银行转让价款及赔偿招商银行损失的违约责任。关于长城公司抗辩招商银行与天兴公司应办理完成以长城公司为抵押权人的第二顺位的抵押登记手续，由于该义务未履行，长城公司有权暂缓收购招商银行的债权的问题。《业务合作协议》虽约定了"在贷款到期日前一个月，如天兴公司销售回款专用账户余额不足以偿还开发贷款剩余本息，招商银行及天兴公司负责配合长城公司在贷款到期日前办理完成'北府茗苑'项目以长城公司为抵押权人的第二顺位抵押登记"，但并未约定此项内容是长城公司暂缓收购债权的条件。双方约定此项内容的目的是要求招商银行办理解押手续，如未办理解押手续，应承担违约责任并赔偿损失。因此，长城公司以此约定主张暂缓收购，不符合合同约定，该抗辩理由不成立。

长城公司不服原一审判决，向最高人民法院提起上诉，最高人民法院认为，该案的主要争议焦点是长城公司收购招商银行对天兴公司债权的条件是否成就。案涉《中小企业财物顾问及不良资产收购综合服务业务合作协议》第4条"债权转让及权利义务约定"项下4.2条约定了长城公司有权暂缓收购招商银行不良贷款的条件：一是招商在贷款期间全面履行了招商银行、长城公司、天兴公司三方签署的《监管协议》，按协议约定对"北府茗苑"项目进行监管；二是贷款到期后，贷款项下的抵押担保、保证担保措施持续有效。一审法院对招商银行是否按照《监管协议》履行了监管义务，案涉贷款项下的抵押担保、保证担保措施是否持续有效、案外人对案涉抵押房产申请执行异议能否成立等事实没有查清。

该案被最高人民法院发回重审后，一审法院另行组成合议庭对该案进行了第

---

① 现为《民法典》第577条。

二次审理。一审法院认为,该案的争议焦点有三:一是招商银行是否按照《监管协议》约定对"北府茗苑"项目进行监管;二是在贷款到期后,贷款项下的各项担保措施是否持续有效;三是长城公司是否有权解除《业务合作协议》。

招商银行、长城公司与天兴公司签订的《业务合作协议》《监管协议》《补充协议》,均系各方当事人的真实意思表示,内容不违反法律、法规的效力性禁止性规定,应认定合法有效。

(一)关于招商银行是否按照《监管协议》的约定对"北府茗苑"项目进行了监管的问题

1. 关于审查招商银行是否履行监管义务所依据的合同范围。本案双方争议为是否应继续履行《业务合作协议》转让不良债权,一审法院认为,《业务合作协议》第 4. 2. 1 条有关监管的约定限定十分明确,即"全面履行了三方签署的《监管协议》,按协议约定对项目进行监管",因此,招商银行是否履行监管义务的审查范围仅为《监管协议》,对于长城公司主张招商银行违反《业务合作协议》《借款合同补充协议》有关监管的约定,该院不予审查和支持。

2. 关于《监管协议》的合同目的。一审法院认为,首先,《监管协议》首部约定的是"为保障招商银行与长城公司双方利益的实现,天兴公司同意按照本协议的约定由招商银行与长城公司双方对其经营情况、资金使用情况以及项目进行有效监管"。内容与长城公司的主张并不一致。其次,纵观全案的各项合同关系,《监管协议》是《业务合作协议》的从合同,而《业务合作协议》是为《固定资产借款合同》提供增信服务。该案中,招商银行与天兴公司签订 4. 5 亿元的《固定资产借款合同》并发放了 2. 5 亿元贷款后,有 2 亿元贷款余额因天兴公司出现潜在的借贷风险,招商银行未进行发放。在这种情况下,天兴公司与长城公司签订《财务顾问协议》,并支付了财务顾问费 2400 万元,与招商银行三方签订《业务合作协议》,约定在招商银行贷款无法收回时由长城收购不良债权,长城公司是为天兴公司提供增信服务,获取财务顾问费,代价是受让招商银行的贷款风险。而《监管协议》作为《业务合作协议》的从合同,其最终的合同目的与《业务合作协议》是一致的,只不过它作为长城公司履行合同的一个条件,目的在于其承担了贷款风险后通过建立监管关系使其获得参与贷款管理的权利,最大限度地防范自身权益受到侵害。因此,在理解《监管协议》时,不应以长城公司权益是否能够实现作为判断招商银行履行监管职责的标准，否则将扩大招商银行的合同义务，将本应由长城公司承担的贷款风险又转嫁给招商银行，与《业务合作协议》的合同目的相违背。

3. 关于如何判断招商银行是否按照《监管协议》履行监管义务的问题。为建立监管关系，使长城公司能够参与贷款风险防控，《监管协议》通过设定天兴公司的监管义务和招商银行的监管义务两方面来实现。从《监管协议》的内容看，《监管协议》第1条至第7条与第8条均涉及贷款发放和使用、销售回款监管及抵押物解押等事宜，区别就是前者是为天兴公司设定监管义务，后者是为招商银行设定监管义务。就该案长城公司主张招商银行对其违约而言，关键就要看按照《监管协议》招商银行对长城公司负有哪些义务没有向其履行，所以该案应该审理的是招商银行履行《监管协议》第8条约定的监管义务的情况。同时，虽然《监管协议》第8条约定的监管事项要少于《监管协议》第1条至第7条的约定，但相比于依靠天兴公司主动履行的监管措施（如《监管协议》第2条第3.3款、第3.4款和第6条），第8条约定的贷款发放和使用、销售回款监管及抵押物解押等更具有主动性和有效性。更重要的是，依据《监管协议》第8条“招商银行履行所列通知义务并取得长城公司签章确认，就视为长城公司认可招商银行已履行监管责任”的约定，该案判断招商银行是否按照《监管协议》履行监管义务的关键就在于第8条的履行情况。

4. 关于招商银行是否按照《监管协议》第8条履行了监管义务。根据《监管协议》第8.1条约定，招商银行进行监管时，向长城公司发出需经长城公司盖章认可的通知书，均以附件所列格式为准。《监管协议》包含五份附件，其中附件一为“长城公司授权监管签章”、附件二至附件五分别为贷款投放通知书、贷款支付通知书、贷款收取通知书及楼盘解押通知书。本案中，招商银行在向天兴公司发放1.6亿元贷款前，向长城公司发出了贷款投放通知书与贷款支付通知书，长城公司在审核意见一栏盖张某荣印章表示同意。招商银行在拟收回天兴公司贷款本金500万元、1000万元亦书面向长城公司进行告知，长城公司亦在贷款收取通知书下方授权签章处加盖公章、张某荣印章表示同意。招商银行在解除抵押房屋前，向长城公司发出了《楼盘解押通知书》，长城公司在楼盘解押通知书下方加盖公章、张某荣名章表示同意。虽然，长城公司主张除招商银行提供的114套解押房产外，仍有3套房产未经其同意被解押，但长城公司未提供相应的证据。如果长城公司主张属实，那么这3套房屋仅占全部抵押房屋中很小的比例，仅因为欠缺3套房屋解押手续就解除本案上亿元标的的合同,显然不妥。如果长城公司取得了相应的证据,其可以另案提起诉讼,要求招商银行在私自解押的房产价值范围内承担赔偿责任。综上,招商银行提供的长城公司盖章确认贷款投放通知书、贷款支付通知书、贷款收取通知书及楼盘解押通知书与合同附件格式一致,记载内容与客观情况相符,故招商银行按《监管协议》第8条的约定进行通知并按长城公司指令进行操作,应认定招商银行已经按照约定全面履行《监管协议》。

(二)关于在贷款到期后,贷款项下的各项担保措施是否持续有效的问题

《业务合作协议》第2.2条"有关担保措施"包括的内容有:天兴公司提供的土地使用权及建设工程抵押,以及北府集团、刘某善及刘某提供的连带责任保证。由于北府集团、刘某善及刘某均已向招商银行出具《不可撤销担保书》,且长城公司对保证措施持续有效也无异议,因此对保证措施持续有效,该院予以确认。

关于土地使用权及建设工程抵押措施效力是否持续有效问题。《业务合作协议》第2.2.1条约定,"招商银行与天兴公司签订编号2011年连抵字第GJZ006、2011年连抵字第GJZ022号《抵押合同》,天兴公司以其位于甘井子区中华路的出让土地使用权23 068.3万平方米及该土地上的大连'北府茗苑'项目在建工程为天兴公司在主合同项下的全部债务提供抵押担保"。可见,《业务合作协议》第4.2.2条所称"抵押措施"系天兴公司以其土地使用权及在建工程为招商银行设立抵押权。我国对抵押权的设立采取登记生效主义,《物权法》第180条①规定,债务人或者第三人有权处分的下列财产可以抵押:(1)建筑物和其他土地附着物;(2)建设用地使用权。第187条②规定,以本法第180条第1款第1项至第3项规定的财产或者第5项规定的正在建造的建筑物抵押的,应当办理抵押登记。在本案中,招商银行与天兴公司签订《抵押合同》后,分别办理了土地使用权及在建工程抵押登记,故案涉抵押权已依法设立。抵押权设立后,除出现抵押物消灭无替代物、主债务或抵押权实现、除斥期间届满或抵押权人放弃权利等原因外,抵押权在存续期间持续有效。

一审法院认为,抵押权是否有效与能否实现是两个截然不同的问题。该案中

---

① 现为《民法典》第395条。

② 现为《民法典》第402条。

涉及的案外人执行异议一般依据最高人民法院《关于人民法院办理执行异议和复议案件若干问题的规定》第28条或第29条进行审查是否符合成立条件，异议如果成立产生的结果是案外人享有的物权期待权优先于抵押权，但是并不会导致抵押权失效。《业务合作协议》第4.2.2条的表述是抵押担保措施“持续有效”，因此，长城公司以抵押权无法实现为由主张暂缓收购没有合同依据。虽然一旦执行异议成立必将影响长城公司的权益实现，但产生的原因是天兴公司的私卖行为及法律制度对于权利实现顺序的设计而造成，并非招商银行未履行合同违约造成的。招商银行在完成《业务合同协议》第4.2.2条约定的情况下，对于因天兴公司私卖房产导致抵押权无法实现的后果不应承担责任，贷款风险在三方签订《业务合作协议》后，已由招商银行转移给长城公司，长城公司因权益无法实现而拒绝履行合同义务显然违背了契约精神。因此，长城公司主张案外人异议导致案涉抵押权无效和该案应中止诉讼没有法律依据，该抗辩理由不能成立。

（三）关于长城公司是否有权解除案涉《业务合作协议》的问题

《业务合作协议》第2.3条约定：未经长城公司书面同意，贷款方案不得作任何变更，否则长城公司有权不予收购；第4.1条约定：2014年4月29日全部贷款到期日后，若丙方未能足额偿还贷款本息且不存在4.2情形，甲方有义务受让主合同项下的全部债权；第4.2条约定：未达到以下标准，甲方有权暂缓收购乙方不良贷款，4.2.1乙方在贷款期间全面履行了三方签署的《监管协议》，按协议约定对“北府茗苑”项目进行监管，4.2.2贷款到期后，贷款项下的抵押担保、保证担保措施持续有效。该院认为，双方未就《业务合作协议》第2条约定的贷款方案进行变更，且在合同履行过程中不存在第4.2条暂缓收购的情形，因此合同约定的解除条件不能成立。

一审法院认为，根据《业务合作协议》第2.4.3条“招商银行在下列条件全部满足后方可向天兴公司发放剩余两亿元贷款：天兴公司已按本协议3.2款及《财务顾问服务协议》的约定向长城公司支付第一年的财务顾问服务费”、第3.1.2条“长城公司在收到天兴公司支付的财务顾问费后，为天兴公司在招商银行贷款提供中小企业财务顾问及不良资产收购服务”以及2013年11月13日长城公司向招商银行发出的关于天兴公司监管账户被冻结告知函的复函中“作为该笔贷款的增信方，我办希望贵行在贷款期间能高度重视”等，可以认定长城公司签订《业务合作协议》是为天兴公司提供增信，帮助其获得贷款。而是否要收购债权、对债权进行重组要视天兴公司是否正常还款而定,并非合同的目的。该案中,三方签订《业务合作协议》,且长城公司获得财务顾问费2400万元后,招商银行已依约向天兴公司发放贷款1.6亿元,因此长城公司与招商银行签订《业务合作协议》的合同目的已经实现。因此,长城公司以合同目的无法实现为由,主张解除合同的反诉请求,缺乏事实和法律依据。

从2013年10月30日,招商银行发现天兴公司保证金账户被查封并向长城公司发出天兴房地产重要事项告知函起,招商银行与长城公司多次通过往来函进行协商,其中招商银行多次提示长城公司及时办理第二顺位抵押及要求长城公司依约收购债权,而长城公司一直以其无法办理第二顺位抵押为由拒绝收购债权,并未提出过抵押权无法实现及监管义务未履行等理由。而能否办理第二顺位抵押并非《业务合作协议》约定的暂缓收购或不予收购的事由,即便不能办理,长城公司也可在受让债权后依法取得招商银行第一顺位抵押权人的地位。因此,长城公司自贷款出现风险起至案件诉讼过程中,所提出的拒绝履行收购义务的理由均无事实和法律依据,其行为已构成违约。招商银行主张长城公司继续履行《业务合作协议》约定的收购义务,赔偿损失,符合法律规定,该院予以支持。

笔者认为,该案的主要争议焦点为:一是招商银行诉请长城公司继续履行《业务合作协议》是否成立;二是《业务合作协议》是否应予解除;三是如《业务合作协议》解除,招商银行与长城公司之间的责任如何划分。

第一,关于招商银行诉请长城公司继续履行《业务合作协议》是否成立的问题。判断该问题的前提是《业务合作协议》的性质和效力及《业务合作协议》中所附条件是否成就。

1.关于《业务合作协议》的性质和效力问题。《合同法》第45条[①]规定:“当事人对合同的效力可以约定附条件。附生效条件的合同,自条件成就时生效。附解除条件的合同,自条件成就时失效。当事人为自己的利益不正当地阻止条件成就的,视为条件已成就;不正当地促成条件成就的,视为条件不成就。”该案中,长城公司与招商银行、天兴公司、北府集团、刘某善、刘某签订的《业务合作协议》系各方当事人的真实意思表示,内容不违反法律、行政法规的效力性强制性规定,合法有效,

① 现为《民法典》第156条、第159条、第162条。

应予以确认。依法成立的合同，对当事人具有法律约束力，当事人应当按照约定履行自己的义务。《业务合作协议》第1.1条约定，“主合同：指《固定资产贷款合同》”。《业务合作协议》第2.1条约定，“丙方因房地产开发贷款的需要，向乙方提出融资需求，乙方通过固定资产贷款方式向丙方发放贷款，双方签订编号为2011年连贷字第GJZ007号《固定资产贷款合同》（主合同），主合同中约定如下事项”。从《业务合作协议》第1.1条、第2.1条约定的内容可以看出，《固定资产贷款合同》是《业务合作协议》的主合同。《监管协议》中约定，“甲、乙、丙三方与相关方签订了《业务合作协议》（编号：中长资大合字[2012]29号）（以下简称主合同）……”从上述《监管协议》约定的合同目的来看，《业务合作协议》是《监管协议》的主合同。招商银行与天兴公司于2012年1月11日签订的《借款合同补充协议》第7条第2款约定“本协议构成《借款合同》不可分割的组成部分，此前甲乙双方就该项目签订的《授信协议》及其项下的《借款合同》与本协议不一致的，以本协议为准”。从《固定资产贷款合同》与《借款合同补充协议》的关系来看，《借款合同补充协议》是《固定资产贷款合同》的组成部分。据此，该案所涉交易是由系列具有主从关系的多份合同组成，各个合同在同一交易目的下存在密切具有法律意义的、全面的、系统的、不可分割的联系。因此，招商银行在案涉交易中的监管义务并不只是约定在《监管协议》中，案涉系列合同中有关招商银行监管义务的约定，均是招商银行监管义务的组成部分。综上，一审法院认定招商银行全面履行的监管责任仅限于《监管协议》第8条的通知义务不够全面，应予以纠正。该案中，《业务合作协议》第4.1条约定，“2014年4月29日全部贷款到期日后，若丙方未能足额偿还贷款本息且不存在4.2情形，甲方有义务受让主合同项下的全部债权”。《业务合作协议》第4.2条约定，“未达到以下标准，甲方有权暂缓收购乙方不良贷款”。《业务合作协议》第4.2.1条约定，“乙方在贷款期间全面履行了甲、乙、丙三方签署的大连北府茗苑项目《监管协议》，按协议约定对北府茗苑项目进行监管”。《业务合作协议》第4.2.2条约定，“贷款到期后，贷款项下的抵押担保、保证担保措施持续有效”。据此，长城公司收购《业务合作协议》项下银行债权是附条件收购，只有同时满足以上两个条件，长城公司方能收购招商银行债权，未满足任何一个条件，长城公司有权暂缓收购。综上，笔者认为，从双方当事人签订《业务合作协议》的经济目的以及合同中约定的内容等可以认定，案涉《业务合作协议》是招商银行与长城公司为了分解银行贷款风险,发挥各自主营业务的专业优势而达成的金融创新业务合作模式,属《合同法》分则以外的无名合同,系附条件的法律行为。

2. 关于《业务合作协议》中所附债权收购条件是否成就的问题。《合同法》第125条①规定:“当事人对合同条款的理解有争议的,应当按照合同所使用的词句、合同的有关条款、合同的目的、交易习惯以及诚实信用原则,确定该条款的真实意思。合同文本采用两种以上文字订立并约定具有同等效力的,对各文本使用的词句推定具有相同含义。各文本使用的词句不一致的,应当根据合同的目的予以解释。”该案中,招商银行与长城公司就《业务合作协议》中“抵押担保措施持续有效”的理解发生争议,招商银行主张抵押担保措施已经成立并生效,案外人执行异议的成立与否并不影响抵押权的法律效力,抵押权是否能够实现是长城公司自行承担的风险。而长城公司则认为抵押权无法实现,因此收购条件未成就,拒绝收购案涉债权。笔者认为,从双方合同争议条款的签约目的角度分析,招商银行与长城公司签订《业务合作协议》时,采取的抵押担保措施旨在减少贷款不能偿还风险。《业务合作协议》中“抵押担保措施持续有效”,是保证预购贷款债权的保值措施,其中“有效”的合同本意,既包括抵押担保措施在法律上有效,也包含该项抵押权可以实现而获得相应的经济价值。因此,“抵押担保措施持续有效”不仅应从法律意义上有效进行解读,还应从抵押权是否能够最终实现的角度来理解。该案中,《业务合作协议》第2.2条“有关担保措施”包括的内容有:天兴公司提供的土地使用权及建设工程抵押,以及北府集团、刘某善及刘某提供的连带责任保证。由于北府集团、刘某善及刘某均已向招商银行出具《不可撤销担保书》,且长城公司对保证措施持续有效也无异议,因此保证措施持续有效。《业务合作协议》第2.2.1条约定,“招商银行与天兴公司签订编号2011年连抵字第GJZ006号、2011年连抵字第GJZ022号《抵押合同》,天兴公司以其位于甘井子区中华路的出让土地使用权23 068.3万平方米及该土地上的大连北府茗苑项目在建工程为天兴公司在主合同项下的全部债务提供抵押担保”。招商银行与天兴公司签订《抵押合同》后,分别办理了土地使用权及在建工程抵押登记,故案涉土地使用权以及房屋抵押权已依法成立并生效。虽然上述抵押担保措施在法律意义上已经成立并生效,但是朝阳

① 现为《民法典》第142条。

中院在执行案涉具有抵押权标的房屋时，存在大部分房屋被案外人提出执行异议的情形，因此从保护普通购房者权利的角度以及过往裁判惯例考虑，案涉具有担保措施房屋的抵押权实现难度较大。综上，笔者认为，案涉《业务合作协议》属于附条件合同，因招商银行未满足《业务合作协议》第4.2条规定的情形，故应依法认定案涉贷款债权收购条件未成就，长城公司有权拒绝收购招商银行贷款债权。故该案一审认定长城公司继续履行《业务合作协议》约定的收购义务，支付招商银行债权转让价款393 783 373.15元及利息并赔偿招商银行与天兴公司借款合同纠纷一案中的相关损失，该认定确有不当，应予以纠正。

第二，关于《业务合作协议》是否应予解除的问题。《合同法》（已失效）第94条①规定："有下列情形之一的，当事人可以解除合同：（一）因不可抗力致使不能实现合同目的；（二）在履行期限届满之前，当事人一方明确表示或者以自己的行为表明不履行主要债务；（三）当事人一方迟延履行主要债务，经催告后在合理期限内仍未履行；（四）当事人一方迟延履行债务或者有其他违约行为致使不能实现合同目的；（五）法律规定的其他情形。"该案中，笔者认为，长城公司是应天兴公司请求，与天兴公司签订《财务顾问服务协议》，由长城公司为天兴公司提供中小企业财务顾问及不良资产收购等综合服务，天兴公司向长城公司支付财务顾问费。为了履行与天兴公司的《财务顾问服务协议》，长城公司与招商银行及其他各方签订了《业务合作协议》及《监管协议》，约定长城公司在特定条件下提供远期收购债权承诺的前提下，在天兴公司按《财务顾问服务协议》约定向长城公司支付财务顾问费后，招商银行有义务向天兴公司提供贷款。因此，长城公司与招商银行签订《业务合作协议》的核心是分散或减少贷款风险，主要目的是：给天兴公司提供增信，帮助天兴公司获得银行的贷款；如果发生债权转让的情形，长城公司在受让标的后对受让后应由天兴公司偿还的全部债务进行重组。按照《业务合作协议》的约定，长城公司已获得天兴公司支付的财务顾问费2400万元，招商银行也已依约向天兴公司发放了贷款1.6亿元，但长城公司与招商银行均因各自过错没有尽到对《固定资产贷款合同》《借款合同补充协议》《业务合作协议》《监管协议》项下金融贷款发放、使用及不法处置等不能清偿风险的全面监管义务，致使案涉房屋绝大部分被天

---

① 现为《民法典》第563条。

兴公司私自出售,并且销售房屋的回款没有进入指定专用账户,已付贷款不能清偿的风险进一步积聚、加大。另外,招商银行诉讼保全的440套房屋亦有225套被案外人提出执行异议,抵押权难以实现。综上,长城公司获得财务顾问费2400万元的目的虽已实现,但是因为招商银行无法交付符合约定条件的债权,长城公司对天兴公司全部债务进行重组的合同目的无法实现。因此,长城公司以合同目的无法实现为由,主张解除与招商银行签订的《业务合作协议》的上诉请求成立,应予以支持。

第三,关于《业务合作协议》解除后,招商银行与长城公司之间的责任划分问题。该案中,从双方当事人的诉讼目的来看,根据对贷款不能清偿的客观情势分析,招商银行、长城公司均认可天兴公司已无力全部偿还招商银行贷款,为了最大限度减少损失、降低金融风险、规避责任,招商银行一审请求长城公司继续履行《业务合作协议》中约定的收购义务,而长城公司则主张解除《业务合作协议》。因此,该案双方当事人最终所要解决的是在案涉贷款出现风险时的责任承担问题,而判断这一问题的前提是考量招商银行与长城公司在履行案涉相关合同中是否尽到监管义务。

1.关于招商银行的监管义务问题。《商业银行法》第7条规定:“商业银行开展信贷业务,应当严格审查借款人的资信,实行担保,保障按期收回贷款。商业银行依法向借款人收回到期贷款的本金和利息,受法律保护。”该法第36条规定:“商业银行贷款,借款人应当提供担保。商业银行应当对保证人的偿还能力,抵押物、质物的权属和价值以及实现抵押权、质权的可行性进行严格审查。经商业银行审查、评估,确认借款人资信良好,确能偿还贷款的,可以不提供担保。”该案中,招商银行与天兴公司签订的《借款合同补充协议》第3条约定,“销售回款监管流程:购房的订金、各类首付款、公积金贷款及全款销售购房款要全部存入专户”。《借款合同补充协议》第4条约定,“甲方应指派专人在该项目售楼处驻点工作”。《监管协议》第2条第3款约定,“天兴保证项目销售收入全部划入销售回款专用账户”。《业务合作协议》第10.5条、第10.6条约定,“招商银行应尽最大商业努力履行贷后管理义务,包括但不限于监管借款用途/对天兴公司经营以及抵押质押物/担保人的持续监测,对发现重大风险隐患的及时采取预警措施,并提示长城公司”。《监管协议》第2条约定,“房屋销售款项进入招商银行的监管账户,款项用于支付招商银行的贷款本息等”。根据上述法律规定及合同约定，招商银行作为专业银行且销售回款账户设立在招商银行，应当承担法定的和约定的监管责任。然而，案涉房屋绝大部分被天兴公司私自出售，销售房屋获得的款项并未进入招商银行的销售回款专户。招商银行怠于履行借款合同约定的监管义务，未按合同约定指派专人在售楼处驻点工作，未及时发现案涉抵押权标的房屋被天兴公司私自出售，销售回款未进入监管账户的情形，未采取及时、有效补充担保措施，招商银行在债权收购基准日之前，未对抵押物价值是否能够实现进行审查，未尽到全面监管义务，致使《业务合作协议》所附的收购条件无法成就。综上，笔者认为，招商银行未尽到与其法定职责相应的监管义务以及合同约定的监管义务，招商银行存在严重的违约行为，应对案涉贷款损失承担相应的责任。

2. 关于长城公司的监管义务问题。《业务合作协议》第 9. 5 条约定，“在主合同与担保合同履行期间，若天兴公司违约，长城公司代招商银行行使《监管协议》项下的权利”。《监管协议》首部记载的合同目的是：保障招商银行与长城公司双方利益的实现，天兴公司同意按照本协议的约定由招商银行与长城公司对其经营情况、资金使用情况以及项目进行有效监管。《监管协议》第 2 条第 1 款约定，“天兴公司同意在招商银行开立贷款专用账户和销售回款专用账户，并授权该专用账户由招商银行与长城公司共同监控使用”。《监管协议》第 2 条第 3 款约定，“销售回款专用账户的用途：天兴公司保证大连北府茗苑项目销售收入（含定金、首付款、一次性付款、公积金贷款、按揭贷款）全部划入该账户”。《监管协议》第 6 条约定，“天兴公司须按月向招商银行、长城公司送交工程进度表、楼盘销售明细表、销售进度月报表、月度资金使用以及招商银行、长城公司要求的其他资料”。《监管协议》中第 8. 1 条、第 8. 2 条约定，“为便于招商银行、长城公司监管操作，长城公司同意预留印鉴（见本协议后附‘长城公司监管授权签章’），招商银行在进行以下操作时须向长城公司发出书面通知（通知书格式见协议附件），经长城公司加盖此授权签章或长城公司公章的，视为长城公司认可招商银行已经履行了监管责任：A. 招商银行向天兴公司发放贷款；B. 招商银行同意天兴公司由贷款专户向外支付；C. 招商银行同意为天兴公司解封北府茗苑项目项下的抵押在建工程或土地；D. 招商银行同意天兴公司提前归还贷款。招商银行按上述 8. 1 款履行监管责任要求向长城公司发出书面确认的，长城公司应在收到后 5 个工作日内作出回复，否则视同默许同意招商银行意见”。笔者认为,从《业务合作协议》《监管协议》的上述约定可以看出,长城公司与招商银行均具有监管职责,即使在受让债权前长城公司也负有对天兴公司使用借款的监管职责。虽然专用账户设在招商银行,但是长城公司作为专业的金融机构,并未尽到监管职责,致使案涉抵押权标的房屋绝大部分被天兴公司私自出售,并且销售房屋的回款没有进入指定专用账户,长城公司作为共同监管人亦具有过错。另外,招商银行之所以向天兴公司发放后续的1.6亿元贷款,系基于长城公司的介入行为,若长城公司不介入,则招商银行极有可能不会向天兴公司发放该笔贷款,相应损失亦可能不会发生。综上,长城公司并未按照合同约定履行相应的监管义务,长城公司对于案涉贷款的损失存在过错,长城公司的过错与案涉贷款损失之间具有因果关系,长城公司应承担相应的责任。

3. 案涉贷款的损失范围及长城公司应赔偿招商银行的损失数额如何确定的问题。《民法通则》第4条①规定:“民事活动应当遵循自愿、公平、等价有偿、诚实信用的原则。”《合同法》第107条②规定:“当事人一方不履行合同义务或者履行合同义务不符合约定的,应当承担继续履行、采取补救措施或者赔偿损失等违约责任。”《合同法》第113条第1款③规定:“当事人一方不履行合同义务或者履行合同义务不符合约定,给对方造成损失的,损失赔偿额应当相当于因违约所造成的损失,包括合同履行后可以获得的利益,但不得超过违反合同一方订立合同时预见到或者应当预见到的因违反合同可能造成的损失。”该案中,《业务合作协议》第14.1条约定,“本协议生效后,各方应本着诚实信用的原则,严格履行本协议约定的各项义务;任何一方当事人不履行本协议约定的义务的,或者履行本协议约定义务不符合约定的,视为违约,除本协议另有约定外,应赔偿守约方全部损失”。《监管协议》第11.2条约定,“任何一方不履行本协议约定的,或者履行本协议不符合约定的,视为违约,除本协议另有约定外,应向守约方赔偿因此受到的实际损失;包括但不限于实际损失、预期损失和要求对方赔偿损失而支付的律师费、交通费和差旅费等”。个人认为,招商银行为了分解金融贷款风险,通过金融创新的方式与长城公

① 现为《民法典》第5~7条。
② 现为《民法典》第577条。
③ 现为《民法典》第583条。

司签订的《业务合作协议》属于附条件的银行贷款收购合同，现所附条件因招商银行与长城公司的过错无法成就，导致合同目的无法实现，协议应予解除。从该案事实以及招商银行、长城公司的诉请来看，双方当事人均认可天兴公司对案涉贷款本金近4亿元及利息均难以偿还，均希望由对方来接盘。据此，可以认定天兴公司无力偿还的贷款本金近4亿元及利息为招商银行的贷款损失，也即案涉贷款损失。《业务合作协议》解除的后果是长城公司不再继续履行收购义务，但并不能因此而免除招商银行和长城公司对案涉贷款损失应承担的相应的违约责任。根据《业务合作协议》的相关约定，如果招商银行、长城公司均尽到了监管职责，天兴公司到期未能偿还招商银行贷款，则长城公司应依约受让主合同项下的全部债权，长城公司享有对天兴公司的到期债权。因该协议解除而发生的损失即案涉贷款损失，也就是天兴公司无力偿还的贷款，该损失责任的划分应根据我国现有不良贷款、不良资产处置的总体形势，充分考量案涉贷款担保的具体情形等予以确认。据此，招商银行、长城公司对案涉贷款损失的承担应综合考虑以下因素：一是招商银行与长城公司的过错程度。招商银行、长城公司均未尽到案涉相关合同中约定的监管义务，对于因案涉房屋抵押权无法实现给招商银行带来的损失均有过错，但通过前述论理，招商银行的责任是第一位的、主要的、大部分的，长城公司的责任是第二位的、次要的、少部分的，双方均应承担相应的责任。二是案涉抵押房屋可能灭失的价值。该案中，招商银行已经首轮查封保全的440套房屋可能灭失的价值目前尚无法确定。目前能够确定的是有案外人对440套房屋中的225套提出执行异议，案涉房屋抵押权不能够完全实现已是双方不争的事实，且双方当事人均未采取可行措施要求天兴公司进行补救。三是案涉贷款发放的过程。案涉贷款发放之初，长城公司并未参与其中，只是在招商银行发放完2.5亿元贷款，发现继续放贷可能会存在风险，各方签订《业务合作协议》后，长城公司才加入。四是长城公司收取财务顾问费的情形。该案中，长城公司根据《财务顾问服务协议》约定收取了天兴公司2400万元财务顾问费，根据权利义务相一致原则，在案涉贷款出现风险后，长城公司应当承担相应的责任。五是招商银行与天兴公司之间借款合同纠纷案件的处理情况。虽然招商银行请求长城公司收购债权的主张因《业务合作协议》解除难以实现，但招商银行并未丧失其对天兴公司的债权，实际上招商银行已经向天兴公司主张了债权，并在生效的（2014）辽民二初字第00051号民事调解书中得到体现。六是减少双方的诉累。该案中,招商银行主张长城公司收购债权,长城公司主张解除《业务合作协议》。如前所述,《业务合作协议》属附条件的合同,合同目的不能实现,应予解除,长城公司的诉讼请求已经实现,但并不因此就免除了其应承担的合同违约责任。虽然招商银行并未向长城公司明确主张违约赔偿责任,但双方最终所要解决的是在案涉贷款出现风险时的责任承担问题。在判令解除《业务合作协议》后,判令长城公司按其过错承担相应责任符合公平原则,也符合招商银行的诉讼利益。综上,为了避免司法资源、社会资源浪费,从矛盾纠纷的实质性解决,依法保护各方当事人的合法权益出发,根据招商银行、长城公司在履行监管义务过程中的过错程度,参考长城公司向天兴公司收取财务顾问费的数额及性质,考虑招商银行与天兴公司之间的金融借款纠纷已经调解结案并已进入执行程序中以及减少当事人的诉累等诸多因素,依据公平、诚实信用等原则,予以综合衡量,应酌情认定长城公司赔偿招商银行案涉贷款损失共计 5000 万元。

案例 5 中,三级法院对于伊某军与工行盘锦分行案涉存款被转走的责任应如何划分有不同的认定,关键在于三级法院对于双方对案涉存款被转走责任所尽注意义务认定的区别。一审、二审法院未能正确分清双方的注意义务,导致在责任承担分配上出现错误,再审法院在全面分析双方注意义务的基础上,对双方应该承担损失份额进行了合理分配,作出了正确判决。该案并非一个孤立的案件,还涉及其他关联案件,如果审理不当,可能引起法律适用统一方面的问题。

一审法院认为,伊某军在工行盘锦分行处两次开立存款账户并存入 1450 万元,工行盘锦分行出具了牡丹灵通卡,伊某军、工行盘锦分行即形成了银行卡关系。伊某军牡丹灵通卡中存款 1450 万元和共计被李某武取走 1449. 847 万元及李某武支付原告 310 万元的事实,伊某军、工行盘锦分行均无异议,一审法院对该事实予以认定。但法院对李某武等人涉嫌诈骗犯罪所作出的刑事判决,排除了伊某军与之串通作案或存在借贷关系的情形,工行盘锦分行提供的证据也证明不了原告与李某武个人之间存在民间借贷关系,故应认定该案银行卡有效。关于伊某军牡丹灵通卡中存款通过网银被取走 1449. 847 万元的责任问题。工行盘锦分行提供了有伊某军签名的个人客户业务申请书、中国工商银行电子银行业务申请书、U 盾交接确认书、中国工商银行电子银行个人客户变更(注销)事项申请表,来证明存款开户和开通网上银行是伊某军亲自办理,证明存款被他人转走工行盘锦分行无责任。但经伊某军申请对工行盘锦分行提供的上述手续上伊某军签名进行笔迹鉴定，鉴定意见为：除2011年6月28日中国工商银行电子银行业务申请书中的笔迹是伊某军的笔迹外，其他均不是伊某军的笔迹。据此，可以认定2011年4月26日伊某军网上银行业务未经其本人申请办理，是工行盘锦分行的工作人员违规操作，擅自开通网上银行，在伊某军不知情的情况下，将伊某军存入的600万元通过网上银行转出599.901万元。2011年6月28日中国工商银行电子银行业务申请书中的笔迹虽然鉴定是伊某军的笔迹，但经鉴定此次办理网上银行U盾交接书上签名不是伊某军的笔迹，由此证明工行盘锦分行的工作人员再次违规操作擅自办理U盾，将U盾交给犯罪分子，将伊某军存入的850万元，通过网银转出849.946万元。工行盘锦分行作为金融机构，对储户的存款负有严格的安全保障义务，应当制定完善的业务规范并应严格遵守，尤其是银行工作人员，必须严格按业务规范操作，但在该案中，却出现了2011年4月26日伊某军的网上银行业务未经其本人申请和2011年6月28日工行盘锦分行的工作人员违规操作擅自办理U盾业务，将U盾交给他人，这种严重违规现象，导致伊某军存款损失，工行盘锦分行对此应承担主要责任。伊某军在办理存款业务中没有尽到注意义务，伊某军在工行盘锦分行的同一储蓄所两次开户存款，在第二次开户存款之前第一次存款600万元通过网上银行已转出599.901万元的情况下，又在该储蓄所开户并申请办理网银，在2011年6月28日中国工商银行电子银行业务申请书中，特别提示处已加大了字号，并注明“您已开通网银并领取U盾”等内容。而伊某军未向被告的工作人员索要U盾，造成存款被转走，伊某军两次开户存款办理的均为活期，并且不到一年的时间里伊某军获得工行盘锦分行以外的人支付的“利息”310万元，伊某军对这种获得“高额利息”违反常规的现象未引起注意，故伊某军对所造成的存款被转走的损失应负次要责任。伊某军已获得的310万元“高额利息”应在本金中扣除。同时，因伊某军开立的是活期卡，故伊某军主张被告支付其贷款利息没有依据，一审法院对此不予支持。

二审法院认为，该案的争议焦点是：（1）案涉法律关系性质是李某武与伊某军的个人借贷关系还是工行盘锦分行与伊某军的储蓄存款合同关系；（2）《鉴定意见书》的鉴定程序是否违法、鉴定结论应否采信；（3）工行盘锦分行工作人员在办理网银业务中是否存在违规操作；（4）伊某军在办理开户过程中是否尽到注意义务，对存款被转走是否存在过错;(5)伊某军所获 310 万元高息应否予以扣除;(6)应否以赵某红涉嫌犯罪为由将该相关材料移送公安机关。

第一,关于案涉法律关系性质是李某武与伊某军的个人借贷关系还是工行盘锦分行与伊某军的储蓄存款合同关系的问题。根据辽宁省盘山县人民法院及辽宁省盘锦市中级人民法院刑事判决书可知,伊某军将款项存入工行盘锦分行的目的是获取银行的高额利息,并无将款项出借给李某武个人的意思;李某武虽将伊某军的存款取走,但其也是通过编造工商银行回报高息来诱骗伊某军将款项存入银行,即吸纳存款的是银行而非李某武个人,故双方之间不存在建立借贷关系的合意。根据伊某军向工行盘锦分行申请开立活期储蓄账户,工行盘锦分行为其开立账户并出具银行借记卡,伊某军向该银行卡存入款项的事实,可以认定案涉法律关系为工行盘锦分行与伊某军之间的储蓄存款合同关系。第二,关于鉴定意见书的鉴定程序是否违法、鉴定结论应否采信的问题。工行盘锦分行提出,鉴定意见书中所提取检材违反了《司法鉴定程序通则》第 24 条第 2 款的相关规定,部分样本只有调取人一人签名,且没有现场见证人;部分样本只有两名在场人签名,而没有样本提取人签名。故该行认为鉴定机关依据无效的鉴定样本作出的鉴定结论不应予以采信。经审查,工行盘锦分行提出异议的该几页签名,是《鉴定意见书》第五部分“样本”中的内容,即该几页仅属于鉴定“样本”,而非《司法鉴定程序通则》中所说的“检材”,该几页“样本”不适用《司法鉴定程序通则》第 24 条第 2 款的规定。故案涉鉴定结论不存在程序违法问题,应当予以采信。第三,关于工行盘锦分行工作人员在办理网银业务中是否存在违规操作的问题。根据《中国工商银行电子银行业务管理办法》的相关规定,办理网上银行业务,柜员必须认真审核客户身份及申请表内容,申请办理网上银行必须由申请人本人办理,U 盾或电子银行口令卡必须交付客户本人,办理网上银行业务的相关文件必须由客户本人签字。二审法院根据鉴定意见书认定,工行盘锦分行于 2011 年 4 月 26 日为伊某军开通的网上银行并非伊某军本人办理,2011 年 6 月 28 日工行盘锦分行注销该网上银行业务时也非依伊某军本人申请注销;工行盘锦分行于 2011 年 6 月 28 日虽依伊某军申请开通了网上银行,但没有将 U 盾交付给伊某军本人。因此,工行盘锦分行在办理开通及注销伊某军网上银行业务中均存在违规操作行为。第四,关于伊某军在办理开户过程中是否尽到注意义务,对存款被转走是否存在过错的问题。案涉伊某军的存款,均是李某武通过网上银行转账或支付方式取走的，因此，网银的开通、U 盾的掌控及网银密码的取得是案涉款项被骗取的关键。根据案涉证据，2011 年 4 月 26 日伊某军在开立账户后并没有开通网银，不存在其将 U 盾交与他人及泄露网银密码的问题。虽然其获得了相应高息，但其受高息诱惑前往存款与款项损失间没有直接因果关系。因此，伊某军对于 2011 年 4 月 26 日开立的银行卡内的资金损失没有任何过错。但是，伊某军在 2011 年 6 月 28 日开户时，其同时在开通网银的申请书上签字确认。该申请书上以加大号字体提示："您已开通网银并领取 U 盾，凭 U 盾可办理网上转账、汇款等业务。请您妥善保管 U 盾，切勿交给他人，并牢记网银及 U 盾密码，切勿泄漏。"但伊某军没有注意该提示内容，也没有索要网银 U 盾，而是在开立账户和网银后又向该账户转入巨额款项，致使犯罪分子利用该 U 盾将其卡内的存款转走造成案涉损失，其在办理该次开户、存款业务中，没有尽到合理的注意义务。因此，其对款项被转走具有一定过错。伊某军关于因注销第一个网银的申请表非其本人办理，故该第二次网银的办理不应认定系其所为，其在开立账户办理存款过程中不存在过错的抗辩，缺乏依据，二审法院不予支持。第五，关于伊某军所获 310 万元高息应否予以扣除的问题。伊某军在工行盘锦分行开立的是活期储蓄存款账户，伊某军所存款项的活期利息并非该金额。根据刑事判决书，该 310 万元是李某武给付，李某武给付伊某军该款项，属于为骗取伊某军账户的控制权以骗取的银行存款支付的高额利息，故应在返还存款本金时予以扣除。伊某军称李某武给付的 310 万元与本案系不同法律关系，故不应从付款中扣除，但在伊某军与李某武间不存在借贷关系的前提下，李某武无由给付该款项，其该主张显然不能成立。第六，关于应否以赵某红涉嫌犯罪为由将该相关材料移送公安机关的问题。根据鉴定意见书，案涉 2011 年 4 月 26 日、6 月 28 日开通网银及注销网银业务申请上的签字均非伊某军本人所签，但该鉴定意见书并未确认该签名就是赵某红所为；即使确为赵某红所为，在不能确定赵某红存在主观故意的情况下，该行为属于违反操作流程，违反银行内部管理规定的问题。而对此，公安机关及检察院均曾以职务侵占罪或诈骗罪对赵某红进行刑事拘留或提起公诉，后又均以证据不足予以释放和撤回起诉。故以赵某红涉嫌犯罪为由将案涉材料移送公安机关，依据不足。综上，一审法院以工行盘锦分行工作人员违反银行业务操作流程，将客户 U 盾交给他人造成存款损失，认定工行盘锦分行应承担主要责任，伊某军未尽合理注意义务应承担次要责任,而确定双方的责任比例并无不当,但判令伊某军对 2011 年 4 月 26 日开通的网银发生的损失亦按 40% 比例承担相应责任,依据不足,应予纠正。

个人认为,该案的主要争议焦点是:(1)工行盘锦分行与伊某军是否存在储蓄存款合同关系;(2)案涉存款被转走的责任应如何划分;(3)伊某军所获 310 万元高息应否予以扣除以及案涉存款利息的计算方法。

关于工行盘锦分行与伊某军是否存在储蓄存款合同关系的问题。《民法通则》①第 55 条规定:“民事法律行为应当具备下列条件:(一)行为人具有相应的民事行为能力;(二)意思表示真实;(三)不违反法律或者社会公共利益。”该案中,辽宁省盘锦市中级人民法院(2015)盘中刑二终字第 00013 号刑事判决书认定:“2010 年 5 月至 2012 年 3 月,李某武伙同他人以给付高额利息为诱饵,骗取被害人信任,授意被害人将资金存入工行盘锦分行及辽河路储蓄所,被告人李某武再采取网上银行转账、银行柜台转账、现金支取、网上支付的方式将被害人的存款取走,2011 年 4 月,被告人李某武骗取被害人伊某军的信任,授意伊某军在辽河路储蓄所开立账户,于 2011 年 4 月 26 日至 11 月 11 日存入共计 1450 万元。”据此,个人认为,伊某军的真实意思表示是将款项存入银行以获取高额利息,伊某军与银行之间的储蓄存款合同关系从银行接受伊某军的存款并交付存款凭证之时起即告成立。虽然伊某军是在李某武通过编造存款有高息回报诱骗的情形下将案涉款项存入银行,但该情形并不影响伊某军与工行盘锦分行之间储蓄存款合同的合法有效。该案中,伊某军于 2011 年 4 月 26 日及 6 月 28 日分别在工行盘锦分行下属的辽河路储蓄所申请开立了活期储蓄存款账户,为此,该行向伊某军交付了两张银行借记卡,伊某军自 2011 年 4 月 26 日至 11 月 11 日,先后向该两账户内存入了合计 1450 万元款项。上述事实足以证明,伊某军与工行盘锦分行间已经建立了储蓄存款合同关系,工行盘锦分行向伊某军出具的银行借记卡,即为双方间储蓄存款合同关系成立的直接证据。根据伊某军向工行盘锦分行申请开立活期储蓄账户,工行盘锦分行为其开立账户并出具银行借记卡,伊某军向该银行卡存入款项的事实,应认定工行盘锦分行与伊某军之间的储蓄存款合同关系成立。

关于案涉存款被转走的责任应如何划分的问题。该案中,案涉伊某军的存款,

① 现为《民法典》第 143 条。

均是李某武通过网上银行转账或支付方式非法取走的，网银的开通、U盾的掌控及网银密码的取得是案涉款项被骗取的关键。厘清工行盘锦分行在给伊某军办理网银业务中是否存在违规操作以及伊某军在开通网银过程中是否尽到了注意义务是案涉损失责任划分的前提。

（1）关于工行盘锦分行在给伊某军办理网银业务中是否存在违规操作的问题。《中国工商银行电子银行业务管理办法》第7章“个人网上银行业务”第2节第1条规定：“柜员认真审核申请表内容并核对客户身份后对客户办理网上银行注册。柜员须按照‘本人办、交本人、本人签’的原则，将U盾或电子银行口令卡交给申请网上银行的客户本人，现场授权或现场管理人员应对U盾交付客户本人进行监督，并确认客户本人签收。”据此，办理网上银行业务，柜员必须认真审核客户身份及申请表内容，申请办理网上银行必须由申请人本人办理，U盾或电子银行口令卡必须交付客户本人，办理网上银行业务的相关文件必须由客户本人签字。而经鉴定意见书确认，2011年4月26日中国工商银行个人客户业务申请书（电子银行注册/银行户口服务开立）中“申请人签名”处的“伊某军”签名笔迹、2011年6月28日的中国工商银行电子银行个人客户变更（注销）事项申请表中“签名”处的“伊某军”签名笔迹及2011年6月28日的中国工商银行交接确认书（U盾交接）中“接收人1签章”处的“伊某军”签名笔迹均不是伊某军签名笔迹。显然，工行盘锦分行于2011年4月26日为“伊某军”开通的网上银行并非伊某军本人办理，2011年6月28日工行盘锦分行注销该网上银行业务时也非依伊某军本人申请注销；工行盘锦分行于2011年6月28日虽依伊某军申请开通了网上银行，但没有将U盾交付给伊某军本人。因此，工行盘锦分行在2011年4月26日及2011年6月28日办理开通及注销伊某军网上银行业务中均存在严重违规操作行为。

（2）伊某军在开通网银过程中是否尽到注意义务。该案中，2011年4月26日伊某军在开立账户后并没有开通网银，不存在其将U盾交与他人及泄露网银密码的问题。虽然其获得了相应高息，但其受高息诱惑前往存款与款项损失间没有直接因果关系。因此，难以认定伊某军对于2011年4月26日开立的银行卡内的资金损失存在过错。但是，伊某军在2011年6月28日开户时，其同时在开通网银的申请书上签字确认开通了网上银行服务业务。该申请书上以加大号字体提示：“您已开通网银并领取U盾，凭U盾可办理网上转账、汇款等业务。请您妥善保管U盾，切勿交给他人,并牢记网银及U盾密码,切勿泄漏。”但伊某军没有注意该申请书记载的内容,没有向工行盘锦分行工作人员主动索要网银U盾,而是在开立账户和网银后又向该账户转入巨额款项,致使犯罪分子利用该U盾将其该卡内的存款转走造成案涉存款损失,其在办理该次开户、存款业务中,没有尽到理应与其自身预期获得收益业务相应的、合理的、谨慎的注意义务。因此,其对2011年6月28日开户后存入款项被转走具有一定过失。

(3)关于案涉存款被转走责任的承担问题。首先,《商业银行法》第6条规定:“商业银行应当保障存款人的合法权益不受任何单位和个人的侵犯。”银行对储户存款具有安全保障的法定义务。在信息化、电子化、科技化时代背景下,社会得以迅猛发展,社会分工越来越精细,社会关系越来越复杂,社会公众对专业化的依赖程度越来越高。现代商业银行作为吸收公众存款、发放贷款、办理结算等业务的企业法人和专门的金融机构,其不仅具有传统的经济功能,而且承担了大量的社会功能;借力科技,开拓了许多新业务,既提高了自身的竞争力,又服务了社会和客户,在普通的社会公众中享有极高的信赖度和诚信度,进而享有极高的信誉和声誉。普通的储户到银行办理储蓄业务,营业的环境、规范的服务、科技的手段,一方面让缺乏金融知识的普通客户获得了安全感,相应的注意义务也会减轻;另一方面普通客户在烦琐的流程、大量的专业化术语、复杂的科技化服务面前,再加上可能身后还有许多客户在等待办理业务的情形下,想尽到最大的注意义务,客观条件也难以允许,更多时候只能是被动地听从银行工作人员的安排,按照银行工作人员指示的流程办理业务。更多的义务意味着更大的责任,银行应该尽到更多的注意义务,尤其对储户的存款负有严格的安全保障义务,其应当制定完善的业务规范,加强内部管理;在银行与普通储户办理业务过程中,银行工作人员代表着银行,应该更加严格地遵守工作流程和操作规范。该案中,对于2011年4月26日伊某军的网上银行业务未经伊某军本人申请和2011年6月28日工行盘锦分行的工作人员违规操作擅自办理U盾业务,将U盾交给他人,这些严重违规的事实,直接导致案涉存款损失,工行盘锦分行应该对案涉存款损失承担主要的、绝大部分的责任。其次,李某武在工行盘锦分行工作期间,利用其工作身份,编造高息揽储的谎言,诱使伊某军将案涉款项存入工行盘锦分行,并利用工作便利从同事赵某红处拿走U盾,导致案涉款项损失。以上事实能够证明工行盘锦分行内部管理出现漏洞,工作人员操作严重违规，工行盘锦分行应对造成的案涉损失承担管理不力的责任。在银行工作人员参与金融诈骗案件犯罪时有发生的背景下，银行更应预防此类案件的发生，强化内部管理，为客户提供更加优质、安全、放心的服务。最后，伊某军作为具有完全民事行为能力的自然人，在工行盘锦分行工作人员李某武高息揽储的诱惑下，听信犯罪分子李某武的谎言，到工行盘锦分行柜台办理开户、开卡并开通网银业务，并将总计1450万元巨额资金存入账户。在犯罪分子利用网络进行诈骗，涉银行卡诈骗案件频发，公安机关在银行营业场所等公众场所进行广泛宣传防止犯罪分子利用银行卡进行诈骗的背景下，伊某军作为具有完全民事行为能力的自然人在享有高回报、涉及巨额资金的存款时，应当尽到最大的注意义务，但其不仅没有尽到最大的注意义务，反而降低了风险防范意识，未尽到对账户内资金安全的注意义务，导致其在2011年6月28日开户和办理网银业务时，没有认真仔细阅读开通网银申请书的提示，没有向银行主动索要U盾，导致犯罪分子利用该U盾将其卡内的存款转走造成案涉存款损失，其在办理该次开户、存款业务中，没有尽到相应的、合理的、谨慎的注意义务，应该承担对2011年6月28日自开户日起至11月11日先后九次向该账户内存款共计850万元款项被转走的次要的、小部分的责任。

综上，笔者认为，银行作为办理金融业务的专业机构，在为自然人办理储蓄等业务时，居于明显的、支配的优势地位，而自然人则处于相对的、被支配的弱势地位，故银行工作人员在为客户办理业务时，理应严格遵守工作流程和业务操作规范，尽到最大的注意和风险提示义务。该案中，伊某军于2011年4月26日并未开通网上银行业务，不应对该日开通的网银造成的损失承担责任；但对2011年6月28日开通的网银，伊某军没有尽到理应与其自身预期获得收益业务相应的、合理的、谨慎的注意义务，其对该次存款中大部分款项被犯罪分子通过网银转走应承担1%的责任，而工行盘锦分行在对储户存款负有严格安全保障义务的情况下，没有尽到严格内部管理的义务，致使内部管理出现漏洞，工作人员严重违规操作，没有尽到最大的注意义务和风险提示义务，其应承担99%的责任，二审法院对该次存款损失责任的承担认定不当，应予以纠正。

关于伊某军所获310万元高息应否予以扣除以及案涉存款利息计算方法的问题。该案中，伊某军与李某武之间不存在借贷关系，伊某军从李某武处获取的310万元款项，没有合法依据，属于李某武为骗取伊某军信任，进而骗取网银U盾控制账户而支付的高额利息，故该款项应在工行盘锦分行返还存款本金时予以扣除。至于伊某军主张案涉存款利息应按银行同期贷款利率计付利息的问题，由于伊某军办理的是活期储蓄存款业务，故该主张缺乏事实和法律依据，不应支持。

二、关于优先保护权问题

优先权的多样化必然涉及保护先后顺序的问题。民事权利强弱的排序在案外人之诉案件中较为集中体现出来，这一问题也是审理此类案件的重点和难点。在民商事案件中，对多种民事权利进行对比，对各种优先权进行平衡保护，是综合运用法律逻辑、审判逻辑的过程。一般而言，涉及生存权意义的相关权益优先于抵押权保护，如建设工程款优先受偿权、拆迁安置补偿权等，抵押权等担保物权优先于物权进行保护，物权、期待物权优先于普通债权。优先权的相关法律规定主要集中在以下几条：《民法典》第 394 条规定，为担保债务的履行，债务人或者第三人不转移财产的占有，将该财产抵押给债权人的，债务人不履行到期债务或者发生当事人约定的实现抵押权的情形，债权人有权就该财产优先受偿。前款规定的债务人或者第三人为抵押人，债权人为抵押权人，提供担保的财产为抵押财产。第 410 条规定，债务人不履行到期债务或者发生当事人约定的实现抵押权的情形，抵押权人可以与抵押人协议以抵押财产折价或者以拍卖、变卖该抵押财产所得的价款优先受偿。协议损害其他债权人利益的，其他债权人可以请求人民法院撤销该协议。抵押权人与抵押人未就抵押权实现方式达成协议的，抵押权人可以请求人民法院拍卖、变卖抵押财产。抵押财产折价或者变卖的，应当参照市场价格。第 807 条规定，发包人未按照约定支付价款的，承包人可以催告发包人在合理期限内支付价款。发包人逾期不支付的，除根据建设工程的性质不宜折价、拍卖外，承包人可以与发包人协议将该工程折价，也可以请求人民法院将该工程依法拍卖。建设工程的价款就该工程折价或者拍卖的价款优先受偿。最高人民法院《关于人民法院办理执行异议和复议案件若干问题的规定》第 27 条规定，申请执行人对执行标的依法享有对抗案外人的担保物权等优先受偿权，人民法院对案外人提出的排除执行异议不予支持，但法律、司法解释另有规定的除外。第 28 条规定，在金钱债权执行中，买受人对登记在被执行人名下的不动产提出异议，符合下列情形且其权利能够排除执行的，人民法院应予支持：（1）在人民法院查封之前已签订合法有效的书面买卖合同;(2)在人民法院查封之前已合法占有该不动产;(3)已支付全部价款,或者已按照合同约定支付部分价款且将剩余价款按照人民法院的要求交付执行;(4)非因买受人自身原因未办理过户登记。第29条规定,在金钱债权执行中,买受人对登记在被执行的房地产开发企业名下的商品房提出异议,符合下列情形且其权利能够排除执行的,人民法院应予支持:(1)在人民法院查封之前已签订合法有效的书面买卖合同;(2)所购商品房系用于居住且买受人名下无其他用于居住的房屋;(3)已支付的价款超过合同约定总价款的50%。最高人民法院《关于人民法院民事执行中查封、扣押、冻结财产的规定》第15条规定,被执行人将其所有的需要办理过户登记的财产出卖给第三人,第三人已经支付部分或者全部价款并实际占有该财产,但尚未办理产权过户登记手续的,人民法院可以查封、扣押、冻结;第三人已经支付全部价款并实际占有,但未办理过户登记手续的,如果第三人对此没有过错,人民法院不得查封、扣押、冻结。

案例37

再审申请人张某道与被申请人张某英等15人,一审被告武威市富民种业有限责任公司(以下简称富民公司)、王某萍、张某昶、张某麟、王某,一审第三人张升某案外人执行异议之诉案

案号:(2020)最高法民申104号

主要争议焦点

张某英等15人对案涉执行标的是否享有足以排除强制执行的民事权益。

简要案情

张涛某向德源公司借款400万元,之后,德源公司将400万元打入张涛某指定收款人张升某的账户,张升某出具不可撤销担保承诺书。借款到期后,张涛某未还款,给德源公司出具还款计划承诺书,承诺一次性还款,将其土地、厂房、设备、房屋

等作为抵押及质押的公司种子转为商品玉米以每公斤2元处置。张涛某与德源公司方签订《购销合同》,约定德源公司购买张涛某商品玉米约300万斤。张涛某出具还款承诺书,承诺欠德源公司借款将富民公司院内的175万公斤玉米以买卖方式处置给德源公司,用货抵顶欠款。之后,当事人各方发生纠纷。

案情详解

张某英等15名原告起诉请求,(1)依法确认贵院因被告张某道与被告富民公司、张涛某、王某萍借款纠纷执行一案保全的1600吨商品玉米变卖提存价款1 934 220元归15名原告所有,并停止对该财产的执行;(2)判令本案5名被告共同承担本案的全部诉讼费用。

被告张某道辩称,(1)原告并没有取得涉案玉米的所有权;(2)《购销合同》是否成立并不能证实涉案玉米的所有权已经发生变化;(3)原告不能以与富民公司之间的债权来对抗涉案玉米的物权归属;(4)原告进行行政诉讼并不能确认涉案玉米的所有权就归原告;(5)法院变卖涉案玉米的提存价款应当向被告发放。综上请求依法驳回原告的各项诉讼请求。

被告富民公司未到庭答辩。

被告王某萍辩称,我不知道在富民公司院子里的玉米是谁的,原告的诉讼请求应该支持。

被告王某辩称,同意被告张某道的答辩意见。

第三人张升某述称,原告的诉讼请求成立。

一审法院查明:2013年6月13日张涛某向德源公司出具借据一张,约定张涛某向德源公司借款400万元,借期从2013年6月13日至7月12日,张涛某承诺其同时存在其他类似借款。2013年6月13日德源公司将400万元打入张涛某指定收款人张升某的账户。借款到期后,张涛某未还款,于2014年4月11日给德源公司出具还款计划承诺书,承诺于2014年5月5日前一次性还款,将名下土地、厂房、设备、房屋等作为抵押及质押的公司种子转为商品玉米以每公斤2元处置。2014年11月11日张涛某作为甲方及销售方,德源公司作为乙方及购买方签订《购销合同》,约定乙方购买甲方商品玉米约300万斤,交货地点为富民公司,时间为2014年11月20日,甲方应在乙方提供相关确认文件后5日内交货,收购款为甲方所欠乙方欠款，已付清。同月15日张涛某出具还款承诺书，承诺其欠德源公司借款将属于其本人收购于富民公司院内的175万公斤玉米以买卖方式处置给德源公司所有，用货抵顶欠款，剩余保证在2014年11月30日前一次性还清。张升某当庭陈述2014年11月15日其接到张涛某电话，说抵顶给德源公司的商品玉米已经给德源公司办理了手续，其按照张涛某书写的手续把玉米交给德源公司钱会计、李某明、何某成，清点后大约有果穗150万公斤，果粒25万公斤，并经张涛某同意将玉米暂时存放在富民公司由德源公司雇人看管，后来张涛某喝药了，经德源公司同意其还拉走了四车的玉米变卖了大约25万元救人。法院查封时其只得配合，实际抵债交给德源公司的玉米是张涛某个人在东河乡陈家寨村种植的，交货那天这些玉米就属于德源公司了，与富民公司没有关系。2014年8月18日张某道与张涛某及富民公司、王某萍、王某签订借款契约，张某道将400万元出借给张涛某、富民公司和王某萍，王某系该借款的连带担保人，双方并约定了借款期限和利率，后张涛某偿还部分借款及利息。2014年12月25日张某道向一审法院提出申请，要求对富民公司院内的1600吨玉米予以诉前保全，同日一审法院作出（2015）武中民保字第1号民事裁定，对富民公司位于凉州区怀安乡二十里村的1600吨玉米予以查封扣押，因玉米数量大，故一审法院在查封时实际没有过秤，仅为估算。2014年12月29日陈某标提出保全异议书，要求解除被扣押的富民公司玉米籽约180吨及玉米约240吨，一审法院审查后，作出（2015）武中民保字第1～2号民事裁定，解除扣押玉米的查封，张某道于2015年1月16日向一审法院提起民间借贷纠纷诉讼，一审法院审理后于2015年5月14日作出（2015）武中民初字第16号民事判决：（1）富民公司、王某萍偿还张某道借款1 746 601.24元，利息自2014年12月17日按中国人民银行同期人民币贷款基准利率的4倍计付至本判决生效之日止；（2）王某萍、张某昶、张某麟在继承张涛某遗产范围内对上述款项承担偿还责任；（3）王某对上述第一项确定债务承担连带责任，清偿后可向富民公司、王某萍追偿；（4）驳回张某道其他诉讼请求。2014年12月9日富民公司向兰州银行武威支行借款250万元，并于2014年12月11日与兰州银行武威支行就富民公司库房内的2500吨玉米在凉州区工商局办理了动产抵押登记。后张某英等15人向甘肃省武威市凉州区人民法院提起行政诉讼，要求撤销动产抵押权登记，该院判决驳回兰州银行武威支行诉讼请求，该案二审法院审理后认为案涉抵押物在凉州区工商局办理动产抵押登记前,富民公司原法定代表人张涛某已将案涉抵押物移交给德源公司进行了以物抵债,该事实充分证明办理动产抵押的抵押物库存玉米明显存在权属争议,案涉抵押物属于法律禁止设定抵押权的标的物,兰州银行武威支行在签订抵押担保合同前没有对抵押物的权利归属、数量等进行严格审查核实,凉州区工商局作出动产抵押登记亦没有尽到审查义务,没有对富民公司书面提供的抵押物的财产权属进行审查核实而当场出具的抵押登记存在明显不当,动产抵押登记行为违反法律强制性规定,应予撤销,作出(2018)甘06行终5号行政判决,撤销凉州区人民法院一审行政判决和武威市凉州区工商管理局2014年12月11日作出的凉州动押2015-27号动产抵押登记书,一审法院(2015)武中民初字第16号民事判决生效执行过程中,张某英等15人对一审法院查封扣押在富民公司院内的玉米提出执行异议,认为该查封玉米其已购买,应由其所有,请求将提存的玉米变价款1 934 220元向其发放,一审法院审理后,认为武威市工商行政管理局凉州分局作出的动产抵押登记书已被撤销,是行政机关不当履职行为的结论,并不能说明玉米使用权的归属,故驳回张某英等15人异议请求。就案涉玉米款,案外人陈某标于2015年3月23日向一审法院提起诉讼,以张某生,王某萍、张某昶、张某麟为被告,要求依法分割其与张某生、张涛某合伙种植玉米26 095.14吨,成本价341万元。一审法院审理后,于2018年5月9日作出(2015)武中民初第30号民事裁定,以案涉玉米在该院审理的另一案件中已被查封、扣押,该标的物处于非正常状态,应当由其依据《民事诉讼法》第227条①的规定主张权利,遂驳回其起诉,宣判后,陈某标提起上诉,该院于2018年6月15日裁定驳回上诉,维持原裁定。2018年5月14日陈某标、张某生以案外人身份就一审法院查封的富民公司院内玉米向一审法院提出执行异议,一审法院审理后,认为案外人对被查封的标的物主张所有权,应通过诉讼程序予以确权,该主张不属于执行程序中应解决的问题,故一审法院作出(2018)甘06执异23号执行裁定驳回案外人陈某标、张某生异议请求。陈某标、张某生遂以案外人身份起诉该案富民公司、张某道、王某萍、张某昶、张某麟、王某执行异议之诉,要求:(1)不得执行一审法院保全的富民公司院内玉米棒脱粒变卖提存价款;(2)请求确认一审法院保全的富民公司院内玉米棒已脱粒变卖提存款1 934 220元归其

① 现为《民事诉讼法》(2021年)第234条。

所有并予给付，并向一审法院提供与张涛某签订的合伙种植协议书、粮权确认书、入股收据及农副产品调拨凭证，证明2014年3月10日其二人与张涛某合伙在凉州区东河乡陈家寨村种植玉米2000亩，张涛某入股100万元，其二人各入股50万元，2014年10月玉米收获后陆续拉进富民公司院内，现张某道申请一审法院对玉米查封，张某道、王某萍及王某在陈某标、张某生一案的审理中均当庭认可存放在富民公司的玉米系从东河乡陈家寨村拉回来的，陈某标、张某生亦认可从东河乡陈家寨村拉回的玉米存放于富民公司院内期间有部分拉出去过，认为拉出去的是张涛某的玉米，具体数量不清楚，但未举证证明陈某标、张某生与张涛某合伙账务至今没有清算。因一审法院对查封的玉米果穗（玉米棒）没有过秤，提存款系玉米粒出售后得款，故二审中经询问，双方当事人均认可玉米果穗每斤出籽率大概为60%，陈某标、张某生在起诉本案被告富民公司、张某道第三人王某萍、张某昶、张某麟、王某等另一执行异议之诉案件中均认可玉米果穗每斤出籽率为55%，故一审法院对查封的玉米果穗携每斤出籽率按双方认可的平均出粒率57.5%认定。一审法院在执行期间，因查封扣押的玉米堆放易腐烂等原因，一审法院组织对查封的玉米棒脱粒和已查封的玉米粒总计1036.86吨进行了出售，其中场地堆放1018吨，每吨2000元价款2 036 000元，库房内18.86吨，每吨1800元，价款33 948元，出售后总价款2 069 948元，扣除脱粒费、看管费等135 728元，剩余玉米变价款1 934 220元由一审法院提存。一审法院在查封扣押期间为防止玉米霉变，经一审法院同意张升某雇佣人员翻晒玉米，支付人工费26 000元。对此该案双方当事人及另一执行异议之诉案件中的原告、被告及第三人均无异议。一审法院执行时对库房内没有异议的18.86吨玉米询问富民公司张涛某之兄张某财，其称该部分玉米系富民公司的财产，一审法院已确认该18.86吨系富民公司的玉米。另查明，两案双方争议的标的均为一审法院已查封扣押玉米提存款的所有权，本案的审理结果将作为另一执行异议案件的依据，故对陈某标、张某生诉富民公司、张某道、王某萍、张某昶、张某麟、王某执行异议之诉一案一审法院已作出中止诉讼裁定中止诉讼。

二审法院另查明，就案涉玉米款，张某英等15人于2015年2月6日向一审法院提起诉讼，以王某萍、张某昶、张某麟、张升某为被告，要求偿还借款400万元，请求确认存放在富民公司院内的商品玉米归张某英等15人所有。该案在审理过程中，于2015年4月20日中止审理，后于2018年4月18日撤回起诉。在另案陈某标、张某生诉张某道、富民公司,第三人王某萍案外人执行异议之诉一案一审开庭审理中,法庭询问陈某标:"原告,粮权确认书签订后你们为什么没有及时脱粒拉走自己的玉米?"陈某标回答:"脱粒烘干有个过程,主要原因还是小额贷款公司在门口搭建了帐篷,不能及时拉走。"一审法院作出的(2018)甘06行终5号行政判决,认定:"二审另查明,2014年11月11日,富民公司法定代表人张某财对因拖欠德源小贷公司借款,与德源小贷公司签订购销合同,将案涉的位于富民公司院内库存的175万斤商品玉米通过买卖方式抵债处置,并于2014年11月15日交付给德源小贷公司。"

裁判结果

一审法院判决,(1)对一审法院作出的(2015)武中民保字第1号民事裁定查封扣押的玉米1600吨变价提存款1 934 220元不得执行;(2)对一审法院作出的(2015)武中民保字第1号民事裁定中查封扣押的玉米提存款1 934 220元扣除富民公司库存玉米33 948元及张升某翻晒玉米人工费用26 000元后,其余归张某英等15人所有;(3)驳回张某英等15人的其他诉讼请求。张某道不服一审判决,向二审法院提起上诉,二审法院判决,驳回上诉,维持原判。张某道不服二审判决,向最高人民法院申请再审,最高人民法院裁定,驳回张某道的再审申请。

案例38

再审申请人中诚信托有限责任公司(以下简称中诚公司)与被申请人马某杰、一审第三人沈阳圣地雅阁房地产开发有限公司(以下简称圣地雅阁公司)案外人执行异议之诉系列纠纷案

案号:(2018)最高法民申2185号

主要争议焦点

马某杰对案涉房屋是否享有足以排除人民法院强制执行的民事权益。

简要案情

2010年8月5日,薛某利等人向圣地雅阁公司支付购房款,与圣地雅阁公司签订欧风小镇项目情景洋房认购协议书,薛某利等人与圣地雅阁公司大部分未签订《商品房买卖合同》。2010年8月10日,圣地雅阁公司与中诚公司在沈阳市规划和国土资源局棋盘山国际风景旅游开发区分局办理了国有土地使用权抵押登记。2010年8月24日,圣地雅阁公司与中诚公司在沈阳市房产局办理了在建工程抵押登记,抵押物包括查封房屋。之后,各方当事人因合同履行发生纠纷。

案情详解

马某杰起诉请求,(1)解除对沈阳市东陵区世博东街30-3号1-5/6-1号房屋的查封;(2)确认原告为沈阳市东陵区世博东街30-3号1-5/6-1号的房屋所有权人;(3)诉讼费由圣地雅阁公司、中诚公司承担。

中诚公司辩称,原告既未取得对涉案房屋建筑物的所有权,也未实际合法占有涉案房屋建筑物。

圣地雅阁公司辩称,同意原告的主张。

一审法院查明,圣地雅阁公司于2010年8月5日取得欧风小镇(一期)1~8#住宅的商品房预售许可证。薛某利等人向圣地雅阁公司支付购房款。薛某利等自然人与圣地雅阁公司签订欧风小镇项目情景洋房认购协议书。薛某利等人不同时间段交纳了购房款若干元。欧风小镇项目情景洋房认购协议书签订后,薛某利等自然人与圣地雅阁公司大部分未签订《商品房买卖合同》。2010年8月10日圣地雅阁公司与中诚公司在沈阳市规划和国土资源局棋盘山国际风景旅游开发区分局办理了国有土地使用权抵押登记。2010年8月24日,圣地雅阁公司与中诚公司在沈阳市房产局办理了在建工程抵押登记,抵押物包括查封房屋。

2013年9月18日,北京市第二中级人民法院作出(2013)二中民初字第00008号民事判决:(1)圣地雅阁公司于本判决生效后10日内偿还中诚公司欠款人民币6800万元并支付利息;(2)中诚公司对编号为棋盘山他项(2010)第019号土地他项权证上载明的抵押物、对编号为沈房建中心字第10000895号在建工程抵押登记证明上载明的抵押物(包括查封房屋)享有优先受偿权。2014年1月9日,中诚公司向北京市第二中级人民法院申请强制执行。2014 年 2 月 19 日,北京市第二中级人民法院预查封了查封房屋。后北京市第二中级人民法院委托一审法院执行。一审法院执行中,薛某利等自然人提出异议,一审法院作出执行裁定书,以“原告未实际占有房屋”为由裁定驳回薛某利等自然人的异议。2015 年 8 月 31 日,辽宁世信房地产土地与资产评估有限公司受一审法院委托对包括查封房屋在内的欧风小镇(一期)1 ~ 8#住宅进行价值评估,出具房地产估价结果报告载明:2015 年 6 月 10 日现场勘查时,欧风小镇(一期)1 ~ 8#住宅均为在建工程,主体封顶,门窗安装完毕,处于停工闲置烂尾状态,园区内杂草丛生,消防管线未安装,电、地热随主体及砌筑预埋管线,用水管线尚未接入。

裁判结果

一审法院判决,(1)不得执行位于沈阳市东陵区世博东街案涉房屋;(2)驳回薛某利等自然人其他诉讼请求。案件受理费由圣地雅阁公司负担。中诚公司不服一审判决,向二审法院上诉,二审法院判决,驳回上诉,维持原判。中诚公司不服二审判决,向最高人民法院申请再审,最高人民法院裁定,驳回中诚公司的再审申请。

案例 39

再审申请人辽宁李世房产开发有限公司(以下简称李世公司)与被申请人贺某、一审被告辽宁东方船舶海洋渔业有限公司(以下简称东方公司)、一审被告辽宁远洋速冻冷藏有限公司、一审被告交通银行股份有限公司沈阳和平支行案外人执行异议之诉纠纷案

案号:(2018)最高法民申 4900 号

主要争议焦点

李世公司是否享有案涉协议解除权以及就案涉房产是否享有足以排除强制执行的民事权益。

简要案情

2001年6月26日,李世公司与被告东方公司签订《关于转让、移交和接收北行农贸市场地下及一楼营业大厅的协议》。2011年7月6日,李世公司因房屋买卖合同纠纷以东方公司为被告向法院提起诉讼,一审法院就该案作出民事判决书,判决东方公司给付李世公司800万元转让款和80万元违约金。李世公司作为第三人参加中国建设银行股份有限公司沈阳皇姑支行、东方公司、韩某颖借款合同纠纷一案,贺某认为案涉房屋李世公司已向东方公司移交。之后,各方当事人因合同履行发生纠纷。

案情详解

李世公司起诉请求:(1)判令终止(2002)沈中执字第586号、(2012)沈中执字第235号执行案件对位于沈阳市皇姑区长江街93号北行农贸市场一楼房产的强制执行,并解除查封(价值1500万元);(2)判令沈阳市皇姑区长江街93号北行农贸市场一楼房产归李世公司所有;(3)诉讼费由被告承担。

贺某辩称,涉案房产为被执行人东方公司所有,李世公司的诉讼请求没有事实和法律支持,请依法驳回其起诉。

被告交通银行股份有限公司沈阳皇姑支行、东方公司、辽宁远洋速冻冷藏有限公司未提交书面答辩。

一审法院查明:李世公司(乙方)于2000年8月9日与沈阳市土地管理局(甲方)签订沈土出合字[2000]73号《国有土地使用权出让合同》,内容约定:甲方出让给乙方的土地位于沈阳市皇姑区长江街51号,面积为15 086平方米。2001年6月26日,李世公司(甲方)与被告东方公司(乙方)签订《关于转让、移交和接收北行农贸市场地下及一楼营业大厅的协议》,约定:甲、乙双方于2000年8月18日签订了乙方购买北行农贸市场地下营业大厅的协议,又于2000年11月21日签订了关于北行农贸市场一楼营业大厅交接协议。两个协议签订之后,乙方已经先行接收了北行农贸市场地下营业大厅,并进行招商。2011年7月6日,李世公司因房屋买卖合同纠纷以东方公司为被告向法院提起诉讼。该案审理过程中,一审法院应李世公司申请对案涉房屋进行司法预查封。一审法院就该案作出(2011)沈中民二初字第70号民事判决书，判决东方公司给付李世公司800万元转让款和80万元违约金。上述民事判决书现已生效。2012年12月24日，李世公司向东方公司发出合同终止函。2012年12月26日，李世公司在《辽宁法制报》向东方公司刊发公告，内容为：李世公司决定于2012年12月25日起解除与东方公司签订的所有关于转让北行农贸市场地下及一楼营业大厅的相关合同。如东方公司对解除合同有异议，请于公告发布15日内以书面形式与李世公司联系。

李世公司作为第三人因与中国建设银行股份有限公司沈阳皇姑支行、东方公司、韩某颖借款合同纠纷一案，不服沈阳市皇姑区人民法院(2004)沈皇民二合初字第717号民事判决向一审法院申请再审。一审法院于2013年5月12日作出(2013)沈中民申字第61号民事裁定，提审该案。并于2014年3月6日作出(2014)沈中民提字第40号民事裁定，撤销(2004)沈皇民二合初字第717号民事判决，发回沈阳市皇姑区人民法院重审。沈阳市皇姑区人民法院重审后作出(2014)皇民初再字第6号民事判决，判决说理部分有如下内容：经查，北行农贸大厅是由李世公司投资兴建的，工程尚未完工时双方签订了《移交协议》，该协议虽经沈阳市中级人民法院(2011)沈中民二初字第70号民事判决确认东方公司给付李世公司拖欠转让款800万元及违约金80万元，该份判决确认的只是双方之间存在债权关系，并未改变物权状态。因双方未依法办理不动产的变更登记，该物权仍归属李世公司。中国建设银行股份有限公司沈阳皇姑支行对该判决不服向一审法院院提起上诉，该案尚未审结。案涉房屋现尚未办理产权手续，建设单位为李世公司。一审法院于2015年7月1日作出(2015)沈中执异字第248号执行裁定书，认定交通银行沈阳分行于2004年6月7日将该案执行债权转让给中国信达资产管理公司沈阳办事处，该办事处又于2004年6月7日将前述截至2014年12月31日的债权本息转让给贺某，并以公告方式通知了义务人，并裁定变更申请人贺某为(2002)沈法执字第586号一案的共同申请执行人，在其所受让的债权范围内享有相应权利。一审法院于2015年7月2日作出(2015)沈中执异字第250号执行裁定书，认定中国长城资产管理公司沈阳办事处于2012年11月11日，将该案执行债权本金及截至当日的相应利息转让给张某，张某又于2014年11月26日将前述债权本金及截至当日的相应利息转让给贺某，并以公告方式通知了义务人，并裁定变更申请人贺某为(2012)沈中执字第235号一案的申请执行人。上述案件的被执行人均为东方公司及辽宁远洋速冻冷藏有限公司。前述司法预查封到期后，李世公司未申请续期。贺某执行一案遂由轮候转为首封。一审法院在（2002）沈法执字第586号案件执行过程中，于2015年8月17日作出公告，依法对案涉房屋予以查封。

裁判结果

一审法院判决：（1）不得执行坐落于沈阳市皇姑区长江街93号北行农贸市场一楼建筑物；（2）驳回原告李世公司的其他诉讼请求。案件受理费111 800元，由被告贺某负担。（2015）沈中执异字第516号执行裁定书于本判决生效时自动失效。贺某不服一审判决，向二审法院提起上诉，二审法院判决：（1）撤销沈阳市中级人民法院（2016）辽01民初313号民事判决；（2）驳回李世公司的诉讼请求。李世公司不服二审判决，向最高人民法院申请再审，最高人民法院裁定，驳回李世公司的再审申请。

案例40

再审申请人余某与被申请人管某莉、一审第三人甘肃华大房地产开发集团有限公司（以下简称华大公司）案外人执行异议之诉案

案号：（2020）最高法民申1492号

主要争议焦点

余某对案涉房屋是否享有足以排除强制执行的民事权益。

简要案情

余某与华大公司签订《商品房买卖合同》，约定余某购买华大公司位于丰泽园A区12号住宅楼一单元×××室房屋（以下简称涉案房屋）。签订合同之前，因余某、何某投资设立的张掖市甘霖信用担保有限责任公司（以下简称甘霖公司）对华大公司享有债权，华大公司将部分债务抵充购房款，向余某出具收款收据一张，收款事由是涉案房屋房款。管某莉与华大公司、雷某辉、梁某琴民间借贷纠纷一案，

法院一审该案作出民事调解书确定，华大公司欠原告管某莉借款 590 万元。华大公司在调解书确定的期限内没有履行义务，管某莉申请执行。一审法院对华大公司名下商铺 37 间，商品房 40 套进行查封。余某提出执行异议，一审法院驳回余某的异议请求，余某不服提起本案诉讼。

案情详解

余某起诉请求：(1)立即停止对张掖市中级人民法院(2018)甘 07 执 9 号之四执行裁定书中所列房屋一套，即涉案房屋的强制执行，并解除查封；(2)被告承担一切诉讼费用。

管某莉辩称，原告述称的事实不能成立，也不能排除执行，请法庭驳回原告的诉讼请求。

华大公司述称，对于涉案房屋我公司已给住户开具了发票。我公司同意原告的诉讼请求。

一审法院查明：2012 年 5 月 20 日，余某与华大公司签订了《商品房买卖合同》，约定余某购买华大公司涉案房屋。签订合同之前，因余某、何某投资设立的甘霖公司对华大公司享有债权，华大公司将部分债务抵充购房款，向余某出具收款收据一张，收款事由是涉案房屋房款。5 月 21 日，余某与张掖市华腾物业管理有限责任公司签订了《前期物业服务管理协议》，并作为业主签署了消防安全责任书。余某还交纳了维修基金、天然气安装费、地下室、地下车库费用，以及采暖费、水电费、2012～2016 年物业费和 2014 年数字电视费，办理了天然气充值卡，并在此期间占有、使用房屋。因该房屋所在小区办理产权资料不全等问题，至 2018 年 5 月方才办理了初始登记，一审法院于 2018 年 8 月查封了初始登记在华大公司名下包括涉案房屋在内的房产。

管某莉与华大公司、雷某辉、梁某琴民间借贷纠纷一案，该院作出(2017)甘 07 民初 45 号民事调解书，调解书确定：被告华大公司欠原告管某莉借款 590 万元，于 2017 年 12 月 20 日之前向原告管某莉支付 190 万元，2018 年 6 月 30 日之前支付 400 万元。华大公司在调解书确定的期限内没有履行义务，管某莉申请执行。一审法院对华大公司名下商铺 37 间，商品房 40 套进行查封。8 月 18 日华大公司提出执行异议，一审法院驳回华大公司的执行异议。余某于 2019 年 1 月 8 日提出执行异议，一审法院驳回余某的异议请求，余某不服提起本案诉讼。一审判决关于“因余某投资设立的甘霖公司对华大公司享有债权，华大公司将部分债务抵充购房款”的事实无充分证据证实，二审法院不予认定，对一审查明的其他事实二审法院予以确认。

裁判结果

一审法院判决，不得执行余某主张权利的涉案房屋。管某莉不服一审判决，向二审法院提起上诉。二审法院判决：(1)撤销甘肃省张掖市中级人民法院(2019)甘07民初10号民事判决；(2)驳回余某的诉讼请求。余某不服二审判决，向最高人民法院申请再审，最高人民法院裁定，驳回余某的再审申请。

思考与衡量

在案外人执行异议之诉案件中，核心问题就是案外人主张的权利是否足以排除强制执行，换句话来说，就是对于执行标的，是案外人的权利优先，还是申请执行人的权利优先，这就涉及权利强弱的比较问题。当然，不仅是在此类案件中会涉及权利强弱的比较排序问题，在许多类型的案件中都会涉及。如在前案例11，案由是第三人撤销之诉，同样涉及权利强弱的比较排序问题。案例37中，针对执行标的，案外人张某道主张其享有所有权，应该排除申请执行人所享有的执行债权。案例38中，中诚公司对圣地雅阁公司享有债权及案涉房屋的抵押权，案外人马某杰主张对案涉房屋享有所有权，足以排除中诚公司对案涉房屋的执行，该案属于系列案件，牵涉众多当事人。案例39中，案外人李世公司主张其对案涉房产享有物权，足以排除贺某对案涉房产的执行。案例40中，案外人余某主张其对案涉房产享有的权益，足以排除管某莉对案涉房产的执行。

案例37中，该案主要需要解决案涉查封玉米中是否有张某英等15人享有所有权的一部分以及张某道主张其对案涉查封玉米是否享有优先权等问题，还需审查“以物抵债”合法性的问题，也即对2014年11月11日张涛某与德源公司签订的购销合同和还款承诺书效力和性质进行审查，该案还涉及多个关联诉讼，仍需一并考虑。一审法院认为，张某英等15人提供的农副产品调拨凭证（另一案件中陈某标、张某生提供农副产品调拨凭证中的一部分）及在另一案件调查中张某道、王某萍、王某亦当庭认可富民公司院内的玉米系从东河乡陈家寨村拉来的陈述，与陈某标、张某生提供的合作种植协议、粮权确认书及收条等证据能够相互印证，能够证实该案案涉查封扣押玉米系富民公司原法定代表人张涛某与陈某标、张某生合伙种植，而非富民公司财产(除一审法院已确认的属富民公司18.86吨玉米外)。张某道与富民公司、张涛某、王某萍签订的抵押合同仅为未成熟玉米，未对该玉米办理登记手续，抵押合同中种植面积与实际种植面积也不相符，对成熟后玉米双方再未约定抵押，张某道在起诉的民间借贷纠纷案件中并未主张对玉米享有优先受偿，生效判决亦未确认，张某道不能证明扣押的玉米属富民公司所有或在扣押前张涛某已抵顶其所有，故张某道以此认为其应优先受偿玉米变价款的抗辩不予支持。张某英等15人要求停止执行一审法院查封扣押的富民公司院内玉米棒脱粒变卖提存价款的诉请成立，应予支持。关于张某英等15人与张涛某签订的购销合同的效力及张涛某是否已按与德源公司约定和承诺向张某英等15人出售并交付玉米的问题，经查，2014年10月张涛某和陈某标、张某生合伙种植的玉米收获后陆续拉进富民公司院内存放，同年11月2日合伙三方对存放于富民公司的玉米签订了粮权确认书确认，张涛某个人应得玉米棒为约1400吨，同年11月11日张涛某与德源公司签订的购销合同和还款承诺书是基于其借款未偿还而达成，该协议实质是张涛某将属于其所有的玉米以买卖方式顶抵了其借款，该协议和承诺书均系双方真实意思表示，且张涛某签订购销合同和还款承诺书时已实际取得了其在合伙中享有的约1400吨玉米棒的所有权，故该购销协议和还款协议不违反相关法律规定，合法有效。但购销协议约定的玉米数量及还款承诺书承诺抵顶玉米数量不一致，因购销合同签订在前，承诺书约定在后，故应按承诺书约定的玉米数量为准。张升某虽是富民公司雇佣的职工，但其同时是张涛某的兄长，在受张涛某指示处理公司事务的同时受张涛某指派处理张涛某个人事务符合本案实际，《合同法》(已失效)第133条规定标的物的所有权自标的物交付时起转移，但法律另有规定或者当事人另有约定的除外。该案中，张涛某和德源公司签订购销合同和张涛某出具还款承诺书后，张涛某指示张升某按还款承诺书承诺的玉米数量将在富民公司院内的玉米交付给德源公司的工作人员，德源公司工作人员接受交付的玉米后，因涉及的玉米数量多，存放困难及双方顶抵借款账务还未结算等原因，德源公司又将玉米继续存放在富民公司院内，并由德源公司雇人看管，故从张升某陈述及德源公司工作人员证明接受到其雇人看管过程，可以认定张涛某已按照合同约定将抵顶借款的玉米出卖并转移给了张某英等15人，双方买卖行为已实际履行，从转移时起张某英等15人对存放于富民公司院内属于张涛某合伙分得的玉米已享有所有权，虽张某道、王某抗辩张升某是张涛某借款的担保人，与张某英等15人存在利害关系，其陈述不应认定，但从双方借款到签订购销协议、前后两次还款承诺书的时间和张升某身份等综合因素能够认定张升某陈述符合一般客观规律及交易习惯，故应予认定张某道申请一审法院保全前案涉玉米已经由张涛某出卖给了德源公司顶抵了借款本息，因此张某道和王某的抗辩不予支持。德源公司注销后债权债务已被张某英等15人承接，故张某英等15人主张权利主体适格。陈某标、张某生与张涛某合伙种植的玉米收获后，根据农副产品调拨单证实实际从种植地东河乡陈家寨拉进富民公司玉米果穗（玉米棒）为2695.14吨，与双方粮权确认书确认的玉米数量基本相同，即属于陈某标、张某生的玉米数量为1300吨，属于张涛某的为1395.14吨，一审法院在执行中经审查提存的玉米粒为1036.86吨，包括场地堆放的1018吨和富民公司库房内的18.86吨，该18.86吨因双方均没有提出异议，且存放于富民公司库房内，执行阶段已认定为系富民公司所有。张升某经一审法院同意雇佣人员翻晒玉米，人工费用26 000元系为防止玉米霉变的合理花费，双方亦无异议，故该26 000元不应包括在双方争议标的内。故一审法院查封扣押属于陈某标、张某生及张涛某合伙期间种植的玉米粒应按照1018吨，变卖价款2 036 000元，扣除脱粒费、看管费等135 728元及张升某翻晒玉米人工费26 000元，应予以认定，《物权法》第106条①规定："无处分权人将不动产或者动产转让给受让人的，所有权人有权追回；除法律另有规定外，符合下列情形的，受让人取得该不动产或者动产的所有权：（一）受让人受让该不动产或者动产时是善意的；（二）以合理的价格转让；（三）转让的不动产或者动产依照法律规定应当登记的已经登记，不需要登记的已经交付给受让人。受让人依照前款规定取得不动产或者动产的所有权的，原所有权人有权向无处分权人请求赔偿损失。"该案中，从张涛某和陈某标、张某生玉米权属确认书和实际拉进富民公司的玉米数量看，属于张涛某的玉米果穗（玉米棒）为1395.14吨，张涛某在还款承诺书中承诺的果穗（玉米棒）为1500吨、玉米粒250

---

① 现为《民法典》第311条。

吨,已超过其所有的权属范围,故即便张涛某未经其他合伙人同意擅自处分了合伙财产,但张某英等 15 人作为受让人在取得该玉米所有权时并不知道系张涛某与他人的合伙财产,属于善意取得,且玉米价格也在合理范围内并已实际交付,故张某英等 15 人在张某道申请一审法院采取保全措施前已合法取得张涛某出售的玉米所有权,若张清某的行为侵犯了其他合伙人权益,张涛某去世后,其他合伙人可向其继承人追偿,按照双方认可的果穗每斤按 57.5% 出籽率核算,一审法院查封扣押玉米粒提存款 1 934 220 元扣除富民公司所有的 18.86 吨 33 948 元和张升某雇佣人员翻晒玉米的人工费 26 000 元后,属于张某英等 15 人所有的玉米变现提存款未超过张涛某承诺交付给张某英等 15 人的果穗 1500 吨(果粒约为 862.5 吨)、果粒 250 吨的变现数额。故一审法院根据张某道申请执行一审法院(2015)武中民终字第 16 号民事判决所作出的(2015)武中民保字 1 号民事裁定查封扣押的富民公司院内玉米 1600 吨变卖提存款 1 934 220 元中除富民公司所有的 18.86 吨 33 948 元和张升某雇佣人员翻晒玉米的人工费 26 000 元外,其余应属张某英等 15 人所有。

二审法院认为,依照最高人民法院《关于适用〈中华人民共和国民事诉讼法〉的解释》第 311 条关于"案外人或者申请执行人提起执行异议之诉的,案外人应当就其对执行标的享有足以排除强制执行的民事权益承担举证证明责任"的规定,案外人张某英等 15 人是否对案涉玉米的享有所有权和能否阻止执行提供证据证明,经审查,张某英等 15 人提交的证据足以证明已经取得案涉玉米的所有权并可以因此排除法院的强制执行。关于玉米出售的证据和事实,2013 年 6 月张涛某向德源公司借款 400 万元,2014 年 4 月 11 日张涛某给德源公司出具还款计划承诺书,承诺于 2014 年 5 月 5 日前一次性还款并将本人名下所有作为抵押及质押的公司种子转为商品玉米以每公斤 2 元的价格处置,若借款人同时存在其他类似借款,一旦还款产生纠纷,优先偿还此笔借款。该承诺表明张涛某早先就有将玉米抵顶德源公司借款的意思表示,2014 年 11 月 11 日,张清某与德源公司签订 300 万斤玉米《购销合同》,约定于 2014 年 11 月 20 日交货,2014 年 11 月 15 日张涛某再次出具还款承诺书,承诺将属于本人收购于怀安乡富民公司院内的 175 万公斤玉米以买卖方式处置归贵公司所有,用货抵公司欠款。可见,以向德源公司出售玉米的方式抵顶借款是张涛某和德源公司的真实意思表示。关于案涉玉米实际交付的证据和事实,经审查,首先,2015 年 6 月 10 月何某成、李某明的证明和 2015 年 6 月 12 日阚某山的证明证实2014年11月15日在富民公司院内交付玉米的事实，李某明、钱某出庭作证的证言证实交付玉米的事实与上述证明基本一致，由于德源公司的员工李某明、钱某在一审出庭作证时，德源公司已经被注销，两者不再有利害关系，李某明、钱某的证人证言应当予以采信，上述证明能够证实案涉玉米交付的事实。其次，在另案陈某标、张某生诉张某道、富民公司，第三人王某萍案外人执行异议之诉一案一审开庭审理中，陈某标陈述不能及时拉走玉米的主要原因是德源公司在门口搭建了帐篷不让拉，与上述阚某山等人证明的内容相互印证，证实在玉米交付后由德源公司看管的事实。再次，张某英等15人提供并持有的案涉玉米农副产品调拨凭证亦说明以农副产品调拨凭证为凭据交付玉米的事实。最后，张某英等15人提交的上述证人证言等证据，能够证实玉米虽然在原场地堆放，但通过张升某等人的交付由德源公司实际占有并派员工看管，已经在德源公司的掌握中，即在张某道申请一审法院查封前已经完成了交付。故根据最高人民法院《关于适用〈中华人民共和国民事诉讼法〉的解释》第108条“对负有举证证明责任的当事人提供的证据，人民法院经审查并结合相关事实，确信待证事实的存在具有高度可能性的，应当认定该事实存在”的规定，该案张某英等15人提出的证据已经证明交付事实的发生具有高度盖然性，二审法院可以确认。张某道主张没有交付玉米的事实无证据证实。关于玉米属于张涛某还是富民公司所有的证据和事实，张涛某与陈某标等人签订的《种植合作协议书》，在东河乡合作种植玉米，2014年1月2日张涛某、陈某标、张某生签订《粮权确认书》，证明储存于富民公司院内的玉米归属于张涛某个人所有，张某道认为案涉玉米属于富民公司所有的上诉理由无证据证实。关于张某英等人是否提出异议的证据和事实，2014年12月25日一审法院制作的查封（扣押）财产清单中有在场人杨某娟的签名，证明张某英等人的委托诉讼代理人杨某娟在查封现场的事实。案涉玉米被查封后张某英等人于2015年2月起诉确认玉米所有权，之后又提起本案诉讼，均说明张某英等人提出异议并积极主张其权利，张某道认为查封后张某英等人没有提异议的上诉理由亦无证据证实。

笔者认为，最高人民法院《关于适用〈中华人民共和国民事诉讼法〉的解释》第311条规定：“案外人或者申请执行人提起执行异议之诉的，案外人应当就其对执行标的享有足以排除强制执行的民事权益承担举证证明责任。”该案中，2014年4月11日张涛某给德源公司出具还款计划承诺书，承诺于2014年5月5日前一次性还款并将本人名下所有作为抵押及质押的种子转为商品玉米以每公斤2元的价格处置,若借款人同时存在其他类似借款,一旦还款产生纠纷,优先偿还此笔借款,该承诺表明张涛某早先就有将玉米抵顶德源公司借款的意思表示。2014年11月11日,张清某与德源公司签订300万斤玉米《购销合同》,约定于2014年11月20日交货,交货地点为富民公司。2014年11月15日张涛某再次出具还款承诺书,承诺将属于本人收购于怀安乡富民公司院内的175万公斤玉米以买卖方式处置归德源公司所有,用货抵欠款。因此,以向德源公司出售玉米的方式抵顶借款是张涛某和德源公司的真实意思表示。根据一审查明的事实,包括证人证言,另案原告陈某标、张某生与被告张某道、富民公司、第三人王某萍案外人执行异议之诉一案开庭审理中陈某标的陈述(不能及时拉走玉米的主要原因是德源公司在门口搭建了帐篷不让拉),以及张某英等15人提供并持有的涉案玉米农副产品调拨凭证等证据均可以证明交付玉米的事实。综上,张某英等15人提交的证据能够证实玉米虽然在原场地堆放,但已经交付德源公司实际占有并派员工看管,德源公司已取得案涉玉米的所有权并可以由此排除法院的强制执行。

关于张某道对于变卖款项是否具有优先受偿权的问题。最高人民法院《关于适用〈中华人民共和国民事诉讼法〉的解释》第90条规定:“当事人对自己提出的诉讼请求所依据的事实或者反驳对方诉讼请求所依据的事实,应当提供证据加以证明,但法律另有规定的除外。在作出判决前,当事人未能提供证据或者证据不足以证明其事实主张的,由负有举证证明责任的当事人承担不利的后果。”该案中,张某道与富民公司、张涛某、王某萍签订了抵押合同,但未办理登记手续,且抵押合同中种植面积与实际种植面积不相符。张某道在其起诉的民间借贷纠纷案件中并未主张对玉米享有优先受偿,生效判决亦未确认,张某道不能证明扣押的玉米属富民公司所有或在扣押前张涛某已抵顶其所有,张某道认为其对玉米变价款具有优先权的再审申请理由不成立。

案例38中,该案涉及涉诉房地产项目诸多套房产和诸多当事人,审理该案时已经有关联案件69起,这是一起涉众类案件,涉及多个购房自然人、多套房产,社会影响面较大。一审法院认为,首先,薛某利等自然人提供了其与第三人圣地雅阁公司签订的欧风小镇情景洋房认购协议书、圣地雅阁公司出具的专用收款收据,圣地雅阁公司对此予以认可,由此可见,薛某利等自然人的举证基本形成证据链条,证明其与圣地雅阁公司之间存在房屋买卖关系。中诚公司虽然对此不予认可，但未能提供充分证据足以推翻或否定薛某利等自然人的主张。其次，关于薛某利等自然人与圣地雅阁公司签订的欧风小镇情景洋房认购协议书是否认定为商品房买卖合同的问题。对此问题，应从协议的内容、性质进行全面的考察，根据最高人民法院《关于审理商品房买卖合同纠纷案件适用法律若干问题的解释》第 5 条的规定："商品房的认购、订购、预订等协议具备《商品房销售管理办法》第十六条规定的商品房买卖合同的主要内容，并且出卖人已经按照约定收受购房款的，该协议应当认定为商品房买卖合同。"薛某利等自然人与圣地雅阁公司签订的认购书中载明了双方当事人的具体身份信息，约定了明确的房屋位置及购房款金额，薛某利等自然人亦按约定交纳了全额购房款，圣地雅阁公司对此予以认可，故可以认定薛某利等自然人与圣地雅阁公司签订的欧风小镇情景洋房认购协议书系双方就案涉房屋买卖真实意思表示，内容并未违反法律、行政法规强制性规定，应为合法有效，具备商品房买卖合同性质。最后，根据最高人民法院《关于人民法院民事执行中查封、扣押、冻结财产的规定》第 17 条的规定，被执行人将其所有的需要办理过户登记的财产出卖给圣地雅阁公司，圣地雅阁公司已经支付部分或者全部价款并实际占有该财产，但尚未办理产权过户登记手续的，人民法院可以查封、扣押、冻结；圣地雅阁公司已经支付全部价款并实际占有，但未办理过户登记手续的，如果圣地雅阁公司对此没有过错，人民法院不得查封、扣押、冻结。就该案争议而言，首先，从订立合同及交付购房款来看，如前所述，可以认定薛某利等自然人与圣地雅阁公司之间订立了房屋买卖合同并支付了全额购房款。其次，从房屋实际占有及办理产权过户登记情况来看，因上述规定系针对已竣工验收且具备交付条件及办理过户登记的执行标的，在此条件下已经办理入住手续、实际占有该财产并办理过户登记是阻却执行的有效依据。而该案特殊之处在于作为执行标的的案涉房屋属于在建工程且至今尚未办理竣工验收，并不具备办理产权过户登记的条件，薛某利等自然人在此过程中并没有过错，薛某利等自然人的购房行为应受法律保护，属于该条规定的人民法院不得查封的适用情形。最后，从当事人双方各自行为发生时间先后来看，中诚公司与圣地雅阁公司之间签订《借款合同》时间、办理包括案涉房屋在内的在建工程抵押登记时间、起诉时间、法院办理预查封时间均发生在薛某利等自然人与圣地雅阁公司第一笔付款时间之后，对薛某利等自然人付款时间在先的事实一审法院予以确认。综上所述,薛某利等自然人作为案外人就执行标的即案涉房屋享有足以排除中诚公司请求对该房屋申请强制执行的民事权益,对于薛某利等自然人提出判决不得执行该房屋的诉讼请求,应予支持。关于薛某利等自然人主张确认查封房屋所有权及协助其办理过户登记的诉讼请求,因查封房屋尚未竣工验收,未交付使用,故薛某利等自然人主张确认房屋所有权,不予支持。

二审法院认为,该案系案外人执行异议之诉,关键问题在于案外人薛某利等自然人就执行标的即案涉房屋是否享有足以排除中诚公司请求对该房屋申请强制执行的民事权益。根据最高人民法院《关于人民法院民事执行中查封、扣押、冻结财产的规定》第17条①的规定:"被执行人将其所有的需要办理过户登记的财产出卖给第三人,第三人已经支付部分或者全部价款并实际占有该财产,但尚未办理产权过户登记手续的,人民法院可以查封、扣押、冻结;第三人已经支付全部价款并实际占有,但未办理过户登记手续的,如果第三人对此没有过错,人民法院不得查封、扣押、冻结。"该案中,薛某利等自然人与圣地雅阁公司签订了欧风小镇情景洋房认购协议书,圣地雅阁公司为薛某利等自然人出具了缴纳购房款的收款收据。从欧风小镇情景洋房认购协议书的主要内容看符合最高人民法院《关于审理商品房买卖合同纠纷案件适用法律若干问题的解释》第5条所规定的可以认定为商品房买卖合同的要件,且协议书系双方就案涉房屋买卖的真实意思表示,内容并未违反法律、行政法规强制性规定,应为合法有效,一审认定该协议书具备商品房买卖合同性质是正确的。由此可以认定薛某利等自然人与圣地雅阁公司之间订立了房屋买卖合同并支付了全额购房款。因为案涉房屋属于在建工程且至今尚未办理竣工验收,不具备办理产权过户登记的条件,所以薛某利等自然人无法办理产权过户登记,故薛某利等自然人在此过程中并没有过错。薛某利等自然人的购房行为应受法律保护,属于该条规定的人民法院不得查封的适用情形。

笔者认为,该案涉及众多当事人,社会影响面较大,在审理该案时,应该充分考虑该案的社会效果、社会影响、自然人的生存权等,在法律适用上,应该充分考虑中

---

① 该条已被修改,现行规定为:"被执行人购买需要办理过户登记的第三人的财产,已经支付部分或者全部价款并实际占有该财产,虽未办理产权过户登记手续,但申请执行人已向第三人支付剩余价款或者第三人同意剩余价款从该财产变价款中优先支付的,人民法院可以查封、扣押、冻结。"

诚公司对案涉房屋享有抵押权，应该比较抵押权与马某杰对案涉房屋所享有的民事权益的强弱。该案中，中诚公司对圣地雅阁公司享有债权及案涉房屋的抵押权，已经被北京市第二中级人民法院以（2013）二中民初字第00008号民事判决予以确认。北京市第二中级人民法院依据该判决对圣地雅阁公司采取执行措施，查封了案涉房屋，案外人马某杰提出执行异议未获得人民法院支持，引起本案案外人执行异议之诉。最高人民法院《关于人民法院民事执行中查封、扣押、冻结财产的规定》第17条规定："被执行人将其所有的需要办理过户登记的财产出卖给第三人，第三人已经支付部分或者全部价款并实际占有该财产，但尚未办理产权过户登记手续的，人民法院可以查封、扣押、冻结；第三人已经支付全部价款并实际占有，但未办理过户登记手续的，如果第三人对此没有过错，人民法院不得查封、扣押、冻结。"根据上述规定，第三人对案涉房屋排除强制执行的三个基本要件是：已经支付全部价款、实际占有、对未办理过户登记手续没有过错。其一，马某杰已经支付全部价款。2010年7月28日，圣地雅阁公司与马某杰签订欧风小镇情景洋房认购协议书，约定圣地雅阁公司将案涉房屋出售给马某杰，合同内容符合最高人民法院《关于审理商品房买卖合同纠纷案件适用法律若干问题的解释》第5条的规定，该协议是双方的真实意思表示，不违反法律、行政法规的强制性规定，双方的房屋买卖行为应受法律保护。中诚公司虽主张圣地雅阁公司与马某杰之间存在恶意串通损害其合法权益的行为，但未提供证据证明，不予支持。马某杰按照合同约定支付了全部购房款434 228元，圣地雅阁公司为其出具了收款收据。其二，马某杰实际占有案涉房屋。中诚公司举示了辽宁世信房地产土地与资产评估有限公司出具的房地产估价结果报告，拟证明案涉房屋所在工程处于停工闲置烂尾状态，根本不具备居住条件。需要说明的是，法律上的实际占有并非限定于实际使用，只要案涉财产处于权利人实际管控中即可。该案中，马某杰提供了准住通知单等证据证明其已实际占有案涉房屋。其三，马某杰对未办理过户登记手续没有过错。因案涉房屋属于在建工程且至今尚未办理竣工验收，客观上不具备办理产权过户登记的条件。马某杰虽未取得案涉房屋的所有权，但并非其自身原因导致，马某杰对案涉房屋未办理过户登记手续并没有过错。根据上述分析，马某杰的执行异议符合最高人民法院《关于人民法院民事执行中查封、扣押、冻结财产的规定》第17条的规定。一审、二审法院认定马某杰对案涉房屋享有足以排除人民法院强制执行的民事权益，并无明显不当,应予维持。

案例39中,该案主要应该解决李世公司是否享有对案涉协议的解除权,是否对案涉房产享有足以排除强制执行的民事权益等问题。一审法院认为,《民事诉讼法》第13条第2款规定:“当事人有权在法律规定的范围内处分自己的民事权利和诉讼权利。”在民事诉讼中当事人享有在法律规定的范围内,依自己意志,自由决定是否行使以及如何行使自己的程序权利和实体权利的自由。该案中,在案涉转让协议履行过程中东方公司为违约方,李世公司可以要求东方公司继续履行协议或要求解除转让协议。李世公司虽然选择起诉东方公司继续履行协议并经法院生效判决予以支持,但在该案执行过程中被执行人东方公司暂无财产可供执行,李世公司诉讼权益并未得到最终救济。因此李世公司在该院作出终结本次执行裁定之后选择放弃其享有的向法院申请继续执行(2011)沈中民二初字第70号民事判决的诉讼权利,进而请求解除合同属于其实行民事诉讼处分权的行为。该解除行为发生在本次执行查封之前,在现有证据不能证明李世公司解除合同行为存在规避法律,损害国家、集体、他人的合法利益或者恶意诉讼的情况下,李世公司上述解除合同行为并无不妥。案涉转让协议中关于转让北行农贸市场一楼营业大厅的相关合同应自李世公司解除公告所载明的2012年12月25日起解除。因该案各方当事人均未诉请要求一审法院对合同解除后果予以处理,各利益相关方可另行起诉,主张其合法民事权益。关于贺某所主张的李世公司合同解除权已超过一年除斥期,最高人民法院《关于审理商品房买卖合同纠纷案件适用法律若干问题的解释》第15条规定,对方当事人没有催告的,解除权应当在解除权发生之日起一年内行使;逾期不行使的,解除权消灭。该案中解除权发生之日应为一审法院作出(2012)沈中执字第142号终结本次执行裁定书之日,即2012年10月19日。理由如下:首先,李世公司是依据《合同法》第94条[①]的规定,即当事人一方迟延履行债务或者有其他违约行为致使不能实现合同目的当事人可以解除合同,而行使法定解除权。因此解除权发生之日应为李世公司知道或应当知道东方公司违约行为已致使合同目的无法实现之时。其次,在(2012)沈中执字第142号案件执行过程中李世公司仅在一审法院穷尽所有财产调查手段仍未发现东方公司有可供执行财产并作出终结

① 现为《民法典》第563条。

本次执行裁定之后才最终明确转让合同目的已无实现可能，故自2012年10月19日起算，李世公司向东方公司发出合同终止函及登报刊发解除公告均未超出上述一年除斥期间，故对贺某该项主张不予支持。基于以上论述，案涉房屋的转让协议已经解除，李世公司作为建设单位对案涉房屋所享有的民事权益足以排除法院的强制执行，李世公司要求不得执行案涉房屋的诉请应予支持。关于李世公司要求确认案涉房屋归其所有的诉请，因不动产权属登记行政主管部门对案涉房屋权属已有明确记载，各方当事人亦未对该权属记载提出异议，故该案不宜对李世公司确权诉请予以处理。

二审法院认为，关于李世公司是否有解除权的问题。解除合同有两种方式，一种是约定解除，另一种是法定解除。法律虽赋予了权利人有解除合同的权利，但行使解除权并非无限期的，法律有规定解除期限的应按照法律规定的期限行使解除权，该案中，李世公司与东方公司在《关于转让、移交和接收农贸市场地下及一楼营业大厅的协议》中没有约定解除协议的条件和期限。既然双方没有约定解除条件和期限，应按照法律规定行使解除权。根据《合同法》第94条第1款第4项①"当事人一方迟延履行债务或者有其他违约行为致使不能实现合同目的"的规定，本案李世公司和东方公司买卖房屋的合同目的已经实现，东方公司只欠10%左右的购房款，东方公司欠付购房款并不构成根本违约情形。因此，李世公司不享有法定解除权。退一步讲，即使李世公司享有解除权，其请求已过解除期限，由于李世公司与东方公司是商品房买卖法律关系，应适用最高人民法院《关于审理商品房买卖合同纠纷案件司法解释》的规定。东方公司购买北行农贸市场地下及一楼营业大厅总价款是7600万元，给付了6800万元即89.47%的购房款，东方公司还欠付800万元，李世公司于2003年11月28日进行了催告，东方公司在催告后3个月内并未履行给付房款义务，李世公司在2003年11月28日催告后却选择了继续催告和以诉讼的方式要求东方公司给付800万元购房款。根据《合同法》第94条、最高人民法院《关于审理商品房买卖合同纠纷案件司法解释》第15条的规定，出卖人迟延交付房屋或者买受人迟延支付购房款，经催告后在3个月的合理期限内仍未履行，当事人一方请求解除合同的，应予支持，但当事人另有约定的除外。

---

① 现为《民法典》第563条。

法律没有规定或者当事人没有约定,经对方当事人催告后,解除权行使的合理期限为3个月。对方当事人没有催告的,解除权应当在解除权发生之日起一年内行使;逾期不行使的,解除权消灭。根据上述规定,经当事人催告后,解除权行使的合理期限为3个月。李世公司于2003年11月28日进行了催告,应于2004年3月1日即3个月之内行使解除权,其没有在法律规定的期限内行使解除权,其解除权消灭。所以李世公司以后进行的催告和公告行为,不产生法律效力。因法律规定解除权的期限是除斥期间,不适用中止、中断等规定,一审法院认定李世公司行使解除权自2012年10月19日起计算属认定事实不清,适用法律不当,应予纠正。由于李世公司没有在法定期间行使解除权,其选择以诉讼的方式要求东方公司给付房款,且沈阳市中级人民法院已作出(2011)沈中民二初字第70号判决,该判决已确定了双方是债权债务关系,其判决是否能够得到执行是执行问题,不应因判决不能执行双方又恢复到协议的权利义务原始状态。虽然,李世公司与东方公司签订协议后并未办理产权过户,房屋产权还在李世公司名下,但由于东方公司已付了89.47%房款并根据协议已经占有使用买卖房屋,而且双方的债权债务关系已经生效判决确认,根据最高人民法院《关于审理买卖合同纠纷案件适用法律问题的解释》第36条第1款"买受人已经支付标的物总价款的百分之七十五以上,出卖人主张取回标的物的,人民法院不予支持"的规定,买受人支付了绝大部分价款的情况下,出卖人主张取回标的物的法院不应支持。依据《合同法》第167条第1款[①]"分期付款的买受人未支付到期价款的金额达到全部价款的五分之一的,出卖人可以要求买受人支付全部价款或者解除合同"的规定,东方公司已支付全部价款的4/5以上,且李世公司也没有合同解除权。因此,东方公司对于李世公司具有物权的期待权,其物权的期待权具有排除执行物权效力。因此,李世公司以其争议房产还在其名下,提出执行异议之诉,排除贺某的执行,理由不成立,不予支持。

笔者认为,最高人民法院《关于审理买卖合同纠纷案件适用法律问题的解释》第36条[②]规定:"买受人已经支付标的物总价款的百分之七十五以上,出卖人主张

---

① 现为《民法典》第634条第1款。

② 现为该司法解释(2020年修正)第26条。

取回标的物的，人民法院不予支持。在本解释第三十五条第一款第（三）项情形下，第三人依据物权法第一百零六条的规定已经善意取得标的物所有权或者其他物权，出卖人主张取回标的物的，人民法院不予支持。”最高人民法院《关于审理商品房买卖合同纠纷案件适用法律若干问题的解释》第15条①规定：“根据《合同法》第九十四条的规定，出卖人迟延交付房屋或者买受人迟延支付购房款，经催告后在三个月的合理期限内仍未履行，当事人一方请求解除合同的，应予支持，但当事人另有约定的除外。法律没有规定或者当事人没有约定，经对方当事人催告后，解除权行使的合理期限为三个月。对方当事人没有催告的，解除权应当在解除权发生之日起一年内行使；逾期不行使的，解除权消灭。”最高人民法院《关于适用〈中华人民共和国民事诉讼法〉的解释》第312条规定：“对案外人提起的执行异议之诉，人民法院经审理，按照下列情形分别处理：（一）案外人就执行标的享有足以排除强制执行的民事权益的，判决不得执行该执行标的；（二）案外人就执行标的不享有足以排除强制执行的民事权益的，判决驳回诉讼请求。案外人同时提出确认其权利的诉讼请求的，人民法院可以在判决中一并作出裁判。”该案中，李世公司与东方公司签订的案涉协议没有约定解除协议的条件和期限，李世公司应按照法律规定行使解除权。李世公司于2003年11月28日向东方公司发出了催款通知，李世公司催告后，解除权行使的合理期限为3个月，也就是该通知送达东方公司后3个月，即2004年3月1日之前，该期间属于除斥期间，不适用中止、中断等规定。李世公司没有在法律规定的期限内行使解除权，其解除权消灭。李世公司在该期间并未行使解除权，而是通过诉讼的方式要求东方公司继续履行合同，给付剩余房款800万元及违约金，该诉讼请求由已经生效的民事判决予以支持。虽然李世公司与东方公司签订协议后并未办理产权变更登记，但由于东方公司已付约89.47%房款并根据协议已经占有使用案涉房产，而且双方的债权债务关系由已经生效判决予以确认，在东方公司支付了绝大部分购房款的情况下，李世公司主张案涉协议已经解除，对案涉房产享有物权，缺乏事实和法律依据。根据以上事实和法律规定，二审法院认定李世公司无案涉协议解除权，就案涉房产不享有足以排除强制执行的民事权益，该认定并无不当，应予维持。

---

① 现为该司法解释（2020年修正）第11条。

案例40中，涉及另外一个关联案件，处理时应该一体化考虑，该案还涉及“以房抵债”问题，即余某所主张的其与华大公司签订买卖合同购买涉案房屋，是为了以房抵债实现债权，该主张是否成立。一审法院认为，该案争议的焦点是余某与华大公司签订的《商品房买卖合同》是否合法有效、余某是否对涉案房屋享有足以排除强制执行的合法权益。根据余某提供的《商品房买卖合同》及甘霖公司的说明、房款收据等证据，应当认定签订《商品房买卖合同》是双方当事人的真实意思表示，合同内容并不违反法律的强制性规定，管某莉对涉案房屋不享有优先权，在尚未办理产权登记的情况下，依据《物权法》第15条①“当事人之间订立有关设立、变更、转让和消灭不动产物权的合同，除法律另有规定或者合同另有约定外，自合同成立时生效；未办理物权登记的，不影响合同效力”的规定，余某与华大公司签订的《商品房买卖合同》合法有效。关于余某是否对该案涉房屋享有足以排除强制执行的合法权益的问题。华大公司与余某在一审法院查封涉案房屋以前签订《商品房买卖合同》后交付房屋，余某以甘霖公司对华大公司享有的债权作为对价支付了购房款，虽然余某没有直接支付购房款，但法律并不禁止第三人代为履行，因甘霖公司的股东是余某、何某，故余某如何向公司支付对价，属于公司与股东内部关系，而华大公司因涉案房屋虽未实际收到房屋价款，但房屋价款冲减了债务，对该公司及第三人的权益没有损害，故应当认为余某为涉案房屋支付了对价。因涉案房屋在办理初始登记后即被法院查封，至今没有登记到余某名下，并非余某的过错。最高人民法院《关于人民法院民事执行中查封、扣押、冻结财产的规定》第17条②规定，“被执行人将其所有的需要办理过户登记的财产出卖给第三人，第三人已经支付部分或者全部价款并实际占有该财产，但尚未办理产权过户登记手续的，人民法院可以查封、扣押、冻结；第三人已经支付全部价款并实际占有，但未办理过户登记手续的，如果第三人对此没有过错，人民法院不得查封、扣押、冻结”。最高人民法院《关于人民法院办理执行异议和复议案件若干问题的规定》第28条规定，“金钱债权执行中，买受人对登记在被执行人名下的不动产提出异议，符合下列情形且其

① 现为《民法典》第215条。

② 该条已被修改，现行规定为：“被执行人购买需要办理过户登记的第三人的财产，已经支付部分或者全部价款并实际占有该财产，虽未办理产权过户登记手续，但申请执行人已向第三人支付剩余价款或者第三人同意剩余价款从该财产变价款中优先支付的，人民法院可以查封、扣押、冻结。”

权利能够排除执行的，人民法院应予支持：（一）在人民法院查封之前已签订合法有效的书面买卖合同；（二）在人民法院查封之前已合法占有该不动产；（三）已支付全部价款，或者已按照合同约定支付部分价款且将剩余价款按照人民法院的要求交付执行；（四）非因买受人自身原因未办理过户登记”。该案中，一审法院于2018年8月13日作出（2018）甘07执9号之四执行裁定，对包括涉案房屋在内的房屋、商铺进行查封。查封前，余某已支付了涉案房屋的对价，并已实际占有、使用该房屋，该房屋未办理过户登记并非余某自身的原因，依据上述规定，人民法院不得对该房屋查封、扣押、冻结。管某莉对华大公司享有的系普通债权，其要求执行涉案房屋不符合法律规定，该房屋不得作为华大公司的财产予以强制执行。

二审法院认为，该案的争议焦点为：余某就涉案房屋是否享有足以排除强制执行的民事权益。经审查，余某在一审、二审中始终承认其与华大公司签订买卖合同购买涉案房屋，是为了以房抵债实现债权。首先，余某提交甘霖公司给张掖市巨龙建材有限责任公司出具的说明及甘肃金张掖建筑材料有限公司2012年度顶账水泥明细表，欲证明用水泥款抵顶购房款的事实。庭审中余某认可甘霖公司是余某与其妻子何某的公司，二人是股东，故由与余某有利益关系的甘霖公司出具证明证实用水泥款抵顶购房款的事实属于自证证据。其次，余某提起本案诉讼也是根据甘霖公司与华大公司之间的债务往来的证据材料，不是其个人对华大公司所享有的债权，故用公司债权作为个人购房款的支付对价的理由不能成立。最后，余某所提供的商品房买卖合同并非为购买涉案房屋而签订，而是为了消灭所谓的债务，涉案房屋的交付仅系以物抵债的具体履行方式，故即使存在以物抵债的事实，余某也只是华大公司的普通金钱之债的债权人，不享有最高人民法院《关于人民法院办理执行异议和复议案件若干问题的规定》第28条所规定的无过错的不动产买受人的物权期待权，因其未形成优先于一般债权的权利，故不具有排除强制执行的民事权益。

笔者认为，该案中，余某提交甘霖公司给张掖市巨龙建材有限责任公司出具的说明及甘肃金张掖建筑材料有限公司2012年度顶账水泥明细表，证明用水泥款抵顶购房款的事实。但甘霖公司是余某与其妻子何某的公司，二人是股东，甘霖公司与余某存在利益关系。管某莉向二审法院提交的甘霖公司抵账明细表与一审中余某提交的抵账水泥明细表不一致，其内容为2014年3月26日甘肃华宇建筑工程有限责任公司与甘霖公司抵账明细。在无其他证据佐证的情形下，不能证明余某与华大公司存在抵账事实。据此，二审认定余某对案涉房屋不享有足以排除强制执行的民事权益并无不当，应予维持。

在案例 11 中，该案涉及拆迁安置补偿权与抵押权冲突、一个关联案件以及第三人撤销之诉等问题。一审法院认为，《民事诉讼法》第 56 条第 3 款[①]规定，第三人提起撤销之诉的时效为"自知道或应当知道其民事权益受到损害之日起六个月内"，该案中，虽然确定浦发银行兰州分行对锦龙公司抵押物享有优先受偿权的生效判决作出于 2015 年 3 月 24 日，但魏某庆作为普通公民，既不存在因自身原因未参加诉讼的事实，也无证据证明其在锦龙公司破产管理人送达债权审核（确认）通知书之前就知道或应当知道该案诉讼，以及该案的判决内容损害了其民事权益，更不会明知拆迁安置利益受损而怠于行使权利。故其在 2019 年 7 月 26 日收到债权审核（确认）通知书后，根据通知内容得知自身民事权益受到损害，需要通过诉讼解决，遂于 2019 年 10 月 18 日向一审法院提起第三人撤销之诉，未超过法律规定的六个月期限。关于魏某庆主张的拆迁安置补偿权应否保护的问题。从权利的性质上分析，基于房屋被拆迁所享有的安置补偿权，是建立在原房产丧失的基础上的，是对原房产产权人的保护。在现实生活中，拆迁人往往就是商品房的开发商，本案中魏某庆与锦龙公司订立的拆迁补偿安置协议，明确约定了拆迁人锦龙公司以原址期房面积为基准，按 1∶2 比例对被拆迁人魏某庆予以补偿安置。双方签订的拆迁安置补偿协议，是一种具有特定指向的特种合同，魏某庆依据拆迁安置补偿协议所取得的是一种"特种物权"或"准物权"。从时间顺序上分析，由于拆迁在先，这时虽房尚未建成，但根据魏某庆与锦龙公司签订的安置补偿协议，对应位置的房屋已经明确将来属于魏某庆，此时已经具备了物权的属性。此后，开发商又将此房抵押给银行，但由于未扣除用于拆迁安置补偿的部分或未经被拆迁人的同意，该抵押权实际已存在侵犯被拆迁人合法权利的情形。同时，参照最高人民法院《关于审理商品房买卖合同纠纷案件适用若干法律问题的解释》第 7 条规定精神，魏某庆所享有的拆迁安置补偿权应当优先于抵押权受到法律保护。关于魏某庆主张的拆迁安置补偿权如何保护的问题。由于魏某庆因不能归责于本人的事由未参加（2014）甘

---

① 现为《民事诉讼法》第 59 条。

民二初字第50号案的诉讼，如该判决得以执行，其依据拆迁安置补偿协议所享有的权利将受到损害，在法律规定的期限内提起第三人撤销诉讼，其诉讼请求成立，虽然魏某庆第一项诉讼请求表述为撤销对魏某庆拆迁安置部分的优先受偿权，但根据最高人民法院《关于适用〈中华人民共和国民事诉讼法〉的解释》第300条第1款第1项规定“请求成立且确认其民事权利的主张全部或部分成立的，改变原判决、裁定书、调解书内容的错误部分”，应当对原判决中涉及魏某庆权利的内容依法予以变更。关于魏某庆的第二项诉讼请求所涉及的交付并办理产权证的内容，根据第三人撤销之诉的性质、功能，该案中不能对第三人受损权利之外提出的新的权利义务予以增补判决，其该项诉讼请求不属于本案审理范围，应当裁定予以驳回。由于锦龙公司破产管理人陈述在破产债权申报期间，针对抵押商铺申报拆迁安置补偿权的仅有兰州永登医药有限责任公司、贾某堂、魏某庆，因兰州永登医药有限责任公司的权利在一审法院（2014）甘民二初字第50号生效判决中已予以保护，贾某堂的权利已经由一审法院另案一审判决予以支持，为避免分别处理导致判决内容交叉和执行过程中发生冲突，该案中将另案判决内容一并吸收、一并处理更有利于执行。

个人认为，《民事诉讼法》第56条第3款[①]规定，第三人可以自知道或应当知道其民事权益受到损害之日起六个月内提起第三人撤销之诉。该案中，2015年3月24日，一审法院作出（2014）甘民二初字第50号民事判决，确认浦发银行兰州分行对锦龙公司的抵押物享有优先受偿权，该判决所确认的抵押物中，包含了魏某庆与锦龙公司签订的《房屋拆迁安置补偿协议》中所约定的安置部分。2019年7月26日，锦龙公司破产管理人向魏某庆发出债权审核（确认）通知书，告知魏某庆安置商铺已设立抵押权并经生效判决确认，安置商铺存在权利冲突。2019年10月18日，魏某庆向一审法院提起第三人撤销之诉。该案不存在魏某庆因自身原因未参加（2014）甘民二初字第50号案的诉讼，或者魏某庆在锦龙公司破产管理人送达债权审核（确认）通知书之前知道或应当知道该案诉讼，以及该案判决损害其民事权益，但魏某庆怠于行使权利的事实。一审根据前述法律规定和事实认定，魏某庆提起本案第三人撤销之诉未超过法律规定的六个月期限。华融资产甘肃分公司上

① 现为《民事诉讼法》第59条。

诉称魏某庆最迟应在锦龙公司破产债权申报公告期满之日知道其权利受到损害。该案中,魏某庆按法定程序申报债权,没有证据证明魏某庆申报债权时明知其权利受损并怠于权利。华融资产甘肃分公司的主张缺乏法律和事实依据,不应支持。最高人民法院《关于审理商品房买卖合同纠纷案件适用法律若干问题的解释》第7条第1款[该司法解释(2020年修正)已无此规定]规定:“拆迁人与被拆迁人按照所有权调换形式订立拆迁补偿安置协议,明确约定拆迁人以位置、用途特定的房屋对被拆迁人予以补偿安置,如果拆迁人将该补偿安置房屋另行出卖给第三人,被拆迁人请求优先取得补偿安置房屋的,应予支持。”根据该规定,在拆迁补偿安置协议与其他商品房买卖合同发生冲突时,应对拆迁补偿安置协议的被拆迁人予以特殊保护,即对被拆迁人享有的补偿安置房屋的权益赋予了对抗第三人物权的优先权。该案中,2012年4月24日,锦龙公司与魏某庆签订《房屋拆迁安置补偿协议》,明确约定了拆迁人锦龙公司以原址期房面积为基准,按1∶2比例对被拆迁人魏某庆予以补偿安置,该协议约定的补偿安置房屋位置特定、用途特定。案涉《房屋拆迁安置补偿协议》签订后,锦龙公司未经魏某庆同意,将应补偿安置给魏某庆的房屋抵押给浦发银行兰州分行,侵犯了魏某庆对拆迁安置补偿的权益。一审参照最高人民法院《关于审理商品房买卖合同纠纷案件适用法律若干问题的解释》第7条第1款[该司法解释(2020年修正)已无此规定]的规定,认定魏某庆所享有的拆迁安置补偿权应优先于抵押权,魏某庆关于撤销对其拆迁安置部分的优先受偿权的诉讼请求成立,该认定并无不当,应予维持。

关于一审判决对与本案情形相似的(2019)甘民撤2号贾某堂诉锦龙公司、华融资产甘肃分公司第三人撤销之诉一案的相关事实予以载明的问题。一审法院对其同时审理的本案与贾某堂诉锦龙公司、华融资产甘肃分公司第三人撤销之诉一案综合考量,载明相关事实,并在判项中一并处理,并无不妥。

三、关于合同问题

合同法在民商法中居于基础性地位,合同法律关系是民事法律体系的主要基础,是最重要的民事法律关系之一。民事法律关系是以合同法律关系为基础而设立的,合同是典型的民事法律关系。合同法律制度是一项精心设计、体系完备、内容庞大、逻辑严密的制度,包含诸多原则、理念、具体规范等。只有全面掌握合同法律制度，才能准确适用合同法审理好合同类案件。合同类案件是最常见的案件类型，也是占比最高的案件类型。合同法律适用面临的问题较多，审理难度较大，根本原因在于合同是当事人意思自治的典型表现，标准较难把握，而人的意思表现又没有物化的标准来把握。

（一）合同的成立

合同是否成立是在审判中经常遇到的问题。合同是否成立直接影响着案件审理的走向，决定着当事人的权利义务责任关系。《民法典》第464条规定，合同是民事主体之间设立、变更、终止民事法律关系的协议。婚姻、收养、监护等有关身份关系的协议，适用有关该身份关系的法律规定；没有规定的，可以根据其性质参照适用本编规定。第469条规定，当事人订立合同，可以采用书面形式、口头形式或者其他形式。书面形式是合同书、信件、电报、电传、传真等可以有形地表现所载内容的形式。以电子数据交换、电子邮件等方式能够有形地表现所载内容，并可以随时调取查用的数据电文，视为书面形式。

案例41

再审申请人席某栋与被申请人王某福，一审被告赵某民间借贷纠纷案

案号：(2020)最高法民申4404号

主要争议焦点

王某福与席某栋之间是否存在民间借贷法律关系，借款金额如何认定。

简要案情

席某栋向王某福借款，因王某福自有资金不足，故由其作为借款人，赵某作为担保人向案外人王某兰借款400万元，王某兰预扣一个月的利息18万元后，按王某福的指示向席某栋支付300万元，由边某向席某栋支付82万元。同日，王某福通过其子王某的银行卡向赵某支付2 384 998元，随后赵某添凑2元后向席某栋支

付 2 385 000 元。席某栋与赵某之间有经济往来。2013 年 3 月至 4 月,席某栋以其个人或其经管的山丹县陆丰建材有限责任公司分七次向赵某转账支付 1059 万元。后产生纠纷。

案情详解

王某福起诉请求:(1)判令赵某和席某栋偿还王某福借款本金 840 万元。(2)判令赵某和席某栋承担自借款时至诉讼前产生的利息 756 万元,并利随本清。两项共计 1596 万元。(3)诉讼费用由赵某和席某栋承担。

席某栋答辩称:王某福与赵某、席某栋之间的债权债务关系已因债权转让而消灭,王某福所提诉请无事实根据,请求予以驳回。

赵某答辩称,没有向王某福借过款,也没有给席某栋担保过。

一审法院查明:2013 年年底,席某栋向王某福借款,因王某福自有资金不足,故由其作为借款人,赵某作为担保人于 2013 年 12 月 19 日向案外人王某兰借款 400 万元,王某兰预扣一个月的利息 18 万元后,按王某福的指示向席某栋银行卡转账支付 300 万元,由边某向席某栋银行卡转账支付 82 万元。同日,王某福通过其子王某的银行卡向赵某银行卡转账支付 2 384 998 元,随后赵某添凑 2 元后向席某栋银行卡转账支付 2 385 000 元。席某栋认可其与王某福约定的月利率为 5% ~ 6% 。

席某栋与赵某之间存在经济往来。2013 年 3 月 12 日至 4 月 25 日,席某栋以其个人或其经管的山丹县陆丰建材有限责任公司分七次向赵某转账支付 1059 万元。2016 年 2 月 3 日赵某以 2014 年 9 月 1 日案外人罗某森向其借款 863 万元为由,向一审法院提起诉讼,一审法院作出民事判决,认定罗某森向赵某借款的本金为 6 035 305 元。2016 年 2 月 15 日,王某福以 2014 年 9 月 1 日案外人罗某森向其借款 910 万元为由,向一审法院提起诉讼,一审法院作出民事判决书,驳回王某福的诉讼请求,该案就王某福主张的针对罗某森的债权从赵某处受让 537 万元,未予认定。

裁判结果

一审法院判决:(1)席某栋向王某福清偿借款本金 6 204 998 元,利息

558 498.2 元（利息计算至2017 年9 月19 日），共计 11 989 496.2 元，于判决生效后 15 日内履行完毕。自 2017 年9 月 20 日起以本金 6 204 998 元为基数按月利率 2% 承担利息至借款本息还清之日止。（2）驳回王某福要求赵某对借款本息承担连带清偿责任的诉讼请求。席某栋不服一审判决，向二审法院提起上诉，二审法院判决驳回上诉，维持原判。席某栋不服二审判决，向最高人民法院申请再审，最高人民法院裁定，驳回席某栋的再审申请。

案例 42

再审申请人陕西新颐田实业有限公司（以下简称新颐田公司）、王某军与陕西三强物资有限公司（以下简称三强公司）及一审被告安某琴买卖合同纠纷案

案号：（2019）最高法民申 3682 号

主要争议焦点

（1）本案二审认定案涉合同欠付钢材款数额是否正确。（2）案涉 5 份欠条所涉 437 万元钢材款是否具有事实及法律依据。（3）双方约定的垫资费用是否过高。（4）王某军是否应当承担连带责任。

简要案情

三强公司与新颐田公司对账，新颐田公司欠付三强公司钢材款本金 570.11182 万元，垫资费 675.154959 万元。后产生纠纷。

案情详解

三强公司起诉请求：（1）新颐田公司向三强公司支付钢材款 1007.111820 万元，垫资费 675.154959 万元（暂计算至 2016 年 12 月 21 日）及至实际清偿之日的垫资费；（2）王某军、安某琴对上述债务承担连带清偿责任。

新颐田公司辩称,三强公司要求支付的垫资费过高,请求依法予以调整。

王某军、安某琴辩称,同意新颐田公司的答辩意见。本案是两公司之间的经济往来,合同中约定由法定代表人进行担保是无效条款,法定代表人也无权处分夫妻双方共同财产,合同中约定没有得到法定代表人配偶安某琴的同意,属于无权处分。

一审法院查明:除三强公司关于合同内容的诉称外,双方对账显示,至2016年12月21日,新颐田公司欠付三强公司钢材款本金570.11182万元,垫资费675.154959万元(暂计算至2016年12月21日)。双方认可付款先充货款后充垫资费,认可2017年1月23日、9月12日、9月13日新颐田公司分别给付三强公司5万元、5万元、3万元。另有三强公司提举欠条5份,载明新颐田公司另欠三强公司钢材款437万元,收料单已由新颐田公司收回。对该5份欠条,新颐田公司认为是对方催款,其实并没有真实的钢材买卖交易存在。王某军与安某琴为夫妻关系。所交易钢材均价为3501.18元/吨。

裁判结果

一审法院判决:(1)新颐田公司于本判决生效之日起10日内向三强公司给付货款本金994.11182万元及2016年12月21日之前的垫资费675.154959万元;(2)新颐田公司于本判决生效之日起10日内向三强公司给付上述垫资费之外的相应垫资费,该垫资费以年息31.3%为标准,分别以570.11182万元、565.11182万元、557.11182万元为基数,并对应自2016年12月22日至2017年1月23日、自2017年1月24日至9月12日、自2017年9月14日至实际给付之日之期间,分段进行计算;(3)王某军对上述债务向三强公司承担连带清偿责任;(4)驳回三强公司其余诉求。新颐田公司、王某军不服一审判决,向二审法院提起上诉。新颐田公司、王某军不服二审判决,向最高人民法院申请再审,最高人民法院裁定驳回新颐田公司、王某军的再审申请。

案例 43

再审申请人吉木萨尔县协力铝业制造有限公司(以下简称协力铝业公司)与被申请人云南万强经贸有限公司(以下简称云南万强公司)及一审被告鄯善豫鑫物流有限公司(以下简称豫鑫物流公司)、马某峰、邵某坡承揽合同纠纷案

案号:(2019)最高法民申5514号

主要争议焦点

(1)本案是否为承揽合同法律关系;(2)协力铝业公司应向云南万强公司交付的铝棒数量及价格如何确定。

简要案情

协力铝业公司(甲方)与云南万强公司(乙方)签订合作协议约定,甲方负责建成投产铝棒生产线,并全部交付给乙方销售,购买神火公司铝水款由乙方委托第三方(乙方合作方)全额支付。双方经过结算,云南万强公司应收铝棒8750.1688吨,协力铝业公司已发铝棒8429.028吨,欠付铝棒321.1408吨。各方当事人因合同履行发生纠纷。

案情详解

云南万强公司起诉请求:(1)协力铝业公司返还铝棒866吨,若无法返还,则依据市场价返还13 165 001元(866吨×15 230元/吨=13 189 180元,本案主张13 165 001元);(2)协力铝业公司承担违约金2 000 000元;(3)豫鑫物流公司、马某峰、邵某坡对以上请求共同承担连带担保责任。之后,云南万强公司变更其诉讼请求为:(1)协力铝业公司返还铝棒873吨,同时赔偿未按期发货的货物贬值损失1 017 918元(873吨×1166元),若无法返还,依据最晚发货时间的市场价,返还云南万强公司13 216 687.2元;(2)判令协力铝业公司退还加工费665 024.48元;(3)协力铝业公司支付资金占用费1 110 201.7元;(4)协力铝业公司支付违约金

2 000 000 元;(5)豫鑫物流公司、马某峰、邵某坡对以上请求承担连带保证责任。

协力铝业公司与豫鑫物流公司辩称:云南万强公司起诉请求协力铝业返还937.72 吨铝棒和违约金 2 000 000 元无事实和法律依据。

马某峰辩称:其不应承担连带担保责任。

邵某坡辩称:其不应承担连带担保责任。

一审法院查明:2015 年 9 月 22 日,协力铝业公司(甲方)与云南万强公司(乙方)签订合作协议约定,甲方负责在 2015 年 12 月之前建成投产 4 台铝棒生产线,力争年产成品铝棒 10 万吨以上,并全部交付给乙方销售。购买神火公司铝水款由乙方委托第三方全额支付。2017 年 9 月 10 日,云南万强公司与协力铝业公司经过结算,截至 2017 年 8 月 25 日,云南万强公司应收铝棒 8750.1688 吨,协力铝业公司已发铝棒 8429.028 吨,欠付铝棒 321.1408 吨。2017 年 8 月 25 日至 11 月 8 日,协力铝业公司共计向神火公司支付铝水款 14 080 万元。神火公司向协力铝业公司供应铝水 10 931.72 吨。云南万强公司认可 2017 年 8 月 25 日至 11 月 9 日,协力铝业公司向其供应铝棒 8710.089 吨。长江有色金属网公布 2017 年 10 月 25 日至 11 月 24 日铝锭均价为 15 563.91 元。

二审另查明:2017 年 8 月 30 日,吉木萨尔县人民法院受理吉木萨尔县旭通物流有限公司诉协力铝业公司建设工程施工合同纠纷一案,吉木萨尔县旭通物流有限公司向该院申请对协力铝业公司厂区内价值 900 万元的铝棒及生产设备等财物予以保全。2017 年 9 月 7 日,该院作出民事裁定,对上述财物予以扣押。2017 年 10 月 7 日,云南万强公司向该院提出案外人执行异议。2018 年 2 月 27 日,该院作出民事裁定,驳回云南万强公司的异议请求。2018 年 4 月 2 日,云南万强公司向该院提出执行异议之诉。2018 年 7 月 6 日,该院作出民事判决:解除对涉案 337.651 吨铝棒的扣押措施;确认云南万强公司享有上述铝棒的所有权。该判决宣告后,吉木萨尔县旭通物流有限公司不服,向昌吉回族自治州中级人民法院提起上诉,该院作出二审民事判决,驳回上诉,维持原判。

合作协议约定,因协力铝业公司在建设期间投资造成资金紧张,云南万强公司同意在合同签订后向协力铝业公司提供借款,作为支持协力铝业公司生产的流动资金。协议签订之后,云南万强公司向协力铝业公司支付了部分借款,双方通过由协力铝业公司出具借条的方式,对借款数额进行了确认。2018 年 1 月,云南万强公司以其与协力铝业公司之间的借款纠纷为由，向昌吉回族自治州中级人民法院提起诉讼，请求协力铝业公司归还借款，并由豫鑫物流公司、马某峰、邵某坡对借款承担连带责任。2018 年 5 月 9 日，该院作出民事判决，判令协力铝业公司向云南万强公司偿还借款本金 555 万元、支付借款利息 1 671 350 元；豫鑫物流公司、马某峰、邵某坡对借款本金 3 903 820 元承担连带清偿责任。该判决已经发生法律效力。2018 年 3 月 14 日，协力铝业公司法定代表人董某安向吉木萨尔县公安局准东经济技术开发区分局五彩湾派出所报案称，协力铝业公司财务室被盗，请求该局派警处理。

裁判结果

一审法院判决：(1)协力铝业公司于判决生效之日起 30 日内向云南万强公司交付铝棒 772. 1309 吨；(2)若无法交付上述铝棒，协力铝业公司应向云南万强公司赔偿损失 12 017 375. 84 元；(3)驳回云南万强公司其他诉讼请求。云南万强公司和协力铝业公司均不服一审判决，向二审法院提起上诉，二审法院判决，驳回上诉，维持原判。协力铝业公司不服二审判决，向最高人民法院申请再审，最高人民法院裁定，驳回协力铝业公司的再审申请。

案例 44

再审申请人任某强与被申请人李某、李某其及一审第三人国基建设集团有限公司、莎车县住房和城乡建设局合伙协议纠纷案

案号：(2019)最高法民申 4330 号

主要争议焦点

李某与任某强之间是否构成合伙关系。

简要案情

李某与任某强同意莎车县住房和城乡建设局一供热工程项目挂靠国基建设集

团有限公司。李某其向第三人莎车县住房和城乡建设局账户打款500万元。李某其以个人名义为任某强向喀什市农村信用社贷款500万元资金,承担连带保证责任。国基建设集团有限公司出具内部承包人证明,由李某与任某强为国基建设集团有限公司莎车城南片区集中供热锅炉房土建及烟囱工程基本建设项目内部承包责任人,两人共同拥有此项目的经济及法律利益。此后,双方发生纠纷。

案情详解

原告李某其、李某起诉请求:(1)依法确认原告与被告任某强之间的合伙关系;(2)判令被告向原告支付工程款利润暂计12 000 000元;(3)诉讼费用由被告承担。

被告任某强辩称:双方之间不存在合伙关系,只存在借贷关系。

第三人莎车县住房和城乡建设局辩称:不清楚本案原告与被告之间是否存在合伙及其之间的债权债务关系,原告、被告与第三人之间不存在任何法律关系。

第三人国基建设集团有限公司未到庭参加诉讼亦未提交书面答辩意见。

一审法院查明:被告任某强找到原告李某其商量,共同承建第三人莎车县住房和城乡建设局一供热工程项目,并协商由被告任某强寻找具备施工资质的公司挂靠投标该项目。后原告、被告同意该工程项目挂靠国基建设集团有限公司。2013年,国基建设集团有限公司承包了莎车县住房和城乡建设局城南集中供热锅炉房土建及烟囱工程基本建设项目。2013年5月15日,原告李某其向第三人莎车县住房和城乡建设局账户打款500万元。2013年6月27日,原告李某其以个人名义为被告任某强向喀什市农村信用社贷款500万元资金,承担连带保证责任。2014年12月16日,第三人国基建设集团有限公司出具内部承包人证明,由原告李某与被告任某强为国基建设集团有限公司莎车城南片区集中供热锅炉房土建及烟囱工程基本建设项目内部承包责任人,两人共同拥有此项目的经济及法律权益。该工程项目的负责人是被告任某强,经理为原告李某。此案审理期间原告向一审法院提出申请请求撤销其第二项诉讼请求即“判令被告向原告支付工程利润款暂计12 000 000元(以审计为准)”。

二审法院另查明:2013年6月27日,李某其收到任某强转给其500万元,并于2013年7月4日出具收条,内容为李某其收到2013年5月15日向莎车县住房和城乡建设局支付的投标保证金 500 万元。2013 年 6 月 27 日李某其出具收条，内容为“今收到李某其利息 212 720 元”。

裁判结果

一审法院判决原告李某其、李某与被告任某强之间成立合伙关系。任某强不服一审判决，向二审法院提起上诉，二审法院判决：(1)撤销新疆维吾尔自治区喀什地区中级人民法院(2017)新 31 民初 1 号民事判决；(2)确认李某与任某强之间成立合伙关系；(3)驳回李某其的诉讼请求。任某强不服二审判决，向最高人民法院申请再审，最高人民法院裁定本案由本院提审。提审后，判决如下：(1)撤销新疆维吾尔自治区高级人民法院(2018)新民终 325 号民事判决；(2)撤销新疆维吾尔自治区喀什地区中级人民法院(2017)新 31 民初 1 号民事判决；(3)驳回李某其、李某的诉讼请求。

思考与衡量

在缺乏直接书面合同的情形下，判断是否存在真实的合同关系，关键是应该判断双方当事人之间是否就相关法律关系达成合意，也就是双方对形成相关法律关系的意思表示是否一致。合同成立问题是一个较为复杂的法律适用问题，是合同法律适用的一个难点问题。在现实生活中，合同成立的情形呈现多种形态。这时就应该根据合同成立的基本规则和规定，对合同是否成立予以审查。在上述 4 个案例中，当事人各方都未签订书面合同，如何依据法律规定判断合同是否成立是这 4 个案件首先应该解决的问题。这 4 个案件都涉及合同是否成立的问题，但是情形不尽相同。案例 41 中，当事人之间并未签订书面借款协议；案例 42 中，当事人之间并未签订书面买卖协议；案例 43 中，当事人之间虽然签订有书面协议，但是对于案涉协议是承揽合同还是买卖合同存在争议；案例 44 中，诉争当事人之间并未签订有书面协议，一方主张当事人之间存在合伙法律关系。一般而言，审查合同是否成立，核心问题是审查双方是否意思表示一致，是否达成合意。如果达成合意，就根据书面合同约定或事实行为判断合同性质。合同性质主要是根据书面约定或者双方在实际履行行为中呈现的权利义务关系进行判断，当履行行为与书面约定不一致时，则以实际履行行为作为判断依据，因为实际上是以行为改变了合同约定，相当于变更了合同。

案例41中，一审法院认为，自然人之间的借款合同，自贷款人提供借款时生效。案件争议的第一个焦点问题是席某栋向王某福的借款数额如何认定。根据王某福提交的2013年12月19日其向案外人王某兰出具的借条和王某兰、边某向席某栋转款382万元的凭证，能够证明双方之间形成合法、有效的民间借贷法律关系。因双方未约定还款期限，王某福可随时要求席某栋及赵某返还借款。现王某福要求席某栋清偿上述借款的诉讼请求具有事实和法律依据，应当予以支持。席某栋抗辩因其与赵某存有民间借贷关系，其将该笔债务转移给赵某，赵某又与王某福、罗某森达成协议，赵某将其针对罗某森享有的债权转移给王某福，其已通过上述债务转移清偿了王某福的借款。经审查，就王某福主张的要求罗某森清偿其从赵某处受让的债权，在一审法院作出的民事判决中并未予以认定。故不能认定席某栋通过债务转移的方式清偿了上述借款本息，其抗辩理由不能成立。关于王某福主张的2013年12月19日其通过其子王某向赵某转账支付2 384 998元，随后赵某向席某栋转账支付2 385 000元，是王某福向席某栋提供的借款。庭审中，赵某提交了其向席某栋转账的银行卡明细，并认可该笔款项系王某福向席某栋提供的借款，故要求席某栋清偿上述借款的诉讼请求成立，应予支持。席某栋抗辩该笔款项系赵某清偿席某栋的借款，为此提供了其向赵某的转款凭证和赵某出具的证明。但赵某对其与席某栋之间存在民间借贷关系的事实不予认可，因双方为何发生转账行为，赵某收取席某栋的1120万元究竟是代理席某栋对外放贷，还是双方直接形成民间借贷关系，席某栋无直接证据予以证明，故其针对2 384 998元债务本息不予清偿的抗辩理由不能成立。关于王某福主张的从朱某聪处借取200万元，并通过赵某出借给席某栋，要求席某栋承担还款责任的诉讼请求，王某福仅提交了由赵某作为借款人，王某福作为担保人向朱某聪出借的借条，但无证据证明其通过自己或指示他人将上述款项支付给席某栋，故王某福的该项诉讼请求证据不足，不予支持。综上，认定2013年12月19日王某福向席某栋提供借款共计6 204 998元。第二个焦点问题是王某福要求二人清偿的利息数额应如何确定。最高人民法院《关于审理民间借贷案件适用法律若干问题的规定》第26条（该司法解释2020年第二次修正中已无此规定）规定，“借贷双方约定的利率未超过年利率24%，出借人请求借款人按照约定的利率支付利息的，人民法院应予支持。借贷双方约定的利率超过年利率36%，超过部分的利息约定无效。借款人请求出借人返还已支付的超过年利率36%部分的利息的，人民法院应予支持”。庭审中，席某栋答辩认可当时双方约定的月利率为5%或6%，现王某福按月息2%主张利息，并利随本清的请求符合法律规定，应予支持。席某栋应承担2013年12月20日至2017年9月19日的借款利息5 584 498.2元（6 204 998元×2%×45个月）。席某栋认为借款利息也随债务转移一并消灭，不予支付的抗辩理由不能成立。王某福认为赵某属于案涉借款的担保人，应承担连带清偿责任的诉讼请求，无证据证明。席某栋与赵某之间的经济往来因何发生，双方之间的债权债务是否清偿，均不属于该案的审查范围，利害关系人可另行主张。

二审法院认为：该案争议焦点为王某福与席某栋之间的民间借贷法律关系是否成立。该案为民间借贷纠纷，自然人之间的借款合同，自出借人提供借款时生效。出借人向借款人主张归还款项时，应当举证证明双方就借贷法律关系达成合意，且出借人实际向借款人交付了出借款项。该案中，关于第一笔借款，王某福提交了案外人王某兰出具的借条及王某兰、边某向席某栋的转款凭证证明其与席某栋之间存在民间借贷法律关系。席某栋在一审答辩状称“因经营需要向原告借款300万元”，在第一次庭审向法庭回答借款金额问题时表述，“就是300多万元，是席某栋向王某福的借款，其中边某分两次打过来”，同时认可其尾号为4332的银行卡于2013年12月19日收到300万元，该卡也收到边某向其转款82万元，根据最高人民法院《关于适用〈中华人民共和国民事诉讼法〉的解释》第92条第1款“一方当事人在法庭审理中，或者在起诉状、答辩状、代理词等书面材料中，对于己不利的事实明确表示承认的，另一方当事人无需举证证明”。席某栋在一审中的答辩状认可382万元的借款。在第二次庭审中，席某栋的答辩意见与第一次庭审一致，但在质证时，陈述为：“对边某转账的82万元认可，这就是王某福向我提供的借款；对打入尾号4332转账支付的300万元，是三人倒了三角债以后赵某清偿我的借款300万元，不是王某福向我的借款。”两次表述并不完全一致，在一审法院多次询问中，席某栋就382万元性质问题陈述不一，现于二审阶段又就382万元的借款整体不认可，根据最高人民法院《关于适用〈中华人民共和国民事诉讼法〉的解释》第90条规定：“当事人对自己提出的诉讼请求所依据的事实或者反驳对方诉讼请求所依据的事实，应当提供证据加以证明，但法律另有规定的除外。在作出判决前，当事人未能提供证据或者证据不足以证明其事实主张的,由负有举证证明责任的当事人承担不利的后果。”席某栋应当向人民法院提交相关证据推翻自认行为具有事实依据和合理的理由。二审中,席某栋承认不认识王某兰和边某,但不能合理解释二人转款的原因,也不能提交证据推翻其在一审中的自认陈述,故一审法院依据王某福提交的转款凭证及席某栋当庭陈述,认定王某福和席某栋之间存在民间借贷法律关系并无不当,二审法院予以确认。关于第二笔借款,根据已查明的事实,2 384 998 元借款从王某福之子王某的账户转入赵某账户,赵某添了 2 元后以 2 385 000 元的金额转入席某栋的账户,赵某在一审庭审中陈述该笔借款系席某栋向王某福的借款,经其账户转给席某栋,与王某福陈述一致。现席某栋辩称该笔借款系赵某向其还款,根据最高人民法院《关于审理民间借贷案件适用法律若干问题的规定》第 17 条①“原告仅依据金融机构的转账凭证提起民间借贷诉讼,被告抗辩转账系偿还双方之前借款或其他债务,被告应当对其主张提供证据证明。被告提供相应证据证明其主张后,原告仍应就借贷关系的成立承担举证证明责任”的规定,席某栋应当就其抗辩主张承担举证责任。一审中,席某栋提交了赵某出具的证明及向赵某多次转账的凭证以支持其主张,但该部分证据只能反映出其与赵某之间存在经济往来,但不能证明案涉款项的性质为赵某对其的还款,也不能证明该转账系偿还与王某福之间所存在的其他债务,故其举证责任并没有完成,应当就该抗辩承担继续举证的责任,而不是由王某福承担借贷关系成立的举证责任,该案一审、二审中,席某栋没有提交其他证据证明其抗辩,而其与赵某之间的经济往来是何法律关系、数额多少、是否清偿均不是本案应审理的内容,王某福与赵某分别提交的转款凭证能够证明王某福与席某栋之间存在借款的合意并已实际履行,一审法院以席某栋无直接证据证明其抗辩为由,不支持其主张认定正确,二审法院予以确认。

笔者认为,该案主要解决在仅有间接转款依据的情形下,如何认定民间借贷法律关系成立,主要依据证据规则判断是否能形成证据链。最高人民法院《关于适用〈中华人民共和国民事诉讼法〉的解释》第 90 条规定:“当事人对自己提出的诉讼请求所依据的事实或者反驳对方诉讼请求所依据的事实,应当提供证据加以证明,

① 现为该司法解释第 16 条。

但法律另有规定的除外。在作出判决前,当事人未能提供证据或者证据不足以证明其事实主张的,由负有举证证明责任的当事人承担不利的后果。”第92条第1款规定:“一方当事人在法庭审理中,或者在起诉状、答辩状、代理词等书面材料中,对于己不利的事实明确表示承认的,另一方当事人无需举证证明。”该案中,2013年年底,席某栋因资金周转向王某福借款,因王某福自有资金不足,故由其作为借款人,赵某作为担保人于2013年12月19日向案外人王某兰借款400万元,王某兰预扣一个月的利息18万元后,按王某福的指示向席某栋在银行尾号为4332的银行卡转账支付300万元,由边某向席某栋在银行尾号为4332的银行卡转账支付82万元。席某栋在一审答辩状中认可382万元的借款,二审未能提交证据推翻其在一审中的自认。二审认定席某栋已收取案涉382万元款项。最高人民法院《关于审理民间借贷案件适用法律若干问题的规定》第17条[①]规定:“原告仅依据金融机构的转账凭证提起民间借贷诉讼,被告抗辩转账系偿还双方之前借款或其他债务,被告应当对其主张提供证据证明。被告提供相应证据证明其主张后,原告仍应就借贷关系的成立承担举证证明责任。”该案中,2013年12月19日,王某福通过其子王某的银行卡向赵某尾号为5609的银行卡转账支付2 384 998元,随后赵某添凑2元后向席某栋在银行尾号为4332的银行卡转账支付2 385 000元。席某栋称该笔借款系赵某向其还款,但其提交的赵某出具的证明及向赵某多次转账的凭证,只能反映出其与赵某之间存在经济往来,不能证明案涉款项的性质为赵某向其还款,也不能证明该转账系偿还与王某福之间所存在的其他债务。二审认定席某栋收到王某福该笔借款2 384 998元。二审根据前述法律规定和事实认定,王某福与席某栋之间民间借贷法律关系成立,王某福共向席某栋出借款项合计6 204 998元,在席某栋认可其与王某福约定的月利率为5%~6%的情况下,对王某福主张的月利率2%的利息予以支持,该认定并无不当,应予维持。

案例42中,一审法院认为,三强公司与新颐田公司、王某军买卖担保关系客观存在。对于双方之间的货款及垫资费问题,因有对账单存在,故原则上应以最后对账单为准。就垫资费部分而言,对照双方交易钢材均价,双方约定的垫资费标准并不高。就钢材款部分而言,鉴于新颐田公司后续又有给付,对账单部分显示的钢材

① 现为该司法解释第16条。

款应确定为557.11182万元。至于欠条部分所载明的钢材款,新颐田公司辩称缺乏依据,且不合乎情理,因此不能成立。关于安某琴担保责任一节,三强公司主张缺乏法律依据。

二审法院认为,二审的争议焦点为:(1)新颐田公司下欠钢材款的数额,即①案涉合同所涉钢材款下欠数额,②五份欠条所涉437万元钢材款是否有事实及法律依据;(2)本案双方法律关系的性质;(3)垫资费约定是否过高,是否应当予以调整,调整的依据;(4)王某军是否应当承担连带责任。(1)新颐田公司下欠钢材款的数额。①案涉合同所涉钢材款下欠数额。2014年1月23日双方签字确认的对账单显示,截至2014年1月23日,钢材款总价19 466 118.2元,新颐田公司已付钢材款13 065 000元。新颐田公司提交的三强公司钢材款已付明细载明截至2014年1月9日,新颐田公司已付钢材款13 429 728元,其差额为364 728元。该明细有12次的付款内容为运费或吊运费,累计金额364 728元。根据案涉《钢材供需合同》第7条约定"装车费、运费共计55元/吨由需方承担",即该364 728元装运费应由新颐田公司承担。2014年1月23日后,双方多次形成对账协议,直至2016年12月21日最后一次对账,三强公司认可新颐田公司此时欠付钢材款570.11182万元。新颐田公司在该时间段支付钢材款70万元,而新颐田公司依据前述明细仅主张其支付钢材款45万元。另外,双方均认可2017年1月23日支付5万元,2017年9月12日支付5万元,2017年9月14日支付3万元钢材款。综上,原审法院依据双方对账单认定案涉合同欠付钢材款数额并无不当。②关于五份欠条所涉437万元钢材款是否有事实及法律依据。最高人民法院《关于审理买卖合同纠纷案件适用法律问题的解释》第1条第2款"对账确认函、债权确认书等函件、凭证没有记载债权人名称,买卖合同当事人一方以此证明存在买卖合同关系的,人民法院应予支持,但有相反证据足以推翻的除外"的规定。案涉五张欠条其中明确载明了债权人、债务人、债务性质以及债务金额,可以认定案涉五张欠条系债权债务确认书。据此,三强公司已经完成了证明买卖合同存在的举证责任,新颐田公司应当提供相反证据推翻三强公司的主张。新颐田公司二审提供相关证据均无法推翻五份欠条所载明基本事实,其对五份欠条形成原因提出了新的事实主张,亦未提交相关的证据予以证明。综上,新颐田公司无相反证据推翻案涉五份欠条,对其该上诉理由不予支持。(2)该案双方法律关系的性质。根据《合同法》第130条[①]“买卖合同是出卖人转移标的物的所有权于买受人，买受人支付价款的合同”的规定，双方签订《钢材供需合同》内容符合买卖合同的构成要件。涉案合同第2条价格约定“供方为需方秦汉国际酒店项目钢材垫资，垫资费为自供货之日起每日3元至付清全部货款为止”。该约定并非通常意义上的资金占用利息，而构成了钢材价款的有机组成部分，是双方对货款的结算方式的约定。同时，根据双方合同约定及合同实际履行情况，在超过3个月垫付资金期限后，双方仍然继续计算垫资费用，故超过3个月所计算的垫资费具有违约金的性质。综上，对新颐田公司关于双方的钢材买卖合同转化为借款关系的上诉意见不予支持。(3)关于双方垫资费的约定是否过高的问题。根据《合同法》第114条第2款[②]的规定，约定的违约金低于造成的损失的，当事人可以请求人民法院或者仲裁机构予以增加；约定的违约金过分高于造成的损失的，当事人可以请求人民法院或者仲裁机构予以适当减少。从该案查明的事实看，根据双方认可的钢材平均价格3501.18元/吨，以3元/吨计算的具有违约金性质的垫资费，其年利率为31.3%。根据涉案合同第5条约定“违约金每天按总货款的3%，付给供方”计算双方约定的违约金利率为109.5%。三强公司原审诉请要求支付垫资费远低于合同约定的违约金，新颐田公司主张以银行贷款利率计算违约金缺乏依据。且三强公司并无任何违约行为，违约金又兼具惩罚性和补偿性的特点，原审以31.3%计算垫资费并无不当，故对新颐田公司关于垫资费超出合理范围的上诉意见不予支持。(4)关于王某军是否应当承担连带责任的问题。《钢材供需合同》第6条约定，新颐田公司用其法人名下所有公司财产及法人名下的个人财产作为付款担保。该条款约定明确，且该合同系王某军签字确认，其作为有完全民事行为能力的自然人，签字确认系其真实意思的表示，新颐田公司关于供应钢材项目与其个人无关的上诉意见于法无据。关于王某军未经夫妻双方同意即擅自以全部夫妻共同财产为公司债务担保属于无权处分的上诉意见，因原审判决中并未涉及王某军及其妻子的夫妻共同财产，故对其上诉请求不予支持。综上，一审判决认定事实清楚，适用法律正确，应

① 现为《民法典》第595条。
② 现为《民法典》第585条第2款。

予维持。

笔者认为,该案审理的基础是五份欠条所涉437万元钢材款是否有事实及法律依据问题。关于二审认定案涉合同欠付钢材款数额是否正确的问题。该案中,2014年1月23日后,双方多次对账,至2016年12月21日最后一次对账,新颐田公司欠付钢材款数额为570.11182万元。之后,新颐田公司分别于2017年1月23日支付5万元,2017年9月12日支付5万元,2017年9月14日支付3万元钢材款。二审根据对账单载明的钢材欠款金额,扣除新颐田公司后续给付的13万元,认定案涉合同欠付钢材款数额为557.11182万元并无不当,应予维持。

关于案涉五份欠条所涉437万元钢材款是否具有事实及法律依据的问题。最高人民法院《关于审理买卖合同纠纷案件适用法律问题的解释》第1条规定:"当事人之间没有书面合同,一方以送货单、收货单、结算单、发票等主张存在买卖合同关系的,人民法院应当结合当事人之间的交易方式、交易习惯以及其他相关证据,对买卖合同是否成立作出认定。对账确认函、债权确认书等函件、凭证没有记载债权人名称,买卖合同当事人一方以此证明存在买卖合同关系的,人民法院应予支持,但有相反证据足以推翻的除外。"该案中,案涉五份欠条,明确载明了债权人、债务人、债务性质以及债务金额。据此,二审法院认定三强公司已经完成了证明买卖合同关系存在的举证责任,案涉五张欠条系债权债务确认书,对欠条载明的欠款金额合计437万元予以认可,该认定并无不当,应予维持。

关于双方垫资费约定是否过高的问题。《合同法》第8条第1款前半部分①规定:"依法成立的合同,对当事人具有法律约束力。"第114条第2款②规定:"约定的违约金低于造成的损失的,当事人可以请求人民法院或者仲裁机构予以增加;约定的违约金过分高于造成的损失的,当事人可以请求人民法院或者仲裁机构予以适当减少。"该案中,案涉《钢材供需合同》系各方当事人真实意思表示,内容不违反相关法律法规强制性规定,系合法有效的合同。该合同第2条约定"供方为需方秦汉国际酒店项目钢材垫资,垫资费为自供货之日起每日3元至付清全部货款为止"。第5条约定"违约金每天按总货款的3%,付给供方"。据此,双方约定的垫

① 现为《民法典》第465条。
② 现为《民法典》第585条第2款。

资费用年利率为31.3%，违约金年利率为109.5%。三强公司一审仅诉请支付垫资费用，该费用远低于合同约定的违约金。据此，二审法院认定三强公司不存在违约行为，违约金又兼具惩罚性和补偿性的特点，故以合同约定的垫资费年利率31.3%作为计算垫资费的标准，该认定并无不当，应予维持。

关于王某军是否应当承担连带责任的问题。该案中，案涉《钢材供需合同》第6条约定："需方（指新颐田公司）用需方法人名下的所有公司财产及法人名下的个人财产作为付款担保。"王某军作为新颐田公司的法定代表人在该合同上签字确认。据此二审法院认定，王某军作为具有完全民事行为能力的自然人，在案涉《钢材供需合同》上的签字系其真实意思表示，应当承担本案连带责任，且本案并未涉及王某军及其妻子安某琴的夫妻共同财产，该认定并无不当，应予维持。

案例43中，一审法院认为，双方当事人于2015年9月22日签订的合作协议系各方真实意思表示，且未违反法律、行政法规的强制性规定，应属有效，双方均应依约履行。协议约定，协力铝业公司年产的成品铝棒应全部交付给云南万强公司销售，故云南万强公司要求协力铝业公司交付铝棒符合合同约定。协议中还约定了协力铝业公司应交付铝棒的吨数。该合作协议第3条约定，购买神火公司铝水款由云南万强公司委托第三方全额支付，协力铝业公司做好购买铝水计划报传云南万强公司，云南万强公司审核后安排款项转入协力铝业公司专用账户再全额转付给神火公司。根据一审庭审查明事实，2017年8月25日至11月9日，户名为协力铝业公司，账号为300402551910003××××的账户共计向神火公司支付铝水款14 080万元。协力铝业公司在一审庭审中认可该账户打入神火公司的款项均是云南万强公司支付，故一审法院确认云南万强公司支付的铝水款数额为14 080万元。其中，2017年8月25日至9月24日支付7655万元，期间单价为15 483.95元/吨，铝水吨数应为4943.8289吨；9月25日至10月24日支付4105万元，期间单价为15 450.06元/吨，铝水吨数应为2656.9476吨；10月25日至11月9日支付2320万元，期间单价为14 868.91元/吨，铝水吨数应为1560.3026吨。该合作协议第4条约定，云南万强公司付款的铝水吨数等于协力铝业公司应交付云南万强公司成品铝棒的吨数。2017年8月25日至11月9日，协力铝业公司应向云南万强公司交付铝棒9161.0791吨，扣减协力铝业公司已实际交付铝棒8710.089吨，加上

2017 年 8 月 24 日之前协力铝业公司应交付铝棒 321.1408 吨，协力铝业公司还应向云南万强公司交付铝棒 772.1309 吨。云南万强公司认为其 2017 年 8 月 25 日至 11 月 9 日向协力铝业公司交付废铝 95.256 吨，对此并未提交相应证据予以证实，一审法院对该项主张不予支持。协力铝业公司认为其向云南万强公司供应铝棒的吨数为 17 187.7 吨，其提交的证据并不足以证实该主张，故对其已实际供应的铝棒吨数，一审法院以双方 2017 年 9 月 10 日结算清单及云南万强公司自认的数额为准。《合同法》第 107 条①规定，当事人一方不履行合同义务或者履行合同义务不符合约定，应承担继续履行、采取补救措施或者赔偿损失等违约责任。若协力铝业公司无法交付 772.1309 吨铝棒，则构成违约，应承担赔偿损失的违约责任。一审法院认为，若协力铝业公司无法完成交付铝棒的合同义务，云南万强公司所产生的损失应为铝棒实际价值的损失。云南万强公司支付最后一笔款项的时间是 2017 年 11 月 9 日，长江有色金属网公布 2017 年 10 月 25 日至 11 月 24 日区间铝锭均价为 15 563.91 元，故一审法院确认协力铝业公司未交付铝棒实际损失为 12 017 375.84 元。对于云南万强公司主张损失 13 216 687.2 元的超出部分，一审法院不予支持。合作协议未约定铝棒交付的时间，铝棒目前并未实际交付，对于实际交付的时间也不能确定，且如果不能交付铝棒，协力铝业公司也已承担相应的赔偿责任，故云南万强公司主张未按期发货的贬值损失，一审法院不予支持。双方当事人均认可涉案铝水专用账户由云南万强公司实际控制和使用，云南万强公司提交该账户银行流水明细并不能证实账户内所支出的材料款、采购款、电费及人工工资系其为协力铝业公司垫付，且协力铝业公司对云南万强公司陈述支付加工费的方式并不认可，故一审法院对云南万强公司主张协力铝业公司返还 665 024.48 元加工费的请求不予支持。云南万强公司以该合作协议第 3 条约定主张协力铝业公司未交付铝棒的资金占用费，应对未交付铝棒所对应的金额承担举证责任，但长江有色金属网公布的铝锭价格及神火公司计算铝水的单价均是浮动的，双方当事人均未提交神火公司供应铝水的明细及协力铝业公司向云南万强公司供应铝棒时间的完整证据，所以未交付铝棒对应的资金金额无法查清。云南万强公司按照未交付铝棒所产生的实际损失作为本金计算其资金占用费与合作协议

① 现为《民法典》第 577 条。

约定不符，一审法院对其该项主张不予支持。云南万强公司明确其主张的200万元违约金系依据合作协议第12条约定，未经乙方同意甲方与第三方合作，协力铝业公司需支付云南万强公司200万元损失费。该案中，并不存在上述合同约定协力铝业公司应当支付损失费的情形，故一审法院对云南万强公司主张的违约金不予支持。合作协议落款处豫鑫物流公司、马某峰、邵某坡自愿以本人和公司财产为孙某峰提供本合同资金偿还担保。云南万强公司要求豫鑫物流公司、马某峰、邵某坡对协力铝业公司的债务承担连带保证责任无合同及法律依据，一审法院不予支持。

二审法院认为，云南万强公司与协力铝业公司签订合作协议约定，云南万强公司从神火公司购进原材料铝水交付给协力铝业公司，协力铝业公司将铝水加工成铝棒交付给云南万强公司并收取相应的加工费用，铝棒成品所有权归云南万强公司所有。该协议约定的权利义务内容符合《合同法》第251条[①]确立的承揽人按照定作人要求完成工作，交付工作成果，定作人给付报酬的承揽合同，不同于买受人支付对价，出卖人转移物的所有权的买卖合同。协力铝业公司关于双方之间的法律关系应当认定为买卖合同关系的上诉主张与双方合同约定不符，且无事实及法律依据。一审认定该案为承揽合同纠纷，定性准确，应予确认。该合作协议第5条、第10条约定协力铝业公司作为承揽人，生产的成品铝棒所有权归云南万强公司所有，其负有向云南万强公司交付铝棒的合同义务。《合同法》第251条规定，承揽人应当向定作人交付工作成果。云南万强公司向协力铝业公司主张交付铝棒的诉求有合同依据和法律依据。对于协力铝业公司应当交付的铝棒数额，一审以双方于2017年9月10日共同确认的结算清单为准，确认2017年8月25日前协力铝业公司应交付铝棒321.1408吨。同时，一审根据双方合作协议第3条、第4条约定及2017年8月25日至11月9日，云南万强公司共计向神火公司支付铝水款的数额，以每月云南万强公司实际支付铝水款的金额除以当月长江有色金属网公布的铝锭均价确定协力铝业公司在该期间内应交付的铝棒，扣减云南万强公司自认协力铝业公司已交付的铝棒，最终认定协力铝业公司应向云南万强公司交付铝棒772.1309吨，有合同依据和事实依据，应予维持。云南万强公司提交的证据并不足

① 现为《民法典》第770条。

以证明其向协力铝业公司交付废铝 95.256 吨的事实已经双方共同确认,故该主张依据不足,该院不予支持。二审中,协力铝业公司以 2017 年 9 月 10 日结算清单形成时,该公司公章被盗为由,主张该结算清单不是其真实意思表示,不应予以采信,双方之间的账目应当重新清算。根据公安机关报警回执记载,协办铝业公司称其财务室于 2018 年 3 月 14 日被盗,而双方早在 2017 年 9 月 10 日形成结算清单,且协力铝业公司在吉木萨尔县人民法院(2017)新 2327 民初 704 号执行异议之诉案件及本案一审审理过程中,针对该结算清单所发表的质证意见表明,其对该证据的真实性均已明确认可。故对协力铝业公司二审推翻其一审实施的诉讼行为,其理由不能成立,该院不予支持。协力铝业公司应当向云南万强公司交付铝棒,在其无法交付的情形下,构成违约,应根据《合同法》第 107 条①的规定,承担赔偿损失的违约责任。一审根据云南万强公司支付最后一笔铝水款项的时间,结合该期间内长江有色金属网公布的铝锭均价,确认云南万强公司产生损失为 12 017 375.84 元,有法律依据和事实依据,应予维持。云南万强公司在一审、二审期间均主张继续履行合作协议,协力铝业公司亦未反诉主张解除合作协议,故双方之间的合同处于继续履行中,尚未进行最终的决算。对云南万强公司在本案中主张的未按期发货的贬值损失、超付加工费、资金占用费应暂不处理,云南万强公司可在双方最终决算时予以主张。云南万强公司依据合作协议第 12 条约定向协力铝业公司主张 200 万元违约金,但其提交的证据不足以证明协力铝业公司存在未经其同意与第三方合作的违约事实,故其该主张依据不足,该院不予支持。合作协议同时约定了云南万强公司向协力铝业公司提供建设资金,故协议落款处豫鑫物流公司、马某峰、邵某坡自愿以本人和公司财产为孙某峰提供合同资金偿还担保的约定并不能证明豫鑫物流公司、马某峰、邵某坡自愿为协力铝业公司在合作协议中约定的承揽加工义务提供担保,该部分担保的内容及期间均约定不明,故云南万强公司要求豫鑫物流公司、马某峰、邵某坡对协力铝业公司的该案债务承担连带保证责任无合同及法律依据,该院不予支持。

笔者认为,该案涉及双方虽然签订了协议,但是在双方对于合同性质有争议时,对合同性质的认定问题,具体在于承揽合同涉及垫资约定时,合同性质如何认

① 现为《民法典》第 577 条。

定。关于该案是否为承揽合同法律关系的问题。《合同法》第251条[①]规定："承揽合同是承揽人按照定作人的要求完成工作，交付工作成果，定作人给付报酬的合同。承揽包括加工、定作、修理、复制、测试、检验等工作。"该案中，云南万强公司与协力铝业公司签订《铝棒生产销售合作协议》，该协议约定云南万强公司从神火公司购进原材料铝水交付给协力铝业公司，协力铝业公司将铝水加工成铝棒交付给云南万强公司并收取相应的加工费用，铝棒成品所有权归云南万强公司所有。二审法院根据前述法律规定和合同约定，认定该案为承揽合同法律关系并无不当，应予维持。

关于协力铝业公司应向云南万强公司交付的铝棒数量及价格如何确定的问题。该案中，2017年9月10日，云南万强公司与协力铝业公司经过结算，截至2017年8月25日，云南万强公司应收铝棒8750.1688吨，协力铝业公司已发铝棒8429.028吨，欠付铝棒321.1408吨。2017年8月25日至11月9日，云南万强公司向神火公司支付铝水款14 080万元，协力铝业公司应交付的铝棒应为9161.0791吨，协力铝业公司实际交付8710.089吨。据此，协力铝业公司合计欠云南万强公司铝棒772.1309吨。云南万强公司支付最后一笔款项的时间为2017年11月9日，长江有色金属网公布的2017年10月25日至11月24日铝锭均价为15 563.91元。二审法院据此认定如协力铝业公司不能交付铝棒，云南万强公司的实际损失为12 017 375.84元，该认定并无不当，应予维持。协力铝业公司以2017年9月10日结算清单形成时，其公司公章被盗为由，主张案涉结算清单不是其真实意思表示，双方之间的账目应当重新清算。但根据公安机关报警回执记载，协力铝业公司称其财务室于2018年3月14日被盗，而结算清单形成于2017年9月10日，且协力铝业公司在吉木萨尔县人民法院执行异议之诉案件及本案一审审理过程中，针对该结算清单所发表的质证意见表明，其对该证据的真实性均已明确认可。故二审法院对协力铝业公司该项主张未予支持，并无不当。

案例44中，一审法院认为，该案的争议焦点问题是：原、被告之间系借贷关系还是合伙关系。依据常理若是原、被告之间存在500万元的借款关系，双方应该有借条、打款凭证等证据予以印证。且本案原告李某其通过个人账户向第三人莎车

① 现为《民法典》第770条。

县住房和城乡建设局打款500万元,此行为显然不符合个人之间借贷交易习惯。被告辩称其与原告李某其之间系借贷关系,但其提供的证据收条、收款收据均系复印件,无法证实其与原告之间存在借贷关系。故对被告关于与其原告之间系借贷关系的辩解意见,一审法院不予采纳。

个人合伙是指两个以上公民按照书面合伙协议或者口头合伙协议,各自提供资金、实物、技术等,合伙经营,共同劳动。当事人之间没有书面合伙协议,又未经工商行政管理部门核准登记,但具备合伙的其他条件,又有两个以上无利害关系人证明有口头合伙协议的,人民法院可以认定为合伙关系。该案中,原告李某其、李某与被告任某强之间没有书面合伙协议,又未经工商行政管理部门核准登记,但从本案证据涉案工程的承包管理上来看,被告任某强负责涉案工程项目的承接和联系挂靠单位,原告李某其提供资金500万元作为工程保证金,且为了后续工程的顺利进展筹集资金又为被告任某强的借款提供连带保证责任。原、被告在取得工程项目后,在具体施工建设中原告李某作为项目经理参与经营管理,被告任某强作为项目负责人也参与了经营管理。根据证据优势原则,依据原告提供的内部承包人证明、原告李某其银行卡明细、城南集中供暖项目部工作制度(会议纪要)、当事人陈述等证据,能够证实在涉案工程的启动和具体施工过程中,原告李某其、李某均有参与。综上,鉴于原告李某其和李某之间系叔侄关系,故两原告作为一方与被告任某强之间的法律关系符合法律规定的合伙要件,构成事实上的合伙关系。故对原告要求确认其与被告任某强之间成立合伙关系的诉求,一审法院予以支持。

二审法院认为,《民法通则》(已失效)第30条规定,个人合伙是指两个以上公民按照协议,各自提供资金、实物、技术等,合伙经营、共同劳动。最高人民法院《关于贯彻执行〈中华人民共和国民法通则〉若干问题的意见(试行)》(已失效)第50条规定,当事人之间没有书面合伙协议,又未经工商行政管理部门核准登记,但具备合伙的其他条件,又有两个以上无利害关系人证明有口头合伙协议的,人民法院可以认定为合伙关系。该案中,当事人之间没有书面合伙协议,又未经工商行政管理部门核准登记。关于任某强与李某其之间是否构成合伙的问题,任某强上诉主张其与李某其之间系民间借贷关系而非合伙关系,李某其辩称该500万元并非民间借贷而是其合伙投资。二审法院认为,合伙中提供资金应将该资金用于合伙项目，在合伙项目结束之前，合伙资金不应随意抽回。李某其筹资500万元并提交给莎车县住房和城乡建设局作为项目保证金后，由任某强向银行贷款500万元并还给了李某其，李某其也出具了利息收据，更符合民间借贷的交易流程。李某其主张其与任某强之间系合伙关系，应由其举证证明其具备合伙的条件。但从现有证据来看，即使李某其并未因借款、担保行为获利，亦不足以证实李某其存在提供资金、合伙经营、共同劳动的情形，无法证明李某其与任某强之间存在合伙关系。任某强该项上诉主张成立，二审法院予以支持。

关于任某强与李某之间是否构成合伙的问题，任某强虽主张李某与其之间是劳务关系，但并未提供劳动合同、支付工资情况等证据对此进行证明。此外，在项目施工建设中李某作为项目经理参与了项目的经营管理并签署相关文件，合伙项目会计出具的资金使用情况中也明确载明李某存在垫资行为，一审庭审中证人证言也提到工地负责人是任某强和李某、二者之间是合伙关系、工人工资向任某强与李某两人索取，以及国基建设公司出具的内部承包人证明中载明任某强、李某为该项目内部承包责任人等相互印证足以证实李某参与了项目经营管理，存在合伙经营、共同劳动的情形。李某与任某强之间虽未签订书面合同，又未经工商行政管理部门核准登记，但已具备合伙的其他条件，可以认定李某与任某强之间构成合伙关系。任某强该项上诉主张不能成立，二审法院不予支持。

对于任某强认为一审法院认定该案缺席判决不当的上诉主张。二审法院认为，李某其、李某向一审法院起诉时将国基建设公司以及莎车县住房和城乡建设局列为第三人，在一审庭审中，国基建设公司经一审法院依法传唤未到庭参加诉讼，一审法院据此作出缺席判决未违反法定程序，亦未侵害原审当事人诉讼权利，故任某强该项上诉主张不能成立，二审法院不予支持。

笔者认为，该案涉及在未签到合伙协议情形下，如何认定合伙关系的问题。《民法通则》第30条规定，个人合伙是指两个以上公民按照协议，各自提供资金、实物、技术等，合伙经营、共同劳动。最高人民法院《关于贯彻执行〈中华人民共和国民法通则〉若干问题的意见（试行）》第50条规定，当事人之间没有书面合伙协议，又未经工商行政管理部门核准登记，但具备合伙的其他条件，又有两个以上无利害关系人证明有口头合伙协议的，人民法院可以认定为合伙关系。根据上述法律规定，当事人之间是否存在书面或者口头合伙协议，是认定双方是否构成合伙关系的前提要件。该案中,李某和任某强之间没有签订书面合伙协议,也无经工商行政管理部门核准登记的事实,同时亦无两个以上无利害关系人证明双方之间有口头合伙协议,据此,二审认定李某与任某强之间成立合伙关系缺乏法律和事实依据,应予纠正。

(二)合同的效力

合同效力决定合同案件审理的方向,合同有效则根据约定确定当事人的权利义务关系,合同无效则根据法律规定确定当事人的权利义务关系,法律没有规定则法官可以行使自由裁量权。合同的效力审查在法院依职权审查的范围内,合同类案件都应该审查合同的效力,不以当事人是否主张为依据。合同效力问题是合同案件中的重点难点问题。《民法典》中关于合同效力认定的条款主要包括以下几条,第 143 条规定,具备下列条件的民事法律行为有效:(1)行为人具有相应的民事行为能力;(2)意思表示真实;(3)不违反法律、行政法规的强制性规定,不违背公序良俗。第 144 条规定,无民事行为能力人实施的民事法律行为无效。第 146 条规定,行为人与相对人以虚假的意思表示实施的民事法律行为无效。以虚假的意思表示隐藏的民事法律行为的效力,依照有关法律规定处理。第 154 条规定,行为人与相对人恶意串通,损害他人合法权益的民事法律行为无效。第 502 条规定,依法成立的合同,自成立时生效,但是法律另有规定或者当事人另有约定的除外。依照法律、行政法规的规定,合同应当办理批准等手续的,依照其规定。未办理批准等手续影响合同生效的,不影响合同中履行报批等义务条款以及相关条款的效力。应当办理申请批准等手续的当事人未履行义务的,对方可以请求其承担违反该义务的责任。依照法律、行政法规的规定,合同的变更、转让、解除等情形应当办理批准等手续的,适用前款规定。第 503 条规定,无权代理人以被代理人的名义订立合同,被代理人已经开始履行合同义务或者接受相对人履行的,视为对合同的追认。第 504 条规定,法人的法定代表人或者非法人组织的负责人超越权限订立的合同,除相对人知道或者应当知道其超越权限外,该代表行为有效,订立的合同对法人或者非法人组织发生效力。

案例 45

上诉人海天建设集团有限公司（以下简称海天公司）与上诉人西安佑利置业有限公司（以下简称佑利公司）建设工程施工合同纠纷案

案号：（2019）最高法民终 1335 号

主要争议焦点

（1）本案一审认定佑利公司应付工程款及利息数额是否正确；（2）海天公司对案涉工程折价或者拍卖的价款是否享有优先受偿权；（3）本案一审对停工、窝工损失费用的认定及承担是否正确；（4）海天公司是否应当承担案涉修复费用。

简要案情

海天公司与佑利公司签订《长安紫翰庭院工程施工合同》。案涉施工合同签订后，海天公司进场进行施工。后因工程款支付问题，双方发生纠纷。

案情详解

海天公司起诉请求：（1）依法判令解除与佑利公司签订的《长安紫翰庭院工程施工合同》；（2）判令佑利公司立即支付海天公司工程款 21 705 322. 74 元、利息 20 077 423. 5 元（暂计算 2014 年 5 月 23 日至 2017 年 6 月 22 日）及直至实际给付之日利息（按月利率 2. 5% 计算）；（3）判令佑利公司赔偿海天公司停工、窝工损失 19 621 654. 7 元；（4）判令海天公司对本案长安紫翰庭院建设工程折价或者拍卖的价款享有优先受偿权；（5）本案诉讼费由佑利公司承担。

佑利公司答辩称，海天公司的诉讼请求应予以驳回。

佑利公司反诉请求：（1）判令海天公司向佑利公司赔偿因施工质量不合格造成的损失 200 万元（暂定价，具体以鉴定为准）；（2）本案所有诉讼费用均由海天公司承担。

海天公司答辩称，佑利公司的诉请无事实依据，应予以驳回。

一审法院查明：2013 年 2 月 1 日，海天公司（乙方）与佑利公司（甲方）签订《长安紫翰庭院工程施工合同》。合同约定,合同价款金额暂定一亿九千万元人民币;双方约定的工程款(进度款)支付的方式和时间:乙方垫资完成到单栋主体楼底商10层钢筋混凝土结构时,甲方七天内支付已完工程量75%的工程进度款,以后按单栋每完成5层钢筋混凝土结构时,七日内支付已完工程量75%的工程进度款。出现支付的工程进度款达不到50%的情况时,乙方可以直接停工,自停工之日开始计算停工损失。施工合同签订后,海天公司于2013年3月15日进场进行施工。2013年10月12日海天公司向佑利公司提交《工程款申请报告》,要求佑利公司支付当期75%的工程款7 858 302元。2014年4月25日海天公司向佑利公司提交《工程款申请报告》及相关材料,要求佑利公司支付当期75%的工程款2 039 001.35元。2014年5月24日海天公司第三次申请进度款,佑利公司分别于2013年10月25日、2013年11月5日、2014年1月21日、2014年3月31日、2014年4月24日、2014年5月8日向海天公司支付工程款100万元、150万元、50万元、30万元、50万元、50万元,共计430万元。2013年10月13日至2014年3月10日第一次停工。2014年5月23日第二次停工,2014年8月28日双方签订工程量确认单。2014年7月13日海天公司编制《紫翰庭院住宅小区5-7#楼工程结算》,于2014年7月15日送达佑利公司,佑利公司向海天公司邮寄的《关于浙江海天公司西安分公司紫翰庭院项目已完工程结算报告的回函》中也认可其收到长安紫翰庭院工程量结算书,但对已完工程总价款为26 005 322.74元不予审核确认,认为经佑利公司计算涉案的工程金额应为13 549 810.76元。2017年9月1日西安市长安区人民法院作出民事判决认定,2013年10月3日,佑利公司开发的项目因手续不全被政府叫停,2014年3月11日开工,2014年5月底因佑利公司未支付工程款及其他因素,导致工程再次停工,之后未开工,海天公司也未继续施工。案件审理过程中,经双方当事人申请,委托鉴定机构对长安紫翰庭院住宅小区1~8号楼及车库已完工程造价、停窝工损失、工程质量及修复费用进行鉴定。2018年8月30日华地众信工程项目管理有限公司作出华地价鉴字【2018】01号工程造价鉴定意见书,内容为,(1)确定性意见:可确定的工程造价合计20 000 136.17元。(2)推断性意见:推断的价款合计4 820 275.71元。其中,签证部分造价(编号:2014-02)56 129.91元,停工期间停工损失费共计4 764 145.80元。①第一次停窝工损失费用1 292 846.52元,其中,停窝工人工损失费用1 195 133.08元,机械租赁损失费用 97 713. 4 元。②第二次停工损失费用 3 471 299. 27 元，其中，停工机械租赁损失费用 1 484 850. 95 元，折合停工每天机械租赁损失费用 966. 09 元；周转性材料租赁损失费用 405 036. 40 元，折合停工每天周转性材料租赁损失费用 264. 73 元；周转性材料待推销损失费用 1 052 565. 98 元；已完工程现场看护费用 528 845. 94 元，折合停工每天已完工程现场看护费用 345. 65 元。(3)待确定的工程价款合计 942 950. 72 元，其中，①养老保险统筹费合计 673 392. 60 元。②四项保险费合计 151 750. 45 元。③创建文明工地与未创建文明工地安全文明施工费差额合计 117 807. 67 元。2018 年 8 月 27 日陕西中房建筑工程司法鉴定所作出司法鉴定意见书，内容为：涉案工程所需的修复费用为 351 425 元。2019 年 1 月 7 日上述鉴定单位作出对司法鉴定意见书异议的回复，新增加固费 26 517. 84 元。另查明，5#、6#楼塔吊实际拆除时间为 2018 年 11 月 13 日，自 2018 年 8 月 1 日计算至 2018 年 11 月 13 日(共计 3. 43 个月)，14 000 元/月(鉴定意见标准)×3. 43 月 = 48 020 元。7#楼塔吊拆除时间为 2018 年 11 月 24 日，自 2018 年 8 月 1 日计算至 2018 年 11 月 24 日(共计 3. 8 个月)，14 000 元/月(鉴定意见标准)×3. 8 月 = 53 200 元。税金为(48 020 元 + 53 200 元)×3. 51% = 3552. 8 元。损失小计为 48 020 元 + 53 200 元 + 3552. 8 元 = 104 772. 8 元。脚手架、扣件等设备实际拆除日期为 2018 年 11 月 15 日，自 2018 年 8 月 1 日至实际拆除之日 2018 年 11 月 15 日共计 107 天，255. 75 元/天(鉴定意见标准)×107 天 = 27 365. 25 元；税金为 27 365. 25 元×3. 51% = 960. 52 元；损失小计为 27 365. 25 元 + 960. 52 元 = 28 325. 77 元。该案审理期间，海天公司申请财产保全并提供担保。2017 年 9 月 12 日该院作出(2017)陕民初 29 号民事裁定，冻结被申请人佑利公司名下 6188. 6 万元的银行存款；查封被申请人佑利公司名下所有位于西安市长安区韦曲街道首帕张村土地证号为西长国用(2004)第 183 号的土地及该土地上的在建工程。

裁判结果

一审法院判决：(1)驳回海天公司要求解除双方签订的《长安紫翰庭院工程施工合同》的诉讼请求；(2)佑利公司于该判决生效之日起 10 日内支付海天公司工程款 16 429 658. 6 元及利息(自 2014 年 7 月 15 日至实际给付之日，按年息 24% 计算)；(3)驳回海天公司对本案长安紫翰庭院建设工程折价或者拍卖的价款享有优先受偿权的请求；(4)佑利公司于该判决生效之日起10日内支付海天公司停工、窝工损失3 917 795.5元；(5)海天公司于该判决之日起10日内支付佑利公司修复费用377 942.84元；(6)驳回海天公司的其余诉讼请求；(7)驳回佑利公司的其余反诉请求。海天公司与佑利公司均不服一审审判，向最高人民法院提起上诉，最高人民法院判决：(1)维持一审判决第一项、第四项、第五项；(2)撤销一审判决第二项、第三项、第六项、第七项；(3)佑利公司于本判决生效之日起10日内支付海天公司工程款16 429 658.6元及利息（自2017年3月17日至实际给付之日，按年息24%计算）；(4)海天公司在佑利公司欠付其工程款16 429 658.6元范围内对本案长安紫翰庭院工程就其承建工程部分折价或者拍卖的价款享有优先受偿权；(5)驳回海天公司的其他诉讼请求；(6)驳回佑利公司的其他反诉请求。

案例46

上诉人新疆华诚安居房地产开发有限公司（以下简称华诚房地产公司）与被上诉人中国铁建大桥工程局集团有限公司（以下简称铁建大桥工程局）建设工程施工合同纠纷案

案号：(2019)最高法民终347号

主要争议焦点

(1)涉案《建设工程施工合同》是否有效；(2)华诚房地产公司是否应支付履约保证金利息4 283 790.64元。

简要案情

华诚房地产公司与中铁十三局集团有限公司（于2014年3月改名为铁建大桥工程局）签订《新疆乌鲁木齐经济技术开发区蓝领公寓（公租房）建筑施工合作框架协议书》《建设工程施工合同》。之后，中铁十三局集团有限公司通过招投标取得合作区蓝领公寓项目工程。合同履行过程中，双方就工程款支付发生纠纷。

案情详解

原告铁建大桥工程局起诉请求：(1)解除铁建大桥工程局与华诚房地产公司签订的《合作区蓝领公寓项目建设工程施工合同》；(2)华诚房地产公司立即向铁建大桥工程局支付工程款及逾期支付利息合计 133 154 476.74 元(工程款 127 373 291.91 元，利息按银行同期同类贷款利率计算至法院判决确定的还款之日止，截至 2017 年 2 月 28 日已产生利息 5 781 184.83 元)；(3)华诚房地产公司立即向铁建大桥工程局返还履约保证金及逾期利息合计 44 418 591.88 元(履约保证金 39 849 215.2 元，利息按银行同期同类贷款利率计算至法院判决确定的还款之日止，截至 2017 年 2 月 28 日已产生利息 4 569 376.68 元)；(4)华诚房地产公司立即向铁建大桥工程局给付合同外签证及变更工程施工费用 15 941 563.1 元；(5)华诚房地产公司立即向铁建大桥工程局赔偿窝停工损失 5 919 036 元；上述一至五项请求合计 199 433 667.72 元；(6)铁建大桥工程局在上述一至五项请求范围内就蓝领公寓项目工程折价或拍卖变卖后的价款享有优先受偿权；(7)华诚房地产公司承担本案全部诉讼费用(铁建大桥工程局当庭确认该项诉讼请求具体包括财产申请保全费 5000 元、保函费用 387 000 元及案件受理费)。

华诚房地产公司辩称，请求驳回铁建大桥工程局的全部诉讼请求，并敦促其继续履行合同。

一审法院查明：2011 年 7 月 11 日，华诚房地产公司(甲方)与中铁十三局集团有限公司(乙方)签订《新疆乌鲁木齐经济技术开发区蓝领公寓(公租房)建筑施工合作框架协议书》(以下简称《建筑施工合作框架协议书》)并约定：(1)建筑施工内容为新疆乌鲁木齐经济技术开发区蓝领公寓(公租房)项目建设内容。(2)项目建筑施工总概算约人民币 3 亿元，具体概算数值待规划文件，设计方案确定后双方另行约定。(3)履约保证金。本协议履约保证金为项目概算的 10%，本协议签订后 7 个工作日内乙方将履约保证金人民币 3 千万元汇付到甲方指定的账户。(4)履约保证金的退付。当乙方按双方针对本项目后续签订的《建设工程施工合同》进行建筑施工，并且工程量到达 50% 时，甲方向乙方退付履约保证金的 50%，剩余部分竣工结算时与合同价款一次退付。2012 年 5 月 8 日，中铁十三局集团有限公司通过招投标取得合作区蓝领公寓项目工程。2012 年 5 月 9 日，华诚房地产公司(发包人)与中铁十三局集团有限公司(承包人)签订《建设工程施工合同》并约定:(1)工程名称:合作区蓝领公寓项目。(2)开工日期:2012 年 5 月 1 日,竣工日期:2013 年 11 月 30 日,合同工期总日历天数 579 天。(3)合同价款:418 332 352.72 元(包含暂列金 19 840 000 元)。合同履行过程中,就铁建大桥工程局已施工完成合同工程项目的工程价款,华诚房地产公司委托新疆申光建设工程项目管理咨询有限公司分期进行了工程进度款审核,并形成 15 期进度款审核价,15 期工程价款计量金额合计 371 295 038.02 元。华诚房地产公司已支付工程款 247 327 250.69 元。2011 年 9 月 28 日,华诚房地产公司向中铁十三局集团有限公司乌鲁木齐合作区蓝领公寓项目经理部出具委托付款申请书,委托该项目部代华诚房地产公司垫付给新疆盟达能源股份有限公司工程款 40 万元,该笔款项待华诚房地产公司资金到位后予以归还。2011 年 10 月 22 日,中铁十三局集团有限公司向新疆盟达能源股份有限公司支付了上述工程款 40 万元。2016 年 11 月 9 日,华诚房地产公司向铁建大桥工程局乌鲁木齐合作区蓝领公寓项目经理部出具的情况说明载明,华诚房地产公司 2014 年 6 月 13 日拨付给该项目部的 10 250 537.85 元款项中包括华诚房地产公司委托该项目部向新疆信盛达建设劳务有限公司代付的涉案蓝领公寓项目市政热力一次网施工工程款 60 万元,该期实际支付工程款 9 650 537.85 元。2014 年 6 月 23 日,铁建大桥工程局向新疆信盛达建设劳务有限公司支付了上述工程款 60 万元。扣除上述两笔款项后,华诚房地产公司就涉案工程已支付工程款数额为 246 327 250.69 元(247 327 250.69 元 - 1 000 000 元)。2013 年 5 月,建设单位华诚房地产公司与施工单位中铁十三局集团有限公司对涉案合作区蓝领公寓 1 号楼、2 号楼、3 号楼、4 号楼、5 号楼、6 号楼、8 号楼、9 号楼、10 号楼进行工程验收,并出具 27 份《建设、监理、设计、施工、勘察单位主体工程质量验收意见表》,2014 年 5 月,建设单位华诚房地产公司与施工单位铁建大桥工程局对涉案合作区蓝领公寓 7 号楼、11 号楼进行工程验收,并出具 4 份《建设、监理、设计、施工、勘察单位主体工程质量验收意见表》,以上验收意见均为:经验收,工程质量达到国家规定的合格标准。涉案工程于 2014 年 11 月停工。中铁十三局集团有限公司于 2011 年 7 月 26 日、2012 年 5 月 15 日、2012 年 5 月 24 日、2012 年 8 月 13 日分四次向华诚房地产公司支付履约保证金,合计 39 849 215.27 元。合同履行期间,中铁十三局集团有限公司与华诚房地产公司就涉案工程项目形成多份往来函件等书面文件。2012 年

12月4日及2013年1月10日，中铁十三局集团有限公司乌鲁木齐合作区蓝领公寓项目经理部向华诚房地产公司出具《关于申请退还履约保证金的报告》载明，涉案蓝领公寓工程已按合同进度计划完成11栋楼的土建施工，已完工程量及施工产值均已达到合同的50%，根据涉案工程框架协议规定，申请华诚房地产公司退还履约保证金19 924 607.64元。2013年4月27日，中铁十三局集团有限公司乌鲁木齐合作区蓝领公寓项目经理部向华诚房地产公司出具《关于申请返还工程履约保证金及材料预付款的报告》载明，涉案蓝领公寓工程已于4月全面复工，根据涉案工程框架协议第7条申请华诚房地产公司退还50%的履约保证金19 924 607.64元，申请支付材料预付款2500万元。2013年7月15日，中铁十三局集团有限公司乌鲁木齐合作区蓝领公寓项目经理部向华诚房地产公司出具关于工程款使用情况的报告，要求华诚房地产公司按工程进度审核计量并及时支付工程款。2013年9月4日，中铁十三局集团有限公司乌鲁木齐合作区蓝领公寓项目经理部向华诚房地产公司出具关于申请支付工程款的报告，载明：涉案蓝领公寓工程完成产值累计2 242 299 460.58元，拨付工程款161 573 914.29元，本期计量22 262 067.72元，应拨付工程款17 809 654.176元。蓝领公寓工程完成产值已远远超出总产值的50%，目前已基本通过主体结构认证，按约华诚房地产公司应返还50%的履约保证金，申请支付本期工程款及履约保证金。2013年11月6日，中铁十三局集团有限公司乌鲁木齐合作区蓝领公寓项目经理部向华诚房地产公司出具《关于申请支付工程款的报告》载明，截至2013年10月30日，蓝领公寓工程完成产值279 048 859.62元，华诚房地产公司截至7月支付工程款171 268 364.59元，经华诚房地产公司批复的8～10月的工程款尚未支付，按约应支付51 970 723.7元，请求华诚房地产公司尽快支付工程款。2013年12月15日，中铁十三局集团有限公司乌鲁木齐合作区蓝领公寓项目经理部向华诚房地产公司出具《蓝领公寓项目情况汇报》载明，至2011年年底华诚房地产公司未拨付任何资金，2012年8月5日，华诚房地产公司第一笔款到位，到2012年年底资金拨付勉强正常，2013年华诚房地产公司计量拨付不按时、不足额、不到位，中铁十三局集团有限公司乌鲁木齐合作区蓝领公寓项目经理部分别于2013年4月至11月，10次向华诚房地产公司上报申请支付工程计量款及返还履约保证金，报告均已签收，但都未予解决。2014年6月6日，铁建大桥工程局乌鲁木齐合作区蓝领公寓项目经理部向华诚房地产公司出具关于按合同约定支付工程款的函载明，铁建大桥工程局乌鲁木齐合作区蓝领公寓项目经理部于2014年5月21日上报了截至2014年5月的形象进度确认单，华诚房地产公司于2014年5月26日进行了现场确认，2014年5月29日签订了形象进度确认单，项目形成并上报计量产值4550万元。请华诚房地产公司根据形象进度确认单尽快完成计量工作，按照合同约定及承诺于2014年6月10日前支付去年欠付工程款及本次计量工程款。2014年9月12日，铁建大桥工程局乌鲁木齐合作区蓝领公寓项目经理部向华诚房地产公司出具的函载明，因华诚房地产公司工程款支付不及时影响了工期，工地已出现半停工状态，所以支付时间不能确定。鉴于施工现场及资金存在诸多问题，如华诚房地产公司在下周一未明确准确支付时间，下周二铁建大桥工程局督导组将进入现场与华诚房地产公司进行工程决算，并清算撤场。2015年4月30日，铁建大桥工程局乌鲁木齐合作区蓝领公寓项目经理部向华诚房地产公司出具关于复工的联系函载明，请华诚房地产公司待项目完工验收合格的同时全额返还履约保证金；因华诚房地产公司资金困难的问题导致项目已经远超合同工期约定，此次复工前，必须对工期延误及窝停工损失问题作出明确答复；对工程前期发生的经济签证及变更事项，华诚房地产公司应对完善签证等手续予以确认，对发生的工程量及金额予以签认，对已完工但未计量部分予以计量；必须明确竣工决算期限，在规定时间内完成决算，制定付款计划。2015年7月28日，铁建大桥工程局乌鲁木齐合作区蓝领公寓项目经理部向华诚房地产公司出具关于复工有关问题的函。2015年8月1日，华诚房地产公司向铁建大桥工程局乌鲁木齐合作区蓝领公寓项目经理部出具《关于复工有关问题复函》载明，铁建大桥工程局2015年7月28日递交的《关于复工有关问题的函》已收悉。2015年8月27日，华诚房地产公司向铁建大桥工程局乌鲁木齐合作区蓝领公寓项目经理部发出《关于复工有关问题的联系函》。2016年4月18日，华诚房地产公司、铁建大桥工程局及乌鲁木齐经济技术开发区（头屯河区）房产规划局形成关于合作区蓝领公寓项目复工会议备忘录，华诚房地产公司认可其前期拖欠工程款共计37 293 062.38元。

裁判结果

一审法院判决：(1)铁建大桥工程局与华诚房地产公司签订的《合作区蓝领公

寓项目建设工程施工合同》于2017年5月15日予以解除；(2)华诚房地产公司于该判决生效后15日内向铁建大桥工程局支付工程款124 967 787.33元及利息1 585 528.8元(自2016年11月15日起至2017年2月28日止，按年利率4.35%计算)；(3)华诚房地产公司于本判决生效后15日内向铁建大桥工程局返还履约保证金39 849 215.2元，并支付利息4 283 790.64元(自2013年8月1日起至2017年2月28日止，按年利率6%计算)；(4)铁建大桥工程局就涉案工程折价或拍卖的价款在124 967 787.33元工程款范围内享有优先受偿权；(5)华诚房地产公司于该判决生效后15日内向铁建大桥工程局支付申请财产保全费5000元；(6)驳回铁建大桥工程局的其他诉讼请求。华诚房地产公司不服一审判决，向最高人民法院提起上诉，最高人民法院判决，驳回上诉，维持原判。

案例47

再审申请人刘某、崔某日与崔某今、朴某、第三人吉林经纬拍卖有限公司确认合同效力纠纷案

案号：(2017)最高法民申2658号

主要争议焦点

崔某今与刘某、崔某日达成的偿还受害人损害赔偿的协议是否有效。

简要案情

刘某、崔某日作为延边国贸非法吸收公众存款罪一案受害人代表，与罪犯崔某今就非法吸收公众存款刑事案件中返还款项事宜协商达成协议。

案情详解

刘某、崔某日起诉请求：(1)确认原被告协议有效，要求被告继续履行协议约定，将北京永胜民俗度假村拍卖款6650万扣除相应税、费后剩余部分款项支付给原告，具体数额另算；(2)承担诉讼费用。事实和理由：刘某、崔某日作为延边国贸

非法吸收公众存款罪一案受害人代表,与崔某今就非法吸收公众存款刑事案件中返还受害人款项事宜,协商“(1)被告将北京永胜民俗度假村先行拍卖,拍卖款项支付给原告减少受害人损失;(2)如两个月内拍卖未完成功则将北京永胜民俗度假村作价 6000 万元抵偿相应部分款项”。北京永胜民俗度假村登记在崔某今儿子朴某名下,被告朴某在公安询问笔录中自认该度假村为其母亲所购买,其母亲有处分的权利。北京永胜民俗度假村经由第三人吉林经纬拍卖有限公司成功拍卖,两被告至今拒不履行双方协议,已经构成严重违约。

裁判结果

一审法院裁定,对刘某、崔某日的起诉,不予受理。刘某、崔某日不服一审裁定,向二审法院提起上诉,二审法院裁定,驳回上诉,维持原判定。刘某、崔某日不服二审裁定,向最高人民法院提起再审申请,最高人民法院裁定,驳回刘某、崔某日的再审申请。

案例 48

再审申请人新疆佳禾草业投资有限公司(以下简称佳禾公司)、廖某华与被申请人新疆新地园房地产开发有限公司(以下简称新地园公司)、郭某、胡某合同纠纷案

案号:(2019)最高法民申 1931 号

主要争议焦点

(1)佳禾公司是否应当向廖某华返还 2043.2118 万元、支付利息 4 903 708 元、赔偿保全费 5000 元;(2)廖某华关于新地园公司、郭某、胡某与佳禾公司连带偿还前述费用的主张是否成立。

简要案情

2014年，廖某华起诉主张确认自2013年8月10日起即具有新地园公司的股东身份，生效判决主文：(1)确认廖某华为新地园公司的股东身份，并确认郭某名下的新地园公司71.9039%股权中26.9074%为廖某华所有；(2)新地园公司协助廖某华办理上述股权变更登记手续；(3)驳回廖某华要求确认王某然持有新地园公司股权中5%归其所有的诉讼请求。2015年4月15日，佳禾公司因与新地园公司发生追偿权纠纷，法院调解新地园公司于2015年5月15日前向佳禾公司支付垫付款7260万元、利息25 591 332元、律师费643 275元。

案情详解

廖某华起诉请求：(1)新地园公司、佳禾公司、郭某、胡某共同向廖某华返还垫付款20 432 118元及资金占用利息4 903 708元；(2)新地园公司、佳禾公司、郭某、胡某共同承担保全费5000元；(3)新地园公司、佳禾公司、郭某、胡某共同承担诉讼财产保全责任险。

新地园公司、佳禾公司、郭某、胡某辩称，廖某华的诉请不应得到支持。

一审法院查明：2013年8月10日，廖某华与郭某、王某然签署会议纪要，该纪要载明参会人员郭某、廖某华、王某然（新地园公司全体股东），共同约定收购7260万元+2157万元+400万元，分配标准为郭某7260万元+2157万元+400万元=9817万元、王某然250万元+1358万元=1608万元，比例为70∶30。另约定，郭某、廖某华按出资比例承担责任和分红。2014年，廖某华起诉主张确认自2013年8月10日起即具有新地园公司的股东身份，并确认廖某华自2013年8月10日起享有新地园公司32.57%的股权，即郭某27.57%的股权属廖某华所有，王某然的5%股权属廖某华所有；判令新地园公司协助廖某华办理相关的股权变更手续。经三级法院多次审理，2017年11月13日，生效的二审判决维持了一审判决。一审判决主文为：(1)确认廖某华为新地园公司的股东身份，并确认郭某名下的新地园公司71.9039%股权中26.9074%为廖某华所有；(2)新地园公司协助廖某华办理上述股权变更登记手续；(3)驳回廖某华要求确认王某然持有新地园公司股权中5%归其所有的诉讼请求。2015年4月15日，佳禾公司因与新地园公司发生追偿权纠纷，在该院(2015)新民二初字第20号案件中自愿达成调解协议,约定新地园公司于2015年5月15日前向佳禾公司支付垫付款7260万元、利息25 591 332元、律师费643 275元。

裁判结果

一审法院判决:(1)佳禾公司返还廖某华20 432 118元;(2)佳禾公司支付廖某华资金占用利息4 903 708元;(3)佳禾公司赔偿廖某华保全费5000元;(4)驳回廖某华的其他诉讼请求。廖某华、佳禾公司不服一审判决,向二审法院提起上诉,二审法院判决,驳回上诉,维持原判。佳禾公司、廖某华不服二审判决,向最高人民法院提起再审申请,最高人民法院裁定,驳回佳禾公司、廖某华的再审申请。

案例49

再审申请人朱某志与被申请人甘肃静宁建筑企业(集团)有限责任公司(以下简称静建公司)、一审第三人王某涛建设工程施工合同纠纷案

案号:(2020)最高法民申100号

主要争议焦点

(1)静建公司欠付工程款的数额如何确定;(2)保证金利息是否支持。

简要案情

静建公司平凉分公司与朱某志、王某涛签订《建筑工程劳务施工合同》。合同签订后,朱某志向静建公司交纳履约保证金100万元,并组织人员进行施工,完成部分施工任务。双方结算后,朱某志撤离施工现场,未完成工程由其他班组继续完成。之后,当事人之间发生纠纷。

案情详解

朱某志起诉请求：(1)确认《建筑工程劳务施工合同》无效；(2)判令静建公司立即向朱某志支付工程欠款 8 188 742.1 元，并承担利息 579 696.48 元（利息从 2017 年 8 月 16 日起至 2019 年 4 月 1 日止），共计 8 768 438.58 元；(3)判令静建公司支付朱某志代付分项工程款 404 810 元；(4)判令静建公司立即返还履约保证金 100 万元，支付利息 32 504.17 元，共计 1 032 504.17 元；（利息暂计算至起诉之日，以履约保证金支付之日 2017 年 3 月 1 日起至实际给付之日利息为准）；(5)判令静建公司立即返还现场剩余物资：两部施工电梯、钢管、配电箱；(6)判令静建公司赔偿朱某志停、窝工损失 17 万元（从 2017 年 8 月 15 日暂计算至起诉之日，以实际给付及止损之日为准）；(7)判令静建公司承担本案的诉讼费用、保全费、担保费。

静建公司辩称，应当依法驳回朱某志的诉讼请求。

第三人王某涛述称，朱某志所诉事实全部属实。

一审法院查明：2017 年 3 月 1 日，静建公司平凉分公司与朱某志、王某涛签订《建筑工程劳务施工合同》。合同签订后，朱某志向静建公司交纳履约保证金 100 万元，组织人员进行施工，完成部分施工任务。2017 年 6 月、10 月，分别对新河湾 1 区 4#楼、9#楼工程地基与基础分部（地下车库）和主体结构分部工程进行了验收，分部工程质量验收记录、验收纪要等资料均存放于施工单位静建公司。2017 年 11 月，静建公司第二项目部经理高某与朱某志就已完工程进行结算，4#、9#楼及地下车库总人工费为 1226.60889 万元。2017 年 11 月，朱某志向静建公司出具现金领款单，收到现金 469.4 万元，并注明为 2017 年 11 月前所有的现金结算，不含代发款。2018 年 1 月 30 日，经平凉市劳动监察支队协调，新世纪公司代发朱某志劳务人员工资 37.5 万元。王某涛从静建公司领取人工费 1 475 000 元、新世纪公司代付其人工费 488 405 元，共计 1 963 405 元；根据静建公司提供的证据，静建公司代付朱某志、王某涛人工费、材料款共计 1 464 085 元，新世纪公司代付朱某志人工费共计 3 282 962 元，以上共计 11 779 452 元。双方结算后，朱某志撤离施工现场，朱某志未完成工程由静建公司组织其他班组继续完成。

除新世纪公司和静建公司代付款部分外，二审查明的事实与一审查明的相同。

裁判结果

一审法院判决：(1)静建公司与朱某志、王某涛签订的劳务施工合同无效；(2)静建公司支付朱某志工程欠款486 636.9元并承担利息，利息自2017年11月26日起算，按同期人民银行基准贷款利率计算，至工程欠款付清之日止；(3)静建公司返还朱某志履约保证金100万元；(4)驳回朱某志的其他诉讼请求。朱某志、静建公司均不服一审判决，向二审法院提起上诉，二审法院判决：(1)维持一审判决第一项、第三项；(2)撤销一审判决第二项、第四项；(3)静建公司支付朱某志工程款2 296 206.9元，并按照中国人民银行同期贷款利率标准承担自2017年11月26日起至实际履行完毕之日止的利息；(4)驳回朱某志的其他诉讼请求。朱某志不服二审判决，向最高人民法院提起再审申请，最高人民法院裁定，驳回朱某志的再审申请。

思考与衡量

合同的效力判断问题是合同类案件审理的重要内容，在人民法院依职权审理的范围内。从我国合同法立法的发展历程看，这一问题是一个不断朝着合同自由，充分体现当事人意思自治这个方向发展的，不断强化合同的效力，以期达到鼓励交易，促进市场经济发展的目的。《民法典》的基本精神也是尊重合同自由、当事人的意思自治。在合同案件的审判过程中，首先应依职权主动审查合同效力，合同法是以当事人意思自治为基本精神和理念的，合同只要不违反法律法规的强制性规定就应该认定有效，这也是尊重当事人意思自治的体现，一般而言，法律法规规定的强制性规定，都是明确的规定。超越代理权签订的合同，如果没有被代理人追认，应该认定无效。在合同效力认定上，对何为“强制性规定”的理解上会有一些分歧，在司法实践中，人民法院将“强制性规定”分为“效力性强制性规定”和“管理性强制性规定”。即便如此依然存在一定的争议。从审判实践看，合同效力问题在建设工程施工合同纠纷案件中相对较为突出，在代理权、房屋限购、车辆限购等纠纷案件中也存在不同理解。合同无效后，涉及的后续责任问题，在之后的责任承担部分中，个人会统一加以梳理说明。以上5个案例都涉及合同效力问题，在这几类案件中常会出现效力认定上的不同理解和认识。案例45、案例56涉及在建设工程施工合同纠纷案件中，未经招投标程序，合同是否有效的问题。案例 47 中，涉及非法吸公众存款、非法占用农用地刑事案件背景下，当事人就涉刑事案件财产进行协商是否构成合同有效的问题。案例 48 中，涉及超越代理权限签订合同效力的认定问题。案例 49 中，涉及在建设工程施工合同纠纷案件中，无相关施工资质人员签订的施工合同效力的认定问题。

案例 45 中，一审法院认为，该案争议的焦点为：(1) 双方签订的施工合同是否应予解除。(2) 佑利公司应支付的工程款及利息是多少。(3) 海天公司对工程款是否享有优先受偿权。(4) 佑利公司应承担的停窝工损失是多少。(5) 海天公司应向佑利公司支付的修复费用是多少。第一，关于双方签订的施工合同是否应予解除问题。《招标投标法》第 3 条第 1 款第 1 项规定，大型基础设施、公用事业等关系社会公众利益、公众安全的工程项目必须进行招投标。第 2 款规定前款所列项目的具体范围和规模标准，由国务院发展计划部门会同国务院有关部门制订，报国务院批准。经国务院批准的《工程建设项目招标范围和规模标准》规定关系社会公共利益、公众安全的公用事业项目的范围包括商品住宅，其中包含经济适用房；规模标准为建设施工 300 万元以上，必须进行招标。最高人民法院《关于审理建设工程施工合同纠纷案件适用法律问题的解释》第 1 条规定，建设工程施工合同具有下列情形之一的，应当根据《合同法》第 52 条第 5 项的规定，认定无效；建设工程必须进行招标而未招标或者中标无效。该案的建设工程施工合同涉及的工程内容为住宅项目且标的大于 300 万元，按照法律规定应进行招投标，海天公司与佑利公司没有进行招投标而是通过直接签订协议的方式建立施工合同关系，应依法认定为无效。因该案所涉合同无效，不存在解除的问题，故海天公司要求解除涉案施工合同的诉讼请求不能成立，依法不予支持。第二，关于佑利公司应支付海天公司的工程款及利息问题。最高人民法院《关于审理建设工程施工合同纠纷案件适用法律问题的解释》第 2 条规定，建设工程施工合同无效，但建设工程经竣工验收合格，承包人请求参照合同约定支付工程价款的，应予支持。该案中，海天公司施工工程虽然没有竣工，但在施工过程中进行了分项验收，双方当事人根据本案实际情况已协商停止施工、退场并结算，现海天公司主张参照合同约定支付工程价款的主张符合法律规定，予以支持。海天公司已完成的工程量已经双方确认没有争议，但对于工程价款的结算没有达成一致意见。依据鉴定单位关于工程造价鉴定意见，可确定的工程造价计 20 000 136. 17 元。佑利公司虽对其计算标准和结果均不予认可，但却未提供相关证据予以佐证，故对该结论予以确认。对于鉴定意见推断性价款中的 2014 - 02 签证产生的工程价款 56 129. 91 元，经审查该签证虽未签认价格，只签认工作事项，但鉴定单位依据签证的相关描述、合同约定的计价标准计算，应予以采信。陕西省建设厅关于颁发《1999 年陕西省建设工程综合概、预算定额》《1999 陕西建设工程、安装工程、市政工程、仿古园林工程及装饰工程费用定额》的通知中所附《费用定额若干问题说明》第 16 条规定，职工养老保险及待业保险费，施工企业按不含税工程造价的 3. 55% 计入工程造价。第 17 条规定，待业保险、工伤保险、医疗保险、残疾人就业保险应列入不含税工程造价中。依据上述通知，养老保险统筹费及四项保险费均属于工程造价的组成部分，应计入工程造价中。双方当事人在施工合同价款及调整项下明确约定，劳保统筹、四项保险按定额规定计取。《陕西省建筑业劳动保险费用行业统筹管理办法》规定，建设单位在与施工企业签订合同后，办理开工手续前，就要向归口管理的行业统筹管理机构预交劳保统筹基金，竣工时按实际工程造价结算。根据该案事实，佑利公司并未向有关机构缴纳该项费用，养老保险统筹费合计 673 392. 60 元，应计入工程造价中，由佑利公司向海天公司支付。99 定额规定，参加了四项保险的施工企业按标准计取各项保险费，未参加保险的施工企业不得计取此项费用。庭审中，海天公司虽提供 2013 年 1 月 1 日至 2014 年 12 月 31 日，其公司缴纳四项保险费的票据，但其缴纳地点不在陕西且不能证明与本案工程的关联性，佑利公司又不认可，不予采信，故四项保险费 15 175 045 元不应计入工程造价中。依据合同约定，未创建文明工地的文明施工费按 2% 计取，现无证据证明本案涉案工程创建文明工地，故文明工地差价 117 807. 67 元，不应计入工程造价中。综上，该案工程造价为：20 000 136. 17 元（可确定的工程造价）+ 56 129. 91 元（2014 - 02 签证）+ 67 392. 60 元（养老保险统筹费）= 20 729 658. 6 元。经各方确认的已付款为 4 300 000 元，本案佑利公司欠付海天公司的工程款为 16 429 658. 6 元（20 729 658. 6 元 - 4 300 000 元）。海天公司主张 2014 年 7 月 15 日向佑利公司送达《紫翰庭院住宅小区 5 - 7#楼工程结算》，佑利公司也认可其收到该结算书，故工程款利息应从该日进行计算。佑利公司主张虽然其于上述时间收到海天公司的工程结算书，但在 2014 年 7 月 21 日到 7 月 25 日海天公司、佑利公司及监理三方测量，并在同年 8 月 28 日签署工程量确认单，

2015年1月26日签订工程量结算书，之后双方对工程价款如何计算发生争议，工程款利息应该从工程价款确定之日开始计算。最高人民法院《关于审理建设工程施工合同纠纷案件适用法律问题的解释》第18条规定：利息从应付工程价款之日计付。当事人对付款时间没有约定或者约定不明的，下列时间视为应付款时间：建设工程没有交付的，为提交竣工结算文件之日。该案涉案工程虽未竣工，但在2014年5月23日工程停工后，双方都同意不再履行合同并对工程量进行确认，佑利公司也认可收到2014年7月15日海天公司提交的《紫翰庭院住宅小区5－7#楼工程结算》，故应以2014年7月15日作为欠付工程款利息的起算点。对于利息的计付标准，海天公司主张双方在合同中约定，发包人因不按本合同约定及时足额支付工程进度款时，按照已完工程价总额的2.5%月利率计算利息，佑利公司应按照合同约定计算利息。佑利公司主张因合同无效的主要责任在海天公司，应按照同期银行贷款利息的1/3计算利息。最高人民法院《关于审理建设工程施工合同纠纷案件适用法律问题的解释》第17条规定，当事人对欠付工程价款利息计付标准有约定的，按照约定处理；没有约定的，按照中国人民银行发布的同期同类贷款利率计息。虽然双方在合同中约定，按照已完工程价总额的2.5%月利率计算利息，但双方对利息的约定过高且佑利公司认为应当减少，参照最高人民法院《关于审理民间借贷案件适用法律若干问题的规定》的相关规定，应以年息24%为准计算利息。第三，关于佑利公司应承担的停工、窝工损失问题。该案中，鉴定单位鉴定意见：停工期间的停工损失为4 764 145.80元并载明第二次停工后，现场人员应撤离，故第二次停工后未计算停窝工人工损失，且设备租赁损失计算至2018年7月31日。该案5#、6#楼塔吊拆除时间为2018年11月13日，7#楼塔吊拆除时间为2018年11月24日，自2018年8月1日计算至两个塔吊实际拆除的时间，停工损失共计104 772.8元。脚手架、扣件等材料拆除日期为2018年11月15日，2018年8月1日至实际拆除之日，停工损失共计28 325.77元，以上损失均依照鉴定意见书的鉴定标准计算。本案的停工窝工损失共计4 764 145.80元＋104 772.80元＋28 325.77元＝4 897 244.37元。案涉工程历经两次停工，第一次停工期间双方当事人无异议，佑利公司对第一次停工期间的窝工人数有异议，认为不是200人，应是100人左右。第二次停工开始的时间为2014年5月23日双方当事人亦无异议，对于因结束时间不同而导致对于租赁损失的计算双方当事人有异议。佑利公司认为2014年5月23日第二次停工后就不应该计算停工损失。佑利公司虽对停工期间的窝工人数及塔吊等设备租赁天数、损失计算标准等有异议,但都未提供相关证据予以佐证,故对于停工期间停窝工损失4 897 244.37元,应予认定。依据已经生效的民事判决,造成涉案工程第一次停工的主要原因是佑利公司施工手续不全,被政府叫停。第二次停工主要因佑利公司未及时支付工程款导致再次停工。佑利公司虽辩称因治理雾霾导致涉案工程第一次停工,但没有相关证据予以佐证,不予采信。基于生效判决及该案事实,对于停窝工损失应由佑利公司承担主要责任,海天公司承担次要责任。佑利公司应承担的停窝工损失为3 917 795.5元。第四,关于该案中海天公司享有工程价款优先受偿权问题。最高人民法院《关于建设工程价款优先受偿权问题的批复》第4条规定,建设工程承包人行使优先权的期限为六个月,自建设工程竣工之日或建设工程约定的竣工之日起计算。涉案工程未竣工且合同约定的竣工日期为2015年8月15日,其行使优先权的截止日期为2016年2月16日,但佑利公司在2017年3月17日才起诉主张工程价款优先受偿权,已过法律规定期限,海天公司的该项诉讼请求,法律依据不足,依法予以驳回。第五,关于海天公司是否应向佑利公司支付因工程质量造成的损失问题。根据佑利公司申请,经该院委托的司法鉴定机构陕西中房建筑工程司法鉴定所鉴定,该案工程所需的修复费用为377 942.84元,海天公司虽对该结论不予认可,但未提供相关证据予以佐证,应予以确认。海天公司应向佑利公司承担质量损失377 942.84元,佑利公司的其他质量损失请求,因无相关证据予以佐证,依法予以驳回。

笔者认为,第一,关于一审认定佑利公司应付工程款及利息数额是否正确的问题。《招标投标法》第3条第1款第1项规定:大型基础设施、公用事业等关系社会公众利益、公众安全的工程项目必须进行招标。第2款规定:"前款所列项目的具体范围和规模标准,由国务院发展计划部门会同国务院有关部门制订,报国务院批准。"经国务院批准的《工程建设项目招标范围和规模标准规定》第3条规定关系社会公共利益、公众安全的公用事业项目的范围包括商品住宅,其中包含经济适用房;规模标准为建设施工300万元以上,必须进行招标。最高人民法院《关于审理建设工程施工合同纠纷案件适用法律问题的解释》第1条规定:建设工程施工合同具有下列情形之一的,应当根据《合同法》第52条第5项的规定,认定无效;建设工程必须进行招标而未招标或者中标无效。第2条规定:"建设工程施工合同无效,但建设工程经竣工验收合格，承包人请求参照合同约定支付工程价款的，应予支持。”根据前述法律规定，必须进行招标而未招投标的，建设工程施工合同依法无效，但工程经竣工验收合格的，承包人可以请求参照合同约定支付工程价款。该案中，案涉工程应当招投标而未经招投标，双方即签订了《长安紫翰庭院工程施工合同》，该合同依法无效。案涉工程未竣工，但在施工过程中双方进行了分项验收，海天公司可以请求参照合同约定要求佑利公司支付工程价款。海天公司上诉主张佑利公司应向其支付的工程款为 16 581 409. 1 元，一审法院未将四项保险费 151 750. 45 元计算在应付工程款中是错误的。笔者认为，案涉合同第三部分专用条款第 23. 1 条第(1)J 项约定“四项保险、劳保统筹按定额规定计取”。《1999 陕西建筑工程、安装工程、市政工程、仿古园林工程及装饰工程费用定额》所附《费用定额若干问题说明》规定，参加了四项保险的施工企业按标准分别计取各项保险费，未参加保险的施工企业不得计取此项费用。海天公司一审中提供了 2013 年 1 月 1 日至 2014 年 12 月 31 日其缴纳四项保险费用的票据，但缴纳地点不在陕西，海天公司未能证明该费用与本案工程的关联性。二审中，海天公司亦未能充分证明其所提交的四项保险费票据与本案的关联性，一审法院对四项保险费用不予认定，未将该笔费用计入工程造价中，认定该案佑利公司应付工程款为 16 429 658. 6 元，该认定并无不当，应予维持。

最高人民法院《关于审理建设工程施工合同纠纷案件适用法律问题的解释》第 17 条规定：“当事人对欠付工程价款利息计付标准有约定的，按照约定处理；没有约定的，按照中国人民银行发布的同期同类贷款利率计息。”第 18 条规定：“利息从应付工程价款之日计付。当事人对付款时间没有约定或者约定不明的，下列时间视为应付款时间：(一)建设工程已实际交付的，为交付之日；(二)建设工程没有交付的，为提交竣工结算文件之日；(三)建设工程未交付，工程价款也未结算的，为当事人起诉之日。”根据前述法律规定，建设工程未交付，工程价款未结算的，应当以当事人起诉之日作为应付工程款时间。当事人对欠付工程价款利息计付标准有约定的，按照约定处理。该案中，案涉合同第三部分专用条款第 35. 1 条约定：“发包人因不按本合同约定及时足额支付工程进度款时，按照已完工程价款总额的 2. 5% 月利率计算利息。”案涉工程两次停工后，2014 年 7 月 13 日海天公司编制《紫翰庭院住宅小区 5 – 7#楼工程结算》，于 2014 年 7 月 15 日送达佑利公司，佑利公司在向海天公司邮寄的《关于海天公司西安分公司紫翰庭院项目已完工程结算报告的回函》中认可其收到《长安紫翰庭院工程量结算书》,但对已完工程总价款为26 005 322.74 元不予审核确认,认为案涉的工程金额应为 13 549 810.76 元。笔者认为,2014 年 7 月 15 日海天公司编制《紫翰庭院住宅小区 5 – 7#楼工程结算》并向佑利公司送达,但佑利公司对该文件中已完工总价款不认可,双方未最终结算。根据最高人民法院《关于审理建设工程施工合同纠纷案件适用法律问题的解释》第 18 条第 3 项的规定,本案建设工程未交付,工程价款未结算,应当以当事人起诉之日作为应付款时间,利息自该日起计付,故本案应当以 2017 年 3 月 17 日海天公司起诉之日作为本案应付工程款的时间,并自该日起计付工程款利息。一审法院适用最高人民法院《关于审理建设工程施工合同纠纷案件适用法律问题的解释》第 18 条第 2 项的规定,以 2014 年 7 月 15 日作为应付工程款利息的起算时间,适用法律错误,应予纠正。该案中,案涉合同约定按照已完工程价款总额的 2.5% 月利率计算利息,该利息约定过高,佑利公司一审中请求调减,一审法院参照最高人民法院《关于审理民间借贷案件适用法律若干问题的规定》的相关规定,以年息 24% 为标准计付利息并无不当,应予维持。

第二,关于海天公司对案涉工程折价或者拍卖的价款是否享有优先受偿权的问题。最高人民法院《关于审理建设工程施工合同纠纷案件适用法律问题的解释(二)》(已失效)第 20 条规定:“未竣工的建设工程质量合格,承包人请求其承建工程的价款就其承建工程部分折价或者拍卖的价款优先受偿的,人民法院应予支持。”第 21 条规定:“承包人建设工程价款优先受偿的范围依照国务院有关行政主管部门关于建设工程价款范围的规定确定。承包人就逾期支付建设工程价款的利息、违约金、损害赔偿金等主张优先受偿的,人民法院不予支持。”第 22 条规定:“承包人行使建设工程价款优先受偿权的期限为六个月,自发包人应当给付建设工程价款之日起算。”第 26 条第 2 款规定:“本解释施行后尚未审结的一审、二审案件,适用本解释。”该案一审判决后,最高人民法院《关于审理建设工程施工合同纠纷案件适用法律问题的解释(二)》(已失效)颁布生效,并适用于该案。根据该司法解释的规定,优先受偿权的期限为自发包人应当给付建设工程价款之日起六个月内,承包人优先受偿的范围为建设工程价款,但不包括逾期支付建设工程价款的利息、违约金、损害赔偿金等费用。该案中,海天公司起诉请求支付工程款时,一并主张了优先受偿权，结合本院关于佑利公司应付工程款的时间为2017年3月17日及海天公司起诉之日的认定，海天公司提起该案诉讼时已经主张了优先受偿权，未超过发包人应当给付建设工程价款之日起六个月的期限，海天公司依法享有本案建设工程价款优先受偿权。综上，海天公司关于其就本案建设工程价款享有优先受偿权的上诉请求具有事实及法律依据，应予支持。

第三，关于该案一审对停工、窝工损失费用的认定及承担是否正确的问题。该案中，案涉工程两次停工，根据已生效的西安市长安区人民法院（2017）陕0116民初1399号民事判决的认定，第一次停工的主要原因是佑利公司施工手续不全，被政府叫停。第二次停工的主要原因系佑利公司未及时支付工程款。佑利公司主张因治理雾霾导致案涉工程第一次停工，以及对停工期间的窝工人数有异议，未能提供充分证据予以证明，不予采信。案涉鉴定意见认定停工期间的停工损失为4 764 145.80元，一审法院依照鉴定意见书的鉴定标准，根据设备实际拆除的时间，认定塔吊和脚手架、扣件等材料的停工损失分别为104 772.8元和28 325.77元，该案停工、窝工损失共计4 897 244.37元，该认定并无不当，应予维持。一审法院基于前述生效判决及案涉合同系无效合同，双方均存在过错等事实，认定佑利公司对停窝工损失承担主要责任，承担停窝工损失3 917 795.5元，海天公司对停窝工损失承担次要责任，自行承担停窝工损失979 448.87元，该认定并无不当，应予维持。

第四，关于海天公司是否应当承担案涉修复费用的问题。该案中，一审法院委托司法鉴定机构陕西中房建筑工程司法鉴定所鉴定，该案工程所需修复费用为377 942.84元。鉴定意见认为，海天公司未按规范施工，7#楼确实存在外露质量问题，应由海天公司承担责任。海天公司主张其不应承担案涉修复费用，但未提供相反证据推翻鉴定意见的结论，对此不予认可。一审法院认定海天公司支付佑利公司案涉修复费用377 942.84元并无不当，应予维持。

案例46中，一审法院认为，铁建大桥工程局与华诚房地产公司签订的《建筑施工合作框架协议书》及《建设工程施工合同》系当事人真实意思表示，内容不违反相关法律法规强制性、禁止性规定，当属有效。合同双方均应严格按约履行各自的义务。(1)关于涉案《建设工程施工合同》应否解除的问题。《合同法》第94条①规定:"有下列情形之一的,当事人可以解除合同……(二)在履行期限届满之前,当事人一方明确表示或者以自己的行为表明不履行主要债务;(三)当事人一方迟延履行主要债务,经催告后在合理期限内仍未履行;(四)当事人一方迟延履行债务或者有其他违约行为致使不能实现合同目的……"第96条第1款规定:"当事人一方依照本法第九十三条第二款、第九十四条的规定主张解除合同的,应当通知对方。合同自通知到达对方时解除。对方有异议的,可以请求人民法院或者仲裁机构确认解除合同的效力。"最高人民法院《关于审理建设工程施工合同纠纷案件适用法律问题的解释》(已失效)第9条规定,发包人具有下列情形之一,致使承包人无法施工,且在催告的合理期限内仍未履行相应义务,承包人请求解除建设工程施工合同的,应予支持:未按约定支付工程价款的。该案中,根据涉案《建设工程施工合同》中"通用条款26.4发包人不按合同约定支付工程款(进度款),双方又未达成延期付款协议,导致施工无法进行,承包人可停止施工,由发包人承担违约责任。专用条款26工程款(进度款)支付,双方约定的工程款(进度款)支付的方式和时间:建设项目工程款按照工程进度进行支付。项目完成后,支付到工程进度的80%。通用条款44.2发生本通用条款第26.4款情况,停止施工超过56天,发包人仍不支付工程款(进度款),承包人有权解除合同,37.1发包人承包人在履行合同时发生争议,可向有管辖权的人民法院起诉。44.4有下列情形之一的,发包人承包人可以解除合同:因一方违约(包括因发包人原因造成工程停建或缓建)致使合同无法履行。44.5一方依据44.2、44.3、44.4款约定要求解除合同的,应以书面形式向对方发出解除合同的通知,并在发出通知前七天告知对方,通知到达对方时合同解除。对解除合同有争议的,按本通用条款第37条关于争议的约定处理"的约定,如华诚房地产公司未按约支付工程款,导致施工无法进行,铁建大桥工程局可停止施工,由华诚房地产公司承担违约责任,铁建大桥工程局有权要求解除合同,解除合同的通知到达华诚房地产公司时合同解除,如华诚房地产公司对解除合同有争议,其有权提起诉讼。根据该院查明的事实,双方均认可铁建大桥工程局已完成合同工程项目的工程价款为371 295 038.02元,华诚房地产公司已支付工程款

---

① 现为《民法典》第563条。

246 327 250.69 元，涉案工程于 2014 年 11 月停工。根据涉案工程款支付审批单中载明的“按施工进度的 80% 支付合同内进度款”，华诚房地产公司应当向铁建大桥工程局支付工程进度款 297 036 030.42 元（371 295 038.02 元 ×80%），目前华诚房地产公司实际已付工程款 246 327 250.69 元，该数额未达到已完工程价款的 80%，且该已付款中包含华诚房地产公司在涉案工程停工后向铁建大桥工程局支付的工程款。涉案 2013 年 11 月 6 日《关于申请支付工程款的报告》中载明“华诚房地产公司截至 7 月份支付工程款 171 268 364.59 元”，华诚房地产公司在涉案 2015 年 8 月 1 日《关于复工有关问题复函》中承诺“复工前，华诚房地产公司支付 2014 年审核工程应付款 3729 万元”，涉案 2016 年 4 月 18 日《关于合作区蓝领公寓项目复工会议备忘录》中载明“华诚房地产公司认可其前期拖欠工程款共计 37 293 062.38 元”。上述事实及证据足以证实华诚房地产公司在铁建大桥工程局施工期间未按约足额支付已审核工程计价 80% 的工程进度款，华诚房地产公司在铁建大桥工程局工程停工后虽陆续支付了部分工程款，但其已付工程款的数额仍未达到已完成工程价款的 80%。华诚房地产公司未按约足额支付工程款的行为构成违约，涉案工程自 2014 年 11 月停工至今已有将近四年时间。虽然涉案《建设工程施工合同》附加条款中有“在工程进度款暂时不到位的情况下，要确保工程质量，且保证工程顺利进行，不得延误工期。除不可抗力因素外，必须按完工期限和阶段性工期期限完工”的内容，华诚房地产公司亦以此为由抗辩不同意解除合同，但从华诚房地产公司在合同履行过程中的付款情况来看，华诚房地产公司建设资金紧缺的状况已经持续了几年时间，从目前情况来看，亦无短期内缓解的可能。故该院对华诚房地产公司不同意解除合同的抗辩理由不予支持。铁建大桥工程局要求解除涉案《建设工程施工合同》的诉讼请求有事实及法律依据，该院予以支持。华诚房地产公司于 2017 年 5 月 15 日收到铁建大桥工程局的起诉状，该院依法确定华诚房地产公司与铁建大桥工程局于 2012 年 5 月 9 日就涉案工程项目签订的《建设工程施工合同》自 2017 年 5 月 15 日起解除。（2）关于支付工程款及工程款利息的问题。《合同法》第 107 条①规定：“当事人一方不履行合同义务或者履行合同义务不符合约定的，应当承担继续履行、采取补救措施或者赔偿损失等违约责任。”最高人民法院

① 现为《民法典》第 577 条。

《关于审理建设工程施工合同纠纷案件适用法律问题的解释》(已失效)第10条规定:“建设工程施工合同解除后,已经完成的建设工程质量合格的,发包人应当按照约定支付相应的工程价款;已经完成的建设工程质量不合格的,参照本解释第三条规定处理。因一方违约导致合同解除的,违约方应当赔偿因此而给对方造成的损失。”第17条规定:“当事人对欠付工程价款利息计付标准有约定的,按照约定处理;没有约定的,按照中国人民银行发布的同期同类贷款利率计息。”第18条规定,利息从应付工程价款之日计付。该案中,铁建大桥工程局已完成的合同工程项目经五方验收合格,华诚房地产公司理应支付相应的工程价款。铁建大桥工程局已完成合同工程价款371 295 038.02元,华诚房地产公司已支付工程款246 327 250.69元,因此,华诚房地产公司尚应向铁建大桥工程局支付工程款124 967 787.33元(371 295 038.02元-246 327 250.69元)。因华诚房地产公司欠付工程款导致涉案合同解除,铁建大桥工程局要求其支付逾期付款的欠款利息损失有事实依据,华诚房地产公司依法应当赔偿因欠付工程款给铁建大桥工程局造成的利息损失。从铁建大桥工程局提交的欠款利息统计表来看,其是以涉案进度款审核价为基础从第11期开始分期主张的欠付工程款利息,但铁建大桥工程局未提交相应的证据证实华诚房地产公司各期工程款的付款情况,故该院对该利息计算统计表不予采纳。涉案第15期进度款审核价的计价期间为2016年5月20日至2016年10月20日,涉案《建设工程施工合同》25.2约定:“工程师收到承包人报告后7天内未进行计量,从第8天起,承包人报告中开列的工程量即视为被确认,作为工程价款支付的依据。”庭审中,华诚房地产公司答辩称其于2016年11月支付2000万元工程款,对此铁建大桥工程局未提出异议。该院依据上述事实综合考虑确定,利息起算日为2016年11月15日,利率为中国人民银行发布的同期同类一年期贷款基准利率4.35%,故涉案欠付工程款利息自2016年11月15日至2017年2月28日合计1 585 528.8元。综上,铁建大桥工程局主张支付工程款及逾期付款利息的诉讼请求有事实及法律依据,该院对其主张支付工程款127 373 291.91元中的124 967 787.33元部分予以支持,对其主张支付利息5 781 184.83元中的1 585 528.8元部分予以支持。(3)关于返还履约保证金及逾期利息的问题。该案中,华诚房地产公司认可其已收到铁建大桥工程局向其缴纳的履约保证金39 849 215.2元。现涉案《建设工程施工合同》因华诚房地产公司违约而解除,华诚房地产公司理应向铁建大桥工程局退还其所收取的履约保证金 39 849 215. 2 元。涉案《建筑施工合作框架协议书》第 7 条约定，当铁建大桥工程局按《建设工程施工合同》施工，工程量到达 50% 时，华诚房地产公司退付履约保证金的 50%。依据铁建大桥工程局提交的其数次向华诚房地产公司要求退还 50% 履约保证金的函件，及涉案建设、监理、设计、施工、勘察单位主体工程质量验收意见表，可以认定涉案工程的施工量于 2013 年 7 月达到了合同价款的 50%。铁建大桥工程局主张华诚房地产公司向其支付自 2013 年 8 月 1 日起至 2017 年 2 月 28 日占用 50% 履约保证金的利息有事实依据，2013 年 8 月 1 日中国人民银行发布的同期同类一年期贷款基准利率为 6%，该院确定自 2013 年 8 月 1 日起至 2017 年 2 月 28 日涉案 50% 履约保证金的利息为 4 283 790. 64 元（19 924 607. 6 元 ×6% ×3 年 + 19 924 607. 6 元 ×6% ÷12 月 ×7 月）。综上，铁建大桥工程局主张支付履约保证金及逾期返还利息的诉讼请求有事实及法律依据，该院对其主张支付履约保证金 39 849 215. 2 元予以支持，对其主张支付利息 4 569 376. 68 元中的 4 283 790. 64 元部分予以支持。(4)关于铁建大桥工程局就涉案工程折价或拍卖变卖后价款是否享有优先受偿权的问题。《合同法》第 286 条[①]规定，发包人未按照约定支付价款的，承包人可以催告发包人在合理期限内支付价款。发包人逾期不支付的，除按照建设工程的性质不宜折价、拍卖的以外，承包人可以与发包人协议将该工程折价，也可以申请人民法院将该工程依法拍卖。建设工程的价款就该工程折价或者拍卖的价款优先受偿。从该条文表述分析，规定承包人就未付工程款对所承建工程享有优先受偿权，系为保护承包人对工程价款的实际受偿；规定没有要求承包人优先受偿工程款以工程完工并经竣工验收为先决条件。因此，在合同解除的情形下，承包人也对未完成工程享有优先受偿的权利。对于优先受偿权行使期限的认定，应当遵循案件的客观事实，优先受偿权行使期限的起算点，应当尊重当事人之间关于支付工程价款期限的约定，不应早于当事人之间约定的工程价款支付期限，以保证实现该优先权权能。因此，建设工程价款优先受偿权的起算点最早应当从债权应受清偿时起算，应从此时起算建设工程优先受偿权的行使期间。该案中，华诚房地产公司未按约支付工程款，并导致涉案《建设工程施工合同》予以解除，双方当事

① 现为《民法典》第 807 条。

人在一审诉讼之前就涉案工程款未进行过结算,涉案工程价款及欠付工程款的数额系通过一审诉讼予以确定,铁建大桥工程局在主张解除合同的同时主张就涉案建设工程价款行使优先权,因此,该案未过工程价款优先权6个月的行使期限。故对华诚房地产公司已经超过6个月的抗辩理由,该院不予采纳。该院对铁建大桥工程局的该项诉讼请求予以支持,铁建大桥工程局涉案工程折价或者拍卖的价款依法享有优先受偿权。最高人民法院《关于建设工程价款优先受偿权问题的批复》(已失效)第3条规定,建设工程价款包括承包人为建设工程应当支付的工作人员报酬、材料款等实际支出的费用,不包括承包人因发包人违约所造成的损失。因此,铁建大桥工程局享有建设工程价款优先受偿权的范围,应限定在欠付建设工程价款范围内,利息及履约保证金等属当事人违约造成的损失,不应计入优先受偿权的范围。(5)关于保全费及保函费用的问题。根据《诉讼费用交纳办法》第38条第3款的规定,申请财产保全措施的申请费应当由申请人负担,但是申请人可以将该申请费列入诉讼请求。该案中,铁建人桥工程局就本案诉讼缴纳中请财产保全费5000元,该费用属于因华诚房地产公司违约铁建大桥工程局为索要涉案工程款而发生的费用。因此,该院对铁建大桥工程局要求华诚房地产公司承担其因申请保全措施而交纳的申请财产保全费5000元的诉讼请求予以支持。一审庭审中,铁建大桥工程局就其所主张的387 000元诉讼财产保险费用提供了四张发票及保险单,但发票载明的单位名称并非铁建大桥工程局,华诚房地产公司对此亦不认可,故该院对铁建大桥工程局主张的诉讼财产保险费用依法不予支持。

笔者认为,第一,关于该案《建设工程施工合同》是否有效的问题。案涉《建筑施工合作框架协议书》及《建设工程施工合同》系双方真实意思表示,内容不违反相关法律法规强制性禁止性规定,合同合法有效。双方虽然于招投标前签订了《建筑施工合作框架协议书》,但其后履行了招投标手续,该招投标手续合法,铁建大桥工程局的中标行为并未被任何行政监督部门认定无效,华诚房地产公司对该合同效力予以认可,一审中也未就合同效力问题提出异议。该案中,双方订立合同时的意思表示真实,从该案实际情况看,施工合同基本履行,房屋已基本建好,施工合同的目的已基本实现;现华诚房地产公司主张合同无效,很大程度是为了免除或者减轻生效裁判确定由其承担的民事责任。统筹全案看,铁建大桥工程局垫付巨额施工款,施工工程通过建设单位、勘察单位、监理单位、设计单位的质量验收,不论合同是否有效，华诚房地产公司均应当支付相应工程款项。原判认定施工合同有效，并未损害社会公共利益或案外第三人利益，符合该案实际，予以认可。一审中，华诚房地产公司上诉请求仅针对履约保证金利息，合同效力问题仅作为上诉理由。综上，对一审有关《建设工程施工合同》有效的认定应予维持。

第二，关于华诚房地产公司是否应支付履约保证金利息 4 283 790.64 元的问题。一审法院查明华诚房地产公司已收到铁建大桥工程局缴纳的履约保证金 39 849 215.2 元，根据铁建大桥工程局提交的数次向华诚房地产公司要求退还 50% 履约保证金的函件及建设、监理、设计、施工、勘察单位主体工程质量验收意见表，可以认定双方争议工程的施工量于 2013 年 7 月已达到合同价款的 50%。根据双方《建筑施工合作框架协议书》第 7 条约定当铁建大桥工程局按《建设工程施工合同》施工，工程量达到 50% 时，华诚房地产公司应退付履约保证金的 50%。故一审判决履约保证金利息自 2013 年 8 月 1 日计算至 2017 年 2 月 28 日，认定事实并无不当。退一步讲，即便中标被宣告无效，导致施工合同无效，也并不影响框架协议的效力。框架协议只是就合作意向的意向材料。本案华诚房地产公司上诉请求的履约保证金利息，依据框架合同条款计算并无不当。同时，根据最高人民法院《关于审理建设工程施工合同纠纷案件适用法律问题的解释》（已失效）第 2 条之规定，即便合同无效，但验收合格的，承包人请求参照合同约定支付工程价款的，也应当支持。同理，相关涉及的履约保证金也应当参照合同约定予以返还。

案例 47 中，一审法院认为，在延边国贸、崔某今犯非法吸收公众存款罪、非法占用农用地一案中，已判决追缴延边国贸赃款赃物退还给各被害人。现刘某、崔某日要求确认双方之间协议效力所指向的是调解笔录，而该调解笔录仅是刑事案件审理中法院对刑事崔某今及其家属与受害人之间就赔偿经济损失问题主持调解的过程，是刑事案件审理的一部分，并非刘某、崔某日与崔某今、朴某之间达成的民事协议。刘某、崔某日的起诉不属于民事诉讼案范围。

二审法院认为，该案诉争的“协议”，系在延边国贸、崔某今非法吸收公众存款、非法占用农用地刑事案件审理过程中，崔某今及其家属与该刑事案件受害人就经济损失赔偿问题达成的意见。刘某、崔某日就此“协议”履行问题向人民法院提起民事诉讼不属于人民法院民事案件受案范围。一审裁定对刘某、崔某日就此“协议”履行问题向人民法院提起民事诉讼不属于人民法院民事案件受案范围。一审裁定对刘某、崔某日的起诉不予受理并无不当。刘某、崔某日上诉理由不成立,二审法院不予支持。

笔者认为,该案诉争的"协议",系在延边国贸、崔某今非法吸收公众存款、非法占用农用地刑事案件审理过程中,崔某今及其家属与该刑事案件受害人之间就赔偿经济损失问题达成的意见,是刑事案件审理的一部分,难以认定为刘某、崔某日与崔某今、朴某之间达成了民事协议。据此,二审法院裁定对刘某、崔某日就此"协议"履行问题向人民法院提起的民事诉讼不属于人民法院民事案件受案范围并无不当,予以维持。

案例48中,一审法院认为,会议纪要、股权转让合同均系郭某、廖某华及公司股东的真实意思表示,当事人应当诚实守信地履行约定。廖某华、郭某约定出资购买新地园公司71.9039%股权的转让价款为2556.79万元,二人还需承担公司对外的债务7260万元。由此可以确认,郭某、廖某华的出资有两部分用途,一部分出资向出让股东购买股份属于股权投资,另一部分承担公司的债务从而形成对公司享有的债权,属于债权投资。对于债权性投资,投资人有权进行主张。廖某华的股权出资部分经生效判决已确认其占有郭某股份的份额,廖某华的该部分债权性投资数额应为扣除廖某华应付股权转让款的余额23 120 343元(3000万元-2556.79万元×26.9074%)。廖某华与郭某共同出资,以佳禾公司名义清偿新地园公司的对外债务7260万元。佳禾公司承担新地园公司的债务并非佳禾公司真实出资,实为受郭某、廖某华委托以佳禾公司的名义代新地园公司履行偿债的义务。之后,佳禾公司通过民事诉讼并以民事调解的方式将该偿债款项索要回来,实为超越了委托人的委托事项。现廖某华依据(2015)新民二初字第20号民事调解书的内容,要求佳禾公司返还该款项,系对佳禾公司的该行为追认,廖某华要求佳禾公司返还该款项,并无不妥。现廖某华主张返还20 432 118元及利息4 903 708元,该院予以支持。廖某华为主张其民事权利产生的保全费5000元,应由佳禾公司承担。对廖某华该项诉讼请求,该院予以支持。关于廖某华为实现诉讼财产保全的目的,基于诉讼保全风险的不确定性而为自己提供诉讼保全担保所购买的财产保全责任险并支付的保险费用,要求新地园公司、佳禾公司、郭某、胡某承担的诉讼主张。该院认为,法律规定申请人申请诉讼保全可以自己的财产或第三方财产提供担保,该财产保全责任险的费用支出不属于必然产生的费用,故廖某华要求新地园公司、佳禾公司、郭某、胡某承担保证责任险保费的诉讼请求，该院不予支持。在新疆维吾尔自治区高级人民法院（2015）新民二初字第20号民事调解书中，佳禾公司主张取得该笔款项，而非胡某、郭某，新地园公司为付款义务人。廖某华要求新地园公司、郭某、胡某承担共同责任，缺乏相应的事实依据，对廖某华要求新地园公司、郭某、胡某共同承担责任的诉讼请求，该院不予支持。

二审法院认为，该案争议焦点为：（1）廖某华主张新地园公司、郭某、胡某与佳禾公司连带偿还20 432 118元、资金占用期间利息4 903 708元、保全费5000元是否成立；（2）一审判令佳禾公司返还廖某华20 432 118元、资金占用期间利息4 903 708元、赔偿保全费5000元是否正确。第一，关于廖某华主张新地园公司、郭某、胡某与佳禾公司连带偿还20 432 118元、支付利息4 903 708元、赔偿保全费5000元的问题。该案中，根据廖某华上诉状的内容，其要求新地园公司、郭某、胡某与佳禾公司共同承担付款责任的上诉请求与其依据《民法总则》（已失效）第164条第2款、《民法通则》（已失效）第66条第3款及《合同法》（已失效）第406条第2款主张新地园公司、郭某及胡某承担连带责任的上诉理由不一致。根据廖某华二审庭审陈述，其明确主张新地园公司、郭某及胡某承担连带责任，其理由是新地园公司、佳禾公司、郭某、胡某之间存在恶意串通的事实但廖某华对此事实并未提交证明予以证明，亦未证明因这一恶意串通行为导致其合法权益受损，故该院对廖某华的上诉依法不予支持。第二，关于佳禾公司向廖某华返还20 432 118元、支付利息4 903 708元、赔偿保全费5000元的问题。首先，该案中，一审法院根据（2017）新01民终3474号民事判决查明并认定的事实，认定廖某华与郭某共同出资以佳禾公司名义清偿新地园公司债务7260万元，郭某及廖某华与佳禾公司之间系委托关系，并根据佳禾公司经民事诉讼索要涉案7260万元偿债款的事实，认定佳禾公司超越委托事项，并无不当。佳禾公司就委托关系提出的上诉理由与事实不符，该院依法不予支持。其次，一审法院（2017）新01民终3474号民事判决认定，廖某华出资3000万元应享有新地园公司股权份额为26.9074%，该股权份额是以廖某华3000万元出资占总资金8016.79万元的比例计算得出，故对廖某华3000万元出资中股权转让款的数额也应当以3000万元为基数计算，一审法院以2556.79万元为基数计算廖某华股权转让款并确定扣除股权转让款的余额为23 120 343元有误，该院对此予以纠正。廖某华股权转让款数额应确定为807.222万元，则扣除股权转让款的余额应为2192.778万元。佳禾公司有关股权比例计算有误的上诉理由成立,该院予以支持。但该案中,廖某华诉讼请求主张的返还20 432 118元未超过上述2192.778万元的数额,故一审法院对廖某华的诉讼请求予以支持,并无不当。最后,佳禾公司二审期间提交的证据不能对抗(2017)新01民终3474号民事判决查明并认定的事实。

笔者认为,关于一审、二审判令佳禾公司向廖某华返还20 432 118元、资金占用期间利息4 903 708元、赔偿保全费5000元是否正确的问题。《合同法》第404条①规定:"受托人处理委托事务取得的财产,应当转交给委托人。"(2017)新01民终3474号民事判决查明并认定,廖某华与郭某共同出资,以佳禾公司名义清偿新地园公司的对外债务7260万元,该判决确认廖某华为新地园公司的股东身份,并确认郭某名下新地园公司71.9039%股权中26.9074%为廖某华所有。(2019)新民终7号判决查明"另双方(廖某华与张某新)议定为了避免发生其他交易成本,郭某还需另行支付2843万元股权溢价款,但需支付至郭某桂(张某新妻子)账户。郭某按照上述约定履行了全部付款义务"。佳禾公司申请再审主张,(2019)新民终7号判决的认定推翻了(2017)新01民终3474号判决的认定,故(2017)新01民终3474号判决认定的股权比例有误,导致该案中事实认定出现错误。笔者认为,(2019)新民终7号判决中该院认为部分载明"郭某取得股权与廖某华取得股权所依据的股权转让合同不同、时间不同、相对人不同、股权比例不同。基于合同的相对性,此系两次独立的股权转让,两次股权转让价款并不当然等值。郭某将其与廖某华股权转让过程中因约定不明受到的股权转让差价损失向张某新主张无合同依据"。同时,(2019)新民终7号判决还认可了(2017)新01民终3474号判决认定的廖某华所占新地园公司股权比例为26.9074%。佳禾公司和郭某在询问中主张,郭某与廖某华之间系股权的二次转让,即郭某从张某新等人处取得股权后,再向廖某华转让案涉股权,郭某亦表示,(2019)新民终7号判决涉及的其与张某新之间另行约定的2843万元股权溢价款,与廖某华无关,该费用不应由廖某华分担。综上,笔者认为,虽然本案一审、二审均认定郭某、廖某华系同时受让新地园公司的股权和债权,双方共同出资以佳禾公司名义清偿新地园公司的对外债务7260万元。对

① 现为《民法典》第927条。

此，与（2019）新民终7号判决认定的不一致，但结合郭某有关（2019）新民终7号判决涉及的2843万元的股权溢价款不应由廖某华承担以及双方之间系二次转让的自认，该2843万元不应作为本案认定股权转让款的依据，综上，二审法院判决佳禾公司向廖某华返还相关款项及相应利息、保全费用，并无不当，应予维持。

关于新地园公司、郭某、胡某是否应与佳禾公司共同偿还前述款项的问题。该案中，郭某、廖某华委托佳禾公司向农垦宏业公司清偿债务，佳禾公司超越委托事项，向新地园公司要回了相关款项，应承担返还的法律后果。一审法院认定，廖某华与郭某共同出资，以佳禾公司名义清偿新地园公司的对外债务7260万元。佳禾公司承担新地园公司的债务并非佳禾公司真实出资，实为受郭某、廖某华委托以佳禾公司的名义代新地国公司履行偿债的义务。廖某华二审中陈述"廖某华、郭某委托佳禾公司以佳禾公司名义签订受让债权协议，佳禾公司与新地园公司恶意串通损害廖某华的权益"。现廖某华申请再审，称其就新地园公司债权与郭某存在委托代理关系，郭某与佳禾公司存在委托代理关系，该主张与其二审中的自认明显矛盾，且未能提供证据予以证明，对此不予认可。该案中，郭某为共同委托人，胡某系佳禾公司的法定代表人，新地园公司为目标公司，现没有证据证明四被告之间存在恶意串通或者公司与股东存在混同的情形，廖某华要求新地园公司、郭某、胡某共同承担责任，缺乏相应的事实依据，应不予支持。

案例49中，一审法院认为，该案争议的焦点问题主要有：一是静建公司应否支付朱某志、王某涛工程款及利息，具体数额如何认定；二是王某涛与朱某志在本案中关系如何认定；三是朱某志主张的保证金、现场遗留物资应否返还；四是朱某志主张的窝工、停工损失应否赔偿。关于静建公司应否支付朱某志、王某涛工程款及利息，具体数额如何认定的问题。该案中，静建公司将其承包的新河湾一区4#、9#楼工程全部劳务分包给无相关施工资质的个人朱某志、王某涛，违反了法律的强制性规定，该承包合同无效。根据最高人民法院《关于审理建设工程施工合同纠纷案件适用法律问题的解释》（已失效）第2条规定，施工合同无效，但工程经竣工验收合格，承包人请求参照合同约定支付工程价款的，应予支持。朱某志、王某涛已完成工程经由建设、勘察、设计、施工、监理等单位进行部分验收，质量合格，支付工程款的法定条件成立。且双方对所完成工程进行了结算，故对朱某志请求静建公司支付工程欠款及利息的主张应予支持。双方结算的工程价款为12 266 088.9元。

静建公司已支付朱某志469.4万元,平凉市劳动监察支队协调代发朱某志劳务人员工资37.5万元。王某涛从静建公司领取人工费1 475 000元、新世纪公司代付王某涛人工费488 405元,静建公司代付朱某志、王某涛人工费、材料款共计1 464 085元,新世纪公司代付朱某志人工费共计3 282 962元,以上共计11 779 452元。故静建公司应再付朱某志下欠工程款486 636.9元。利息应从2017年11月26日起算,以中国人民银行公布的同期贷款利率计息,支付至工程欠款付清之日。关于王某涛与朱某志在本案中关系如何认定问题。首先,静建公司平凉分公司与朱某志、王某涛签订《建筑工程劳务施工合同》,朱某志与王某涛均作为承包方均在合同上签字,朱某志、王某涛也按合同约定进行了劳务施工,二人均为合同的承包人。其次,新世纪公司关于新河湾一区4号、9号楼代付人工费事宜说明(以下简称事宜说明)中也明确记载静建公司项目经理高某将劳务工程承包给自然人朱某志、王某涛,说明对外该工程的发包方也知晓朱某志、王某涛均是案涉工程的劳务承包人。再次,新世纪公司代付管理人员工资时,王某涛作为承包人多次在人工工资表中签字确认,且新世纪公司也向王某涛单独代付人工工资。最后,该案中,王某涛作为第三人主动申请参加本案诉讼,说明本案的处理结果对其有利害关系。以上事实足以证明王某涛与朱某志是案涉工程的共同承包人,静建公司支付王某涛工程款1 475 000元、新世纪公司代付王某涛人工费488 405元,两项共计1 963 405元,应包含在双方结算工程款12 266 088.9元之内,在静建公司支付朱某志下欠工程款时,应予扣除。关于保证金、现场物资的返还问题。由于双方签订的合同无效,根据《合同法》(已失效)第58条规定,因无效合同取得的财产应当予以返还,造成损失的应按各自的过错承担相应责任。故朱某志主张返还保证金的请求成立,予以支持。但双方对案涉合同无效均有过错,故对保证金利息的主张不予支持。朱某志提交的证据不能证明现场物资的权属、价值,对该项主张不予支持。关于停、窝工损失问题。因案涉合同无效,对双方不具有约束力。朱某志主张静建公司未按合同约定支付进度款,造成停、窝工的主张没有依据,且该损失系间接损失,不予支持。

二审法院认为,该案争议的焦点问题为:(1)朱某志和王某涛是否为案涉工程共同劳务承包人;(2)静建公司欠付朱某志工程款数额及利息如何确定;(3)静建公司应否向朱某志返还保证金100万元;(4)朱某志要求静建公司返还现场剩余物资及停窝工损失应否支持。该案中,静建公司将其承包的工程非法转包给不具有施工资质的个人朱某志和王某涛施工。根据最高人民法院《关于审理建设工程施工合同纠纷案件适用法律问题的解释》（已失效）第4条规定，承包人非法转包、违法分包建设工程的行为无效。因此，静建公司与朱某志和王某涛签订的《建筑工程劳务施工合同》无效。

（1）关于朱某志和王某涛是否为共同劳务承包人的问题。朱某志和王某涛作为承包方在《建筑工程劳务施工合同》上签字，而且在工程施工过程中，王某涛也参与工程管理，收取部分工程款项，朱某志也认可该事实。所以，朱某志和王某涛为共同劳务承包人。（2）关于静建公司欠付工程款数额及利息的问题。双方对结算总价款12 266 088.9元和静建公司已支付朱某志4 694 000元无异议，只对代付款数额有争议。①新世纪公司付款部分。经审理查明，一审法院第一次审理时向新世纪公司调取了代付款项证据收条四份及由领款人员签字的工资表等证据。2018年2月10日新世纪公司出具的事宜说明与上述收条所载款项数额一致，且一一对应，能够证明新世纪公司代付款项的事实，应作为认定新世纪公司代付款项的依据。事宜说明中记载代付款项主要有两部分：A. 劳务班组费用3 072 882元；B. 非劳务班组费用3 524 839元。高某不是朱某志的劳务人员，朱某志对该付款不予认可。朱某志主张工程内容不包括水电工程，水电工程是由王某涛单独施工，与该案无关。王某涛也表示认可。根据双方签订的《建筑工程劳务施工合同》第3条约定：施工及承包范围不包含水电，钢材由静建公司提供；第4条承包单价及结算依据第7项约定：工程单价不含水、电、税费。上述合同内容证明朱某志的劳务工程款中不包含水电工程、税金，钢材由静建公司提供。所以，上述3 524 839元不能作为新世纪公司代付朱某志的付款，应予扣除。劳务班组的3 072 882元付款，在事宜说明和一审法院调取的收条中均注明为班组劳务付款，有付款明细表、朱某志劳务人员工资表和领款人员签字确认。其中757 745元有朱某志签字确认，王某涛签字确认的除水电外的劳务费527 268元。上述3 072 882元的付款证据之间相互印证，形成完整的证据链，能够证明新世纪公司代付朱某志劳务人员工资的事实，予以确认。②静建公司代付部分。2017年12月28日平凉新河湾1区4#、9#楼项目部付班组工资费用明细表显示代付劳务及材料款1 333 000元，朱某志在该表中签字确认，有对应收条。该院第二审时，静建公司提供了何某治245 000元和155 000元、黄某20 000元、明某平78 000元的转款凭据，与上述明细表中的付款记录相互对应,故上述 1 333 000 元付款作为静建公司代付款项予以确认。同时,该表中记载的新世纪公司付款部分与前述已查明的新世纪公司代付款项重复,不予确认。静建公司支付王某涛共计 1 475 000 元,其中王某涛在收条注明为案涉 4#、9#楼劳务费的为 870 000 元,其他的均注明为水电班组付款。朱某志和王某涛认可该 870 000 元的付款,但主张已包含在之前的现金结算中。2017 年 11 月 27 日朱某志与静建公司的现金对账后出具的领款单王某涛没有签字,该领款单中备注:"朱某志收到 2017 年 11 月 26 日之前所有现金(不含代发款)。"该领款单证明朱某志对其实际收款的数额进行了核对结算,无法证明静建公司支付王某涛的 870 000 元已经包含在上述领款单数额之中,其辩解不成立,静建公司主张该 870 000 元为代付款的理由成立,予以确认。双方合同中约定的工程范围不包含水电工程。所以,对王某涛收款收据中注明为水电班组的收款,不予确认。同理,合同约定朱某志劳务费不含税金。所以,税金部分也不予确认。关于罚款和质量违约金付款部分。因罚款单为静建公司项目部出具,无静建公司实际交纳上述款项的证据。工程质量是否合格,应当以最终竣工验收为据。且一审法院调取的案涉工程检测记录显示合格。故罚款和质量违约金不予确认。静建公司其他付款仅有其单方开具的收条,并无其他证据佐证。在该院第一次审理本案时,明某平、何某治等人出庭作证陈述其与朱某志并未结算劳务费。现静建公司提供的结算单与上述证言矛盾,且均为复印件,其真实性不予确认。综上,新世纪公司和静建公司代付朱某志劳务费用共计为 5 275 882 元,下欠 2 296 206.9 元。朱某志二审提交的付款证据与上述新世纪公司和静建公司代付款的事实并不矛盾,不能推翻新世纪公司和静建公司代付事实,其关联性不予确认。(3)朱某志要求静建公司返还现场剩余物资应否支持的问题。朱某志并无证据证明其现场留有的物资是其提供,也无证据证明物资名称及价值,其诉请返还留存物资的请求证据不足,不予支持。(4)关于保证金返还问题。根据《合同法》(已失效)第 58 条的规定,合同无效后,因合同取得的财产应当予以返还。案涉 100 万元系履约保证金,现双方已不再施工。因此,静建公司收取朱某志的 100 万元保证金应当返还。静建公司主张返还 70 万元的请求于法无据,不予支持。合同无效,双方均有过错,其主张承担保证金利息的请求不予支持。同理合同工期的约定不产生拘束力,朱某志也无证据证实产生损失。因此,朱某志主张停窝工损失的请求无事实和法律依据,不予支持。履约保证金不是合同价款组成部分，也不是结算条款，不属清理条款。因此，静建公司主张按照清理条款适用的理由不能成立，不予支持。

笔者认为，(1)关于静建公司欠付工程款数额如何确定的问题。朱某志和王某涛作为承包方在《建筑工程劳务施工合同》上签字，王某涛参与案涉工程施工管理，收取部分工程款项，朱某志和王某涛为共同劳务承包人。静建公司与朱某志对结算总价款 12 266 088. 9 元和静建公司已支付朱某志 4 694 000 元无异议，双方对代付款数额有争议。①新世纪公司付款部分。朱某志认为一审向新世纪公司调取的代付款项证据收条四份及由领款人员签字的工资表等证据，以及 2018 年 2 月 10 日新世纪公司出具的事宜说明中记载的代付款金额不正确，其中部分劳务人员不属于其劳务班组；部分代付费用未得到朱某志的认可；部分代付费用，二审认定的是应付款金额，而非实付金额。笔者认为，一审向新世纪公司调取了代付款项证据收条四份及由领款人员签字的工资表等证据。2018 年 2 月 10 日新世纪公司出具的事宜说明，与上述收条所载款项数额一致，且一一对应，能够证明新世纪公司代付款项的事实，可以作为认定新世纪公司代付款项的依据。劳务班组的 3 072 882 元代付款，在事宜说明和一审调取的收条中均注明为班组劳务付款，有付款明细表、朱某志劳务人员工资表和领款人员签字确认，其中 757 745 元有朱某志签字确认，王某涛签字确认的除水电外的劳务费 527 268 元。3 072 882 元的付款证据之间相互印证，形成完整的证据链，能够证明新世纪公司代付朱某志劳务人员工资的事实。②静建公司代付部分。A. 平凉新河湾 1 区 4#、9#楼项目部付班组工资费用明细表显示代付劳务及材料款 1 333 000 元，朱某志在该表中签字确认，有对应收条，原二审时，静建公司提供了何某治 245 000 元和 155 000 元、黄某 20 000 元、明某平 78 000 元的转款凭据，与上述明细表中的付款记录相互对应，故上述 1 333 000 元付款应当作为静建公司代付款项。B. 关于王某涛领款部分。个人认为，朱某志一方面认为王某涛与其不是共同承包人，另一方面表示王某涛领取的 87 万元是替其代领的本案款项，主张前后矛盾，且领款单中备注："朱某志收到 2017 年 11 月 26 日之前所有现金（不含代发款）。"该领款单证明朱某志对其实际收款的数额进行了核对结算，无法证明静建公司支付王某涛的 87 万元已经包含在上述领款单数额之中。综上，二审认定新世纪公司和静建公司代付朱某志劳务费用共计为 5 275 882 元，下欠 2 296 206. 9 元并无不当。

(2)关于保证金利息是否支持问题。《合同法》(已失效)第58条规定:"合同无效或者被撤销后,因该合同取得的财产,应当予以返还;不能返还或者没有必要返还的,应当折价补偿。有过错的一方应当赔偿对方因此所受到的损失,双方都有过错的,应当各自承担相应的责任。"《建筑工程劳务施工合同》无效,因无效合同取得的财产应当予以返还,造成损失的应按各自的过错承担相应责任。二审认定静建公司收取朱某志的100万元保证金应当返还,因双方对涉案合同无效均有过错,对保证金利息未予支持,该认定并无不当,应予维持。

(三)合同的履行

签订合同是为了实现合同目的,实现合同目的的关键在于当事人依照合同全面履行自己的合同义务。但是无论合同在签订时如何完备,在履行过程中,总会出现当事人意想不到的情况,一旦出现这些情况就容易发生争议纠纷。一旦出现争议纠纷并进入诉讼程序,则存在一个适用合同法律划分责任的问题,这类案件是合同类案件中最为常见的类型。

案例 50

上诉人兰州市安宁区文化体育和旅游局(以下简称安宁文体局)与上诉人北京中润德贸易有限公司(以下简称北京中润德公司)、兰州中润德置业有限公司(以下简称兰州中润德公司)房地产开发经营合同纠纷案

案号:(2020)最高法民终462号

主要争议焦点

(1)案涉《协议书》《补充协议》是否有效,北京中润德公司、兰州中润德公司是否应依据案涉《协议书》《补充协议》向安宁文体局交付约定面积的房产;(2)该案一审对不能返还面积的折价款以及迟延交付损失款的认定是否正确。

简要案情

安宁文体局作为甲方，北京中润德公司作为乙方，就兰州新时代文化广场项目签订《协议书》。安宁文体局作为甲方，兰州中润德公司作为乙方，根据甲方同北京中润德贸易公司所签订的《协议书》，达成补充协议。之后，因合同履行发生纠纷。

案情详解

安宁文体局起诉请求：(1)判令北京中润德公司、兰州中润德公司依照原签订的《协议书》《补充协议》继续履行合同义务，按照约定的标准连带向安宁文体局交付位于康桥国际上的建筑面积10 000平方米的房产（资产估算约1.1亿元）；按约定为安宁文体局办理上述房产的产权证并承担测量及办理房产手续的相关税费；(2)判令北京中润德公司、兰州中润德公司连带赔偿迟延交付房屋产生的损失2500万元；(3)本案诉讼费用及其他费用由北京中润德公司、兰州中润德公司连带承担。诉讼过程中，安宁文体局变更诉讼请求第一项为：判令北京中润德公司、兰州中润德公司继续履行《协议书》《补充协议》的义务，按照约定的标准连带向安宁文体局交付位于康桥国际上的建筑面积10 000平方米的房产（资产估算约1.1亿元）；按约定办理上述房产的产权证并承担测量及办理房产手续的相关税费。如安宁文体局无法按协议的约定足额交付10 000平方米房产，不足部分以货币方式等价赔偿。变更第二项诉讼请求为：判令北京中润德公司、兰州中润德公司连带赔偿自2010年4月19日至实际交付之日产生的迟延交付10 000平方米房屋的损失（暂定2500万元，实际以鉴定结论为准）。

北京中润德公司、兰州中瑞德公司辩称，安宁文体局所述与事实严重不符，北京中润德公司、兰州中润德公司不应该承担迟延交付房屋产生的损失。

一审法院查明：2003年7月19日安宁文体局作为甲方，北京中润德公司作为乙方，就兰州新时代文化广场项目签订《协议书》，约定：(1)合作方式①甲方提供项目建设用地18.87亩，即现安宁游泳池用地。②项目全部建设资金由乙方筹措投入。项目建成后，乙方按土地出让价值以实际建造成本价返还甲方建筑面积及产权，用于图书馆、文化馆、文体活动中心和办公用房。学生文化用品市场、游泳馆、部分商业楼和商住楼的产权、经营权归乙方。(2)项目建设期限，乙方在取得项目开工证之日起两年内建成。(3)权利与义务①甲方的权利与义务:A. 甲方提供建设用地,并保证该地块内无任何产权纠纷……②乙方的权利与义务:A. 乙方负责项目全部建设资金的筹措,开工前必须保证一次性注入2000万元建设资金。……D. 乙方独立承担项目投资风险,享有该项目的乙方经营利润。

2003年11月13日,兰州市规划国土资源局经济技术开发区分局与兰州中润德公司签订了《兰州城镇国的土地使用权出让合同书》,次日,兰州中润德公司交纳了土地出让金1033.717万元。

2006年12月29日,安宁文体局作为甲方,兰州中润德公司作为乙方,根据2003年7月19日甲方同北京中润德贸易公司所签订的《协议书》,达成如下补充协议:(1)甲、乙双方的权利与义务:①甲方的权利与义务:A. 甲方有权获得乙方在项目建成后按以下建筑面积及产权返还的房屋,甲方所得面积位于一期主体的地下二层、地上二层、地上五层及游泳馆,建筑面积共计10 000 m^2,具体为:地下二层建筑面积2875.07m^2,地上二层建筑面积2875.07m^2,地上五层建筑面积1825.54m^2,游泳馆建筑面积2424.32m^2,甲方所得面积的建筑标准以甲、乙双方认可的房屋交付标准附件为准。B. 乙方向甲方返还的房屋面积、户型及具体位置,以乙方向甲方提供并经甲方审定认可的工程设计图纸为准。C. 乙方返还的房屋产权归甲方,由乙方为甲方办理房屋产权手续,所需费用由乙方承担。……②乙方的权利与义务:A. 乙方在保证甲方所得面积(含楼层、幢室号),并为其办理房屋产权后,享有该项目其他房产的产权、经营权及利润。B. 乙方为甲方保证足额返还建筑面积及提供赞助。……E. 乙方应在取得建筑工程施工许可证之日起两年内完成"兰州新时代文化广场"项目建设任务。同时,乙方应在该项目竣工验收合格后30日内向甲方及时返还本协议第1条第1款第1项中约定的房屋,以确保甲方按时使用。(2)项目质量,乙方保证项目建成后工程质量符合国家标准,经有关主管部门验收合格。(3)产权手续:①项目建设竣工验收合格后,乙方负责在三个月内协助甲方办理所有房屋的产权落户手续。②建筑面积最终按竣工验收后的面积为准,如乙方给甲方返还房屋的建筑面积不足,乙方除应给甲方补足相应的建筑面积外,还应承担房屋建筑面积的测量费用。(4)违约责任:①甲方违反约定,单方违约、毁约,致使本协议无法履行的,甲方应向乙方赔偿相应的经济损失。②乙方违反约定,未如约按期完成"新时代文化广场"项目建设任务或未如约向甲方交付产权房屋及提供赞助费的,乙方应向甲方赔偿相应的经济损失。2007年4月至7月,兰州中润德公司取得该项目的建设工程施工许可证，项目正式开工建设。2010年9月2日，安宁新时代文化广场（康桥国际）验收合格备案。

2014年12月25日，兰州中润德公司向安宁区政府报送《关于还建政府合作项目建议书》，建议书称，当初对房产返还面积的约定，双方只是根据图纸和预估，故面积的返还应当以建成后的实测面积为准。安宁区政府对此建议未做回应。2015年1月22日，兰州中润德公司向安宁区政府报送《关于无偿返还政府公共配套设施的情况说明及方案》，内容为根据兰州中润德公司与政府相关部门签署的协议及补充协议的约定，目前还建事宜主要涉及以下两点问题：(1)面积差额：我公司应向政府返还总面积10 000 m^2的公共配套设施，其中地下二层2875.07m^2，地上二层2875.07m^2，地上五层1825.54m^2，游泳馆2424.32m^2。但根据实际建设情况目前为地上二层2669.13m^2，游泳馆及附属设施2988.71m^2，地下二层2598.16m^2，合计面积为8256m^2，差额为1744m^2。(2)产权办理：由于地下二层属人防工程，目前无法办理产权证，其余部分均已办理完毕。另外，我公司还建面积属无偿返还，不应按商品房买卖承担过户费用，否则我公司将承担巨额费用，就目前公司经营状况，该笔费用的支出确有困难，望政府予以理解和支持。针对上述问题，向政府提出如下解决方案：(1)面积差额解决方案：①根据实际建设的情况，商业房的建设成本为3872.78元/平方米，建议以成本价3872.78元/平方米×1744m^2 = 6 754 127.97元作现金补偿，具体补偿金额待与政府沟通后确定。②用未出售住宅面积补足差额面积。(2)产权办理解决方案：①由于地下二层无法办理产权证，暂将使用权交付，待日后条件成熟后积极办理过户。②过户税费问题，望政府给予支持，出具无偿返还公共配套设施的相关文件，并与税务部门积极协商，减免我公司税费。随后我公司将具备过户条件房产予以积极过户。2015年5月29日，兰州中润德公司向安宁区政府报还建方案，具体意见为：(1)对地上2层、5层的面积，先行过户给安宁区政府指定的接收单位，其中对于地上2层，由我公司进行清理维修，另外地上5层因早于2013年交付安宁区城投公司使用，由安宁区城投公司负责清理维修或恢复原状。(2)现因返还区域实际面积不足的1800平方米可以用宾馆1800平方米返还(7、8、9三层)。(3)对地下2层先行交付使用权，待产权具备过户条件时再进行过户。2015年6月16日，兰州中润德公司向安宁区政府报还建方案：(1)交付现有面积。①对地上2层、地下2层的面积，先行交付给安宁区政府指定的接收单位。②地上5层于2013年7月已交付安宁区城投公司使用。(2)对差额面积部分提出以下方案:①用现有楼盘留存的住宅面积返还。②用A栋(宾馆)7、8、9三层面积返还。

安宁新时代文化广场康桥国际商业楼负二层为地下人防,总建筑面积2598.16m^2,2~3层商业总建筑面积9368.94m^2,5层商业总建筑面积4969.07m^2。

裁判结果

一审法院判决:(1)北京中润德公司、兰州中润德公司自判决生效之日起30日内向安宁文体局交付兰州新时代文化广场项目康桥国际商业楼下列房屋面积:①地上二层建筑面积2875.07m^2,不能返还的按每平方米27 708元计算折价给付;②地上五层建筑面积1825.54m^2,不能返还的按每平方米12 496元计算折价给付;③游泳馆建筑面积2424.32m^2,不能返还的按每平方米11 800元计算折价给付。(2)北京中润德公司、兰州中润德公司自房屋交付之日起30日内为安宁文体局办理返还面积的产权证书;所需测量及房产手续的相关税费由北京中润德公司、兰州中润德公司承担。(3)北京中润德公司、兰州中润德公司自判决生效之日起30日内向安宁文体局给付地下二层房产折价返还款11 134 513.59元。(4)北京中润德公司、兰州中润德公司自判决生效之日30日内向安宁文体局给付迟延交付损失款36 502 166.71元。(5)驳回安宁文体局的其他诉讼请求。安宁文体局、北京中润德公司、兰州中润德公司均不服一审判决,向最高人民法院提起上诉,最高人民法院二审判决,驳回上诉,维持原判。

案例51

上诉人甘肃天成建业经贸有限公司(以下简称天成公司)与被上诉人兰州豪壮商贸有限公司(以下简称豪壮公司)合同纠纷案

案号:(2020)最高法民终410号

主要争议焦点

(1)该案是否存在应当中止审理的法定情形;(2)豪壮公司是否支付了案涉《资产转让协议》的转让款,其有关协助办理过户的诉讼请求能否成立。

简要案情

苟某杰等9人与中山路信用社、聚丰公司签订《个人借款/保证担保合同》，聚丰公司与中山路信用社签订《保证合同》，天成公司与聚丰公司签订《反担保抵押合同》，约定天成公司将案涉房产设定抵押，为聚丰公司的担保提供反担保，中山路信用社向苟某杰等9名借款人分别转入1000万元。天成公司与朱某洲签订《房屋租赁合同》，将涉案房屋整体出租给朱某洲。后由豪壮公司转租给甘肃同济药业有限责任公司、兰州钰丰餐饮娱乐有限公司。李某和妻子杨某英与潘某和妻子丁某玲签订《天成公司100%股权转让协议》。天成公司（甲方）与豪壮公司签订《资产转让协议》。之后，各方当事人因协议履行发生纠纷。

案情详解

豪壮公司诉讼请求：（1）判令天成公司将位于兰州市城关区高新雁南路无号兰房权证（城关区）字第247363号房屋过户至豪壮公司名下；（2）该案诉讼费用由天成公司承担。之后，增加诉讼请求，请求判令天成公司支付豪壮公司违约金9 353 985元，以转让款1.311亿元为基数，按照日万分之零点五的标准，自2015年9月11日至2019年8月8日，共计1427天，后续违约金自2019年8月9日至涉案房屋过户完成之日止。

天成公司辩称，豪壮公司的诉讼请求不能成立，应予以驳回。

一审法院查明：2012年8月30日，苟某杰等9人与中山路信用社、聚丰公司签订《个人借款/保证担保合同》9份（部分合同不是本人签字），约定该信用社为其各贷款1000万元，借款利率为年利率12%。当日，聚丰公司与中山路信用社签订《保证合同》9份，约定聚丰公司为前述9名自然人的9000万元借款提供连带保证责任担保。同日，天成公司与聚丰公司签订《反担保抵押合同》9份，约定天成公司将其所有的兰州市城关区高新雁南路五号兰房权证（城关区）字第247363号房产设定抵押，为聚丰公司的担保提供反担保，《抵押物清单》上对该抵押物设定价值1.35亿元。2012年8月31日，天成公司向中山路信用社出具《股东会决议》《承诺书》，载明其公司全体股东一致同意以涉案房屋为苟某杰等9人的借款9000万元提供抵押，李某签名确认。2015年1月1日，天成公司与朱某洲签订《房屋租赁合同》，将涉案房屋整体出租给朱某洲。后由豪壮公司转租给甘肃同济药业有限责任公司、兰州钰丰餐饮娱乐有限公司。

2015 年 3 月 31 日，李某和妻子杨某英与潘某和妻子丁某玲签订《天成公司 100% 股权转让协议》，约定李某将其持有的天成公司 70% 股权、杨某英将其持有的天成公司 30% 股权转让给潘某、丁某玲，受让天成公司 100% 的股权，由潘某持有 70%、丁某玲持有 30%。股权转让款 2.65 亿元(不含税费)，其中包含天成公司名下兰房权证(城关区)字第 247363 号房屋。该协议第 2 条第 5 项约定潘某、丁某玲于“2015 年 7 月 31 日前付永登县信用社贷款 1 亿元，用于配合解除兰房权证(城关区)字第 247363 号房产抵押”。2015 年 7 月 16 日，天成公司(甲方)与豪壮公司签订《资产转让协议》，约定天成公司将其所有案涉房屋及项下土地权属转让给豪壮公司，建筑面积 11 520.2 m^2，转让款 13 110 万元，该转让款用于支付以该资产抵押的银行借款 9000 万元、利息 2700 万元，支付南特公司土地相关费用 410 万元、预计缴纳过户费 1000 万元。此协议生效后，原甲方与李某签订的资产转让协议中，关于南特大厦 23 500 万元转让的相关条款及债权关系一并解除。天成公司保证转让标的未对外出租，否则，天成公司除将承租户自行清理外，还应赔偿豪壮公司违约金 200 万元。豪壮公司保证对其因签署和履行本协议所了解到的天成公司的任何商业信息、资料承担保密责任。双方关于过户的约定，天成公司应在与豪壮公司签订转让协议之日起，协助将涉案房屋产权人变更为豪壮公司。2015 年 8 月 11 日，豪壮公司按天成公司要求向南特公司支付土地相关费用 410 万元。2016 年 1 月 22 日，豪壮公司向中山路信用社偿还借款本金 9000 万元、利息 31 454 999 元，合计 121 454 999 元。

2015 年 9 月 14 日，豪壮公司向一审法院申请财产保全，一审法院作出民事裁定，并作出执行裁定，整体查封涉案建筑物；兰州市中级人民法院作出裁定，轮候查封涉案建筑物 1 ~ 3 层；兰州市中级人民法院作出裁定，轮候整体查封涉案建筑物；一审法院(2016)甘民初 8 号民事裁定，于 2016 年 2 月 4 日作出(2016)甘执保字第 10 号执行裁定，整体轮候查封该建筑物。豪壮公司、聚丰公司提交关于兰州豪壮公司与聚丰信用担保公司法律关系的说明，载明聚丰公司系豪壮公司的实际出资人，聚丰公司知晓并同意豪壮公司于 2015 年 7 月 16 日与天成公司签订的《资产转让协议》。

二审法院另查明，甘肃省高级人民法院2019年4月4日作出（2019）甘民终172号民事裁定，该裁定认为豪壮公司与杨某川、潘某、天成公司案外人执行异议之诉一案的审理需要等待本案处理结果，裁定对该案中止审理。

裁判结果

一审法院判决：（1）天成公司在本判决生效之日起30日内配合豪壮公司办理兰州市城关区高新雁南路产权证号为兰房权证（城关区）字第247363号房产的转移登记手续；（2）驳回豪壮公司的其他诉讼请求。天成公司不服一审判决，向最高人民法院提起上诉，最高人民法院判决，驳回上诉，维持原判。

思考与衡量

合同的履行是合同行为中最为关键的部分之一，直接涉及合同目的的实现。这方面的矛盾纠纷也较多。案例50中，涉及如何在合同没有约定的情形下确定案涉争议房产价格的问题，涉及不动产交付条件的判断问题，涉及诉讼主体名称的多次变更、主体资格的确认问题，该案被最高人民法院发回重审一次。案例51中，涉及合同同时履行抗辩权是否成立的问题，涉及是否以另案判决结果为依据的审查问题，涉及案件审查范围的问题，该案被最高人民法院发回重审一次。

案例50中，一审法院认为，安宁文体局与北京中润德公司签订《协议书》，与兰州中润德公司签订《补充协议》，约定由安宁文体局提供涉案项目建设用地，北京中润德公司、兰州中润德公司取得涉案土地使用权，投入资金，独立承担项目经营风险，享有项目经营利润，开发建设兰州新时代文化广场项目。根据《城市房地产管理法》第2条第3款规定："本法所称房地产开发，是指在依据本法取得国有土地使用权的土地上进行基础设施、房屋建设的行为。"故该案案由应确定为房地产开发经营合同纠纷。上述协议系当事人真实意思表示，不违反法律法规规定，合法有效。该案的争议焦点为：（1）北京中润德公司、兰州中润德公司应否按照《协议书》《补充协议》约定向安宁文体局交付位于康桥国际上的建筑面积10 000平方米的房产，并按约定为安宁文体局办理上述房产的产权证并承担测量及办理房产手续的相关税费。（2）北京中润德公司、兰州中润德公司应否向安宁文体局连带赔偿自2010年4月19日至实际交付之日产生的迟延交付损失。（3）北京中润德公司、兰州中润德公司应否向安宁文体局偿还借款 209 209.70 元。

1.关于北京中润德公司、兰州中润德公司应否按照《协议书》《补充协议》约定向安宁文体局交付位于康桥国际上的建筑面积 10 000 平方米的房产,并按约定为安宁文体局办理上述房产的产权证并承担测量及办理房产手续的相关税费的问题。(1)关于涉案原告主体资格。涉案《协议书》《补充协议》签约主体原兰州市安宁区文化体育局,因政府部门历经变更整合,根据《中共兰州市安宁区委兰州市安宁区人民政府〈关于印发兰州市安宁区人民政府职能转变和机构改革实施意见〉的通知》,其权利义务转由安宁区文体局即本案原告承继,故本案原告起诉主体适格。(2)北京中润德公司、兰州中润德公司应否按照《协议书》《补充协议》约定向安宁文体局交付位于康桥国际上的建筑面积 10 000 平方米的房产。该案双方对涉案《协议书》《补充协议》均无异议。一审法院认为,第一,涉案《协议书》《补充协议》均约定北京中润德公司、兰州中润德公司有返还建筑面积及产权的义务,但并未约定土地出让金由安宁文体局交纳。第二,《协议书》《补充协议》的约定并不能反映北京中润德公司、兰州中润德公司缴纳土地出让金后免除返还建筑面积及产权的义务。第三,兰州中润德公司在签订《兰州城镇国有土地使用权出让合同书》并交纳土地出让金 1033.717 万元,取得涉案土地《国有土地使用证》《建设用地规划许可证》后,双方签订《补充协议》,对《协议书》关于返还建筑面积的约定再次明确确定,足以说明兰州中润德公司缴纳土地出让金后,积极履行《协议书》的约定义务。第四,兰州中润德公司在双方签订《补充协议》后,出具关于无偿返还政府公共配套设施的情况说明及方案、兰州中润德公司还建方案,承诺对约定的 10 000 平方米建筑面积予以返还,且为无偿返还,不涉及土地出让金的缴纳。据上分析,北京中润德公司、兰州中润德公司应当按照《协议书》《补充协议》的约定,向安宁文体局返还位于兰州新时代文化广场项目康桥国际商业楼 10 000 平方米房产。(3)北京中润德公司、兰州中润德公司应否按照约定为安宁文体局办理上述房产的产权证并承担测量及办理房产手续的相关税费。根据《补充协议》第 1 条第 1 款第 3 项约定,安宁文体局所得兰州中润德公司返还的房屋产权归安宁文体局,由兰州中润德公司为安宁文体局办理房屋产权手续,所需费用由兰州中润德公司承担。北京中润德公司作为兰州中润德公司的关联公司,安宁文体局办理房屋产权手续所需费用,应当由北京中润德公司、兰州中润德公司承担。故安宁文体局诉请按约定办理返还面积产权证并承担测量及办理房产手续相关税费的理由成立，一审法院予以支持。据上，北京中润德公司、兰州中润德公司应当按照《协议书》《补充协议》的约定，向安宁文体局返还位于兰州新时代文化广场项目康桥国际商业楼10 000平方米房产，并按照约定为安宁文体局办理上述房产的产权证并承担测量及办理房产手续的相关税费。因涉案应返还的面积用途为商业用途，登记在兰州中润德公司名下，且未交付。《补充协议》约定的10 000平方米房产分布在不同楼层，面积确定，但双方均未按照《补充协议》的约定向一审法院提交双方认可的房屋交付标准附件，亦未提交返还面积具体位置的工程设计图纸，返还楼层面积的位置不能确定，故双方约定的返还面积只能按照《补充协议》的约定确定，能返还的由北京中润德公司、兰州中润德公司向安宁文体局返还，不能返还的，根据《合同法》第110条①规定："当事人一方不履行非金钱债务或者履行非金钱债务不符合约定的，对方可以要求履行，但有下列情形之一的除外：（一）法律上或者事实上不能履行；（二）债务的标的不适于强制履行或者履行费用过高；（三）债权人在合理期限内未要求履行。"按照本案评估价格计算折价返还。具体分别确定如下：①地上第二层，返还建筑面积2875.07m^2。不能返还的按每平方米27 708元计算折价给付。②地上第五层，返还建筑面积1825.54m^2。不能返还的按每平方米12 496元计算折价给付。③地上第五层游泳馆，返还建筑面积2424.32m^2。不能返还的按每平方米11 800元计算折价给付。④地下二层，按照《补充协议》约定，应按照产权房返还建筑面积2875.07m^2。但由于实际建成人防工程。根据人防工程的权属，不宜返还。因鉴定机构对地下二层按照人防工程予以评估，不符合双方约定，故该评估价格一审法院不予采信。根据涉案《协议书》第1条第2款约定，项目建成后，北京中润德公司按实际建造成本返还安宁文体局建筑面积及产权。双方在履行中，未共同确认实际建造成本或国家定额标准。安宁文体局也不能提供同地段地下二层产权房的价格参考依据。安宁文体局出具的兰州中润德公司关于无偿返还政府公共配套设施的情况说明及方案显示，兰州中润德公司同意按商业建造成本3872.78元/平方米折价补偿，故地下二层按此计算折价返还。具体计算为：2875.07m^2 × 3872.78元/平方米 = 11 134 513.59元。

---

① 现为《民法典》第580条。

2. 关于北京中润德公司、兰州中润德公司应否向安宁文体局连带赔偿自2010年4月19日至实际交付之日产生的迟延交付损失的问题。一审法院认为,根据涉案《协议书》第3条第2款第3项约定:“项目建成验收合格后,乙方三十日内返还甲方所得建筑面积、协助甲方办理产权过户手续。”安宁文体局提交的甘肃省建设工程竣工验收备案表显示,涉案项目已于2010年9月2日验收合格,故北京中润德公司、兰州中润德公司应当自2010年10月2日起向安宁文体局返还建成项目的建筑面积。兰州中润德公司于2015年1月22日出具的关于无偿返还政府公共配套设施的情况说明及方案显示,应当返还的建筑面积及产权并未返还,北京中润德公司、兰州中润德公司存在违约行为,但同时也证明兰州中润德公司积极履行协议约定的返还义务。兰州中润德公司于2015年5月29日出具的兰州中润德公司还建方案显示,兰州中润德公司对约定的返还义务明确要求安宁区政府指定接收单位接收,可以认定北京中润德公司、兰州中润德公司于2015年5月29日以自己的行为明确表示履行义务,安宁文体局未予受领,故此后的损失应由安宁文体局自己承担。2010年10月2日至2015年5月29日的损失,参照涉案返还建筑面积的市场租赁费平均单价计算确定,共计为36 502 166.71元。

3. 关于北京中润德公司、兰州中润德公司应否向安宁文体局偿还借款209 209.70元的问题。经查,兰州中润德公司于2013年3月7日出具的借条显示:“今借到兰州市安宁区城市建设投资有限公司款项:二十万玖仟贰佰零玖元柒角整(¥209 209.70),该款项用于办理康桥国际商场五层产权证的部分维修基金费用。待商场五层产权证办理过户给贵公司需将此借条归还我公司。”一审法院认为,根据上述借条内容,出借款项的主体为安宁区城投公司,而非本案安宁文体局,且款项为办理康桥国际商场五层产权证的部分维修基金费用。故安宁文体局主张北京中润德公司、兰州中润德公司偿还借款209 209.70元的诉请一审法院不予支持。

笔者认为,关于案涉《协议书》《补充协议》是否有效,北京中润德公司、兰州中润德公司是否应依据案涉《协议书》《补充协议》向安宁文体局交付约定面积的房产的问题。北京中润德公司、兰州中润德公司上诉主张案涉《协议书》《补充协议》无效,北京中润德公司、兰州中润德公司没有向安宁文体局交付约定面积房产的义务。《合同法》第44条第1款[①]规定："依法成立的合同，自成立时生效。"第52条规定："有下列情形之一的，合同无效：（一）一方以欺诈、胁迫的手段订立合同，损害国家利益；（二）恶意串通，损害国家、集体或者第三人利益；（三）以合法形式掩盖非法目的；（四）损害社会公共利益；（五）违反法律、行政法规的强制性规定。"第60条第1款规定："当事人应当按照约定全面履行自己的义务。"《城市房地产管理法》第2条第3款规定："本法所称房地产开发，是指在依据本法取得国有土地使用权的土地上进行基础设施、房屋建设的行为。"该案中，安宁文体局与北京中润德公司签订《协议书》，与兰州中润德公司签订《补充协议》，约定由安宁文体局提供案涉项目建设用地，兰州中润德公司取得案涉土地使用权，投入资金，独立承担项目经营风险，享有项目经营利润，开发建设兰州新时代文化广场项目。双方在签订合同时，无违反《合同法》（已失效）第52条规定的情形。根据前述法律规定和事实，一审认定本案案由为房地产开发经营合同纠纷，案涉《协议书》《补充协议》系当事人真实意思表示，不违反法律法规规定，合法有效，该认定并无不当，应予维持。北京中润德公司、兰州中润德公司主张，其向兰州市规划国土资源局经济技术开发区分局足额交纳了案涉土地出让金，对案涉《协议书》及兰州经济技术开发区管理委员会经管委发〔2003〕79号文件中所约定的土地出让金的交纳方式做出了实质性变更，完全履行了土地出让金交纳义务，北京中润德公司、兰州中润德公司无须向安宁文体局返还任何房产以及赔偿经济损失。笔者认为，案涉《协议书》《补充协议》约定北京中润德公司、兰州中润德公司有返还建筑面积及产权的义务，但没有约定土地出让金由安宁文体局交纳。案涉《协议书》签订后，兰州中润德公司与兰州市规划国土资源局经济技术开发区分局签订《兰州城镇国有土地使用权出让合同书》并交纳土地出让金，取得案涉土地国有土地使用证、建设用地规划许可证后，与安宁文体局签订《补充协议》，对案涉《协议书》中关于返还建筑面积的约定重新作出明确约定，但没有约定北京中润德公司、兰州中润德公司交纳土地出让金后免除其返还相应建筑面积及产权的义务。且案涉《协议书》第1条合作方式第2项明确约定，项目全部建设资金由乙方即北京中润德公司筹措投入。案涉《补充协议》第1条第2项乙方的权利与义务中，第4小项约定乙方即兰州中润德公司按约及

---

① 现为《民法典》第502条。

时筹集并投放项目所需资金，用于项目建设。《补充协议》第1条第1项约定，项目建成后甲方即安宁文体局有权获得建筑面积共计10 000平方米的案涉房产。据此，一审认定北京中润德公司、兰州中润德公司应当按照《协议书》《补充协议》的约定，向安宁文体局返还位于兰州新时代文化广场项目（康桥国际）10 000平方米房产，该认定并无不当。北京中润德公司、兰州中润德公司关于案涉《协议书》《补充协议》无效，其不应依据案涉《协议书》《补充协议》向安宁文体局交付约定面积的房产的上诉请求不能成立。

关于一审对不能返还面积的折价款以及迟延交付损失款的认定是否正确的问题。根据安宁文体局的诉讼请求，如果兰州中润德公司无法按案涉协议交付10 000平方米房产，不足部分以货币方式折价补偿。该问题涉及不能返还面积折价款依据的采信、游泳池评估单价与合同约定是否相符、地下二层房产折价款的认定以及迟延交付损失款的认定等问题。

1. 关于不能返还面积的折价款依据采信的问题。该案中，一审法院委托甘肃信诺房地产土地资产评估有限公司作出的《房地产估价报告》，该报告的实地勘察期为2018年8月7日，估价作业期为2018年8月7日至27日，报告出具日期为2018年8月27日，该案一审判决于2019年12月31日作出。该估价报告"假设和限制条件"第6条第4项载明"本估价报告的有效期为壹年。如超过有效期，或价值时点之后、有效期之内估计对象或国家经济形势、城市规划、房地产税费政策等发生变化，对估价结果产生明显影响时，委托方应及时聘请房地产评估机构对估价结果作相应调整或重新评估"。安宁文体局没有提交证据证明因估价报告超过有效期，对案涉房产的估价结果产生明显影响，导致必须要重新调整估价的情形。故《房地产估价报告》可以作为本案认定不能返还面积的折价款的依据，一审以案涉《房地产估价报告》作为不能返还面积的折价款的计算依据正确，应予维持。

2. 关于游泳馆评估单价与合同约定单价是否相符的问题。该案中，2006年12月29日，安宁文体局与兰州中润德公司签订《补充协议》，约定兰州中润德公司在项目建成后向安宁文体局返还游泳馆建筑面积2424.32m^2。案涉《协议书》《补充协议》均未明确约定五层游泳馆单价。经评估，地上五层游泳馆的评估单价为11 800元/平方米，一审按照案涉《房地产估价报告》评估的单价对五层游泳馆进行折价并无不当，应予维持。安宁文体局关于案涉估价报告不应作为认定折价单价的上诉主张缺乏事实和法律依据，不应支持。

3. 关于地下二层房产折价款的认定问题。《合同法》（已失效）第125条第1款规定："当事人对合同条款的理解有争议的，应当按照合同所使用的词句、合同的有关条款、合同的目的、交易习惯以及诚实信用原则，确定该条款的真实意思。"该案中，案涉《协议书》第1条第2项约定，项目建成后，北京中润德公司按土地出让价值以实际建筑成本价返还安宁文体局建筑面积及产权，用于图书馆、文化馆、文体活动中心和办公用房。案涉《补充协议》约定，兰州中润德公司应按照产权房返还地下二层建筑面积为2875.07m^2，还约定："乙方（兰州中润德公司）违反约定，未如约按期完成'新时代文化广场'项目建设任务或未如约向甲方（安宁文体局）交付产权房屋及提供赞助费的，乙方应向甲方赔偿相应的经济损失。"现地下二层已实际建成人防工程，无法按约定的产权房返还，兰州中润德公司应当按照案涉《协议书》《补充协议》的相关约定，赔偿安宁文体局的经济损失。一审中，安宁文体局申请调取兰州市相应楼盘地下二层产权房的市场销售价格，作为补充评估案涉地下二层产权房的价格依据。评估机构调查了周边地下二层利用状况。当事人在兰州市住房和城乡建设局调取了近两年安宁区交易成交的地下二层房屋共5处，估价人员认为这5处房屋，单价差异和建筑面积差异都很大，不符合《房地产估价规范》相关技术规定，无法测算估价对象价值，最终对地下二层的成本作出了2563元/平方米的结论。安宁文体局出具的兰州中润德公司关于无偿返还政府公共配套设施的情况说明及方案中，兰州中润德公司同意按商业建造成本3872.78元/平方米折价补偿。二审中，最高人民法院委托甘肃省高级人民法院向甘肃省有权公布房地产交易指导价的部门调取兰州市安宁区范围内同地段同类型对外销售的地下二层交易价格。甘肃省高级人民法院向甘肃省建设工程造价管理总站、兰州市不动产登记事务中心、兰州市不动产登记管理局经济技术开发区分局不动产登记中心、甘肃省住房和城乡建设厅等多个相关部门调取，未取得兰州市相应楼盘地下二层产权房的销售价格，仅向兰州市房产交易中心调取到兰州市安宁区培黎街道安宁东路"瑞南·紫郡"项目地下一层交易价格，该项目地下一层交易价格在每平方米17 900元至25 000元浮动。最高人民法院要求安宁文体局以及北京中润德公司、兰州中润德公司双方提供兰州市相应楼盘地下二层产权房的销售价格。安宁文体局向兰州市不动产登记事务中心调取了兰州市安宁区安宁东路66号远达·山水城邦地下一层商铺对外销售并备案的买卖合同及成交信息，显示每平方米单价在29 862.59元至36 000元。北京中润德公司、兰州中润德公司未向最高人民法院提供相应证据。笔者认为，按照双方约定，地下二层房产折价款应为安宁文体局不能获得产权房屋的经济损失。《合同法》第61条[①]规定："合同生效后，当事人就质量、价款或者报酬、履行地点等内容没有约定或者约定不明确的，可以协议补充；不能达成补充协议的，按照合同有关条款或者交易习惯确定。"第62条第2款[②]规定，当事人就有关合同内容约定不明确，依照本法第61条的规定仍不能确定的，适用下列规定：价款或者报酬不明确的，按照订立合同时履行地的市场价格履行；依法应当执行政府定价或者政府指导价的，按照规定履行。第63条[③]规定："执行政府定价或者政府指导价的，在合同约定的交付期限内政府价格调整时，按照交付时的价格计价。逾期交付标的物的，遇价格上涨时，按照原价格执行；价格下降时，按照新价格执行。逾期提取标的物或者逾期付款的，遇价格上涨时，按照新价格执行；价格下降时，按照原价格执行。"最高人民法院《关于适用〈中华人民共和国民事诉讼法〉的解释》第90条规定，"当事人对自己提出的诉讼请求所依据的事实或者反驳对方诉讼请求所依据的事实，应当提供证据加以证明，但法律另有规定的除外。在作出判决前，当事人未能提供证据或者证据不足以证明其事实主张的，由负有举证证明责任的当事人承担不利的后果"。根据上述法律规定，在合同未约定相关价款时，当事人应协商确定，不能协商确定的，按照合同相关条款或交易习惯确定，仍不能确定的，按照市场价格或政府指导价，对于价款的确定，当事人负有举证责任，否则由负有举证责任一方承担举证不能的法律后果。该案中，双方当事人没有就应当交付房产的单价作出约定，亦不能就房产单价达成协议，安宁文体局二审提交的地下一层交易价格相关证据显示地下一层交易价格差距巨大且与地下二层交易价格不具有可比性，难以作为参考依据。最高人民法院委托一审法院调取相关证据，亦未能取得具有参考价值的依据。基于以上原因，在一审中评估机构不能给出具体确定的交易参考价格，二审中甘肃省高级人民法院受本院委托及安宁文体局

---

① 现为《民法典》第510条。

② 现为《民法典》第511条。

③ 现为《民法典》第513条。

均未能调取到地下二层对外销售的产权房价格，且无法依照《合同法》（已失效）相关规定按照订立合同时或者交付时履行地的市场价格以及政府指导价格来确定本案应当交付的地下二层房产的折算单价的情形下，一审按照举证责任分配原则综合考量认定，以兰州中润德公司自认的较鉴定成本价2563元/平方米更高的商业建造成本3872.78元/平方米作为地下二层折价款的计算依据，在法律规定的范围内给予安宁文体局最大限度地经济损失补偿，该认定于法有据，契合该案实情，并无不当，应予维持。

4. 关于迟延交付损失款的认定。确定迟延交付损失款的前提是案涉房产的交付时间已确定，确定案涉房产的交付时间应明确案涉房产是否符合交付条件，如果明确了案涉房产符合交付条件，就应明确案涉房产未完成交付行为的违约方，这是确定迟延交付损失款的整个逻辑。首先，关于案涉房产是否符合交付条件的问题。安宁文体局主张案涉房产不具备交付条件，故其有权不予受领。《合同法》第60条①规定："当事人应当按照约定全面履行自己的义务。当事人应当遵循诚实信用原则，根据合同的性质、目的和交易习惯履行通知、协助、保密等义务。"《建筑法》第61条第2款规定："建筑工程竣工经验收合格后，方可交付使用；未经验收或者验收不合格的，不得交付使用。"《城市房地产管理法》第36条规定："房地产转让、抵押，当事人应当依照本法第五章的规定办理权属登记。"第61条第3款规定："房地产转让或者变更时，应当向县级以上地方人民政府房产管理部门申请房产变更登记，并凭变更后的房屋所有权证书向同级人民政府土地管理部门申请土地使用权变更登记，经同级人民政府土地管理部门核实，由同级人民政府更换或者更改土地使用权证书。"不动产的完整交付包括转移标的物的实际占有，实现对标的物事实上的交付；还需办理不动产物权变动登记，实现法律上的交付。笔者认为，在建筑工程经竣工验收合格后，可认定具备交付条件。登记是不动产物权变动的公示方式，登记后发生物权变动的法律后果，取得不动产物权变动的公信力，但尚未办理不动产物权登记，不代表不能实际交付或不能办理物权登记。在社会经济生产活动中，先交付不动产，而后办理相关物权登记是一种较为常见的状态。交付是一项重要的民事法律制度，交付行为虽只是合同行为的一个组成部分，但其在合同履

① 现为《民法典》第509条。

行中具有非常重要的价值，是合同完成的必然行为，交付需要各方当事人协同完成，各方当事人应秉承诚实信用原则，积极促进合同目的的达成，尽最大努力履行合同义务，在履行义务中，不仅应尽力履行合同和法律规定的自身义务，还应尽力配合合同相对方完成合同义务，若不如此，则难以完成交付，实现合同目的，合同的签订就如同虚设。履行合同义务是一个双向的范畴。各方当事人应秉持诚信、恪守承诺、积极协商的原则，努力在合同无明确约定或法律无明确规定的具体情形下达成合意，以实现合同目的为目标，不相互指责，不相互推诿，不寻找借口，善意地理解合同签订的目的，善意地理解相关法律规定的立法本意，善意地履行合同义务。合同与法律皆不可能穷尽在合同履行过程中出现的所有情形，合同要得到完全履行，需各方当事人履行善尽义务，该义务要求各方当事人对于相对方的履约行为要有一定限度的包容或容忍，也即对于相对方在履约中的瑕疵行为，无论是实际存在的或当事人臆想的，只要不构成根本违约，只要不是恶意为之，理应包容和容忍，目的是保证合同基本目的、根本目标的总体实现。合同作为典型的民事法律行为，当事人的目的是相同的，意思表示的方向是一致的。这种意思表示的一致性不仅表现在显性行为的一致性上，也表现在隐性行为的一致性上。在合同签订成立之时，当事人的意思表示是自觉自主自愿的，也就是意思自治。一旦合同签订后，当事人的意思自治就应以合同目的的实现为制约，将意思自治限定在合同目的实现的范围之内，而且这种制约性始终贯穿合同签订至完成的整个过程中。概言之，合同从其本质而言就是当事人之间自由意识的合意，就是当事人就意思表示达成了共识，从外在表现而言则是当事人相互配合才能共同完成的行为。一般情形下，完成合同行为不是一个静止的时间点而是一个持续的时间过程，且合同行为亦不是一个单独的、孤立的、片面的行为，而是由诸多行为构成的一个完整的行为体系，据此，当事人之间的合意共识以及相互配合才能完成的行为应始终贯穿合同的签订、履行、完成等的全过程。而在这个过程中，诚信则始终主导着、指引着、制约着各方当事人，要求当事人履行善尽义务。这种善尽义务不仅要求一方当事人在维护自身权利的基础上，对对方当事人完全按照约定履行义务时予以积极配合，履行自己的相应义务，更要求在对方当事人不存在根本性、实质性违约，无明显过错、无明显恶意，仅可能存在瑕疵、轻微违约的情形下，亦予以积极配合，履行自己的相应义务。这是合同履行行为的基本准则，交付行为作为合同履行行为的组成部分亦应遵循这一基本准则。该案中，案涉《补充协议》约定，兰州中润德公司向安宁文体局返还的房屋面积、户型及具体位置，以兰州中润德公司向安宁文体局提供并经安宁文体局审定认可的工程设计图纸为准。兰州中润德公司应在项目竣工验收合格后30日内向安宁文体局及时返还约定的房屋，项目建设竣工验收合格后，兰州中润德公司负责在3个月内协助安宁文体局办理所有房屋的产权落户手续。根据前述约定，交付案涉房产须双方协商完成，兰州中润德公司应当先交付房产，后办理产权手续。安宁文体局与北京中润德公司、兰州中润德公司签订的案涉《协议书》《补充协议》合法有效。作为房地产开发经营合同，各方不可能在签订的合同中穷尽未来一切可能出现的情形。各方当事人应以实现合同目的为目标，遵循诚信原则，履行善尽义务。案涉项目已于2010年9月2日验收合格。除地下二层因建成人防工程，不符合双方约定的须交付有产权的房屋外，其他应当交付的房产，根据安宁文体局二审提交的案涉房产抵押查封情况相关证据载明的内容，在2015年5月29日兰州中润德公司主张履行合同主要义务时，相关房产并不存在抵押查封、不能交付或者不能办理产权登记的情形，应认定为具备交付条件。安宁文体局关于2015年5月29日兰州中润德公司出具《兰州中润德公司还建方案》时，案涉房产不具备交付条件的主张，缺乏法律和事实依据，亦与正常的社会经济生产状态不符，不应支持。其次，关于迟延交付损失款的具体认定。安宁文体局主张一审以兰州中润德公司2015年5月29日出具《兰州中润德公司还建方案》的时间作为计算迟延交付损失款的截止日期错误，应当将迟延交付损失计算到实际交付为止。《合同法》第60条第1款①规定："当事人应当按照约定全面履行自己的义务。"第107条②规定："当事人一方不履行合同义务或者履行合同义务不符合约定的，应当承担继续履行、采取补救措施或者赔偿损失等违约责任。"该案中，案涉《补充协议》约定，兰州中润德公司应在项目竣工验收合格后30日内向安宁文体局及时返还约定的房屋，项目建设竣工验收合格后，兰州中润德公司负责在3个月内协助安宁文体局办理所有房屋的产权落户手续。2010年9月2日，案涉项目验收合格。但兰州中润德公司没有按照双方约定在项目竣工验收合格后30日内向安宁文体局返

① 现为《民法典》第509条第1款。
② 现为《民法典》第577条。

还约定的房屋，并在三个月内协助安宁文体局办理所有房屋的产权落户手续，构成违约，应自项目竣工验收合格后30日起开始承担迟延交付房产的违约责任，即2010年10月2日。关于违约责任如何确定和分担的问题。《合同法》第110条①规定："当事人一方不履行非金钱债务或者履行非金钱债务不符合约定的，对方可以要求履行，但有下列情形之一的除外：(一)法律上或者事实上不能履行；(二)债务的标的不适于强制履行或者履行费用过高；(三)债权人在合理期限内未要求履行。"第111条②规定："质量不符合约定的，应当按照当事人的约定承担违约责任。对违约责任没有约定或者约定不明确，依照本法第六十一条的规定仍不能确定的，受损害方根据标的的性质以及损失的大小，可以合理选择要求对方承担修理、更换、重作、退货、减少价款或者报酬等违约责任。"第119条第1款③规定："当事人一方违约后，对方应当采取适当措施防止损失的扩大；没有采取适当措施致使损失扩大的，不得就扩大的损失要求赔偿。"根据前述法律规定，违约方瑕疵履行的，应当承担违约责任，非违约方应当合理选择要求违约方承担相应的违约责任，并采取适当措施防止损失扩大，如未采取适当措施致使损失扩大的，不得就扩大的损失要求赔偿。该案中，2014年12月25日，兰州中润德公司向安宁区政府报送《关于还建政府合作项目建议书》称，当初对房产返还面积的约定双方只是根据图纸和预估，故面积的返还应当以建成后的实测面积为准。安宁区政府对此建议未做回应。兰州中润德公司2015年1月22日出具《关于无偿返还政府公共配套设施的情况说明及方案》载明："由于地下二层无法办理产权证，暂将使用权交付，待日后条件成熟后积极办理过户。"兰州中润德公司2015年5月29日出具《兰州中润德公司还建方案》，提出由安宁区政府对地上二层、五层先行过户指定接收单位，对地下二层先行交付使用权。笔者认为，在案涉项目设计图纸与实际建成面积不符，兰州中润德公司不能完全按照合同约定交付房产，应当承担违约责任的情况下，双方应当就如何交付以及如何承担责任进行协商，违约方应当积极提供解决方案，守约方应当合理选择要求违约方承担相应的违约责任，并采取相应措施防止损失扩大。兰州

---

① 现为《民法典》第580条。

② 现为《民法典》第582条。

③ 现为《民法典》第591条第1款。

中润德公司提出解决方案，请求对地上二层、五层先行过户指定接收单位，对地下二层先行交付使用权，系其主动要求履行合同主要义务的行为。在此情况下，安宁文体局拒不接收全部房产，导致损失扩大，对其未采取积极措施致使扩大的损失，安宁文体局应自行承担责任，不得要求赔偿。一审法院认定北京中润德公司、兰州中润德公司于2015年5月29日以自己的行为明确表示履行合同义务，安宁文体局未予受领，此后的损失应由其自己承担，该认定并无不当，应予维持。安宁文体局关于迟延交付损失应计算至案涉房产实际交付为止的主张，缺乏事实和法律依据，不应支持。鉴于前述情形，对安宁文体局有关2018年至今租赁费用涨幅相关证据，不应采信。综上，一审认定2010年10月2日至2015年5月29日的迟延交付损失由北京中润德公司、兰州中润德公司承担，2015年5月30日之后的损失由安宁文体局自行承担，该认定并无不当，应予维持。

关于北京中润德公司、兰州中润德公司二审庭审中增加的要求安宁文体局返还其垫付的土地出让金、拆迁费及相关资金占用费以及赔偿窝工损失费用等上诉请求，已超过上诉期间，且不属于该案审理范围，不应支持。

案例51中，一审法院认为，该案的争议焦点为：(1)豪壮公司要求天成公司协助办理过户手续的诉讼请求是否应予支持；(2)豪壮公司要求天成公司赔偿违约金的请求能否成立；(3)本案是否存在应予中止审理的法定情形。

关于豪壮公司要求天成公司协助办理过户手续的诉讼请求是否应予支持。《物权法》(已失效)第15条规定："当事人之间订立有关设立、变更、转让和消灭不动产物权的合同，除法律另有规定或者合同另有约定外，自合同成立时生效；未办理物权登记的，不影响合同效力。"豪壮公司与天成公司签订的《资产转让协议》，系双方当事人的真实意思表示，不违反法律规定，虽未办理物权登记，但不影响合同效力，该合同合法有效。双方约定天成公司将其名下兰房权证(城关区)字第247363号房屋转让给豪壮公司，转让款为1.311亿元，该转让款用于支付以该房屋提供反担保抵押的中山路信用社借款9000万元、利息2700万元、南特公司土地相关费用410万元及预计缴纳过户费1000万元。豪壮公司已按照约定支付转让款125 554 999元，只剩过户费尚未产生。虽然天成公司提供反担保的该9000万元借款未进入天成公司账户，但其欠付聚丰公司债务属实，该借款用于偿还其债务，后豪壮公司代偿借款本息121 454 999元，应视为其已按约定履行了转让款的支付义务。豪壮公司与天成公司在签订《资产转让协议》之前，双方已于2014年12月29日交付涉案房屋，并于2015年1月1日签订《房屋租赁合同》，豪壮公司已经以“租赁”的方式占有涉案房屋。因此，虽然涉案房屋尚处于轮候查封状态，但豪壮公司已按其与天成公司签订的协议全面履行了合同义务，其请求天成公司协助办理过户手续的条件已经成就，一审法院予以支持。

关于豪壮公司要求天成公司赔偿违约金的请求能否成立。《合同法》第130条①规定：“买卖合同是出卖人转移标的物的所有权于买受人，买受人支付价款的合同。”买卖合同是买卖双方互相承担义务和享有权利的合同，双方当事人应同时对等给付，一方不能要求他方先行履行义务。双方虽然在《资产转让协议》中约定了违约责任及违约金的计算标准，但豪壮公司于2015年9月15日向一审法院起诉前仅支付了南特公司的410万元，并未全面履行义务，在豪壮公司自身尚未全面履行义务之前天成公司不存在违约的情形。《合同法》第110条②规定：“当事人一方不履行非金钱债务或者履行非金钱债务不符合约定的，对方可以要求履行，但有下列情形之一的除外：(一)法律上或者事实上不能履行；(二)债务的标的不适于强制履行或者履行费用过高；(三)债权人在合理期限内未要求履行。”豪壮公司虽在诉讼期间于2016年1月22日偿还了中山路信用社借款本息121 454 999元，但其已于2015年9月14日向一审法院申请财产保全，一审法院于2015年9月18日作出(2015)甘民一初字第31号民事裁定，并于同年9月23日作出(2015)甘执保字第58号执行裁定，整体查封涉案建筑物。在此期间，天成公司已不能完成涉案房屋的过户，也不应认定其存在违约行为。因此，豪壮公司要求天成公司赔偿违约金的请求不能成立，一审法院不予支持。

关于该案是否存在应予中止审理的法定情形。《民事诉讼法》第150条第1款③规定，有下列情形之一的，中止诉讼：本案必须以另一案的审理结果为依据，而另一案尚未审结。天成公司认为本案应以豪壮公司与杨某川、潘某、天成公司案外人执行异议之诉一案的审理结果为依据，现该案尚未审结，故申请本案中止审理。

---

① 现为《民法典》第595条。

② 现为《民法典》第580条。

③ 现为《民事诉讼法》第153条。

根据该案查明的事实和证据，依据法律规定，本案的审理裁判不是必须以豪壮公司与杨某川、潘某、天成公司案外人执行异议之诉一案的审理结果为依据，该案不符合中止审理的法定情形，天成公司申请该案中止审理的理由不能成立。

笔者认为，关于该案是否存在应当中止审理的法定情形的问题。天成公司认为该案应当以豪壮公司与杨某川、潘某、天成公司案外人执行异议之诉一案的审理结果为依据。《民事诉讼法》第150条第1款①规定，有下列情形之一的，中止诉讼：本案必须以另一案的审理结果为依据，而另一案尚未审结。该案系合同纠纷，豪壮公司主张其履行了案涉《资产转让协议》的约定，要求天成公司按照合同约定，协助办理案涉房产的过户手续。该案审理的范围是案涉《资产转让协议》的效力与履行情况。豪壮公司与杨某川、潘某、天成公司案外人执行异议之诉一案，系豪壮公司认为其对案涉房产具有排除执行的权利。该案不存在必须以案外人执行异议之诉一案的审理结果，也即豪壮公司是否享有对案涉房屋足以排除强制执行的民事权益为依据，应当中止审理的法定情形，且另案已被中止审理。故该案一审认定本案不符合中止审理的法定情形并无不当，应予维持。

关于豪壮公司是否支付了案涉《资产转让协议》的转让款，其有关协助办理过户的诉讼请求能否成立的问题。《民法总则》（已失效）第147条规定："基于重大误解实施的民事法律行为，行为人有权请求人民法院或者仲裁机构予以撤销。"第148条规定："一方以欺诈手段，使对方在违背真实意思的情况下实施的民事法律行为，受欺诈方有权请求人民法院或者仲裁机构予以撤销。"《合同法》第44条第1款②规定："依法成立的合同，自成立时生效。"第52条规定："有下列情形之一的，合同无效：（一）一方以欺诈、胁迫的手段订立合同，损害国家利益；（二）恶意串通，损害国家、集体或者第三人利益；（三）以合法形式掩盖非法目的；（四）损害社会公共利益；（五）违反法律、行政法规的强制性规定。"该案中，案涉《资产转让协议》系双方当事人的真实意思表示，不违反法律法规的强制性规定，合法有效，双方当事人应当按照合同约定履行。案涉《资产转让协议》约定，天成公司将其所有的案涉房屋及项下土地权属转让给豪壮公司，转让款13 110万元，该转让款用于支付以

① 现为《民事诉讼法》第153条。

② 现为《民法典》第502条第1款。

该资产抵押的银行借款 9000 万元、利息 2700 万元,支付南特公司土地相关费用 410 万元等。天成公司应在签订该协议之日起,协助将案涉房产的产权人变更为豪壮公司。2015 年 8 月 11 日,豪壮公司按天成公司要求向南特公司支付土地相关费用 410 万元。2016 年 1 月 22 日,豪壮公司向中山路信用社偿还借款本金 9000 万元、利息 31 454 999 元,合计 121 454 999 元。豪壮公司已按案涉《资产转让协议》的约定支付了转让款,天成公司应当按照协议约定,协助办理过户手续。据此,该案一审认定豪壮公司已经支付了案涉《资产转让协议》的转让款,其有关协助办理过户的诉讼请求成立,该认定并无不当。天成公司主张其为案涉 9 笔贷款应承担的反担保责任不存在,偿还贷款的责任不应当由天成公司承担。笔者认为,该案应当围绕案涉《资产转让协议》的效力以及履行情况进行审理。各方当事人在签订案涉《资产转让协议》之前,有关聚丰公司为案涉贷款提供担保,天成公司为聚丰公司的担保承担反担保责任的约定与案涉《资产转让协议》的签订确存在关联性,但天成公司是否承担反担保责任不是案涉《资产转让协议》签订的前提,亦不影响《资产转让协议》效力。故天成公司的该项主张并非该案审理范围。

(四)合同的保全

为了保障债权人的合法权益,促进当事人履行合同,《合同法》设立了合同保全制度。合同保全制度的适用在合同纠纷案件中会经常遇上,特别是在债务人与第三人串通起来恶意逃避债务的过程中,对债权人的债权起到了有效的保护作用。债权人所享有的代位权和撤销权是典型的保全权利,也是在合同纠纷案件中最常见的两种权利纠纷。《合同法》与《民法典》对合同的保全制度都进行了专门的规定。

案例 10 中,涉及债权人撤销权的适用以及债务人是否存在与第三人串通恶意逃避债务的问题。一审法院认为:原告人和公司诉请其为被告实德集团债权人,被告鑫星公司与被告万泽集团签订的《债权转让协议书》系以明显不合理的超低价格转让实德集团的财产,侵害了原告人和公司作为债权人的利益,请求撤销该《债权转让协议书》并将天实公司 99% 的股权恢复至股权转让前的状态;原告人和公司还诉请确认被告万泽集团与被告万泽地产、常某签订的《出资转让协议书》无效。被告万泽集团、天实公司、万泽地产、常某不同意原告人和公司的诉讼请求,主张原告人和公司不具备债权人撤销权的法定条件,其诉求不能成立,不应予以支持，原告人和公司请求确认《出资转让协议书》无效与请求撤销《债权转让协议书》不应合并审理，该诉讼请求没有事实及法律依据，被告万泽集团与被告万泽地产、常某的股权转让具有正当商业目的，不损害第三人利益。本案的焦点问题是：诉争《债权转让协议书》是否应予撤销；被告万泽集团与被告万泽地产、常某分别签订的《出资转让协议书》是否无效。

1. 关于《债权转让协议书》是否应予撤销的问题

《合同法》第74条①规定，债务人以明显不合理的超低价格转让财产，对债权人造成损害，并且受让人知道该情形的，债权人可以请求人民法院撤销债务人的行为；撤销权的行使范围以债权人的债权为限。《合同法》第75条②规定，撤销权自债权人知道或者应当知道撤销事由之日起1年内行使，自债务人的行为发生之日起5年内没有行使撤销权的，该撤销权消灭。据此，原告人和公司诉请撤销被告万泽集团与被告鑫星公司签订的《债权转让协议书》，应满足的条件是：(1)原告人和公司系被告实德集团的债权人；(2)《债权转让协议书》所涉及的转让财产系被告实德集团的财产；(3)被告实德集团以明显不合理的低价转让财产；(4)被告实德集团以不合理低价转让财产的行为对债权人造成损害，且被告万泽集团知道该情形；(5)原告人和公司主张撤销权没有超过《合同法》规定的期限。一审法院对以上各项条件认定如下：

第一，原告人和公司系被告实德集团的债权人。现有证据足以证明哈尔滨盛和置业有限公司、哈尔滨和高置业有限公司向大连富德投资有限公司、大连韵锐装饰材料有限公司、大连高登投资有限公司、北京实德商务物流有限公司出借了人民币120 916万元，故哈尔滨盛和置业有限公司、哈尔滨和高置业有限公司系该120 916万元借款的债权人，大连富德投资有限公司、大连韵锐装饰材料有限公司、大连高登投资有限公司、北京实德商务物流有限公司系债务人。而哈尔滨盛和置业有限公司、哈尔滨和高置业有限公司、大连富德投资有限公司、大连韵锐装饰材料有限公司、大连高登投资有限公司、北京实德商务物流有限公司出具的情况说明又证明哈尔滨盛和置业有限公司、哈尔滨和高置业有限公司已将该债权转让给原

① 现为《民法典》第539条。
② 现为《民法典》第541条。

告人和公司,大连富德投资有限公司、大连韵锐装饰材料有限公司、大连高登投资有限公司、北京实德商务物流有限公司将该债务转让给被告实德集团,该债权、债务转让均合法有效,故原告人和公司系被告实德集团的债权人。被告万泽集团、万泽地产等辩称原告人和公司对被告实德集团享有债权并无充分及真实的证据证明,该债权、债务不真实,原告人和公司并非被告实德集团的债权人。但被告万泽集团、万泽地产等均非该债权及债务转让的相对人,其该抗辩意见不能对抗哈尔滨盛和置业有限公司、哈尔滨和高置业有限公司向大连富德投资有限公司、大连韵锐装饰材料有限公司、大连高登投资有限公司、北京实德商务物流有限公司借款的直接证据,也不能对抗哈尔滨盛和置业有限公司、哈尔滨和高置业有限公司、大连富德投资有限公司、大连韵锐装饰材料有限公司、大连高登投资有限公司、北京实德商务物流有限公司出具的情况说明,亦不能对抗债务人实德集团的自认。综上,原告人和公司系被告实德集团的债权人,被告万泽集团、万泽地产等关于原告人和公司不是被告实德集团债权人的抗辩意见无法律依据,一审法院不予支持。

第二,《债权转让协议书》所涉及的转让财产系被告实德集团的财产。根据被告万泽集团与被告鑫星公司签订的《债权转让协议书》约定,被告万泽集团受让的债权为奥地利银行、华润银行、华澳国际信托有限公司对实德集团、大连实德工程塑料有限公司等享有的债权,受让债权总额为8亿元,债权转让对价为被告鑫星公司所持有的被告天实公司99%的股权。而被告鑫星公司持有的该99%的股权,原系新蓝公司持有,新蓝公司于2012年4月26日将被告天实公司100%的股权转让给被告鑫星公司。根据已生效的辽宁省高级人民法院(2014)辽民二终字第00254号民事判决所查明的事实,能够证明被告实德集团有权对新蓝公司的全部股权予以处分,其系新蓝公司的实际控制人,新蓝公司虽持有被告天实公司的全部股权,但其所持天实公司全部股权的实际控制人为被告实德集团。2012年4月26日被告鑫星公司自新蓝公司处受让天实公司100%股权,但鑫星公司并未实际支付该股权转让的对价,此后鑫星公司又向被告万泽集团转让被告天实公司99%的股权,转让的对价系奥地利银行、华润银行、华澳国际信托有限公司对被告实德集团及其关联公司、关联人员的8亿元债权,而被告鑫星公司受让该债权后,并未向被告实德集团主张权利,故案涉股权转让实质是被告实德集团以其自身资产偿还债务,对此鑫星公司亦予以认可,故被告天实公司的股权系被告实德集团的财产。被告万泽集团、万泽地产等虽辩称股权代持协议、委托代持协议之解除协议不真实，诉争的天实公司股权并非被告实德集团所有，但其辩解意见不能对抗被告鑫星公司对此的自认，亦不能合理解释被告鑫星公司转让该巨额财产而不求任何针对其自身利益的对价。据此，被告万泽集团等该抗辩意见没有事实依据，一审法院不予支持。

第三，案涉天实公司99%的股权系以明显不合理的低价转让。根据最高人民法院《关于适用〈中华人民共和国合同法〉若干问题的解释（二）》（已失效）第19条规定，对于《合同法》（已失效）第74条规定的“明显不合理的低价”，人民法院应当以交易地一般经营者的判断，并参考交易当时交易地的物价部门指导价或者市场交易价，结合其他相关因素综合考虑予以确认；转让价格达不到交易时交易地的指导价或者市场交易价70%的，一般可以视为明显不合理的低价。如前所述，被告万泽集团受让诉争天实公司99%的股权的对价为8亿元债权，即受让价格为8亿元，故只有当被转让的被告天实公司99%的股权实际价值为11.43亿元（8亿元÷70%）及以上金额时，方可认定该股权转让价格为“明显不合理的低价”。2012年7月2日被告万泽集团与被告鑫星公司签订《债权转让协议书》，以8亿元转让价格受让天实公司99%的股权，2012年7月3日该股权变更登记于被告万泽集团名下，2012年8月20日被告万泽集团作为出质人将被告天实公司99%的股权作价11.6亿元质押给华润银行，此后又于同年11月16日，即相隔不到三个月，将天实公司59%的股权作价16.992亿元再次质押给华润银行，上述质押合同均已成立、生效并履行完毕，系被告万泽集团的真实意思表示，在被告万泽集团未提供充分证据证明自其受让天实公司股权后至2012年11月16日的三个月的期间内，发生重大情况足以致使天实公司股权大幅溢价的情况下，现有证据足以认定，被告万泽集团受让天实公司股权时，该股权转让价格不足其实际价格的70%，系明显不合理的低价。原告人和公司该项主张有事实及法律依据，应予支持。被告万泽集团虽提交审计报告、评估报告等证据，但均不能否认其于股权转让后一个多月将股权作价11.6亿元出质的事实，故被告万泽集团、万泽地产等辩称《债权转让协议书》所涉交易公平合理、意思表示真实、应当有效、不存在以显失公平的超低价格转让等，均无事实及法律依据，一审法院不予支持。

第四，被告实德集团低价处分财产损害了债权人的利益，且被告万泽集团知道该情形。被告实德集团以明显不合理的低价处分其财产，致使其本可用于偿还债权人的财产缩水、灭失，当然损害债权人的求偿权，故被告实德集团低价处分财产侵害到其债权人的权益。被告万泽集团受让诉争的天实公司股权支付的对价为其已经收购的华润银行、奥地利银行、华澳国际信托有限公司对实德集团享有的8亿元债权，故其应知被告实德集团当时存在众多债权人。该8亿元债权并非华润银行、奥地利银行、华澳国际信托有限公司对被告实德集团债权的全部，根据2012年7月2日被告万泽集团与被告鑫星公司签订的编号为2012063001的《债权转让协议书》约定，被告万泽集团已受让的为奥地利银行对实德集团、北京实德商务物流有限公司等享有的部分债权，合计为1.9亿元，说明奥地利银行尚有对被告实德集团的其他债权未被收购，对此，被告万泽集团亦系明知。被告万泽集团在明知被告实德集团尚有债权人存在，明知被告实德集团尚有大量债务存在，仍以不合理低价受让被告天实公司股权，此行为将损害被告实德集团偿债财产的完整、充盈，继而损害包括原告人和公司在内的全部债权人的合法权益。因此，被告万泽集团对被告实德集团以不合理低价转让财产、损害债权人的权益是明知的。原告人和公司该项主张有事实和法律依据，应予支持。被告万泽集团等辩称本案没有证据证明被告万泽集团等知道原告人和公司对被告实德集团享有巨额债权、被告实德集团通过股权代持成为股权持有人、被告万泽集团存在恶意等，均不能否定被告万泽集团在已知被告实德集团存在巨额债务时仍低价受让被告实德集团财产的事实，亦不能否定被告万泽集团对该低价转让被告实德集团财产必然损害被告实德集团债权人权益是明知的事实，故被告万泽集团等该项辩解意见一审法院不予采信。

第五，原告人和公司行使撤销权没有超过法定期限。被告万泽集团等认为原告诉请撤销案涉《债权转让协议书》超过了《合同法》(已失效)规定的1年除斥期间，一审法院认为，被告万泽集团等认为本案适用1年除斥期间的前提是原告人和公司知道或者应当知道被告天实公司股权被转让给被告万泽集团、万泽地产及常某，但被告万泽集团等所举相关证据为网站报道、万泽集团的网上公告，该部分证据并非法律、法规规定的“知道或者应当知道”的传播载体，故无法证明原告人和公司知道或者应当知道其行使撤销权的事由超过1年除斥期间。而以《债权转让协议书》的签订日期即2012年7月2日开始计算撤销权的行使期限，截至原告人和公司提起本案诉讼之日，亦未超过《合同法》第75条[①]关于债权人行使撤销权的5年最长期间。故原告人和公司提起本案诉讼未超过法定期限，被告万泽集团等该项辩解意见不予支持。

综上，一审法院认为，原告人和公司请求撤销案涉《债权转让协议书》应予支持，因其对被告实德集团享有120 916万元债权，其撤销权的行使范围已涵盖诉争天实公司股权的转让价格，故原告人和公司有权撤销案涉《债权转让协议书》。

2. 关于被告万泽集团与被告万泽地产、常某签订的《出资转让协议书》是否系无效合同

一审法院认为，被告万泽集团将诉争的天实公司股权转让于被告万泽地产、常某，系恶意串通之行为，已损害第三人合法权益，且违反法律的强制性规定，因而无效。

首先，被告万泽集团、万泽地产、常某存在投资方面的关联关系。被告常某担任法定代表人的北京市宏润房地产开发有限公司工商登记的投资人为被告万泽集团、常某。被告万泽地产在2016年6月29日前工商登记的股东为万泽实业股份有限公司，而万泽实业股份有限公司在2016年10月25日前的法定代表人及股东之一均为林某光；被告万泽地产在2016年6月29日后的股东为深圳市万宏投资有限公司，而深圳市万宏投资有限公司的股东之一为被告万泽集团。被告万泽集团工商登记的股东为深圳市万泽实业有限公司及林某光，而深圳市万泽实业有限公司的法定代表人及股东之一均为林某光。同时，被告万泽集团、万泽地产的法定代表人均为林某光。据此，转让诉争天实公司股权的被告万泽集团、万泽地产、常某存在投资方面的关联关系。此外，被告万泽集团与万泽地产、常某签订的《出资转让协议书》均未约定转让股权的对价，常某亦未提供证据证明其已实际支付股权转让对价，被告万泽地产虽已为受让天实公司59%的股权支付了2.46亿元，但该价格即使以《债权转让协议书》约定的8亿元债权数额为标准，也系明显不合理的低价，如以股权质押价值为标准，则2.46亿元的转让价格更是畸低。综上，被告万泽集团、万泽地产、常某存在投资方面的关联关系，且转让诉争股权未约定转让对价，未支付转让价款或所支付的转让价款明显低于股权价值，已经构成恶意串通，损害

① 现为《民法典》第541条。

了原股东被告实德集团的合法利益，导致其偿债资产缩水、灭失，进而损害包含原告人和公司在内的被告实德集团债权人的合法利益。因此，案涉《出资转让协议书》因存在《合同法》(已失效)第52条第2项恶意串通，损害国家、集体或者第三人利益，合同无效的情形，因此应认定为无效。

其次，被告鑫星公司一直持有被告天实公司1%的股权，系被告天实公司的股东，根据《公司法》第71条的规定，有限责任公司的股东向股东以外的人转让股权，应当经其他股东过半数同意，股东应就其股权转让事项书面通知其他股东征求同意，其他股东自接到书面通知之日起满30日未答复的，视为同意转让；其他股东半数以上不同意转让的，不同意的股东应当购买该转让的股权，不购买的，视为同意转让；经股东同意转让的股权，在同等条件下，其他股东有优先购买权。故有限责任公司的股东向股东以外的人转让股权时，其他股东享有优先购买权，该权利系法定权利。被告万泽集团、万泽地产、常某在转让诉争天实公司股权时未通知鑫星公司，也未征求鑫星公司同意，损害了股东鑫星公司的优先购买权，违反了《公司法》第71条的规定，属于《合同法》(已失效)第52条第5项"违反法律、行政法规的强制性规定"的合同无效情形，故该股权转让行为应为无效。

综上，被告万泽集团与被告万泽地产、常某签订的《出资转让协议书》，将诉争的被告天实公司股权转让于被告万泽地产、常某，构成恶意串通，损害第三人利益，且违反法律的强制性规定，故《出资转让协议书》应为无效。

3. 关于《债权转让协议书》被撤销、《出资转让协议书》确认无效后的法律后果

《合同法》(已失效)第56条规定，无效的合同或者被撤销的合同自始没有法律约束力。第58条规定，合同无效或者被撤销后，因该合同取得的财产，应当予以返还；不能返还或者没有必要返还的，应当折价补偿。如前所述，被告万泽集团与万泽地产、常某签订的《出资转让协议书》为无效合同，故诉争的被告天实公司99%的股权应当予以返还，由被告万泽地产、常某返还至被告万泽集团。因被告万泽集团依据其与被告鑫星公司签订的《债权转让协议书》自被告鑫星公司处受让该股权，其与被告鑫星公司签订的该《债权转让协议书》如前所述应予撤销，故该股权应当予以返还，由被告万泽集团返还至被告鑫星公司名下。但该股权原系被告实德集团的资产，在转让至被告万泽集团前系被告鑫星公司代为持有，被告鑫星公司亦同意将被告天实公司99%的股权恢复至被告实德集团名下，不再持有该部

分股权，故本案诉争的天实公司99%的股权应返还至被告实德集团名下。

综上，被告万泽地产、常某应将被告天实公司99%的股权返还至被告万泽集团，被告万泽集团将该股权返还至被告实德集团名下。

至于被告万泽集团转让被告天实公司99%的股权的对价8亿元债权，根据《合同法》（已失效）第56条、第58条的规定，亦因前述《债权转让协议书》被撤销、《出资转让协议书》无效而应予返还，即被告万泽集团仍享有其与被告鑫星公司于2012年7月2日签订的《债权转让协议书》（编号为2012063001）项下的对被告实德集团及其关联公司及关联人员的8亿元债权，即（1）华润银行对实德集团、大连实德工程塑料有限公司、大连赛德隆电子电气有限公司、大连东鹏房地产开发有限公司、大连三德投资有限公司的本息4亿元的债权；（2）奥地利银行对北京实德商务物流有限公司、实德集团、徐某一（已死亡，由其继承人在遗产范围内承担）、徐某二、陈某国的部分债权共1.9亿元；（3）华澳国际信托有限公司对河南大河新型建材有限公司、大连诚德化工产品销售有限公司、天实公司、实德集团、徐某一（已死亡，由其继承人在遗产范围内承担）的全部债权（债权回购本金两亿元及相应的溢价款、违约金等）。以上合计，万泽集团受让的债权总额为人民币8亿元。

因被告常某、万泽地产分别将其持有的天实公司19.65%的股权、59%的股权质押给第三人华润银行东莞分行并进行了质押登记，质权依法设立，故第三人华润银行东莞分行依法享有质权，被告天实公司99%的股权返还至被告实德集团名下并不影响第三人华润银行东莞分行的质权，其质权不因此而灭失，即诉争的天实公司99%的股权上仍然存在质押，第三人华润银行东莞分行仍系质权人。

4. 关于案涉撤销《债权转让协议书》之诉与确认《出资转让协议书》无效之诉是否应合并审理

从案涉《债权转让协议书》与《出资转让协议书》的内容及实际履行来看，其均包含将天实公司股权予以转让的内容。原告诉请撤销《债权转让协议书》并将天实公司99%的股权恢复至转让前的状态，而万泽地产、常某受让天实公司99%的股权，并系该部分股权的登记持有人，万泽地产、常某与该诉讼请求具有利害关系，故原告人和公司提出的确认《出资转让协议书》无效的诉讼请求与撤销《债权转让协议书》的诉讼请求涉及的财产相同，其基础关系均为股权转让合同关系，系同一诉讼标的，为必要共同诉讼，应予合并审理。

二审法院认为,二审争议的焦点:诉争《债权转让协议书》应否撤销,万泽集团与万泽地产、常某分别签订的《出资转让协议书》是否无效。该焦点问题应当进而分解为七个具体问题:(1)人和公司是否是实德集团的债权人。(2)案涉股权是否属于实德集团的财产。(3)万泽集团是否明知受让案涉股权时损害实德集团债权人利益。(4)人和公司主张撤销权是否超过《合同法》规定的期限。(5)万泽集团与万泽地产、常某分别签订的《出资转让协议书》是否无效。(6)撤销权之诉与确认合同无效之诉能否合并审理。(7)天实公司是否是本案适格被告。

(1)关于人和公司是否是实德集团的债权人的问题。二审法院认为,该案当事人争议的人和公司是否是实德集团债权人问题,既是关系人和公司是否具有该案撤销权主体资格的问题,又是受案法院能否进行案件实体审理和当事人能否进行诉讼的前提和基础。因此,应当首先进行审查。第一,哈尔滨盛和置业有限公司、哈尔滨和高置业有限公司向大连富德投资有限公司、大连韵锐装饰材料有限公司、大连高登投资有限公司、北京实德商务物流有限公司出借了人民币 120 916 万元,故哈尔滨盛和置业有限公司、哈尔滨和高置业有限公司系该 120 916 万元借款的债权人。第二,哈尔滨盛和置业有限公司、哈尔滨和高置业有限公司、大连富德投资有限公司、大连韵锐装饰材料有限公司、大连高登投资有限公司、北京实德商务物流有限公司出具的情况说明,证明哈尔滨盛和置业有限公司、哈尔滨和高置业有限公司已将该债权转让给人和公司,大连富德投资有限公司、大连韵锐装饰材料有限公司、大连高登投资有限公司、北京实德商务物流有限公司将该债务转让给实德集团。人和公司提供的转让凭证、情况说明及实德集团的自认,足以认定人和公司系实德集团的债权人。第三,由于万泽集团、万泽地产、常某及天实公司没有相应的证据证明人和公司与实德集团有恶意串通的情形,故不能认定人和公司与实德集团有恶意串通的事实。即使人和公司在一审中撤回了有关债权债务相关证据,但法律上并不禁止该行为,不能以此认定人和公司与实德集团有恶意串通,伪造证据的事实。综上,万泽集团、万泽地产、常某、天实公司关于人和公司与实德集团之间的债权债务缺乏证据证明,双方存在恶意串通、伪造证据,人和公司不是实德集团债权人的上诉主张,没有事实依据,二审法院不予支持。

(2)关于案涉股权是否属于实德集团财产的问题,也就是案涉股权是否属于实德集团所有,是该案当事人在民事诉讼证据真实性方面存在较大争议的焦点问题。

对于该焦点问题，人和公司提交了三组证据：一是天实公司工商档案，证明天实公司当初的设立人是实德集团。二是辽宁省高级人民法院（2014）辽民二终字第00254号民事判决书、新蓝置业持股占83%的最大股东大连汉森出具的情况说明、大连汉森股东出具的情况说明以及新蓝置业、大连汉森股东的多份劳动合同，以此证明新蓝置业及新蓝置业的最大股东大连汉森均受实德集团控制，新蓝置业所持的天实公司股权的实际控制人为实德集团，新蓝置业是代实德集团持有天实公司股权。三是鑫星公司出具的情况说明，证明其与实德集团间的股权代持关系，其从新蓝置业处受让股权以及转让天实公司股权，均系受实德集团指派，实德集团及鑫星公司当庭对此予以认可。据此，二审法院认为，尽管万泽集团、万泽地产、常某、天实公司对案涉股权是否属于实德集团所有产生怀疑，但根据天实公司工商档案、辽宁省高级人民法院（2014）辽民二终字第00254号民事判决书、大连汉森出具的情况说明、大连汉森股东出具的情况说明以及新蓝置业、大连汉森股东的多份劳动合同及鑫星公司出具的情况说明，在民事诉讼证据形式及证明内容方面，可以认定鑫星公司持有天实公司的100%股权，原系新蓝公司持有，新蓝公司于2012年4月26日将天实公司100%的股权转让给鑫星公司，鑫星公司并未支付该股权转让的对价，法律并不禁止新蓝置业、鑫星公司代实德集团持有天实公司股权，该股权是实德集团的财产，归其所有。万泽集团、万泽地产、常某、天实公司关于鑫星公司持有天实公司股权并非实德集团财产的主张，证据不足，二审法院不予支持。

（3）关于万泽集团是否明知受让案涉股权时损害实德集团债权人利益的问题。《合同法》第74条[①]规定，债务人以明显不合理的超低价格转让财产，对债权人造成损害，并且受让人知道该情形的，债权人可以请求人民法院撤销债务人的行为；撤销权的行使范围以债权人的债权为限。最高人民法院《关于适用〈中华人民共和国合同法〉若干问题的解释（二）》（已失效）第19条规定，对于《合同法》（已失效）第74条规定的"明显不合理的低价"，人民法院应当以交易地一般经营者的判断，并参考交易当时交易地的物价部门指导价或者市场交易价，结合其他相关因素综合考虑予以确认；转让价格达不到交易时交易地的指导价或者市场交易价70%的，一般可以视为明显不合理的低价。根据本案查明的事实，2012年7月2日万泽

① 现为《民法典》第539条。

集团与鑫星公司签订《债权转让协议书》约定，万泽集团对实德集团的8亿元债权转让予鑫星公司，鑫星公司将其持有天实公司股权转让给万泽集团作为8亿元债权的转让对价。但同日双方签订的《股权转让协议》约定，鑫星公司同意向万泽集团转让其合法持有的天实公司99%的股权，鑫星公司所持天实公司股权的转让价值为4亿元，鑫星公司与万泽集团同意以鑫星公司、万泽集团、天实公司三方于2012年7月2日签订的《债权转让协议书》(合同编号:2012063001)项下的债权予以支付。这足以说明万泽集团受让鑫星公司所持天实公司99%的股权的价值为4亿元，万泽集团用8亿元债权抵偿价值为4亿元的股权。因股权受让价格8亿元债权不同于8亿元人民币，故原审认定股权受让价格为8亿元人民币不妥，二审法院予以纠正。

二审法院认为，万泽集团受让天实公司股权，其用8亿元债权抵偿价值为4亿元的股权，是否以明显不合理的低价转让，应以交易当时、当地情况进行判断，结合其他因素进行考虑。股权是一种无形的、抽象的、综合性的权利，股权价值的判断，按照一般的经济生活习惯，以公司净资产价值为公司股权价格的最直接参考标准。该案中，第一，根据人和公司提交的证据北京鼎春德房地产土地评估有限公司作出的土地评估报告可知，天实公司名下的三块待开发土地评估价为140 857.36万元，本案当事人均未提供案涉股权转让时，天实公司有对外负债的证据。虽然万泽集团对此不予认可，但万泽集团一审提供的证据银信评估报告载明，2012年10月31日天实公司的净资产评估值为8.25亿元。因此，天实公司的净资产评估值为8.25亿元可以作为案涉股权价值的参考标准，股权转让价格4亿元，没有达到交易时交易地的指导价8.25亿元的70%即5.775亿元。可以视为案涉天实公司99%的股权系以是明显不合理的低价转让。因此，该案股权价值无论是以公司净资产价值为参考标准，还是以案涉股权质押时的作价为参考标准，该股权转让价格均不足其实际价格的70%，系明显不合理的低价。第二，通过低价转让股权行为，万泽集团、万泽地产、常某获得了巨大利益。2012年7月3日案涉股权变更登记于万泽集团名下后，2012年8月20日万泽集团作为出质人将天实公司99%的股权作价11.6亿元质押给华润银行，同年11月16日，万泽集团将天实公司59%的股权作价16.992亿元再次质押给华润银行。万泽集团将案涉股权转让给万泽地产、常某后，2015年7月27日，常某以其持有天实公司19.65%的股份，暂作价3144万元，万泽地产以其持有的天实公司59%的股份，暂作价9400万元分别质押给华润银行东莞分行。综上，通过股权低价转让行为，万泽集团、万泽地产、常某将案涉股权分别质押给银行，进行了金融借款，获得了巨大利益，有悖公平原则。第三，从实德集团转让案涉股权时的状况看，有损债权人的利益。2012年实德集团发生突发事件，金融债权人宣布借款提前到期，发生了大量金融债权诉讼案件，实德集团及关联公司名下的财产被查封，在此情况下，案涉股权未经评估，即约定以4亿元的价格转让给万泽集团，并用8亿元债权抵顶股权转让价款。实德集团以明显不合理的低价转让财产，对其债权人人和公司造成了损害。第四，实德集团低价处分财产，且万泽集团知道该情形。2012年7月2日万泽集团与鑫星公司签订的《债权转让协议书》约定，万泽集团已受让的为奥地利银行对实德集团、北京实德商务物流有限公司等享有的部分债权，合计为1.9亿元，说明万泽集团明知实德集团尚有其他债权人。实德集团以明显不合理的低价处分其财产，致使其本可用于偿还债权人的财产缩水、灭失，当然损害债权人的求偿权，故实德集团低价处分财产侵害到其债权人的权益，且万泽集团知道该情形。综上，实德集团以明显不合理的超低价格转让案涉股权，对其债权人人和公司造成损害，并且受让人万泽集团知道该情形，人和公司请求人民法院撤销鑫星公司转让案涉股权的行为，应予以支持。万泽集团、万泽地产、常某、天实公司关于万泽集团受让天实公司股权时，既不存在明显不合理低价，也无主观恶意的上诉主张，二审法院不予支持。

（4）关于人和公司主张撤销权是否超过合同法规定的期限的问题。《合同法》第75条①规定，撤销权自债权人知道或者应当知道撤销事由之日起1年内行使，自债务人的行为发生之日起5年内没有行使撤销权的，该撤销权消灭。该案中2012年7月2日实德集团与万泽集团签订《债权转让协议书》即开始计算撤销权的行使期限。实德集团于2016年7月22日出具的情况说明载明，自2012年3月以来，实德集团及其相关企业陷入重大债务危机，经省市政府同意，人和公司与实德集团于2013年4月签订《合作协议》，约定人和公司作为实德集团战略合作伙伴于2013年5月6日开始介入实德集团的债务重组。但因实德集团存在众多债务，重组复杂，直至2013年10月8日人和公司才正式介入实德集团重组工作。因此，人和公司知

① 现为《民法典》第541条。

道或者应当知道撤销事由之日应为2013年10月8日正式介入实德集团重组工作之日,至人和公司于2014年5月8日提起本案诉讼之日,并未超过1年除斥期限,亦未超过最长5年期间。万泽集团、万泽地产、常某、天实公司关于网站报道、万泽集团的网上公告之日,以及2012年7月3日股权转让办理工商变更登记之日为人和公司知道或者应当知道撤销事由之日的主张,于法无据,二审法院实难予以支持。

(5)关于万泽集团与万泽地产、常某分别签订的《出资转让协议书》应否无效的问题。第一,关于人和公司是否具备提起出资转让协议无效的主体资格问题。二审法院认为,人和公司和万泽集团均是实德集团的债权人,实德集团将鑫星公司代其持有天实公司99%的股权转让给万泽集团,万泽集团又将该股权分别转让给万泽地产和常某,人和公司既不是该出资转让协议的一方当事人,也与该出资转让协议的签订和履行没有关系,根据合同关系的相对性,人和公司对万泽集团与万泽地产、常某签订的出资转让协议的效力认定本来没有独立的请求权,但是对于本案诉争股权而言,人和公司是实德集团的债权人,实德集团将案涉股权以明显不合理的超低价格转让给万泽集团,因万泽集团又将案涉股权转让给万泽地产和常某,万泽集团、万泽地产、常某存在投资方面的关联关系,且转让诉争股权未约定转让对价,未支付转让价款或所支付的转让价款明显低于股权价值,已构成恶意串通,导致实德集团偿债资产缩水、灭失,损害了实德集团的其他债权人利益,进而亦损害人和公司合法利益。据此,可以认定人和公司与万泽集团分别和万泽地产、常某签订的《出资转让协议书》的处理结果有法律上的利害关系。根据《合同法》第52条第2项,恶意串通,损害国家、集体或者第三人利益,合同无效及《民事诉讼法》第119条①起诉必须符合"原告是与本案有直接利害关系的公民、法人和其他组织"之规定,人和公司有权提起确认出资转让协议无效之诉,其是本案的适格原告。

第二,关于万泽集团向万泽地产、常某转让天实公司股权行为的效力问题。最高人民法院《关于适用〈中华人民共和国合同法〉若干问题的解释(一)》(已失效)第25条第1款规定,"债权人依照合同法第七十四条的规定提起撤销权诉讼,请求人民法院撤销债务人放弃债权或转让财产的行为,人民法院应当就债权人主张的

① 现为《民事诉讼法》第122条。

部分进行审理，依法撤销的，该行为自始无效”。本案中，鑫星公司与万泽地产于2012年7月2日签订的《债权转让协议书》被撤销，鑫星公司将持有天实公司99%的股权转让给万泽集团的行为自始无效。万泽集团将天实公司99%的股权分别转让给万泽地产、常某的行为没有合法依据。故万泽集团向万泽地产、常某转让天实公司股权的行为无效。

第三，关于万泽集团与万泽地产、常某分别签订的《出资转让协议书》是否属于“恶意串通，损害国家、集体或者第三人利益”的情形。《合同法》（已失效）第52条第2项规定，恶意串通，损害国家、集体或者第三人利益，合同无效。首先，从股权转让双方当事人的关系看，常某担任法定代表人的北京市宏润房地产开发有限公司工商登记的投资人为万泽集团、常某。万泽地产在2016年6月29日前工商登记的股东为万泽实业股份有限公司，而万泽实业股份有限公司在2016年10月25日前的法定代表人及股东之一均为林某光；万泽地产在2016年6月29日后的股东为深圳市万宏投资有限公司，而深圳市万宏投资有限公司的股东之一为被告万泽集团。万泽集团工商登记的股东为深圳市万泽实业有限公司及林某光，而深圳市万泽实业有限公司的法定代表人及股东之一均为林某光。同时，万泽集团、万泽地产的法定代表人均为林某光。据此，转让诉争天实公司股权的万泽集团、万泽地产、常某存在投资方面的关联关系。其次，从出资转让协议约定的内容看，万泽集团与万泽地产、常某分别签订的《出资转让协议书》只对出资额转让进行了约定，对股权转让的对价均未约定，明显不合常理。再次，从出资转让协议履行情况看，2012年11月16日，万泽集团将天实公司59%的股权作价16.992亿元质押给华润银行，2012年12月19日，万泽集团又将天实公司59%的股权作价4.92亿元转让给万泽地产，2012年11月1日，万泽集团将天实公司40%的股权作价3.28亿元转让给常某，这种高价作价质押，低价转让，并且常某亦未提供证据证明其已实际支付股权转让对价行为，显然有悖常理。另外，从股权转让和质押时间看，2012年7月2日万泽集团与鑫星公司签订《债权转让协议书》，受让天实公司99%的股权，2012年7月3日该股权变更登记于万泽集团名下，2012年8月20日万泽集团作为出质人将天实公司99%的股权作价11.6亿元质押给华润银行，2012年11月16日，万泽集团将天实公司59%的股权作价16.992亿元再次质押给华润银行，2012年12月19日，万泽集团又将天实公司30%的股权作价2.46亿元转让给万泽地产,2012 年 11 月 1 日,万泽集团将天实公司 40% 的股权作价 3.28 亿元转让给常某,2012 年 12 月 7 日、20 日常某、万泽地产分别将天实公司股权质押给华润银行。即相隔不到三个月,万泽集团两次质押给华润银行,万泽集团将天实公司股权转让给万泽地产、常某后,又在短时间内质押给华润银行,这种连续实施对天实公司股权低价转让,高价质押的一系列行为,表明万泽集团在明确知晓的情况下,存在损害他人利益的不良动机,以达到自己获得利益的目的,其交易的结果与诉争股权转让具有直接的因果关系,显然有恶意串通之嫌,损害了实德集团其他债权人利益。综上,结合股权转让双方当事人的关系,出资转让协议约定内容履行及股权转让质押情况,确认万泽集团与万泽地产、常某分别签订的《出资转让协议书》属于《合同法》(已失效)第 52 条第 2 项规定"恶意串通,损害国家、集体或者第三人利益"的情形,应认定为无效。

第四,关于《公司法》第 71 条规定是否属于效力性强制规定,能否作为《出资转让协议书》无效依据的问题。《公司法》第 71 条规定,有限责任公司的股东向股东以外的人转让股权,应当经其他股东过半数同意,股东应就其股权转让事项书面通知其他股东征求同意,其他股东自接到书面通知之日起满 30 日未答复的,视为同意转让;其他股东半数以上不同意转让的,不同意的股东应当购买该转让的股权,不购买的,视为同意转让;经股东同思转让的股权,在同等条件下,其他股东有优先购买权。最高人民法院《关于适用〈中华人民共和国合同法〉若干问题的解释(二)》(已失效)第 14 条规定,合同法第五十二条第(五)项规定的"强制性规定",是指效力性强制性规定。二审法院认为,公司法关于股东对外转让股权"书面通知其他股东征求同意"的规定,从法律性质上看并非效力性强制规范。本案中,虽然万泽集团在向万泽地产、常某转让天实公司股权时未通知鑫星公司,也未征求鑫星公司同意,但是鑫星公司在协助办理案涉股权工商变更登记时并未提出异议,说明其同意转让。因此,一审判决据此确认《出资转让协议书》无效,属于适用法律错误,二审法院予以纠正。

(6)关于撤销权之诉与确认合同无效之诉能否合并审理的问题。从人和公司起诉的诉讼请求看,其诉请撤销《债权转让协议书》并将天实公司 99% 的股权恢复至转让前的状态,而万泽地产、常某受让天实公司 99% 的股权,并系该部分股权的登记持有人,万泽地产、常某与该诉讼请求具有利害关系,故人和公司提出的确认

《出资转让协议书》无效的诉讼请求与撤销《债权转让协议书》的诉讼请求均针对天实公司99%的股权，其基础关系为同一诉讼标的。原审法院从查清事实和减少诉累的角度将上述诉讼合并审理并无不当。故对万泽集团、万泽地产、常某、天实公司关于本案中撤销权之诉与合同无效之诉不应合并审理的上诉主张，二审法院不予支持。

（7）关于天实公司是否是本案适格被告的问题。二审法院认为，该案是因实德集团转让鑫星公司代其持有天实公司99%的股权而引发的诉讼。天实公司虽然不是《债权转让协议书》《出资转让协议书》项下的当事人，但是人和公司关于撤销《债权转让协议书》与确认《出资转让协议书》无效的主张，均涉及鑫星公司持有天实公司99%的股权的转让，股权的变动亦涉及天实公司，天实公司与本案具有法律上的利害关系。原审判决将其列为本案被告并无不当。故对万泽集团、万泽地产、常某、天实公司关于天实公司并非本案适格被告的上诉主张，二审法院不予支持。

综上，一审判决撤销《债权转让协议书》，确认《出资转让协议书》无效，万泽集团、万泽地产、常某将天实公司股权返还至实德集团名下并无不当，二审法院予以维持。一审判决关于案涉股权受让价格为8亿元，万泽集团、万泽地产、常某在转让诉争天实公司股权时未通知鑫星公司，也未征求鑫星公司同意，损害了股东鑫星公司的优先购买权，违反法律的强制性规定，《出资转让协议书》无效的认定，属于认定事实和适用法律错误，二审法院予以纠正，但裁判结果正确，故对万泽集团、万泽地产、常某、天实公司的上诉请求不予支持。

笔者认为，该案中，关于诉争《债权转让协议书》应否撤销的问题。第一，关于人和公司是否为实德集团债权人的问题。该案中，哈尔滨盛和置业有限公司、哈尔滨和高置业有限公司向大连富德投资有限公司、大连韵锐装饰材料有限公司、大连高登投资有限公司、北京实德商务物流有限公司出借了人民币120 916万元，哈尔滨盛和置业有限公司、哈尔滨和高置业有限公司系该120 916万元借款的债权人。哈尔滨盛和置业有限公司、哈尔滨和高置业有限公司、大连富德投资有限公司、大连韵锐装饰材料有限公司、大连高登投资有限公司、北京实德商务物流有限公司出具的情况说明，证明哈尔滨盛和置业有限公司、哈尔滨和高置业有限公司已将该债权转让给人和公司，大连富德投资有限公司、大连韵锐装饰材料有限公司、大连高登投资有限公司、北京实德商务物流有限公司将该债务转让给实德集团。根据人和公司提供的转让凭证、情况说明及实德集团的自认，二审法院认定人和公司系实德集团的债权人并无不当。

第二，关于案涉股权是否属于实德集团财产的问题。在一审、二审过程中，人和公司提交了三组证据：一是天实公司工商档案，证明天实公司当初的设立人是实德集团。二是辽宁省高级人民法院（2014）辽民二终字第254号民事判决书、新蓝置业持股占83%的最大股东大连汉森出具的情况说明、大连汉森股东出具的情况说明以及新蓝置业、大连汉森股东的多份劳动合同，以此证明新蓝置业及新蓝置业的最大股东大连汉森均受实德集团控制，新蓝置业所持的天实公司股权的实际控制人为实德集团，新蓝置业是代实德集团持有天实公司股权。三是鑫星公司出具的情况说明，证明其与实德集团间的股权代持关系，其从新蓝置业处受让股权以及转让天实公司股权，均系受实德集团指派，实德集团及鑫星公司当庭对此予以认可。根据以上事实，二审法院认定鑫星公司持有天实公司100%的股权，原系新蓝置业持有，新蓝置业于2012年4月26日将天实公司100%的股权转让给鑫星公司，鑫星公司并未支付该股权转让的对价，新蓝置业、鑫星公司代实德集团持有天实公司股权，该股权是实德集团的财产，该认定并无不当，应予维持。

第三，关于万泽集团是否明知受让案涉股权时损害实德集团债权人利益的问题。《合同法》第74条①规定："因债务人放弃其到期债权或者无偿转让财产，对债权人造成损害的，债权人可以请求人民法院撤销债务人的行为。债务人以明显不合理的低价转让财产，对债权人造成损害，并且受让人知道该情形的，债权人也可以请求人民法院撤销债务人的行为。撤销权的行使范围以债权人的债权为限。债权人行使撤销权的必要费用，由债务人负担。"最高人民法院《关于适用〈中华人民共和国合同法〉若干问题的解释（二）》（已失效）第19条规定："对于合同法第七十四条规定的'明显不合理的低价'，人民法院应当以交易当地一般经营者的判断，并参考交易当时交易地的物价部门指导价或者市场交易价，结合其他相关因素综合考虑予以确认。转让价格达不到交易时交易地的指导价或者市场交易价百分之七十的，一般可以视为明显不合理的低价；对转让价格高于当地指导价或者市场交易价百分之三十的，一般可以视为明显不合理的高价。债务人以明显不合理的高

① 现为《民法典》第539条。

价收购他人财产，人民法院可以根据债权人的申请，参照合同法第七十四条的规定予以撤销。”该案中，2012 年 7 月 2 日万泽集团与鑫星公司签订的《债权转让协议书》约定，万泽集团对实德集团的 8 亿元债权转让给鑫星公司，鑫星公司将其持有天实公司股权转让给万泽集团作为 8 亿元债权的转让对价。但同日，双方签订的《股权转让协议》约定，鑫星公司同意向万泽集团转让其合法持有的天实公司 99%的股权，鑫星公司所持天实公司股权的转让价值为 4 亿元，鑫星公司与万泽集团同意，以鑫星公司、万泽集团、天实公司三方于 2012 年 7 月 2 日签订的《债权转让协议书》（合同编号：2012063001）项下的债权予以支付。双方约定万泽集团受让鑫星公司所持天实公司 99% 的股权的价值为 4 亿元，万泽集团用 8 亿元债权抵偿价值为 4 亿元的股权。关于万泽集团是否以明显不合理的低价受让天实公司股权的问题。笔者认为，判断是否以明显不合理的低价转让，应以交易当时、当地情况进行判断，结合其他因素进行考虑。股权是一种无形的、抽象的、综合性的权利，股权价值的判断，按照一般的经济生活习惯，以公司净资产价值为公司股权价格的最直接参考标准。该案中，首先，根据人和公司提交的证据北京鼎春德房地产土地评估有限公司作出的土地评估报告可知，天实公司名下的三块待开发土地评估价为 140 857. 36 万元，本案当事人均未提供案涉股权转让时，天实公司有对外负债的证据。万泽集团一审提供的证据银信评估报告载明，2012 年 10 月 31 日天实公司的净资产评估值为 8. 25 亿元。因此，天实公司的净资产评估值为 8. 25 亿元可以作为案涉股权价值的参考标准，股权转让价格为 4 亿元，没有达到交易时交易地的指导价 8. 25 亿元的 70% 即 5. 775 亿元。根据以上事实，二审法院认为本案股权价值无论是以公司净资产价值为参考标准，还是以案涉股权质押时的作价为参考标准，该股权转让价格均不足其实际价格的 70%，系明显不合理的低价，该认定并无不当，应予维持。其次，2012 年实德集团发生突发事件，金融债权人宣布借款提前到期，发生了大量金融债权诉讼案件，实德集团及关联公司名下的财产被查封。在此情况下，案涉股权未经评估，即约定以 4 亿元的价格转让给万泽集团，并用 8 亿元债权抵顶股权转让价款。据此，二审法院认定实德集团以明显不合理的低价转让财产，对其债权人人和公司造成了损害，该认定并无不当，应予维持。最后，2012 年 7 月 2 日万泽集团与鑫星公司签订的《债权转让协议书》约定，万泽集团已受让的奥地利银行对实德集团、北京实德商务物流有限公司等享有的部分债权，合计为

1.9 亿元,说明万泽集团明知实德集团尚有其他债权人。实德集团以明显不合理的低价处分其财产,致使其本可用于偿还债权人的财产缩水、灭失,当然损害债权人的求偿权,故实德集团低价处分财产侵害到其债权人的权益,且万泽集团知道该情形。综上,二审法院认定实德集团以明显不合理的超低价格转让案涉股权,对其债权人人和公司造成损害,并且受让人万泽集团知道该情形。人和公司请求撤销鑫星公司转让案涉股权的行为应予支持,该认定并无不当。

第四,关于人和公司主张撤销权是否超过合同法规定的期限的问题。《合同法》(已失效)第 75 条规定:"撤销权自债权人知道或者应当知道撤销事由之日起一年内行使,自债务人的行为发生之日起五年内没有行使撤销权的,该撤销权消灭。"该案中,2012 年 7 月 2 日实德集团与万泽集团签订《债权转让协议书》时即开始计算撤销权的行使期限。实德集团于 2016 年 7 月 22 日出具的情况说明载明,自 2012 年 3 月以来,实德集团及其相关企业陷入重大债务危机,经省市政府同意,人和公司与实德集团于 2013 年 4 月签订《合作协议》,约定人和公司作为实德集团战略合作伙伴于 2013 年 5 月 6 日开始介入实德集团的债务重组。但因实德集团存在众多债务,重组复杂,直至 2013 年 10 月 8 日人和公司才正式介入实德集团重组工作。因此,人和公司知道或者应当知道撤销事由之日应为 2013 年 10 月 8 日正式介入实德集团重组工作之日。根据以上事实和法律规定,二审法院认定人和公司于 2014 年 5 月 8 日提起本案诉讼之日,并未超过 1 年除斥期间,亦未超过最长 5 年期间,该认定并无不当。

关于万泽集团与万泽地产、常某分别签订的《出资转让协议书》应否无效的问题。第一,关于万泽集团向万泽地产、常某转让天实公司股权的行为效力问题。最高人民法院《关于适用〈中华人民共和国合同法〉若干问题的解释(一)》(已失效)第 25 条第 1 款规定:"债权人依照合同法第七十四条的规定提起撤销权诉讼,请求人民法院撤销债务人放弃债权或转让财产的行为,人民法院应当就债权人主张的部分进行审理,依法撤销的,该行为自始无效。"本案中,鑫星公司与万泽地产于 2012 年 7 月 2 日签订的《债权转让协议书》被撤销,鑫星公司将持有天实公司 99% 的股权转让给万泽集团的行为自始无效。万泽集团又将天实公司 99% 的股权分别转让给万泽地产、常某的行为,已没有合法依据。据此,二审法院认定万泽集团向万泽地产、常某转让天实公司股权的行为无效并无不当。

第二，关于万泽集团与万泽地产、常某分别签订的《出资转让协议书》是否属于“恶意串通，损害国家、集体或者第三人利益”的情形问题。《合同法》（已失效）第52条第2项规定，恶意串通，损害国家、集体或者第三人利益，合同无效。该案中，首先，从股权转让双方当事人的关系看，常某担任法定代表人的北京市宏润房地产开发有限公司工商登记的投资人为万泽集团、常某。万泽地产在2016年6月29日前工商登记的股东为万泽实业股份有限公司，而万泽实业股份有限公司在2016年10月25日前的法定代表人及股东之一均为林某光；万泽地产在2016年6月29日后的股东为深圳市万宏投资有限公司，而深圳市万宏投资有限公司的股东之一为万泽集团。万泽集团工商登记的股东为深圳市万泽实业有限公司及林某光，而深圳市万泽实业有限公司的法定代表人及股东之一均为林某光。同时，万泽集团、万泽地产的法定代表人均为林某光。据此，转让诉争天实公司股权的万泽集团、万泽地产、常某存在投资方面的关联关系。其次，从出资转让协议约定的内容看，万泽集团与万泽地产、常某分别签订的《出资转让协议书》只对出资额转让进行了约定，对股权转让的对价均未约定，明显不合常理。最后，从出资转让协议履行情况看，2012年11月16日，万泽集团将天实公司59%的股权作价16.992亿元质押给华润银行东莞分行，2012年12月19日，万泽集团又将天实公司59%的股权作价4.92亿元转让给万泽地产，2012年11月1日，万泽集团将天实公司40%的股权作价3.28亿元转让给常某，这种高价作价质押，低价转让，并且常某亦未提供证据证明其已实际支付股权转让对价行为，有悖常理。另外，从股权转让和质押时间看，2012年7月2日万泽集团与鑫星公司签订《债权转让协议书》受让天实公司99%的股权，2012年7月3日该股权变更登记于万泽集团名下，2012年8月20日万泽集团作为出质人将天实公司99%的股权作价11.6亿元质押给华润银行东莞分行，2012年11月16日，万泽集团将天实公司59%的股权作价16.992亿元再次质押给华润银行，2012年12月19日，万泽集团又将天实公司30%的股权作价2.46亿元转让给万泽地产，2012年11月1日，万泽集团将天实公司40%的股权作价3.28亿元转让给常某，2012年12月7日、20日常某、万泽地产分别将天实公司股权质押给华润银行东莞分行。即相隔不到三个月，万泽集团两次质押给华润银行，万泽集团将天实公司股权转让给万泽地产、常某后，又在短时间内质押给华润银行，这种连续实施对天实公司股权低价转让，高价质押的一系列行为，表明万泽集团在明确知晓的情况下，存在损害他人利益的不良动机，以达到自己获得利益的目的，其交易的结果与诉争股权转让具有直接的因果关系，显然有恶意串通之嫌，损害了实德集团其他债权人利益。综上，结合股权转让双方当事人的关系，出资转让协议约定内容履行及股权转让质押情况，二审法院确认万泽集团与万泽地产、常某分别签订的《出资转让协议书》属于《合同法》（已失效）第52条第2项规定"恶意串通，损害国家、集体或者第三人利益"的情形，该认定并无不当。

第三，关于人和公司是否具备提起出资转让协议无效的主体资格的问题。根据《民事诉讼法》第119条规定："起诉必须符合下列条件：（一）原告是与本案有直接利害关系的公民、法人和其他组织；（二）有明确的被告；（三）有具体的诉讼请求和事实、理由；（四）属于人民法院受理民事诉讼的范围和受诉人民法院管辖。"该案中，对于该案诉争股权，人和公司是实德集团的债权人，实德集团将案涉股权以明显不合理的超低价格转让给万泽集团，因万泽集团将案涉股权转让给万泽地产和常某的过程中，万泽集团、万泽地产、常某存在投资方面的关联关系，且转让诉争股权未约定转让对价，未支付转让价款或所支付的转让价款明显低于股权价值，已构成恶意串通，导致实德集团偿债资产缩水、灭失，损害了实德集团的其他债权人利益，进而亦损害人和公司合法利益。根据以上事实和法律规定，二审法院认定人和公司与万泽集团分别和万泽地产、常某签订的《出资转让协议书》的处理结果有法律上的利害关系，人和公司有权提起确认出资转让协议无效之诉，是本案的适格原告，该认定并无不当。

第四，关于撤销权之诉与确认合同无效之诉能否合并审理的问题。从人和公司起诉的诉讼请求看，其诉请撤销《债权转让协议书》并将天实公司99%的股权恢复至转让前的状态，而万泽地产、常某受让天实公司99%的股权，并系该部分股权的登记持有人，万泽地产、常某与该诉讼请求具有利害关系，故人和公司提出的确认《出资转让协议书》无效的诉讼请求与撤销《债权转让协议书》的诉讼请求均针对天实公司99%的股权，其基础关系为同一诉讼标的。二审法院从查清事实和减少诉累的角度将上述法律关系合并审理并无不当。

（五）合同的变更和转让

在合同类纠纷案件中，经常会涉及合同变更和转让的情形。因为合同签订后，当事人为了更好地实现合同目的，适应外部变化，在协商一致的情况下，可以变更或转让合同权利义务，这是意思自治的具体体现。债的加入是较为常见的合同变更的形式之一。

案例 52

再审申请人梁某、韩某英与被申请人王某权，一审被告张某鹏、赵某森借款合同纠纷案

案号：(2020)最高法民申3519号

主要争议焦点

梁某、韩某英是否应承担案涉贷款的共同还款责任。

简要案情

李某海（通知人）向张某鹏、赵某森、梁某、韩某英发出《债权转让通知书》。李某海（债权出让人）与王某权（债权受让人）签订《债权转让协议书》，将100万元债权及利息等从权利一并转让给王某权。后各方当事人发生纠纷。

案情详解

王某权起诉请求：(1)依法判令张某鹏、赵某森、梁某、韩某英偿还借款本金460万元；(2)依法判令张某鹏、赵某森、梁某、韩某英支付利息44万元（计息本金为100万元、计息时间为2016年8月4日至2018年6月3日、计息利率为2%月利率），并承担2018年6月4日至实际履行完毕期间的利息（计息本金为100万元、计息利率为2%月利率）；(3)依法判令张某鹏、赵某森、梁某、韩某英承担逾期付款违约金64.8万元（计算违约金本金为360万元、承担违约金时间为2017年8月16日至2018年5月15日、违约金计算标准为2%月利率），并承担2018年5月16日至实际履行完毕期间的违约金（计算违约金本金为360万元、按2%月利率计算）；(4)依法判令张某鹏、赵某森、梁某和韩某英对上述债务承担连带偿还责任；(5)诉讼费、保全费等全部诉讼费用由张某鹏、赵某森、梁某、韩某英承担。

赵某森辩称,希望与王某权核对账目。

韩某英辩称,王某权无权向张某鹏、赵某森主张甘肃华能物资有限责任公司(以下简称华能公司)的债权;张某鹏、赵某森两人所借债务与答辩人韩某英无关,韩某英不承担连带清偿责任;韩某英并未对张某鹏和赵某森的债务提供担保,不应当承担还款责任。

张某鹏、梁某缺席未答辩。

一审法院查明:2015 年 5 月,王某权向张某鹏三次分别转账 100 万元,共计转账 300 万元。2015 年 11 月,王某权向张某鹏、赵某森分别三次转账共计 177.3 万元。2016 年 8 月,张某鹏、赵某森、韩某英、梁某(甲方)与王某权(乙方)签订《房屋抵押贷款说明》,其中主要载明:甲方用本人名下兰房权证(安宁区)第 417732 号和兰房权证(安宁区)第 417735 号与乙方于兰州银行进行抵押贷款,贷款金额 406 万元。具体贷款分配金额:甲方用款 240 万元,乙方用款 166 万元。贷款完成后,华能公司(甲方)与张某鹏、赵某森(乙方)签订《财务对账及说明》。2018 年 12 月,兰州银行恒通支行出具结清证明:营业用房抵押贷款(406 万元),华能公司(王某权)已全额偿还。2017 年 2 月,华能公司(甲方)与梁某、韩某英(乙方、房产登记所有人)及张某鹏、赵某森(乙方、实际共有控制人)签订《协议书》,协议书主要约定:上述各自占有的贷款本息各自偿还,由乙方在借款期限届满前 3 日(2017 年 8 月 12 日)将还款转入甲方账户,由甲方以借款人身份向银行偿还。2017 年 8 月,王某权(甲方)与张某鹏、赵某森(乙方)签订对账明细及说明,该明细主要载明:上述借款到期后,乙方未能及时偿还,由甲方垫资 8.1 万元(详见清单)过桥,银行续贷,金额为 406 万元;乙方分得占有其中的 360 万元,甲方分得占有 46 万元;另李某海本金 100 万元,利息 42 万元,计算至 2017 年 8 月 3 日。2018 年 6 月,李某海(通知人)向张某鹏、赵某森、梁某、韩某英发出债权转让通知书,李某海(债权出让人)与王某权(债权受让人)签订《债权转让协议书》,将 100 万元债权及利息等从权利一并转让给王某权。赵某森对张某鹏与其共同向王某权借款共计 573.8 万元,偿还其中部分借款,对王某权尚欠借款本金 460 万元,其中 100 万元属于债权转让。一审诉讼中,华能公司退出该案诉讼。

裁判结果

一审法院判决：(1)张某鹏、赵某森于判决生效后10日内偿还王某权借款本金460万元及借款利息1 193 370元（计算至2018年6月15日止），2018年6月16日之后的借款利息按年利率24%计算至借款本金实际清偿之日止；(2)驳回王某权其他诉讼请求。王某权不服一审判决，向二审法院提起上诉，二审法院判决：(1)维持甘肃省兰州市中级人民法院(2018)甘01民初606号民事判决第一项；(2)撤销甘肃省兰州市中级人民法院(2018)甘01民初606号民事判决第二项；(3)梁某、韩某英就甘肃省兰州市中级人民法院(2018)甘01民初606号民事判决第一项中所确认的借款本金及利息承担共同还款责任；(4)驳回王某权的其他诉讼请求。梁某、韩某英不服二审判决，向最高人民法院申请再审，最高人民法院裁定，驳回梁某、韩某英的再审申请。

案例53

再审申请人张某良与被申请人张某双及一审被告陕西午时阳光房地产开发有限公司（以下简称午时阳光公司）、陕西天一置业集团有限公司（以下简称天一公司）、朱某一、鱼某军、冯某玲借款合同纠纷案

案号：(2019)最高法民再316号

主要争议焦点

张某双是否应承担共同还款责任，如承担还款责任，还款金额应如何确定。该焦点涉及案涉债权债务关系的真实性以及借款本金数额确定、案涉《还款计划保证协议书》的效力以及法律性质、案涉债权债务对账确认书的效力以及是否损害张某双利益、如张某双应承担还款责任，还款金额的确定等问题。

简要案情

张某良、李某良、梁某(出借人)与午时阳光公司(借款人)及天一公司(担保人)、鱼某军(担保人)签订《借款协议》。张某良(出借人)、梁某(出借人)与朱某一(借款人)、冯某玲(担保人)、鱼某军(担保人)签订《借款担保协议》。张某良、梁某、赵某甜(甲方)与张某双(乙方)签订《还款计划保证协议书》。张某良、姜某珍与午时阳光公司、天一公司、朱某一签订债权债务对账确认书。天一公司和午时阳光公司共同出具收款收据。履行协议过程中,各方当事人发生纠纷。

案情详解

张某良诉讼请求:(1)午时阳光公司立即偿还借款本金2200万元及相应利息(以2200万元为基数,从2015年1月18日起按每月2%标准计算至实际给付之日);(2)天一公司、朱某一、冯某玲、鱼某军对上述债务承担连带清偿责任;(3)张某双在2300万元(后变更为2299万元)范围内向其承担连带担保责任;(4)诉讼费用由各被告承担。

午时阳光公司答辩称,张某良诉请的本息无事实依据,应驳回张某良对其的诉讼请求。

天一公司答辩称,张某良诉请的本息无事实依据,张某良要求天一公司承担连带担保责任没有事实依据,应予驳回。

张某双答辩称,借款关系并不存在,张某双不应承担担保责任。

朱某一、鱼某军、冯某玲未到庭参加诉讼,亦未提交书面答辩意见。

一审法院查明:2015年1月,张某良、李某良、梁某(出借人)与午时阳光公司(借款人)及天一公司(担保人)、鱼某军(担保人)签订《借款协议》,约定午时阳光公司因公司周转,借出借人2200万元,担保人自愿负完全连带担保责任;张某良、李某良、梁某在合同出借人处签字并捺指印,午时阳光公司在借款人处盖章并由冯某玲签字确认,天一公司在担保人处盖章并由朱某一签字确认,鱼某军亦在担保人处签字并捺指印。2015年1月,天一公司出具三张收款收据,对应分别载明今收到张某良借款900万元、800万元、500万元,借据左下角均注明"此前开具收据作废",收据加盖天一公司财务专用章及会计王某私章。2015年7月,张某良(出借人）、梁某（出借人）与朱某一（借款人）、冯某玲（担保人）、鱼某军（担保人）签订《借款担保协议》，载明借出借人3800万元，出借人也可以直接向担保人冯某玲、鱼某军要求归还全部借款总额、利息及违约金，担保人自愿以夫妻共同财产、其他资产负完全连带担保责任；2016年5月朱某二在该协议上签字并注明本公司知晓此笔借款。2015年7月陕西省工商行政管理局向张某良出具股权出质设立登记通知书，载明出质股权所在公司为在天一公司，出质股权数额9820（万元/万股），出质人朱某一，质权人张某良。2016年6月，张某良、梁某、赵某甜（甲方）与张某双（乙方）签订《还款计划保证协议书》，约定，乙方原借甲方4300万元，因考虑乙方目前困难，双方同意乙方借甲方3300万元，具体计算方式为，乙方将丹凤朝阳一期5号楼附属钢结构共5层，单层面积890平方米（现状空地）冲抵1000万元，作为乙方支付甲方的借款；剩余2300万元，乙方确保在18个月内支付甲方，必须以现金方式支付。2017年9月，张某良、姜某珍与午时阳光公司、天一公司、朱某一签订债权债务对账确认书，载明甲乙双方于2017年9月28日在西安市莲湖区对乙方拖欠甲方的借款数额进行核对，现经双方对账乙方共拖欠甲方借款本金2200万元，乙方未按原约定支付甲方本金及利息；现重新约定利息按月息2%计算，从借款之日起计算并确认无异议；张某双在2016年6月22日的还款计划保证协议书，其中保证还款（甲方）2300万元在以上借款总额内代本公司还多少减多少；在此之前出现的借据以本次对账为准（在此之前出现所有借据，只作为本次对账依据）；张某良作为甲方签字捺指印，朱某一作为乙方签字捺指印，冯某玲、鱼某军在确认书上注明本次对账无误，分别签字捺指印。2015年7月，天一公司和午时阳光公司共同出具收款收据，载明今收到张某良合计借款（包含原2200万元）3800万元，并注明原已开2200万元借据作废，天一公司和午时阳光公司分别在收款收据上加盖公司公章，会计王某和出纳李某雯分别加盖个人私章确认。张某良提交其中国银行无折现金取款和无折转款客户回单、建设银行取款凭条、工商银行转款凭条等42张，所涉款项支取期间为2015年1月4日至2015年4月30日，合计金额1774.5万元，上述各张银行凭条上均有冯某玲或鱼某军签字确认对应收到的现金或转款金额。张某良提交午时阳光公司和天一公司在工商部门的公司登记基本情况，证明午时阳光公司和天一公司之间存在关联关系，朱某一是两个公司的实际控制人，冯某玲和鱼某军是丹凤朝阳房产项目部负责人，张某双与午时阳光合作开发丹凤朝阳项目。午时阳光公司公司登记基本情况载明，公司成立于2011年12月2日，2012年9月登记股东为于某洋（占7.5%）、朱某一（占92.5%），后变更为时某、陕西中乾实业有限公司、马某山、天一公司等，2016年1月该公司登记股东由张某双（占19.6%）、中乾实业有限公司（占20.4%）、天一公司（占60%），变更为张某双（占19.6%）、朱某二（占79.4%）；公司的法定代表人朱某一于2014年1月变更为梁某平，后变更为马某山，2015年1月变更为朱某一，于2016年1月又由朱某一变更为张某峰；2016年1月财务负责人为张某双。天一公司工商部门公司登记基本情况载明，公司成立于2008年1月29日，股东为朱某一（占98.2%）、胡某峰（占1.8%），公司法定代表人2011年11月由黄某平变更为于某洋，2013年10月变更为朱某一。张某良认可2015年1月4日借款协议载明的2200万元和2015年7月17日借款担保协议载明的3800万元，以及2016年6月22日还款计划保证协议书载明的4300万元，2017年9月28日债权债务对账确认书载明的款项均是同一笔款项，3800万元是在2200万元基础上加回报金额构成，4300万元是在3800万元基础上再加回报构成。庭后，张某良提交书面意见，主张其实际交付借款本金金额为2200万元，其中经冯某玲或鱼某军签字确认的取款或转款凭条涉及37笔金额为1744.5万元；200余万元系现金交付，在午时阳光出具收款收据时收走了相应凭证；260万元是屈某军在西安晶海酒店用其银行在午时阳光POS机刷卡代为支付，因为屈某军系金某红向张某良、李某良和梁某三人借款的保证人，该260万元系屈某军代偿金某红的借款；张某双已向其付款1万元，履行了部分担保义务。午时阳光和天一公司认可上述1744.5万元系其实际收到的借款本金，除此之外对张某良诉请的借款本金不予认可，称其系先出具2200万元收条后陆续收取款项，2200万元包含借款本金1744.5万元和相应利息，至于此后凭证显示的3800万元和4300万元认为系新的借款关系并未实际发生，但其未能就该1744.5万元如何演变为2200万元作出合理的解释。张某双提交借款单1份，证明所涉1万元系张某良所借款项而非其履行担保责任的还款；张某良对该借款单真实性和收取1万元不持异议，但认为该借款单是固定格式，不符合民间借贷形式，对张某双的证明目的不予认可。债权债务对账确认书载明双方对账后借款本金为2220万元，现姜某珍和赵某甜均表示其中所涉其20万元与本案无关，且张某良诉请金额亦未涉及。

最高人民法院再审查明，2015年8月，张某双登记成为午时阳光公司的股东，持股比例19.6%。

裁判结果

一审法院判决：(1)被告午时阳光公司于本判决生效后10日内向原告张某良还借款本金2200万元；(2)被告午时阳光公司于本判决生效后10日内向原告张某良还上述借款利息(以2200万元为基数，按照月息2%的标准自2015年1月19日起计算至判决确定给付之日止，张某双已付1万元相应扣除)；(3)被告天一公司、朱某一、鱼某军、冯某玲对上述还款义务承担连带清偿责任；(4)被告张某双在2299万元范围内向原告张某良承担上述款项共同付款责任；(5)驳回原告张某良的其余诉讼请求。午时阳光公司、天一公司、张某双不服一审判决，向二审法院提起上诉，二审法院判决：(1)维持西安市中级人民法院(2018)陕01民初417号民事判决书第一项、第二项之被告午时阳光公司于本判决生效后10日内向原告张某良还上述借款利息(按照月息2%的标准自2015年1月19日起计算至判决确定给付之日止)、第三项、第五项。(2)撤销西安市中级人民法院(2018)陕01民初417号民事判决书第四项、第二项中张某双已付1万元相应扣除之内容。(3)驳回一审原告张某良对原审被告张某双承担连带担保责任的诉讼请求。张某良不服二审判决，向最高人民法院申请再审，最高人民法院再审判决：(1)撤销陕西省高级人民法院(2018)陕民终786号民事判决；(2)维持陕西省西安市中级人民法院(2018)陕01民初417号民事判决。

思考与衡量

合同的变更和转让问题是合同法律适用最基本的问题之一，主要涉及债权的转让和债务的转移。一般情形下，债权人转让债权，通知债务人即可，债务人转移债权，应当经过债权人同意。债的加入，一般情况下，只要债权人不明确表示拒绝，即生效。案例52、案例53都涉及债的加入问题。

案例52中，一审法院认为，王某权与张某鹏、赵某森之间形成借条、《协议书》、对账明细及说明、财务对账及说明、债权转让通知书、《债权转让协议书》均是当事人真实意思表示，且不违反法律及行政法规的相关规定。经庭审核对证据，王某权与张某鹏、赵某森之间发生借款金额共计573.8万元。赵某森对尚欠借款460万元(其中含债权转让的100万元)的事实予以认可。对双方当事人认可的事实，一审法院予以确认。张某鹏、赵某森对尚欠借款本金460万元及利息理应承担偿还责任。关于利息计算的问题，对债权转让的100万元的利息计算，依据《债权转让协议书》内容自2016年8月4日开始按月利率2%暂计算至2018年6月15日止，共计借款利息473 370元；对借款本金360万元的利息计算，依据对账明细及说明第4条的约定自2017年8月6日开始按月利率2%暂计算至2018年6月15日止，共计借款利息72万元；两项合计截至2018年6月15日，张某鹏、赵某森尚欠王某权借款利息1 193 370元。依据最高人民法院《关于审理民间借贷案件适用法律若干问题的规定》（已失效）第30条规定：出借人与借款人既约定了逾期利率，又约定了违约金或其他费用，出借人可以选择主张逾期利息、违约金或其他费用，也可一并主张，但总计超过年利率24%的部分，人民法院不予支持。据此，王某权主张支付违约金的诉请于法无据，一审法院不予支持。关于连带责任承担的问题。经审查，韩某英庭审中对《协议书》中签字真实性不予认可；对对账明细及说明中落款处签名的真实性予以认可。但上述两份证据中，对梁某、韩某英是否对借款承担连带清偿责任未作明确表述。另外，在王某权举证中虽显示梁、韩二人将名下两处共有房产提供抵押，并办理他项权利登记，但该登记房屋他项权利人为兰州银行恒通支行，与案涉借款并无关联关系，故王某权主张梁某、韩某英对案涉借款承担连带清偿责任，缺少证据佐证，一审不予支持。

二审法院认为，二审争议焦点为：梁某、韩某英应否就案涉借款本息承担共同还款责任。该院认为，该案系借款合同纠纷，王某权上诉主张的实质是认为梁某、韩某英在《协议书》、对账明细及说明中的签字，是对王某权与张某鹏、赵某森之间债权债务关系的认可和债务加入的行为，应当共同承担还款责任，故该案的关键是梁某、韩某英是否符合债务加入行为的特征，应当结合证据从最为接近行为人真实意思表示进行判断，并从诚实信用与公平的角度加以界定。二审法院认为，债务加入是指第三人与债权人、债务人达成三方协议或第三人与债权人达成双方协议或第三人向债权人单方承诺由第三人履行债务人的债务，但同时不免除债务人履行义务的债务承担方式。该案中，案涉借款的金额是张某鹏、赵某森向王某权及第三人借款后，无力偿还，数次与王某权合作向银行贷款，以银行贷款偿还上一借款后形成的。在合作贷款时，双方于2017年2月3日签订了《协议书》，该协议的“乙方”一栏列明：“梁某、韩某英（房产登记所有人）、张某鹏、赵某森（实际共有控制人）”，并就抵押物情况、如何分配贷款、使用贷款、逾期还款责任进行了约定，四人在落款处签字。该《协议书》表明，此时梁某、韩某英同意以“乙方”的身份与张某鹏、赵某森和王某权合作共同向银行贷款，并按照协议约定分配、使用、偿还贷款，二人具有共同借款，还款的初步意思表示。虽然韩某英的签字系赵某森代签，但韩某英与赵某森系夫妻关系，王某权有理由相信韩某英授权赵某森签字。同时，各方约定以登记在梁某、韩某英名下的商铺向银行抵押贷款，银行抵押贷款已完成，韩某英以事实行为履行了上述《协议书》的约定，赵某森的代签行为不影响其真实意思表示。在2017年8月25日签订的对账明细及说明中，王某权与张某鹏等四人对往来账目情况进行了逐项列明，并在第五条中确认了乙方还款的金额、逾期还款的责任，梁某、韩某英再次在“乙方”一栏亲笔签名。梁某、韩某英辩称其签字仅是因为张某鹏、赵某森通知其签字，并不知道借款情况，也未使用借款。该院认为，二人作为完全行为能力人，且曾经从事房屋中介工作，应当知晓在具有借款、对账及还款约定的对账明细及说明中作为“乙方”签字，所应当承担的法律责任。结合二人在《协议书》中的签字行为，反映了其债务加入的明确意思表示，该意思表示不违反法律、行政法规的规定，合法有效，故对账明细及说明是梁某、韩某英与债权人达成的三方协议，梁某、韩某英的行为符合债务加入的条件。依据《民法总则》第176条①规定：“民事主体依照法律规定和当事人约定，履行民事义务，承担民事责任。”梁某、韩某英应当与张某鹏、赵某森向债权人王某权承担共同还款的责任。一审中，王某权第四项的诉讼请求为“依法判令张某鹏、赵某森、梁某、韩某英对上述债务承担连带偿还责任”。《民法总则》第178条第3款规定：“连带责任，由法律规定或者当事人约定。”现梁某、韩某英虽与其达成了债务加入的合意，但没有单独签订保证合同或明确表示承担连带责任，也没有法定的承担连带责任的事由，故一审法院未认定二人应该承担连带还款责任，二审法院予以确认。但王某权在一审起诉时，其诉讼请求的前三项中要求承担债务的主体均表述为“四被告”，该请求包含了要求四人共同承担债务的含义，上诉请求中也要求四人承担共同清偿责任，一审法院仅驳回了连带责任的诉讼请求，未就共同承担债务的请求予以支持，属于认定事实不清，二审法院予以纠正。

---

① 现为《民法典》第176条。

笔者认为，该案借款数额是张某鹏、赵某森向王某权及第三人借款后，无力偿还，数次与王某权合作向银行贷款，以银行贷款偿还上一借款后形成的。2017 年 2 月 3 日，双方合作贷款时签订的《协议书》中“乙方”一栏列明，“梁某、韩某英（房产登记所有人）、张某鹏、赵某森（实际共有控制人）”，并就抵押物情况、如何分配贷款、使用贷款、逾期还款责任进行了约定，四人在落款处签字。该《协议书》表明梁某、韩某英同意以“乙方”的身份与张某鹏、赵某森和王某权合作共同向银行贷款，并按照协议约定分配、使用、偿还贷款，二人具有共同借款、还款的初步意思表示。虽然韩某英的签字系赵某森代签，但韩某英与赵某森系夫妻关系，王某权有理由相信韩某英授权赵某森签字。况且，该协议约定以登记在梁某、韩某英名下的商铺向银行抵押贷款，银行抵押贷款已完成，韩某英以事实行为履行了《协议书》的约定，赵某森的代签行为不影响其真实意思表示。2017 年 8 月 25 日签订的对账明细及说明中，王某权与张某鹏等四人对往来账目情况进行了逐项列明，在第 5 条中确认了乙方还款的金额、逾期还款的责任，梁某、韩某英再次在“乙方”一栏亲笔签名。二审结合对账明细及说明以及《协议书》中的签字行为，认定对账明细及说明是梁某、韩某英与债权人达成的三方协议，梁某、韩某英的行为属于债务加入，该认定并无不当。

《民法总则》（已失效）第 178 条第 3 款规定：“连带责任，由法律规定或者当事人约定。”王某权第一项诉讼请求是“依法判令四被告偿还借款本金 460 万元”，第四项诉讼请求为“依法判令张某鹏、赵某森、梁某、韩某英对上述债务承担连带偿还责任”。梁某、韩某英虽然加入了债务，但没有明确表示承担连带责任，也没有法定的承担连带责任的事由，应当认定为共同责任而非连带责任。一审仅驳回了连带责任的诉讼请求，未支持王某权第一项关于共同承担债务的诉讼请求错误，二审改判梁某、韩某英与张某鹏、赵某森向债权人王某权承担共同还款的责任是正确的。关于是否剥夺梁某、韩某英辩论权的问题。梁某、韩某英申请再审称其仅从是否承担连带责任方面进行答辩，未能就款项的数额、利息计算方式进行答辩。笔者认为，一审中韩某英称案涉债务与其无关，不应当承担还款责任；梁某缺席未答辩。二审中，梁某与韩某英均参加诉讼并答辩，称其二人不应承担还款责任。二人已经就其是否承担责任进行了答辩，不存在剥夺二人辩论权的问题。

案例 53 中，一审法院认为，张某良、李某良、梁某与午时阳光公司、天一公司、鱼某军、朱某一、张某双签订的《借款协议》《借款担保协议》《还款计划保证协议书》和债权债务对账确认书，均系合同当事人真实意思表示，其内容不违反法律及行政法规的强制性规定，上述各协议均合法有效，对当事人各方均有法律拘束力。该案争议的焦点为：张某良作为本案原告的诉讼主体是否适格，涉案借款的本金如何认定，各担保人应否承担担保责任。张某良该案诉请返还出借款，有其与借款人和担保人签订的《借款协议》《借款担保协议》《还款计划保证协议书》和债权债务对账确认书证明，且上述协议相互印证，双方权利义务清楚明确，而协议所涉李某良、梁某等权利人明确表示由张某良作为原告一并主张出借人的相应权利，故张某良作为该案原告之诉讼主体并无不当。关于借款本金金额，张某良主张其实际交付本金为2200万元，提交2015年1月4日《借款协议》、2015年1月18日三张收款收据和2017年9月28日债权债务对账确认书证明，称天一公司5月初足额收款后才对应出具三张2200万元收款收据，为便于计算利息将时间注明为2015年1月18日，同时收回了部分付款凭证，故其提交的付款凭证金额仅为1744.5万元，且三张收款收据均注明"此前开具收据作废"，亦可印证其观点。午时阳光公司和天一公司认为其实际收到借款金额为1744.5万元而非2200万元，其系先出具三张2200万元收款收据后陆续收款，故未足额收取所涉借款，后又称2200万元系1744.5万元本金和预付相应利息构成，但其未能就该1744.5万元如何演变为2200万元作出合理解释，此后又称3800万元和4300万元系新形成的借款关系且均未实际履行。双方对涉案本金金额各执一词，但均未有足够依据否定对方证据，综合该案情况及债权债务对账确认书核对金额，并依据最高人民法院《关于民事诉讼证据的若干规定》第73条规定，认定涉案借款本金为2200万元为宜。因债权债务对账确认书载明，经双方对账借款本金为2220万元（含姜某珍20万元），重新约定利息按月息2%计算，从借款之日起计息，而天一公司出具的三张合计2200万元收款收据的时间为2015年1月18日，故张某良诉请2200万元以及自2015年1月19日按月息2%计算相应利息有据，且与法律规定不悖，依法应予支持。因《借款协议》明确约定天一公司、鱼某军、朱某一对涉案借款本息及违约金负连带担保责任，《借款担保协议》确认冯某玲和鱼某军负连带担保责任，而2017年9月28日签订的《债权债务对账确认书》再次确认了债务金额及当事人相应义务，故张某良诉请被告天一公司、朱某一、冯某玲、鱼某军对涉案债务承担连带清偿责任于法有据，依法应予支持；天一公司辩称其不应承担担保责任之理由显系不能成立，依法不予采信；张某双在《还款计划保证协议书》中承诺将2300万元在18个月内支付张某良，张某良自认张某双已支付1万元，故张某双理应在2299万元范围内对涉案债务承担付款责任，而其以保证协议无效为由辩称不应承担付款责任无法律依据，依法不予采纳。

二审法院认为，该案争议焦点为：(1)该案借款系何人所借；(2)借款的数额如何认定；(3)张某双是否应当承担共同还款责任。关于争议焦点(1)，该院认为该案的借款人应当认定为午时阳光公司。主要理由：一是借款协议对此有明确约定。二是虽然借款收据为天一公司出具，但对于借款主要由冯某玲、鱼某军经手收取并用于丹凤房地产开发项目，午时阳光公司从未提出过异议，且多次予以确认和认可。从该案借款及后期协商还款的过程看，午时阳光公司与天一公司存在高度的关联性，午时阳光公司以未收到借款为由否定借款的事实不能成立。关于争议焦点(2)，该院认为出借的本金应当认定为2200万元。除借款协议和天一公司出具的收据外，其中大部分借款1774.5万元有鱼某军、冯某玲在银行转账或提现的小票上的签字可以确证。对于通过屈某军支付的260万元和无书面凭据的165.5万元现金，根据借款协议、收款收据和相关证人证言，结合双方借款过程中存在出借人直接向借款人认可的他人账户付款的情况，以及现金出借的部分收据被后出具的三张收据替换的实际情况，加之午时阳光公司和天一公司以不同的方式多次确认2200万元借款的事实，可以认定张某良出借本金的真实性。关于争议焦点(3)，对于张某良等人与张某双签订的《还款计划保证协议书》，虽协议标题中有保证字样，但内容却是将午时阳光公司2200万元借款加巨额回报构成的4300万元直接表述为乙方即张某双的借款，经过债务减让和房产冲抵，剩余2300万元，乙方确保在18个月内以现金方式支付给张某良。因此，其本质是第三人直接与债权人达成的不免除原债务人还款义务并承担全部还款义务的债的加入协议。第三人基于本人或他人的利益，自愿加入债务，承诺承担还款义务，不违反法律规定，本应当对其产生约束力。但张某双与张某良等人达成债的加入协议时，并未经原债权人、债务人对借款数额的核对，张某双承诺加入的债务存在巨大的虚假成分，以此为基础达成的债务加入协议必然因真实性和合法性的欠缺而难以履行。而当债权人与债务人于2017年9月28日就借款对账，重新将借款总额确认为2200万元并按规定约定利息时，不仅未通知张某双，以便重新协商债的加入方案，反而在确认书中明确仍由张某双按4300万元债务存在时承诺的2300万元承担还款责任，损害了债务加入人的利益。一审判决忽略了第三人加入的债务已经重新进行了对账，数额发生了重大变化的事实，2300万元的还款责任是在约定债务减免、房产抵扣前提下的所承诺的还款责任，如这一前提不存在，则2300万元的还款责任不能独立存在。对于张某双付给张某良的1万元，双方对其性质有较大争议，相关录音证据不能确证此系张某双承担还款义务，对此争议，当事人可以另案解决。一审按债务总额虚列时制定的还款承诺书判令其承担共同还款责任不当，应当予以纠正。因此，张某双主张不能按还款计划保证协议书承担还款责任的上诉理由成立。综上所述，午时阳光公司、天一公司的上诉理由不能成立。一审审判程序合法，张某双关于一审程序违法的上诉请求无事实依据，不能成立，其关于不承担共同还款责任的上诉理由成立，应予支持。

笔者认为，关于张某双是否应承担本案共同还款责任的问题。张某良等人与张某双签订的案涉《还款计划保证协议书》约定，午时阳光公司2200万元借款加巨额回报构成的4300万元为乙方即张某双的借款，经过债务减让和房产冲抵，剩余2300万元，张某双确保在18个月内以现金方式支付给张某良。该协议名为保证，实为张某双直接与债权人达成的不免除原债务人还款义务并承担全部还款义务的债的加入协议。第三人基于本人或他人的利益，自愿加入债务，承诺承担还款义务，不违反法律规定，依法有效。2017年9月28日，张某良、姜某珍与午时阳光公司、天一公司、朱某一签订债权债务对账确认书，对案涉借款数额进行了核对，双方在尊重事实的基础上达成协议并确认，案涉借款本金2200万元，重新约定利息按月息2%计算，还约定，张某双在2016年6月22日的《还款计划保证协议书》中保证还款2300万元，在以上借款总额内代公司还多少减多少。笔者认为，张某双签订《还款计划保证协议书》后，成为本案借款的债务人，该意思表示非经债权人许可不得撤回。尽管债权债务对账确认书中就借款对账将借款总额确定为2200万元并降低利息时未通知张某双协商，但该次对账未加重张某双的还款责任，也不超过《还款计划保证协议书》中的预期，并未损害张某双的利益。二审判令张某双不再承担共同还款责任不当，应当予以纠正。张某良主张张某双对该案午时阳光公司的债务应承担共同还款责任的再审申请理由成立。关于张某双应承担的共同还款数额认定的问题。《还款计划保证协议书》中，约定的还款金额为3300万元，其中1000万元用房产抵顶，剩余2300万元由张某双承担。债权债务对账确认书中，约定的还款金额为2200万元。就张某双应承担的债务本金，为2200万元减去已付的1万元，即2199万元。

民商事审判笔记

骆　电◎著

MINSHANGSHI SHENPAN BIJI

下册

法律出版社
LAW PRESS · CHINA
北京

CONTENTS 目 录

—— 下 册 ——

(六)合同的终止

合同的终止也就是合同权利义务的终止,合同的终止制度也就是规范合同结束的制度,合同的终止制度对于促进合同全面履行具有保障作用。只要签订合同,就存在一个如何终止的问题。在合同纠纷案件中,实际上都存在一个如何终止的问题。其中,合同解除制度是一个较难把握的制度。

案例 54

上诉人北京天正中广矿业有限公司(以下简称天正公司)与被上诉人林沐某股权转让纠纷案

案号:(2016)最高法民终 805 号

主要争议焦点

(1)涉案《收购框架协议》、《股权收购协议书》以及《股权转让协议》的效力;(2)林沐某是否构成根本违约,是否导致天正公司的合同目的不能实现;(3)天正公司是否有权解除合同。

简要案情

天正公司与林沐某签订《收购框架协议》《股权收购协议书》及特别说明,天正公司委派管理团队正式接管建平县沐泽铁矿。林沐某出资 4400 万元人民币设立建平县中广矿业有限公司,林沐某对建平县中广矿业有限公司进行增资。天正公司、林沐某签订《股权转让协议》约定,林沐某将持有的建平县中广矿业有限公司 80% 的股权转让给天正公司,天正公司、林沐某签订《收购协议书》。后各方当事人因协议履行发生纠纷。

案情详解

天正公司起诉请求:(1)依法判令解除双方于 2011 年 8 月 22 日签订的《收购框架协议》及《股权收购协议书》;(2)依法判令解除双方于 2011 年 12 月 29 日签订

的《股权转让协议》;(3)依法判令林沐某返还天正公司股权转让款人民币7200万元;(4)依法判令林沐某赔偿天正公司经济损失,按中国人民银行贷款基准利率计算,至实际返还全部已付股权转让款之日,暂计至2014年6月16日,共计人民币12 309 133元;(5)判令林沐某承担本案全部诉讼费用。

林沐某答辩称,恳请驳回天正公司的诉讼请求,支持林沐某的反诉请求。

林沐某反诉请求:(1)判令天正公司支付林沐某剩余收购款800 000元;(2)判令天正公司赔偿林沐某违约金533 200元;(3)判令天正公司承担全部诉讼费用。

天正公司答辩称,林沐某严重违反合同约定,未履行合同义务,天正公司有权拒绝支付余款,天正公司不存在违约行为,依法无须支付违约金。

一审法院查明:2011年8月,天正公司与林沐某签订《收购框架协议》约定,天正公司收购林沐某持有的建平县沐泽铁矿和林沐某在建平县新财矿业有限公司(以下简称新财矿业公司)持有的五矿西山坡—石门地8号矿青峰山乡采区承包权及建平县沐泽选矿厂所享有的资产及所有的法律权益项目。同日,天正公司与林沐某签订《股权收购协议书》约定,就天正公司收购林沐某持有的建平县沐泽铁矿和林沐某在新财矿业公司持有的五矿西山坡—石门地8号矿青峰山乡采区承包权及建平县沐泽选矿厂所享有的资产及所有的法律权益项目成立为××有限责任公司后80%的股权,天正公司、林沐某双方经过自愿、平等、友好协商,签订本协议。(1)收购标的,①标的含义:沐泽铁矿成立为××有限责任公司(以工商注册登记的名字为主)后的资产。②标的资产包括以下内容:A. 自本协议签订之日起,沐泽铁矿所有的资产以及其他已经享有和将来可能享有的权益。B. 林沐某在新财矿业公司五矿西山坡—石门地8号矿青峰山乡采区承包权、所有的资产以及其他已经享有的和将来可能享有的权益。C. 林沐某在沐泽铁矿厂所有的资产以及其他现在已经享有和未来可能享有的权益。(2)收购价款:本项目收购价款为以上述资产为标的成立的有限责任公司总股权的80%,对应价款为7280万元人民币。(3)交易方式及流程:①自协议生效日起3个月内,林沐某完全将个人独资企业成立为有限责任公司;并自协议生效日起12个月内,将本合同标的所述资产及采矿许可证一并归于有限责任公司名下,上述变更及过户手续由林沐某负责。②林沐某成立有限责任公司后,将有限责任公司80%的股份转让给天正公司,天正公司出资7280万元人民币收购该股份,转让后林沐某继续持有有限责任公司20%的股份。同时,双方应约定新的有限责任公司管理机构。③天正公司先期接管林沐某标的的同时,林沐某应将资产涉及的印鉴和证照等,移交天正公司(公章在变更为有限责任公司之前,由双方共管,之后林沐某收回,变更后新公章移交天正公司)。(4)付款方式:①自本协议签订之日起,天正公司向林沐某或其指定第三人支付500万元定金转为提前预付的股权转让款,作为定金,定金交付后,天正公司应在15日内完成尽职调查工作,林沐某应积极配合天正公司进行尽职调查。②尽职调查工作完成后,天正公司5日内作出收购决定,先期交付的500万元定金转为提前预付的股权转让款,同时再将6000万元人民币作为提前预付的股权转让款打入林沐某账户内,至此,天正公司提前支付林沐某近90%的股权转让款。③自林沐某有限责任公司成立后,双方完成有限责任公司的股权工商变更登记手续,天正公司取得股东工商身份登记证明及林沐某持有的建平县沐泽铁矿采矿权变更为有限责任公司名下后,3日内再将剩余780万元人民币支付林沐某或其指定第三人。(5)林沐某之权利、义务:现沐泽铁矿、新财矿业公司五矿西山坡—石门地8号矿青峰乡采区及沐泽选矿厂范围内采矿作业涉及的采矿证权益由林沐某负责变更为有限责任公司名下,所发生的相关费用由林沐某承担。对上述事宜的处理,林沐某同意自协议签订生效之日起12个月内,完成沐泽铁矿个人独资企业变更为有限公司,成立有限责任公司,并将沐泽铁矿选矿厂范围内采矿作业的资产及采矿许可证变更到有限公司名下,新财矿业公司五矿西山坡—石门地8号矿青峰乡采区和转让应根据建平县政府资源整合的统一规划办理。(6)林沐某的承诺与保证:林沐某拥有沐泽铁矿及选矿厂的所有权以及进行生产经营所必需的采矿权、土地使用权、生产经营管理权等权益;林沐某拥有新财矿业公司五矿西山坡—石门地8号矿青峰乡采区承包经营权及现行生产经营中存在的各项资产的所有权以及进行生产经营所必需的采矿权、土地使用权、生产经营管理权等。(7)天正公司权利、义务:①天正公司有权在将第二笔预付的股权收购价款6000万元人民币打入林沐某账户当日起,接管并经营本合同标的并自改日起享有标的生产经营管理及所产生的收益。②天正公司有义务如期、足额支付股权收购款。(8)违约责任:如天正公司不能按期支付收购价款,每逾期一天,应向林沐某支付逾期部分收购价款的万分之五的违约金;如天正公司未付定金,本协议作废;如6000万元人民币预付价款在本协议签订之日起20日内未支付到账,本协议作废。(9)争议解决条款:①因履行本协议所发生的争议，双方应友好协商解决，如协商不成，应向林沐某所在地人民法院起诉解决。②本协议签订地点：北京西城区。同日，天正公司与林沐某签订《特别说明》约定，天正公司与林沐某于2011年8月签订的两份矿业合作协议，名称分别《收购框架协议书》和《股权收购协议书》。

2011年8月，天正公司委派管理团队正式接管建平县沐泽铁矿。2011年9月，林沐某弟弟林相某向天正公司交付了采矿权延续报告文件。2011年11月，林沐某出资4400万元人民币设立建平县中广矿业有限公司，林沐某为法定代表人，林沐某出资比例为100%。2011年12月，林沐某对建平县中广矿业有限公司进行增资，建平县中广矿业有限公司注册资本及实收资本为5500万元，林沐某出资比例为100%。2011年12月，天正公司、林沐某签订《股权转让协议》约定，林沐某将持有建平县中广矿业有限公司80%的股权转让给天正公司。同日，建平县中广矿业有限公司作出建平县中广矿业有限公司股东决议，林沐某将持有建平县中广矿业有限公司80%的股权转让给天正公司。同日，建平县中广矿业有限公司作出建平县中广矿业有限公司股东会决议，决议内容为："(1)选举李某、林沐某、徐某、龙某旋为公司董事；(2)选举王某为公司监事；(3)通过新的《建平县中广矿业有限公司章程》；(4)委托孟某卫办理公司变更登记及相关事项。"同日，林沐某签署了新的建平县中广矿业有限公司章程。同日，建平县中广矿业有限公司作出董事会决议，决议内容为："(1)选举李某为公司董事长；(2)聘任徐某担任公司经理，出任公司法定代表人。"

2011年12月，天正公司、林沐某签订《收购协议书》约定：(1)股权收购标的：建平县中广矿业有限公司。(2)转让事宜：林沐某将持有的标的公司20%的股份全部转让给天正公司，天正公司同意全部收购。林沐某转让的权利包括：林沐某持有建平中广矿业公司剩余20%的股权以及林沐某在新财矿业公司五矿西山坡—石门地8号矿青峰山乡采区承包权所有的资产以及其他已经享有和将来可能享有的权益。本次收购完成后，天正公司持有标的公司100%的股权，林沐某不再享受标的公司的任何权益。(3)收购股权价款：天正公司支付收购林沐某20%股权的价款为1800万元人民币。2012年1月，天正公司向林沐某出具承诺书一份，载明：①天正公司与林沐某在2011年8月签订的收购建平县沐泽铁矿的框架协议，天正公司收购林沐某未来转制为股份有限公司80%的股份，天正公司委派的管理团队已于2011年8月31日接管沐泽铁矿。②天正公司与林沐某在2011年12月签订的收购建平县沐泽铁矿剩余20%股份的收购协议。由于沐泽铁矿为个人独资企业,需要转制为有限公司后方能转股份;所以,在天正公司接受管理后,双方一直努力配合,办理相关转制及转股权手续;现已注册建平县中广矿业有限公司,但因为政府相关管理政策原因,致使股权转让工商变更登记手续滞后;为了不影响管理方正常管理,也考虑林沐某将新注册的建平县中广矿业有限公司全部证照及印鉴(包括公章、合同章、财务专用章、法定代表人名章等)移交给天正公司委派的管理团队。考虑证照印章移交给管理团队后,林沐某在股权转让工商变更登记未完成前承担的法律风险,天正公司总经理,同时也是建平县中广矿业有限公司新董事会委派的法定代表人徐某向林沐某正式承诺:在林沐某于2012年1月10日(星期二)将建平县中广矿业有限公司全部证照及印鉴移交给天正公司的管理团队之后起,所产生的一切法律责任及设计使用印鉴签署的任何文件都与林沐某无关,由新法定代表人徐某承担。林沐某、徐某在承诺书上签字,天正公司在承诺书加盖印章。2012年1月10日,林沐某将建平县中广矿业有限公司的证照及印鉴交付天正公司。2012年1月13日,建平县中广矿业有限公司向建平县工商行政管理局提交《有限责任公司变更登记申请书》,申请变更登记,并申请对董事、监事、经理、章程变更事项进行备案。2012年2月28日,林沐某将建平县沐泽铁矿公章、财务专用章、法人名章向天正公司交接,双方签订交接表,交接表载明:移交人为王某1,接受保管人为赵某明、王某2、薛某峰,监交人为徐某。合同履行中,2011年8月,天正公司向建平县沐泽铁矿电汇定金500万元。2011年8月,天正公司向林沐某电汇付款6000万元。2012年2月林沐某向天正公司出具的780万元请款函载明:请示王总后同意先付600万元,其余对转让前应由转让方承担相关费用待双方确认从余款中扣除后支付。2012年4月,天正公司向林沐某支付款项600万元。2012年6月,天正公司向林沐某支付了款项100万元。至此,天正公司尚有80万元款项未付。

2011年3月,辽宁省国土资源厅颁发了证号为C2100002010052110064508的采矿许可证,采矿许可证载明,"采矿权人:林沐某,地址:辽宁省朝阳市建平县青峰山乡,矿山名称:建平县沐泽铁矿,经济类型:私营独资企业,开采矿种:铁矿,开采方式:露天/地下开采,生产规模:15万吨/年,矿区面积:0.6644平方公里,有效期限：一年，自2011年3月21日至2012年3月21日"。2011年11月，辽宁省国土资源厅下发了证号为C2100002010052110064508的采矿许可证，采矿许可证载明，"采矿权人：建平县中广矿业有限责任公司，经济类型：有限责任公司，地址：辽宁省朝阳市建平县青峰山乡，矿山名称：建平县中广矿业有限责任公司沐泽铁矿，开采矿种：铁矿，开采方式：露天/地下开采，生产规模：15万吨/年，矿区面积：0.6644平方公里，有效期限：五月，自2011年11月2日至2012年4月2日"。2012年5月，辽宁省国土资源厅颁发了证号为C2100002010052110064508的采矿许可证，采矿许可证载明，"采矿权人：建平县中广矿业有限责任公司，地址：辽宁省朝阳市建平县青峰山乡，矿山名称：建平县中广矿业有限责任公司沐泽铁矿，开采矿种：铁矿，开采方式：露天/地下开采，生产规模：15万吨/年，矿区面积：0.6644平方公里，有效期限：一年零四月，自2012年4月2日至2014年8月2日"。2007年11月2日，建平县新财矿业有限责任公司为甲方，林沐某、李某香为乙方，双方签订《内部承包合同》一份，约定："第3条，甲方是本合同约定的发、承包标的物即建平新财矿业公司五矿西山坡—石门地8号矿区的采矿权主体，享有独立的采矿权，乙方是甲方企业内部承包条件下的该矿区资源采掘工作的具体实施者。第26条，本合同所约定的发、承包期限为五年。自2006年8月起至2011年8月止。第20条，乙方保证绝不将承包标的物私下转包、变相转包或私下出兑、变相出兑给他人，否则属乙方严重违约，甲方可据此单方解除本合同，收回发包标的物，由此造成的损失由乙方自行承担。第28条，承包费、管理费缴纳的期限、方式：①乙方应交纳的承包费应于本合同签订时一次性交清。②乙方向甲方交纳的管理费，甲方按年度收取，乙方应于每年度8月30日前一次性交清。"自2011年8月31日天正公司接管沐泽铁矿起至2013年春季，天正公司及建平县中广矿业有限公司对建平县沐泽铁矿矿区及五矿西山坡—石门地8号矿青峰山乡采区进行了实际的开采和运营。

建平县沐泽铁矿系由林沐某在2004年6月17日出资150万元设立的个人独资企业，建平县沐泽铁矿的经营范围为铁矿石加工、铁精粉销售，取得采矿许可证后经营范围调整为铁矿石加工、铁精粉销售和铁矿露天地下开采。2011年9月，林沐某以"建平县中广矿业有限责任公司"的名义，以企业性质变更为由，申请变更沐泽铁矿的企业性质、采矿权人名称及矿山名称。2011年9月14日，建平县中广矿业有限责任公司取得了建平县工商行政管理局出具的《公司名称预先核准通知书》。2011年11月14日,朝阳正兴联合会计师事务所出具朝会所字2011第0150号验资报告,验资报告显示截至2011年11月14日,建平县中广矿业有限责任公司已收到注册资本金4400万元,林沐某已实缴注册资本金4400万元。2011年11月15日,在建平县中广矿业有限责任公司提交的有限责任公司设立申请书中"公司股东(发起人)出资信息"一表中登记股东(发起人)为林沐某,出资额为4400万元,持股比例为100%,出资方式为货币。2011年11月15日,辽宁省建平县工商行政管理局颁发建平县中广矿业有限责任公司营业执照。2011年12月8日,朝阳正兴联合会计师事务所出具朝会所字2011第0164号验资报告显示截至2011年12月8日,建平县中广矿业有限责任公司已累计注册资本金5500万元,林沐某已实缴注册资本金5500万元。2012年12月8日,建平县中广矿业有限责任公司提交《有限责任公司变更登记申请书》,申请将注册资本金由4400万元增加到5500万元,在《有限责任公司变更登记附表》中登记林沐某的出资为5500万元,持股比例为100%,出资方式为货币。2012年12月9日,建平县中广矿业有限责任公司作出股东会决议,林沐某将持有的80%的股权转让至天正公司名下,转让后天正公司持有目标公司80%的股权。2011年12月29日,林沐某签署的建平县中广矿业有限公司章程中载明,该公司的股东为林沐某和天正公司,林沐某持有20%的股权,天正公司持有80%的股权。2011年12月29日,双方签订《股权转让协议》,林沐某将持有的目标公司80%的股权转让给天正公司,转让后天正公司持有目标公司80%的股权,林沐某持有目标公司20%的股权,建平县工商行政管理局对上述股权变更事项进行了登记。

裁判结果

一审法院判决:(1)驳回天正公司诉讼请求;(2)驳回林沐某反诉请求。天正公司不服一审判决,向最高人民法院提起上诉,最高人民法院判决,驳回上诉,维持原判。

案例55

郑某平诉新疆龙煤能源有限责任公司（以下简称龙煤公司）股权转让合同纠纷案

案号：(2019)最高法民终827号

主要争议焦点

案涉《股权转让协议》的性质、效力如何认定；《股权转让协议》是否应当解除，如不应解除，龙煤公司下欠的股权转让款数额如何认定，其中包含郑某平主张的新增储量股权转让款是否应当支持，税款是否从应付的股权转让款中扣除；逾期付款违约金应当如何认定。

简要案情

郑某平与龙煤公司签订《股权转让协议》。协议签订后，龙煤公司向郑某平支付定金15 000 000元。双方当事人办理了股东工商变更登记和法定代表人变更登记，恒润泰公司的股权结构由郑某平持股100%变更为郑某平持股49%，龙煤公司持股51%，法定代表人由郑某平变更为武某云。郑某平向龙煤公司移交了恒润泰公司的公章、郑某平人名章及公司各类证照资料。龙煤公司合计支付郑某平股权转让款58 600 000元。后各方当事人因合同履行发生纠纷。

案情详解

郑某平起诉请求，(1)龙煤公司向其支付欠付的股权转让款67 416 000元（股权转让价款44 240 000元+矿区新增储量调差价款23 176 000元）；(2)龙煤公司向其支付逾期付款违约金37 769 000元（逾期付款之日起暂计算至2018年6月15日止，按日万分之二计算）；(3)由龙煤公司承担本案诉讼费。

龙煤公司答辩称，本案符合情势变更原则，合同应予解除，郑某平应向龙煤公司返还股权转让款。

龙煤公司提出反诉请求：(1)解除其与郑某平签订的《股权转让协议》《股权转

让补充协议》;(2)郑某平返还其已支付的股权转让价款 62 570 234.79 元以及详查、勘探等前期费用 4 240 000 元,合计 66 810 234.79 元;(3)由郑某平承担本案诉讼费。

郑某平答辩称,案涉《股权转让协议》系双方当事人真实意思表示,合法有效。龙煤公司构成违约。龙煤公司提出解除《股权转让协议》的主张于法、于理不符。

一审法院查明:2010 年 3 月 29 日,郑某平与龙煤公司签订《股权转让协议》约定:郑某平向龙煤公司转让其持有的恒润泰公司 51% 的股权,包括乌鲁木齐县松树头煤矿区西勘查区 8.12 平方公里的探矿权证,证号 T65120091201037367,储量 25 852 万吨。经双方协商,转让价款为 102 840 000 元。付款方式为龙煤公司在协议签订后 3 日内向郑某平支付定金 15 000 000 元,在收到定金后 10 日内双方办理股东变更登记及法定代表人变更登记,并将公司各类证照、公章等资料移交龙煤公司指定人员,变更登记手续办理完毕后 3 日内龙煤公司支付全部转让余款 87 840 000 元,先期支付的定金自动转为转让款。原探矿权区内储量 25 852 万吨,经详查储量多于 25 852 万吨,多出部分由龙煤公司按股比支付郑某平转让款。协议签订后,2010 年 4 月 6 日,龙煤公司向郑某平支付定金 15 000 000 元。2010 年 4 月 12 日,双方当事人办理了股东工商变更登记和法定代表人变更登记,恒润泰公司的股权结构由郑某平持股 100% 变更为郑某平持股 49%,龙煤公司持股 51%,法定代表人由郑某平变更为武某云。2010 年 4 月,郑某平向龙煤公司移交了恒润泰公司的公章、郑某平人名章及公司各类证照资料。龙煤公司合计支付郑某平股权转让款 58 600 000 元。

2010 年 7 月 8 日,龙煤公司经理办公会会议纪要记载,会议决议:同意转让。2010 年 7 月 9 日,龙煤公司关于研究松树头探矿权转让事宜的会议记录记载,主要内容:赵某国称,乌鲁木齐市城市规划已经出来,把松树头作为风景旅游规划区。乌鲁木齐市和乌鲁木齐县都要把煤矿逐步退出城市,以后煤矿开发建设也不再审批,我们不能存在侥幸心理,所以今天研究松树头探矿权转让事宜。2011 年 11 月 4 日,新疆维吾尔自治区人民政府作出《关于对硫磺沟矿区和南山景区煤矿进行综合整治的通知》,禁止在南山景区进行矿产资源勘查开发和污染环境的项目建设,不得批准原有煤矿扩产增能,按照利用 3 ~ 5 年时间逐步关停南山景区内所有煤矿的要求,制定切实可行的计划,列出具体时间表,使南山景区内所有煤矿逐步减产,直至关闭。协议生效后，恒润泰公司对乌鲁木齐县松树头煤矿区西勘查区进行储量详查并于2010年10月编制详查报告。2011年7月11日，新疆维吾尔自治区矿产资源储量评审中心出具新国土资储评（2011）154号《（新疆乌鲁木齐县松树头煤矿区西勘查区详查报告）矿产资源储量评审意见书》，认定经详查后该矿区资源量增加储量5826万吨。2011年9月20日，新疆维吾尔自治区国土资源厅出具新国土资储备字（2011）154号关于《（新疆乌鲁木齐县松树头煤矿西勘查区详查报告）矿产资源储备量评审备案证明》，同意备案。

2012年11月20日，龙煤公司向新疆维吾尔自治区国土资源厅呈报《关于乌鲁木齐县松树头勘查区煤炭资源勘查报告评审备案的请示》。2015年11月2日，龙煤公司向乌鲁木齐市国土资源局呈报关于乌鲁木齐县松树头勘探区探矿权延续的请示，申请办理案涉探矿权延续，相关部门尚未做出准予案涉探矿权许可证延续的意见。2017年1月26日，《新疆维吾尔自治区人民政府党组2017年第2次中心组学习暨第2次会议纪要》，提出：要坚决彻底关闭昌吉回族自治州、乌鲁木齐南山风景区及周边的小煤矿，防止对水源地造成污染，对生态环境造成破坏。2017年3月9日，新疆维吾尔自治区发展和改革委员会作出《关于新疆龙煤能源后峡巴波萨依煤矿复工有关意见的复函》，具体意见为，按照自治区人民政府印发的新政函〔2011〕312文件及《新疆维吾尔自治区人民政府党组2017年第2次中心组学习暨第2次会议纪要》要求不得批准再扩大产能，逐步实施减产、关停。郑某平分别于2012年10月31日、2013年11月1日、2015年10月30日向龙煤公司致函催收案涉剩余股权转让款及逾期付款违约金。2012年11月9日，龙煤公司向郑某平出具《对郑某平来函意见的复函》记载：双方对该矿权煤炭资源开发存在的政策性不确定因素已取得共识。我公司愿意与您共同努力，继续推进项目开发建设或争取政策补偿。2016年5月24日，郑某平向乌鲁木齐市中级人民法院提起本案诉讼，该院将本案移送至原审法院。2016年7月11日，龙煤公司向郑某平送达《解除股权转让协议和股权转让补充协议通知书》。

裁判结果

一审法院判决：（1）龙煤公司给付郑某平股权转让款67 416 000元；（2）龙煤公司支付郑某平逾期付款违约金37 769 000元；（3）驳回龙煤公司的反诉请求。龙煤公司不服一审判决,向最高人民法院提起上诉,最高人民法院判决如下:驳回上诉,维持原判。

思考与衡量

在审判中,经常会遇上当事人基于自身的利益考虑而主张合同解除的情形。对于一个生效的合同而言,合同解除的标准是严格的,是受制约的。案例54、案例55这两个案件,是典型的合同解除权案件。虽然在这两个案件中一审、二审法院都否认了当事人的合同解除权,但在实践过程中,对于合同解除权的认识有时并不是一致的。这就涉及如何正确理解适用合同法关于解除权的行使问题。

案例54中,一审法院认为,该案的争议焦点为:(1)涉案法律关系的实质内容;(2)本案所涉合同法律关系的效力;(3)林沐某是否构成根本违约,是否导致天正公司合同目的不能实现而应解除合同;(4)天正公司应否支付林沐某反诉所要求的剩余款80万元及违约金。

1.涉案法律关系的实质内容。2011年8月22日,天正公司与林沐某签订的《收购框架协议》,约定天正公司以7280万元价格,收购林沐某持有的建平县中广矿业有限责任公司80%的股权。股权收购标的为:(1)沐泽铁矿所有的资产以及其他已经享有和将来可能享有的权益,包括但不限于企业及矿区的采矿权、土地使用权、固定资产、生产经营管理权等。(2)林沐某在新财矿业公司五矿西山坡—石门地8号矿青峰山乡采区承包权所有的资产以及其他已经享有和将来可能享有的权益,包括但不限于企业及矿区的采区承包权、土地使用权、固定资产、生产经营管理权等。(3)林沐某在沐泽选矿厂所有的资产以及其他现在已经享有和未来有可能享有的权益,包括但不限于企业及矿区的加工权、土地使用权、固定资产、生产经营管理权等。2011年12月30日、12月29日双方又分别签订了《股权收购协议书》《收购协议书》《股权转让协议》,具体约定了支付款项的时间、办理股权过户手续及移交公司的相关事宜。在上述协议履行中,林沐某依法设立了建平县中广矿业有限责任公司,并将其持有的建平县中广矿业有限责任公司80%的股权转让给天正公司,办理了工商变更登记;建平县中广矿业有限责任公司的公章、财务专用章、铁矿法人名章及其他公司文件等被移交给天正公司安排的人员接管;辽宁省国土资源厅颁发的采矿许可证中,采矿权人登记为建平县中广矿业有限责任公司。

鉴于上述事实，应认定涉案法律关系引起了建平县中广矿业有限责任公司的股东变更，实际发生了股权转让，涉案法律关系为股权转让关系。截至本案诉讼期间采矿许可证已在建平县中广矿业有限责任公司名下。对天正公司关于林沐某未依法到有关国家机关进行采矿权变更过户手续、未办理完成采矿许可证变更过户手续，导致合同目的无法实现的主张，没有事实依据，一审法院不予支持。

2. 关于该案所涉合同法律关系的效力问题。天正公司与林沐某于2011年8月22日、12月30日、12月29日签订《收购框架协议》《股权收购协议书》《收购协议书》《股权转让协议》，约定林沐某将建平县中广矿业有限责任公司80%的股权转让给天正公司，并约定了收购对价、办理股权过户及公司资产移交等相关内容。上述协议系当事人在平等、互利、协商一致的基础上达成的，意思表示真实，因该案法律关系涉及股权的变动，通过股权转让的形式收购公司资产，该案所涉合同不违反国家法律法规规定，不损害他人合法权益，应当认定合法有效。

3. 林沐某是否构成根本违约，是否导致天正公司合同目的不能实现而应解除合同。《股权收购协议书》约定，天正公司收购林沐某持有的建平县沐泽铁矿和林沐某在新财矿业公司持有的五矿西山坡—石门地8号矿青峰山乡采区承包权及建平县沐泽选矿厂所享有的资产及所有的法律权益项目成立为××有限责任公司后的80%股权。收购标的含义：沐泽铁矿成立为××有限责任公司后的资产。该案中，2004年6月17日，林沐某出资150万元设立的建平县沐泽铁矿，为个人独资企业。2011年9月，林沐某以建平县中广矿业有限责任公司的名义，以企业性质变更为由，申请变更沐泽铁矿的企业性质、采矿权人名称及矿山名称。2011年9月14日，建平县中广矿业有限公司取得建平县工商行政管理局出具的《公司名称预先核准通知书》。2011年11月14日，朝阳正兴联合会计师事务所出具朝会所字2011第0150号验资报告载明林沐某已实缴注册资本金4400万元。2011年11月15日，工商行政管理局颁发建平县中广矿业有限公司营业执照。2012年12月8日，建平县中广矿业有限公司提交《有限责任公司变更登记申请书》，申请将注册资本金4400万元增加到5500万元，林沐某持股比例为100%，出资方式为货币。2011年12月29日，双方签订《股权转让协议》，林沐某将持有的建平县中广矿业有限公司80%的股权转让给天正公司，办理了工商变更登记。综上，林沐某已按合同约定成立了建平县中广矿业有限公司，天正公司已取得建平县中广矿业有限公司80%

的股权。

关于沐泽铁矿采矿权问题。建平县沐泽铁矿在2011年3月21日办理的采矿许可证和建平县中广矿业有限公司在2011年11月2日、2012年5月7日办理的采矿许可证的证号均为C2100002010052110064508,开采矿种、开采方式、生产规模、矿区面积、矿区范围拐点坐标均相同,三个采矿许可证只是在时间上是延续的,说明建平县中广矿业有限公司在2011年11月2日、2012年4月2日办理的采矿许可证是由建平县沐泽铁矿2011年3月21日办理的采矿许可证变更和延续所致,采矿许可证已在建平县中广矿业有限公司名下,林沐某已履行合同义务。

关于"采区承包权"问题。《收购框架协议》《股权收购协议书》均约定,股权收购标的:林沐某在新财矿业有限公司五矿西山坡—石门地8号矿青峰山乡采区承包权所有的资产以及其他已经享有和将来可能享有的权益。协议签订后,对新财矿业公司五矿西山坡—石门地8号矿青峰山乡采区承包权的采矿和转让应根据建平县政府资源整合的统一规划办理。该案中,双方当事人在签约时对"采区承包权"的状况是明知的,鉴于该案是转让股权及所对应的权益,天正公司对"采区承包权"的状况是明知的,天正公司已经在该采区进行了实际开采,所以不影响天正公司合同目的的实现。

关于土地使用权问题。在《收购框架协议》《股权收购协议书》中,均约定了土地使用证为集体土地使用证。土地使用权纠纷(按年度向当地村镇支付的补偿款由双方按股权比例共同承担)。林沐某对土地使用权的取得方式和用地形式向天正公司进行了披露,并向其移交了土地使用权权属文件,在2011年12月30日双方签订转让20%股权的《收购协议书》时,天正公司对土地使用权未提出任何异议,并向独份子沟村民组支付了2012年、2013年的土地使用补偿费。上述事实表明,在签订合同时,天正公司对建平县中广矿业有限公司资产的状况是知道或者应当知道的,且天正公司进行了实际开采,所以不影响天正公司合同目的的实现。《收购框架协议》《股权收购协议书》约定:"在甲方天正公司尽职调查完成后5日内,由于收购标的手续合法性有重大问题或乙方林沐某的原因致使甲方天正公司不能正常接管和经营,甲方天正公司有权解除本协议。"该案中,天正公司未举证证明,在履行中对有关权属、手续的问题提出过异议。虽然涉案协议约定天正公司不能正常接管和经营时有权解除协议,包含了对实现合同目的法定解除权的约定。《合同法》第93条①规定："当事人协商一致，可以解除合同。当事人可以约定一方解除合同的条件。解除合同的条件成就时，解除权人可以解除合同。"约定的解除权必须在约定的行使期限内行使，逾期不行使则权利消灭，天正公司无权解除。鉴于该案当事人签订合同的主要目的是通过转让股权收购公司资产。天正公司已持有建平县中广矿业有限公司80%的股权，并进行了经营，合同目的已经实现，其单方请求解除合同，缺乏事实依据和法律依据，一审法院不予支持。

4.关于天正公司应否支付林沐某反诉所要求的剩余款80万元及违约金的问题。根据《收购框架协议》和《股权收购协议书》的约定，天正公司需支付林沐某价款共计7280万元。在合同履行中，天正公司于2011年8月22日支付定金500万元，于2011年8月29日支付价款6000万元，于2011年4月20日支付价款600万元和100万元，但尚有剩余价款80万元未支付。林沐某在2012年2月16日向天正公司提交书面申请，申请支付股权转让尾款780万元，天正公司的工作人员龙某在书面申请上标注"请示王总后同意先支付600万元，其余对转让前应由转让方承担相关费用，待双方确认，从余款中扣除后支付"。天正公司工作人员龙某和法定代表人王某生在书面申请上签名并写明日期。林沐某对未支付剩余价款80万元的原因知情并认可，其后双方并未进行过财务对账。因双方至今未对转让费用进行财务对账确认，所以剩余价款80万元应在双方财务对账并确认后，林沐某方能向天正公司主张，故对林沐某提出的支付剩余80万元价款的反诉请求，一审法院不予支持。

鉴于该案当事人天正公司与林沐某之间建立和履行了关于建平县中广矿业有限责任公司股权转让的法律关系，双方当事人签订协议的主要目的是转让建平县中广矿业有限责任公司股权达到收购资产的目的，林沐某作为转让方已经履行了合同约定的义务，受让方天正公司也支付了7200万元的股权转让款。天正公司已接收建平县中广矿业有限责任公司所有资产，进行了经营，合同目的基本实现，其单方请求解除合同的主张不能成立，一审法院不予支持。而林沐某向其主张支付剩余款80万元的反诉请求，无事实依据，一审法院亦不予支持。

笔者认为：(1)关于涉案《收购框架协议》、《股权收购协议书》及《股权转让协

① 现为《民法典》第562条。

议》的效力问题。2011 年 8 月 22 日，天正公司与林沐某经过自愿、平等、友好协商，签订了《收购框架协议》与《股权收购协议书》，约定：天正公司以 7280 万元的价格收购林沐某持有的建平县沐泽铁矿和林沐某在新财矿业公司持有的五矿西山坡—石门地 8 号矿青峰山乡采区承包权及建平县沐泽选矿厂所享有的资产及所有的法律权益项目成立为××有限责任公司后的 80% 股权，并约定了收购对价、办理股权过户及公司资产移交等相关内容。后双方为履行上述协议，于 2011 年 12 月 29 日签订了《股权转让协议》，约定林沐某将持有建平县中广矿业有限责任公司 80% 的股权转让给天正公司。可见，双方当事人签订上述协议的主要目的是以股权转让的形式收购林沐某的资产及权益，天正公司与林沐某之间的关系为股权转让关系。《收购框架协议》、《股权收购协议书》以及《股权转让协议》均系当事人在平等、互利、协商一致的基础上达成的，是双方当事人的真实意思表示，且不违反法律、行政法规的强制性规定，不损害他人合法权益，应当认定为合法有效。

（2）关于林沐某是否构成根本违约，是否导致天正公司的合同目的不能实现的问题。该案中，林沐某在与天正公司签订《收购框架协议》与《股权收购协议书》后，履行了如下合同约定义务。在履行股权转让变更登记方面，2011 年 9 月，林沐某以建平县中广矿业有限责任公司的名义，以企业性质变更为由，申请变更建平县沐泽铁矿的企业性质、采矿权人名称及矿山名称；2011 年 9 月 14 日，建平中广公司取得《公司名称预先核准通知书》；2011 年 11 月 15 日，林沐某出资 4400 万元人民币设立建平中广公司，并于 2011 年 12 月 8 日对建平中广公司进行增资，建平中广公司的注册资本及实收资本经朝阳正兴联合会计师事务所验资为 5500 万元，林沐某出资比例为 100%；2011 年 12 月 29 日，天正公司与林沐某签订《股权转让协议》，林沐某将其持有的建平中广公司 80% 的股权转让给天正公司，之后双方完成了工商变更登记手续。在公司经营管理实际交接方面，2011 年 8 月 31 日，天正公司即委派管理团队正式接管建平县沐泽铁矿；2012 年 1 月 10 日，林沐某将建平中广公司的证照及印鉴交付给天正公司；2012 年 2 月 28 日，林沐某向天正公司交接了沐泽铁矿的公章、财务专用章、法人名章；2011 年 11 月 2 日及 2012 年 5 月 7 日，建平中广公司两次取得了辽宁省国土资源厅下发的采矿许可证。上述事实表明，林沐某在协议签订后成立了建平中广公司，将其原持有的采矿许可证过户到建平中广公司名下，并将建平中广公司 80% 的股权转让给天正公司，完成了股权转让变更手续，天正公司已取得建平中广公司80%的股权，并享有了建平中广公司及建平县沐泽铁矿的经营管理权。鉴于本案所涉法律关系为股权转让关系，天正公司的合同目的是通过股权转让收购林沐某的资产及权益，根据上述事实，一审法院认定天正公司的合同目的已经实现，该认定并无不当。

关于天正公司提出的建平中广公司没有合法的采矿权问题。天正公司主张林沐某没有以改制的方式而是以新设的方式成立建平中广公司，导致建平中广公司没有取得合法的采矿权。该案中，建平县沐泽铁矿于2011年3月21日取得的采矿许可证和建平中广公司于2011年11月2日、2012年5月7日取得的采矿许可证在有效期限上是延续的，除采矿权人、矿山名称、经济类型不一致外，三个《采矿许可证》的证号均为C2100002010052110064508，开采矿种、开采方式、生产规模、矿区面积、矿区范围拐点坐标均相同，说明建平中广公司在2011年11月2日、2012年5月7日取得的采矿许可证是原建平县沐泽铁矿于2011年3月21日取得的采矿许可证的变更和延续，原建平县沐泽铁矿持有的采矿许可证已变更至天正公司收购的建平中广公司名下。至于建平中广公司成立方式的问题，2012年1月9日双方签订的承诺书中载明"现已经注册建平中广公司"，说明天正公司明知建平中广公司是新设成立的而没有提出异议，可视为双方以实际履行的行为变更了《收购框架协议》中约定的公司成立方式。结合二审庭审时天正公司承认其基于采矿许可证进行了实际开采的事实，建平中广公司依采矿许可证已取得合法的采矿权。建平中广公司是新设成立还是改制而来的并不必然影响合同目的的实现，天正公司提交的证据不足以证明新设方式成立的建平中广公司导致其合同目的没有实现。故天正公司关于其收购的建平中广公司没有合法采矿权的上诉理由缺乏事实及法律依据，不予支持。

关于天正公司提出其收购的建平中广公司缺少青峰山乡采区的承包权问题。该案中，青峰山乡采区承包权的采矿和转让需经建平县政府进行资源整合的统一规划。而建平县政府对青峰山乡采区的承包权将如何进行规划调整是一种不确定的状态，林沐某能否再次取得青峰山乡采区的承包权须依照建平县政府的资源整合规划而定，故青峰山乡采区的承包权在林沐某的承包期限到期之后，也将处于一种不确定的状态，天正公司对此应有一定的预判。《收购框架协议》、《股权收购协议书》以及后续的《收购协议书》在约定天正公司收购林沐某在新财矿业公司五矿西山坡—石门地 8 号矿青峰山乡采区承包权所有的资产以及其他已经享有和将来可能享有的权益时,均同时约定了对青峰山乡采区承包权的采矿和转让应根据建平县政府资源整合的统一规划办理。由此可见,天正公司在签订《收购框架协议》时对青峰山乡采区承包权的状况是知情并认可的,且天正公司进行了实际开采,其合同目的已经实现。

关于天正公司提出的土地使用权问题。《收购框架协议》第 3.4 条约定了"集体土地使用证",第 6.6 条约定了"土地使用权纠纷(按年度向当地村镇支付的补偿款由双方按股权比例共同承担)",林沐某对土地使用权的取得方式和用地形式向天正公司进行了披露,并向其移交了土地使用权权属文件,在 2011 年 12 月 30 日双方签订转让 20% 股权的《收购协议书》及后续合同履行时,天正公司也未对土地使用权的有关权属及手续问题提出任何异议,并向独份子沟村民组支付了 2012 年、2013 年的土地使用补偿费。上述事实表明,在签订合同时,天正公司对建平中广公司资产的状况是知道或者应当知道的,并进行了实际开采,故不影响天正公司合同目的的实现。

综上,林沐某已按合同约定履行了合同义务,天正公司已取得建平中广公司 80% 的股权,并进行了实际开采经营活动,其合同目的已经实现。天正公司提出的影响合同目的的实现的上述理由均不成立,不予支持。

(3)关于天正公司是否有权解除合同的问题。《合同法》第 93 条①规定:"当事人协商一致,可以解除合同。当事人可以约定一方解除合同的条件。解除合同的条件成就时,解除权人可以解除合同。"第 95 条②规定:"法律规定或者当事人约定解除权行使期限,期限届满当事人不行使的,该权利消灭。法律没有规定或者当事人没有约定解除权行使期限,经对方催告后在合理期限内不行使的,该权利消灭。"该案中,《收购框架协议》中明确约定:"在天正公司尽职调查完成后 5 日内,由于收购标的手续合法性有重大问题或林沐某的原因致使天正公司不能正常接管和经营,天正公司有权解除本协议。"虽然涉案协议约定天正公司如不能正常接管和经营天正公司,其享有合同解除权,但天正公司未举证证明其在合同约定的期限内对公司的接管和

---

① 现为《民法典》第 562 条。

② 现为《民法典》第 564 条。

经营问题提出过异议，故天正公司的约定解除权因逾期未行使而消灭。

《合同法》第94条[①]规定："有下列情形之一的，当事人可以解除合同：（一）因不可抗力致使不能实现合同目的；（二）在履行期限届满之前，当事人一方明确表示或者以自己的行为表明不履行主要债务；（三）当事人一方迟延履行主要债务，经催告后在合理期限内仍未履行；（四）当事人一方迟延履行债务或者有其他违约行为致使不能实现合同目的；（五）法律规定的其他情形。"天正公司主张涉案合同的目的因林沐某的违约行为无法实现，其享有法定解除权。鉴于本案当事人签订合同的主要目的是通过转让股权收购资产及权益。如前所述，林沐某已按约履行了合同义务，天正公司已依法取得建平中广公司80%的股权，并进行了实际开采经营活动，其合同目的已经实现，故天正公司不享有法定解除权，其关于请求解除合同的主张无事实及法律依据，一审判决认定天正公司请求单方解除合同的主张不能成立，该认定并无不当，应予维持。综上，上诉人天正公司的上诉请求缺乏事实和法律依据，应予驳回。一审判决认定事实清楚，适用法律正确。

案例55中，一审法院认为，《公司法》确立了公司法人财产权与股东股权相互独立的原则。公司股权转让与公司财产权转让并不等同，两者在交易主体、交易标的、审批程序、适用法律等方面均有重大区别。在不发生矿业权权属变更的情形下，不宜将股权转让视同为变相的矿业权转让。该案中，郑某平与龙煤公司签订的《股权转让协议》明确约定，郑某平向龙煤公司转让其持有的恒润泰公司51%的股权，虽然，恒润泰公司的财产权中涉及了探矿权，但双方并没有约定要对探矿权的权属进行变更，同时，郑某平仍拥有恒润泰公司49%的股权，因此，案涉《股权转让协议》确定的主要权利义务为股权转让相关的权利义务，且涉案探矿权的权属也并未发生实际变更，故该协议的性质为股权转让合同，且系双方自愿签订，意思表示真实，内容未违反法律、行政法规的强制性规定，合法有效。龙煤公司关于案涉矿区位于乌鲁木齐南山风景名胜区内，损害环境公共利益，《股权转让协议》实质为探矿权转让协议，以合法形式掩盖非法目的，违反法律、法规的禁止性规定，主张合同无效的诉讼主张，缺乏事实和法律依据，一审法院不予支持。龙煤公司提交的《股权转让补充协议》落款处仅有郑某平人名印，其本人并未签字，协议落款的签

① 现为《民法典》第563条。

订日期为2010年11月27日。根据郑某平提交的资料移交清单证明,2010年4月,郑某平已将“郑某平印”移交给龙煤公司,该印章处于龙煤公司的实际控制之中,《股权转让补充协议》签订之日,“郑某平印”已经实际脱离了郑某平的控制。龙煤公司亦未提交其他证据证明双方之间存在委托法律关系,《股权转让补充协议》上的“郑某平印”系郑某平本人的授权行为。因此,《股权转让补充协议》系郑某平的真实意思表示的事实缺乏依据,该协议并未成立,不具有法律效力。《合同法》第109条①规定:“当事人一方未支付价款或者报酬的,对方可以要求其支付价款或者报酬。”涉案《股权转让协议》第4.2.2条约定,龙煤公司应在变更股权登记手续办理完毕后3日内向郑某平支付转让余款87 840 000元。股权变更登记完毕后,龙煤公司陆续向郑某平支付43 600 000元股权转让款,尚欠44 240 000元款项未予支付。郑某平向龙煤公司主张欠付的股权转让款44 240 000元有法律依据和合同依据,原审法院予以支持。《股权转让协议》第9.8.3条约定,若原探矿权区储量多于25 852吨的部分,由龙煤公司按股比向郑某平支付转让款。经新疆维吾尔自治区矿产资源储量评审中心以及新疆维吾尔自治区国土资源厅出具的详查报告和备案证明,乌鲁木齐县松树头煤矿区西勘查区新增储量5826万吨,郑某平请求龙煤公司支付新增储量调增价款23 176 000元[102 840 000元×(5826万吨÷25 852万吨)]的主张有合同依据和事实依据,原审法院予以支持。《股权转让协议》第9.4条约定,若龙煤公司不能按时足额支付股权转让款,应按日万分之二支付逾期付款违约金,支付价款包括股权转让价款和新增储量调增价款,利率为日万分之二。该约定系双方当事人真实意思表示,合法有效。根据合同约定,龙煤公司应当在2010年4月15日前向郑某平支付剩余股权转让款44 240 000元,其到期未支付,存在违约行为。郑某平主张逾期付款违约金截止日期为2018年6月15日,逾期天数2983天,违约金为26 393 584元(44 240 000元×0.02%×2983天)。对于龙煤公司欠付的新增储量调增价款23 176 000元,《股权转让协议》虽对此未明确约定付款时间。根据《合同法》第61条②的规定,合同生效后,当事人约定不明确的内容可以参照合同有关条款确定。参照《股权转让协议》第4条约定,新增储量

① 现为《民法典》第529条。
② 现为《民法典》第510条。

转让价款应于备案后3日内支付完毕，新增储量于2011年9月20日进行备案，付款日期为2011年9月23日前，郑某平主张逾期付款违约金截止日期为2018年6月15日，逾期天数2457天，违约金为11 388 686元(23 176 000元×0.02%×2457天)。合计逾期付款违约金总额为37 782 270元(26 393 584元+11 388 686元)。综上，郑某平向龙煤公司主张逾期付款违约金37 769 000元有合同依据和事实依据，一审法院予以支持。龙煤公司依据最高人民法院《关于适用〈中华人民共和国合同法〉若干问题的解释(二)》(已失效)第26条："合同成立以后客观情况发生了当事人在订立合同时无法预见的、非不可抗力造成的不属于商业风险的重大变化，继续履行合同对于一方当事人明显不公平或者不能实现合同目的，当事人请求人民法院变更或者解除合同的，人民法院应当根据公平原则，并结合案件的实际情况确定是否变更或者解除"之规定，以情势变更为由，请求原审法院解除双方签订的《股权转让协议》及《股权转让补充协议》。原审法院认为，首先，情势变更原则适用的前提是合同订立后客观情况发生了当事人在订立合同时无法预见的、非不可抗力造成的，不属于正常的商业风险的重大变化。如果当事人于订约时能够预见，则表明其知道该客观情况变更之后所产生的风险，并甘愿承担，在此情形下不能适用情势变更原则主张解除合同。本案中，龙煤公司作为专业的矿业公司，在其收购股权时，应当做好充分的尽职调查，并对地方区域政策调整做出预判并对交易进行及时调整。龙煤公司签订《股权转让协议》后，其同年7月8日、7月9日召开的相关会议的纪要内容可以反映，龙煤公司对案涉矿区位于乌鲁木齐市风景旅游区内，相关部门将对探矿权证的延续不予审批的政策调整的事实是明知的。龙煤公司向郑某平支付股权转让款的时间证明，在相关部门的政策颁发后，龙煤公司仍向郑某平继续履行支付部分股权转让价款的义务，并在对郑某平来函意见的复函中称：双方对该矿权煤炭资源开发存在的政策性不确定因素已取得共识，龙煤公司愿意继续推进项目开发建设或争取政策补偿。综上，龙煤公司首先对政策的制订下发没有充分的预见，在政策公布后，其仍以自己的行为表示愿意继续履行合同，并甘愿承担政策调整带来的交易风险，故本案不具备情势变更原则适用的前提条件。其次，合同是当事人意思自治的结果，诚信原则和契约严守原则是合同法的基本原则，各方均应信守诺言积极履约。在未得到守约方认可的情况下，如果允许违约方仅仅基于自身利益而擅自解除既存的合同关系，无疑会使合同的约束力遭到破坏。

故一方迟延履行期间发生情势变更的,迟延履行一方不得援用情势变更原则主张解除合同。案涉《股权转让协议》的合同目的是转移公司股权,郑某平移交公司公章、各类证照等资料,配合龙煤公司完成股权和法定代表人的变更登记手续,全部履行《股权转让协议》项下的合同义务。龙煤公司在获得股权之后,迟延支付股权转让款,在长达6年多的时间内其并未提出解除合同的主张。直至2016年5月24日,郑某平提起诉讼向龙煤公司主张股权转让款之后,龙煤公司遂于2016年7月11日以《解除股权转让协议和股权转让补充协议通知书》通知郑某平解除合同。本案中,郑某平无任何违约行为,龙煤公司作为违约方,在迟延履行合同期间,不能基于自身利益而援用情势变更原则主张解除已经存在的合同关系。龙煤公司亦不具备《合同法》第94条①可以行使法定解除权的情形,其向郑某平送达的《解除股权转让协议和股权转让补充协议通知书》不发生解除合同的效力。最后,维护交易安全是商事交易中的一项重要的法律原则,股权发生变更,社会成本和影响已经倾注其中,股权转让已经成为事实,为维护社会经济秩序,保护合法的交易,股权交付完毕后,股权转让合同不得随意解除。该案中,案涉《股权转让协议》的合同目的已经实现,龙煤公司已经取得郑某平交付的恒润泰公司51%的股权,双方当事人之间的股权转让已经进行了变更登记,对外产生了公示及对抗的效力。股权交付之后的风险已经发生转移且经过一定期间。从维护交易安全、稳定社会关系和秩序、保护公司债权人利益的原则出发,不宜解除合同,以避免造成社会关系的动荡以及市场交易秩序的破坏。如前所述,《股权转让协议》的合同目的已经实现,亦不存在《股权转让协议》第12.2条约定的,由于不可归责于各方的原因致使本协议的目的无法实现的解除合同的情形。龙煤公司关于本案符合约定解除合同情形的主张,亦不能成立。综上,根据公平原则,并结合本案的实际情况,郑某平与龙煤公司签订履行的《股权转让协议》不应解除。龙煤公司就此提出的反诉请求,一审法院不予支持。由于《股权转让补充协议》并未成立,对龙煤公司请求解除《股权转让补充协议》的主张,一审法院不予支持。龙煤公司基于合同解除请求返还股权转让款5860万元的主张,一审法院不予支持。同时,恒润泰公司按照财务管理制度对郑某平、冉某德7540元差旅费的报销行为可以视为恒润泰公司认可该费用系公司支

① 现为《民法典》第563条。

出，且差旅费的付款方是恒润泰公司，并非龙煤公司，龙煤公司请求返还差旅费7540元的主张没有事实依据，一审法院不予支持。龙煤公司出具的税收通用缴款书仅显示恒润泰公司缴纳个人所得税3 962 694.79元，不能证明该款项是龙煤公司替股东郑某平代扣代缴的税款，龙煤公司请求返还代扣代缴郑某平个人所得税3 962 694.79元的请求，没有事实依据，一审法院不予支持。综上，龙煤公司请求返还全部转让款62 570 234.79元的主张，一审法院不予支持。《股权转让协议》第9.8条约定，松树头煤矿区西勘查区的扩储费用由目标公司支出。依照《公司法》第3条之规定，郑某平作为股东，以其认缴的出资额为限对恒润泰公司承担责任。恒润泰公司的财务支出与股东个人债权不能混同，龙煤公司请求郑某平返还前期垫付的详查、勘探费用4 240 000元的诉求，没有事实和法律依据，原审法院不予支持。综上所述，郑某平的诉讼请求成立，予以支持；龙煤公司的反诉请求不能成立，应予驳回。

笔者认为：(1)《股权转让协议》是否有效，是否应当解除。

①《股权转让协议》的性质。A. 从《股权转让协议》的内容来看，该协议“鉴于”部分记载，郑某平持有的恒润泰公司100%的股权，郑某平拟向龙煤公司转让其持有的51%的恒润泰公司的股权，就股权转让给龙煤公司一事达成一致协议。此部分是对该协议签订目的的表述，并未体现龙煤公司所称的合作开发矿产的合同订立目的。B. 从该协议条款的安排来看，对股权转让方、受让方、目标公司、目标股权、转让价款、股权转让完成进行了定义与释义，对股权转让标的、股权转让价款及支付、股权转让的交割事项、股权转让前目标公司的债务处理、违约责任等进行了详细约定。协议条款中没有合作开发矿产的相关条款。C. 从条款的具体内容看，该协议第2条“股权转让标的”中明确记载“本协议转让标的为甲方(郑某平)所持有的目标公司51%的股权”，目标公司括号后所注明的内容是对目标公司包含财产的解释，转让标的为股权并非探矿权。该协议第4.2.2条约定“甲方将51%的股权变更到乙方名下，并将公司的各种证照、公章、探矿权办理缴费收据、各种审批文件等公司资料一并交给乙方指定公司人员”，可见龙煤公司是通过股权转让的方式来控制目标公司。该协议第4.2.3条约定“剩余49%的股权待矿井取得开工建设的必备手续后，由甲乙双方商定下一步合作方式和持股权益。其间未经乙方同意，甲方不得自行转让股权”，该约定是对郑某平之后股权转让的限制，并非对双

方合作勘查矿产的约定。该协议第 9 条“双方的声明与保证”中,9.7 约定“股权转让完成后,甲乙双方应共同努力抓紧进行松树头煤矿的详细勘探、立项和申办采矿证等工作,发生的费用由目标公司承担”,该协议第 9.8 条约定“甲方负责松树头煤矿区西勘查区东部及南部矿权空白区的扩储工作,费用由目标公司支出”,该两款是对股权转让后双方权利的约定。龙煤公司上诉认为该两款明确约定了双方合作勘查开采矿产,与实际约定的内容不符。如果是合作开发矿产资源必然会对风险和收益进行约定,纵观协议只有股权转让对价的相关约定,对风险和收益分担并未提及。综上,从协议约定本身来看,双方并未约定合作开发事宜。上诉人龙煤公司认为股权转让协议除了转让股权还包括合作开发的上诉理由不能成立。

②《股权转让协议》是否有效。如前所述,《股权转让协议》是股权转让合同,并非合作勘查开采合同。上述法律法规规范的是勘查开采矿产资源的行为,而该案是股权转让行为,因此在认定《股权转让协议》的效力时不存在适用上述法律法规的前提。目标公司之后的探矿、开采行为可能违反禁止性规定,但股权转让行为本身并不违反法律、行政法规的规定。龙煤公司上诉主张适用上述法律的观点不成立,不应支持。法律、行政法规对公司股权变动并没有限制性规定,《股权转让协议》不违反国家法律法规规定,不损害他人合法权益,应依法认定有效。

③《股权转让协议》是否应当解除。龙煤公司签订协议的目的是欲通过股权转让的方式实际控股恒润泰公司,通过控股优势影响恒润泰公司的经营、决策,从而实现其股东权益。探矿权是恒润泰公司的主要权利之一,之后探矿权转为的采矿权为公司运营产生了利益,也正是基于此,龙煤公司将探矿权行使过程中发生的政策变化,作为股权转让合同目的不能实现的理由,并主张适用依据最高人民法院《关于适用〈中华人民共和国合同法〉若干问题的解释(二)》(已失效)第 26 条情势变更的规定,要求解除合同。笔者认为,首先,该解释第 26 条是当合同原有利益平衡因无法预见的客观情况发生后导致不公正的结果,造成不公平的状态存在,为调整这种状态施以的法律救济。该条情势变更属于合同成立的基础环境发生了异常的变动,所造成的风险属于意外的风险。该案中,案涉矿区位于乌鲁木齐南山风景名胜区内,自 2006 年 12 月 1 日起施行的《风景名胜区条例》第 26 条规定,在风景名胜区内禁止进行下列活动:开山、采石、开矿、开荒、修坟立碑等破坏景观、植被和地形地貌的活动,龙煤公司在庭审中亦称“国家禁止在风景区采矿,当时新疆的政策把握的较为宽

松，取得探矿权证始终是在禁区范围内”。龙煤公司作为矿产企业，在《股权转让协议》签订时对于案涉矿区位于风景名胜区内应当知晓，即使如龙煤公司所称当地环保政策宽松，龙煤公司在行政法规有明确的规定下，其对政策的走向应当有预见，之后当地政策逐步收紧导致探矿权不能延续对于龙煤公司而言不属于意外风险。龙煤公司明知行政法规规定禁止在风景名胜区采矿，而甘愿冒风险通过签订《股权转让协议》成为恒润泰公司股东，享有矿业权所带来的利益，此种风险属于商业风险，不适用该解释第26条。其次，政策变化对该案合同的影响。龙煤公司与郑某平签订《股权转让协议》的原因是郑某平持有恒润泰公司的股权，恒润泰公司的财产包括案涉探矿权。当地政策的变化可能导致案涉探矿权无法延续，但目前探矿权仍然存在，龙煤公司签订《股权转让协议》的基础没有丧失，龙煤公司仍持有恒润泰公司51%的股权，并享有股东权益。最后，2012年11月9日，龙煤公司对郑某平来函意见的复函中记载，双方对该矿区煤炭资源开发存在的政策性不确定因素已取得共识，愿继续推进项目开发建设或争取政策补偿。龙煤公司在2010年7月9日已经明知政策调整，但在2012年11月9日的复函中明确表示继续推进，2013年5月8日仍支付股权转让价款，以实际行为继续履行合同。因此，该案并不适用最高人民法院《关于适用〈中华人民共和国合同法〉若干问题的解释（二）》（已失效）第26条情势变更的规定，龙煤公司主张以情势变更为由解除合同的上诉理由不能成立。如前所述，龙煤公司对当地的政策变化应当预见，政策的逐步收紧不属于不可抗力，龙煤公司请求解除合同不符合《合同法》第94条[①]规定的合同法定解除的条件。

案涉股权已于2010年4月12日变更登记至龙煤公司名下，股权转让的目的已经实现，探矿权并未灭失，对于政策导致的探矿权不能延续是恒润泰公司在经营过程中遇到的经营风险，并非《股权转让协议》的合同目的不能实现，龙煤公司不能将《股权转让协议》的合同目的扩大至目标公司经营中探矿权、采矿权的实现。龙煤公司以符合《股权转让协议》第12.2条中“由于不可抗力或不可归责于各方的原因致使本协议的目的无法实现”可以解除协议的约定为由，认为协议符合约定的解除条件，该上诉理由不能成立。其以合同解除为基础请求的返还已支付的股权转让款及相关费用的上诉请求亦不能成立。

① 现为《民法典》第563条。

(2)龙煤公司下欠的股权转让款数额如何认定。龙煤公司在一审提交《股权转让补充协议》以证明双方对《股权转让协议》进行了变更,一审判决认为该补充协议并未成立,认定正确,因此对于股权价款的支付应当依据《股权转让协议》的约定认定。

①股权转让价款的数额认定问题。《股权转让协议》第9.8.3条约定“原探矿权区内储量25 852万吨,经详查储量不足的储量,由扩充储量中补偿,补偿部分储量不再支付费用。若扩储不成功,按欠缺储量乙方多支付的费用减少甲方的股份。若多于25 852万吨,多出部分由乙方按股比支付甲方转让款”,根据此约定,案涉矿区储量的具体数额需要通过详查,双方对超出及不足约定储量分别进行了约定,该条所称的扩储是对不足约定储量的补偿途径。2010年10月,恒润泰公司委托相关单位作出《新疆乌鲁木齐县松树头煤矿区西勘查区详查报告》,矿区储量详查后比约定的储量25 852万吨多5826万吨,对此新疆维吾尔自治区国土资源厅出具了《关于〈新疆乌鲁木齐县松树头煤矿区西勘查区详查报告〉矿产资源储量评审备案证明》对新增的储量评审材料同意备案。按照《股权转让协议》的上述约定,对于超出的储量应当由龙煤公司按照约定向郑某平支付转让款。一审对增加储量对应的转让款及下余的股权转让款认定正确。龙煤公司关于增加储量价款的上诉理由不能成立,不应支持。②龙煤公司主张将已缴纳税款从应支付的股权转让款中扣除的问题。税务局稽查局以恒润泰公司未代扣代缴原法定代表人郑某平转让股权收益个人所得税为由,对恒润泰公司出具税务处理决定书。龙煤公司提供的缴款书记载的缴款单位亦为恒润泰公司,龙煤公司提供了2013年12月12日银行转账电汇凭证拟证明个人所得税以及滞纳金是龙煤公司向恒润泰公司转款,实际由龙煤公司缴纳。龙煤公司作为恒润泰的股东向恒润泰公司转款,不能证明该款是用于缴纳税款,且税务机关向恒润泰公司催缴税款,税收缴款书记载的缴款单位亦为恒润泰公司并非龙煤公司。因此龙煤公司主张扣减股权转让个人所得税的上诉主张不能成立。关于该案股权转让款个人所得税问题,涉及税务征收的行政行为,可另案主张,该案不予涉及。

(3)逾期付款违约金的认定。《股权转让协议》第4.2.2条约定了股权转让款的支付时间,即办理完股东变更登记及企业法人代表工商变更登记等相关手续之后3个工作日内,龙煤公司支付全部转让款余额。2010年4月2日,双方办理了股东工商变更登记和法定代表人变更登记，按照此约定龙煤公司应当支付剩余的转让款。因双方对多出储量转让款的支付时间未约定，根据《合同法》第61条①“合同生效后，当事人就质量、价款或者报酬、履行地点等内容没有约定或者约定不明确的，可以协议补充；不能达成补充协议的，按照合同有关条款或者交易习惯确定”的规定，一审参照《股权转让协议》中股权转让价款支付时间的约定，认定新增储量价款在备案后3日内支付，符合法律规定。《股权转让协议》第9.4条对逾期付款违约金进行了约定，一审以此约定认定违约金数额正确。龙煤公司以《股权转让协议》并未对新增储量转让价款的支付时间及其违约责任进行约定为由，认为一审认定的逾期付款违约金错误，该上诉理由不能成立，不予支持。郑某平答辩时请求增加逾期付款违约金，但其并未提起上诉，对此不应审理。

（七）违约责任的承担

合同以全面履行为理想状态，但是一般情况下，进入诉讼阶段的合同纠纷，多涉及违约责任的承担问题，也就是并未实现全面履行合同的理想状态。违约责任的承担是合同的重要救济渠道，对于促进合同当事人全面履行合同义务具有促进作用，对于诚信当事人具有补偿作用。

案例56

再审申请人杰瑞能源服务有限公司（以下简称杰瑞公司）因与被申请人庆阳庆龙工程技术服务有限公司（以下简称庆龙公司）合同纠纷案

案号：（2020）最高法民再331号

主要争议焦点

杰瑞公司向庆龙公司赔偿损失的数额如何认定。

① 现为《民法典》第510条。

简要案情

庆龙公司与杰瑞公司签订合作协议,杰瑞公司负责提供设备和组织施工庆龙公司中标的项目,庆龙公司中标了5个井筒工程,庆龙公司与长庆分公司签订了井下作业工程合同和油田水平井压裂工程承包合同等8份合同,合同标的额为14 210万元。杰瑞公司履行了4 086 063元工程量后再不履行。后庆龙公司与长盈公司签订了协议,完成了庆龙公司中标的部分工程,剩余工程未按期完成,被发包方长庆分公司收回。后庆龙公司与杰瑞公司因合同履行发生纠纷。

案情详解

庆龙公司起诉请求,(1)判令杰瑞公司向庆龙公司赔偿损失3339.849万元;(2)诉讼费由杰瑞公司承担。

杰瑞公司辩称,庆龙公司所有的诉讼请求没有任何事实与法律依据,请求法院依法予以驳回。

一审法院查明:2017年3月3日,庆龙公司与杰瑞公司签订了合作协议,双方约定以庆龙公司在2017~2018年度中标的长庆油田油气田压裂酸化项目中的部分工程内容为长庆油田2017~2018年井筒工程集中招标——老油田水力压裂作业项目和油田勘探、评价、产能建设项目组直井或定向井体积压裂、水平井压裂工程项目为合作项目,杰瑞公司负责提供项目所涉及的设备和人员与组织施工,庆龙公司负责与相应部门对接及协调所有对外关系并承担相应费用,派驻相应工作人员,负责安全、技术指导、技术服务工作,庆龙公司享有工程总价款的18.5%,工程总价款暂估为3000万元,最终价款按实际结算总金额为准,合同期限至2018年12月31日。庆龙公司于2016年12月14日、2017年1月11日分别中标了长庆油田5个井筒工程。庆龙公司与长庆分公司于2017年1月至5月签订了8份合同,合同标的额为14 210万元。杰瑞公司履行了4 086 063元工程量后再不履行。后庆龙公司与长盈公司签订了协议,完成了庆龙公司中标的2017~2018年长庆油田部分工程,剩余工程未按期完成,被发包方长庆分公司收回。

裁判结果

一审法院判决，(1)限判决生效后30日内杰瑞公司赔偿庆龙公司损失22 444 077元；(2)驳回庆龙公司的其他诉讼请求。杰瑞公司不服一审判决，向二审法院提起上诉，二审法院判决，驳回上诉，维持原判。杰瑞公司不服二审判决，向最高人民法院申请再审，最高人民法院裁定，(1)撤销甘肃省高级人民法院作出的(2019)甘民终771号民事判决及甘肃省庆阳市中级人民法院作出的(2019)甘10民初25号民事判决；(2)本案发回甘肃省庆阳市中级人民法院重审。

案例57

再审申请人陕西通达实业有限公司(以下简称通达公司)与被申请人陕西建工第五建设集团有限公司(以下简称陕建五公司)建设工程施工合同纠纷案

案号：(2019)最高法民申1665号

主要争议焦点

(1)涉案合同是否应予解除；(2)二审判决通达公司向陕建五公司支付保证金的利息数额是否超出一审诉讼请求。

简要案情

陕建五公司与通达公司签订《西安电子大楼扩建项目工程总承包合同》，涉案合同签订后，陕建五公司未实际入场施工，通达公司认可合同实际上已经无法履行。双方因此产生纠纷。

案情详解

陕建五公司起诉请求，(1)解除陕建五公司与通达公司签订的《西安电子大楼扩建项目工程总承包合同》;(2)通达公司向陕建五公司支付违约金 1784.461 万元;(3)通达公司向陕建五公司返还投标保证金 400 万元,并支付投标保证金的利息 1 301 563.49 元(利息暂计算至 2017 年 7 月 25 日,自 2017 年 7 月 26 日起利息应以 400 万元为基数,按照中国人民银行同期贷款利率计算至实际给付之日);(4)该案诉讼费由通达公司承担。

通达公司辩称,陕建五公司通过诉讼的形式解除合同,程序错误,违约责任在陕建五公司而不在通达公司。即使通达公司对于陕建五公司不能入场有责任,陕建五公司要求的赔偿数额也过高。陕建五公司并未提交损失证明,其主张赔偿金应予驳回。陕建五公司主张通达公司承担保证金利息的诉求应予驳回。

一审法院查明:2014 年 4 月 22 日,陕建五公司与通达公司签订《西安电子大楼扩建项目工程总承包合同》,双方均认可该合同已经通过招投标程序。合同约定通达公司将西安电子大楼扩建工程发包给陕建五公司,合同暂定价款为 35 689.22 万元。合同约定履约保证金共计 2000 万元,分两次无息返还,每次各 1000 万元,如发包人未在 2014 年 7 月 30 日前将住宅楼拆除完毕,则于 7 日内返还承包人 1000 万元证金;如发包人未在 2014 年 11 月 30 日前将商业楼拆除完毕,则于 7 日内返还承包人剩余的 1000 万元保证金。合同还约定,本合同签章生效后,到本合同工程全部完工验收合格前,发承包双方任何一方未经对方同意,单方面不履行合同主要条款致合同无法履行的均视为违约,违约一方应按照价款的 5% 偿还给对方违约金。涉案合同签订后,陕建五公司未实际入场施工,通达公司无证据证明其已经通知陕建五公司入场,通达公司认可合同实际上已经无法履行,亦认可住宅楼部分未按合同约定时间拆除,但商业楼拆除时间通达公司未当庭确认。2013 年 9 月 27 日,陕建五公司通过银行转账向通达公司转款 1000 万元,通达公司出具的收款收据上载明收取款项为“投标保证金”。通达公司已向陕建五公司退还保证金 600 万元,剩余 400 万元保证金通达公司认可应向陕建五公司退还。

裁判结果

一审法院判决,(1)解除陕建五公司与通达公司之间签订的《西安电子大楼扩建项目工程总承包合同》。(2)本判决生效后 10 日内,被告通达公司支付原告陕建五公司违约金 800 万元。(3)本判决生效后 10 日内,被告通达公司返还原告陕建五公司保证金400万元。(4)本判决生效后10日内被告通达公司按照中国人民银行同期贷款利率，向原告陕建五公司支付延期退还保证金的利息(以1000万元为基数，支付自2014年12月7日至2017年5月30日的利息；以700万元为基数，支付2017年5月31日当日的利息；以500万元为基数，支付自2017年6月1日至2017年7月2日的利息；以400万元为基数，支付自2017年7月3日至判决给付之日的利息)。(5)驳回原告陕建五公司其余诉讼请求。陕建五公司与通达公司均不服一审判决，向二审法院提起上诉，二审法院判决，(1)维持西安市中级人民法院(2017)陕01民初1075号民事判决第一项、第二项、第三项、第五项。(2)变更西安市中级人民法院(2017)陕01民初1075号民事判决第四项为：本判决生效后10日内，被告通达公司按照中国人民银行同期贷款利率，向原告陕建五公司支付延期退还保证金的利息(以1000万元为基数，支付自2014年12月7日至2017年5月30日的利息；以700万元为基数，支付2017年5月31日当日的利息；以500万元为基数，支付自2017年6月1日至2017年7月2日的利息；以400万元为基数，支付自2017年7月3日至实际给付之日的利息)。通达公司不服二审判决，向最高人民法院申请再审，最高人民法院裁定，驳回通达公司的再审申请。

思考与衡量

违约责任的承担问题是一个较为复杂的问题，承担责任的方式是多种多样的，并非单一的。违约责任中赔偿损失是最为常见的形式之一，一般而言，损失的认定是综合衡量的结果，应考虑多方面的因素。特别是在当事人各方都有违约行为的情形下，更应该各自承担相应的责任。案例56中，涉及违约后赔偿损失金额的确定问题。案例57中，涉及违约后违约金的确定问题。

案例56中，一审法院认为，庆龙公司与杰瑞公司签订的合作协议系双方真实意思表示，且不违反法律法规的规定，不损害国家、集体或他人合法权益，属于有效合同。依照《合同法》第60条①“当事人应当按照约定全面履行自己的义务”的规定，庆龙公司依约提供中标项目，租赁房屋场地，组建人员，协调对外关系，杰瑞公司履行了4 086 063元的工程量后拒不履行合同，构成严重违约。杰瑞公司认为其

① 现为《民法典》第509条。

未收到施工指令且依照合作协议第15.1条规定，杰瑞公司有权终止合同，但双方签订的合作协议并无庆龙公司必须向杰瑞公司下达书面施工指令的约定，庆龙公司提交的电子邮件和快递单足以证明庆龙公司向杰瑞公司发出了要求施工的意思表示，庆龙公司完成了通知义务。合作协议第15.1条规定庆龙公司不能提供工程项目时杰瑞公司有权终止合同，但是庆龙公司已经提供了项目，杰瑞公司拒绝施工，故杰瑞公司依照合作协议第15.1条认为其不承担赔偿责任的理由不能成立。杰瑞公司提交的庆龙公司与烟台杰瑞石油服务集团股份有限公司的《设备采购合同》系庆龙公司与烟台杰瑞石油服务集团股份有限公司之间的买卖合同，与该案不属于同一法律关系，且庆龙公司与烟台杰瑞石油服务集团股份有限公司之间的买卖合同纠纷已另案诉讼，不属于该案审理范围。根据《合同法》第107条①“当事人一方不履行合同义务或者履行合同义务不符合规定的，应当承担继续履行、采取补救措施或者赔偿损失等违约责任”的规定，杰瑞公司拒绝履行合同义务，致使部分工程由第三人完成，部分工程被发包方收回，继续履行和补救已不可能实现，合同目的已无法实现，合作协议应当予以解除，杰瑞公司依法应赔偿庆龙公司的损失。

庆龙公司提交的中标通知书及其与长庆分公司签订的井下作业工程合同和油田水平井压裂工程承包合同等8份合同相互印证，足以证明庆龙公司与长庆分公司签订的上述8份合同标的为14 210万元（含11%的增值税），实际的工程金额必须先行扣除法定的11%的增值税，应为14 210万元/(1+11%)=128 018 018元，庆龙公司起诉的数额未扣除11%的增值税，该数额不当。8份中标合同中的工程项目均属于合作协议约定的工程内容。双方对杰瑞公司实际履行了4 086 063元的工程量且已结算清楚，杰瑞公司再未履行合同的事实均无异议，应予以确认。杰瑞公司对庆龙公司提交的中标通知及中标合同不予认可，但杰瑞公司不能提供证据反驳，且杰瑞公司已经实际履行了合同中的部分工程，故对杰瑞公司针对案涉工程金额的抗辩不予支持。根据以上事实，杰瑞公司的未履行工程金额为128 018 018元-4 086 063元=123 931 955元。庆龙公司提交的其与长盈公司签订的协议及电汇凭证能够证明杰瑞公司未履行工程中的39%由第三人完成，但为了在短期内寻找到合作对象，庆龙公司放弃了高收益。杰瑞公司对庆龙公司提交

① 现为《民法典》第577条。

的上述证据不予认可，但杰瑞公司不能提供证据证明自己的主张，对于庆龙公司自认杰瑞公司未履行工程中的39%由第三人完成且收取了1%收益的事实，有利于减轻杰瑞公司的责任，对于庆龙公司有利于杰瑞公司的自认自证，依法应予以确认。

合作协议约定庆龙公司分得工程款总价的18.5%，杰瑞公司分得81.5%。依约庆龙公司的损失应为123 931 955 元×61%×18.5%+123 931 955 元×39%×17.5%=22 444 077 元。庆龙公司主张的招标费用和为履行合同支出的租赁、人员等费用系其签订合作协议的前期基础支出，且一审法院已经按照完全履行合同后的收益支持了其损失，故对其请求的为签订合作协议支出的中标费用和未履行合同支出的租赁、人员等费用不予支持。庆龙公司主张因杰瑞公司违约造成工程未完工，使其信誉受到影响，2019年其在长庆分公司投标评分下降，后期其在长庆分公司的中标率大幅度下降，要求赔偿预期可得利益损失，庆龙公司不能提供证据证明损失的大小及损失与杰瑞公司之间存在因果关系，依照最高人民法院《关于适用〈中华人民共和国民事诉讼法〉的解释》第90条“当事人对自己提出的诉讼请求所依据的事实或者反驳对方诉讼请求所依据的事实，应当提供证据加以证明，但法律另有规定的除外。在作出判决前，当事人未能提供证据或者证据不足以证明其事实主张的，由负有举证证明责任的当事人承担不利的后果”的规定，应当由其承担不利后果，庆龙公司这一请求依据不足，不予支持。

二审法院认为，该案二审争议的焦点为：(1)合作协议应如何定性；(2)一审判决判令杰瑞公司向庆龙公司赔偿损失有无事实和法律依据，损失数额应当如何确定；(3)一审程序是否违法。

关于第一个焦点问题，从庆龙公司与杰瑞公司签订合作协议的内容来看，双方主要约定的是由庆龙公司负责投标从业主方揽到工程，由杰瑞公司负责具体施工，完工后双方根据约定的比例分配工程款，故合作协议从本质上讲是一种具备合作性质的协议。庆龙公司和杰瑞公司为达到共同目的利用各自优势，签订协议通过合作的方式来促成项目完成，根据最高人民法院《全国法院民商事审判工作会议纪要》第30条规定精神，应坚持鼓励交易原则，充分尊重当事人的意思自治，合作协议系双方真实意思表示，不违反强制性规定，属于有效协议。杰瑞公司认为该合作协议属于建设工程施工合同，合作协议无效和庆龙公司存在非法所得应予以没收的主张均不能成立。杰瑞公司在一审时对合作协议的性质和案由亦未提出异议，一审法院将案由定为合同纠纷并无不当。

关于第二个焦点问题，庆龙公司和杰瑞公司应该按照合作协议约定的内容履行各自义务。合作协议明确约定双方合作的工程内容为长庆分公司第二采油厂、第十一采油厂作业区内的2017～2018年井筒工程集中招标的老油田水力压裂作业项目和第十一采油厂作业区内的油田勘探、评价、产能建设项目组直井或定向井体积压裂、水平井压裂工程项目，履行期限为2017年1月1日至2018年12月31日，庆龙公司负责投标中标，杰瑞公司负责具体施工。庆龙公司按照约定在合作期内通过和长庆分公司签订8份中标合同揽到了14 210万元的工程，8份中标合同对应的工程量均在合作协议约定的工程内容范围内。杰瑞公司完成了2017年1月4日合同和2017年1月9日合同中的4 086 063万元工程量后再未施工，已构成违约。

杰瑞公司认为庆龙公司未向其告知施工信息，未提供施工资料，未送达中标合同扫描件，致其无法施工。第一，庆龙公司于2017年2月21日通过邮件方式向杰瑞公司送达过资料，又于2018年9月16日、2018年9月21日、2018年9月28日、2018年11月25日通过特快专递向杰瑞公司送达了资料，庆龙公司履行了告知和送达义务。第二，从庆龙公司工作人员与杰瑞公司工作人员的通话录音来看，杰瑞公司完全知晓存在应施工的项目，且杰瑞公司的工作人员明确表示不施工的原因是杰瑞公司人员和车辆不能调配到位等。第三，送达中标合同扫描件的约定是在结算条款中而不是在合作方式条款中，杰瑞公司已经施工了2017年1月4日和9日合同中的项目，但并没有证据显示庆龙公司向杰瑞公司送达过这两份合同的扫描件，说明双方在实际合作中确实存在资料往来。第四，杰瑞公司已经施工的项目涉及第十一采油厂的43口井和第二采油厂的21口井，但庆龙公司在2017年2月21日通过电子邮件只向杰瑞公司发送了镇264－401井和镇297－309井的施工资料。杰瑞公司认为庆龙公司除2017年2月21日通过电子邮件向其送达过资料外再未提供任何施工资料的说法不能成立。庆龙公司认为双方在合作中存在除电子邮件之外其他灵活多样的送达方式的说法成立。第五，杰瑞公司和庆龙公司就是为了案涉项目在同一办公场所合作办公，从常理分析，杰瑞公司认为自己不知道施工信息的辩解理由不能成立。综上，杰瑞公司以其未收到施工信息、施工资料和中标合同扫描件为不施工的理由，不能成立。

合作协议是庆龙公司和杰瑞公司双方共同意思表示，对双方均产生约束力，杰瑞公司认为合作协议是非排他性的协议，没有合同和法律依据。在合作协议未解除前杰瑞公司应按照合作协议履行自己的义务，并无证据证明在合作协议框架内庆龙公司还有其他合作方，杰瑞公司认为自己不施工，庆龙公司可以找其他施工单位进行合作的主张不符合契约精神和诚实守信原则。

合作协议明确约定3000万元工程价款只是暂估价，最终价款以实际结算总金额为准。庆龙公司先后揽到总金额为1.421亿元的工程，杰瑞公司却拒绝施工，庆龙公司为及时止损被迫以极低分配比例与长盈公司签订协议，并通过电汇方式支付了工程款，杰瑞公司认为该协议系伪造，并无证据可以证明。杰瑞公司认为庆龙公司将剩余工程交由长盈公司施工与其无关的理由不能成立。

杰瑞公司认为自己是压裂2队，故不是压裂2队的其他6份中标合同的项目，其不应施工。2018年1月3日合同的施工队是压裂2队，但杰瑞公司并没有施工；2017年1月9日合同的施工队不是压裂2队，但杰瑞公司却进行了施工，并没有证据证明杰瑞公司是压裂2队。2017年1月4日合同的工程项目是2017年油水井增产增注压裂工程服务；2017年1月9日合同的工程项目是长庆油田措施作业水力压裂井下作业工程；2017年2月27日合同的工程项目是2017年压裂工程；2017年4月28日合同的工程项目是2017年第二采油厂产能建设项目组直井或定向井体积压裂、水平井压裂工程；2017年12月28日合同的工程项目是长庆油田措施作业水力压裂井下作业工程；2018年1月3日合同的工程项目是2018年油水井增产增注压裂工程服务；2018年2月24日合同的工程项目是2017年第二采油厂产能建设项目组直井或定向井体积压裂、水平井压裂工程；2018年5月23日合同的工程项目是长庆油田2018年产能建设项目油田水平井、体积压裂井、直井或定向井、压裂工程。该8份中标合同对应的工程均在合作协议约定的工程内容范围内，杰瑞公司认为其没有义务施工2017年2月27日合同、2017年4月28日合同、2017年12月28日合同、2018年1月3日合同、2018年2月24日合同、2018年5月23日合同6个中标合同中的项目，不能成立。

《合同法》第107条[①]规定："当事人一方不履行合同义务或者履行合同义务不

---

① 现为《民法典》第577条。

符合约定的,应当承担继续履行、采取补救措施或者赔偿损失等违约责任。”杰瑞公司不履行合作协议约定的义务,构成违约,在继续履行和采取补救措施均不可能的情况下应当通过赔偿损失的方式承担违约责任,庆龙公司损失了18.5%的工程款,庆龙公司以此主张该部分损失有事实和法律依据。

关于第三个焦点问题,依照最高人民法院《关于调整部分高级人民法院和中级人民法院管辖第一审民商事案件标准的通知》,一审法院对本案拥有管辖权,杰瑞公司提出的管辖权异议不成立。杰瑞公司未查询到该通知,并不意味着该通知不存在,更不意味着该通知不发生法律效力,一审法院已当庭告知其拥有管辖权,应当视为其已作出了口头裁定,后在杰瑞公司的强烈要求下,一审法院也作出了书面的裁定,一审法院并未违反法定程序,亦不存在枉法裁判的行为。

笔者认为,《合同法》第52条规定:“有下列情形之一的,合同无效:(一)一方以欺诈、胁迫的手段订立合同,损害国家利益;(二)恶意串通,损害国家、集体或者第三人利益;(三)以合法形式掩盖非法目的;(四)损害社会公共利益;(五)违反法律、行政法规的强制性规定。”该案中,案涉合作协议系双方真实意思表示,不违反法律法规的强制性规定,系合法有效。《合同法》第113条第1款①规定:“当事人一方不履行合同义务或者履行合同义务不符合约定,给对方造成损失的,损失赔偿额应当相当于因违约所造成的损失,包括合同履行后可以获得的利益,但不得超过违反合同一方订立合同时预见到或者应当预见到的因违反合同可能造成的损失。”根据该规定,该案损失赔偿额的确定应当以违约方在订立合同时能够预见到或者应当预见到的损失为据。实践中合同的订立和履行是动态的而非静态的过程,在判断违约方能否预见和确定能预见的范围时应采用主、客观相结合的标准,综合考量合同性质、目的、交易规模以及各方的具体权利义务关系,从公平、合理的角度出发,适用填平原则,填补守约方的损失,兼顾各方当事人的利益。既要考虑违约方的过错,也应考虑另一方为减少可能发生的损失应采取的补救措施。该案中,案涉合作协议约定的合同履行期限截至2018年12月31日,工程总价款暂估为3000万元。在合同约定的合作期内庆龙公司和长庆油田签订了8份中标合同,共揽到了1.421亿元的工程,其中3份系案涉合作协议签订前取得,合计金额为3400万元,

① 现为《民法典》第584条。

杰瑞公司仅完成其中 4 086 063 元工程量。该合作协议约定，庆龙公司应当在与长庆油田签订中标合同后及时通知杰瑞公司，合作协议第 15.1 条约定双方以作业区为长庆油田第十二采油厂项目为合作基础，如庆龙公司未能提供长庆油田第十二采油厂项目的，则杰瑞公司有权终止合同并不承担违约责任；第 15.3.1 条约定如杰瑞公司施工逾期，则杰瑞公司承担单井作业的违约责任，赔偿庆龙公司的全部经济损失。根据前述法律规定和事实，案涉合作协议签订后，庆龙公司取得的其他中标合同是否按照合同约定通知杰瑞公司，杰瑞公司是否拒绝履行施工义务，拒绝履行义务的原因是什么，以及在杰瑞公司不再施工后，庆龙公司后续签订的其他合同是否基于双方约定的合作内容等基本事实，都是确定本案赔偿损失数额的基础事实。而一审、二审在未查清以上事实的情况下，以庆龙公司向长庆油田的全部中标金额 1.421 亿元作为损失计算依据，属于基本事实认定不清。

案例 57 中，一审法院认为，该案争议的焦点问题为：(1)涉案合同应否解除；(2)陕建五公司是否存在违约行为及违约责任的承担；(3)通达公司是否应向陕建五公司承担保证金的利息及利息数额。第一，关于涉案合同应否解除的问题。陕建五公司与通达公司签订的《西安电子大楼扩建项目工程总承包合同》是双方真实意思表示，不违反法律法规的强制性规定，且经过法定招投标程序，该合同合法有效。陕建五公司与通达公司签订上述合同的目的是承包西安电子大楼扩建项目，但通达公司并未按照合同约定通知陕建五公司进场施工，通达公司亦认可合同已无法实际履行。陕建五公司称其要求解除的依据是《合同法》规定的法定解除权，《合同法》第 94 条①规定，有下列情形之一的，当事人可以解除合同：(1)因不可抗力致使不能实现合同目的；(2)在履行期限届满之前，当事人一方明确表示或者以自己的行为表明不履行主要债务；(3)当事人一方迟延履行主要债务，经催告后在合理期限内仍未履行；(4)当事人一方延迟履行债务或者有其他违约行为致使不能实现合同目的；(5)法律规定的其他情形。根据合同约定，陕建五公司入场施工应当以通达公司通知为前提，通达公司虽称是因陕建五公司自身原因不入场，但其并未提交通知陕建五公司入场的证据，通达公司称其至今仍然没有拿到建设工程许可证不符合进场条件，但该许可证的取得并非陕建五公司应承担的责任，也无证

---

① 现为《民法典》第 563 条。

据证明陕建五公司因此拒绝入场。综上,能够认定合同最终未能履行是因通达公司原因导致的,通达公司该行为已经构成违约,致使合同无法履行,符合《合同法》第94条第4项规定情形,通达公司违约导致合同目的已不能实现,陕建五公司有权要求解除合同,其该项诉讼请求予以支持。第二,关于陕建五公司是否存在违约行为及违约责任的承担问题。如上所述,通达公司始终未通知陕建五公司入场,使陕建五公司无法按照合同约定承包该工程,导致合同目的无法实现,已经构成违约。根据合同约定,合同任何一方单方面不履行合同主要条款致使合同无法履行的视为违约,违约方应按照合同价款的5%赔偿给对方违约金。按照合同暂定总价35 689.22万元的约定,5%的违约金数额应当为1784.461万元,与陕建五公司对违约金部分的诉讼请求一致,通达公司不认可其应承担违约责任,且提出即使承担违约责任,该违约金主张亦明显过高,请求法院予以降低。《合同法》第114条第2款①规定,约定的违约金低于造成的损失的,当事人可以请求人民法院或者仲裁机构予以增加;约定的违约金过分高于造成的损失的,当事人可以请求人民法院或者仲裁机构予以适当减少。最高人民法院《关于适用〈中华人民共和国合同法〉若干问题的解释(二)》第29条第1款规定,当事人主张约定的违约金过高请求予以适当减少的,人民法院应当以实际损失为基础,兼顾合同的履行情况、当事人的过错程度以及预期利益等综合因素,根据公平原则和诚实信用原则予以衡量,并作出判决。陕建五公司证明其损失的依据为若实际施工的可得利益,但陕建五公司实际是否能够获得相应的利润存在不确定性,双方所签订的合同中并未对施工方获取的利润提供保障性约定,因不确定因素的存在可能导致陕建五公司获得的利润存在变动,也同样存在亏损的风险,因此,证明其实际损失的证据并不充分,陕建五公司要求通达公司按照合同约定承担1784.461万元违约金的诉讼请求过高,但通达公司实际存在违约事实,应当就其违约行为承担相应的赔偿责任,该院酌情认定通达公司向陕建五公司支付违约金800万元。第三,关于通达公司是否应向陕建五公司承担保证金的利息及利息数额问题。因通达公司认可应当返还400万元的保证金,一审法院对此予以认定。至于保证金的利息,合同中约定通达公司应当分两次退还履约保证金共计2000万元,返还时间分别为:工程形象进度至+0.00主体

---

① 现为《民法典》第585条。

结构完成及形象进度完成十层主体结构封顶时，同时规定住宅楼和商业楼若未按期拆除，则应限期返还保证金。通达公司称陕建五公司所缴纳的并非履约保证金而是投标保证金，不应支付利息，但通达公司未实际向陕建五公司履行发包义务，工程不可能履行至无息退还保证金的阶段，因此，通达公司应当向陕建五公司返还保证金。虽然收款收据载明保证金性质为“投标保证金”而非“履约保证金”，但未能使合同到达履约阶段的责任应当由通达公司承担，通达公司未按期履行退还保证金的责任，理应承担相应的逾期利息。至于应退还保证金的日期，通达公司认可未按合同约定拆除住宅楼，对于商业楼部分通达公司亦未提交已经按期拆除的证据，因陕建五公司仅缴纳了1000万元保证金，故通达公司最迟应于2014年11月30日后的7日内，即2014年12月7日前退还陕建五公司缴纳的保证金1000万元，逾期应按照中国人民银行同期贷款利率向陕建五公司承担利息。通达公司曾分期退还600万元保证金，故利息部分应分段计算，以1000万元为基数，支付自2014年12月7日至2017年5月30日的利息；以700万元为基数，支付2017年5月31日当日的利息；以500万元为基数，支付自2017年6月1日至7月2日的利息；以400万元为基数，支付自2017年7月3日至判决给付之日的利息。

二审法院认为，该案的焦点问题为：(1)涉案合同解除的责任在谁，一审判决合同解除的法律依据是否正确；(2)一审判决通达公司支付陕建五公司违约金800万元是否正确；(3)一审判决通达公司支付陕建五公司保证金利息是否正确，利息是否存在漏判。关于涉案合同解除的问题，《合同法》第94条①规定，有下列情形之一的，当事人可以解除合同：(1)因不可抗力致使不能实现合同目的；(2)在履行期限届满之前，当事人一方明确表示或者以自己的行为表明不履行主要债务；(3)当事人一方迟延履行主要债务，经催告后在合理期限内仍未履行；(4)当事人一方迟延履行债务或者有其他违约行为致使不能实现合同目的；(5)法律规定的其他情形。该案中，根据双方当事人签订的《西安电子大楼扩建项目工程总承包合同》约定，陕建五公司入场施工应当以通达公司书面通知为前提。而自2014年4月22日双方签订合同至陕建五公司起诉前，通达公司未向陕建五公司发出过进场的书面通知，告知其进场施工。通达公司称是因陕建五公司自身原因不入场，但其并未提

① 现为《民法典》第563条。

交证据予以证明。通达公司又称是因不可抗力导致其未取得建设工程规划许可证不符合进场条件,但根据其二审提交的新证据可证明其在2014年已经取得建设工程规划许可证,其所称的不可抗力的理由不能成立。故一审法院认定双方合同未能履行的原因是通达公司所致,通达公司已经构成违约,致使合同无法履行,该情形符合《合同法》第94条①第4项规定,认定事实和适用法律并无不当。关于违约金的问题,陕建五公司主张根据《西安电子大楼扩建项目工程总承包合同》约定,合同任何一方单方面不履行合同主要条款致合同无法履行视为违约,违约一方应按照本合同价款的5%赔偿给对方违约金。按照合同暂定总价35 689.22万元的约定,5%的违约金数额应当为1784.461万元。一审中,通达公司不认可其应承担违约责任,且提出即使承担违约责任,该违约金亦明显过高,请求法院予以降低。《合同法》第114条第2款②规定:"约定的违约金低于造成的损失的,当事人可以请求人民法院或者仲裁机构予以增加;约定的违约金过分高于造成的损失的,当事人可以请求人民法院或者仲裁机构予以适当减少。"最高人民法院《关于适用〈中华人民共和国合同法〉若干问题的解释(二)》第29条第1款规定:"当事人主张约定的违约金过高请求予以适当减少的,人民法院应当以实际损失为基础,兼顾合同的履行情况、当事人的过错程度以及预期利益等综合因素,根据公平原则和诚实信用原则予以衡量,并作出裁决。"该案中,陕建五公司主张其损失的依据为其如果实际施工可以获得的利益。因涉案项目尚未进行建设,未来市场盈亏存在不确定性,可能盈利,也有可能亏损,故一审法院酌情认定通达公司向陕建五公司支付违约金800万元,也并无不妥。陕建五公司上诉主张通达公司按照合同约定向其承担1784.461万元违约金的请求,不予支持。关于保证金利息的问题。据上所述,导致《西安电子大楼扩建项目工程总承包合同》不能履行的违约一方在通达公司,其应当将陕建五公司向其交纳的1000万元保证金予以退还,根据陕建五公司交纳该款项的时间及通达公司出具的收款收据载明,该1000万元保证金性质应为投标保证金,对此双方当事人也均无异议。一审法院认定该款项为履约保证金不当,应予纠正。该款项自双方当事人于2014年4月2日签订《西安电子大楼扩建项目工程总

① 现为《民法典》第563条。

② 现为《民法典》第585条第2款。

承包合同》后，因双方并未对该款项再作出约定，通达公司即应当向陕建五公司予以返还。其间，通达公司分别于2017年5月31日、2017年6月1日、2017年7月3日向陕建五公司退还保证金300万元、200万元、100万元，仍剩余400万元未予退还。通达公司逾期退还该款项，且导致合同不能继续履行的责任在其自身，其应当承担逾期退还该款项的利息。其上诉主张不应当承担该款项利息的理由不能成立，不应支持。一审判决对此部分在认定上虽有不当，但判处正确，应予维持。根据陕建五公司起诉状及一审庭审笔录载明，陕建五公司向一审法院起诉请求对保证金利息按照中国人民银行贷款利率计算至实际给付之日。一审判决主文第四项将保证金利息计算至判决给付之日，属于遗漏其诉讼请求。陕建五公司上诉请求二审法院将一审判决主文第四项最后一句“以400万元为基数，支付自2017年7月3日至判决给付之日的利息”改判为“以400万元为基数，支付自2017年7月3日至实际给付之日的利息”的理由成立，应予支持。综上，陕建五公司部分上诉请求成立，应予改判；通达公司上诉请求不能成立，应予驳回。

笔者认为，关于通达公司是否违约以及违约金数额认定的问题。《合同法》第94条[①]规定：“有下列情形之一的，当事人可以解除合同：（一）因不可抗力致使不能实现合同目的；（二）在履行期限届满之前，当事人一方明确表示或者以自己的行为表明不履行主要债务；（三）当事人一方迟延履行主要债务，经催告后在合理期限内仍未履行；（四）当事人一方迟延履行债务或者有其他违约行为致使不能实现合同目的；（五）法律规定的其他情形。”该案中，双方当事人签订的《西安电子大楼扩建项目工程总承包合同》约定，陕建五公司入场施工应当以通达公司书面通知为前提。通达公司一直未向陕建五公司发出过进场的书面通知告知其进场施工。通达公司称是因陕建五公司自身原因不入场，但其并未提交证据予以证明。通达公司又称是因不可抗力导致其未取得建设工程规划许可证不符合进场条件，但其二审提交的证据证明其在2014年已经取得建设工程规划许可证，其所称不可抗力的理由不能成立。故一审、二审法院认定双方合同未能履行的原因是通达公司所致，通达公司构成违约，致使合同无法履行，并依据《合同法》第94条第4项的规定判决解除合同，认定事实和适用法律并无不当。

---

① 现为《民法典》第563条。

关于违约金的数额问题。《合同法》第 114 条第 2 款①规定:“约定的违约金低于造成的损失的,当事人可以请求人民法院或者仲裁机构予以增加;约定的违约金过分高于造成的损失的,当事人可以请求人民法院或者仲裁机构予以适当减少。”最高人民法院《关于适用〈中华人民共和国合同法〉若干问题的解释(二)》第 29 条第 1 款规定:“当事人主张约定的违约金过高请求予以适当减少的,人民法院应当以实际损失为基础,兼顾合同的履行情况、当事人的过错程度以及预期利益等综合因素,根据公平原则和诚实信用原则予以衡量,并作出裁决。”该案中,《西安电子大楼扩建项目工程总承包合同》约定,合同任何一方单方面不履行合同主要条款致合同无法履行的视为违约,违约一方应按照本合同价款的 5% 赔偿给对方违约金。按照合同暂定总价 35 689.22 万元的约定,5% 的违约金数额应当为 1784.461 万元。因一审中,通达公司不认可其应承担违约责任,提出即使承担违约责任,该违约金明显过高,请求法院予以调整。故一审法院酌情认定通达公司向陕建五公司支付违约金 800 万元,二审予以维持,并无不妥。

关于保证金的利息认定问题。该案中,通达公司一共收取陕建五公司 1000 万元保证金,后于 2017 年 5 月 31 日向陕建五公司退还保证金 300 万元;2017 年 6 月 1 日向陕建五公司退还保证金 200 万元;2017 年 7 月 3 日向陕建五公司退还保证金 100 万元,剩余 400 万元保证金未予退还。陕建五公司一审第三项诉讼请求为:请求通达公司返还投标保证金 400 万元,并支付投标保证金的利息 1 301 563.49 元,并载明“利息暂计算至 2017 年 7 月 25 日,自 2017 年 7 月 26 日起利息应以 400 万元为基数,按照中国人民银行同期贷款利率计算至实际给付之日”,从字面意思看,2017 年 7 月 26 日之后以 400 万元为基数,此前应当以实际欠付的金额为基数。故一审、二审判决根据实际金额分段计付利息,总金额为 1 300 770.833 元,并未超出陕建五公司的起诉请求。

(八)合同的解释

合同签订之后,解释就成为重要的内容。合同的解释对于当事人正确履行合同义务,行使合同权利具有重要意义。《合同法》和《民法典》对于合同解释都进行了专门规定。正确解释合同是审理合同纠纷案件的重要内容,也是正确保护各方

---

① 现为《民法典》第 585 条第 2 款。

当事人合法权利的基础。

案例58

上诉人钦州锐丰钒钛铁科技有限公司(以下简称钦州锐丰公司)与被上诉人北京航空航天大学(以下简称北航大学)技术合同纠纷一案

案号:(2015)最高法民三终字第8号

主要争议焦点

钦州锐丰公司能否依据《合同法》第54条第2款之规定,撤销其与北航大学签订的《技术开发(委托)合同》及技术附件、合同附件1、合同附件2、补充技术附件。

简要案情

甲方钦州锐丰公司作为委托方与乙方北航大学签订《技术开发(委托)合同》及技术附件、合同附件1、合同附件2、补充技术附件等合同。后双方因合同履行发生纠纷。该案主要分歧在于对合同的理解有所不同。

案情详解

2009年3月3日,北京金坤宏宇公司、北航大学申请名称为"从钒钛磁铁矿砂中直接制取铁和钒钛铝合金的工业化生产方法"的发明专利,并于2011年6月15日获得授权,专利号为ZL200910078765.6,专利权人为北京金坤宏宇公司、北航大学,发明人为卢某民。该专利的"摘要"部分记载:本发明公开了一种从钒钛磁铁砂矿中直接制取铁和钒钛铝合金的工业化生产方法,该方法先对自然界采得的钒钛磁铁砂矿进行制球团,然后对球团进行干燥处理,还原熔分、筛分提取块铁,最后对钒钛渣采用铝热还原法得到钒钛铝合金。本发明生产方法获得的块铁含量为93%左右,铁、钒、钛的回收率分别为90%、85%、85%。

形成于2009年4月12日并署名为“北航大学卢某民”的东南亚滨海钒钛磁铁砂矿综合利用项目简要可行性分析报告中的“项目的重大意义”部分记载:中国钢铁面临较大铁矿资源危机,而在我国周边东南亚国家滨海钒钛磁铁砂矿储量600亿吨,但由于没有钒钛铁分离技术至今尚无法利用。本项目开发了以钒钛磁铁砂矿为原料,采用转底炉直接还原熔分生产高钛渣的新工艺,直接实现了铁、钛、钒的有效分离,配方独特的添加剂和催化剂球团技术和转底炉直接还原熔分是工艺的关键技术;进一步利用湿法冶金技术制得二氧化钛和五氧化二钒产品,使钒钛磁铁砂矿得到了综合利用。该报告关于“钒钛磁铁砂矿综合利用技术来源”部分中记载:北航大学与北京金坤宏宇公司开发了钒钛磁铁砂矿直接还原熔分技术,金属化球团渣铁分离技术,深度还原熔分渣提钒、提钛技术的工艺研究,并研制了钒钛磁铁砂矿综合利用成套装备,完成钒钛磁铁砂矿直接还原熔分实验室及半工业规模试验,铁、钒、钛回收率分别达到90%、85%、85%,形成了具有我国自主知识产权的钒钛磁铁砂矿综合利用成套技术及装备。本项目的技术特点是:本项目以钒钛磁铁砂矿为原料,采用转底炉直接还原熔分生产块铁—电炉深度还原生产高钛渣新工艺,实现铁、钛和钒的有效分离;配方独特的添加剂和催化剂球团技术和转底炉直接还原熔分是工艺的关键技术;进一步利用湿法冶金技术制得二氧化钛和五氧化二钒产品。钒钛磁铁砂矿综合利用的工艺流程是:原料—混料—工业压制球团—转底炉直接还原熔分—块铁、高钒钛铁渣—电炉深度还原熔分—高钛渣、高钒渣—湿法冶金技术—五氧化二钒产品、二氧化钛。该报告有关“经济效益与投资”部分记载:以建设直径10m转底炉为宜,年产生铁10万吨,处理钒钛磁铁砂矿18.44万吨,副产二氧化钛1.48万吨、五氧化二钒980吨。全部产品总产值55 740万元,生产总成本22 410万元,实现利润23 854.2万元,净利润17 890.65万元,税费15 439.35万元,利税33 330万元。总投资2.5亿元,其中铁系统1.2亿元,钛系统5000万元,钒系统3000万元,流动资金3000万元,铺底流动资金2000万元,建设周期8个月。

2010年3月30日,香港锐丰公司作为甲方与乙方北京金坤宏宇公司鉴定《技术使用合同》,约定香港锐丰公司以人民币700万元的价格取得北京金坤宏宇公司滨海钒钛磁铁矿砂半工业试验技术成果使用权。该合同已经得到实际履行。同期,香港锐丰公司与广西钦州市人民政府洽谈钒钛铁分离技术工业化示范项目的落户问题。2010 年 4 月 10 日，香港锐丰公司与广西钦州市人民政府签订协议，决定将钒钛铁分离技术工业化示范项目落户钦州，并着手组建钦州锐丰公司。随后，钦州锐丰公司作为香港锐丰公司为股东（发起人）成立的独资企业于 2011 年 6 月 24 日成立，其营业期限为 2011 年 6 月 24 日至 2015 年 6 月 24 日。

2010 年 8 月 10 日，甲方钦州锐丰公司（委托方）与乙方北航大学（受托方）在北航大学签订了《技术开发（委托）合同》，合同有效期限自 2010 年 8 月 10 日至 2015 年 12 月 31 日，合同约定双方共同研究开发钒钛铁分离技术工业化示范项目，同时作为钦州锐丰公司法定代表人和香港锐丰公司代表的陈某英在合同上签字，并加盖有钦州锐丰公司和北航公司的印章。《技术开发（委托）合同》具体内容如下，第 1 条约定了本合同研究开发项目的要求，(1) 技术目标：印度尼西亚滨海钒钛磁铁矿砂储量大，研究开发该矿砂综合利用关键技术。北航大学已经完成了滨海钒钛磁铁砂矿综合利用关键技术开发研究。本项目技术目标是完成滨海钒钛磁铁砂矿综合利用技术中的关键技术，年产 30 万吨转底炉直接还原铁钒钛磁铁砂矿分离技术工艺和成套设备研制，形成具有我国自主知识产权的钒钛磁铁砂矿综合利用分离技术及装备。(2) 技术内容：乙方负责研制年产 30 万吨转底炉直接还原铁钒钛磁铁砂矿分离技术工业化示范生产线，包括①转底炉直接还原铁，包括原料处理系统、转底炉预还原系统、熔融深度还原熔分渣铁分离、钛渣及钒渣预处理工序；②二氧化钛生产线（该项合同另签）；③五氧化二钒生产线（该项合同另签）。(3) 验收技术指标，包括①设备性能指标：各单机设备及整体系统达到设计要求，转底炉、熔融深度还原熔分炉移交 1 年内无非甲方原因产生的故障。②产量指标：年产直接还原铁 30 万吨。③产品质量指标：本合同产品为还原铁、供生产二氧化钛（≥98%）、五氧化二钒（≥98%）用的钛渣和钒渣。还原铁 TFe≥92%，符合国家钒铁或还原铁标准；钛渣为熔分炉渣铁分离的钛渣，钒渣为从熔分炉铁水中的提钒渣。第 2 条约定乙方应在本合同生效后 10 日内向甲方提交研究开发计划。第 3 条约定乙方应按下列进度完成研究开发工作：(1)2010 年 8 月 10 日至 2011 年 8 月 11 日完成工业试验设备设计、建设、安装及工业冷及热调试（时间起点为签订合同后预付款到账之日）；(2)2011 年 8 月 11 日开始进行工业调试，完成工艺参数优化及工业试验，并且示范线稳定运行。转底炉、熔融深度还原熔分炉进行连续 120 小时的考核，其他工艺装置和部分辅助设施进行 72 小时的考核，考核合格后即可组织工程交接。甲乙双方联合考核,达到第1条规定的验收技术指标。第4条约定甲方应向乙方提供的技术资料及协作事项,包括在今年内提供工业试验期间所用滨海钒钛磁铁砂矿3吨。第5条约定了项目经费及支付,包括(1)项目经费总额:①转底炉直接还原铁:乙方总承包费用3.15亿元人民币。在实际制造设备过程中出现的不可预见费用,经过论证为必须使用,由甲方直接采购。②二氧化钛生产线:控制在7000万元以下(合同另签,不在本合同内付款)。③五氧化二钒生产线:控制在6000万元以下(合同另签,不在本合同内付款)。(2)经费支付:①以保证项目进度为前提,按双方确认的进度计划、资金使用计划由甲方分期支付乙方;②合同签订及待钦州锐丰公司正式注册5日内甲方支付合同价5%(0.1575亿元)项目启动资金;③设备安装完毕,冷态调试完毕后,热试车前甲方向乙方支付的费用总额应达到合同价的90%(2.835亿元);④鉴定完毕并移交后5日内,甲方向乙方支付合同价的5%(0.1575亿元);⑤合同价的5%为项目质保金,于鉴定完毕并移交后一年内付清。第9条约定乙方确保设计及制造单位所提供的货物是全新的、未使用过的,符合技术协议规定的质量及性能要求。该套生产工艺涵盖了冶金工艺领域内的多项领先技术,对于在设备调试及试运行阶段可能出现的设备故障,乙方有责任对故障进行处理,直至设备顺利运转。第11条约定乙方应当按以下方式向甲方交付研究开发成果,包括(1)研究开发成果交付的形式及数量:技术研究报告、经济分析报告、年产30万吨转底炉直接还原铁钛磁铁砂矿分离技术工业化示范线及工艺参数。(2)研究开发成果交付的时间及地点:按时间节点提交广西钦州市冶金工业园钦南片区(以最终政府所定名称为准)。第24条约定与履行本合同有关的技术附件,双方确认为本合同的组成部分。

2010年8月10日,钦州锐丰公司(甲方)与北航大学(乙方)还签订了《技术开发(委托)合同》的技术附件,其中第2条约定了基本工艺:该工艺采用多项先进的节能技术,能够实现环保清洁生产;而且该工艺不使用资源稀缺、价格昂贵的炼焦煤。煤基转底炉还原的主要工艺过程为:配料、混料、制球和干燥后的含碳球团加入可转动炉底的转底炉炉膛中,炉料在随着炉底旋转一周的过程中,球团矿被碳还原,得到金属化球团。第4条约定了设备性能要求,其中基本设计条件中约定了以下内容:工艺:造球、干燥、煤基转底炉法预还原、分离;生产能力:年产30万吨生铁;原料:印尼滨海钒钛磁铁矿砂;产品:生铁,钛渣和钒渣(二氧化钛和五氧化二钒制备将由另外合同确定）；燃料：天然气。

2010年9月28日，钦州锐丰公司（甲方）与北航大学（乙方）还签订了《技术开发（委托）合同》的合同附件1，将《技术开发（委托）合同》第5条部分内容修改为，转底炉直接还原铁：乙方总承包费用3.15亿元人民币。乙方在保证质量前提下，把在实际制造设备过程中出现的不可预见费用控制在最低限度。出现问题应及时沟通并经双方论证，总不可预见费用不超出项目费用的5%。经费支付：（1）以保证项目进度为前提，按双方确认的进度计划、资金使用计划由甲方分期支付乙方，每笔款项支付前乙方须提前一周向甲方提供资金使用计划。（2）在2010年11月内甲方支付合同价的5%（0.1575亿元）为项目启动资金。（3）在生产线设计完成60%后，预定设备时，甲方向乙方支付合同价15%（0.4725亿元）的合同款。（4）在乙方提交土建资料后3日内，甲方向乙方支付合同价的20%（0.63亿元）。（5）在乙方施工人员进驻现场安装设备3日内，甲方向乙方支付合同价的20%（0.63亿元）。（6）在乙方施工人员进驻现场安装设备40日内，甲方向乙方支付合同价的20%（0.63亿元）。（7）设备安装完毕，冷态调试完毕后，热试车前甲方向乙方支付合同价的10%（0.315亿元）；截至设备安装完毕，冷态调试完毕后，热试车前甲方向乙方支付的费用总额应达到合同价的90%（2.835亿元）。（8）鉴定完毕并移交后5日内，甲方向乙方支付合同价的5%（0.1575亿元）。（9）合同价的5%作为项目质保金于鉴定完毕并移交后一年后付清。

2010年11月21日，钦州锐丰公司（甲方）与北航大学（乙方）还签订了《技术开发（委托）合同》的合同附件2，其中约定《技术开发（委托）合同》中约定的钒钛铁分离技术工业化示范项目的启动资金：为了弥补由于政府审批项目造成时间拖后的影响，保证项目按时推进，由香港锐丰公司代表钦州锐丰公司先期垫付150万美元（折合人民币按当日中国银行外汇牌价计算）作为项目启动款。以该款项到账时间记为项目开始时间。此后，钦州锐丰公司（甲方）与北航大学（乙方）还签订了补充技术附件，进一步约定了甲乙双方交接点的界定、设备安装及调试、设备卸装及保管等内容。

2011年1月28日，广西环境保护厅出具《关于钦州锐丰钒钛铁科技有限公司钒钛铁分离技术工业化示范项目（一期工程）环境影响报告书的批复》，其中指出：报告书按照规范编制，现状调查结论较客观，环境影响预测结论基本可信，提出了较为具体的污染防治措施，方案可行；拟建项目属于规模化工业试验，工艺技术方案仍存在一定的不确定性，设计、建设及运行过程中如发生调整，应及时报告；项目一期工程以印度尼西亚滨海钒钛磁铁矿砂资源为原料，采用冷固结方式和煤粉混合料加压成型、转底炉直接还原—熔融深度还原工艺，实现钒、钛、铁的初步分离，为二期工程钛、钒的深加工创造良好条件。

2012 年 12 月 24 日，中国有色金属工业协会出具了钦州锐丰公司钒钛铁分离技术工业化示范项目可行性研究报告评审意见，其中记载：2012 年 12 月 24 日，中国有色金属工业协会在北京组织召开了由北航大学、中钢研新冶高科技集团有限公司编制的钦州锐丰公司钒钛铁分离技术工业化示范项目可行性研究报告评审会，形成的评审意见是：可行性研究报告资料齐全、数据翔实，符合规范要求；该项目以进口滨海钒钛磁铁矿砂资源为原料进行综合开发利用，对促进我国钒钛产业可持续发展和促进地方经济发展具有重要意义；项目符合国家产业政策，属于国家鼓励发展的项目；项目选址合理，交通方便，原材料供应有保障，外部条件能够满足生产要求；项目的工艺路线先进，产品方案合理，前期规则基础扎实，风险可控；项目节能环保效果好，预期可取得良好的经济效益和社会效益。

2013 年 7 月 26 日，广西交通实业有限公司组织了钦州锐丰钒钛磁铁矿项目技术交流会，并于 2013 年 8 月 1 日形成了钦州锐丰公司钒钛分离技术工业化示范项目可行性研究报告专家评审意见，其中指出：钒钛磁铁矿原料来源的保障及稳定性问题；现有实验不足以推理出直径 40m 转底炉的工业生产可行性，而且项目可研报告中没有关于直径 40m 转底炉的任何涉及参数及应用成果鉴定；项目产品成本分析中，部分关键材料的消耗量估算偏低；报告对产品市场价格的分析过于乐观，与实际市场情况出入较大；项目生产规模太小，经济上很难盈利；建议技术方对确定用于生产的砂矿开展系统的工艺流程，在此基础上开展项目规模化工业生产的技术经济可行性论证，然后方可委托有经验和资质的工程设计单位开展项目工程的初步设计工作。针对上述专家评审意见涉及北航大学部分，北航大学于 2013 年 8 月 11 日作出说明：钒钛磁铁矿海砂中的钒钛铁在合适的条件下是完全可以分离的，该分离与所用的设备大小无关；直径 13m 的转底炉工艺参数及是否评审与本项目无关，直径 40m 转底炉从设计制造技术难度和经济效益两个方面考量是合适的，直径 2m 到直径 40m 转底炉钒钛铁分离从工艺到设备都是有可靠依据的。

2014 年 4 月 12 日，广西佳海会计师事务所有限公司出具了佳海外审字[2014]第 010 号审计报告，其中记载：钦州锐丰公司为履行与北航大学签订的合同，截至 2013 年 12 月 31 日已投入资金达人民币 248 243 194.45 元。

2014 年 9 月 2 日，钦州市钦南区人民政府向北航大学出具钦南政函(2014)144 号关于协调推进钦州锐丰钒钛铁分离技术工业化示范项目建设相关工作的函，其中记载：自治区、钦州市以及钦南区政府对钦州锐丰公司项目高度重视，市、区全力推进项目基础配套设施工程建设，尽最大努力协调推进当前项目建设遇到的困难和问题，同时希望北航大学大力支持项目建设，使科研成果在钦南区转化为大产业。

《技术开发（委托）合同》签订后即已生效，钦州锐丰公司为履行《技术开发（委托）合同》已实际向北航大学支付了人民币 5796 万元，钦州锐丰公司在起诉状中主张其向北航大学已支付技术开发费用人民币 5759 万元应为 5796 万元。此外，北航大学在庭审中认可中色协科鉴字[2008]第 113 号科学技术成果鉴定证书中所鉴定的技术、第 ZL200910078765.6 号“从钒钛磁铁矿砂中直接制取铁和钒钛铝合金的工业化生产方法”发明专利及 2010 年 8 月 10 日《技术开发（委托）合同》技术在转底炉之前的工艺是相同的，在转底炉之后因为制备的产品不同故相应的工艺有所调整；钦州锐丰公司在庭审中认可中色协科鉴字[2008]第 113 号科学技术成果鉴定证书中所鉴定的技术与 2010 年 8 月 10 日《技术开发（委托）合同》技术相同。

裁判结果

一审法院判决，驳回钦州锐丰公司全部诉讼请求。钦州锐丰公司不服一审判决，向二审法院提起上诉，二审法院判决，驳回上诉，维持原判。

思考与衡量

合同解释是以当事人的真实意思表示为基本标准的，而确定真实意思表示又是一个依法综合判断的过程。案例 58 中，对于案涉合同是否应予解除需要综合理解。该案属于新类型案件，既涉及合同法的相关理解，还涉及对专利法的理解，同时还涉及技术转让，案涉金额巨大，是一起较为疑难复杂的案件，社会关注度高、影响面大。

一审法院认为:最高人民法院《关于适用〈中华人民共和国公司法〉若干问题的规定(三)》(2014 年修正)第 3 条规定:“发起人以设立中公司名义对外签订合同,公司成立后合同相对人请求公司承担合同责任的,人民法院应予支持。公司成立后有证据证明发起人利用设立中公司的名义为自己的利益与相对人签订合同,公司以此为由主张不承担合同责任的,人民法院应予支持,但相对人为善意的除外。”据此,既然发起人以设立中公司名义对外签订合同,公司成立后应当承担责任,同理公司成立后也就可以主张权利。该案中,虽然涉案《技术开发(委托)合同》签订时钦州锐丰公司仍处于设立过程中,但在该合同签订后钦州锐丰公司依法成立,且《技术开发(委托)合同》有钦州锐丰公司的公章及其法定代表人的签名,同时钦州锐丰公司并不否认《技术开发(委托)合同》对其产生的拘束力,故钦州锐丰公司有权提起该案诉讼。

《合同法》第 54 条规定:“下列合同,当事人一方有权请求人民法院或者仲裁机构变更或者撤销:(一)因重大误解订立的;(二)在订立合同时显失公平的。一方以欺诈、胁迫的手段或者乘人之危,使对方在违背真实意思的情况下订立的合同,受损害方有权请求人民法院或者仲裁机构变更或者撤销。当事人请求变更的,人民法院或者仲裁机构不得撤销。”最高人民法院《关于审理技术合同纠纷案件适用法律若干问题的解释》第 9 条规定:“当事人一方采取欺诈手段,就其现有技术成果作为研究开发标的与他人订立委托开发合同收取研究开发费用,或者就同一研究开发课题先后与两个或者两个以上的委托人分别订立委托开发合同重复收取研究开发费用的,受损害方依照合同法第五十四条第二款规定请求变更或者撤销合同的,人民法院应当予以支持。”第 11 条规定:“技术合同无效或者被撤销后,技术开发合同研究开发人、技术转让合同让与人、技术咨询合同和技术服务合同的受托人已经履行或者部分履行了约定的义务,并且造成合同无效或者被撤销的过错在对方的,对其已履行部分应当收取的研究开发经费、技术使用费、提供咨询服务的报酬,人民法院可以认定为因对方原因导致合同无效或者被撤销给其造成的损失。技术合同无效或者被撤销后,因履行合同所完成新的技术成果或者在他人技术成果基础上完成后续改进技术成果的权利归属和利益分享,当事人不能重新协议确定的,人民法院可以判决由完成技术成果的一方享有。”在判断合同订立过程中是否存在欺诈情形时,要注意区分合同的法律风险和商业风险。合同的法律风险是指合同存在的法律方面的风险，如合同订立过程中是否存在欺诈、胁迫等情形导致影响合同效力的风险。合同的商业风险是指依法有效成立的合同在履行过程中可能遭遇的能否顺利履行、能否盈利等商业风险。一般说来，《合同法》可以规范合同订立过程中的法律风险，但却无法规制合同履行过程中的商业风险。该案中，钦州锐丰公司主张北航大学采取欺诈手段与其订立《技术开发（委托）合同》，但北航大学提供的钒钛铁分离技术早在2008年10月8日就通过了中国有色金属工业协会的鉴定，中国有色金属工业协会在鉴定意见中指出钒钛铁分离技术的特点和创新点后，认为："该项目在我国首次利用滨海钒钛磁铁矿砂，有效地回收了铁、钛、钒，实现了资源的综合利用，将对缓解我国铁资源紧张具有重要意义。其工艺技术达到国际领先水平。""该项目的实施符合国家循环经济和节能减排政策，对难处理钒钛磁铁矿和低品位探矿资源化利用和清洁有重要意义。""建议尽快进行工业化试验和建设处理钒钛磁铁矿的工业示范基地。"在《技术开发（委托）合同》签订过程中，北航大学与钦州锐丰公司的相关人员已经进行多次接触和反复磋商，钦州锐丰公司的相关人员也多次到北航大学考察相关技术问题。虽然广西交通实业有限公司2013年7月26日组织钦州锐丰钒钛磁铁矿项目技术交流会并形成的钦州锐丰公司钒钛分离技术工业化示范项目可行性研究报告专家评审意见中指出，《技术开发（委托）合同》中"钒钛分离技术工业化示范项目"可能存在某些缺陷，钦州锐丰公司也据此主张北航大学提供的技术无法实施故构成欺诈，但本院经审查认定钦州锐丰公司的该主张不能成立。这是因为2013年7月26日举行的钦州锐丰钒钛磁铁矿项目技术交流会系广西交通实业有限公司在涉案《技术开发（委托）合同》履行过程中出现困难时组织的，其性质是技术交流会议而不是技术鉴定会议，更多的是针对《技术开发（委托）合同》履行过程中出现的问题而不是北航大学提供的技术自身存在的问题，其鉴定对象主要是"钒钛分离技术工业化示范项目"是否可行而不是北航大学提供的技术是否存在致命缺陷，鉴定目的是帮助广西交通实业有限公司决策是否为"钒钛分离技术工业化示范项目"投资参股，与会者看到的会议材料也不同于中国有色金属工业协会于2008年10月8日对钒钛铁分离技术进行鉴定时的会议材料，即其该交流会的组织者与相关结论具有直接的利害关系，故该交流会后形成专家评审意见尚不足以否定中国有色金属工业协会于2008年10月8日对钒钛铁分离技术的权威鉴定结论。因此，仅仅依据广西交通实业有限公司于2013年7月26日组织的钦州锐丰钒钛磁铁矿项目技术交流会及形成的钦州锐丰公司钒钛分离技术工业化示范项目可行性研究报告专家评审意见,尚不足以认定北航大学在《技术开发(委托)合同》提供的技术存在致命缺陷。同时,技术研发成功后从实验室到工业化运用是一个艰巨的过程,即便是研发成功的技术在工业化转化过程出现一些问题也是正常现象,更需要合同双方的竭诚合作而不是互相“拆台”。虽然相关技术在工业化过程中出现障碍可能是由于技术本身存在的缺陷,但这需要足够的有效证据证明,在缺乏充分有效证据证明的情况下不能因为相关技术在工业化过程中出现障碍就推导出该技术本身必然存在致命缺陷。因此,在没有足够有效证据证明北航大学提供的技术存在致命缺陷的情况下,本院认定北航大学以其经鉴定合格的钒钛铁分离技术与钦州锐丰公司合作并签订《技术开发(委托)合同》以寻求该技术工业化的过程并不存在欺诈。钦州锐丰公司基于北航大学存在欺诈提出的撤销双方于2010年8月10日签订的编号为钦锐建-001号的《技术开发(委托)合同》及相关附件,北航大学返还钦州锐丰公司已经支付的技术开发经费并赔偿其经济损失的全部诉讼请求依据不足,一审法院不予支持。

《合同法》第55条规定:“有下列情形之一的,撤销权消灭:(一)具有撤销权的当事人自知道或者应当知道撤销事由之日起一年内没有行使撤销权;(二)具有撤销权的当事人知道撤销事由后明确表示或者以自己的行为放弃撤销权。”最高人民法院《关于审理民事案件适用诉讼时效制度若干问题的规定》第7条规定:“享有撤销权的当事人一方请求撤销合同的,应适用合同法第五十五条关于一年除斥期间的规定。对方当事人对撤销合同请求权提出诉讼时效抗辩的,人民法院不予支持。合同被撤销,返还财产、赔偿损失请求权的诉讼时效期间从合同被撤销之日起计算。”最高人民法院《关于适用〈中华人民共和国合同法〉若干问题的解释(一)》第8条规定:“合同法第五十五条规定的‘一年’、第七十五条和第一百零四条第二款规定的‘五年’为不变期间,不适用诉讼时效中止、中断或者延长的规定。”合同签订过程中是否存在欺诈情形不应当仅仅基于当事人的揣测,还应当基于一定证据的支撑,即只有在一定证据的基础上才能认定当事人知道或应当知道欺诈情形。本案中,虽然相关技术合同签订于2010年8月10日,但钦州锐丰公司称其在广西交通实业有限公司组织的钦州锐丰钒钛磁铁矿项目技术交流会于2013年8月1日形成专家评审意见对北航大学的技术提出质疑后,其才知道所谓的“欺诈”事由并提起诉讼，且北航大学也没有提供有效证据证明钦州锐丰公司早已知悉所谓的“欺诈”事由，故本院据此认定钦州锐丰公司于2014年7月提起本案诉讼尚未超过《合同法》第55条规定的1年期限。北航大学有关钦州锐丰公司所提诉讼已过法定期限的抗辩主张不能成立，一审法院不予支持。

笔者认为，该案的主要争议焦点是：钦州锐丰公司能否依据《合同法》第54条第2款之规定，撤销其与北航大学签订的《技术开发（委托）合同》及技术附件、合同附件1、合同附件2、补充技术附件。

《合同法》第54条第2款规定，一方以欺诈、胁迫的手段或者乘人之危，使对方在违背真实意思的情况下订立的合同，受损害方有权请求人民法院或者仲裁机构变更或者撤销。法院认为，因受欺诈而违背自己真实意思订立的合同之所以可以被变更或撤销，是因为该类合同的订立有违意思自治原则。意思自治，一方面意味着民事主体有权在法律规定的范围内，依其意思自由创设、变更、终止民事法律关系；另一方面也意味着其须为自己创设、变更、终止民事法律关系的行为承担责任。但“责任”须以“真意”为前提和范围，民事主体不应为并非自己真意，或超出自己真意范围的意思表示承担责任。因此，判断一个合同是否构成《合同法》第54条第2款所规定的，一方以欺诈的手段，使对方在违背真实意思的情况下订立的合同，既要看被诉欺诈的一方是否实施了欺诈行为，也要看主张被欺诈的一方是否因欺诈而陷于错误判断，并基于该错误判断做出了违背自己真意的意思表示，二者缺一不可。若被诉欺诈的一方本就未实施欺诈行为，合同自然不能因欺诈而变更或撤销；但即便被诉欺诈的一方实施了欺诈行为，只要另一方未因欺诈而陷于错误判断，其意思表示仍与其真实意思相符，那么合同的订立并不违反意思自治原则，该合同也就不能因此而变更或撤销。故在本案中，判断涉案合同是否构成一方以欺诈的手段，使对方在违背真实意思的情况下订立的合同，必须从两个方面予以分析：一是北航大学是否实施了欺诈行为；二是钦州锐丰公司是否因受欺诈而陷于错误判断，并在此基础上做出了违背其真意的意思表示。

1.关于北航大学是否实施了欺诈行为的问题

根据最高人民法院《关于贯彻执行〈中华人民共和国民法通则〉若干问题的意见（试行）》（已失效）第68条之规定，一方当事人故意告知对方虚假情况，或者故意隐瞒真实情况，诱使对方当事人作出错误意思表示的，可以认定为欺诈行为。在技术委托开发合同领域,对于受托方是否告知虚假情况或隐瞒真实情况的判断,须充分考虑技术开发活动本身的特性。技术开发活动具有阶段性,其结果具有不确定性。从实验室试验,到半工业试验、工业试验,再到成熟的工业生产,研发阶段的不断递进不只是产量和规模的简单递增,更是不断克服已知和未知困难的复杂过程,技术开发活动中的某些困难可能难以预见、难以预防、难以控制,也难以克服。每一个研发阶段的成功都只是为后续研发提供了基础性条件,至于下一个研发阶段是否亦能成功,乃至于技术成果能否最终获得,都不可确知。故对于技术委托开发合同中受托方欺诈行为的认定,必须尊重技术开发活动本身的规律,区分技术开发的不同阶段,以合同签订之时的已知事实和受托方当时可以合理预知的情况作为判断其是否告知了虚假情况或隐瞒了真实情况的标准。

涉案合同是关于钒钛磁铁砂矿综合利用技术规模化工业试验阶段的技术开发合同,其所涉前续研发阶段是该项技术的半工业试验阶段。关于北航大学是否向钦州锐丰公司告知了虚假情况或隐瞒了真实情况的判断,主要应考虑两个方面的问题:一是北航大学是否向钦州锐丰公司完整告知了半工业试验阶段钒钛磁铁砂矿综合利用技术的真实情况;二是北航大学是否向钦州锐丰公司完整告知了钒钛铁分离技术工业化示范项目的真实规划。

(1)关于北航大学是否向钦州锐丰公司完整告知了钒钛磁铁砂矿综合利用技术半工业试验阶段真实情况的问题

涉案合同磋商阶段,北航大学即向香港锐丰公司、钦州锐丰公司提供了由中国有色金属工业协会出具的鉴定证书,用以说明钒钛磁铁砂矿综合利用技术半工业试验阶段的相关情况。该鉴定证书系由中国有色金属工业协会于2008年10月8日在北航大学召开科技成果鉴定会后所出具的。参与此次鉴定的7名专家包括这一技术领域的3名院士、3名教授级高级工程师和1名教授。鉴定证书记载了涉案钒钛磁铁砂矿综合利用技术的简要技术说明、主要技术性能指标、推广应用前景与措施、主要技术文件目录及来源、鉴定意见等内容。其中"鉴定意见"一节载明"……该试验对工艺技术条件进行了优化,流程简单、技术先进,为工业试验提供了技术依据。预计将有较好的经济效益和社会效益,其工艺技术达到国际先进水平。……该项目的实施符合国家循环经济和节能减排产业政策……建议尽快进行工业化试验和建设处理钒钛磁铁矿的工业示范基地"。法院认为,综合考虑此次鉴定的组织单位、鉴定人员、鉴定流程、鉴定依据等，应当认定鉴定证书能够完整、真实地反映钒钛磁铁砂矿综合利用技术半工业试验阶段的情况，对其鉴定意见应予采纳。北航大学在涉案合同磋商阶段向香港锐丰公司、钦州锐丰公司提供了该鉴定证书，即已完整告知了关于涉案钒钛磁铁砂矿综合利用技术半工业试验阶段的真实情况。钦州锐丰公司关于对上述鉴定证书不应予以采信，涉案钒钛磁铁砂矿综合利用技术存在致命缺陷的主张，缺乏依据，不应予以支持。具体理由如下：

①此次鉴定的基础文件资料齐备。

其一，钦州锐丰公司主张其向中国有色金属工业协会调取了此次鉴定的全部档案，其中并没有该鉴定证书“主要技术文件目录及来源”一节所列的钒钛磁铁砂矿综合利用技术鉴定大纲等6份文件，故应认定此次鉴定缺乏基础文件资料，对鉴定证书不应予以采信。笔者认为，中国有色金属工业协会的鉴定档案中是否存在上述6份文件，属于该协会的鉴定资料存档工作是否得当的问题。综合考虑钦州锐丰公司未在法律规定的期限内提出申请向北航大学调取相关文件的事实，以及北航大学在本案二审过程中已经当庭出示了上述6份文件的情况，法院认为，中国有色金属工业协会是否将上述6份文件妥善存档的问题已不足以影响关于此次鉴定基础文件资料是否齐备的判断，根据现有证据和既已查明的事实，可以认定此次鉴定基础文件资料齐备。故钦州锐丰公司的该项主张，缺乏依据，不应支持。

②此次鉴定程序合法。

钦州锐丰公司主张鉴定委员会未对涉案技术的关键环节进行测试，违反了《科学技术成果鉴定办法》中的相关规定，故应认定此次鉴定程序违法，对鉴定证书不应予以采信。法院认为，参照国家科学技术委员会《科学技术成果鉴定办法》（已失效）第10条之规定，组织鉴定单位和主持鉴定单位可以根据科技成果的特点，选择包括检测鉴定、会议鉴定、函审鉴定在内的不同鉴定形式；其中，会议鉴定是指由同行专家采用会议形式对科技成果作出评价；需要进行现场考察、测试，并经过讨论答辩才能作出评价的科技成果，可以采用会议鉴定形式。该条规定不属于强制性规范，更非效力性强制规范，故涉案鉴定采取何种鉴定形式并不必然能够影响鉴定结论的效力。且根据鉴定证书“主要技术文件目录及来源”一节的记载，北航大学向鉴定委员会提交了国家钢铁材料测试中心、国家有色金属及电子材料分析测试中心、中国石油勘探开发研究院实验中心、国家煤炭质量监督检测中心、钢铁研究总院炼铁工程技术研究室出具的检测报告。鉴定委员会在阅研检测报告及其他技术材料的基础上,召开会议对涉案技术相关问题进行了讨论、答辩,而后提出鉴定意见,符合《科学技术成果鉴定办法》关于会议鉴定的规定,并无鉴定程序违法之情形。钦州锐丰公司的该项主张,缺乏依据,不应支持。

③示范项目申请报告及北航大学自述不能推翻鉴定证书。

钦州锐丰公司主张鉴定证书记载电炉深度还原熔分后的产品是二氧化钛含量为87.29%的高钛渣,但根据质量守恒定律用示范项目申请报告所载数据推算,项目仅能获得二氧化钛含量为46.4%的钛渣,且北航大学在示范项目补充报告和一审庭审中也认可钒钛铁分离技术工业化示范项目中电炉熔分后的产品为钛渣,鉴于北航大学已经通过示范项目申请报告和自述否定了鉴定证书,鉴定证书所载钒钛磁铁砂矿综合利用技术并不能还原熔分获得高钛渣,故应对该鉴定证书不予以采信,并认定钒钛磁铁砂矿综合利用技术存在致命缺陷。法院认为,规模化工业试验并不是半工业试验的简单再现,二者在试验目的、试验环境、试验规模、试验设备等方面均有不同,可能遇到的技术困难也不尽一致。以顺畅的规模化工业生产为目的,对半工业试验中的工艺进行适应性调整和改进,本就是工业试验的题中之义。因而,工业试验在整体工艺和具体工序上与半工业试验的工艺、工序有所差异,实属正常。本案中,鉴定证书是对半工业试验阶段的钒钛磁铁砂矿综合利用技术的鉴定结论,鉴定证书第1页“2.1 钒钛磁铁砂矿综合利用的工艺流程”一节记载“电炉深度还原熔分—高钒铁水、高钛渣”。示范项目申请报告是该技术规模化工业试验阶段的项目规划,该报告第21页记载,在工业试验阶段的“熔分过程仅进行钛渣与钒铁分离”,所得钛渣经过“进一步提取和加工”才能得到高钛渣。可见,北航大学正是在钒钛磁铁砂矿综合利用技术半工业试验的基础上,对工业试验阶段的工艺作出了调整。示范项目申请报告第42页也未提及钛渣中的二氧化钛含量为46%。这一工艺调整恰是示范项目申请报告、北航大学的陈述与鉴定证书关于产品和数据描述不同的原因。故法院认为,示范项目申请报告、北航大学的陈述与鉴定证书虽有不同,但并不矛盾。示范项目申请报告、北航大学的自述并不构成推翻鉴定证书的依据,亦不足以证伪钒钛磁铁砂矿综合利用技术。钦州锐丰公司的该项主张,缺乏依据,不应支持。

④示范项目补充报告及有色金属协会评审意见不能推翻鉴定证书。

钦州锐丰公司主张中国有色金属工业协会出具的有色金属协会评审意见肯定了示范项目补充报告的内容，而示范项目补充报告否定了鉴定证书和示范项目申请报告的内容，故有色金属协会评审意见亦构成对鉴定证书的否定；鉴于出具有色金属协会评审意见和鉴定证书的部分专家相一致，应当认定鉴定证书已被其鉴定人员自行推翻，不应再予采信。法院认为，示范项目申请报告与示范项目补充报告所载项目虽均涉及对钒钛磁铁砂矿的综合利用，但相关主要技术、项目产品等均不相同，即二者涉及对钒钛磁铁砂矿的不同综合利用方式，其并不矛盾。钦州锐丰公司关于有色金属协会评审意见和示范项目补充报告否定了示范项目申请报告及鉴定证书，故对鉴定证书不应予以采信的主张，缺乏依据，不应支持。

⑤广西交通公司专家评审意见不能推翻鉴定证书。

根据钦州锐丰公司在上诉意见中的陈述，广西交通公司专家评审意见系针对示范项目补充报告所涉人造金红石生产技术的评审意见，其与鉴定证书无关，与会专家并未见到鉴定证书。故法院认为，正因广西交通公司专家评审意见与鉴定证书所涉技术不同，参与广西交通公司技术交流会的专家也并未阅研鉴定证书项下的完整技术资料，故该评审意见不足以证伪鉴定证书所载钒钛磁铁砂矿综合利用技术。一审法院综合考虑 2013 年 7 月 23 日广西交通公司组织的技术交流会的背景、性质、议题、对象、目的、材料等因素，认定广西交通公司专家评审意见不足以推翻鉴定证书，并无不当，应予确认。

⑥奥沃公司咨询报告不能推翻鉴定证书。

钦州锐丰公司在本案二审期间，提交了奥沃公司咨询报告，拟证明鉴定证书所载钒钛磁铁砂矿综合利用技术为虚假技术。且不论奥沃公司是否具有相关技术鉴定资质，根据该报告的记载和现已查明的事实，奥沃公司系在未参阅相关基础文件资料亦未向北航大学询问相关技术事实的情况下作出上述报告的，故对此报告法院不予采信。法院认为，奥沃公司咨询报告不能推翻鉴定证书，其不能证明该证书所载技术为虚假技术。

综上，北航大学完整地告知了钦州锐丰公司钒钛磁铁砂矿综合利用技术半工业试验阶段的真实情况，其未对涉案技术在这一研发阶段的情况实施欺诈；且依据现有证据难以认定鉴定证书所载钒钛磁铁砂矿综合利用技术系虚假技术。一审法院对鉴定证书予以采信,对钦州锐丰公司关于重新鉴定的申请未予支持,并无不当,应予确认。钦州锐丰公司关于北航大学以虚假技术骗取鉴定证书,对鉴定证书不应予以采信的主张,缺乏依据,不应支持。

(2)关于北航大学是否向钦州锐丰公司完整告知了钒钛铁分离技术工业化示范项目真实规划的问题

在涉案合同磋商阶段,北航大学向钦州锐丰公司提交了示范项目申请报告,用以说明其关于钒钛磁铁砂矿综合利用技术工业化试验项目的规划。关于北航大学是否向钦州锐丰公司完整告知了钒钛磁铁砂矿综合利用技术规模化工业试验阶段真实规划的问题,主要应从以下两个方面予以考查:

①关于北航大学是否虚报了项目产品的问题。

示范项目申请报告中确实使用了"富钛渣""高钛渣""钛渣""钒铁金属间化合物""钒铁"等多个概念。例如:A. 报告第 1 页记载,"项目将最终得到富钛渣、二氧化钛、钛及钛合金、钒铁金属间化合物(以下简称钒铁)、五氧化二钒及钒深加工产品"。B. 报告第 6 页记载,"拟建项目就是利用东南亚钒钛磁铁矿砂为原料,生产我国急需的钒铁金属间化合物、高钛渣和钒产品"。C. 报告第 21 页记载,"本项目一期工程采用的转底炉直接还原技术—熔融深度还原熔分工艺是一种固态还原—无造渣熔融钛渣与钒铁分离的工艺技术。在还原过程中,这一过程仅实现铁氧化物的还原,中间产品为钒铁金属间化合物和富钛富钒渣。熔分过程仅进行钛渣与钒铁分离,钛以简单氧化物形态存在,进一步提取和加工将十分容易。其产品为高钛渣、钒铁金属间化合物和粗钒渣"。D. 报告第 22 页记载,转底炉直接还原工艺流程中渣铁分离后的产物为钛渣和钒铁。E. 报告第 28 页记载,"熔分炉的主要功能就是将金属化球团中的钛渣与钒铁进行分离,其产品是液态钒铁金属间化合物和钛渣"。F. 报告第 33 页记载,"该项目是世界上首次利用滨海钒钛磁铁砂矿为原料采用转底炉直接还原熔分—电炉深度还原熔分和湿法技术直接制成钒铁金属间化合物、高钛渣、二氧化钛、五氧化二钒产品"。G. 报告第 42 页记载,"计算基础,生产规模:含钒铁 30 万吨,成分:TFe94%,V0.67%;钛渣 13.75 万吨,成分:TiO246%(本段产品品位,为下段工序原料)"。

笔者认为,技术研发活动具有阶段性,后一阶段并非前一阶段的简单复现和放大,不同研发阶段的产品可能存在差异;即便就同一研发阶段而言,不同工序也会对应不同产品。所谓“中间产品”本就不是一个指向固定的概念，中间产品为何物，取决于其对应的工序是什么。故对于产品的理解，特别是对中间产品的理解，既要考虑其所处的研发阶段，也要考虑其所对应的具体工序。该案中，示范项目申请报告中既有对鉴定证书所载钒钛磁铁砂矿综合利用技术半工业试验阶段的情况回顾，也有对该技术规模化工业试验阶段的项目规划；既有对钒钛铁分离技术示范项目一期工程的介绍，也有对后期工程的展望，因而其中所涉及的产品相对复杂。对于示范项目申请报告中“富钛渣”“高钛渣”“钛渣”“钒铁金属间化合物”“钒铁”等产品概念的理解，必须结合不同语境，明确其所指向的研发阶段和具体工序，不能简单地因为报告中同时出现了上述概念就认定其自相矛盾或陈述不实。法院认为，首先，示范项目申请报告中的“富钛渣”“高钛渣”基本都指向半工业试验阶段的钒钛磁铁砂矿综合利用技术或整个钒钛铁分离技术工业化示范项目，如前述例1、例2、例6。其次，示范项目申请报告中“钛渣”基本都指向钒钛铁分离技术工业化示范项目的一期工程，如前述例4、例5、例7。再次，根据示范项目申请报告第1页的记载，该报告中的“钒铁”均为“钒铁金属间化合物”的简称，故在该报告语境下“钒铁金属间化合物”和“钒铁”并无差异。最后，示范项目申请报告在产品描述方面也确有未尽精准之处，如前述例3，混杂出现了钛渣、富钛富钒渣、高钛渣等多个概念。但考虑到：一方面，“中间产品”的概念确有一定的不确定性，一个工艺流程包含若干不同工序，本就可以有多个不同的中间产品；另一方面，报告关于熔分后的产物为钛渣，钛渣中二氧化钛含量为46%的表述自始至终是清晰、一贯的，且这与涉案合同中关于钒钛铁分离技术工业化示范项目一期工程的产品为还原铁、钛渣、钒渣的明确约定也是一致的，故法院认为，前述例3的表述并不必然自相矛盾，也不涉及故意告知虚假情况或故意隐瞒真实情况等陈述不实之情形。

综上，笔者认为，北航大学在示范项目申请报告中关于产品的陈述与鉴定证书不矛盾，与涉案合同相一致，应当认定其并未虚报项目产品。钦州锐丰公司关于北航大学虚构项目产品的主张缺乏依据，不应支持。

②关于北航大学是否虚报了项目开发成本的问题。

示范项目申请报告第3页“固定资产投资估算”一节记载，“A. 原料预处理系统：3000万元；B. 直径40m转底炉还原车间：21 000万元；C. 熔融深度还原熔分渣钒铁分离系统：6500万元；D. 项目涉及、监理等前期费用：3000万元”。钦州锐丰公司认为,上述费用之和扣减厂区建设费用后为整条工业化生产线的制造成本3.15亿元,其与北航大学以此为据签订了总额为3.15亿元的涉案合同,然而北航大学向新冶公司发包生产线制造项目的总费用仅为1.702亿元,故应认定北航大学虚报了1.448亿元的项目开发成本。笔者认为,首先,技术开发成本包括但不限于试验设备的相关费用。尽管试验设备在技术开发活动中的作用举足轻重,但其远非技术研发活动的全部。尤其是在工业化试验项目中,除试验设备外,项目的整体设计、生产工艺的优化、生产流程的监控等也都至关重要,其相应对价均可计入技术开发成本。其次,技术开发成本仅仅是决定技术开发合同价款的因素之一。技术成果的先进性、技术成果实施转化和应用的程度、当事人享有的权益和承担的责任、技术成果的经济效益等,亦与技术开发成本一样,是技术开发合同定价的重要考虑因素。故在该案中,北航大学向新冶公司发包生产线制造项目的1.702亿元仅是钒钛铁分离技术工业化示范项目技术开发成本的一部分,而该项目的技术开发成本也仅是整个合同定价的考虑因素之一。钦州锐丰公司将项目生产线的制造费用等同于整个技术开发成本,又将技术开发成本等同于涉案合同价款,既不符合技术开发成本的客观构成,也不符合技术开发合同定价的基本规律,其关于北航公司虚报技术开发成本的主张,缺乏依据,法院不予支持。

综上,笔者认为,北航大学向钦州锐丰公司完整告知了钒钛磁铁砂矿综合利用技术规模化工业试验阶段的真实规划,其未对涉案技术在这一阶段的研发计划实施欺诈。

鉴于北航大学完整告知了钒钛磁铁砂矿综合利用技术半工业试验阶段的真实情况,以及钒钛铁分离技术工业化示范项目的真实规划,北航大学不构成对钦州锐丰公司的欺诈。

2. 关于钦州锐丰公司是否因受欺诈而陷于错误判断,并在此基础上做出违背其真意的意思表示的问题

技术开发活动具有阶段性,其结果具有不确定性。对于技术委托开发合同中委托方是否因受欺诈而陷于错误判断,并在此基础上做出违背其真意的意思表示的认定,也应在充分尊重技术开发活动固有特性的前提下,综合考虑委托方对合同项目的认知能力、委托方的信息来源、委托方所能合理预知的情况等因素,认定其是否陷于错误判断,以及其错误判断与受托方的欺诈行为是否具有因果关系。

北航大学并未对钦州锐丰公司实施欺诈，故本就不存在钦州锐丰公司因受欺诈而陷于错误判断，做出违背其真实意思表示的问题。更何况钦州锐丰公司理应明确知悉合同项下钒钛铁分离技术工业化示范项目一期工程的工艺和产品与鉴定证书所载半工业试验阶段的钒钛磁铁砂矿综合利用技术之间的区别，并在此基础上估算项目产值，核定项目成本，做出是否签订涉案合同的商业判断。

（1）钦州锐丰公司理应明确知悉涉案合同项下钒钛铁分离技术工业化示范项目一期工程的工艺和产品与鉴定证书所载半工业试验阶段的钒钛磁铁砂矿综合利用技术之间的区别

根据现已查明的事实，涉案合同签订之前，钦州锐丰公司的母公司香港锐丰公司就曾多次到北航大学考察涉案技术，并收到了北航大学向其提供的示范项目申请报告和钒钛铁分离技术工业化示范项目节能专篇。示范项目申请报告中同时出现了“高钛渣”和“钛渣”的概念，且写明工业示范项目中渣铁分离后所得产品为钛渣，钛渣的二氧化钛含量为46%。正如钦州锐丰公司所述，依据国家发展和改革委员会颁布的高钛渣行业标准，最低等级的高钛渣中二氧化钛的含量也必须高于80%。故综合考虑钦州锐丰公司对涉案项目的巨大投资、对涉案技术和项目的调研情况、对相关产业常识的认知水平，以及示范项目申请报告中的具体陈述，笔者认为，涉案合同签订之前，钦州锐丰公司即已对钒钛铁分离技术工业化示范项目的具体规划及其与鉴定证书所载半工业试验阶段的钒钛磁铁砂矿综合利用技术的区别施以了足够的注意，且具备认知上述区别的能力，理应明确知悉涉案合同项下钒钛铁分离技术工业化示范项目一期工程所得产品系钛渣而非高钛渣。《技术开发（委托）合同》中关于渣铁分离后的产品为钛渣，“本合同产品为还原铁、供生产二氧化钛（≥98%）、五氧化二钒（≥98%）用的钛渣、钒渣”的约定，以及技术附件中关于“产品：生铁、钛渣、钒渣（二氧化钛和五氧化二钒制备将由另外合同确定）”“还原后的球团热装进入熔分炉进行分离，得到还原铁水、钒渣和钛渣”“本合同产品为还原铁、钛渣和钒渣，钛渣及钒渣为将来钒及钛深加工原料，其产品指标由另外合同处理”的约定，亦能印证上述结论。钦州锐丰公司以其不知道“高钛渣”与“钛渣”的差别为由，主张其系因北航大学的欺诈陷于错误判断，明显缺乏依据，不应支持。

（2）钦州锐丰公司理应自行估算项目产值，核定项目成本，做出是否签订涉案

合同的商业判断

规模化工业试验阶段是科学技术转变为生产力的关键阶段。这一阶段，技术与资本缺一不可。投资方和技术方应在各尽其责的基础上精诚合作，抵御风险，解决问题，以期成功。关于是否向规模化工业试验项目投资的判断，尽管离不开对技术和项目的理解，但本质上仍是一种商业判断。磋商阶段，技术方应确保其所供技术并非虚假，所做规划未有不实；至于估算项目产值，核定项目成本，预测项目利润等商业分析理应由投资方自行完成。本案中，北航大学固然是对钒钛铁分离技术工业化示范项目的商业价值提出了参考意见，但是否投资该项目仍应是钦州锐丰公司自己的商业判断。鉴于如前所述，北航大学真实、完整地告知了钦州锐丰公司钒钛磁铁砂矿综合利用技术半工业试验阶段的情况和钒钛铁分离技术工业化示范项目的规划；亦鉴于涉案合同载明的还原铁、钛渣、钒渣等项目一期工程产品均系行业内的常见产品，法院认为，钦州锐丰公司完全有能力自行估算项目产值，并在此基础上判断以 3.15 亿元的对价签订涉案合同是否符合其商业利益。钦州锐丰公司主张北航大学虚报项目成本和产值，使其陷入错误判断，缺乏依据，不应支持。

综上所述，涉案合同不构成一方以欺诈的手段，使对方在违背真实意思的情况下订立的合同，钦州锐丰公司不能依据《合同法》第 54 条第 2 款之规定，撤销其与北航大学签订的涉案合同。钦州锐丰公司的上诉请求不能成立，应予驳回；一审判决认定事实清楚，适用法律正确，应予维持。

（九）合同的相对性

一般而言，合同具有相对性，即合同成立后，对合同各方当事人具有约束力，该约束力并不溯及其他人。合同相对性是一般原则，但是法律也规定了一些突破相对性的情形。例如，2004 年最高人民法院《关于审理建设工程施工合同纠纷案件适用法律问题的解释》（已失效）第 26 条规定，实际施工人以转包人、违法分包人为被告起诉的，人民法院应当依法受理。实际施工人以发包人为被告主张权利的，人民法院可以追加转包人或者违法分包人为本案当事人。发包人只在欠付工程价款范围内对实际施工人承担责任。最高人民法院《关于审理商品房买卖合同纠纷案件适用法律若干问题的解释》第 25 条①规定，以担保贷款为付款方式的商品房买

① 现为该司法解释 2020 年版第 21 条。

卖合同的当事人一方请求确认商品房买卖合同无效或者撤销、解除合同的，如果担保权人作为有独立请求权第三人提出诉讼请求，应当与商品房担保贷款合同纠纷合并审理；未提出诉讼请求的，仅处理商品房买卖合同纠纷。担保权人就商品房担保贷款合同纠纷另行起诉的，可以与商品房买卖合同纠纷合并审理。商品房买卖合同被确认无效或者被撤销、解除后，商品房担保贷款合同也被解除的，出卖人应当将收受的购房贷款和购房款的本金及利息分别返还担保权人和买受人。而合同的穿透性审查仍然属于合同相对性的范畴，只是根据合同的实质法律关系予以确定当事人，并非根据合同形式上的法律关系确定当事人。当然在适用穿透性审查时，应严格审查基础债权合同、担保合同、保险合同、债权转让合同等合同，必要时可以追加所有相关合同相对人参加诉讼，尽可能查清不同层级的合同履约情况、借款人实际承担的融资成本等事实，识别借款人实际承担费用的性质。

案例 59

再审申请人平凉市景兴·安格斯牛业有限责任公司（以下简称安格斯牛业公司）、平凉市景兴清真肉品有限责任公司（以下简称景兴肉品公司）与被申请人平凉市景兴安格斯商贸发展有限责任公司（以下简称安格斯商贸公司）及一审第三人平凉市自然资源局崆峒分局（以下简称国土局崆峒分局）所有权确认纠纷案

案号：(2020)最高法民再54号

主要争议焦点

安格斯商贸公司对现存于国土局崆峒分局的案涉995万余元款项是否享有所有权。

简要案情

安格斯牛业公司与平凉市崆峒区人民政府签订《关于建设陇东活畜交易市场

项目投资协议》。之后,安格斯商贸公司分三笔向国土局崆峒分局交付了征地款2000万元。安格斯牛业公司与平凉市崆峒区人民政府签订了《解除〈建设陇东活畜交易市场项目投资协议〉的协议书》。后各方因征地款应返还给谁的问题发生纠纷。

案情详解

安格斯商贸公司起诉请求,(1)依法确认安格斯商贸公司是“在国土局崆峒分局的995万元征地款”的所有权人;(2)案件受理费由安格斯牛业公司负担。

安格斯牛业公司辩称,请求驳回安格斯商贸公司的诉讼请求。

国土局崆峒分局述称,该案诉讼与国土局崆峒分局没有直接关系,将国土局崆峒分局列为第三人错误。至于995万元征地款归谁所有应由法院依法裁判。

景兴肉品公司述称,请求驳回安格斯商贸公司的诉讼请求。

一审法院查明:2010年8月20日,安格斯牛业公司与平凉市崆峒区人民政府签订了《关于建设陇东活畜交易市场项目投资协议》,主要约定:崆峒区人民政府同意安格斯牛业公司在崆峒区境内投资建设陇东活畜交易市场,投资规模为人民币2亿元。安格斯牛业公司应向国土部门交付征用土地及补偿款总额约为人民币2700万元。2010年9月16日,安格斯牛业公司出具承诺函,承诺:“本公司名下的陇东畜产品交易中心的产权及延展权益均属于该项目的实际投资人,项目投资人之间的协议本公司认可并予以无条件尊重。”2010年9月26日,甲方冯某(胡某驽妻子)、乙方郭某若、丙方王某平经协商,约定:(1)甲、乙、丙各方基于安格斯牛业公司承诺函为平凉陇东畜产品交易中心项目的实际投资人。(2)各方投融资及产权分配为冯某51%、郭某若40%、王某平9%。2010年12月8日,冯某向安格斯商贸公司转款900万元,2010年12月8日、15日王某平向安格斯商贸公司转款270万元,2011年2月14日,联合创业集团有限公司北京公司向安格斯商贸公司转款1000万元。2010年12月31日、2011年2月14日,安格斯商贸公司分三笔向国土局崆峒分局交付了征地款2000万元。2011年8月26日,大连安格斯控股有限公司向安格斯商贸公司支付1000万元偿还了安格斯商贸公司向联合创业集团有限公司北京公司的借款。2011年12月31日,国土局崆峒分局向安格斯商贸公司退款1004.8306万元。2013年3月20日,安格斯牛业公司与平凉市崆峒区人民政府签订了《解除〈建设陇东活畜交易市场项目投资协议〉的协议书》。主要约定：双方同意于2012年12月30日解除《投资协议》。平凉市崆峒区人民政府负责在协议签订后3日之内向安格斯牛业公司退还所交剩余征地款460万元，其余上交国土资源厅的535万元报批费，在协议签订后3个月内退还等。2013年3月26日，景兴肉品公司因安格斯牛业公司解散纠纷一案，申请对国土局崆峒分局应退回的995万元征地款进行诉前保全，一审法院作出（2013）平中民诉前保字第1号民事裁定，对该995万元予以冻结。安格斯商贸公司提出异议，同年5月23日一审法院作出（2013）平中民诉前保字第1、2号通知书，驳回了安格斯商贸公司的异议。安格斯商贸公司不服，向平凉市人民检察院提出监督申请。2014年7月15日，平凉市人民检察院作出不支持监督申请决定书，决定不支持安格斯商贸公司的监督申请。2015年3月20日，因安格斯牛业公司清算一案，景兴肉品公司申请对国土局崆峒分局应退回的995万元征地款进行保全，一审法院作出民事裁定书，对该995万元予以冻结。安格斯商贸公司不服该裁定于2016年3月30日以该笔征地款的所有权人并非安格斯牛业公司而是安格斯商贸公司为由，向一审法院申请复议。2015年4月20日，一审法院驳回了安格斯商贸公司的异议申请。2015年4月28日安格斯商贸公司以景兴肉品公司和安格斯牛业公司为被告，以请求确认安格斯商贸公司是995万元征地款的所有权人等为由向一审法院提起案外人执行异议之诉，2015年8月23日一审法院驳回了安格斯商贸公司的起诉。安格斯牛业公司成立于2010年2月3日，出资额为1500万元，其中景兴肉品公司出资600万元，股权占比40%，大连华牧安格斯食品工业有限公司出资900万元，股权占比60%。胡某驽为大连华牧安格斯食品工业有限公司法定代表人，同时也是安格斯牛业公司的法定代表人。安格斯牛业公司会计为崔某奎，出纳为兰某艳和苟某。安格斯商贸公司成立于2010年11月19日，其中冯某出资510万元，股权占比51%；郭某若出资400万元，股权占比40%；王某平出资90万元，股权占比9%；公司初始登记冯某为法定代表人。公司主要管理人员为郭某若、会计崔某奎，出纳兰某艳和苟某。2011年5月18日，安格斯商贸公司的投资人变更为大连安格斯投资有限公司出资510万元，股权占比51%；郭某若出资400万元，股权占比40%；王某平出资90万元，股权占比9%。2015年7月6日，安格斯商贸公司的法定代表人变更为刘某英。2016年7月21日，平凉市工商行政管理局向郭某若出具“关于安格斯商贸公司股东郭某若反映情况的答复”:认为2011年5月18日变更档案存在与设立登记时签字笔迹不一致的情况,疑似伪造,故于2016年5月31日对该公司进行了业务警示,限制该公司变更登记。大连安格斯投资有限公司成立于2005年10月18日,胡某弩出资750万元,冯某出资250万元,法定代表人为胡某弩。2011年7月7日该公司变更为大连安格斯控股有限公司,法定代表人为胡某弩。其中,胡某弩出资4200万元,大连裕业贸易有限公司出资1800万元。2012年11月13日,变更为胡某弩出资3120万元,大连裕业贸易有限公司出资1800万元,田某阳出资480万元,王某军出资600万元。2013年11月27日,法定代表人变更为林某森,投资人变更为林某森出资3120万元,王某军出资480万元,田某阳出资480万元,大连裕业贸易有限公司出资1800万元。2017年3月15日,投资人变更为林某森、田某阳、王某军。2010年2月3日,安格斯牛业公司经过工商登记成立后,2010年2月5日,大连华牧安格斯食品工业有限公司抽逃出资额900万元,景兴肉品公司于2012年2月6日向法院起诉,经一审法院、二审法院审理,确认大连华牧安格斯食品工业有限公司抽逃出资额900万元的事实,判决由该公司向安格斯牛业公司返还全部出资等。2014年1月27日,一审法院判决解散安格斯牛业公司,现一审法院以(2015)平中法民清(算)字第1号案件对安格斯牛业公司进行公司清算,案件正在审理中。2010年12月30日和2011年2月15日安格斯商贸公司分别转给平凉市崆峒区统一征地办公室(国土局崆峒分局)各1000万元,转账支票印鉴为安格斯商贸公司财务专用章及胡某弩印章。

裁判结果

一审法院判决,驳回安格斯商贸公司的诉讼请求。安格斯商贸公司不服一审判决,向二审法院提起上诉,二审法院判决:(1)撤销平凉市中级人民法院(2017)甘08民初26号民事判决;(2)确认安格斯商贸公司对现存于国土局崆峒分局尚未退还的征地款995万元享有所有权。安格斯牛业公司与景兴肉品公司不服二审判决,向最高人民法院申请再审,最高人民法院裁定:(1)撤销甘肃省高级人民法院(2019)甘民终79号民事判决、甘肃省平凉市中级人民法院(2017)甘08民初26号民事判决;(2)本案发回甘肃省平凉市中级人民法院重审。

案例 60

再审申请人宁夏考普德供应链有限公司（以下简称考普德公司，原宁夏观歌资产管理有限公司，以下简称观歌公司）与被申请人宁夏黄河农村商业银行股份有限公司（以下简称黄河农村银行）、宁夏黄河农村商业银行股份有限公司雅安支行（以下简称雅安支行，原丽水支行）合同纠纷案

案号：（2020）最高法民申 87 号

主要争议焦点

黄河农村银行及雅安支行应否就宁夏盐池生茂燃气服务有限公司（以下简称盐池生茂公司）欠付考普德公司的借款本息承担赔偿责任，该问题涉及损失的计算标准如何确定以及考普德公司是否存在实际损失等方面。

简要案情

黄河农村银行与观歌公司签订《宁夏中小企业助贷基金业务合作协议》（以下简称《助贷两方协议》），受观歌公司的委托，宁夏观歌泛利小额贷款有限公司（以下简称观歌小贷公司）向盐池生茂公司设立在黄河农村银行的账户转账 1800 万元，盐池生茂公司出具承诺函。之后，观歌小贷公司起诉要求盐池生茂公司履行承诺函，法院判决盐池生茂公司偿还借款本金 1800 万元及利息。盐池生茂公司指示第三人石嘴山市中钰工贸有限公司向观歌小贷公司还款 600 万元，该 600 万元从观歌小贷公司借款而来。黄河农村银行向盐池生茂公司放款 2700 万元，针对该 2700 万元，盐池生茂公司、观歌小贷公司出具委托支付申请，要求银行将本次贷款资金 1800 万元支付至观歌小贷公司账户，观歌小贷公司向石嘴山市中钰工贸有限公司账户转账 600 万元。后因合同履行发生纠纷。

案情详解

观歌公司起诉请求：（1）判令二被告就盐池生茂公司欠原告的借款本息不能清

偿部分承担赔偿责任，金额为8 019 600元（本金600万元，利息2 019 600元。利息以18 000万元本金为基数从2016年7月23日计算至2018年1月23日，以日息万分之二计算为1 976 400元；以600万元为基数从2018年1月24日计算至3月1日，以日息万分之二计算为43 200元）。（2）本案诉讼费由二被告承担。

黄河农村银行及雅安支行辩称，本案不属于金融借款合同纠纷，应定性为合同纠纷，应驳回原告的诉讼请求。

一审法院查明：2014年6月16日，宁夏回族自治区金融工作办公室（甲方）、黄河农村银行（乙方）、宁夏农业综合投资有限公司（丙方）、北京观歌投资管理有限公司（丁方）签订《宁夏中小企业助贷基金合作协议》（以下简称《助贷四方协议》），四方就助贷基金合作事宜达成协议，黄河农村银行之前已提供银行贷款但贷款即将到期的，经过黄河农村银行审查符合银行续贷条件但尚未完成黄河农村银行续贷手续的企业客户，由黄河农村银行通过转贷函形式推荐给基金，经基金同意后向客户提供过桥融资支持，客户续贷手续完成后，由黄河农村银行将应向基金偿还的过桥资金本金、利息直接受托支付至基金账户。2015年2月13日，黄河农村银行与观歌公司签订《宁夏中小企业助贷基金业务合作协议》，协议约定黄河农村银行认可观歌公司享有并承担《助贷四方协议》项下宁夏农业综合投资公司、北京观歌投资管理有限公司的所有权利和义务。

2015年3月5日，观歌公司向丽水支行发出银行贷款确认函，该函上加盖有确认机构公章——“丽水支行业务公章”。2015年3月5日，受观歌公司的委托，观歌小贷公司与盐池生茂公司签订《委托贷款借款合同》，向盐池生茂公司发放上述委托贷款借款，借款金额1800万元，借款用途为用于借款人日常经营周转，借款利率为日息万分之二，借款期限为12日（从2015年3月5日至16日）。2016年7月18日，观歌公司与盐池生茂公司协商，盐池生茂公司出具承诺函，载明：“我公司同意按照年利率24%计算逾期利息，截至2016年7月22日，尚欠贵公司本金1800万元，利息600万元，经协商，我公司通过石嘴山市中钰工贸有限公司借款600万元，用于归还该笔借款利息600万元。”2017年5月8日，观歌小贷公司起诉盐池生茂公司履行承诺函，法院判决盐池生茂公司偿还借款本金1800万元及利息，利息按照年利率24%从2016年7月23日计算至判决确定的还款之日。2016年8月19日，盐池生茂公司指示第三人石嘴山市中钰工贸有限公司向观歌小贷公司还款600

万元。盐池生茂公司该600万元系从观歌小贷公司借款，年利率20%，期限为3年。2018年1月23日，黄河农村银行向盐池生茂公司放款2700万元。针对该2700万元，盐池生茂公司、观歌小贷公司出具委托支付申请，要求银行将本次贷款资金1800万元支付至观歌小贷公司账户。盐池生茂公司向观歌小贷公司、石嘴山市中钰工贸有限公司出具还款说明书、委托付款函，载明："我公司同意1200万元用于清偿观歌小贷公司借款本金，600万元用于清偿盐池生茂公司欠石嘴山市中钰工贸有限公司的借款本金600万元。"2018年1月24日，观歌小贷公司向石嘴山市中钰工贸有限公司账户转账600万元。

裁判结果

一审法院判决，驳回观歌公司的诉讼请求。观歌公司不服一审判决，向二审法院提起上诉，二审法院判决，驳回上诉，维持原判。考普德公司不服二审判决，向最高人民法院申请再审，最高人民法院裁定，驳回考普德公司的再审申请。

案例61

再审申请人浙江花园建设集团有限公司（以下简称花园公司）与被申请人胡某安及一审被告大通孝军避暑山庄有限公司（以下简称孝军公司）建设工程施工合同纠纷案

案号：（2019）最高法民申4432号

主要争议焦点

（1）胡某安是否系案涉工程实际施工人；（2）本案二审认定花园公司欠付胡某安工程款的数额是否正确；（3）本案一审、二审法院是否存在程序违法。

简要案情

花园公司与孝军公司签订《朔山大酒店建设工程施工协议》。花园青海分公司与胡某安签订承包合同。承包合同签订后,案涉工程由胡某安组织施工完成,现已竣工验收并交付使用。胡某安以花园公司的名义起诉孝军公司主张案涉工程款及违约金,法院判决孝军公司支付花园公司工程款,返还花园公司垫付的招投标代理费。在该案执行过程中,花园公司与孝军公司达成和解协议。和解协议签订后,孝军公司向花园公司支付了工程款,花园公司收到工程款后,与胡某安对于剩余款项的支付未协商一致,致纠纷产生。

案情详解

胡某安起诉请求,判令花园公司、花园青海分公司给付工程款 13 546 854.66 元,及至起诉日的利息 3 100 239 元,此后利息计算至欠款全部履行完毕止。后变更诉讼请求为:(1)判令花园公司和花园青海分公司给付施工承包款 42 803 290.66 元;(2)判令花园公司和花园青海分公司承担给付至起诉日的利息 9 902 360 元,此后利息按欠款额计算至欠款全部履行完毕止;(3)判令孝军公司在欠付工程价款的范围内承担连带责任。

花园公司及花园青海分公司答辩称,原告诉讼主体不适格,胡某安系花园公司内部经济责任承包人,并非实际施工人,胡某安作为花园公司委托代理人,参与了花园公司诉孝军公司朔山大酒店工程款案件的诉讼,胡某安就朔山大酒店工程款再次起诉,违反一事不再理原则。

孝军公司辩称,胡某安起诉孝军公司不合适,孝军公司应付工程款法院已经作出了判决。

一审法院查明:2012 年 9 月 18 日,花园公司与孝军公司签订《朔山大酒店建设工程施工协议》,约定由花园公司负责位于青海省西宁市大通县的朔山大酒店工程的施工。2012 年 11 月 24 日,花园青海分公司与胡某安签订承包合同,约定由胡某安按施工协议的内容对案涉工程履行施工管理职责。承包合同签订后,案涉工程由胡某安组织施工完成,现已竣工验收并交付使用。2016 年 5 月,胡某安以花园公司的名义起诉孝军公司主张案涉工程款及违约金,法院判决孝军公司于判决生效之日起 30 日内支付花园公司工程款 45 452 762.53 元,并自 2015 年 3 月 28 日起按中国人民银行同期同类贷款利率向花园公司支付欠付工程款利息,至工程款付清为止;孝军公司于判决生效之日起 30 日内返还花园公司垫付的招投标代理费

51 000 元。在该案执行过程中，花园公司与孝军公司达成和解协议约定：孝军公司欠花园公司工程款 45 452 762. 53 元、招标代理费 51 000 元、案件受理费 256 374. 09 元、鉴定费 4100 元，合计 45 764 236. 62 元及利息 5 492 200 元，孝军公司支付 2200 万元后，剩余款项 29 256 436 元及利息由孝军公司每月归还 100 万元等内容。和解协议签订后，孝军公司共向花园公司支付工程款 2331 万元，花园公司收到工程款后，与胡某安对于剩余款项的支付未协商一致，致纠纷产生。

二审法院另查明，2012 年 11 月 29 日，花园公司与胡某安签订劳动合同。胡某安、方某荣于 2016 年 9 月 28 日签订的情况说明记载“朔山宾馆工程造价为贰仟伍佰陆拾元每平方，其中土建工程胡某安承包造价为贰仟壹佰元每平方，黄某和方某荣共计分取造价为肆佰陆拾元每平方。签证及其他归胡某安所有”。胡某安向花园公司借款 100 万元未按期归还，经浙江省东阳市人民法院调解，该院作出（2016）浙 0783 民初 13979 号民事调解书，该民事调解书记载“胡某安应归还花园公司借款本金 100 万元并支付利息”。后胡某安未按民事调解书约定的内容履行付款义务，花园公司向浙江省东阳市人民法院申请强制执行，该院作出（2017）浙 0783 执 731 号执行通知书，责令胡某安归还花园公司借款本金 100 万元及利息，并承担案件受理费 9969 元、案件执行费 12 400 元。花园公司与孝军公司签订和解协议后，孝军公司共向花园公司支付工程款 2248 万元，向方某荣支付工程款 50 万元，向方某建支付工程款 33 万元。

裁判结果

一审法院判决：（1）花园公司于本判决生效后 10 日内支付胡某安工程款 40 540 947. 93 元及截至 2018 年 8 月 27 日的利息 2 490 213. 84 元，此后利息按中国人民银行同期同类贷款利率计算至实际付清时止；（2）孝军公司在欠付花园公司工程款 27 946 436. 62 元及相应利息的范围内承担连带清偿责任；（3）驳回胡某安要求花园青海分公司承担民事责任的诉讼请求。胡某安、花园公司不服一审判决，向二审法院提起上诉，二审法院判决：（1）撤销青海省西宁市中级人民法院（2018）青 01 民初 425 号民事判决；（2）花园公司于本判决生效之日起 10 日内向胡某安支付工程款 41 908 084. 59 元及利息（利息以 41 908 084. 59 元为基数，按中国人民银行同期同类贷款利率自 2017 年 5 月 12 日起计算至实际付清之日止）；（3）孝军公司在欠付花园公司工程款 28 276 436 元的范围内承担连带清偿责任;(4)驳回胡某安的其他诉讼请求。花园公司不服二审判决,向最高人民法院提起上诉,最高人民法院裁定,驳回花园公司的再审申请。

思考与衡量

合同的根本属性之一就是相对性,也即只在合同当事人之间确定合同权利义务责任关系,合同当事人之外的人一般并不受合同的制约。但是法律另有规定的除外。在司法实践中,一般应遵守合同相对性这一基本原则,特别是在一些法律关系较为复杂的案件中,更应该通过判断合同权利义务责任关系确定合同当事人,在法律另有明确规定的情形下才可突破合同相对性原则。案例 59 的核心问题之一就是合同的相对性问题,也即案涉投资协议合同主体一方是安格斯牛业公司还是安格斯商贸公司。案例 60 中,在借贷合同双方没有约定损失的具体计算标准的情况下,能否以一方委托案外人向另一方发放贷款时约定的利率标准作为可预见到的损失的计算依据。案例 61 涉及实际施工人是否可以突破合同相对性向发包人主张欠付工程款。

案例 59 中,该案在再审过程中,还了解到了相关情况。(1)安格斯牛业公司已经进入破产程序,尚未终结。安格斯商贸公司的两个股东大连华牧安格斯食品工业有限公司与景兴肉品公司,矛盾纠纷非常多,利益错综复杂,双方之间存在数个案件纠纷,包括股东出资纠纷、损害公司利益责任纠纷、公司解散纠纷、企业出资人权益确认纠纷、侵权纠纷,等等。(2)就股东出资问题,双方分别起诉对方出资违约。虽然股东是否抽逃出资与本案的焦点无关,但另案已判决大连华牧安格斯食品工业有限公司向安格斯商贸公司返还出资款 900 万元。(3)双方与国土局崆峒分局存在数起案件。安格斯商贸公司、安格斯牛业公司诉国土局崆峒分局行政合同纠纷案;安格斯商贸公司起诉国土局崆峒分局确认行政不作为案,被驳回诉讼请求;国土局崆峒分局诉景兴肉品公司返还借款案。

一审法院认为,关于该案案由确定的问题,因双方当事人争议点为 995 万元征地款的归属问题,该笔款项数额确定,且存入政府财政专户,因而已被特定化,故该案案由应为所有权纠纷。关于该案事实认定问题,该案中涉案投资协议与解除投资协议书均系安格斯牛业公司签订,投资协议约定安格斯牛业公司的主要义务是向国土局崆峒分局缴纳征地款，虽然实际缴纳征地款的是安格斯商贸公司，但因安格斯商贸公司与安格斯牛业公司之间存在以下事实：其一，人员混同。安格斯牛业公司的股东为大连华牧安格斯食品工业有限公司及景兴肉品公司，胡某驽为大连华牧安格斯食品工业有限公司法定代表人，同时也是安格斯牛业公司的法定代表人，安格斯牛业公司会计为崔某奎，出纳为兰某艳和苟某。安格斯商贸公司初始登记股东为冯某、郭某若、王某平，会计崔某奎，出纳兰某艳和苟某。依据中国农业发展银行平凉市崆峒区支行向一审法院出示的证据足以认定，胡某驽是安格斯商贸公司的实际控制人。其二，业务混同。安格斯牛业公司与安格斯商贸公司的经营范围中在活畜及畜产交易业务方面存在重叠及混同。其三，财务混同。从安格斯商贸公司与安格斯牛业公司在中国农业发展银行平凉市崆峒区行开户账户印鉴备案及账务往来看，两公司开户账户中均存留的是胡某驽的印章，账务往来中以胡某驽的盖章作为款项往来依据；从安格斯商贸公司向国土局崆峒分局缴纳的款项来源看，其中1000万元系安格斯商贸公司向联合创业集团有限公司北京公司的借款，2011年8月26日，大连安格斯控股有限公司向安格斯商贸公司支付1000万元，用于偿还联合创业集团有限公司北京公司的借款。2011年12月31日，国土局崆峒分局向安格斯商贸公司退款1004.8306万元。虽然安格斯商贸公司称其向国土局崆峒分局缴纳的款项来源中有900万元系向冯某借款筹集，因冯某与胡某驽系夫妻关系，冯某并未实际参与安格斯商贸公司的出资、设立及决策等，胡某驽系安格斯商贸公司的实际控制人，同时也是大连华牧安格斯食品工业有限公司法定代表人及控股股东，该900万元是源于冯某，还是胡某驽，或者是源于大连华牧安格斯食品工业有限公司抽逃安格斯牛业公司的出资900万元，安格斯商贸公司作为该案原告，未提供充分证据对其进行证明。最高人民法院指导案例15号“徐工集团工程机械股份有限公司诉成都川交工贸有限责任公司等买卖合同纠纷案”确定的裁判要旨为：关联公司人员、业务、财务等方面交叉或混同，导致各自财产无法区分，丧失独立人格的，构成人格混同。该案中安格斯商贸公司与安格斯牛业公司虽在工商登记部门登记为彼此独立的企业法人，但实际上相互之间界限模糊、人格混同。依据最高人民法院《关于适用〈中华人民共和国民事诉讼法〉的解释》第90条规定：“当事人对自己提出的诉讼请求所依据的事实或者反驳对方诉讼请求所依据的事实，应当提供证据加以证明，但法律另有规定的除外。在作出判决前，当事人未能提供证据或者证据不足以证明其事实主张的,由负有举证证明责任的当事人承担不利的法律后果。”安格斯商贸公司未提供充分证据证明其对案涉995万元享有所有权,应承担不利的法律后果。

二审法院认为,该案的争议焦点是:现存于国土局崆峒分局的995万元征地款的归属问题。关于投资协议的实际履行方的问题。安格斯牛业公司在2010年8月20日与平凉市崆峒区人民政府签订投资协议后,于2010年9月16日出具承诺函,该函载明:安格斯牛业公司名下的陇东畜产品交易中心的产权及延展权益均属于该项目的实际投资人,项目投资人之间的协议安格斯牛业公司予以认可。2010年9月26日,冯某、郭某若、王某平签订《合作经营平凉市陇东畜产品交易中心项目合同书》约定:以上三方基于安格斯牛业公司承诺函为平凉陇东畜产品交易中心的实际投资人,同时约定了各方投融资产权分配比例。一审中,安格斯牛业公司虽认为承诺函系虚假伪造的,但不能提供相应证据予以证明,安格斯牛业公司、郭某若对合作合同书真实性均表示认可。2010年11月19日,冯某、郭某若、王某平按约定比例出资成立了安格斯商贸公司,由安格斯商贸公司向国土局崆峒分局缴纳征地款共计2000万元。2011年4月21日,国土局崆峒分局向安格斯商贸公司发出通知称:安格斯商贸公司上报的关于陇东活畜交易市场项目已通过甘肃省国土资源厅审定,请安格斯商贸公司按期缴纳相关费用,郭某若作为安格斯商贸公司负责人签字确认。2011年12月31日,国土局崆峒分局向安格斯商贸公司账户退款1004.8306万元。2013年3月20日,平凉市崆峒区人民政府与安格斯牛业公司签订解除协议书,解除双方签订的投资协议。虽然投资协议与解除协议书均系安格斯牛业公司签订,但投资协议约定安格斯牛业公司的主要义务是向国土局崆峒分局缴纳征地款,而实际履行征地款缴纳义务的却是安格斯商贸公司。现没有证据证明安格斯牛业公司与安格斯商贸公司之间存在代缴征地款的委托授权关系,相反却有安格斯牛业公司自行出具的承诺函证明已将项目相关权益移转给实际投资人。一审中,安格斯商贸公司举证证明其支付的征地款来源系借用冯某、王某平和联合创业集团有限公司北京公司的资金。安格斯牛业公司虽对此不予认可,认为安格斯商贸公司缴纳的征地款系大连华牧安格斯食品工业有限公司抽逃对安格斯牛业公司的出资款,但未能提供证据予以证明,加之国土局崆峒分局也已将2000万元征地款中的一部分退给了安格斯商贸公司的事实,综合分析,案涉投资协议的实际履行方是安格斯商贸公司。关于安格斯牛业公司与安格斯商贸公司之间是否存在人格混同的问题。经审查，安格斯牛业公司、安格斯商贸公司及其二公司股东确与胡某驽、郭某若二人有着直接或间接的关系，二审庭审中，安格斯商贸公司亦认可与安格斯牛业公司办公地址在一处，共用过有关财务人员的事实，因此，可以认定安格斯牛业公司与安格斯商贸公司存在关联关系，但存在关联关系并不必然等同于人格混同。并且《公司法》第 20 条关于不得滥用公司独立地位损害公司债权人利益的规定，旨在防止公司利用关联关系逃避债务损害债权人的利益，因此从法律层面区分是否"人格混同"针对的应当是债权人与关联公司之间的外部关系，债权人可以以"人格混同"为由要求关联公司共同承担债务，而该案安格斯牛业公司与安格斯商贸公司对征地款权属的争议属于关联公司之间的内部关系，不涉及损害债权人的利益，故二公司是否具有人格混同的情形不影响关联公司内部资金归属的界定，也不能以人格混同为由混淆各自财产权属，加剧公司管理不规范的情形。一审判决以安格斯牛业公司与安格斯商贸公司人格混同为由认定关联公司之间的财产权属，缺乏法律依据，认定安格斯商贸公司未提供充分证据证明其对案涉 995 万元征地款享有所有权，举证责任分配不当。因此，案涉投资协议的实际履行方是安格斯商贸公司，国土局崆峒分局已将征地款中的 1004 万余元退还给了安格斯商贸公司，但 2000 万元征地款是一个整体，所以安格斯商贸公司要求确认对尚未退还的征地款享有所有权的诉讼请求成立，应予支持。安格斯商贸公司上诉请求确认"安格斯商贸公司是国土局崆峒分局 995.1694 万元征地款的所有权人"，但因其一审起诉时的诉讼请求是"确认安格斯商贸公司是国土局崆峒分局的 995 万元征地款的所有权人"，该院以其一审诉讼请求数额为准，确认安格斯商贸公司对现存于国土局崆峒分局尚未退还的征地款 995 万元享有所有权。

笔者认为，要确定安格斯商贸公司对案涉 995 万余元款项是否享有所有权，应查清案涉投资协议项下安格斯牛业公司的权利义务是否已经转让给了安格斯商贸公司。《合同法》第 88 条①规定："当事人一方经对方同意，可以将自己在合同中的权利和义务一并转让给第三人。"该案中，2010 年 8 月 20 日，安格斯牛业公司与平凉市崆峒区人民政府签订案涉投资协议，约定安格斯牛业公司向国土部门交付征

① 现为《民法典》第 555 条。

用土地及补偿款。2010年9月16日，安格斯牛业公司出具承诺函，承诺：“本公司名下的陇东畜产品交易中心的产权及延展权益均属于该项目的实际投资人，项目投资人之间的协议本公司认可并予以无条件尊重。”2010年9月26日，冯某、郭某若、王某平经协商约定，该三人基于案涉承诺函为案涉项目的实际投资人。之后，安格斯商贸公司分三笔向国土局崆峒分局交付了征地款2000万元。2011年12月31日，国土局崆峒分局向安格斯商贸公司退款1004.8306万元。2013年3月20日，安格斯牛业公司与平凉市崆峒区人民政府签订解除协议书，约定：双方同意于2012年12月30日解除投资协议，平凉市崆峒区人民政府负责向安格斯牛业公司退还剩余款项。安格斯商贸公司主张其为尚未退还的案涉995万余元款项的所有权人。国土局崆峒分局一审中对案涉承诺函的真实性不认可，主张案涉投资协议、解除协议书的主体是安格斯牛业公司，安格斯商贸公司支付的征地款是代安格斯牛业公司支付的款项；二审时国土局崆峒分局主张，案涉承诺函违法，不具备法律效力。笔者认为，案涉投资协议、解除协议书的签订主体为安格斯牛业公司，但事实上由安格斯商贸公司向国土局崆峒分局支付了相关款项，且已收取了部分退款。二审认定安格斯牛业公司已经通过案涉承诺函将项目权利义务转让给了安格斯商贸公司，但未查清为何案涉解除协议书仍然约定向安格斯牛业公司退还案涉款项，且仍由安格斯牛业公司签订案涉解除协议书。在案涉投资协议、解除协议书的合同相对方国土局崆峒分局不认可合同相对方已变更以及案涉承诺函效力的情况下，案涉项目能否转让、是否已经转让、案涉项目转让的依据是什么、其转让是否经过了国土局崆峒分局同意等基本事实，均有待进一步查清。二审法院未查清以上事实，即认定案涉投资协议的实际履行方是安格斯商贸公司，确认安格斯商贸公司对国土局崆峒分局尚未退还的案涉995万余元款项享有所有权，属于认定事实不清。

案例60中，一审法院认为，黄河农村银行在银行贷款确认函确认处加盖印章，观歌公司基于《助贷四方协议》《助贷两方协议》指示观歌小贷公司向盐池生茂公司发放了助贷基金1800万元后，黄河农村银行并未及时向盐池生茂公司发放贷款1800万元，导致盐池生茂公司无法向观歌公司清偿，黄河农村银行构成违约。根据《助贷两方协议》违约责任条款：“……任何一方不履行或不完全履行的，应当承担相应的违约责任，并承担由此给对方造成的损失。”该案的焦点在于黄河农村银行给观歌公司造成的损失是什么，损失如何确定。观歌公司将1800万元资金交给盐池生茂公司占有使用，盐池生茂公司又因黄河农村银行放款不到位不能及时清偿观歌公司款项，导致观歌公司的资金被盐池生茂公司占用，损失在于资金占用费。(1)应以日利率万分之二作为标准核算资金占用费。黄河农村银行与观歌公司的《助贷两方协议》并没有约定损失的具体计算标准，根据最高人民法院《关于审理民间借贷案件适用法律若干问题的规定》第29条①，未约定逾期利率或者约定不明的，人民法院可以区分不同情况处理：既未约定借期内的利率，也未约定逾期利率，出借人主张借款人自逾期还款之日起按照年利率6%支付资金占用期间利息的，人民法院应予支持。观歌公司起诉状列明的利息计算清单载明的核算利率也是以日息万分之二作为标准的，折算为年利率为7.3%，亦超过了年利率6%。盐池生茂公司与观歌公司指定的观歌小贷公司签订的《委托贷款借款合同》，该合同约定借款利率为日息万分之二，折算为年利率为7.3%。按照《合同法》第113条第1款②："当事人一方不履行合同义务或者履行合同义务不符合约定，给对方造成损失的，损失赔偿额应当相当于因违约所造成的损失，包括合同履行后可以获得的利益，但不得超过违反合同一方订立合同时预见到或者应当预见到的因违反合同可能造成的损失。"黄河农村银行应该预见到因其未按期放款给盐池生茂公司，导致观歌公司的资金被盐池生茂公司占用，损失应以日息万分之二为标准核算。盐池生茂公司自愿向观歌公司承诺欠款以年利率24%为标准计算，该项承诺是盐池生茂公司的单方承诺，单方承诺仅对盐池生茂公司与观歌公司有效，按照合同相对性原则不能及于第三人黄河农村银行，且黄河农村银行并未同意按照年利率24%为标准计算，综上，应以日利率万分之二为标准核算资金占用费。(2)盐池生茂公司已还款的600万元应根据盐池生茂公司使用1800万元的天数，据实核算冲息冲本情况。截至2016年8月19日，盐池生茂公司尚欠观歌公司1800万元产生的利息为1 918 800元。同日盐池生茂公司指示第三人石嘴山市中钰工贸有限公司向观歌小贷公司开立在黄河农村银行的账户还款600万元，该600万元冲息1 918 800元，冲本4 081 200元。2016年8月20日至2018年1月23日，盐池生茂公司占用观歌公司本金13 918 800元，该笔本金截至2018年1月23日产生利息1 450 338.95

① 现为该司法解释(2020年修正)第28条。

② 现为《民法典》第584条。

元。(3)2018年1月23日黄河农村银行已根据盐池生茂公司、观歌公司的委托支付申请将1800万元支付至观歌小贷公司账户,该1800万元如何认定?按照《助贷两方协议》,基金借款申请额度原则不超过该笔到期银行贷款金额的70%,且单笔最高额度不超过1500万元,黄河农村银行放款1800万元至盐池生茂公司、观歌公司指定的账户,超过1500万元,系两方以实际行为改变了两方协议。在盐池生茂公司欠观歌公司款项的情形下,黄河农村银行按照盐池生茂公司申请付款至观歌小贷公司账户,不仅仅是指示付款的法律行为,而且亦是盐池生茂公司偿还观歌公司款项的行为,同时也是两方协议约定的黄河农村银行的履约行为。进入观歌小贷公司账户的1800万元,观歌公司应优先冲抵黄河农村银行未及时发放贷款致使盐池生茂公司占用的本金和应清偿的占用损失(以年利率7.3%作为标准核算)。从2016年8月20日至2018年1月23日,黄河农村银行应该承担的盐池生茂公司占用观歌公司借款本金13 918 800元及产生的占用损失1 450 338.96元,1800万元足以冲抵占用本金、产生损失金额,略有剩余的2 630 861元应按照在观歌公司与盐池生茂公司之间均产生效力的承诺函进行处理。

二审法院认为,该案的争议焦点是:黄河农村银行及雅安支行应否就盐池生茂公司欠付观歌公司的借款本息承担赔偿责任。根据2015年3月5日观歌公司向雅安支行发出的银行贷款确认函,雅安支行盖章确认:盐池生茂公司在雅安支行的贷款申请已经批准,贷款手续正在办理。因盐池生茂公司急需资金周转,向观歌公司提出助贷申请,申请借款1800万元,归还助贷基金借款资金来源为雅安支行本次向盐池生茂公司发放的贷款,雅安支行承诺在16日向盐池生茂公司发放贷款,且发放贷款额度不低于助贷基金借款本息,并在贷款发放时及时将助贷基金借款本息归还至助贷基金专户。同日,受观歌公司委托,观歌小贷公司与盐池生茂公司签订《委托贷款借款合同》,对盐池生茂公司申请助贷基金借款1800万元,借款利率为日息万分之二,借款期限从2015年3月5日起算等内容进行了约定,并于当日按约向盐池生茂公司设立在雅安支行的账户进行了转账,履行了发放助贷基金借款1800万元的义务。但之后雅安支行并未按其在银行贷款确认函中确认的内容如期向盐池生茂公司发放贷款,导致助贷基金借款无法及时受偿,由此给观歌公司造成了资金占用损失,黄河农村银行及雅安支行应基于确认函承担赔偿责任。依据观歌公司所提诉讼请求,其主张的损失为盐池生茂公司欠观歌小贷公司的借款本金600万元、利息2 019 600元（利息以18 000万元本金为基数从2016年7月23日计算至2018年1月23日，以日息万分之二计算为1 976 400元，和以600万元为基数从2018年1月24日计算至3月1日以日息万分之二计算为43 200元）。但从查明事实看，2016年8月19日，盐池生茂公司通过从案外人石嘴山市中钰工贸有限公司处借款，向观歌小贷公司开立在黄河农村银行的账户还款600万元。2018年1月23日，黄河农村银行向盐池生茂公司发放贷款2700万元，并根据盐池生茂公司、观歌小贷公司出具的委托支付申请，将其中的1800万元支付至观歌小贷公司开立在黄河农村银行的账户。由此，截至2018年1月23日，观歌小贷公司已收到还款共计2400万元。一审基于观歌公司诉请的利息损失标准和《委托贷款借款合同》关于借款利率的约定，结合盐池生茂公司还款情况，按先冲息后冲本方式核算，认定盐池生茂公司上述还款，已足以冲抵观歌公司因雅安支行未按期发放贷款而受到的资金占用损失，符合本案事实和法律规定，认定适当。虽然盐池生茂公司于2016年7月18日向观歌小贷公司出具承诺书，承诺按年利率24%计算逾期利息，并承诺从石嘴山市中钰工贸有限公司处借款向观歌小贷公司偿还利息600万元，但该承诺书是盐池生茂公司单方作出，仅对盐池生茂公司发生效力，另案（2016）宁01民初911号民事判决基于该承诺对盐池生茂公司还款责任的认定，不当然适用于本案对黄河农村银行及雅安支行赔偿责任的认定。而且，观歌公司在本案中起诉按日息万分之二计算利息损失，故一审判决以日息万分之二作为利息计算标准，对盐池生茂公司的还款以先冲息后冲本方式核算并无不当。观歌公司提出一审判决对盐池生茂公司已偿还的600万元予以冲息冲本错误，且对损失计算标准认定有误的上诉理由不能成立，法院不予支持。2018年1月24日，观歌小贷公司依据盐池生茂公司委托支付函，将雅安支行转入的1800万元中的600万元，又转账给了石嘴山市中钰工贸有限公司。该笔转款是观歌小贷公司依盐池生茂公司委托作出，在雅安支行已向观歌小贷公司转入1800万元后，盐池生茂公司的委托付款及欠付借款本金600万元均是与观歌小贷公司之间的关系。2018年1月23日雅安支行已向观歌小贷公司转入1800万元，经核算已足以冲抵观歌公司因雅安支行未按期发放贷款而受到的资金占用损失，故观歌公司提出一审判决认定事实不清导致判决错误的上诉理由不能成立，不予支持。另外，在一审中，观歌公司当庭表示不再申请调取银行贷款确认函及相关刑事卷宗，在二审中，观歌公司认可其按日息万分之二的标准诉请本案损失,故观歌公司主张一审对其调取证据申请不予准许、对其提交的新证据不予接收质证属程序错误的上诉理由缺乏依据,不能成立,不予支持。综上,观歌公司的上诉请求不能成立,应予驳回,一审判决应予维持。

笔者认为,关于考普德公司损失的计算标准如何确定的问题。《合同法》第113条第1款①规定:"当事人一方不履行合同义务或者履行合同义务不符合约定,给对方造成损失的,损失赔偿额应当相当于因违约所造成的损失,包括合同履行后可以获得的利益,但不得超过违反合同一方订立合同时预见到或者应当预见到的因违反合同可能造成的损失。"该案中,黄河农村银行在银行贷款确认函确认处加盖印章,观歌公司基于《助贷四方协议》《助贷两方协议》指示观歌小贷公司向盐池生茂公司发放了助贷基金1800万元后,黄河农村银行未及时向盐池生茂公司发放贷款1800万元,导致盐池生茂公司无法向考普德公司清偿,黄河农村银行构成违约。黄河农村银行与观歌公司签订的《助贷两方协议》没有约定损失的具体计算标准,但观歌公司委托观歌小贷公司向盐池生茂公司发放贷款时双方签订的《委托贷款借款合同》中约定的借款利率为日利率万分之二。二审以日利率万分之二作为黄河农村银行预见或者应当预见到的因违反合同可能造成的资金占用损失计算标准,并无不当。考普德公司关于按照每日0.1%的费率计算其损失的主张,缺乏事实和法律依据,不应支持。

关于考普德公司是否存在实际损失的问题。该案中,2016年8月19日,盐池生茂公司指示第三人石嘴山市中钰工贸有限公司向观歌小贷公司还款600万元。因盐池生茂公司未能足额还款,2017年5月8日,观歌小贷公司起诉盐池生茂公司履行承诺函,另案生效判决认定盐池生茂公司应当偿还借款本金1800万元及利息,利息按照年利率24%从2016年7月23日计算至判决确定的还款之日。2018年1月23日,黄河农村银行向盐池生茂公司发放贷款2700万元,并根据盐池生茂公司、观歌小贷公司出具的委托支付申请,将其中1800万元支付至观歌小贷公司账户。据此,观歌小贷公司收到盐池生茂公司通过第三人还款600万元,以及黄河农村银行直接向其支付的1800万元,合计收到款项2400万元。故二审根据《委托贷款借款合同》关于借款利率的约定,结合盐池生茂公司还款情况,按先冲息后冲

① 现为《民法典》第584条。

本方式进行核算，认定盐池生茂公司的还款已足以冲抵考普德公司因雅安支行未按期发放贷款而受到的资金占用损失，该认定并无不当。

案例61中，一审法院认为，该案的争议焦点是：（1）胡某安在案涉工程中是实际施工人还是内部承包人。（2）胡某安的各项诉讼请求能否成立。第一，关于胡某安在案涉工程中是实际施工人还是内部承包人的问题。一审法院认为，花园公司与孝军公司签订施工协议，取得孝军公司的朔山大酒店工程后未实际施工，而是通过花园青海分公司与胡某安签订承包合同的形式将案涉工程全部交由胡某安施工。根据承包合同中关于胡某安自主经营、独立核算的约定，花园公司的行为已违反了《建筑法》第28条的规定，结合《合同法》第52条第5项的规定，花园青海分公司与胡某安签订的承包合同无效。胡某安对案涉工程组织施工，系案涉工程的实际施工人。胡某安与花园青海分公司签订的承包合同在前，花园公司与胡某安签订的劳动合同在后，且花园公司没有提交证据证明其按劳动合同的约定按月向胡某安发放工资、缴纳社保费用，故胡某安与花园公司无事实上的劳动合同关系。花园公司关于胡某安是花园公司的员工，其在案涉工程中系内部承包人的辩解不能成立。第二，关于胡某安的各项诉讼请求能否成立的问题。一审法院认为，花园公司仅认可孝军公司向其支付工程款2248万元，对孝军公司向方某荣支付的50万元，向方某建支付的33万元不予认可，因花园公司提交的证据均能证实方某荣系花园公司员工，且虽然花园公司对胡某安关于方某建系方某荣之子的陈述不认可，但其未提交反驳证据予以证明，加之孝军公司在转账凭证中注明了交易用途为朔山大酒店工程款，故该83万元款项为孝军公司向花园公司的付款，据此认定孝军公司已付工程款为2331万元。花园公司对于胡某安认可的已付款无异议，该部分款项总计5 453 021.34元。对于胡某安持有异议的花园公司主张扣款的情况，一审法院认定如下：（1）关于花园公司主张扣减的其代胡某安向徐某支付的借款2 179 185.61元，因胡某安向花园公司出具了委托付款单，胡某安认可该委托付款单上手写内容均系其书写，且该委托付款单能够与花园公司提交的转账支票印证，故对该证据的证明力予以确认，此款应从花园公司欠付工程款中予以扣减，胡某安可另案向徐某主张权利。（2）关于花园公司主张扣减的胡某安案件代理费558 154.18元、补收借款利息129 148.32元、差旅费12 699.5元，因（2016）青民初38号案件中花园公司的委托诉讼代理人为该公司员工，且花园公司未提交其实际支付案件代理费的证据,其要求在该案中扣减案件代理费无事实依据,不予支持;花园公司主张对胡某安借款补收利息 129 148.32 元无合法依据,不予支持;花园公司要求扣减的差旅费无事实依据亦不予支持。(3)关于花园公司主张扣减的其代胡某安向黄某支付的水电工程款 151 万元,因花园青海分公司将案涉工程转包给胡某安施工,花园公司应直接对胡某安进行结算,即便胡某安与方某荣、黄某等人存在分摊协议,也应由胡某安与方某荣、黄某进行结算,故在没有胡某安授权的前提下,花园公司将该款项转入浙江省东阳市花园建筑劳务有限公司无合法依据,不予支持。(4)关于花园公司主张扣减的其代胡某安向方某荣支付的相关款项 200 万元,虽然胡某安与方某荣于 2016 年 12 月 31 日形成确认书,确认胡某安欠付方某荣的 200 万元从朔山大酒店工程款中优先支付,但在花园公司支付该笔款项前胡某安已明确表示不同意花园公司支付该款项,花园公司从欠付工程款中扣减 200 万元的主张无合理依据,不予支持。(5)关于花园公司主张扣减的其代胡某安支付的浙江省东阳市人民法院案件受理费 9969 元及执行费 12 400 元,因该笔债务的实际履行人为胡某安,花园公司代为支付,应予扣减,但其中案件受理费 9969 元胡某安已在认可的扣减款项中预先扣减,故不再重复计算,仅对执行费 12 400 元予以扣减。(6)关于花园公司主张扣减的其代胡某安支付的混凝土货款 45 万元及广馨仁和项目管理费、税金等费用 5 661 030.81 元,因广馨仁和项目的费用与本案朔山大酒店工程无关,故该款项不应在该案中扣减。(7)关于花园公司主张扣减的朔山大酒店项目管理费、税金等费用 4 446 727.2 元,其中管理费双方约定按工程总造价的 3% 计取,该案工程总造价已在(2016)青民初 38 号案件中被确认为 47 171 762.53 元,据此计算管理费为 47 171 762.53 元 × 3% = 1 415 152.88 元,胡某安认可该管理费应由花园公司取得,故予以扣减;因双方签订的《承包合同》无效,花园公司主张按照合同约定扣减 1% 管理费及奖励基金等费用的抗辩意见无合法依据,不予支持;但花园公司主张的应缴税费属于必须支付的费用,胡某安对此亦认可,故应缴税费为 47 171 762.53 元 × 3.51% = 1 655 728.86 元,应予扣减。因花园青海分公司现已被注销,其民事主体资格消灭,该案民事责任应由花园公司直接承担。花园公司应付胡某安工程款为 51 256 436.62 元(和解协议确定的应付款总额) − 5 453 021.34 元(胡某安认可应扣减的费用) − 2 179 185.61 元(扣减徐某借款) − 1 415 152.88 元(扣减管理费) − 12 400 元(扣执行费) − 1 655 728.86 元

（扣减应缴税费）= 40 540 947. 93 元。(2016)青民初38号民事判决已确定了欠付工程款利息的支付方式，花园公司亦应按此判决内容向胡某安支付相应利息，该利息自2017年5月12日（和解协议签订日）至2018年8月27日（起诉之日），按2017年中国人民银行发布的1～5年期贷款利率4. 75%计算为40 540 947. 93元×4. 75%÷365天×472天=2 490 213. 84元。孝军公司在欠付工程款51 256 436. 62元－23 310 000元=27 946 436. 62元的范围内承担连带清偿责任。

二审法院认为，该案的争议焦点是：(1)一审法院在审理过程中是否存在程序违法的问题；(2)胡某安是否系案涉工程实际施工人的问题；(3)一审判决认定花园公司欠付胡某安工程款的数额是否正确的问题。

(1)关于一审法院在审理过程中是否存在程序违法的问题。①关于本案是否构成重复诉讼的问题。该院认为，根据最高人民法院《关于适用〈中华人民共和国民事诉讼法〉的解释》第247条的规定，构成重复诉讼的条件是后诉与前诉的当事人相同、诉讼标的相同、诉讼请求相同，三个条件应当同时具备方可认定为重复诉讼。在(2016)青民初38号案件中，原告为花园公司，被告为孝军公司，诉讼标的为发包方与承包方之间的建设工程施工合同关系，诉讼请求为承包方花园公司向发包方孝军公司主张工程款。在该案中，原告为胡某安，被告为花园公司、孝军公司，诉讼标的为实际施工人与承包人、发包人之间的建设工程施工合同关系，诉讼请求为胡某安作为实际施工人向发包方孝军公司和承包方花园公司主张工程款。对比(2016)青民初38号案件与本案，两案的当事人、诉讼标的、诉讼请求不尽相同，且两案原告的请求权基础也不相同，(2016)青民初38号案件中花园公司的请求权基础是其作为承包人向发包人主张工程款，而该案中胡某安的请求权基础是其作为实际施工人向发包人和承包人主张工程款。据此，胡某安的起诉既不构成重复诉讼，也不会因该案的处理结果否定(2016)青民初38号案件的处理结果，一审法院受理该案并不违反民事诉讼“一事不再理”的原则。花园公司的此项上诉理由与事实不符，该院不予采纳。②关于地域管辖和级别管辖的问题。该院认为，首先，关于地域管辖的问题。花园公司在该案一审期间曾就本案的地域管辖提出管辖权异议，一审法院和该院均作出裁定驳回其管辖权异议，现花园公司再以此作为上诉理由缺乏事实和法律依据。其次，关于级别管辖的问题。虽然胡某安在一审期间变更诉讼请求后诉讼标的额已超过当时一审法院受理案件标的额的上限(5000万元），但根据最高人民法院《关于执行级别管辖规定几个问题的批复》（已失效）第2条关于“当事人在诉讼中增加诉讼标的额，致使诉讼标的额超过受诉法院级别管辖权限的，一般不再予以变动，但当事人故意规避有关级别管辖等规定的除外”的规定，胡某安在该案诉讼过程中增加诉讼请求并追加孝军公司为被告，其目的是诉请孝军公司在欠付工程款的范围内承担给付责任和连带责任，且没有证据显示胡某安存在故意规避级别管辖的情形，故由一审法院对该案进行审理并无不当。花园公司的此项上诉理由于法不符，该院不予采纳。③关于一审法院审理该案时是否违反了有关回避的法律规定。该院认为，首先，花园公司于2019年1月15日向一审法院申请审理该案的合议庭成员全体回避，一审法院于2019年1月18日作出（2018）青01民初425号决定书，认为该案不存在《民事诉讼法》第44条[①]关于审判人员应当回避的情形，驳回了花园公司的回避申请。该决定书已依法送达了花园公司，其未申请复议，亦未在2019年1月22日一审庭审时再次申请回避，说明花园公司对一审法院驳回其回避申请的决定是认可的。其次，《民事诉讼法》第44条和最高人民法院《关于适用〈中华人民共和国民事诉讼法〉的解释》第43条、第44条有关回避的条款规定了审判人员应当回避的情形，但花园公司并未提交其回避申请符合前述规定的证据。据此，一审法院驳回花园公司的回避申请并无不当。花园公司的此项上诉理由不能成立，该院不予采纳。④关于一审法院在向花园公司送达起诉状副本的同时未送达胡某安提交的证据材料的问题。该院认为，首先，虽然《民事诉讼法》第121条第4项规定了起诉状应当记明证据和证据来源，但并未要求原告在起诉时必须一并提交案涉证据。其次，虽然《民事诉讼法》第125条第1款[②]规定了人民法院应当在立案之日起5日内将起诉状副本送达被告，但并未规定必须同时将原告所提交的证据一并送达被告。最后，一审法院根据《民事诉讼法》及最高人民法院《关于适用〈中华人民共和国民事诉讼法〉的解释》的有关规定，在庭审时以及庭审后组织胡某安、花园公司和孝军公司对案涉证据进行了质证并形成了庭审笔录和质证笔录。综上，花园公司以一审法院在向花园公司送达起诉状副本的同时未送达胡某安提交的证据材料作为上诉理由缺乏事实和法律依

---

① 现行《民事诉讼法》第47条。

② 现行《民事诉讼法》第128条第1款。

据，该院不予采纳。⑤关于一审法院在确定管辖权后未重新指定不少于30日举证期限的问题。该院认为，第一，虽然花园公司援引的2008年12月11日发布的最高人民法院《关于适用〈关于民事诉讼证据的若干规定〉中有关举证时限规定的通知》第3条规定了一审法院在确定管辖权后应重新指定不少于30日的举证期限，但2015年2月4日起施行的最高人民法院《关于适用〈中华人民共和国民事诉讼法〉的解释》第99条第2款规定了一审普通程序举证期限不得少于15日；第552条规定了最高人民法院以前发布的司法解释与本解释不一致的，不再适用。因最高人民法院《关于适用〈关于民事诉讼证据的若干规定〉中有关举证时限规定的通知》第3条的规定与最高人民法院《关于适用〈中华人民共和国民事诉讼法〉的解释》第99条第2款的规定不一致，故不应在该案中适用。第二，(2018)青民辖终26号民事裁定于2018年12月6日作出，花园公司于2019年1月16日收到一审开庭传票，一审开庭时间为2019年1月22日，说明自该案一审管辖权确定的2018年12月6日至该案一审开庭的2019年1月22日，花园公司已拥有充足的举证时间。故花园公司的此项上诉理由于法无据，该院不予支持。关于花园公司对举证责任分配问题的上诉主张，该院将在之后的两个争议焦点中分别进行论述。

(2)关于胡某安是否系案涉工程实际施工人的问题。该院认为，第一，花园青海分公司与胡某安签订的承包合同以及胡某安向花园公司出具的承诺书均约定了胡某安对案涉工程自主经营、独立核算，其中债权债务由胡某安独自承担，各项税费由胡某安负责缴纳，施工方案由胡某安编制设计，施工人员由胡某安组织配备，施工经费由胡某安组织筹措，资料印章由胡某安保管使用，且胡某安须向花园公司缴纳管理费。上述约定都证明了花园青海分公司与胡某安之间并非内部承包经营关系，而是花园青海分公司以承包合同的名义将花园公司与孝军公司所签订的施工协议中约定的施工义务转包给胡某安。第二，胡某安在一审期间提交了其购买案涉工程建筑材料、向劳务班组结算并发放工资的证据，足以证明由其负责案涉工程的施工管理工作。虽然花园公司主张是由花园青海分公司提供施工设备并向施工人员发放工资，但其并未提交证据证明该事实，对相关结算单据、汇款凭证为何由胡某安持有也无法作出合理解释，故花园公司关于由其负责案涉工程施工管理的主张缺乏事实依据。第三，花园青海分公司与胡某安签订承包合同以及胡某安向花园公司出具承诺书的日期为2012年11月24日，而花园公司与胡某安签订劳动合同的日期为2012年11月29日,且花园公司未提交证据证明其按劳动合同的约定向胡某安发放过工资和福利的事实,说明花园公司与胡某安签订劳动合同的目的在于规避花园公司将案涉工程转包的事实,故其关于胡某安是花园公司员工的主张不能成立。第四,虽然(2016)青民初38号民事判决在当事人身份信息部分记载胡某安为花园公司员工,在该案中系花园公司的委托诉讼代理人,但前述内容仅是法院根据花园公司所提交的身份证明文件进行形式审查后而记载,并非对胡某安系花园公司员工这一事实的实质性审查认定,且胡某安的真实身份以及其与花园公司的关系并非该案的审理范围。第五,花园公司主张其与胡某安之间的关系属于国家计划委员会、财政部、中国人民建设银行《关于改革国营施工企业经营机制的若干规定》中所列明的内部承包经营关系,但《关于改革国营施工企业经营机制的若干规定》所规制的主体是国营施工企业。该案二审期间,花园公司自认其不是国有企业,也无国有资本参股,故花园公司援引《关于改革国营施工企业经营机制的若干规定》证明其与胡某安系内部承包经营关系缺乏事实和法律依据。第六,该院(2018)青民辖终第26号民事裁定中记载"本院经审查认为,本案被上诉人胡某安与原审被告花园青海分公司签订的承包合同约定了双方建设工程的权利义务、合同工期、工程质量标准、工程结算方式等,名为承包合同,实为建设工程施工合同,现双方因工程款发生纠纷,该案系建设工程施工合同纠纷"。该生效裁定虽然仅对花园公司、花园青海分公司的管辖权异议作出了裁判,但通过该裁定对承包合同性质的认定,亦可以证实花园青海分公司与胡某安之间系转包关系。第七,花园公司仅提交了由胡某寿出具的证明,未提交案涉工程正负零以下的项目系由胡某寿负责施工的其他客观证据,且胡某寿未到庭接受质询,该院对该证明的真实性不予认可,该证明不能证实案涉工程正负零以下项目系由胡某寿完成施工。综上,一审法院认定胡某安与花园青海分公司签订的承包合同无效且胡某安为案涉工程的实际施工人并无不当,花园公司的该项上诉主张不能成立。

(3)关于一审判决认定花园公司欠付胡某安工程款的数额是否正确的问题。①关于花园公司代胡某安向徐某支付的2 179 185.61元是否应从欠付工程款中予以扣减的问题。胡某安上诉主张,花园公司代胡某安向徐某支付的2 179 185.61元系花园公司内部做账使用,并未真实履行,该款项不应从欠付工程款中扣减。该院认为,首先,胡某安出具的委托付款单中"委托款项"一项载明"借徐某用于归还资金部利息”；徐某出具的借条记载“今有本人徐某向胡某安借到人民币 2 200 000 元用于支付资金部借款利息”；由徐某出具的证明记载“本人徐某于 2017 年 5 月 16 日向胡某安借款人民币 2 179 185.61 元，该款项已由花园公司代胡某安向我支付，我已收到该款项（该款项用于归还我向花园公司借款产生的利息）”。前述委托付款单、证明与借条记载的借款金额并不一致，相差数额较大（20 814.39 元），花园公司对此不能作出合理解释，无法证实两笔借款属同一笔借款。其次，花园公司提交的其向徐某付款的凭证为花园集团资金管理部转账支票，记载的付款单位和收款单位的开户行均为“资金部”，说明该“支票”并非银行现金支票或银行转账支票，亦非银行转账凭证，系花园公司内部流转资金所用，即该款项所涉资金仍在花园公司掌控之下，且花园公司未提交有关交付方式、款项流向、资金变动等情况的证据，无法证实花园公司向徐某真实交付了该款项。故该院对花园公司向徐某付款的真实性不予认可，胡某安的该项上诉主张应予支持，一审法院对此认定错误，该院予以纠正。②关于花园公司向黄某支付的水电工程款 151 万元是否应从欠付工程款中予以扣减的问题。花园公司上诉主张，根据胡某安、方某荣和黄某签订的情况说明以及 2017 年 10 月 20 日中国建设银行客户专用回单，花园公司向黄某支付的水电工程款 151 万元应从欠付工程款中扣减。该院认为，第一，虽然花园公司提交的情况说明（复印件）上有黄某的签名，但胡某安在二审期间提交的情况说明（原件）中并无黄某的签名，且内容与花园公司提交的复印件也不完全一致，在花园公司没有提交其持有版本原件的情况下，该院对花园公司所提交情况说明的真实性不予认可。因胡某安提交的情况说明中既没有“朔山宾馆工程款收到后优先支付”的表述，也没有黄某的签名，故无法证明该情况说明得到了黄某本人的认可。第二，花园公司提交的 2017 年 10 月 20 日中国建设银行客户专用回单记载收款人为浙江省东阳市花园建筑劳务有限公司（以下简称花园劳务公司），花园公司主张花园劳务公司系黄某指定的收款账户，但其未提交花园公司受黄某指示付款至花园劳务公司账户的证据，也未提交黄某与花园劳务公司之间存在关联关系的证据，故花园公司不能证明其向黄某支付该款项的真实性。第三，即便花园公司能够证实其向黄某付款的真实性，但胡某安作为案涉工程的实际施工人，花园公司在未得到胡某安授权或委托的情况下向黄某支付工程款缺乏事实依据。综上，花园公司关于其向黄某支付的水电工程款 151 万元应从欠付工程款中扣减的上诉主张无事实和法律依据,该院不予支持。③关于花园公司向方某荣支付的200万元是否应从欠付工程款中予以扣减的问题。该院认为,虽然胡某安对确认书的真实性不持异议,但花园公司提交的2017年9月1日中国建设银行客户专用回单记载收款人为花园劳务公司,花园公司既未提交受方某荣指示付款至花园劳务公司账户的证据,也未提交方某荣与花园劳务公司之间存在关联关系的证据,故花园公司不能证明其向方某荣付款的真实性。花园公司关于其向方某荣支付的200万元应从欠付工程款中扣减的上诉主张无事实依据,该院不予支持。④关于广馨仁和项目的管理费、税金等费用5 661 030.81元以及花园公司在广馨仁和项目中向青海新兴商品混凝土有限公司支付的90万元混凝土款是否应从欠付工程款中予以扣减的问题。该院认为,《合同法》第99条①规定了行使抵销权所应同时具备的条件,即当事人互负债务;双方所负的债务都已到履行期限;当事人所负债务的标的物种类、品质相同;依照法律规定和按照合同性质可以抵销。具体到该案,在二审庭审中,胡某安陈述其已因广馨仁和项目相关款项问题另案起诉花园公司,花园公司对此亦表示认可。因胡某安与花园公司在广馨仁和项目中对争议款项的性质和数额尚未确定,花园公司要求该款项(6 561 030.81元)与该案欠付工程款进行债务抵销的上诉主张缺乏事实和法律依据,该院不予支持。⑤关于胡某安向花园公司借款产生的利息1 099 285元是否应从欠付工程款中予以扣减的问题。该院认为,首先,胡某安借款利息计算表中关于胡某安借款200万元的计息内容与(2016)浙0783民初13979号民事调解书记载的计息内容不符;其次,胡某安借款利息计算表中部分借款逾期利率为月利率2.5%(逾期年利率达30%),不符合最高人民法院《关于审理民间借贷案件适用法律若干问题的规定》第29条关于逾期利率不超过年利率24%的规定;故该院对前述两项计息标准依法予以调整。此外,花园公司主张胡某安清偿借款及欠付利息之日为2017年5月11日,胡某安对此表示认可,故该院依法予以确认。综上,胡某安借款279万元的利息计算标准如下:借款200万元自2014年12月21日至2015年2月17日共58天期间按月利率2%计算产生利息77 333.33元。后胡某安归还100万元,尚欠100万元。100万元自2015年2月18日至2017年5月11日共813天期间按月利率2%计算产生利息542 000元;借款140万元自

① 现为《民法典》第568条。

2016年1月18日至10月17日共273天期间按月利率1.8%计算产生利息229 320元，自2016年10月18日至2017年5月11日共205天期间按逾期月利率2%计算产生逾期利息191 333.33元，借款9万元自2016年4月26日至2017年1月25日共274天期间按月利率2%计算产生利息16 440元，自2017年1月26日至5月11日共105天期间按逾期月利率2%计算产生逾期利息6300元；借款30万元自2016年2月3日至11月2日共273天期间按月利率1.35%计算产生利息36 855元，自2016年11月3日至2017年5月11日共189天期间按逾期月利率2%计算产生逾期利息37 800元；以上利息合计1 137 381.66元。因花园公司在胡某安借款利息计算表中认可已收利息325 333.33元，故胡某安还应支付花园公司利息812 048.33元（1 137 381.66元－325 333.33元＝812 048.33元）。综上，花园公司该项上诉请求部分成立，应予支持，胡某安向花园公司借款而产生的利息812 048.33元应从其欠付工程款中予以扣减。⑥关于当地税费、管理费、借款增收管理费、外经证税费、企业所得税合计、奖励基金等共计4 446 727.2元是否应当从欠付工程款中予以扣减的问题。该院认为，第一，（2016）青民初38号民事判决已认定案涉工程总价款为47 171 762.53元，而花园公司与孝军公司签订的和解协议中执行款项既包括孝军公司欠付的工程款，还包括招标代理费、案件受理费、鉴定费以及利息等款项，故花园公司主张以和解协议所确定的和解执行款作为相关税费的计算基数缺乏事实和法律依据，该院不予支持。第二，虽然承包合同约定胡某安应按工程总造价的3%向花园公司缴纳管理费，因案涉承包合同为无效合同，该管理费属花园公司应支付的款项，花园公司关于按案涉工程总价款的3%收取管理费的主张依法不应支持。但胡某安在该案一、二审期间认可应从花园公司欠付工程款中扣减3%的管理费，故一审法院按照案涉工程总价款的3%扣减管理费并无不当。第三，因胡某安对当地税费按照案涉工程总价款的3.51%从花园公司欠付工程款中扣减表示认可，该院对此予以确认；因胡某安对外经证税费和企业所得税不予认可，且案涉承包合同自始无效，花园公司与胡某安有关外经证税费和企业所得税承担主体的约定亦属无效，故花园公司关于外经证税费和企业所得税应从欠付工程款中扣减的上诉主张无事实和法律依据，该院不予支持。第四，如前所述，案涉承包合同无效，花园公司与胡某安有关借款增收管理费、奖励基金的约定亦属无效，且胡某安亦不认可前述费用，故花园公司关于借款增收管理费、奖励基金应从欠付工程款中扣减的上诉主张缺乏事实和法律依据,该院不予支持。⑦关于差旅费 43 106 元、(2016)青民初 38 号案件受理费 24 397.66 元是否应当从欠付工程款中予以扣减的问题。第一,关于差旅费 43 106 元是否应当从欠付工程款中予以扣减的问题。该院认为,花园公司在该案中未提交有关 43 106 元差旅费的相关证据,且双方对差旅费的支出并无约定,其该项上诉主张没有事实依据,应不予支持。第二,关于(2016)青民初 38 号案件受理费 24 397.66 元是否应当从欠付工程款中予以扣减的问题。该院认为,前述应从花园公司欠付工程款中扣减的 279 万元中已包含了花园公司为(2016)青民初 38 号案件而向胡某安出借的 9 万元,故花园公司应向胡某安返还(2016)青民初 38 号案件退回的案件受理费 24 397.66 元,花园公司将该款项返还胡某安后,可依据缴费凭证和(2016)青民初 38 号民事判决书前往人民法院办理退费。综上,花园公司的该项上诉主张没有事实和法律依据,该院不予支持。⑧关于花园公司欠付工程款的利息应如何计算的问题。该院认为,第一,根据最高人民法院《关于审理建设工程施工合同纠纷案件适用法律问题的解释》第 18 条关于利息从应付工程价款之日计付的规定来看,欠付工程款的利息作为迟延履行支付工程款而产生的法定孳息,与应付工程款同时产生。第二,因花园公司与胡某安之间对利息的计付时间没有约定且案涉工程竣工交付之日为 2015 年 3 月 28 日,根据最高人民法院《关于审理建设工程施工合同纠纷案件适用法律问题的解释》第 18 条第 1 项的规定,花园公司自 2015 年 3 月 28 日起即负有向胡某安支付工程款和欠付工程款利息的义务。第三,该案一、二审期间,胡某安、花园公司和孝军公司均对和解协议确定的欠款总额 51 256 436 元不持异议,该院对此予以确认。该欠款总额 51 256 436 元中已包含孝军公司欠付工程款自 2015 年 3 月 28 日至 2017 年 4 月 28 日的利息 5 492 200 元。第四,因花园公司与胡某安之间对欠付工程款利息的计付标准并无约定,根据最高人民法院《关于审理建设工程施工合同纠纷案件适用法律问题的解释》第 17 条关于当事人对欠付工程款利息给付标准没有约定的按照中国人民银行同期同类贷款利率计息的规定,花园公司应按照中国人民银行同期同类贷款利率向胡某安支付利息。综上,一审判决花园公司自和解协议签订之日(2017 年 5 月 12 日)起按中国人民银行同期同类贷款利率向胡某安支付欠付工程款的利息并无不当,胡某安的该项上诉主张无事实和法律依据,该院不予支持。⑨关于孝军公司向方某荣支付的 50 万元、向方某建支付的 33 万元是否应计入孝军公司已付工程款的问题。花园公司上诉主张，花园青海分公司企业信用信息公示报告、花园公司关于刘某伟等同志职务任命的通知以及花园公司关于金某军等同志职务任命的通知已证明2014年4月17日之后方某荣已不再是花园青海分公司负责人，2015年7月21日之后方某荣已不再是花园公司员工，其无权代表花园公司收取案涉工程款，且孝军公司向方某荣和方某建转账汇款共计83万元并未得到花园公司的授权或事后确认，不应计入孝军公司已付工程款中。该院认为，第一，该院虽然对花园公司所提交确认书的真实性不予认可，但是花园公司将该确认书作为证据提交，说明其认可该确认书所记载的内容，该确认书记载了截至2016年12月31日方某荣仍为花园青海分公司承包人。据此，可以说明虽然花园公司在2014年、2015年以内部文件和变更工商登记的方式从外部形式上免去了方某荣作为花园青海分公司负责人的职务，但在花园公司内部管理和实际运营过程中，方某荣仍作为花园青海分公司的承包人履行职务行为，花园公司免去方某荣作为花园青海分公司负责人职务的行为对外不具有公示效力。第二，花园公司在一审期间自认方某荣于2017年年底免去花园青海分公司经理一职并就任花园西安分公司经理。从花园公司此项自认陈述来看，能够进一步证实方某荣仍是花园公司员工且花园公司免去方某荣作为花园青海分公司负责人职务的行为对外不具有公示效力。第三，虽然花园公司与孝军公司在和解协议第3条和施工协议第5条对工程款支付方式作出了约定，即孝军公司应将工程款汇入花园公司指定账号，但因花园公司免去方某荣作为花园青海分公司负责人职务的行为对外不具有公示效力，方某荣作为花园公司的员工和花园青海分公司负责人，其收取案涉工程款应属代表花园公司和花园青海分公司的职务行为。第四，虽然孝军公司主张方某建系方某荣之子，其向方某建汇款的33万元应计入孝军公司已付工程款，但是孝军公司既未提交方某荣与方某建之间关系的证据，亦未提交方某建系花园公司员工的证据，因此，孝军公司将工程款汇入方某建账户的行为不能认定为向花园公司付款的行为。若孝军公司认为其向方某建支付的33万元工程款属错误支付，可通过另案诉讼向方某建主张返还该款项。综上，花园公司关于孝军公司向方某荣支付50万元不应计入其向花园公司已支付工程款的上诉主张不能成立；关于孝军公司向方某建支付33万元不应计入其向花园公司已支付工程款的上诉主张成立，该院予以支持。因花园公司对孝军公司支付的2248万元不持异议，该院对此予以确认,故孝军公司向花园公司已付工程款的数额为2298万元。此外,一审期间胡某安的诉讼请求第二项为孝军公司在欠付工程款的范围内承担连带责任。一审法院判决孝军公司对欠付工程款的利息向胡某安承担连带清偿责任属超诉讼请求判决,同时也与最高人民法院《关于审理建设工程施工合同纠纷案件适用法律问题的解释》第26条第2款、最高人民法院《关于审理建设工程施工合同纠纷案件适用法律问题的解释(二)》第24条关于发包人只在欠付工程价款范围内对实际施工人承担责任的规定不符,该院对此予以纠正。因花园青海分公司已注销登记,故该案的民事责任应由花园公司承担。承前所述,花园公司欠付胡某安工程款为41 908 084.59元[和解协议确定的欠款总额51 256 436元－胡某安认可应予扣减的款项5 477 419元－胡某安因向花园公司借款而产生的利息812 048.33元－案涉工程应缴纳的当地税费1 655 728.86元－花园公司应收取的管理费1 415 152.88元－(2016)浙0783民初13979号案件执行费用12 400元＋花园公司应向胡某安返还的(2016)青民初38号案件受理费24 397.66元＝41 908 084.59元]。因(2016)浙0783民初13979号案件受理费9969元已包含在胡某安认可应予扣减的款项中,故不再重复扣减。孝军公司应当在欠付花园公司工程款28 276 436元(和解协议确定的欠款总额51 256 436元－孝军公司向花园公司已付工程款的数额2298万元)的范围内承担连带清偿责任。

笔者认为,(1)关于胡某安是否系案涉工程实际施工人的问题。该案中,花园青海分公司与胡某安签订的承包合同以及胡某安向花园公司出具的承诺书均约定,胡某安对案涉工程自主经营、独立核算,其中债权债务由胡某安独自承担,各项税费由胡某安负责缴纳,施工方案由胡某安编制设计,施工人员由胡某安组织配备,施工经费由胡某安组织筹措,资料印章由胡某安保管使用,胡某安须向花园公司缴纳管理费。胡某安一审提交了其购买案涉工程建筑材料、向劳务班组结算并发放工资的证据,证明由胡某安负责案涉工程的施工管理工作。(2018)青民辖终第26号民事裁定中记载"本院经审查认为,本案被上诉人胡某安与原审被告花园青海分公司签订的承包合同约定了双方建设工程的权利义务、合同工期、工程质量标准、工程结算方式等,名为承包合同,实为建设工程施工合同,现双方因工程款发生纠纷,该案系建设工程施工合同纠纷"。该生效裁定虽然仅对花园公司、花园青海分公司的管辖权异议作出了裁判,但通过该裁定对承包合同性质的认定,亦可以证实花园青海分公司与胡某安之间系转包关系。(2016)青民初38号民事判决在当事人身份信息部分记载胡某安为花园公司员工，在该案中系花园公司的委托诉讼代理人，但该内容仅是二审法院根据花园公司所提交的身份证明文件进行形式审查后而记载，并非对胡某安系花园公司员工这一事实的实质性审查认定。综上，二审法院认定胡某安为案涉工程的实际施工人并无不当，应予维持。(2)关于二审认定花园公司欠付胡某安工程款的数额是否正确的问题。①花园公司代胡某安向徐某支付的 2 179 185.61 元是否应从欠付工程款中扣减。该案中，胡某安出具的委托付款单中“委托款项”一项载明“借徐某用于归还资金部利息”；徐某出具的借条记载“今有本人徐某向胡某安借到人民币 2 200 000 元用于支付资金部借款利息”；徐某出具的证明记载“本人徐某于 2017 年 5 月 16 日向胡某安借款人民币 2 179 185.61 元，该款项已由花园公司代胡某安向我支付，我已收到该款项（该款项用于归还我向花园公司借款产生的利息）”。前述委托付款单、证明与借条记载的借款金额不一致，相差数额较大，花园公司对此不能作出合理解释，无法证实两笔借款属同一笔借款。花园公司向徐某付款的凭证并非银行现金支票或银行转账支票、银行转账凭证，而是花园公司内部流转资金所用。且花园公司未提交有关交付方式、款项流向、资金变动等情况的证据证明其向徐某真实交付了该款项。故二审法院未将该 2 179 185.61 元从欠付工程款中扣除并无不当，应予维持。②花园公司向黄某支付的水电工程款 151 万元是否应从欠付工程款中扣减。该案中，没有证据证明案涉情况说明得到了黄某本人的认可，花园公司亦不能证明其向黄某支付水电工程款 151 万元的真实性。即便花园公司能够证实其向黄某付款的真实性，花园公司在未得到案涉工程的实际施工人胡某安授权或委托的情况下向黄某支付工程款亦缺乏事实依据。故二审未将该 151 万元从欠付工程款中扣减并无不当，应予维持。③花园公司向方某荣支付的 200 万元是否应从欠付工程款中扣除。花园公司提交的 2017 年 9 月 1 日中国建设银行客户专用回单记载收款人为花园劳务公司，花园公司未提交受方某荣指示付款至花园劳务公司账户的证据，也未提交方某荣与花园劳务公司之间存在关联关系的证据，故花园公司不能证明其向方某荣付款的真实性。故二审对该 200 万元款项未予扣除并无不当，应予维持。④广馨仁和项目相关费用 6 561 030.81 元是否应从欠付工程款中扣减。胡某安就广馨仁和项目相关款项问题已另案起诉花园公司，故胡某安与花园公司在广馨仁和项目中对争议款项的性质和数额尚未确定，故二审对花园公司要求将该款与本案欠付工程款进行债务抵销的主张不予支持并无不当，应予维持。⑤胡某安向花园公司借款产生的利息 1 099 285 元是否应从欠付工程款中扣减。该案中,案涉胡某安借款利息计算表中关于胡某安借款 200 万元的计息内容与(2016)浙 0783 民初 13979 号民事调解书记载的计息内容不符。胡某安借款利息计算表中部分借款逾期利率为月利率 2.5%,不符合最高人民法院《关于审理民间借贷案件适用法律若干问题的规定》第 29 条关于逾期利率不超过年利率 24% 的规定。二审对前述两项计息标准依法进行了调整,以月利率 2% 为标准,根据花园公司的主张自 2017 年 5 月 11 日起算利息,并扣减花园公司已经收取的利息,认定胡某安向花园公司借款而产生的利息 812 048.33 元应从欠付工程款中予以扣减,该认定并无不当,应予维持。⑥当地税费、管理费、借款增收管理费、外经证税费、企业所得税合计、奖励基金等共计 4 446 727.2 元是否应从欠付工程款中扣减。(2016)青民初 38 号民事判决认定案涉工程总价款为 47 171 762.53 元,该案应当以工程总价款作为计算扣减管理费、税费的依据。案涉承包合同为无效合同,关于前述费用的约定亦无效。但胡某安在二审期间认可应从花园公司欠付工程款中扣减 3% 的管理费、3.51% 的税费,故二审法院按照案涉工程总价款的 3% 和 3.51% 分别扣减管理费及税费,对胡某安不认可的外经证税费和企业所得税、借款增收管理费、奖励基金等费用未予支持并无不当,应予维持。⑦差旅费 43 106 元是否应从欠付工程款中扣减。花园公司未提交证据证明该费用实际发生,且双方对差旅费的支出没有约定。故二审未将该笔费用从欠付工程款中扣除并无不当,应予维持。⑧孝军公司向方某荣支付的 50 万元是否应当认定为孝军公司的已付工程款。该案中,花园公司提交的确认书记载,截至 2016 年 12 月 31 日方某荣仍为花园青海分公司承包人。虽然花园公司在 2014 年、2015 年以内部文件和变更工商登记的方式从外部形式上免去了方某荣作为花园青海分公司负责人的职务,但在花园公司内部管理和实际运营过程中,方某荣仍作为花园青海分公司的承包人履行职务行为,花园公司免去方某荣作为花园青海分公司负责人职务的行为对外不具有公示效力。且孝军公司在向方某荣转账凭证中注明了交易用途为案涉大通朔山大酒店工程款,故二审将该 50 万元转账作为孝军公司向花园公司的已付工程款并无不当,应予维持。(3)关于该案一审、二审法院是否存在程序违法的问题。①该案是否存在重复诉讼。(2016)青民初 38 号案件中花园公司作为承包人向发包人主张工程款,该案系胡某安作为实际施工人向发包人和承包人主张工程款,胡某安的起诉不存在重复诉讼的情形。②该案一审合议庭是否应予回避。花园公司于 2019 年 1 月 15 日向一审法院申请审理该案的合议庭成员全体回避,但该案并不存在《民事诉讼法》第44条[①]关于审判人员应当回避的情形。一审法院于2019年1月18日作出(2018)青01民初425号决定书,驳回了花园公司的回避申请,该决定书依法送达了花园公司,花园公司未申请复议,亦未在2019年1月22日的一审庭审中再次申请回避。二审对花园公司此项上诉请求不予支持并无不当。③花园公司有关一审、二审在管辖、送达证据材料以及举证期限等方面程序违法的主张,不属于《民事诉讼法》第200条[②]规定的再审事由,不应审查。综上,一审、二审不存在程序违法。

四、关于担保问题

在涉财产纠纷类案件中,特别是借贷类合同案件中,几乎都会涉及担保问题。债权人为了保证自己的权利安全,一般都会要求债务人提供各种担保,既包括人保也包括物保,担保的形式和种类多种多样。担保制度是民商事法律制度中较为常见但是又较为复杂和难把握的制度。《民法典》中涉及担保的内容主要包括担保物权、保证合同以及违约责任等部分。

案例62

上诉人抚顺市国土资源局(以下简称抚顺国土局)与被上诉人抚顺融信置地有限责任公司(以下简称融信公司)建设用地使用权出让合同纠纷案

案号:(2018)最高法民终1157号

主要争议焦点

一是抚顺国土局、融信公司是否履行了各自合同义务;二是融信公司实际支付的定金及土地出让金数额。

① 现行《民事诉讼法》第47条。
② 现行《民事诉讼法》第207条。

简要案情

融信公司与抚顺国土局签订了《国有建设用地使用权出让合同》。新抚区政府与香港融信置业有限公司签订了《抚顺市万达广场西侧地块投资改造项目补充协议》。抚顺国土局向融信公司发出关于解除国有土地使用权出让合同的通知。抚顺国土局将案涉部分土地重新挂牌,最终由抚顺市华安建设发展有限公司摘牌,成交价格为 107 653.8 万元。融信公司向抚顺国土局发出关于双倍返还定金的函后,双方当事人发生纠纷。

案情详解

融信公司起诉请求,(1)判令抚顺国土局向融信公司双倍返还定金 68 268 万元;(2)诉讼费由抚顺国土局承担。

抚顺国土局辩称,融信公司所主张的诉讼请求,没有事实依据和法律依据,依法应予驳回。

一审法院查明:2013 年 7 月 8 日,融信公司(受让人)与抚顺国土局(出让人)签订《国有建设用地使用权出让合同》,该合同第 4 条约定本合同项下出让宗地编号为抚国土网挂 2013 - 04 - 01,宗地总面积 90 126 平方米。第 6 条约定,出让人同意在 2013 年 7 月 8 日前将出让宗地交付给受让人,出让人同意在交付土地时该宗地应达到本条第 2 项规定的土地条件。第 8 条约定,本合同项下宗地的国有建设用地使用权出让价款为 170 665.3 万元,每平方米 18 936.3 元。第 9 条约定,本合同项下的定金为 34 134 万元,定金抵作土地出让价款。

2012 年 8 月 17 日,新抚区政府(甲方)与香港融信置业有限公司(乙方)签订《抚顺市万达广场西侧地块投资改造项目补充协议》,其中第三部分土地取得方式及土地成交价格支付方式第 1 条约定,甲方协助乙方促成项目一期用地在近期整体一次性以“现状挂牌、净地交付”方式挂牌出让,乙方按照本协议约定参与项目一期用地的竞买。如乙方竞得项目一期用地,则由乙方在抚顺市注册的项目公司——融信公司全权运作、开发。第 3 条约定,甲方负责协助乙方完成项目一期用地成交价款分 5 ~ 6 期支付周转。具体方式为:乙方向抚顺市土地储备中心首期支付土地成交价款(抚顺市财政局账户),按照规定结算并预留“教育附加费”等相关税费后（按抚顺市政府相关规定以实际发生为准），将剩余土地出让金转入新抚区财政局。新抚区财政局在到账后5日内再将该笔资金汇入乙方账户，甲方协助乙方在每期土地出让金缴纳过程中无须缴纳土地交易税。首期土地成交价格汇入乙方账户后，乙方开始支付第2期土地成交价款，如此周转5～6次，直至项目用地成交价款全额支付完毕。第四部分约定，甲方按照抚顺市政府相关要求同意在项目一期用地挂牌上市前启动征收。乙方同意向甲方缴纳项目分期征收实施风险保障金10 000万元。乙方为确保项目征收顺利推进，在竞得项目一期用地并交付全部土地成交价款前，同意预交5000万元作为启动项目一期地块的征收补偿保障资金。启动项目一期地块的征收保障资金为甲方向乙方借款，借款时甲方与乙方签订了《征地借款合同》，并在该合同违约条款中约定甲方向乙方借款需在项目一期用地成交价款全额支付并到达甲方账户后15日内，由甲方财政局偿还乙方。

融信公司于2013年6月25日至26日分五笔向抚顺市财政局非税收入账户汇入合计34 134万元。融信公司于2013年7月12日至8月22日分七笔向抚顺市财政局账户汇入合计136 531.3万元。2013年6月26日至8月22日，抚顺市财政局分七笔向新抚区房屋拆迁征收和补偿办公室支付征地和拆迁补偿支出金额合计169 902.88万元。2013年6月26日至8月30日新抚区房屋拆迁征收和补偿办公室分十二笔向融信公司支付土地拆迁成本金额合计163 531.3万元。

2014年12月2日，抚顺国土局向融信公司发出关于解除国有土地使用权出让合同的通知，该通知载明：因你司没有按照合同规定进行回迁房建设，造成房屋产权人多次大规模进京、赴省集体上访，引发了信访社会矛盾，已签订协议搬迁的2600多户房屋产权人思想出现波动，政府承受巨大的社会稳定风险压力，社会公共利益受到严重损害，现决定解除与你司签订的出让合同，并对你司对该地的投入依法依规给予补偿。

2015年5月18日，抚顺国土局将案涉部分土地重新挂牌，最终由抚顺市华安建设发展有限公司摘牌，成交价格为107 653.8万元。2016年6月30日，融信公司向抚顺国土局发出关于双倍返还定金的函，该函载明：融信公司已经依照土地出让合同的约定履行了给付定金及全部土地出让金的义务，但贵局没有按照约定交付土地，请求双倍返还定金68 268万元。

裁判结果

一审法院判决，抚顺国土局于本判决生效后30日内双倍返还融信公司定金共计68 268万元。抚顺国土局不服一审判决，向最高人民法院提起上诉，最高人民法院裁定，(1)撤销辽宁省高级人民法院(2016)辽民初67号民事判决；(2)本案发回辽宁省高级人民法院重审。

案例63

上诉人华融西部开发投资股份有限公司(以下简称华融投资公司)与被上诉人宁夏红枸杞产业集团有限公司(以下简称宁夏红产业集团)、宁夏香山酒业(集团)有限公司(以下简称香山酒业公司)、张某山、曹某江及一审被告宁夏红中宁枸杞制品有限公司(以下简称宁夏红枸杞公司)借款合同纠纷案

案号：(2019)最高法民终328号

主要争议焦点

(1)宁夏红产业集团、香山酒业公司、张某山、曹某江是否应对本案全部债务承担连带清偿责任；(2)宁夏红产业集团、香山酒业公司、张某山、曹某江是否应承担本案一审诉讼费及保全费。

简要案情

华融投资公司与宁夏红枸杞公司及案外人宁夏银行凤凰支行签订了两份委托贷款借款合同，宁夏银行凤凰支行向宁夏红枸杞公司账户转入19 000万元和16 000万元。债权人华融投资公司作为甲方、出质人宁夏红枸杞公司作为乙方签订了两份质押协议。宁夏红枸杞公司、华融投资公司及案外人宁夏嘉宝信金融仓储有限公司签订了《质押物监管协议》。华融投资公司与宁夏红产业集团、香

山酒业公司及张某山、曹某江分别签订了保证协议。华融投资公司与宁夏红产业集团、香山酒业公司及张某山、曹某江签订了补充协议。上述协议签订后，华融投资公司向宁夏红枸杞公司提供了资金，由受托人宁夏银行凤凰支行发放了贷款。现华融投资公司认为宁夏红枸杞公司在其他金融机构的多笔借款出现了违约，且宁夏红枸杞公司为案外人提供保证担保后拒绝履行担保义务而被提起诉讼，且宁夏红枸杞公司发生了多起因未能履行人民法院生效法律文书的被执行案件，诉至法院。

案情详解

华融投资公司起诉请求：(1)判令宁夏红枸杞公司提前偿还借款本金35 000万元、利息1698万元（暂计算至2018年4月17日），合计36 698万元，并按照月利率10‰的标准支付自2018年4月18日起至清偿之日止的利息。(2)判令宁夏红产业集团、香山酒业公司、张某山、曹某江对上述债务承担连带清偿责任。(3)判令华融投资公司对宁夏红枸杞公司提供的质押物枸杞白兰地757.5吨依法享有质押权，并依法处置优先清偿本案全部债务。(4)案件受理费、保全费由被告承担。

五被告共同辩称，华融投资公司起诉理由不能成立，应予驳回。

一审法院查明：2017年11月17日，华融投资公司与宁夏红枸杞公司及案外人宁夏银行凤凰支行签订了两份委托贷款借款合同，约定甲方华融投资公司作为委托人提供资金，乙方宁夏银行凤凰支行作为受托人及贷款人向丙方宁夏红枸杞公司发放贷款，金额分别为19 000万元和16 000万元，合计35 000万元。2017年11月23日、24日，华融投资公司授权宁夏银行凤凰支行向借款人发放委托贷款，金额分别为19 000万元和16 000万元，宁夏银行凤凰支行于当日分别从华融投资公司账户向宁夏红枸杞公司账户转入19 000万元和16 000万元。2017年11月17日，债权人华融投资公司作为甲方、出质人宁夏红枸杞公司作为乙方签订了两份质押协议，分别约定宁夏红枸杞公司以其所有的存货枸杞白兰地403.2吨和354.3吨（合计757.5吨）为上述两笔债权分别提供质押担保，质押担保的主债权金额分别为19 000万元和16 000万元。同日，宁夏红枸杞公司、华融投资公司及案外人宁夏嘉宝信金融仓储有限公司三方共同签订了《质押物监管协议》，约定由宁夏嘉宝信金融仓储有限公司对上述质物进行监管，监管期限自协议签订之日起至主债务全部清偿之日或三方协商一致终止之日。2017 年 11 月 17 日，华融投资公司与宁夏红产业集团、香山酒业公司及张某山、曹某江分别签订了保证协议，合同约定宁夏红产业集团、香山酒业公司及张某山、曹某江为宁夏红枸杞公司上述两笔借款提供连带责任保证。2017 年 11 月 17 日，华融投资公司与宁夏红产业集团、香山酒业公司及张某山、曹某江签订补充协议约定：债务人或债务人的关联企业及担保人或担保人的关联企业出现以下任何一种情况，均被视为债务人对主合同同时违约，债权人有权宣布《委托贷款借款合同》项下的贷款提前到期，要求债务人及保证人立即偿还贷款本息，并按主合同约定承担违约责任。上述合同签订后，华融投资公司向宁夏红枸杞公司提供了资金，由受托人宁夏银行凤凰支行发放了贷款。现华融投资公司认为宁夏红枸杞公司在其他金融机构的多笔借款出现了违约，不能清偿到期债务，且宁夏红枸杞公司为案外人提供保证担保后拒绝履行担保义务而被提起诉讼，涉及诉讼标的巨大，且发生了多起因未能履行人民法院生效法律文书的被执行案件，诉至法院请求判如所请。

裁判结果

一审法院判决，(1)被告宁夏红枸杞公司于本判决生效后十日内向原告华融投资公司偿还借款本金 35 000 万元，并支付截至 2018 年 4 月 18 日的利息 1698 万元、支付自 2018 年 4 月 19 日起至实际给付之日止以 35 000 万元为基数按月利率 10‰计算的利息。(2)被告宁夏红枸杞公司不履行上述债务时，原告华融投资公司司有权对宁夏红枸杞公司的质押物折价或者以拍卖、变卖的价款优先受偿。(3)被告宁夏红产业集团、香山酒业公司、张某山、曹某江对华融投资公司实现本判决第二项质押权后不足清偿本判决第一项确定的债权部分承担连带清偿责任。宁夏红产业集团、香山酒业公司、张某山、曹某江在承担保证责任后，有权向债务人宁夏红枸杞公司追偿。

华融投资公司不服一审判决，向最高人民法院提起上诉，最高人民法院判决，(1)维持宁夏回族自治区高级人民法院(2018)宁民初 44 号民事判决第一项、第二项；(2)撤销宁夏回族自治区高级人民法院(2018)宁民初 44 号民事判决第三项；(3)宁夏红枸杞公司不履行一审判决第一项确定的债务时，华融投资公司有权请求宁夏红产业集团、香山酒业公司、张某山、曹某江对一审判决第一项确定的债权承担连带清偿责任。宁夏红产业集团、香山酒业公司、张某山、曹某江在承担保证责任后，有权向宁夏红枸杞公司追偿。

案例 64

再审申请人亿达信煤焦化能源有限公司（以下简称亿达信公司）与被申请人刘某一、七台河市天行小额贷款有限责任公司（以下简称天行贷款公司）民间借贷纠纷案

案号：（2017）最高法民申 524 号

主要争议焦点

亿达信公司应否对刘某一的借款承担连带清偿责任。

简要案情

刘某一与天行贷款公司签订《借款合同》，合同约定借款本金 1500 万元。刘某一代表亿达信公司与天行贷款公司签订《保证合同》，合同约定保证责任的方式为连带责任保证。合同签订后，天行贷款公司向刘某一汇款 1440 万元，截至 2015 年 11 月 3 日刘某一共欠天行贷款公司本息合计 17 913 695 元。后因合同履行发生纠纷。

案情详解

天行贷款公司起诉请求，(1)刘某一一次性偿还拖欠天行贷款公司贷款本息 2250 万元，利息计算至实际给付之日止；(2)亿达信公司对该笔贷款承担还本付息的连带责任；(3)一切费用由刘某一承担。

刘某一辩称，刘某一与天行贷款公司之间不存在债权债务关系，真实的债务人是万昌焦化公司，天行贷款公司所主张的本金与事实不符，主张的利息也不符合法

律规定。

亿达信公司辩称,天行贷款公司要求其承担连带责任与事实不符,于法无据。

一审法院查明:2012 年 8 月 3 日,刘某一在担任亿达信公司总经理期间,向天行贷款公司借款。双方签订《借款合同》,合同约定借款本金 1500 万元,年利率 36%,期限 18 个月,借款到期日一次还本付息。在借款的同时刘某一向天行贷款公司提供了亿达信公司出具的授权书。亿达信公司出具的授权书载明"今授权我单位刘某一,到你单位全权办理我公司在贵公司贷款事宜,特此授权"。当日,刘某一代表亿达信公司与天行贷款公司签订《保证合同》,合同约定保证责任的方式为连带责任保证。《保证合同》加盖亿达信公司公章及该公司法定代表人刘某二名章。合同签订后,天行贷款公司于 2012 年 8 月 3 日向刘某一汇款 470 万元,于 2012 年 8 月 7 日向刘某一汇款 970 万元,共计 1440 万元。在合同履行期间刘某一偿还本金 747 983 元,利息 6 902 017 元。截至 2015 年 11 月 3 日刘某一共欠天行贷款公司借款本金 13 652 017 元,利息 4 261 678 元,本息合计 17 913 695 元。

裁判结果

一审法院判决,(1)被告刘某一于本判决发生法律效力后立即偿还原告天行贷款公司借款本金 13 652 017 元,利息 4 261 678 元,本息合计: 17 913 695 元,利息顺延至支付完毕之日止;(2)驳回原告天行贷款公司的其他诉讼请求。天行贷款公司、刘某一不服一审判决,向二审法院提起上诉,二审法院判决,(1)维持七台河市中级人民法院(2015)七民商初字第 46 号民事判决主文第一项;(2)变更七台河市中级人民法院(2015)七民商初字第 46 号民事判决主文第二项为亿达信公司对刘某一上述债务承担连带清偿责任;(3)驳回天行贷款公司其他诉讼请求。亿达信公司不服二审判决,向最高人民法院申请再审,最高人民法院裁定,驳回亿达信公司的再审申请。

案例 65

再审申请人中国农业发展银行乾安县支行（以下简称乾安支行）与被申请人江苏索普（集团）有限公司（以下简称索普公司）、上海儒仕实业有限公司（以下简称儒仕公司）保证合同纠纷案

案号：(2017)最高法民申931号

主要争议焦点

(1)该案诉争主债权是否附着松原天安生物制品有限公司（以下简称天安公司）的最高额抵押担保；(2)索普公司、儒仕公司应否在天安公司以及丁醇公司提供的最高额抵押金额或者抵押物价值范围内免除相应的保证责任。

简要案情

索普公司、儒仕公司和吉林酒精公司为天安公司股东。索普公司、儒仕公司在乾安支行出具的中国农业发展银行保证担保调查情况表上确认为天安公司提供贷款担保。乾安支行与天安公司签订的《流动资金借款合同》约定：乾安支行向天安公司提供借款3000万元人民币，合同项下借款采取保证担保方式和抵押担保方式。乾安支行与索普公司、儒仕公司以及吉林酒精公司签订《保证合同》，乾安支行又与天安公司签订《最高额抵押合同》，与丁醇公司签订《最高额抵押合同》。天安公司向原告偿还贷款本金120万元。后因合同履行发生纠纷。

案情详解

乾安支行起诉请求，(1)索普公司、儒仕公司共同承担连带保证责任，向乾安支行偿还天安公司所欠的借款本金2880万元人民币、利息及律师代理费等实现债权的费用（以借款本金为基数，利息的给付期限自2011年6月28日起至借款全部给付之日止）；(2)索普公司、儒仕公司共同承担本案的诉讼费用。

索普公司、儒仕公司辩称，索普公司、儒仕公司依法不承担保证责任。索普公司、儒仕公司应在乾安支行放弃权利的范围内免除担保责任。请求法庭追加债务

人天安公司(主债务人、抵押人)、丁醇公司(抵押人)及吉林酒精公司(保证人)作为被告。乾安支行要求提前归还借款本息,没有合同依据。乾安支行提出的本案诉请不能成立。乾安支行另案在吉林省高级人民法院起诉的(2015)吉民二初字第9号保证合同纠纷诉讼案,所涉保证合同即为本案所涉保证合同。该案件已由最高人民法院受理,等待最高人民法院审理并作出判决。本案应裁定中止审理,待最高人民法院作出终审判决后再行恢复本案的审理。

一审法院查明:2011年2月25日,索普公司、儒仕公司和吉林酒精公司成为天安公司股东。2011年6月27日,索普公司、儒仕公司在乾安支行出具的中国农业发展银行保证担保调查情况表上确认自愿为天安公司提供金额为20 670.7万元的贷款担保,并承担连带责任。2011年6月28日,乾安支行与天安公司签订22072301-2011年(乾安)字0024号《流动资金借款合同》,约定:乾安支行向天安公司提供借款3000万元人民币。借款用途为贷款重组,用于偿还22072301-2008年(乾安)字0083号合同项下借款人所欠债务。本合同项下借款采取保证担保方式和抵押担保方式,《保证合同》编号为22072301-2011年乾安(保)字001号、002号、003号,《最高额抵押合同》编号为22072301-2011年乾安(抵)字0019号。2011年6月28日,乾安支行向天安公司发放借款3000万元。

2011年6月28日,乾安支行与索普公司、儒仕公司以及吉林酒精公司签订了22072301-2011年乾安(保)字001号、002号、003号《保证合同》,约定:索普公司、儒仕公司和吉林酒精公司为22072301-2011年(乾安)字0022号《流动资金借款合同》、22072301-2011年(乾安)字0024号《固定资产借款合同》项下本金数额为20 670.7万元的借款提供连带责任保证。乾安支行依据主合同约定或法律、法规解除主合同,或依据主合同约定提前收回主债权时,有权要求保证人提前承担保证责任。当债务人天安公司未履行债务时,乾安支行有权直接要求保证人承担担保责任。同日,乾安支行又与天安公司签订了22072301-2011年乾安(抵)字0015号《最高额抵押合同》,与丁醇公司签订了22072301-2011年乾安(抵)字0019号《最高额抵押合同》,抵押担保的主债权为天安公司与乾安支行自2011年6月28日起至2019年6月26日止签订的多个业务合同所形成的债权,其中0015号《最高额抵押合同》担保的最高债权本金金额为19 840万元,0019号《最高额抵押合同》担保的最高债权本金金额为3000万元。

2014年7月29日至31日，评估人员与法院工作人员共同对天安公司进行现场调查，天安公司已停产两年。天安公司于2012年4月23日向原告偿还贷款本金120万元。2014年11月17日，乾安支行通知天安公司《流动资金借款合同》项下的借款本息全部提前到期，要求其立即清偿2880万元借款本金及已发生的利息，天安公司盖章确认收到通知，但至今未进行偿还。乾安支行于2015年6月19日分别向索普公司、儒仕公司公证送达了履行担保责任通知书，通知索普公司、儒仕公司于收到履行担保责任通知书后五日内按照《保证合同》的约定，承担清偿天安公司所欠2880万元借款本金及已发生利息的连带保证责任，索普公司、儒仕公司已经于当日收到通知，但至今对上述款项未予偿还。天安公司于2015年4月22日向乾安支行发出重要工作事项沟通函，该沟通函载明：2015年1月15日三方股东开会讨论，因天安公司部分酒精生产设备已被拆除，企业复产的希望已经彻底破灭，股东要求破产，并于春节前向吉林省松原市中级人民法院递交了破产申请材料。

二审法院另查明：索普公司、儒仕公司与乾安支行另案保证合同纠纷一案，最高人民法院于2016年6月15日作出（2016）最高法民终40号民事判决书，该判决已经发生法律效力，对该判决查明认定的事实及判决主文，均作为本案认定事实和适用法律的依据。

裁判结果

一审法院判决，(1)索普公司、儒仕公司于本判决生效后立即共同连带偿还乾安支行借款本金2880万元及利息、罚息和复利（利息按借款利率计收，其中，自2011年6月28日至2012年4月23日的计息本金为3000万元，自2012年4月24日至11月18日的计息本金为2880万元；罚息自2014年11月19日起至偿清日以2880万元为本金按罚息利率计收；复利自2011年6月28日至2014年11月18日以每月欠付的利息为本金自下月起按借款利率计收，自2014年11月19日至偿清日以截至2014年11月18日欠付的利息为本金按罚息利率计收。借款利率为年利率6.12%，罚息利率为年利率7.956%，遇中国人民银行贷款基准利率调整随之按季调整）。(2)索普公司、儒仕公司于本判决生效后立即连带给付乾安支行本案律师代理费6万元。索普公司、儒仕公司不服一审判决，向二审法院提起上诉，二审法院判决，撤销吉林省松原市中级人民法院（2015）松民二初字第57号判决书；驳回乾安支行的诉讼请求。乾安支行不服二审判决,向最高人民法院申请再审,最高人民法院裁定,驳回乾安支行的再审申请。

案例66

再审申请人长春发展农村商业银行股份有限公司(以下简称发展农村银行)与被申请人长春市金达机械设备有限公司(以下简称金达公司)、长春市圣鑫轨道客车配件有限公司(以下简称圣鑫公司)金融借款合同纠纷案

案号:(2018)最高法民申61号

主要争议焦点

(1)案涉借款合同是否合法有效,金达公司是否应归还借款本息及数额如何确定。(2)案涉保证合同和抵押合同是否合法有效,圣鑫公司应否承担金达公司所欠贷款的连带责任。(3)发展农村银行是否对圣鑫公司提供的抵押物享有优先受偿权。

简要案情

发展农村银行作为贷款人与金达公司作为借款人签订借款合同,发展农村银行向金达公司发放贷款4000万元。发展农村银行与圣鑫公司签订抵押合同,由圣鑫公司以其自有财产为被告金达公司的借款提供最高额抵押担保。发展农村银行与圣鑫公司签订保证合同,约定圣鑫公司为金达公司的4000万元借款额度提供6000万元最高限额的连带责任保证。后各方当事人发生纠纷。

案情详解

发展农村银行起诉请求,(1)判令金达公司立即向原告偿还借款本金人民币4000万元及自2014年4月21日起至本息全部清偿之日止的利息、逾期罚息;

(2)判令金达公司给付发展农村银行为实现债权支付的律师代理费26万元及公证费2000元;(3)判令发展农村银行对于圣鑫公司提供的抵押物享有抵押权,即发展农村银行对抵押物依法享有经折价或者拍卖、变卖所得价款在最高额抵押合同范围内优先受偿;(4)判令圣鑫公司就金达公司的债务承担连带清偿责任。

金达公司辩称,发展农村银行的诉讼情况属实。

圣鑫公司辩称,案涉借款合同无效,圣鑫公司不应当承担担保责任。

一审法院查明:2014年3月6日,发展农村银行作为贷款人与金达公司作为借款人签订借款合同。合同约定:贷款人核定借款人借款额度为人民币4000万元。2014年3月14日,发展农村银行向金达公司发放贷款4000万元。2014年3月6日,发展农村银行与圣鑫公司签订抵押合同,由圣鑫公司以其自有财产为被告金达公司的借款提供最高额抵押担保。2014年3月6日,发展农村银行与圣鑫公司签订保证合同,约定圣鑫公司为金达公司4000万元借款额度提供6000万元最高限额的连带责任保证。保证期间自发展农村银行宣布债务提前到期之日后两年止,且圣鑫公司的保证责任不因其他担保的存在而减免。

2014年4月10日,圣鑫公司向原告发出律师函,告知发展农村银行抵押合同非圣鑫公司真实意思表示,圣鑫公司未在抵押合同及相关委托文件上加盖过公章,抵押合同上的圣鑫公司公章系金达公司伪造。圣鑫公司未办理过抵押手续,此笔贷款的抵押权没有设立,圣鑫公司不为该笔贷款承担担保责任。即使抵押合同有效,圣鑫公司依法予以解除。2014年4月23日,发展农村银行向金达公司送达关于宣布贷款提前到期的函,告知金达公司发展农村银行已宣布贷款提前到期,要求金达公司在接到通知之日起10日内,偿还借款合同项下的全部本金、利息及相关费用。2014年4月24日,发展农村银行向圣鑫公司送达关于实现抵押权的函,告知圣鑫公司贷款已被宣布到期,如金达公司未能履行还款义务,发展农村银行将行使担保物权。

2014年8月11日,长春市公安局向一审法院送达长春市公安局关于金达机械设备有限公司涉嫌骗取贷款案情况告知函,主要内容为:"长春市金达机械设备有限公司法人庞某红伙同刘某伟、庞某冬、庞某志私刻圣鑫公司公章、法定代表人名章为金达公司担保,从现发展农村银行骗取贷款4000万元。同时举报长春市环城农村信用合作联社违法发放贷款。长春市金达机械设备有限公司涉嫌骗取贷款罪,我局立案侦查。特此函告。”后长春市人民检察院就庞某冬贷款诈骗罪、杨某违法发放贷款罪提起公诉,该案现在长春中院刑事审判第二庭审理。2014 年 7 月 2 日,长春市公安司法鉴定中心出具(长)公(刑技)鉴(文检)字(2014)41 号文件检验鉴定书,检验意见为:2014 年 3 月 6 日出具的房地产抵押登记申请书、2014 年 3 月 9 日出具的土地登记委托书、2014 年 3 月 9 日向吉林省信维公证处出具的授权委托书、2014 年 3 月 10 日向吉林省信维公证处出具的委托书、2014 年 3 月 12 日向农安县乡镇房屋产权管理中心出具的授权委托书、保证合同、抵押合同中的圣鑫公司公章印文与法定代表人名章印文,与圣鑫公司提供的公章印文及法定代表人名章印文均不是同一枚印章盖印。2014 年 7 月 24 日,吉林正达司法鉴定中心出具吉正司鉴(2014)印章鉴印第 0708 号印章检验鉴定报告书,检验意见为:2014 年 3 月 6 日签订的抵押合同、2014 年 3 月 9 日向吉林省长春市信维公证处出具的授权委托书、2014 年 3 月 9 日出具的土地登记委托书、2014 年 3 月 12 日向农安县乡镇房屋产权管理中心出具的授权委托书中加盖的圣鑫公司公章印文与长春市农安县技术质量监督局调取的农安县组织机构代码证申请表中圣鑫公司公章印文非一枚印章盖印。2016 年 5 月 16 日,长春市公安司法鉴定中心出具文件检验鉴定书,检验意见为:2012 年 5 月 7 日签订的《股权转让协议》中圣鑫公司公章印文、2013 年 2 月 17 日签订的《补充协议》中圣鑫公司公章印文、孙某臣本人提供的圣鑫公司公章印文系同一枚印章盖印,与农安县组织机构代码申请表中圣鑫公司公章印文为同一印章盖印。经侦支队扣留的圣鑫公章的印文与《股权转让协议》、《补充协议》、孙某臣本人提供的公章印文及农安县组织机构代码申请表中印文非同一印章盖印。《股权转让协议》中法人名章印文、孙某臣本人提供法人名章印文与农安县组织机构代码申请表中法人名章印文系同一印章盖印。经侦支队扣留的法人名章的印文与上述法人名章印文不是同一枚印章盖印。发展农村银行与金达公司、圣鑫公司对抵押合同、保证合同中“尹某影”的签字为圣鑫公司法定代表人尹某影本人书写无异议。

2012 年 5 月 7 日,圣鑫公司、尹某影、孙某臣作为甲方与金达公司、庞某冬、庞某志作为乙方签订《股权转让协议》,约定圣鑫公司全部股权作价 4200 万元进行转让。2013 年 2 月 17 日,圣鑫公司作为出让方(甲方)、被告金达公司作为受让方(乙方)签订《补充协议》,约定:“(1)为乙方筹集资金偿还所欠甲方的股权转让款,甲方同意继续为乙方提供担保，无偿协助乙方贷款；(2)乙方同意在原股权转让价格的基础上增加人民币贰佰万元(2 000 000 元)，共计人民币肆仟四百万元整(44 000 000 元)。"后圣鑫公司将本案抵押财产的权利证书原件交与金达公司，圣鑫公司称交付原件系由金达公司咨询贷款事宜。金达公司向原告偿还款项共计1 023 807.19 元。一审法院开庭审理过程中，发展农村银行明确要求自 2014 年 4 月 21 日起，按照逾期罚息标准计收罚息，即贷款年利率 9.3% 上浮 50%，为年利率13.95%。发展农村银行因向金达公司、圣鑫公司公证送达函件，支付公证费用2000 元，因本案诉讼支付律师费用 26 万元。

二审另查明：吉林省长春市人民检察院指控庞某冬犯贷款诈骗罪、杨某犯违法发放贷款罪一案，吉林省长春市中级人民法院于 2016 年 12 月 21 日作出(2015)长刑二初字第 26 号刑事判决书，经上诉后，吉林高院于 2017 年 5 月 31 日作出(2017)吉刑终 71 号刑事裁定书。该案查明和认定：金达公司为骗取贷款，伪造了和河南防腐保温开发有限公司的原材料采购合同，虚构贷款用途；为夸大经营能力、还债能力，向长春市环城农村信用合作联社(以下简称环城信用社，后更名为发展农村银行)提供了虚假财务报表以虚构公司经营收入和利润，伪造了圣鑫公司收取金达公司股权转让款的收据，伪造、变造了大量与其他公司的经济合同、虚构公司的经营业务；还使用伪造的圣鑫公司印章与环城信用社签订抵押合同、担保合同，用圣鑫公司的财产为金达公司的贷款提供抵押担保，最终骗取贷款 4000 万元，金达公司骗取贷款的行为严重扰乱了金融管理秩序，危及金融安全，情节特别严重，已构成骗取贷款罪。杨某身为环城信用社的信贷人员，系本案涉案贷款的具体经办人，其在办理金达公司贷款过程中，没有审核金达公司和河南防腐保温开发有限公司的原材料采购合同真伪；没有仔细审核金达公司提供的与其他公司的经济合同真伪和实际业务量；没有仔细核实圣鑫公司出具的收取股权转让款收据的真伪；在办理涉案贷款担保时，未对抵押人圣鑫公司是否盖章进行核实，也未对圣鑫公司人员不在场的情况下，抵押人圣鑫公司委托债务人金达公司的人员作为公证事项的代理人进行公证提出合理怀疑，杨某违反国家规定，违法发放贷款 4000 万元，数额特别巨大，构成违法发放贷款罪。

裁判结果

一审法院判决,(1)金达公司于判决生效之日立即给付发展农村银行欠款本金4000万元;(2)金达公司于判决生效之日立即给付发展农村银行利息(以4000万元为本金,以月利率7.75‰为标准,自2014年3月14日计算至5月3日,并扣除392 666.66元)及罚息(以4000万元为本金,以月利率11.625‰为标准,自2014年5月4日起至实际给付之日,并扣除631 140.53元);(3)金达公司于判决生效之日立即给付发展农村银行律师费26万元、公证费2000元;(4)圣鑫公司对金达公司上述第一项、第二项、第三项债务承担连带给付责任;(5)驳回发展农村银行其他诉讼请求。发展农村银行不服一审判决,向二审法院提起上诉,二审法院判决,(1)撤销吉林省长春市中级人民法院(2014)长民四初字第94号民事判决;(2)金达公司于本判决生效之日立即在借款本金4000万元及利息损失(以借款本金4000万元为基数按中国人民银行同期贷款基准利率自2014年3月14日起计至清偿之日止,扣除1 023 807.19元)范围内对庞某冬基于吉林省长春市中级人民法院(2015)长刑二初字第26号刑事判决书和本院(2017)吉刑终71号刑事裁定书裁判退赔金额之不能退赔部分向发展农村银行承担赔偿责任;(3)驳回发展农村银行的上诉请求;(4)驳回圣鑫公司其他上诉请求。发展农村银行不服二审判决,向最高人民法院申请再审,最高人民法院裁定,驳回发展农村银行的再审申请。

案例67

再审申请人新疆京中房地产开发有限责任公司(以下简称京中公司)、何某燕与被申请人叶某保证合同纠纷案

案号:(2019)最高法民申1934号

主要争议焦点

(1)京中公司与何某燕是否应承担本案保证责任;(2)本案是否应移送公安机关处理。

简要案情

叶某与赵某辉及担保人库尔勒小蓝湾农业开发有限公司(以下简称小蓝湾公司)签订《个人借款合同》,赵某辉给叶某出具收条一张,内容为“今收到叶某现金人民币700万元整”。叶某(出借人)、赵某辉(借款人)、何某燕(担保人)、京中公司(担保单位)签订《借款担保合同》,叶某委托夏某东向赵某辉账户上付款700万元,赵某辉因无法偿还高额借款及利息后逃逸。借款到期,赵某辉未按约定向叶某偿还借款本金,叶某提起诉讼。

案情详解

叶某起诉请求,(1)判令两被告对赵某辉所负原告全部债务承担连带保证责任,清偿赵某辉所负债务:①向原告偿还借款本金700万元;②向原告支付违约金100万元;③赔偿原告自2014年5月12日起至2017年12月12日止的利息损失;④按年息6%支付原告自2017年12月13日起至清偿完毕全部借款期间的利息;⑤向原告支付实现债权的一审、二审费用合计20万元。以上各项除④外,合计870.5万元。(2)判令被告承担本案全部费用及保全费用。

被告何某燕、京中公司辩称,原告要求被告承担保证责任没有事实依据。借款人赵某辉因涉嫌集资诈骗已经被公安机关立案侦查,而且巴州检察院已将赵某辉涉嫌诈骗犯罪事实起诉到法院,根据法律规定,应当驳回原告起诉或中止执行。

一审法院查明:2013年11月11日,叶某与赵某辉及担保人小蓝湾公司签订了一份《个人借款合同》,约定:由叶某给赵某辉提供借款700万元。同日,赵某辉给叶某出具收条一张,内容为“今收到叶某现金人民币700万元整”。2013年11月11日,叶某(出借人)、赵某辉(借款人)、何某燕(担保人)、京中公司(担保单位)签订一份《借款担保合同》,约定:“鉴于出借人叶某于2013年11月11日向借款人赵某辉提供人民币700万元,且双方于2013年11月11日就该笔借款签订了借款合同,依据上述借款合同的期限为6个月,还款时间为2014年5月11日,保证人已了解并同意上述借款合同所有条款,应出借人的要求,保证人同意为上述借款提供担保。叶某在出借人处签名,赵某辉在借款人处签名,何某燕、京中公司在担保人或担保单位处签名、盖章。”叶某在与赵某辉、小蓝湾公司签订《个人借款合同》的前后，叶某委托夏某东通过转账的形式向赵某辉账户上付款700万元。赵某辉因无法偿还高额借款及利息后逃逸。经网上追逃，赵某辉被武汉市公安局武昌分局抓获，现押于库尔勒市看守所。借款到期，赵某辉未按约定向叶某偿还借款本金。

裁判结果

一审法院判决，(1)被告何某燕、京中公司于判决生效后十日内一次性偿还原告叶某借款700万元；(2)被告何某燕、京中公司于判决生效后一次性向原告叶某支付违约金100万元；(3)被告何某燕、京中公司于判决生效后十日内一次性向原告叶某支付实现债权的费用20万元；(4)保全费用5000元由被告何某燕、京中公司负担；(5)驳回原告叶某的其他诉讼请求。叶某、京中公司、何某燕等均不服一审判决，向二审法院提起上诉，二审法院判决，(1)维持新疆维吾尔自治区巴音郭楞蒙古自治州中级人民法院(2015)巴民一初字第67号民事判决书第1项、第2项、第3项、第4项，即“何某燕、京中公司于判决生效后十日内一次性偿还叶某借款700万元；何某燕、京中公司于判决生效后一次性向叶某支付违约金100万元；何某燕、京中公司于判决生效后十日内一次性向叶某支付实现债权的费用20万元；保全费用5000元(叶某预交)由何某燕、京中公司负担”。(2)撤销新疆维吾尔自治区巴音郭楞蒙古自治州中级人民法院(2015)巴民一初字第67号民事判决书第五项。(3)何某燕、京中公司于判决生效后十日内一次性向叶某支付利息损失50.5万元。(4)驳回叶某的其他诉讼请求。京中公司、何某燕不服二审判决，向最高人民法院申请再审，最高人民法院裁定，驳回京中公司、何某燕的再审申请。

思考与衡量

担保法律制度是重要的民事法律制度，在现代商业交往中被广泛运用。这样就必然出现各种各样具体的表现形式，要判断清楚这些具体表现形式所适用的担保法律制度，应该对各种担保法律制度予以把握。以上6个案例，都涉及担保法律适用问题，只是情形不同。案例62涉及定金罚则的适用；案例63涉及主债权存在多种担保的情形，是否存在清偿顺序；案例64涉及《公司法》第16条保证责任的适用问题；案例65涉及主债权同时存在人保、物保的情形下，担保责任的承担问题；案例66涉及主合同无效，担保合同的效力判断问题；案例67涉及主债务人涉嫌刑事犯罪后，担保人的责任承担问题。

案例62中，一审法院认为，融信公司与抚顺国土局在平等自愿的基础上签订的《国有建设用地使用权出让合同》，该合同不违反法律法规的强制性规定，合法有效，诉讼双方均应按照协议的约定履行各自的义务。该案的焦点问题是抚顺国土局是否应当向融信公司双倍返还定金，该问题涉及导致案涉土地使用权出让合同解除的违约责任负担问题。在诉讼双方形成的土地使用权出让法律关系中，融信公司缔结合同的目的是通过履行缴纳土地出让金的义务获得案涉地块建设用地使用权，用于开发建设，而抚顺国土局则负有提供符合合同约定条件之土地的义务，同时获得土地收益。就诉讼双方履行各自义务的情况看，融信公司提供了相应的付款凭证，证明其缴纳了合同约定的34 134 万元竞买保证金，并主张根据相关法律规定，竞买保证金可以转化为定金。抚顺国土局则主张虽从票据本身看，融信公司是完成了34 134 万元竞买保证金的缴付，但融信公司只有21 134 万元，其余是周转交付的，融信公司没有缴纳34 134 万元竞买保证金，也就没有缴付定金。经审查，融信公司提交了五份付款凭证，合计金额34 134 万元，抚顺国土局虽对此表示异议，但并未提供确实充分的证据予以证明。根据《招标拍卖挂牌出让国有建设用地使用权规定》第20条规定："以招标、拍卖或者挂牌方式确定中标人、竞得人后，中标人、竞得人支付的投标、竞买保证金，转作受让地块的定金。"同时，依据诉讼双方签订的案涉土地出让合同约定，定金抵作土地出让价款。据此，应认定融信公司履行了缴纳34 134 万元定金的义务。就融信公司缴纳的土地出让金问题，抚顺国土局认为，虽凭证上显示融信公司缴纳了全额的土地出让金，但其通过新抚区财政局、新抚区房屋拆迁征收和补偿办公室又返还给融信公司。融信公司则主张，新抚区政府并没有全部返还，而且新抚区政府返还的款项不是土地出让金，是用于拆迁安置的，而且与本案并非同一法律关系。该院认为，因诉讼双方签订的土地出让合同约定案涉土地出让金为170 665. 3 万元，且诉讼双方均认可，从付款凭证看，融信公司缴纳了170 665. 3 万元（包括34 134 万元的定金）的土地出让金。对融信公司采用周转方式缴纳170 665. 3 万元土地出让金的事实，诉讼双方亦无异议。融信公司主张之所以采用周转的方式支付土地出让金，依据的是其与新抚区政府签订的《抚顺市万达广场西侧地块投资改造项目补充协议》。该补充协议约定，按照市政府规定，新抚区政府负责协助融信公司完成项目一期用地成交价款分5～6期支付周转，直至全额项目用地成交价款支付完毕。因融信公司缴纳土地出让金系用于购买案涉土地使用权，政府财政部门不应将该笔款项退回融信公司，之所以退回该笔款项系用于案涉地块的拆迁安置，但根据相关法律规定，拆迁安置是政府应依法享有的公权力，也是政府应当履行的法定义务，且融信公司在案涉地块的拆迁安置中确实投入了资金，与新抚区政府存在借款关系，并收购了阳光家具城，融信公司与新抚区政府之间因拆迁安置引发的纠纷应当在清算的基础上解决，不宜在本案即融信公司与抚顺国土局之间的土地使用权出让合同纠纷中一并解决。

关于案涉土地出让合同解除的原因及抚顺国土局是否存在违约责任的问题。经查，抚顺国土局在其发给融信公司《关于解除国有土地使用权出让合同的通知》中表示，融信公司没有按双方合同约定的开工时间动工，也未按规定时限申报延迟原因和延建申请，已超过出让合同约定的开工时限长达四个月，故解除双方签订的土地出让合同，并对融信公司的损失给予相应补偿。但该案的实际情况是，抚顺国土局与融信公司解除土地使用权出让合同时，案涉地块并未达到净地条件，融信公司也无法按照土地使用权出让合同约定的时间开工。在国有土地使用权出让合同中，严格按照合同约定及法律规定向受让人交付净地是出让人应当承担的一项重要合同义务。现案涉地块重新挂牌后已由其他单位摘牌竞得，诉讼双方签订的《国有建设用地使用权出让合同》已无法继续履行，应予解除。对此，抚顺国土局应当承担不能交付净地的违约责任，故融信公司请求抚顺国土局双倍返还定金的主张有事实依据与法律依据，该院予以支持。

笔者认为，关于抚顺国土局、融信公司是否履行了各自合同义务的问题。解决该案纠纷，不仅要审查抚顺国土局与融信公司是否履行了双方于 2013 年 7 月 8 日签订的《国有建设用地使用权出让合同》，同时也应审查与该合同履行有直接关系且签订在前的《融信 · 新天地项目合同书》。2012 年 3 月 28 日，香港融信置业有限公司与辽宁省抚顺市新抚区人民政府签订的项目书中约定：以核定的拆迁成本作为土地上市价格；新抚区政府负责地上附着物的拆迁和土地整理，完成净地和达到项目开工条件；香港融信置业有限公司负责对拆迁房屋全部实施产权调换安置，如拆迁过程中出现货币化方式安置，其资金由香港融信置业有限公司负责。2012 年 8 月 17 日，新抚区政府与融信公司签订的补充协议中约定：将项目用地一次性以“现状挂牌，净地交付”的方式挂牌出让；约定土地出让价款以 5 ~ 6 期周转的方式交付，即融信公司将第一笔出让金交付抚顺市财政局，由抚顺市财政局按规定留取相关税费后，划转至新抚区财政局，再由新抚区财政局5日内汇入融信公司账户，融信公司即再用这笔钱交付第二笔出让金，如此循环往复5～6次，直至全部项目用地成交款支付完毕；约定融信公司按新抚区政府已签的补偿协议支付补偿款，如有超支和赔偿，全部由融信公司承担。从项目书和补充协议约定的内容来看，新抚区政府负责征收拆迁以及交付净地，融信公司负责支付征收补偿资金，融信公司只需用一笔资金通过循环周转的方式即可取得土地出让金的缴费凭证，完成缴费义务。另外，《抚顺市土地价格委员会2013年第一次会议纪要》中记载：万达西2#地块按成本170 665.3万元上市，成本中货币补偿48 045.35万元，其余122 619.95万元（不含扩大面积款）支付竞得单位建回迁安置住宅。从该会议纪要记载的内容来看，170 665.3万元的土地出让金的价格构成为货币补偿和回迁安置建设的支出成本。案涉《国有建设用地使用权出让合同》中约定："出让人同意在2013年7月8日前将出让宗地交付给受让人，出让人同意在交付土地时该宗地应达到本条第2项规定的土地条件：……（二）现状土地条件。"结合《国有建设用地使用权出让合同》约定的内容以及融信公司在案涉2#地块拆迁安置过程中所承担的义务来看，抚顺国土局与融信公司在2013年7月8日签订合同时均明知案涉地块并非净地，且同意在合同签订当日以现状土地条件进行交付。综上所述，虽然项目书和补充协议签订的主体与本案争议双方并非完全一致，但该两份合同的内容均指向了案涉地块的拆迁、出让、建设，且一方是新抚区政府，另一方是香港融信置业有限公司及融信公司。因此无论是合同主体还是合同内容，项目书和补充协议与《国有建设用地使用权出让合同》均存在直接关系。案涉项目书和补充协议是基础性合同，《国有建设用地使用权出让合同》是否最终履行，依赖于项目书和补充协议是否能够履行。因此，新抚区政府与融信公司开发建设的2#地块具有高度关联性，一审法院忽略案涉项目书和补充协议与《国有建设用地使用权出让合同》之间的整体性安排，未能厘清案涉相关合同之间的关联，仅局限于《国有建设用地使用权出让合同》来认定抚顺国土局存在不能交付案涉2#地块以及不能净地交付的违约行为，而未对融信公司履行案涉合同相关义务进行审查，属于认定基本事实不清。

关于融信公司实际支付的定金及土地出让金数额的问题。《合同法》第115条①规定:“当事人可以依照《中华人民共和国担保法》约定一方向对方给付定金作为债权的担保。债务人履行债务后,定金应当抵作价款或者收回。给付定金的一方不履行约定的债务的,无权要求返还定金;收受定金的一方不履行约定的债务的,应当双倍返还定金。”根据上述法律规定,定金是债的一种担保方式,具有督促合同当事人自觉履行合同的功能。只有当支付定金方完全守约,且接受定金方存在不履行约定的债务的,或接受定金方完全守约,支付定金方存在不履行约定的债务时,才适用定金罚则。该案中,从融信公司向一审法院出具的缴费凭证上可以看出,融信公司账面上已经履行了缴纳土地出让金170 665.3万元的义务,其中包含缴付的34 134万元的定金。但从抚顺国土局提供的缴费凭证上可以看出,抚顺市财政局与新抚区财政局在扣除相关税费之后,实际留存的款项数额为7134万元,剩余款项163 531.3万元由新抚区房屋拆迁征收和补偿办公室返还给融信公司。另外,融信公司于2014年3月29日向新抚区政府出具的《关于请求市、区两级政府支持万达西项目的函》中,融信公司称案涉2#地块以现金方式已累计投入24 400万元。根据以上法律规定及相关事实,应进一步查清抚顺国土局对于不能交付案涉2#地块是否具有违约行为,融信公司是否依约履行了缴付定金及土地出让金等合同义务,方能确认该案是否适用定金罚则。

案例63中,一审法院认为,华融投资公司和宁夏银行凤凰支行、宁夏红枸杞公司签订的委托贷款借款合同,华融投资公司分别与宁夏红产业集团、香山酒业公司及张某山、曹某江签订的保证协议,华融投资公司与宁夏红枸杞公司签订的质押协议,系当事人真实意思表示,内容不违反法律、行政法规的强制性规定,质押协议按照法律规定办理了登记,上述合同及协议合法有效。该案争议的焦点问题:(1)华融投资公司的诉讼主体是否适格;(2)宁夏红枸杞公司是否应该提前偿还借款本金35 000万元,利息1698万元(暂计算至2018年4月17日),并按照月利率10‰的标准支付自2018年4月18日起至清偿之日止的利息;(3)华融投资公司是否对宁夏红枸杞公司提供的质押物枸杞白兰地757.5吨依法享有质押权;(4)宁夏红产业集团、香山酒业公司、张某山、曹某江是否对上述债务承担连带清偿责任。关于华

① 现为《民法典》第586条、第587条。

融投资公司的诉讼主体是否适格的问题。华融投资公司和宁夏银行凤凰支行、宁夏红枸杞公司签订的委托贷款借款合同，明确载明 35 000 万元借款系华融投资公司委托宁夏银行凤凰支行发放给宁夏红枸杞公司，委托贷款借款合同直接约束华融投资公司与宁夏红枸杞公司，因此华融投资公司享有出借人的权利，且两份委托贷款借款合同均约定华融投资公司有权按照合同约定的期限收回贷款本金、利息。因此，华融投资公司有权利以自己的名义向宁夏红枸杞公司主张权利，要求其归还借款，华融投资公司主体适格。宁夏红枸杞公司、宁夏红产业集团、香山酒业公司、张某山、曹某江关于华融投资公司原告主体不适格的抗辩理由不成立。关于宁夏红枸杞公司是否应该提前偿还借款本金及利息的问题。两份委托贷款借款合同约定的还款期限均为 2018 年 11 月 16 日，华融投资公司 2018 年 4 月 24 日起诉时，虽然未到合同约定的还款期限，但该案审理过程中，已过还款期限，宁夏红枸杞公司未提交证据证实其向华融投资公司及宁夏银行凤凰支行归还任何一笔借款，因此，其应当向华融投资公司偿还借款本金 35 000 万元。两份委托贷款借款合同中均约定月利率为 10‰，到期一次还本付息，利随本清。鉴于案涉委托贷款借款合同中约定月利率为 10‰不违反法律规定，故华融投资公司诉请宁夏红枸杞公司偿还本金 35 000 万元并按合同约定支付相应利息的诉讼请求应予支持。19 000 万元借款本金自放款日 2017 年 11 月 23 日至起诉日 2018 年 4 月 18 日的利息为 9 246 666. 67 元，16 000 万元借款本金自放款日 2017 年 11 月 24 日至起诉日 2018 年 4 月 18 日的利息为 7 733 333. 33 元，利息总计 1698 万元。华融投资公司主张至实际清偿日，宁夏红枸杞公司还应按月利率 10‰支付自 2018 年 4 月 19 日起至实际给付之日止的利息。关于华融投资公司是否对宁夏红枸杞公司提供的质押物枸杞白兰地 757. 5 吨依法享有质押权的问题。质押协议约定宁夏红枸杞公司以其所有的存货枸杞白兰地共计 757. 5 吨为上述两笔债权分别提供质押担保，且该质押办理了登记，宁夏红枸杞公司、华融投资公司与案外人宁夏嘉宝信金融仓储有限公司三方共同签订了《质押物监管协议》，宁夏红枸杞公司将质押物交付宁夏嘉宝信金融仓储有限公司保管，现宁夏红枸杞公司不能清偿到期的借款，华融投资公司有权就质押物枸杞白兰地 757. 5 吨折价或者拍卖、变卖的价款优先受偿。华融投资公司的该诉讼请求成立，法院予以支持。关于宁夏红产业集团、香山酒业公司、张某山、曹某江是否对上述债务承担连带清偿责任。保证协议约定宁夏红产业集团、香山酒业公司及张某山、曹某江对两份委托贷款借款合同项下的借款本金及利息提供连带责任保证,保证期间为主协议项下债务履行期限届满之日起两年,保证范围为贷款本金、投资收益、违约金等其他所有应付的费用。现宁夏红枸杞公司到期不能偿还委托贷款借款合同中的借款及利息,各保证人应当按照保证协议约定内容承担连带清偿责任。华融投资公司的该项诉讼请求,法院予以支持。该案所涉担保债权,既有物的担保,又有人的担保。依据《物权法》第176条①规定,"被担保的债权既有物的担保又有人的担保的,债务人不履行到期债务或者发生当事人约定的实现担保物权的情形,债权人应当按照约定实现债权;没有约定或者约定不明确,债务人自己提供物的担保的,债权人应当先就该物的担保实现债权"。该案中债务人宁夏红枸杞公司提供质押担保,因此,保证人宁夏红产业集团、香山酒业公司、张某山、曹某江应在华融投资公司对宁夏红枸杞公司的质押物行使质押权后不足清偿债权部分承担连带清偿责任。依据《担保法》第31条②规定,"保证人承担保证责任后,有权向债务人追偿",保证人宁夏红产业集团、香山酒业公司、张某山、曹某江承担保证责任后,有权向债务人宁夏红枸杞公司追偿。华融投资公司的该诉讼请求成立,予以支持。

笔者认为,第一,关于宁夏红产业集团、香山酒业公司、张某山、曹某江是否应对该案全部债务承担连带清偿责任的问题。《物权法》第176条③规定:"被担保的债权既有物的担保又有人的担保的,债务人不履行到期债务或者发生当事人约定的实现担保物权的情形,债权人应当按照约定实现债权;没有约定或者约定不明确,债务人自己提供物的担保的,债权人应当先就该物的担保实现债权;第三人提供物的担保的,债权人可以就物的担保实现债权,也可以要求保证人承担保证责任。提供担保的第三人承担担保责任后,有权向债务人追偿。"该案中,案涉三份保证协议第4.3条和第6.5条均对宁夏红枸杞公司不履行到期债务或者发生当事人约定的实现担保物权的情形时的清偿顺序进行了约定。不论案涉主债权是否拥有其他担保,华融投资公司均有权直接要求宁夏红产业集团、香山酒业公司、张某山、

---

① 现为《民法典》第392条。
② 现为《民法典》第700条。
③ 现为《民法典》第392条。

曹某江在其担保范围内承担担保责任。宁夏红产业集团、香山酒业公司、张某山、曹某江亦承诺按照约定在其担保范围内承担担保责任，不因此减轻或免除担保责任。根据前述法律规定和合同约定，华融投资公司有权直接请求宁夏红产业集团、香山酒业公司、张某山、曹某江就本案全部债务承担连带清偿责任，而非以质押权的实现为保证人承担清偿责任的前提。华融投资公司一审诉请宁夏红产业集团、香山酒业公司、张某山、曹某江与宁夏红枸杞公司共同承担连带清偿责任，一审判决宁夏红产业集团、香山酒业公司、张某山、曹某江对华融投资公司实现质押权后不足以清偿全部债权的部分承担连带清偿责任，属于适用法律错误，应予纠正。

第二，关于宁夏红产业集团、香山酒业公司、张某山、曹某江是否应承担该案一审诉讼费及保全费的问题。保证协议约定保证责任担保的范围为："主协议项下贷款本金、利息、违约金、损害赔偿金、应向华融投资公司支付的其他款项以及为实现主债权而发生的费用和其他所有应付的费用"，在华融投资公司提出诉请的情形下，一审法院仅判决一审诉讼费、保全费由债务人宁夏红枸杞公司负担，存在错误，应予纠正。

案例 64 中，一审法院认为，天行贷款公司与刘某一的民间借贷关系成立并有效，且已实际履行，应受法律保护。刘某一主张其与天行贷款公司之间不存在债权债务关系，与该案事实不符，依法不予支持。关于借款本金的问题，天行贷款公司与刘某一签订的《借款合同》约定借款本金为 1500 万元，但天行贷款公司在向刘某一提供借款时，预先扣除利息 60 万元，实际支付 1440 万元。依据《合同法》第 200 条①关于"借款的利息不得预先在本金中扣除。利息预先在本金中扣除的，应当按照实际借款数额返还借款并计算利息"的规定，应认定刘某一实际借款本金为 1440 万元。关于刘某一尚欠本金数额及利息的问题，最高人民法院《关于人民法院审理借贷案件的若干意见》第 6 条规定，民间借贷的利率可以适当高于银行的利率，但最高不得超过银行同类贷款利率的四倍（包括利率本数），超出此限度的，超出部分的利息不予保护。根据天行贷款公司提供的证据显示，该案借款共分为两笔，借款期限为 18 个月，年息 36%。中国人民银行 2012 年 7 月 6 日发布的贷款基准利率一年至三年的年利率为 6.15%，双方约定的借款期限内的利率超过上述利

① 现为《民法典》第 670 条。

率四倍。故应按照中国人民银行同期贷款基准利率的四倍即年利率 24.6%(6.15% ×4)的标准计算利息。第一笔借款时间是 2012 年 8 月 3 日,本金 470 万元,至 2015 年 11 月 3 日,刘某一偿还利息 75 万元,尚欠本金 470 万元,利息 3 007 650 元;第二笔借款时间是 2012 年 8 月 7 日,本金 970 万元,至 2015 年 11 月 3 日,刘某一偿还本息 690 万元,尚欠本金 8 952 017 元,利息 1 254 028 元。截至 2015 年 11 月 3 日,刘某一共欠天行贷款公司借款本金 13 652 017 元,利息 4 261 678 元,本息合计 17 913 695 元。关于亿达信公司对刘某一借款是否应承担连带责任的问题。刘某一借款时向天行贷款公司提供亿达信公司出具的授权书明确载明,亿达信公司委托刘某一为该公司办理贷款,天行贷款公司应当知晓刘某一的代理权限,刘某一超越了该公司的授权范围,与天行贷款公司签订《保证合同》为其个人借款提供担保。《合同法》第 48 条第 1 款①规定:"行为人没有代理权、超越代理权或者代理权终止后以被代理人名义订立的合同,未经被代理人追认,对被代理人不发生效力,由行为人承担责任。"且天行贷款公司未提供证据证明案涉款项用于亿达信公司,又未提供亿达信公司对刘某一行为予以追认的证据,故天行贷款公司要求亿达信公司承担连带责任,无法律依据,依法不予支持。

二审法院认为,该案双方争议焦点为:第一,关于刘某一与天行贷款公司之间《借款合同》是否真实有效的问题。该案中,《借款合同》明确约定合同的双方当事人为天行贷款公司与刘某一,刘某一对其在《借款合同》上的签字的真实性并无异议。刘某一对于其向天行贷款公司提交了经其签字的空白合同,后被天行贷款公司用以编造案涉《借款合同》的上诉主张,既无证据支持,亦明显有违常理,二审法院对刘某一该项主张不予支持。双方签订合同后,天行贷款公司经该公司出纳刘某三的银行账户向刘某一的个人账户转款 1440 万元,已履行了合同义务。刘某三亦于一审中出庭作证,证明其向刘某一所转款项属天行贷款公司所有。刘某一关于刘某三所转款项与天行贷款公司无关,天行贷款公司无权起诉的上诉主张与事实相悖,二审法院不予支持。刘某一作为借款人与天行贷款公司签订《借款合同》,亦实际收到了天行贷款公司支付的 1440 万元款项,案涉《借款合同》真实有效且已实际履行,刘某一即负有按期还款的合同义务。至于刘某一上诉所称是否向天行

① 现为《民法典》第 171 条。

贷款公司出具借据，刘某一收到借款后作何用途，万昌焦化公司与天行贷款公司之间是否存在借贷事实等，均不影响刘某一所负按期还款之义务。对刘某一前述上诉主张，二审法院均不予支持。第二，关于刘某一应偿还利息的计算问题。刘某一上诉所称“双方口头约定所还款项优先偿还本金”并无证据证实，天行贷款公司亦予以否认，对刘某一该项上诉主张，二审法院不予支持。《借款合同》明确约定了借期内利率，天行贷款公司主张刘某一依借期内利率计算利息至实际给付之日并不违反法律法规及司法解释规定，一审法院据此计算利息并无不当，二审法院予以维持。第三，关于亿达信公司应否对刘某一借款承担连带清偿责任的问题。案涉《保证合同》加盖有亿达信公司的公章、法定代表人刘某二的名章，公司总经理刘某一亦在该合同上签字确认。双方对上述印章及签字的真实性均无异议。在无相反证据的情况下，应当认定该《保证合同》为亿达信公司的真实意思表示。尽管亿达信公司曾向天行贷款公司出具授权书，授权刘某一“全权办理”该公司向天行贷款公司贷款事宜，但该授权书并未禁止亿达信公司为刘某一个人借款提供担保。在亿达信公司与天行贷款公司未能就借款一事达成合意的情况下，授权书对刘某一的授权内容不足以否定《保证合同》的真实性。且即便刘某一存在超越代理权限的行为，在亿达信公司股东及总经理刘某一持有亿达信公司公章及法定代表人名章的情况下，天行贷款公司亦有足够的理由相信刘某一有权代理亿达信公司签署《保证合同》。依据《合同法》第49条①关于表见代理之规定，《保证合同》亦应对亿达信公司具有约束力。天行贷款公司关于亿达信公司应对刘某一案涉借款承担连带清偿责任之上诉主张有理，二审法院予以支持。

笔者认为，案涉《保证合同》加盖了亿达信公司的公章、法定代表人刘某二的名章，公司总经理刘某一亦在该合同上签字确认，案涉《保证合同》为亿达信公司的真实意思表示。亿达信公司向天行贷款公司出具授权书，授权刘某一“全权办理”亿达信公司向天行贷款公司的贷款事宜，但该授权书并未禁止亿达信公司为刘某一个人借款提供担保。在亿达信公司与天行贷款公司未能就借款一事达成合意的情况下，授权书对刘某一的授权内容不足以否定《保证合同》的真实性。即便刘某一存在超越代理权限的行为，在亿达信公司股东及总经理刘某一持有亿达信公

① 现为《民法典》第172条。

司公章及法定代表人刘某二的名章的情况下，天行贷款公司亦有足够的理由相信刘某一有权代理亿达信公司签署《保证合同》。依据《合同法》第 49 条①关于表见代理之规定，《保证合同》亦应对亿达信公司具有约束力。根据以上证据和事实，二审法院认定亿达信公司应对刘某一案涉借款承担连带清偿责任，该认定并无不当。

《公司法》第 16 条规定："公司向其他企业投资或者为他人提供担保，依照公司章程的规定，由董事会或者股东会、股东大会决议；公司章程对投资或者担保的总额及单项投资或者担保的数额有限额规定的，不得超过规定的限额。公司为公司股东或者实际控制人提供担保的，必须经股东会或者股东大会决议。前款规定的股东或者受前款规定的实际控制人支配的股东，不得参加前款规定事项的表决。该项表决由出席会议的其他股东所持表决权的过半数通过。"亿达信公司主张根据该条之规定，亿达信公司不应对刘某一借款承担连带清偿责任，二审法院判决亿达信公司承担连带清偿责任属于适用法律错误。该案中，天行贷款公司有足够理由相信刘某一有权代理亿达信公司签署《保证合同》，刘某一构成表见代理，《保证合同》对亿达信公司具有约束力。根据上述具体情形，二审法院认定亿达信公司应对刘某一借款承担连带清偿责任，而未适用《公司法》第 16 条的规定，该认定并无不当。

案例 65 中，一审法院认为，该案争议焦点为：(1) 乾安支行与索普公司、儒仕公司签订的保证合同是否具有法律效力？(2) 如果保证合同有效，乾安支行起诉要求索普公司、儒仕公司承担连带保证责任是否应当受到保护？数额如何认定？保证期限以及保证方式、保证范围、律师费如何认定？(3) 本案是否应中止审理，即等待各当事人在吉林省高院一审、最高人民法院二审的另一案件审结后恢复审理？(4) 是否应当追加其他共同被告？

1. 关于乾安支行与索普公司、儒仕公司签订的保证合同效力问题。根据最高人民法院《关于适用〈中华人民共和国民事诉讼法〉的解释》第 91 条第 2 项关于"主张法律关系变更、消灭或者权利受到妨害的当事人，应当对该法律关系变更、消灭或者权利受到妨害的基本事实承担举证证明责任"的规定，索普公司、儒仕公司应当对"乾安支行采取欺诈、胁迫等手段使索普公司、儒仕公司违背真实意思提供

① 现为《民法典》第 172 条。

保证”的事实承担举证证明责任。索普公司、儒仕公司主张乾安支行实际控制天安公司隐瞒事实真相、采取欺诈、胁迫手段使索普公司、儒仕公司在违背真实意思的情况下提供担保，根据诉争《流动资金借款合同》第10.6条的规定，天安公司应按照乾安支行的要求每一个月向乾安支行提供真实、完整、合法、有效的财务会计报表等相关文件、资料和信息，接受和配合乾安支行对其进行监督和检查。因此，乾安支行接收天安公司财务报表和进行相关的监督检查行为，属于行使合同权利，不能以此认定乾安支行控制债务人天安公司。并且，索普公司、儒仕公司提供的其他证据也无法证明“乾安支行隐瞒事实真相，采取欺诈、胁迫等手段使索普公司、儒仕公司违背真实意思提供保证”。同时索普公司、儒仕公司在签订《保证合同》之前，盖章确认中国农业发展银行保证担保调查情况表，明确表明是自愿提供保证担保，提供保证担保是其真实意思表示。

索普公司、儒仕公司未能举证证明该案具有《担保法》第30条第2项①规定的主合同债权人采取欺诈、胁迫等手段，使保证人在违背真实意思的情况下提供保证的，保证人不承担民事责任的情形。此外，根据《合同法》第54条第2款“一方以欺诈、胁迫的手段或者乘人之危，使对方在违背真实意思的情况下订立的合同，受损害方有权请求人民法院或者仲裁机构变更或者撤销”、第55条②关于撤销权消灭的情形：具有撤销权的当事人自知道或者应当知道撤销事由之日起一年内没有行使撤销权的规定，索普公司、儒仕公司称曾以乾安支行采取欺诈、胁迫、乘人之危等手段使索普公司、儒仕公司签订《保证合同》为由，于2013年8月向乾安支行上级部门要求解除保证合同，但索普公司、儒仕公司在法定期间内没有行使撤销权，其撤销权已经消灭。

索普公司、儒仕公司主张没有三份《保证合同》，只有一份《保证合同》。一审法院经审查发现乾安支行、索普公司、儒仕公司举证使用的《保证合同》，内容完全一致，均经各方当事人加盖公章及法定代表人签字或加盖名章，可以相互印证，并且，虽然签订的三份《保证合同》编号不同，但内容毫无差异，并不能由此认定合同效力存在问题。索普公司、儒仕公司提出《保证合同》和中国农业发展银行保证担

① 现为《民法典》第148条、第150条。

② 现为《民法典》第152条。

保调查情况表的实际签订日期与落款日期不符。一审法院认为,索普公司、儒仕公司在《保证合同》《中国农业发展银行保证担保调查情况表》上均加盖公章,并在《中国农业发展银行保证担保调查情况表》中明确表明是自愿提供保证担保,保证担保是其真实意思表示,且索普公司、儒仕公司没有在法定期限内提起撤销之诉。综上,该案诉争的《流动资金借款合同》和《保证合同》是各方当事人的真实意思表示,并无法定的无效事由,因此合法有效。

2. 索普公司、儒仕公司是否应当承担连带保证责任、保证责任的范围及数额问题。索普公司、儒仕公司主张在既有物的抵押担保又有保证的情况下,应当先以物的抵押担保实现债权,乾安支行不起诉涉案债务抵押人和其他保证人,应视为对相关权利的放弃,其应在乾安支行放弃吉林酒精公司的保证、债务人天安公司及第三人丁醇公司的抵押担保范围内免除保证责任,乾安支行没有权利宣布借款提前到期。一审法院认为,该案诉争的《流动资金借款合同》项下的担保方式包含索普公司、儒仕公司和吉林酒精公司提供的连带责任保证以及天安公司和第三人丁醇公司提供的最高额抵押担保。该案诉争《保证合同》关于"当债务人天安公司未履行债务时,无论债务人对主合同项下的债权是否拥有其他担保,乾安支行有权直接要求保证人承担担保责任"的约定,是各方对实现债权行使担保权利有了明确的约定。根据《物权法》第 176 条①规定,"被担保的债权既有物的担保又有人的担保的,债务人不履行到期债务或者发生当事人约定的实现担保物权的情形,债权人应当按照约定实现债权;没有约定或者约定不明确,债务人自己提供物的担保的,债权人应当先就该物的担保实现债权"。所以,该案即使存在债务人天安公司提供的最高额抵押担保,也不影响乾安支行依据《物权法》第 176 条的规定选择以保证方式实现债权。

关于乾安支行是否构成放弃最高额抵押担保以及二被告能否在乾安支行放弃范围内免除保证责任的问题。与此相关的法律规定有《担保法》第 28 条第 2 款"债权人放弃物的担保的,保证人在债权人放弃权利的范围内免除保证责任"和《物权法》第 194 条第 2 款②"债务人以自己的财产设定抵押,抵押权人放弃该抵押权、抵

---

① 现为《民法典》第 392 条。
② 现为《民法典》第 409 条。

押权顺位或者变更抵押权的，其他担保人在抵押权人丧失优先受偿权益的范围内免除担保责任，但其他担保人承诺仍然提供担保的除外”，根据《物权法》第178条“担保法与本法的规定不一致的，适用本法”的规定，因《担保法》第28条第2款与《物权法》第194条第2款的规定不一致，所以应适用《物权法》第194条第2款的规定，而该款以及物权法其他条款并无“债权人放弃第三人物的担保是否影响保证人承担保证责任”的规定，所以，乾安支行是否放弃第三人丁醇公司提供的最高额抵押，对索普公司、儒仕公司保证责任的承担不会产生任何影响。关于债务人天安公司提供的最高额抵押担保，一审法院认为，《物权法》第194条第2款规定的放弃行为应为明确积极的放弃行为，不能仅因抵押权人未向抵押人主张权利就推定其放弃，所以乾安支行向索普公司、儒仕公司主张保证责任，并不涉及《物权法》第194条第2款规定的放弃抵押权问题。综上，索普公司、儒仕公司以乾安支行放弃抵押权为由主张免除保证责任的理由不能成立。

关于乾安支行是否有权宣布借款提前到期的问题。《流动资金借款合同》约定，天安公司涉及重大经济纠纷或其他对其经营或财产状况产生重大不利后果的任何诉讼、其财产被扣押或冻结，可能使乾安支行遭受严重损失的；或者发生停产情形的，应于发生后3日内书面通知乾安支行，乾安支行有权要求天安公司提前归还借款本息。因天安公司违约致使乾安支行采取诉讼手段实现债权的，天安公司应当承担乾安支行为此支付的律师费、差旅费及其他实现债权的费用。乾安支行主张天安公司发生停产情形，并提供吉林省松原市中级人民法院（2010）松民执字第274号和（2010）松民执字第275号案件的移送评估鉴定卷宗、天安公司于2015年4月22日向乾安支行发出的重要工作事项沟通函及天安公司相关财务报表予以证明。根据移送评估鉴定卷宗内存的松中庆评报字［2014］第36号资产评估报告书和松中庆评报字［2014］第37号资产评估报告书的记载，在2014年7月29日至31日，评估人员与法院工作人员进行现场调查时原酒精厂（天安公司）已停产两年。根据重要工作事项沟通函的记载，2015年1月15日天安公司三方股东开会，因部分酒精生产设备已被拆除，企业复产的希望已经彻底破灭，于春节前向吉林省松原市中级人民法院递交破产申请。根据天安公司的财务报表等记载，该公司2013年1月至2014年9月利润表中的主营业务收入及主营业务成本均为空。一审法院认为，资产评估报告书、重要工作事项沟通函、财务报表相互印证，足以证明在乾安支行于2014年11月17日向天安公司发出提前收回贷款本息通知书之前,天安公司已经发生停产情形,因此,乾安支行因天安公司发生停产情形要求提前归还借款本息,符合《流动资金借款合同》的约定,应予支持。

关于《流动资金借款合同》项下尚未偿还的借款本金、利息、罚息和复利等问题。一审法院认为,根据22072301-2011年(乾安)字0024号《固定资产借款合同》以及天安公司加盖公章的借款凭证和提前收回贷款本息通知书,足可确认22072301-2011年(乾安)字0024号《固定资产借款合同》项下尚欠贷款本金为2880万元。根据最高人民法院《关于适用〈中华人民共和国民事诉讼法〉的解释》第108条第2款"对一方当事人为反驳负有举证证明责任的当事人所主张事实而提供的证据,人民法院经审查并结合相关事实,认为待证事实真伪不明的,应当认定该事实不存在"之规定,索普公司、儒仕公司在未能提出其他还款证明的前提下,仅以乾安支行发出的履约担保责任通知书为依据证明拖欠贷款仅为5815万元,而乾安支行不仅提供还款凭证,而且提供同日向借款人发出的提前收回贷款本息通知书,这些证据的证明力足以反驳索普公司、儒仕公司的主张,因此认定索普公司、儒仕公司主张的总欠款仅为5815万元这一事实证据不足。综上,一审法院认为,本案尚欠借款本金金额应为2880万元。

关于借款利息、罚息和复利等问题,首先,关于利息和罚息,一是需要确定计息本金,二是需要确定计息利率。就计息本金而言,因天安公司在2012年4月23日已经偿还本金120万元,所以,自合同放款日2011年6月28日至2012年4月23日,应以合同金额3000万元为本金计息,自2012年4月24日至偿清日,应以3000万元减去120万元即2880万元为本金计息。关于计息利率,因天安公司收到《提前收回贷款本息通知书》的时间为2014年11月18日,所以本案借款被宣布提前到期后确定的还款日应为2014年11月18日。因此,自放款日2011年6月28日至提前还款日2014年11月18日,对于未偿还的本金应按照《流动资金借款合同》约定的借款利率计收利息。又因天安公司未能在2014年11月18日还款,所以,自2014年11月19日至偿清日,对于欠付的本金应按照《流动资金借款合同》约定的罚息利率计收罚息。综上,该案利息和罚息分段计算如下:自2011年6月28日至2012年4月23日,以3000万元为本金按借款利率计收利息;自2012年4月24日至2014年11月18日,以2880万元为本金按借款利率计收利息;自2014年11月

19 日至偿清日，以 2880 万元为本金按罚息利率计收罚息。其次，关于复利，因《流动资金借款合同》规定了两种复利计算标准，一是合同约定的借款期限内，对不能按期支付的利息按合同约定的借款利率计收复利；二是借款人未按期归还借款的，对不能按期支付的利息按罚息利率计收复利。因本案借款本息被乾安支行要求提前归还，所以自放款日 2011 年 6 月 28 日至提前还款日 2014 年 11 月 18 日应属合同约定的借款期限，又因天安公司未能按照合同约定按月结息，所以在此期间，天安公司每月欠付的利息自下月起应按借款利率计收复利。天安公司未能在借款被宣布提前到期后确定的还款日 2014 年 11 月 18 日偿付截至该日所欠的利息，所以自 2014 年 11 月 19 日至偿清日，对于该部分欠付的利息，应按照《流动资金借款合同》约定的罚息利率计收复利。最后，根据《流动资金借款合同》的约定，借款利率为年利率 6.12%，罚息利率为借款利率年利率 6.12% 加收 30%，即年利率 6.12% ×（1 + 30%）= 年利率 7.956%，借款利率和罚息利率遇中国人民银行贷款基准利率调整随之按季调整。

关于索普公司、儒仕公司是否应承担本案律师代理费的问题。一审法院认为，《流动资金借款合同》约定了债务人应承担律师代理费，《保证合同》约定的保证担保的范围包括代理费，根据《担保法》第 21 条①“保证担保的范围包括主债权及利息、违约金、损害赔偿金和实现债权的费用。保证合同另有约定的，按照约定”的规定，索普公司、儒仕公司应当承担乾安支行的律师代理费用。

3. 关于该案是否应中止审理的问题。一审法院认为，该案与（2015）吉民二初字第 9 号的一审民事案件，虽然案件情况相似，但是该案中各方已经充分表达了各自的诉辩主张，而且均提供了相应的证据，根据现有证据情况足以认定本案的事实，并不需要以（2015）吉民二初字第 9 号一案的二审审理结果作为本案的依据。《民事诉讼法》第 136 条②规定：“有下列情形之一的，中止诉讼：……（五）本案必须以另一案的审理结果为依据，而另一案尚未审结的……”索普公司、儒仕公司的主张不符合上述规定，该案不存在中止审理的法定事由。

4. 关于是否应当追加债务人天安公司和另一保证人吉林酒精公司的问题。

---

① 现为《民法典》第 389 条。

② 现为《民事诉讼法》第 153 条。

《担保法》第 18 条第 2 款①规定："连带责任保证的债务人在主合同规定的债务履行期届满没有履行债务的，债权人可以要求债务人履行债务，也可以要求保证人在其保证范围内承担保证责任。"最高人民法院《关于适用〈中华人民共和国担保法〉若干问题的解释》第 20 条规定："连带共同保证的债务人在主合同规定的债务履行期届满没有履行债务的，债权人可以要求债务人履行债务，也可以要求任何一个保证人承担全部保证责任。"第 126 条规定："连带责任保证的债权人可以将债务人或者保证人作为被告提起诉讼，也可以将债务人和保证人作为共同被告提起诉讼。"《民事诉讼法》第 13 条第 2 款规定："当事人有权在法律规定的范围内处分自己的民事权利和诉讼权利。"案涉《保证合同》约定的保证方式为连带责任保证，所以，乾安支行有权在该案中不起诉债务人天安公司和另一保证人吉林酒精公司，而仅起诉索普公司、儒仕公司要求其承担保证责任。

二审法院认为，该案主要焦点是：(1) 该案诉争主债权是否附着天安公司的最高额抵押担保；(2) 索普公司、儒仕公司应否在天安公司或丁醇公司提供的最高额抵押金额或者抵押物价值范围内免除相应保证责任；(3) 索普公司、儒仕公司应否在吉林酒精公司保证份额内免除相应保证责任。

关于该案诉争主债权是否附着天安公司的最高额抵押担保问题。最高人民法院生效判决认定，15 号、19 号《最高额抵押合同》均为合法有效合同，所担保的最高债权本金余额分别为 19 840 万元及 3000 万元，均系为债务人天安公司向债权人乾安支行的借款提供担保，且两份合同所担保的主债权期间均为 2011 年 6 月 28 日至 2019 年 6 月 26 日，所担保的主债权种类均为银行贷款，该两份合同约定的债权人与债务人、债权发生期间以及债权种类等均与 22 号《流动资金借款合同》相符。并且，15 号、19 号《最高额抵押合同》本身没有明确约定系为哪个编号主债权合同而设定，而且该两份合同前言均载明为确保债务人天安公司在约定期间和最高债权余额内与抵押权人乾安支行签订的"多个业务合同"项下债务人的义务得到切实履行，保障债权人债权的实现，抵押人天安公司、丁醇公司愿意向抵押权人乾安支行提供抵押担保，故 22 号《流动资产借款合同》在 15 号《最高额抵押合同》所担保的主债权期间之内，其项下债权亦应属于 15 号《最高额抵押合同》抵押担保范

① 现为《民法典》第 688 条。

围。二审法院认为，同理，该案诉争24号《固定资产借款合同》系天安公司与乾安支行签订于2011年6月28日，亦在15号《最高额抵押合同》所担保的主债权期间之内，其项下债权亦应属于15号《最高额抵押合同》抵押担保范围。因此，对于乾安支行关于本案诉争主债权不属于15号《最高额抵押合同》担保范围的抗辩理由，无事实及法律依据，不予采信；对于索普公司、儒仕公司关于该案诉争主债权属于15号、19号《最高额抵押合同》抵押担保范围的主张，予以支持。

关于索普公司、儒仕公司应否在天安公司以及丁醇公司提供的最高额抵押金额或者抵押物价值范围内免除相应保证责任问题。在物保与人保并存时，相关法律及司法解释的规定包括：《担保法》第28条规定："同一债权既有保证又有物的担保的，保证人对物的担保以外的债权承担保证责任。债权人放弃物的担保的，保证人在债权人放弃权利的范围内免除保证责任。"最高人民法院《关于适用〈中华人民共和国担保法〉若干问题的解释》第38条第3款规定："债权人在主合同履行期届满后怠于行使担保物权，致使担保物的价值减少或者毁损、灭失的，视为债权人放弃部分或者全部物的担保。保证人在债权人放弃权利的范围内减轻或者免除保证责任。"最高人民法院《关于适用〈中华人民共和国担保法〉若干问题的解释》第123条规定："同一债权上数个担保物权并存时，债权人放弃债务人提供的物的担保的，其他担保人在其放弃权利的范围内减轻或者免除担保责任。"《物权法》第194条[①]第2款规定："债务人以自己的财产设定抵押，抵押权人放弃该抵押权、抵押权顺位或者变更抵押权的，其他担保人在抵押权人丧失优先受偿权益的范围内免除担保责任，但其他担保人承诺仍然提供担保的除外。"《物权法》第178条规定："担保法与本法的规定不一致的，适用本法。"二审法院认为，首先，乾安支行在本案主债权附着债务人天安公司与第三人丁醇公司的担保物权的情形下，明知债务人天安公司抵押资产处于持续贬值特别是个别土地使用权抵押已经到期的情形下，可选择起诉抵押人主张权利却一再坚持不起诉债务人天安公司的行为，应当视为放弃抵押权的行为。且在索普公司、儒仕公司申请追加债务人天安公司及第三人丁醇公司为本案当事人或主张在乾安支行放弃该两公司抵押权价值范围内免责的情形下，乾安支行依然不追加该两公司并要求其承担抵押担保责任，亦应视为乾安

① 现为《民法典》第409条。

支行放弃担保物权的行为。其次，乾安支行在其主张本案诉争债权明确附着丁醇公司抵押的情形下，仍然不起诉、不追加丁醇公司，仅以索普公司、儒仕公司足以承担保证责任为由而不向丁醇公司主张抵押权，该意思表示应视为明确放弃对丁醇公司抵押责任的追究，故乾安支行关于其放弃丁醇公司抵押而索普公司、儒仕公司不得主张相应免责的理由，不能予以支持。最后，乾安支行在另案对债务人天安公司的诉讼中，除主张1亿元债权外，还依据15号《最高额抵押合同》主张抵押权。依据一审法院就该案作出的(2016)吉07民初3号民事判决，在该案庭审中，乾安支行与天安公司均已确认21号、23号《流动资金借款合同》项下共计1亿元的债权转入2011年7月8日变更后的15号《最高额抵押合同》所担保的债权范围。《担保法》第24条①规定："债权人与债务人协议变更主合同的，应当取得保证人书面同意，未经保证人书面同意的，保证人不再承担保证责任。保证合同另有约定的，按照约定。"如前所述，本案债权附着债务人天安公司提供的抵押担保，对于保证人索普公司、儒仕公司而言，该案24号《固定资产借款合同》是保证合同对应的主合同，而15号《最高额抵押合同》亦应属于该主合同对价的重要组成部分。但债权人乾安支行与债务人天安公司却在另案中一致变更15号《最高额抵押合同》，这种行为亦实质属于债权人与债务人协议变更主合同附属最高额抵押期限重要条款却未取得保证人书面同意的情形，违反了《担保法》第24条②规定之精神，保证人因此亦不再承担保证责任。综上，索普公司、儒仕公司主张免除本案保证责任，具备事实及法律依据，应予支持。

关于索普公司、儒仕公司应否在吉林酒精公司保证份额内免除相应保证责任问题。《担保法》第12条③规定："同一债务有两个以上保证人的，保证人应当按照保证合同约定的保证份额，承担保证责任。没有约定保证份额的，保证人承担连带责任，债权人可以要求任何一个保证人承担全部保证责任，保证人都负有担保全部债权实现的义务。已经承担保证责任的保证人，有权向债务人追偿，或者要求承担连带责任的其他保证人清偿其应当承担的份额。"乾安支行与吉林酒精公司、索普

① 现为《民法典》第695条。
② 现为《民法典》第695条。
③ 现为《民法典》第699条。

公司、儒仕公司签订《保证合同》，由索普公司、儒仕公司、吉林酒精公司为本案债权提供保证担保。尽管乾安支行未起诉吉林酒精公司，但《保证合同》第3条明确约定保证方式为连带责任保证，因此乾安支行依法可以要求任一保证人承担保证责任。索普公司、儒仕公司因乾安支行未起诉吉林酒精公司即应在该公司保证份额内免除保证责任的理由，于法无据。

笔者认为，关于该案诉争主债权是否附着天安公司的最高额抵押担保的问题。乾安支行与天安公司于2011年6月28日签订了0024号《固定资产借款合同》与0015号《最高额抵押合同》，抵押合同中明确约定担保的主债权期间为2011年6月28日至2019年6月26日，所担保的主债权种类为银行贷款，可见0015号《最高额抵押合同》约定的债权人与债务人、债权发生期间以及债权种类与0024号《固定资产借款合同》相符。二审法院认为，0024号《固定资产借款合同》在0015号《最高额抵押合同》设定的债权发生期间内，其项下的债权应属于0015号《最高额抵押合同》担保范围的请求正确，应予维持。乾安支行提出0015号《最高额抵押合同》应以2011年7月8日为准的抗辩理由与2011年7月8日之后天安公司与乾安支行无任何贷款往来、亦无天安公司为乾安支行债权进行任何抵押物登记的事实不符，2011年7月8日的0015号《最高额抵押合同》的签订系因2011年6月28日0015号《最高额抵押合同》办理抵押物登记而引发的合同履行行为，不能因为抵押权登记在后即否定在先抵押合同所曾明确约定的债权起始日效力，且乾安支行没有提供索普公司、儒仕公司同意该抵押合同发生变更的证据，二审法院认为，乾安支行关于本案诉争主债权不属于0015号《最高额抵押合同》范围的抗辩理由无事实及法律依据并无不当。

关于乾安支行不起诉、不追加主债务人天安公司、第三人丁醇公司，是否属于放弃抵押权的问题。该案中，需明确两个问题：第一，该案实现担保物权的约定是否明确；第二，乾安支行的行为是否属于放弃抵押权。关于该案实现担保物权的约定是否明确的问题。《物权法》第176条①规定："被担保的债权既有物的担保又有人的担保的，债务人不履行到期债务或者发生当事人约定的实现担保物权的情形，债权人应当按照约定实现债权；没有约定或者约定不明确，债务人自己提供物的担

① 现为《民法典》第392条。

保的,债权人应当先就该物的担保实现债权;第三人提供物的担保的,债权人可以就物的担保实现债权,也可以要求保证人承担保证责任。提供担保的第三人承担担保责任后,有权向债务人追偿。”该案《保证合同》第6.14条约定:“当债务人未履行债务时,无论债权人对主合同项下的债权是否拥有其他担保,债权人均有权直接要求保证人承担担保责任。”此外,乾安支行与天安公司以及丁醇公司签订的两份《最高额抵押合同》第11.7条约定:“当债务人未履行债务时,无论抵押权人对所担保的主合同项下的债权是否拥有其他担保,抵押权人均有权直接要求抵押人在其担保范围内承担担保责任。”该案《保证合同》的前述约定是关于实现担保债权的约定,而且该条款并没有明确涉及实现担保物权的内容,故不能认为已就担保物权的实现顺序与方式等作出了明确约定;而《最高额抵押合同》的约定是关于实现担保物权的约定,约定明确,根据《物权法》第176条①的规定,该案被担保债权既有物的担保又有人的担保、且物的担保既有债务人提供的、也有第三人丁醇公司提供时,乾安支行应先依照两份《最高额抵押合同》中关于实现担保物权的明确约定,先向债务人天安公司以及第三人丁醇公司主张实现其债权。关于乾安支行的行为是否属于放弃抵押权的问题。该案主债权附着债务人天安公司与第三人丁醇公司的担保物权,且关于实现担保物权的约定明确,乾安支行依法应当先向物权担保人即债务人天安公司与第三人丁醇公司实现其债权,但乾安支行却不起诉、不追加物权担保人天安公司与丁醇公司为该案当事人,并且在明知债务人天安公司抵押资产处于持续贬值特别是个别土地使用权抵押已经到期的情形下,乾安支行依然怠于行使其抵押权,甚至在索普公司、儒仕公司申请追加债务人天安公司及第三人丁醇公司为该案当事人或主张在乾安支行放弃该两公司抵押价值范围内免责的情形下,乾安支行依然不追加该两公司并要求其承担抵押担保责任,据此二审法院认为乾安支行不起诉、不追加债务人天安公司及第三人丁醇公司的行为应视为放弃抵押权并无不当,应予维持。乾安支行主张该行为系《物权法》第176条②规定的选择权无事实与法律依据,不予支持。

---

① 现为《民法典》第392条。
② 现为《民法典》第692条。

关于二审判决适用《担保法》第24条①免除保证人的责任是否正确的问题。《担保法》第24条规定："债权人与债务人协议变更主合同的，应当取得保证人书面同意，未经保证人书面同意的，保证人不再承担保证责任。"乾安支行在另案与债务人天安公司的诉讼中，除主张1亿元债权外，还依据0015号《最高额抵押合同》主张抵押权。依据吉林省松原市中级人民法院就该案作出的(2016)吉07民初3号民事判决，乾安支行与天安公司在庭审中均已确认21号、23号《流动资金借款合同》项下共计1亿元的债权转入2011年7月8日变更后的0015号《最高额抵押合同》所担保的债权范围。主、从合同的区分具有相对性，相对于债权人乾安支行与债务人天安公司之间的0024号《固定资产借款合同》而言，0015号《最高额抵押合同》为从合同；但相对于债权人乾安支行与保证人索普公司、儒仕公司之间的《保证合同》而言，0024号《固定资产借款合同》为保证合同对应的主合同，与0024号《固定资产借款合同》同日签订的0015号《最高额抵押合同》则为该主合同对价的重要组成部分。乾安支行与天安公司在另案中一致变更0015号《最高额抵押合同》，属于债权人与债务人未经保证人书面同意，协议变更主合同附属最高额抵押期限重要条款的情形，故二审法院认为，该变更行为违反了《担保法》第24条规定的精神，因此免除保证人的担保责任并无不当，应予维持。另，乾安支行虽主张索普公司、儒仕公司均为天安公司的股东，参与天安公司重大决策和日常经营，但并未提供索普公司、儒仕公司已书面同意0015号《最高额抵押合同》发生变更的证据，故对该主张不予支持。

案例66中，一审法院认为，1. 关于借款合同是否具有法律效力的问题。(1)发展农村银行与金达公司系以书面合同书的形式订立借款合同，根据《合同法》第32条②"当事人采用合同书形式订立合同的，自双方当事人签字或者盖章时合同成立"之规定，现该合同书中原告公司与被告金达公司均已加盖公司印章，且双方对于存在金融借款合同关系均无异议，故一审法院认定该合同已成立。(2)已成立的合同，并非当然的具有法律效力，亦可存在导致合同无效的情形。该案中，因借款合同系保证合同、抵押合同的主合同，其是否具有法律效力将直接影响圣鑫公司作

① 现为《民法典》第695条。

② 现为《民法典》第490条。

为当事人的保证合同、抵押合同的效力,是判断圣鑫公司是否承担担保责任的重要事实。因此,虽然借款合同双方对于合同的成立及有效均无异议,但一审法院依职权及圣鑫公司的抗辩,仍需对借款合同效力进行审查并作出裁判。①该案中,关于4000万元借款一事虽然已经涉及诈骗犯罪,但并非所有涉及刑事犯罪的民事合同均无民事法律效力。民事案件与刑事案件属于不同性质的案件,各自依据不同的程序、规则予以解决和处理。刑事案件评判的对象是犯罪行为,该案涉及的即是否存在诈骗并造成了相应后果,并以刑法规定的法律构成要件判断该诈骗行为是否已经属于刑罚的调整范围。而民事案件评判的对象是合同双方当事人的民事合同行为,判断是否为双方的真实意思表示,是否对双方当事人具有民事法律约束力。该案的金融借款合同既属于民事合同案件,则仍应以相关合同法的规定作为判断效力的依据。同时,2015年9月1日起实行的最高人民法院《关于审理民间借贷案件适用法律若干问题的规定》第13条[①]规定:"借款人或者出借人的借贷行为涉嫌犯罪,或者已经生效的判决认定构成犯罪,当事人提起民事诉讼的,民间借贷合同并不当然无效。人民法院应当根据合同法第五十二条、本规定第十四条之规定,认定民间借贷合同的效力。"虽然该案系金融借款合同纠纷,并非民间借贷案件,不能直接适用该条文,但该条文包含最高人民法院就该问题的司法精神、司法政策,对该案具有一定的参照意义。②《合同法》第52条第1项[②]规定:"有下列情形之一的,合同无效:(一)一方以欺诈、胁迫的手段订立合同,损害国家利益……"该案中,虽然无生效的刑事法律文书对相关事实予以认定,但检察机关以庞某冬涉嫌贷款诈骗罪提起公诉,其起诉依据的事实中存在庞某冬作为被告金达公司的实际控制人,存在提供无效的审计报告、伪造经济合同等行为,上述行为既可能属于贷款诈骗罪中的犯罪行为,从民事法律角度,亦可属于民事欺诈行为。该条款的该项中,其要求民事欺诈的结果是"损害国家利益"。但圣鑫公司就是否损害了国家利益未能进一步提交证据予以证明。并且,原告并非国有制银行,无论其利益是否受损,均不属于损害国家利益。因此,圣鑫公司依据此项规定主张借款合同无效,理

① 该司法解释现行版本第12条。

② 现为《民法典》第148条、第150条。

由并不充分，不予支持。③《合同法》第 52 条第 2 项[①]规定：“有下列情形之一的，合同无效：……（二）恶意串通，损害国家、集体或者第三人利益……”本项适用的前提为发展农村银行与金达公司之间存在恶意串通行为，即发展农村银行与金达公司具有共同的意思联络、沟通，都明知该行为将会损害国家、集体或第三人利益，并且实际上相互配合或共同实施了该行为。最高人民法院《关于适用〈中华人民共和国民事诉讼法〉的解释》第 109 条规定：“当事人对欺诈、胁迫、恶意串通事实的证明，以及对口头遗嘱或者赠与事实的证明，人民法院确信该待证事实存在的可能性能够排除合理怀疑的，应当认定该事实存在。”同时根据最高人民法院《关于民事诉讼证据的若干规定》第 2 条规定，应当由圣鑫公司对于该恶意串通的事实负有举证证明的责任，并且其证明标准应当为排除合理怀疑，但就该事实圣鑫公司未能提交证据。同时，虽然该证明标准几乎与刑事案件证明标准相同，但在本案涉及的刑事案件中，检察机关对原告工作人员杨某提起公诉所涉罪名仅为“违法发放贷款罪”，而涉嫌该罪的犯罪嫌疑人主观上对于行为造成的损害后果，一般是过失的，多数情况下出现损失是违背行为人意志的。无论原告工作人员杨某是否实际犯该罪，均无法以此即认定其与被告金达公司之间系恶意串通。因此，圣鑫公司主张双方恶意串通的抗辩，因其未能达到上述证明标准，对该事实无法确认。④《合同法》第 52 条第 3 项规定：“有下列情形之一的，合同无效：……（三）以合法形式掩盖非法目的……”虽然合同法或相关民事法律规定，并未明确规定该“非法目的”应当为合同双方的目的，但根据目前理论的通说以及最高人民法院发表的相关论述，该“目的”并非某一单方当事人所追求的。因合同系双方行为，是双方意思表示一致的结果，只有双方就“合法形式”达成合意，方能隐藏其真正的“非法目的”。若为一方的“非法目的”并一方实施了相应行为，则属于另一方可撤销、变更等法律调整范畴，而并非合同无效。该案中，如前述第②点所述，虽然被告金达公司控制人庞某冬的目的可能是非法占有原告资金，但并无法得出原告工作人员杨某其目的亦是非法占有银行资金，因此该案并不符合“以合法形式掩盖非法目的”的情形。⑤《合同法》第 52 条第 5 项[②]规定：“有下列情形之一的，合同无效：……（五）违反

① 现为《民法典》第 154 条。
② 现为《民法典》第 153 条。

法律、行政法规的强制性规定。”最高人民法院《关于适用〈中华人民共和国合同法〉若干问题的解释(二)》(已失效)第14条规定:“合同法第五十二条第(五)项规定的‘强制性规定’,是指效力性强制性规定。”该案中,圣鑫公司认为,原告的行为违反了《商业银行法》第35条“商业银行贷款,应当对借款人的借款用途、偿还能力、还款方式等情况进行严格审查。商业银行贷款,应当实行审贷分离、分级审批的制度”之规定,故该借款合同无效。该条规定并非效力性强制性规定,其仅为防控风险的管理性规定,无论是否违反该项规定,均不能导致借款合同无效。综上,该案借款合同系双方真实意思表示,未违反法律、行政法规的强制性规定,合法有效。金达公司应依据合同内容,适当的履行合同义务。

2. 关于金达公司应当偿还原告借款本金及利息具体数额的问题。(1)发展农村银行与金达公司在贷款凭证中写明,借款期限为2014年3月14日至2015年3月5日。圣鑫公司于2014年4月10日向原告送达律师函,明确表示不应当承担担保责任。根据发展农村银行与金达公司的借款合同中“担保人违约或者明确表示或以其行为表明不履行其担保责任”贷款人有权“宣布贷款立即到期,要求借款人立即偿还本合同项下所有到期及未到期债务的本金、利息、费用”之约定,原告此时有权宣布贷款到期并要求借款人偿还本息。原告于2014年4月23日向被告金达公司公证送达了关于宣布借款立即到期的函,并要求被告金达公司十日内偿还本息,故被告金达公司应于2014年5月3日履行还款义务。现被告金达公司自认尚未归还本金,对此事实予以确认。根据《合同法》第206条①之规定,被告金达公司应当偿还原告借款本金4000万元。(2)发展农村银行与金达公司在贷款凭证中写明的利率为月利率7.75‰,并在借款合同中约定该利率为固定利率,逾期利率为借款利率上浮50%,即月利率11.625‰。因原告已宣布贷款提前到期,并要求被告在2014年5月3日前支付本息,故自2014年3月14日至5月3日,被告金达公司应按照合同约定的月利率7.75‰支付贷款利息。自2014年5月4日起至实际清偿之日,被告金达公司应当按照月利率11.625‰的罚息利率支付罚息。被告金达公司已向原告偿还的金额及日期为:2014年4月21日392 666.66元,2014年5月21日31万元,2014年6月21日320 333.33元,2014年7月21日806.94元,2014

① 现为《民法典》第676条。

年9月21日0.26元，共计1 023 807.19元。被告金达公司支付上述五笔款项时，其还款的数额均少于截至当日已产生的利息数额，根据双方借款合同的约定，还款时先偿还利息后偿还本金，故被告金达公司已支付的1 023 807.19元中，2014年4月21日392 666.66元为支付贷款期限内的利息，后四笔共计631 140.53元为支付贷款逾期后的罚息。故被告金达公司应当支付的利息及罚息为：利息部分，以4000万元为本金，以月利率7.75‰为标准，自2014年3月14日计算至5月3日，并扣除392 666.66元；罚息部分，以4000万元为本金，以月利率11.625‰为标准，自2014年5月4日起至实际给付之日，并扣除631 140.53元。

3. 关于金达公司是否应当承担原告支付的26万元律师费用及公证费2000元的问题。根据借款合同的约定，因借款人违约致使贷款人采取诉讼或仲裁或其他必要合法措施实现债权的，贷款人为此支付的一切费用（包括但不限于诉讼费、仲裁费、财产保全费、差旅费、执行费、评估费、拍卖费、公证费、送达费、公告费、律师费等）均由借款人承担。现原告要求被告金达公司承担两项费用符合约定。被告金达公司称律师费用26万元高于律师收费标准，虽然其提交了律师收费标准，但未能进一步向法庭说明其认为律师费的合理数额及计算方法，故对其抗辩本院不予采信。被告金达公司应当给付原告律师费26万元、公证费2000元。

4. 关于发展农村银行与圣鑫公司签订的保证合同、抵押合同是否具有法律效力的问题。（1）保证合同、抵押合同中加盖的圣鑫公司的公章与圣鑫公司目前持有的公章并非同一枚公章，但圣鑫公司的法定代表人尹某影的签字为其本人书写。《民法通则》第38条①规定："依照法律或者法人组织章程规定，代表法人行使职权的负责人，是法人的法定代表人"，第43条规定："企业法人对它的法定代表人和其他工作人员的经营活动，承担民事责任"，法定代表人的签字行为亦属于圣鑫公司对外发出意思表示，其签字的效力直接归属于圣鑫公司。故保证合同、抵押合同已经成立。（2）圣鑫公司主张，其法定代表人尹某影系在空白保证合同、抵押合同中签字，其内容并非圣鑫公司真实意思表示。关于该项抗辩，圣鑫公司未能提交证据予以证明。尹某影作为圣鑫公司法定代表人，应当知道其签字具有法律效力。同时，2012年5月7日，圣鑫公司、尹某影、孙某臣作为甲方与金达公司、庞某冬、庞某

① 现为《民法典》第61条。

志作为乙方签订《股权转让协议》,约定圣鑫公司全部股权作价4200万元进行转让,并且圣鑫公司以其名下土地房屋为金达公司的贷款提供抵押担保。2013年2月17日被告金达公司作为乙方与圣鑫公司作为甲方签订的《补充协议》中,双方约定:"一、为乙方筹集资金偿还所欠甲方的股权转让款,甲方同意继续为乙方提供担保,无偿协助乙方贷款;二、乙方同意在原股权转让价格的基础上增加人民币贰佰万元(2 000 000元),共计人民币肆仟四百万元(44 000 000元)"、"五、乙方承诺贷款到账后首先支付甲方股权转让款,不得挪作他用,否则视为诈骗行为,自愿接受公安机关等相关部门处理"。根据该协议的内容,圣鑫公司与金达公司早在本案贷款前,因股权转让一事,已协议约定由圣鑫公司提供担保为金达公司贷款,并在《补充协议》中进一步约定所贷出款项支付圣鑫公司的股权转让款。故法院可以认定圣鑫公司对于金达公司贷款并为其提供担保一事均知晓。结合圣鑫公司将权利证书原件交与金达公司的事实,该院认为,无论圣鑫公司法定代表人在保证、抵押合同签字时,合同内容是否完善,圣鑫公司对于担保合同关系均予以认可,并对合同内容采取了事前或事后均予以认可的态度。现圣鑫公司主张合同内容非其真实意思,不予采信。(3)圣鑫公司主张,其法定代表人尹某影系受到原告的欺骗,在保证合同及抵押合同中签字,签字并非其真实意思表示。《合同法》第54条①规定:"下列合同,当事人一方有权请求人民法院或者仲裁机构变更或者撤销:(一)因重大误解订立的;(二)在订立合同时显失公平的。一方以欺诈、胁迫的手段或者乘人之危,使对方在违背真实意思的情况下订立的合同,受损害方有权请求人民法院或者仲裁机构变更或者撤销。当事人请求变更的,人民法院或者仲裁机构不得撤销。"即使圣鑫公司因欺诈、胁迫等手段,违背真实意思订立合同,其后果也并非直接导致合同无效,而是圣鑫公司享有撤销或变更合同的权利。但圣鑫公司至今未诉请撤销或变更保证合同、抵押合同。(4)圣鑫公司主张,因该案涉及刑事犯罪,故保证合同、抵押合同无效。可能涉嫌刑事犯罪与民事合同效力的关系,前述借款合同效力部分已经论述,即保证合同、抵押合同的效力仍应以合同法、担保法、物权法中相关规定进行判断。综上,该案的保证合同、抵押合同并不存在无效的情形,双方均应当履行合同义务。

---

① 现为《民法典》第148条、第150~151条。

5. 圣鑫公司应否就被告金达公司的债务承担连带给付责任。圣鑫公司主张，发展农村银行与金达公司恶意串通，共同欺骗圣鑫公司，圣鑫公司违背真实意思在保证合同中签字，故不应当承担担保责任。《担保法》第30条规定："有下列情形之一的，保证人不承担民事责任：（一）主合同当事人双方串通，骗取保证人提供保证的；（二）主合同债权人采取欺诈、胁迫等手段，使保证人在违背真实意思的情况下提供保证的。"最高人民法院《关于适用〈中华人民共和国民事诉讼法〉的解释》第109条规定："当事人对欺诈、胁迫、恶意串通事实的证明，以及对口头遗嘱或者赠与事实的证明，人民法院确信该待证事实存在的可能性能够排除合理怀疑的，应当认定该事实存在"，同时根据最高人民法院《关于民事诉讼证据的若干规定》第2条，应当由圣鑫公司对存在串通、欺诈、胁迫等手段负有举证证明的责任。但对此圣鑫公司未能提交证据。根据《股权转让协议》及《补充协议》内容，一审法院可以认定圣鑫公司对于金达公司贷款并为其提供担保一事均知晓。至于被告金达公司是否依据双方协议将所贷款项支付圣鑫公司，系双方之间履行《股权转让协议》及《补充协议》的问题，与该案保证合同无关。一审法院结合前述《补充协议》的内容，对原告与金达公司串通、圣鑫公司受到欺骗等事实的可能性并不能排除其他合理怀疑，对该事实无法予以确认。故圣鑫公司应当按照保证合同的约定，对被告金达公司的债务承担连带给付责任。

6. 发展农村银行是否就圣鑫公司提供的抵押财产享有抵押权，并可就其财产价值优先受偿的问题。根据三份鉴定结论，在办理抵押财产登记时，各项申请材料及圣鑫公司的委托书中，加盖的公章均非圣鑫公司目前持有的并与农安县组织机构代码证申请表一致的公章，因此无法认定系圣鑫公司出具的申请材料及委托书，虽然事实上原告已经在房地部门办理抵押登记，但原告未能证明该登记圣鑫公司参与其中并认可登记过程及登记的效力。因此，虽然抵押合同合法有效，但因登记行为存在瑕疵，故原告不享有该抵押财产的抵押权。原告目前依据合同享有的为请求圣鑫公司履行抵押合同，进行抵押登记，或者请求圣鑫公司承担违约责任，均为债权的请求权，而并非享有任何有效的物权，其自然无法行使抵押物权即可就抵押财产价值优先受偿的权利。但原告可另行诉讼，要求圣鑫公司履行合同义务，就抵押财产办理抵押登记。二审法院认为：（1）关于《借款合同》是否合法有效，金达公司是否应归还借款本息及数额如何确定的问题。根据本案查明事实，金达公司在办理涉案贷款过程中存在犯罪行为,已经生效的吉林省长春市中级人民法院(2015)长刑二初字第26号刑事判决书和本院(2017)吉刑终71号刑事裁定书查明和认定,金达公司为骗取贷款,伪造了和河南防腐保温开发有限公司的原材料采购合同,虚构贷款用途;为夸大经营能力、还债能力,向环城信用社提供了虚假财务报表以虚构公司经营收入和利润,伪造了圣鑫公司收取金达公司股权转让款的收据,伪造、变造了大量与其他公司的经济合同、虚构公司的经营业务;还使用伪造的圣鑫公司印章与环城信用社签订抵押合同、担保合同,用圣鑫公司的财产为金达公司的贷款提供抵押担保,最终骗取贷款4000万元,金达公司骗取贷款的行为严重扰乱了金融管理秩序,危及金融安全,情节特别严重,已构成骗取贷款罪。金达公司实际控制人庞某冬系单位犯罪直接负责的主管人员,应对金达公司的犯罪行为承担相应的刑事责任。庞某冬和金达公司上述犯罪行为足以证明金达公司构成以"签订《借款合同》"这一合法形式,掩盖其"骗取银行贷款"之非法目的。环城信用社的信贷人员杨某,系该案涉案贷款的具体经办人,其在办理金达公司贷款过程中,没有审核金达公司和河南防腐保温开发有限公司的原材料采购合同真伪;没有仔细审核金达公司提供的与其他公司的经济合同真伪和实际业务量;没有仔细核实圣鑫公司出具的收取股权转让款收据的真伪;在办理涉案贷款担保时,未对抵押人圣鑫公司是否盖章进行核实,也未对圣鑫公司人员不在场的情况下,抵押人圣鑫公司委托债务人金达公司的人员作为公证事项的代理人进行公证提出合理怀疑,杨某违反国家规定,违法发放贷款4000万元,数额特别巨大,构成违法发放贷款罪。如杨某不构成违法发放贷款之犯罪,则金达公司"骗取银行贷款"之非法目的难以实现,由此可以认定,杨某的行为属于发展农村银行的职务行为,在杨某已经构成违法发放贷款罪的情况下,足可认定发展农村银行在涉案贷款合同签订和履行过程中存在明显过错,并因此导致金达公司在采取多种违法行为之后以"签订《借款合同》"之合法形式进而掩盖"骗取银行贷款"的非法目的得以实现,因此,该案《借款合同》明显构成《合同法》第52条第3项关于"以合法形式掩盖非法目的"的合同无效情形,故金达公司和发展农村银行签订的《借款合同》应当被认定为无效合同。原审判决关于《借款合同》效力的认定不当,予以纠正。根据《合同法》第58条①"合同无效

① 现为《民法典》第157条。

或者被撤销后，因该合同取得的财产，应当予以返还；不能返还或者没有必要返还的，应当折价补偿。有过错的一方应当赔偿对方因此所受到的损失，双方都有过错的，应当各自承担相应的责任”的规定，金达公司应将借款本金返还发展农村银行。发展农村银行关于利息的诉讼请求，虽然因借款合同无效不能按照原借款合同约定的利息标准予以支持，但发展农村银行因借款合同无效受到损失，其损失为借款本金的利息损失和实现债权的费用，利息损失为借款本金占用期间产生的利息，即以借款本金为基数按照中国人民银行同期贷款基准利率自 2014 年 3 月 14 日起计至清偿之日止所产生的利息。金达公司及其实际控制人庞某冬为达到骗取贷款的目的，伪造虚假采购合同，提供虚假财务报表，虚构公司业务并使用伪造的印章签订担保合同等行为构成骗取贷款罪，所以应对借款合同无效负主要过错责任，二审法院认定，其对发展农村银行的利息损失部分承担赔偿责任。因已经生效的吉林省长春市中级人民法院（2015）长刑二初字第 26 号刑事判决书和本院（2017）吉刑终 71 号刑事裁定书已经责令庞某冬退赔发展农村银行 38 976 192. 81 元，故金达公司应在借款本金及利息损失范围内对庞某冬不能退赔部分承担赔偿责任。又因金达公司已经向发展农村银行偿还 1 023 807. 19 元，所以该部分款项应予扣除。发展农村银行因其工作人员杨某在办理贷款过程中，未尽审慎注意义务，导致金达公司骗取贷款的犯罪目的实现，所以对借款合同无效也存在一定过错，二审法院认定，其对实现债权的费用自行承担责任，故发展农村银行关于律师费和公证费部分的诉讼请求，不予支持。因金达公司对借款合同无效负主要过错责任，判定一审案件受理费及保全费，由金达公司负担。

（2）关于《保证合同》和《抵押合同》是否合法有效以及圣鑫公司应否承担金达公司所欠贷款的连带责任问题。因涉案《借款合同》应当认定为无效，根据《担保法》第 5 条[①]“担保合同是主合同的从合同，主合同无效，担保合同无效”的规定，涉案《保证合同》和《抵押合同》为从合同，亦应认定为无效。根据最高人民法院《关于适用〈中华人民共和国担保法〉若干问题的解释》第 8 条[②]“主合同无效而导致担保合同无效，担保人无过错的，担保人不承担民事责任”的规定，发展农村银行主张

① 最高人民法院《关于适用〈中华人民共和国民法典〉有关担保制度的解释》第 2 条。
② 最高人民法院《关于适用〈中华人民共和国民法典〉有关担保制度的解释》第 17 条。

圣鑫公司承担借款损失，应当举证证明圣鑫公司存在过错。发展农村银行工作人员违法发放贷款造成损失，其在没有证明圣鑫公司参与了犯罪或者对该犯罪行为知情并仍然提供抵押担保的情况下，要求圣鑫公司承担民事责任没有法律依据。故圣鑫公司关于其对金达公司所承担债务不承担连带给付责任的请求，应予支持。

(3)关于发展农村银行是否对圣鑫公司提供的抵押物享有优先受偿权的问题。因《抵押合同》无效，根据《合同法》第56条①“无效的合同或者被撤销的合同自始没有法律约束力”的规定，抵押权缺乏合同基础，自始没有法律约束力，故发展农村银行的该项主张不能成立，不予支持。原审判决在抵押权问题上，虽然对涉案《借款合同》认定错误导致对从合同定性错误，但判决驳回发展农村银行关于抵押权的主张正确。

笔者认为，(1)关于《借款合同》是否合法有效，金达公司是否应归还借款本息及数额如何确定的问题。《合同法》第52条规定：“有下列情形之一的，合同无效：(一)一方以欺诈、胁迫的手段订立合同，损害国家利益；(二)恶意串通，损害国家、集体或者第三人利益；(三)以合法形式掩盖非法目的；(四)损害社会公共利益；(五)违反法律、行政法规的强制性规定。”该案中，根据已经生效的吉林省长春市中级人民法院(2015)长刑二初字第26号刑事判决书和吉林省高级人民法院(2017)吉刑终71号刑事裁定书的查明和认定，金达公司在办理涉案贷款过程中虚构贷款用途，伪造虚假采购合同和其他经济合同，提供了虚假财务报表以虚构公司经营收入和利润，伪造圣鑫公司收取金达公司股权转让款的收据，使用伪造的圣鑫公司印章与环城信用社签订抵押合同、担保合同，用圣鑫公司的财产为金达公司的贷款提供抵押担保，最终骗取贷款4000万元。金达公司骗取贷款的行为已被上述生效刑事裁判书认定为构成骗取贷款罪，金达公司实际控制人庞某冬系单位犯罪直接负责的主管人员，应对金达公司的犯罪行为承担相应的刑事责任。同时，环城信用社的信贷人员杨某在办理金达公司贷款过程中，没有仔细审核金达公司提供的相关合同的真伪；没有仔细核实圣鑫公司出具的收取股权转让款收据的真伪；在办理涉案贷款担保时，未对抵押人圣鑫公司是否盖章进行核实，也未对圣鑫公司人员不在场的情况下，抵押人圣鑫公司委托债务人金达公司的人员作为公证事项的

---

① 现为《民法典》第155条。

代理人进行公证提出合理怀疑。杨某违反国家规定,违法发放贷款4000万元,数额特别巨大,亦被上述生效刑事裁判书认定构成违法发放贷款罪。金达公司及其实际控制人庞某冬的上述犯罪行为足以证明金达公司构成以“签订《借款合同》”这一合法形式,掩盖其“骗取银行贷款”之非法目的。杨某的行为属于发展农村银行的职务行为,在杨某已经构成违法发放贷款罪的情况下,足可认定发展农村银行在涉案贷款合同签订和履行过程中存在明显过错,并因此导致金达公司在采取多种违法行为之后以“签订《借款合同》”之合法形式进而掩盖“骗取银行贷款”的非法目的得以实现。据此,二审法院认定案涉《借款合同》明显构成《合同法》第52条第3项关于“以合法形式掩盖非法目的”的合同无效情形,金达公司和发展农村银行签订的《借款合同》应当被认定为无效合同,该认定并无不当。

《合同法》第58条规定:“合同无效或者被撤销后,因该合同取得的财产,应当予以返还;不能返还或者没有必要返还的,应当折价补偿。有过错的一方应当赔偿对方因此所受到的损失,双方都有过错的,应当各自承担相应的责任。”该案中,金达公司应将借款本金返还发展农村银行。发展农村银行关于利息的诉讼请求,二审法院以借款本金为基数按照中国人民银行同期贷款基准利率自2014年3月14日起计至清偿之日止所产生的利息,该认定并无不当。金达公司及其实际控制人庞某冬构成骗取贷款罪,所以应对借款合同无效负主要过错责任,应对发展农村银行的利息损失部分承担赔偿责任。发展农村银行因其工作人员杨某在办理贷款过程中,未尽审慎注意义务,导致金达公司骗取贷款的犯罪目的实现,所以对借款合同无效也存在一定过错。根据以上事实,二审法院认定金达公司应在借款本金及利息损失范围内对庞某冬不能退赔部分承担赔偿责任(扣除金达公司已经向发展农村银行偿还1 023 807.19元),并承担一审案件受理费及保全费,发展农村银行自行承担律师费和公证费,该认定并无不当。

(2)关于案涉《保证合同》和《抵押合同》是否合法有效,圣鑫公司应否承担金达公司所欠贷款的连带责任的问题。《担保法》第5条第1款规定:“担保合同是主合同的从合同,主合同无效,担保合同无效。担保合同另有约定的,按照约定。”最高人民法院《关于适用〈中华人民共和国担保法〉若干问题的解释》第8条规定:“主合同无效而导致担保合同无效,担保人无过错的,担保人不承担民事责任;担保人有过错的,担保人承担民事责任的部分,不应超过债务人不能清偿部分的三分之一。”该案中,因涉案《借款合同》应当认定为无效,涉案《保证合同》和《抵押合同》为从合同,也应认定为无效。发展农村银行主张圣鑫公司承担借款损失,应当举证证明圣鑫公司存在过错。发展农村银行工作人员违法发放贷款造成损失,其在没有证明圣鑫公司参与了犯罪或者对该犯罪行为知情并仍然提供抵押担保的情况下,要求圣鑫公司承担民事责任没有法律依据。二审认定圣鑫公司对金达公司所承担债务不承担连带给付责任,该认定并无不当。

(3)关于发展农村银行是否对圣鑫公司提供的抵押物享有优先受偿权的问题。《合同法》第56条规定:“无效的合同或者被撤销的合同自始没有法律约束力。合同部分无效,不影响其他部分的,其他部分仍然有效。”该案中,因《抵押合同》无效,抵押权缺乏合同基础,自始没有法律约束力,二审法院认定发展农村银行对圣鑫公司提供的抵押物不享有优先受偿权,该认定并无不当。

案例67中,一审法院认为,2013年11月11日,叶某在与赵某辉、小蓝湾公司签订《个人借款合同》的前后,委托夏某东通过转账形式向赵某辉支付借款700万元整(分九次),叶某已全面履行了借款义务,有银行的转账凭证为证。现借款期限已届满,借款人赵某辉未按约定向叶某偿还借款本金,已构成违约。2013年11月11日何某燕、京中公司自愿为该借款提供连带责任担保,并签订了《借款担保合同》,在赵某辉未还款的情况下,依法承担连带清偿责任。虽然担保合同约定担保范围包括本金、利息、违约金、罚息及实现债权费用,但叶某与赵某辉、小蓝湾公司签订的《个人借款合同》双方未对涉案借款利息或者利息计算方法进行约定,故叶某要求何某燕、京中公司赔偿利息损失请求不能支持。因此对叶某要求何某燕、京中公司偿还借款本金700万元,予以支持。另叶某与赵某辉、小蓝湾公司签订的《个人借款合同》及叶某与赵某辉、何某燕、京中公司签订的《借款担保合同》中均已对违约金计算方法及实现债权费用进行了约定,且叶某主张的违约金并未超过同期贷款利率四倍。对此,叶某主张违约金100万元及实现债权费用20万元的请求,符合法律规定,予以支持。何某燕、京中公司辩称,合同的当事人恶意串通骗取京中公司、何某燕提供担保,并提交了赵某辉的询问笔录予以证实,何某燕、京中公司均具备完全民事行为能力,其应明知在《借款担保合同》上签字、盖章的法律后果,仅凭赵某辉的陈述并不能证明恶意串通事实的存在,故何某燕、京中公司辩称理由不能成立。关于该案是否应移送公安机关或检察机关处理的问题。最高人民法院《关于审理民间借贷案件适用法律若干问题的规定》第 8 条规定，借款人涉嫌犯罪或者生效判决认定其有罪，出借人起诉请求担保人承担民事责任的，人民法院应予以受理。该案中，担保人何某燕、京中公司均不涉及刑事案件，且该案的担保合同案件与赵某辉涉嫌诈骗案件并非基于同一法律关系。故叶某起诉要求何某燕、京中公司承担连带保证责任，符合法律规定。何某燕、京中公司认为，该案应移送公安机关或者检察机关的辩称理由不能成立。

二审法院认为，该案的焦点问题：(1) 涉案 700 万元借款叶某是否已经履行出具借款的义务。如叶某已履约，何某燕、京中公司是否应当承担保证责任。(2) 叶某主张何某燕与京中公司对 2014 年 5 月至 2017 年 12 月的利息损失 50.5 万元承担担保责任是否能够成立。(3) 该案是否应当移送公安机关。(1) 关于涉案 700 万元借款叶某是否已经履行出借义务，何某燕、京中公司是否应当承担担保责任的问题。根据最高人民法院《关于民事诉讼证据的若干规定》第 2 条规定："当事人对自己提出的诉讼请求所依据的事实或者反驳对方诉讼请求所依据的事实有责任提供证据加以证明。没有证据或者证据不足以证明当事人的事实主张的，由负有举证责任的当事人承担不利后果。"首先，叶某在一审中出示的 9 张支付凭证，结合双方 2013 年 11 月 11 日签订的《个人借款合同》以及赵某辉出具的借款凭证，可以证实叶某委托夏某东向赵某辉共支付 700 万元借款的事实。何某燕、京中公司称叶某未按照合同约定向赵某辉支付借款 700 万元，并未提供相应证据予以佐证，故何某燕、京中公司的该项上诉理由不能成立。其次，2013 年 11 月 11 日叶某、赵某辉、何某燕、京中公司签订的《借款担保合同》系各方当事人的真实意思表示，亦不违反法律的相关规定，应属有效，各方当事人均应依约履行。何某燕、京中公司认为，赵某辉与叶某在本案中存在恶意串通，系采取欺诈手段骗取其提供保证，其不应承担担保责任，但并未提供具有相应证明能力的证据予以佐证，且何某燕、京中公司均具备完全民事行为能力，其应知在《借款担保合同》中签字盖章的法律后果，故何某燕、京中公司的该项上诉理由不能成立。综上，在涉案借款合同中，叶某已依约向赵某辉支付了 700 万元借款，履行了出具借款的义务，赵某辉在债务到期后并未偿还涉案借款。故何某燕、京中公司就涉案借款应当依约向叶某履行担保责任。(2) 关于叶某主张何某燕与京中公司应对 2014 年 5 月至 2017 年 12 月的利息损失 50.5 万元承担担保责任是否能够成立的问题。最高人民法院《关于审理民间借贷案件适用法律若干问题的规定》第29条[①]规定："借贷双方对逾期利率有约定的，从其约定，但以不超过年利率24%为限。未约定逾期利率或者约定不明的，人民法院可以区分不同情况处理：(一)既未约定借期内的利率，也未约定逾期利率，出借人主张借款人自逾期还款之日起按照年利率6%支付资金占用期间利息的，人民法院应予支持……"最高人民法院《关于审理民间借贷案件适用法律若干问题的规定》第30条[②]规定："出借人与借款人既约定了逾期利率，又约定了违约金或者其他费用，出借人可以选择主张逾期利息、违约金或者其他费用，也可以一并主张，但总计超过年利率24%的部分，人民法院不予支持。"涉案《个人借款合同》中虽对利息并无相关约定，但涉案《借款担保合同》中约定保证的范围包括本金、利息、罚息、违约金和赔偿金及出借人为实现债权而支出的全部费用。鉴于涉案借款700万元到期后赵某辉并未偿还，故叶某对借款合同的违约金及借款到期后的逾期利息一并主张符合司法解释的规定，且逾期利息与违约金总计未超过年利率24%，故叶某主张自2014年5月至2017年12月的逾期还款利息损失50.5万元符合法律规定，该院予以支持。(3)关于该案是否应当移送公安机关的问题。最高人民法院《关于审理民间借贷案件适用法律若干问题的规定》第8条规定："借款人涉嫌犯罪或者生效判决认定其有罪，出借人起诉请求担保人承担民事责任的，人民法院应予以受理。"该案中，担保人何某燕、京中公司均不涉及刑事案件，且该案的担保合同案件与赵某辉涉嫌诈骗案件并非基于同一法律关系。故叶某起诉要求何某燕、京中公司承担连带保证责任，符合法律规定。何某燕、京中公司认为，该案应移送公安机关的上诉理由不能成立，该院予以驳回。

笔者认为，关于京中公司与何某燕是否应承担担保责任的问题。《担保法》第18条第2款规定："连带责任保证的债务人在主合同规定的债务履行期届满没有履行债务的，债权人可以要求债务人履行债务，也可以要求保证人在其保证范围内承担保证责任。"《物权法》第176条[③]规定："被担保的债权既有物的担保又有人的担保的，债务人不履行到期债务或者发生当事人约定的实现担保物权的情形，债权

① 该司法解释现行版本第28条。

② 该司法解释现行版本第29条。

③ 现为《民法典》第392条。

人应当按照约定实现债权；没有约定或者约定不明确，债务人自己提供物的担保的，债权人应当先就该物的担保实现债权；第三人提供物的担保的，债权人可以就物的担保实现债权，也可以要求保证人承担保证责任。提供担保的第三人承担担保责任后，有权向债务人追偿。”该案中，2013 年 11 月 11 日，叶某与赵某辉及担保人小蓝湾公司签订了一份《个人借款合同》约定：由叶某给赵某辉提供借款 700 万元，借款期满五日内借款人未向出借人办理还清借款手续，视为借款人违约，违约方赔偿借款金额 20% 的违约金给出借人，如设置抵押物则该抵押物由出借人全权负责处置。同日，叶某、赵某辉与何某燕、京中公司签订《借款担保合同》，约定何某燕、京中公司为该案借款提供连带保证责任。案涉《个人借款合同》签订前后，叶某委托夏某东通过转账的形式分九次向赵某辉账户上付款 700 万元。后赵某辉未按照合同约定进行还款，构成违约。笔者认为，案涉《个人借款合同》《借款担保合同》系各方当事人的真实意思表示，不违反法律法规的相关规定，应属有效，各方当事人均应依约履行。叶某在与赵某辉签订《个人借款合同》前后委托夏某东通过转账形式分九次向赵某辉支付借款 700 万元，叶某已全面履行了借款义务，但赵某辉未按照合同约定进行还款。根据已查明的事实，没有证据证明本案涉及的 700 万元借款涵盖在夏某东与赵某辉有关集资诈骗案件中。京中公司、何某燕称，叶某没有按合同约定向赵某辉支付 700 万元借款，该案借款系叶某代替案外人夏某东向赵某辉出借，并骗取其提供担保，缺乏事实依据，不应支持。京中公司与何某燕还称，该案一审追加小蓝湾公司为被告后，因小蓝湾公司的法定代表人赵某辉涉嫌犯罪被刑事拘留无法到庭，故叶某撤回对其起诉，违反法定程序。该案中，小蓝湾公司提供的担保不属于债务人自己提供的担保，不属于《物权法》第 176 条①规定的应当先实现物保的情形，债权人可以就物的担保实现债权，也可以直接要求保证人承担保证责任，叶某有权只要求保证人承担保证义务。故叶某提出撤回对小蓝湾公司的起诉，人民法院予以准许并无不当。在叶某未就物保人小蓝湾公司提出诉请的情况下，一审、二审判决根据《借款担保合同》的约定，判决京中公司、何某燕就本案借款承担连带清偿责任，并无不当，应予维持。

关于该案是否应移送公安机关或检察机关处理的问题。最高人民法院《关于

① 现为《民法典》第 392 条。

审理民间借贷案件适用法律若干问题的规定》第8条规定："借款人涉嫌犯罪或者生效判决认定其有罪，出借人起诉请求担保人承担民事责任的，人民法院应予以受理。"担保人何某燕、京中公司均不涉及刑事案件，且该案的担保合同案件与赵某辉涉嫌诈骗案件并非基于同一法律关系。一审、二审法院未将该案移送，法定程序并无不当。

五、关于"对赌协议"问题

随着资本市场的日益繁荣，投资模式不断变化，"对赌协议"模式成为现行较为常见的一种合作共赢、风险共担商业模式。从民商事法律关系实质来分析，"对赌协议"就是合同关系，既然是合同关系，遇上这类问题首先就是要分析这一形式的合法性、效力性，是否违反了法律法规的强制性规定，其次才是根据其内容进行民事权利、义务和责任的判断。"对赌协议"并非法律概念，而是合同的一种具体表现形式，是法律人对这种模式约定俗成的一种说法，其内容和形式并不是由法律规定的。

案例68

上诉人哈尔滨爱达投资置业有限公司（以下简称爱达公司）与上诉人百联集团有限公司（以下简称百联集团公司）合同纠纷案

案号：(2017)最高法民申237号

主要争议焦点

(1)百联集团公司应否返还爱达公司2.5亿元管理收益及利息；(2)百联集团公司应否赔偿爱达公司房产差价损失；(3)爱达公司主张权利是否超过诉讼时效期间。

简要案情

爱达公司与百联集团公司签订《租赁合同》和三个《补充协议》，就购买房产和委托经营管理等事项达成备忘录。百联集团公司与德泓公司签订补充协议书,百联集团公司与德泓公司签订关于哈百德公司的《合资经营协议》,哈百德公司与百联股份公司签订《管理协议》。后因合同履行发生纠纷。

案情详解

爱达公司起诉请求,(1)百联集团公司返还2.5亿元管理费及利息164 206 527.79元(2005年7月23日至2015年7月22日,按中国人民银行同期贷款利率计算。2015年7月23日至生效判决确定给付之日,仍按此标准计算)。(2)百联集团公司赔偿爱达公司经济损失2.46亿元。(3)百联集团公司承担本案诉讼费用。

百联集团公司辩称,爱达公司主张的事实不能成立,请求驳回爱达公司的诉讼请求。

一审法院查明:2005年6月1日,爱达公司与百联集团公司签订《租赁合同》,约定:爱达公司将其拥有的爱建新城项目中的中环商服楼租赁给百联集团公司经营管理,租赁期限十年,从2005年12月31日起算,每年租金1.2亿元。2005年6月6日,双方签订两份补充协议,《补充协议一》约定:爱达公司考虑百联集团公司承租后的招商工作,以及开业后将对百联哈尔滨商业广场品位的提升,同意支付给百联集团公司商誉及收益款5亿元,于2005年6月30日前一次性支付给百联集团公司。《补充协议二》约定:爱达公司将其拥有的爱建新城项目中的中环商服楼委托百联集团公司经营管理,委托期限十年,前五年爱达公司给付百联集团公司经营管理费5亿元。后五年经营管理的所有收益归爱达公司所有,但爱达公司需每年交给百联集团公司1000万元管理费,委托物业开业日期为2005年12月31日。百联集团公司承诺前五年的经营管理期内,在装修分摊后,每年给爱达公司创造1.2亿元利润。如利润在1亿元以下,由百联集团公司补足到1亿元。如利润在1亿~1.2亿元,由爱达公司补足到1.2亿元。如利润超过1.2亿元,超过部分爱达公司得80%,百联集团公司得20%。双方合资成立百联哈尔滨商业广场管理公司,注册资金1亿元,爱达公司出资4900万元,股权为49%。百联集团公司出资5100万元,股权为51%。该补充协议签订生效后,以前所有的有关该委托物业的合同和协议,如与本协议表述不同,均以此补充协议为准。2005年7月14日,双方签订《补充协议三》约定：爱达公司提供成立哈尔滨百联商业广场管理有限公司的注册资金1000万元（原为1亿元），其中爱达公司出资490万元，股权为49%。百联集团公司出资510万元，股权为51%。百联集团公司的资金由爱达公司垫付，待合作期满百联集团公司的51%股权以零金额转让给爱达公司。爱达公司一次性支付给百联集团公司前五年的经营管理费5亿元，并在2005年6月30日前到位。百联集团公司承诺前五年的经营管理期内，在装修分摊后，每年给爱达公司创造1亿元利润。如利润在8000万元以下，由百联集团公司补足到8000万元。如利润在8000万～1亿元，由爱达公司补足到1亿元。如利润超过1亿元，超过部分爱达公司得80%，百联集团公司得20%。2005年7月22日，爱达公司支付给百联集团公司商誉及收益款5亿元。

2005年11月9日，爱达公司与百联集团公司就购买房产和委托经营管理等事项达成备忘录，具体内容为：（1）爱达公司同意从2006年7月至2007年6月，每年支付给百联集团公司1000万元租金补贴，并在2006年为哈尔滨百联购物中心支付500万元的广告费用。双方同意在哈尔滨百联购物中心正式营业的第五年起，爱达公司应百联集团公司要求，按百联集团公司收购哈尔滨百联购物中心房产的实际成本回购该购物中心的房产。（2）双方曾就爱达公司开发的中心园百联商业广场招商经营洽谈合作，爱达公司为此支付5亿元收益给百联集团公司。现百联集团公司同意退回2.5亿元，余下2.5亿元仍为爱达公司支付给百联集团公司的收益。（3）爱达公司开发的哈尔滨百联商业广场委托百联集团公司经营管理五年，经营管理的日常费用由双方承担。委托经营期间，爱达公司不收取任何租金，经营管理所产生的利润双方各占50%。原双方签订的关于哈尔滨商业广场（中心园）委托经营管理合同终止执行。（4）百联集团公司同意在备忘录签订之日起两年内，以8000元/平方米的价格购买爱达公司开发的哈尔滨百联购物中心的房产，百联集团公司在取得该购物中心房产证后三个工作日内支付购房款总价13.12亿元。从备忘录签订之日起两年内，百联集团公司对该购物中心有权处置。如到期不能购买上述房产，则百联集团公司应赔偿按8000元/平方米与爱达公司实际处分单价的差额部分经济损失。2005年11月14日，百联集团公司退还给爱达公司2.5亿元。

2006年3月29日，百联集团公司与德泓公司签订补充协议书，约定：德泓公司作为爱达公司的控股股东与百联集团公司协商，双方在哈尔滨共同出资成立哈百德公司，百联集团公司出资51%，德泓公司出资49%，出资额由双方根据哈百德公司拟购买爱达公司开发的爱建新城项目中的“哈尔滨上海一百”、“中环商业广场”和“三江美食城”三处房产的总值的35%计算。

2006年4月14日，百联集团公司与德泓公司签订关于哈百德公司的《合资经营协议》，约定：德泓公司控股的爱达公司合法拥有爱建新城项目中的“哈尔滨上海一百”、“中环商业广场”和“三江美食城”三项物业。双方拟共同投资设立哈百德公司，由哈百德公司向爱达公司购入上述三项物业，进行商业运作。哈百德公司成立后，以32亿元的价格从爱达公司购得了“哈尔滨上海一百”、“中环商业广场”和“三江美食城”三处房产，并办理了房屋所有权证。2006年10月18日，哈百德公司与百联股份公司签订《管理协议》，约定：为推广哈百德公司所开发商圈的价值提升，借助百联股份公司在中国零售商业的良好信誉，以确保哈百德公司标的房产顺利开业经营，哈百德公司委托百联股份公司在尚未成熟的商圈培育期内对标的房产进行管理和经营，并提供协助招商等其他相关服务。由哈百德公司按协议约定支付管理费。

爱达公司、德泓公司、哈百德公司、百联集团公司及百联股份公司均是具有独立法人资格的企业。德泓公司系爱达公司的股东，德泓公司与百联集团公司系哈百德公司的股东。案涉合同、协议、备忘录中所述“百联购物中心”“百联哈尔滨商业广场”“哈尔滨百联购物中心”“中心园百联商业广场”“中环商业广场”均是指爱达公司与百联集团公司基于爱达公司开发建设的爱建新城项目中的中环商服楼这一物业在不同时期的表述。

百联集团公司向一审法院提供了其与爱达公司签订的终止合作关系协议书，该协议上未注明签订时间，百联集团公司主张该协议于2006年8月签订，爱达公司对该协议的真实性有异议。该协议主要内容为：双方基于案涉《租赁合同》、三份补充协议及备忘录构成合作关系，现双方自愿终止合作关系，合同、协议、备忘录终止后产生的法律后果由双方自行处理；百联集团公司考虑到双方合作关系及为减少爱达公司经济损失，愿意从爱达公司处收到的5亿元及相应孳息中返还5亿元给爱达公司；爱达公司考虑到百联集团公司在爱建新城项目中投入大量人力、物力及品牌等，现因双方部分合作关系终止，而且百联集团公司对爱达公司开发爱建新城中的

"一百购物中心"、"中环商业广场"和"三江美食城"的招商、经营管理还须进一步投入各种力量，同意支付2.5亿元及5亿元产生的相应孳息作为管理收益支付给百联集团公司；爱达公司支付给百联集团公司的管理收益款，爱达公司同意在前述百联集团公司应返还的5亿元中直接扣除，百联集团公司开具相关发票给爱达公司。

最高人民法院二审查明：案涉合同、协议、备忘录中所述的"百联哈尔滨商业广场""中心园百联商业广场""中环商业广场"均指的是爱建新城项目中的中环商服楼，其面积为12万平方米，与"百联购物中心""哈尔滨百联购物中心"并非同一物业。"哈尔滨百联购物中心""百联购物中心""哈尔滨上海一百"为同一物业，其面积为16.4万平方米。该院对一审查明的"案涉合同、协议、备忘录中所述'百联购物中心''百联哈尔滨商业广场''哈尔滨百联购物中心''中心园百联商业广场''中环商业广场'均是指爱达公司与百联集团公司基于爱达公司开发建设的爱建新城项目中的中环商服楼这一物业在不同时期的表述"的事实予以纠正。

裁判结果

一审法院判决，(1)百联集团公司于本判决生效之日起十日内返还爱达公司2.5亿元及占用款项期间的利息(从2005年11月9日至实际给付之日，以2.5亿元为基数，按中国人民银行规定的同期贷款基准利率标准计息)。(2)驳回爱达公司的其他诉讼请求。爱达公司、百联集团公司均不服一审判决，向最高人民法院提起上诉，最高人民法院判决，驳回上诉，维持原判。

案例69

再审申请人管某根与被申请人王某斌及一审被告江苏易电通智慧能源股份有限公司(以下简称易电通公司)股权转让纠纷案

案号：(2019)最高法民申3526号

主要争议焦点

(1)双方股权转让价款的数额如何认定；(2)王某斌是否存在欺诈以及管某根

主张撤销《股权转让协议二》是否超过法定时效;(3)本案债务是否存在可抵消的情形。

简要案情

王某斌与管某根签订股权转让协议一,约定:王某斌将持有的矽盟公司46.67%的股份以0元一次性永久转让给管某根,王某斌与易电通公司、管某根另行签订了股权转让协议二。股权转让协议二签订后,管某根共支付王某斌股权转让款310万元。后因合同履行发生纠纷。

案情详解

王某斌起诉请求,(1)由管某根和易电通公司向其支付股权转让款1290万元。(2)由管某根和易电通公司向其支付至实际付款之日止按中国人民银行同期贷款利率4.35%计算逾期付款利息损失,暂计人民币404 054.57元(其中90万元从2016年4月1日起计至6月16日止共77天;190万元从2016年4月1日起计,1100万元从2016年7月4日起计,均暂计至2017年2月28日)。(3)本案诉讼费用由管某根和易电通公司承担。

管某根答辩称,案涉的股权转让协议二是受欺诈而订立,依法属于可撤销合同,管某根无付款义务,请求驳回王某斌对管某根的诉讼请求。

易电通公司答辩称,易电通公司不是案涉股权转让协议的履行义务主体,不是适格被告,应驳回原告对易电通公司的起诉。

管某根反诉请求,(1)撤销双方签订的股权转让协议二;(2)由王某斌返还因股权转让协议二取得的410万元;(3)本诉及反诉费用全部由王某斌承担。

王某斌答辩称,2014年3月24日签订的股权转让协议二不属于可撤销合同,王某斌在签订协议时不存在任何的欺诈行为。

易电通公司未提交答辩意见。

一审法院查明:2016年3月20日,矽盟公司召开股东会并形成决议,将公司股东王某斌、管某根变更为管某根,将公司法定代表人兼执行董事王某斌变更为管某根。同年3月24日王某斌向陕西省工商行政管理局出具股权转让承诺书,同意将其在矽盟公司46.67%的股权以0元转让给管某根。王某斌与管某根签订股权转让协议一，约定：王某斌将持有的矽盟公司 46.67% 的股份以 0 元一次性永久转让给管某根。同日，王某斌作为甲方，易电通公司、管某根作为乙方，双方另行签订了股权转让协议二，约定：鉴于矽盟公司已经获得 2×20 兆瓦项目的备案：(1) 王某斌同意将其持有的矽盟公司 1400 万元认缴股份以壹元的价格转让给乙方（管某根、易电通公司）。(2) 股权转让后，矽盟公司已获得府谷县发改局备案的 2×20 兆瓦光伏电站项目归乙方（管某根、易电通公司）实际持有建设运营。(3) 双方一致同意，本项目收益按物价局上网电价批复文件确认相应收益：①当本项目 2016 年 6 月 30 日并网，获得省物价部门电价批复，上网电价为 0.95 元/千瓦时时，乙方（管某根、易电通公司）向甲方（王某斌）支付总价为含税 1600 万元（0.4 元/瓦）。②当本项目 2016 年 6 月 30 日前并网，获得省物价部门电价批复，上网电价为 0.88 元/千瓦时时，乙方（管某根、易电通公司）向甲方（王某斌）支付总价含税 1200 万元（0.3 元/瓦）。(4) 付款模式，办理股权变更时，乙方（管某根、易电通公司）向甲方（王某斌）支付 220 万元，2016 年 3 月 31 日前，乙方（管某根、易电通公司）向甲方（王某斌）支付 280 万元，项目并网发电（无论上网容量大小）后三日内乙方（管某根、易电通公司）向甲方（王某斌）支付 500 万元，在获得省物价部门电价文件批复后三日内，根据上网电价标准付清余款。……(6) 若乙方（管某根、易电通公司）未按国家法律法规及政策的规定运作该项目而导致光伏站的竣工验收、并网及核价不能通过，乙方（管某根、易电通公司）对此应承担全部后果责任，与甲方（王某斌）无关。股权转让协议二签订当日，管某根通过易电通公司账户向洁太公司汇款后转付王某斌首笔股权转让款 220 万元，同日王某斌将其持有的全部股权申请变更登记到管某根名下，股权转让变更登记手续完成。后经王某斌催要，并于 2016 年 6 月 8 日向易电通公司、管某根发出律师函，限其在接到该文件七日内支付于 2016 年 3 月 31 日前应给付的转让款 280 万元，管某根转付王某斌股权转让款 90 万元。管某根共支付王某斌股权转让款 310 万元。2015 年陕西省光伏项目标杆电价为 0.95 元/千瓦时，2016 年的标杆电价为 0.88 元/千瓦时。矽盟公司光伏项目于 2016 年 6 月 26 日进行竣工验收，于 6 月 28 日并网运行，并网结算电价为 0.3035 元/千瓦时，竞价电价为 0.74 元/千瓦时。另查明，矽盟公司 20 兆瓦项目一期、二期分布式光伏发电项目分别于 2015 年 6 月 17 日、12 月 20 日获得府谷县发改局备案，有效期均为一年。府谷县发改局同意矽盟公司 2×20 兆瓦项目列入 2015 年结转指标管理内，并于2016年1月25日上报陕西省能源局，但未获陕西省能源局批准。2016年9月2日，陕西省发改委发布“关于加强光伏电站项目建设管理工作的通知”规定，符合建设条件的项目，一律纳入各市光伏电站规划。2016年12月26日陕西省能源局陕能新能源文件规定：未纳入国家前六批光伏补贴方案和陕西省2014年、2015年实施方案确认表陕发改新能源［2016］1609号文件的地面光伏发电项目实行竞争性配置。矽盟公司20兆瓦一期、二期项目列入竞争性比选拟调增项目。李某彪曾系矽盟公司员工，现为王某斌公司员工，其于2016年4月25日通过微信将《关于府谷县矽盟电力有限公司2×20兆瓦分布光伏项目的回复》文件转给管某根。易电通公司董事会于2017年5月15日发布了《关于拟不履行收购府谷县矽盟电力有限公司承诺的公告》，该公告内容载明：2015年12月18日易电通公司曾与矽盟公司、管某根、王某斌协商过收购矽盟公司的事宜；王某斌于2016年3月24日将其持有的公司46.67%股权以现金0元的价格一次性转让给管某根；待矽盟公司2×20兆瓦分布式光伏电站一体化项目建设完工后，由易电通公司收购管某根持有的矽盟公司100%的股权，以解决未来潜在的同业竞争；出于公司战略考虑，现不履行收购承诺。

二审法院另查明，股权转让协议二规定：“因府谷县科能电力有限公司（以下简称科能公司）属于双方合作范围，该公司项目在获得备案后，乙方及实际控制人管某根，同意该项目交由甲方（王某斌）实际运作，但甲方须按本协议第3条、第4条对等执行向乙方或乙方指定人付款义务。在府谷县内包含不限于上述项目的开发，双方一致同意参照此协议执行”。科能公司的项目实际并未获得政府备案。

裁判结果

一审法院判决，（1）管某根于本判决生效后十日内向王某斌支付股权转让款690万元以及按中国人民银行同期贷款利率计算占用资金期间的损失（其中90万元从2016年4月1日起计至6月16日止；190万元从2016年4月1日起计，500万元从2016年7月4日起计，均计至实际给付之日止）；（2）驳回王某斌的其他诉讼请求；（3）驳回管某根的反诉请求。管某根不服一审判决，向二审法院提起上诉，二审法院判决，驳回上诉，维持原判。

思考与衡量

上述两个案例都涉及案涉协议当事人约定的条件未能实现,应如何判定当事人应承担的责任问题。在审理中,首先应该判断案涉协议是否有效,其次再根据当事人的约定明确各方的权利义务和责任,如何没有约定则根据合同法的规定予以确认。

案例68中,一审法院认为,案涉《租赁合同》、三份补充协议及备忘录均是各方当事人真实意思表示,内容不违反法律、行政法规效力性禁止性规定,又无导致合同无效的其他法定情形,均应认定为有效。该案纠纷需解决以下争议的焦点问题:(1)百联集团公司应否返还爱达公司2.5亿元管理收益费用及利息。爱达公司为履行案涉《补充协议》向百联集团公司支付了商誉及收益款5亿元,双方于2005年11月9日所签备忘录约定,百联集团公司同意退回2.5亿元,余下2.5亿元仍为百联集团公司此后经营哈尔滨百联购物中心的收益。百联集团公司按约定于2005年11月14日退还给爱达公司2.5亿元。但备忘录约定的爱达公司向百联集团公司支付2006年7月至2007年6月租金补贴、2006年支付500万元广告费用、成立哈尔滨百联购物中心并委托百联集团公司经营管理等事项均未实际履行。因哈尔滨百联购物中心未成立,故不存在委托百联集团公司进行经营管理问题,且因爱达公司已将争议房产转让给哈百德公司,双方约定已无法继续履行。在此情况下,百联集团公司向爱达公司收取管理收益既没有合同,也无法律依据,故其应将尚未返还的2.5亿元收益款及占用款项期间的利息返还给爱达公司。因备忘录系对双方此前合作及支付款项作出的处理,且约定的新合作条件未实际履行,百联集团公司一直占用爱达公司的2.5亿元款项,故应从备忘录签订之日即2005年11月9日开始计算占用款项期间的利息。爱达公司虽对百联集团公司提供的终止合作协议书真实性有异议,但依百联集团公司主张该终止合作协议书亦是证明双方终止了此前的合作关系,已收取的5亿元应全部返还给爱达公司。终止合作协议书约定的双方对爱达公司开发爱建新城项目中的"一百购物中心"、"中环商业广场"和"三江美食城"进行合作经营亦未实际履行,百联集团公司也无权据此终止合作协议书要求爱达公司支付2.5亿元管理费。尽管百联集团公司还主张其与德泓公司共同出资设立哈百德公司,由哈百德公司经营"一百购物中心"、"中环商业广场"和"三江美食城”三处物业是对其与爱达公司合作方式的变更，爱达公司、德泓公司及哈百德公司均由颜某燕实际控制，但爱达公司、德泓公司及哈百德公司均是具有独立法人资格的公司，即便上述公司在股东或出资上存在交叉或关联，百联集团公司也未能证明上述公司存在人格混同的情况，故不能确定上述公司的行为在法律上产生同一的效果，且哈百德公司委托百联股份公司对上述三处物业进行经营管理，百联集团公司与百联股份公司亦是相互独立的公司，百联集团公司在百联股份公司未接受委托前即代其提前收取管理费用不合常理，故百联集团公司的此节抗辩主张缺乏事实和法律依据，一审法院不予支持。(2)百联集团公司应否赔偿爱达公司房产差价损失。双方所签备忘录约定，如百联集团公司在备忘录签订之日起两年内不能以8000元/平方米的价格购买爱达公司开发的哈尔滨百联购物中心房产，则百联集团公司应赔偿按8000元/平方米与爱达公司实际处分单价的差额部分经济损失。该备忘录同时还约定正式营业的第五年起，爱达公司应百联集团公司要求，还要按百联集团公司收购哈尔滨百联购物中心房产的实际成本回购该购物中心的房产。上述约定是以爱达公司委托百联集团公司经营哈尔滨百联购物中心为前提，现该购物中心未成立，爱达公司也未委托百联集团公司对其开发的物业进行经营管理，故不存在百联集团公司购买案涉房产及爱达公司回购问题。且爱达公司在未与百联集团公司确定是否解除合作关系的情况下即将中环商服楼的房产出售给哈百德公司，并办理了产权登记，其已无法履行备忘录约定的内容，并非百联集团公司原因致使购买房产的约定不能履行，即百联集团公司对此不构成违约。哈百德公司从爱达公司取得争议房产所有权后对该房产的处置不能作为爱达公司要求赔偿损失的依据。故爱达公司要求百联集团公司承担此项违约责任缺乏事实和法律依据，一审法院亦不予支持。(3)爱达公司主张权利是否超过诉讼时效期间问题。无论是案涉的备忘录，还是终止合作协议书均未约定履行期限，约定的合作内容均未履行，且关于案涉“中环商业广场”或包含“一百购物中心”“三江美食城”在内三处物业的合作因爱达公司将上述物业出售给哈百德公司而无法实际履行。在此情况下，爱达公司有权要求解除合同返还款项，根据《合同法》第62条第1款第4项[①]关于“履行期限不明确的，债务人可以随时履行，债权人也可以随时要求履行，

---

① 现为《民法典》第511条。

但应当给对方必要的准备时间。”的规定，爱达公司提起本案诉讼主张权利未超过法定的诉讼时效期间。

笔者认为，关于百联集团公司应否返还爱达公司 2.5 亿元管理收益及利息的问题。该案中，爱达公司与百联集团公司所签订的《租赁合同》、三份补充协议以及备忘录，均系各方当事人的真实意思表示，内容不违反法律和行政法规的强制性规定，又无导致合同无效的其他法定情形，故均应认定为有效。2005 年 7 月 22 日，爱达公司依据案涉《补充协议》支付给百联集团公司商誉及收益款 5 亿元。2005 年 11 月 9 日，双方签订备忘录约定，爱达公司就开发的案涉商业项目委托百联集团公司进行经营管理等事项，百联集团公司同意将爱达公司此前支付的 5 亿元退还爱达公司 2.5 亿元，余下 2.5 亿元仍为爱达公司支付给百联集团公司的收益。百联集团公司按约定于 2005 年 11 月 14 日退还给爱达公司 2.5 亿元。但备忘录约定的爱达公司向百联集团公司支付 2006 年 7 月至 2007 年 6 月租金补贴、2006 年支付 500 万元广告费用以及委托百联集团公司经营管理该案涉商业项目等事项均未实际履行。虽然百联集团公司提出哈尔滨购物中心这一物业在爱达公司与百联集团公司签订备忘录之前就已经实际存在，不需成立。但百联集团公司未按照备忘录中的约定履行对案涉商业项目进行实际经营管理等义务，且爱达公司已将案涉房产转让给哈百德公司并办理了房屋所有权证，百联集团公司经营管理义务客观已无法履行。在此情形下，百联集团公司向爱达公司收取管理收益既无合同也无法律依据，故其应将尚未返还的 2.5 亿元收益款及占用款项期间的利息返还给爱达公司。因备忘录系对双方此前合作及支付款项作出的处理，且约定的新合作条件未实际履行，百联集团公司一直占用爱达公司的 2.5 亿元款项，故应从备忘录签订之日即 2005 年 11 月 9 日开始计算占用款项期间的利息。据此，一审法院认定百联集团公司向爱达公司收取管理收益但未实际履行经营管理义务，百联集团公司应将未返还的 2.5 亿元收益款及其占用款项期间的利息返还给爱达公司，该认定并无不当。

该案中，百联集团公司为了证明其与颜某燕所控制的企业关于案涉商业项目的合作模式产生了变化，其一审提交的第一组证据所涉协议内容丧失了存在的意义，提交了《终止合作协议书》。但该《终止合作协议书》没有具体的签订日期，经过鉴定该《终止合作协议书》不能得出鉴定意见，爱达公司亦对该《终止合作协议书》的真实性持有异议。笔者认为,百联集团公司上述主张依据明显不足,不应支持。但根据民事证据规则,百联集团公司提供该《终止合作协议书》能视为其自认与爱达公司之间的合作关系已经终止,结合本案其他事实,能认定其在备忘录中约定的对案涉商业项目进行经营管理的义务并未实际履行。

该案中,爱达公司、德泓公司及哈百德公司均是独立法人,即使三家公司在股东或出资上存在交叉或关联,百联集团公司也未能证明三家公司存在人格混同的情况,故不能确定三家公司的行为在法律上产生同一的效果。依据合同相对性原则,即使爱达公司与德泓公司之间存在控股关系,德泓公司在没有爱达公司委托授权的情况下,不能认定百联集团公司与德泓公司之间所签订的补充协议书是百联集团公司与爱达公司之间所签订备忘录的延续与变更。且哈百德公司委托百联股份公司对"一百购物中心"、"中环商业广场"和"三江美食城"等三处物业进行经营管理,百联集团公司与百联股份公司亦是相互独立的公司,百联集团公司在百联股份公司未接受委托前即代其提前收取管理费用有悖常规。根据以上事实和证据,一审法院认定百联集团公司的主张缺乏事实和法律依据,该认定并无不当。

关于百联集团公司应否赔偿爱达公司房产差价损失的问题。《合同法》第125条第1款①规定:"当事人对合同条款的理解有争议的,应当按照合同所使用的词句、合同的有关条款、合同的目的、交易习惯以及诚实信用原则,确定该条款的真实意思。"依据合同整体解释原则,要理解单个合同条款,必须以对合同文本整体的理解为基础。对于有争议的条款应当将其与合同中的其他部分相联系,确定其在合同中的特定的含义,而不是将其与整个合同割裂开来,按照单个条款或词语的一般意思来理解。该案中,根据爱达公司与百联集团公司签订的备忘录第1项、第2项、第4项的约定,爱达公司向百联集团公司支付2.5亿元委托经营管理费,百联集团公司在两年内以8000元/平方米的价格购买哈尔滨百联购物中心的房产,若不能以8000元/平方米的价格购买,则百联集团公司应按8000元/平方米与爱达公司实际处分单价的差额部分赔偿经济损失。双方同意在哈尔滨百联购物中心正式营业的第五年起,爱达公司应百联集团公司要求,按百联集团公司收购哈尔滨百联购物中心房产的实际成本回购该购物中心的房产。从双方签订备忘录的以上条

① 现为《民法典》第510条。

款内容并结合本案其他事实来看,双方合作的目的在于,爱达公司欲借助百联集团公司的社会知名度、品牌效益、经营管理能力等软实力,请百联集团公司对案涉商业项目进行经营管理,提升案涉商业项目的商业价值,以实现爱达公司盈利的目的,爱达公司给予百联集团公司的回报则是2.5亿元的委托经营管理费。但双方为了保证各自预期目的的实现、对方在合作中尽职尽责,在备忘录中约定了相互的制约条件。对百联集团公司的制约条件是,在两年内以8000元/平方米的价格购买哈尔滨百联购物中心的房产,若不能以8000元/平方米的价格购买,则百联集团公司应按8000元/平方米与爱达公司实际处分单价的差额部分赔偿经济损失,这是百联集团公司获得2.5亿元委托经营管理费的前提条件。换言之,也就是通过百联集团公司两年内的经营管理,案涉商业项目的房产价格应达到8000元/平方米,否则百联集团公司不能获得2.5亿元的委托经营管理费。与此同时,对爱达公司也约定了制约条件,如果百联集团公司两年内以8000元/平方米的价格购买了哈尔滨百联购物中心的房产,则从第五年起,爱达公司应按百联集团公司收购哈尔滨百联购物中心房产的实际成本回购该房产,百联集团公司则获得2.5亿元委托经营管理费。简言之,在双方的合作中,爱达公司的主要义务系向百联集团公司支付2.5亿元委托经营管理费,百联集团公司的主要义务系以8000元/平方米的价格收购房产,双方之间负担的权利义务具有对等关系。在百联集团公司未实际履行管理义务的情形下,其应将2.5亿元管理费返还给爱达公司,与此同时,在百联集团公司返还2.5亿元管理费的情形下,爱达公司请求百联集团公司赔偿房产差价损失的权利基础已经不存在,故爱达公司主张备忘录中的委托经营管理与赔偿房屋处置差价是各自独立的权利义务关系缺乏事实和法律依据,有悖公平原则,不应予以支持。况且,爱达公司在未与百联集团公司确定是否解除合作关系的情形下,即将包括案涉商业项目在内的房产出售给了哈百德公司,并办理了产权登记,客观上也导致百联集团公司无法履行备忘录约定的内容,并非百联集团公司原因致使购买房产的约定不能履行,百联集团公司对此不构成违约。哈百德公司从爱达公司取得争议房产所有权后对该房产的处置不能作为爱达公司要求赔偿损失的依据。综上,笔者认为,爱达公司要求百联集团公司承担此项违约责任缺乏事实和法律依据,不予支持。

关于爱达公司主张权利是否超过诉讼时效期间的问题。《合同法》第62条第

1 款第 4 项[①]规定："履行期限不明确的，债务人可以随时履行，债权人也可以随时要求履行，但应当给对方必要的准备时间。"该案中，备忘录未约定履行期限，约定的合作内容亦未履行，且关于案涉商业项目的合作因爱达公司将相关房产出售给了哈百德公司而无法实际履行。在此情形下，爱达公司有权要求解除合同返还款项。据此，一审法院认定爱达公司提起该案诉讼主张权利未超过法定的诉讼时效期间，该认定正确。

案例 69 中，一审法院认为，该案本诉的焦点问题：(1)易电通公司是否为本案适格的被告，应否承担责任。(2)双方股权转让的金额是多少，王某斌诉请的 1290 万元转让款应否支持。(3)矽盟公司 2×20 兆瓦项目电价未达到预期价格的原因是什么，管某根是否有支付股权转让款的义务。反诉的焦点：(1)《关于府谷县矽盟电力有限公司 2×20 兆瓦分布光伏项目的回复》文件与本案诉争的项目实施是否有关联，双方在签订股权转让协议二时，王某斌是否有欺诈行为。(2)管某根主张撤销股权转让协议二是否超过法定时效，该协议应否撤销。关于易电通公司是否为该案适格被告的问题。2016 年 3 月 24 日王某斌与易电通公司、管某根签订了股权转让协议二，王某斌同意将其持有的矽盟公司 46.67% 的股权转让给易电通公司、管某根，该协议中虽然加盖有易电通公司的公章，但因为王某斌 46.67% 股权的实际受让人为被告管某根个人，该股权经工商机关变更登记在管某根名下，且股权转让协议二中未明确易电通公司承担担保责任的内容。同时，易电通公司发布的《关于拟不履行收购府谷县矽盟电力有限公司承诺的公告》中也明确记载由管某根先收购王某斌 46.67% 的股权，然后再由易电通公司收购管某根 100% 的股权的内容，故王某斌认为，易电通公司是债务的加入，应与管某根共同承担支付剩余股权转让款的理由不能成立，依法不予支持，易电通公司不是该案适格的被告，不应承担支付股权转让款的法律责任。关于双方股权转让的金额以及应付转让款的问题，从 2016 年 3 月 24 日双方签订的两份股权转让协议的内容看，王某斌同意将其持有的矽盟公司 46.67% 的股权转让给管某根。其中股权转让协议一的股权转让金额为"0"元，该协议经工商机关备案，且王某斌将其 46.67% 的股权转让给管某根进行了股权变更登记，因此该协议已得到完全履行。王某斌与管某根签订的股

① 现为《民法典》第 511 条。

权转让协议二，明确约定了双方当事人的权利义务以及实际履行的价款及付款方式，意思表示真实，且内容不违反法律法规的强制性规定，应为合法有效。该股权转让协议二中约定的股权转让金额虽为“1”元，但依据股权转让协议第4条付款方式的内容：办理股权变更时，管某根支付王某斌220万元；2016年3月31日前，再支付280万元；项目并网发电后三日内支付500万元，在获得省物价部门电价文件批复后三日内，根据上网电价标准付清余款。可以认定该案王某斌与管某根实际履行的股权转让价款应为：1000万元+收益款（《股权转让协议二》第3条）。签订合同当日，管某根向王某斌支付了首笔股权转让款220万元，后又于2016年6月17日支付了转让款90万元，共计310万元。管某根未按股权转让协议二中第4条规定的时间、金额支付王某斌股权转让款，显然构成违约。矽盟公司项目虽于2016年6月28日并网发电，但未实行标杆电价，且电价未达到股权转让协议二中第3条收益金额的起算标准“电价0.95元/千瓦时或0.88元/千瓦时”，故该案不存在收益价款的问题，王某斌请求按该协议第3条收益电价0.95元/千瓦时计算总价1600万元，由管某根支付剩余股权转让款1290万元的诉讼请求，显然与合同约定不符，应以该协议第4条约定的1000万元价款计算股权转让款，扣除管某根已付310万元转让款，管某根还需支付王某斌剩余转让款690万元并承担延期付款的违约责任。关于矽盟公司2×20兆瓦项目电价未达到股权转让协议二中预期价格的原因以及管某根应否支付股权转让款的问题。因双方均认可陕西省光伏项目2015年实行的标杆电价是0.95元/千瓦时、2016年的标杆电价是0.88元/千瓦时，且2016年之前陕西省光伏项目均实行的是标杆电价。陕西省发改委发布的“关于加强光伏电站项目建设管理工作的通知”文件规定“符合建设条件的项目，一律纳入各市光伏电站规划，并按照省光伏电站项目竞争性配置方案执行”，该文件于2016年9月2日下发执行。陕西省能源局陕能新能源［2016］13号文件将矽盟公司20兆瓦一期、二期项目列入竞争性比选拟调增项目的下发时间是2016年12月26日。前述两个文件的下发时间均在双方签订股权转让协议的时间2016年3月24日之后，且股权转让协议二中明确约定了股权转让履行的价款以及收益价款的计算标准及给付时间。虽然双方对于矽盟公司上网电价未达到标杆电价的具体原因各执一词，但并不影响该案股权转让协议的履行。依据股权转让协议二，因矽盟项目电价未达到《股权转让协议二》第3条规定的收益电价标准，故对于收益内容不予执行，双方仍应按股权转让协议二第4条的内容执行，管某根仍应负有支付股权转让款的义务。关于该回复文件与该案矽盟公司的项目实施是否有关联，双方在签订股权转让协议二时，王某斌是否有欺诈行为的问题。管某根认为，双方签订股权转让协议二时，前提条件是该回复文件是真实的，即矽盟公司项目纳入2015年、2016年指标范围，而王某斌提供了该虚假的文件，导致其受欺诈，该协议应予撤销。经查，双方签订股权转让协议二的时间是2016年3月24日，而该回复文件是当时矽盟公司员工李某彪于2016年4月25日通过微信向管某根提供的，故签订股权转让协议时间在前，提供该回复文件在后，对双方签订协议的真实意思表示没有影响，故管某根主张股权转让协议二是受王某斌欺诈而签订的理由，证据不足，不予支持。关于管某根主张撤销股权转让协议二是否超过法定时效，该协议应否撤销的问题。因该协议签订的时间是2016年3月24日，而矽盟光伏项目于2016年6月28日完成并网发电，且电价未达到股权转让协议二中第3条约定的0.95元/千瓦时或0.88元/千瓦时，管某根作为矽盟公司的法定代表人及唯一股东，其应当自并网发电时间的次日2016年6月29日起知道电价未达到2016年的标杆电价，依据《合同法》第55条①“有下列情形之一的，撤销权消灭：(一)具有撤销权的当事人自知道或者应当知道撤销事由之日起一年内没有行使撤销权……”的规定，管某根应于2017年6月29日前行使撤销权，而管某根于2017年8月8日提出反诉要求撤销，显然超过了法定一年期间，其撤销权已消灭，故对其反诉请求依法不予支持。

二审法院认为，该案的焦点问题：(1)双方签订股权转让协议二的效力。(2)双方约定的股权转让价款究竟是多少。(3)王某斌是否应向管某根返还310万元。(4)管某根主张的债务抵销是否成立。关于争议(1)股权转让协议二的效力问题。王某斌与管某根属于矽盟公司的股东，案涉光伏电站项目则属于矽盟公司所有。双方签订的股权转让协议二是就王某斌所持矽盟公司的46.6%股权转让事宜达成的协议，并不存在项目所属主体变更的情形。该协议中明确约定了双方的权利义务以及实际履行的价款及付款方式，是双方在自愿平等基础上达成的真实意思表示，且内容不违反法律、行政法规的强制性规定，应属合法有效合同。管某根上诉主张该协议名为股权转让实质是变相倒卖光伏电站行政许可手续，应属

① 现为《民法典》第152条。

无效协议的理由与实际不符,本院依法不予采信。关于争议(2)股权转让价款问题。第一,虽然双方认可股权转让协议二签订时,王某斌与管某根均未向目标公司矽盟公司实际缴纳已经认缴的出资,但双方并不否认订立协议时目标公司已经获得府谷县发改局备案立项的2×20兆瓦光伏电站项目具备一定的价值。因此,股权转让协议二约定的股权转让金额虽为"1"元,但该协议第3条约定了管某根应向王某斌支付相应收益的两种计价标准和金额,该协议第4条约定具体付款方式为:办理股权变更时,管某根支付王某斌220万元;2016年3月31日前,再支付280万元;项目并网发电后三日内支付500万元;在获得省物价部门电价文件批复后三日内,根据上网电价标准付清余款。综合分析以上内容可知,如果转让的股权价值确实只是1元的话,一方面,矽盟公司已经获取的光伏电站2×20兆瓦项目备案审批的价值并未公平体现在股权价值中,何况随着国家政策对于此类项目备案审批愈加严格更使其价值有增加趋势;另一方面,股权转让协议项下的股权变更登记完成后,矽盟公司的光伏电站项目完全由管某根实际持有建设运营,正常情况下,王某斌根本无权获取相应的收益,然而双方的协议中却明确约定了王某斌可获取相应收益。因此,一审判决认定王某斌与管某根实际约定的股权转让价款应为1000万元+收益款并无不当。管某根上诉主张双方之间的股权转让价款实质就是1元,股权转让协议二第3条、第4条约定的只是收益款,一审认定其为股权转让价款错误的理由不符合常理,也与该案实际情况不符,依法不应予以采信。关于争议(3)是否应返还310万元的问题。根据上述争议(1)分析,股权转让协议二合法有效,对双方均具有法律约束力。该协议签订当日,管某根向王某斌支付了首笔股权转让款220万元,后又于2016年6月17日支付了转让款90万元,共计310万元。管某根未按股权转让协议二中第4条规定的时间、金额向王某斌支付第2笔、第3笔股权转让款,显然构成违约。至于第4笔收益价款问题,矽盟公司项目虽于2016年6月28日并网发电,但未实行标杆电价,且电价未达到股权转让协议二第3条中收益金额的起算标准"电价0.95元/千瓦时或0.88元/千瓦时",故一审认为,本案不存在收益价款的问题,应以该协议第4条约定的1000万元价款计算股权转让款,扣除管某根已付310万元转让款,管某根还需支付王某斌剩余转让款690万元并承担延期付款的违约责任并无不当。管某根以协议无效为由上诉主张王某斌应向其返还收取的310万元的请求缺乏事实依据,依法不应予以支持。关于争议(4)

债务抵销问题。该案所涉的股权转让协议二项下股权价值是基于签订协议时目标公司矽盟公司的光伏电站项目已经完成备案。而股权转让协议第5条明确约定王某斌按照该协议第3条、第4条对等执行向管某根付款义务的前提是目标公司科能公司的项目获得备案。实际上科能公司的项目最终并未获得政府备案,王某斌向管某根对等履行义务的条件尚未具备。因此,管某根主张的债务抵销理由缺乏事实依据和法律依据,该院依法不予采信。综上所述,管某根的上诉理由均不成立,依法应予以驳回。

笔者认为,关于双方股权转让价款的数额如何认定的问题。《合同法》第125条规定:“当事人对合同条款的理解有争议的,应当按照合同所使用的词句、合同的有关条款、合同的目的、交易习惯以及诚实信用原则,确定该条款的真实意思。”该案中,2016年3月24日,王某斌与管某根签订《股权转让协议一》,约定:王某斌将持有的矽盟公司46.67%的股份以0元一次性永久转让给管某根。该协议经工商机关备案,王某斌将其46.67%的股权转让给管某根,双方办理了股权变更登记。同日,王某斌(甲方)与易电通公司、管某根(乙方)签订了《股权转让协议二》,该协议明确约定了双方的权利义务、履行价款与履行方式,是合同当事人真实意思表示,内容不违反法律、行政法规的强制性规定,系合法有效的合同。股权转让协议二第1条约定:甲方同意将其持有的矽盟电力1400万认缴股份以1元的价格转让给乙方。第3条约定:双方一致同意,本项目收益按物价局上网电价批复文件确认相应收益:①当本项目2016年6月30日并网,获得省物价部门电价批复,上网电价为0.95元/千瓦时时,乙方向甲方支付总价为含税1600万元(0.4元/瓦)。②当本项目2016年6月30日前并网,获得省物价部门电价批复,上网电价为0.88元/千瓦时,乙方向甲方支付总价含税1200万元(0.3元/瓦)。第4条约定:付款模式,办理股权变更时,乙方向甲方支付220万元,2016年3月31日前,乙方向甲方支付280万元,项目并网发电(无论上网容量大小)后三日内乙方向甲方支付500万元,在获得省物价部门电价文件批复后三日内,根据上网电价标准付清余款。从前述合同约定来看,虽然《股权转让协议二》约定的股权转让金额仅为1元,但该协议第3条约定了管某根应向王某斌支付相应收益的两种计价标准和金额,第4条约定了具体付款方式为管某根分三次合计支付1000万元,并在获得省物价部门电价文件批复后根据上网电价标准付清余款。根据前述法律规定和合同约定,二审认定本案王某斌与管某根实际约定的股权转让价款为1000万元加收益款，该认定并无不当。

关于王某斌是否存在欺诈以及管某根主张撤销《股权转让协议二》是否超过法定时效的问题。首先，该案中，双方签订《股权转让协议二》的时间为2016年3月24日，而该回复文件是矽盟公司的员工李某彪于2016年4月25日通过微信向管某根提供的，故签订案涉《股权转让协议二》在前，提供该回复文件在后，该回复文件是否真实对双方签订协议的真实意思表示未产生影响，二审对管某根关于《股权转让协议二》是受王某斌欺诈而签订的主张未予支持，并无不当。其次，案涉矽盟光伏项目于2016年6月28日完成并网发电，且电价未达到《股权转让协议二》中第3条约定的0.95元/千瓦时或0.88元/千瓦时，管某根作为矽盟公司的法定代表人及唯一股东，其应当自并网发电时间的次日2016年6月29日起知道电价未达到2016年的标杆电价，根据《合同法》第55条①有关"有下列情形之一的，撤销权消灭：(一)具有撤销权的当事人自知道或者应当知道撤销事由之日起一年内没有行使撤销权……"的规定，即便管某根享有撤销权，其也应于2017年6月29日前行使。管某根于2017年8月8日提出反诉要求撤销协议，超过了法定一年期间，其撤销权已消灭，一审判决对其反诉请求不予支持，二审予以维持并无不当。

关于该案债务是否存在可抵销情形的问题。该案中，《股权转让协议二》第5条约定：因科能公司属于双方合作范围，该公司项目在获得备案后，乙方及实际控制人管某根，同意该项目交由甲方(王某斌)实际运作，但甲方须按本协议第3条、第4条对等执行向乙方或乙方指定人付款义务。在府谷县内包含不限于上述项目的开发，双方一致同意参照此协议执行。但科能公司的项目未获得政府备案，故二审对管某根抵销债务的主张未予支持，并无不当。管某根主张科能公司的项目已获政府备案，缺乏证据证明，不应支持。

六、关于让与担保问题

让与担保合同是当事人为了追求各自的利益，防范商业风险而签订的有类似担保内容的协议。我国法律中并未规定这一法律制度。但依据当事人意思自治和

① 现为《民法典》第152条。

不违反法律法规强制性规定原则，对于这类合同应该依据合同法区分不同情形进行判定。

案例70

再审申请人滕某一与再审申请人滕某荣股权转让纠纷案

案号：（2017）最高法民再100号

主要争议焦点

一是协议书的性质是担保还是转让；二是承诺书是否对协议书做了变更；三是滕某一返还股权的条件是否成就。

简要案情

大连中地信公司分别与滕某荣、滕某一签订《股权转让协议》，将其所持有的阜新中地信公司股权转让给滕某荣、滕某一，其中转让给滕某荣51%股权，转让给滕某一49%股权。阜新中地信公司法定代表人由滕某一变更为滕某荣，股东由大连中地信公司变更为滕某荣、滕某一二人。滕某荣与滕某一签订协议书。后当事人双方因合同履行发生纠纷。

案情详解

滕某一起诉请求，判令滕某荣立即返还滕某一阜新中地信公司51%股权（408万元股份）。

滕某荣辩称，请求驳回滕某一的诉讼请求。

一审法院查明：阜新中地信公司原为沈阳中地信房地产开发有限公司更名而来，系由大连中地信公司于2009年8月24日发起并出资800万元设立。同年9月3日，大连中地信公司分别与滕某荣、滕某一签订《股权转让协议》，将其所持有的阜新中地信公司股权转让给滕某荣、滕某一，其中转让给滕某荣51%股权，转让给滕某一49%股权。9月4日，阜新中地信公司法定代表人由滕某一变更为滕某荣，股东由大连中地信公司变更为滕某荣、滕某一二人。9月14日,滕某荣为甲方,滕某一为乙方,双方签订协议书,内容为:"经甲乙双方友好协商,就开发建设阜新市海州区站前广场北地块项目因缺乏资金借款一事达成如下协议:(1)甲方与乙方于2009年9月7日作为股东成立了阜新中地信公司。(2)甲方在该公司持有51%股份,乙方在该公司持有49%股份。(3)因开发该项目资金不足,甲方特授权乙方向陈某民等人借款5000万元。但乙方必须按2009年9月14日签订的向陈某民等五人借款协议中的第1条、第2条执行,本协议的甲方有权监督。(4)待乙方和本公司将5000万元借款全部还清后,甲方愿将51%股份和公司经营权无条件送给乙方,同时将公司的债权债务也一并赠送给乙方。此后甲方同意将公司法定代表人滕某荣更名为滕某一,甲方退出,不再参与公司的各种经营活动。(5)该项目由乙方自行组织开发建设,按国家规定自行纳税,并承担一切债权债务。"同日,阜新中地信公司为乙方,滕某一作为乙方的代表人,与作为甲方的陈某民、吴某秋、滕某华、吴某敏、滕某二等5人签订《借款协议》一份,约定:"(1)乙方承诺借款后的还款来源,用该项目的销售款归还甲方。其中还款方式:在2000万元内,用销售款总额的60%还给甲方,40%乙方自留,后3000万元用销售款总额的40%还给甲方,60%乙方自留,作为开发建设使用。(2)该项目销售,经甲乙方制定的销售方案,必须在甲方监管之内进行,甲方将派专人收款,乙方不得以任何理由私自销售,如有私自销售行为,乙方必须按销售额的30%作为赔偿给予甲方。直至甲方将5000万元收回为止。(3)经甲乙双方协商,以上5000万元借款不付任何利息,乙方承诺在开盘售楼时,无条件赠送两户住宅给甲方(每户100~115平方米)。乙方赠送的房屋,无条件负责办理房屋产权证,此房屋在开盘时由甲方优先选择。(4)本协议在5000万元借款还清后,协议终止。"2009年9月15日,吴某秋以电汇形式,将1500万元汇入阜新市海州区财政局账户,并附言"土地出让金"。同日,滕某一出具借条一份,并加盖阜新中地信公司财务专用章,内容为:"今借人民币壹仟伍佰万元正(15 000 000元),借款人滕某一,2009.9.15。此条是2009.9.14与陈某民等5人借款协议中的借款。滕某一。2009.9.15。"9月25日,滕某一出具借条一份,并加盖阜新中地信公司财务专用章,内容为:"今借人民币伍佰万元正(5 000 000元),借款人滕某一,2009.9.25。此条是2009.9.14与陈某民等5人借款协议中的借款。滕某一。2009.9.25。"10月19日,吴某秋以电汇的形式汇入阜新中地信公司账户

100万元，并附言“借款”；12月3日，吴某秋以电汇的形式汇入阜新中地信公司账户400万元，并附言“借款”。2010年6月25日，吴某秋收回借款600万元，并出具收据；9月2日，滕某荣代为收回借款300万元，并出具收条；10月6日，吴某秋收回借款180万元，并出具收据；10月24日，吴某秋收回借款100万元，并出具收据；10月27日，吴某秋收回借款180万元，并出具收据。2011年2月25日，吴某秋收回借款120万元，并出具收据；3月29日，吴某秋收回借款198万元，并出具收据；4月29日，吴某秋收回借款200万元，出具收据两张，各100万元，同日吴某3代为收回借款50万元，并出具收据；6月1日，吴某秋收回借款140万元，并出具收据；11月8日，吴某秋收回借款70万元，并出具收据。以上吴某秋共计收回借款2138万元。

2012年7月20日，滕某一出具借据一张，内容为：“今借到出借人安徽辽安伟烨投资有限公司人民币（大写）贰仟万元整，（小写）20 000 000。借款期限90天，自2012年7月20日至2012年10月19日止。”滕某荣出具授权书一份，内容为：“阜新中地信公司法定代表人滕某荣授权滕某一同志办理阜新中地信公司向安徽辽安伟烨投资有限公司借款事宜。特此授权。阜新中地信公司法定代表人：滕某荣2012年7月20日。”2012年7月23日，滕某一出具承诺书一份，内容为：“在阜新中地信公司的阜新现代城项目中，滕某荣占公司51%股份，任公司法人，我本人滕某一占49%股份，因我滕某一本人无资金，现用我本人在公司49%股份由公司法人滕某荣给我担保向陈某民等五人借款，先后用于该项目①土地摘牌②拆迁③欠款④向他人借款⑤后期由法人滕某荣又一次给我滕某一担保向安徽辽安伟烨投资有限公司借款作为该项目建设资金。我滕某一现特此承诺，上述5项欠款无论哪一项不能按约定还清，公司法人滕某荣对该项目房屋及资金拥有全权处理权利，我滕某一认可。”2013年9月9日，阜新市海州区地方税务局在《阜新日报》上发布欠税公告，其中阜新中地信公司截至2013年8月31日欠税余额为1 089 727.50元。2013年9月25日，滕某荣缴纳阜新中地信公司欠税及罚款、滞纳金共计1 406 145.83元。2013年12月17日，滕某荣向阜新市海州区劳动和社会保障监察大队账户汇款900万元。阜新市海州区劳动和社会保障监察大队为滕某荣出具收款收据一张，金额是900万元，收款事由为支付2013年8～11月现代城工资款，并注明该资金为滕某荣个人资金。

裁判结果

一审法院判决，驳回原告滕某一的诉讼请求。滕某一不服一审判决，向二审法院提起上诉，二审法院判决，驳回上诉，维持原判。滕某一不服二审判决，向最高人民法院申请再审，最高人民法院裁定，(1)撤销辽宁省高级人民法院(2016)辽民终84号民事判决及辽宁省阜新市中级人民法院(2015)阜民三初字第00026号民事判决；(2)本案发回辽宁省阜新市中级人民法院重审。

思考与衡量

前述案例70中，一审法院认为，该案的争议焦点是滕某一要求滕某荣返还阜新中地信公司51%的股权是否有事实及法律依据。滕某荣与大连中地信公司签订《股权转让协议》，办理了股权变更登记之后，又与滕某一签订协议书，且滕某一代表阜新中地信公司与陈某民等人签订借款协议。根据双方陈述及协议书和借款协议内容，可以看出滕某荣为了保障其收回全部借款而设定了一种非典型担保方式，符合让与担保的法律特征。所谓让与担保，是指债务人或第三人为担保债务人的债务，将担保标的物的权利移转于债权人，在债务清偿后，标的物应返还债务人或第三人，于债务不履行时，担保权人可就该标的物优先受偿的非典型担保物权。该案中，滕某一虽然与滕某荣签订了股权转让协议，并办理了股权变更登记，但该行为实质上是通过让与股权的方式担保债务的履行，而非一般的股权转让行为，属于市场经济发展中的特殊担保类型，未违反法律及行政法规的强制性规定，此种担保方式合法有效。依此担保方式，债务人未按约定归还债务的，不能以股权转让无效为由要求返还股权，债务人依法清偿债务后，有权要求债权人归还股权。关于滕某一请求滕某荣返还阜新中地信公司51%股权的理由是依照双方签订的协议书陈某民等人应借款5000万元，但实际仅出借2000万元，且滕某一已经全部偿还，滕某荣应返还股权的诉讼主张，该院认为，滕某一与滕某荣于2009年9月14日签订借款协议与让与担保协议后，又于2012年7月20日，由滕某荣出面担保向安徽辽安伟烨投资有限公司借款2000万元，滕某一出具的承诺书中写明："我本人滕某一在公司49%股份由公司法人滕某荣给我担保向陈某民等五人借款，先后用于该项目①土地摘牌②拆迁③欠款④向他人借款⑤后期由法人滕某荣又一次给我滕某一担保向安徽辽安伟烨投资有限公司借款作为该项目建设资金。我滕某一现特此承诺，上述5项欠款无论哪一项不能按约定还清，公司法人滕某荣对该项目房屋及资金拥有全权处理权利，我滕某一认可。”该承诺书是对2009年9月14日双方签订的借款协议与让与担保的变更。依现有证据，阜新中地信公司仅偿还借款2138万元，尚未完全清偿，且滕某荣在担任阜新中地信公司法定代表人期间支付了现代城拖欠的工资900万元，并缴纳拖欠税款及滞纳金共计1 406 145.83元。故滕某一在未能完全清偿借款的情况下，要求滕某荣返还股权，此要求与当事人约定相悖，无事实和法律依据，不予支持。另外，虽然该承诺书中写明，“我滕某一现特此承诺，上述5项欠款无论哪一项不能按约定还清，公司法人滕某荣对该项目房屋及资金拥有全权处理权利，我滕某一认可”，但是该约定为流质条款，属无效条款，滕某一在依法清偿债务后，有权要求滕某荣归还股权。

二审法院审理认为：该案的争议焦点是滕某荣是否应当返还滕某一阜新中地信公司51%的股权。2009年9月3日大连中地信公司与滕某一和滕某荣签订《股权转让协议》，将阜新中地信公司的股权转让给滕某一49%，滕某荣51%，并在工商部门办理了股权变更登记。后在2009年9月14日双方又签订协议书，滕某荣授权滕某一代表阜新中地信公司与陈某民等人借款，并签订借款协议。该协议书载明滕某荣在阜新中地信公司持股51%、滕某一持股49%。又约定因开发该项目资金不足，滕某荣特授权滕某一向陈某民等人借款5000万元。待乙方和阜新中地信公司将5000万元借款全部还清后，滕某荣愿将51%股份和公司经营权及债权债务无条件送给滕某一。此后甲方同意将公司法定代表人滕某荣更名为滕某一。滕某荣虽然取得股权的时间在双方签订协议书之前，但滕某荣取得阜新中地信公司的股权没有证据证明其已支付对价，且从协议书和《借款协议》的内容看双方共同的合意就是如滕某荣能够借款给阜新中地信公司，滕某荣占有阜新中地信公司51%股权，待借款还清后滕某荣返还滕某一阜新中地信公司51%股权。综上可以认定，滕某荣取得阜新中地信公司51%的股权是作为滕某一履行借款协议向案外人还款的保证。滕某一履行借款协议向案外人还款也是滕某荣返还阜新中地信公司51%股权的条件。故原审法院认为，依据本案的事实符合让与担保的法律特征，是一种非典型担保方式正确。滕某荣上诉认为不是让与担保的理由与该案的事实相悖，不予支持。

关于滕某一主张“2009年9月14日《借款协议》中约定的向陈某民等人借款2000万元已经全部还清,具备返还股权条件。2012年7月23日承诺书中所列的5项欠款已还清,该承诺书约定的‘上述5项欠款无论哪一项不能按约定还清,公司法人滕某荣对该项目房屋及资金拥有全权处理权利’。一审法院认定该条款为流质条款,属无效条款,不能成为滕某荣拒返股权的抗辩理由以及公司的其他债务以公司资产分别偿还,包括安徽辽安伟烨投资有限公司的债务、农民工债务、税款等,均与返还股权无关”等上诉理由。依据前述认定事实,2009年9月14日《借款协议》中约定借款5000万元,实际出借2000万元,该款项滕某一已经偿还,双方均无异议。但在该《借款协议》后,2012年7月20日,滕某荣授权滕某一代阜新中地信公司向安徽辽安伟烨投资有限公司借款2000万元,7月23日滕某一出具承诺书明确写明“我本人滕某一在公司49%股份由公司法人滕某荣给我担保向陈某民等五人借款,先后用于该项目①土地摘牌②拆迁③欠款④向他人借款⑤后期由法人滕某荣又一次给我滕某一担保向安徽辽安伟烨投资有限公司借款作为该项目建设资金。我滕某一现特此承诺,上述5项欠款无论哪一项不能按约定还清,公司法人滕某荣对该项目房屋及资金拥有全权处理权利,我滕某一认可。”该承诺书对2009年9月14日《借款协议》和后期向安徽辽安伟烨投资有限公司借款作以承诺,安徽辽安伟烨投资有限公司的2000万元等款项在承诺书所承诺的款项之内,与返还股权有关。依据现有证据,不能证明滕某一已经完全清偿上述所列借款,故滕某一要求滕某荣返还股权的条件没有成就。另该承诺书中“我滕某一现特此承诺,上述5项欠款无论哪一项不能按约定还清,公司法人滕某荣对该项目房屋及资金拥有全权处理权利,我滕某一认可”,该约定为流质条款,属无效条款,是指滕某一在依法清偿债务后,有权要求滕某荣返还股权,滕某荣不能拒绝返还股权而对该项目房屋和资金进行全权处理。故滕某一的上诉理由没有充分的证据加以证明,不予支持。

关于滕某荣主张“一审判决遗漏了滕某荣后期投入巨额资金完成了该公司阜新现代城的项目建设的事实”的上诉理由。滕某荣主张一审期间提交了相关证据,现在二审中滕某荣又提交了2016年阜新中地信公司委托盘锦龙盛联合会计师事务所做的审计报告。该部分与本案双方的股权转让纠纷争议的焦点问题没有直接关联,故一审法院没有予以认定。如果双方就此存在纠纷,可以另行解决。

笔者认为,滕某一请求滕某荣返还案涉阜新中地信公司51%股权是否应当支持，首先要明确2009年9月3日大连中地信公司与滕某一和滕某荣签订的《股权转让协议》、2009年9月14日滕某一和滕某荣签订的协议书、2012年7月23日滕某一出具的承诺书的内容性质以及当事人的真实意思表示。根据最高人民法院查明的事实，2009年9月3日大连中地信公司与滕某一和滕某荣签订《股权转让协议》，将阜新中地信公司的股权转让给滕某一49%，滕某荣51%，并在工商管理部门办理了股权变更登记。2009年9月14日滕某一与滕某荣签订协议书，滕某荣授权滕某一代表阜新中地信公司与陈某民等人借款，并签订了《借款协议》。该协议书载明滕某荣在阜新中地信公司持股51%、滕某一持股49%。又约定因开发现代城项目资金不足，滕某荣特授权滕某一向陈某民等人借款5000万元。待乙方（滕某一）和阜新中地信公司将5000万元借款全部还清后，滕某荣愿将51%股权和公司经营权及债权债务无条件送给滕某一。此后甲方（滕某荣）同意将公司法定代表人滕某荣更名为滕某一。滕某荣虽然取得股权的时间在双方签订协议书之前，但没有证据证明滕某荣取得阜新中地信公司的股权已经支付了对价。从前述协议书约定内容看，滕某荣作为公司股东的权利只有监督滕某一偿还《借款协议》的款项，并且有义务在滕某一和公司还清借款后将公司股权无条件送给滕某一，并退出公司，公司的一切债权债务都由滕某一承担。因此，可以认定滕某荣取得阜新中地信公司51%的股权是作为滕某一履行《借款协议》向案外人陈某民等人还款的担保，滕某一按约定还款是滕某荣返还阜新中地信公司51%股权给滕某一的条件，这是一种非典型的担保方式，对双方具有法律拘束力。

2012年7月23日，滕某一出具承诺书，内容为："在阜新中地信公司的阜新现代城项目中，滕某荣占公司51%股份，任公司法人，我本人滕某一占49%股份，因我滕某一本人无资金，现用我本人在公司49%股份由公司法人滕某荣给我担保向陈某民等五人借款，先后用于该项目①土地摘牌②拆迁③欠款④向他人借款⑤后期由法人滕某荣又一次给我滕某一担保向安徽辽安伟烨投资有限公司借款作为该项目建设资金。我滕某一现特此承诺，上述5项欠款无论哪一项不能按约定还清，公司法人滕某荣对该项目房屋及资金拥有全权处理权利，我滕某一认可。"笔者认为，结合该案其他事实，根据民事证据采信规则，该承诺书能确认以下事实：（1）协议书和《借款协议》约定滕某荣取得的阜新中地信公司51%股权是作为滕某一偿还《借款协议》项下借款的担保。（2）滕某一为了开发现代城项目继续代表阜新中地信公司对外借款及欠款，包括向安徽辽安伟烨投资有限公司借款、向陈某民等5人借款（含《借款协议》项下已借款2000万以及今后可能继续借款）、其他因建设现代城项目对外产生的欠款，这些债务由滕某荣担保，滕某一用其在阜新中地信公司49%的股权给滕某荣进行反担保。（3）滕某一承诺如果不清偿滕某荣为阜新中地信公司担保的借款以及滕某荣借给现代城项目的资金，滕某荣有权通过处分现代城项目房屋及资金来清偿上述借款。笔者认为，结合协议书和《借款协议》签订后滕某一前期主持开发现代城项目仍然资金不足，后期滕某一通过滕某荣担保继续向他人借款以及之后滕某荣为盘活该项目实质参与开发的事实，可以认定：（1）滕某一用其名下的49%股权担保阜新中地信公司向陈某民等5人的借款和向安徽辽安伟烨投资有限公司的借款。（2）由于阜新中地信公司是为现代城项目而设立的，股东为滕某一和滕某荣，虽然承诺书没明确提及滕某荣名下阜新中地信公司51%股权，但是通过承诺书中"我滕某一现特此承诺，上述5项欠款无论哪一项不能按约定还清，公司法人滕某荣对该项目房屋及资金拥有全权处理权利，我滕某一认可"的表述，能够认定承诺书是对协议书的补充。也就是说，滕某一请求滕某荣返还阜新中地信公司51%股权的条件应是偿还陈某民等5人《借款协议》项下借款、安徽辽安伟烨投资有限公司《最高额借款合同》项下借款以及滕某荣为开发现代城项目所支付的款项和其他担保的借款。

笔者认为，判断滕某一请求滕某荣返还案涉阜新中地信公司51%股权的条件是否成就，应查清滕某一是否已经清偿了案涉股权所担保的债务，而要查清滕某一是否已经清偿了案涉股权所担保的债务，则应查清滕某荣借给滕某一和阜新中地信公司的款项，滕某荣为滕某一和阜新中地信公司担保的款项，滕某一和阜新中地信公司已经偿还的款项等。具体应查清：（1）滕某一、滕某荣为现代城项目各自投入的资金数额、以个人或公司名义对外借款数额等基本事实。（2）现代城项目的资金来源、对外负债、销售所得、收入去向等基本事实。（3）滕某一请求返还案涉股权，滕某一和阜新中地信公司应偿还债务的具体数额。一审、二审法院没有审理查明前述基本事实，导致无法判定滕某一请求返还案涉股权的条件是否成就。

七、关于隐名权利人保护问题

隐名权利人因为其是通过他人来获得、享有、行使权利，因此在法律上认定其权利不同于显名权利人，需要通过一定的规则来确定其权利归属。隐名权利人在公司诉讼中较为常见，表现为隐名股东纠纷较多。

案例 71

再审申请人范某美、聂某春与被申请人洪某安、韩某福，一审第三人、二审被上诉人黄某华、陕西万江实业有限公司（以下简称万江公司）、中大兴业投资有限公司（以下简称中大公司）执行异议之诉案

案号：(2019)最高法民申1326号

主要争议焦点

洪某安是否持有万江公司18%的股权，该权利是否足以排除强制执行。

简要案情

聂某春、洪某安、黄某华签订《合作投资协议》，约定：《投资协议书》中的甲方实际由聂某春、洪某安、黄某华三方共同组成，在3000万元人民币的投资中，由聂某春投资1600万元，洪某安投资1000万元，黄某华投资400万元；合作三方确认，由昊广德公司代表三人与万江公司签订的《投资协议书》中所有条款各方一致同意。甲方昊广德公司与乙方万江公司签订《投资协议书》。洪某安向昊广德公司汇款1000万元。甲方昊广德公司与乙方万江公司签订《补充协议》。甲方范某美与乙方中大公司签订协议书，约定：在2010年8月20日前乙方配合甲方将其所持有的万江公司股权转让给洪某安18%、黄某华3.6%，并办理变更登记。后各方当事人因履行合同发生纠纷。

案情详解

洪某安起诉请求，(1)确认洪某安是万江公司的股东，持有万江公司18%的股权；(2)终止对洪某安持有万江公司18%股权的强制执行措施；(3)该案案件受理

费由韩某福、范某美、聂某春承担。

韩某福辩称，洪某安的诉请无事实与法律支持，应驳回。

范某美、聂某春共同辩称，应驳回原告的诉请。

万江公司述称，中大公司与万江公司认为，范某美的45%股权中含有洪某安18%，黄某华3.6%。

黄某华述称，洪某安诉讼请求有事实依据，法律规定的隐名股东享有公司股东的合法权利，其诉讼请求应得到支持。

中大公司述称意见同万江公司。

一审法院查明：2009年9月8日，聂某春、洪某安、黄某华签订《合作投资协议》，约定：鉴于万江公司有意参与二审法院关于西安新威物业发展有限公司项目"高新国际商务酒店（原科创大厦）"资产处置竞拍，急需资金，希望合作三方能给予资金支持。达成以下条款：鉴于昊广德公司是聂某春、范某美夫妇设立，由昊广德公司代表合作三方出任万江公司股东，合作三方以昊广德公司名义与万江公司签订投资协议书，由聂某春以昊广德公司委派人员担任万江公司法定代表人；《投资协议书》中的甲方实际由聂某春、洪某安、黄某华三方共同组成，在3000万元人民币的投资中，由聂某春投资1600万元，洪某安投资1000万元，黄某华投资400万元；合作三方确认，由昊广德公司代表三人与万江公司签订的《投资协议书》中所有条款各方一致同意。2009年9月10日，甲方昊广德公司与乙方万江公司签订《投资协议书》，约定：万江公司有意参与竞买"高新国际商务酒店（原科创大厦）"项目，希望昊广德公司能提供资金支持，成为本项目的战略投资者。充分考虑到万江公司的诚意，昊广德公司在紧急处置现有资产筹措资金的情形下，愿意提供资金支持，协助万江公司完成竞拍"科创中心大厦"项目，达成如下协议：根据拍卖行公告安排，甲方分两次共向乙方投资3000万元人民币，用于向拍卖行支付竞拍"科创中心大厦"项目的保证金及法院确认的第一债权人的债务；本协议生效之日起三个工作日内，乙方原有股东与甲方签订股权转让合同并变更公司章程，使甲方指定的聂某春先生为乙方法定代表人，使甲方成为乙方51%的股东，完成公司变更登记手续。双方一致同意，甲方应支付股权转让款510万元，从甲方转入到乙方在中信银行西安电子城支行开立的公司基本结算账户上的第一笔资金中支付；从甲方第一笔资金（1000万元）到达乙方在中信银行西安电子城支行开立的公司基本结算账户之日起，除乙方原有股东回购甲方所持有的51%的股权情形外，甲方按51%的股权行使股东权利，主导乙方经营管理，并按持股比例对“高新国际商务酒店（原科创大厦）”项目的最终经营成果分享利益。2009年9月15日洪某安向昊广德公司汇款180万元，2009年9月22日洪某安向范某美汇款189 000元，2009年9月23日向范某美汇款11 000元，2009年10月20日向范某美汇款800万元，2009年9月22日，昊广德公司向洪某安出具收到1000万元的收据，载明：洪某安用于万江公司项目投资款，此前收款收据作废，以此收据为准。审理中，洪某安认为，其已按照协议约定履行了投资义务，范某美、聂某春对此予以认可。2009年9月25日，甲方昊广德公司与乙方万江公司签订《补充协议》，约定：对双方2009年9月10日签署的《投资协议书》中的有关条款修改为：甲方指定的法人代表改为由范某美任万江公司法人代表；甲方持有万江公司的51%股权，改为由昊广德公司指定的范某美全权代表公司持有万江公司51%股权；原协议中凡是由甲方聂某春先生拥有行使责任权利条款，均改为由甲方范某美来拥有行使责任和权利。2009年9月25日，万江公司出具收据，载明：今收到昊广德公司范某美的51%的股权转让款510万元。2009年9月25日，万江公司出具《陕西万江实业有限公司股东名册》，载明：范某美出资额510万元、刘某莉出资额280万元、李某高出资额110万元、党某胜出资额100万元。2009年9月27日，万江公司出具出资证明书，载明：万江公司成立于2008年1月15日，注册资金1000万元。公司于2009年9月27日进行了股权变更登记手续。股东范某美于2009年9月25日出资510万元，占公司51%股份。2010年5月21日，甲方（转让方）范某美、刘某莉、李某高、党某胜与乙方（受让方）中大公司签订《股权转让合同》，约定：本合同标的物为甲方持有的万江公司55%股权，转让价款总计5272.9754万元；李某高转让其持有万江公司11%的股权给乙方，党某胜转让其持有万江公司10%的股权给乙方，刘某莉转让其持有万江公司28%的股权给乙方，范某美转让其持有万江公司6%的股权给乙方，以上本次股权转让后各方持有万江公司的股权比例为：中大公司持有万江公司的股份比例55%，范某美持有万江公司的股份比例45%。2010年7月19日，甲方范某美与乙方中大公司签订协议书，约定：在2010年8月20日前乙方配合甲方将其所持有的万江公司股权转让给洪某安18%、黄某华3.6%，并办理变更登记。范某美须于2010年7月21日到陕西省工商行政管理机关办理变更登记手续，将刘某莉28%、党某胜10%、李某高11%、范某美6%变更为中大公司共55%的股权。将法定代表人范某美变更为刘某斌。乙方同意2010年8月20日前配合甲方将所持有的万江公司股权转让给洪某安18%、黄某华3.6%,并自愿放弃优先受让权。另查明,万江公司成立于2008年1月15日,注册资本1000万元,法定代表人为刘某斌。2009年9月27日,万江公司股东由党某胜(20%)、刘某莉(28%)、李某高(52%)变更为党某胜(10%)、李某高(11%)、刘某莉(28%)、范某美(51%)。2010年7月21日,万江公司股东由前述变更后股东再次变更为目前登记股东范某美(45%)、中大公司(55%)。再查明,韩某福与范某美、聂某春、万江公司居间合同纠纷一案,该院于2012年11月21日作出(2012)西民一初字第00013号民事调解书。因范某美、聂某春未履行该生效法律文书确定的义务,韩某福于2013年4月16日向该院申请强制执行。该院于2013年4月27日作出(2013)西执民字第00218号执行裁定:冻结、扣划被执行人范某美、聂某春在各金融机构的银行存款300万元或查封、扣押其同等价值的财产。同日,该院分别向陕西省工商行政管理局、万江公司发出(2013)西执民字第00218号、第00218-1号协助执行通知书,要求协助执行:(1)冻结范某美在万江公司持有的45%的股权(出资额为450万元)。(2)冻结期限为二年,自2013年4月27日起至2015年4月26日止。冻结期间不得擅自处分被冻结的投资权益,禁止向被执行人支付已到期的股息、红利等收益。2015年8月3日,该院分别向陕西省工商行政管理局、万江公司发出(2013)西执民字第00218-2号、第00218-3号协助执行通知书,要求协助执行:(1)冻结范某美在万江公司持有的45%的股权(出资额为450万元)。(2)冻结期限为三年。冻结期间,不得对上述财产办理抵押、转让及设定他项权利或不得擅自处分被冻结的投资权益,禁止向被执行人支付已到期的股息、红利等收益。在执行过程中,案外人洪某安以该院强制执行范某美名下持有的万江公司45%股权中18%为其所有为由向该院提出执行异议。该院经审查认为,被执行人范某美在万江公司持有的45%的股权在工商行政管理部门均登记在被执行人范某美名下,该院依法对登记在被执行人范某美名下的股权进行冻结的执行行为有事实依据和法律依据,并无不当。案外人洪某安所主张的执行异议申请,因证据不足,理由不能成立,依法不予支持。据此,该院于2016年11月16日作出(2016)陕01执异317号执行裁定:驳回案外人洪某安提出的执行异议请求。洪某安对该裁定不服向该院提起诉讼,遂形成该案。

二审法院另查明,2010 年 5 月 21 日,在范某美和原三股东与中大公司签订股权转让协议后,2010 年 7 月 19 日,范某美与中大公司签订协议书,约定:(1)当万江公司就科创大厦取得二审法院裁定书后,优先对外整体转让,底价为人民币 1.4 亿元,出让价格大于 1.4 亿元(不含 1.4 亿元)小于等于 1.5 亿元的收入全部归范某美(实质代表深圳三位股东,范某美、洪某安、黄某华,下同)所有,1.4 亿元或超出 1.5 亿元的部分按股东比例进行分配,各股东按实际所得承担相应的税费。……(4)在2010 年 8 月 20 日前中大公司配合范某美将其所持有的万江公司股权转让给洪某安 18%、黄某华 3.6%,并办理变更登记。(5)若将科创大厦项目进行酒店运营,只能将科创大厦委托第三方专业机构进行酒店运营,深圳三位股东(范某美、洪某安、黄某华)以及中大公司不参与酒店经营,租金由深圳三位股东(范某美、洪某安、黄某华)以及中大公司按照股权比例进行分享。(6)中大公司同意 2010 年 8 月 20 日前配合范某美将其所持有的万江公司股权转让给洪某安 18%、黄某华 3.6%,并自愿放弃优先受让权。(7)若范某美或中大公司不在 2010 年 7 月 22 日到相关银行签订租赁保险柜合同,将财务印章、公司公章实施双方共管,则违约一方向守约一方支付违约金 200 万元;若范某美不在 2010 年 7 月 21 日配合中大公司办理股权变更登记、法定代表人变更登记则向中大公司支付违约金 200 万元;中大公司不在 2010 年 8 月 20 日前配合甲方将其所持有的万江公司股份转让给洪某安 18%、黄某华 3.6%,并办理股东变更登记,则须向洪某安、黄某华二人支付违约金 50 万元。中大公司不在 2010 年 8 月 20 日前配合范某美、洪某安、黄某华将章程中关于董事会人数及决策条款、共同经营条款、股东条款予以修改并办理工商备案,则须向范某美、洪某安、黄某华支付违约金 50 万元。

裁判结果

一审法院判决,(1)确认洪某安是万江公司的股东,持有万江公司 18% 的股权;(2)对范某美名下持有万江公司 45% 股权中洪某安持有的 18% 股权不得执行。范某美、聂某春不服一审判决,向二审法院提起上诉,二审法院判决:驳回上诉,维持原判。范某美、聂某春不服二审判决,向最高人民法院申请再审,最高人民法院裁定,驳回范某美、聂某春的再审申请。

案例 72

上诉人贵州雨田集团实业有限公司(以下简称贵州雨田公司)与被上诉人逸彭(上海)投资管理合伙企业(有限合伙)(以下简称逸彭企业)及一审第三人付某案外人执行异议之诉案

案号:(2020)最高法民终 84 号

主要争议焦点

贵州雨田公司对案涉股权是否享有足以排除强制执行的民事权益。

简要案情

贵州雨田公司(甲方)与付某(乙方)签订代持股协议书约定:乙方、朱某韦将其持有的原贵州韦顺达源投资有限公司 100% 的股份全部转让给甲方。法院在执行逸彭企业与贵州源达顺韦健康体检管理有限公司、开阳县强臣房地产开发有限公司、贵州强臣房地产开发有限公司、朱某刚、胡某霞、付某借款合同纠纷一案中,冻结了付某持有的贵州雨田集团投资有限公司(以下简称雨田投资公司)10% 即 1000 万元股权。贵阳仲裁委员会依据贵州雨田公司的仲裁申请,裁决:(1)确认贵州雨田公司与付某于 2016 年 8 月 10 日签订的代持股协议书有效;(2)确认付某持有的雨田投资公司 10% 的股权为贵州雨田公司实际所有。雨田投资公司企业信用信息公示报告显示,付某持有雨田投资公司 10% 股权。后各方当事人发生纠纷。

案情详解

贵州雨田公司起诉请求,(1)确认贵州雨田公司对付某所代持的雨田投资公司 10% 的股权享有权利;(2)撤销(2017)甘执 13 号执行裁定,解除对诉争股权的冻结;(3)判令逸彭企业承担本案诉讼费。贵州雨田公司当庭变更第二项诉讼请求为不得执行付某为贵州雨田公司所代持的雨田投资公司 10% 的股权,解除对该股权的冻结。

逸彭企业辩称，逸彭企业并不是适格诉讼主体，请求驳回起诉，贵州雨田公司以其为案涉股权实际权利人为由，主张排除对涉案股权的强制执行不具有善意。

付某述称，对贵州雨田公司主张的事实理由均无异议，逸彭企业在执行查封之前就已经明确知道本案诉争的股权是付某为贵州雨田公司所代持的。

一审法院查明：2016 年 8 月 10 日，贵州雨田公司（甲方）与付某（乙方）签订了代持股协议书一份，主要约定，鉴于：2013 年 1 月 13 日，甲乙双方及朱某韦共同签署《合作协议》《公司并购协议》，乙方、朱某韦将其持有的原贵州韦顺达源投资有限公司 100% 的股份全部转让给甲方。股权转让后，原贵州韦顺达源投资有限公司更名为雨田投资公司。原贵州韦顺达源投资有限公司所属资产也应当相应更名至雨田投资公司名下。甲方委托乙方代为持有雨田投资公司 10% 的股权。2017 年 3 月 18 日，一审法院在执行逸彭企业与贵州源达顺韦健康体检管理有限公司、开阳县强臣房地产开发有限公司、贵州强臣房地产开发有限公司、朱某刚、胡某霞、付某借款合同纠纷一案中，依据最高人民法院执行裁定，冻结了付某持有的雨田投资公司 10% 即 1000 万元股权。2019 年 1 月 23 日，贵阳仲裁委员会依据贵州雨田公司的仲裁申请，对贵州雨田公司与付某代持股协议纠纷一案作出（2019）贵仲裁字第 0074 号裁决书，裁决：（1）确认贵州雨田公司与付某于 2016 年 8 月 10 日签订的代持股协议书有效；（2）确认付某持有的雨田投资公司 10% 的股权为贵州雨田公司实际所有。其后，贵州雨田公司对一审法院（2017）甘执 13 号执行裁定提出异议，一审法院依法组成合议庭进行审查后，于 2019 年 9 月 6 日作出（2019）甘执异 180 号执行裁定，驳回了贵州雨田公司的异议请求，贵州雨田公司遂提起本案诉讼。根据雨田投资公司企业信用信息公示报告显示，付某持有雨田投资公司 10% 股权。

裁判结果

一审法院判决，驳回原告贵州雨田公司的诉讼请求。贵州雨田公司不服一审判决，向最高人民法院上诉，最高人民法院判决，驳回上诉，维持原判。

案例 73

上诉人陈某泽与被上诉人董某元居间合同纠纷案

案号:(2019)最高法民终 1218 号

主要争议焦点

陈某泽与董某元之间是否存在居间合同法律关系。

简要案情

事通恒运公司形成《股东会议纪要》,事通恒运公司与泛海公司形成合作洽谈会议纪要,对双方合作及股权转让事项达成相关约定。董某元作为甲方、王某跃作为乙方、张某作为丙方、泛海公司作为丁方、事通恒运公司作为戊方签订《股权转让协议》,约定董某元、王某跃、张某分别将其持有的事通恒运公司 38%、26%、26% 的股权转让给泛海公司。合同签订后,泛海公司依约支付了股权转让款。后各方当事人因合同履行发生纠纷。

案情详解

陈某泽起诉请求,(1)依法判令董某元、陈某泽支付红墩界煤炭探矿权项目的股权转让居间报酬 254 938 885 元[3 406 088 140 元 ×(2.049% ×2 +5.258%)×80%,其中扣除代扣代缴个人所得税 20%]及逾期付款利息,按同期银行贷款利率从 2012 年 7 月 1 日起计算至实际支付之日止;(2)该案诉讼费由董某元承担。

董某元辩称,陈某泽所诉没有事实与法律依据,请求依法驳回其全部诉讼请求。

一审法院查明:事通恒运公司拥有红墩界煤炭探矿权项目,该公司自成立起股东发生多次变更。截至 2007 年,董某元、王某跃、张某从林某荣、王某一、韩某光处分别受让了 38%、32%、30% 的股份,成为公司股东。2010 年 7 月,泛海公司与事通恒运公司开始进行红墩界煤炭探矿权项目转让、开发等的洽谈工作。2010 年 7 月 23 日,事通恒运公司形成股东会议纪要,载明:"(1)同意公司与中国泛海控股集团公司进行合作，并对陕西省靖边县红墩界地区煤炭资源详查探矿权项目的股权转让价格定为不得低于每吨4.1元。(2)同意在与中国泛海控股集团公司合作成功并签订正式股权转让协议的基础上增加隐名股东，并对他们股份比例进行重新计算。然后双方签订合作协议，变更法人时将此几位股东写入协议内，并受法律保护。(3)增加股东及股权比例：①刘某厚10.244%；②赵某明2.049%；③艾某2.049%；④陈某泽5.258%。(4)该会议纪要在与中国泛海控股集团公司合作成功生效后产生法律效力，各股东不得违反。如与此公司合作不成功此会议纪要无法律效力，自动解除。"陈某泽提交的2010年7月26日授权委托书载明，事通恒运公司委托王某光、陈某泽作为该公司委托代理人与中国泛海控股集团公司商谈签订红墩界煤炭探矿权项目股权收购合作协议，该授权委托书法定代表人签字处为"董某元"，但董某元否认该签字系其本人所签。2010年9月14日，事通恒运公司与泛海公司形成合作洽谈会议纪要，对双方合作及股权转让事项达成相关约定，王某光、贺某孝、张某、陈某泽、李某军作为事通恒运公司一方股东及代表参加了会议，并在会议纪要上签字署名。2011年8月，董某元作为甲方、王某跃作为乙方、张某作为丙方、泛海公司作为丁方、事通恒运公司作为戊方签订《股权转让协议》，约定董某元、王某跃、张某分别将其持有的事通恒运公司38%、26%、26%的股权转让给泛海公司。合同签订后，泛海公司依约支付了股权转让款。其中，泛海公司于2012年3月5日向陈某泽转账支付1.2亿元，于2012年8月28日向陈某泽转账支付8000万元，共计2亿元。2017年1月，王某光因涉嫌单位行贿罪、贪污罪由河北省永清县人民检察院向河北省永清县人民法院提起公诉。2016年3月23日，陈某泽作为证人接受了河北省永清县人民检察院的询问，其称："我是事通恒运公司股东王某跃下面的隐名股东。2007年春天，王某跃和我说他要在靖边搞一个煤矿，问我参与不参与，我同意参与。2007年七八月，我和王某跃签的入股协议。2007年，我入股事通恒运公司以后，王某跃、张某、董某元等股东都在找转让对象，谁价高就卖给谁。后来我通过神华集团的总工杨某才将这个项目介绍给了泛海公司。我名下股份一共是百分之八点几，按照每吨4.3元计算，合计是7个多亿，扣除所得税、价款、勘察费等费用，应该是五个多亿。我名下的隐名股东还有刘某厚、艾某、赵某明，刘某厚的钱多，算下来3个多亿，刘某厚的3个多亿应该是泛海公司直接打到王某二账户的。其余2.1亿元，泛海公司直接打给我2亿元，还剩下1000万元。

2012 年夏天，王某跃、张某和我在西安张某办公室一起结算时，王某跃和我说这1000 万元算他欠我的，2014 年 6 月之前付清。我的股份中还有艾某、赵某明的，每人应得 3000 万元，截至目前我付了他们每人 2400 万元，剩下的钱因为杨某才一直说泛海公司的钱还没付清，泛海公司给我打了一共两笔，2012 年 3 月 5 日打给我1.2 亿元，2012 年 8 月 28 日打给我 8000 万元，共计 2 亿元。”2017 年 12 月 14 日，河北省永清县人民法院刑事判决查明：“2010 年年底至 2011 年，事通恒运公司将其90% 股份转让给泛海公司，王某光将其在事通恒运公司 26%（共占有 32% 的股份，由王某跃代持）的股权出售，获得 13.3 亿元，其中王某跃账户收款 4.5 亿元、郭某梅账户收款 1.8 亿元、王某二账户收款 3.2 亿元、奥某江账户收款 1.8 亿元、陈某泽账户收款 2 亿元”，认定王某光构成单位行贿罪，并判决：(1) 被告人王某光犯单位行贿罪，判处有期徒刑 2 年 7 个月，并处罚金人民币 100 万元；(2) 追缴被告人王某光出售事通恒运公司 26% 股份所得人民币 13.3 亿元，其中王某跃账户收款人民币4.5 亿元、郭某梅账户收款人民币 1.8 亿元、王某二账户收款人民币 3.2 亿元、奥某江账户收款人民币 1.8 亿元、陈某泽账户收款人民币 2 亿元。该判决已生效并执行，执行中陈某泽以其收款 2 亿元为其合法收入的居间服务报酬为由，向河北省永清县人民法院提出执行异议，河北省永清县人民法院于 2018 年 6 月 19 日作出(2018)冀 1023 执异 7 号执行裁定，驳回陈某泽的异议请求。陈某泽遂向河北省廊坊市中级人民法院申请执行异议复议，河北省廊坊市中级人民法院于 2018 年 8 月6 日作出(2018)冀 10 执复 83 号执行裁定，驳回陈某泽的复议申请，维持河北省永清县人民法院(2018)冀 1023 执异 7 号执行裁定。河北省永清县人民法院(2017)冀 1023 刑初 2 号刑事判决追缴的陈某泽账户收款人民币 2 亿元目前尚未执行完毕。对股东会议纪要上董某元的签字，陈某泽、董某元均认可不是董某元本人所签。陈某泽认为，系贺某孝代签，贺某孝是董某元的委托代理人，曾代董某元签署过陕西省靖边县红墩界地区煤炭项目合作框架协议书。陈某泽申请对股东会议纪要中“董某元”签字与陕西省靖边县红墩界地区煤炭项目合作框架协议书中“董某元”签字是否系同一人书写进行对比鉴定。董某元认为，股东会议纪要内容没有居间合同的意思表示，陈某泽申请鉴定事项与该案处理无关，其申请应不予准许。

裁判结果

一审法院判决，驳回陈某泽的诉讼请求。陈某泽不服一审判决，向最高人民法院提起上诉，最高人民法院判决，驳回上诉，维持原判。

思考与衡量

前述三个案例都涉及隐名股东身份的确定以及隐名权利的保护问题。案例71涉及能否在案外人执行异议之诉纠纷中确认股权，案例72涉及隐名股东是否能对抗第三人对股权的强制执行，涉及代持股的代持合同的内部效力和对外效力，案例73涉及隐名股东的认定判断问题。

案例71中，一审法院认为，最高人民法院《关于适用〈中华人民共和国民事诉讼法〉的解释》第312条[①]规定："对案外人提起的执行异议之诉，人民法院经审理，按照下列情形分别处理：（一）案外人就执行标的享有足以排除强制执行的民事权益的，判决不得执行该执行标的；（二）案外人就执行标的不享有足以排除强制执行的民事权益的，判决驳回诉讼请求。案外人同时提出确认其权利的诉讼请求的，人民法院可以在判决中一并作出裁判"。最高人民法院《关于适用〈中华人民共和国公司法〉若干问题的规定（三）》第22条规定："当事人之间对股权归属发生争议，一方请求人民法院确认其享有股权的，应当证明以下事实之一：（一）已经依法向公司出资或者认缴出资，且不违反法律法规强制性规定；（二）已经受让或者以其他形式继受公司股权，且不违反法律法规强制性规定。"该案中，因万江公司参与竞买"高新国际商务酒店（原科创大厦）"项目需要资金支持，聂某春、洪某安、黄某华签订《合作投资协议》，约定由昊广德公司代表合作三方出任万江公司股东，在3000万元投资中洪某安投资1000万元；昊广德公司与万江公司签订投资协议书约定，昊广德公司投资3000万元，按51%的股权行使股东权利；昊广德公司与万江公司签订《补充协议》中约定，由昊广德公司指定的范某美代表公司持有万江公司51%股权，并由范某美任万江公司法定代表人；另从万江公司出具的收据反映万江公司收到昊广德公司范某美51%股权的转让款510万元；从洪某安提供的汇款凭

① 该司法解释现行版本第310条。

证及昊广德公司向洪某安出具的收据反映洪某安已实际支付项目投资款1000万元。以上证据形成完整的证据链,能够证明洪某安已实际向万江公司出资的事实,亦能证明最终由范某美作为万江公司名义股东代持洪某安18%股权的事实。2010年7月19日,范某美与中大公司所签协议书表明,此时中大公司与万江公司对范某美代持洪某安18%股权的事实是知晓的,且无异议。据此应认定,中大公司对洪某安要求确认其为万江公司持股18%的股东是同意的。综上所述,应认定洪某安就该院强制执行范某美名下持有万江公司45%股权中的18%的股权享有足以排除强制执行的民事权益,洪某安要求确认其是持有万江公司18%股权的股东并终止执行该部分股权的诉讼请求成立,应予支持。

二审法院认为,该案争议焦点为:(1)原审判决确认洪某安持有万江公司18%股权是否正确,其是否已抽回出资。(2)一审程序是否违反法律规定。

(1)关于原审判决确认洪某安持有万江公司18%股权是否正确,洪某安是否已抽回出资的问题。各方当事人对于范某美和洪某安、黄某华共同出资取得万江公司股权并由范某美代持的事实均无异议。2010年5月21日,在范某美和原三股东签订股权转让协议后,2010年7月19日,范某美与中大公司签订协议书,该协议书表明万江公司股东对洪某安的出资人身份和出资比例进行了明确表示。依照证据证明,范某美、洪某安、黄某华出资万江公司后,在收购科创大厦及股权转让过程中,洪某安、黄某华一直以实际出资人身份参与其中,且在万江公司股权纠纷的其他诉讼中,范某美均认可洪某安的实际出资人身份。因此,一审判决确认洪某安持有万江公司18%股权正确。对于范某美、聂某春提出的洪某安已抽回出资的理由,经查,万江公司在收购科创大厦过程中,实际由中大公司向该院支付了剩余竞拍款5272.9754万元,范某美、聂某春所提交的《委托持股〈代持股〉协议》并未实际履行。最高人民法院《关于适用〈中华人民共和国公司法〉若干问题的规定(三)》第14条第1款规定:“股东抽逃出资,公司或者其他股东请求其向公司返还出资本息、协助抽逃出资的其他股东、董事、高级管理人员或者实际控制人对此承担连带责任的,人民法院应予支持。”依照上述规定,股东抽逃出资应当承担返还出资本息责任而不能否定其股东资格。该案中,假设洪某安抽回了出资,其也只承担返还出资本息责任,而非据此否定其出资人资格。故范某美、聂某春该上诉理由不能成立。(2)根据最高人民法院《关于适用〈中华人民共和国民事诉讼法〉的解释》第

312 条规定："对案外人提起的执行异议之诉，人民法院经审理，按照下列情形分别处理：(一)案外人就执行标的享有足以排除强制执行的民事权益的，判决不得执行该执行标的；(二)案外人就执行标的不享有足以排除强制执行的民事权益的，判决驳回诉讼请求。案外人同时提出确认其权利的诉讼请求的，人民法院可以在判决中一并作出裁判。"洪某安在诉讼中也提出："请求确认洪某安是万江公司的股东，持有万江公司 18% 的股权。"据此，一审法院判决没有违反法律规定。

笔者认为，关于洪某安是否持有万江公司 18% 的股权的问题。根据 2009 年 9 月 8 日聂某春、洪某安、黄某华三人签订的《合作投资协议》、2009 年 9 月 10 日昊广德公司与万江公司签订投资协议书以及昊广德公司与万江公司签订的《补充协议》，可以证明洪某安已实际向万江公司出资 1000 万元和其在万江公司的股权由范某美代持的事实。根据最高人民法院《关于适用〈中华人民共和国公司法〉若干问题的规定(三)》第 24 条第 2 款有关"前款规定的实际出资人与名义股东因投资权益的归属发生争议，实际出资人以其实际履行了出资义务为由向名义股东主张权利的，人民法院应予支持"的规定，结合 2010 年 7 月 19 日协议书中有关洪某安出资比例的约定，二审判决认定洪某安持有万江公司 18% 的股权，该认定并无不当。范某美、聂某春称，根据 2010 年 3 月 23 日万江公司原股东刘某莉、党某胜、李某高等三人与洪某安、范某美等共同签订的股权转让协议书，洪某安应向刘某莉、党某胜，李某高等三人主张涉案 18% 的股权，该主张没有充分证据予以证明，且与范某美与中大公司其后签订的协议书不一致，不应认可。

范某美申请再审有关洪某安在昊广德公司的出资已被聂某春退回的主张，亦未提供充分证据予以证明。同时，按照最高人民法院《关于适用〈中华人民共和国公司法〉若干问题的规定(三)》第 14 条第 1 款有关"股东抽逃出资，公司或者其他股东请求其向公司返还出资本息、协助抽逃出资的其他股东、董事、高级管理人员或者实际控制人对此承担连带责任的，人民法院应予支持"的规定，假使洪某安抽回了出资，其应当承担返还出资本息的责任，而不据此丧失其股东资格。

案例 72 中，一审法院认为，根据双方当事人的诉辩主张，该案争议的主要焦点是贵州雨田公司对案涉股权是否享有排除执行的民事权益。最高人民法院《关于人民法院办理执行异议和复议案件若干问题的规定》第 25 条第 1 款第 4 项规定，对案外人的异议，人民法院应当按照下列标准判断其是否系权利人：股权按照工商行政管理机关的登记和企业信用信息公示系统公示的信息判断。《公司法》第 32 条第 3 款规定:“公司应当将股东的姓名或者名称向公司登记机关登记;登记事项发生变更的,应当办理变更登记。未经登记或者变更登记的,不得对抗第三人。”由于企业在工商行政管理机关的登记信息对外具有公示效力,从雨田投资公司的工商登记资料来看,付某持有雨田投资公司 10% 股权,显示该股权属于付某所有。虽然贵州雨田公司主张该股权由其受让后委托付某代持,但贵州雨田公司与付某签订的代持股协议书仅在其双方之间具有法律效力,对外不具有公示效力,不能对抗第三人。逸彭企业作为申请执行人有理由相信工商行政管理机关的登记和企业信用信息公示系统公示的信息是真实的,贵州雨田公司不能以其与付某之间的代持股关系排除人民法院的执行行为。至于贵州雨田公司、付某提出逸彭企业对案涉股权是付某代持一事知情的问题,贵州雨田公司提供的(2014)甘民二初字第 65 号民事判决仅能证明逸彭企业曾经变更过诉讼请求,付某提供的逸彭企业出具的承诺函亦仅能证明逸彭企业同意给予付某执行宽限期,均无法据此得出逸彭企业对付某代持股权一事知情的结论。关于贵州雨田公司能否依据贵阳仲裁委员会作出的(2019)贵仲裁字第 0074 号裁决书主张排除执行的问题。最高人民法院《关于人民法院办理执行异议和复议案件若干问题的规定》第 25 条第 2 款规定:“案外人依据另案生效法律文书提出排除执行异议,该法律文书认定的执行标的权利人与依照前款规定得出的判断不一致的,依照本规定第二十六条规定处理。”第 26 条第 2 款规定:“金钱债权执行中,案外人依据执行标的被查封、扣押、冻结后作出的另案生效法律文书提出排除执行异议的,人民法院不予支持。”一审法院冻结付某持有的雨田投资公司 10% 股权的时间是 2017 年 6 月 8 日,早于贵阳仲裁委员会作出裁决书的时间,一审法院冻结股权后贵阳仲裁委员会作出的裁决书不能排除对该股权的执行。

笔者认为,最高人民法院《关于人民法院办理执行异议和复议案件若干问题的规定》第 25 条第 1 款第 4 项规定,对案外人的异议,人民法院应当按照下列标准判断其是否系权利人:股权按照工商行政管理机关的登记和企业信用信息公示系统公示的信息判断。《公司法》第 32 条第 3 款规定:“公司应当将股东的姓名或者名称向公司登记机关登记;登记事项发生变更的,应当办理变更登记。未经登记或者变更登记的,不得对抗第三人。”公司的工商登记对社会具有公示公信效力,善意第三人有权信赖公司登记机关的登记文件，工商登记表现的权利外观应作为认定股权权属的依据。该案中，2016年8月10日，贵州雨田公司与付某签订代持股协议书，约定付某代贵州雨田公司持有雨田投资公司10%的股权。雨田投资公司企业信用信息公示报告显示，付某持有雨田投资公司10%股权。贵州雨田公司在二审中提交两组证据，证明其与付某之间存在股权转让关系，贵州雨田公司按照股权转让协议的安排支付了对价。笔者认为，该两组证据仅能证明贵州雨田公司与付某之间进行了股权转让，但双方关于股权转让的约定和案涉代持股协议书均仅在协议签订双方之间具有法律效力，对外不具有公示效力，不能对抗第三人。在诉争股权仍然登记在付某名下的情形下，逸彭企业作为申请执行人有理由相信工商行政管理机关的登记和企业信用信息公示系统公示的信息是真实的。因此，无论贵州雨田公司是否支付对价，均不能以其与付某之间的代持股关系排除人民法院的强制执行行为。故本院对贵州雨田公司二审中提交的两组证据的关联性不予认定。贵州雨田公司关于逸彭企业并非本案善意相对人，对工商登记不存在信赖利益的主张，缺乏事实和法律依据，不应支持。综上，一审认定贵州雨田公司对案涉股权不享有足以排除强制执行的民事权益，该认定并无不当。

关于贵州雨田公司能否依据贵阳仲裁委员会作出的（2019）贵仲裁字第0074号裁决书主张排除执行的问题。最高人民法院《关于人民法院办理执行异议和复议案件若干问题的规定》第25条第2款规定："案外人依据另案生效法律文书提出排除执行异议，该法律文书认定的执行标的权利人与依照前款规定得出的判断不一致的，依照本规定第二十六条规定处理。"第26条第2款规定："金钱债权执行中，案外人依据执行标的被查封、扣押、冻结后作出的另案生效法律文书提出排除执行异议的，人民法院不予支持。"该案中，一审法院依据（2016）最高法民终619号民事调解书作出（2017）甘执13号执行裁定，于2017年6月8日冻结了付某持有的雨田投资公司10%的股权。2019年1月23日，贵阳仲裁委员会依据贵州雨田公司的仲裁申请，作出（2019）贵仲裁字第0074号裁决书，确认付某持有的雨田投资公司10%股权为贵州雨田公司实际所有。一审法院查封冻结案涉股权的时间早于贵阳仲裁委员会作出裁决书的时间。一审根据前述法律规定和事实认定，案涉股权冻结后贵阳仲裁委员会作出的裁决书不能排除对案涉股权的强制执行，该认定并无不当。

案例73中，一审法院认为，该案争议的焦点问题有：(1)股东会议纪要的性质问题。(2)泛海公司支付给陈某泽2亿元款项性质问题。(3)双方是否存在居间合同法律关系的问题。关于股东会议纪要的性质问题陈某泽主张案涉股东会议纪要实质为居间合同，该纪要第3条载明的股权份额即为居间费用，董某元对此予以否认。合同约定内容必须包括合同标的，标的是合同成立的必要条件，是必备条款，没有标的的合同不能成立。依据《合同法》第424条①规定，居间合同的合同标的是居间人提供的中介服务，即“居间人向委托人报告订立合同的机会或者提供订立合同的媒介服务”，而案涉股东会议纪要既未载明股东董某元、王某跃、张某为委托人，陈某泽、赵某明、艾某为居间人，也未明确约定陈某泽等人在探矿权转让中提供中介服务，该纪要虽约定在与泛海公司合作成功并签订股权转让协议的基础上增加陈某泽等人为隐名股东，并对份额进行了明确，但并未明确表明增加隐名股东的原因系基于陈某泽等人提供的中介服务，亦未明确约定陈某泽等人的股份份额即为其居间报酬，因此股东会议纪要没有内容表明该纪要约定了居间合同的合同标的，依法不能认定为居间合同。陈某泽关于股东会议纪要实质为居间合同的诉讼主张，缺乏依据，不能成立。陈某泽申请对该纪要中“董某元”签字与陕西省靖边县红墩界地区煤炭项目合作框架协议书中“董某元”签字是否系同一人书写进行对比鉴定，因鉴定结果即使支持了陈某泽关于董某元对股东会议纪要知情并认可的主张，但仍不足以支持陈某泽关于股东会议纪要实质为居间合同的诉讼主张，故对其鉴定申请，该院不予准许。关于泛海公司支付给陈某泽2亿元款项性质问题。陈某泽主张该2亿元系股东王某跃、张某向其支付的居间服务报酬，因此董某元作为股东之一亦应向其支付相应的居间费，而董某元认为，该2亿元是陈某泽作为隐名股东所获得的股权转让款。根据陈某泽在王某光犯单位行贿罪一案中向检察机关所作的陈述，其为事通恒运公司股东王某跃名下隐名股东，泛海公司向其支付的2亿元为其隐名股份的股权转让款，该事实已被生效的河北省永清县人民法院(2017)冀1023刑初2号刑事判决书所确认。根据最高人民法院《关于民事诉讼证据的若干规定》第9条②的规定，已为人民法院发生法律效力的裁判所确认的事

① 现为《民法典》第961条。

② 该司法解释现行版本第10条。

实，当事人无须举证证明，当事人有相反证据足以推翻的除外。陈某泽在该案中的主张与另案生效判决所确认的事实不符，陈某泽应提交足以推翻该事实的相反证据。该案审理中，陈某泽明确表示目前能证明其不是隐名股东身份的证据仅为其提交的第 8 组第 3 份及第 4 份证据，即陈某泽与王某光的谈话录音，但王某光并未出庭作证，亦无证据表明录音中谈话对象为王某光本人，录音内容也不足以推翻陈某泽为事通恒运公司隐名股东的事实。且在河北省永清县人民法院（2017）冀1023 刑初 2 号刑事判决执行过程中，陈某泽以其收取泛海公司的 2 亿元系其合法所得居间报酬为由，向河北省永清县人民法院提出执行异议，河北省永清县人民法院裁定驳回其异议申请后，陈某泽又向河北省廊坊市中级人民法院申请复议，河北省廊坊市中级人民法院裁定驳回陈某泽的复议申请，该裁定为终审裁定。综上，泛海公司向陈某泽支付的 2 亿元系股权转让款这一事实已被河北省永清县人民法院、河北省廊坊市中级人民法院先后审理、审查所确认，陈某泽在该案中提供的证据不足以否定前述两级法院所认定的事实，故其关于泛海公司支付的 2 亿元不是股权转让款而是居间费用的主张，不能成立。关于双方是否存在居间合同法律关系的问题。陈某泽主张其与董某元之间存在居间合同法律关系，并据此主张董某元应支付其居间报酬，陈某泽关于股东会议纪要即为居间合同的主张不能成立，其收到的泛海公司 2 亿元亦不是股东王某跃、张某所支付的居间报酬，而其提交的其他证据仅能表明陈某泽曾参与事通恒运公司与泛海公司的股权转让事宜，陈某泽称其参与联系、洽谈转让事宜是经董某元代表事通恒运公司授权所为，但陈某泽提供的授权委托书上“董某元”签字被董某元否认系其所签，即使认定该授权委托书的真实性，其上亦载明陈某泽的身份为委托代理人，并不能证明陈某泽的居间人身份，而居间合同的性质决定了无论何种居间，居间人都不是委托人的代理人，而只是居于交易双方当事人之间起介绍、协助作用的中间人。故陈某泽在该案中提交的证据不足以证明其与董某元之间存在居间合同法律关系，其关于董某元应支付居间报酬的诉讼请求，依据不足，不予支持。陈某泽提交的证据亦不足以证明赵某明、艾某与董某元之间存在居间合同法律关系，其关于赵某明、艾某已将其对董某元的居间费用债权转让给陈某泽，陈某泽基于受让的债权主张董某元应向其支付居间报酬的诉讼请求，亦依据不足，不予支持。

笔者认为,《合同法》第12条①规定:“合同的内容由当事人约定,一般包括以下条款:(一)当事人的名称或者姓名和住所;(二)标的;(三)数量;(四)质量;(五)价款或者报酬;(六)履行期限、地点和方式;(七)违约责任;(八)解决争议的方法。当事人可以参照各类合同的示范文本订立合同。”第10条第1款②规定:“当事人订立合同,有书面形式、口头形式和其他形式。”第36条③规定:“法律、行政法规规定或者当事人约定采用书面形式订立合同,当事人未采用书面形式但一方已经履行主要义务,对方接受的,该合同成立。”第37条④规定:“采用合同书形式订立合同,在签字或者盖章之前,当事人一方已经履行主要义务,对方接受的,该合同成立。”第424条⑤规定:“居间合同是居间人向委托人报告订立合同的机会或者提供订立合同的媒介服务,委托人支付报酬的合同。”最高人民法院《关于适用〈中华人民共和国合同法〉若干问题的解释(二)》第2条规定:“当事人未以书面形式或者口头形式订立合同,但从双方从事的民事行为能够推定双方有订立合同意愿的,人民法院可以认定是以合同法第十条第一款中的‘其他形式’订立的合同。但法律另有规定的除外。”合同条款是指合同当事人经过协商一致,约定各方之间权利义务的具体条文,是合同内容的具体表现形式,是明确当事人之间的权利义务关系的依据,其内容由当事人在法律允许的范围内自主约定,一般应包括前述法律规定的内容。居间合同的当事人为居间人和委托人,其中接受委托并报告订立合同机会或者提供交易媒介的一方为居间人,支付报酬的一方为委托人。居间人不是委托人的代理人,而是一种在交易双方当事人之间起介绍、协助作用的中间人。居间合同作为一种诺成、双务和不要式的合同,只要委托人与居间人意思表示一致即可成立。当事人之间可以采取口头形式或者书面形式订立,当事人虽未以书面形式或者口头形式订立居间合同,但从双方从事的民事行为能够推定双方有订立居间合同意愿的,或者双方没有书面合同,但一方实际履行主要义务,对方接受的,居间合同法律关系成立。综上,该案中陈某泽与董某元之间是否存在居间合同法

① 现为《民法典》第470条。
② 现为《民法典》第469条。
③ 现为《民法典》第490条。
④ 现为《民法典》第490条。
⑤ 现为《民法典》第961条。

律关系在于双方是否存在书面或者口头的居间合同或者存在实际履行居间服务事项的行为。

关于双方是否存在书面或者口头的居间合同的问题。该案中，2010年7月23日，事通恒运公司形成股东会议纪要，载明："根据公司的发展需要，决定召开全体股东会议，关于本公司与中国泛海控股集团公司合作的有关事宜进行磋商并形成决议如下：（1）同意公司与中国泛海控股集团公司进行合作，并对陕西省靖边县红墩界地区煤炭资源详查探矿权项目的股权转让价格定为不得低于每吨4.1元（含资源价款）。……（3）增加股东及股权比例：①刘某厚10.244%；②赵某明2.049%；③艾某2.049%；④陈某泽5.258%。"陈某泽主张其在股东会议纪要之前即履行了《合同法》第424条[①]规定的居间合同中居间人的法定义务，股东会议纪要的性质为居间合同，第3条载明的股权份额为居间费用，股东会议纪要未明确约定合同标的，不必然导致合同不能成立。笔者认为，从股东会议纪要的形式和格式要件上看，未载明居间合同字样，未表明股东董某元、王某跃、张某为委托人，陈某泽等人为居间人的身份；从合同条款和内容要求上看，股东会议纪要载明各股东均同意在与泛海公司合作成功并签订股权转让协议的基础上增加陈某泽等人为隐名股东，并明确了增加股东的股权比例，但未表明陈某泽等人在事通恒运公司股权转让中提供了居间服务，也未明确增加陈某泽等人为隐名股东的原因系基于陈某泽等人提供了居间服务，亦未明确该股东会议纪要中提及的陈某泽等人的股份份额即为其居间报酬。股东会议纪要不仅不具备合同的格式要件，亦欠缺合同成立的必要条款，难以得出双方存在居间委托关系的合意，依法不能认定为居间合同。该案也没有证据证明陈某泽与董某元还存在其他书面形式或者口头形式订立的居间合同。因此，陈某泽与董某元之间不存在居间合同。关于双方是否存在实际履行居间服务事项的行为的问题。该案中，陈某泽提交的2010年7月26日授权委托书载明，事通恒运公司委托王某光、陈某泽作为该公司委托代理人与泛海公司商谈签订红墩界煤炭探矿权项目股权收购合作协议，该授权委托书法定代表人签字处为"董某元"，但董某元否认该签字系其本人所签。2010年9月14日，事通恒运公司与泛海公司形成合作洽谈会议纪要，对双方合作及股权转让事项达成相关约定，王某光、贺某孝、张某、

① 现为《民法典》第961条。

陈某泽、李某军作为事通恒运公司一方股东及代表参加了会议,并在会议纪要上签字署名。陈某泽主张其系经事通恒运公司授权,参与案涉股权转让的联系、洽谈事宜,已经实际履行了《合同法》第424条①规定的居间人的法定义务,其作为事通恒运公司代理人的身份参与股权转让的行为与居间人的身份并不冲突。笔者认为,居间合同法律关系与委托代理法律关系是两种不同的法律关系,居间人的身份与委托代理人的身份不存在冲突,但无论陈某泽是否得到了事通恒运公司或者董某元的委托参与了案涉股权转让的过程,均不能得出其行为是在履行居间合同、提供居间服务的结论,且董某元对该行为明确不予认可。此外,案涉股东会议纪要、河北省永清县人民法院(2017)冀1023刑初2号刑事判决以及该案笔录证实,陈某泽系事通恒运公司的隐名股东,陈某泽作为公司隐名股东参与向泛海公司转让股权的过程亦具有一定合理性。因此,该案中陈某泽参与案涉股权转让过程的行为不是在履行居间服务事项。综上,该案陈某泽与董某元既不存在书面形式或者口头形式订立的居间合同,双方从事的民事行为也无法推定双方具有订立居间合同的意愿或者存在事实上的履行居间服务事项的行为,陈某泽关于其与董某元之间存在居间合同法律关系的诉讼请求不能成立。一审法院认定案涉股东会议纪要性质不是居间合同,陈某泽与董某元之间不存在居间合同法律关系,该认定并无不当。

关于泛海公司支付给陈某泽的2亿元款项的性质问题。最高人民法院《关于民事诉讼证据的若干规定》第9条②规定,下列事实,当事人无须举证证明:已为人民法院发生法律效力的裁判所确认的事实;当事人有相反证据足以推翻的除外。该案中,2011年8月,董某元作为甲方、王某跃作为乙方、张某作为丙方、泛海公司作为丁方、事通恒运公司作为戊方签订《股权转让协议》,约定董某元、王某跃、张某分别将其持有的事通恒运公司38%、26%、26%的股权转让给泛海公司。合同签订后,泛海公司依约支付了股权转让款。其中,泛海公司于2012年3月5日向陈某泽转账支付1.2亿元,于2012年8月28日向陈某泽转账支付8000万元,共计2亿元。陈某泽主张股东会议纪要分别由王某跃、张某、董某元三股东签字,事通恒运公司盖章确认,表明陈某泽等人与该三股东分别建立了其各自股份转让的居间合

---

① 现为《民法典》第961条。

② 该司法解释现行版本第10条。

同法律关系，泛海公司向其支付的2亿元实为王某跃、张某向其支付的居间服务报酬。笔者认为，陈某泽在河北省永清县人民法院（2017）冀1023刑初2号刑事案件中明确陈述，其为事通恒运公司股东王某跃名下隐名股东，泛海公司向其支付的2亿元为其隐名股份的股权转让款，该事实已被生效的河北省永清县人民法院（2017）冀1023刑初2号刑事判决所确认。根据前述法律规定，已为人民法院发生法律效力的裁判所确认的事实，当事人无须举证证明，有相反证据足以推翻的除外。陈某泽在本案中的有关该2亿元系居间费用的主张与另案生效判决所确认的事实不一致，但未能提交足以推翻该生效判决的相反证据予以证明。一审法院认定泛海公司向陈某泽支付的2亿元不是居间费用，该认定并无不当。退一步而言，在陈某泽与董某元不存在居间合同法律关系的前提下，泛海公司向陈某泽支付的2亿元是否为居间费用，亦与该案无涉。

八、关于“人格混同”问题

在公司类纠纷中，常常会遇到“人格混同”的问题。弄清这一问题才能确定相关主体是否应该承担相应的连带责任。

案例74

再审申请人青岛澳柯玛集团总公司（以下简称澳柯玛公司）与被申请人姜某及一审原告、二审上诉人青岛贵和福利厂（以下简称贵和福利厂）案外人执行异议之诉纠纷案

案号：（2017）最高法民申1256号

主要争议焦点

案涉财产是否可以执行。

简要案情

因营口电器公司、澳柯玛公司未在规定期限内履行生效判决的给付义务，一审

法院查封澳柯玛公司所有的登记在贵和福利厂名下的面积为2634.10平方米的国有土地使用权。当事人各方遂发生纠纷。

案情详解

贵和福利厂起诉请求,撤销辽宁省营口市中级人民法院(2009)营执字第307-16号民事裁定书,解除对贵和福利厂房产和土地的查封。

一审法院查明:原沈阳天尔投资有限公司(后更名为辽宁华君控股集团有限公司)与营口电器公司、澳柯玛公司借款合同纠纷一案,一审法院作出(2007)营民二合初字第38号民事判决。该判决生效后,沈阳天尔投资有限公司向该院申请执行。一审法院查封澳柯玛总公司所有的登记在贵和福利厂名下面积为2634.10平方米的国有土地使用权。贵和福利厂于1998年成立,组建单位为青岛市民政与工业公司,后贵和福利厂的主管部门变更为艾博集团。2000年,澳柯玛公司与艾博集团达成企业转让协议书,澳柯玛公司买受了贵和福利厂。由于贵和福利厂不服一审法院(2007)营执字第307-16号民事裁定,向辽宁省营口市中级人民法院提出书面异议,该院依法进行审查听证,于2011年4月26日作出(2011)营执复字第4号执行裁定书认为:贵和福利厂为澳柯玛公司全资购买,澳柯玛公司是贵和福利厂唯一出资人,澳柯玛公司整体接管贵和福利厂后对其进行控制和管理,贵和福利厂已被澳柯玛公司吸收,其资产属于澳柯玛公司所有,应用于清偿澳柯玛公司所欠债务。故本该于2010年11月12日作出(2007)营执字第307-16号民事裁定书查封的资产虽然登记在贵和福利厂名下,实际为澳柯玛公司所有,案外人贵和福利厂的异议理由不成立,不予支持。据此驳回案外人贵和福利厂的异议。贵和福利厂不服,向该院提起诉讼,形成本案。在原审时,因该案在执行阶段即已将姜某变更为申请执行人,故该案的被告人已变更为姜某。

裁判结果

一审法院判决,驳回贵和福利厂的诉讼请求。贵和福利厂不服一审判决,向二审法院提起上诉,二审法院判决,驳回上诉,维持原判。贵和福利厂不服二审判决,向最高人民法院申请再审,最高人民法院裁定,驳回澳柯玛公司的再审申请。

案例75

再审申请人辽宁兴旗汽车销售服务有限公司(以下简称兴旗公司)、辽宁华之菱汽车销售有限公司(以下简称华之菱公司)、辽宁盛世安特汽车销售服务有限公司(以下简称盛世安特)与被申请人沈阳市铁西区人民政府(以下简称铁西区政府)土地转让合同纠纷、建设用地使用权纠纷案

案号:(2018)最高法民申5581号

主要争议焦点

兴旗公司、华之菱公司、盛世安特应否向铁西区政府交付案涉土地。

简要案情

盛世公司以出让方式获得包括案涉土地在内的土地使用权,取得国有土地使用证。原告与盛世公司签订《国有土地使用权收购协议》、备忘录、《国有土地使用权收回补充协议》。后当事人各方因履行相关协议发生纠纷。

案情详解

铁西区政府起诉请求:(1)判令四被告腾空铁西区政府位于沈阳市铁西区云峰北街3号土地并交还铁西区政府,判令盛世公司支付铁西区政府违约金88 677 141.7元;(2)本案的诉讼费用,由被告承担。

盛世公司答辩称,请依法驳回铁西区政府诉请。

被告华之菱公司、兴旗公司答辩称,铁西区政府的诉请无法律依据。

被告盛世安特辩称,应驳回铁西区政府诉请。

第三人盛世汽车、盛世爱工述称,同盛世安特答辩意见。

一审法院查明:盛世公司于2001年8月以出让方式获得包括案涉土地在内位于沈阳市铁西区云峰北街3号共计60 914平方米土地使用权,并取得沈阳国用(2001)字第0200号国有土地使用证。2008年4月3日,原告与盛世公司签订《国有土地使用权收购协议》,内容有:第 4 条:原告按 2500 元/平方米收购盛世公司原有土地,面积共计 18 132.16 平方米,收购总价为 45 330 400 元。2010 年 11 月 8 日原告与盛世公司签订备忘录,补充双方于 2008 年 4 月 3 日签署的《国有土地使用权收购协议》,其初衷是为了保全盛世公司尚欠原告的借款:第 1 条,收购协议第 4 条所约定的该宗土地的收购价格,不作为各方实际交易价格;第 2 条,各方同意收购协议在盛世公司全部清偿截至 2008 年 4 月 3 日前盛世公司对原告的上述欠款后,双方再增加补充协议。2012 年 6 月 20 日,原告与盛世公司签订《国有土地使用权收回补充协议》,第 2 条:原告以 189 481 072 元收回盛世公司三宗地,总面积 18 132.16 平方米,收购单价为每平方米 10 450 元,收购总价为 189 481 072 元。第 3 条:由盛世公司在 2013 年 8 月 30 日前将该地块原有的企业的设备、人员等地上物搬迁完毕,于 2013 年 9 月 30 日前将该地块整体拆除完毕并交付原告,否则盛世公司将于 2013 年 9 月 30 日起(含 2013 年 9 月 30 日)每日按总补偿款的 3‰支付违约金。第 4 条:原告于 2012 年 5 月 30 日前向盛世公司支付 5600 万元补偿款,2012 年 10 月 15 前向盛世公司支付 5100 万元补偿款,其余补偿款在地块拆迁后 15 日内扣除盛世公司所欠款项 71 062 215 元后一次性给予补偿。第 5 条:协议签订后,该土地上原有的租赁、担保、抵押、查封及欠缴费用和纳税情况、职工安置等企业内部一切事宜由盛世公司自行解决。

2012 年 6 月 20 日,铁西区土储中心与盛世公司签订《国有土地使用权收回协议》,内容有:铁西区土储中心按 10 450 元/平方米收回乙方原有三宗土地,面积共计 18 132.16 平方米,收回总价为 189 481 072 元;第 3 条:盛世公司须于 2013 年 8 月 30 日前将该地块内原有企业的设备、人员等地上物搬迁完毕,于 2013 年 9 月 30 日前将该地块整体拆除完毕并交付原告,否则铁西区土储中心将于 2013 年 9 月 30 日起(含 2013 年 9 月 30 日)每日按总补偿款的 3‰扣除违约金。第 4 条:原告于 2012 年 5 月 30 日前向盛世公司支付 5600 万元补偿款,2012 年 10 月 15 日前向盛世公司支付 5100 万元补偿款,其余补偿款在地块拆迁后 15 日内扣除盛世公司所欠政府款项 71 062 215 元后一次性给予补偿。2005 年 9 月 7 日至 2006 年 11 月 3 日,沈阳市铁西区行政事业单位财务集中管理办公室分多次共向盛世公司付款合计 9865 万元。盛世公司自认在与原告签订《国有土地使用权收购协议》时欠原告约 9000 万元借款。2012 年 4 月 28 日至 7 月 6 日,铁西区土储中心向盛世公司多次汇土地补偿款共计 10 700 万元。原告于 2012 年 7 月 23 日取得案涉土地国有土地使用证。该证载明内容为土地使用权人是沈阳市铁西区国有资产经营有限公司；土地坐落：沈阳市铁西区云峰北街 3 号；地号：050312304，其他地号：050312305、050312306；用途：政府储备；面积：18 132.2 平方米。盛世公司企业变更登记情况查询卡片载明：盛世公司于 2007 年 4 月 25 日将经营场所由沈阳市铁西区云峰北街 3 号变更至沈阳经济技术开发区开发大路 15 号。2003 年 4 月 28 日铁西区政府办公室下发区长办公会议纪要沈西政会字(200)23 号，内容为：辽宁盛世汽车经贸有限公司已于 2002 年摘牌，还存在置换土地方面等问题，为不影响项目进展，区政府同意先以辽宁盛世汽车广场的名义办理立项手续，待补齐土地出让金、配套费后，再办理分项手续。

盛世爱工于 2005 年 3 月 29 日自铁西区土储中心取得挂牌成交确认书沈铁土交字[2005]004 号，地块编号 TX2002－003－C，地址是铁西区北二东路 18 号，面积合计约 6280.5 平方米；该成交确认书有效期为六个月；盛世爱工于 2005 年 10 月 27 日取得建设用地规划许可证，用地位置：沈阳市铁西区北二东路 18 号，用地面积为 6280.5 平方米。盛世汽车于 2005 年 3 月 29 日自铁西区土储中心取得挂牌成交确认书沈铁土交字[2005]003 号，地块编号 TX2002－003－A，地址是铁西区北二东路 18－2 号，面积合计约 5663.88 平方米；该成交确认书有效期为六个月；盛世汽车于 2005 年 10 月 27 日取得建设用地规划许可证，用地位置：沈阳市铁西区北二东路 18－2 号，用地面积 5663.88 平方米。盛世汽车于 2005 年 7 月 7 日自铁西区土储中心取得挂牌成交确认书沈铁土交字[2005]22 号，地块编号 TX2002－003－B，地址是沈阳市铁西区北二东路 18－1 号，面积合计约 6187.78 平方米；该成交确认书有效期为六个月；盛世汽车于 2005 年 10 月 27 日取得建设用地规划许可证，用地位置：沈阳市铁西区北二东路 18－1 号，用地面积 6187.78 平方米。现案涉土地上由盛世安特、华之菱公司、兴旗公司经营汽车 4S 店。盛世安特自述其所经营汽车 4S 店为其自建；华之菱公司自述其所经营汽车 4S 店系从建设单位盛世汽车处承租，并提供双方所签租赁合同予以证明；兴旗公司自述其所经营汽车 4S 店系从建设单位盛世爱工处承租，亦提供双方所签租赁合同予以证明。盛世公司认为，铁西区政府违法注销其沈阳国有(2001)字第 0200 号国有土地使用证，并向一审法院提起行政诉讼，要求认定上述注销行为违法，一审法院于 2016 年 5 月 18 日作出

[2015]沈中行初字第648号行政判决,支持盛世公司上述诉请。铁西区政府不服,该判决现已上诉至辽宁省高级人民法院。

二审法院另查明:2003年5月6日,铁西区政府经贸局印发沈西经发[2003]24号文件记载,"辽宁盛世汽车销售服务有限公司:你单位呈报的《关于建立辽宁盛世汽车广场的请示》已收悉。经研究批复如下:(1)同意建立辽宁盛世汽车广场……"

2004年10月28日,盛世公司与铁西区土储中心、保利公司三方签订协议约定,盛世公司将部分土地的使用权交由保利公司用于商住开发,其中包括沈阳国用(2001)字第0200号国有土地使用证中"60 914平方米减三个车店和办公楼的占地面积"。2005年9月8日及2006年8月18日,盛世公司与沈阳市铁西区工业改造指挥部签订两份协议,约定由改造指挥部收购盛世公司位于沈阳市铁西区云峰北街3号的办公楼一栋,包括该楼所占用的土地4008.3平方米。2006年12月8日,铁西区政府为保利公司颁发了铁西国用(2006)字第152号国有土地使用证,土地使用面积为39 007.07平方米。2006年12月15日,铁西区政府将沈阳国用(2001)字第0200号国有土地使用权证注销。2008年4月2日,盛世公司股东曾某世、王某荣、李某召开董事会并决议,同意铁西区政府收购案涉18 132.2平方米土地。

二审法院(2016)辽行终884号行政判决书认定,铁西区政府注销登记行为不符合《土地登记办法》第49条、第50条规定的可以直接办理注销登记的情形,本应予以撤销,但鉴于目前涉案土地已进行过协议变更及其他开发建设行为,若撤销被诉注销登记行为会给国家利益、社会公共利益造成重大损害,故被诉注销登记行为应予确认违法,并依照《行政诉讼法》第74条第1款第1项的规定,判决确认铁西区政府2006年12月15日作出的注销盛世公司沈阳国用(2001)字第0200号国有土地使用证的行为违法。此外,2009年6月,盛世公司的股东变更为曾某世80%,王某荣10%,李某10%;2007年7月,盛世汽车的股东变更为曾某世49%,王某华51%;2007年6月,盛世爱工的股东变更为曾某世49%,王某华51%;2007年7月,盛世安特的股东变更为曾某世和王某华各50%。曾某世和王某荣是夫妻关系,王某荣和王某华是姐妹关系。华之菱公司、兴旗公司分别与盛世汽车、盛世爱工签订的承租合同期限于2010年8月和2011年1月届满。

裁判结果

一审法院判决，(1)被告盛世公司、华之菱公司、兴旗公司、盛世安特于本判决生效之日起三十日内将土地号分别为050312304,050312305,050312306的三宗地块腾空并交付原告铁西区政府；(2)如被告盛世公司、华之菱公司、兴旗公司、盛世安特未按本判决指定的期间履行腾空并交付义务，应由盛世公司自本判决生效三十日起按日568 443.22元(189 481 072元×3‰)向原告铁西区政府支付违约金，直至其完成交付义务之日止；(3)驳回原告铁西区政府其他诉讼请求。盛世公司、华之菱公司、兴旗公司、盛世安特等不服一审判决，向二审法院提起上诉，二审法院判决，驳回上诉，维持原判。兴旗公司、华之菱公司、盛世安特等不服二审判决，向最高人民法院申请再审，最高人民法院裁定，驳回兴旗公司、华之菱公司、盛世安特的再审申请。

思考与衡量

"人格混同"不是一个法律概念，只是一种法律现象，表现的形式多种多样。"人格混同"主要表现为，关联公司的人员、业务、财务等方面交叉或混同，导致各自财产无法区分，丧失独立人格。构成"人格混同"严重损害债权人利益的，关联公司相互之间对外部债务承担连带责任。认定"人格混同"的主要法律依据是《公司法》第3条的规定："公司是企业法人，有独立的法人财产，享有法人财产权。公司以其全部财产对公司的债务承担责任。有限责任公司的股东以其认缴的出资额为限对公司承担责任；股份有限公司的股东以其认购的股份为限对公司承担责任。"第20条规定："公司股东应当遵守法律、行政法规和公司章程，依法行使股东权利，不得滥用股东权利损害公司或者其他股东的利益；不得滥用公司法人独立地位和股东有限责任损害公司债权人的利益。公司股东滥用股东权利给公司或者其他股东造成损失的，应当依法承担赔偿责任。公司股东滥用公司法人独立地位和股东有限责任，逃避债务，严重损害公司债权人利益的，应当对公司债务承担连带责任。"案例74是较为典型的通常理解的一种"人格混同"形式，案例75是通过实际控制人这一非法律规制对象，通过表见代理制度对公司独立人格进行一种否定。还有前述的案例59中，也涉及"人格混同"认定的问题。

案例74中,一审法院认为,该案争议房产、土地是从贵和福利厂到艾博集团,再从艾博集团转让至澳柯玛公司。根据贵和福利厂与艾博集团签订的《青岛隆昌商务公司(艾博集团)兼并贵和福利厂协议书》第3条内容,艾博集团兼并贵和福利厂后,贵和福利厂的“全部资产、设施、土地使用权归艾博集团,同时艾博集团承担贵和福利厂全部债权、债务,并接收全部职工”。因此艾博集团于1999年2月取得了该案争议房产的所有权及土地使用权。2000年9月27日,艾博集团与澳柯玛公司签订企业转让协议书,按照兼并协议,澳柯玛公司兼并贵和福利厂后,贵和福利厂的全部资产、设施、土地使用权归澳柯玛公司,同时澳柯玛公司承担贵和福利厂全部债权、债务,并接收全部职工。该案争议的焦点是,强制执行的房产与土地使用权是否属于被执行人澳柯玛公司的财产。通过兼并协议、企业转让协议中权利与义务的约定内容,可以证明艾博集团通过兼并取得了争议房产与土地的所有权,又将所有权全部转让给澳柯玛公司,而且企业转让协议已实际履行。贵和福利厂就是作为独立的法人单位被艾博集团兼并后再次转让给澳柯玛公司,是否保留独立的法人地位,不影响其名下财产的流转,财产的流转也不影响其独立的法人地位,因此,争议的房产、土地均应认定为澳柯玛公司的财产。姜某因享有对澳柯玛公司的债权,而申请对登记在贵和福利厂名下的财产进行强制执行符合法律的规定。在贵和福利厂证据清单列举的会计凭证中,多次记载澳柯玛公司代贵和福利厂收租金,代贵和福利厂缴纳水电费。贵和福利厂唯一的经营活动是出租房屋,一直是澳柯玛公司在以贵和福利厂的名义来进行的。贵和福利厂的财务由澳柯玛公司实际控制。另在辽宁省营口市中级人民法院审理期间,贵和福利厂列举出自己的6个账户,其中只有1个用于自己的收支,另外5个均“出借”给澳柯玛公司、澳柯玛公司分流安置办公室和青岛家用电器商场,这5个被出借了的账户内的收支活动均没有记入贵和福利厂财务会计账册。从贵和福利厂的记账凭证来看,澳柯玛公司与其资金的往来根本就是同一家企业自己内部的资金流转。凡是贵和福利厂的费用支出均由澳柯玛公司拨付,贵和福利厂的收入也悉数划入澳柯玛公司。综上,贵和福利厂的资产因兼并已归属澳柯玛公司,二者在人员、财务、资产、账户上均交叉混同,贵和福利厂的独立法人地位因兼并而丧失,因此登记在贵和福利厂名下的房产与土地使用权实际上已成为澳柯玛公司的财产。对贵和福利厂要求撤销本院(2009)营执字第307-16号民事裁定书并解除对涉案房产和土地使用权的查封的诉讼请求,因无事实及法律依据,不予支持。

二审法院认为,1998 年 12 月 17 日,艾博集团与贵和福利厂签订了企业兼并协议书,并经青经调[1999]57 号文批复同意,由艾博集团对贵和福利厂实施企业兼并。根据《青岛隆昌商务公司(艾博集团)兼并贵和福利厂协议书》约定:“艾博集团兼并贵和福利厂后,贵和福利厂的全部资产、设施、土地使用权归艾博集团,同时艾博集团承担贵和福利厂全部债权、债务,并接收全部职工。”企业兼并后贵和福利厂的全部资产归艾博集团所有,案涉的房产和土地,原属于贵和福利厂所有,兼并后属于艾博集团所有。2000 年 9 月 27 日,澳柯玛公司与艾博集团签订企业转让协议书,艾博集团将原企业兼并协议中的权利义务转让给澳柯玛公司,澳柯玛公司给付艾博集团垫付的各项费用 45 万元。澳柯玛公司实际履行了企业转让协议书,接管了贵和福利厂,案涉的房产和土地所有权归澳柯玛公司所有。尽管按照转让协议,贵和福利厂保留了企业法人地位,但因其没有独立的人员、财务、资产等法人构成要件,其作为法人已经名存实亡,贵和福利厂不能以其是独立法人,影响和否定企业兼并和转让,亦不能作为其对抗债权人的依据。该案从最初艾博集团与贵和福利厂签订的兼并协议书、贵和福利厂向主管部门民政工业公司、民政工业公司向民政局、民政局向市经委的一系列请示报告,直至市经委的青经调[1999]57 号批复内容看,贵和福利厂人员、财务、债权债务等已经由澳柯玛公司全部接收并实际管理和控制,贵和福利厂完全丧失了企业法人应该具备的条件,澳柯玛公司对贵和福利厂的兼并应认定为企业吸收合并。综上,一审判决认定事实清楚,适用法律正确。

笔者认为,判断案涉财产是否可以执行,应解决两个问题,(1)关于二审判决认定的基本事实是否缺乏证据证明;(2)二审判决适用法律是否确有错误。

(1)关于二审判决认定基本事实是否缺乏证据证明的问题。首先,澳柯玛公司在受让贵和福利厂后,将贵和福利厂的主管部门(出资人)变更为澳柯玛公司。从 2004 年起,澳柯玛公司陆续将贵和福利厂原职工的劳动关系转到澳柯玛公司名下,其中包括贵和福利厂的现任法定代表人刘某。在贵和福利厂证据清单列举的会计凭证中,多次记载澳柯玛公司代贵和福利厂收取租金、缴纳水电费。贵和福利厂唯一的经营活动是出租房屋,一直是澳柯玛公司在以贵和福利厂的名义进行。贵和福利厂的财务由澳柯玛公司实际控制。从贵和福利厂的记账凭证来看,澳柯玛公司与贵和福利厂的资金往来系同一家企业自己内部的资金流转。贵和福利厂的6个账户,有5个由澳柯玛公司用于分流安置办公室和青岛家用电器商场。因此,贵和福利厂的资产因兼并已归属澳柯玛公司,二者在人员、财务、资产、账户上均交叉混同,贵和福利厂的独立法人地位因兼并而已实际丧失。其次,1998年12月17日,艾博集团与贵和福利厂签订兼并协议书,艾博集团兼并贵和福利厂,贵和福利厂的全部资产、设施、土地归艾博集团。2000年9月27日,艾博集团与澳柯玛公司签订企业转让协议书,艾博集团将原企业兼并协议书中的权利义务转让给澳柯玛公司,澳柯玛公司向艾博集团支付了垫付的各项费用,接收了贵和福利厂,案涉房产和土地所有权归澳柯玛公司所有。尽管按照转让协议,贵和福利厂保留了企业法人地位,但因其没有独立的人员、财务、资产等法人构成要件,其作为法人已经名存实亡,贵和福利厂不能以其是独立法人,影响和否定企业兼并和转让的事实,亦不能作为其对抗债权人的依据。一审法院查封的资产虽然登记在贵和福利厂名下,实际为澳柯玛公司所有。因此,二审判决认定登记在贵和福利厂名下的案涉房产及土地使用权实际上已成为澳柯玛公司的财产,符合实际情况,并非缺乏证据证明。

(2)关于二审判决适用法律是否确有错误的问题。首先,根据《国有资产评估管理办法》的有关规定,国有资产占有单位有资产转让、企业兼并等情形的,应当对国有资产进行评估,但该规定属于国有资产管理规范,不能直接否认合同效力。进行资产评估及审批的首要目的在于保障交易公平、防止恶意低价转让国有资产。国有企业转让资产的行为是否有效应当以其是否造成国有资产损失及国家有关部门是否准许其转让为实质要件。该案中,贵和福利厂主管部门对艾博集团兼并贵和福利厂、艾博集团将贵和福利厂转让给澳柯玛公司的行为予以批准,故应认为艾博集团兼并贵和福利厂并转让给澳柯玛公司的行为并未在实质上违反有关法律法规的禁止性规定。案涉兼并协议书与企业转让协议书的各方当事人主体合格,意思表示真实明确,贵和福利厂实际已被艾博集团兼并,后又转让给澳柯玛公司。其次,虽然贵和福利厂没有注销,在形式上还是一个独立法人,但实际上该厂已经丧失了独立性。从企业的发展历程、财务状况、经营状况来看,该厂已经被澳柯玛公司吸收合并,二者已经混同为一体。姜某作为申请执行人在执行澳柯玛公司所有的登记在贵和福利厂名下的土地及房产过程中,贵和福利厂作为案外人提出执行异议,二审判决驳回贵和福利厂的诉讼请求,适用法律并无不当。

该案二审判决为辽宁省高级人民法院于2016年9月28日作出,澳柯玛公司于2017年3月13日向最高人民法院申请再审，未超过再审申请6个月的法定期限，应予受理。

案例75中，一审法院认为：(1)关于原告与盛世公司签订的《国有土地使用权收购协议》及《国有土地使用权收回补充协议》效力问题，双方在备忘录中虽约定签订《国有土地使用权收购协议》初衷是为了保全盛世公司尚欠原告的借款，但在《国有土地使用权收回补充协议》双方已明确盛世公司欠付原告款项转为补偿款，上述约定，不违反法律和行政法规关于合同效力的强制性规定，合法有效，亦系双方当事人真实意思表示，对双方当事人均具有约束力。至于盛世公司辩称其与铁西区土储中心就案涉土地亦签订《国有土地使用权收回协议》且其所收补偿款的付款方为铁西区土储中心的问题，一审法院认为，参照国土资源部、财政部、中国人民银行联合制定的《土地储备管理办法》相关规定，土地储备工作由该行政辖区内的土地储备机构承担。该案中，原告收回国有土地使用权的行为依规须经由铁西区土储中心统一完成，铁西区土储中心签订《国有土地使用权收回协议》及支付补偿款的效力自然及于原告，据此原告已依照《国有土地使用权收回补充协议》约定的付款时限给付补偿款，盛世公司亦应依照约定将案涉地块整体拆除完毕并交付原告，故对原告要求盛世公司腾空案涉土地的诉请一审法院予以支持。

(2)关于盛世公司是否违约及是否应承担违约金的问题，依据前述《国有土地使用权收回补充协议》第3条的约定盛世公司须于2013年8月30日之前将该地块原有的企业的设备、人员等地上物搬迁完毕，于2013年9月30日前将该地块整体拆除完毕并交付原告，否则盛世公司将于2013年9月30日起（含2013年9月30日）每日按总补偿款的3‰支付违约金。现涉案土地上仍有盛世安特、华之菱公司及兴旗公司经营实体，盛世公司并未严格依约将案涉地块整体拆除完毕并交付原告，盛世公司应依约继续履行协议项下的拆除及交付义务。关于盛世公司是否应承担违约金的问题，一审法院认为，盛世公司已于2007年4月25日将经营场所由案涉土地变更至沈阳经济技术开发区开发大路15号，原告所提供的证据亦不足以证明案涉土地上仍有盛世公司的设备、人员。即盛世公司已部分履行协议项下义务。另结合铁西区政府区长办公会议纪要内容及盛世汽车、盛世爱工取得案涉地上汽车4S店建设用地规划许可证的事实，案涉汽车4S店的建设亦与原告有一定关系，且原告提供的证据不能证明盛世公司从盛世安特、华之菱公司及兴旗公司在案涉地块所经营实体获得利益。故依据公平原则,一审法院对原告要求盛世公司承担违约金中自2013年9月30日至本判决指定的腾空期限前部分不予支持,但对腾空期限截止日期直至实际腾空之日的违约金,盛世公司应依约支付。

(3)关于案涉土地整体拆除及交付责任主体问题,盛世安特、华之菱公司、兴旗公司作为案涉汽车4S店的建设方、承租方应对案涉建筑所在土地及建筑本身相应手续是否完备负有注意义务并承担由之所带来的风险。现盛世汽车、盛世爱工虽取得案涉土地挂牌成交确认书。但该确认书有效期为六个月,盛世汽车、盛世爱工并未提供证据证明其后与土储部门签订正式的国有土地使用权出让合同及已实际支付案涉土地国有土地使用权出让金。另盛世汽车、盛世爱工虽取得案涉汽车4S店的建设用地规划许可证,但盛世汽车、盛世爱工未提供证据证明其取得上述4S店的建设、施工许可文件及该建筑已经竣工验收并取得合法权属证书,即现未有证据证明案涉4S店建设方已取得所在土地使用权及建筑施工、竣工手续和房屋所有权属证书,盛世安特、华之菱公司、兴旗公司占有案涉汽车4S店缺乏合法依据,应一并承担腾空义务。

(4)关于该案是否存在中止审理的情形,因原告明确表示其系基于合同违约提起本案诉请,一审法院认为,盛世公司所称原告存在违法注销、办理国有土地使用权权属证书的行为并非构成本案中止审理的法定事由,故对被告盛世公司该项答辩意见,一审法院不予采信。二审法院认为,该案存在铁西区政府与合同相对人就土地转让合同的履行引起的土地转让合同纠纷,还有因建设用地使用权遭受侵害而发生的建设用地使用权纠纷。争议的焦点在于:铁西区政府是否是案涉土地的合法使用权人,盛世公司是否应继续履行合同并承担相应责任,华之菱公司、兴旗公司、盛世安特是否应停止经营,原审合并审理是否妥当。

盛世公司是案涉土地的原使用权人,2007年将公司搬迁,和铁西区政府自2008年起就案涉土地转让事宜进行了多次协商,双方最终在2012年6月签订了《国有土地使用权收回补充协议》,土地补偿款总额从4500余万元增至1.89余亿元。但是自《国有土地使用权收回补充协议》约定盛世公司2013年9月30日前将该地块整体拆除完毕并交付铁西区政府后,相关土地出让协议约定的权利义务应当到2013年9月30日终止。案涉补充协议约定拆除三家汽车4S店,盛世汽车和盛世爱工本应该作为当事人一并签订协议书,铁西区政府和盛世公司在没有盛世汽车、盛世爱工授权代理的情况下，约定拆除地上物确有不周，事后未要求盛世汽车、盛世爱工签章确认亦有欠缺。但是，曾某世、王某荣夫妻持有盛世公司90%的股权，持有盛世汽车、盛世安特全部股权。曾某世和王某荣的姐妹王某持有盛世爱工的全部股权，曾某世、王某荣是这些公司的实际控制人，知道三家汽车4S店的建立和经管情况。在这种实际情况下，如果盛世公司向铁西区政府提出其代表不了盛世汽车和盛世爱工签订案涉补充协议，进而不能按时拆除地上物的意思表示，铁西区政府不可能将巨额补偿款支付给盛世公司，盛世公司也不会在收到补偿款后还向铁西区政府出具票据，所以铁西区政府有理由相信盛世公司代表盛世汽车、盛世爱工同意拆除三家汽车4S店。多年来，铁西区政府、盛世汽车、盛世爱工都没有解决案涉土地出让金和三家汽车4S店产权的事宜，进一步印证了盛世公司代表盛世汽车、盛世爱工同意拆除三家汽车4S店的情况。《民法总则》第172条[①]规定："行为人没有代理权、超越代理权或者代理权终止后，仍然实施代理行为，相对人有理由相信行为人有代理权的，代理行为有效。"据此，盛世公司构成表见代理，故铁西区政府要求拆除三家汽车4S店不但有法律依据，还符合情理，对华之菱公司、兴旗公司、盛世安特的相关上诉主张不予支持。铁西区政府允许盛世汽车、盛世爱工建立汽车4S店，而盛世安特对案涉汽车4S店的权利来源无证据证明；华之菱公司、兴旗公司虽然分别承租盛世汽车、盛世爱工的汽车4S店，但经营期限在一审时已届满。可见，盛世安特、兴旗公司、华之菱公司均无继续使用、经营的合法依据，铁西区政府作为案涉土地使用权人要求其停止侵害依法有据，故原审意见并不与"买卖不破除租赁"原则相悖，应予支持。

司法审判的社会价值在于公正和效率。该案虽然主要法律关系不同，相对人也不同，但是都与案涉土地使用权的基本事实密切相关，原审合并审理有瑕疵，但符合最高人民法院《关于适用〈中华人民共和国民事诉讼法〉的解释》第221条"基于同一事实发生的纠纷，当事人分别向同一人民法院起诉的，人民法院可以合并审理"规定的精神。此外，原审虽然在案由认定、法律适用及论述说理等方面存在瑕疵，但是认定基本事实清楚，裁判结果正确，上诉人的上诉理由不成立，该案如果囿于原审瑕疵而重新审理，徒增各方诉累，也是对社会资源的浪费。

---

① 现为《民法典》第172条。

笔者认为,《合同法》第49条[①]规定:“行为人没有代理权、超越代理权或者代理权终止后以被代理人名义订立合同,相对人有理由相信行为人有代理权的,该代理行为有效。”该案中,盛世公司是案涉土地的原使用权人。2012年6月20日,铁西区政府与盛世公司签订了该补充协议,双方约定土地补偿款总额从2008年该收购协议的4500余万元增至1.89余亿元,盛世公司2013年9月30日前将该地块整体拆除完毕并交付铁西区政府后,相关土地出让协议约定的权利义务应当到2013年9月30日终止。该补充协议约定拆除三家汽车4S店,盛世汽车、盛世爱工本应作为当事人一并签订协议,铁西区政府和盛世公司在没有盛世汽车、盛世爱工授权代理的情况下,约定拆除地上物确有不周,事后未要求盛世汽车、盛世爱工签章确认亦有欠缺。但是,二审根据盛世公司、盛世汽车、盛世安特等公司股份构成情况,认定曾某世、王某华是这些公司的实际控制人,知道三家汽车4S店的建立和经管情况,该认定并无不当。如果盛世公司不能向铁西区政府作出其能代表盛世汽车和盛世爱工签订该补充协议,进而能按时拆除地上物的意思表示,铁西区政府不会将巨额补偿款支付给盛世公司,盛世公司也不会在收到补偿款后还向铁西区政府出具票据,所以铁西区政府有理由相信盛世公司代表盛世汽车、盛世爱工同意拆除三家汽车4S店。根据以上事实和法律规定,二审认定盛世公司签订该补充协议构成表见代理并无不当。该案中,案涉土地上有盛世安特、兴旗公司、华之菱公司经营实体,铁西区政府允许盛世汽车、盛世爱工建立汽车4S店,而盛世安特对案涉4S店的权利来源无证据证明;华之菱公司、兴旗公司虽然分别承租盛世汽车、盛世爱工的汽车4S店,但经营期限在一审时已届满,盛世安特、兴旗公司、华之菱公司均无继续使用、经营的合法依据。根据以上事实和法律规定,二审法院认定铁西区政府作为案涉土地使用权人要求兴旗公司、华之菱公司、盛世安特交付土地并无不当。

九、关于股权转让问题

在市场经济背景下,商业的发展必然导致股权转让纠纷增多。股权转让普遍存在于各个商业领域中,股权转让纠纷也呈现多种不同的表现形式。

---

① 现为《民法典》第172条。

案例 75

上诉人高某东、贤丰控股集团有限公司（以下简称贤丰公司）与被上诉人黑龙江省有色金属地质勘查七〇二队（以下简称七〇二队）、原审第三人遵化市大向东矿业有限公司（以下简称遵化大向东公司）、东宁市大向东矿业有限公司（以下简称东宁大向东公司）股权转让纠纷案

案号：(2017)最高法民终630号

主要争议焦点

高某东是否有权处分七〇二队在东宁大向东公司的30%股权及贤丰公司能否构成善意取得。

简要案情

遵化大向东公司与七〇二队就洋灰洞子铜矿的勘查与开发达成协议，签订《2006年合作协议》。七〇二队与遵化大向东公司签订《合作勘查开发绥阳镇洋灰洞子铜矿协议书》。湖南天一公司作为甲方与高某东签订《关于附生效条件的转让东宁县大向东矿业有限公司股权合同书》。高某东与贤丰公司签订《股权转让协议》。后各方当事人因协议履行发生纠纷。

案情详解

七〇二队起诉请求：(1)确认高某东与贤丰公司签订的《股权转让协议》《关于东宁县大向东矿业有限公司100%股权转让的补充协议》无效，股权转让价格为2.6亿元；(2)判令高某东、贤丰公司将东宁大向东公司100%股权恢复至该次转让前状态，即七〇二队享有东宁大向东公司30%股权，高某东享有70%股权，并向工商行政管理机关办理登记；(3)诉讼费用由高某东、贤丰公司承担。经一审法院释明，七〇二队于2017年1月15日提出变更诉讼请求为：(1)判令高某东将七〇二队享有的东宁大向东公司30%股权转让给贤丰公司为无权处分，贤丰公司对该

30%股权不构成善意取得;(2)判令高某东、贤丰公司将东宁大向东公司30%股权恢复至本次转让前状态,即七〇二队享有东宁大向东公司30%股权,并向工商行政管理机关办理登记。

高某东、遵化大向东公司答辩称,请求判决驳回七〇二队的诉讼请求。

贤丰公司、东宁大向东公司答辩称,七〇二队关于高某东低价转让股权的主张不能成立,请求判决驳回七〇二队的诉讼请求。

一审法院查明:七〇二队系国家全额拨款地质勘查事业单位。1981年,七〇二队在黑龙江省东宁县绥阳镇发现洋灰洞子铜矿,于2005年6月24日取得省国土资源厅颁发的证号为2300000510093的矿产资源勘查许可证,该证载明:勘查单位七〇二队;项目名称为黑龙江省东宁县洋灰洞子铜矿外围普查;勘查面积为33.63km²。2006年1月19日,遵化大向东公司经遵化市工商行政管理局批准设立,注册资本为100万元,公司类型为有限责任公司,高某东持有70%股份,任该公司法定代表人。2006年5月25日,遵化大向东公司(甲方)与七〇二队(乙方)就洋灰洞子铜矿的勘查与开发达成协议,并签订《2006年合作协议》,约定:"(1)合作方式:实行股份责任制;(2)投资方式:甲方以现金进行投资,乙方以现有地质资料和洋灰洞子铜矿探矿权作为出资,勘查许可证名称为《黑龙江省东宁县洋灰洞子铜矿外围普查》,勘查证号2300000510093,面积33.63km²;(3)股份比例:甲方享有70%股份,乙方享有30%股份;(4)甲方应将勘查资金按工程进度及时拨付到乙方;"2007年7月13日,经东宁县工商行政管理局批准,高某东注册成立东宁大向东公司,注册资本10万元,公司类型为有限责任公司。

2008年4月16日,东宁大向东公司取得省国土资源厅颁发的证号为T23120080402005741的矿产资源勘查许可证,内容为:"探矿权人为东宁大向东公司,勘查项目名称为东宁县洋灰洞子铜矿普查,勘查面积为10.24km²,勘查单位为七〇二队。"2008年4月17日,省国土资源厅矿产开发管理处(出让人)与东宁大向东公司(受让人)签订《探矿权出让合同》,主要内容为:受让人通过协议取得东宁县洋灰洞子铜矿普查的探矿权;勘查区面积为10.78km²;出让探矿权价款金额为784.95万元,受让人分期缴纳探矿权价款,首期缴纳240万元,2009年6月30日前缴纳余额544.95万元。东宁大向东公司于同日向国土资源厅支付了240万元探矿权价款,余款544.95万元于2010年10月22日缴纳。2008年5月,七〇二队与遵化大向东公司签订《合作勘查开发绥阳镇洋灰洞子铜矿协议书》，该协议内容除将第2条勘查证号变更为2300000630116、将股份比例变更为甲方享有80%股份、乙方享有20%股份，第7条增加一款作为第1款“甲方同意支付乙方前期地质勘查投入补偿费人民币600万元”外，其他内容与《2006年合作协议》相同。

东宁大向东公司办理了探矿权分立变更手续，并于2008年11月7日取得省国土资源厅颁发的证号为T23120080402005741东宁县洋灰洞子铜矿普查、勘查面积为9.78km^2的矿产资源勘查许可证和证号为T23520081102017626东宁县洋灰洞子铜矿详查、勘查面积为0.46km^2的矿产资源勘查许可证。2011年12月8日，东宁大向东公司申请将T23520081102017626号洋灰洞子铜矿详查探矿权转为采矿权，并于2012年2月3日取得省国土资源厅核发的C2300002012023110123997号采矿许可证。2012年2月18日，高某东向七〇二队提交一份申请，主要内容为：“我愿意按合理价格收购七〇二队在此矿权中持有的20%的干股。”该申请未获得七〇二队同意。2012年4月10日，湖南天一公司作为甲方与高某东（乙方）签订《关于附生效条件的转让东宁县大向东矿业有限公司股权合同书》，约定：乙方同意将其持有的标的股权转让给甲方，甲方同意用定向增发募集资金及部分自筹资金受让该标的股权；双方同意在项目评估报告与采矿权评估报告作出后，将根据合同确定的原则立即协商确定本次收购的收购价格并就相关收购事项另行签署补充合同，该等补充合同届时将构成本合同的一部分。2012年9月21日，湖南天一公司在巨潮资讯网站发布非公开发行项目进展公告，内容为：湖南天一公司拟通过非公开发行方式向十名特定对象发行4.6亿股人民币普通股（A股），募集资金总额251 160万元，扣除相关发行费用后，用于收购东宁大向东公司100%股权，中色地勘公司受东宁大向东公司的委托，对东宁大向东公司采矿权范围及其深部进行增储勘探详查工作，共完成钻探9200多米及相关地质水文工作。根据湖南天一公司公布的《非公开发行A股股票预案》记载，东宁大向东公司净资产的初涉预估值约为30亿元。2013年1月8日，七〇二队向牡丹江中院提起另案诉讼，要求确认其与遵化大向东公司2008年签订的《2008年合作协议》无效；确认其为东宁大向东公司的股东，持有30%股份，要求高某东、东宁大向东公司变更工商登记；要求遵化大向东公司赔偿其损失715万元。

2013年1月22日，高某东（甲方）与贤丰公司（乙方）签订《股权转让协议》，约定:双方就甲方将其所持东宁大向东公司(目标公司)100%的股权转让给乙方之相关事宜,达成一致,甲方向乙方转让的标的为甲方合法持有目标公司100%股权;股权转让价款为2.6亿元;待目标公司100%股权过户至乙方名下后10日内,由乙方将股权转让款一次性支付给甲方,甲方应在收款之同时,向乙方开具合规的收据;股权完成的条件为甲、乙双方完成合同规定的与股权转让有关的全部手续,并将所转让的目标公司100%的股权过户至乙方名下,目标公司的股东名册、公司章程及工商管理登记档案中均已明确载明乙方持有该股权数额。次日,双方办理了工商变更登记。高某东向一审法院提交了其与贤丰公司于2013年1月22日签订的《股权转让补充协议》和《股权转让价款抵偿协议》,并称之所以未在举证期限内提交该两份协议是因为股权转让价款属于该公司的商业秘密,不想公之于众,故其与贤丰公司在同一天签订了《股权转让协议》和《股权转让补充协议》,双方仅把《股权转让协议》提交工商机关,《股权转让补充协议》及《股权转让价款抵偿协议》未在工商机关备案。《股权转让补充协议》约定:双方同意由贤丰公司(乙方)聘请具有从业资格的评估机构,以2012年12月31日为基准日,对标的股权价值进行评估,并以该等标的股权的评估价值作为基础,按照补充协议约定方式确定股权转让价款;本次股权转让的总款金额不超过标的股权评估价值的80%;高某东(甲方)先行按照东宁大向东公司的注册资本额人民币2.6亿元将标的股权转让给乙方;乙方应当以人民币2.6亿元向甲方支付第一期股权转让价款,且该第一期股权转让价款应当在补充协议签署之日起7日内支付;如标的股权评估价值的80%低于人民币2.6亿元,则本次股权转让的总价款金额即确定为人民币2.6亿元,乙方无须再向甲方支付第二期股权转让价款,甲方也无须向乙方退还人民币2.6亿元与评估价值之间的差额,如标的股权评估价值的80%高于人民币2.6亿元,则按照补充协议第3条第3项的约定计付第二期股权转让款。根据该补充协议的约定,第二期股权转让价款的给付条件及期限为甲方于2013年4月30日之前取得每年300万吨矿石采选规模所必需的主要行政审批手续(包括立项、采矿证、环境评价、安全生产、土地/林地使用五项行政审批),乙方在行政审批手续完成后的1个月之内支付第二期股权转让价款,甲方每逾期1个月取得前述行政审批手续,乙方给付的第二期股权转让价款折价10%。《股权转让价款抵偿协议》的主要内容为:(1)根据《股权转让协议》约定,乙方(贤丰公司)应当在东宁大向东公司100%股权过户至其名下后10日内，向甲方（高某东）支付全额股权转让价款计人民币2.6亿元；（2）各方确认，在上述股权转让之前，甲方及甲方的关联方（温某贵）向乙方及乙方的关联方（蓝某）多次借款，且尚未偿还的借款金额超过了人民币2.6亿元，各方同意以甲方及甲方的关联方应偿还乙方及乙方的关联方借款中的人民币2.6亿元等额抵偿协议第1条所述的股权转让价款计人民币2.6亿元；（3）上述抵偿自协议签署之日起生效，抵偿后，乙方无须再向甲方支付股权转让价款计人民币2.6亿元，甲方及甲方的关联方应偿还乙方及乙方的关联方之债务亦等额扣减人民币2.6亿元。

2013年2月16日，高某东致函湖南天一公司，主要内容为：已将东宁大向东公司100%股权转让给贤丰公司，并且贤丰公司承诺："在获得湖南天一公司同意的前提下，自东宁大向东公司100%股权过户至贤丰公司名下之日起，贤丰公司将继续履行本人与贵司于2012年4月签署的《关于附生效条件的转让东宁县大向东矿业有限公司股权合同书》项下本人的义务。"2013年3月20日，湖南天一公司召开第五届董事会第十二次会议，决定不同意由贤丰公司继续履行《关于附生效条件的转让东宁县大向东矿业有限公司股权合同书》项下高某东的义务，并决定终止非公开发行股票事宜。2011年5月20日，从贤丰公司财务人员龚某兰个人银行账户转入高某东个人银行账户1000万元；2011年9月7日、2012年1月11日，从贤丰公司银行账户分两笔转入东宁大向东公司银行账户1000万元、2500万元。贤丰公司、东宁大向东公司认可该两笔合计为3500万元转款系贤丰公司出借给高某东的款项。2012年5月15日至2013年1月22日，从蓝某个人银行账户分23笔转入温某贵个人银行账户合计31 850万元。贤丰公司、蓝某、东宁大向东公司均认可蓝某系受贤丰公司委托向高某东出借款项。以上贤丰公司出借给高某东的款项合计为36 350万元。

2012年5月17日至7月24日，从温某贵个人银行账户分8笔转入蓝某个人银行账户合计为22 230.7万元。2012年5月17日，从东宁大向东公司银行账户转入贤丰公司银行账户3716万元。以上款项合计为25 946.7万元。东宁大向东公司成立后数次增加注册资金，截至2012年7月23日最后一次增资完成，该公司注册资金增至2.6亿元。2013年9月10日，省国土资源厅矿产资源管理处出具《关于东宁县洋灰洞子铜矿普查探矿权转让抑或出让等问题的书面说明》，主要内容为：2008年4月16日，《黑龙江省东宁县洋灰洞子铜矿普查》

(证号 T23120080402005741)经批准后由七〇二队转让给东宁大向东公司。由于洋灰洞子铜矿外围普查项目一直是省有色地勘局的计划项目,未缴纳探矿权价款,按照财政部、国土资源部《关于深化探矿权采矿权有偿取得制度改革有关问题的通知》精神,该探矿权转让前依法进行了价款评估,评审备案结果表中评估目的为"转让",探矿权价款为 784.95 万元,为约束受让人按时缴纳探矿权价款,2008 年 4 月 17 日,该厅与东宁大向东公司签订了《探矿权出让合同》,但该合同非出让探矿权之用。至于七〇二队将探矿权转让给东宁大向东公司是否可以另行收取探矿权价款,这是转让人与受让人两个企业之间的民事行为,与该厅无关。2013 年 9 月 23 日,牡丹江中院针对前述七〇二队与遵化大向东公司等确认合同无效纠纷一案,作出(2013)牡商初字第 10 号民事判决,七〇二队关于确认其股东资格的诉请与确认合同效力的诉请不属于同一种类之诉,应由公司住所地法院管辖,判决:(1)七〇二队与遵化大向东公司签订的《2008 年合作协议》无效;(2)七〇二队于判决生效后 10 日内一次性返还遵化大向东公司给付的补偿费 600 万元;(3)驳回七〇二队其他诉讼请求;(4)驳回七〇二队对高某东、东宁大向东公司的诉讼请求。七〇二队不服该判决,向二审法院提出上诉。二审法院于 2016 年 12 月 17 日作出(2014)黑高商终字第 19 号民事判决。判决:(1)维持牡丹江中院(2013)牡商初字第 10 号民事判决第 1 项、第 2 项;(2)撤销牡丹江中院(2013)牡商初字第 10 号民事判决第 3 项、第 4 项;(3)驳回七〇二队要求遵化大向东公司赔偿 715 万元损失的诉讼请求。同时作出(2014)黑高商终字第 19 号民事裁定书,驳回七〇二队请求确认其股东资格的起诉。

裁判结果

一审法院判决,高某东转让给贤丰公司的东宁大向东公司全部股权中的 30% 部分为无权处分;贤丰公司于本判决生效之日起 10 日内将其持有的东宁大向东公司 30% 股权返还高某东。高某东、贤丰公司不服一审判决,向最高人民法院提起上诉,最高人民法院裁定:(1)撤销黑龙江省高级人民法院(2013)黑高商初字第 13 号民事判决;(2)本案发回黑龙江省高级人民法院重审。

案例 77

再审申请人陈某娟与被申请人浙江明达市政安装工程有限公司（以下简称明达公司）股权转让纠纷案

案号：(2018)最高法民申 4412 号

主要争议焦点

陈某娟是否有权解除与明达公司签订的《股权转让协议》。

简要案情

哈尔滨绿色食品电子商务产业园有限公司（以下简称绿色公司）股东会会议决定陈某娟将其享有的公司 70% 股权作价 7000 万元转让给明达公司，陈某娟与明达公司签订《股权转让协议》，绿色公司将股东由陈某娟、陈某奎变更为陈某娟、陈某奎、明达公司。协议签订后，明达公司未按照股权转让协议约定支付 7000 万元股权转让款。陈某娟向明达公司及其法定代表人吴某林邮寄送达了解除合同公证书。双方当事人因协议履行发生纠纷。

案情详解

陈某娟起诉请求：(1)确认双方签订的《股权转让协议》于 2016 年 9 月 28 日解除；(2)明达公司向陈某娟返还受让的绿色公司 70% 的股权；(3)明达公司于判决生效后 15 日内配合陈某娟办理明达公司向陈某娟返还受让的绿色公司 70% 股权的变更（股东变更）登记手续；(4)明达公司承担本案诉讼费用。

明达公司辩称，陈某娟的陈述违背客观事实，应依法驳回陈某娟的诉请。

一审法院查明：2016 年 1 月 11 日，绿色公司股东会会议决定陈某娟将其依法享有的公司 70% 股权作价 7000 万元转让给明达公司。同日，陈某娟（甲方）与明达公司（乙方）签订《股权转让协议》，该协议约定：甲方自愿将依法取得的 70% 股权作价 7000 万元转让给乙方。陈某娟及明达公司在该股权转让协议上签字。2016 年 1 月 13 日，绿色公司在工商行政管理部门进行了股东变更登记，将股东由陈某娟、陈某奎变更为陈某娟、陈某奎、明达公司。其中,明达公司持股比例70%,陈某奎持股比例17.5%,陈某娟持股比例12.5%。《股权转让协议》签订后,明达公司未按照该协议的约定支付7000万元股权转让款。2016年9月18日,陈某娟向明达公司及其法定代表人吴某林邮寄送达了解除合同公证书,内容为:“我(甲方)与贵公司(乙方)于2016年1月11日就哈尔滨绿色食品电子商务产业园有限公司股权转让,签订《股权转让协议》。按照双方约定,贵公司应于协议签字时一次性结清股权转让款。但贵公司至今没有付款,已经构成违约。现通知贵公司解除双方签订的上述《股权转让协议》。”

二审法院另查明:2015年9月,婺兴公司与叶立某、叶某、叶跃某等签订《股权转让协议》,约定叶跃某为宏林公司、绿色公司等11家公司的实际控制人,将该11家公司70%的股权转让给婺兴公司或婺兴公司指定的第三方,转让价格为每个公司1元,共计11元。股权转让中,婺兴公司向目标公司共出资4000万元运营资金作为出借款。该11家公司资产总规模为29 343万元,其中公司债务款为18 553万元,陈某奎等人的个人借款为8050万元,其他个人借款为1340万元,应付公司内部工程款为1400万元。2015年11月3日,宏林公司股东由叶立某(占10.0219%)、叶某(占89.9781%),变更为叶立某(占11.9%)、叶某(占18.1%)、婺兴公司(占70%)。2016年11月2日、11月3日,婺兴公司按照宏林公司的指示,向案外人池某东支付部分款项。

2017年5月17日,叶跃某出具道歉声明,主要内容为:“我们(特指叶跃某、陈某娟、叶立某、叶某四人)现就与婺兴公司、明达公司在股权转让、公司管理等合作过程中的不当行为,作如下道歉声明:(1)我们充分认识到,通过向哈尔滨中院隐瞒绿色公司70%股权实际系1元价格出让给明达公司、工商局备案合同实际仅是形式合同、陈某娟仅是叶跃某的股权代持人等事实,企图通过诉讼要回绿色公司股权的行为是违背诚信及商业道德的行为,我们在此表示歉意;(2)我们违反与各方签订的《浙江宏林环境建设集团有限公司及关联公司股权转让协议》的内容和精神,未经明达公司同意,单方侵占绿色公司公章、财务印章等行为是严重违背诚信及商业道德的行为;在本道歉声明签署后15日内撤回和明达公司的返还股权诉讼,并尽快归还由婺兴公司担保的1100万元债务及其他相关借款。”

2017年10月17日,婺兴公司出具情况说明,其主要内容为:“该公司根据

2015年与叶跃某、叶某、叶立某签订的《宏林公司及关联公司股权转让协议》的相关约定及自身经营安排，特委托明达公司作为绿色公司70%股权的受让方，与叶跃某指定的陈某娟办理了相应股权转让工商变更手续。且该工商变更手续中所涉股权转让协议约定股权转让价款为7000万元，仅是为了工商变更方便的需要，该公司和明达公司均无须向陈某娟实际支付。”（2018）黑民终273号一案认定，陈某娟受叶跃某指定与朱某革签订了涉及绿色公司10%股份的《股权转让协议》，该协议系为履行叶跃某与朱某革所签协议书第4条关于“朱某革金额退出金宏置业公司的股份，签署股权转让协议，办理工商变更登记”的约定，办理股权工商变更登记所签，而非朱某革与陈某娟针对案涉股权另行签订的协议。

裁判结果

一审法院判决：（1）解除明达公司与陈某娟于2016年1月11日签订的《股权转让协议》；（2）明达公司于本判决生效之日起15日内向陈某娟返还绿色公司70%的股权；（3）明达公司于本判决生效之日起15日内协助陈某娟将其名下绿色公司70%的股权变更登记至陈某娟名下。明达公司不服一审判决，向二审法院提起上诉，二审法院判决：（1）撤销哈尔滨市中级人民法院（2016）黑01民初644号民事判决；（2）驳回陈某娟的诉讼请求。陈某娟不服二审判决，向最高人民法院申请再审，最高人民法院裁定，驳回陈某娟的再审申请。

案例78

再审申请人吴某祥与被申请人哈尔滨天悦节能环保科技发展有限公司（以下简称天悦公司）股权转让纠纷案

案号：（2018）最高法民申5618号

主要争议焦点

吴某祥应否向天悦公司给付1800万元股权转让价款及利息。

简要案情

在天悦公司与吴某祥签订《公司股权转让协议》后，鸿聚通公司将股权按照约定进行了工商变更登记。后天悦公司与吴某祥因履行协议发生纠纷。

案情详解

天悦公司起诉请求：(1)判令吴某祥给付天悦公司股权转让款1800万元，并自起诉之日起按照月利率2%支付利息至实际给付之日止；(2)本案诉讼费、保全费由吴某祥承担。

吴某祥辩称，天悦公司起诉没有事实及法律依据，请求驳回天悦公司全部诉讼请求。

一审法院查明：鸿聚通公司系有限责任公司，公司股东为郭某清、吴某祥、翟某鹏和天悦公司。2014年1月2日，鸿聚通公司注册资本为6000万元，各股东出资额及出资比例为：郭某清出资750万元，出资比例占12.50%；吴某祥出资200万元，出资比例占3.33%；翟某鹏出资50万元，出资比例占0.83%；天悦公司出资5000万元，出资比例占83.33%。

2014年3月27日，天悦公司与吴某祥签订《公司股权转让协议》。该协议约定：天悦公司将其持有的该公司30%股权转让给吴某祥。股权转让完成后，吴某祥享有30%的股东权利并承担义务。同日，鸿聚通公司召开股东会议，并作出决议：同意天悦公司将所持有的本公司83.33%的股份中的30%股份(1800万元)转让给吴某祥。股份转让后，吴某祥持有公司33.33%的股份(2000万元)，天悦公司持有公司53.33%的股份(3200万元)，其他股东持有公司股份的比例未发生变化。同意签订股权转让协议后即开始办理股权变更手续。同日，鸿聚通公司股东会通过新章程，确认吴某祥出资额2000万元，出资比例占33.33%，天悦公司出资额3200万元，出资比例占53.33%，其他股东出资额和比例不变。2014年4月4日，鸿聚通公司对上述股权变更情况进行了工商变更登记。

吴某祥主张其通过万通化工厂向鸿聚通公司转账1740万元，均发生在2011年1月28日至2013年7月9日，其转款凭证上摘要栏备注的款项用途均为“往来款”或“货款”。

裁判结果

一审法院判决：(1)吴某祥于本判决生效之日起7日内给付天悦公司股权转让款1800万元；(2)吴某祥于本判决生效之日起7日内给付天悦公司股权转让款的利息(以1800万元为基数，自2017年2月10日起至实际给付之日止，按照年利率6%支付)。吴某祥不服一审判决，向二审法院提起上诉，二审法院判决，驳回上诉，维持原判。吴某祥不服二审判决，向最高人民法院申请再审，最高人民法院裁定，驳回吴某祥的再审申请。

案例79

再审申请人孟某占与被申请人宁夏住宅建设发展(集团)有限公司(以下简称住宅集团)、杨某勇股权转让纠纷案

案号：(2019)最高法民申4436号

主要争议焦点

案涉股权转让款及利息的数额如何确定。

简要案情

孟某占与住宅集团签订《股权转让协议》，杨某勇向孟某占出具担保书，案外人冀商公司与孟某占签订协议书，住宅集团与案外人冀商公司签订协议书。后各方当事人因协议履行发生纠纷。

案情详解

孟某占起诉请求：(1)被告住宅集团立即支付原告股权转让款650万元、利息1 500 416.67元，以上合计8 000 416.67元，并承担2018年2月1日之后的利息(按照年利率4.75%的4倍)随本付清，被告杨某勇对上述股权转让价款本息承担连带清偿责任；(2)本案诉讼费由二被告承担。

住宅集团辩称,住宅集团欠原告的股权转让款的支付方式已经有协议明确约定,原告计算欠款利息没有事实和法律依据。担保书中的内容即付款时间和利息计算方式对住宅集团无法律效力。

杨某勇辩称,原告要求杨某勇对该股权转让款承担连带清偿责任,依法不能成立。

一审法院查明:孟某占系冀商公司的发起人,认缴出资额为650万元,占股6.5%。2016年10月15日,孟某占与住宅集团签订《股权转让协议》,约定:甲方(孟某占)同意将其占冀商公司6.5%的股权以650万元价款转让给乙方(住宅集团)。2016年10月28日,杨某勇向孟某占出具担保书,载明:鉴于孟某占将其在冀商公司的6.5%股权转让给冀商公司指定的杨某勇名下,孟某占应收取相应的股权转让款650万元。该协议约定以冀商公司对宋某明、温某金等诉讼执行款支付孟某占股权转让款,现承诺对上述股权转让款的支付提供连带保证责任担保。2016年12月30日,宁夏回族自治区金融工作局对孟某占在冀商公司所持650万元的股权转让给住宅集团作出批复。2017年2月1日,冀商公司将上述股权转让事宜通过股东会决议。该公司章程对该股权转让事宜亦进行了确认。一审另查明,2016年9月30日,案外人冀商公司(甲方)与孟某占(乙方)签订协议书,约定:甲方同意乙方将其在公司的650万元占股6.5%进行转让。乙方通过与甲方指定人员签订《股权转让协议》的方式,办理工商变更登记;乙方应得上述股权转让款650万元,现因乙方向甲方借款50万元和利息22万元,甲方应向乙方实际支付股权转让款578万元。其中,宋某明具体实施操作方案如下:甲方已向兴庆区人民法院申请对宋某明等人的强制执行,待该案执行回款时,甲方即向乙方予以支付上述股权转让款。2016年10月15日,住宅集团与案外人冀商公司签订协议书,约定:依据2016年9月30日冀商公司与孟某占签订的协议书,因孟某占尚欠冀商公司借款50万元和利息22万元,故住宅集团在受让孟某占6.5%股权时实际支付股权转让款为578万元。同时按冀商公司与孟某占约定的用宋某明、温某金尚欠冀商公司的相关借款及利息抵顶住宅集团应向孟某占支付的股权转让款,即住宅集团无须直接向孟某占支付股权转让款。一审还查明,2017年6月至2018年2月,杨某勇分多次向孟某占共计支付80万元,2017年6月5日支付30万元,虽然通过案外人秦某光账户转到案外人唐某玲账户,但系指定接收账户,且孟某占出具收据予以确认。

裁判结果

一审法院判决：(1)住宅集团于判决生效之日起10日内向孟某占支付股权转让款498万元，并承担自2018年2月6日起至判决确定的给付之日止的利息；(2)杨某勇对上述债务承担连带清偿责任。孟某占与住宅集团均不服二审判决，向二审法院提起上诉，二审法院判决，驳回上诉，维持原判。孟某占不服二审判决，向最高人民法院申请再审，最高人民法院裁定，驳回孟某占的再审申请。

案例80

上诉人赵某虎、曹某海与被上诉人阿克苏果满堂果业开发有限公司（以下简称阿克苏果满堂公司）、曹某一、赵某根股权转让纠纷案

案号：(2019)最高法民终1805号

主要争议焦点

(1)案涉《公司产权转让合同书》是否有效，是否应予解除；(2)赵某虎要求曹某海、阿克苏果满堂公司返还转让款6300万元以及赔偿违约金2000万元的诉讼请求能否成立，曹某海、阿克苏果满堂公司如何承担责任及具体数额。

简要案情

赵某虎与阿克苏果满堂公司签署《合作协议》。赵某虎与曹某海签订《公司产权转让合同书》。后当事人各方因合同履行发生纠纷。

案情详解

赵某虎起诉请求：(1)判令解除赵某虎与曹某海签订的《公司产权转让合同书》；(2)判令曹某海、阿克苏果满堂公司返还赵某虎转让款63 000 000元，并赔偿违约金20 000 000元，合计83 000 000元；(3)案件受理费、保全费由曹某海、阿克

苏果满堂公司承担。

曹某海辩称，赵某虎要求解除合同的诉请没有事实和法律依据。

阿克苏果满堂公司辩称，赵某虎起诉与事实不符，阿克苏果满堂公司也不是该案适格被告，请求依法驳回赵某虎诉讼请求。

曹某一、赵某根述称，赵某虎仅申请追加曹某一、赵某根为第三人参与诉讼，明显遗漏了应当参加诉讼的当事人。

2018年10月9日，阿克苏果满堂公司向一审法院递交反诉状，要求判令赵某虎继续履行《公司产权转让合同书》，向阿克苏果满堂公司支付首批转让款欠款30 300 000元。2018年11月7日，阿克苏果满堂公司向一审法院递交撤回反诉申请书，以阿克苏果满堂公司作为《公司产权转让合同书》的转让标的之一，在本诉中不具有被告资格，无权对阿克苏果满堂公司股东股权转让事宜发表意见为由，申请撤回对赵某虎提起的反诉。一审法院于2019年6月12日作出（2018）新民初6号裁定准许阿克苏果满堂公司撤回反诉申请。

一审法院查明：阿克苏果满堂公司注册于2009年，法定代表人为曹某一。公司股东为曹某一（占股95%）、赵某根（占股5%）［国家企业信用信息公示系统记载显示，阿克苏果满堂公司股东于2018年12月29日变更为曹某一（占股95%）、王某超（占股5%）］。阿克苏果满堂公司公司章程规定："股东之间可以互相转让其全部出资或部分出资；股东向股东以外的人转让其出资时，必须经其他股东过半数同意。股东应就其股权转让事项书面通知其他股东征求同意，其他股东自接到书面通知之日起满30日未答复的，视为同意转让。其他股东半数以上不同意转让的，不同意的股东应当购买该转让的出资，如果不购买该转让的出资，视为同意转让，执行董事为本公司法定代表人。"李某勋、王某斌为阿克苏果满堂公司员工。阿克苏果满堂公司郑州分公司成立于2010年，负责人为王某川。阿克苏果满堂公司中牟分公司成立于2011年，负责人为曹某三。和田京港果业开发有限公司（原和田果满堂农业开发有限公司）成立于2015年2月2日，法定代表人为赵某虎，股东为张某政、赵某虎，于2016年11月23日将企业名称由和田果满堂农业开发有限公司变更为和田京港果业开发有限公司。上海果满堂电子商务有限公司注册于2012年，法定代表人为王某超，公司股东为王某超。新疆汇丰益农农业科技有限公司注册于2012年，法定代表人为马某珍，公司股东为马某珍（70%）、常某民（30%）。河南银龙供水有限公司成立于2006年，法定代表人为赵某虎，股东为中国供水集团有限公司、银龙水务投资有限公司。2014年6月23日、7月8日，河南威纳利实业有限公司向阿克苏果满堂公司分三次转款4 400 000元、5 000 000元、5 000 000元，共计14 400 000元。2014年12月26日，银龙水务投资有限公司向李某勋通过转账转款10 000 000元。同日，李某勋向河南威纳利实业有限公司转款4 050 000元，向王某斌转款5 950 000元。2014年12月31日，曹某海向赵某虎出具借条，内容为“今借现金壹千万元整，利息月息两分整，元月20日还款，本金及利息一次还清，另加壹拾万元”。2015年1月23日，河南海鸿投资有限公司向阿克苏果满堂公司转账9 700 000元，用途一栏注明“投资款”。2015年1月23日赵某虎与阿克苏果满堂公司签署《合作协议》，就阿克苏果满堂公司和田相关项目达成以下协议：赵某虎在协议签订后向阿克苏果满堂公司账户汇入20 000 000元资金，作为全面合作的保证金。该协议签订及赵某虎20 000 000元资金汇达阿克苏果满堂公司后即生效。2015年2月6日，赵某虎与曹某海签订《公司产权转让合同书》，约定转让标的为“（1）阿克苏果满堂果业开发有限公司（100%股权）；（2）新疆和田农业及扶贫相关项目（100%股权）；（3）上海果满堂电商公司（100%股权）；（4）果满堂郑州分公司（100%股权）；（5）果满堂中牟分公司（100%股权）；（6）郑州东区1000平方米新办公楼及附属车位10个（100%股权）；（7）新疆汇丰益农农业科技有限公司（100%股权）”。债权债务处理方案约定为：甲方（曹某海）在转让前所享有的一切债权，仍由甲方行使；甲方在转让前所负的一切债务，由乙方（赵某虎）承担10 000 000元以内部分，剩余部分由甲方承担。关于转让方式、转让价格、价款支付时间和方式约定为：双方协商定价转让价款确定为人民币200 000 000元，协议签订后5个工作日内乙方支付首批转让价款50 000 000元（包括已支付的订金20 000 000元）给甲方，乙方转让价款中的100 000 000元，由乙方用于阿克苏果满堂公司处置银行等相关债务，处理债务完毕后，如有余款应如数支付给甲方，下余50 000 000元转让价款，乙方应在2015年内根据甲方处理相关问题需要支付给甲方。首批转让价款支付后，甲、乙双方即开始办理相关证照的变更手续。2015年2月8日、3月1日，和田果满堂公司与和田县高新农业经济新区办公室签署两份《和田县高新农业经济新区土地开发协议》。2015年2月13日，赵某虎向阿克苏果满堂公司分两次分别转账10 000 000元、12 000 000元，共计22 000 000元。河南海鸿投资有限公司向阿克苏果满堂公司分两次分别转账 4 000 000 元、4 000 000 元,共计 8 000 000 元,两次转账用途一栏均注明“投资款”。2015 年 2 月 26 日,赵某虎向阿克苏果满堂公司转账 6 000 000 元。2015 年 4 月 28 日,赵某虎向阿克苏果满堂公司转账 2 000 000 元。2015 年 4 月 29 日股东决议载明:“股东赵某虎、曹某动召集董办成员举行会议,两位股东在会议上介绍了双方对于新疆农业项目进行合作开发的决心和信心,确定了 2015 年的种植建园的工作目标。”2015 年 5 月 15 日,和田果满堂公司向阿克苏果满堂公司转账 2 000 000 元,附加信息及用途一栏注明“借款”。

2015 年 5 月 26 日,赵某虎向阿克苏果满堂公司转账 3 000 000 元。2017 年,曹某一向曹某海出具授权委托书(未注明具体日期),授权曹某海代表股东全权处置阿克苏果满堂公司资产等事宜,包括但不限于签署对外合作、产权处置和股权转让等协议,并对相关事项作出决定。2018 年 10 月 23 日,阿克苏果满堂公司《股东会决议》载明:“(1)曹某海不再担任阿克苏果满堂公司法定代表人。(2)曹某海担任阿克苏果满堂公司法定代表人期间,在法律范围内,以公司名义实施的所有行为都是职务行为,其所有结果由阿克苏果满堂公司承担,与曹某海无关。(3)曹某海不再担任阿克苏果满堂公司法定代表人后,在法律范围内,公司所有纠纷、诉讼案件等由阿克苏果满堂公司承担和处理,与曹某海无关。(4)曹某海不担任阿克苏果满堂公司法定代表人后,阿克苏果满堂公司今后的一切事物由阿克苏果满堂公司负责及处理,与曹某海无关。”河南海鸿投资有限公司出具证明称:“河南海鸿投资有限公司分别于 2015 年 1 月 23 日、2 月 13 日向阿克苏果满堂果业开发有限公司转款 9 700 000 元、4 000 000 元、4 000 000 元,共计 17 700 000 元。上述款项属于受赵某虎先生委托转款,款项的所有权属于赵某虎先生,由赵某虎先生行使所有人权利,河南海鸿投资有限公司对于上述款项不再行使任何权利。”

裁判结果

一审法院判决:(1)曹某海于本判决生效后 10 日内返还赵某虎股权转让款 40 700 000 元;(2)驳回赵某虎的其他诉讼请求。赵某虎、曹某海不服一审判决,向最高人民法院提起上诉,最高人民法院裁定:(1)撤销新疆维吾尔自治区高级人民法院(2018)新民初 6 号民事判决;(2)本案发回新疆维吾尔自治区高级人民法院重审。

案例 81

上诉人李某林、裴某娇与上诉人甘肃常安置业有限责任公司(以下简称常安置业)股权转让纠纷案

案号:(2019)最高法民终463号

主要争议焦点

(1)常安置业是否应向李某林、裴某娇支付截至2018年6月30日的股权转让款及利息和违约金。(2)常安置业是否应向李某林、裴某娇支付因本案支出的律师费。(3)李某林、裴某娇是否应履行股权及法定代表人工商登记变更义务并承担迟延变更的违约金。(4)李某林、裴某娇是否应向常安置业移交财务资料及25亩土地使用权证。(5)雷达设施是否影响合同继续履行。

简要案情

李某林、裴某娇与常安置业签订《股权转让协议书》《股权转让补充协议书》,李某林、裴某娇向常安置业移交了天龙泰公司的公章、合同章、股东章、财务章、发票专用章、天龙泰公司相关证照及天龙泰公司规划建设相关文件及部分土地权属证明资料。《股权转让补充协议书》签订后,常安置业按约支付第一笔转让款3500万元。后各方当事人因协议履行发生纠纷。

案情详解

李某林、裴某娇起诉请求:(1)判决常安置业继续履行《股权转让协议书》及《股权转让补充协议书》,并向李某林、裴某娇支付股权转让价款,截至2018年6月30日应付9700万元;(2)判决常安置业向李某林、裴某娇支付股权转让价款的利息,截至2018年5月18日的利息为13 590 860.18元,之后的利息以未付的股权转让价款为基数按照年率6.5%计算至利随本清时止;(3)判决常安置业向李某林、裴某娇支付违约金,截至2018年5月18日的违约金为5 400 934.05元,之后的违约金以欠付的股权转让价款为基数按照人民银行同期贷款基准利率的2倍计算至

股权转让价款实际付清之日;(4)判决常安置业赔偿李某林、裴某娇的经济损失即因本案支出的律师费 106 万元;(5)案件受理费、保全费等诉讼费用由常安置业承担。

常安置业辩称,常安置业已按约定履行阶段合同义务,由于李某林、裴某娇欺诈和违约,按约常安置业同期付款的义务已相应顺延,在李某林、裴某娇没有履行约定相应义务之前,常安置业优先履行抗辩权,常安置业没有违约,李某林、裴某娇主张继续付款并追究常安置业违约责任,不应得到法律支持。

常安置业反诉请求:(1)判令李某林、裴某娇将其持有的天龙泰公司 65% 股权过户至常安置业名下;(2)判令李某林、裴某娇将天龙泰公司的法定代表人变更为常某;(3)判令李某林、裴某娇向常安置业交付财务账册、凭证、纳税申报表、所得税汇算清缴报告、审计报告以及其他合同;(4)判令李某林、裴某娇向常安置业交付天龙泰公司名下 25 亩土地权证;(5)判令李某林、裴某娇承担迟延办理股权变更手续的违约金 878.75 万元(并支付自起诉之日至李某林、裴某娇终止违约行为之日的违约金);(6)判令待雷达站搬迁后,双方再继续履行合同;(7)判令李某林、裴某娇承担本案诉讼费等全部费用。

李某林、裴某娇辩称,李某林、裴某娇在合同签订后全面善意地履行了自己的义务,请求依法驳回常安置业的全部反诉请求。

一审法院查明:2017 年 1 月 1 日,李某林、裴某娇与常安置业签订《股权转让协议书》,约定:天龙泰公司注册资本 1000 万元人民币,其中李某林持股 640 万元,占公司总股本的 64%;裴某娇持股 360 万元,占公司总股本的 36%。李某林、裴某娇将所持有的天龙泰公司 35% 股权转让给常安置业,双方同意于 2017 年 1 月 13 日之前办理完工商变更手续。转让价款的支付期限和方式双方另行协商。2017 年 1 月 3 日,李某林、裴某娇与常安置业签订《股权转让补充协议书》,约定:天龙泰公司的主要资产为浦发银行投资入股的 100 万元、已取得土地使用权证的土地 218.605 亩和未办理手续的土地 43.6 亩,经双方同意,以 19 447.39 万元(土地作价 19 347.39 万元、浦发银行 100 万元股权)作为股权收购价格。自协议签订后 3 日内,常安置业支付 3500 万元;2017 年 3 月 15 日前付 3000 万元;2017 年 6 月 30 日前付 3500 万元,余款 9447.39 万元,在 2018 年 6 月 30 日前付 4000 万元;2019 年 6 月 30 日前付 3000 万元;2020 年 6 月 30 日前付 2447.39 万元。自合同签订之日起,常安置业承担第二笔付款3000万元和后期12 947.39万元利息，年利率为6.5%，每次付款时利随本清。李某林、裴某娇同意在收到第一笔付款后10日内配合办理转让李某林、裴某娇各持有的35%股权，变更法定代表人，移交公司管理权；收到第二笔付款10日内配合办理转让李某林、裴某娇各持有的30%股权；收到第三笔付款10日内配合办理转让李某林、裴某娇各持有的35%股权。在协议签订后10日内李某林、裴某娇向常安置业移交天龙泰公司的土地和股权，常安置业接受股权凭证、土地权属证明后向李某林、裴某娇出具资产接受单，即视为资产移交完成。在协议签订后10日内李某林、裴某娇向常安置业移交天龙泰公司的所有财务账册、凭证、纳税申报表、所得税汇算清缴报告、审计报告以及所有合同，常安置业收到上述财务资料后出具收据，注明财务名称、册数、期间，即视为财务移交完成。在协议签订后10日内李某林、裴某娇向常安置业移交天龙泰公司的所有证、章，常安置业收到证、章后，应注明收到的证件名称、件数和公章的名称、枚数并在接受单上留存印鉴，即视为证章移交完成。在协议签订后10日内李某林、裴某娇向常安置业移交天龙泰公司的所有资料。李某林、裴某娇应按照本协议约定配合办理天龙泰公司法定代表人变更，移交公司证章、财务手续、资产及相关批文原件，否则常安置业的第二笔付款顺延，直至李某林、裴某娇完成上述义务。李某林、裴某娇配合天龙泰公司完成项目建设过程中土地、规划、建设的相关手续。李某林、裴某娇在收到第一笔3500万元付款后3日内向银行偿还天龙泰公司2000万元贷款，确保银行在10日内向不动产登记部门递交解除104亩土地抵押的函；收到第二笔3000万元付款后3日内向银行偿还贷款，确保银行在10日内向不动产登记部门递交解除25亩和8.95亩土地抵押的函，否则常安置业可以同期顺延付款日期并免于支付顺延期间的付款利息。李某林、裴某娇延迟股权转让的，每延误一日按照常安置业相应付款额的人民银行同期基准利率的2倍向常安置业承担违约金。同时常安置业可以同期顺延后续付款日期并免于支付顺延期间的付款利息，直至李某林、裴某娇履行完毕。若常安置业逾期付款，李某林、裴某娇可选择按照人民银行同期贷款基准利率的2倍或常安置业以开发本楼盘房屋市场销售价的60%的价格抵顶欠款的方式向常安置业主张违约责任。协议签订后，李某林、裴某娇于2017年1月17日向常安置业移交了天龙泰公司的公章、合同章、股东章、财务章、发票专用章及天龙泰公司相关证照。2017年3月7日李某林、裴某娇向常安置业移交了天龙泰公司规划建设相关文件及部分土地权属证明资料。《股权转让补充协议书》签订后,常安置业已按约支付该协议约定的第一笔转让款3500万元。2017年3月16日、17日,常安置业分三笔向李某林、裴某娇支付共计800万元款项后,双方就《股权转让补充协议书》约定的第二笔款的付款时间、方式及天龙泰公司项目用地附近存在雷达设施的问题产生争议,经双方多次往来函件协商,未能形成一致意见。天龙泰公司的法定代表人及股东均未进行变更。《股权转让补充协议书》中的"项目建设"为"德福园"住宅小区项目,该项目规划用地附近存在中国人民解放军68002部队雷达设施。经李某林、裴某娇与常安置业往来函件商议,于2016年11月19日、23日以天龙泰公司名义形成甘天开发〔2016〕11号《关于加快推进项目建设的报告》和甘天开发〔2016〕12号《关于宗地开发项目推进情况的报告》,分别报送至榆中县人民政府、榆中县国土资源局,其中提出军用雷达设施对周边建筑物有距离、高度限制,建议政府予以协调,消除军用雷达设施影响,保证项目建设顺利进行。2017年5月23日,中国人民解放军68002部队向榆中县规划局致函称德福园项目规划有13栋密集高层住宅,不符合国家电磁环境保护范围内的高度规定,请求停止德福园项目规划建设。常安置业反诉请求第4项中所称的榆国用〔2011〕第50号土地使用权证项下25亩土地,系《股权转让补充协议书》中约定交付的土地,该土地系2016年3月22日榆中瑞鑫商贸有限公司向甘肃榆中农村合作银行贷款的抵押担保财产,该笔贷款本息已于2018年1月15日还清。2016年3月22日至2018年1月15日,该土地使用权证由甘肃榆中农村合作银行保管,现抵押手续已依法解除,土地使用权证已由甘肃榆中农村合作银行交还至天龙泰公司法定代表人李某林处。

裁判结果

一审法院判决:(1)李某林、裴某娇于本判决生效之日起10日内,配合常安置业将李某林所持天龙泰公司22.4%(64%×35%)的股权、裴某娇所持天龙泰公司12.6%(36%×35%)的股权变更至常安置业名下,配合将天龙泰公司法定代表人变更为常某。(2)李某林、裴某娇于本判决生效之日起10日内向常安置业移交天龙泰公司的所有财务账册、凭证、纳税申报表、所得税汇算清缴报告、审计报告、合同。(3)李某林、裴某娇于本判决生效之日起10日内向常安置业移交甘〔2016〕榆中县不动产权第000203号土地使用权证。(4)在李某林、裴某娇履行完毕本判决第二项、第三项义务后2个月内常安置业向李某林、裴某娇支付第二笔股权转让款2200万元(3000万元-800万元)；自第二笔股权转让款应付之日起3个月15天内支付第三笔股权转让款3500万元；自第三笔股权转让款应付之日起一年内支付第四笔转让款4000万元。(5)在常安置业履行完毕本判决第四项中第二笔股权转让款支付义务后10日内，李某林、裴某娇配合常安置业将李某林所持天龙泰公司19.2%(64%×30%)的股权、裴某娇所持天龙泰公司10.8%(36%×30%)的股权变更至常安置业名下。(6)常安置业在支付本判决第四项确定的股权转让款的同时，按年利率6.5%的标准，向李某林、裴某娇一并支付第二笔股权转让款3000万元、第三笔股权转让款3500万元、第四笔股权转让款4000万元的利息(自李某林、裴某娇履行完毕本判决第二项、第三项义务之日起至该笔转让款实际付清之日止)。(7)驳回李某林、裴某娇、常安置业的其他诉讼请求。李某林、裴某娇与常安置业均不服一审判决，向最高人民法院提起上诉，在最高人民法院主持下双方自愿达成了调解协议：(1)李某林、裴某娇与常安置业一致同意解除双方分别于2017年1月1日、1月3日签订的《股权转让协议书》及《股权转让补充协议书》。(2)李某林、裴某娇同意向常安置业返还股权转让价款4300万元(肆仟叁佰万元)，并支付该价款资金使用利息和常安置业实际发生项目前期费用1500万元(壹仟伍佰万元，税后)，以上款项合计5800万元(伍仟捌佰万元，税后)。(3)常安置业同意向李某林、裴某娇返还天龙泰公司的证照、印章及文件资料。(4)常安置业同意向李某林、裴某娇返还实施项目所形成的文件资料、票据。(5)常安置业持有天龙泰公司公章期间，以天龙泰公司名义对外开展初勘、规划方案阶段性设计及围墙施工项目等所形成的债务，均由常安置业独立承担。(6)李某林、裴某娇与常安置业同意于2019年9月6日在常安置业住所地的办公室办理履行调解协议的手续。李某林、裴某娇于2019年9月6日一次性将5800万元(伍仟捌佰万元)汇入常安置业指定账户，常安置业一次性交清调解协议第3条、第4条“移交清单”中的证章文件后，调解协议即生效。(7)李某林、裴某娇与常安置业承诺，双方在调解协议上的签字行为，视为在最高人民法院调解笔录上的签字行为，同时视为双方对最高人民法院民事调解书的签收并确认生效的民事行为。(8)李某林、裴某娇与常安置业双方收到最高人民法院民事调解书后3日内，均分别向甘肃省高级人民法院申请解除对对方的财产保全措施。(9)李某林、裴某娇与常安置业各自缴纳的一审、二审案件受理费、保全费及律师费均由双方各自承担。

案例 82

再审申请人西安合益农林科技发展有限公司(以下简称合益公司)与被申请人李某一,一审第三人吕某喜、杜某芳股权转让纠纷案

案号:(2019)最高法民申 3746 号

主要争议焦点

(1)李某二与杜某芳于 2015 年 2 月 25 日签订的《股东转让协议》是否已依法解除;(2)李某二与李某一签订的《股权转让协议》是否合法有效。

简要案情

合益公司召开了股东会决议:李某二与吕某喜一致同意李某二将其在合益公司所占的 50% 股权转让给杜某芳。李某二与杜某芳签订《股东转让协议》。李某二与李某一签订《股权转让协议》。后各方当事人因合同履行发生纠纷。

案情详解

李某一起诉请求:(1)请求人民法院确认李某一持有合益公司 50% 的股权;(2)判决合益公司将登记在李某二名下的合益公司 50% 股权变更工商登记至李某一名下;(3)合益公司承担本案的诉讼费用。

合益公司辩称,请求驳回李某一的诉讼请求。

第三人李某二述称,李某二与李某一签订的《股权转让协议》合法有效,李某一已经依照约定履行付款义务。李某二未依约履行协助李某一转让股权的变更手续义务系合益公司不就股权转让事宜履行股权转让过户手续,李某二对此没有法律责任。应当支持李某一的诉讼请求,但李某二对此没有过错。

第三人吕某喜述称,其意见同合益公司答辩意见。

第三人杜某芳述称,其意见同合益公司答辩意见。

一审法院查明:2003 年 6 月 5 日,合益公司成立,注册资本为 60 万元。2013 年 10 月 29 日,合益公司工商登记中的股东由吴某放、李某二、吕某喜各自认缴 30 万元实缴 30 万元。2017 年 10 月 20 日,李某二致函吕某喜称:本出资人拟将依法拥有的合益公司 50% 股权以 1000 万元转让给李某一;请吕某喜在收到本告知书之日起 30 日内给予书面答复,确定是否需要购买本出资人出让的股权,逾期未答复的,视为同意转让;吕某喜享有公司法规定的股东优先购买权;若吕某喜逾期未予书面答复或未以同等条件答复的,则视为放弃主张行使优先购买权,同意转让。2017 年 11 月 3 日,吕某喜、杜某芳及合益公司致函李某二称:根据 2015 年 2 月 25 日的《股东转让协议》,李某二已经不再是合益公司的实际股东,无权转让股权。2017 年 11 月 7 日,李某二致函吕某喜称:吕某喜在回函中并未就《股权转让协议》作出正面回复,吕某喜不回复或不正面回复,均视为吕某喜放弃主张行使优先购买权,同意转让股权。吕某喜收到该函后未予回复。2017 年 11 月 24 日,李某二与李某一签订了《股权转让协议》,约定:李某二将其持有的合益公司 50% 股权转让给李某一,转让价款为 1000 万元;付款方式为签订协议后 15 个工作日内先支付 700 万元转让款,股权转让变更登记完成后 15 个工作日内支付 300 万元;李某一向李某二支付第一笔转让款后 30 个工作日内,李某二配合李某一办理股权变更登记。2017 年 12 月 27 日,李某二将《提议召开临时股东会的函》以邮寄的方式向杜某芳送达。西安市长安区公证处对李某二向杜某芳送达《提议召开临时股东会的函》的行为进行了保全证据公证,并作出了(2018)西长证民字第 013 号公证书。该公证书所附的《提议召开临时股东会的函》中载明:合益公司、法定代表人杜某芳:李某二依据《公司法》第 39 条的规定及公司章程的规定,依法提议公司在收到该函件后 7 日内召开临时股东会;李某二提请公司召开临时股东会事由、议题为:因李某二已将持有的公司 50% 股权转让予李某一,公司需对该转让行为而引起的股东身份、股权持股现状以股东会会议决议形式予以确认,以便公司据此完成将李某二原持有的公司 50% 股权过户至李某一名下的股权工商变更手续。合益公司、杜某芳称其没有收到该函件。李某一分别于 2017 年 11 月 30 日、12 月 1 日、12 月 4 日向李某二付款 120 万元、294.001392 万元、286 万元。2014 年 1 月 29 日,合益公司召开了股东会,作出决议:李某二与吕某喜一致同意李某二将其在合益公司所占的 50% 股权转让给杜某芳。2015 年 2 月 25 日，李某二与杜某芳签订了《股东转让协议》，约定：李某二将其持有的合益公司 50% 股权全部转让给杜某芳，转让的股权价款为 500 万元；杜某芳在 2015 年 2 月 28 日前一次性支付股权转让款 200 万元，剩余 300 万元在公司拆迁或转让他人之前一次性付清；双方已经就本次股权转让事项召开了股东会，并已形成同意转让的股东会决议。合益公司法定代表人吕某喜在该协议落款处签名并加盖了合益公司印章。同日，吕某喜代杜某芳向李某二支付股权转让款 200 万元。2017 年 6 月 19 日，李某二将“致：杜某芳女士”的函以邮寄送达的方式向杜某芳送达。西安市长安区公证处对李某二送达“致：杜某芳女士”的函的过程进行了保全证据公证，该公证书所附的提议召开临时股东会的函中载明，致：杜某芳女士，杜某芳与李某二签订《股东转让协议》后，杜某芳仅支付了 200 万元，剩余的 300 万元在公司部分拆迁至今，一直拖延不予支付；杜某芳并未依约如实履行《股东转让协议》合同义务；杜某芳在合益公司部分拆迁至今，经李某二多次催告仍拖延不予支付剩余款项，严重违反合同约定，故李某二有权解除《股东转让协议》；为此，李某二正式函告：(1) 自杜某芳收到本函之日起，李某二与杜某芳签订的《股东转让协议》依法解除；(2) 请于收到本函之日起 3 日内，提供书面的银行账户信息，李某二将退还已收到的 200 万元股权转让款。杜某芳称其收到了该邮件，但邮件内是空的，没有函件。杜某芳系吕某喜之妻。

二审法院另查明：合益公司法定代表人杜某芳和股东吕某喜自认，2017 年 4 月西沣路拓宽改造占用了合益公司几亩土地，收到补偿款 980 万元。2017 年 6 月 20 日杜某芳收到了李某二发出的有关解除双方之间协议的函件，自认为该函件无效而未予回复。

裁判结果

一审法院判决：(1) 确认李某一持有合益公司 50% 的股权；(2) 本判决生效后 15 日内，合益公司将登记在第三人李某二名下的合益公司 50% 股权变更工商登记至李某一名下。合益公司不服一审判决，向二审法院提起上诉，二审法院判决，驳回上诉，维持原判。合益公司不服二审判决，向最高人民法院申请再审，最高人民法院裁定，驳回合益公司的再审申请。

案例83

上诉人兰州黄河企业集团公司(以下简称黄河集团)与被上诉人湖南鑫远投资集团有限公司(以下简称鑫远公司)、湖南昱成投资有限公司(以下简称昱成公司)及一审第三人甘肃新盛工贸有限公司(以下简称新盛工贸公司)、兰州黄河新盛投资有限公司(以下简称黄河新盛公司)股权转让纠纷案

案号:(2019)最高法民终955号

主要争议焦点

黄河集团是否有权向鑫远公司、昱成公司主张回购16 649万元特别债权及黄河新盛公司49%股权和新盛工贸公司45.95%股权。

简要案情

鑫远公司和昱成公司签订《股权转让协议》,鑫远公司将受让的股权转让给昱成公司,并办理了工商变更登记。昱成公司、谭某鑫、黄河新盛公司、新盛工贸公司、兰州黄河、杨某江签订了《重组协议》,拟对兰州黄河进行资产重组,主要约定将鑫远公司100%股权置入兰州黄河,昱成公司以所持鑫远公司68.47%股权中与兰州黄河全部置出股权及资产等值的部分与置出股权及资产进行置换。该重组协议被兰州黄河2016年第二次临时股东大会审议后否决。后各方当事人因协议履行发生纠纷。

案情详解

黄河集团起诉请求:(1)判令黄河集团以40 390 600元价款回购鑫远公司、昱成公司持有16 649万元特别债权及黄河新盛公司49%股权和新盛工贸公司45.95%股权;(2)本案所有诉讼费用由鑫远公司、昱成公司承担。

鑫远公司辩称,黄河集团在无事实与法律根据的情况下提起该案诉讼,是滥用诉讼权利。

昱成公司辩称,黄河集团在无事实与法律根据的情况下提起该案诉讼,是滥用诉讼权利。

新盛工贸公司、黄河新盛公司述称,黄河集团的诉讼符合合同约定,应当支持。鑫远公司、昱成公司的答辩缺乏事实和法律依据。

一审法院查明:2007 年 4 月 5 日,中国长城资产管理公司兰州办事处将黄河集团诉至该院。该院受理该案后,审理中,汇金公司于 2007 年 11 月 23 日通过甘肃省产权交易所产权交易中心受让了案涉债权。2008 年 3 月 5 日,鑫远公司与汇金公司签订了特别债权转让合同书,汇金公司将其对黄河集团享有的 16 649 万元特别债权本金及未结利息转让给鑫远公司,特别债权转让标的包括黄河集团对黄河新盛公司 49% 股权、新盛工贸公司 45.95% 股权的受让权利与新盛工贸公司将其在黄河新盛公司 51% 股权提供质押等权利以及特别债权诉讼原告方权利和财产保全申请人权利等,转让价款为 40 100 000 元。该院依法将本案原告变更为鑫远公司。该案经该院主持调解,鑫远公司与黄河集团自愿达成调解协议,协议主要内容是:(1)双方确认,截至 2008 年 6 月 18 日止,债权本金 16 649 万元,利息 700 万元,本息合计 17 349 万元;(2)黄河集团同意将其持有的黄河新盛公司 49% 股权(作价 10 000 万元)转让给鑫远公司,折抵鑫远公司等额债权;(3)黄河集团同意将其持有的新盛工贸公司 45.95% 股份(作价 7349 万元)转让给鑫远公司,折抵鑫远公司等额债权,该院协议予以确认。在此之前,鑫远公司、黄河集团、新盛工贸公司曾于 2008 年 3 月 8 日签订合作协议书,主要约定:(1)甲方(鑫远公司)受让并拥有乙方(黄河集团) 16 649 万元特别债权,乙方同意按照甲方要求,将甲方对乙方持有的对黄河新盛公司 49% 股权质押权通过股权转让方式直接变更为甲方持有黄河新盛公司的 49% 股权。丙方(新盛工贸公司)同意并确认该股权转让,承诺放弃优先受让权,乙、丙双方及黄河新盛公司负责在甲方受让特别债权成交确认时立即办理工商变更登记手续。(2)乙方持有丙方 45.95% 股权,因特别债权诉讼已将乙方对丙方 45.95% 股权冻结,乙、丙双方同意将乙方对丙方持有的 45.95% 股权无偿转让给甲方持有,丙方其他股东确认并同意该股权转让,并承诺放弃优先权,三方同意在特别债权转让确认时立即办理股权转让登记手续。待该协议约定条件成就时,甲方将该 45.95% 股权无条件无偿转让给丙方其他股东。……(4)丙方同意根据甲方的要求,在双方商定的期限内将其持有的黄河新盛公司 51% 股权全部转让给甲方或甲方指定机构持有。股权转让价格以转让时兰州黄河净资产价值总额为依据确定，股权转让价款的支付方式由甲、丙双方另行约定，在丙方向甲方或甲方指定机构转让黄河新盛公司51%股权的同时，甲方将持有的丙方45.95%股权无条件无偿转让给丙方其他股东，并免除乙方对16 649万元特别债权的偿还义务。……（8）如因乙方及/或丙方原因，造成甲方和甲方指定机构最终不能取得黄河新盛公司100%股权，乙、丙双方应按甲方受让特别债权的实际价款加上3000万元向甲方回购特别债权及甲方对黄河新盛公司持有的49%股权和甲方对丙方持有的45.95%股权。如因政府审批原因致使甲方和甲方指定机构最终不能取得黄河新盛公司100%股权，乙、丙双方应按甲方受让特别债权实际价款加上资金占用期间的利息（自甲方支付特别债权价款时起，按年息12%计算）向甲方回购特别债权及甲方对黄河新盛公司持有的49%股权和甲方对丙方持有的45.95%股权。2008年6月19日，鑫远公司、黄河集团、新盛工贸公司还签订了确认书，约定合作协议书继续有效，且不因和解协议书的签订和约定而改变合作协议书的约定内容。前述协议签订以及调解协议达成后，黄河集团和鑫远公司于2008年6月25日办理了工商变更登记手续，黄河集团将其持有的黄河新盛公司49%股权、新盛工贸公司45.95%股权变更至鑫远公司名下。2015年11月9日，鑫远公司和昱成公司签订了《股权转让协议》，鑫远公司将受让的前述股权分别转让给昱成公司，并办理了工商变更登记。2016年2月23日，昱成公司、谭某鑫、黄河新盛公司、新盛工贸公司、兰州黄河、杨某江签订了《重组协议》，拟对兰州黄河进行资产重组。主要约定将鑫远公司100%股权置入兰州黄河，昱成公司以所持鑫远公司68.47%股权中与兰州黄河全部置出股权及资产等值的部分与置出股权及资产进行置换。2016年5月6日，该重组协议被兰州黄河2016年第二次临时股东大会审议后否决。其后昱成公司于2017年11月1日向兰州市中级人民法院提起诉讼，请求判令解散黄河新盛公司、新盛工贸公司，遂酿成该案纠纷。

裁判结果

一审法院判决，驳回黄河集团的诉讼请求。黄河集团不服一审判决，向最高人民法院提起上诉，最高人民法院判决，驳回上诉，维持原判。

思考与衡量

前述8个案例都涉及股权转让,案例76涉及探矿权的转让,还涉及与相关案件的协调处理。案例77涉及股权转让合同的解除权问题。案例78涉及股权转让款是否应予支付的问题。案例79涉及股权转让款数额的确定问题。案例80涉及股权转让协议的效力认定以及股权转让款构成如何认定的问题。案例81涉及调解问题。案例82涉及合同效力和解除问题。案例82涉及特别债权以及回购股权问题。

案例76中,一审法院认为,根据最高人民法院《关于民事诉讼证据的若干规定》第35条①的规定:"诉讼过程中,当事人主张的法律关系的性质或者民事行为的效力与人民法院根据案件事实作出的认定不一致的,不受本规定第三十四条规定的限制,人民法院应当告知当事人可以变更诉讼请求。"七〇二队起诉请求确认案涉《股权转让协议》无效,经一审法院释明后,七〇二队变更诉讼请求为确认高某东处分七〇二队在东宁大向东公司30%股权为无权处分行为,贤丰公司不能构成善意取得,应予返还。高某东、遵化大向东公司主张七〇二队在举证期限届满后提出变更诉讼请求的申请,违反法律规定的理由不能成立。由于七〇二队要求确认其享有东宁大向东公司30%股权、变更公司登记的诉讼请求与本案不属同一法律关系,依法不应与该案合并审理,一审法院已另行作出(2013)黑高商初字第13号民事裁定书,对七〇二队的该项诉讼请求予以处理。该案需解决以下争议问题:

(1)七〇二队是否有权提起该案诉讼。根据最高人民法院《关于适用〈中华人民共和国公司法〉若干问题的规定(三)》第26条②的规定:"名义股东将登记于其名下的股权转让、质押或者以其他方式处分,实际出资人以其对于股权享有实际权利为由,请求认定处分股权行为无效的,人民法院可以参照物权法第一百零六条的规定处理,故已向公司出资但未在公司登记机关登记的实际出资人有权依法主张其投资权益。"七〇二队于2005年6月24日以申请方式在先获得勘查面积为33.63km^2的"东宁县洋灰洞子铜矿外围普查"探矿权,取得了2300000510093号的

---

① 该司法解释现行版本第53条。

② 该司法解释现行版本第25条。

矿产资源勘查许可证，并于 2007 年 3 月 2 日换发为 2300000720076 号矿产资源勘查许可证，表明七〇二队系洋灰洞子铜矿探矿权人。七〇二队与高某东任法定代表人的遵化大向东公司在《2006 年合作协议》中约定七〇二队以洋灰洞子铜矿外围普查探矿权及现有地质资料出资，遵化大向东公司以现金出资，该协议虽未明确表述成立项目公司，但双方明确约定合作方式为实行股份责任制，七〇二队享有 30% 股份，遵化大向东公司享有 70% 股份。后七〇二队根据相关法律、行政法规的规定向审批机关省国土资源厅提交申请，亦表示其拟和有资金实力的民营企业联合成立矿业开发有限责任公司合作勘查风险，申请将前述探矿权部分转让到合作公司。根据省国土资源厅的批复及探矿权转让登记书所载明的内容，省国土资源厅于 2008 年 4 月 16 日批准七〇二队将洋灰洞子铜矿部分探矿权转让给东宁大向东公司，东宁大向东公司于同日取得省国土资源厅颁发的勘查面积为 10.24km^2 的矿产资源勘查许可证。且高某东于 2012 年 2 月 18 日向七〇二队提交的申请中亦称双方于 2006 年开始合作勘查案涉铜矿，其愿意按合理价格收购七〇二队在案涉矿权中持有的 20% 干股。此外，依据《矿产资源法》，矿产资源属于国家所有，国家实行探矿权、采矿权有偿取得制度，已经取得探矿权、采矿权的权利人可以依法转让其探矿权及采矿权。虽然东宁大向东公司以其与省国土资源厅签订了《探矿权出让合同》为由主张其系通过出让方式取得该探矿权，但根据本案现有证据，七〇二队于 2005 年 6 月 24 日即取得案涉铜矿的探矿权，作为探矿权人记载于矿产资源勘查许可证上，但未向国家矿产资源管理部门即省国土资源厅缴纳相应费用。而《2006 年合作协议》中关于"七〇二队仅以探矿权出资、不负责缴纳探矿权价款"的约定、省国土资源厅存档的探矿权转让登记书及其出具的书面说明亦表明，东宁大向东公司系从七〇二队受让取得案涉探矿权，东宁大向东公司依《探矿权出让合同》向省国土资源厅缴纳的 784.95 万元价款，应属国家收取、七〇二队欠缴的探矿权使用费，而非七〇二队作为经国家管理部门批准的探矿权人与受让人东宁大向东公司平等民事主体之间探矿权转让价款。上述事实及证据足以认定东宁大向东公司名下的洋灰洞子铜矿探矿权及后期由部分探矿权所转授的采矿权应系七〇二队为履行《2006 年合作协议》而向该公司的出资，七〇二队是该公司的实际出资人。至于遵化大向东公司与高某东之间是否存在代持股份的约定不影响七〇二队依法享有的对东宁大向东公司的出资权益，七〇二队有权依据前述法律规定提起该案诉讼。

(2)高某东是否有权处分七〇二队在东宁大向东公司的30%股权及贤丰公司能否构成善意取得。根据《2006年合作协议》,遵化大向东公司以现金出资,占70%股份,七〇二队以洋灰洞子铜矿探矿权出资,占30%股份。因七〇二队对另70%股权不享有权利,在本案中亦未针对该70%股权主张权利,故一审法院对高某东处分东宁大向东公司另70%股权的效力不作评判。但高某东未经七〇二队同意,将七〇二队实际出资的30%股权转让给贤丰公司的行为,属于无权处分。依据《物权法》第106条①的规定,无处分权人将不动产或者动产转让给受让人的,所有权人有权追回;除法律另有规定外,符合下列情形的,受让人取得该不动产或者动产的所有权:①受让人受让该不动产或者动产时是善意的;②以合理的价格转让;③转让的不动产或者动产依照法律规定应当登记的已经登记,不需要登记的已经交给受让人。根据湖南天一公司的非公开发行A股股票预案,该公司对案涉股权的预估值为30亿元,高某东与贤丰公司签订《股权转让协议》时,东宁大向东公司的注册资本(现金出资)已增加到2.6亿元,而高某东仅以2.6亿元的价格即将东宁大向东公司全部股权转让给贤丰公司,严重背离了该股权的实际价值。高某东、贤丰公司虽抗辩2.6亿元并非真实价格,最终应以贤丰公司委托评估机构出具的评估价格的80%作为计算标准,但高某东、贤丰公司至今未举示委托第三方评估机构进行评估的相关证据,说明《股权转让补充协议》并未实际履行。高某东与贤丰公司主张双方以欠款抵偿了股权转让款,但根据双方银行往来交易回单显示,贤丰公司向高某东汇款1000万元、向东宁大向东公司汇款3500万元,蓝某代表贤丰公司向温某贵合计汇款31 850万元,前述几笔款项合计为36 350万元。与此同时,东宁大向东公司向贤丰公司汇款3716万元,温某贵向蓝某汇款22 230.7万元,两项合计25 946.7万元。将双方前述往来款项相抵后,高某东尚欠贤丰公司10 403.3万元。据此能够认定高某东与贤丰公司签订的《股权转让价款抵偿协议》并非真实的意思表示,高某东、贤丰公司关于以欠款抵偿了股权转让款、贤丰公司已经足额支付了股权转让款的主张不能成立。而牡丹江中院2013年1月16日向高某东送达了另案开庭传票,自高某东知道七〇二队提起股东资格确认之诉至高

① 现为《民法典》第311条。

某东与贤丰公司达成股权转让的合意并完成工商变更登记，前后仅有7天时间，结合高某东致湖南天一公司的函，高某东将案涉股权转让给贤丰公司显属为避免因七〇二队的起诉影响其与湖南天一公司之间股权转让协议的履行而排除干扰因素。此外，贤丰公司亦向湖南天一公司承诺将继续履行高某东对湖南天一公司的合同义务，说明贤丰公司在受让股权时即已明知高某东已将该股权先行转让给了湖南天一公司，贤丰公司向湖南天一公司承诺继续履行高某东的合同义务，不仅与其在诉讼中主张受让该股权目的系为生产经营相矛盾，亦不能排除其具有协助高某东顺利完成与湖南天一公司之间合同履行的因素。前述事实足以说明高某东与贤丰公司签订《股权转让协议》时均非出于善意而形成的真实的交易关系，故贤丰公司对七〇二队实际应享有的登记在高某东名下的东宁大向东公司30%股权不能构成善意取得，贤丰公司应当返还高某东。

笔者认为，最高人民法院《关于适用〈中华人民共和国公司法〉若干问题的规定（三）》第25条规定："名义股东将登记于其名下的股权转让、质押或者以其他方式处分，实际出资人以其对于股权享有实际权利为由，请求认定处分股权行为无效的，人民法院可以参照物权法第一百零六条的规定处理。名义股东处分股权造成实际出资人损失，实际出资人请求名义股东承担赔偿责任的，人民法院应予支持。"该案中，七〇二队诉讼请求之一是判令高某东将东宁大向东公司30%股权转让给贤丰公司为无权处分，贤丰公司对该30%股权不构成善意取得，该诉请能否成立应当以七〇二队是否为案涉东宁大向东公司30%股权的实际出资人为基础，为查清该事实是否成立，一审法院应进一步查清以下事实：

（1）应进一步查清遵化大向东公司与东宁大向东公司之间有何关系，东宁大向东公司是否为七〇二队与遵化大向东公司依据《2006年合作协议》而成立。该案中，2006年5月25日，遵化大向东公司（甲方）与七〇二队（乙方）就洋灰洞子铜矿的勘查与开发签订《2006年合作协议》，该协议约定："（1）合作方式：实行股份责任制；（2）投资方式：甲方以现金进行投资，乙方以现有地质资料和洋灰洞子铜矿探矿权作为出资，勘查许可证名称为黑龙江省东宁县洋灰洞子铜矿外围普查，勘查证号2300000510093，面积33.63km^2；（3）股份比例：甲方享有70%股份，乙方享有30%股份。"一审法院查明遵化大向东公司于2006年1月19日成立，高某东原持有遵化大向东公司70%股权，任法定代表人。2007年7月13日，高某东成立东宁大向东公司，工商注册登记上记载是自然人独资。笔者认为，《2006 年合作协议》双方当事人是遵化大向东公司与七〇二队，而非东宁大向东公司，遵化大向东公司与东宁大向东公司之间有何关系，东宁大向东公司是否为七〇二队与遵化大向东公司依据双方签订的《2006 年合作协议》而成立的问题直接影响本案的事实认定，一审法院应进一步查清。

(2)应进一步查清七〇二队在东宁大向东公司是否享有公司法上股东的权益，或者是否依据《2006 年合作协议》享有分配公司利润的权利。该案中，七〇二队主张依据《2006 年合作协议》能够确定其与东宁大向东公司存在投资关系，并持有 30% 股份。高某东主张《2006 年合作协议》没有约定由其代七〇二队持股，七〇二队不能据此向高某东主张东宁大向东公司的股权。笔者认为，一审法院应查清七〇二队在东宁大向东公司享有何种权利。

(3)黑龙江省高级人民法院作出的(2013)黑高商初字第 13 号民事裁定驳回了七〇二队要求确认其享有东宁大向东公司 30% 股权、变更公司登记的起诉，认为该诉讼应由黑龙江省牡丹江市东宁市人民法院管辖。笔者认为，一审法院应依法处理好该案审理与前述裁定的关系。

案例 77 中，一审法院认为，陈某娟与明达公司签订《股权转让协议》，约定陈某娟将其拥有的绿色公司 70% 的股权转让给明达公司，双方在协议上签字盖章，该协议系双方真实意思表示，内容不违反法律、行政法规的强制性规定，应为有效。陈某娟按照合同已将自己名下 70% 的股权登记在明达公司名下，明达公司应履行支付转让款的义务。因明达公司未依约履行付款义务，且其明确表示不应给付 7000 万元转让款，故依据《合同法》第 94 条①关于“有下列情形之一的，当事人可以解除合同：(一)因不可抗力致使不能实现合同目的；(二)在履行期限届满之前，当事人一方明确表示或者以自己的行为表明不履行主要债务；(三)当事人一方迟延履行主要债务，经催告后在合理期限内仍未履行；(四)当事人一方迟延履行债务或者有其他违约行为致使不能实现合同目的；(五)法律规定的其他情形”的规定中第 2 项、第 4 项的规定，明达公司明示不履行付款义务已构成根本违约，合同目的无法

① 现为《民法典》第 563 条。

实现，陈某娟可以要求解除合同，该案合同应予解除。《合同法》第97条[①]规定："合同解除后，尚未履行的，终止履行；已经履行的，根据履行情况和合同性质，当事人可以要求恢复原状、采取其他补救措施，并有权要求赔偿损失。"故明达公司应向陈某娟返还受让的绿色公司70%的股权。明达公司关于其与陈某娟签订的《股权转让协议》中关于股权转让价款7000万元的约定并非明达公司的真实意思表示，案涉股权实际转让价格为1元，其与陈某娟签订《股权转让协议》实际是履行宏林公司股权转让协议的抗辩主张，证据不足，不予采纳。

二审法院认为，该案的争议焦点系陈某娟是否有权解除其与明达公司签订的《股权转让协议》。2015年9月，婺兴公司与叶跃某签订《股权转让协议》，约定叶跃某作为宏林公司、绿色公司等11家公司的实际控制人，将该11家公司70%的股权以11元的价格，转让给婺兴公司或婺兴公司指定的第三方，婺兴公司向目标公司出借相应款项。该协议签订后，婺兴公司向宏林公司出借了部分款项。宏林公司的股东亦由叶立某、叶某，变更为叶立某、叶某、婺兴公司，其中婺兴公司按照上述《股权转让协议》约定，持有宏林公司70%的股权。绿色公司的股东由陈某娟、陈某奎变更为陈某娟、陈某奎、明达公司，其中明达公司持有绿色公司70%的股权。明达公司主张其与陈某娟签订案涉《股权转让协议》，系受婺兴公司指定，为履行婺兴公司与叶跃某所签《股权转让协议》，无须向陈某娟支付7000万元股权转让款。婺兴公司在2017年10月17日出具的情况说明中对此予以认可。叶跃某在2017年5月17日出具的道歉声明中表示，通过向哈尔滨中院隐瞒绿色公司70%股权实际系1元价格出让给明达公司、工商局备案合同实际仅是形式合同、陈某娟仅是叶跃某的股权代持人等事实，企图通过诉讼要回绿色公司股权的行为是违背诚信及商业道德的行为。即叶跃某亦认可陈某娟与明达公司所签《股权转让协议》仅系为办理股权工商变更登记所签。同时陈某娟提起本案诉讼时仅提供了复印于双城市场监督管理局的《股权转让协议》而不能提供该协议原件。对于如何取得绿色公司的股权，陈某娟亦未提供相应证据予以证明。陈某娟的委托诉讼代理人在二审庭审中，对于陈某娟与明达公司针对案涉股权转让的协商过程表示并不清楚。且如明达公司需要支付案涉股权转让款，在其未按该协议关于"兑价款于签字

---

① 现为《民法典》第566条。

时一次结清”的约定,向陈某娟支付多达7000万元股权转让款的情况下,陈某娟即将其持有绿色公司70%的股权变更至明达公司名下,明显违背常理。另外,该院(2018)黑民终273号一案认定,陈某娟受叶跃某指定与朱某革签订了涉及绿色公司70%股份的《股权转让协议》,该协议系为履行叶跃某与朱某革所签协议书第4条关于……的约定,办理股权工商变更登记所签,而非朱某革与陈某娟针对案涉股权另行签订的协议。根据上述事实,该院认定明达公司与陈某娟所签《股权转让协议》,系为履行婺兴公司与叶跃某所签《股权转让协议》关于“将绿色公司70%的股权转让给婺兴公司或婺兴公司指定第三方”的约定,而非明达公司与陈某娟针对案涉股权另行签订的协议,因此陈某娟无权依据《股权转让协议》要求明达公司向其支付7000万元股权转让款。在此情况下,陈某娟以明达公司拒绝支付7000万元股权转让款为由,诉请解除双方签订的《股权转让协议》没有事实及法律依据。一审判决解除该《股权转让协议》不当,该院予以纠正。

笔者认为,叶跃某与婺兴公司于2015年签订的《宏林协议》中约定叶跃某作为宏林公司、绿色公司等11家公司的实际控制人,将该11家公司70%的股权以11元的价格,转让给婺兴公司或婺兴公司指定的第三方,婺兴公司向目标公司出借相应款项。该协议签订后,婺兴公司向宏林公司出借了部分款项。宏林公司的股东亦由叶立某、叶某,变更为叶立某、叶某、婺兴公司,其中婺兴公司按照《宏林协议》约定,持有宏林公司70%的股权。绿色公司的股东由陈某娟、陈某奎变更为陈某娟、陈某奎、明达公司,其中明达公司持有绿色公司70%的股权。婺兴公司指定明达公司作为第三方履行《宏林协议》。陈某娟主张《宏林协议》与本案无关,其在与明达公司签订《股权转让协议》时并不知道《宏林协议》的存在,而叶跃某在道歉声明中已经认可绿色公司70%股权是以1元价格出让给明达公司、工商局备案合同仅是形式合同。因此可以认定,《宏林协议》和陈某娟与明达公司于2016年1月11日签订的《股权转让协议》之间相互关联,不能割裂开来单独进行审理。陈某娟不能举证证明其如何取得绿色公司82.5%股权,结合叶跃某披露的陈某娟是其股权代持人的事实可知,陈某娟与明达公司之间签订的《股权转让协议》,其真实目的是履行《宏林协议》中的办理绿色公司70%股权工商变更登记的需要,《股权转让协议》中关于转让款7000万元的约定并非双方真实意思表示,故陈某娟与明达公司签订的《股权转让协议》中关于转让款的约定不具有法律效力,明达公司并无依照《股权转让协议》支付股权转让款7000万元的义务，不存在违约行为。鉴于本案股权转让已经过户完毕，《宏林协议》也已经得到部分履行，不存在合同目的不能实现的情况。根据以上事实，二审法院认定陈某娟无权解除《股权转让协议》并无不当。

案例78中，一审法院认为，该案的争议焦点为：(1)双方是否对案涉股权进行了转让；(2)双方是否约定了股权转让价款，吴某祥应否承担1800万元的给付责任。

天悦公司与吴某祥签订的《公司股权转让协议》，经审查未发现具有法律规定的导致合同无效的情形，该协议有效。吴某祥受让股权，并已办理股权变更登记手续，双方股权转让行为合法有效，应受法律保护。《公司法》第71条第1款规定："有限责任公司的股东之间可以相互转让其全部或者部分股权。"《合同法》第8条第1款①规定："依法成立的合同，对当事人具有法律约束力。当事人应当按照约定履行自己的义务，不得擅自变更或者解除合同。"故天悦公司要求吴某祥支付股权转让款的诉讼请求，于法有据，一审法院予以支持。

吴某祥抗辩主张双方没有股权转让的意思表示，吴某祥未向天悦公司购买股份，是各方根据吴某祥在鸿聚通公司的贡献，对股权比例重新作出的分配，签订股权转让协议是为了办理工商变更登记，但未举示相关证据证实其上述抗辩主张。且根据最高人民法院《关于适用〈中华人民共和国合同法〉若干问题的解释(二)》第1条的规定："当事人对合同是否成立存在争议，人民法院能够确定当事人名称或者姓名、标的和数量的，一般应当认定合同成立。但法律另有规定或者当事人另有约定的除外。对合同欠缺的前款规定以外的其他内容，当事人达不成协议的，人民法院依照合同法第六十一条、第六十二条、第一百二十五条等有关规定予以确定。"《公司股权转让协议》中虽未约定价款，但在同日召开的鸿聚通公司股东会作出的决议中明确股权转让价款为1800万元和其他股东均放弃优先购买权的内容，结合股权转让前后鸿聚通公司章程对吴某祥与天悦公司出资额的表述和另案生效判决确认天悦公司出资5000万元及将1800万元股权转让给吴某祥的事实，案涉股权转让款系1800万元的事实可以确认。故吴某祥依约受让1800万元股权，应

① 现为《民法典》第465条。

支付股权对价。

关于天悦公司主张按照月利率2%支付利息是否成立。天悦公司与吴某祥未约定利息,比照最高人民法院《关于审理民间借贷案件适用法律若干问题的规定》第29条的规定,天悦公司按年利率24%主张利息过高,一审法院支持按照年利率6%标准由吴某祥支付资金占用期间利息。

二审法院认为,该案争议的焦点在于吴某祥应否向天悦公司给付1800万元股权转让款及利息。该案中,吴某祥主张变更登记至其名下的鸿聚通公司30%股权,系基于其对鸿聚通公司前期投入的1740万元投资款而对鸿聚通公司股权比例的重新分配,案涉《公司股权转让协议》系为办理工商变更登记而签订,并非合同双方的真实意思表示。但从吴某祥举示的1740万元转款凭证看,该部分转款凭证上摘要栏备注的款项用途为"往来款"或"货款",并非出资款抑或投资款。在吴某祥未与鸿聚通公司就前述款项的性质及债权债务关系确认的情况下,不能证明吴某祥与鸿聚通公司之间形成了投资关系抑或债权债务关系,且吴某祥在本案诉讼中并未举示有效证据足以证明该笔1740万元业经股东会决议或全体股东同意计入资本金抑或债权转化为股权而对股权比例进行了重新分配。况且,从鸿聚通公司的增资过程可以看出,鸿聚通公司设立时的注册资本为1000万元,后注册资本增加为6000万元时,所增加的5000万元均系天悦公司的投入,并未体现将吴某祥主张的该1740万元计入注册资本。而从天悦公司举示的证据看,案涉《公司股权转让协议》约定天悦公司将其持有的鸿聚通公司30%股权转让给吴某祥的意思表示明确。虽然该《公司股权转让协议》未对股权转让的价款作出约定,但结合鸿聚通公司各股东于当日作出的股东会决议载明"同意天悦公司将所持有鸿聚通公司83.33%股份中的30%(1800万元)转让给吴某祥"的内容可以看出,天悦公司和吴某祥对该30%股权的价值为1800万元通过股东会决议的方式达成合意,且吴某祥对其在《公司股权转让协议》和股东会决议上的签字均无异议。在股东会决议当日,各股东对鸿聚通公司章程进行了修订,确认吴某祥的出资额为2000万元,即受让的1800万元股权加上设立公司时的出资额200万元,吴某祥因此而获得了价值1800万元即30%股权的股东权益,且现有证据并未表明天悦公司系无偿转让该部分股权。综合以上因素,吴某祥在该案诉讼中并未举示充分证据证明其主张,应当认定案涉《公司股权转让协议》和股东会决议系天悦公司和吴某祥的真实意思表示，案涉30%股权的转让价款应为1800万元。天悦公司作为转让方，已按合同约定将该30%股权变更至吴某祥名下，履行了股权的交付义务。而吴某祥作为受让方，并未给付1800万元转让款，已经构成违约，故一审判决认定《公司股权转让协议》有效并判令吴某祥给付转让款1800万元并无不当，二审法院予以维持。因案涉《公司股权转让协议》并未约定付款期限及逾期付款违约责任，一审判决自天悦公司主张权利时即2017年2月10日起诉之日起至款项实际给付之日止，按年利率6%给付占用资金期间的利息亦无不当，二审法院亦予维持。虽然吴某祥主张另案生效判决认定天悦公司抽逃出资4500万元，天悦公司已不享有股东权利，进而主张案涉股权转让行为无效，但另案生效判决已经判令天悦公司向鸿聚通公司返还该笔4500万元，且在公司股东存在抽逃出资的情形时，对股东内部而言，其对各股东承担的是违约责任，对股东外部而言，承担的是出资不实的赔偿责任，并不必然导致该股东在其股东资格存续期间的民事法律行为无效，亦不必然导致该股东丧失股东资格，故吴某祥主张其与天悦公司的股权转让行为无效缺乏事实根据和法律依据。吴某祥虽还主张本案已超过诉讼时效期间，但案涉《公司股权转让协议》并未约定履行期限，根据最高人民法院《关于审理民事案件适用诉讼时效制度若干问题的规定》第6条①的规定，“未约定履行期限的合同，依照合同法第六十一条、第六十二条的规定，可以确定履行期限的，诉讼时效期间从履行期限届满之日起计算；不能确定履行期限的，诉讼时效期间从债权人要求债务人履行义务的宽限期届满之日起计算，但债务人在债权人第一次向其主张权利之时明确表示不履行义务的，诉讼时效期间从债务人明确表示不履行义务之日起计算。”而吴某祥并未举示天悦公司在提起本案诉讼前向其主张权利的其他证据，天悦公司提起该案诉讼应视为系第一次向吴某祥主张权利，故吴某祥关于诉讼时效的抗辩主张亦缺乏事实根据和法律依据。

笔者认为，《公司法》第71条第1款规定：“有限责任公司的股东之间可以相互转让其全部或者部分股权。”《合同法》第8条②规定：“依法成立的合同，对当事人具有法律约束力。当事人应当按照约定履行自己的义务，不得擅自变更或者解除

① 该司法解释现行版本第4条。
② 现为《民法典》第465条。

合同。依法成立的合同,受法律保护。”该案中,2014 年 3 月 27 日,天悦公司与吴某祥签订的《公司股权转让协议》约定,天悦公司将其持有的鸿聚通公司 30% 股权转让给吴某祥。同日,鸿聚通公司召开股东会议,并作出股东会决议,载明“同意天悦公司将所持有鸿聚通公司 83.33% 股份中的 30%(1800 万元)转让给吴某祥”。2014 年 4 月 4 日,鸿聚通公司将上述股权变更情况进行了工商变更登记。吴某祥对其在《公司股权转让协议》和股东会决议上的签字均无异议。虽然该《公司股权转让协议》未对股权转让的价款作出约定,但结合鸿聚通公司各股东于当日作出的股东会决议的内容可以看出,天悦公司和吴某祥对该 30% 股权的价值为 1800 万元通过股东会决议的方式达成合意。吴某祥主张变更登记至其名下的鸿聚通公司 30% 股权,系基于其对鸿聚通公司前期投入的 1740 万元投资款而对鸿聚通公司股权比例的重新分配,案涉《公司股权转让协议》系为办理工商变更登记而签订,并非合同双方的真实意思表示。但是,从吴某祥举示的 1740 万元转款凭证看,该部分转款凭证上摘要栏备注的款项用途为“往来款”或“货款”,并非出资款抑或投资款。在吴某祥未与鸿聚通公司就前述款项的性质及债权债务关系确认的情况下,不能证明吴某祥与鸿聚通公司之间形成了投资关系抑或债权债务关系。且吴某祥并未举示有效证据足以证明,该笔 1740 万元业经股东会决议或全体股东同意计入资本金抑或债权转化为股权而对股权比例进行了重新分配。况且,从鸿聚通公司的增资过程可以看出,鸿聚通公司设立时的注册资本为 1000 万元,后注册资本增加为 6000 万元时,所增加的 5000 万元均系天悦公司的投入,并未体现将吴某祥主张的该 1740 万元计入注册资本。根据以上事实和法律规定,二审法院认定案涉《公司股权转让协议》和股东会决议系天悦公司和吴某祥的真实意思表示,案涉 30% 股权的转让价款应为 1800 万元,该认定并无不当。关于举证责任分配的问题。最高人民法院《关于适用〈中华人民共和国民事诉讼法〉的解释》第 90 条规定:“当事人对自己提出的诉讼请求所依据的事实或者反驳对方诉讼请求所依据的事实,应当提供证据加以证明,但法律另有规定的除外。在作出判决前,当事人未能提供证据或者证据不足以证明其事实主张的,由负有举证证明责任的当事人承担不利的后果。”该案中,吴某祥主张股权变更系基于其前期投入 1740 万元投资款而对鸿聚通公司股权比例的重新分配,系无偿受让该部分股权。该主张实际上是在反驳天悦公司的诉讼请求,故吴某祥应承担相应的举证责任。根据以上事实和法律规定，吴某祥关于一审、二审法院举证责任分配不当的理由不能成立，不应支持。

案例 79 中，一审法院认为，依法生效的合同对双方当事人均具有拘束力。2016 年 10 月 15 日孟某占与住宅集团签订的《股权转让协议》，因该协议约定股权转让须报政府主管部门批准后生效，此协议为要式合同，因宁夏回族自治区金融工作局于 2016 年 12 月 30 日对此约定作出批复，故该协议应于此时生效。该案争议焦点问题，一是该案股权转让款数额问题；二是案涉利息是否应予以支持；三是杨某勇应否承担连带担保责任。关于焦点一问题，首先，孟某占与住宅集团签订股权转让协议，约定孟某占将其在案外人冀商公司 6.5% 的股权以 650 万元转让给住宅集团。该股权转让协议经过有关部门批复，该协议已依法生效。孟某占已实际履行协议约定，将上述股权转让给住宅集团，住宅集团应依约支付股权转让款。其次，对于住宅集团支付股权转让款数额的问题。在 2016 年 9 月 30 日，案外人冀商公司与孟某占签订的协议书约定，孟某占应得上述股权转让款 650 万元，现孟某占向冀商公司借款 50 万元和利息 22 万元，扣除该 72 万元，冀商公司应向孟某占实际支付股权转让款 578 万元。2016 年 10 月 15 日，住宅集团与案外人冀商公司签订协议书，约定：依据 2016 年 9 月 30 日冀商公司与孟某占签订的协议书，因孟某占尚欠冀商公司借款 50 万元和利息 22 万元，故住宅集团在受让孟某占 6.5% 股权时实际支付股权转让款 578 万元。以上协议虽然不是孟某占、住宅集团、案外人冀商公司三方直接签订，但为孟某占、住宅集团分别与冀商公司签订，且为各方当事人真实意思表示，不违反法律规定，合法有效。因孟某占先与冀商公司签订协议约定股权转让款应向孟某占支付 578 万元，之后住宅集团与冀商公司签订协议，进一步明确孟某占转让上述股权，住宅集团向孟某占支付 578 万元股权转让款即可，且住宅集团与冀商公司签订的协议和孟某占与住宅集团签订的股权转让协议为同一天。故应认定该案股权转让款的实际应付金额为 578 万元。因住宅集团举证证明，其已委托杨某勇向孟某占支付股权转让款 80 万元，且孟某占和杨某勇亦予以认可，该 80 万元应在股权转让款中予以扣除，故住宅集团应向孟某占支付股权转让款 498 万元。关于焦点二的问题，对于孟某占主张住宅集团承担自 2017 年 1 月 1 日起暂计算至 2018 年 1 月 31 日止并承担 2018 年 2 月 1 日之后至本金付清之日，按年利率 4.75% 的 4 倍计算利息的诉讼请求，因双方当事人对付款时间并未进行约定，住宅集团支付的最后一笔款项的时间为 2018 年 2 月 6 日，孟某占起诉时间为2018年2月3日,本协议被有关部门批复生效时间为2016年12月30日,且孟某占于2017年2月1日将股权转让给住宅集团,综合以上因素,一审法院支持以住宅集团最后支付款项的时间即2018年2月6日为利息的起算时间。对孟某占的以年利率4.75%的4倍计算利息主张未超过法律规定,予以支持。关于焦点三的问题,因杨某勇向孟某占出具担保书,承诺对涉案股权转让款的支付及自2017年1月1日起未付部分金额按银行同期利率4倍的利息承担连带担保责任,且在担保范围内,故杨某勇应对该案住宅集团付款责任承担连带担保责任。

二审法院认为,该案的争议焦点是:一是案涉股权转让款数额问题;二是案涉利息应否支持问题。(1)关于案涉股权转让款数额问题,案外人冀商公司与孟某占签订的协议书第2条约定,孟某占应得的股权转让款650万元,因孟某占向冀商公司借款50万元和利息22万元未还,冀商公司应实际支付孟某占股权转让款578万元。孟某占对该协议书中其签名无异议,但称不清楚第一页内容,相关股权转让款578万元的内容不是其真实意思表示,但并未提交相关证据证明其主张。2016年10月15日,住宅集团与冀商公司签订的协议书第1条约定,住宅集团与冀商公司确认:依据2016年9月30日冀商公司与孟某占签订的协议书约定,因孟某占尚欠冀商公司借款50万元和利息22万元未还,故住宅集团在受让孟某占6.5%股权时实际应支付股权转让款578万元。上述协议虽不是孟某占、住宅集团、冀商公司直接签订,但为孟某占、住宅集团与冀商公司分别签订,且是各方真实意思表示,不违反法律法规的强制性规定,合法有效。另外,2016年10月28日冀商公司股东会决议第3条载明,股东孟某占尚欠冀商公司借款本息72万元,经股东孟某占本人同意将其欠款抵顶股东孟某占在冀商公司所持同等比例股权,抵顶后股东孟某占持股比例由原来的650万元占比6.5%,变更为578万元占比5.78%。杨某勇、孟某占、住宅集团法定代表人王某生等股东均在股东会决议上签字确认。结合上述案件事实可知,孟某占对其欠付冀商公司50万元本金和22万元利息应是清楚和确认的,一审判决认定案涉股权转让款实际应付金额为578万元,扣除已支付的80万元,住宅集团还应向孟某占支付股权转让款498万元,符合案件事实,予以维持。(2)关于案涉利息应否支持问题,对于付款时间及违约责任,当事人并未进行约定,住宅集团支付最后一笔款项的时间为2018年2月6日,一审判决综合考虑全案,按照年利率4.75%的4倍从2018年2月6日起算利息,符合案件事实。孟某占上诉认为应依据担保书约定从2017年1月1日起算利息，该院认为，杨某勇出具担保书的目的是自愿为案涉股权转让款承担连带保证责任，而非代表住宅集团保证付款时间，且杨某勇亦未得到住宅集团的授权，故其出具担保书并不能代表住宅集团的意思，孟某占上诉认为利息应从2017年1月1日起算的理由没有事实依据，该院不予支持。住宅集团通过杨某勇分别于2017年6月5日、2017年12月8日、2018年1月16日、2018年2月6日向孟某占支付股权转让款30万元、5万元、5万元、40万元，余款至今未付，应承担相应的利息，住宅集团认为其不应承担利息的上诉理由，不能成立，不予支持。

笔者认为，关于股权转让款数额的问题，该案中，2016年9月30日，孟某占与冀商公司签订协议书，2016年10月15日，住宅集团与冀商公司签订协议书。该两份协议系孟某占、住宅集团与冀商公司分别签订，是各方真实意思表示，不违反法律法规的强制性规定，均系合法有效。孟某占与冀商公司签订的协议书第2条约定，孟某占应得的股权转让款650万元，因孟某占向冀商公司借款50万元和利息22万元未还，冀商公司应实际支付孟某占股权转让款578万元。住宅集团与冀商公司签订的协议书第1条约定，住宅集团与冀商公司确认：依据2016年9月30日冀商公司与孟某占签订的协议书约定，因孟某占尚欠冀商公司借款50万元和利息22万元未还，故住宅集团在受让孟某占6.5%股权时实际应支付股权转让款578万元。2016年10月28日，冀商公司股东会决议第3条载明，股东孟某占尚欠冀商公司借款本息72万元，经股东孟某占本人同意将其欠款抵顶股东孟某占在冀商公司所持同等比例股权，抵顶后股东孟某占持股比例由原来的650万元占比6.5%，变更为578万元占比5.78%。杨某勇、孟某占、住宅集团法定代表人王某生等股东均在股东会决议上签字确认。二审法院认定孟某占欠付冀商公司50万元本金和22万元利息，案涉股权转让款实际应付金额为578万元，扣除已支付的80万元，住宅集团还应向孟某占支付股权转让款498万元，该认定并无不当。

关于案涉利息如何确定的问题，该案中，2016年10月28日，杨某勇向孟某占出具担保书，对案涉股权转让款的支付提供连带保证责任担保，并承诺在2017年12月30日前将上述股权转让款清偿完毕，如届时不能付清，应自2017年1月1日起对未付部分金额按同期银行利率4倍计算逾期利息。杨某勇出具担保书的目的是自愿为案涉股权转让款承担连带保证责任，而非代表住宅集团保证付款时间，且杨某勇未得到住宅集团的授权。据此二审认定杨某勇出具担保书不代表住宅集团的意思表示,该认定并无不当。该案中,双方当事人未约定付款时间,住宅集团支付的最后一笔款项的时间为2018年2月6日,孟某占起诉时间为2018年2月3日,孟某占与住宅集团签订的《股权转让协议》被有关部门批复生效的时间为2016年12月30日,孟某占于2017年2月1日将股权转让给住宅集团。二审法院以住宅集团最后支付款项的时间即2018年2月6日作为利息的起算时间,对孟某占以年利率4.75%的4倍计算利息的诉讼请求予以支持,并认定杨某勇对该案住宅集团的付款责任承担连带担保责任,该认定并无不当。

案例80中,一审法院认为,该案的争议焦点为:(1)案涉《公司产权转让合同书》的效力应如何认定,是否应予解除;(2)赵某虎要求曹某海、阿克苏果满堂公司返还转让款63 000 000元以及赔偿违约金20 000 000元的诉讼请求能否成立,其中包括阿克苏果满堂公司是否为该案适格被告,以及曹某海、阿克苏果满堂公司如何承担责任及具体数额的问题。关于第一个争议焦点问题,《合同法》第51条规定:“无处分权的人处分他人财产,经权利人追认或者无处分权的人订立合同后取得处分权的,该合同有效。”该案中,赵某虎与曹某海于2015年2月6日签订《公司产权转让合同书》,约定转让标的为:“(1)阿克苏果满堂果业开发有限公司(100%股权);(2)新疆和田农业及扶贫相关项目(100%股权);(3)上海果满堂电商公司(100%股权);(4)果满堂郑州分公司(100%股权);(5)果满堂中牟分公司(100%股权);(6)郑州东区1000平方米新办公楼及附属车位10个(100%股权);(7)新疆汇丰益农农业科技有限公司(100%股权)。”上述转让标的的转让价款合计为200 000 000元。转让标的中,上海果满堂电商公司、新疆汇丰益农农业科技有限公司的股东中没有曹某海,法定代表人亦不是曹某海。阿克苏果满堂公司法定代表人为曹某海,但其并非公司股东,签订合同时的公司股东为曹某一(95%)、赵某根(5%)。果满堂郑州分公司、果满堂中牟分公司均是阿克苏果满堂公司的子公司,负责人均不是曹某海。郑州东区1000平方米新办公楼及附属车位10个的所有权人,没有所有权证予以证实,曹某海亦未提交任何证据证实系其本人或与其有任何法律关系。曹某海虽为阿克苏果满堂公司的法定代表人(执行董事),但根据《公司法》第50条关于执行董事的职权由公司章程规定的规定,以及阿克苏果满堂公司章程第29条、第30条关于公司执行董事具体职权的规定,曹某海并没有可以决定对外处置公司股权的权利，故曹某海对外签订转让阿克苏果满堂公司股权的合同亦属无权处分。综合以上事实，曹某海与赵某虎签订的《公司产权转让合同书》中约定的转让标的，曹某海均无处分权，且其未提交证据证实其在订立合同时取得处分权或经权利人追认的事实，故该合同应属无效。因案涉《公司产权转让合同书》无效，而解除合同的前提条件是合同合法有效，故赵某虎要求解除《公司产权转让合同书》的诉讼请求不能成立，该院不予支持。关于第二个争议焦点问题，第一，阿克苏果满堂公司是否为本案适格被告。《民事诉讼法》第119条①规定："起诉必须符合下列条件：（一）原告是与本案有直接利害关系的公民、法人和其他组织；（二）有明确的被告；（三）有具体的诉讼请求和事实、理由；（四）属于人民法院受理民事诉讼的范围和受诉人民法院管辖。"此条规定为原告起诉的条件，也是法院受理民事案件的条件。民事诉讼法对受理条件的规定首先要求原告与案件有直接利害关系，而适格原告应当是争议的法律关系的主体。但民事诉讼法对于被告的主体资格问题，仅要求起诉时有明确的被告；至于被告是否为争议的法律关系主体、是否应当承担民事责任，并非人民法院受理案件时应当解决的问题。故被告不存在是否"适格"的问题，仅存在是否"明确"的问题。阿克苏果满堂公司是否承担民事责任是该案实体审理后的裁判结果问题，而非其是否为"适格"被告的问题，故阿克苏果满堂公司关于其不是该案适格被告的抗辩主张不能成立，该院不予支持。第二，合同无效的法律后果，以及赵某虎要求曹某海、阿克苏果满堂公司返还转让款63 000 000元以及赔偿违约金20 000 000元的诉讼请求能否成立的问题。《合同法》第58条②规定："合同无效或者被撤销后，因该合同取得的财产，应当予以返还；不能返还或者没有必要返还的，应当折价补偿。有过错的一方应当赔偿对方因此所受到的损失，双方都有过错的，应当各自承担相应的责任。"（1）应当明确阿克苏果满堂公司在《公司产权转让合同书》签订及履行过程中的地位。《公司产权转让合同书》明确约定转让方为曹某海，受让方为赵某虎，阿克苏果满堂公司为该合同7个转让标的的其中之一，故赵某虎关于阿克苏果满堂公司也是《公司产权转让合同书》一方当事人的主张不能成立。因根据《公司产权转让合同书》的约

① 现为《民事诉讼法》第122条。
② 现为《民法典》第157条。

定,曹某海拟转让给赵某虎的与阿克苏果满堂公司有关的权利是阿克苏果满堂公司100%的股权,即转让的是阿克苏果满堂公司全部股东(曹某一、赵某根)的股东权益,并非阿克苏果满堂公司的公司权益,曹某海作为阿克苏果满堂公司的时任法定代表人,其与赵某虎签订及履行《公司产权转让合同书》的行为并不属于其履行职务的行为,故赵某虎关于曹某海的行为既代表曹某海个人又代表阿克苏果满堂公司的主张缺乏事实和法律依据,不能成立。曹某海提出抗辩主张,认为其受阿克苏果满堂公司股东的委托与赵某虎签订《公司产权转让合同书》代为收取部分合同约定的转让价款的行为是职务行为,不是个人行为。对此该院认为,曹某海的上述行为并不属于其履行职务行为的范围,且其并未提交有效证据证实其系受公司股东委托的事实,故其该抗辩主张不能成立,该院不予采信。(2)关于阿克苏果满堂公司收取相关款项的行为应如何认定以及阿克苏果满堂公司应否承担合同无效后相关款项的返还责任的问题,如前所述,阿克苏果满堂公司并非案涉《公司产权转让合同书》的一方当事人,其不应享有合同的权利,亦不应承担合同的义务。赵某虎要求返还的款项,其中除 10 000 000 元系汇入李某勋个人账户外,其余款项均由赵某虎通过个人账户及河南海鸿投资有限公司等案外人的账户付至阿克苏果满堂公司账户。赵某虎在民事起诉状中陈述并在庭审中认可,上述款项系根据曹某海的要求和指定转账至阿克苏果满堂公司的账户,由此可以认定,阿克苏果满堂公司收取上述款项的行为系受曹某海委托或指示的代收款行为,不能认定为阿克苏果满堂公司因《公司产权转让合同书》取得的财产,在该合同被认定为无效的情况下,不应由阿克苏果满堂公司承担返还责任。至于阿克苏果满堂公司实际收取赵某虎支付的款项后的资金流向以及使用用途等问题,应由阿克苏果满堂公司与曹某海另行解决。(3)关于赵某虎所主张的应返还款项数额应如何认定的问题,赵某虎主张其为履行《公司产权转让合同书》共计支付转让款数额为 63 000 000 元,其构成为:2014 年 12 月 26 日曹某海个人借款 10 000 000 元,转为转让款时双方约定曹某海给付利息 300 000 元;2015 年 1 月 23 日付款 9 700 000 元;2015 年 2 月 13 日付款 30 000 000 元;2015 年 2 月 26 日付款 6 000 000 元;2015 年 4 月 28 日付款 2 000 000 元;2015 年 5 月 15 日付款 2 000 000 元;2015 年 5 月 26 日付款 3 000 000 元。现就上述款项与《公司产权转让合同书》的关联性分析如下:①关于《公司产权转让合同书》签订之前的款项,即 2014 年 12 月 26 日曹某海个人借款 10 000 000

元以及2015年1月23日支付款项9 700 000元。曹某海个人借款10 000 000元，赵某虎提交了2014年12月26日向李某勋个人转款10 000 000元的银行流水单以及曹某海于2014年12月31日出具的借条，曹某海对此事实予以认可，并提交了2014年12月26日阿克苏果满堂公司向银龙水务投资有限公司出具的收条，李某勋于2014年12月26日向河南威纳利实业有限公司转款4 050 000元，向王某斌转款5 950 000元的相关银行凭证以及河南威纳利实业有限公司出具的收据等证据。曹某海提交上述证据虽是为了证明该笔款项实际用于阿克苏果满堂公司，但上述证据可以和前述转款及出具借条的事实相映证，故对该笔借款的真实性予以确认。关于2015年1月23日河南海鸿投资有限公司向阿克苏果满堂公司的转款9 700 000元，曹某海、阿克苏果满堂公司对于收到该笔款项均无异议，故该院对该笔转款的真实性予以确认。上述两笔款项，赵某虎主张10 000 000元的借款已转为《公司产权转让合同书》项下的股权转让款，双方并约定曹某海另应给付该笔借款的利息300 000元。河南海鸿投资有限公司的转款9 700 000元，该笔款项银行回单上注明用途为投资款，且支付时间在《公司产权转让合同书》签订之前，但赵某虎主张支付的是《公司产权转让合同书》约定的转让款。对于赵某虎关于上述20 000 000元的主张，曹某海在庭审中明确予以认可，且该主张与《公司产权转让合同书》第5条第2项支付方式中：本协议签订后5个工作日内乙方支付首批转让价款50 000 000元（包括已支付的订金20 000 000元）给甲方的约定内容可以相互对映，故该两笔款项可以认定为赵某虎为履行《公司产权转让合同书》支付的费用。但由于实际支付至阿克苏果满堂公司账户的款项数额为19 700 000元，赵某虎所主张的利息300 000元并无相应的书证予以证实，故对该两笔款项的金额应以实际转款数额进行认定。②关于《公司产权转让合同书》签订之后的转款，《公司产权转让合同书》签订之后，赵某虎通过其个人账户共计向阿克苏果满堂公司账户转款33 000 000元，河南海鸿投资有限公司共计向阿克苏果满堂公司账户转款8 000 000元，和田果满堂公司向阿克苏果满堂公司账户转款2 000 000元。对于上述款项，曹某海认可除和田果满堂公司向阿克苏果满堂公司转款2 000 000元外的其余款项41 000 000元，均为赵某虎支付的《公司产权转让合同书》项下的股权转让款。阿克苏果满堂公司、曹某一、赵某根认为，赵某虎个人账户转款33 000 000元以及和田果满堂公司转款2 000 000元，是赵某虎与阿克苏果满堂公司合作的和田农业项目中的合作款，与案涉《公司产权转让合同书》无关。同时认为，关于河南海鸿投资有限公司的转款，因河南海鸿投资有限公司与该案没有关联，且转款凭证上明确标注用途为投资款，故与案涉股权转让款无关。该院认为，在案涉《公司产权转让合同书》之外，赵某虎另于 2015 年 1 月 23 日与阿克苏果满堂公司签订了《合作协议》，该协议约定甲方为赵某虎，乙方为阿克苏果满堂公司曹某海。根据合同约定的内容以及阿克苏果满堂公司对该协议的认可，以及 2014 年 10 月 18 日阿克苏果满堂公司出具的关于建设循环经济产业园项目的申请报告的内容，可以确认该合作协议的当事人为赵某虎与阿克苏果满堂公司，曹某海在该合作协议上的签字是代表阿克苏果满堂公司的职务行为。该协议明确约定，在协议签订后赵某虎应向阿克苏果满堂公司账户汇入 20 000 000 元资金，作为双方全面合作的保证金，协议生效的条件双方约定为协议签订及赵某虎 20 000 000 元资金汇至阿克苏果满堂公司。根据曹某一、赵某根提交的，赵某虎、曹某海及阿克苏果满堂公司均认可真实性的 2015 年 4 月 29 日股东决议和党办纪字〔2015〕4 号中共和田地委办公室会议纪要等证据的内容，可以证实《合作协议》已实际履行，从而证明合作协议已生效，结合协议约定的生效条件，应认定赵某虎已按协议的约定履行了支付 20 000 000 元保证金的合同义务。因案涉的转账汇款与案涉的《公司产权转让合同书》以及《合同协议》无法形成一一对应关系，故赵某虎为履行《合作协议》而支付的款项应从阿克苏果满堂公司所收取的案涉全部款项中予以排除。关于和田果满堂公司向阿克苏果满堂公司的转款 2 000 000 元，附加信息及用途一栏标注为“借款”，曹某海、阿克苏果满堂公司以及曹某一、赵某根均认为该笔款项与案涉股权转让款无关，并认为该笔款项的产生是基于赵某虎与阿克苏果满堂公司签订的《合作协议》及和田果满堂公司与阿克苏果满堂公司之间存在的合作关系。因《合作协议》与《公司产权转让合同书》的签订时间比较接近，履行内容均包含金钱给付的内容，在曹某海以及款项收取人阿克苏果满堂公司均认为该笔款项系履行《合作协议》产生，而赵某虎未能进一步举证说明该笔款项的转账与《合作协议》确无关联的情况下，不宜将该笔款项认定为赵某虎因案涉《公司产权转让合同书》支付的款项。关于河南海鸿投资有限公司于 2015 年 2 月 13 日向阿克苏果满堂公司的转款 8 000 000 元，曹某海认可该款项系赵某虎支付的股权转让款，阿克苏果满堂公司、曹某一及赵某根认为上述款项的用途标注为“投资款”，且河南海鸿投资有限公司与该案无关，故上述款项与案涉股权转让款无关。因河南海鸿投资有限公司出具的证明已明确确认其向阿克苏果满堂公司账户所转案涉款项的所有权人系赵某虎，对该证明的真实性，阿克苏果满堂公司、曹某一及赵某根并不持异议，对于上述款项确已汇至阿克苏果满堂公司账户的事实，各方当事人亦无异议。现阿克苏果满堂公司否认上述款项与案涉《公司产权转让合同书》无关，应由阿克苏果满堂公司对上述款项汇至其公司账户的原因承担举证责任，在阿克苏果满堂公司未能举证证实其主张的情况下，应认定上述款项系赵某虎为履行案涉《公司产权转让合同书》而支付的款项。综上，赵某虎因案涉《公司产权转让合同书》支付的款项为 40 700 000 元，在合同无效的情况下，应由曹某海予以返还。(4)关于赵某虎主张的违约金 20 000 000 元能否得到支持的问题，赵某虎根据《公司产权转让合同书》中关于“甲、乙双方未能按规定期限完成产权交割工作，如属非不可抗力原因所致，由违约方承担违约责任并按本合同转让资产总额的 10% 向对方支付违约金，违约金不足以补偿对方损失的，由违约方继续偿付”的约定，主张违约金 20 000 000 元，因《公司产权转让合同书》被认定为无效，合同中的违约条款亦无效，故该案不适用该违约责任条款认定的违约责任及确定的违约金数额，故对赵某虎的该项诉讼请求不予支持。

笔者认为，关于案涉《公司产权转让合同书》是否有效以及是否应予解除的问题，案涉《合作协议》和《公司产权转让合同书》之间的关联性、曹某海是否代表阿克苏果满堂公司或者曹某一签订案涉合同、曹某海对案涉《公司产权转让合同书》所涉合同标的是否具有处分权等事实均与案涉《公司产权转让合同书》的效力有关。(1)案涉《合作协议》和《公司产权转让合同书》之间关联性的事实有待进一步查清。根据一审查明的事实，赵某虎与曹某海先后于 2015 年 1 月 23 日和 2015 年 2 月 6 日签署《合作协议》和《公司产权转让合同书》。《合作协议》中双方就阿克苏果满堂公司和田相关项目达成协议，《公司产权转让合同书》中约定转让标的包括阿克苏果满堂公司 100% 股权和新疆和田农业及扶贫相关项目 100% 股权。该两份合同签订的时间相近，内容都涉及阿克苏果满堂公司以及和田项目。在阿克苏果满堂公司认可曹某海代表其签订《合作协议》的情况下，案涉两份合同存在何种关联性、该关联性是否对《公司产权转让合同书》的效力产生影响等事实，应进一步查清。(2)曹某海签订《公司产权转让合同书》的行为是否代表阿克苏果满堂公司或者曹某一的事实有待进一步查清。该案中,根据一审查明的事实,《公司产权转让合同书》签订时,曹某一系阿克苏果满堂公司持股95%的股东。2017年,曹某一向曹某海出具授权委托书,授权曹某海代表股东全权处置阿克苏果满堂公司资产等事宜,包括但不限于签署对外合作、产权处置和股权转让等协议,并对相关事项作出决定。2018年10月23日,阿克苏果满堂公司股东会决议载明:"(1)曹某海不再担任阿克苏果满堂公司法定代表人。(2)曹某海担任阿克苏果满堂公司法定代表人期间,在法律范围内,以公司名义实施的所有行为都是职务行为,其所有结果由阿克苏果满堂公司承担,与曹某海无关。(3)曹某海不再担任阿克苏果满堂公司法定代表人后,在法律范围内,公司所有纠纷、诉讼案件等由阿克苏果满堂公司承担和处理,与曹某海无关。(4)曹某海不担任阿克苏果满堂公司法定代表人后,阿克苏果满堂公司今后的一切事务由阿克苏果满堂公司负责及处理,与曹某海无关。"根据以上事实,曹某海是否有权代表阿克苏果满堂公司,曹某海与曹某一之间系何种法律关系,曹某海是否有权代表阿克苏果满堂公司或者曹某一处分其资产等事实应进一步查清。(3)案涉《公司产权转让合同书》所涉合同标的的权属情况有待进一步查清。该案中,根据一审查明的事实,案涉《公司产权转让合同书》约定的转让标的为:"(1)阿克苏果满堂果业开发有限公司(100%股权);(2)新疆和田农业及扶贫相关项目(100%股权);(3)上海果满堂电商公司(100%股权);(4)果满堂郑州分公司(100%股权);(5)果满堂中牟分公司(100%股权);(6)郑州东区1000平方米新办公楼及附属车位10个(100%股权);(7)新疆汇丰益农农业科技有限公司(100%股权)。"上述合同标的与曹某海、曹某一以及阿克苏果满堂公司等存在何种关联性、曹某海对《公司产权转让合同书》中所涉转让标的是否无权处分等事实,有待进一步查清。综上,一审法院未对上述相关事实予以查清,属于基本事实认定不清。

关于赵某虎要求曹某海、阿克苏果满堂公司返还转让款6300万元以及赔偿违约金2000万元的诉讼请求能否成立,曹某海、阿克苏果满堂公司如何承担责任及具体数额的问题,笔者认为,在查清影响案涉《公司产权转让合同书》效力相关事实的基础上,应根据合同主体、合同内容、合同履行情况以及收付款情况等事实,对赵某虎的诉讼请求进行审理。该案中,根据一审查明的事实,案涉《公司产权转让合同书》约定,赵某虎在《合作协议》项下向阿克苏果满堂公司支付的2000万元保证金，已经转为《公司产权转让合同书》中赵某虎应付首批转让款的一部分。阿克苏果满堂公司一审提交的 2015 年 4 月 29 日赵某虎与曹某动（曹某一的父亲）签字的股东决议载明：“股东赵某虎、曹某动召集董办成员举行会议，两位股东在会议上介绍了双方对于新疆农业项目进行合作开发的决心和信心，确定了 2015 年的种植建园的工作目标。”根据上述事实，案涉《公司产权转让合同书》的合同主体是谁、涉及的合同标的是否存在已经履行或者部分履行的情形。如果已经履行或者部分履行，履行的是案涉《合作协议》还是《公司产权转让合同书》，履行的具体情况是否符合解除的法定或者约定条件，如果合同应当解除，各方当事人是否存在违约、违约责任如何认定与分配以及各方当事人应如何相互返还等事实，有待进一步查清。

案例 81 中，该案最高人民法院二审在甘肃省高级人民法院进行了公开开庭审理，取得良好效果，最后双方达成调解协议，二审法院予以确认，调解结案。

一审法院认为，该案争议的焦点问题有：(1)常安置业是否应向李某林、裴某娇支付截至 2018 年 6 月 30 日的股权转让款及利息和违约金。(2)常安置业是否应向李某林、裴某娇支付因本案支出的律师费。(3)李某林、裴某娇是否应履行股权及法定代表人工商登记变更义务并承担迟延变更的违约金。(4)李某林、裴某娇是否应向常安置业移交财务资料及 25 亩土地使用权证。(5)雷达设施是否影响合同继续履行。

关于常安置业是否应向李某林、裴某娇支付股权转让款及利息和违约金的问题。(1)应否支付股权转让款的问题。李某林、裴某娇与常安置业签订的《股权转让补充协议书》系当事人的真实意思表示，内容不违反法律、法规的强制性规定，合法有效，依照《合同法》第 8 条、第 60 条①的规定，各方当事人应依约履行合同义务。该协议约定股权转让价款分六笔支付，同时约定：“李某林、裴某娇在收到第一笔付款后 10 日内配合办理转让李某林、裴某娇各持有的 35% 股权，变更法定代表人，移交公司管理权。在协议签订后 10 日内李某林、裴某娇向常安置业移交天龙泰公司的所有财务账册、凭证、纳税申报表、所得税汇算清缴报告、审计报告以及所有合同。李某林、裴某娇应按照协议约定配合办理天龙泰公司法定代表人变更，公

① 现为《民法典》第 465 条、第 509 条。

司证章、财务手续、资产及相关批文原件的移交,否则常安置业的第二笔付款顺延,直至李某林、裴某娇完成上述义务。”常安置业在向李某林、裴某娇支付了第一笔股权转让款后,因双方对合同约定的第二笔股权转让款付款方式及付款时间产生争议,未能形成一致意见,故对款项支付事宜仍应以双方签订的《股权转让补充协议书》约定为准。截至该案庭审时,双方未进行天龙泰公司股权及法定代表人工商登记变更,但双方往来函件中,李某林、裴某娇表示愿意配合常安置业办理股权及法定代表人变更,请常安置业提前通知。常安置业亦回函表示将提前三日告知办理变更登记的时间、地点和所需材料。该院认为,依照《股权转让补充协议书》约定,李某林、裴某娇负配合办理股权及法定代表人变更手续的义务。2017 年 1 月 17 日李某林、裴某娇已将天龙泰公司印章及股东章移交给常安置业,办理公司相关变更登记的主导方应在常安置业,李某林、裴某娇无法单独进行天龙泰公司变更登记,且在往来函件中常安置业也表示会提前通知李某林、裴某娇办理变更登记手续,但常安置业不能提交其已通知了李某林、裴某娇一同办理变更登记,而李某林、裴某娇拒绝办理的相应证据,故未能办理天龙泰公司股权及法定代表人变更登记的主要责任在常安置业。常安置业以李某林、裴某娇未履行变更登记义务,要求第二笔付款顺延的抗辩理由不能成立,该院不予支持。但对于应移交的财务资料,因合同有明确约定在协议签订后 10 日内移交,李某林、裴某娇不能提交已向常安置业移交了财务资料的相应证据。庭审中天龙泰公司原财务人员作为证人陈述,在移交过程中,常安置业工作人员对相关资料审查后认为不需要财务账册,故未移交,但该陈述没有其他证据予以佐证,且常安置业不予认可,故该院不予采信,李某林、裴某娇未按约向常安置业移交财务资料,常安置业的第二笔付款应予顺延。依照《股权转让补充协议书》中关于移交相关资料的时间及每笔付款时间间隔的约定,常安置业第二笔股权转让款付款时间应顺延至李某林、裴某娇将合同约定的财务资料及其他权属资料向常安置业移交完毕之后 2 个月内支付;对李某林、裴某娇诉请的第三笔股权转让款顺延至第二笔款支付后第 3 个月 15 天内支付;对李某林、裴某娇诉请的第四笔股权转让款顺延至第三笔款支付后一年内支付。(2)应否支付利息的问题。该院认为,根据《股权转让补充协议书》“自合同签订之日起,常安置业承担第二笔付款 3000 万元和后期 12 947. 39 元利息,年利率为 6. 5%,每次付款时利随本清”的约定,常安置业应向李某林、裴某娇支付股权转让款的利息。虽案涉股权转让款利息起算点为合同签订之日，并非每笔款项应付之日，但该起算点是对双方正常履约情形下的约定，因李某林、裴某娇未能按合同约定先行向常安置业移交财务账册等资料，基于公平原则，自合同签订之日至李某林、裴某娇依约交付相应资料之日的利息不再计收。常安置业应按年利率6.5%的标准，在支付第二、三、四笔股权转让款的同时向李某林、裴某娇支付利息（自李某林、裴某娇移交完毕合同约定的财务资料及其他权属资料之日起至该笔款项实际付清之日止）。(3)应否支付违约金的问题。该院认为，依《股权转让补充协议书》约定，李某林、裴某娇应按照该协议约定配合办理天龙泰公司法定代表人变更，公司证章、财务手续、资产及相关批文原件的移交，否则常安置业的第二笔付款顺延。因李某林、裴某娇未能按约先行向常安置业移交财务资料，故依照合同约定及《合同法》第67条①“当事人互负债务，有先后履行顺序，先履一方未履行的，后履行一方有权拒绝其履行要求”的规定，常安置业未按合同约定时间支付第二笔及之后股权转让款不属于违约，不符合《股权转让补充协议书》约定的应支付违约金的情形。综上，对李某林、裴某娇提出的要求常安置业支付股权转让款及利息和违约金的诉讼请求，部分予以支持。

关于李某林、裴某娇要求常安置业赔偿因该案支出的律师费106万元的问题，因李某林、裴某娇未能按合同约定先行向常安置业移交财务资料，故常安置业未按合同约定时间支付第二笔及之后股权转让款不构成违约，李某林、裴某娇支付的律师费亦不属于因常安置业违约造成的损失，故对李某林、裴某娇要求常安置业支付律师费的诉讼请求，该院不予支持。

关于李某林、裴某娇是否应履行股权及法定代表人工商登记变更义务并承担迟延变更违约金的问题，如前所述，办理天龙泰公司股权变更登记需转让方与受让方共同完成，但主导方在常安置业，李某林、裴某娇无法单独进行天龙泰公司股权变更登记，仅负有配合办理的义务，现常安置业起诉请求变更股权及法定代表人，李某林、裴某娇应配合常安置业完成天龙泰公司股权及法定代表人变更手续。对于股权过户的份额，依据《股权转让补充协议书》约定李某林、裴某娇收到第一笔付款后10日内配合办理转让李某林、裴某娇各持有的35%股权；收到第二笔付款

① 现为《民法典》第526条。

10 日内配合办理转让李某林、裴某娇各持有的 30% 股权；收到第三笔付款 10 日内配合办理转让李某林、裴某娇各持有的 35% 股权。庭审中，经法庭询问，《股权转让补充协议书》约定的李某林、裴某娇收到三笔付款后分别配合办理转让李某林、裴某娇各持有的 35%、30%、35% 的股权应如何理解？常安置业表示，案涉《股权转让补充协议书》是由常安置业负责起草，“办理转让李某林、裴某娇各持有的 35%、30%、35% 股权”的意思是办理转让李某林、裴某娇二人各自持有的天龙泰公司相应股权份额（李某林 64%、裴某娇 36%）基础上的 35%、30%、35%。对此李某林、裴某娇不持异议，该院予以确认。截至该案庭审时，常安置业共付款 4300 万元，双方均认可《股权转让补充协议书》约定的第一笔股权转让款 3500 万元已付清；对于第二笔股权转让款，李某林、裴某娇仅认可收到 800 万元，常安置业提交的证据不足以证明双方就第二笔款的付款方式及时间形成了新的合意，故不能证明第二笔股权转让款 3000 万元已足额支付。现仅满足第一笔股权转让款付款后变更股权相应份额的条件。依照《公司法》第 32 条第 3 款“公司应当将股东的姓名或者名称向公司登记机关登记；登记事项发生变更的，应当办理变更登记”的规定，李某林、裴某娇应配合常安置业将李某林所持天龙泰公司 22.4%（64% ×35%）的股权、裴某娇所持天龙泰公司 12.6%（36% ×35%）的股权变更至常安置业名下，并配合将天龙泰公司法定代表人变更为常某。对常安置业反诉请求中剩余 30% 的股权，应待其履行完毕第二笔股权转让款付款义务后，由李某林、裴某娇配合常安置业将李某林所持天龙泰公司 19.2%（64% ×30%）的股权、裴某娇所持天龙泰公司 10.8%（36% ×30%）的股权变更至常安置业名下。因迟延办理天龙泰公司股权及法定代表人变更登记的主要责任在常安置业，故常安置业要求李某林、裴某娇支付迟延办理股权变更登记违约金的反诉请求不能成立，该院不予支持。

关于李某林、裴某娇是否应向常安置业移交财务资料及 25 亩土地使用权证的问题。（1）移交财务资料的问题。《股权转让补充协议书》明确约定在协议签订后 10 日内移交天龙泰公司的所有财务账册、凭证、纳税申报表、所得税汇算清缴报告、审计报告以及所有合同，常安置业收到上述财务资料后出具收据，注明财务名称、册数、期间，即视为财务移交完成。李某林、裴某娇不能提交已向常安置业移交了财务资料的相应证据，应依约履行向常安置业移交相应财务资料的义务。对于合同约定的财务资料的范围，李某林、裴某娇认为案涉财务账册系天龙泰公司之前开发的泓园小区项目账册，不属于移交范围。该院认为，依照《公司法》第163条、第164条、第171条的规定，公司应依法建立财务、会计制度，形成公司财务账册、编制财务会计报告。公司账册不等同于项目账册，项目账册属于公司账册的一部分，李某林、裴某娇关于不存在公司账册的陈述与常理不符；李某林、裴某娇关于经常安置业审查后认为不需要移交账册的陈述亦没有证据予以证明，不予支持。李某林、裴某娇称纳税申报表、所得税汇算清缴报告均由网上申报提交，不需移交的抗辩，未能提交证据予以证明，该院不予支持。常安置业认为《股权转让补充协议书》约定的移交天龙泰公司所有合同是天龙泰公司成立至移交日的所有合同，李某林、裴某娇认为仅是与确定股权转让价款有关的合同，对此，依照《合同法》第61条[①]"合同生效后，当事人就质量、价款或者报酬、履行地点等内容没有约定或者约定不明的，可以协议补充；不能达成补充协议的，按照合同有关条款或者交易习惯确定"的规定，结合《股权转让补充协议书》其他条款及合同订立目的分析，该院认为，李某林、裴某娇将天龙泰公司100%股权让与常安置业，所有资产、证、章、资料全部移交，由常安置业接手并经营管理天龙泰公司，对所有合同的理解应当是天龙泰公司成立之日至移交前的全部合同。李某林、裴某娇未在协议签订后10日内移交财务资料违反合同约定，对常安置业要求李某林、裴某娇移交天龙泰公司的所有财务账册、凭证、纳税申报表、所得税汇算清缴报告、审计报告、合同的反诉请求，该院予以支持。(2)移交25亩土地使用权证的问题。《股权转让补充协议书》约定在协议签订后10日内李某林、裴某娇向常安置业移交天龙泰公司的土地，常安置业接受土地权属证明后向李某林、裴某娇出具资产接受单，即视为资产移交完成。协议同时约定李某林、裴某娇在收到第二笔3000万元付款后3日内向银行偿还贷款，确保银行在10日内向不动产登记部门递交解除25亩土地抵押的函。该院认为，从合同约定看，该25亩土地使用权证属于应当移交的范围，因该25亩土地系2016年3月22日榆中瑞鑫商贸有限公司向甘肃榆中农村合作银行贷款的抵押担保财产，2016年3月22日至2018年1月15日，该土地使用权证由甘肃榆中农村合作银行保管，直至2018年1月15日贷款还清，抵押手续依法解除后土地使用权证才由甘肃榆中农村合作银行交还至天龙泰公司法定代表人李某林处。故李某林、

① 现为《民法典》第510条。

裴某娇未在《股权转让补充协议书》签订后 3 日内交付该 25 亩土地使用权证系因土地权使用权抵押、土地使用权证由银行保管造成，现土地使用权证已由银行交还李某林，具备交付条件，对常安置业要求李某林、裴某娇交付 25 亩土地使用权证的诉讼请求予以支持。因该 25 亩土地使用权证号已由榆国用(2011)第 50 号变更为甘(2016)榆中县不动产权第 000203 号，故李某林、裴某娇应向常安置业交付变更后的甘(2016)榆中县不动产权第 000203 号土地使用权证。

关于雷达设施是否影响合同继续履行的问题，该院认为，李某林、裴某娇与常安置业签订的《股权转让协议书》《股权转让补充协议书》仅对股权转让份额、价款、资产移交等问题进行了约定，并未涉及常安置业提出雷达设施的问题。《股权转让补充协议书》约定："上述地块暂按已取得土地使用权证先行计算价格，如果目标公司不能取得上述任一地块的相关权属证书，则按上述计价方式从 19 447. 39 万元中相应扣减。"可见该案股权作价的依据是相应地块取得土地使用权。经该院审查，除合同约定的尚未办理手续的少部分土地外，绝大多数土地已办理了土地使用权证。除抵押给甘肃榆中农村合作银行的 25 亩土地权证由银行保管外，其余土地权证均于 2017 年 3 月 7 日向常安置业交付，故合同约定的土地使用权在权属上并不存在瑕疵。从李某林、裴某娇提交的视频资料可以看出，站在案涉项目用地的位置，雷达设施凭肉眼即可看见，常安置业作为专业的房地产开发企业，既然认为受让天龙泰公司股权主要是因为土地价值，在签订合同时就应尽到审慎注意义务，应对土地周边情况进行必要了解。案涉《股权转让协议书》及《股权转让补充协议书》签订前，双方在往来电子邮件中对雷达设施问题就有涉及，常安置业在答辩状中亦陈述，"邮件形成过程为，常安置业工作人员草拟后，于 2016 年 11 月 23 日通过电子邮件发给李某林、裴某娇，李某林、裴某娇对其做了相应修改，并加上了'军用雷达设施影响'八个字后，于 24 日回发给了王和平总经理"。正是基于往来邮件的内容，2016 年 11 月 19 日、23 日以天龙泰公司名义形成甘天开发〔2016〕11 号关于加快推进项目建设的报告和甘天开发〔2016〕12 号关于宗地开发项目推进情况的报告，分别报送至榆中县人民政府、榆中县国土资源局，据此应视为常安置业对案涉土地周边存在雷达设施知情，常安置业认为李某林、裴某娇刻意隐瞒雷达设施的抗辩理由不能成立。常安置业认为雷达站影响"德福园"项目的正常开发建设，中国人民解放军 68002 部队已函至榆中县规划局称"德福园"项目在电磁环境保护控制区内，该项目规划有13栋密集高层住宅，不符合国家电磁环境保护范围内的高度规定，请求停止德福园项目规划建设。该院审查认为，虽中国人民解放军68002部队已函至榆中县规划局请求停止德福园建设，但截至目前，政府相关部门并未正式发文要求天龙泰公司停止项目开发。案涉部队雷达设施附近的其他多个小区均能够正常开发建设，可见并非位于雷达设施周边的项目即会受到影响，是否受到雷达设施的影响，与雷达天线的距离、方位及项目规划的房屋高度有关，而该案《股权转让协议书》及《股权转让补充协议书》签订前，案涉土地就已取得土地使用权证与政府部门的规划条件通知书，土地本身并不存在权利瑕疵及开发利用障碍。李某林、裴某娇与常安置业已于2017年3月7日对天龙泰公司资产、证章进行了移交，虽相关工商登记信息未进行变更，但移交后天龙泰公司由常安置业实际控制经营，庭审中，常安置业也认可是由常安置业拟定了“德福园”项目规划方案并于2017年4月上报至榆中县规划局，若因规划方案中“德福园”小区房屋密度、高度等内容与雷达设施的运行产生冲突而影响到“德福园”项目正常开发，亦属常安置业接手天龙泰公司后在公司运营过程中产生的风险，不属于因案涉《股权转让协议书》及《股权转让补充协议书》履行而引发的股权转让纠纷。故对常安置业要求中止履行合同的诉讼请求，该院不予支持。

案例82中，一审法院认为，该案争议的焦点问题是：李某一是否已经受让李某二持有的合益公司50%股权成为合益公司股东。《公司法》第71条第2款、第3款规定，股东向股东以外的人转让股权，应当经其他股东过半数同意。股东应就其股权转让事项书面通知其他股东征求同意，其他股东自接到书面通知之日起满30日未答复的，视为同意转让。其他股东半数以上不同意转让的，不同意的股东应当购买该转让的股权；不购买的，视为同意转让。经股东同意转让的股权，在同等条件下，其他股东有优先购买权。该案中，李某二于2017年10月20日致函合益公司另一股东吕某喜，称其拟将持有的合益公司50%股权以1000万元转让给李某一，请吕某喜在30日内给予书面答复，确定是否需要购买出让的股权，逾期未答复的，视为同意转让；若吕某喜逾期未予书面答复或未以同等条件答复的，则视为放弃主张行使优先购买权，同意转让。吕某喜、杜某芳及合益公司于2017年11月3日回函称根据2015年2月25日的《股东转让协议》，李某二已经不再是合益公司的实际股东，无权转让股权。李某二又于2017年11月7日再次致函吕某喜称不回复或不正面回复,均视为吕某喜放弃主张行使优先购买权,同意转让股权。吕某喜收到该函后未予回复。由此可知,李某二已经就其持有50%股权转让事项书面通知合益公司的另一股东吕某喜征求同意,但吕某喜在接到书面通知后没有提出优先购买权的主张,因此应当视为吕某喜同意李某二转让股权。李某二与李某一于2017年11月24日签订了《股权转让协议》,约定李某二将其持有的合益公司50%股权转让给李某一,转让价款为1000万元。该《股权转让协议》系双方当事人的真实意思表示,且未违反法律、行政法规的强制性规定,合法有效。合同生效后,李某一已经依照约定向李某二付款700万元,且李某二对李某一已经受让合益公司50%股权没有异议,因此应当确认李某一已经享有合益公司50%股权。《公司法》第32条第3款规定:"公司应当将股东的姓名或者名称向公司登记机关登记;登记事项发生变更的,应当办理变更登记。未经登记或者变更登记的,不得对抗第三人。"该案中,李某一已经受让李某二持有的合益公司50%股权,合益公司依法应当办理股东姓名由李某二变更为李某一的工商登记。《合同法》第96条第1款①规定:"当事人一方依照本法第九十三条第二款、第九十四条的规定主张解除合同的,应当通知对方。合同自通知到达对方时解除。对方有异议的,可以请求人民法院或者仲裁机构确认解除合同的效力。"最高人民法院《关于适用〈中华人民共和国合同法〉若干问题的解释(二)》第24条规定:"当事人对合同法第九十六条、第九十九条规定的合同解除或者债务抵销虽有异议,但在约定的异议期限届满后才提出异议并向人民法院起诉的,人民法院不予支持;当事人没有约定异议期间,在解除合同或者债务抵销通知到达之日起三个月以后才向人民法院起诉的,人民法院不予支持。"该案中,虽然李某二与杜某芳于2015年2月25日签订的《股东转让协议》中约定李某二将其持有的合益公司50%股权全部转让给杜某芳,但李某二于2017年6月19日致函杜某芳,以杜某芳拖延不支付剩余款项,严重违反合同约定为由,要求解除双方签订的《股东转让协议》。因李某二以保全证据公证的方式向杜某芳邮寄了该函件,因此杜某芳称其收到的邮件内没有函件,该院依法不予采信。杜某芳至今没有对李某二解除双方之间《股东转让协议》的主张提出异议,因此应当认定李某二与杜某芳签订的《股东转让协议》已经解除,吕某喜及杜某芳称该《股东转让

① 现为《民法典》第565条。

协议》应当继续履行，依据不足。

二审法院认为，该案的争议焦点为：(1)李某二与杜某芳2015年2月25日签订的《股东转让协议》是否已经依法解除；(2)李某二与李某一签订的《股权转让协议》是否合法有效。第一，2015年2月25日李某二与杜某芳签订的《股东转让协议》是双方真实意思表示，且经合益公司另一股东吕某喜同意，故该协议合法有效。协议约定股权转让总价款为500万元，杜某芳应于2015年5月28日前一次性支付200万元，剩余300万元在公司拆迁或转让他人之前一次性付清，杜某芳支付完全部股权转让价款后，李某二配合杜某芳办理股权变更登记。该协议履行中，杜某芳按约定支付了第一笔200万元。李某二主张合益公司部分拆迁即西沣路拓宽占用公司部分土地且公司已经获得补偿款后，杜某芳一直拖延不支付剩余的300万元转让款构成违约，故在2017年6月19日，李某二通过公证方式向杜某芳邮寄送达了一份函件，以上述理由函告杜某芳收到函件之日起双方签订的《股东转让协议》依法解除。由此可见，双方在协议中虽未约定解除权，但李某二解除合同的理由符合《合同法》第94条第4项①的规定"当事人一方迟延履行债务或者有其他违约行为致使不能实现合同目的"的法定解除情形，李某二也提供证据证实杜某芳于2017年6月20日已经收取了其邮寄的通知解除合同的函件。杜某芳并未在法定的3个月内提出异议。依据《合同法》第96条第1款②的规定，一审法院认定李某二与杜某芳之间的《股东转让协议》已经依法解除正确。至于合益公司主张2017年4月政府拓宽道路占用合益公司土地的行为不属于拆迁范畴的理由明显不符合常理，也与已经获得拆迁补偿款的事实不符，故合益公司主张2017年6月李某二发出解除函时尚不具备余款支付条件，杜某芳不存在根本违约行为，解除函不具有法律效力的理由缺乏事实和法律依据，不予采信。第二，合益公司上诉主张李某二与李某一签订《股权转让协议》过程中存在恶意串通，损害杜某芳利益的情形，但并未提供有效证据证实。合益公司主张李某二将自己股权转让给李某一的行为违反公司章程和公司法相关规定的理由与事实不符，因为2017年11月24日李某二与李某一签订《股权转让协议》之前，李某二两次发函告知合益公司另一股东吕某

① 现为《民法典》第563条。
② 现为《民法典》第565条。

喜拟以1000万元的价格向李某一出让所持的合益公司50%股权，要求吕某喜明确正面回复是否行使在同等条件下的优先购买权，但吕某喜并未明确回复，而且合益公司工商登记显示仅有李某二和吕某喜两名股东，依据《公司法》第71条第2款的规定，应视为其同意转让。另经审查，李某二与杜某芳签订《股东转让协议》后，并未办理相应的工商变更登记，李某二仍然是合益公司工商登记的股东。依据《公司法》第32条第3款的规定："公司应当将股东的姓名或者名称向公司登记机关登记；登记事项发生变更的，应当办理变更登记。未经登记或者变更登记的，不得对抗第三人。"李某二与李某一签订的《股权转让协议》系双方真实意思表示，内容并未违反法律、行政法规的强制性规定，应属合法有效合同，且李某一已经依约支付了700万元的转让款。因此，合益公司该部分上诉理由缺乏事实依据，本院依法不予采信。至于合益公司主张2016年11月29日已经将杜某芳变更登记为合益公司股东，李某二与合益公司已经毫无关系的理由与事实不符，因为合益公司工商登记资料显示，杜某芳仅是被登记为该公司的法定代表人，而李某二仍然是该公司工商登记的股东，且杜某芳的股东身份在公司章程中也未予记载，故对合益公司该部分上诉理由依法不予支持。

笔者认为，关于李某二与杜某芳于2015年2月25日签订的《股东转让协议》是否已依法解除的问题，《合同法》第94条①规定，有下列情形之一的，当事人可以解除合同：……（三）当事人一方迟延履行主要债务，经催告后在合理期限内仍未履行；（四）当事人一方迟延履行债务或者有其他违约行为致使不能实现合同目的；……《合同法》第96条第1款②规定："当事人一方依照本法第九十三条第二款、第九十四条的规定主张解除合同的，应当通知对方。合同自通知到达对方时解除。对方有异议的，可以请求人民法院或者仲裁机构确认解除合同的效力。"最高人民法院《关于适用〈中华人民共和国合同法〉若干问题的解释（二）》第24条规定："当事人对合同法第九十六条、第九十九条规定的合同解除或者债务抵销虽有异议，但在约定的异议期限届满后才提出异议并向人民法院起诉的，人民法院不予支持；当事人没有约定异议期间，在解除合同或者债务抵销通知到达之日起三个月

① 现为《民法典》第563条。

② 现为《民法典》第565条。

以后才向人民法院起诉的，人民法院不予支持。”该案中，案涉《股东转让协议》约定股权转让总价款为500万元，杜某芳应于2015年5月28日前一次性支付200万元，剩余300万元在公司拆迁或转让他人之前一次性付清。该协议履行中，杜某芳按约定支付了第一笔200万元。2017年4月，合益公司部分拆迁即西沣路拓宽占用公司部分土地，获得补偿款980万元后，杜某芳未支付剩余的300万元转让款。李某二于2017年6月19日通过公证方式向杜某芳邮寄送达了一份函件，函告杜某芳收到函件之日起双方签订的《股东转让协议》依法解除。杜某芳于2017年6月20日收到了通知解除合同的函件，未在法定的3个月内提出异议，亦未支付转让余款。根据前述法律的规定和本案事实，二审法院认定李某二解除合同的理由符合《合同法》第94条第4项①有关“当事人一方迟延履行债务或者有其他违约行为致使不能实现合同目的”的法定解除情形，双方签订的《股东转让协议》于2017年6月20日解除，该认定并无不当。

关于李某二与李某一签订的《股权转让协议》是否合法有效的问题，《公司法》第71条第2款规定：“股东向股东以外的人转让股权，应当经其他股东过半数同意。股东应就其股权转让事项书面通知其他股东征求同意，其他股东自接到书面通知之日起满三十日未答复的，视为同意转让。其他股东半数以上不同意转让的，不同意的股东应当购买该转让的股权；不购买的，视为同意转让。”如前所述，李某二与杜某芳于2015年2月25日签订的《股东转让协议》已经依法解除。该案中，合益公司工商登记仅有李某二和吕某喜两名股东，2017年11月24日李某二与李某一签订《股权转让协议》之前，李某二两次发函告知合益公司另一股东吕某喜拟以1000万元的价格向李某一出让所持的合益公司50%股权，要求吕某喜明确回复是否行使在同等条件下的优先购买权，吕某喜并未明确回复。根据前述法律规定和事实，二审法院认定吕某喜已同意李某二转让股权，李某二与李某一签订的《股权转让协议》系双方真实意思表示，内容不违反法律、行政法规的强制性规定，系合法有效，该认定并无不当。合益公司关于李某二与李某一恶意串通转让股权，损害合益公司及其股东、债权人利益的再审申请理由，缺乏事实和法律依据，不应支持。

案例83中，一审法院认为，该案争议的焦点是黄河集团是否有权向鑫远公司、

① 现为《民法典》第563条。

昱成公司主张回购 16 649 万元特别债权及黄河新盛公司持有的 49% 股权和新盛工贸公司持有的 45. 95% 股权。根据查明的事实,鑫远公司取得黄河新盛公司 49% 股权和新盛工贸公司 45. 95% 股权系基于该院(2007)甘民二初字第 15 号民事调解书,其后鑫远公司又将黄河新盛公司 49% 股权和新盛工贸公司 45. 95% 股权分别转让给昱成公司,现黄河集团提起诉讼是依据其与鑫远公司、新盛工贸公司于 2008 年 3 月 8 日签订的《合作协议书》,该《合作协议书》的内容并不包含在该院(2007)甘民二初字第 15 号民事调解书所处理的事项中,与该院(2007)甘民二初字第 15 号民事调解书所涉事项不具有同一性。《合作协议书》第 4 条约定的内容是,新盛工贸公司同意将根据鑫远公司的要求,在双方商定的期限内将其持有的对黄河新盛公司 51% 股权全部转让给鑫远公司或其指定机构持有。在新盛工贸公司向鑫远公司或其指定机构转让黄河新盛公司 51% 股权的同时,鑫远公司将持有的新盛工贸公司 45. 95% 股权无条件无偿转让给新盛工贸公司其他股东,并免除黄河集团对 16 649 万元特别债权的偿还义务,该条约定规定的是鑫远公司或其指定机构取得了黄河新盛公司 100% 股权的情形。而《合作协议书》第 8 条分别约定了鑫远公司或其指定机构不能取得黄河新盛公司 100% 股权的两种处理方式,即如因黄河集团及/或新盛工贸公司原因,黄河集团、新盛工贸公司双方应按鑫远公司受让特别债权的实际价款加上 3000 万元向鑫远公司回购特别债权及鑫远公司对黄河新盛公司持有的 49% 股权和鑫远公司对新盛工贸公司持有的 45. 95% 股权。如因政府审批原因,黄河集团、新盛工贸公司双方应按鑫远公司受让特别债权实际价款加上资金占用期间的利息(自鑫远公司支付特别债权价款时起,按年息 12% 计算)向鑫远公司回购特别债权及鑫远公司对黄河新盛公司持有的 49% 股权和鑫远公司对新盛工贸公司持有的 45. 95% 股权。综合该两条款项的约定内容,均为鑫远公司为保障其收购的 16 649 万元特别债权的条款,虽然鑫远公司或其指定机构未能取得黄河新盛公司 100% 股权,但鑫远公司不向黄河集团、新盛工贸公司主张要求回购的权利,并不能相应得出黄河集团亦有权向鑫远公司或其指定持有股权的昱成公司主张回购的权利,《合作协议书》第 8 条并未赋予黄河集团享有该权利,黄河集团将该条约定解读为其享有回购权系对合同条款理解有误。至于黄河集团提供的瑞银公司出具的承诺书,虽然黄河集团当庭陈述瑞银公司系鑫远公司的合作伙伴,但黄河集团对此并未提供相应的证据,且不能证明瑞银公司出具的承诺对鑫远公司或昱成公司具有约束力，故黄河集团的该主张亦不能成立，该院不予采信。

笔者认为，《合同法》第5条规定："当事人应当遵循公平原则确定各方的权利和义务。"第8条[①]规定："依法成立的合同，对当事人具有法律约束力。当事人应当按照约定履行自己的义务，不得擅自变更或者解除合同。依法成立的合同，受法律保护。"第94条[②]规定，有下列情形之一的，当事人可以解除合同：(一)因不可抗力致使不能实现合同目的；……(四)当事人一方迟延履行债务或者有其他违约行为致使不能实现合同目的；……第125条第1款[③]规定："当事人对合同条款的理解有争议的，应当按照合同所使用的词句、合同的有关条款、合同的目的、交易习惯以及诚实信用原则，确定该条款的真实意思。"该案中，鑫远公司、黄河集团、新盛工贸公司于2008年3月8日签订《合作协议书》，该协议系各方当事人真实意思表示，不违反法律法规强制性规定，依法成立并生效，对各方当事人均具有法律约束力。《合作协议书》约定："(1)甲方(鑫远公司)受让并拥有对乙方(黄河集团)16 649万元特别债权，乙方同意按照甲方要求，将甲方对乙方持有的对黄河新盛公司49%股权质押权通过股权转让方式直接变更为甲方对黄河新盛公司持有的49%股权。丙方(新盛工贸公司)同意并确认该股权转让，承诺放弃优先受让权，乙、丙双方及黄河新盛公司负责在甲方受让特别债权成交确认时立即办理工商变更登记手续。(2)乙方持有丙方45.95%股权，因特别债权诉讼已将乙方对丙方45.95%股权冻结，乙、丙双方同意将乙方对丙方持有的45.95%股权无偿转让给甲方持有，丙方其他股东确认并同意该股权转让，并承诺放弃优先权，三方同意在特别债权转让确认时立即办理股权转让登记手续。待本协议约定条件成就时，甲方将该45.95%股权无条件无偿转让给丙方其他股东。……(4)丙方同意将根据甲方的要求，在双方商定的期限内将其持有的对黄河新盛公司51%股权全部转让给甲方或甲方指定机构持有。股权转让价格以转让时兰州黄河净资产价值总额为据确定，股权转让价款的支付方式由甲、丙双方另行约定，在丙方向甲方或甲方指定机构转让黄河新盛公司51%股权的同时，甲方将持有的丙方45.95%股权无条件无偿转让给丙方其他

① 现为《民法典》第136条。

② 现为《民法典》第563条。

③ 现为《民法典》第510条。

股东,并免除乙方对 16 649 万元特别债权的偿还义务。……(8)如因乙方及/或丙方原因,造成甲方和甲方指定机构最终不能取得黄河新盛公司 100% 股权,乙、丙双方应按甲方受让特别债权的实际价款加上 3000 万元向甲方回购特别债权及甲方对黄河新盛公司持有的 49% 股权和甲方对丙方持有的 45.95% 股权。如因政府审批原因致使甲方和甲方指定机构最终不能取得黄河新盛公司 100% 股权,乙、丙双方应按甲方受让特别债权实际价款加上资金占用期间的利息(自甲方支付特别债权价款时起,按年息 12% 计算)向甲方回购特别债权及甲方对黄河新盛公司持有的 49% 股权和甲方对丙方持有的 45.95% 股权。"案涉《合作协议书》第 4 条约定了鑫远公司或其指定机构取得黄河新盛公司 100% 股权的情形,第 8 条对因黄河集团及/或新盛工贸公司原因或者因政府审批原因致使鑫远公司或其指定机构未能取得黄河新盛公司 100% 股权时,赋予了鑫远公司或其指定机构主张回购的权利,并对回购价款进行了约定。第 8 条的约定是为了保障鑫远公司或其指定机构的利益,降低其商业风险,赋予鑫远公司或其指定机构在未能取得黄河新盛公司 100% 股权的两种情形下有权要求黄河集团、新盛工贸公司回购案涉股权和债权的权利。在合同约定的情况下,鑫远公司或其指定机构要求黄河集团、新盛工贸公司回购时,黄河集团、新盛工贸公司有回购的义务,但合同没有约定黄河集团、新盛工贸公司可以向鑫远公司或其指定机构主张回购的情形,也没有赋予黄河集团、新盛工贸公司主动要求回购的权利。故黄河集团主张案涉债权和股权的回购权,缺乏合同依据。黄河集团上诉认为《合作协议书》约定的合同目的不能实现,第 8 条约定的权利义务不对等,基于合同法公平、对等原则以及各方订立合同的目的,其应当享有主张回购 16 649 万元特别债权及黄河新盛公司 49% 股权和新盛工贸公司 45.95% 股权的权利,且瑞银公司向其出具的承诺书,亦赋予了其回购的权利。笔者认为,公平原则是指当事人之间在合同中约定的权利义务应当公平合理,双方之间享有的权利与承担的义务在总体上应当是对等的、平衡的,但非完全一致或者完全对等,当事人公平合理地确定交易双方的权利义务的同时,还应对风险的分配与责任承担进行合理约定。该案中不存在一方利用自己的优势地位或者采取不正当手段,自己不承担任何风险责任,而强迫另一方当事人独自承担全部风险责任等违反公平原则的情形。在合同约定明确、没有歧义的情况下,黄河公司主张合同目的不能实现,意图推翻合同条款的真实意思表示,既不符合合同解释的原则,亦缺乏法律依据。况且，黄河集团将其对黄河新盛公司持有的49%股权和对新盛工贸公司持有的45.95%股权转让给了鑫远公司后，其债务得到豁免，合同的主要目的已经达到，不存在合同目的不能实现，需要给予其回购权予以救济的情形。法律规定在遇不可抗力以及当事人一方迟延履行债务或者有其他违约行为致使不能实现合同目的的情况下，当事人可以解除合同，故即便黄河集团合同目的不能实现，法律也未赋予其回购的权利。关于瑞银公司向黄河集团出具的承诺书是否赋予了黄河集团主张回购的权利的问题，瑞银公司向黄河集团出具的承诺书是瑞银公司以黄河集团为受益人而向黄河集团出具的，没有证据证明瑞银公司是代表鑫远公司做出承诺，且鑫远公司对该承诺书的真实性不予认可，故承诺书对鑫远公司或者昱成公司不具有约束力。承诺书载明的内容为，鑫远公司要求黄河集团回购特别债权和股权并主张资金利息时，瑞银公司承诺负责协调处理或承担鑫远公司主张的资金利息，该内容也不能证明赋予了黄河集团回购的权利。综上，黄河集团关于其有权向鑫远公司、昱成公司主张回购16 649万元特别债权及黄河新盛公司49%股权和新盛工贸公司45.95%股权的上诉请求缺乏事实和法律依据，依法不能成立，不应支持。

专题五 five

常见案件类型的法律适用

一、关于案外人执行异议之诉的法律适用

案外人执行异议之诉是在2007年修订的《民事诉讼法》中首次规定的，其与一般民事诉讼不同之处在于，在执行过程中，是案外人针对执行标的提起的诉讼。该诉的主要法律依据是《民事诉讼法》第234条，执行过程中，案外人对执行标的提出书面异议的，人民法院应当自收到书面异议之日起15日内审查，理由成立的，裁定中止对该标的的执行；理由不成立的，裁定驳回。案外人、当事人对裁定不服，认为原判决、裁定错误的，依照审判监督程序办理；与原判决、裁定无关的，可以自裁定送达之日起15日内向人民法院提起诉讼。审理该类诉讼的主要司法解释有最高人民法院《关于适用〈中华人民共和国民事诉讼法〉的解释》、最高人民法院《关于人民法院办理执行异议和复议案件若干问题的规定》、最高人民法院《关于人民法院民事执行中查封、扣押、冻结财产的规定》等。最高人民法院从2019年前后就开始着手开展案外人执行异议之诉的调研工作，为出台最高人民法院《关于审理执行异议之诉案件适用法律问题的解释(一)》做准备。

案例 84

再审申请人甘肃玉泉电梯有限责任公司（以下简称玉泉电梯公司）与被申请人武威市第三建筑安装工程有限责任公司（以下简称武威三建公司）、一审第三人嘉峪关市宝诚置业有限公司（以下简称宝诚置业公司）案外人执行异议之诉案

案号：（2020）最高法民申 1739 号

主要争议焦点

玉泉电梯公司对案涉房屋是否享有足以排除强制执行的民事权益。

简要案情

玉泉电梯公司与宝诚置业公司签订《电梯销售安装合同》，约定宝诚置业公司向玉泉电梯公司订购客梯安装在嘉峪关市胜利中路城市嘉园小区。玉泉电梯公司与宝诚置业公司签订宝诚中央公馆商品房认购书两份，第三人将两套房屋出售给玉泉电梯公司，分别顶账，且未办理不动产过户登记手续。一审法院依法拟对包括案涉一套房屋在内的房屋进行评估拍卖，玉泉电梯公司提出执行异议。

案情详解

玉泉电梯公司起诉请求：（1）终止对嘉峪关市胜利中路城市嘉园小区 11 栋 2－101 号、9 栋 1－101 号两套房屋的查封、拍卖等执行行为；（2）确认玉泉电梯公司为上述两套房屋的物权人；（3）依法撤销（2018）甘 02 执 35 号执行裁定书、（2018）甘 02 执异 14 号执行裁定书。

武威三建公司辩称，本案是执行异议之诉，并非确认之诉，玉泉电梯公司的诉讼请求有误，法院的查封行为于法有据，请求驳回玉泉电梯公司的诉讼请求。

一审法院查明：2013 年 8 月 2 日，玉泉电梯公司与宝诚置业公司签订《电梯销

售安装合同》,约定宝诚置业公司向玉泉电梯公司订购客梯 27 台,并安装在嘉峪关市胜利中路城市嘉园小区,合同总价款 6 420 860 元。在合同签订 7 日内宝诚置业公司向玉泉电梯公司支付 20 万元定金,并对后续货款的支付及电梯的运输、安装、验收等事项作出了具体的约定。后宝诚置业公司向玉泉电梯公司支付货款总计 515 万元。2016 年 8 月 18 日玉泉电梯公司与宝诚置业公司签订宝诚中央公馆商品房认购书两份,第三人将宝诚中央公馆 9 栋 1 - 101 号房屋及 11 栋 2 - 101 号房屋出售给玉泉电梯公司,分别顶账 489 022 元、488 978 元,但未办理不动产过户登记手续。2018 年 1 月 11 日,嘉峪关市仲裁委员会就武威三建公司与宝诚置业公司施工合同纠纷一案作出(2017)嘉仲裁字第 26 号裁决书。2018 年 3 月 29 日,一审法院以(2018)甘 02 执 35 号执行裁定书查封了被执行人宝诚置业公司位于嘉峪关市胜利中路城市嘉园小区 23 套房屋、501 个地下车位,包括涉及本案的 11 栋 2 - 101 号房屋。2018 年 8 月 28 日,一审法院将被执行人宝诚置业公司名下位于嘉峪关市胜利中路城市嘉园小区 9 套房屋予以查封,包括涉及本案的 9 栋 1 - 101 号房屋。2018 年 8 月 29 日,一审法院拟对上述 9 套房屋进行评估拍卖,限 9 套房屋的相关案外人、利益关系人于公告发布之日起 15 日内提起执行异议。2018 年 10 月 22 日,玉泉电梯公司向一审法院提出执行异议,请求依法撤销对涉案两套房屋的查封、拍卖,终止对涉案两套房屋的执行,一审法院于 2018 年 12 月 17 日作出(2018)甘 02 执异 14 号执行裁定书,驳回玉泉电梯公司的异议请求。

裁判结果

一审法院判决,驳回玉泉电梯公司的诉讼请求。玉泉电梯公司不服一审判决,向二审法院提起上诉,二审法院判决,驳回上诉,维持原判。玉泉电梯公司不服二审判决,向最高人民法院申请再审,最高人民法院裁定,驳回玉泉电梯公司的再审申请。

案例 85

再审申请人青海金辰实业有限公司(以下简称金辰公司)与被申请人西宁青融小额贷款有限公司(以下简称青融公司)、一审第三人青海晶源盐湖化工实业集团广丰房地产开发有限公司(以下简称晶源广丰公司)案外人执行异议之诉案

案号:(2020)最高法民申 1962 号

主要争议焦点

金辰公司对案涉房产是否具有可排除强制执行的合法权益。

简要案情

青融公司与晶源广丰公司、第三人金辰公司借款合同纠纷一案中,金辰公司作为有独立请求权的第三人请求案涉房产为金辰公司所有,法院认定金辰公司主张涉案的所有权无事实及法律依据。

案情详解

金辰公司起诉请求,排除执行案涉房屋 190 平方米;诉讼费用由青融公司承担。

青融公司辩称,金辰公司不享有对案涉房屋排除执行的物权,请求依法驳回金辰公司对青融公司的诉讼请求。

第三人晶源广丰公司辩称,双方提出的意见基本都是事实,同意金辰公司的起诉意见。

一审法院查明:青融公司与晶源广丰公司、第三人金辰公司借款合同纠纷一案,青融公司向一审法院提出财产保全申请,一审法院系轮候查封了晶源广丰公司位于青海省西宁市城中区西大街 8 号世贸中心写字楼 10 层 1008 号房屋。金辰公司在该案中作为有独立请求权的第三人请求案涉房产中 190 平方米为金辰公司所有。经一审法院审理,认为晶源广丰公司与金辰公司签订协议书合法有效,但双方

在签订协议后并未到房产部门办理相应的所有权变更登记手续,根据《物权法》的规定,该协议并不能产生物权变动的法律效力,故第三人金辰公司主张涉案房产中190 平方米房产的所有权无事实及法律依据,遂判决:(1)晶源广丰公司于本判决生效后10 日内向青融公司偿还本金400 万元,支付利息 263 500 元;(2)自 2015 年5 月 1 日起至实际清偿之日的期间利息,按每月 1.5% 的利率计收,晶源广丰公司于本判决生效后10 日内支付青融公司律师费 7 万元;(3)驳回青融公司主张对晶源广丰公司所有的位于西宁市城中区西大街 8 号世贸中心写字楼 10 层 1008 号,建筑面积为 707.75 平方米的房产拍卖、变卖价款享有优先受偿权的请求;(4)驳回第三人金辰公司请求确认对晶源广丰公司所有的位于西宁市城中区西大街 8 号世贸中心写字楼 10 层 1008 号建筑面积为 706.75 平方米的房产中 190 平方米享有所有权的主张。该案执行中,一审法院继续查封了案涉房产,并已成为首封法院:一审法院依法对案涉房产进行公开拍卖活动。案外人金辰公司得知后,提出执行异议。一审法院作出执行裁定,驳回金辰公司的异议请求,金辰公司遂提起执行异议之诉。

金辰公司与晶源广丰公司物权纠纷一案,青海省西宁市城中区人民法院作出民事调解书,内容为:位于西宁市城中区西大街 8 号世贸中心写字楼 10 层1008 号房东面北侧建筑面积为 190 平方米的房屋归金辰公司所有。晶源广丰公司协助金辰公司办理西宁市城中区西大街 8 号世贸中心写字楼 10 层 1008 号房东面北侧建筑面积为 190 平方米的房屋的变更登记手续。本案案件受理费18 480 元,减半收取 9240 元,保全费 5000 元,合计 14 240 元,费用由晶源广丰公司负担。

裁判结果

一审法院判决,驳回原告金辰公司的诉讼请求。金辰公司不服一审判决,向二审法院提起上诉,二审法院判决,驳回上诉,维持原判。金辰公司不服二审判决,向最高人民法院申请再审,最高人民法院裁定,驳回金辰公司的再审申请。

案例86

上诉人陈某忠与被上诉人中卫市楚雄房地产开发有限公司(以下简称楚雄公司)、赵某川案外人执行异议之诉纠纷案

案号:(2020)最高法民终553号

主要争议焦点

陈某忠对案涉房产是否享有足以排除强制执行的民事权益。

简要案情

楚雄公司与赵某川签订《借款合同》《抵押合同》,约定向赵某川借款2000万元,以案涉房产作为抵押。赵某川起诉楚雄公司要求还款,法院作出民事调解书确认,楚雄公司未履行还款义务,赵某川申请强制执行,一审法院依法查封、拍卖案涉房产。陈某忠不服,提起本案诉讼。

基本案情:陈某忠起诉请求:(1)确认其与楚雄公司签订的关于宁夏中卫市沙坡头区黄河花园三期小区50号楼10号、11号、12号营业房(门牌号421、423)《顶房协议》《商品房买卖合同》合法有效;(2)判决停止对宁夏中卫市沙坡头区黄河花园三期小区50号楼10号、11号、12号营业房(门牌号421、423)的强制执行及解除对该房屋查封与拍卖,并确认陈某忠对上述房屋享有所有权;(3)本案诉讼费用由赵某川承担。

赵某川辩称,其对涉案房屋享有抵押权,陈某忠对涉案房屋不可能产生物权期待权,不能优先于赵某川已登记的担保物权。

一审法院查明:2014年4月29日,楚雄公司与赵某川签订了《借款合同》,约定向赵某川借款2000万元,以中卫市黄河花园三期50号楼25套房产(包括案涉门牌号为421号和423号的10号、11号、12号房产)作为抵押,并签订《抵押合同》,办理了抵押登记和他项权证。2017年4月18日赵某川向一审法院起诉楚雄公司要求还款,一审法院作出民事调解书确认:"楚雄公司偿还赵某川2018年1月5日前的借款本息合计26 149 495元,2018年1月5日后的利息以17 574 880元为本

金按照年息24%支付至实际付清之日。”楚雄公司未履行还款义务,赵某川申请强制执行,一审法院分别于2018年7月23日、2019年7月9日作出(2018)甘执62号、62号执行裁定书,依法查封、拍卖上述房产。2018年8月20日,陈某忠提出楚雄公司欠其工程款1100多万元,双方分别于2011年12月27日和2013年6月22日签订了《顶账协议》,通过以房抵债的形式将案涉房产抵顶给陈某忠,并且认为一审法院查封、拍卖错误,向一审法院提出执行异议。一审法院作出(2017)甘执异19号执行裁定书,驳回了陈某忠的异议请求。陈某忠不服,提起本案诉讼。

二审最高人民法院另查明,2014年4月15日,陈某忠与楚雄公司签订三份《商品房买卖合同》。甘肃省高级人民法院民事调解书载明:“楚雄公司未按上述期限履行给付义务时,赵某川有权对楚雄公司抵押财产(已办理他项权证的中卫市黄河花园三期50号楼25套面积4522.08平方米的房屋)折价或者拍卖、变卖该财产的价款优先受偿。”

裁判结果

一审法院驳回陈某忠的诉讼请求。陈某忠不服一审判决,向最高人民法院提起上诉,最高人民法院判决,驳回上诉,维持原判。

案例87

再审申请人郭某雨与被申请人车某勋、张某案外人执行异议之诉案

案号:(2017)最高法民申1238号

主要争议焦点

张某对涉案房屋是否享有足以排除强制执行的民事权益。

简要案情

辽宁省盘锦市中级人民法院作出民事调解书,约定被告车某勋给付原告郭某

雨本息合计190万元。因车某勋未履行给付义务，郭某雨申请执行，法院作出执行裁定。张某向一审法院提起本案诉讼。

案情详解

张某起诉请求，确认案涉房屋归张某所有，停止对该房屋的执行，诉讼费由车某勋、郭某雨负担。

郭某雨辩称，执行裁定书驳回张某的异议，结论正确。

车某勋辩称，其确实签过《房屋买卖协议》，这个房屋确实买卖了。

一审法院查明：辽宁省盘锦市中级人民法院在审理郭某雨与车某勋买卖合同纠纷一案中，于2014年12月15日将位于长春市南关区幸福街隆德幸福城的5栋2单元1304室房屋作为车某勋的财产进行了保全查封。2015年4月17日辽宁省盘锦市中级人民法院作出民事调解书，确认被告车某勋给付原告郭某雨本息合计190万元。因车某勋未履行该调解书确定的给付义务，郭某雨向法院申请执行。一审法院立案执行后，作出执行裁定。张某向一审法院提出书面异议，一审法院作出（2015）长执异字第145号执行裁定，以“案外人张某虽向本院提供了书面买卖合同及其已经占有使用涉案房屋等相关证据材料，但其向本院提供的证据，不足以证明其已向被执行人支付了全部购房款”为由，驳回了张某的异议，后张某向一审法院提起本案诉讼。

2014年8月15日，车某勋与长春隆德房地产开发有限公司签订《商品房买卖合同》，约定车某勋以1 272 890元的价格，一次性付款购买案涉房屋。2014年8月15日，张某办理了诉争房屋的入住手续。2014年8月22日，车某勋作为甲方，李某作为房屋共有人，张某作为乙方，签订了《房屋买卖协议》，约定将案涉房屋以90万元的价格出售给张某，付款方式为一次性付款，车某勋、李某于同日出具了收条表示收到人民币90万元。张某作为原告另案起诉车某勋、李某、长春市隆德房地产开发有限公司房屋买卖合同纠纷一案，长春市南关区人民法院作出民事判决书，判决：原告张某与被告于2014年8月22日签订的《房屋买卖协议》合法有效。该判决已经发生法律效力。

裁判结果

一审法院判决:(1)在辽宁省盘锦市中级人民法院(2015)盘中民一初字第13号民事案件执行程序中停止对长春市南关区隆德幸福城5栋2单元1304号房屋的执行;(2)驳回张某的其他诉讼请求。郭某雨不服一审判决,向二审法院提起上诉,二审法院判决,驳回上诉,维持原判。郭某雨不服二审判决,向最高人民法院申请再审,最高人民法院裁定,驳回郭某雨的再审申请。

案例88

再审申请人刘某民与被申请人刘某琴、刘某辉、孙某荣案外人执行异议之诉案

案号:(2017)最高法民申530号

主要争议焦点

(1)刘某琴是否支付了全部购房款。(2)刘某琴是否实际占有了诉争房屋。(3)诉争房屋未办理过户手续刘某琴是否存在过错。

简要案情

刘某民诉刘某辉、孙某荣、李某韬民间借贷纠纷一案中,法院判令刘某辉、孙某荣共同偿还刘某民借款本金及利息。刘某民向法院申请执行,法院对案涉房屋进行拍卖、流拍。刘某琴向一审法院提起案外人执行异议,要求中止执行。

案情详解

刘某琴起诉请求:(1)确认刘某琴对诉争房屋享有足以排除强制执行的民事权益;(2)确认诉争房屋为刘某琴所有;(3)由刘某民、刘某辉、孙某荣承担诉讼费用。

刘某民辩称,刘某琴不享有足以排除强制执行的民事权益,刘某辉是案涉房屋的所有权人。

刘某辉、孙某荣在一审中未答辩。

一审法院查明：2007 年 7 月 27 日，无线电八厂召开股东大会。会议决定无线电八厂将经纬街 34 号全部房产（地下室 731.48 平方米、3 栋 1～2 层 451.58 平方米、2～3 层 798.66 平方米、2 栋 1～3 层 187.25 平方米及夹空楼）以 450 万元的价格对外出售。2007 年 10 月 19 日，无线电八厂与刘某辉签订房屋买卖合同，约定刘某辉以 450 万元的价格购买上述房产，并于 12 月末前结清房款，无线电八厂协助刘某辉办理产权过户手续。合同签订当日，刘某辉向无线电八厂给付购房款 245 万元。2009 年 6 月 3 日，无线电八厂与刘某辉签订补充协议书，约定因房屋未办理产权过户，无线电八厂同意刘某辉使用二楼、三楼（诉争房屋）的前 6 个月为无偿使用，如 6 个月后无法办理过户手续，双方各享受 50% 市价房租。无线电八厂将过户手续办理齐全，刘某辉将余款一次性付清。如无法一次性付清房屋余款，终止协议。协议签订后，刘某辉分四次向无线电八厂共支付房款 205 万元，无线电八厂为刘某辉出具共收到房款 450 万元的证明。2009 年 7 月，刘某辉将诉争房屋的第二层出借给黄某文用于茶楼经营至今，第三层交由刘某琴使用，刘某琴于 2012 年 7 月 30 日将其出租给刘某志用于经营哈尔滨冰城快捷宾馆并收取租金。上述房产（含案涉房屋）均未办理过户登记。

2009 年 11 月 9 日，刘某辉（甲方）与刘某琴（乙方）签订关于经纬街 34 号无线电八厂改造项目协议，约定甲乙双方合作、投资哈尔滨市经纬街 34 号项目（除刘某辉购买的含诉争房屋在内的五项房产外，另包括迟某毅的房屋及两层集体房），截至 2009 年 11 月 9 日乙方应到位的 800 万元均已到位，甲方按项目比例分配为 60%，乙方按项目比例分配为 40%。甲方于 2011 年 12 月 31 日前办理好无线电八厂改造前相关一切手续，同时将经纬街 34 号房产 1 楼、4 楼（房屋所有权人为迟某毅）过户给乙方并完成集体房产的收购过户手续。如 2011 年 12 月 31 日前不能达到改造条件，甲方必须于 10 日内一次性偿还乙方 1280 万元，乙方配合甲方按甲方要求把房产证重新过户，所需过户费用双方按比例承担。在未改造前经纬街 34 号三楼、四楼归乙方使用，其余房产办理出租事宜，出租比例按比例分成。2012 年 1 月 5 日，刘某辉（甲方）与刘某琴（乙方）签订解决债务协议，约定因未达到改造条件，乙方投资款转为甲方借款，甲方应一次性偿还乙方 1280 万元，甲方自 2009 年 11 月 9 日至 2011 年 7 月 31 日多次向乙方借款本息合计 770.5 万元，上述款项合计

20 505 000 元。甲方同意将房产(地下室731.48平方米、小三楼187.25平方米、附属小二楼411平方米、后二楼451.58平方米、前二、三楼798.66平方米、四层夹空楼171.36平方米)作价20 800 150元偿还债务,欠款差额295 150元。房屋过户手续由甲方办理,关于变电所大门洞上面小屋、锅炉房等归属问题待房屋过户手续全部办理完成再另行作价处理,多退少补。协议下方刘某辉、刘某琴签名。2013年5月16日,无线电八厂出具证明,追认刘某琴于2007年购买诉争房屋并交纳房款。2013年7月5日,刘某琴将哈尔滨市经纬街34号负1层及34号2栋1－3层两处房产登记在自己名下。

2014年4月23日,刘某民诉刘某辉、孙某荣、李某韬民间借贷纠纷一案中,一审法院依法查封刘某辉购买的、坐落于哈尔滨市经纬街34号房屋(房产证号为哈里房共字00005606号)的第2、3层。2014年6月20日一审法院作出(2014)鸡商初字第25号民事判决,判令刘某辉、孙某荣于判决生效之日起10日内共同偿还刘某民借款本金276.25万元及利息。2014年9月22日刘某民向一审法院申请执行。2015年1月21日,一审法院委托鸡西誉兴房地产估价有限公司对诉争房屋进行价格评估。2015年3月10日一审法院作出(2014)鸡中法执字第63－2号执行裁定,拍卖经纬街34号房屋第2、3层。2015年3月11日,刘某民与刘某辉达成和解,一审法院裁定中止执行。因刘某辉未履行和解协议,一审法院于2015年6月10日恢复执行。2015年7月6日委托鸡西誉兴房地产估价有限公司对诉争房屋进行第一次拍卖、流拍。2015年7月5日,刘某琴向一审法院提起案外人执行异议,要求中止执行。涉案诉争房屋的产权证号为哈尔滨市房地产管理局颁发的哈里房共字00005606号。该房屋共4层,所有权证记载:房屋共有人无线电八厂,所有权持证人迟某毅,房屋所有权证号哈房权证里字第00318231号,房屋坐落道里区经纬街34号,房屋建筑面积1597.32平方米,共有权人份额798.66平方米。

二审法院另查明,2012年7月30日,刘某琴与刘某志签订第一份《房屋租赁合同》,约定主要内容:刘某琴将其所有的案涉第三层房屋、夹空楼三层和四层共80多平方米(无房屋产权证)出租给刘某志使用,租期为2012年7月30日至2019年11月30日,年租金为16万元等内容。2013年5月16日,无线电八厂出具证明:“刘某琴于2007年购买我公司经纬街34号2－3层,面积798.66平方米,总价值为1 916 784 元”。刘某辉自认在鸡西中院执行其与刘某民的执行案件在执行笔录所达成的和解内容，约定刘某辉于2015年6月6日前给付200万元，余款于10月10日前付清，否则立即恢复执行并对诉争房屋进行拍卖。其隐瞒了将诉争第二、三层房屋抵债给刘某琴的事实。刘某琴与刘某辉签订《解决债务协议》后告知黄某文，日后使用该二层房屋需找刘某琴商议，刘某琴亦继续同意由黄某文继续使用。该案二审诉讼期间，刘某琴将该二层房屋收回，并于2016年3月5日与刘某志签订第二份《房屋租赁合同》，约定刘某琴将该层房屋出租给刘某志使用。道里区法院于2010年12月27日作出（2010）黑民一初字第1099号民事裁定书，其主要内容为，无线电八厂诉迟某毅称，其通过企业改制将原哈尔滨无线电八厂变为哈尔滨无线电八厂有限公司，需要将诉争第二、三层房屋产权变更到改制后的企业名下，因第一、四层房屋所有权为迟某毅，其不协助办理，故于2010年向道里区法院提起诉讼，请求法院依法判决迟某毅协助无线电八厂办理产权变更登记。该院以诉争第一至四层房屋系按份共有性质，根据《房屋登记办法》的规定，无须双方共同申请，无线电八厂应按规定到相关部门办理，其请求不属于人民法院受案范围，裁定驳回无线电八厂的起诉。刘某琴与刘某辉签订《改造协议》约定，按照800万元的价格收购迟某毅诉争楼房的一层、四层，共计798.66平方米房屋，刘某辉向黑龙江省电力集团交纳350万元。无线电八厂于2013年5月16日还分别出具两份证明，主要内容：刘某琴于2007年购买无线电八厂案涉34号后院下2层，面积451.53平方米，总价值为767 601元，地下1层（负1层）地下室，面积731.48平方米，总价值为9 509 924元，于当年将房款交清。

裁判结果

一审法院判决，驳回刘某琴的诉讼请求。刘某琴不服一审判决，向二审法院提起上诉，二审法院判决：(1)撤销鸡西市中级人民法院(2015)鸡民初字第49号民事判决；(2)停止对哈尔滨市道里区经纬街34号房屋第二、三层房屋的执行。刘某民不服二审判决，向最高人民法院申请再审，最高人民法院裁定，驳回刘某民的再审申请。

案例89

再审申请人王某明与被申请人沈阳富城建筑装饰工程有限公司（以下简称富城公司）、一审第三人沈阳信盟房地产开发有限责任公司（以下简称信盟房地产公司）、沈阳市房地产交易中心、沈阳市房产产权登记发证中心案外人执行异议之诉案

案号：(2017)最高法民申5015号

主要争议焦点

案涉诉争房屋所有权是否归王某明所有。

简要案情

富城公司诉信盟房地产公司建设工程施工合同工程款纠纷案，法院判决信盟房地产公司给付富城公司工程价款。法院在执行中，对案涉房产进行评估。王某明提出执行异议。

案情详解

王某明起诉请求，被告无权申请执行沈阳市苏家屯区梧桐大街3号3－106房产；案件诉讼费由被告承担。

富城装饰公司辩称，王某明与第三人信盟房地产公司的《房地产买卖合同》无效，请法庭依法判决驳回王某明的诉讼请求。

第三人信盟房地产公司陈述，其与原告王某明签订的商品房买卖合同合法有效。

第三人沈阳市房地产交易中心、沈阳市房产产权登记发证中心陈述，我中心不是适格被告，王某明诉求不是民事案件审理范围，王某明可以依据法律规定提出执行异议或向上级法院复议。

一审法院查明：2007年富城公司诉信盟房地产公司建设工程施工合同工程款纠纷一案，一审法院作出（2007）沈民（2）房初字第135号民事判决。判决信盟房地

产公司给付富城公司工程价款 5 464 540. 64 元，于本判决生效后 15 日内付清；信盟房地产公司给付富城公司工程款 3 197 687. 29 元的利息，按中国人民银行同期贷款利率计算，从 2006 年 12 月 23 日起至本判决生效之日止，于本判决生效后 15 日内付清。2008 年 2 月 1 日富城公司向一审法院申请执行，执行标的本金 546 540. 64 元。一审法院在执行过程中，双方当事人达成执行和解，但是，信盟房地产公司没有按和解协议履行，富城公司向一审法院提出恢复执行申请，要求按原判决执行，并向一审法院提供信盟房地产公司位于沈阳市苏家屯区梧桐大街 3 号 3 – 106 建筑面积 758. 51 平方米的房产可供执行，要求法院查封评估拍卖。一审法院到沈阳市房地产大厦查询，发现该房产登记在信盟房地产公司名下，卷号为 6 – 2 – 039633 号，土地在信盟房地产公司名下，使用权类型为出让，土地证号 0239，地号 082000011，因信盟房地产公司未交纳契税，该房产产权证还没有下发。一审法院对登记在信盟房地产公司名下的苏家屯区梧桐大街 3 号 3 – 106 建筑面积 758. 51 平方米的房产进行评估，5 月评估报告确定的房产总价值为 9 001 997 元。

2010 年 5 月王某明提出执行异议，一审法院（2010）沈法执恢字第 7 号执行裁定书认为：2004 年 6 月 2 日，信盟房地产公司将上述房产以 7 092 958 元价款出售给许某来。许某来于 2004 年 6 月 29 日以该房产向中国银行抵押按揭贷款 354 万元。后许某来与信盟房地产公司于 2006 年 7 月 11 日签订退房协议书，约定将该房产退还给信盟房地产公司，并由信盟房地产公司返还首付款及已付的按揭本息并承担以后按揭贷款的偿还义务。信盟房地产公司于 2008 年 6 月 24 日向市房产局申请办理争议房产的初始登记，于 2008 年 11 月 3 日得到房产局核准，产权登记人为信盟房地产公司。2008 年 12 月 12 日，信盟房地产公司与王某明签订商品房销售合同，约定将该房产以 500 万元出售给王某明，并于 2008 年 12 月 12 日开具 500 万元的收款收据。经核对，信盟房地产公司的收款收据存根显示其为王某明开具的日期为 2008 年 12 月 12 日，收款收据顺位在 2009 年 1 月 20 日的其他收款收据之后。王某明于 2008 年 12 月 18 日在房产局办理合同备案。在备案档案中无王某明办理备案的相关材料。执行裁定认为，上述房产虽系信盟房地产公司与王某明买卖合同的标的，但信盟房地产公司提供的收款收据存在日期倒签的问题。同时，王某明未能提供其他证据证明其已支付了全部合同价款的主张。另外，该房产备案档案中亦未有其办理合同备案的相关记载。王某明提供的证据不能形成证据链条，以证明其主张。争议房产的产权登记为信盟房地产公司，人民法院对信盟房地产公司的财产进行查封并无不当。故对案外人王某明的异议请求，一审法院不予支持，驳回王某明的异议请求。2011 年 5 月 13 日，王某明提起该案诉讼，请求确认王某明《房地产买卖合同》备案登记合法有效，被告无权申请执行沈阳市苏家屯区梧桐大街 3 号 3－106 房产，审理中，其明确请求为依据《民事诉讼法》第 204 条提起的停止执行之诉。2008 年 12 月 12 日，王某明与第三人信盟房地产公司签订《商品房买卖合同》一份，购买沈阳市苏家屯区梧桐大街 3 号 3－106 房产，总价款 500 万元。付款方式为一次性支付，交房日期为 2009 年 1 月 10 日前。2010 年 5 月 26 日，交易中心、登记中心给一审法院《关于查封被执行人沈阳信盟房地产开发有限公司房屋的通知函》表明：2009 年 4 月 27 日该中心依一审法院裁定及协助执行通知书对涉案房屋进行了查封，并已告知信盟房地产公司有权对查封提出异议。王某明在执行案件中曾经陈述房屋没有进住、使用。审理中，其也没有交付相关的费用凭证。王某明和信盟房地产公司均承认 500 万元的收款收据不是交款当时开具的，是后补的。

二审法院另查明，2010 年 10 月 29 日，在一审法院执行庭召开的听证会中，王某明承认该争议房屋没有进住，应当认定王某明没有实际占有该争议房屋。

最高人民法院再审审查另查明，该案一审判决时间为 2011 年 9 月 19 日，二审判决时间为 2012 年 3 月 20 日，王某明向该院申请再审的时间为 2017 年 11 月 1 日。王某明提交的中国银行借款借据、中国银行现金存款单形成时间为 2008 年 12 月 11 日；王某明提交司法协助查询结果通知单的形成时间为 2010 年 6 月 10 日。

裁判结果

一审法院判决，驳回王某明的诉讼请求。王某明不服一审判决，向二审法院提起上诉，二审法院判决，判决驳回上诉，维持原判。王某明不服二审判决，向最高人民法院申请再审，最高人民法院裁定，驳回王某明的再审申请。

思考与衡量

案外人执行异议之诉涉及法律理解与适用较多，且与申请执行所依据的诉讼，即本诉之间有一个相互影响的关系。因此，这类诉讼一直以来审理难度较大、争议较大。前述6个案例也在一定程度上反映了这些情形。

案例84中，一审法院认为，最高人民法院《关于人民法院办理执行异议和复议案件若干问题的规定》第29条规定："金钱债权执行中，买受人对登记在被执行的房地产开发企业名下的商品房提出异议，符合下列情形且其权利能够排除执行的，人民法院应予支持：（一）在人民法院查封之前已签订合法有效的书面买卖合同；（二）所购商品房系用于居住且买受人名下无其他用于居住的房屋；（三）已支付的价款超过合同约定总价款的百分之五十。"因玉泉电梯公司不能证明诉争房屋系用于居住且其名下无其他用于居住的房屋，亦未签订买卖合同，不符合上述规定。

二审法院认为，最高人民法院《关于人民法院办理执行异议和复议案件若干问题的规定》第29条规定的买受人对登记在被执行的房地产开发企业名下的商品房能够排除执行的三种情形应当同时具备。该案中，玉泉电梯公司与宝诚置业公司虽存在房屋抵销货款，但双方签订的《商品房认购书》并不必然使上诉人取得涉案房屋所有权，其仅能产生债法上的效力，其享有的抵债标的物的登记请求权和房屋的交付请求权并不阻却人民法院强制执行的效力。同时，玉泉电梯公司不能证明涉案房屋系用于居住且其名下无其他用于居住的房屋，不符合最高人民法院《关于办理执行异议和复议案件若干问题的规定》第29条规定的能够排除强制执行的情形。另外，一审开庭审理中就玉泉电梯公司诉请的房屋确权及撤销执行裁定和执行异议裁定问题，一审法院根据最高人民法院《关于适用〈中华人民共和国民事诉讼法〉的解释》第312条、第314条第1款的规定，已向玉泉电梯公司进行了释明，故玉泉电梯公司上诉所提一审判决适用法律错误和漏判诉讼请求的理由不能成立。

笔者认为，最高人民法院《关于人民法院办理执行异议和复议案件若干问题的规定》第29条规定："金钱债权执行中，买受人对登记在被执行的房地产开发企业名下的商品房提出异议，符合下列情形且其权利能够排除执行的，人民法院应予支持：（一）在人民法院查封之前已签订合法有效的书面买卖合同；（二）所购商品房系用于居住且买受人名下无其他用于居住的房屋；（三）已支付的价款超过合同约定总价款的百分之五十。"该案中，宝诚置业公司为房地产开发企业，其与玉泉电梯公司签订了案涉《电梯销售安装合同》。2016年8月18日，玉泉电梯公司与宝诚置业公司签订了案涉两份商品房认购书，约定宝诚置业公司将案涉两套房屋出售给玉泉电梯公司，分别顶账489 022元、488 978元，之后双方未签订商品房买卖合同,亦未办理不动产过户登记手续。玉泉电梯公司不能证明诉争房屋系用于居住且其名下无其他用于居住的房屋。二审根据前述法律规定和事实,认定玉泉电梯公司对案涉房屋不享有足以排除强制执行的民事权益,该认定并无不当,应予维持。

案例 85 中,一审法院认为,案外人提起执行异议之诉的主要目的在于通过诉讼阻却人民法院对执行标的的强制执行。在此类诉讼中,人民法院需要审查案外人对执行标的是否享有所有权或者享有其他足以阻止执行标的的执行的民事权益,所以根据最高人民法院《关于适用〈中华人民共和国民事诉讼法〉的解释》第 311 条的规定,人民法院应依据案外人就执行标的是否享有足以排除强制执行的民事权益作出认定和处理,故金辰公司对涉案不动产是否享有足以排除强制执行的民事权益是本案的争议焦点。涉案房屋在 2016 年青融公司与晶源广丰公司、第三人金辰公司借款合同纠纷一案,一审法院已作出(2016)青 01 民初 65 号生效判决,驳回第三人金辰公司请求确认对晶源广丰公司所有的位于西宁市城中区西大街 8 号世贸中心写字楼 10 层 1008 号建筑面积为 706. 75 平方米的房产中 190 平方米享有所有权。2019 年 3 月 15 日金辰公司与晶源广丰公司物权纠纷一案,西宁市城中区人民法院作出(2019)青 0103 民初 666 号民事调解书虽确认位于西宁市城中区西大街 8 号世贸中心写字楼 10 层 1008 号房东面北侧建筑面积为 190 平方米的房屋归金辰公司所有,但该调解书明显与先前已发生法律效力的本院(2016)青 01 民初 65 号民事判决不一致,故金辰公司依据涉案房产查封后作出的(2019)青 0103 民初 666 号民事调解书提出排除执行异议,一审法院不予支持。综上,金辰公司就涉案不动产不享有足以排除强制执行的民事权益,不能阻却法院对此的执行。对金辰公司的诉讼请求,应予驳回。

二审法院认为,二审的争议焦点如下:关于金辰公司是否对执行标的(案涉房屋)享有其他足以阻止执行的民事权益的问题;关于金辰公司的诉求是否符合最高人民法院《关于人民法院办理执行异议和复议案件若干问题的规定》第 28 条规定的排除执行情形的问题。(1)关于金辰公司是否对执行标的(案涉房屋 190 平方米)享有其他足以阻止执行的民事权益的问题,该院认为,第一,西宁市中级人民法院已生效的(2016)青 01 民初 65 号民事判决证实,金辰公司在该案中作为有独立请求权的第三人参加诉讼并请求确认位于西宁市城中区西大街 8 号世贸中心写字楼10层1008号建筑面积为706.75平方米房产中的190平方米为其所有。该院经审理认为晶源广丰公司与金辰公司签订的协议书合法有效,但双方在签订协议后并未到房产部门办理相应的所有权变更登记手续,根据《物权法》的规定,该协议并不能产生物权变动的法律效力,故第三人金辰公司主张涉案房产中190平方米房产的所有权无事实及法律依据,对其主张未予支持。可见,金辰公司对涉案房产190平方米并不享有所有权,对此,金辰公司在上诉状中也予以认可。根据最高人民法院《关于人民法院办理执行异议和复议案件若干问题的规定》第24条"对案外人提出的排除执行异议,人民法院应当审查下列内容:(一)案外人是否系权利人;(二)该权利的合法性与真实性;(三)该权利能否排除执行"的规定,该案中经生效法律文书的确认,金辰公司并非案涉房产的权利人,不能排除涉案房产的强制执行。第二,从金辰公司与晶源广丰公司签订的协议书内容看,金辰公司在2011年11月1日转让房产时并未将其自用的190平方米房产转让给晶源广丰公司。但从《商品房买卖合同》、西宁市房屋权属登记中心房屋登记档案证明的内容看,2012年9月28日青海世界贸易中心与晶源广丰公司签订《商品房买卖合同》,青海世界贸易中心将位于西宁市城中区西大街8号世贸中心写字楼10层1008号建筑面积为706.75平方米(含金辰公司主张的190平方米)的房产出售给晶源广丰公司,该合同已在房产管理局备案,晶源广丰公司对案涉房屋办理了预告登记,预告登记备案的建筑面积为706.75平方米,与抵押登记的面积一致。青融公司对涉案房屋已进行预告抵押登记,具有对抗第三人的效力及保障物权实现的功能。《物权法》第9条①规定,"不动产物权的设立、变更、转让和消灭,经依法登记,发生效力;未经登记,不发生效力,但法律另有规定的除外"。金辰公司与晶源广丰公司签订协议书后并未到不动产部门办理所有权变更登记手续,不能发生物权变动的法律效力,故该协议内容不能对抗青融公司的预告登记。金辰公司的上诉理由缺乏依据,二审法院不予支持。(2)关于金辰公司的诉求是否符合最高人民法院《关于人民法院办理执行异议和复议案件若干问题的规定》第28条规定的排除执行情形的问题,该院认为,最高人民法院《关于人民法院办理执行异议和复议案件若干问题的规定》第28条规定:"金钱债权执行中,买受人对登记在被执行人名下的不动

① 现为《民法典》第209条。

产提出异议,符合下列情形且其权利能够排除执行的,人民法院应予支持:(一)在人民法院查封之前已签订合法有效的书面买卖合同;(二)在人民法院查封之前已合法占有该不动产;(三)已支付全部价款,或者已按照合同约定支付部分价款且将剩余价款按照人民法院的要求交付执行;(四)非因买受人自身原因未办理过户登记。”该条是关于无过错不动产买受人物权期待权保护条件的规定。买受人的物权期待权是指对于已经签订买卖合同的买受人,在已经履行合同部分义务的情况下,虽然尚未取得合同标的物的物权,但赋予其类似物权人的地位,其对物权的期待权具有排除执行的效力。该规定适用的条件是在金钱债权执行中,买受人对登记在被执行人名下的不动产提出异议,符合上述四种情形且其权利能够排除执行。从保护主体上看,本条保护的是买受人,并不是出卖人,而在本案中金辰公司与晶源广丰公司涉案房产的买卖关系中,金辰公司是出卖人,而非买受人,故该案不符合该规定的适用条件,不应适用最高人民法院《关于人民法院办理执行异议和复议案件若干问题的规定》第 28 条的规定。金辰公司的上诉理由不能成立,二审法院不予支持。

笔者认为,《民事诉讼法》第 227 条①规定:“执行过程中,案外人对执行标的提出书面异议的,人民法院应当自收到书面异议之日起十五日内审查,理由成立的,裁定中止对该标的的执行;理由不成立的,裁定驳回。案外人、当事人对裁定不服,认为原判决、裁定错误的,依照审判监督程序办理;与原判决、裁定无关的,可以自裁定送达之日起十五日内向人民法院提起诉讼。”案外人执行异议之诉制度设计的目的是在案外人没有参与涉及执行标的诉讼的情况下,为了维护人民法院生效法律文书的既判力,保护案外人权益。提起案外人执行异议之诉的原告应当是没有参与涉及执行标的诉讼的当事人。首先,该案中,金辰公司针对西宁市中级人民法院(2016)青 01 民初 65 号民事裁定对西宁市城中区西大街 8 号世贸中心写字楼 10 层 1008 号建筑面积 706.75 平方米房屋查封的行为,提起该案案外人执行异议之诉。但金辰公司已作为有独立请求权第三人参加了(2016)青 01 民初 65 号案件的诉讼,且被判决驳回金辰公司请求确认对案涉房产享有所有权的主张,故金辰公司并非案外人执行异议之诉的适格原告。其次,在已进入诉讼程序的案外人执行异

① 现行《民事诉讼法》第 234 条。

议之诉的审理中,从公平保护案外人合法权利的目的出发,应当对案外人的执行异议进行实质审查,即根据执行标的实际权属状况来确定权属。对于不动产的权属判断,如果有登记的,应当按照不动产登记簿记载予以确认;对于没有登记的不动产执行标的,可以根据土地使用权登记簿、建设工程规划许可、施工许可等行政审批资料进行判断,在有关证据不一致的情况下,还要结合其他证据进行综合判断。该案中,西宁市中级人民法院作出的已生效的(2016)青 01 民初 65 号民事判决认定,青融公司基于以物抵债的调解书取得案涉房产的物权后与金辰公司签订了房产买卖协议,后又将该协议的履行义务转让给晶源广丰公司,晶源广丰公司以受让的全部房产面积支付了价款,返还了金辰公司已支付的款项,晶源广丰公司已实际取得案涉房产的真实权利。晶源广丰公司认可其与金辰公司协议约定将涉案房产中的 190 平方米房产所有权归金辰公司所有的事实,双方签订的协议书合法有效,但双方签订协议后未到房产部门办理相应的所有权变更登记手续,该协议不能产生物权变动的法律效力。该案驳回了金辰公司请求确认案涉房产享有所有权的主张。二审据此认定金辰公司就案涉房产不具有可排除强制执行的民事权益,该认定并无不当,应予维持。在西宁市中级人民法院(2016)青 01 民初 65 号案件中对金辰公司的实体权利已经作出生效判决后,金辰公司与晶源广丰公司双方又以民事调解的方式,请求人民法院作出与西宁市中级人民法院(2016)青 01 民初 65 号民事判决明显不符的民事调解书,并依据该调解书提起本案执行异议之诉,再次主张其对案涉房产享有权利。该案、(2016)青 01 民初 65 号案以及(2019)青 0103 民初 666 号案等三案,所涉主要民事法律关系的客体和内容,皆指向案涉 190 平方米房屋的权属。金辰公司在明知(2016)青 01 民初 65 号案已对诉争房产权属作出认定后,仍提起另两案诉讼,有违诚信诉讼原则、滥用诉讼权利、浪费司法资源之嫌。

案例 86 中,一审法院认为,该案争议的焦点问题为:陈某忠对案涉房产是否享有足以排除一审法院查封执行行为的民事权益。根据《物权法》第 9 条①的规定:“不动产物权的设立、变更、转让和消灭,经依法登记,发生效力;未经登记,不发生效力。”案涉房产系楚雄公司开发的楼盘,至今仍在楚雄公司名下,所有权人为楚雄

① 现为《民法典》第 209 条。

公司。赵某川就案涉房屋已办理抵押登记和他项权证书。其对案涉房产享有抵押权。根据《物权法》第170条①的规定:"担保物权人在债务人不履行到期债务或者发生当事人约定的实现担保物权的情形,依法享有就担保财产优先受偿的权利,但法律另有规定的除外。"陈某忠主张其与楚雄公司之间通过以房抵债的形式,用案涉房产抵顶楚雄公司欠付的工程款。因并未办理产权登记,陈某忠对案涉房产不享有所有权,《顶账协议》和《商品房买卖合同》仅能证明陈某忠与楚雄公司之间存在债权债务关系。其对案涉房产享有的是债权请求权,不能对抗赵某川的担保物权。陈某忠的证据不能证明其对案涉房屋享有所有权,其关联性不予确认。所以,陈某忠主张确认其对案涉房产享有所有权排除执行的诉讼请求不能成立,一审法院不予支持。关于陈某忠诉请确认其与楚雄公司之间的《顶账协议》《商品房买卖合同》有效的问题,不属于案外人执行异议之诉的受理范围,一审法院将另行裁定处理。

笔者认为,《物权法》第9条规定:"不动产物权的设立、变更、转让和消灭,经依法登记,发生效力;未经登记,不发生效力。"第106条规定:"无处分权人将不动产或者动产转让给受让人的,所有权人有权追回;除法律另有规定外,符合下列情形的,受让人取得该不动产或者动产的所有权:(一)受让人受让该不动产或者动产时是善意的;(二)以合理的价格转让;(三)转让的不动产或者动产依照法律规定应当登记的已经登记,不需要登记的已经交付给受让人。受让人依照前款规定取得不动产或者动产的所有权的,原所有权人有权向无处分权人请求赔偿损失。当事人善意取得其他物权的,参照前两款规定。"第170条规定:"担保物权人在债务人不履行到期债务或者发生当事人约定的实现担保物权的情形,依法享有就担保财产优先受偿的权利。"最高人民法院《关于人民法院办理执行异议和复议案件若干问题的规定》第27条规定:"申请执行人对执行标的依法享有对抗案外人的担保物权等优先受偿权,人民法院对案外人提出的排除执行异议不予支持,但法律、司法解释另有规定的除外。"根据前述规定,不动产抵押权善意取得的要件是债权人支付了合理对价、善意且已经办理不动产抵押权登记。在申请执行人对执行标的享有合法的担保物权或者其他优先受偿权的情况下,申请执行人的受偿权应获得

① 现为《民法典》第386条。

优先保护。该案中,2014年4月29日,楚雄公司与赵某川签订了《借款合同》,约定向赵某川借款2000万元,以中卫市黄河花园三期50号楼25套房产(包括案涉门牌号为421号和423号的10号、11号、12号房产)作为抵押。双方签订《抵押合同》,办理了抵押登记和他项权证,赵某川依法取得了案涉房产的担保物权,该权利亦得到甘肃省高级人民法院(2017)甘民初50号民事调解书的确认。虽然陈某忠与楚雄公司在案涉房产办理抵押登记前签订了《顶账协议》和《商品房买卖合同》,但未办理所有权变更登记,其对案涉房产享有的是债权,不能对抗赵某川的担保物权。一审认定陈某忠对案涉房产不享有足以排除强制执行的民事权益,该认定并无不当,应予维持。

案例87中,一审法院认为,该案诉争标的为不动产,不动产物权的设立和转让依照法律规定是应当登记的,自记载于不动产登记簿时发生效力,现张某并未进行不动产登记,故对张某要求确认房屋所有权的请求不予支持。该案是案外人执行异议之诉,案件审查的焦点在于张某是否对诉争房屋享有足以对抗执行的实体权利。最高人民法院《关于人民法院办理执行异议和复议案件若干问题的规定》第28条规定:"金钱债权执行中,买受人对登记在被执行人名下的不动产提出异议,符合下列情形且其权利能够排除执行的,人民法院应予支持:(一)在人民法院查封之前已签订合法有效的书面买卖合同;(二)在人民法院查封之前已合法占有该不动产;(三)已支付全部价款,或者已按照合同约定支付部分价款且将剩余价款按照人民法院的要求交付执行;(四)非因买受人自身原因未办理过户登记。"首先,张某与车某勋之间签订的《房屋买卖协议》已经被法院生效判决认定为有效,合同签订时间为2014年8月22日,人民法院查封时间为2014年12月15日,合同签订时间在法院查封之前。其次,虽然张某提供的长春市华府物业服务有限公司出具的证明与一审法院前往长春市华府物业服务有限公司调查所形成的调查笔录中关于张某何时进行装修的陈述不一致,但二者对张某是在物业登记的业主并于2014年8月15日办理了入住的陈述一致,可以认定张某在2014年8月15日就办理了入住,从而取得了诉争房屋的占有,即张某已在人民法院查封之前合法占有诉争房屋。再次,张某主张房屋价款只有693 000元是以转账方式给付的,剩余207 000元是以现金的形式给付的,车某勋亦认可已经收到了诉争房屋的全部房款,并且出具了书面的收条,郭某雨并未举出相反的证据推翻张某举证的收条的真实性,故可以认定张某已经给付了诉争房屋的全部房款。最后,该案诉争房屋车某勋并未进行物权登记,张某与车某勋之间签订的《房屋买卖协议》已经约定了办理房产更名的事宜,张某主张其向车某勋要求了办理过户登记但车某勋未予配合,故一审法院不能认定是因张某自身原因未办理过户登记。综上,张某对该案诉争房屋享有债权,其权利符合最高人民法院《关于人民法院办理执行异议和复议案件若干问题的规定》第 28 条的规定,故在一审法院受委托执行的辽宁省盘锦市中级人民法院(2015)盘中民一初字第 13 号民事调解案件的执行程序中应停止对本案诉争房屋即长春市南关区隆德幸福城 5 栋 2 单元 1304 号房屋的执行。

二审法院认为,最高人民法院《关于适用〈中华人民共和国民事诉讼法〉的解释》第 311 条规定:"案外人或者申请执行人提起执行异议之诉的,案外人应当就其对执行标的享有足以排除强制执行的民事权益承担举证证明责任。"最高人民法院《关于人民法院办理执行异议和复议案件若干问题的规定》第 28 条规定:"金钱债权执行中,买受人对登记在被执行人名下的不动产提出异议,符合下列情形且其权利能够排除执行的,人民法院应予支持:(一)在人民法院查封之前已签订合法有效的书面买卖合同;(二)在人民法院查封之前已合法占有该不动产;(三)已支付全部价款,或者已按照合同约定支付部分价款且将剩余价款按照人民法院的要求交付执行;(四)非因买受人自身原因未办理过户登记。"依据上述规定,该案主要审理张某作为郭某雨申请执行案件的案外人是否具备上述四条规定情形,从而享有足以排除强制执行的民事权益。该案中,首先,张某与车某勋于 2014 年 8 月 22 日,即涉案房屋被法院查封之前所签订的《房屋买卖协议》经长春市南关区人民法院(2015)南民初字第 1434 号民事判决确认为合法有效。其次,长春市华府物业服务有限公司出具的证明能够证实张某于涉案房屋被法院查封之前已经办理了入住,即已经占有涉案房屋。再次,张某主张涉案房屋购房款中的 693 000 元和 207 000 元分别以银行转账方式和现金给付方式支付,并提交了银行转款凭证和车某勋出具的房款收条加以证明。结合车某勋在一审庭审中关于其收到了涉案房屋的全部购房款的陈述,可以认定张某已经支付了涉案房屋的全部价款。虽车某勋在二审庭审中否认收到过张某 207 000 元现金,主张其与张某之间系以房抵债关系,其与张某之间需要对账来确认债权债务的具体数额,但对于上述主张,车某勋没有提供任何证据证明。鉴于车某勋关于购房款给付情况的陈述与一审不一致,且没有证据予以证明，故其在二审中有关购房款给付情况的陈述，不予采信。最后，鉴于张某和车某勋之间的《房屋买卖协议》中已经约定，办理过户登记的一切事宜和费用由车某勋负担，故车某勋关于因张某考虑更名过户费用过高，而不要求办理的主张不成立，不能认定因张某自身原因导致涉案房屋未办理产权更名手续。郭某雨虽主张张某提出案外人异议的理由不符合最高人民法院《关于人民法院办理执行异议和复议案件若干问题的规定》第 28 条的规定，但未能提供充分证据证明，故其主张不成立。

笔者认为，最高人民法院《关于适用〈中华人民共和国民事诉讼法〉的解释》第 311 条规定："案外人或者申请执行人提起执行异议之诉的，案外人应当就其对执行标的享有足以排除强制执行的民事权益承担举证证明责任。"最高人民法院《关于人民法院办理执行异议和复议案件若干问题的规定》第 28 条规定："金钱债权执行中，买受人对登记在被执行人名下的不动产提出异议，符合下列情形且其权利能够排除执行的，人民法院应予支持：(一) 在人民法院查封之前已签订合法有效的书面买卖合同；(二) 在人民法院查封之前已合法占有该不动产；(三) 已支付全部价款，或者已按照合同约定支付部分价款且将剩余价款按照人民法院的要求交付执行；(四) 非因买受人自身原因未办理过户登记。"最高人民法院《关于人民法院民事执行中查封、扣押、冻结财产的规定》第 17 条规定："被执行人将其所有的需要办理过户登记的财产出卖给第三人，第三人已经支付部分或者全部价款并实际占有该财产，但尚未办理产权过户登记手续的，人民法院可以查封、扣押、冻结；第三人已经支付全部价款并实际占有，但未办理过户登记手续的，如果第三人对此没有过错，人民法院不得查封、扣押、冻结。"该案中，首先，车某勋与张某于 2014 年 8 月 22 日，即在涉案房屋被法院查封之前签订《房屋买卖协议》，车某勋将涉案房屋以 90 万元的价格卖给张某，该协议经吉林省长春市南关区人民法院(2015)南民初字第 1434 号民事判决书确认为合法有效。其次，虽然张某提供的缴纳物业费的发票、缴纳天然气费用的发票在房屋被查封之后，但张某于 2014 年 8 月 15 日办理了入住手续并预交水费，可以认定张某在涉案房屋被查封之前已合法实际占有了涉案房屋。再次，张某通过银行转账的方式支付涉案房屋购房款 693 000 元，通过现金支付的方式支付涉案房屋购房款 207 000 元，合计 90 万元，有银行转款凭证及车某勋出具其已收到涉案房屋全部价款的收条为证，可以认定张某已支付了涉案房屋的全部价款。最后，车某勋与张某签订的《房屋买卖协议》中约定，办理过户登记的一切事宜和费用由车某勋负担，可以认定涉案房屋非因张某自身的原因未办理过户登记。据此，二审法院认定张某作为郭某雨申请执行案件的案外人，符合最高人民法院《关于人民法院办理执行异议和复议案件若干问题的规定》中第28条规定的情形，享有足以排除强制执行的民事权益，该认定正确。

案例88中，一审法院认为，该案的争议焦点是哈尔滨市经纬街34号第2、3层房屋是否为刘某琴所有。案外人执行异议之诉的主要目的在于通过诉讼排除对执行标的物的强制执行，这不仅要对当事人是否对执行标的物享有实体权利进行判断，还要对其实体权利是否足以阻止对执行标的物的强制执行进行判断。该案中，刘某辉与无线电八厂签订的房屋买卖合同，系双方当事人真实意思表示，且内容不违反法律、行政法规的效力性、强制性规定，合法有效。合同签订后，无线电八厂依约将房产交予刘某辉，刘某辉亦支付了全部价款并实际占有，但基于法律行为的不动产物权变动，除法律另有规定外，以登记作为物权变动的生效要件，诉争房屋因系与他人共有不能办理单独产权证照，但刘某辉在能够办理共同证照的情况下未申请办理，存在过错，故未取得诉争房屋所有权。2012年1月5日刘某辉以其购买的房产抵充刘某琴欠款并签订解决债务协议，该协议是双方当事人真实意思表示，内容不违反法律、行政法规的效力性、强制性规定，合法有效，各方当事人均应按协议约定全面履行义务。自2009年7月起，诉争房屋的第二层一直由刘某辉占有并出借给黄某文用于茶楼经营至今，第三层由刘某琴占有并对外出租，刘某琴并非实际占有全部诉争房屋。关于解决债务协议中的295 150元欠款差额也未进行进一步处理，刘某琴主张欠款差额已经实际抵顶变电所大门洞上面小屋及锅炉房，但未向一审法院提供证据予以证明。现诉争房屋仍登记在无线电八厂名下，刘某琴对于未办理过户登记手续存在过错，其对诉争房屋不享有足以排除强制执行的民事权益。

二审法院认为，该案刘某琴提起执行异议之诉，其目的是通过该案诉讼阻却案件的执行。依据最高人民法院《关于人民法院民事执行中查封、扣押、冻结财产的规定》第17条，即“被执行人将其所有的需要办理过户登记的财产出卖给第三人，第三人已经支付部分或者全部价款并实际占有该财产，但尚未办理产权过户登记手续的，人民法院可以查封、扣押、冻结；第三人已经支付全部价款并实际占有，但未办理过户登记手续的，如果第三人对此没有过错，人民法院不得查封、扣押、冻结”的规定，关于刘某琴是否支付全部购房款的问题，该案从刘某琴向刘某辉借款出具的欠据、银行汇款、《改造协议》、刘某辉的自认以及《解决债务协议》加上利息等诸多证据，能够证明至签订《解决债务协议》时，刘某辉共拖欠刘某琴 20 505 000 元，《解决债务协议》约定合同项下全部房屋作价 20 800 150 元，存在 295 150 元差价的事实，但《解决债务协议》第 2 条约定，房屋过户手续由刘某辉办理，变电所大门洞上的小屋、锅炉房等归属问题待房屋过户手续全部办理完成再另行作价清算处理，多退少补，说明 295 150 元并非需要刘某琴支付，也未约定付款期限，其真实意思应为以房抵偿欠款的差价款，该合同签订后，因约定刘某辉负有办理更名过户手续并承担高额的过户费用的义务，该过户费用远超过上述差价款，后刘某琴又借给刘某辉四笔共计 558 000 元，已超过 295 150 元差价款的数额，刘某琴无须再支付此款。以上事实和证据能够证实，刘某琴已交清全部购房款。关于刘某琴是否实际占有诉争房屋的问题，自 2009 年开始，案涉房屋第三层一直由刘某琴占有使用，其于 2012 年 7 月 30 日将该房屋出租给案外人刘某志，签订了《房屋租赁合同》约定由刘某琴收取租金。案涉房屋第二层在刘某琴与刘某辉签订《解决债务协议》之前，刘某辉已将其出借给案外人黄某文，该合同签订后，刘某辉告知黄某文案涉第二层房屋已卖给刘某琴，今后借用房屋黄某文需与刘某琴联系，后刘某琴继续借给黄某文使用，至 2016 年 3 月黄某文搬出，刘某琴收回并出租给刘某志，签订了第二份《房屋租赁合同》。以上事实和证据证实诉争二、三层房屋由刘某琴实际占有。关于案涉房屋未办理过户手续刘某琴是否具有过错的问题，《解决债务协议》第 2 条约定由刘某辉办理案涉房屋过户并承担费用，刘某琴与刘某辉签订该合同时，刘某琴与无线电八厂没有合同关系，而刘某辉与无线电八厂有合同关系，故双方约定由刘某辉办理案涉房屋过户手续符合本案实际情况。因刘某辉资金困难等原因始终未办理案涉房屋过户手续，刘某辉系办理案涉房屋过户的义务人，而非刘某琴，故刘某琴对案涉房产没有办理过户手续没有过错。

笔者认为，关于刘某琴提出执行异议的时间问题，最高人民法院《关于人民法院办理执行异议和复议案件若干问题的规定》第 6 条规定：“当事人、利害关系人依照民事诉讼法第二百二十五条规定提出异议的，应当在执行程序终结之前提出，但对终结执行措施提出异议的除外。案外人依照民事诉讼法第二百二十七条规定提出异议的,应当在异议指向的执行标的执行终结之前提出;执行标的由当事人受让的,应当在执行程序终结之前提出。”2015年7月6日案涉房屋第一次进行拍卖,结果流拍,执行程序并未终结,故2015年7月9日刘某琴提出案外人执行异议,在执行终结之前,具有合法性和正当性。刘某民提出的刘某琴阻碍人民法院强制执行目的明显的理由,不予支持。

关于刘某琴是否实际占有诉争房屋的问题,最高人民法院《关于适用〈中华人民共和国民事诉讼法〉的解释》第397条规定:“审查再审申请期间,再审申请人请求人民法院委托鉴定、勘验的,人民法院不予准许。”刘某民在再审申请中请求对刘某琴提供的2013年5月16日无线电八厂的证明、2012年1月5日刘某琴与刘某辉签订的《解决债务协议》以及2014年12月31日署名“刘某辉”的承诺书进行司法鉴定,不符合最高人民法院《关于适用〈中华人民共和国民事诉讼法〉的解释》第397条的规定。且刘某民在再审申请中未提供新证据,申请理由亦不具合理性:(1)李某水副厂长带领对诉争房屋进行保全查封与2013年5月16日无线电八厂为刘某琴出具的证明之间没有任何必然关联,更不能证明无线电八厂所作的证据为伪证。(2)无线电八厂出具的证明与刘某琴是否实际占有诉争房屋亦无直接关联,且一审、二审法院并未将其作为定案依据,不影响案件的审理。(3)2012年1月5日刘某辉的“承诺书”一审法院不予确认,二审法院认可一审法院查明的事实,亦未将此作为二审判决的依据。根据一审、二审法院查明的事实,刘某辉于2007年从无线电八厂购买案涉房产,并在此后交纳全部购房款。2009年刘某辉向刘某琴借款,双方签订《改造协议》,约定刘某琴投资改造等内容,后因约定购买迟某毅一层、四层房屋的合同目的没有实现,该合同未完全履行,在刘某辉无力还款的情况下,双方达成以房抵债的《解决债务协议》。刘某琴与刘某辉签订《解决债务协议》后告知黄某文日后使用该第二层房屋需找刘某琴商议,刘某琴亦继续同意由黄某文继续使用,至2016年3月黄某文搬出,刘某琴收回房屋并出租给刘某志,签订了第二份《房屋租赁合同》,第三层2009年7月交由刘某琴使用,其于2012年7月30日将该房屋出租给案外人刘某志,签订了《房屋租赁合同》约定由刘某琴收取租金。二审法院认为刘某琴已实际占有诉争房屋并无不妥。

关于案涉房屋未办理过户手续刘某琴是否具有过错的问题,最高人民法院《关于人民法院民事执行中查封、扣押、冻结财产的规定》第17条规定："被执行人将其所有的需要办理过户登记的财产出卖给第三人，第三人已经支付部分或者全部价款并实际占有该财产，但尚未办理产权过户登记手续的，人民法院可以查封、扣押、冻结；第三人已经支付全部价款并实际占有，但未办理过户登记手续的，如果第三人对此没有过错，人民法院不得查封、扣押、冻结。"《解决债务协议》约定全部房屋的作价20 800 150元与刘某辉拖欠刘某琴的款项20 505 000元存在295 150元差价，但是《解决债务协议》中约定，房屋过户手续由刘某辉办理，变电所大门洞上的小屋、锅炉房等归属问题待房屋过户手续全部办理完成再另行作价清算处理，多退少补，说明差价并非需要刘某琴付，真实意思是以房抵偿欠款的差价款，后刘某琴又借给刘某辉四笔共计558 000元，该欠款数额已超过295 150元差价款，故二审法院认为刘某琴已交清全部购房款，无须再支付此款正确，应予维持。刘某民主张刘某琴对案涉房产没有办理过户手续存在过错，根据二审查明的事实，《解决债务协议》第2条约定由刘某辉办理案涉房屋过户并承担费用，二审法院认为刘某琴与刘某辉签订该合同时，刘某琴与无线电八厂没有合同关系，而刘某辉与无线电八厂有合同关系，故双方约定由刘某辉办理案涉房屋过户手续符合本案实际情况。因刘某辉资金困难等原因始终未办理案涉房屋过户手续，刘某辉系办理案涉房屋过户的义务人，而非刘某琴，故刘某琴对案涉房产没有办理过户手续没有过错。该认定并无不当。

关于刘某民提出程序违法的问题，刘某民主张二审法院采用独任审判，二审超过法定审期，主审法官在庭审中具有明显的倾向性，法官更改庭审笔录及申请回避二审法院未答复等程序违法问题。《民事诉讼法》第64条①规定："当事人对自己提出的主张，有责任提供证据。当事人及其诉讼代理人因客观原因不能自行收集的证据，或者人民法院认为审理案件需要的证据，人民法院应当调查收集。人民法院应当按照法定程序，全面地、客观地审查核实证据。"刘某民针对其程序违法的申请并未提供充分证据证明，其请求本院调取该申请的证据不符合《民事诉讼法》第64条第2款的规定，其提出的申请回避不符合《民事诉讼法》第44条②的规定，故

① 现行《民事诉讼法》第67条。

② 现行《民事诉讼法》第48条。

刘某民关于二审存在程序违法的申请理由,不予支持。

案例 89 中,一审法院认为,该案争议焦点是王某明与信盟房地产公司之间是否存在真实的买卖关系、是否交付了购房款 500 万元、王某明在法院于 2009 年 4 月 27 日查封诉争房屋时是否实际占用该房屋、王某明没有办理更名过户手续是否存在过错、法院是否应停止对诉争房屋的执行、本案诉争房屋所有权是否归王某明所有以及王某明与信盟房地产公司之间是否存在真实的房屋买卖关系的问题。2008 年 12 月 12 日王某明与信盟房地产公司签订的房屋买卖合同,双方对此均不否认,故该房屋买卖合同的真实性一审法院予以采信。关于王某明是否交付购房款 500 万元的问题,信盟房地产公司给王某明出具了 2008 年 12 月 12 日收到购房款 500 万元的收款收据。但审理中双方承认,该收据是信盟房地产公司在 2009 年 1 月为其补开的,且王某明主张的付款行为是受信盟房地产公司的指令直接付给了贷款银行,但王某明提供的相关银行凭证记载的是徐某曼个人账户的汇款及王某明取款凭证,虽然信盟房地产公司认可王某明系直接将 500 万元支付给了银行,但无相关票据予以证明。关于王某明在法院于 2009 年 4 月 27 日查封诉争房屋时是否实际占用该房屋的问题,在王某明向一审法院执行庭提出执行异议过程中,曾经承认没有入住的事实,该案审理中,其又主张实际入住了争议房屋,对之前的表述解释为不知道入住的含义,但其仅能提供信盟房地产公司的准住通知,入住房屋需要办理的其他手续材料未能提供,由此可知,法院查封时王某明并没有实际占用诉争房屋。关于王某明没有办理更名过户手续是否存在过错的问题,王某明主张其与信盟房地产公司的房屋买卖合同签订时已经给付了全部购房款,2008 年 12 月 18 日在房产局登记备案,而该房屋当时在房产局登记的产权人已是信盟房地产公司,至 2009 年 4 月房屋被查封,王某明与信盟房地产公司均未积极履行更名过户手续,其存在过错。关于法院是否应停止对诉争房屋的执行问题,由于王某明在法院查封诉争房屋时并未实际占有房屋,且没有办理更名过户手续存在过错,根据最高人民法院《关于人民法院民事执行中查封、扣押、冻结财产的规定》第 17 条①的规定:“被执行人将其所有的需要办理过户登记的财产出卖给第三人,第三人已经支付部分或者全部价款

① 该司法解释现行版本第 15 条。

并实际占有该财产，但尚未办理产权过户登记手续的，人民法院可以查封、扣押、冻结；第三人已经支付全部价款并实际占有，但未办理过户登记手续的，如果第三人对此没有过错，人民法院不得查封、扣押、冻结。”一审法院依法作出裁定驳回王某明请求对诉争房屋停止执行的异议并无不当，王某明提出停止对诉争房屋执行的主张一审法院不予以支持。关于王某明提出确认本案诉争房屋所有权归其所有的问题，依据《物权法》不动产登记公信的原则，权属未作变更的，不能视为所有权的转移。因该案诉争房屋被法院查封，王某明已无法办理更名过户手续，现房屋仍登记在信盟房地产公司名下，且王某明提出的房屋买卖合同已经实际履行完毕的主张，从其提供的证据来看依据不足，故对王某明提出确认该案诉争房屋所有权归其所有的主张一审法院不予以支持。

二审法院认为，该案系富城公司与信盟房地产公司因建设工程施工合同工程欠款发生纠纷，富城公司向一审法院起诉，一审法院以（2007）沈民（2）房初字第135号民事判决，判令信盟房地产公司给付富城公司5 464 540.64元。该判决已发生法律效力，信盟房地产公司未履行给付义务，一审法院根据富城公司的申请，依法查封了信盟房地产公司位于沈阳市苏家屯区梧桐大街3号3－106号房屋。案外人王某明对查封裁定提出执行异议，一审法院裁定予以驳回。王某明依据《民事诉讼法》第204条的规定向一审法院提起民事诉讼，因此，该案为案外人异议之诉。根据最高人民法院《关于适用〈中华人民共和国民事诉讼法〉执行程序若干问题的解释》第15条“案外人对执行标的主张所有权或者有其他足以阻止执行标的转让、交付的实体权利的，可以依照民事诉讼法第二百零四条的规定，向执行法院提出异议”规定了案外人就三种实体权利可以提起异议之诉。首先，本案所争议之房屋所有权登记在信盟房地产公司名下，王某明不享有该房屋的所有权。其次，本案不是判决交付标的物。王某明在起诉状中以其与信盟房地产公司订立了房屋买卖合同，且在登记中心办理了登记备案，请求确认房屋买卖合同登记备案合法有效，富城公司无权申请执行争议房屋。二审法院认为，登记中心登记备案的行为是行政部门的行政管理行为，并不足以阻止执行标的转让的实体权利，其以房屋买卖合同经备案为由，请求停止执行的理由没有法律依据。最高人民法院《关于人民法院民事执行中查封、扣押、冻结财产的规定》第

17 条[①]规定:“被执行人将其所有的需要办理过户登记的财产出卖给第三人,第三人已经支付部分或者全部价款并实际占有该财产,但尚未办理过户登记手续的,人民法院可以查封、扣押、冻结;第三人已经支付全部价款并实际占有,但未办理过户登记手续的,如果第三人对此没有过错,人民法院不得查封、扣押、冻结。”从王某明在一审中提供的房屋买卖交易的证据看,其称通过徐某曼转款400万元,而从王某明提供的转账回单看,是徐某曼从上海浦发银行的个人账户将400万元汇到徐某曼中国银行沈阳分行的个人账户中,该款是否转入信盟房地产公司账户尚不清楚,信盟房地产公司拒绝提供账户,不能证明该400万元汇入信盟房地产公司账户。因此,王某明称该款已支付给信盟房地产公司证据不足。关于王某明在2008年12月12日取款100万元并存入邵某的账户中,王某明系与信盟房地产公司发生买卖关系,此款亦未转入信盟房地产公司账户,只能证明王某明与邵某个人之间的转款行为。另外,既然王某明将500万元购房款支付给信盟房地产公司,信盟房地产公司应给王某明开具正式发票,但信盟房地产公司只是事后给王某明补开了收款收据,且至今未开具正式收款发票,该行为违反交易惯例,故对王某明提出的已经支付给信盟房地产公司500万元购房款的主张不予采信。2010年10月29日,在一审法院执行庭召开的听证会中,王某明承认没有进住该争议房屋,应当认定王某明没有实际占有该争议房屋。因此王某明上诉称其已实际占有该争议房屋没有事实依据。

笔者认为,《民事诉讼法》第200条[②]规定:“当事人的申请符合下列情形之一的,人民法院应当再审:(一)有新的证据,足以推翻原判决、裁定的……(三)原判决、裁定认定事实的主要证据是伪造的……(十二)据以作出原判决、裁定的法律文书被撤销或者变更的;(十三)审判人员审理该案件时有贪污受贿,徇私舞弊,枉法裁判行为的。”《民事诉讼法》第205条[③]规定:“当事人申请再审,应当在判决、裁定发生法律效力后六个月内提出;有本法第二百条第一项、第三项、第十二项、第十三项规定情形的,自知道或者应当知道之日起六个月内提出。”最高人民法院《关于适用〈中华人民共和国民事诉讼法〉的解释》第387条规定:“再审申请人提供的

① 该司法解释现行版本第15条。

② 现行《民事诉讼法》第207条。

③ 现行《民事诉讼法》第212条。

新的证据,能够证明原判决、裁定认定基本事实或者裁判结果错误的,应当认定为民事诉讼法第二百条第一项规定的情形。对于符合前款规定的证据,人民法院应当责令再审申请人说明其逾期提供该证据的理由;拒不说明理由或者理由不成立的,依照民事诉讼法第六十五条第二款和本解释第一百零二条的规定处理。”最高人民法院《关于适用〈中华人民共和国民事诉讼法〉的解释》第388条规定:“再审申请人证明其提交的新的证据符合下列情形之一的,可以认定逾期提供证据的理由成立:(一)在原审庭审结束前已经存在,因客观原因于庭审结束后才发现的;(二)在原审庭审结束前已经发现,但因客观原因无法取得或者在规定的期限内不能提供的;(三)在原审庭审结束后形成,无法据此另行提起诉讼的。”该案中,王某明申请再审的时间已超过二审生效判决后6个月,故应仅对王某明提交的中国银行借款借据、中国银行现金存款单、司法协助查询结果通知单是否符合《民事诉讼法》第200条第1项、第3项①的规定进行审查。王某明主张中国银行借款借据、中国银行现金存款单、司法协助查询结果通知单属于新证据,足以推翻二审认定案涉房产属于信盟房地产公司的事实。笔者认为,中国银行向案外人许某来出具的贷款已结清票据,现金存款单形成于2008年,证据形成时间在一审判决之前。王某明主张该证据未在一审、二审审理期间提交系因一审、二审法院与信盟房地产公司、富城公司故意隐瞒。笔者认为,王某明逾期提交该证据的理由缺乏事实和法律依据,不予采信。经查,王某明已于一审审理期间向一审法院提交了司法协助查询结果通知单,故王某明提交的证据不属于新证据。王某明主张案涉房产合同已经备案,故案涉房产所有权人为王某明。经查,案涉房屋登记在信盟房地产公司名下,并未办理产权过户登记给王某明,二审认定案涉房屋合同登记备案并不足以阻止执行标的转让的实体权利,该认定并无不当。

二、关于第三人撤销之诉的法律适用

2012年修改的《民事诉讼法》第56条第3款增设了第三人撤销之诉制度。该制度虽然已经设置近十年了,然相较其他诉讼制度还较新,该制度的理论及立法研究仍需进一步丰富,司法实践中也存在理解及适用法律不统一的情形。

---

① 现行《民事诉讼法》第207条。

案例 90

再审申请人王某胜与被申请人董某刚、金昌市永昌县合信小额贷款有限责任公司(以下简称合信公司)、武威奋天选矿有限责任公司(以下简称奋天公司)、武威市凉州区西营镇三沟硅石矿(以下简称三沟硅石矿)、马某兴、赵某妍第三人撤销之诉案

案号:(2019)最高法民申 827 号

主要争议焦点

王某胜该案起诉是否符合第三人撤销之诉的受理条件。

简要案情

合信公司诉奋天公司、三沟硅石矿、马某兴、赵某妍企业借贷纠纷执行一案,合信公司与马某兴达成协议,将存放于永昌县东寨镇上四坝村大二社东黑山子场地的萤石以每吨 300 元的价格抵偿奋天公司的债务。董某刚以其是被执行财产的所有权人为由提出执行异议。

案情详解

董某刚起诉请求:(1)立即停止对原存放于永昌县东寨镇上四坝村大二社东黑山子场地 1.5 万吨萤石的强制执行;(2)确认以上 1.5 万吨萤石的所有权人为原告董某刚。

合信公司辩称,董某刚与三沟硅石矿之间订立的买卖合同不是双方真实意思表示,合同没有实际履行。

奋天公司、三沟硅石矿、马某兴、赵某妍辩称,买卖合同实际没有履行。

一审法院查明:2013 年 6 月 21 日,原告董某刚与被告三沟硅石矿签订买卖合同,约定:董某刚以 200 万元的价款购买三沟硅石矿萤石 1.5 万吨。合同签订后,董某刚向被告马某兴付款 200 万元。2013 年 9 月 7 日,董某刚与胡某成签订土地租赁合同,约定,董某刚租赁胡某成位于永昌县东寨镇上四坝村大二社东黑山子的

9 亩闲置土地存放萤石，租赁期限 1 年，年租金 4000 元。同日，董某刚交付了第一年租金 4000 元。董某刚还于 2016 年 9 月向胡某成一次性支付了 2014 年至 2016 年的租金 1.2 万元，胡某成即向其所在村的村委会交付了该款项。租赁场地后，董某刚将三沟硅石矿交付的 1.5 万吨萤石拉运至永昌县上四坝村大二社东黑山子场地存放。

合信公司诉奋天公司、三沟硅石矿、马某兴、赵某妍企业借贷纠纷执行一案，合信公司与马某兴达成协议，将存放于永昌县东寨镇上四坝村大二社东黑山子场地的萤石以每吨 300 元的价格抵偿奋天公司的债务。董某刚以其是被执行财产的所有权人为由提出执行异议。2017 年 5 月 5 日，该院作出（2017）甘 03 执异 2 号执行异议裁定，驳回案外人董某刚的异议申请。

裁判结果

一审法院裁定：驳回王某胜的起诉。王某胜不服一审裁定，向二审法院提起上诉，二审法院裁定，驳回上诉，维持原裁定。王某胜不服二审裁定，向最高人民法院申请再审，最高人民法院裁定，驳回王某胜的再审申请。

案例 91

上诉人西安恒东经贸发展有限公司（以下简称西安恒东公司）、乌鲁木齐国有资产经营（集团）有限公司（以下简称乌鲁木齐国资公司）与乌鲁木齐银行股份有限公司（以下简称乌鲁木齐银行）、浙江省诸暨市润滑油有限公司（以下简称诸暨润滑油公司）及永利商贸有限公司（以下简称永利公司）股东资格确认纠纷案

案号：（2019）最高法民终 1918 号

主要争议焦点

西安恒东公司是否有资格以有独立请求权第三人身份参与诉讼。

简要案情

乌鲁木齐国资公司与乌鲁木齐银行、诸暨润滑油公司及永利公司股东资格确认纠纷一案审理过程中,收到西安恒东公司对乌鲁木齐国资公司、永利公司、诸暨润滑油公司、乌鲁木齐银行股东资格确认纠纷一案的起诉状。

案情详解

一审原告乌鲁木齐国资公司与一审被告乌鲁木齐银行、诸暨润滑油公司及第三人永利公司股东资格确认纠纷一案,一审法院依法适用普通程序进行审理,在审理过程中收到西安恒东公司对乌鲁木齐国资公司、永利公司、诸暨润滑油公司、乌鲁木齐银行股东资格确认纠纷一案的起诉状。西安恒东公司向一审法院起诉请求:(1)依法确认乌鲁木齐国资公司与诸暨润滑油公司、永利公司之间的《股权转让意向书》《股权转让意向书之补充协议》《补充协议》无效,驳回乌鲁木齐国资公司的所有诉讼请求。(2)本案诉讼费及西安恒东公司参与本案所产生的律师费由乌鲁木齐国资公司、诸暨润滑油公司及永利公司承担。事实与理由:(1)乌鲁木齐国资公司与诸暨润滑油公司、永利公司之间的《股权转让意向书》《股权转让意向书之补充协议》《补充协议》违反法律、行政法规的强制性规定。根据乌鲁木齐银行的资料记载,2014 年年底乌鲁木齐国资公司持有该行 16.64% 的股份,2014 年、2015 年诸暨润滑油公司持有该行 5% 的股份。若转让成功,乌鲁木齐国资公司持有该行的股份将超过 20%;且诸暨润滑油公司于 2013 年 11 月 3 日才正式取得该行股东身份,自股份交割之日起 5 年内不得转让所持该行股份。上述行为违背了《商业银行法》等相关法律规定。(2)乌鲁木齐国资公司与诸暨润滑油公司恶意串通损害国家利益,造成重大国有资产流失。《股权转让意向书》《股权转让意向书之补充协议》在形式上约定的股权转让及回购条款,实质上是借款协议,其中约定了“股权转让补偿价款 2250 万元”,以及约定这笔款项可以支付给“乙方及其参股子公司:项目合作让利,担保或委托贷款等财务资助”。这为乌鲁木齐国资公司向第三方输送利益提供了依据。按照乌鲁木齐国资公司在 2014 年 7 月 7 日公开发行的年利率为 7.7% 的企业债券,根据《股权转让意向书》和《股权转让意向书之补充协议》的约定,乌鲁木齐国资公司在 3 年里损失了 44 469 000 元的贷款利息。诸暨润滑油公司所涉及的民间融资，年利率为24%，相比之下，在与乌鲁木齐国资公司的交易中，诸暨润滑油公司每年可节约成本50 000 000 元以上。(3)乌鲁木齐国资公司与诸暨润滑油公司、永利公司签订的《股权转让意向书》《股权转让意向书之补充协议》《补充协议》实际是债权债务法律关系，不是股权转让法律关系。从乌鲁木齐国资公司真实年度报告、审计报告以及乌鲁木齐国资公司与诸暨润滑油公司签订的意向书中都可以看出，双方实质上是融资借贷的债权债务关系，无论从形式上还是实质上，都无法证明乌鲁木齐国资公司已经取得诸暨润滑油公司或永利公司名下股份的股东资格。综上，请求准许西安恒东公司作为有独立请求权的第三人参加诉讼。

裁判结果

一审法院裁定，对西安恒东公司的起诉不予受理。西安恒东公司不服一审裁定，向最高人民法院提起上诉，最高人民法院裁定，驳回上诉，维持原裁定。

案例92

上诉人大连德运房地产开发有限公司（以下简称德运公司）与被上诉人大连亚宸房地产开发有限公司（以下简称亚宸公司）、大连圣鑫建设集团有限公司（以下简称圣鑫公司）第三人撤销之诉案

案号：(2018)最高法民终235号

主要争议焦点

德运公司请求撤销(2016)辽民终1049号民事判决是否符合第三人撤销之诉的条件。

简要案情

亚宸公司与唐某坤之间存在借款关系，经法院判决，唐某坤胜诉并申请执行，

后德运公司经转让获得此项债权。在德运公司申请执行亚宸公司过程中,圣鑫公司诉至法院,在案件即将判决前,德运公司要求以第三人身份参加案件诉讼。

案情详解

德运公司起诉请求:(1)撤销辽宁省高级人民法院(2016)辽民终字第1049号民事判决的第三项,维持大连市中级人民法院对此作出的一审判决;(2)由亚宸公司、圣鑫公司承担诉讼费用。后变更诉讼请求为:请求撤销辽宁省高级人民法院(2016)辽民终字第1049号民事判决,并由亚宸公司、圣鑫公司承担诉讼费用。事实和理由:亚宸公司与唐某坤之间存在借款关系,经法院判决,唐某坤胜诉并申请执行。后德运公司经转让获得此项债权,转让价款为1000万元。经大连市中级人民法院裁定,该案申请执行人变更为德运公司。德运公司申请执行亚宸公司被查封土地和地上建筑,完成了司法评估,并已完成拍卖程序阶段,圣鑫公司诉至法院,请求亚宸公司支付建设工程款,并要求享有建筑工程优先受偿权。在案件即将判决前,德运公司要求以第三人身份参加案件诉讼。大连市中级人民法院没有接受德运公司成为第三人,但是听取了德运公司的意见。该案一审判决解除合同,由亚宸公司支付圣鑫公司工程款3000万元。圣鑫公司上诉请求判令其对工程价款享有优先受偿权。辽宁省高级人民法院以(2016)辽民终字第1049号民事判决改判:除亚宸公司支付圣鑫公司工程款3000万元外,圣鑫公司对瓦房店龙门旅游度假区的威士顿山庄别墅项目一期工程已完的在尚欠工程价款3000万元范围内享有优先受偿权。该判决损害了德运公司的合法权益,案涉土地及地上建筑物已被查封,圣鑫公司起诉时早已超过了优先受偿权的保护期限,其诉请不应得到支持。亚宸公司与圣鑫公司系虚假诉讼,请求撤销辽宁省高级人民法院(2016)辽民终字第1049号民事判决。

裁判结果

一审法院裁定,驳回原告德运公司的起诉。德运公司不服一审裁定,向最高人民法院提起上诉,最高人民法院裁定,驳回上诉,维持原裁定。

案例 93

再审申请人刘某军，第三人撤销之诉案

案号：(2017)最高法民申1779号

主要争议焦点

刘某军的起诉是否符合提起第三人撤销之诉的条件。

简要案情

齐齐哈尔市中级人民法院作出民事调解书，调解刘某华、王某霞将案涉房屋交付给秦某鹏占有、使用、收益和处分，该调解书已生效。刘某军请求撤销该民事调解书。

案情详解

刘某军起诉请求，2013年10月24日刘某华向刘某军借款用于齐齐哈尔市龙华路253号（原167号）的商业综合楼楼房的工程建设，刘某华一直未能给付借款及利息，2014年12月病故，刘某华唯一的遗产是齐齐哈尔市龙华路253号的商业综合楼（地上共11层）。2016年1月，刘某军作为债权人向齐齐哈尔市龙沙区人民法院提起诉讼，并对齐齐哈尔市龙华路253号的商业综合楼提起诉讼保全，在诉讼期间，经调解，刘某华妻子王某霞同意在齐齐哈尔市龙华路253号商业综合楼价款内偿还刘某军本金及利息，2016年1月20日齐齐哈尔市龙沙区人民法院作出(2015)龙商初字第368号民事调解书，调解书发生法律效力后，刘某军向齐齐哈尔市龙沙区人民法院申请执行，因齐齐哈尔市中级人民法院(2015)齐民初字第1号民事调解书将齐齐哈尔市龙华路253号的商业综合楼一、二层（建筑面积约2876平方米），按照每平方米2万元的价格调解给秦某鹏，秦某鹏与刘某华、王某霞所签订的房屋买卖协议，实际是借款抵押协议，是刘某华向其借款时给其出具的以房产抵押的抵押合同，该协议书是双方故意规避法律，恶意串通，损害第三人利益的合同，是以合法形式掩盖非法目的的合同，上千万资产的案件，齐齐哈尔市中级人民

法院用简易程序调解处理,特别是在刘某华去世前三天达成调解协议是很不正常的。根据最高人民法院《关于审理民间借贷案件适用法律若干问题的规定》第24条规定,当事人以签订买卖合同作为民间借贷合同的担保,借款到期后借款人不能还款,出借人请求履行买卖合同的,人民法院应当按照民间借贷法律关系审理,并向当事人释明变更诉讼请求,当事人拒绝变更的,人民法院裁定驳回起诉。原审法院按照买卖合同关系对双方进行调解,而且按照明显低价2万元确定交易价格,违反上述法律规定,应依法予以纠正,请求撤销齐齐哈尔市中级人民法院(2015)齐民初字第1号民事调解书。

裁判结果

一审法院裁定,对刘某军的起诉,本院不予受理。刘某军不服一审裁定,向二审法院提起上诉。二审法院裁定,驳回上诉,维持原裁定。刘某军不服二审裁定,向最高人民法院申请再审,最高人民法院裁定,驳回刘某军的再审申请。

思考与衡量

前述4个案例都涉及第三人撤销之诉制度。该项制度难点和关键点在于第三人的认定。案例90涉及与案外人执行异议之诉的交叉处理问题。案例91涉及股东资格确认问题。案例92涉及与另外两个案件的关联关系如何处理的问题。案例93涉及与另案调解书的关系问题。

案例90中,一审法院认为,王某胜提起该案诉讼要求撤销的案件是案外人执行异议之诉,案外人执行异议之诉案件的第三人应为民事执行案件中不反对案外人异议的被执行人。王某胜不是该院(2016)甘03民初21号企业借贷纠纷案的被执行人,其不具有该院(2017)甘03民初20号案外人执行异议之诉案件的第三人身份。另外,王某胜旁听了该院(2017)甘03民初20号案外人执行异议之诉一案的庭审,其明知董某刚提起案外人执行异议之诉,且其自认本人为该案件的第三人,却不向人民法院申请以第三人的身份参加诉讼。王某胜未参加该院(2017)甘03民初20号案外人执行异议之诉案件的诉讼并非不能归于本人的事由导致。

二审法院认为,二审争议焦点为:王某胜是否具备第三人撤销之诉的起诉条件。

关于王某胜是否具备第三人撤销之诉起诉条件的问题。《民事诉讼法》第56条第3款①规定"前两款规定的第三人，因不能归责于本人的事由未参加诉讼，但有证据证明发生法律效力的判决、裁定、调解书的部分或者全部内容错误，损害其民事权益的，可以自知道或者应当知道其民事权益受到损害之日起六个月内，向作出该判决、裁定、调解书的人民法院提起诉讼。人民法院经审理，诉讼请求成立的，应当改变或者撤销原判决、裁定、调解书；诉讼请求不成立的，驳回诉讼请求"。最高人民法院《关于适用〈中华人民共和国民事诉讼法〉的解释》第292条②规定"第三人对已经发生法律效力的判决、裁定、调解书提起撤销之诉的，应当自知道或者应当知道其民事权益受到损害之日起六个月内，向作出生效判决、裁定、调解书的人民法院提出，并应当提供存在下列情形的证据资料：（一）因不能归责于本人的事由未参加诉讼；（二）发生法律效力的判决、裁定、调解书的全部或者部分内容错误；（三）发生法律效力的判决、裁定、调解书内容错误损害其民事权益"。最高人民法院《关于适用〈中华人民共和国民事诉讼法〉的解释》第295条③规定"民事诉讼法第五十六条第三款规定的因不能归责于本人的事由未参加诉讼，是指没有被列为生效判决、裁定、调解书当事人，且无过错或者无明显过错的情形。包括：（一）不知道诉讼而未参加的；（二）申请参加未获准许的；（三）知道诉讼，但因客观原因无法参加的；（四）因其他不能归责于本人的事由未参加诉讼的"。该案中，王某胜主张权利的依据为其主张自己因民间借贷关系而对案涉萤石享有质押权。即为确保出借款项的安全，共同出借人董某刚又与三沟硅石矿签订了《矿产品买卖合同》，并将案涉萤石矿拉运至指定地点，该买卖关系实质为借贷的担保，王某胜据此对案涉萤石矿享有质押权，进而具备第三人撤销之诉的主体资格。该院认为，依照王某胜的主张，买卖合同系借贷合同的担保，该合同是以转移所有权为外观，并作为公示方式的，故其担保方式并非王某胜主张的质押权，而是非典型担保的让与担保。鉴于依其主张，王某胜对被执行物（萤石矿）享有独立的权利，故其作为该案原告主体适格。虽王某胜具备作为第三人撤销之诉的起诉主体适格，但该案中，王某胜旁

① 现行《民事诉讼法》第59条。
② 该司法解释现行版本第290条。
③ 该司法解释现行版本第293条。

听了甘肃省金昌市中级人民法院(2017)甘03民初20号案外人执行异议之诉一案的庭审,其明知董某刚提起案外人执行异议之诉,且其自认本人为该案件的第三人,却不向人民法院申请以第三人的身份参加诉讼,其未能及时主张自己的权利存在明显过错,具有可归责性。其行为违背了法律、司法解释对于提起第三人撤销之诉的程序性要求,其起诉不符合第三人撤销之诉的受理条件。

笔者认为,最高人民法院《关于适用〈中华人民共和国民事诉讼法〉的解释》第295条①规定"民事诉讼法第五十六条第三款规定的因不能归责于本人的事由未参加诉讼,是指没有被列为生效判决、裁定、调解书当事人,且无过错或者无明显过错的情形。包括:(一)不知道诉讼而未参加的;(二)申请参加未获准许的;(三)知道诉讼,但因客观原因无法参加的;(四)因其他不能归责于本人的事由未参加诉讼的"。该案中,二审认定王某胜作为该案第三人撤销之诉的起诉主体适格,但因王某胜在旁听了金昌市中级人民法院(2017)甘03民初20号案外人执行异议之诉一案的庭审,明知董某刚提起案外人执行异议之诉后,未向人民法院申请以第三人的身份参加诉讼,该案亦未能举证证明其未参加另案诉讼是基于前述法定情形,原审裁定认定王某胜未能及时主张自己的权利存在明显过错,其行为不符合提起第三人撤销之诉的程序性要求,不存在适用法律错误,应予维持。

案例91中,一审法院认为,《民事诉讼法》第56条第1款②规定:"对当事人双方的诉讼标的,第三人认为有独立请求权的,有权提起诉讼。"据此,有独立请求权的第三人是对双方当事人争议的诉讼标的主张全部或部分实体权利,并以独立的实体权利主体参加到当事人已经开始的诉讼中,请求人民法院对其民事权益予以保护的民事主体。该案中,乌鲁木齐国资公司的诉讼请求是:(1)判决确认乌鲁木齐银行股东永利公司名下的1.5亿股权归乌鲁木齐国资公司所有;(2)判决乌鲁木齐银行、永利公司协助办理工商变更登记,即将永利公司名下1.5亿份乌鲁木齐银行股权过户至原告乌鲁木齐国资公司名下;(3)判决诸暨润滑油公司对第三人永利公司转让1.5亿份股权承担连带责任;(4)由被告和第三人共同承担该案的全部诉讼费、财产保全费和保险费。故根据乌鲁木齐国资公司的诉讼请求,该案系股东资

① 该司法解释现行版本第293条。

② 现行《民事诉讼法》第59条。

格确认纠纷,争议的标的是乌鲁木齐银行股东永利公司名下的1.5亿股权。西安恒东公司如以有独立请求权的第三人参加该案诉讼,其应是对乌鲁木齐银行股东永利公司名下的1.5亿股权主张全部或部分实体权利,但西安恒东公司并未对该争议标的主张全部或部分实体权利,而是要求确认乌鲁木齐国资公司与诸暨润滑油公司、永利公司之间签订的《股权转让意向书》等合同无效,故西安恒东公司不符合有独立请求权第三人的法律特征,其提起的起诉,一审法院不予受理。

关于西安恒东公司是否具有该案有独立请求权的第三人身份的问题。《民事诉讼法》第56条第1款规定:"对当事人双方的诉讼标的,第三人认为有独立请求权的,有权提起诉讼。"最高人民法院《关于适用〈中华人民共和国公司法〉若干问题的规定(三)》第22条规定:"当事人向人民法院起诉请求确认其股东资格的,应当以公司为被告,与案件争议股权有利害关系的人作为第三人参加诉讼。"根据前述法律规定,与原告提起的股东资格确认诉讼案件有利害关系的人,应当作为第三人参加诉讼。如果第三人认为案件争议股权应是由其享有,其可以以有独立请求权的第三人的身份参加诉讼;如果其对案件争议股权没有独立的请求权,但案件的处理结果同他有法律上的利害关系,其可以以无独立请求权的第三人的身份参加诉讼。该案系股东资格确认纠纷,乌鲁木齐国资公司请求确认乌鲁木齐银行股东永利公司名下的1.5亿股权归其所有。西安恒东公司系基于另案诉讼达成的调解书,在执行中查封冻结了案涉1.5亿股权中的4209万股股份。现西安恒东公司称其对于案涉部分股权具有实体请求权利,请求以有独立请求权的第三人身份参加本案诉讼。一审法院认为,西安恒东公司提起该案诉讼的诉请是案涉相关协议无效,案涉股权归永利公司所有。西安恒东公司对该案诉讼标的并不享有独立的请求权,而是基于调解书所产生的债权,西安恒东公司在该案中不具有有独立请求权第三人的身份。一审裁定以西安恒东公司并未对该争议标的主张全部或部分实体权利,而是要求确认乌鲁木齐国资公司与诸暨润滑油公司、永利公司之间签订的《股权转让意向书》等合同无效,认定西安恒东公司不符合有独立请求权第三人的法律特征,裁定不予受理,并无不当。

笔者认为,关于一审法院程序是否合法的问题。最高人民法院《关于适用〈中华人民共和国民事诉讼法〉的解释》第293条①规定:"人民法院应当在收到起诉状

① 现行《民事诉讼法》第291条。

和证据材料之日起五日内送交对方当事人，对方当事人可以自收到起诉状之日起十日内提出书面意见。人民法院应当对第三人提交的起诉状、证据材料以及对方当事人的书面意见进行审查。必要时，可以询问双方当事人。经审查，符合起诉条件的，人民法院应当在收到起诉状之日起三十日内立案。不符合起诉条件的，应当在收到起诉状之日起三十日内裁定不予受理。”该案中，一审法院同意西安恒东公司以无独立请求权第三人身份参加诉讼后，于2019年5月9日组织第一次庭前质证。同日，诸暨润滑油公司、乌鲁木齐银行、永利公司等申请人民法院给予不少于90天的和解期限。在当事人和解期限中，西安恒东公司于2019年6月13日提交以有独立请求权第三人参加诉讼的民事起诉状。2019年8月16日，一审法院组织了第二次庭前质证并听取了其他当事人对西安恒东公司以有独立请求权第三人参加诉讼的意见，后于2019年9月2日裁定对西安恒东公司的起诉不予受理，法定程序并无不当。

案例92中，一审法院认为，该案作为第三人撤销之诉，其起诉除应符合《民事诉讼法》第119条[①]规定的一般民事诉讼各项受理条件外，还应符合该法第56条关于第三人撤销之诉起诉的特别规定。提起第三人撤销之诉的原告，应对被诉请撤销的案件的诉讼标的有独立请求权，或者虽然没有独立请求权，但案件的处理结果同他有法律上的利害关系，即应符合有独立请求权第三人或无独立请求权第三人的条件。该案中，德运公司申请撤销的(2016)辽民终字第1049号民事判决，其处理的法律关系为亚宸公司与圣鑫公司之间的建设工程施工合同纠纷。(2015)大民二初字第00004号案中唐某坤与亚宸公司之间为民间借贷纠纷，二者并无法律上的牵连。德运公司通过转让方式从唐某坤处取得了针对亚宸公司的债权，德运公司以及唐某坤均不是(2016)辽民终字第1049号案件所涉工程的发包方，也不是承包方或实际施工人，且该案的处理结果并不涉及唐某坤与亚宸公司之间的民间借贷法律关系，亦未处分唐某坤在民间借贷法律关系中的任何权益，因此德运公司以及唐某坤对于(2016)辽民终字第1049号案件的涉案工程没有独立的物上请求权，同时，亦不具有法律所特别保护的优先权利，即法定优先权，其与亚宸公司、圣鑫公司之间的建设工程施工合同纠纷亦无法律上的利害关系，不具备参与该诉讼的第

---

① 现行《民事诉讼法》第122条。

三人的条件，故其不具备提起第三人撤销之诉的主体资格。此外，依据《民事诉讼法》第56条[①]、最高人民法院《关于适用〈中华人民共和国民事诉讼法〉的解释》第292条[②]的规定，第三人有证据证明发生法律效力的判决、裁定、调解书的部分或全部内容错误，损害其民事权益的，可以提起第三人撤销之诉。即提起第三人撤销之诉的前提之一是民事权益受损。德运公司提起该案诉讼系基于普通债权，普通债权虽属财产性权利，但因其具有相对性，故不属于《侵权责任法》第2条[③]所列举的具有绝对性的民事权益。而该案所涉工程，虽因民间借贷纠纷案件进入执行阶段而被查封，但并不是民间借贷关系中所约定的保障债权实现的财产，故德运公司对于案涉工程的权利并不属于应当适用《民事诉讼法》第56条规定的第三人撤销之诉保护的民事权益。综上，德运公司无论从主体资格还是权利性质方面，均不具备提起第三人撤销之诉的条件，应驳回其起诉。一审法院认为，德运公司若要证明亚宸公司与圣鑫公司间存在虚假诉讼，应提供确实、充分的证据予以证明。亚宸公司有能力支付工程款，与亚宸公司确实支付了工程款并不能等同，德运公司所提供的证据尚不能充分证明自己的主张。

笔者认为，第三人撤销之诉不同于普通的民事诉讼，其起诉条件应适用《民事诉讼法》第56条以及最高人民法院《关于适用〈中华人民共和国民事诉讼法〉的解释》第292条的相关规定。《民事诉讼法》第56条[④]规定："对当事人双方的诉讼标的，第三人认为有独立请求权的，有权提起诉讼。对当事人双方的诉讼标的，第三人虽然没有独立请求权，但案件处理结果同他有法律上的利害关系的，可以申请参加诉讼，或者由人民法院通知他参加诉讼。人民法院判决承担民事责任的第三人，有当事人的诉讼权利义务。前两款规定的第三人，因不能归责于本人的事由未参加诉讼，但有证据证明发生法律效力的判决、裁定、调解书的部分或者全部内容错误，损害其民事权益的，可以自知道或者应当知道其民事权益受到损害之日起六个月内，向作出该判决、裁定、调解书的人民法院提起诉讼。人民法院经审理，诉讼请求成立的，应当改变或者撤销原判决、裁定、调解书；诉讼请求不成立的，驳回诉讼

① 现行《民事诉讼法》第59条。
② 该司法解释现行版本第290条。
③ 现为《民法典》第1166条。
④ 现行《民事诉讼法》第59条。

请求。”最高人民法院《关于适用〈中华人民共和国民事诉讼法〉的解释》第292条[①]规定：“第三人对已经发生法律效力的判决、裁定、调解书提起撤销之诉的，应当自知道或者应当知道其民事权益受到损害之日起六个月内，向作出生效判决、裁定、调解书的人民法院提出，并应当提供存在下列情形的证据材料：(一)因不能归责于本人的事由未参加诉讼；(二)发生法律效力的判决、裁定、调解书的全部或者部分内容错误；(三)发生法律效力的判决、裁定、调解书内容错误损害其民事权益。”根据上述法律及司法解释规定，从第三人撤销之诉制度功能来看，主要是为了保护受错误生效裁判损害的未参加原诉的第三人的权益。同时，在司法实践中，也要防止滥用该项诉权，损害生效裁判的稳定性。由于第三人撤销之诉是一种事后的救济程序，对于第三人撤销之诉的原告主体资格和范围，在有“法律上的利害关系”的判断上，要比第三人参加诉讼的标准更高，不仅要与原诉案件有法律利害关系，还必须具备生效裁判内容错误且损害其民事权益的实体性要件。该案中，判断德运公司是否符合第三人撤销之诉的起诉条件，既要审查德运公司是否符合第三人撤销之诉的主体资格，也要适度审查德运公司是否符合第三人撤销之诉的实体性条件。

关于德运公司是否符合第三人撤销之诉的主体资格问题。根据《民事诉讼法》的规定，能够针对他人已经生效的裁判提起第三人撤销之诉的原告，应当是有独立请求权第三人和无独立请求权第三人。关于德运公司是否是有独立请求权的第三人问题。该案中，德运公司既不是亚宸公司和圣鑫公司的建设工程施工合同纠纷中案涉工程的发包方，也不是承包方。德运公司通过转让方式从唐某坤处受让了对亚宸公司的债权，亚宸公司和圣鑫公司的建设工程施工合同关系同唐某坤与亚宸公司之间的民间借贷法律关系分属不同的法律关系，德运公司对(2016)辽民终1049号案件的诉讼标的并不存在独立的实体性权利。因此，德运公司不属于有独立请求权第三人。关于德运公司是否是无独立请求权第三人的问题。无独立请求权第三人的判断标准应予以严格限制，要求其与案件处理结果要有权利义务性关系或法律上的牵连关系。无独立请求权第三人通常分为辅助性第三人、被告型第三人和原告型第三人三类，辅助性第三人在诉讼中纯粹是辅助法院查明案件

① 该司法解释现行版本第290条。

事实并防止判决对己不利的裁判结果，它并不承担民事责任；被告型第三人实际上是应当参加诉讼，并最终需要承担部分或全部民事责任的第三人；原告型第三人，作为第三方原告而参与诉讼，享有同原诉的原告共同权益的第三人。该案中，德运公司在亚宸公司和圣鑫公司的建设工程施工合同纠纷中不依附于任何一方主体存在，不是建设工程施工合同纠纷诉讼标的的权利义务主体，对查明案件事实也没有起到任何辅助作用，不属于辅助性第三人。德运公司在(2016)辽民终1049号案件中没有被判处承担民事责任，不属于被告型第三人。圣鑫公司在与亚宸公司建设工程施工合同纠纷中，作为承包人享有建设工程价款优先受偿权，与德运公司对亚宸公司的债权没有法律上的牵连关系，故德运公司不符合原告型第三人的情形。因此，德运公司也不属于无独立请求权第三人。综上，一审法院认为德运公司从主体资格方面不具备提起第三人撤销之诉的条件并无不当。

关于该案德运公司主张撤销(2016)辽民终1049号民事判决实体性条件是否成立的问题。《民事诉讼法》规定的第三人撤销之诉的实体条件为：有证据证明发生法律效力的文书确有错误，且生效文书的错误内容损害第三人民事权益。这一起诉条件，实质上是指第三人与生效裁判内容要有法律上的利害关系。关于德运公司主张(2016)辽民终1049号民事判决认定圣鑫公司对案涉工程享有优先受偿权是否存在错误的问题。原诉中，案涉工程于2013年6月30日起一直处于停工状态，圣鑫公司并未完全撤场。自2013年6月30日之后，直至2016年6月12日亚宸公司对圣鑫公司停工期间设备损失工程量予以签证确认，并有以房抵顶工程款和筹集资金准备复工的事实存在。至圣鑫公司起诉前，双方未协商或单方提出解除合同，由此也未发生工程价款优先受偿权的起算时间。据此，一审法院在(2016)辽民终1049号民事判决中认定从合同解除之日起算优先受偿权并无不当。关于(2016)辽民终1049号民事判决是否损害德运公司民事权益的问题。受侵害的“民事权益”通常是指《侵权责任法》第2条①规定的民事权益，包括生命权、健康权、姓名权、名誉权、荣誉权、肖像权、隐私权、婚姻自主权、监护权、所有权、用益物权、担保物权、著作权、专利权、商标专用权、发现权、股权、继承权等人身、财产权益。此外，法律明确规定给予特别保护的债权，可以适用第三人撤销之诉，包括：法律规定

① 现为《民法典》第1166条。

的享有法定优先权的债权，主要有建设工程价款优先权、船舶优先权；法律规定享有法定撤销权的债权，主要有债权人的撤销权、破产债权撤销权。对于普通金钱债权，原则上不适用第三人撤销之诉。本案中，德运公司主张的债权并不在第三人撤销之诉的民事权益保护范围之列。另外，该案的特殊之处在于德运公司主张其债权已经进入执行阶段，经过司法拍卖流拍后应当以物抵债，不应受到其他权利的干扰。个人认为，拍卖成交或者依法定程序裁定以物抵债的，标的物所有权自拍卖成交裁定或者抵债裁定送达买受人或者接受抵债物的债权人时转移。该案中，德运公司是案涉房屋的申请执行人，但不能据此认定其对案涉房屋有专属的债权或物权权利。虽然客观上圣鑫公司在建设工程价款优先受偿后，德运公司债权的受偿可能受到影响，但是单纯事实上、经济上的影响并不构成"法律上的利害关系"。综上，德运公司不符合第三人撤销之诉的实体性条件。

关于亚宸公司与圣鑫公司是否存在通过虚假诉讼损害德运公司利益的问题。笔者认为，普通债权原则上不适用第三人撤销之诉进行保护，但第三人以金钱债权受到侵害为由提起撤销之诉，如有证据证明原审当事人存在虚假诉讼的，可以受理。在建设工程施工合同纠纷中，按照实际施工量结算的工程价款与合同约定的工程价款不一致时，如有证据证明双方对建设工程施工合同的工程量进行了变更，最终工程价款结算应以实际施工的工程量为准。根据以上情形，一审法院在(2016)辽民终1049号民事判决中，结合案件证据情况，根据实际施工的工程量认定亚宸公司与圣鑫公司提交的工程价款为3600万元的《建设工程施工合同》是合法有效的，符合民事诉讼证据高度盖然性的证明标准，该认定并无不当。该案中，德运公司提出案涉工程备案的《建设工程施工合同》约定的工程价款为1696万元，与瓦房店市工程建设招投标管理办公室出具的中标通知书记载一致，瓦房店市建筑规划局施工证中合同价款为1700万元，据此认为亚宸公司与圣鑫公司向一审法院提交的工程价款为3600万元的合同是伪造的，主张亚宸公司与圣鑫公司恶意串通，使用虚假合同进行诉讼，提高工程价款故意损害德运公司利益。但是，德运公司提供的证据不足以证明亚宸公司和圣鑫公司为逃避债务故意抬高欠付工程款，存在恶意串通、虚假诉讼的情形。综上，一审法院认定德运公司所提供的证据不能充分证明亚宸公司与圣鑫公司存在虚假诉讼，并无不当。

案例93中，一审法院认为，根据《民事诉讼法》第56条[①]的规定，对当事人双方的诉讼标的，第三人认为有独立请求的，有权提起诉讼。对当事人双方的诉讼标的，第三人虽然没有独立请求权，但案件处理结果同他有法律上的利害关系的，可以申请参加诉讼，或者由人民法院通知他参加诉讼。人民法院判决承担民事责任的第三人，有当事人的诉讼权利义务。前两款规定的第三人，因不能归责于本人的事由未参加诉讼，但有证据证明发生法律效力的判决、裁定、调解书的部分或者全部内容错误，损害其民事权益的，可以自知道或者应当知道其民事权益受到损害之日起6个月内，向作出该判决、裁定、调解书的人民法院提起诉讼。2014年12月22日一审法院作出（2015）齐民初字第1号民事调解书，调解刘某华、王某霞于2015年2月1日前将齐齐哈尔市龙华路167号（现253号）房屋的一、二层交付给秦某鹏占有、使用、收益和处分，该调解书已生效。2016年1月20日齐齐哈尔市龙沙区人民法院作出（2015）龙商初字第368号民事调解书，调解王某霞于2016年1月22日前，在齐齐哈尔市龙华路253号楼价款限额内，偿还刘某军借款本金及利息55.44万元。该案刘某军与刘某华之间是因为民间借贷行为形成的债权债务关系，与刘某华和秦某鹏签订《房屋买卖协议》所涉及的齐齐哈尔市龙沙区龙华路253号楼房一、二层无任何权利义务关系，与一审法院作出（2015）齐民初字第1号民事调解书也无法律上的利害关系，刘某军对齐齐哈尔市龙沙区龙华路253号楼房一、二层不具有独立请求权，不符合第三人撤销之诉的第三人条件，不具备原告诉讼主体资格，人民法院不予受理。同时最高人民法院《关于适用〈中华人民共和国民事诉讼法〉的解释》第292条[②]规定，第三人对已经发生法律效力的判决、裁定、调解书提起撤销之诉的，应当自知道或者应当知道其民事权益受到损害之日起6个月内，向作出生效判决、裁定、调解书的人民法院提出，并应当提供存在下列情形的证据材料：（1）因不能归责于本人的事由未参加诉讼；（2）发生法律效力的判决、裁定、调解书的全部或者部分内容错误；（3）发生法律效力的判决、裁定、调解书内容错误损害其民事权益。刘某军在起诉时未能提供证据证明刘某华与秦某鹏之间存在恶意串通和明显不合理低价转让的事实，也未能提供证据证明（2015）齐民初字第1

① 现行《民事诉讼法》第59条。

② 该司法解释现行版本第290条。

号民事调解书的内容损害其民事权益，刘某军的起诉不符合提供第三人撤销之诉的条件，人民法院不予受理。最高人民法院《关于审理民间借贷案件适用法律若干问题的规定》是 2015 年 8 月 6 日发布的，(2015)齐民初字第 1 号民事调解书是 2014 年 12 月 22 日作出的，不适用该规定。

笔者认为，《民事诉讼法》第 56 条①规定，“对当事人双方的诉讼标的，第三人认为有独立请求权的，有权提起诉讼。对当事人双方的诉讼标的，第三人虽然没有独立请求权，但案件处理结果同他有法律上的利害关系的，可以申请参加诉讼，或者由人民法院通知他参加诉讼，人民法院判决承担民事责任的第三人，有当事人的诉讼权利义务。前两款规定的第三人，因不能归责于本人的事由未参加诉讼，但有证据证明发生法律效力的判决、裁定、调解书部分或者全部内容错误，损害其民事权益的，可以自知道或者应当知道其民事权益受到损害之日起六个月内，向作出该判决、裁定、调解书的人民法院提起诉讼”。最高人民法院《关于适用〈中华人民共和国民事诉讼法〉的解释》第 292 条②规定，第三人对已经发生法律效力的判决、裁定、调解书提起撤销之诉的，应当自知道或者应当知道其民事权益受到损害之日起六个月内，向作出生效判决、裁定、调解书的人民法院提出，并应当提供存在下列情形的证据材料：(1)因不能归责于本人的事由未参加诉讼；(2)发生法律效力的判决、裁定、调解书的全部或者部分内容错误；(3)发生法律效力的判决、裁定、调解书内容错误损害其民事权益。上述法律和司法解释是关于第三人撤销之诉起诉条件的规定。上诉规定中的民事权益根据《侵权责任法》第 2 条③的规定，原则上不包括普通债权，对于普通债权，原则上不适用第三人撤销之诉保护。刘某军未主张其债权是法律明确规定给予特别保护的债权，其主张的债权仅为普通债权，该权利并非第三人撤销之诉保护的权利，刘某军起诉不符合第三人撤销之诉的实体条件。刘某军与刘某华之间是因民间借贷行为形成的债权债务关系，刘某军对当事人双方的诉讼标的即刘某华与秦某鹏之间的房屋买卖合同关系并无独立请求权，该案件处理结果同其也无法律上的利害关系，刘某军不属于《民事诉讼法》规定的第三

---

① 现行《民事诉讼法》第 59 条。

② 该司法解释现行版本第 290 条。

③ 现为《民法典》第 1166 条。

人,其不符合提起第三人撤销之诉的主体条件,一审裁定不予受理,是正确的。

三、关于建设工程施工合同案件的法律适用

一提起建设工程施工合同案件,普遍认为该类案件审理难度大、工作量多,存在为难情绪。原因在于,一则此类案件涉及的建设工程施工方面的专业知识较多,较为庞杂;二则目前建筑市场不规范、违法违规现象仍然较为常见;三则涉及的法律关系较多,法律关系错综复杂;四则涉及工程价款的计算问题,工作量较大。

案例 94

再审申请人湖北远大建设集团有限公司青海分公司(以下简称远大青海分公司)、湖北远大建设集团有限公司(以下简称远大公司)与再审申请人青海盛华房地产开发集团有限公司(以下简称盛华公司)建设工程施工合同纠纷案

案号:(2019)最高法民申 4431 号

主要争议焦点

(1)案涉《大通"盛锦华庭"住宅小区室外管网及景观绿化工程合同》是否有效;(2)案涉欠付工程款数额;(3)盛华公司的反诉请求是否应予支持。

简要案情

盛华公司作为发包人与承包人远大青海分公司签订《大通"盛锦华庭"住宅小区室外管网及景观绿化工程合同》,合同签订后,远大青海分公司进场施工。之后,盛华公司与远大青海分公司就大通盛锦华庭项目工程景观工程终止合同进行协调,远大青海分公司明确表示由于遇到资金问题无法进场施工同意终止合同。各方当事人因此发生纠纷。

案情详解

远大青海分公司起诉请求:(1)被告盛华公司支付远大青海分公司工程款4 610 429.35 元,支付材料款 400 000 元,以上合计 5 010 429.35 元;(2)本案诉讼费由被告承担。庭审中原告远大青海分公司将第一项诉讼请求变更为:被告盛华公司支付远大青海分公司工程款 10 001 360 元,返还材料款 400 000 元,合计10 401 360 元。上述款项被告一直未能支付。故暂按诉请金额起诉,待工程价款鉴定确定后再变更,增加诉求。

盛华公司答辩称,不存在拖欠工程款的问题。原告未提交增加工程款的证据,不认可增加后的诉讼请求。

盛华公司反诉请求:(1)二反诉被告共同返还反诉原告多支付的工程款5 287 415.52 元;(2)二反诉被告赔偿因未按图纸设计要求施工、偷工减料造成工程返工的损失共计 1 052 519.55 元;(3)二反诉被告承担逾期竣工违约责任,向反诉原告支付逾期违约金 1 000 100 元;(4)由反诉被告承担本案全部诉讼费用。庭审中,反诉原告盛华公司变更诉讼请求为:(1)反诉被告返还反诉原告多支付的工程款 1 269 042.90 元;(2)反诉被告赔偿在施工图纸范围内管沟工程未按图纸设计要求施工造成返工修复的损失计 9 138 925.60 元;(3)二反诉被告向反诉原告支付逾期竣工违约金 452 100 元。

远大公司及远大青海分公司答辩称,双方签订的施工合同无效,盛华公司是违约方,应该按照鉴定意见计算工程价款。

一审法院查明:2013 年 8 月 30 日,盛华公司作为发包人与承包人远大青海分公司签订《大通"盛锦华庭"住宅小区室外管网及景观绿化工程合同》,约定:将位于西宁市大通县解放南路新 106 号大通"盛锦华庭"项目居住小区工程中的室外管网及景观绿化工程承包给远大青海分公司,合同固定总价款为 6 100 000 元。合同第 6 条第 5 项约定,所有工程联系单和工程变更单只作为工程施工中的工作联系和具体分享变更内容之用,均不涉及任何工程价款的变更增减。如遇特殊情况,确需增减工程价款时,必须同时提交经济签证单,并经发包方法定代表人书面签字批准方可生效。合同签订后,远大青海分公司进场施工,2015 年 4 月 8 日,盛华公司与远大青海分公司召开大通"盛锦华庭"项目工程景观工程终止合同协调会,远大青海分公司明确表示由于遇到资金问题无法进场施工，同意终止合同。2015 年 5 月 19 日，远大青海分公司、盛华公司就“盛锦华庭”一期景观完成项目、一期外围墙值班室项目、一期景观签证项目、一期管网管沟和一期景观绿化项目签订《工程量计算表》对远大青海分公司已完工工程进行确认。双方确认一期外围墙值班室项目、一期景观签证项目属于合同外工程变更增加项。盛华公司已支付远大青海分公司工程款 4 939 673. 75 元。合同解除后，未完工程由盛华公司另行组织其他公司完成，现涉案工程已投入使用。盛华公司与远大青海分公司确认双方另行签订《热力管网施工合同》，合同价款为 750 000 元。盛华公司确认远大青海分公司退场后现场遗留有部分材料，但双方未确定材料价款。盛华公司自认材料价值为 174 890. 20 元。涉案工程开工后，因远大青海分公司缺乏资金，远大青海分公司项目经理薛某勇及工作人员薛某青于 2014 年 10 月 27 日、11 月 24 日向西宁农商银行朝阳支行申请贷款。西宁农商银行经审核以“盛锦华庭”项目室外管网和景观绿化工程流动资金的名义发放一年期贷款 1 800 000 元，并由盛华公司法定代表人郑某山提供担保，贷款到期后盛华公司法定代表人郑某山于 2015 年 10 月 22 日、11 月 25 日偿还 1 800 000 元及部分利息 34 576 元。因涉案工程采用合同固定总价作为计价方式，远大青海分公司未完成全部工程任务，因此一审法院委托青海百鑫工程造价司法鉴定所对远大青海分公司已完成工程占全部工程量的百分比进行司法鉴定。2019 年 1 月 8 日，青海百鑫工程造价司法鉴定所作出以下鉴定意见：(1) 双方签订施工合同内全部工程量，①大通盛锦华庭住宅小区室外工程双方签订合同的工程总造价为 15 134 954. 09 元；②大通盛锦华庭住宅小区室外工程双方签订合同(以砖砌管沟计算)的工程总造价为 14 204 558. 42 元。(2) 大通盛锦华庭住宅小区室外工程双方确认的《工程量计算表》中内容，①大通盛锦华庭住宅小区室外工程双方确认的《工程量计算表》中合同内工程项目的工程造价为 11 578 735. 58 元；②大通盛锦华庭住宅小区室外工程双方确认的《工程量计算表》中合同内双方有争议项目种植土按 525 车计算工程造价为 420 000 元；③大通盛锦华庭住宅小区室外工程双方确认的《工程量计算表》中合同内双方有争议项目种植土按 525m^3 计算工程造价为 21 000 元；④大通盛锦华庭住宅小区室外工程双方确认的《工程量计算表》中合同外工程项目的工程造价为 937 072. 91 元。(3) 大通盛锦华庭住宅小区室外工程除双方确认的《工程量计算表》外，还有由远大青海分公司主张施工的工程量,①大通盛锦华庭住宅小区室外工程除双方确认的《工程量计算表》外,还有由远大青海分公司主张施工的合同内工程的工程造价为 885 520.99 元;②大通盛锦华庭住宅小区室外工程除双方确认的《工程量计算表》外,还有由远大青海分公司主张施工的合同外工程的工程造价为 454 600.49 元。(4)远大青海分公司施工的大通盛锦华庭住宅小区室外管沟检查井返工费用,其中由远大青海分公司施工的大通盛锦华庭住宅小区室外管沟、检查井返工费用为 9 138 925.82 元。

二审法院另查明,2017 年 1 月 13 日,青海省西宁市中级人民法院委托青海百鑫工程造价司法鉴定所就案涉大通盛景华庭住宅小区室外管网及景观绿化工程进行司法鉴定。青海百鑫工程造价司法鉴定所总共出具四份司法鉴定意见书,远大青海分公司和盛华公司均提出异议,主要涉及具体分项工程造价的计算问题。远大青海分公司、远大公司与盛华公司双方均认可该鉴定机构于 2019 年 1 月 8 日作出的青海百鑫工程造价司法鉴定所司法鉴定意见书。

裁判结果

一审法院判决:(1)驳回原告远大青海分公司的诉讼请求;(2)反诉被告远大公司、远大青海分公司于本判决生效之日起 10 日内返还反诉原告盛华公司超付的工程款 198 333.91 元;(3)驳回盛华公司的其他反诉请求。远大青海分公司、远大公司不服一审判决,向二审法院提起上诉,二审法院判决:(1)维持一审判决第一项驳回远大青海分公司的诉讼请求,第三项驳回盛华公司的其他反诉请求;(2)变更一审判决第二项,即“反诉被告远大公司、远大青海分公司于本判决生效之日起 10 日内返还反诉原告盛华公司超付的工程款 198 333.91 元”为“远大公司、远大青海分公司于本判决生效之日起十日内返还盛华公司超付的工程款 64 564.11 元”。二审补正裁定:二审判决第二项漏算二审已确认的远大青海分公司退场时施工现场遗留的价值 174 890.20 元材料款。补正为:“盛华公司于本判决生效之日起 10 日内支付远大公司、远大青海分公司工程款 110 326.09 元。”远大青海分公司、远大公司和盛华公司均不服二审判决,向最高人民法院申请再审,最高人民法院裁定,驳回远大青海分公司、远大公司和盛华公司的再审申请。

案例95

再审申请人奇台县蒙奇房地产开发有限公司（以下简称蒙奇房产公司）与被申请人武汉和兴祥建筑工程有限公司（以下简称和兴祥建筑公司）建设工程施工合同纠纷案

案号：（2019）最高法民申5468号

主要争议焦点

（1）双方当事人对欠付工程款是否达成了以物抵债协议；（2）蒙奇房产公司欠付工程款的利息如何认定。

简要案情

和兴祥建筑公司与蒙奇房产公司签订《商业广场及酒店项目施工合同》，和兴祥建筑公司与奇台县蒙奇投资管理有限公司签订《昌吉商业广场建安工程建设工程施工合同补充协议》。后蒙奇房产公司与和兴祥建筑公司又签订《建设工程施工合同》《补充协议》。当事人双方因合同履行发生纠纷。

案情详解

和兴祥建筑公司起诉请求：（1）蒙奇房产公司支付拖欠工程款25 161 366元；（2）蒙奇房产公司支付拖欠工程款利息（含进度款利息）24 338 634元，合计49 500 000元；（3）本案诉讼费等费用由蒙奇房产公司承担。庭审中，和兴祥建筑公司变更诉讼请求为：（1）蒙奇房产公司支付拖欠工程款24 589 580元；（2）蒙奇房产公司支付拖欠工程款利息（含进度款利息）24 910 420元，合计49 500 000元；（3）本案诉讼费等费用由被告承担。

蒙奇房产公司辩称，蒙奇房产公司不存在违约行为，和兴祥建筑公司称竣工时间为2015年3月1日没有依据。

蒙奇房产公司提出反诉称：（1）和兴祥建筑公司应当继续履行合同并完成合同约定的义务，包括道路、下水管道、井盖、墙体、彩钢玻璃的修复；（2）和兴祥建筑公司向蒙奇房产公司赔偿损失 46 182 158. 8 元(其中包括房租损失 17 233 328 元、超付款利息 28 948 830. 80 元);(3)本案全部诉讼费用及邮寄费用由和兴祥建筑公司承担。

和兴祥建筑公司辩称,不存在工程未按期完工及工程存在质量问题等问题,请求依法驳回蒙奇房产公司的反诉请求。

一审法院查明:2011 年 8 月 18 日,和兴祥建筑公司(乙方)与蒙奇房产公司(甲方)签订了《商业广场及酒店项目施工合同》,合同约定由和兴祥建筑公司以包工包料的方式总承包蒙奇房产公司开发的蒙奇商业广场工程项目,合同对工期未予约定。合同约定:工程按照合同第 7 条工程造价结算办法全额取费后,按总计税前优惠 5. 5%;工程为贷资施工无预付款,商场分两期施工,商场为 3 层半框架结构。一期商场单项工程施工至结构封顶后 10 日内,甲方向乙方支付已完成产值的 1500 万元,余款在二期封顶前付至 80%。二期商场按月进度支付 70% 的进度款,全部封顶后付至 80%。其他配套工程正常施工时按施工单月已完成产值 70% 支付。已完成的单项工程在正常结算审核后 5 日内支付该单项工程的 90%。整体工程完工验收后,乙方向甲方提交结算资料之日起 1 个月内审核完成,双方签字无误后,15 日内甲方向乙方付至全部工程结算款的 97%,余留 3% 作为工程质量保修金,保修金不计利息以及其他任何费用。工程质量保修金分 2 年返还,工程竣工验收合格后满 1 年后的 7 日内,甲方将保修金的 50% 支付给乙方,工程竣工验收合格满 2 年后的 7 日内,甲方将剩余保修金全额支付给乙方。上述合同签订后,原告即组织人力物力进场施工。2011 年 9 月 18 日,原告(乙方)与奇台县蒙奇投资管理有限公司(甲方)签订了一份《昌吉商业广场建安工程建设工程施工合同补充协议》,协议约定对原施工合同中关于工程结算办法以及进度款支付进行补充:工程竣工后,结算审核完成后,在合同约定的时间内,甲方不能按时按量地支付乙方工程款时,甲方可以将已竣工的可以投入使用的成品,按甲方欠付的乙方工程款等价转交于乙方名下,转交价格按当地市场行情价格下浮 15%,甲方无偿配合乙方营销,物业管理由甲方管理。2012 年 6 月 28 日,被告蒙奇房产公司针对涉案工程进行了招投标,和兴祥建筑公司中标,双方依据招投标文件又签订了一份《建设工程施工合同》,并对该合同进行了备案。备案合同约定:开工日期为 2012 年 6 月 28 日,竣工日期为 2013 年 9 月 18 日,合同工期 300 天;工程质量标准为合格;合同价款

76 330 898 元。合同专用条款第 23.2 项约定的价款调整方法为：按照已完成工程量采用 2010 年昌吉州地区定额及乌市地区费用定额，年度内造价部门调差文件，新建标[2008]4 号文件结算。合同专用条款第 26 项约定的工程款支付方式为：甲方按月完成产值支付 70% 的进度款，全部封顶支付至 80%，竣工结算后付至结算价的 97%，留 3% 作为保修金。确认增减的变更工程量价款作为调增（减）合同价款与工程进度款同期支付。2015 年 2 月 12 日，和兴祥建筑公司与蒙奇房产公司又签订一份《补充协议》，协议约定：(1)按双方之前所签的施工合同，乙方承建的全部工程于 2015 年 4 月 30 日前按照国家标准全部完工并交付甲方，灯具由甲方提供，于 2015 年 6 月 30 日安装完毕；(2)按双方所签的施工合同进度款支付方法，甲方未按合同规定时间支付乙方工程款，甲方按月利率 2.5% 支付乙方利息，甲方按合同规定时间提前支付乙方工程款，乙方按月利率 2.5% 支付甲方利息；(3)乙方承建的甲方的装修工程于 2015 年 6 月 5 日前全部按国家标准要求全部完工交付甲方；(4)2015 年 2 月 15 日支付装修款 80 万元，处理拖欠的装修工人工资。2015 年 3 月 10 日前工人进场支付 50 万元，买装修材料；2015 年 4 月 20 日前支付 50 万元，购买材料及支付工人工资；装修工程完成之后 7 个工作日支付 100 万元，支付装修工人工资；余款结算完 3 个月内付至 60%，1 年内付到 95%。2015 年 11 月 23 日，蒙奇房产公司与新疆荣盛天宇商贸有限公司（以下简称荣盛天宇公司）签订了一份租赁合同，蒙奇房产公司将蒙奇商业广场商业楼自持物业出租给荣盛天宇公司，并将已出售的物业委托荣盛天宇公司返租经营。该合同第 2 条载明：租赁物位于奇台县乌奇路与昌吉路交会处西侧，已通过了五方竣工验收合格。该合同第 4 条载明：第一年为免租期，第二至六年，按每天每平方米 0.6 元计算租金。2016 年 6 月 8 日，涉案工程的竣工验收资料在奇台县建筑工程质量监督站备案。备案资料中，五方验收意见表未填写日期。其中设计单位竣工验收意见中载明：2012 年 5 月 1 日参加基础工程结构验收，2014 年 10 月 1 日参加主体工程结构验收，同意验收结论。2014 年 10 月 1 日参加竣工验收，经实地查验工程符合设计要求，同意验收意见。2017 年 4 月 10 日，原被告双方完成结算，并形成《蒙奇商业广场工程决算单》和《工程款支付确认表》，确认和兴祥建筑公司施工的蒙奇商业广场主体及配套工程结算总价为 132 100 000 元，其中主体及配套工程款 126 600 000 元，装修工程款 5 500 000 元。双方确认 2011 年至 2017 年 4 月 9 日被告向原告已付工程款为

102 806 634 元,同时双方确认另有 4 563 790 元(其中包括代缴劳保统筹金 600 000 元,垫付零星工程款 400 000 元,代扣税金 3 563 790 元)亦应计入已付工程款。2018 年 6 月 26 日,蒙奇房产公司通过以房抵债的方式向案外人胡某刚支付 140 000 元。双方一致认可该 140 000 元应计入被告已付工程款,截至 2018 年 8 月 27 日,甲方已付工程款总额为 107 510 420 元。2018 年 8 月 3 日,被告以快递方式向原告送达一份通知书,通知要求原告自接到通知后 7 日内到被告处进行账务清算,并完成未完工的工程。原告于 2018 年 8 月 6 日签收了该文件。和兴祥建筑公司提起诉讼后,申请对蒙奇房产公司的财产采取保全措施,交纳申请费 5000 元。

裁判结果

一审法院判决:(1)蒙奇房产公司向和兴祥建筑公司给付工程款 24 589 580 元;(2)蒙奇房产公司向和兴祥建筑公司给付工程款利息 19 851 987.59 元;(3)驳回和兴祥建筑公司的其他诉讼请求;(4)驳回蒙奇房产公司的反诉请求。蒙奇房产公司不服一审判决,向二审法院提起上诉,二审法院判决,驳回上诉,维持原判。蒙奇房产公司不服二审判决,向最高人民法院申请再审,最高人民法院裁定,驳回蒙奇房产公司的再审申请。

案例 96

再审申请人甘肃一安建设科技集团有限公司(以下简称一安公司)与被申请人甘肃中利投资服务有限责任公司(以下简称中利公司)、一审第三人李某水建设工程施工合同纠纷案

案号:(2020)最高法民申 714 号

主要争议焦点

依据鉴定报告确定案涉工程的造价是否正确。

简要案情

中利公司与一安公司就会宁县中利市场二层钢结构架设改造工程签订《建设工程施工合同》。合同签订后，一安公司确定李某水、陈某生为项目部负责人，进行施工。甘肃第一安装工程有限公司青海分公司出具承诺书，承诺在4月1日前将钢结构主体焊接安装完毕。后各方当事人因合同履行发生纠纷。

案情详解

中利公司起诉请求：(1)解除双方于2013年9月15日签订的《建设工程施工合同》、2014年5月20日签订的《补充合同》、2014年6月24日签订的《协议书》、2014年8月12日签订的《补充合同》；(2)判令一安公司向中利公司支付违约金1 105 000元，赔偿经济损失4 233 600元；(3)本案诉讼费由一安公司承担。

一安公司提出反诉称，判令中利公司支付所欠工程款5 077 427.5元，并承担违约损失2 124 240元，诉讼费用由中利公司承担。一安公司已完成工程价款为9 331 347.52元，中利公司已支付款项4 253 920元，请求依法判令中利公司支付拖欠一安公司的工程款5 077 427.5元，并承担违约损失2 124 240元，诉讼费用由中利公司承担。庭审中，一安公司将其反诉请求变更为：(1)判令中利公司向其支付工程款3 823 029.35元，逾期付款利息544 782元（自2015年8月10日计算至2018年8月10日，按银行1~5年贷款基准利率4.75%计算），判决生效后利息按银行同期贷款利率双倍支付，直至付清全部款项为止；(2)判令中利公司承担一安公司停工期间看场费用87 984元及2013年10月至2015年5月停窝工损失1 082 240元；(3)本案诉讼费、鉴定费由中利公司承担。

李某水述称，中利公司不结算，我方无法撤场。施工过程中，中利公司没有提供蓝图，只提供了白图，图纸不断更改，我方施工后中利公司不予认可，造成了不小损失。

一审法院查明：2013年9月15日，中利公司前身会宁中利商务服务有限公司（甲方）与一安公司（乙方）就会宁县中利市场二层钢结构架设改造工程签订《建设工程施工合同》，合同第一部分协议书约定，由一安公司承建会宁中利市场二层钢结构架设改造工程。2013年9月25日开工，2013年11月25日竣工，合同工期总日历天数61天,合同总价款为7 015 680元,总面积为12 096平方米,每平方米造价为480元。《协议书》第7条约定了工程价款的支付与结算:(1)本合同签订后5个工作日内甲方向乙方支付25%工程预付款;(2)钢结构所有加工件进场开始施工付工程款10%;(3)钢构安装完成后支付25%;(4)混凝土灌浇地面支付20%;(5)整个工程竣工完成支付10%,同时对质保期及质保金的数额和返还进行了约定。合同签订后,一安公司确定李某水、陈某生为项目部负责人,进行施工。2014年1月14日甘肃第一安装工程有限公司青海分公司出具承诺书,承诺在4月1日前将钢结构主体(包括连接板、立柱、主次梁)焊接安装完毕。

2014年5月20日,中利公司与陈某生、李某水签订《补充合同》,约定:甲方发包给乙方的中利钢结构建筑工程,因未按期竣工,现签订如下补充协议。(1)原合同约定的工程总量、工程总造价不变。(2)后续工程必须在2014年7月31日竣工,交付验收。(3)付款总额比例按原合同执行。(4)在全部工程竣工验收交付前付到总额的85%。(5)在2014年5月21日甲方付给乙方100万元工程款,款付到乙方账户。工程款到账后2日内乙方进入,5日之内消防材料必须进场。在一层消防材料全部进场后,甲方再付给乙方40万元。(6)剩余15%工程款,分段支付。消防一层完成一半,一层混凝土浇筑完成一半,付总款的5%;一层消防和二层混凝土浇筑全部完成,付总款的5%;剩余5%的款在全部工程验收交付前付清。(7)如工程逾期交工,每逾期1日,乙方应支付违约金5000元,如甲方不能按期付款,乙方有权停工,自双方签字后生效。乙方落款处加盖甘肃第一安装工程有限公司青海分公司的印章,李某水在落款处乙方项目负责人处签了名,陈某生在委托人处签了名。2014年6月24日,中利公司(甲方)与一安公司(乙方)签订《协议书》,约定:(1)此协议遵循原合同和2014年5月20日《补充合同》基础的不变;(2)消防报警系统,消防涂料全部进场后甲方付给乙方40万元;(3)为尽快完工,乙方必须2日内(从6月24日开始算起)安装钢结构的人到场施工,否则视为乙方单方面解除合同,损失由乙方承担,双方签字后生效。李某水在落款处乙方项目负责人处签名。2014年7月18日,中利公司书面通知一安公司,因李某水无法按期竣工,申请立即更换施工队伍。2014年7月21日,陈某生在该书面通知上签署“经请示公司同意更换施工队伍”的意见,并加盖了甘肃第一安装工程有限公司青海分公司的印章。

2014年8月12日,中利公司(甲方)与一安公司(乙方)签订《补充合同》,约定:就甲方中利市场建设再次延期竣工事宜,签订补充协议。(1)工程总造价按2013年9月15日签订的合同执行。(2)乙方将一层消防材料(包括铜芯电源线,消防控制箱等材料)全部进场,经甲方验收后,付给乙方28万元。如乙方不能在8月10日前将一层消防材料全部进场,甲方扣除部分材料款。混凝土浇筑所用钢材和二层消防材料全部进场后付给乙方25万元。二层消防安装和混凝土浇筑同时进行,甲方依照5月20日所签补充合同的条款根据工程进度的比例支付进度款。否则甲方有权拒付进度款,责任由乙方承担,所有付出的材料款乙方必须由项目负责人签字,计入整体工程款中。消防工程8月20日前,乙方必须拿出由设计消防部门审核合格的图纸及钢结构全部图纸,便于甲方归档及消防部门验收。(3)2014年9月20日前必须验收合格,交付使用,有关事宜,待后解决。如乙方在2014年9月20日之前再不能竣工交付使用者,由乙方承担给甲方造成的全部损失。乙方不按时打款所影响的时间除外。(4)本合同与原合同及2014年5月20日所签订的《补充合同》具有同等法律效力。李某水在乙方项目负责人落款处签名。2015年2月22日,涉案工地钢结构、门、玻璃受损。一安公司撤离涉案工地,后续工程中利公司已发包给他人。2014年中利公司向兰州市中级人民法院起诉一安公司及李某水,后于2015年3月25日申请撤回起诉,该案审理过程中兰州市中级人民法院曾委托信诺公司对涉案工程进行鉴定,后因撤诉未形成鉴定意见。

新地公司法定代表人为该案第三人李某水,2013年6月16日中利公司与新地公司签订合作意向协议,该意向书第一条关于工程概况内容与前述的中利公司和一安公司签订的《建设工程施工合同》中关于工程概况的约定基本一致。2013年9月3日,中利公司与新地公司签订协议书,约定中利公司将涉案工程图纸设计和审核委托新地公司代办。2015年2月,中利公司以新地公司未按合同约定向其提供图纸为由提起诉讼。会宁县人民法院审理后于2015年9月18日作出(2015)会民二初字第220号民事判决,认定新地公司未按合同约定期限向中利公司交付设计蓝图构成违约,判决解除双方之间的协议书,由新地公司返还中利公司35万元委托费。该案审理过程中,根据一安公司的申请,一审法院委托信诺公司就涉案工程已完工工程量及工程造价、停窝工损失进行司法鉴定。信诺公司于2018年4月25日做出工程造价鉴定意见书,该鉴定意见书送达各方当事人后,一安公司、中利公司均提出书面异议,信诺公司针对双方异议,于2018年6月14日作出关于对“2018甘信鉴字第070号鉴定意见书”异议的答复,并作出了调整后的鉴定结论。

鉴定结论有 3 项:(1)已完工部分,政府指导价 6 582 986. 10 元,合同优惠 75. 11%,鉴定结论 4 944 480. 87 元。其中①已施工钢结构工程政府指导价 6 199 833. 81 元,合同优惠 75. 11%,鉴定结论 4 656 695. 18 元;②钢柱、钢梁防火底漆政府指导价 11 298. 88 元,合同优惠 75. 11%,鉴定结论 8486. 59 元;③消火栓箱及喷淋立管政府指导价 43 361. 96 元,合同优惠 75. 11%,鉴定结论 32 569. 17 元;④已施工喷淋水平管政府指导价 328 491. 45 元,合同优惠 75. 11%,鉴定结论 246 729. 93 元。(2)争议部分,其中①已施工钢筋网间距 250mm 与 150mm 的价差,政府指导价 104 959. 86 元,合同优惠 75. 11%,鉴定结论 78 835. 35 元;②钢筋施工后又拆除部分造价(间距按 250mm 计),政府指导价 75 029. 74 元,合同优惠 75. 11%,鉴定结论 56 354. 84 元;③钢筋施工后又拆除部分间距 250mm 与 150mm 的价差,政府指导价 37 304. 88 元,合同优惠 75. 11%,鉴定结论 28 019. 70 元;④钢筋网是否施工有争议部分的造价(间距按 250mm 计),政府指导价 157 449. 22 元,合同优惠 75. 11%,鉴定结论 118 260. 11 元;⑤钢筋网是否施工有争议部分间距 250mm 与 150mm 的价差,政府指导价 78 292. 33 元,合同优惠 75. 11%,鉴定结论 58 805. 37 元;⑥加层局部瓦棱板是否施工后又拆除的造价,政府指导价 3997. 20 元,合同优惠 75. 11%,鉴定结论 3002. 30 元;⑦门和固定玻璃损坏价值,政府指导价 24 798. 18 元,合同优惠 75. 11%,鉴定结论 18 625. 91 元;⑧一层天棚敷电线槽,政府指导价 40 271. 02 元,合同优惠 75. 11%,鉴定结论 30 247. 56 元;⑨一层地面砼地坪,政府指导价 996 659. 18 元,合同优惠 75. 11%,鉴定结论 748 590. 71 元;⑩瓦楞板凹槽内钢筋未绑扎需拆除费用,政府指导价 11 345. 39 元,合同优惠 75. 11%,鉴定结论 8521. 52 元;⑪瓦楞板凹槽内钢筋未绑扎需重新绑扎费用,政府指导价 83 393. 95 元,合同优惠 75. 11%,鉴定结论 62 637. 20 元;⑫喷淋水平管拆除费用,政府指导价 100 890. 97 元,合同优惠 75. 11%,鉴定结论 75 779. 21 元;⑬喷淋水平管重新安装费用政府指导价 178 137. 62 元,合同优惠 75. 11%,鉴定结论 133 799. 17 元。(3)停、窝工费(看场费)2 人×3 工日/天×282 天×52 元 = 87 984 元(2014 年 6 月 1 日至 2015 年 3 月 9 日)。优惠系数:1 - 7 015 680. 00 ÷ 9 340 835. 44 × 100% = (1 - 75. 11%) = 24. 89%。2018 甘信鉴字第 070 号鉴定意见书及异议答复对合同约定、已完工工程造价、已完工部分的争议做了鉴定说明,并对中利公司与一安公司的异议进行答复说明。一审法院根据一安公司的申请,依法通知信诺公司出庭接受质询,信诺公司派鉴定人员出庭。因涉案工程,一安公司向信诺公司支付鉴定费 6 万元。施工过程中，中利公司先后向一安公司支付工程款 4 253 920 元，向李某水支付工程款 903 976. 68 元（转账 28 万元、材料款 618 633 元、电费 5343. 68 元），合计 5 157 896. 68 元。

二审法院另查明，甘肃第一安装工程有限公司青海分公司于 2018 年 5 月 23 日申请变更登记为一安公司。二审审理期间，中利公司与一安公司对信诺公司所做鉴定意见提出异议，二审法院传唤鉴定人出庭接受质询，经鉴定人进一步核实，将鉴定意见进行了调整，在 9 340 835. 44 元的基础上减支一层地面砼地坪的造价为：8 344 176. 26 元，故合同优惠：1 − 7 015 680. 00 ÷ 8 344 176. 26 × 100% = 15. 92%，调整后的具体数额如下：（1）已完工部分，政府指导价 6 582 986. 10 元，合同优惠 84. 08%，鉴定结论 5 534 947. 71 元。其中①已施工钢结构工程政府指导价 6 199 833. 81 元，合同优惠 84. 08%，鉴定结论 5 212 820. 27 元；②钢柱、钢梁防火底漆政府指导价 11 298. 88 元，合同优惠 84. 08%，鉴定结论 9500. 10 元；③消火栓箱及喷淋立管政府指导价 43 361. 96 元，合同优惠 84. 08%，鉴定结论 36 458. 74 元；④已施工喷淋水平管政府指导价 328 491. 45 元，合同优惠 84. 08%，鉴定结论 276 195. 61 元。（2）争议部分，①已施工钢筋网间距 250mm 与 150mm 的价差，政府指导价 104 959. 86 元，合同优惠 84. 08%，鉴定结论 88 250. 25 元；②钢筋施工后又拆除部分造价（间距按 250mm 计），政府指导价 75 029. 74 元，合同优惠 84. 08%，鉴定结论 63 085. 01 元；③钢筋施工后又拆除部分间距 250mm 与 150mm 的价差，政府指导价 37 304. 88 元，合同优惠 84. 08%，鉴定结论 31 365. 94 元；④钢筋网是否施工有争议部分的造价（间距按 250mm 计），政府指导价 157 449. 22 元，合同优惠 84. 08%，鉴定结论 132 383. 30 元；⑤钢筋网是否施工有争议部分间距 250mm 与 150mm 的价差，政府指导价 78 292. 33 元，合同优惠 84. 08%，鉴定结论 65 828. 19 元；⑥加层局部瓦楞板是否施工后又拆除的造价，政府指导价 3997. 20 元，合同优惠 84. 08%，鉴定结论 3360. 85 元；⑦门和固定玻璃损坏价值，政府指导价 24 798. 18 元；⑧一层天棚敷电线槽，政府指导价 40 271. 02 元；⑨一层地面砼地坪，政府指导价 996 659. 18 元；⑩瓦楞板凹槽内钢筋未绑扎需拆除费用，政府指导价 11 345. 39 元，合同优惠 84. 08%，鉴定结论 9539. 20 元；⑪瓦楞板凹槽内钢筋未绑扎需重新绑扎费用，政府指导价 83 393. 95 元，合同优惠 84. 08%，鉴定结论 70 117. 63 元；⑫喷淋水平管拆除费用，政府指导价 100 890. 97 元，合同优惠 84. 08%，鉴定结论 84 829. 13 元；⑬喷淋水平管重新安装费用政府指导价

178 137.62 元,合同优惠 84.08%,鉴定结论 149 778.11 元。(3)停、窝工费(看场费)2 人×3 工日/天×282 天×52 元=87 984 元(2014 年 6 月 1 日至 2015 年 3 月 9 日)。优惠系数:1－7 015 680.00÷8 344 176.26×100%=(1－84.08%)=15.92%。信诺公司派鉴定人员出庭,接受了当事人的质询。

裁判结果

一审法院判决:(1)解除中利公司与一安公司 2013 年 9 月 15 日签订的《建设工程施工合同》、2014 年 5 月 20 日签订的《补充合同》、2014 年 6 月 24 日签订的《协议书》、2014 年 8 月 12 日签订的《补充合同》;(2)中利公司于本判决生效后 10 日内支付甘肃第一安装工程有限公司青海分公司工程款 363 520.71 元(5 521 417.39 元－5 157 896.68 元);(3)驳回中利公司的其他诉讼请求;(4)驳回一安公司的其他反诉请求。一安公司、中利公司均不服一审判决,向二审法院提起上诉,二审法院判决:(1)维持一审判决第一项、第三项、第四项及案件受理费、鉴定费承担部分;(2)变更一审判决第二项为:"中利公司于本判决生效后十日内支付一安公司 191 335.23 元。"一安公司不服二审判决,向最高人民法院申请再审,最高人民法院裁定,驳回一安公司的再审申请。

案例 97

再审申请人陕西盛兴置业发展有限公司(以下简称盛兴公司)与被申请人陕西天擎壹诺实业有限公司(以下简称天擎公司)、一审被告蓝田县德顺建设工程有限公司(以下简称德顺公司)建设工程施工合同纠纷案

案号:(2019)最高法民申 3901 号

主要争议焦点

(1)盛兴公司向天擎公司支付工程款的条件是否成就;(2)盛兴公司应向天擎公司支付工程款的数额;(3)本案一审、二审是否违反法定程序。

简要案情

盛兴公司与德顺公司签订《建设工程施工合同》,约定盛兴公司将盛兴家苑1号楼工程发包给德顺公司。合同签订后,案涉工程实际由天擎公司施工。天擎公司与德顺公司签订《协议书》约定,德顺公司提供建筑资质证件为天擎公司承包盛兴家园1号楼建设项目使用,天擎公司按照德顺公司与盛兴公司签订的建设工程施工合同的内容以及盛兴公司向其提供的图纸进场施工。后各方当事人因合同履行发生纠纷。

案情详解

天擎公司起诉请求:(1)德顺公司与盛兴公司支付拖欠天擎公司工程款31 272 828.61元,延付工程款利息1 463 814.87元,停工损失9 058 706.3元,合计33 642 519.78元;(2)德顺公司与盛兴公司承担全部诉讼费用。庭审中经法院释明,天擎公司变更诉讼请求为:(1)德顺公司向天擎公司支付拖欠工程款31 272 828.61元,盛兴公司在欠付工程款31 272 828.61元范围内承担责任;(2)德顺公司向天擎公司承担直接停工损失905 876.3元;(3)由盛兴公司承担全部诉讼费用。

德顺公司辩称,德顺公司没有拖欠天擎公司工程款。德顺公司有权按照协议书的约定要求天擎公司支付农民工工资及商砼款。请求法院在查明事实的基础上驳回天擎公司对德顺公司的起诉。

盛兴公司辩称,天擎公司作为诉讼主体存在瑕疵,其诉讼请求无事实与法律根据,应予以驳回。

德顺公司反诉请求:(1)天擎公司返还德顺公司3 382 480.29元及相应利息损失241 551.8元;(2)本案诉讼费用由天擎公司承担。

天擎公司反诉答辩称,天擎公司不是本案适格的被反诉人,反诉与本诉并非同一法律关系,实际付款义务人应为盛兴公司,天擎公司仅具备协助付款义务,天擎公司协助支付费用范围仅限于工程直接费用,德顺公司诉求中的罚息应由盛兴公司予以承担,天擎公司对此不承担支付义务。

一审法院查明:2015年1月6日,盛兴公司(甲方)与德顺公司(乙方)签订《建设工程施工合同》,约定盛兴公司将其开发的盛兴家苑1号楼工程发包给德顺公司。合同约定:承包范围以议标形式发给,以图纸设计为准,工程量清单及议标文件规定的全部内容。开工日期2015年元月,竣工日期2017年7月,合同工期910天,合同总价4920万元。专用条款第26.2条合同价款约定,采用固定综合单价合同方式确定合同价款,按建筑面积1650元每平方米的价格计算。专用条款第30条工程进度款结算与支付约定,因甲、乙双方在签订此工程时,该工程已完成了价值300万元的建安工程,故在合同签订后,乙方应向甲方交纳已完成的300万元工程量款,其余均按本工程约定的全部内容实施。按照进度付款,到十五层甲方付给乙方800万元,封顶付至1500万元,到2015年农历年底付至2300万元,交工时付至4000万元,剩余款交工一年后付清。如甲方资金不能按照约定支付时,用房屋顶工程款,单价按照每平方米2450元,折合工程款,乙方自行垫付资金保证工程的正常顺利施工。该合同签订之前,天擎公司法定代表人陈某国向盛兴公司两次报价。该合同的内容是由天擎公司、德顺公司、盛兴公司三方共同协商确定。上述合同签订后,德顺公司并未履行施工义务,案涉工程实际由天擎公司施工。该合同约定的由德顺公司向盛兴公司交纳的前期已完成价值300万元的建安工程的工程款,实际由天擎公司向盛兴公司交纳了200万元。2015年1月10日,天擎公司与德顺公司签订《协议书》。双方约定,德顺公司提供建筑资质证件为天擎公司承包盛兴家园1号楼建设项目使用,天擎公司负责本工程的一切收入和支出,本工程的总收入1%归德顺公司所有,施工中所使用的一切材料机械、人力由天擎公司负责提供,施工中若发生安全事故、质量事故均由天擎公司负责解决,本项目应缴纳的各种税款由天擎公司负责,本工程所发生的一切风险法律责任由天擎公司负责。

2015年1月24日,天擎公司按照德顺公司与盛兴公司签订的建设工程施工合同的内容以及盛兴公司向其提供的图纸进场施工。天擎公司施工期间,德顺公司委派王某太负责该工程的技术和质量。2016年11月天擎公司停工,工程未按合同约定完工。双方没有对天擎公司已完成的工程量进行确认,也没有对工程价款进行结算,天擎公司停工后,盛兴公司又找他人进场施工。2016年12月21日,盛兴公司组织对案涉工程主体分部工程质量进行验收,建设单位盛兴公司、监理单位陕西盛源鑫项目管理有限责任公司、勘察单位陕西工程勘察研究院、施工单位德顺公司分别委派张某、白某山、林某平、王某太参加验收,并签名。综合验收结论:合格,该验收记录在蓝田县质监部门备案。天擎公司根据其单方制作的决算价款起诉要求支付欠付工程款 31 272 828. 61 元。盛兴公司对天擎公司的单方决算不予认可，认为天擎公司的决算价款高于实际工程造价。双方无法就案涉工程的价款达成一致。该案审理期间，一审法院根据天擎公司的申请委托陕西锦桥昌工程造价咨询有限公司（以下简称锦桥昌公司）对盛兴家苑一号楼的工程造价进行司法鉴定。2017 年 12 月 30 日，锦桥昌公司作出《蓝田县盛兴家苑 1#工程司法鉴定报告书》，鉴定结论意见为：依据竣工图纸及现场勘查结果，关于蓝田县盛兴家苑 1#案涉造价最终鉴定总价款为 30 176 788. 86 元。其中，(1)天擎公司与盛兴公司双方认可的造价鉴定范围，包括主体钢筋混凝土工程、地下室底板顶板及侧墙防水及室外回填土，鉴定造价为 26 269 930. 57 元；(2)天擎公司与盛兴公司对该项内容主体施工有争议，该项内容已施工完成，但对完成主体存在争议，工程内容包括砌体二次结构、抹灰 14～26 层及地下室、地上厨房卫生间阳台墙面防水、窗户外框安装、室内房心回填土及地沟等内容，鉴定造价 3 906 858. 29 元。相关说明：蓝田县盛兴家苑 1#桩基工程及之前土方开挖及外运工程为 300 万元，为进场前期已完工程费用，由天擎公司进场前买断支付过的费用，请法院认定。《鉴定报告书》送达各方当事人后，德顺公司、盛兴公司在法律规定的期限内没有提出异议，天擎公司提出异议。锦桥昌公司针对天擎公司的异议作出书面回复，并出庭接受质询和答疑。锦桥昌公司最终将盛兴家苑 1#工程鉴定总造价修正为 30 404 348. 79 元。天擎公司认可锦桥昌公司修正后的工程总造价 30 404 348. 79 元。盛兴公司仅认可鉴定意见中天擎公司完成的工程造价 26 269 930. 57 元，并称鉴定总造价的工程量还包含盛兴公司委托第三人施工的二次结构工程和塑钢窗工程，不应计入天擎公司的施工范围。为证明其主张，盛兴公司提交 2017 年 6 月 30 日西安辉煌建筑劳务有限公司出具的盛兴家苑 1#二次结构工程说明和 2017 年 6 月 30 日蓝田县林师塑钢门窗加工部出具的盛兴家苑 1#楼塑钢窗工程说明。对此天擎公司不认可，并称根据其单方制作的已完工程量结算书和分部分项工程验收资料，足以证明天擎公司已完工程的工程量。盛兴公司称天擎公司施工期间，其向天擎公司支付款项共计 735 743 元。经双方对账，天擎公司仅认可其中盛兴公司支付的 5 397 196 元。盛兴公司还称在天擎公司施工期间，其就案涉工程还支出电费、水费、活动房费用、住宅楼试验费、电梯租赁费以及向辉煌公司支付劳务预付款，共计 100 多万元。盛兴公司提交的上述费用收条等证据上均无天擎公司签字盖章,天擎公司仅认可其施工期间的水费 20 284 元、电费 64 721. 72 元。

因盛兴家苑小区施工拖欠农民工工资,蓝田县人事和劳动社会保障局于 2016 年 1 月 22 日向德顺公司作出蓝劳社监理字(2016)第 01 号《行政处罚决定书》,决定书中限德顺公司在接到行政处理决定书之日起 5 日内支付顾某龙等农民工工资计 8 679 083 元。德顺公司法定代表人王某亚于 2015 年 1 月 25 日向蓝田县劳动监察大队交款 100 万元。天擎公司承认收到该笔款项。案涉工程供货商基源公司起诉德顺公司买卖合同纠纷一案,西安市中级人民法院 2017 年 3 月 9 日作出(2017)陕 01 民终 808 号民事判决,判决德顺公司支付基源公司货款 678 284 元并支付逾期付款利息 24 587. 79 元。蓝田县人民法院强制执行德顺公司 728 599. 79 元。对此金额天擎公司予以认可,但称逾期付款利息 24 587. 79 元应当由过错人盛兴公司承担。案涉工程供货商基源公司起诉德顺公司、天擎公司买卖合同纠纷一案,西安市中级人民法院 2017 年 12 月 19 日作出(2017)陕 01 民终 14302 号民事判决,判决德顺公司支付基源公司货款 1 122 336 元并支付逾期付款利息 39 545. 5 元。该案已经执行完毕。天擎公司认可货款本金 1 122 336 元,并称逾期付款利息 39 545. 5 元应当由过错人盛兴公司承担。

裁判结果

一审法院判决:(1)本判决生效后 30 日内盛兴公司支付天擎公司工程款 23 015 288. 78 元;(2)本判决生效后 30 日内天擎公司返还德顺公司 2 800 620 元;(3)驳回天擎公司其余诉讼请求;(4)驳回德顺公司其余反诉请求。盛兴公司不服一审判决,向二审法院提起上诉,二审法院判决,驳回上诉,维持原判。盛兴公司不服二审判决,向最高人民法院申请再审,最高人民法院裁定,驳回盛兴公司的再审申请。

思考与衡量

上述 4 个案例,在一定程度上反映了建工合同类案件的总体情况,案件发生背景复杂、各种行为不够规范、专业技术较强、法律关系众多、工程款计算多样化等。案例 94 中,涉及合同效力和反诉问题。案例 95 中,涉及“以物抵债”和欠付工程款利息计算问题。案例96中,涉及工程量鉴定报告的采信问题。案例97中,涉及工程款支付条件是否成立的问题。

案例94中,一审法院认为,(1)远大青海分公司施工建设的大通盛锦华庭工程价款应如何计算与认定。根据双方签订的《大通"盛锦华庭"住宅小区室外管网及景观绿化工程合同》的约定,双方的结算方式为固定合同价,总价款为6 100 000元。所谓固定合同总价,也称一口价、固定合同价,其目的是简化管理程序,便于控制成本和结算。远大青海分公司与盛华公司达成6 100 000元的总价包干合同,包括工程范围、图纸等所包含的工程总量,在没有出现重大变更的情况下,报价不会变更、不会增加和减少。远大青海分公司主张合同无效,认为应采用市场鉴定价作为双方工程款结算依据。根据最高人民法院《关于审理建设工程施工合同纠纷案件适用法律问题的解释》(已失效)第22条的规定"当事人约定按照固定价结算工程价款,一方当事人请求对建设工程造价进行鉴定的,不予支持"。且根据该解释第2条之规定,即使合同无效,相关工程竣工验收后,发包人仍应按照合同约定支付工程价款。案涉工程由远大青海分公司进行了部分施工,其余工程由其他公司完成,案涉工程已投入使用,支付工程价款的条件已成就。因此盛华公司应按照合同约定支付工程价款。远大青海分公司、盛华公司双方达成固定总价款的协议,理应承担合同约定带来的市场经营风险,远大青海分公司主张不应按照固定价款结算工程款的理由与双方采用固定价款结算的合意不一致,不予采信。因远大青海分公司在施工过程中仅完成部分工程,因此人民法院认为,因案涉工程采用合同固定总价作为计价方式,对远大青海分公司已完工程占全部工程量的百分比进行司法鉴定,再以固定总价款6 100 000元中的占比作为远大青海分公司应得工程价款。远大青海分公司、盛华公司对合同签订及图纸设计中管沟设计原为混凝土管沟事实均无异议,根据鉴定意见双方签订施工合同内全部工程量:①大通盛锦华庭住宅小区室外工程双方签订合同(以混凝土管沟计算)的工程总造价为15 134 954.09元;②大通盛锦华庭住宅小区室外工程双方签订合同(以砖砌管沟计算)的工程总造价为14 204 558.42元。因图纸设计为混凝土管沟,双方签订合同时所签订的合同固定价款中亦为混凝土管沟,因此在认定合同总造价时应以混凝土管沟为标准即15 134 954.09元作为大通盛锦华庭住宅小区室外工程造价工程量百分比的依据。远大青海分公司、盛华公司对于鉴定意见大通盛锦华庭住宅小区室外工程双方确认的《工程量计算表》中合同内工程项目的工程造价11 578 735.58元无异议，双方争议的项目为种植土应以525车（420 000元）还是以525 m^3（210 000元）计算工程价款。根据《工程量计算表》中第七页中记载的事项，双方确认种植土为远大青海分公司已完工程项目。庭审中，远大青海分公司认可《工程量计算表》中原为525 m^3，后与盛华公司工作人员协商后在“M^3”上涂改为“车”，但并未提交盛华公司同意修改的相关证据。根据《民事诉讼法》第64条第1款①之规定“当事人对自己提出的主张，有责任提供证据”，远大青海分公司主张修改《工程量计算表》中的数据，对此应提交证据证实双方达成修改数据的合意。远大青海分公司未提交证据证实其主张，因此应承担举证不能的法律后果。且“525车”对于车辆大小、装载吨位均无进一步说明，仅以“525车”无法计算相关土方工程量，从而得出准确工程价款。因此远大青海分公司主张按照“525车”计算土方量的理由不能成立。该案种植土应以525m^3 即21 000元计算价款。（2）关于远大青海分公司主张除双方确认的《工程量计算表》外，还主张审核另行施工工程项目是否成立的问题。双方在解除合同后，已经对远大青海分公司施工的工程项目进行了结算并签字确认，《工程量计算表》应作为结算依据。根据《民事诉讼法》规定的“当事人对自己提出的主张，有责任提供证据”。双方已对远大青海分公司所完成的工程量进行决算，远大青海分公司主张在决算表之外尚有部分工程未纳入决算。其应对所主张的相关工程量提交相关证据证实。根据现有证据，除盛华公司认可挡土墙工程外，远大青海分公司未举证证实《工程量计算表》外相关工程由其完成，因此其主张《工程量计算表》之外工程价款的诉讼请求不能成立。远大青海分公司主张现场遗留材料价值400 000元，其提交的证据大通一期景观项目造价一览表中虽记载现场库房剩余材料价格约400 000元，但该表中另记载远大青海分公司欠付盛华公司款项110 676.35元，对该表中的结论部分，远大青海分公司又不认可，其部分认可部分不认可的行为相互矛盾。且该证据远大青海分公司未签字确认，盛华公司对该证据亦不认可。该表中仅有一方签字，双方均对该份证据的证明效力提出异议，因此不能作为双方达成决算的依据。根据现有证据不能认定现场遗留材料款为400 000元。盛华公司认可现场遗留材料价值174 890.20元，

① 现行《民事诉讼法》第67条。

系当事人自认行为，对于盛华公司自认现场遗留材料款174 890.20元的事实，一审法院予以确认。大通盛锦华庭住宅小区室外工程双方确认的《工程量计算表》中合同内工程项目的工程造价为：11 578 735.58元+21 000元（525 m^3种植土）=11 599 735.58元，远大青海分公司所完成工程百分比为：11 599 735.58÷15 134 954.09=76.6%，远大青海分公司与盛华公司采用固定价款方式计价，远大青海分公司完成合同内工程价款应为：6 100 000元×76.6%=4 672 600元，双方确认合同之外远大青海分公司完成的一期外围墙值班室项目和一期景观签证项目属于合同外工程变更增加项，经鉴定工程价款为937 072.91元，盛华公司认可远大青海分公司完成热力管网工程750 000元、挡土墙工程6776.73元，以及盛华公司认可远大青海分公司留下的材料价值174 890.20元，远大青海分公司在《大通“盛锦华庭”住宅小区室外管网及景观绿化工程合同》中应取得的工程总价款为：4 672 600元+937 072.91元+750 000元+677 673元+174 890.20元=6 541 399.84元。盛华公司已付工程价款经双方确认为4 939 673.75元，远大青海分公司为该工程贷款1 800 000元，该贷款由盛华公司法定代表人担保并偿还，该工程贷款应认定为盛华公司已付的工程款，盛华公司对支付贷款利息34 576元在庭审中明确表示对此不再主张，一审法院对此予以确认。综上，盛华公司已付工程款合计为：4 939 673.75元+1 800 000元=6 739 673.75元。盛华公司超付工程款为：6 739 673.75元－6 541 339.84元=198 333.91元。远大青海分公司主张由盛华公司给付工程价款4 610 429.35元、支付材料款400 000元的诉讼请求不能成立。盛华公司主张超付工程款的部分诉讼请求成立，应予支持。（3）关于盛华公司主张室外管沟、检查井返工费用9 138 925.82元及要求远大青海分公司、远大公司支付逾期竣工违约金452 100元的请求是否应予支持的问题。一审法院认为，《大通“盛锦华庭”住宅小区室外管网及景观绿化工程合同》中室外管沟工程设计图纸为混凝土管沟。在施工过程中，远大青海分公司于2013年11月18日工程量核算单中记载“现场实际测量，确认工程量：完成管沟85%”，该工程量核算单中有盛华公司现场工作人员确认签字以及盛华公司法定代表人批复同意支付工程进度款，该份证据证实盛华公司是按照现场实际测量完成的工程量分批、分次拨付工程进度款。双方已对远大青海分公司施工的砖混管沟进行测量，应认定盛华公司、远大青海分公司对室外管沟工程的施工工艺进行了变更。远大青海分公司抗辩室外管沟工程经盛华公司同意变更原工程设计的理由成立。另外,案涉工程已投入使用,盛华公司对此并未提出异议,现盛华公司主张由远大青海分公司、远大公司承担返工费用 9 138 925. 82 元的反诉请求不能成立。(4)关于盛华公司主张由远大青海分公司、远大公司支付逾期竣工违约金的问题。一审法院认为,双方在合同履行期间达成解除合同的合意,对远大青海分公司已完成的工程量进行决算,且剩余工程由盛华公司委托其他公司完成,远大青海分公司所完成的部分工程是否存在逾期以及逾期时间盛华公司并未举证证明,盛华公司主张由远大青海分公司、远大公司支付逾期竣工违约金的诉讼请求不能成立,应予驳回。综上所述,盛华公司超付工程价款 198 333. 91 元,盛华公司主张返还超付工程款的部分诉讼请求成立应予支持。远大青海分公司主张由盛华公司给付工程款、材料款合计 10 401 360 元的理由不能成立。盛华公司主张由远大青海分公司、远大公司承担室外管沟返修款以及逾期完工的反诉请求不能成立,应予驳回。

二审法院认为,该案的争议焦点是:(1)关于案涉《大通"盛锦华庭"住宅小区室外管网及景观绿化工程合同》的效力如何认定的问题;(2)关于远大青海分公司诉求盛华公司支付 9 596 981. 99 元工程款的诉求能否成立的问题;(3)远大青海分公司诉求盛华公司返还 400 000 元材料款的诉求能否成立。

(1)就合同效力认定的问题:该院认为,根据《合同法》(已失效)第 52 条的规定,盛华公司与远大青海分公司双方签订的合同不存在任何损害国家利益或社会公共利益等合同无效的情形,该合同合法有效。远大青海分公司依据最高人民法院《关于审理建设工程施工合同纠纷案件适用法律问题的解释》(已失效)第 1 条的规定"建设工程施工合同具有下列情形之一的,应当根据《合同法》第五十二条第(五)项的规定,认定无效:(一)承包人未取得建筑施工企业资质或者超越资质等级的;(二)没有资质的实际施工人借用有资质的建筑施工企业名义的;(三)建设工程必须进行招标而未招标或者中标无效的",主张双方签订的建设工程施工合同无效。第一,关于薛某勇的身份问题。该院根据以下事实:远大公司出具的授权委托书,授权薛某勇"以我方名义洽谈盛锦华庭景观一期施工合同和处理有关事宜,其法律后果由我方承担";银行转账凭证证实案涉工程款结算是盛华公司直接将工程款支付给远大青海分公司;经济签证、施工组织设计(方案)报审表以及《工程量计算表》均由远大青海分公司作为施工单位作出并加盖印章,无法认定薛某勇系实际施工人借用远大青海分公司资质施工的事实，因此远大青海分公司、远大公司的该项上诉理由不能成立。第二，案涉工程是否属于必须经过招投标的工程。案涉工程系盛锦华庭项目居住小区的室外管网及景观绿化工程，根据《招标投标法》第3条第1款的规定“在中华人民共和国境内进行下列工程建设项目包括项目的勘察、设计、施工、监理以及与工程建设有关的重要设备、材料等的采购，必须进行招标：(一)大型基础设施、公用事业等关系社会公共利益、公众安全的项目；(二)全部或者部分使用国有资金投资或者国家融资的项目；(三)使用国际组织或者外国政府贷款、援助资金的项目”该案案涉工程不属于必须经过招投标的工程，因此远大青海分公司、远大公司的该项上诉理由亦不能成立。综上，《大通“盛锦华庭”住宅小区室外管网及景观绿化工程合同》不存在合同无效的情形，该合同合法有效。(2)远大青海分公司诉求盛华公司支付9 596 981.99元工程款的诉求能否成立的问题。该院认为，第一，确定远大青海分公司已完工程量。《工程量计算表》系远大青海分公司与盛华公司双方共同审核确认的工程量并将此作为结算依据，同时盛华公司认可远大青海分公司施工完成热力管网工程75 000元、挡土墙工程6776.73元，以及双方确认合同外的增加工程鉴定价格为937 072.91元。除此之外，远大青海分公司主张还有其他增加工程，却未能提交证据证明其主张，其上诉理由不能成立，该院对一审法院认定的已完工程量予以确认。第二，关于鉴定图纸的问题。远大青海分公司提出向鉴定机构提交的鉴定图纸共计三套，施工图纸与鉴定图纸不符，庭审时鉴定人说明施工图纸与鉴定图纸一致，第三套图纸为管沟图纸。同时，远大青海分公司在法庭审理时明确表示认可青海百鑫工程造价司法鉴定所第四次作出的鉴定意见。因此，其关于鉴定图纸与施工图纸不符的上诉理由不能成立。第三，该案能否以固定价为依据结算工程款。根据最高人民法院《关于审理建设工程施工合同纠纷案件适用法律问题的解释》(已失效)第22条的规定“当事人约定按照固定价结算工程价款，一方当事人请求对建设工程造价进行鉴定的，不予支持”，该案案涉工程双方约定工程总价为610 000元，但因现有证据无法确认已完工程所占工程总量的比例以及合同外工程价款，故一审法院将该案移送司法鉴定。青海百鑫工程造价司法鉴定所经过四次鉴定后作出的鉴定意见为：①案涉工程双方签订合同(以混凝土管沟计算)的工程总造价为15 134 954.09元；②案涉工程双方签订合同(以砖砌管沟计算)的工程总造价为 14 204 558. 42 元;③案涉工程双方确认的《工程量计算表》中合同内工程项目的工程造价为 11 578 735. 58 元;④案涉工程合同内双方有争议项目种植土按 525m^3 计算工程造价为 21 000 元;⑤案涉工程双方确认的《工程量计算表》中合同外工程项目的工程造价为 937 072. 91 元。因案涉工程远大青海分公司实际施工为砖砌管沟,故应当以案涉工程双方签订合同(以砖砌管沟计算)的工程总造价为依据计算已完工程比例。据此,远大青海分公司合同内已完成工程比例为:(11 578 735. 58 元 + 21 000 元) ÷ 14 204 558. 42 元 × 100% = 81. 66% 双方在签订合同时约定工程价款为固定价格,表明双方对建设施工的风险是有预知的且为防止不正当竞争行为,应当以该固定价为依据结算工程款。因此远大青海分公司合同内应付工程款为 6 100 000 元 × 81. 66% = 4 981 260 元,合同外应付工程款为 750 000 元 + 6776. 73 元 + 937 072. 91 元 = 1 693 849. 64 元。综上,远大青海分公司应取得的工程款为 6 675 109. 64 元。第四,明确已付工程款。远大青海分公司和盛华公司均认可的已付工程款为 4 939 673. 75 元。双方争议项为薛某勇、薛某青向西宁农商银行申请的 1 800 000 元贷款能否认定为已付工程款。首先,薛某勇、薛某青向银行申请贷款时,二人均作出承诺:“不足部分用盛华公司应付工程款偿还银行贷款。”其次,薛某勇向银行提交了案涉合同以及远大青海分公司出具的授权委托书等相关材料,并以“盛锦华庭”项目室内管网和景观绿化工程的流动资金为由向银行申请贷款,因此薛某勇向银行申请贷款的行为是经远大青海分公司授权,该行为应当认定为职务行为,其法律责任应当由远大青海分公司承担。再次,2016 年 11 月 18 日薛某青出具证明材料证明该笔贷款用于案涉工程施工。最后,2015 年 10 月 22 日、11 月 25 日盛华公司替远大青海分公司如数偿还了该笔贷款。因此盛华公司替薛某勇、薛某青向西宁农商银行偿还 1 800 000 元的贷款应当认定为已付工程款。据此,盛华公司向远大青海分公司已付工程款为: 4 939 673. 75 元 + 1 800 000 元 = 6 739 673. 75 元。综上,盛华公司超付远大青海分公司工程款 64 564. 11 元,远大青海分公司主张盛华公司支付 9 596 981. 99 元工程款的诉求不能成立,该院不予支持。(3)远大青海分公司诉求盛华公司返还 400 000 元材料款的诉求能否成立:远大青海分公司主张其退场时现场遗留有价值 400 000 元的材料,但却并未提交相关证据证明,一审法院根据盛华公司提交的盛锦华庭一期景观工程湖北远大剩余材料认定剩余材料价值 174 890. 2 元准确,远大青海分公司、远大公司的该项上诉请求不能成立，该院不予支持。

笔者认为，关于案涉《工程合同》是否有效的问题。根据《招标投标法》第3条第1款关于"在中华人民共和国境内进行下列工程建设项目包括项目的勘察、设计、施工、监理以及与工程建设有关的重要设备、材料等的采购，必须进行招标：（一）大型基础设施、公用事业等关系社会公共利益、公众安全的项目；（二）全部或者部分使用国有资金投资或者国家融资的项目；（三）使用国际组织或者外国政府贷款、援助资金的项目"的规定，案涉工程不属于必须经过招投标的工程。案涉《工程合同》由盛华公司与远大青海分公司签订，系双方当事人真实意思表示。远大公司出具授权委托书，授权薛某勇"以我方名义洽谈盛锦华庭景观一期施工合同和处理有关事宜，其法律后果由我方承担"。案涉工程款由盛华公司直接支付给远大青海分公司，经济签证、施工组织设计（方案）报审表、工程量审计表等均由远大青海分公司作为施工单位作出并加盖印章。二审法院根据以上事实，对薛某勇借用远大公司资质施工的事实未予认定，认定案涉《工程合同》合法有效，该认定并无不当，应予维持。

关于案涉工程价款如何确定的问题。关于合同内工程款，最高人民法院《关于审理建设工程施工合同纠纷案件适用法律问题的解释》（已失效）第22条规定："当事人约定按照固定价结算工程价款，一方当事人请求对建设工程造价进行鉴定的，不予支持。"该案中，案涉《工程合同》第2条约定："本工程实行大包干，即包工包料，保工期、保质量、包安装、包维修验收等完全总承包，市场价格的上涨与下浮不再另行计取，即本工程为交钥匙工程，实行总包干价。施工按设计图纸执行，材料材质由发包人选定，在本工程范围内不再另行签证。承包人有义务无偿完善其工程内容。"第5条约定："本合同总价款为人民币陆佰壹拾万元整。"一审法院委托鉴定机构对远大青海分公司已完成工程占全部工程量的比例进行了司法鉴定。根据司法鉴定结论，以混凝土管沟计算的工程总造价为15 134 954.09元，以砖砌管沟计算的工程总造价为14 204 558.42元。因案涉工程实际施工为砖砌管沟，二审以砖砌管沟计算的工程总造价为依据计算已完成的工程比例，认定远大青海分公司合同内已完成的工程比例为81.66%，盛华公司合同内应付工程款为4 981 260元，该认定并无不当，应予维持。关于合同外工程款。该案中，案涉《工程合同》第6条第5项约定："所有工程联系单、工程变更单只作为工程施工中的工作联系和具体分项变更内容之用，均不涉及任何工程价款的变更增减。如遇特殊情况,确需增减工程价款时,必须同时提交经济签证单,并经发包方法定代表人书面签字批准方可生效,否则一概无效。”盛华公司认可远大青海分公司施工完成热力管网工程 75 万元、挡土墙工程 6776.73 元。双方确认合同外的增加工程鉴定价格为 937 072.91 元,二审法院认定合同外盛华公司应付工程款为 1 693 849.64 元,该认定并无不当,应予维持。关于盛华公司替薛某勇、薛某青向银行偿还的 180 万元应如何认定的问题。该案中,薛某勇、薛某青向银行贷款时承诺“不足部分用盛华公司应付工程款偿还银行贷款”。薛某勇向贷款银行提交了案涉合同以及远大青海分公司出具的授权委托书等相关材料,以案涉项目室内管网和景观绿化工程的流动资金为由向银行申请贷款。2016 年 11 月 18 日薛某青出具证明材料证明该笔贷款用于案涉工程施工。2015 年 10 月 22 日、11 月 25 日盛华公司替薛某勇、薛某青偿还了该笔贷款。根据以上事实,二审判决将盛华公司替薛某勇、薛某青向银行偿还的 180 万元贷款认定为已付工程款并无不当,应予维持。此外,盛华公司自认远大青海分公司退场时现场遗留价值 174 890.2 元的材料,二审判决对该材料款予以漏算,以补正裁定的形式对该笔费用进行了扣减,结论并无不当。综上,二审判决认定盛华公司还应向远大青海分公司、远大公司支付 110 326.09 元工程款并无不当,应予维持。

关于盛华公司的反诉请求是否应予支持的问题。该案中,案涉《工程合同》中室外管沟工程设计图纸为混凝土管沟,远大青海分公司实际施工为砖混管沟。施工中,双方对远大青海分公司完成的砖混管沟的工程进行了实际测量,对工程量进行确认,盛华公司同意支付工程进度款。双方对室外管沟工程的施工工艺进行了变更。案涉工程已投入使用,盛华公司对此未提出异议。综上,一审判决认定盛华公司主张由远大公司、远大青海分公司承担返工费用 9 138 925.82 元的反诉请求不能成立正确,应予维持。

案例 95 中,一审法院认为,该案的争议焦点为:(1)和兴祥建筑公司要求蒙奇房产公司支付工程款利息有无事实及法律依据;(2)蒙奇房产公司要求和兴祥建筑公司承担维修义务有无事实及法律依据;(3)蒙奇房产公司要求和兴祥建筑公司赔偿损失有无事实及法律依据。(1)关于双方签订的合同效力问题。根据《招标投标法》第 3 条第 1 款①的规定:“在中华人民共和国境内进行下列工程建设项目包

① 现行《招标投标法》第 3 条。

括项目的勘察、设计、施工、监理以及与工程建设有关的重要设备、材料等的采购，必须进行招标：（一）大型基础设施、公用事业等关系社会公共利益、公众安全的项目；（二）全部或者部分使用国有资金投资或者国家融资的项目；（三）使用国际组织或者外国政府贷款、援助资金的项目。”涉案工程是商业广场建设项目，属于关系社会公共利益、公众安全的公用事业项目，因此，涉案工程必须进行合法的招投标。最高人民法院《关于审理建设工程施工合同纠纷案件适用法律问题的解释》（已失效）第1条规定：“建设工程施工合同具有下列情形之一的，应当根据合同法第五十二条第（五）项的规定，认定无效：……（三）建设工程必须进行招标而未招标或者中标无效的。”该案中，双方当事人在招投标之前已经针对涉案工程进行了实质磋商，并签订了《商业广场及酒店项目施工合同》，确定和兴祥建筑公司为涉案工程的施工方，显见双方存在串通投标的行为，中标无效。根据上述法律规定，双方当事人在未经招投标的情况下签订的《商业广场及酒店项目施工合同》以及双方在中标无效的前提下签订的备案合同均违反了法律、行政法规的强制性规定，属无效合同。双方当事人均认可双方于2015年2月12日签订的《补充协议》系双方的真实意思表示，经该院审查，该补充协议系双方在履行合同过程中针对工程量增减等客观原因导致的施工工期发生变化以及工程款利息计算方式做出的补充约定，属于正常的合同变更，该协议的内容不违反法律、行政法规的强制性规定，应属有效合同。(2)关于欠付工程款数额的认定。最高人民法院《关于审理建设工程施工合同纠纷案件适用法律问题的解释》（已失效）第2条规定：“建设工程施工合同无效，但建设工程经竣工验收合格，承包人请求参照合同约定支付工程价款的，应予支持。”该案中，双方签订的两份施工合同虽然无效，但是和兴祥建筑公司已经完成了施工义务，且工程已经竣工验收合格并交付被告，蒙奇房产公司理应参照合同约定向和兴祥建筑公司支付工程价款。双方虽然对实际履行的合同存在争议，但一致认可和兴祥建筑公司施工的工程总造价为132 100 000元，蒙奇房产公司已付工程款总额为107 510 420元，该院对双方均无异议的事实予以确认。据此计算，蒙奇房产公司尚欠和兴祥建筑公司工程款24 589 580元。故和兴祥建筑公司请求蒙奇房产公司支付欠付工程款24 589 580元于法有据，该院予以支持。(3)关于欠付工程款利息的认定。该院经审查认为，双方签订的《商业广场及酒店项目施工合同》及《建设工程施工合同》均为无效合同，故该合同中关于工程款支付方式的约定系无效条款,对双方不具有约束力,故和兴祥建筑公司请求参照合同约定的工程款支付方式计算利息起算时间缺乏依据。对于利息起算时间应按照法律规定认定,最高人民法院《关于审理建设工程施工合同纠纷案件适用法律问题的解释》(已失效)第18条规定:“利息从应付工程价款之日计付。当事人对付款时间没有约定或者约定不明的,下列时间视为应付款时间:(一)建设工程已实际交付的,为交付之日;(二)建设工程没有交付的,为提交竣工结算文件之日;(三)建设工程未交付,工程价款也未结算的,为当事人起诉之日。”涉案工程已交付,故应以交付日期作为利息起算日期。和兴祥建筑公司认为涉案工程于2015年3月1日竣工验收并交付,蒙奇房产公司认为实际竣工验收交付时间是2016年6月8日,经审查,和兴祥建筑公司提供的竣工验收备案资料原件显示竣工时间为2015年3月1日,蒙奇房产公司提供的竣工验收备案表系复印件,该表封面填写的竣工日期为2015年11月15日,但备案工程概况中书写的竣工验收日期也是2015年3月1日,故该院确认涉案工程的竣工验收时间应为2015年3月1日。蒙奇房产公司主张建设主管部门收到竣工验收备案资料的时间是2016年6月8日,故该时间应认定为竣工验收时间。该院认为,正常情况下,工程经五方验收后,尚需收集竣工验收资料后,方可到建设主管部门办理竣工验收备案手续,亦即竣工验收备案时间一般较竣工验收时间滞后。因此,蒙奇房产公司主张以建设主管部门收到备案资料的时间作为竣工验收时间缺乏依据,该院对蒙奇房产公司的该项辩解意见不予采信。和兴祥建筑公司主张欠付工程款利息自2015年3月1日计算至起诉之日并不违反法律规定,该院予以支持。按照双方补充协议约定,欠付工程款利息按照月利率2.5%计算。由于欠款的性质与借款相同,故对欠付工程款利息的认定应参照最高人民法院《关于审理民间借贷案件适用法律若干问题的规定》对限制性利率的规定执行,双方当事人约定的利率超出了法律保护的范围,故对于超出部分不予支持。欠付工程款利息应按照月利率20‰进行计算。据此,该院确认蒙奇房产公司应向和兴祥建筑公司给付欠付工程款利息19 851 987.59元(24 589 580元×20‰×40月+24 589 580元×20‰÷30天×11天)。(4)关于工程质量修复问题的认定。该院认为,涉案工程已经竣工验收合格,蒙奇房产公司并未提供有效证据证明和兴祥建筑公司施工的工程存在质量问题,且双方在2017年1月10日签订的蒙奇商业广场工程决算单第2条明确约定此项目以后的维保工程由蒙奇房产公司承担,故蒙奇房产公司请求和兴祥建筑公司继续履行修复义务无事实及法律依据，该院不予支持。(5)关于蒙奇房产公司主张的损失赔偿有无事实及法律依据的问题。蒙奇房产公司认为和兴祥建筑公司延期交工且施工工程存在质量问题，和兴祥建筑公司的违约行为给其造成了损失，损失包括两部分，一部分是租金损失，该院已认定涉案工程的竣工验收时间为2015年3月1日，并未超过双方补充协议约定的完工时间，故蒙奇房产公司请求和兴祥建筑公司赔偿延期交工的租金损失不能成立，该院不予支持。蒙奇房产公司主张的另一部分损失是超付工程款的利息损失。该院认为，双方签订的备案合同为无效合同，蒙奇房产公司依据无效合同的约定计算超付的工程进度款无法律依据，故对其主张的超付工程款利息该院不予支持。

二审法院认为，该案的主要争议在于2011年8月18日《商业广场及酒店项目施工合同》及2012年6月28日《建设工程施工合同》的效力问题；双方当事人就欠付的24 589 580元工程款是否达成了以物抵债协议，蒙奇房产公司是否应当向和兴祥建筑公司给付上述工程欠款的利息及利息的数额如何计算。关于合同的效力问题。根据《招标投标法》、《招标投标法实施条例》和国家发展和改革委员会《必须招标的工程项目规定》、《必须招标的基础设施和公用事业项目范围规定》，案涉商业广场及酒店工程项目不属于依法必须进行招标的工程建设项目，因此，双方当事人于2011年8月18日签订的《商业广场及酒店项目施工合同》未违反国家法律、法规的强制性规定，应为有效合同。一审法院对该合同的效力认定有误，该院予以纠正。案涉工程项目虽非法定招标工程，但当事人仍可自愿选择以招投标的方式订立合同，如选择采用招标方式，就必须遵守《招标投标法》及相关法规的要求，依法合规地开展招投标活动。2012年6月28日，双方当事人通过招投标程序签订《建设工程施工合同》，并在当地建设行政主管部门备案。但双方在签订该合同之前，已就同一工程签订了《商业广场及酒店项目施工合同》，和兴祥建筑公司已对工程施工了近一年，双方在施工过程中进行招投标，签订备案合同，违反了《招标投标法》第43条及《招标投标法实施条例》第41条的相关规定，属于串标行为，中标无效，双方签订的《建设工程施工合同》不具有法律约束力。一审对该合同效力的认定正确，该院予以确认。关于当事人对欠付的工程款是否达成了以物抵债协议的问题。该院认为，如双方达成以商品房抵偿工程欠款的协议，那么以下内容必须清楚明确：债权的数额、用以抵债的房屋的位置、面积及价格。而当事人在签订上述补充协议时,案涉工程刚开始施工,双方尚未形成债权债务关系,房屋亦未建成,以物抵债协议应当具备的基本内容均未确定。且从双方实际履行行为可见,在蒙奇房产公司给付的工程款中,存在以建成后的商品房抵偿的情况,双方另行签订商品房买卖合同,在该合同中对房屋的位置、面积及价格作出具体明确的约定,从而确定抵偿的工程款的具体数额。综上,二审法院认为,2011 年 9 月 18 日的补充协议不具备以物抵债协议的基本内容,不能认为双方就案涉工程欠款达成了以商品房抵偿的合意。关于蒙奇房产公司是否应当承担欠付工程款的利息及一审对利息数额的计算是否正确。第一,蒙奇房产公司在二审庭审中对一审法院认定的欠付工程款的利率应为每月 20‰表示认可,该院予以确认。第二,蒙奇房产公司认为,案涉工程的竣工日期不是 2015 年 3 月 1 日而是 2016 年 6 月 8 日,一审起算利息的时点错误,并提供了竣工验收备案资料一册予以佐证。蒙奇房产公司在一审中亦提供了一份竣工验收备案表,该备案表与其二审中提供的上述加盖有奇台县住房和城乡建设局档案复印专用章的备案资料存在多处内容不同,如:一审的竣工验收备案表载明竣工日期 2015 年 11 月 15 日、备案工程概况页载明竣工验收日期 2015 年 3 月 1 日、勘察单位验收意见栏载明的日期为 2015 年 8 月 10 日、设计单位验收意见栏载明的日期为 2015 年 8 月 20 日、施工单位验收意见栏载明的日期为 2015 年 8 月 20 日、监理单位验收意见栏载明的日期为 2015 年 8 月 15 日。而二审中蒙奇房产公司提供的竣工验收备表上的竣工日期及勘察、设计、施工、监理、建设单位的验收意见栏载明的日期均为 2016 年 6 月 8 日,备案工程概况页载明的竣工验收日期为 2013 年 9 月 18 日。且该竣工验收备案资料中涉及竣工日期的关键信息处存在多处明显涂改痕迹。该院认为,蒙奇房产公司二审提供的竣工备案资料与其一审提供的相应证据不能互相印证,且证据多处涂改,该院对其证明效力不予确认。一审法院根据双方当事人提供的证据,综合判定案涉工程的竣工日期为 2015 年 3 月 1 日,该院予以确认。第三,由于 2011 年 8 月 18 日的《商业广场及酒店项目施工合同》及 2015 年 2 月 12 日的补充协议为有效合同,该二份合同为确认蒙奇房产公司是否按约定履行了付款义务的主要依据。上述施工合同约定,工程前期由施工单位垫资进行,至一期商场结构封顶后 10 日内,甲方支付已完成产值的 1500 万元,余款在二期封顶之前付至 80%;二期商场按月完成产值支付 70% 的进度款,全部封顶后付至 80%。整体工程竣工验收后，结算审核完成后15日内，甲方付至工程结算款的97%，留3%的质保金。补充协议再次约定，按双方所签施工合同进度款的支付方法，甲方未按规定时间付款，应按月利率2.5%付乙方利息。根据上述约定，在工程主体封顶时，蒙奇房产公司支付的工程款应达到和兴祥建筑公司完成产值的80%；双方结算完成后，蒙奇房产公司支付的工程款应达到结算款的97%。而根据该案查明事实，案涉工程于2015年3月1日竣工，和兴祥建筑公司此时已完成主要施工任务，按照双方当事人形成的蒙奇商业广场工程决算单和《工程款支付确认表》，和兴祥建筑公司已完成的工程造价为126 600 000元（主体及配套，不含装修部分），而二年之后至2017年4月9日，蒙奇房产公司实际支付工程款102 806 634元，才达到和兴祥建筑公司已完产值的80%；2017年4月10日，双方结算完成，确认结算总价为132 100 000元，而至本案诉讼期间，蒙奇房产公司支付的工程款总额是107 510 420元，为工程结算总价的81.3%，并未达到双方约定的97%的付款比例。因此，蒙奇房产公司未按双方约定支付工程进度款及结算款，应当向和兴祥建筑公司给付欠付款项的逾期利息。蒙奇房产公司按照2012年6月28日的《建设工程施工合同》的合同价款76 330 898元乘以80%来计算，主张自己已按约定完成了付款义务。但上述合同为无效合同，不具备法律约束力。该院对蒙奇房产公司的该辩解意见不予采信。第四，如严格按照2011年8月18日的《商业广场及酒店项目施工合同》及2015年2月12日的补充协议约定的方式计算，蒙奇房产公司所应承担的逾期付款利息远高于一审认定的数额。因一审判决并未加重蒙奇房产公司的违约责任且债权人和兴祥建筑公司对此未提出上诉，该院对一审认定的利息数额不作调整，予以确认。

笔者认为，关于双方当事人对欠付工程款是否达成了以物抵债协议的问题。该案中，《昌吉商业广场建安工程建设工程施工合同补充协议》约定："本工程竣工后，结算审核完成后在合同约定的时间内，甲方不能按时按量地支付乙方工程款时，甲方可以将已竣工的可以投入使用的成品（如商场以及产权式酒店）等，按欠付乙方的工程款等价转交于乙方名下，转交价格按当地市场行情下浮15%，甲方无偿配合乙方营销，物业管理由甲方管理。"该协议签订时，案涉工程刚开始施工，双方尚未形成债权债务关系，房屋亦未建成，以物抵债协议应当具备的基本内容均未确定。双方实际履行合同过程中，存在蒙奇房产公司以建成后的商品房抵偿工程款的情况，但双方就此另行签订了商品房买卖合同，并对抵偿工程款的房屋的位置、面积及价格作出具体明确的约定，确定了抵偿工程款的具体数额。据此，二审法院认定2011年9月18日的《昌吉商业广场建安工程建设工程施工合同补充协议》不具备以物抵债协议的基本内容，不能认为双方就案涉工程欠款达成了以商品房抵偿的合意，该认定并无不当，应予维持。

关于蒙奇房产公司欠付工程款的利息如何认定的问题。最高人民法院《关于审理建设工程施工合同纠纷案件适用法律问题的解释》（已失效）第14条规定："当事人对建设工程实际竣工日期有争议的，按照以下情形分别处理：（一）建设工程经竣工验收合格的，以竣工验收合格之日为竣工日期；（二）承包人已经提交竣工验收报告，发包人拖延验收的，以承包人提交验收报告之日为竣工日期；（三）建设工程未经竣工验收，发包人擅自使用的，以转移占有建设工程之日为竣工日期。"第18条规定："利息从应付工程价款之日计付。当事人对付款时间没有约定或者约定不明的，下列时间视为应付款时间：（一）建设工程已实际交付的，为交付之日；（二）建设工程没有交付的，为提交竣工结算文件之日；（三）建设工程未交付，工程价款也未结算的，为当事人起诉之日。"最高人民法院《关于审理民间借贷案件适用法律若干问题的规定》第26条规定："借贷双方约定的利率未超过年利率24%，出借人请求借款人按照约定的利率支付利息的，人民法院应予支持。借贷双方约定的利率超过年利率36%，超过部分的利息约定无效。借款人请求出借人返还已支付的超过年利率36%部分的利息的，人民法院应予支持。"该案中，和兴祥建筑公司提供的竣工验收备案资料原件显示竣工时间为2015年3月1日，蒙奇房产公司提供的竣工验收备案表系复印件，该表封面填写的竣工日期为2015年11月15日，但备案工程概况中书写的竣工验收日期也是2015年3月1日。蒙奇房产公司二审提供的竣工验收备案资料与一审提供的竣工验收备案表存在多处内容不同，且该竣工验收备案资料中涉及竣工日期的关键信息处存在多处明显涂改痕迹。蒙奇房产公司欠付和兴祥建筑公司工程款数额为24 589 580元。2015年2月12日，双方签订的补充协议约定，欠付工程款的利息按照月利率2.5%计算。蒙奇房产公司二审中对一审法院认定的欠付工程款的利率为每月20‰表示认可。二审根据前述法律规定和事实，认定案涉工程的竣工日期为2015年3月1日，以此日作为利息的起算时间，以每月20‰作为利息的计算标准，认定本案工程欠款利息为

19 851 987.59 元，该认定并无不当，应予维持。

案例96中，一审法院认为，该案的争议焦点是：(1)涉案工程价款如何认定；(2)中利公司向一安公司已支付的工程款如何认定；(3)一安公司是否存在工期延误，应否向中利公司支付违约金及赔偿损失；(4)一安公司主张的逾期付款利息及停、窝工损失应否支持。

(1)关于涉案工程价款如何认定的问题。①关于鉴定程序是否存在违法情形、鉴定意见书能否作为定案依据的问题。涉案合同系双方当事人真实意思表示，未违反法律行政法规强制性规定，合法有效。在合同履行过程中，双方当事人发生争议，一安公司未完成全部施工内容，诉讼中，根据一安公司的申请，一审法院委托信诺公司对一安公司已完成的工程量及工程价款进行鉴定，信诺公司作出了2018甘信鉴字第070号鉴定意见书，中利公司认为就涉案工程信诺公司于2015年出具过2015甘信(预)字第170号、第171号两份工程预算书，且鉴定人员赵某红参与了预算，属于参与过涉案工程项目前期的咨询工作，根据《建设工程造价鉴定规范》的规定，在该案鉴定中信诺公司和赵某红没有自行回避，鉴定程序违法，应当重新鉴定。一审法院认为，信诺公司作出的2015甘信(预)字第170号、第171号工程造价属于工程预算，而非司法鉴定类，且本次鉴定并非工程造价重新鉴定，鉴定过程中，中利公司亦未提交书面回避申请，视为其对权利的放弃，信诺公司的鉴定意见不存在程序违法的情形，2018甘信鉴字第070号鉴定意见书应作为定案依据。②关于中利公司已完成的工程价款如何确定的问题。首先，就该案应当采取的计价方法而言，根据双方签订的《建设工程施工合同》约定，合同价款7 015 680元，总面积12 096平方米，造价为480元/平方米，其中钢结构上面的混凝土灌浇及一层消防的费用包含在此价格以内。该案中，一方面，涉案工程未招投标，双方未提交预算书，合同约定的总价款为7 015 680元，鉴定机构根据施工设计图纸、合同承包范围内全部工程及工程定额等相关资料，计算出客观合理的工程造价(政府指导价)为9 340 835.44元，合同约定价款明显低于政府指导价；另一方面，一安公司未施工完毕，中利公司再行发包未完工程势必增加工程价款，故对一安公司已完成工程价款应按照合同约定的工程造价与客观合同工程造价的优惠系数24.89%即合同约定价与政府指导价相比下浮比例来确定。一安公司认为不应当计算优惠系数的理由不符合本案的实际情况，亦与双方合同约定的价款不符，一审法院不予采纳。其次,各方对已完工的4项工程量即已施工的钢结构工程,钢柱、钢梁防火底漆,消火栓箱及喷淋立管,已施工喷淋水平管均无异议,依据一审法院前述已确定的优惠系数计算,该部分工程价款为4 944 480.87 元。关于双方有争议的部分,①已施工钢筋网间距250mm与150mm的价差的问题,虽然涉案图纸设计楼板钢筋的间距为250mm,但鉴定机构现场实地测量的施工间距为150mm,且工程施工中无监理,因此应认定中利公司认可了一安公司的该施工行为,该部分工程价款应当由中利公司承担。②关于钢筋施工后又拆除部分造价、钢筋施工后又拆除部分间距价差及加层局部瓦棱板是否施工后又拆除的造价的问题,鉴定意见中载明对是否施工又拆除双方存有异议,一审法院认为,在中利公司不认可的情况下,一安公司作为主张权利的一方有义务提交证据,但未提交证据,故其该部分主张无证据证实,不予支持。③关于门和固定玻璃损坏的问题,经一审法院向鉴定机构核实,门和固定玻璃系图纸内工程,但会宁县公安局现场勘验检查工作笔录(中利公司反诉证据6)记载中利市场多处窗户玻璃及门被人破坏,且中利公司未提交证据证明门和固定玻璃损坏系一安公司(李某水)所致。因此,门和固定玻璃损坏的费用由一安公司承担的证据不足。④一层天棚敷电线槽的问题,经向鉴定机构核实,虽然涉案工程政府指导价中包括该部分工程价款,但该工程项目已施工,根据涉案工程施工工序,应认为系一安公司施工。⑤一层地面砼地坪施工的问题,一是鉴定机构明确地坪属图纸设计内施工范围,二是中利公司虽然提供了其与鑫渊公司于2012年7月签订的争议地坪由鑫源公司施工的施工合同,但其未提交合同实际履行、双方结算以及中利公司已付工程款的相应证据,因此,应认定争议地坪工程施工由一安公司完成。⑥一安公司已完成的瓦楞板凹槽、喷淋水平管存在质量问题应否在本案中一并处理的问题,由于一安公司接到鉴定意见书后对此未提出异议,该部分扣除项目又系其施工方法不符合质量规范需拆除重新施工产生的费用,根据双方合同第11条的约定,该部分费用应当从工程价款中扣除。对于二层消防是否属于图纸设计范围内工程的问题,经向鉴定机构核实,鉴定机构所作出的涉案工程政府指导价中也未包括该部分工程项目价款,故应认定二层消防不属于图纸设计范围内工程。综前述理由,一安公司已完成的工程价款为5 521 417.39 元(4 944 480.87 元+78 835.35 元+30 247.56 元+748 590.71 元-8521.52 元-62 637.20 元-75 779.21 元-133 799.17 元)。

(2)中利公司向一安公司已支付的工程款如何认定的问题。首先,一安公司对其中已收到的4 253 920元工程款无异议,一审法院予以确认;其次,对于有李某水签字的28万元转账、618 633元材料费、5343.68元电费,因李某水系一安公司派驻涉案工地的负责人,李某水对签名的真实性无异议,且属于施工中支付、产生的费用,同时,一安公司已收到的4 253 920元工程款中的3 253 920元款项均系李某水向中利公司出具的收条,据此,应认定该部分款项系中利公司向一安公司已付的工程款;其余电费发票,无一安公司相关人员的签名,李某水不予认可,不能认定为一安公司的工程支出。综上,中利公司已付的工程款为5 157 896.68元。

(3)一安公司是否存在工期延误,应否向中利公司支付违约金及赔偿损失。中利公司和一安公司均主张涉案图纸由对方提供,一审法院认为,双方签订的《建设工程施工合同》第一部分协议书第1条约定涉案图纸及设计方案由一安公司提供,第8条约定设计图由中利公司交付;第三部分专用条款第1条约定工程开工前30天发包人向承包人提供本工程全套施工图。从双方签订的《建设工程施工合同》的内容看,双方对图纸提供义务人的约定矛盾,结合中利公司将涉案工程图纸设计事项委托给新地公司且一安公司施工过程中实际使用新地公司提供的白图施工的事实,应认定图纸提供方为中利公司。中利公司主张其与一安公司签订的补充协议约定的内容进一步证实双方约定图纸由一安公司提供,经查,双方2014年8月20日签订合同中确有由乙方(一安公司)拿出图纸的约定,但一安公司未在该补充合同上签章,仅有李某水的签字,且李某水又系新地公司的法定代表人,中利公司在其与新地公司委托合同纠纷案中又以该补充合同证明截至2014年8月12日新地公司没有向其提供图纸的事实,据此应认定该补充合同中关于图纸由乙方提供的内容系李某水代表一安公司做出,而非一安公司的意思表示。综上,涉案工程图纸应当由中利公司提供,由于中利公司始终未提交合同约定的图纸,在此情况下,中利公司要求一安公司按合同约定进行施工,不符合施工规范要求,一审法院难以认定一安公司存在工期延误的违约行为,故中利公司要求一安公司支付违约金及赔偿损失的请求不予支持。一安公司作为具有建筑资质的正规企业,依据白图进行施工的行为不符合相关施工规范,一审法院对此行为做否定性评价。

(4)一安公司主张停、窝工损失及逾期付款利息应否支持的问题。关于一安公司主张的设备和机械停、窝工损失的问题,首先,一安公司在施工过程中,明知中利公司提供的白图不符合施工规范而进行施工，其本身存在过错；其次，从双方在施工过程中因图纸及施工工期数次达成补充协议后，一安公司仍未按约定施工完毕的情况分析，一安公司应当明知其已无法再继续施工，在此情况下应将涉案工地设备、机械另行安排他用，但其未作出处理，属于自行扩大的损失，应当由其自行承担；最后，一安公司对此主张未提交证据予以证明。故对一安公司关于设备和机械停、窝工损失的主张一审法院不予支持。至于一安公司主张的鉴定结论中停、窝工费即2014年6月1日至2015年3月9日看场费应否由中利公司承担的问题，因该期间双方就施工具体事项在2014年6月24日、8月12日达成补充协议，从补充协议内容看，一安公司做出了继续施工的意思表示，在施工期间，一安公司作为施工人，看场费用属于工程正常支出，且该期间是否存在停工的事实，一安公司未提交证据证明，因此，一安公司主张由中利公司向其支付看场费的诉讼请求不能成立。关于逾期付款利息的问题，首先，一安公司根据中利公司提供的白图进行施工，本身具有一定的过错；其次，其未将合同约定的工程施工完毕；最后，其撤离工地后对已完成的工程价款未与中利公司进行结算，故其该部分诉讼请求无事实和法律依据，一审法院亦不予支持。

对于合同应否解除的问题，因中利公司已将一安公司未完成的全部工程另行发包给他人完成并已投入使用，双方所签订的《建设工程施工合同》、《补充合同》以及《协议书》客观已不能履行，应予解除。

二审法院认为，该案争议焦点为：(1)涉案工程造价如何确定；(2)中利公司已付款数额如何认定；(3)中利公司向一安公司主张的违约金1 105 000元及赔偿经济损失4 233 600元应否得到支持；(4)一安公司向中利公司主张的工程款逾期利息及停、窝工费用应否支持。

(1)关于涉案工程造价如何确定，信诺公司的鉴定意见应否作为定案依据的问题。经审查，信诺公司按照一审法院委托鉴定的内容，依据各方当事人提交并经质证的涉案工程全部证据材料，对涉案工程出具了鉴定意见。该鉴定意见送达后，一审法院组织当事人针对鉴定意见进行了质证，鉴定人出庭接受质询，针对当事人提出的各项异议逐一进行了答复并将鉴定意见作了相应调整。在二审中，当事人仍就鉴定意见提出异议，二审法院通知鉴定人出庭接受质询，鉴定人答复各方当事人异议的同时将鉴定意见进一步核实并做出第二次调整，二审法院就第二次调整的鉴定意见再次组织当事人质证并由鉴定人员出庭再次接受质询，各方当事人充分发表了意见。该鉴定意见程序合法、内容客观、合法有效，应作为认定涉案工程造价的依据。中利公司与一安公司就涉案鉴定意见提出的各项异议，审查如下：①关于中利公司所提信诺公司应当回避的问题。经审查，在 2014 年诉讼期间，信诺公司接受兰州市中级人民法院委托对涉案工程进行造价鉴定，信诺公司于 2015 年 3 月 9 日进行现场勘查，并形成现场勘查记录，后因中利公司撤诉未形成鉴定意见。2015 年 6 月 23 日，信诺公司受北京齐致（兰州）律师事务所委托，就涉案工程出具《工程预算书》。在该次诉讼中，一审法院委托信诺公司就涉案工程造价进行鉴定，信诺公司及各方当事人于 2018 年 4 月 2 日进行现场勘查，但因涉案项目已经投入使用，无法测量本案施工方就涉案工程已完工的工程量。同时，中利公司在 2018 年现场勘查时，对信诺公司及鉴定人员赵某红提出回避，认为不应该参与本案的鉴定评估。二审法院认为，首先，《建设工程造价鉴定规范》第 3.3.4 条规定："有下列情形之一的，鉴定机构应当自行回避，向委托人说明，不予接受委托：(1) 担任过鉴定项目咨询人的；(2) 与鉴定项目有利害关系的。"第 3.5.2 条规定："鉴定机构有本规范第 3.3.4 条情形之一未自行回避的，且当事人向委托人申请鉴定机构回避的，由委托人决定其是否回避，鉴定机构应执行委托人的决定。"就本次诉讼而言，信诺公司确实担任过项目的咨询人。但是至本次诉讼时，涉案工程已经投入使用，无法测量一安公司所施工的已完工工程量，信诺公司采用 2015 年所做现场勘查笔录，并征求了各方当事人的意见，解决了无法核算工程量的问题，以便于鉴定工作顺利进行。故一审法院委托信诺公司进行涉案造价鉴定，有利于鉴定工作的连续开展，更能客观真实地反映工程造价，并无不当。其次，信诺公司虽然之前担任过涉案项目的咨询人，但没有证据显示与本案有利害关系。最后，因北京齐致（兰州）律师事务所自行委托信诺公司时，提供的施工材料与本案双方提供的材料不同，导致 2015 年出具的《工程预算书》与该案鉴定意见优惠系数不一致。综上，中利公司所提应当回避的主张不能成立，二审法院不予支持。②关于一安公司所提涉案工程造价不适用优惠系数的问题。中利公司与一安公司签订的《建设工程施工合同》是双方当事人真实意思表示，不违反法律强制性规定，合法有效，对双方当事人具有法律约束力。该合同约定工程价款 7 015 680 元，总面积 12 096 平方米，造价 480 元/平方米，还约定了施工价款等其他内容。双方当事人在《补充合同》中进一步强调“原合同约定的工程总量、工程总造价不变”“工程总造价按2013年9月15日签订的合同执行”。因双方只约定了工程总量和总造价，没有工程预算书，没有约定计算工程造价的依据，鉴定机构按照施工图纸、工程量以及工程定额等资料，以同等工程量相应的政府指导价为依据，经对比，合同约定价格比同等工程量的政府指导价下浮15.92%，故按照此比例确定已完工工程量的造价，符合双方当事人的约定。一安公司主张涉案工程造价按照鉴定意见所载政府指导价确定，没有合同依据和法律依据，二审法院依法不予支持。李某水主张其与一安公司之间是挂靠关系，二审法院认为，涉案合同是一安公司与中利公司签订，确认该合同效力并未损害社会公共利益或案外第三人利益，符合二审法院实际，李某水主张其与一安公司是挂靠关系，不影响审理该案中利公司与一安公司之间的纠纷，其主张不予采纳。③关于已施工钢筋网间距250mm与150mm的价差承担问题。二审法院认为，虽然涉案工程施工图纸显示钢筋网间距为250mm，但实际施工为150mm，导致增加了单位工程的钢筋含量，进而增加工程造价88 250.25元。中利公司作为发包方有施工监管责任，施工方在没有签证的情况下施工，中利公司并没有提出异议，并且增加钢筋含量的受益人为中利公司，视为中利公司默认该差价，故该部分费用由中利公司向一安公司支付。关于一安公司所提该项工程是签证工程应按政府指导价的主张，二审法院认为，工程签证是指在施工合同履行过程中，承发包双方根据合同的约定，就合同价款之外的费用补偿、工期顺延以及因各种原因造成的赔偿等形成的签证证明。此项工程属于合同约定施工范围之内，虽然施工中的钢筋网间距有所变更，但双方未协商将此变更量作为合同价款之外的变更签证部分工程并形成工程签证单，故一安公司此项主张二审法院不予支持。④争议项2～6项工程款应否由中利公司支付的问题。争议项2～6项中的钢筋网施工、瓦楞板施工等项目属于双方当事人约定的合同内施工范围，应由一安公司按照约定进行施工。但经鉴定机构现场勘查，施工现场没有此5项工程已完工的形象，一安公司主张该部分工程由其施工，但因中利公司原因而致拆除的理由无证据支持，根据最高人民法院《关于适用〈中华人民共和国民事诉讼法〉的解释》第90条的规定，其应承担举证不能的后果，故由中利公司向其支付该5项工程款无事实和法律依据，二审法院不予支持。关于一安公司主张该项工程拆除后遗留在现场的材料应据实结算的问题，二审法院认为，履行建设工程施工合同的过程就是将劳动和建筑物材料物化在建筑产品的过程，如果将施工完成的建筑产品拆除，势必使其丧失利用价值，建筑物材料也无法恢复如初，即使如一安公司主张返还该部分工程被拆除后还遗留的建筑物材料，也因其未提交证据证实拆除的事实和建筑材料价值，导致二审法院无法查明该部分事实，对一安公司的该主张不予支持。⑤门和固定玻璃窗损坏的价值承担问题。经审查，会宁县公安局现场勘查笔录记载涉案工程多处窗户玻璃及门被人破坏，而中利公司没有证据证实一安公司或者李某水破坏了这部分窗户玻璃和门，中利公司请求一安公司承担该部分费用没有法律和事实依据。中利公司应当向破坏财产的人另行主张该部分权利。⑥一层天棚敷电线槽是否由一安公司施工的问题。经审查，该项工程在施工图纸范围内，但双方认可该项工程在合同约定的施工范围之外。经鉴定机构现场勘查，该项工程已经实际施工，中利公司虽然主张该项工程不是一安公司所施工，但未提交证实由其他案外人施工的证据，故中利公司应当向一安公司支付该项工程的价款。各方当事人均认可该项工程属于合同外工程，因中利公司与一安公司就这部分合同外变更工程的计价标准不能协商一致，根据最高人民法院《关于审理建设工程施工合同纠纷案件适用法律问题的解释》（已失效）第16条第2款“因设计变更导致建设工程的工程量或者质量标准发生变化，当事人对该部分工程价款不能协商一致的，可以参照签订建设工程施工合同时当地建设行政主管部门发布的计价方法或者计价标准结算工程价款”的规定，中利公司应当按照政府指导价40 271.02元向一安公司支付一层天棚敷电线槽价款。⑦一层地面砼地坪是否由一安公司施工的问题。各方当事人均认可该部分工程属于合同约定的施工范围之外的工程。经审查，一安公司虽然主张该部分工程由其施工，但未向法庭提交对该部分工程施工的工程签证单或其他施工资料等证据。而中利公司主张该项工程于本案工程发包前由案外人鑫源公司所施工，并提交其与鑫源公司签订改扩建市场一楼硬化工程的《建设工程施工合同》、竣工验收单、工程决算书、付款凭证、施工资料等证据，以证实一层地面砼地坪由案外人施工的事实。根据最高人民法院《关于适用〈中华人民共和国民事诉讼法〉的解释》第108条第2款“对一方当事人为反驳负有举证证明责任的当事人所主张事实而提供的证据，人民法院经审查并结合相关事实，认为待证事实真伪不明的，应当认定该事实不存在”的规定，中利公司为反驳一安公司主张其施工的事实，而提供的一系列证据形成证据链条，故一安公司所主张事实真伪不明，二审法院应当认定一安公司对一层地面砼地坪未进行施工,一安公司主张该部分工程款无事实依据,二审法院不予支持。⑧质量返工 10～13 项应否由一安公司承担的问题。根据双方当事人签订的《建设工程施工合同》第 11 条约定:"乙方的责任:工程质量不符合合同规定,乙方负责修理和返工。"造价鉴定机构通过勘查施工现场,发现瓦楞板凹槽内钢筋未绑扎等一些没有按照合同约定及施工图设计要求施工的情况,经鉴定该 4 项工程价款 314 264. 07 元。至诉讼期间,中利公司已经接管施工工地,一安公司再无继续完善施工的可能,中利公司要使用该项目,就必须将该部分修缮,该项目费用是必然发生的,故该部分费用应当由一安公司承担。关于一安公司主张未申请质量鉴定,工程质量异议不成立的问题,二审法院认为,一安公司对 4 项工程未按约定施工的事实确定存在,中利公司亦对此提出质量抗辩,信诺公司对需要重新施工而产生的费用有资质作出鉴定,该部分费用应当从工程价款中扣除。综前述理由,一安公司已完成的工程价款为 5 349 231. 91 元(5 534 974. 71 元 + 88 250. 25 元 + 40 271. 02 元 - 314 264. 07 元)。

(2)中利公司已付款数额确定的问题。双方当事人认可已付款 4 253 920 元。中利公司主张的另外三笔已付款 28 万元、618 633 元材料款、5343. 68 元电费,一安公司以与该案工程无关为由不予认可。经审查,2014 年 8 月 12 日中利公司与一安公司签订《补充合同》,约定乙方将一层消防材料全部进场经甲方验收后付给乙方 28 万元。同日,中利公司给李某水转账 28 万元,李某水出具收条说明是收到中利公司工程进度款。618 633 元材料款和 5343. 68 元电费单据中都有李某水签字,李某水亦认可。李某水作为一安公司在涉案工程施工中的项目负责人,其从中利公司领取工程进度款及在材料款和电费单据上签名,视为履行施工单位的职务行为,对承包人一安公司具有约束力,中利公司有理由相信李某水收取工程款是履行职务的行为,故该三笔款应计入中利公司向一安公司的已付款中。一审判决认定已付款数额正确,一安公司所提该三笔付款与该案无关的主张无证据证明,二审法院不予支持。综上,该案确认中利公司已经支付的工程款为 5 157 896. 68 元,一审认定此节事实正确。

(3)中利公司主张的违约金 1 105 000 元及赔偿经济损失 4 233 600 元;一安公司主张的工程款逾期利息及停、窝工费用 87 987 元应否支持的问题。经审查,中利公司与一安公司签订的《建设工程施工合同》第一部分协议书中约定"由于此改造工程甲方要求乙方提供设计方案及图纸，另外包括消防审批，同此提前产生之费用，经甲乙双方协商后，由签订合作意向协议并付一部分的制图款配合乙方开展出图”，第 8 条又约定设计图由中利公司交付。可见双方对哪一方提供图纸的约定并不明确，甚至约定有矛盾之处。中利公司于 2014 年 12 月向会宁县人民法院起诉新地公司，以新地公司未在规定时间内提供中利市场厂房二层钢结构改造工程的图纸为由请求退还委托费用及支付违约金。该案经会宁县人民法院审理并作出（2015）会民二初字第 220 号民事判决书，确认新地公司未按合同约定期限交付设计蓝图构成违约的事实清楚，并判决该公司退还中利公司委托费用 35 万元，该判决已生效。由上可见，提供施工图纸的义务不在一安公司，现中利公司主张一安公司未按约定提供图纸致使工期延误，构成违约，无事实依据，且案外人迟延提供图纸给中利公司造成的损失，经由已生效判决确认并得到补偿，在本案中中利公司又以施工图纸迟延交付造成工期迟延为由请求一安公司支付违约金和赔偿损失，二审法院不予支持。

一安公司以中利公司迟延提供图纸和未按期付款导致工期延误，请求赔偿损失的问题。经审查，《建设工程施工合同》约定：“如施工遇下列情况，经甲方现场代表签证后，工期相应顺延：（1）施工期间，甲方提出图纸设计变更，致使施工无法进行施工操作的原因而影响施工进度；（2）甲方未按合同规定拨付款和工程进度款而影响施工的。”涉案工程约定竣工日期为 2013 年 11 月 25 日，但至该案诉讼时还未进行竣工验收，一安公司未按合同上述约定报送签证由中利公司确认使工期相应顺延，或虽未取得工期顺延但有能够证明在合同约定的期限内向中利公司申请过工期顺延且顺延事由符合合同约定的证据来证实工期合理顺延。根据最高人民法院《关于审理建设工程施工合同纠纷案件适用法律问题的解释（二）》（已失效）第 6 条“当事人约定顺延工期应当经发包人或者监理人签证等方式确认，承包人虽未取得工期顺延的确认，但能够证明在合同约定的期限内向发包人或者监理人申请过工期顺延且顺延事由符合合同约定，承包人以此为由主张工期顺延的，人民法院应予支持”的规定，一安公司向中利公司主张停、窝工损失无事实和法律依据。一安公司主张施工场地不具备三通一平条件，导致逾期竣工的问题，没有证据证实，二审法院不予支持。关于一安公司主张逾期利息的请求，二审法院认为，一安公司未将合同约定的工程按期施工达到竣工验收的条件，本身有一定的过错，故该部分请求不能成立,二审法院不予支持。

综观案件事实,中利公司和一安公司在履行涉案《建设工程施工合同》过程中,均有违反合同的情形,根据《合同法》第 120 条①“当事人双方都违反合同的,应当各自承担相应的责任”的规定,中利公司和一安公司主张的损失应由其自行承担。

笔者认为,该案中,鉴定机构按照一审法院委托鉴定的内容,依据各方当事人提交并经质证的案涉工程的全部证据材料,出具鉴定意见。该鉴定意见送达后,一审法院组织当事人针对鉴定意见进行了质证,鉴定人出庭接受质询,针对当事人提出的各项异议逐一进行了答复并将鉴定意见作了相应调整。二审中,当事人仍就鉴定意见提出异议,二审法院通知鉴定人出庭接受质询,鉴定人答复各方当事人异议的同时将鉴定意见进一步核实并做出第二次调整,二审法院就第二次调整的鉴定意见再次组织当事人进行质证并由鉴定人员出庭再次接受质询,各方当事人充分发表了意见。该鉴定意见程序合法、内容客观、合法有效,应作为该案认定工程造价的依据。一安公司申请再审仍就鉴定报告中案涉工程造价是否适用优惠系数、已施工钢筋网间距 250mm 与 150mm 的价差承担、一层地面砼地坪是否属于一安公司施工以及质量返工费用应否由一安公司承担等方面提出异议。

关于案涉工程造价是否适用优惠系数的问题。案涉《建设工程施工合同》是双方当事人真实意思表示,不违反法律法规强制性规定,系合法有效,对双方当事人具有法律约束力。该合同约定工程价款 7 015 680 元,总面积 12 096 平方米,造价 480 元/平方米,还约定了施工价款等其他内容。双方在《补充合同》中进一步强调“原合同约定的工程总量、工程总造价不变”“工程总造价按 2013 年 9 月 15 日签订的合同执行”。在双方只约定了工程总量和总造价,没有工程预算书,没有约定计算工程造价依据的情况下,鉴定机构按照施工图纸、工程量以及工程定额等资料,以同等工程量相应的政府指导价为依据,确定合同约定价格比同等工程量的政府指导价下浮 15. 92% 。二审认定以此比例作为优惠系数确定已完工工程量的造价,符合双方当事人的约定,该认定并无不当。

关于已施工钢筋网间距 250mm 与 150mm 的价差承担问题。该案中,案涉工程施工图纸显示钢筋网间距为 250mm,但实际施工为 150mm,单位工程的钢筋含

① 现为《民法典》第 592 条。

量的增加，导致工程造价增加 88 250. 25 元。此项工程属于合同约定的施工范围之内，虽然施工中钢筋网间距有所变更，但双方未协商将此变更量作为合同价款之外的变更签证部分工程并形成工程签证单。二审认定中利公司按照合同约定的优惠系数向一安公司支付该部分费用并无不当。

关于一层地面砼地坪是否属于一安公司施工的问题。最高人民法院《关于适用〈中华人民共和国民事诉讼法〉的解释》第 108 条第 2 款规定："对一方当事人为反驳负有举证证明责任的当事人所主张事实而提供的证据，人民法院经审查并结合相关事实，认为待证事实真伪不明的，应当认定该事实不存在。"该案中，一安公司主张其对一层地面砼地坪进行施工。中利公司提交其与案外人签订改扩建市场一楼硬化工程的《建设工程施工合同》、竣工验收单、工程决算书、付款凭证、施工资料等证据，证明一层地面砼地坪是由案外人施工。中利公司为反驳一安公司主张其施工的事实，提供的一系列证据，形成证据链条，证明力优于一安公司。二审根据前述法律规定和事实，认定一安公司对一层地面砼地坪未进行施工，主张该部分工程款无事实依据，该认定并无不当。

关于质量返工费用应否由一安公司承担的问题。该案中，案涉《建设工程施工合同》第 11 条约定："乙方的责任：工程质量不符合合同规定，乙方负责修理和返工。"造价鉴定机构通过勘查施工现场，发现瓦楞板凹槽内钢筋未绑扎等一些没有按照合同约定及施工图设计要求施工的情况，经鉴定相关工程价款为 314 264. 07 元。至诉讼期间，中利公司已经接管施工工地，一安公司再无继续完善施工的可能，中利公司要使用该项目，就必须将该部分修缮，该项目费用是必然发生的。二审认定该部分费用由一安公司承担，并将该部分费用从工程价款中扣除，该认定并无不当。

案例 97 中，一审法院认为，该案的争议焦点是：(1)天擎公司、德顺公司、盛兴公司三者之间的法律关系；(2)德顺公司、盛兴公司是否应当承担支付天擎公司工程款的责任以及工程款的金额；(3)德顺公司是否应当赔偿天擎公司的停工损失；(4)天擎公司是否应当返还德顺公司支付的款项以及返还的金额。(1)天擎公司、德顺公司、盛兴公司三者之间的法律关系。最高人民法院《关于审理建设工程施工合同纠纷案件适用法律问题的解释》(已失效)第 1 条规定："建设工程施工合同具有下列情形之一的，应当根据合同法第五十二条第(五)项的规定，认定无效：……

(二)没有资质的实际施工人借用有资质的建筑施工企业名义的……”第4条规定“承包人非法转包、违法分包建设工程或者没有资质的实际施工人借用有资质的建筑施工企业名义与他人签订建设工程施工合同的行为无效”。该案中,2015年1月6日德顺公司与盛兴公司签订《建设工程施工合同》,约定由德顺公司承包案涉工程的施工。但是德顺公司并未施工,而是由天擎公司实际施工,并且天擎公司入场施工时还向盛兴公司交纳了该合同约定的应当由德顺公司向盛兴公司交纳的前期已完成价值300万元建安工程款中的200万元。从2015年1月10日天擎公司与德顺公司签订协议书的内容来看,是没有资质的天擎公司借用有资质的德顺公司承包案涉工程,德顺公司收取天擎公司案涉工程总收入1%的费用,一切收支及风险由天擎公司负责,是典型的借用资质的挂靠行为。而且在德顺公司与盛兴公司签订《建设工程施工合同》之前,天擎公司法定代表人陈某国向盛兴公司两次报价,并且三方均承认德顺公司与盛兴公司签订的《建设工程施工合同》的内容是由天擎公司、德顺公司、盛兴公司三方协商确定。由此可见,盛兴公司对没有资质的天擎公司借用有资质的德顺公司承包案涉工程是明知的,故一审法院认定德顺公司与盛兴公司签订的《建设工程施工合同》无效,天擎公司与德顺公司签订的《协议书》也无效。对于《建设工程施工合同》和《协议书》的无效,三方均有过错、各自应当承担相应的法律责任。(2)德顺公司、盛兴公司是否应当承担支付天擎公司工程款的责任以及工程款的金额。《建设工程施工合同》和《协议书》无效,终止履行因合同无效取得的财产,应当返还。但是基于建设工程的特殊性,天擎公司已将劳务和建筑材料物化于建设工程中,并且盛兴公司已经接收案涉工程,故盛兴公司应当支付天擎公司相应的工程款项。德顺公司并非建设工程的转包人或者违法分包人,天擎公司依据最高人民法院《关于审理建设工程施工合同纠纷案件适用法律问题的解释》(已失效)第26条第2款“实际施工人以发包人为被告主张权利的,人民法院可以追加转包人或者违法分包人为本案当事人。发包人只在欠付工程价款范围内对实际施工人承担责任”。要求德顺公司承担付款义务,缺乏事实法律依据,一审法院不予支持。关于工程款的金额。由于天擎公司与盛兴公司对案涉工程造价无法达成一致,一审法院委托锦桥昌公司对案涉工程造价进行司法鉴定。锦桥昌公司出具鉴定报告书,总造价为30 404 348.79元(26 269 930.57元+227 559.93元+3 906 858.29元=3 040 438.79元)。其中双方无争议的工程造价为

26 497 490. 5 元(26 269 930. 57 元 + 227 559. 93 元 = 26 497 490. 5 元)。对于造价3 906 858. 29 元的砌体二次结构、抹灰 14 ~ 26 层及地下室、地上厨房卫生间阳台墙面防水、窗户外框安装、室内房心回填土及地沟等工程的施工主体双方产生争议。由于天擎公司提交的证据不足以证明该部分工程由其施工完成,故一审法院认定案涉工程造价为 26 497 490. 5 元,盛兴公司应支付天擎公司工程款的金额为23 015 288. 78 元(工程总造价 26 497 490. 5 元 - 盛兴公司已付款 5 397 196 元 - 水费 20 284 元 - 电费 64 721. 72 元 + 天擎公司向盛兴公司支付的前期已完成价值300 万元建安工程款中的 200 万元 = 23 015 288. 78 元)。(3)德顺公司是否应当赔偿天擎公司的停工损失。天擎公司要求德顺公司向其承担直接停工损失905 876. 3 元,对此德顺公司不予认可。无效的合同自始无效,应当终止履行,天擎公司与德顺公司对于合同的无效均有过错,应当各自承担相应的法律责任。故天擎公司的该项诉讼请求一审法院不予支持。(4)天擎公司是否应当返还德顺公司支付的款项以及返还的金额。德顺公司反诉请求天擎公司返还其 3 382 480. 29 元及相应的利息损失。天擎公司认可德顺公司支付农民工工资 100 万元。天擎公司对该院(2017)陕 01 民终 808 号民事判决,判决德顺公司支付基源公司货款678 284 元予以认可,对该院(2017)陕 01 民 14302 号民事判决,判决德顺公司支付基源公司货款 1 122 336 元予以认可,不认可上述两案判决的利息,并称不是因其原因导致的未支付基源公司货款,故其不应承担利息。而德顺公司与天擎公司签订的《协议书》自始没有法律约束力,天擎公司应当返还德顺公司 2 800 620 元(100 万元 + 货款 678 284 元 + 货款 1 122 336 元 = 2 800 620 元)。德顺公司要求天擎公司返还的其他款项,一审法院不予支持。

二审法院认为,该案的争议焦点是:(1)德顺公司与盛兴公司签订的《建设工程施工合同》以及德顺公司与天擎公司签订的《协议书》是否有效;(2)盛兴公司向天擎公司支付工程款的条件是否成就;(3)如果支付工程款的条件成就,盛兴公司应当向天擎公司支付工程款的数额是多少;(4)一审是否违反法定程序。(1)德顺公司与盛兴公司签订的《建设工程施工合同》以及德顺公司与天擎公司签订的《协议书》是否有效。二审庭审中,德顺公司、盛兴公司、天擎公司三方对案涉《建设工程施工合同》《协议书》的无效均无异议。该案中,在盛兴公司与德顺公司签订建设工程施工合同前,已经与天擎公司进行了协商,其对于天擎公司借用德顺公司资质实际施工是明知且认可的,盛兴公司与德顺公司签订的《建设工程施工合同》以及德顺公司与天擎公司签订的《协议书》,目的均是对天擎公司借用德顺公司资质进行实际施工的相关事项进行约定,故均违反了相关法律对于施工资质的要求。最高人民法院《关于审理建设工程施工合同纠纷案件适用法律问题的解释》(已失效)第 1 条的相关规定,没有资质的实际施工人借用有资质的建筑施工企业名义的,应当根据《合同法》(已失效)第 52 条第 5 项的规定,认定建设工程施工合同无效。根据这一规定,案涉《建设工程施工合同》《协议书》均应认定无效。(2)盛兴公司向天擎公司支付工程款的条件是否成就。盛兴公司在二审承认天擎公司 2016 年 11 月停工后,又找了其他施工单位进场施工,盛兴公司对于天擎公司已完工的工程已经实际接收。最高人民法院《关于审理建设工程施工合同纠纷案件适用法律问题的解释》(已失效)第 14 条第 3 项规定,建设工程未经竣工验收,发包人擅自使用的,以转移占有建设工程之日为竣工日期。盛兴公司对于天擎公司已完工的工程已经使用,应当支付相应工程款。盛兴公司提出天擎公司施工工程未验收合格、存在质量问题,但盛兴公司对此已经另案起诉主张,故可在另案中解决,不属于该案审理范围,不影响天擎公司对盛兴公司已经实际接收的工程量主张工程款。(3)盛兴公司应向天擎公司支付的工程款数额。经查,一审中盛兴公司已经对鉴定报告进行了质证,且二审中法院依职权通知鉴定人到庭接受了询问,盛兴公司对于鉴定报告再次进行了询问和质证,故该鉴定报告并不存在未经质证的问题。盛兴公司主张鉴定报告采用了 2013 年定额标准,且建设工程施工合同约定的固定单价是 2009 年定额标准打折下浮计算所得。但经通知鉴定人到庭核实,其计算的依据是双方合同约定的 2009 年定额标准,且在该案建设工程施工合同中并未明确载明固定单价是经过打折下浮计算所得,盛兴公司也未提供其他证据证明合同约定的固定单价是打折下浮后所得,故对此主张不予支持。盛兴公司提出一审鉴定报告存在工程量计算错误问题,经通知鉴定人到庭接受询问,其对于鉴定报告中的相关内容解释为,鉴定结论中对工程量不达标的工程,如室外回填、土方外运、四周侧墙及地面防水没有完成都在鉴定造价时已经做了扣减;就临建造价问题,鉴定造价中主体工程的造价中不含前期的 300 万元。经各方当事人质证,鉴定人上述情况属实,故现有证据不能证明鉴定报告中存在工程量计算错误。盛兴公司还提出,鉴定造价应当扣减规费和税金。但规费和税费是工程施工造价核算中的应列项目,且税金的收取及其数额属于行政机关职权范围，法院不能直接确定，故对此主张不予支持。《合同法》第58条[①]规定，合同无效或者被撤销后，因该合同取得的财产，应当予以返还；不能返还或者没有必要返还的，应当折价补偿。一审认定盛兴公司支付天擎公司工程款23 015 288.78元并无不当。（4）关于一审是否程序违法的问题。盛兴公司提出的鉴定报告未经质证的问题，并不存在未经质证问题。盛兴公司提出本案应当中止审理，一审未经释明即予否定。经查，2018年7月17日上午，一审庭审中，法官答复，经合议庭合议认为中止理由不成立，决定继续审理，并非没有回应。且盛兴公司所主张的工程质量问题，并非审理本案的先决条件，可以另案处理，其要求中止审理本案缺乏法律依据。

笔者认为，关于盛兴公司向天擎公司支付工程款的条件是否成就的问题。最高人民法院《关于审理建设工程施工合同纠纷案件适用法律问题的解释》（已失效）第14条规定："当事人对建设工程实际竣工日期有争议的，按照以下情形分别处理：……（三）建设工程未经竣工验收，发包人擅自使用的，以转移占有建设工程之日为竣工日期。"该案中，盛兴公司与德顺公司签订的《建设工程施工合同》以及德顺公司与天擎公司签订的《协议书》，违反了相关法律规定，依法均为无效。根据该规定，天擎公司于2016年11月停工后，盛兴公司找其他施工单位进场施工，盛兴公司对于天擎公司已完工的工程已经实际接收，应当支付相应工程款。盛兴公司主张天擎公司施工工程未验收合格、存在质量问题，但盛兴公司已提起另案诉讼进行解决。根据以上规定和事实，二审法院认定质量问题不属于该案审理范围，并不影响天擎公司对盛兴公司已经实际接收的工程量主张工程款，该案支付工程款的条件已成就，该认定并无不当。

关于盛兴公司应向天擎公司支付工程款数额的问题。该案中，一审法院委托鉴定机构对案涉工程造价进行了司法鉴定。一审中，盛兴公司对鉴定报告进行了质证，一审法院对盛兴公司持有异议的砌体二次结构、抹灰14～26层及地下室、地上厨房卫生间阳台墙面防水、窗户外框安装、室内房心回填土及地沟等工程款项未予以认定，将该笔款项从工程造价中扣除后，盛兴公司对其余款项26 497 490.5元没有异议。二审中，盛兴公司对鉴定报告提出异议，二审法院依职权通知鉴定人到

① 现为《民法典》第157条。

庭接受询问,盛兴公司对于鉴定报告再次进行了询问和质证。该案鉴定程序合法,盛兴公司没有证据证明鉴定结论错误。该案二审法院根据鉴定结论,扣除盛兴公司已付款及其他相关款项后,认定盛兴公司应支付天擎公司的工程款数额为23 015 288.78 元,该认定并无不当。

关于该案一审、二审是否程序违法的问题。盛兴公司就案涉工程质量问题提起另案诉讼,在该案一审、二审审理期间主张该案的处理应以另案的判决结果为依据,请求中止本案审理。该案一审、二审认定盛兴公司所主张的工程质量问题,并非审理本案的先决条件,可以另案处理,盛兴公司要求中止审理本案的主张缺乏法律依据,该认定并无不当。

四、关于涉公司类案件的法律适用

公司作为现代商业社会最主要的市场主体之一,其治理结构和治理制度始终是商业社会乃至整个社会治理的重要内容。在民商事审判中,涉公司类案件类型众多,专业性较强,因为其作为一种法律拟制主体参加经济活动,与自然人不同,缺乏普遍的朴素的认同基础,所以审理难度也较大。

案例 98

上诉人阙某彬与被上诉人华龙证券股份有限公司(以下简称华龙证券公司)及一审被告四川恒康发展有限责任公司(以下简称四川恒康公司)股票回购合同纠纷案

案号:(2019)最高法民终 764 号

主要争议焦点

(1)一审认定的违约金是否过高;(2)阙某彬、四川恒康公司承担华龙证券公司支付的律师费用是否正确;(3)一审诉讼费用由阙某彬、四川恒康公司全部承担是否正确。

简要案情

阙某彬与华龙证券公司签订《股票质押回购交易业务协议》。同时，阙某彬、四川恒康公司、华龙证券公司签订了《三方合作协议》。后各方当事人因履约发生纠纷。

案情详解

华龙证券公司起诉请求：(1)判令阙某彬清偿融资款40 000万元并支付利息(以40 000万元为基数，以年利率6.15%，自2017年11月3日起暂计算至2017年11月30日的未还利息为343 287.66元，自2017年12月1日起至实际付清之日止的利息，按合同约定计算)；(2)判令阙某彬提前清偿融资款17 000万元并支付利息(以17 000万元为基数，以年利率6.15%，自2017年9月21日起暂计算至2017年11月30日的利息为2 033 712.33元，自2017年12月1日起至实际付清之日止的利息，按合同约定计算)；(3)判令阙某彬支付违约金(暂计算至2017年11月30日的违约金为3 135 000元，自2017年12月1日起至实际付清之日止的违约金，按合同约定计算)；(4)判令阙某彬向华龙证券公司支付诉前财产保全费5000元、律师费2 200 000元，上述合计：577 717 000元；(5)判令四川恒康公司对上述债务承担连带责任；(6)判令华龙证券公司有权对阙某彬提供质押的股票折价或以拍卖、变卖的价款优先受偿；(7)判令阙某彬、四川恒康公司承担本案诉讼费以及华龙证券公司实现债权的费用(包括执行申请费、评估费、鉴定费、公告费和保管费)。

阙某彬、四川恒康公司辩称，对与华龙证券公司签署股票质押回购的方式融资5.7亿元的事实无异议，但不认可华龙证券关于未归还本金总额、利息、违约金以及律师费的诉讼请求。恳请驳回华龙证券的诉讼请求。

一审法院查明：2016年10月，阙某彬与华龙证券公司签订了《股票质押回购交易业务协议》，协议的甲方为阙某彬，乙方为华龙证券公司。协议的主要的内容为：第1条，股票质押回购协议，股票质押回购是指符合条件的资金融入方以所持有的股票或其他证券质押，向符合条件的资金融出方融入资金，并约定在未来返还资金、解除质押的交易。第16条，本业务协议包含多笔股票质押回购交易，初始交易金额合计200 000 000元，以实际初始交易金额为准。第18条，待购回期间发生下列情形时,乙方有权要求甲方在3个交易日内提前购回,甲方未按乙方要求提前购回的视为违约:(1)标的证券或其他甲方资产被国家有权机关采取查封、扣押、冻结或其他强制措施的;(2)甲方发生停业、吊销营业执照、注销、破产、经营出现严重困难、财务状况恶化,以及甲方的法定代表人或主要负责人或甲方从事违法、违规活动、涉及重大诉讼活动等足以影响履约能力的情形;(3)甲方签订本协议后,如再发生对外融资、借款、担保事项的,应该立即向乙方书面汇报,如乙方认为前述事项对乙方的债权造成不利影响的,甲方须在乙方要求的时间内提前购回。第25条,股票质押回购要素:初始交易日:2016. 10. 24,购回交易日:2017. 10. 24,标的证券:恒康医疗(002219. SZ),股份性质:交易清单请见本协议附件一《交易清单》。初始质押标的证券数量合计: 35 000 000 股,初始交易金额: 200 000 000 元(以实际交易金额为准),交易金额合计: 600 000 000 元(以实际交易金额为准),购回利率: 6. 15%,质押率:45%(以实际质押率为准),警戒线:160%,止损线:140%。第26条,利息计算公式及支付方式,利息计算公式,初始交易金额×购回利率×实际计息期限/365;利息支付方式,利息按季支付。第27条,购回交易金额计算公式:购回交易金额=初始交易金额+初始交易金额×购回利率×实际计息期限/365-已付金额。第32条,利息支付:甲方应根据购回利率、实际购回天数,将初始交易成交金额及时、足额向乙方支付股票质押回购交易利息,该利息按日计提,按季结息;除初始交易书另行约定外,每年3月、6月、9月和12月的20号为该笔交易本季度的利息计息日,次日为利息支付日。第47条,甲方已质押的标的证券及其孳息的担保范围为对应交易项下的全部债务。同时,阙某彬作为甲方、四川恒康公司作为乙方、华龙证券公司作为丙方签订了《三方合作协议》,协议的主要内容为:甲方为本次股票质押式回购融资用途为,用于甲方控股的四川恒康公司补充流动资金及项目投资。(1)经甲方和乙方申请,丙方同意,甲、乙双方均为交易协议项下债务的履行义务人。(2)甲、乙双方对丙方承担的还款义务没有先后顺序,丙方有权自主选择向甲方或乙方主张到期债权,甲、乙双方均不得以任何理由推卸还款义务。阙某彬签订初始交易日为2016年10月20日,购回交易日为2017年10月19日的《股票质押回购初始交易协议书》,约定初始交易成交金额200 000 000 元,2016年10月20日华龙证券公司向阙某彬支付股票质押初始融资款;同日,阙某彬将持有的35 000 000 股恒康医疗股票(股票代码002219)质押给华龙证券公司,并办理质押手续。阙某彬签订初始交易日为2016年10月27日，购回交易日为2017年10月26日的《股票质押回购初始交易协议书》，约定初始交易成交金额200 000 000元，2016年10月27日华龙证券公司向阙某彬支付股票质押初始融资款；同日，阙某彬将持有的35 000 000股恒康医疗股票（股票代码002219）质押给华龙证券公司，并办理质押手续。阙某彬签订初始交易日为2017年1月24日，购回交易日为2018年1月23日的《股票质押回购初始交易协议书》，约定初始交易成交金额170 000 000元，2017年1月24日华龙证券公司向阙某彬支付股票质押初始融资款；同日，阙某彬将持有的24 000 000股恒康医疗股票（股票代码002219）质押给华龙证券公司，并办理质押手续。2017年10月19日，华龙证券公司因阙某彬未按照《股票质押回购初始交易协议书》的要求进行第一笔融资200 000 000元的购回交易将购回款划入约定的账户，向阙某彬发出告知函，要求阙某彬按期还款，从2017年10月20日起，对阙某彬计收违约金，违约期间仍按合同约定的购回利率计收利息，阙某彬在告知函上签字。同日，华龙证券公司委托律师向阙某彬发出律师函，要求阙某彬以2017年10月19日为购回交易日期履行购回义务，阙某彬在签收回执受送达人处签字。2017年10月20日，阙某彬向华龙证券公司发出承诺函，承诺对回购日期为2017年10月19日的融入资金2亿元和回购日期为2017年10月26日的融入资金2亿元的两笔股票质押业务的回购日期延期至2017年11月2日，在此时点之前资金筹集到位就提前回购，四川恒康公司在担保人处盖章。2017年10月26日，因阙某彬未履行已到期第一笔、第二笔融资的股票购回义务，华龙证券公司向阙某彬发出《关于提前购回股票的通知》，要求阙某彬提前履行第三笔融入资金的购回义务，并于收到本通知之日起三个交易日内履行前述购回义务。以阙某彬作为甲方，华龙证券公司作为乙方签订的《华龙证券股份有限公司股票质押式回购交易业务协议之延期协议》的主要内容为：第1条，偿还利息，甲方应于2017年10月×日之前，将第一笔融资2017年9月21日至10月19日共计29天的利息归还。第2条，延期期间购回利率，自2017年10月19日起，延期期间逾期未付金额的购回利率调整为年化11%。第3条，延期期限，自本协议生效之日起不超过两周（2017年11月2日）。2016年10月21日恒康医疗集团股份有限公司董事会发布了《关于控股股东股份质押的公告》，该公告载明阙某彬将其持有本公司股份的35 000 000股质押给华龙证券公司，质押开始日期为2016年10月20日，质押到期日期2017年10月19日。2016年10月28日恒康医疗集团股份有限公司董事会发布了《关于控股股东股份质押的公告》,该公告载明阙某彬将其持有本公司股份的35 000 000股质押给华龙证券公司,质押开始日期为2016年10月27日,质押到期日期2017年10月26日。2017年1月25日恒康医疗集团股份有限公司董事会发布了《关于控股股东股份质押的公告》,该公告载明阙某彬将其持有本公司股份的24 000 000股质押给华龙证券公司,质押开始日期为2017年1月24日,质押到期日期2018年1月23日。2017年11月20日恒康医疗集团股份有限公司发布了《关于控股股东股份被冻结的公告》,该公告载明阙某彬持有本公司股份的794 009 999股已被杭州市下城区人民法院全部冻结,冻结数量占其持股总数的100%。2017年11月6日华龙证券公司给阙某彬的利息确认函载明,截至2017年11月2日,阙某彬应向华龙证券公司支付两期400 000 000元融资款的利息为3 456 164.38元,实际收到的利息为5 000 000元。阙某彬从2017年11月3日起未向华龙证券公司支付第一期、第二期融资款的利息,从2017年9月21日起未向华龙证券公司支付第三期融资款的利息。2018年9月28日,华龙证券公司收到阙某彬支付的200 000 000元。华龙证券公司与甘肃正天合律师事务所签订了《委托代理合同》,甘肃正天合律师事务所指派律师为华龙证券公司与阙某彬、四川恒康公司股票质押回购合同纠纷一案的代理人。双方约定代理费为2 200 000元,在合同签署生效后3日内支付代理费的30%,即660 000元;终审判决出具之日起3日内支付代理费的30%,即660 000元;执行程序完成并收回本案债权本息及相关费用的支付代理费的40%,即880 000元。2017年12月20日华龙证券公司向甘肃正天合律师事务所支付660 000元。

裁判结果

一审法院判决:(1)阙某彬、四川恒康公司于本判决生效后十五日内偿还华龙证券公司融资款370 000 000元,并支付利息264 095.89元;(2)阙某彬、四川恒康公司于本判决生效后15日向华龙证券公司支付违约金,2017年11月9日起至2018年9月28日的违约金以570 264 095.89元为基数,按照协议约定的日万分之二点五计算;2018年9月29日以后的违约金以370 264 095.89元为基数,按照协议约定的日万分之二点五计算至实际付清为止;(3)阙某彬、四川恒康公司于本判决生效后15日向华龙证券公司支付律师费660 000元;(4)如阙某彬、四川恒康公司未履行上述第一、二、三项所确定的给付义务,华龙证券公司有权对阙某彬持有且已经办理质押登记的恒康医疗集团股份有限公司的94 000 000股恒康医疗股票(股票代码002219)折价、拍卖或变卖所得价款在上述第一、二、三项确定的债权范围内享有优先受偿权;(5)驳回华龙证券公司的其他诉讼请求。阙某彬不服一审判决,向最高人民法院提起上诉,最高人民法院判决,驳回上诉,维持原判。

案例99

再审申请人甘肃金昱房地产开发有限公司(以下简称金昱公司)与被申请人黄某华、潘某损害公司利益责任纠纷案

案号:(2020)最高法民申3922号

主要争议焦点

黄某华、潘某是否损害了金昱公司的利益。

简要案情

黄某华与郑某铭签订关于财政局培训中心大楼转让中介费协议,约定如郑某铭能与天水市财政局将培训大楼转让费谈到2000万元以内成交,黄某华可付给郑某铭中介费300万元,通过郑某铭的努力,培训大楼以1550万元成交。黄某华建议王某华、项某同与自己共同出资购买培训大楼,三人约定了各自的出资比例,并成立了金昱公司。后各方因支付中介费发生纠纷。

案情详解

金昱公司起诉请求:(1)黄某华、潘某连带赔偿金昱公司6322万元;(2)本案诉讼费用、保全费用由黄某华、潘某承担。

黄某华辩称,金昱公司的起诉没有事实依据,应予驳回。

潘某辩称,金昱公司起诉将潘某列为共同被告属于滥用诉权。

一审法院查明:2001 年 2 月 14 日,黄某华与其妻潘某以鲍某昌为法定代表人申请成立华裕公司,股东分别为鲍某昌、黄某华、潘某,出资额分别为 17.5 万元、17 万元、15.5 万元,分别占 35%、34%、31% 的股份。该公司由黄某华、潘某夫妻经营管理,鲍某昌实际并未参与公司的管理。2006 年 3 月 1 日,该公司被兰州市工商局吊销营业执照,并被要求办理注销登记(实际至今未注销)。2005 年年初,黄某华从郑某铭处得知天水市财政局在建的位于秦州区民主东路 75 号培训大楼欲出售,经过协商,黄某华与郑某铭于 2005 年 5 月 10 日签订了关于财政局培训中心大楼转让中介费协议,并加盖了华裕公司的公章。协议约定:如郑某铭能与天水市财政局将培训大楼转让费谈到 2000 万元以内成交,黄某华可付给郑某铭中介费 300 万元,此款在 2 年内分期付清。通过郑某铭的多次努力,培训大楼最终以 1550 万元成交。2005 年 5 月 19 日,黄某华以(温州泰来)华裕镧石有限公司名义与天水市财政局签订培训大楼转让协议书,并加盖华裕公司公章。2005 年 5 月,黄某华建议王某华、项某同与自己共同出资购买培训大楼,并约定了各自的出资比例。2005 年 6 月 21 日黄某华、王某华、项某同申请成立了金昱公司,注册资本为 1188 万元,其中黄某华出资额为 712.8 万元,占注册资本的 60%,王某华出资额为 297 万元,占注册资本的 25%,项某同出资额为 178.2 万元,占注册资本的 15%。黄某华作为金昱公司的法定代表人、执行董事、总经理,王某华作为公司监事。2005 年 11 月 1 日,黄某华出具名称变更通告一份,说明华裕公司更名为金昱公司,华裕公司所属的一切债务、债权、协议、法律、责任等由金昱公司继续承担。后天水市财政局又与黄某华以金昱公司法定代表人的身份就培训大楼签订转让协议书及补充协议书各一份,将培训大楼出售给金昱公司,在转让协议书上将落款写为 2005 年 5 月 19 日。2005 年 6 月 30 日,金昱公司成立。其间黄某华多次给郑某铭付款后,郑某铭于 2005 年 11 月 15 日给黄某华写一内容为“今收到黄某华付来大楼转让中介费共计人民币 225 万元”的收条。2006 年 11 月至 2009 年 11 月,黄某华从金昱公司支付郑某铭中介费共计 35 万元。2009 年 11 月 2 日,郑某铭以居间合同纠纷为由,将黄某华、华裕公司、第三人王某华和项某同诉至天水市秦州区人民法院,要求黄某华、华裕公司共同支付其中介费 40 万元并支付逾期利息 2 万元。2009 年 12 月 18 日,秦州区法院作出(2009)秦民二初字第 173 号民事判决书,判决由黄某华、华裕公司在判决生效后 15 日内共同支付郑某铭中介费 40 万元并承担逾期利息 2 万元。

2010年2月至2011年9月黄某华从金昱公司以现金及转账形式履行了判决内容。2010年年初，华裕公司以财产损害赔偿为由将金昱公司、黄某华、王某华、项某同起诉到一审法院。2010年3月21日，黄某华以金昱公司法定代表人的身份与华裕公司签订关于收购天水市财政局培训大楼所涉及纠纷的解决方案，约定：(1)先由华裕公司撤回已向天水市中级人民法院提起的诉讼；(2)华裕公司支付的大楼中介费225万元及所产生的利息244.35万元（按民间借贷月利息2%计算）由金昱公司承担；(3)金昱公司就其甩开华裕公司的侵权行为，对华裕公司进行补偿，补偿标准按大楼的增值收益并参照大楼中介费用，由双方另行商定；(4)双方如就第3条所涉补偿在30天内达不成一致的，则提交天水仲裁委员会仲裁。4月2日，黄某华从金昱公司支出225万元给华裕公司还款。同年5月至2012年8月，黄某华从金昱公司多次以现金及转账形式支付华裕公司利息共计244.35万元。2010年4月16日，华裕公司就其诉金昱公司、黄某华、王某华、项某同财产损害赔偿纠纷向一审法院申请撤诉；2010年4月20日，一审法院以（2010）天民一初字第1号民事裁定书裁定准许华裕公司撤回起诉。2010年5月7日，华裕公司以天水市财政局培训大楼系其指派工作人员黄某华与郑某铭签订中介协议并支付中介费225万元，华裕公司与天水市财政局达成了培训大楼转让协议，黄某华谎称购楼所涉手续复杂并弄虚作假，将该楼产权办理到以黄某华为法定代表人的金昱公司名下，金昱公司以侵害其利益为由申请天水仲裁委员会仲裁，要求金昱公司赔偿其经济损失。2010年5月27日，经天水仲裁委员会主持调解，由潘某（黄某华之妻）、潘某云（潘某之兄，时任华裕公司总经理）、刘某（华裕公司司机）代表华裕公司，黄某华代表金昱公司，就华裕公司与金昱公司财产损害赔偿纠纷达成仲裁调解书，由金昱公司赔偿华裕公司经济损失300万元，于2010年7月31日前赔偿华裕公司经济损失50万元，剩余250万元自2010年8月1日起按中国人民银行同期贷款利率计息，并在2010年12月31日前付清本息。2010年9月30日至10月26日，黄某华安排羲皇公司、金昱公司的财务人员以羲皇公司、金昱公司的资金向华裕公司共支付赔偿款300万元及案件处理费、利息5万元，但该款转到实际由潘某掌控的刘某的账户，并由潘某支配使用。

另查明，2007年因黄某华出资不到位引发股东出资纠纷，另经甘肃省高级人民法院生效判决确认，金昱公司实收注册资本674万元，黄某华在金昱公司的实际出资额为274万元。2012年7月18日,天水市工商行政管理局将金昱公司工商登记的虚假注册资金1188万元纠正为实际出资674万元,其中黄某华出资274万元,占出资比例的40.6528%,王某华出资250万元,占出资比例的37.0920%,项某同出资150万元,占出资比例的22.2552%。2012年8月6日,金昱公司召开临时股东会并形成决议:免除黄某华第一届法定代表人、执行董事、经理职务,选举项某同为金昱公司第二届法定代表人、执行董事、经理,选举王某华为金昱公司第二届监事。

再查明,2005年10月4日,黄某华、王某华、项某同申请成立羲皇公司,黄某华任法定代表人,出资120万元,占注册资本60%,王某华出资50万元,占注册资本25%,项某同出资30万元,占注册资本15%。羲皇公司成立后,对案涉大楼进行了装修改造,用来经营、出租获取收益。

裁判结果

一审法院判决,驳回金昱公司的诉讼请求。金昱公司不服一审判决,向二审法院提起上诉,二审法院判决,驳回上诉,维持原判。金昱公司不服二审判决,向最高人民法院申请再审,最高人民法院裁定,驳回金昱公司的再审申请。

案例100

再审申请人西安和诚动力科技有限公司(以下简称和诚动力公司)与被申请人西安陕鼓动力股份有限公司(以下简称陕鼓动力公司)投资协议纠纷案

案号:(2019)最高法民申3757号

主要争议焦点

(1)陕鼓动力公司收购EKOL公司的行为是否构成违约;(2)陕鼓动力公司是否应支付和诚动力公司违约赔偿金。

简要案情

和诚动力公司与陕鼓动力公司、西安新福义机械设备有限公司（以下简称新福义公司）等六方作为共同发起人成立汽轮机公司。后陕鼓动力公司与 EKOL 公司的股东 Stanislav Vesely 先生、Gustav Poslusny 先生以及 Jaromir Kriz 先生签署了《股权收购意向书》。就收购事宜，各方当事人发生纠纷。

案情详解

和诚动力公司起诉请求：（1）确认陕鼓动力公司设立陕鼓动力（香港）有限公司、陕鼓动力（卢森堡）有限公司以及收购 EKOL 公司为违约行为；（2）陕鼓动力公司立即支付违约赔偿金 51 251 392.7 元；（3）由陕鼓动力公司负担本案的一切诉讼费用。

陕鼓动力公司辩称，和诚动力公司所称事实与客观事实不符，其诉讼请求均没有事实和法律依据，不能成立，请求依法驳回和诚动力公司的全部诉讼请求。

一审法院查明：2009 年 4 月，和诚动力公司与陕鼓动力公司、新福义公司等六方作为共同发起人签订了《投资协议书》，该协议书约定，六方拟出资设立的公司名称为汽轮机公司，公司使用"陕鼓"商标，每年向陕鼓动力公司支付使用费 1 万元，使用时间 30 年；公司按照"市场化运作，相互优先"的原则确定与陕鼓动力公司的业务关系，具体事项可以另行协商，签订协议；公司不应当对陕鼓动力公司的上市和上市后的规范运作造成障碍。2009 年 5 月 26 日，汽轮机公司成立，经营范围为汽轮机及其辅助设备、备品、配件设计、生产；批发、零售本公司产品，中小型发电设备成套销售；技术服务；进出口贸易。陕鼓动力公司出资 400 万元，占 40% 股份；和诚动力公司出资 250 万元，占 25% 股份；新福义公司出资 200 万元，占 20% 股份；姜某栋出资 65 万元，占 6.5% 股份；颉某康出资 65 万元，占 6.5% 股份；支某林出资 20 万元，占 2% 股份。汽轮机公司章程规定：公司增加或者减少注册资本、分立、合并、解散、变更公司以及修改公司章程，必须经代表 2/3 以上表决权的股东同意；应当在每一会计年度终了时制作财务会计报告，并依法经中国注册会计师审查验证；在法律法规规定的诸种解散事由出现时，可以解散。2014 年 7 月 4 日，陕鼓动力公司董事会发布关于签订股权收购意向书的公告，该公告显示陕鼓动力公司与

EKOL 公司的股东 Stanislav Vesely 先生、Gustav Poslusny 先生以及 Jaromir Kriz 先生签署了《股权收购意向书》,公司有意向以股权收购的方式收购其持有的 EKOL 公司及其子公司 100% 的股权。2015 年 1 月 6 日,陕鼓动力(香港)有限公司在香港设立,为陕鼓动力公司的全资子公司。2015 年 1 月 22 日,陕鼓动力公司董事会发布关于收购资产的公告,公告显示 2015 年 1 月 22 日,其与 EKOL 公司的股东签署了《股权转让协议》,购买 EKOL 公司 100% 的股权。EKOL 公司是一家依照捷克法律成立并存续的有限责任公司,成立于 1991 年,是中东欧地区中型蒸汽轮机的主要制造商,能够向客户提供蒸汽轮机生产销售、EPC 工程总包、燃气轮机维护、锅炉设计等服务。2015 年 5 月 29 日,陕鼓动力(卢森堡)有限公司在卢森堡设立,为陕鼓动力(香港)有限公司的全资子公司。2015 年 7 月 2 日,陕鼓动力公司董事会发布《陕鼓动力公司关于全资子公司陕鼓动力(卢森堡)有限公司收购 EKOL 公司 75% 股权完成交割的公告》,该公告显示按照《股权转让协议》的约定,2015 年 7 月 2 日,《股权转让协议》中约定的第一阶段交割条件均已成就,EKOL 公司的 75% 股权完成交割。交割完成后,公司下属全资子公司陕鼓动力(香港)有限公司的全资子公司陕鼓动力(卢森堡)有限公司持有 EKOL 公司 75% 股权。后续公司将通过全面整合,围绕压缩机产品与汽轮机产品,形成具有本公司核心知识产权和关键技术体系的成套设备和系统解决方案,在完善产业链布局的基础上,向客户提供更加优化的压缩机和工业汽轮机综合解决方案。2015 年 1 月 12 日,汽轮机公司 2015 年第一次临时股东会决议载明:本次股东会以现场记名投票方式,以 75% 赞成、25% 反对、0 弃权的表决结果,同意陕鼓动力公司收购 EKOL 公司部分或全部股权,并终止《投资协议书》第 10 条“公司在正常运作时各股东不得以任何理由投资其他汽轮机企业(股东购买股票除外)”的约定。和诚动力公司未在该决议上签字盖章。2016 年 6 月 8 日,汽轮机公司董事会发布《关于召开西安陕鼓汽轮机有限公司 2016 年第三届第二次董事会会议的通知》,载明:公司定于 2016 年 6 月 21 日,以现场表决方式召开汽轮机公司 2016 年第三届第二次董事会会议,会议主要议题为审议《关于清算解散汽轮机公司的议案》。2016 年 6 月 17 日,汽轮机公司董事会发布《关于清算和解散西安陕鼓汽轮机有限公司的议案》,载明:由于汽轮机公司各股东就公司未来长期发展方向无法达成一致意见,且公司各股东之间股权转让亦无法达成一致意见,现公司股东之间已无法有效合作,拟清算解散公司。后经过多次临时股东会议,2017 年 9 月 8 日,汽轮机公司 2017 年第二次临时股东会决议载明:经代表所持表决权 75% 的股东同意,同意清算和解散汽轮机公司并注销。和诚动力公司在决议上盖章,但其反对该决议。2016 年 6 月 23 日,和诚动力公司委托律师向陕鼓动力公司发出律师函,要求陕鼓动力公司承担因违反投资协议导致其未来可得利益损失的责任。2017 年 1 月 6 日,陕鼓动力公司委托律师向和诚动力公司发出律师函,载明:双方多次协商沟通,仍未就汽轮机公司股权收购事宜达成一致意见,陕鼓动力公司拟通过自行解散的方式解决股东之间无法就汽轮机公司后续发展达成一致意见的问题。2017 年 1 月 6 日,陕鼓动力公司向汽轮机公司其他股东发出沟通函,载明:2015 年以来,其与和诚动力公司及汽轮机公司的股权处置事宜进行了长期沟通并开展了大量工作。2016 年 4 月 5 日,和诚动力公司提出股权收购意向并要求开展尽职调查,其同意和诚动力公司的要求,但和诚动力公司又提出尽职调查费由其支付的要求,其认为和诚动力公司根本无收购的诚意,拟定于近期召开董事会、股东会,通过公司自行解散的方式解决股东之间无法就汽轮机公司后续发展达成一致意见的问题。陕鼓动力公司为证明其投资 EKOL 公司与汽轮机公司不存在同业竞争,提交了 2013 ~ 2014 年其向杭州汽轮机股份有限公司及其关联企业采购汽轮机的明细单及部分四合一机组的汽轮机采购合同、2015 年 6 ~ 7 月其客户与其签订的两份机组采购合同(EKOL 公司在国内唯一的销售)、西安交通大学能源与动力工程学院出具的《冲动式汽轮机和反动式汽轮机的区别研究报告》、陕西秦风气体股份有限公司出具的《关于我公司明水项目选用 EKOL 公司汽轮机的情况说明》。以上证据证明,2013 ~ 2014 年其向杭州汽轮机股份有限公司采购额达 7 亿元,主要机型之一的四合一机组上,未向汽轮机公司采购过;两份机组采购合同是客户要求采购 EKOL 公司的产品;EKOL 公司的产品与汽轮机公司的产品在技术原理上有本质的区别,主要是应用领域及范围不同,两者是互补关系;汽轮机公司的产品无法满足客户需要,才选用 EKOL 公司的产品。和诚动力公司对以上证据的证明目的均不予认可,但能反证陕鼓动力公司收购 EKOL 公司后,其与 EKOL 公司形成协同效应,这必然影响汽轮机公司与陕鼓动力公司的协同效应,给汽轮机公司的未来发展带来重大不利影响;西安交通大学能源与动力工程学院出具的报告证据形式不合法,不具有客观性,超出了其专业范畴。陕鼓动力公司提交的汽轮机公司 2011 ~ 2015 年度审计报告(报表)及陕鼓动力公司 2013 ~

2015 年日常关联交易的公告,证明汽轮机公司的业务主要依赖陕鼓动力公司的关联采购,占到其营业收入的 60% 以上,在 2015 年陕鼓动力公司接管汽轮机公司后仍保持盈利,股东利益未受损。和诚动力公司对陕鼓动力公司的证明目的不予认可。陕鼓动力公司提交的汽轮机公司行政文件审批单等证据,证明 2015 年前,和诚动力公司实际控制人高某华受和诚动力公司委派到汽轮机公司任汽轮机公司总经理、副董事长、总工程师等重要职务,高某华在 2014 年 1 ~ 12 月作为陕鼓动力公司技术人员多次参与了对收购 EKOL 公司的考察论证。和诚动力公司对高某华的实际控制人身份及陕鼓动力公司的证明目的均不认可。陕鼓动力公司提交汽轮机公司向杭州钱塘机电有限公司(以下简称钱塘公司)采购业务核查报告及汽轮机公司监事会的调查报告、钱塘公司工商登记信息,证明高某华、程某在汽轮机公司任职期间,同时为钱塘公司股东,其利用与钱塘公司的关联交易进行利益输送,损害汽轮机公司的利益,使汽轮机公司的经营陷入僵局。和诚动力公司对工商信息的真实性认可,对其他证据的真实性无法核实,不予认可,认为与该案无关联性,对其证明目的不予认可。对于和诚动力公司主张的赔偿问题,和诚动力公司主张可得利益的损失的计算方式为:以汽轮机公司正常经营的最近连续三年的平均利润(2012 年至 2014 年)平均值为基数,计算 25 年,2012 年至 2014 年连续三年平均利润为(10 820 922. 03 元 + 488 946. 49 元 + 13 290 800 元)/3 = 8 200 222. 84 元。再按和诚动力公司持股比例 25% 计算出每年可分到的净利润为 2 050 055. 71 元,计算 25 年为 51 251 392. 7 元(按章程规定企业存续期为 30 年,自 2015 年起计算应可计算 25 年)。陕鼓动力公司认为其设立陕鼓动力(香港)有限公司、陕鼓动力(卢森堡)有限公司以及收购 EKOL 公司的行为不构成违约行为,不构成同业竞争,且间接控股 EKOL 公司后,并没有给合资公司造成任何损失,不应承担任何违约或赔偿责任。

裁判结果

一审法院判决,驳回原告和诚动力公司的诉讼请求。和诚动力公司不服一审判决,向二审法院提起上诉,二审法院判决,驳回上诉,维持原判。和诚动力公司不服二审判决,向最高人民法院申请再审,最高人民法院裁定,驳回和诚动力公司的再审申请。

思考与衡量

涉公司类案件类型较多,前述3个案例都是有关公司类案件。在前的若干案件都涉及公司类案件,如公司股权转让的、金融贷款合同的、“人格混同”的等。案例98涉及股票回购业务,案例99涉及股东损害公司利益责任承担,案例100涉及同业竞争行为的认定。

案例98中,一审法院认为,阙某彬与华龙证券公司签订的《股票质押回购交易业务协议》《华龙证券股份有限公司股票质押式回购交易业务协议之延期协议》,阙某彬、四川恒康公司、华龙证券公司签订了《三方合作协议》是各方真实意思的表示,且不违反法律禁止性规定,为有效合同,双方均应按照合同约定履行各自义务。《股票质押回购交易业务协议》签订后,阙某彬与华龙证券公司又陆续签订《股票质押回购初始交易协议书》,华龙证券公司依约向阙某彬支付三笔融资款,累计共支付570 000 000元,阙某彬也按照协议的约定将自己持有的94 000 000股恒康医疗股票(股票代码002219)质押给华龙证券公司,并办理质押手续。在合同履行中,阙某彬未按照协议约定履行已到期第一笔、第二笔融资款的购回义务,华龙证券公司发函要求阙某彬履行回购义务,阙某彬却未履行回购义务,且阙某彬质押的股票已被相关法院司法冻结,在阙某彬已经违约的情形下,阙某彬与华龙证券公司又签订《华龙证券股份有限公司股票质押式回购交易业务协议之延期协议》,双方约定阙某彬在2017年11月2日之前购回第一笔、第二笔融资款,但阙某彬未按照延期协议的约定向华龙证券公司支付第一笔、第二笔融资款及相应的利息。之后,阙某彬也未偿还三笔融资款本金及支付相应的利息,故阙某彬的行为已构成违约。关于华龙证券公司是否为实际权利人的问题。一审法院认为,阙某彬融入资金是因与华龙证券公司签订《股票质押回购交易业务协议》后,由华龙证券公司向阙某彬支付融资款,且阙某彬也按照该协议的约定向华龙证券公司支付相应的利息,华龙证券公司也是基于双方签订的《股票质押回购交易业务协议》及相关协议向阙某彬和四川恒康公司主张权利,华龙证券公司与浦发银行之间的法律关系并不影响华龙证券公司向阙某彬主张权利,故在该案中华龙证券公司是该案的实际权利人。关于偿还融资款本金、支付利息及承担违约金的问题。阙某彬未按照《华龙证券股份有限公司股票质押式回购交易业务协议之延期协议》约定在2017

年11月2日之前归还第一期、第二期融资款，且该延期协议明确约定在阙某彬未按期归还第一期、第二期融资款时，阙某彬应立即偿还三笔融资本金及其利息，故华龙证券公司在该案中主张阙某彬偿还三笔融资款570 000 000元符合相关约定，应予以支持。虽然在交易业务协议中约定在阙某彬违约时，阙某彬应向华龙证券公司同时支付约定的利息和承担相应的违约金至偿还清所有融资款，华龙证券公司在该案中也同时主张了利息和违约金，因阙某彬给华龙证券公司造成的损失主要为利息损失，如按照交易业务协议的约定同时支持华龙证券公司利息和违约金的主张，对阙某彬明显不公平，阙某彬向华龙证券公司承担违约责任能弥补华龙证券公司的利息损失，故在该案中对华龙证券公司主张阙某彬承担违约责任后同时请求阙某彬承担相应利息的主张不予支持。阙某彬未在2017年11月2日之前偿还三笔融资款，按照延期协议的约定阙某彬应向华龙证券公司承担违约责任，华龙证券公司主张违约金的起算时间为2017年11月9日，为尊重当事人对自己权利的处分，故该案中阙某彬从2017年11月9日起向华龙证券公司承担违约责任。在庭审中，阙某彬对所支付利息截止时间及未支付金额存有异议，一审法院要求双方庭审结束后核对提交相应证据，阙某彬既不提交相应证据，也不进行核对，故一审法院经审核，对所支付利息截止时间按照华龙证券公司提交的证据予以确认，对未支付利息金额按照合同约定的方式进行计算。根据已查明事实，阙某彬将第一期、第二期融资款的利息支付到2017年11月2日，第三笔融资款的利息支付到2017年9月20日，根据交易业务协议的约定，2017年11月3日至8日，阙某彬应给华龙证券公司支付第一期、第二期融资款的利息为404 383.56元（400 000 000元×6.15%/365天×6天 = 404 383.56元），2017年9月21日至11月8日，阙某彬应给华龙证券公司支付第三期融资款的利息为1 403 547.95元（170 000 000元×6.15%/365天×49天 = 1 403 547.95元），扣除2017年11月份阙某彬向华龙证券公司多支付的利息1 543 835.62元（5 000 000元－3 456 164.38元 = 1 543 835.62元），故截至2017年11月8日阙某彬应向华龙证券公司支付的利息为264 095.89元（404 383.56元＋1 403 547.95元－1 543 835.62元 = 264 095.89元）。《合同法》第107条[①]规定，当事人一方不履行合同义务或者履行合同义务不符合约定的，

① 现为《民法典》第577条。

应当承担继续履行、采取补救措施或者赔偿损失等违约责任。第 114 条[①]规定，当事人可以约定一方违约时应当根据违约情况向对方支付一定数额的违约金，也可以约定因违约产生的损失赔偿额的计算方法。双方在交易业务协议中约定了违约金的计算方式，为体现对华龙证券公司守约行为的保护和对阙某彬违约行为的惩罚，对华龙证券公司要求阙某彬按照双方交易协议约定违约金计算方式的诉讼主张予以支持，故阙某彬的违约金额为初始交易成交金额及逾期支付的利息金额之和，故在该案中的违约金额为 570 000 000 元本金加 264 095. 89 元利息，共计 570 264 095. 89 元，结合该案中华龙证券公司主张违约金的起算时间为 2017 年 11 月 9 日，故阙某彬向华龙证券公司支付的违约金以 570 264 095. 89 元为基数，自 2017 年 11 月 9 日起按照协议约定的日万分之二点五计算至实际付清为止。在庭审时阙某彬辩称在诉讼过程中向华龙证券公司支付了 200 000 000 元，华龙证券公司也认可在 2018 年 9 月 28 日收到该款。华龙证券公司主张该款应该先扣除利息后再扣减本金，对此双方在业务交易协议中未作约定，在该案中本院对华龙证券公司要求阙某彬按照业务交易协议支付利息的主张也未予支持，自 2017 年 11 月 9 日起阙某彬向华龙证券公司承担的是违约责任，华龙证券公司先扣除利息后再扣减本金的主张不符合最高人民法院《关于适用〈中华人民共和国合同法〉若干问题的解释（二）》（已失效）第 21 条的规定，故一审法院不予支持。双方在诉讼中对已归还 200 000 000 元的事实均予以认可，该款应从阙某彬未偿还融资款中扣除，故在该案中阙某彬应向华龙证券公司支付的融资款为 370 000 000 元。关于质押股票优先受偿的问题。根据《物权法》第 226 条[②]的规定，以基金份额、股权出质的，当事人应当订立书面合同。以基金份额、证券登记结算机构登记的股权出质的，质权自证券登记结算机构办理出质登记时设立；以其他股权出质的，质权自工商行政管理部门办理出质登记时设立。在该案中，阙某彬与华龙证券公司在《股票质押回购交易业务协议》中约定了要质押股票，华龙证券公司提交的中国证券登记结算有限责任公司投资者证券冻结信息（深市）显示，阙某彬将其持有的 94 000 000 股恒康医疗股票（股票代码 002219）质押给华龙证券公司，结合恒康医疗集团股份有限

① 现为《民法典》第 585 条。
② 现为《民法典》第 443 条。

公司发布了阙某彬向华龙证券公司质押股份的公告,故华龙证券公司对阙某彬质押的恒康医疗集团股份有限公司的 94 000 000 股恒康医疗股票(股票代码 002219)依法享有优先受偿权。关于华龙证券公司主张保全费和律师费的问题。因华龙证券公司未提交保全费用实际发生的相关证据,故对该诉讼请求不予支持。阙某彬与华龙证券公司签订的《股票质押回购交易业务协议》第 47 条约定,阙某彬已质押的标的证券及其孳息的担保范围为华龙证券公司为实现债权与担保权利而发生的费用包括但不限于诉讼费、仲裁费、财产保全费、律师费等。故阙某彬应当承担华龙证券公司为实现债权而支出的合理律师费。经审查,华龙证券公司与甘肃正天合律师事务所签订的《委托代理合同》约定了代理费收取数额及支付方式,且华龙证券公司按合同约定已向甘肃正天合律师事务所支付了 660 000 元代理费,故对华龙证券公司的该部分请求应予以支持。对于华龙证券公司与甘肃正天合律师事务所约定未支付部分的律师费,因在该案中尚未实际发生,故对该部分诉讼请求该院不予支持,华龙证券公司可待该费用实际发生后另行主张。关于四川恒康公司是否承担责任的问题。《三方合作协议》约定四川恒康公司也是华龙证券公司与阙某彬签订《股票质押回购交易业务协议》项下债务的履行义务人,四川恒康公司属于共同债务人,在阙某彬未履行交易业务协议项下义务的情形下,债权人华龙证券公司有权请求四川恒康公司和债务人阙某彬共同承担本案债务,四川恒康公司和阙某彬应共同承担《股票质押回购交易业务协议》项下的所有债务,故对华龙证券公司请求四川恒康公司为该案共同还款人的主张应予以支持。

笔者认为,(1)关于一审认定的违约金是否过高的问题。《合同法》第 113 条第 1 款[①]规定:“当事人一方不履行合同义务或者履行合同义务不符合约定,给对方造成损失的,损失赔偿额应当相当于因违约所造成的损失,包括合同履行后可以获得的利益,但不得超过违反合同一方订立合同时预见到或者应当预见到的因违反合同可能造成的损失。”《合同法》第 114 条第 1 款、第 2 款[②]规定:“当事人可以约定一方违约时应当根据违约情况向对方支付一定数额的违约金,也可以约定因违约产生的损失赔偿额的计算方法。约定的违约金低于造成的损失的,当事人可

① 现为《民法典》第 584 条。
② 现为《民法典》第 585 条。

以请求人民法院或者仲裁机构予以增加；约定的违约金过分高于造成的损失的，当事人可以请求人民法院或者仲裁机构予以适当减少。”当事人关于违约金的约定兼具补偿性与惩罚性，既有弥补守约方损失的功能，又能体现对违约方的惩罚，亦是合同自由原则的体现。当事人主张违约金过高的，人民法院应当以实际损失为基础，兼顾合同的履行情况、当事人的过错程度，以及预期利益等因素，根据公平原则、诚实信用原则等予以衡量。该案中，《股票质押回购交易业务协议》《三方合作协议》系各方真实意思表示，不违反法律禁止性规定，系有效合同。《股票质押回购交易业务协议》第25条约定的股票质押回购的年利率为6.15%。第52条约定“甲方违约金＝违约金额×单日违约金率×违约天数，其中单日违约金率为万分之二点五，违约金额为初始交易成交金额，违约期间利息按照合同约定的继续计算，但发生五十一条中第（五）项之情形的，违约金额为初始交易成交金额及逾期支付的利息金额之和”。第51条中第（5）项约定“甲方（阙某彬）未按约定足额支付任何一期利息的”。案涉合同既约定了股票质押回购的年利率6.15%，又约定了单日违约金率万分之二点五，还约定了违约金额为初始交易成交金额及逾期支付的利息金额之和。阙某彬未按案涉《股票质押回购交易业务协议》履行股票质押回购义务，华龙证券公司提起本案诉讼，根据前述合同约定对股票质押回购的年利率6.15%及单日违约金率万分之二点五一并向法院主张。虽然案涉《股票质押回购交易业务协议》约定阙某彬违约时，应向华龙证券公司支付约定的利息，并承担相应的违约金至偿还清所有融资款，但因阙某彬给华龙证券公司造成的损失主要为利息损失，如按照案涉《股票质押回购交易业务协议》的约定同时支持华龙证券公司利息和违约金的主张，对阙某彬可能存在不公平。鉴于阙某彬向华龙证券公司承担违约责任能弥补华龙证券公司的利息损失，一审支持了华龙证券公司向阙某彬主张的违约责任，但并未支持华龙证券公司相应的利息主张。阙某彬上诉主张本案违约金过高应予以调整，请求以案涉《股票质押回购交易业务协议》约定的年利率6.15%承担本案违约金。个人认为，虽然阙某彬给华龙证券公司造成的损失主要为利息损失，但根据阙某彬的违约情形、过错程度以及合同的实际履行情况，如仅支持利息损失，难以体现对华龙证券公司守约行为的保护以及对阙某彬违约行为的惩罚。在案涉合同违约金与利息约定均为有效的情况下，一审对华龙证券公司请求阙某彬承担利息的诉讼请求未予支持，已减轻了阙某彬的合同责任，且单日违约金率万分之二点五的违约金标准亦不存在过高应予调整的情形。阙某彬主张按照年利率 6.15% 承担违约金,缺乏事实和法律依据,不应支持。关于264 095.89 元的利息是否应作为违约金计算基数的问题。该案中,《股票质押回购交易业务协议》约定,违约金额为初始交易成交金额及逾期支付的利息金额之和。按照合同约定,阙某彬未在 2017 年 11 月 2 日之前偿还三笔融资款,应自此承担违约责任。但华龙证券公司主张违约金的起算时间为2017 年11 月9 日,为尊重华龙证券公司对自己权利的处分,一审以其主张的 2017 年 11 月 9 日作为该案违约金的起算时间正确。截至2017 年11 月8 日,阙某彬应向华龙证券公司支付的利息为264 095.89 元。一审将阙某彬欠付的利息,作为违约金额计算违约金,符合前述合同约定,亦不存在违约金过高应予调整的情形。综上,阙某彬关于违约金过高的上诉请求,缺乏事实和法律依据,不应支持。

(2)关于一审判决阙某彬、四川恒康公司承担华龙证券公司支付的律师费用是否正确的问题。该案中,《股票质押回购交易业务协议》第 47 条约定,华龙证券公司为实现债权与担保权利而发生的费用(包括但不限于诉讼费、仲裁费、财产保全费、执行费、评估费、拍卖费、公证费、送达费、公告费、律师费等)由阙某彬承担。华龙证券公司与甘肃正天合律师事务所签订了《委托代理合同》,并按照约定向甘肃正天合律师事务所支付了 660 000 元律师代理费。阙某彬上诉提出对案涉《委托代理合同》不予认可,并认为该合同与本案不具有唯一关联性,不能确定华龙证券公司已支付的 660 000 元系本案律师费,该主张与事实不符,亦没有证据证明,不应支持。综上,一审判决阙某彬、四川恒康公司承担华龙证券公司已实际支付的660 000 元律师费用,并无不当,应予维持。

(3)关于一审判决诉讼费由阙某彬、四川恒康公司全部承担是否正确的问题。个人认为,诉讼费是原告起诉时人民法院依据原告起诉的诉讼标的额计算的,以起诉时确定的金额为准。阙某彬在一审过程中履行了部分债务,一审法院根据实际履行情况在判决中对相应的金额进行了扣减,但并不能改变阙某彬对该部分债务的履行属于违约的事实,故华龙证券公司该部分诉讼请求成立,其无须变更诉讼请求,亦不应承担该部分诉讼请求对应的诉讼费用。且人民法院可以根据案件具体情况决定当事人诉讼费用的承担。综上,一审判决阙某彬、四川恒康公司承担本案全部诉讼费用,并无不当,应予维持。

案例99中，一审法院认为，首先，黄某华曾在金昱公司担任执行董事、总经理，根据《公司法》第149条“董事、监事、高级管理人员执行公司职务时违反法律、行政法规或者公司章程的规定，给公司造成损失的，应当承担赔偿责任”的规定，金昱公司可以就损害公司利益责任纠纷为由起诉至法院。而潘某既不是金昱公司董事、监事，又没有在金昱公司担任过高级管理人员，故金昱公司以损害公司利益责任为由起诉潘某系诉讼主体不当，故其要求潘某承担赔偿责任的主张不能成立。其次，黄某华与郑某铭签订中介费协议，约定由郑某铭居间洽谈，如果能将案涉大楼谈到2000万元以内成交，可以付给郑某铭300万元的中介费，华裕公司在该协议上盖章。华裕公司与天水市财政局于2005年5月19日签订转让协议，将案涉大楼以1550万元成交。后金昱公司又与天水市财政局就案涉大楼签订转让协议及补充协议。金昱公司与华裕公司于2010年3月21日签订的解决方案约定：华裕公司所支付的大楼中介费225万元及利息2 443 500元由金昱公司承担，后金昱公司分批向华裕公司支付了大楼中介费225万元及利息244.35万元。（2010）天仲调字19号仲裁调解书约定：由金昱公司向华裕公司就案涉大楼转让事宜赔偿300万元。之后金昱公司也支付给华裕公司赔偿款300万元及案件处理费、利息5万元。关于金昱公司诉请的第一部分损失77万元，该部分损失的组成为：（1）黄某华从金昱公司支付郑某铭中介费35万元；（2）因（2009）秦民二初字第173号判决确认黄某华、华裕公司支付郑某铭40万元中介费及逾期利息2万元，之后黄某华从金昱公司支付了郑某铭中介费及利息42万元。对此一审法院认为，该案中，虽然中介费协议是黄某华代表华裕公司与郑某铭所签，但从各方履行合同的意图及多份生效裁判可知，案涉大楼实际由金昱公司取得并使用收益，且华裕公司于2015年11月1日出具更名通知，承诺华裕公司所属的债权债务由金昱公司承担，故金昱公司支付了郑某铭中介费及利息77万元，金昱公司的该主张不能成立。金昱公司诉请的第二部分损失为774.35万元，该部分损失的组成为：（1）解决方案中的大楼中介费225万元及利息244.35万元；（2）（2010）天仲调字19号仲裁调解书中涉及的300万元赔偿款及案件处理费、利息5万元。关于该部分损失，因华裕公司与金昱公司达成了协议，且通过生效仲裁调解书已经履行完毕，故金昱公司的该主张不能成立。关于金昱公司诉请的第三部分损失即黄某华与潘某共同侵占金昱公司的经营收入5470.85万元能否成立的问题，如前所述，潘某不是本案适格的诉讼主体，故金昱公司要求潘某承担损害赔偿责任的主张不能成立。该案中,案涉大楼实际由羲皇公司使用,该公司主要通过经营、出租取得收益。虽然羲皇公司的法定代表人与金昱公司的原法定代表人均为黄某华,但这是两个独立的法人主体,故金昱公司主张由黄某华个人赔偿 5470.85 万元的诉讼请求亦不能成立。关于金昱公司起诉要求黄某华、潘某承担保全费的主张,因金昱公司的诉请均不能成立,故其应当径行承担保全费 5000 元。

二审法院认为,该案的争议焦点为:黄某华、潘某是否损害了金昱公司的利益。金昱公司在二审中主张,黄某华作为金昱公司原执行董事、总经理,根据《公司法》第 149 条的规定承担损害赔偿责任,潘某与黄某华共同实施了侵害金昱公司利益的行为,依据《民法通则》(已失效)第 130 条的规定,承担连带责任。无论《公司法》第 149 条规定的董事、监事、高管人员的损害赔偿责任还是《民法通则》(已失效)规定的共同侵权,本质上都是侵权责任,需通过侵权责任的构成要件来考量。首先,关于金昱公司诉讼请求第一部分损失 77 万元和第二部分损失中的 225 万元,合计 302 万元,为支付给郑某铭的中介费,郑某铭为购买案涉大楼提供中介服务,并应取得相应的中介费用,该事实已由生效判决确认,金昱公司作为大楼最终的实际购买者,支付该中介费用合情合理,黄某华代表金昱公司从金昱公司直接支付 35 万元及 42 万元以及返还华裕公司垫付的 225 万元,并未损害金昱公司的利益。其次,关于金昱公司诉讼请求第二部分损失中的 244.35 万元利息,该部分利息为支付给华裕公司代为垫付给郑某铭的 225 万元产生,经审查,该部分利息以月利率 2% 计算,未过分高于民间融资利率,金昱公司作为支付郑某铭中介费的责任主体,向代为垫付的华裕公司支付占用资金的利息也具有一定的合理性,故黄某华代表金昱公司支付该部分利息亦未损害金昱公司利益。该两部分主张因不具备损害后果,侵权责任不能成立,同理,潘某亦无须为该部分承担赔偿责任。再次,关于金昱公司诉讼请求第二部分损失中的 305 万元,该部分为黄某华代表金昱公司通过仲裁调解支付给潘某代表的华裕公司,仲裁作为法律确认的一种纠纷解决机制,仲裁机构主持调解需在自愿、合法的前提下进行,仲裁调解书也是具有法律效力的法律文书,未经法定程序撤销,不能否认其合法性,故本案中无法审查确认黄某华与潘某的行为是否违反了法律法规而构成侵权行为,金昱公司认为仲裁调解书损害了其合法权益,应通过相应程序申请撤销该仲裁裁决。最后,关于金昱公司诉讼请求第三部分5470.85万元，金昱公司主张该部分损失为黄某华将金昱公司所有的案涉大楼无偿提供给羲皇公司使用，造成金昱公司未取得应当取得的收入，经审查，羲皇公司成立于金昱公司取得案涉大楼以后，股东与金昱公司股东一致，成立后一直经营使用金昱公司所有的案涉大楼，上述事实显示出两公司利益上的一致性，且金昱公司的其他股东在羲皇公司使用案涉大楼期间未提出异议，金昱公司亦未向羲皇公司主张过损失，故黄某华辩称系金昱公司全体股东决定由羲皇公司使用案涉大楼的意见较符合已查明的案件事实，没有证据证明黄某华代表金昱公司作出该决定的行为具有损害公司利益的过错，即违反谨慎、勤勉和注意义务，故该部分损失因缺乏主观过错而不能成立侵权责任。同时，没有证据显示潘某参与了金昱公司或羲皇公司的经营，对该部分的损失存在侵权行为，金昱公司主张潘某承担该部分损失无事实及法律依据。

笔者认为，该案中，黄某华作为华裕公司和金昱公司早期的实际控制人，在2010年年初，以财产损害赔偿为由起诉金昱公司、黄某华、王某华、项某同，并以金昱公司法定代表人的身份与华裕公司签订关于收购天水市财政局培训大楼所涉及纠纷的解决方案，约定了支付中介费、利息以及补偿费用，为了履行解决方案中约定的补偿费用，向天水仲裁委请求仲裁，要求金昱公司赔偿其经济损失，由天水仲裁委员会主持调解，由其妻子潘某等人代表华裕公司，黄某华代表金昱公司，就华裕公司与金昱公司财产损害赔偿纠纷达成(2010)天仲调字19号仲裁调解书，由金昱公司赔偿华裕公司经济损失300万元。此外，黄某华与金昱公司的其他两位股东存在出资纠纷的诉讼，黄某华被控职务侵占和盗窃，都涉及了金昱公司、羲皇公司以及案涉大楼。该案确实存在黄某华利用控制金昱公司的便利，损害金昱公司利益的嫌疑。但案涉大楼由金昱公司实际购得，承担中介费用亦有协议确认，难以推翻，300万元赔偿费用由仲裁确认，这两项费用很难推翻。而案涉高达5000多万元的租赁费损失，依据不足。关于仲裁调解书。《民事诉讼法》第237条第2款①规定："被申请人提出证据证明仲裁裁决有下列情形之一的，经人民法院组成合议庭审查核实，裁定不予执行：(一)当事人在合同中没有订有仲裁条款或者事后没有达成书面仲裁协议的；(二)裁决的事项不属于仲裁协议的范围或者仲裁机构无权

① 现行《民事诉讼法》第281条。

仲裁的;(三)仲裁庭的组成或者仲裁的程序违反法定程序的;(四)裁决所根据的证据是伪造的;(五)对方当事人向仲裁机构隐瞒了足以影响公正裁决的证据的;(六)仲裁员在仲裁该案时有贪污受贿,徇私舞弊,枉法裁决行为的。"《仲裁法》第51条第2款规定:"调解达成协议的,仲裁庭应当制作调解书或者根据协议的结果制作裁决书。调解书与裁决书具有同等法律效力。"第58条规定:"当事人提出证据证明裁决有下列情形之一的,可以向仲裁委员会所在地的中级人民法院申请撤销裁决:(一)没有仲裁协议的;(二)裁决的事项不属于仲裁协议的范围或者仲裁委员会无权仲裁的;(三)仲裁庭的组成或者仲裁的程序违反法定程序的;(四)裁决所根据的证据是伪造的;(五)对方当事人隐瞒了足以影响公正裁决的证据的;(六)仲裁员在仲裁该案时有索贿受贿,徇私舞弊,枉法裁决行为的。人民法院经组成合议庭审查核实裁决有前款规定情形之一的,应当裁定撤销。人民法院认定该裁决违背社会公共利益的,应当裁定撤销。"根据前述规定,金昱公司可以申请撤销仲裁调解,如该仲裁调解被撤销后,可以依法进行再审。综上,尽管该案存有疑点,但二审的认定难以推翻。综合考虑,应予驳回再审申请。

《公司法》第149条规定:"董事、监事、高级管理人员执行公司职务时违反法律、行政法规或者公司章程的规定,给公司造成损失的,应当承担赔偿责任。"该案中,潘某不是金昱公司董事、监事或高级管理人员,金昱公司以损害公司利益责任为由起诉潘某,要求潘某承担赔偿责任的主张不能成立。

关于金昱公司向郑某铭支付中介费以及利息是否具有依据的问题。郑某铭收取的中介费包括:(1)黄某华从金昱公司支付的77万元;(2)华裕公司为金昱公司垫付的给郑某铭的225万元以及利息。该案中,黄某华与郑某铭签订中介费协议,约定由郑某铭居间洽谈,如果能将案涉大楼谈到2000万元以内成交,可以付给郑某铭300万元的中介费,华裕公司以1550万元购得案涉大楼后,与金昱公司约定:华裕公司所支付的大楼中介费225万元及利息2 443 500元由金昱公司承担,金昱公司分批向华裕公司支付了大楼中介费225万元及利息244.35万元。(2010)天仲调字19号仲裁调解书约定:由金昱公司向华裕公司就案涉大楼转让事宜赔偿300万元。之后金昱公司也支付给华裕公司赔偿款300万元及案件处理费、利息5万元。个人认为,郑某铭为购买案涉大楼提供中介服务,应取得相应的中介费用,该事实已由生效判决确认。虽然中介费协议是黄某华代表华裕公司与郑某铭所签,但从各方履行合同的意图及多份生效裁判可知,案涉大楼实际由金昱公司取得并使用收益。且华裕公司于2015年11月1日出具更名通知,承诺华裕公司所属的债权债务由金昱公司承担,因此,金昱公司向郑某铭支付案涉中介费及利息具有事实依据。

关于金昱公司通过仲裁调解支付给华裕公司的305万元的问题。金昱公司主张仲裁调解协议无效,但仲裁调解书作为生效法律文书,未经法定程序撤销,不能否认其合法性,该案中无法审查确认黄某华与潘某的行为是否违反了法律法规而构成侵权行为,金昱公司认为仲裁调解书损害了其合法权益,应通过相应程序申请撤销该仲裁裁决。

关于金昱公司主张黄某华将金昱公司所有的案涉大楼无偿提供给羲皇公司使用,造成金昱公司损失5470.85万元的问题。该案中,羲皇公司成立于金昱公司取得案涉大楼以后,股东与金昱公司股东一致,成立后一直经营使用金昱公司所有的案涉大楼,金昱公司的其他股东在羲皇公司使用案涉大楼期间未提出异议,金昱公司亦未向羲皇公司主张过损失,二审认定金昱公司全体股东决定由羲皇公司使用案涉大楼的意见符合已查明的案件事实,没有证据证明黄某华代表金昱公司做出该决定具有损害公司利益的过错,即违反谨慎、勤勉和注意义务,该认定并无不当。

案例100中,一审法院认为,该案争议的焦点问题:(1)陕鼓动力公司设立陕鼓动力(香港)有限公司、陕鼓动力(卢森堡)有限公司后收购EKOL公司是否构成违约,及陕鼓动力公司是否应支付和诚动力公司违约赔偿金;(2)该案是否超过诉讼时效。(1)关于陕鼓动力公司设立陕鼓动力(香港)有限公司、陕鼓动力(卢森堡)有限公司后收购捷EKOL公司是否构成违约,及陕鼓动力公司是否应支付和诚公司违约赔偿金问题。2009年4月,和诚动力公司与陕鼓动力公司、新福义公司等六方作为共同发起人签订的《投资协议书》系各方当事人真实意思表示,且未违反法律、行政法规的强制性规定,应为有效。该协议书约定公司在正常运作时各股东不得以任何理由投资其他汽轮机的目的在于各方利用自身的优势作为合作的基础并与陕鼓动力公司建立业务关系,避免同业竞争,确保汽轮机公司的持续发展。陕鼓动力公司收购EKOL公司的行为是否构成对《投资协议书》该约定的违反,主要是看汽轮机公司与EKOL公司是否存在同业竞争关系。首先,陕鼓动力公司是通过设立陕鼓动力(香港)有限公司、陕鼓动力(卢森堡)有限公司全资子公司,由陕鼓动力(卢森堡)有限公司收购 EKOL 公司,设立以上公司均经过相应的审批程序,且陕鼓动力(卢森堡)有限公司并非汽轮机生产、销售企业,与《投资协议书》所述的股东投资在主体上应有所区别。汽轮机公司在 2015 年第一次临时股东会以全体股东表决的方式同意陕鼓动力公司收购 EKOL 公司部分或全部股权,虽和诚动力公司未在股东会决议上签字盖章,但该决议符合汽轮机公司章程的规定,从法律上不构成陕鼓动力公司设立陕鼓动力(卢森堡)有限公司来收购 EKOL 公司的障碍。其次,陕鼓动力(卢森堡)有限公司收购 EKOL 公司的目的是更好地吸收国外汽轮机企业的先进技术和先进经验,拓展汽轮机及相关领域的国际市场。从 EKOL 公司的经营范围上看,生产蒸汽汽轮机只是其业务范围内一小部分,即使生产蒸汽汽轮机也是反动式汽轮机,与汽轮机公司生产的冲动式汽轮机技术原理和应用领域不同,不属于相同或可相互替代产品。陕鼓动力公司提交的其向杭州汽轮机股份有限公司及其关联企业采购汽轮机的明细单等证据,证明汽轮机公司不具备生产反动式汽轮机的能力,和诚动力公司亦未提交 EKOL 公司生产的产品与其产品属于相同或不可相互替代产品的证据,且 EKOL 公司系外国公司,其生产的产品在国内销售有一定的条件限制,而汽轮机公司的销售区域在国内,二者在销售的区域上并不产生必然重合,二者在产品层面上是互补关系,故应认定 EKOL 公司与汽轮机公司之间不存在同业竞争。再次,收购 EKOL 公司是否对汽轮机公司造成损失。从陕鼓动力公司提交的汽轮机公司 2011 ~2015 年度审计报告(报表)及陕鼓动力公司 2013 ~2015 年日常关联交易的公告,可以看出陕鼓动力(卢森堡)有限公司收购 EKOL 公司后,汽轮机公司的营业收入并未明显降低,汽轮机公司与陕鼓动力公司的关联交易额并未减少,而是增加,证明陕鼓动力公司收购 EKOL 公司后并未对汽轮机公司造成损失。和诚动力公司认为收购 EKOL 公司后导致汽轮机公司净利润减少,与陕鼓动力公司的协同效应降低。因净利润减少是综合因素造成,和诚动力公司未提交证据证明汽轮机公司净利润减少是由于陕鼓动力(卢森堡)有限公司收购 EKOL 公司所导致,故和诚动力公司以此证明陕鼓动力公司违约依据不足。最后,高某华作为受和诚动力公司委派到汽轮机公司的任职人员,参与了对收购 EKOL 公司的考察论证,证明和诚动力公司对收购事项应知悉,当时并未明确反对。从汽轮机公司 2015 年第一次临时股东会决议后和诚动力公司与陕鼓动力公司来往函件等证据,说明收购 EKOL 公司后,和诚动力公司与陕鼓动力公司就汽轮机公司股权收购问题进行了长期协商并对汽轮机公司资产和股权价值予以评估。正是基于双方对股权收购问题没有达成一致意见,从 2016 年 6 月 17 日汽轮机公司董事会发布《关于清算和解散西安陕鼓汽轮机有限公司的议案》直到 2017 年 9 月 8 日汽轮机公司第二次临时股东会决议才同意清算和解散汽轮机公司并注销公司。至于汽轮机公司解散、清算的原因是否源于收购 EKOL 公司。汽轮机公司是有限责任公司,有六个股东。有限责任公司与股份公司的区别主要体现为人和性,公司章程也赋予多数股东有解散公司的权利,股东对公司的存续产生重大分歧时,多数股东有解散公司的权利;陕鼓动力公司也提交证据证明和诚动力公司委派到汽轮机公司的高管存在关联交易的嫌疑,也从另一侧面说明汽轮机公司的解散,还存在其他因素;现汽轮机公司已进入自行清算程序,各股东在汽轮机公司存续期间的权利义务包括经营期限内的损失可在该程序中协商解决,和诚动力公司要求按章程规定汽轮机公司后续存续期 25 年可得利益的损失为 51 251 392. 7 元,因《投资协议书》未约定违约责任及损失赔偿额的计算方法,而公司经营存在风险,影响公司利润的因素很多,故和诚动力公司的损失计算方式无事实和法律依据。综上,陕鼓动力(卢森堡)有限公司收购 EKOL 公司与汽轮机公司不构成同业竞争,未给汽轮机公司造成实际利益的贬损,不违反《投资协议书》的约定,故和诚动力公司要求确认陕鼓动力(卢森堡)有限公司收购 EKOL 公司构成违约及陕鼓动力公司支付违约赔偿金 51 251 392. 7 元的诉讼请求,一审法院不予支持。(2)关于该案是否超过诉讼时效的问题。依据《民法通则》(已失效)第 137 条:"诉讼时效期间从知道或者应当知道权利被侵害时起计算"的规定,和诚动力公司应当知道陕鼓动力公司收购事项的日期为 2014 年 7 月 4 日陕鼓动力公司董事会发布关于签订股权收购意向书的公告,诉讼时效应从此时开始起算,和诚动力公司委托律师于 2016 年 6 月 23 日发出主张违约责任的律师函时诉讼时效中断,至和诚动力公司起诉本案时未超过两年诉讼时效,故陕鼓动力公司认为该案已超过诉讼时效的主张,一审法院不予采纳。

二审法院认为,2015 年 1 月 12 日,汽轮机公司 2015 年第一次临时股东会决议载明:本次股东会以现场记名投票方式,以 75% 赞成、25% 反对、0 弃权的表决结果,同意陕鼓动力公司收购 EKOL 公司部分或全部股权,并终止《投资协议书》第

10 条“公司在正常运作时各股东不得以任何理由投资其他汽轮机企业(股东购买股票除外)”的约定。和诚动力公司虽未在该决议上签字盖章,但该决议符合汽轮机公司章程的规定,决议已经生效。汽轮机公司股东会决议终止《投资协议书》第 10 条后,和诚动力公司依据本条约定主张陕鼓动力公司违约的理由不能成立。此外,2009 年 4 月,和诚动力公司与陕鼓动力公司、新福义公司等六方作为共同发起人签订《投资协议书》约定公司在正常运作时各股东不得以任何理由投资其他汽轮机企业,其目的在于各股东与陕鼓动力公司建立业务关系,避免同业竞争,确保汽轮机公司的持续发展。一审法院认定陕鼓动力公司收购 EKOL 公司的行为是否构成对《投资协议书》该约定的违反,主要是看汽轮机公司与 EKOL 公司是否存在同业竞争关系,该认定符合协议书该条款签订的本意,应作为审查该条款的依据。二审期间和诚动力公司称因为陕鼓动力公司收购 EKOL 公司引发汽轮机公司技术及销售人员大批离职,但未提交相关证据证明,一审判决认定 EKOL 公司与汽轮机公司之间不存在同业竞争并无不当。关于收购 EKOL 公司是否对汽轮机公司造成损失问题。从陕鼓动力公司提交的汽轮机公司 2011 ~ 2015 年度审计报告(报表)及陕鼓动力公司 2013 ~ 2015 年日常关联交易的公告,可以看出陕鼓动力(卢森堡)有限公司收购 EKOL 公司后,汽轮机公司的营业收入并未明显降低,汽轮机公司与陕鼓动力公司的关联交易额并未减少,而是增加,证明陕鼓动力公司收购 EKOL 公司后并未对汽轮机公司造成损失。和诚动力公司认为收购 EKOL 公司后导致汽轮机公司净利润减少,与陕鼓动力公司的协同效应降低。因净利润减少是综合因素造成,和诚动力公司未提交证据证明汽轮机公司净利润减少是由于陕鼓动力(卢森堡)有限公司收购 EKOL 公司所导致,庭审中称损失主要系高管离职造成,但未提交相关证据,故和诚动力公司以此证明陕鼓动力公司违约依据不足。和诚动力公司要求按章程规定,汽轮机公司后续存续期 25 年可得利益的损失为 51 251 392. 7 元,因和诚动力公司证明陕鼓动力公司违约的依据不足,且《投资协议书》未约定违约责任及损失赔偿额的计算方法,而公司经营存在风险,影响公司利润的因素很多,故和诚动力公司的损失计算方式无事实和法律依据。

笔者认为,关于陕鼓动力公司收购 EKOL 公司是否构成违约的问题。《公司法》第 36 条规定:“有限责任公司股东会由全体股东组成。股东会是公司的权力机构,依照本法行使职权。”第 11 条规定:“设立公司必须依法制定公司章程。公司章程对公司、股东、董事、监事、高级管理人员具有约束力。”该案中，2009年4月，和诚动力公司与陕鼓动力公司等六方作为共同发起人签订了《投资协议书》，共同设立汽轮机公司。该协议系各方当事人真实意思表示，不违反相关法律法规规定，应属合法有效。《投资协议书》第10条约定：“公司在正常运作时各股东不得以任何理由投资其他汽轮机企业（股市购买股票除外）。”2015年1月12日，汽轮机公司2015年第一次临时股东会决议载明：本次股东会以现场记名的投票方式，以75%赞成、25%反对、0弃权的表决结果，同意陕鼓动力公司收购EKOL公司部分或全部股权，并终止《投资协议书》第10条的约定。和诚动力公司未在该决议上签字盖章，但该决议符合汽轮机公司章程的规定，决议已经生效。根据以上法律规定和事实，二审法院认定汽轮机公司股东会决议终止了《投资协议书》第10条的约定，陕鼓动力公司收购EKOL公司不存在违约，该认定并无不当，应予维持。此外，《投资协议书》第10条约定的目的在于各股东与陕鼓动力公司建立业务关系，避免同业竞争，确保汽轮机公司的持续发展，二审认定陕鼓动力公司收购EKOL公司的行为是否构成对《投资协议书》约定的违反，主要是看汽轮机公司与EKOL公司是否存在同业竞争关系，符合《投资协议书》第10条签订的本意。据此，二审法院结合本案其他事实认定EKOL公司与汽轮机公司之间不存在同业竞争，并无不当。

关于陕鼓动力公司是否应支付和诚动力公司违约赔偿金的问题。该案中，根据汽轮机公司2011～2015年度审计报告（报表）及陕鼓动力公司2013～2015年日常关联交易的公告，可以看出陕鼓动力（卢森堡）有限公司收购EKOL公司后，汽轮机公司的营业收入并未明显降低，汽轮机公司与陕鼓动力公司的关联交易额并未减少，而是增加。和诚动力公司认为收购EKOL公司后导致汽轮机公司净利润减少，与陕鼓动力公司的协同效应降低，但其提交的证据不足以证明系因收购EKOL公司所导致。汽轮机公司股东会决议已终止案涉《投资协议书》第10条的约定，陕鼓动力公司收购EKOL公司并不存在违约，且《投资协议书》未约定违约责任承担方式，公司经营存在风险，影响公司利润的因素很多。综上，二审法院认定和诚动力公司要求按章程规定的计算后续存续期限25年可得利益损失的主张，缺乏事实和法律依据，该认定并无不当。

后记　公正的审判甘甜如饴

本书初稿的形成可以用“3 个 100”来概括，即集中了 100 天左右的时间，使用了 100 个案例，整理了 100 万左右的文字，终成卷。数字是单调的、简单的、枯燥的，而内涵是丰富的、复杂的、充实的，蕴含其中的是探求化解矛盾、审判的内在规定性、追求认识审判真理的思考、深思、反思的思辨。作为从事了大半生、挚爱着审判工作的老法官来说，笔者在倾尽心力审理好每一个案件的同时，一直怀揣着一个梦想，尝试着从亲自审理或参与过的案件中参透审判的奥妙和化解矛盾纠纷的妙方，找出审判的普遍性、必然性和内在规定性，提炼出一些审判的基本规律、基本理念、基本思路、基本观点，形成一套开放的、兼容的逻辑理论体系，其应该包含所有审判要素。梦想孕育理想，理想激起热忱，热忱牵引希望，让自己向往着辽阔的远方，憧憬着远方的美妙，流连忘返，徜徉其中，陶醉其中，仿佛沐浴在阳春三月新升的朝霞里。

回望 2017 年至 2020 年这 4 年时间，如白驹过隙，但于自己这却是一段隽永时光，异常忙碌着、充实着，就像完成了一个“2 + 2”紧张的大学本科学业，深耕着民商事审判专业，抒发着法官公平正义情怀，编织着法治梦想。

诗云：四十有七奉节离京，临黄海滨观黄河岸。别时尚具盛年气质，归来已然满首华发。法庭威仪白山黑水，法袍迎风渤海北极。法槌声响秦岭渭水，法律精神草原戈壁！离家别亲牵挂难眠，旭日东升唯记初心。亲历案件三千有余，呕心沥血仍恐有误。职责所系何止五千，哪敢丝毫懈怠走神。五十有一归时奉春，四载冬夏流金岁月！

4 年间，笔者在第二巡回法庭、第六巡回法庭分别工作了两年，年平均承办案件 100 件以上，参与合议案件 200 件以上，参加主审法官会议研究案件 400 件以上，全身心投入民商事审判，亲历逾 3000 件案件，几乎涵盖了民商事案件的所有程序、类型和审理方式，如二审、再审审查、再审程序等，如管辖权纠纷、物权纠纷、合同纠纷、侵权纠纷等，如判决、裁定等，当然也亲历了不少行政案件、刑事案件。“4 年大学学业”，自然应有一篇“毕业论文”，才算得上真正画上了一个句号。这篇“论文”的主题应是，如何将这 4 年经历过的案件，甚至于之前经历过的案件，作为一个案件，依法公正作出裁判呢？或者说，能否就以本书从这 3000 余起案件中精心选出的 100 起作为一个完整的案件进行审理，得出一个客观公正的结论呢？或者说，是否可以通过剖析这些案件，找出化解矛盾纠纷的绝佳方式方法，尽快使非正常的秩序恢复正常状态呢？法官期望“人间无诉”，就犹如警察希望“天下无贼”。愿以此书载之。

“众里寻他千百度。蓦然回首，那人却在灯火阑珊处。”本书中，充分体现了在审判过程中广泛运用的“正反合”这样一种唯物辩证法的思辨模式，如，任何一个事物既要看到它的肯定的一方面，同时也要看到它的否定的一方面，然后在分析、比较、判断正反两方面的基础上，通过正确的推理方式得出结论，这个结论已经不是简单的肯定或否定的意见，而是包含肯定和否定意见中全部有利的成分，也包含肯定和否定意见中全部不利的成分，达到了“合”的这一状态，也即否定之否定的状态。在审判中，对于原告的主张应进行全面客观的分析判断推理，同时对于被告的主张也应进行全面客观的分析判断推理，在此基础上，既肯定原告有理由的主张，也肯定被告有理由的抗辩；既否定原告缺乏理由的主张，也否定被告缺乏理由的抗辩；同时还比较、平衡两者相对应的主张和抗辩，最后得出正确的结论，而这个结论已经不是简单的支持或不支持原告的主张或被告的抗辩了，而是上升到一个新的认识阶段、得出新的结论，这个结论是通过正确的审判思维、方法而依法得出的新的结论。又如，审判是一个依法进行的发展的变化的过程，是一个随着当事人举证、法院认证的不断查明事实、完善法律适用的发展变化的过程；是一个从立案开始到审理展开到审判结束的过程；是一个法官、合议庭成员之间、其他审判组织成员之间相互影响、相互启发，不断改变观点、丰富观点、完善观点，最后审判组织达成共识、形成结论性意见的不停纠结的过程。在审判中，对于一个具体法律规范的适用，总是在法官的脑海中有一个初步的理解，但是随着审判活动不断进行，证据不断丰富，事实不断查明，合议庭或其他审判组织成员的影响和启发，这一最初的理解也应是在不断改变、发展、丰富、完善的，等到案情全部确定，最初设定的那个理解经过多次反复、比较、纠结也许仍会是结论性的意见，但实际上已经被个案化、具体化了，或者也许经过多次反复、比较、纠结改变了最初设定的那个理解，但并不是当初的那个理解就没有意义，而是已经融入了这个结论性的意见里了，成为结论性意见的有机组成部分。这一唯物辩证法的思辨不仅贯穿于全书的内容之中，也反映在各个具体法律问题的论理中。本书中，为了能较完整系统地反映自己、同时亦能反映不同法院的思维过程、审判理念、审判习惯、审判逻辑等，在对某一个法律适用问题进行深度理解时，采取了理论理解与案例理解并行的方式，也即从理论和实践两方面来理解。在理论理解上，自己更多地立足于对现行政策、现行法律、立法背景、法律规则、法理、习惯、审判理念、审判规律、审判惯例、案件背景、时代背景等的理解上。在案例理解上，运用一个或几个类似案件，对同一法律适用问题从多层级、多角度进行理解，在论述时，按照审判的启动、各级法院的事实查明、各级审理法院的观点、各级法院的裁判结果，最后是自己的理解，这一符合惯常的审判逻辑思路。

本书中，从法律适用看，所选取的 100 个案件，基本上存在几个方面的特点。一是涉及关联案件。多数案件都涉及关联案件，甚至多个或众多关联案件，而关联案件既有已决案件，还有未决案件。在审理中，应兼顾关联案件的处理，避免出现冲突的情况。二是涉及累诉。有的案件穷尽了所有的诉讼程序和非诉讼程序，有的案件多次反复在不同层级法院之间来回诉讼。在审理中，应兼顾不同程序实体处理结果之间的一体化问题。三是程序繁杂。有的案件程序套程序，陷入程序循环之中，实体问题难以触及。在审理中，应避免程序之间的彼此冲突，理顺各程序之间的关系，为实体审理扫清障碍。四是法律关系复杂。多数案件法律关系复杂，相互交叉，相互依存，连环互动。在审理中，应查清每个法律关系，理清相互关系，明确每个法律关系的权利义务责任，将所有法律关系进行有机融合，组成一个有机整体。五是法律适用交织。多数案件涉及程序法与实体法适用交织，不同部门法律适用之间的交织，同一部门法不同法律规范适用的交织等。在审理中，应根据法律适用规则，明确法律适用的路径，合理化解法律规定的竞合，实现多种法律适用的无缝链接。

一个法律关系的法律适用是多种要素有机排列组合的结果，一个审判是多个法律关系的法律适用有机排列组合的结果，极有可能其中某个要素，哪怕是一个不是很起眼的要素的变动，都会影响审判的过程，甚至结果。这既是审判魅力之所在，亦是其压力之所重。一个公正的审判似高山上或深涧中的清泉，清澈见底，甘甜如饴。然，非热爱之，非倾尽心力为之，不能至。

2021 年 9 月 9 日

跋　审判思维的自在自为自由

悄然中，自己已然过了知天命之年，半个多世纪的光阴荏苒，如果非要说不惑之年后，有什么特别的业余爱好，也唯在工作之余，围绕民商事审判所做的研究、思考，之后通过作品的形式再表现出来，这一喜好几乎占据了自己全部的业余时间。从不惑之年始，以自己的博士毕业论文为基本内容出版了第一本专著《作品传播者论》，之后以本职著作权审判工作为基本内容出版了《著作权司法裁判标准与尺度》，以知识产权理论研究为基本内容出版了《知识产权法》，以知识产权审判工作为基本内容出版了《审判的逻辑——知识产权案件的审判逻辑》，以民商事审判工作为基本内容出版了《审判的逻辑——一般民商事案件的审判逻辑》。

研究民商事审判于自己而言，是一种习惯、一种状态、一种态度，是与生命同体，特别享受此番自在的感觉。每当忙碌了一整天的工作之后，特别是周末和假期，哪怕能围绕这一主题坐在书桌旁，面对电脑，打开文档，沉思冥想，任由思想飞翔，字节跳动，总会觉得生活充满希冀，已形成一种生活惯性；哪怕能写上一句话，修改一段文字，构思一篇文章，布局一本著作，也会感到业余时光并无虚度，已变成一种生活状态；哪怕能认识一个新字，查找一个生词，阅读一段有益的文字，翻看一本有益的书籍，就会觉得阳光满屋、春风拂面，已成为一种生活的态度。

研究民商事逻辑思维于自己而言，是对审判事业的情怀所系、对法律精神的执着所在、对法治理想的追求所至，是与时代同行，特别沉浸此等自为的感受。“大力弘扬……执着专注、精益求精、一丝不苟、追求卓越的工匠精神。”[①]唯有热爱方能执着，唯有执着方能专注，唯有专注方能精通，唯有精通方能卓越。像热爱审判工作一样，自己一直执着于民商事逻辑思维的探索、研究。研究民商事逻辑思维与其说是业余爱好，不如说是审判工作在业余时间的一种延续，是不断升华着的审判工作，是与时代相连的平台，纯粹而简单，就如只要与法官同人在一起聊天、散步、休闲时聊的总是审判问题一样，远离功名利禄，清新脱俗，皆因情怀所系。而其中，又岂能不满怀着对法律精神的执着，沉浸于法律精神之中，接受着法律精神的洗礼，感受着法律精神的力量；又哪能不抱定对法治理想的追求。新时代全面依法治国方略的号角召唤着崇高的法治理想，崇高的法治理想如茫茫大海上的灯塔，指明着法律人前行的方向，孕育了法官发自内心的无私、敬畏和勇敢。

研究民商事审判的内在规定性于自己而言，是一个不断认识世界、追求真理、实现人生价值的发展变化过程，是与世界同在，特别心怡此种自由的感悟。列宁突出地指出：思维从具体的东西（指生动的直观）上升到正确的抽象的东西（抽象概念）都“不是离开真理，而是接近真理”。使我体会到列宁所了解的认识过程，是由生动的直观过渡到正确的科学的抽象，由正确的抽象思维到实践的辩证发展的过程。正确的抽象概念也是“认识真理、认识客观实在的辩证发展的过程”[②]。自己作为从事了大半生审判工作的老法官，认识世界、追求真理、实现人生价值主要是通过审判活动来实现的，而唯有通过对审判活动不断概括、归纳、提炼、总结，把握

---

① 习近平总书记2020年11月24日在全国劳动模范和先进工作者表彰大会上的讲话，载中国政府网，http://www.gov.cn/gongbao/content/2020/content_5567743.htm? ivk_sa = 1024320u，最后访问日期：2022年9月30日。

② 参见［德］黑格尔：《小逻辑》（第2版），商务印书馆1980年版，第15页。

审判活动的概念、理念、逻辑、思维规律、审判规律，才能实现从“具体的东西”到“正确的抽象的东西”，而实现这样一个过程，探究民商事审判内在规定性则是自己特别钟爱和熟练的。在探究民商事审判内在规定性的过程中，平时就要注意不停地收集素材，与志趣相投的好友交流、请教、争论、探讨，阅读大量的文章、书籍，不停地思考、推演，最后形成观点、结论、体系，出版图书，完成了一个从“生动的直观”到“抽象概念”的发展变化的认识过程。同时，自己与世界同在，融入其中，真实自然，越来越知敬畏，越来越理解习近平总书记提出的努力让人民群众在每一个司法案件中感受到公平正义的深刻内涵，坦然中，过了知天命之年。

2021 年 9 月 16 日